KB119033

상담전문성 향상을 위한

사례개념화

원리와 실제

Pearl S. Berman 저 | 이윤주 역

Case Conceptualization
and Treatment Planning:
Integrating Theory with Clinical Practice (3rd ed.)

학지사

역자 서문

이 책의 개정판이 나와 번역을 하기로 했을 때 무척 반갑고 가벼운 마음이었다. 개정판이니 많이 달라져 봐야 일부분이겠거니 했다. 그러나 원서를 펼쳤다가 거의 전체를 새로 썼다고 할 만큼 방대한 내용에 깜짝 놀라고 말았다. 그래서 번역에 길고 긴 시간이 걸려 세상에 선보이게 되었다. 사례개념화에 대한 이론적 학습과 연습이 필요한 수많은 상담수련생과 상담자 분들을 생각할 때 미안한 마음이 크다.

상담을 효율적으로 하기 위해서 내담자의 심리적 · 대인관계적 · 행동적 문제, 이 문제와 관련된 원인 및 촉발 · 유지 요인들, 내담자가 가진 강점(strengths)을 파악하고, 이렇게 파악한 바에 대한 종합적 이해를 근거로 하여 문제해결의 방향과 전략, 기법을 계획하는 사례개념화는 매우 중요하다. 역자는 상담이 무엇인지 조금 감을 잡기 시작한 중견 상담자 시기부터 지금까지 상담사례개념화의 중요성에 대해 점점 더 묵직하게 느끼게 되었다. 사례를 개념화하는 것은 상담자가 어떤 이론적 접근을 취하는가에 따라 상이한 부분과 어떤 이론적 접근을 하더라도 공통적으로 필요한 부분을 함께 포함하고 있다. 이 책은 그 두 마리 토끼를 모두 잡을 수 있도록 정보와 사례를 풍부하게 담고 있다는 장점을 갖는데, 개정판인 3판에서 이러한 점은 더 크게 보강이 되었다.

2판의 역자 서문에서 한 말이 아직도 유효하다는 점은 상담학자로서 부끄럽고 죄송한 일이다. '상담사례개념화에 대한 책은 그다지 많지 않다'는 말이다. 이 책은 읽기 쉬운 책은 아니지만 이 책을 읽고 많은 도움을 받았으며 상담자로서 역량 증진에 매우 도움이 되어 여러 번 반복해서 읽고 있다는 독자들의 피드백은 방대한 번역 작업을 포기하지 않고 계속하게 하는 큰 힘이 되어 주었다. 이 자리를 빌려 독자 분들께 진심으로 감사의 인사를 드린다. 2판을 여러 번 읽은 분들이 이제, 거의 새로운 내용으로 구성된 이 책을 반복해서 읽으시게 될 것으로 기대가 되어 설렌다. 독자들께서 이 책을 읽으실 때 책의 곳곳에 역자의 마음이 함께할 것이기 때문이다.

너무나 오래 걸린 번역 작업을 묵묵히 기다려 주신 학지사 김진환 사장님과 담당자 분께 죄송한 마음이 크다. 사례개념화 저서를 집필해 달라는 학지사 사장님의 애정 어린 권고에도 불구하고 아직도 실행에 옮기지 못하고 있기도 해서 더욱 죄송한 마음이다. 책의 교정과 디자인을 포함하여 꼼꼼히 작업해 준 학지사 편집부와 김진환 사장님께 진심 어린 감사의 말씀을 전하고 싶다. 그리고 무엇보다도 지금 이 책을 읽고 계신 독자 분들께 진심으로 사랑과 감사를 보낸다. 상담의 한 길에서 우리는 이미 만났고 이 책과 더불어 함께 성장할 것을 바라고 기대한다.

이윤주

저자 서문

이 책은 상담 실무가들의 효과적인 사례개념화와 상담계획을 개발하는 것을 돕기 위한 것이다. 상담 실무가는 심리학, 상담, 교육에서 전문적인 훈련을 받았거나 받고 있는 사람, 또는 대학, 의료기관, 훈련 연구소에서 대인 조력 업무를 담당하고 있는 사람을 지칭할 때 사용하는 일반적인 용어이다.

사례개념화의 목적은 내담자의 상태(what the client is like)에 대한 명료하고 이론적인 설명, 그리고 왜 내담자가 그러한지(why the client is like this)에 대한 이론적 가정을 제공하는 것이다. 상담 실무가는 이 개념화에 기초하여 내담자의 변화를 도울 상담 및 치료계획을 개발한다. 상담 및 치료계획은 또한 변화과정 중에 내담자의 진전(progress)을 평가하는(assessing) 기제가 된다. 진전이 없는 경우, 개념화는 진전을 막는 장애물을 상담 실무가가 평가하는 데 사용할 수 있는 자원이 된다. 사례개념화와 상담 및 치료계획 기술은 내담자를 잘 돌보는(quality care) 데 있어서 항상 중요한 부분이 되어 왔다. 이 기술은 심지어 오늘날의 대인조력 분야에서 더욱 불가결한 것이 되었다. 왜냐하면 그것은 내담자에게 치료가 필요하다는 증거 문서로 사용될 수 있고, 그리고 간단하고 즉각적인 또는 장기간의 상담 권장사항을 제시하는 데 사용될 수 있기 때문에 오늘날의 건강 관리 시장에서 더욱 중요하다. 이 모델은 심리 이론 통합, 인간 복합성 영역 통합, 인간 복합성과 관련된 문제에 대한 숙고, 자신의 개인적 스타일을 사용하여 효과적으로 사례보고서를 구성 및 작성하는 네 영역의 상담 실무에 대한 기술 구축을 다루고 이러한 기술을 구축하도록 돕는 연습을 제공한다.

이 책에서 주로 다루는 심리학적 이론은 행동주의, 인지주의, 인지-행동주의, 여성주의, 정서-초점 이론, 가족체계 이론, 역동 이론, 문화 이론, 구성주의, 초이론이다. 이 책에서 제시된 인간 복합성 영역으로는 나이, 성(gender), 인종과 민족, 성적 지향, 사회경제적 지위,

폭력 등이 있다. 다양한 이론적 지향을 사용하고 많은 인간 복합성 영역들을 통합하여 사례개념화와 상담 및 치료계획 기술을 실습하는 것은 상담 실무가가 학문적이고 융통성 있는 방식으로 내담자에 대해 생각하도록 격려하는 데 목적이 있다.

이 책은 모든 것을 알려 주는(know it all) 책이 아니다. 이 책에서 제시된 것들 외에도 특정한 내담자와 관련될 수 있는 많은 심리학적 이론과 다양한 영역의 인간 복합성이 있을 수 있다. 또한 이 책을 본다고 해서 이 책에서 소개된 심리치료와 인간 복합성 영역에서 완벽한 전문가가 될 수는 없을 것이다. 이 지식 영역들 중 특정한 것을 충분히 숙달하고 싶다면 더 많은 공부가 필요할 것이다. 이 책은 지식이 아닌 방법을 알려 주는(know how to) 책이다. 이 책은 특정한 이론, 복합성 영역, 기반 지식을 상담 실무에 융합시키는 단계적 절차를 가르치고 있다. 이런 접근법이 함의하는 바는 상담 실무가가 연구 분야에서의 새로운 발전들을 주시하고, 이 새로운 지식들을 자신의 상담 실무에 통합시켜 윤리적이고 효과적인 상담 및 심리치료를 유지할 필요가 있다는 것이다. 이 책은 또한 상담 실무가가 자신의 전문적인 글쓰기 기술을 갈고 닦는 데 도움이 될 수 있다.

각 장들의 개관

1장은 이 책에서 사용된 사례개념화와 상담 및 치료계획 과정에 관한 논의를 제공하고 있다. 여기에는 개인적인 글쓰기 양식에 관한 논의도 포함되어 있다. 사례개념화와 상담 및 치료계획을 글로 쓰는 여섯 가지 양식이 모델로 제시되어 있으며, 상담 실무가는 이 모델을 통해 자신의 상담보고서 작성 양식을 확인할 수 있을 것이다. 이 양식들은 가정-기반, 주제-기반, 역사-기반, 증상-기반, 대인-기반, 진단-기반으로 이름이 붙여져 있다. 또한 상담 및 치료 목표를 제시하는 세 가지 형식이 모델로 제시되어 있다. 이 형식들은 기본 형식, 문제 형식, 사정(SOAP) 형식으로 이름이 붙여져 있다.

이 책은 사례개념화와 상담 및 치료계획을 가르치는 데 있어서, 다양한 핵심어들을 활용하여 중요한 개념들을 설명하고 있다. 그 의도는 독자가 정보에 관해 생각하고 정보를 이해하는 자신의 방식과 가장 일치하는 핵심어를 활용하게 하는 것이다. 이 다양한 핵심어는 3~12장에 제시되어 있는 실습수업에서 지속적으로 제시되고 있다. 독자는 목차를 사용하여 특정한 내담자 사례와 실습이 어떤 이론적 관점에서 다루어지는지 쉽게 확인할 수 있다. 사례개념화와 상담 및 치료계획 사례가 어떤 영역, 개념화 양식, 상담 및 치료 목적 양식에 해당되는지 알아보려면 〈표 1-1〉을 이용하면 된다.

2장은 인간 복합성의 영역들인 나이, 성(gender), 인종과 민족, 성적 지향, 사회경제적 지위, 폭력에 대해 소개하고 있다. 이 간략한 표준 정보는 추천 자료와 함께 3~12장의 통합 실습에서 활용될 수 있다. 당장의 문제, 의뢰 정보, 상담 및 치료 상황에 어떤 복합성 영역이 있는지 확인하려면 〈표 2-1〉을 보라. 특정한 내담자에게 적절한 이론과 복합성 영역들을 비교하는 데 어떤 추가적 작업이 도움이 되는지 확인하려면 〈표 2-2〉를 보라.

3~12장은 비슷한 형식을 취하고 있다. 첫째, 사례개념화와 상담 및 치료계획 과정이 인간 복합성의 한 영역을 통합한 특정한 이론적 관점에서 모델링된다. 이 모델링은 먼저 가정-기반 양식을 사용하여 이루어지며, 그다음에 두 번째 양식을 사용하여 이루어진다. 둘째, 인간 복합성의 한 영역을 통합하며 이론에 따라 도출된 사례개념화와 상담 및 치료계획을 개발할 기회, 그리고 내담자에게 효과적인 치료가 될 수 있게 스스로를 맞추는 방법에 대해 숙고할 기회가 제공된다. 이 과정에서 상담 실무가를 돕기 위한 실습이 제공된다. 마지막으로 상담 실무가가 특정한 내담자 사례의 세부사항들을 활용하여 이론, 복합성, 윤리, 개인적 성장에 관해 비판적으로 생각해 보도록 돕는 실습이 제공된다. 추가적인 기술 습득을 위해 참고 도서와 웹사이트, 영상자료를 포함한 추천 자원이 제시되어 있다.

3~12장에서 사용된 상담 면접은 이 책의 저자가 실제와 유사하게 가공한 것이다. 가상의 내담자이지만 실제 내담자와 거의 유사하다고 할 수 있다. 이 상담 면접은 모두 비밀 보장, 상담료, 그 외의 다른 상담 이슈들이 논의되는 초기의 간략한 접수면접 이후에 이루어진다. 책에 등장하는 내담자들은 실제 상담을 받는 많은 내담자와 달리 항상 첫 회기에 사례개념화를 형성하기에 충분한 정보를 제공한다. 왜 상담 면접 형식을 통해 정보를 제시하였는가? 실제 상황에서 상담 실무자는 상담면접을 통해 내담자에 관한 정보를 수집하기 때문이다. 비록 저자가 이론적 접근이 다른 각 장에 따라 자신의 관점을 바꾸긴 하지만 저자의 개인적인 양식, 세계에 대한 개인적 느낌은 이 책에 있는 모든 상담 면접에서 유지되는 것 같다. 당신의 독특한 양식과 느낌이 저자의 그것과 매우 다른 경우라 할지라도 자신이 각 장의 상담 실무자 역할을 할 수 있도록 최대한 노력하는 것이 필요하다.

3장에서는 행동주의 이론을 상담 실무에 통합하는 실습을 한다. 상담면접 1의 내담자는 분노에 가득 찬 공격적인 백인 남성이다. 두 가지 예시를 통해 행동주의 사례개념화와 상담 및 치료계획이 제시되는데, 하나는 가정-기반 초점 양식을 사용하며 다른 하나는 역사-기반 양식을 사용한다. 두 예시 모두 폭력 영역을 통합한다. 상담 면접 2의 내담자는 자신을 증오하고 거울 공포증에 걸려 있는 10대 백인 남성이다. 이 사례에서는 나이 영역을 행동주의적 사례개념화와 상담 및 치료계획에 통합하는 실습을 한다.

4장에서는 인지 이론을 상담 실무에 통합하는 실습을 한다. 상담면접 1의 내담자는 남편을 사별한 백인 여성으로, 자신의 엄격한 성적 신념으로 인해 남편을 잃은 비탄이 억제되어 있다. 두 가지 예시를 통해 인지주의 사례개념화와 상담 및 치료계획이 제시되는데, 하나는 가정-기반 양식을 사용하며 다른 하나는 진단-기반 글쓰기 양식을 사용한다. 두 예시 모두 성 영역을 통합한다. 상담면접 2의 내담자는 자신의 성적 정체성과 싸우고 있는 10대 백인 남성이다. 이 사례에서는 성적 지향의 영역을 인지주의 사례개념화와 상담 및 치료계획에 통합하는 실습을 한다.

5장에서는 인지-행동주의 이론을 상담 실무에 통합하는 실습을 한다. 상담면접 1의 내담자는 성인 딸에게 학대받고 있으며 우울증이 있는 백인 여성이다. 두 가지 예시를 통해 인지-행동주의 사례개념화와 상담 및 치료계획이 제시되는데, 하나는 가정-기반 양식을 사용하며 다른 하나는 주제-기반 글쓰기 양식을 사용한다. 두 예시 모두 사회경제적 지위 영역을 통합한다. 상담면접 2의 내담자는 독립하려는 열망을 가지고 있으며 알코올 의존증이 있는 10대 백인 여성이다. 이 사례에서는 나이 영역을 인지-행동주의 사례개념화와 상담 및 치료계획에 통합하는 실습을 한다.

6장에서는 여성주의 이론을 상담 실무에 통합하는 실습을 한다. 상담면접 1의 내담자는 경제적으로 가장 풍요로워지려는 그 순간에 아내가 자신을 떠나 버려서 그 이유가 뭔지 알고 싶고 제대로 된 결혼생활을 하고 싶은 백인 남성이다. 두 가지 예시를 통해 여성주의 사례개념화와 상담 및 치료계획이 제시되는데, 하나는 가정-기반 양식을 사용하며 다른 하나는 역사-기반 양식을 사용한다. 두 예시 모두 인종과 민족 영역을 통합한다. 상담면접 2의 내담자는 최근에 재혼했으며 두 아이가 있는 백인 여성이다. 이 사례에서는 사회경제적 지위 영역을 여성주의 사례개념화와 상담 및 치료계획에 통합하는 실습을 한다.

7장에서는 정서-초점 이론을 상담 실무에 통합하는 실습을 한다. 상담면접 1의 내담자는 자신의 성적 정체성을 대인관계에 통합시키려 하는 백인 여성이다. 두 가지 예시를 통해 정서-초점 사례개념화와 상담 및 치료계획이 제시되는데, 하나는 가정-기반 양식을 사용하며 다른 하나는 대인-기반 양식을 사용한다. 두 예시 모두 성적 지향 영역을 통합한다. 상담면접 2의 내담자는 친밀감의 거부(fears of intimacy)가 있는 10대 백인 여성이다. 이 사례에서는 폭력 영역을 정서-초점 사례개념화와 상담 및 치료계획에 통합하는 실습을 한다.

8장에서는 역동 이론을 상담 실무에 통합하는 실습을 한다. 상담면접 1의 내담자는 멕시코계 미국인 청소년 남성으로 마리화나 판매로 인해 보호관찰을 받고 있으며 책임감 있는 남자가 되고 싶어 한다. 두 가지 예시를 통해 역동적 사례개념화와 상담 및 치료계획이 제시되는데, 하나는 가정—기반 양식을 사용하며 다른 하나는 증상—기반 양식을 사용한다. 두 예시 모두 인종과 민족 영역을 통합한다. 상담면접 2의 내담자는 정서적 고립을 호소하고 있는 백인 남성이다. 이 사례에서는 성 영역을 역동적 사례개념화와 상담 및 치료계획에 통합하는 실습을 한다.

9장에서는 가족체계 이론을 상담 실무에 통합하는 실습을 한다. 상담면접 1의 내담자는 백인 어머니와 딸이다. 딸은 미성숙하며 부모의 이혼 다툼에 붙잡혀 있다. 두 가지 예시를 통해 가족체계 사례개념화와 상담 및 치료계획이 제시되는데, 하나는 가정—기반 양식을 사용하며 다른 하나는 증상—기반 양식을 사용한다. 두 예시 모두 나이 영역을 통합한다. 상담면접 2의 내담자는 딸을 사별한 아프리카계 미국인 부부이다. 이 사례에서는 인종과 민족 영역을 가족체계 사례개념화와 상담 및 치료계획에 통합하는 실습을 한다.

10장에서는 문화 치료 이론을 상담 실무에 통합하는 실습을 한다. 상담면접 1의 내담자는 회사의 CEO이며 만성적 고독감을 겪고 있는 아프리카계 미국인 남성이다. 두 가지 예시를 통해 문화적 사례개념화와 상담 및 치료계획이 제시되는데, 하나는 가정—기반 양식을 사용하며 다른 하나는 진단—기반 양식을 사용한다. 두 예시 모두 나이 영역을 통합한다. 상담면접 2의 내담자는 성인 딸에게 정신적, 신체적 학대를 당하고 있는 은퇴한 백인 남성이다. 이 사례에서는 폭력 영역을 문화적 사례개념화와 상담 및 치료계획에 통합하는 실습을 한다.

11장에서는 구성주의 이론을 상담 실무에 통합하는 실습을 한다. 상담면접 1의 내담자는 자신이 부당하게 폭력 행동 고발을 당했다고 생각하는 아프리카계 미국인 대학생이다. 두 가지 예시를 통해 구성주의 사례개념화와 상담 및 치료계획이 제시되는데, 하나는 가정—기반 양식을 사용하며 다른 하나는 증상—기반 양식을 사용한다. 두 예시 모두 사회경제적 지위 영역을 통합한다. 상담면접 2의 내담자는 아동학대 혐의로 고발된 멕시코계 미국인 어머니이다. 이 사례에서는 폭력 영역을 구성주의 사례개념화와 상담 및 치료계획에 통합하는 실습을 한다.

12장에서는 초이론 모형을 상담 실무에 통합하는 실습을 한다. 상담면접 1의 내담자는 아들을 학대하고 있는 백인 남성이다. 두 가지 예시를 통해 초이론적 사례개념화와 상담 및 치료계획이 제시되는데, 하나는 가정—기반 양식을 사용하며 다른 하나는 증상—기반 양식을 사용한다. 두 예시 모두 폭력 영역을 통합한다. 상담면접 2의 내담자는 무기력감을 호소하고 있는 수족 여성이다. 이 사례에서는 인종과 민족 영역을 초이론적 사례개념화와 상담 및 치료계획에 통합하는 실습을 한다.

13장에서는 아동기와 청소년기 내내 정서적 학대, 신체적 학대, 성적 학대의 복합적 피해

자인 수족 여성의 사례를 통해 사례개념화와 상담 및 치료계획의 개발 모델을 논의하고 확
장한다. 이 장에서 논의한 주제는 개별화된 상담 및 치료를 통해 상담 효과를 높이기, 심리
이론 연구에서 밝혀진 것을 상담 실무 실습에 통합하기, 진지한 상담 실무 실습을 통해 사례
개념화와 상담 및 치료계획을 시간의 흐름에 따라 변화시키기, 사례개념화와 상담 및 치료
계획을 개발하는 주요 지침들이다.

이 책의 마지막 부분은 각 장의 이론적 논의에서 인용된 모든 학문적 작업의 참고문헌 목
록이다.

차례

역자 서문 / 3
저자 서문 / 5

1장 │ 사례개념화와 상담계획의 개발 • 17

이론적 관점의 선택 ······ 20
팻에 대한 이론적인 이해를 발전시키기 ······ 22
사례개념화 작업의 핵심적인 특징 ······ 24
상담계획의 개발의 핵심적 특징 ······ 25
자신의 개인적 글쓰기 양식을 개발하기 ······ 26
전제들과 상담계획 양식들의 예 ······ 30
결론 ······ 45
추천 자료 ······ 46

2장 │ 인간 경험의 복합성 • 47

나이 영역 ······ 49
성(性) 영역 ······ 67
인종과 민족 영역 ······ 79
성적 지향의 영역 ······ 112
사회경제적 지위 영역 ······ 121
폭력 영역 ······ 131

결론 ····· 143

추천 자료 ····· 145

3장 | 행동주의적 사례개념화와 상담계획 • 149

행동주의 이론 소개 ····· 149

상담자의 역할 ····· 152

사례 적용: 폭력 영역의 통합 ····· 153

사례개념화 실습 사례: 나이 영역의 통합 ····· 171

추천 자료 ····· 181

4장 | 인지주의 사례개념화와 상담계획 • 183

인지 이론 소개 ····· 183

상담자의 역할 ····· 185

사례 적용: 성 영역의 통합 ····· 186

사례개념화 실습 사례: 성적 지향 영역의 통합 ····· 205

추천 자료 ····· 216

5장 | 인지-행동주의 사례개념화와 상담계획 • 219

인지-행동주의 이론 소개 ····· 219

상담자의 역할 ····· 221

사례 적용: 사회경제적 지위 영역의 통합 ····· 226

사례개념화 실습 사례: 나이 영역의 통합 ····· 246

추천 자료 ····· 257

6장 │ 여성주의 사례개념화와 상담계획 • 259

여성주의 이론 소개 ⋯⋯ 259

상담자의 역할 ⋯⋯ 263

사례 적용: 인종과 민족 영역의 통합 ⋯⋯ 266

사례개념화 실습 사례: 사회경제적 지위 영역의 통합 ⋯⋯ 292

추천 자료 ⋯⋯ 307

7장 │ 정서-초점 사례개념화와 상담계획 • 309

정서-초점 상담 소개 ⋯⋯ 309

상담자의 역할 ⋯⋯ 314

사례 적용: 성적 지향 영역의 통합 ⋯⋯ 318

사례개념화 실습 사례: 폭력 영역의 통합 ⋯⋯ 341

추천 자료 ⋯⋯ 356

8장 │ 역동적 사례개념화와 상담계획 • 359

역동 이론 소개 ⋯⋯ 359

상담자의 역할 ⋯⋯ 362

사례 적용: 인종과 민족 영역의 통합 ⋯⋯ 365

사례개념화 실습 사례: 성 영역 통합 ⋯⋯ 384

추천 자료 ⋯⋯ 395

9장 │ 가족체계 사례개념화와 상담계획 • 397

가족체계 이론 소개 ⋯⋯ 397

상담자의 역할 ⋯⋯ 402

사례 적용: 나이 영역의 통합 …… 406

사례개념화 실습 사례: 인종과 민족 영역의 통합 …… 423

추천 자료 …… 437

10장 │ 문화적 사례개념화와 상담계획 • 439

문화 치료 소개 …… 439

상담자의 역할 …… 446

사례 적용: 나이 영역의 통합 …… 450

사례개념화 실습 사례: 폭력 영역의 통합 …… 475

추천 자료 …… 492

11장 │ 구성주의 사례개념화와 상담계획 • 493

구성주의 이론 소개 …… 493

상담자의 역할 …… 496

사례 적용: 사회경제적 지위 영역의 통합 …… 501

사례개념화 실습 사례: 폭력 영역의 통합 …… 524

추천 자료 …… 540

12장 │ 초이론적 사례개념화와 상담계획 • 541

초이론에 대한 소개 …… 541

상담자의 역할 …… 545

사례 적용: 폭력 영역의 통합 …… 548

사례개념화 실습 사례: 인종과 민족 영역의 통합 …… 569

추천 자료 …… 585

13장 | 모델에 대한 토론과 확장 • 587

질 관리를 분명히 하기 위한 상담 개별화 ⋯⋯ 589

시간의 흐름에 따른 사례개념화와 상담계획 ⋯⋯ 590

결론 ⋯⋯ 595

상담 사례개념화와 상담계획을 개발할 때 특히 주의해야 할 지침들 ⋯⋯ 596

참고문헌 / 597

찾아보기 / 631

제1장 사례개념화와 상담계획의 개발

이 책의 목적은 상담자들이 효과적인 사례개념화와 상담계획의 기능들을 개발하는 데 도움을 주는 것이다. 이 장에서는 네 가지 단계를 차례로 진행해 가면서, 사례개념화와 상담계획의 개발을 위한 구조를 제공하고 있다. (1) 내담자에게 가장 적절한 이론적 관점의 선택, (2) 사례개념화의 개발에 있어서 핵심적인 특징이 되는 전제(premise)와 지원 자료의 활용, (3) 상담계획의 개발에 있어서 핵심적인 특징이 되는 장기목표와 단기목표의 활용, (4) 효과적인 개인 글쓰기 양식의 개발 등이다.

이 책의 내용은 네 단계를 통하여 상담 외적 요소들에 대한 깊이 주의를 기울이면서 그의 강점과 자원을 포함하여, 그를 상담으로 데려오는 일을 돕는 연습을 제공한다. 연습은 또한 내담자가 자신을 적절하고 믿음직하게 보도록, 희망과 기대감을 만들고, 상담자와 내담자 사이의 신뢰를 구축하고 돕는 방식으로 상담목적을 작성하는 것을 강조한다. 이들 요소들은 긍정적인 상담 동맹을 발전시키고 긍정적인 상담 성과에 도달하는 데 필수적인 것들이다 (Hubble, Duncan, & Miller, 1999).

사례개념화를 발전시키는 것은 시간이 걸리는 일인데 어째서 바로 상담계획으로 가지 않는 걸까? 답은 주의깊은 사례개념화가 없다면 상담은 혼란스러울 수 있다는 것이다. 예를 들어 보자. 베오나라는 30대 중반의 백인 여성이 그녀의 청소년 아들이 체포되었고 어떻게 해야 할지 몰라서 상담자인 당신에게 자문을 받으러 왔다. 그녀는 붙잡힌 아들이 구금상태에서 안전한지 엄청나게 걱정하고 있다. 위기 상황이기 때문에 당신은 그녀의 아들을 포함한 위기 중재를 해야 하고 그녀에게 정서적 지지를 제공하고 법적으로 대처하는 일에 대한 조언도 제공해야 한다. 당신은 다음 주에 그녀의 아들을 만나 주의깊게 상담에 임하려고 한다. 다음 만남이 있기 전에 그녀는 새로운 위기를 보고한다. 그녀는 연인과 헤어지기 직전 상황까지 와서 다급하게 상담자인 당신에게 이것을 막을 수 있도록 도와달라고 한다. 당신은 우선 그녀의 아들에게 가서 대화를 할 생각이었지만 그녀는 그녀의 이 관계 위기부터 도와달라고 한다. 당신은 위기중재를 하고 그녀에게 정서적 지지를 제공해서 그녀가 진정되게 돕고 그녀의 관계 문제에 대해 그녀와 건설적인 대화를 하려고 한다. 당신은 그녀의 아들에 대한 상담을 다음에 하기로 결정한다. 그러나 그녀는 아들을 만나러 가는 날 만취해서 나타난다. 당신은 그녀의 아들에게 무슨 일이 일어났는지, 연인과 무슨 일이 있었는지 알아보려는 노력을 하고 그녀를 집으로 돌려 보낸다. 네 번째 회기에 와서 당신은 그녀와의 상담에 대해 보다 굳건한 계획이 세워진다. 그래서 그녀가 당신에게 뭔가 이야기를 하기 전에 당신이 먼저 대화를 주도해 나간다. 그녀는 당신의 시도를 가로막고 내일까지 돈을 마련하지 못하면 현재 세든 집에서 쫓겨난다고 말한다. 그녀는 집세를 상담자인 내가 추천한 아들 문제를 다룰 변호사에게 주었다고 한다. 당신은 위기 중재 상담을 계속 해야 하고 그녀와 지역사회의 원조를 연결해 주어 그녀가 집에서 쫓겨나지 않도록 도와야 한다. 상담자로서 당신은 좌절스럽다.

그녀의 아들이 소년원에서 나왔는지 아닌지 모르고, 그녀가 연인과 어떻게 되었는지 모르고 그녀가 오래 전부터 알코올 문제를 가지고 있었는지 단순히 극도의 스트레스 때문에 일시적으로 생긴 것인지 모르기 때문에 당신은 상담을 어떻게 해야 할지 혼란스럽다. 내담자가 가져온 이 모든 위기 속에서 당신 역시 지칠지도 모르겠다.

내담자가 이러한 문제들을 상담에 가져왔을 때 내담자 아들의 어려움들의 심각함을 인정하기 때문에 당신은 여전히 첫 회기 동안에 이를 파악하려고 노력한다. 이러한 파악에 근거하여 당신은 내담자의 기본적인 문제가 무엇인지를 행동적으로 사례개념화하게 된다. 다음은 이러한 사례개념화를 위한 전제 혹은 이론에 기반한 전제들이다.

베오나는 35세의 백인여성으로서 분노를 공격적으로 표현하고 공격적으로 혹은 무시하는 방식으로 문제를 해결하는 것을 모델링하는 부모 밑에서 자랐다. 그녀의 부모는 그녀의 행동방식 혹은 그녀에게 일어난 일들을 무시하고 그녀의 잘못한 행동들이나 그녀 또래 아이들이 하는 다툼에 대해 과도하게 나무라고 학대와 같은 처벌을 하면서 그녀를 길렀다. 그녀는 주변 사람들을 세밀히 관찰하여 그들이 필요로 하는 것이 무엇인지 충족시키는 행동을 해서 사람들이 그녀를 받아들이고 그녀를 상처 주지 않도록 하는 행동방식을 발달시켜서 생존해 왔다. 그녀 자신의 욕구에 대해서는 수동적으로 접근하는 생존방식은 그녀가 혼인외 임신을 하는 결과를 가져왔다. 아들을 혼자 기르면서 그녀는 그녀의 부모보다는 나은 부모가 되어야겠다고 생각했다. 그래서 그녀는 아들의 모든 요구를 들어주고 부정하지 않는 방식으로 아들을 길렀다. 좋은 부모역할에 대한 모델이 없는 상태에서 애정 어린 부모가 되려는 그녀의 바람은 아들이 원하는 것은 무엇이건 들어주는 행동으로 이끌었다. 자식을 학대하는 부모가 되지 않겠다는 그녀의 소망은 그녀의 아들의 행동에 한계를 정해 주는 것을 할 수 없게 만들었다. 그녀는 좋은 부모가 되고 싶다는 진지한 열망을 장점으로 가지고 있으며 사람들을 잘 관찰하고 다른 사람의 기분을 잘 알아차리는 능력도 가졌다. 그녀는 평균 이상의 지능을 가졌기 때문에 그녀의 아들의 현재 행동이 어떤 결과를 가져올지를 이해할 수 있다. 그녀는 그녀와 아들이 현재 심각한 어려움에 처해 있다는 것을 매우 잘 알아차리고 있지만 그녀의 사람들 기분을 상하지 않게 하려는 경향과 허용적인 경향이 이러한 어려움과 관련된다는 것은 알아차리지 못하고 있다.

사례개념화를 하고 나서 당신은 그녀의 의사소통과 문제해결기술을 가르치려는 상담계획이 그녀에게 도움이 될 것이라고 판단하게 된다. 당신의 장기목표는 다음과 같다.

장기목표 1: 베오나는 그녀의 감정을 인식하고 주장적으로 표현하는 방법을 배울 것이다.
장기목표 2: 베오나는 타인을 비난하지 않으면서 관계 속에서 염려를 표현하는 방법을 배울 것이다.
장기목표 3: 베오나는 자신과 타인의 요구를 함께 충족하는 해법을 타협하는 방법을 배울 것이다.
장기목표 4: 베오나는 관계를 향한 그녀의 목표를 인식하는 것을 배울 것이다.
장기목표 5: 베오나는 그녀의 목표를 실행하고 성할 수 있는 작은 단계로 분할하는 것을 배울 것이다.

베오나가 두 번째 상담에 올 때, 그녀가 그녀의 아들의 법적인 문제에 대해 이야기하기를 원한다면 당신은 (1) 베오나가 경찰과 그녀의 아들과 명료하게 의사소통하는 그녀의 능력에 관해 작업하고 (2) 베오나가 아들이 체포된 상황에 관련하여 목표를 세우도록 도울 것이다. 만약 그녀가 그녀의 남자친구와의 무너지고 있는 관계에 대해 다루기를 원한다면 당신은 (1) 남자친구와 명료하게 의사소통하는 그녀의 능력에 관해 작업하고 (2) 이 관계에 관련된 목표를 세우도록 도울 것이다. 어떤 상황이건 당신은 그녀가 이야기하기를 원하는 문제를 무시하지 않는 것이 된다. 그녀가 어떤 문제를 이야기하기를 원하건 당신은 그녀가 원하는 주제에 관한 기술을 기르도록 돕는 것이 된다. 상담계획을 통해 그녀가 향상되면 그녀의 향상된 새로운 기술이 그녀에게 일어나는 다른 문제들을 잘 다루도록 돕게 될 것이다. 그래서 사례개념화를 하는 데 처음에는 시간이 걸리더라도 시간이 흐르면서 당신은 점점 더 효과적이고 효율적인 상담을 내담자에게 제공하게 될 수 있다. 지금부터 4단계의 사례개념화 과정을 팻의 사례로 상세하게 이야기해 보겠다.

이론적 관점의 선택

팻은 폭력적인 행동의 역사를 가진 25세의 백인 남성이다. 그는 술집에서 축구 시합을 본 후 만취한 상태에서 다른 남자를 공격하여 5년형을 선고받았으며, 3년을 복역한 후 4개월 반 전에 만기로 출소하였다. 그는 싸운 이유를 기억하지 못하지만 상대방이 먼저 시작한 것은 분명하다고 말했다. 그는 이 일로 첫 번째 교도소 복역을 하게 되었지만 그 전에도 술집에서 싸우다가 체포되어 벌금을 문 적은 있었다. 그의 보호관찰관은 그가 술집에서 문제를 일으키게 만드는 공격적 행동과 알코올 남용 문제를 줄이기 위해 상담을 받고 있다고 하였다.

팻은 고등학교에서 보통 정도의 학생이었으며 컴퓨터수리 전공의 자격증 취득교육을 받았다. 교도소에 가기 전 그는 작은 회사에서 컴퓨터 수리 일을 1년간 해 왔다. 그는 이 일을 1년이나 유지한 것을 자랑스러워하고 컴퓨터 일을 하는 것을 즐긴다고 했다. 그는 잠깐 쉬었지만 다시 컴퓨터 일을 할 수 있을 거라고 생각했지만, 교도소에 다녀온 후 폭력 전과가 있는 사람을 아무도 원치 않는다는 것을 이내 알게 되었다. 일을 해야겠다고 결정하고 그는 마침내 큰 백화점의 관리인 자리를 구했다. 그는 자신의 상사가 자신의 전과에도 불구하고 자기를 받아 준 사람이고 일자리 구하기가 몹시 어렵다는 것을 알게 되었기 때문에 자신의 상사에게 매우 공손하게 대했다. 자신을 혼자 있는 것을 좋아하는 사람이라고 말했지만 그는 상사와 동료들을 주의 깊게 관찰해 왔고 술래잡기/진드기(tick)의 대상으로 이해하려고 했다. 술래잡기는 그가 고등학생 때 하던 게임이다. 그는 다른 더 좋은 일을 찾기 전까지는 이 일을 잃고 싶지 않았다. 그의 보호관찰관은 그를 매주 만나 그를 향상시키려는 그의 계획을 명료하게 추진했다. 그 동안 그는 공격적으로 행동한 경우는 없었으며 폭력 문제를 일으키지 않고 직장을 잘 다니고 있었다.

그는 결혼한 적이 없으며 아이도 없다. 두 달 전부터 그는 앨리스라는 19세의 유럽계 미국 여성과 친밀한 관계를 맺게 되었다. 그는 이전에 다른 여성들과 사귀었지만 6개월을 넘긴 적이 없었다. 그는 주로 그의 이웃에 사는 여성들과 만나 친해지면 자기 집으로 들어와 살도록 해 왔다. 그는 말하기를, 그는 언제나 이런 관계가 만족스러웠는데 이들은 그가 일하러 간 사이에 갑자기 사라져 버리곤 했다. 그는 그 사람들이 왜 그를 떠났는지 이해하려 하지 않았다. 그는 자신이 남자들과 자주 싸움을 한 것은 인정한다. 교도소에 있는 동안 그는 자신이 경찰서에 가는 문제를 일으킨 것이 여자들을 지치게 만드는 작용을 했음을 깨달았고, 지금 그는 앨리스가 계속 자신에게 머무르기를 원한다.

어린 시절을 이야기해 보도록 했을 때 그는 그가 언제나 술을 마시고 싸움을 하는 두 사람에게서 길러졌다고 한다. 부모가 그러지 않은 적이 없다고 말한다. 그는 스스로를 돌봐야 했으며 부모가 그가 무언가 먹도록 돌봐 준 적도 없다고 했다. 그는 아주 어릴 때부터 음식을 손에 쥐고 집 모퉁이까지 도망가서 그것을 먹는 방법을 배웠다고 했다. 그가 부모 중 한 사람에게 들키면 그들은 그를 때리고 음식을 빼앗았다. 이웃사람들이나 선생님들 중 아무도 그가 거의 뼈만 앙상한 것이나 그가 상처자국을 가진 것을 알아보지 못했던 것으로 보인다. 그는 어린 시절, 이웃의 애완동물을 씻기거나 창고를 정리해 주는 대가로 돈을 받기도 했다. 그래서 그는 그 돈으로 음식을 살 수 있었기 때문에 일찌감치 일의 가치를 배웠다.

학교에서 그는 문제를 일으키지 않기 위해 의도적으로 별로 알려지지 않는 방식으로 살았다. 고등학생 시절 고립된 생활을 한 다음 주유소에서 처음으로 일자리를 구했다. 주유소에서 긴 시간 주유 일을 하고 나서 밤늦게 주유소가 문을 닫고 나면 그와 동료들은 숲속에서 술을 마시곤 했다. 일단 시작하면 그들은 술이 다 떨어질 때까지 계속 마셨다. 지금은 그는 일을 하는 평일에는 술을 마시지 않고 주말에만 술을 마신다.

내담자를 이해하기 위한 이론적 접근 또는 심리상담 체제는 많이 있다. 연구에 의하면, 상담자들은 흔히 선호하는 이론적 경향을 가지고 있으며, 이 선호하는 경향을 사용하여 팻의 갈등을 개념화한다(Editors of Consumer Reports, 2004; Lambert, Garfield, & Bergin, 2004). 자, 당신은 팻에게 어떤 접근법을 사용할 것인가? 당신은 당신이 개인적으로 선호하는 접근법을 택할 것이다. 내담자가 당신의 접근에 맞지 않으면 당신은 내담자를 다른 상담자에게 의뢰할 수 있다. 이것은 확실히 윤리적인 결정이다. 그렇지만 성과 연구들에 의하면 당신이 팻의 특성과 현재의 호소문제가 당신의 선택을 안내하도록 한다면 상담의 성과를 극대화할 수 있다(Hubble et al., 1999). 이론적 접근을 내담자에게 맞추는 접근 유형은 통합적 혹은 체계적 절충이라 불린다(Lambert et al., 2004).

많은 이론적 접근으로부터 팻의 호소문제를 개념화한 것이 적합하다면 선택된 이론은 중요한 영향을 줄 것이며, 이러한 영향에는 팻이 그 관점으로 자신의 문제점들을 이해/인식하는 것이 얼마나 어려울지, 그의 문제점들을 촉진시키는 것들이 얼마나 무의식적일지 또는 얼마나 깊은 무의식 속에 있을지, 그리고 이 문제점들을 해결하기 위해 얼마나 오래 상담이 이루어질지가 포함될 것이다(Prochaska & DiClemente, 1999, 2009). 예를 들어, 팻의 경우에 행동적 접근은 증상과 즉각적인 생활여건을 분석, 개입하는 것이 될 것이다. 상담회기의 초점은 최근의 폭력적 사건의 즉시적 선행요인과 결과에 두어질 것이다. 특정 폭력사건의 촉발요인과 그 결과는 직전의 과거에서 찾아질 것이므로 팻이 기억해 내고 생각하기가 비교적

쉬울 것이다.

사례개념화. 처방적 심리상담 운동은 팻의 개인적 특성들의 활용 또는 이론적 경향의 선택을 이끄는 관심사들을 드러내는 것에 강조점을 둔다. 이 입장에 따르면, 많은 이론적 관점이 팻의 어려움들에 대해 통찰들을 제공할 수 있으며, 또한 변화를 위한 건설적인 전략들을 제공할 수 있다. 시기에 따라, 또 내담자-상담자 조합에 따라 서로 다른 결정들이 내려질 수 있다(Beutler & Harwood, 1995). 예를 들어, 팻의 사례에 대한 행동주의적 접근법은 그의 증상들과 당장의 생활 환경을 분석할 것이다. 상담회기는 당장의 전력들과 최근의 폭력적 사건들의 결과에 초점을 둘 것이다. 특정한 폭력적 사건의 촉진사항들과 그것의 즉각적인 결과들이 그의 최근 과거에 포함될 것이며, 이에 따라 팻으로서는 그것들을 기억해 내고 제대로 관찰하기가 상대적으로 쉽다.

대조적으로, 팻의 사례에 대한 역동적 접근법은 폭력의 근원적 원인으로서 무의식적인 심리적 갈등들에 초점을 맞출 것이다. 팻은 그의 오래 전 과거에 있었던 사건들을 인식해 낼 필요가 있을 것이다. 예를 들어, 충족되지 못한 안전과 양육의 욕구들 등이다. 이러한 충족되지 못한 욕구들이 산출해 낸 불안을 회피하기 위해 팻은 공격적인 생활양식을 개발했어야만 했을지 모른다. 폭력 행위들을 통해 그는 외형상의 안전을 스스로 가질 수 있었다. 성인이 되면서, 그는 적대적인 세계에서 자신을 '보호'해 주는 폭력적 대인 양식을 완성해 왔다. 단지 알코올의 영향 아래에서만, 팻의 불안은 여성에게 다가가려고 시도하고 보살핌에 대한 자신의 욕구를 드러낼 수 있을 만큼 낮아졌다. 팻에게 있어서, 자신의 충족되지 못한 욕구들, 그리고 그것들에 대한 자신의 반응양식을 인식하고, 또한 더욱 적응적인 행동을 개발하기 위해서는 그의 무의식적 갈등들에 대한 중요한 통찰이 필요하다. 그래서 Prochaska와 DiClemente(1999, 2009)는 행동주의적 접근법에 비해 역동적 접근법에서 팻을 건설적으로 변화시키는 데 더 긴 상담이 필요할 것이라고 가정할 것이다.

팻에 대한 이론적인 이해를 발전시키기

팻에 대한 사례개념화를 발전시키기 위한 첫 번째 단계는 상담을 받기 시작한 시기의 그에 대한 이해를 안내할 이론적 관점을 선택하는 것이다. 이 이론적 관점은 자신이 그에게 질문할 것들의 유형을 결정할 것이며, 이에 따라 자신의 사례개념화와 상담계획에 포함되는 정보의 유형을 결정할 것이다.

팻에 대한 사례개념화는 그가 누구이고, 왜 그가 그렇게 행동하는지 이해하는 데 이론적 시각을 제공할 것이다. 일반적으로, 사례개념화에는 이론적으로 기반이 된, 그리고 내담자의 어려움들이 형성되는 과정을 포함하는 사례의 역사적 정보가 포함된다. 전문가들은 내담자들에 관한 여러 다른 유형의 보고서들을 준비하며, 이 보고서들에는 사례의 역사들, 접수 면접자료, 사정 보고서와 같은 유형의 정보가 포함될 수 있다. 각 유형의 보고서들을 구성하는 임상적 상황들이 일치하지는 않는다. 일반적으로 사례의 역사들은 내담자의 과거 역사에 관해 가장 세부적인 사항들을 제공하며, 접수상담(intakes)은 내담자의 현재 기능에 더 초점을 두며, 사정 보고서들은 심리 검사의 해석에 더 초점을 두며, 사례개념화는 상담 의사결정을 안내하는 데 사용되는 내담자에 대한 이론적 이해를 강조한다. 종합적인 내담자 파일들에는 여러 유형의 보고서들이 포함될 수 있다. 상담자가 사례 보고서에 포함시키는 것에서 필요로 하는 것은 종종 임상적으로 가장 유용한 것뿐만 아니라 법적, 또는 재정상의 요구사항들을 조합한 것이 될 것이다(American Psychiatric Association, 2002, Section 2; American Psychological Association [APA], 2007c, Guideline 2).

팻에 대한 상담계획은 그를 건설적으로 변화시키는 데 도움이 되는 활동 계획으로서, 이 계획은 이론에서 도출될 것이다. 그것은 '내담자가 분노 통제의 새로운 방법들을 학습할 것이다.'와 같이 획득 목표에 초점을 둘 수도 있고, 또는 '내담자는 화가 난다고 해서 다른 사람을 공격하지 않을 것이다.'와 같이 변화에서 요구되는 것이 될 수도 있다. 연구결과들은 내담자의 독특한 특성을 반영하여 상담계획이 설계되고 내담자의 강점과 자원을 활용하는 것이 될 때 상담의 성과가 더 긍정적임을 보여 준다(Hubble et al., 1999). 처음 세 번의 회기 안에 상담성과가 발전하는 것은 또한 내담자의 80%에서 긍정적 성과와 관련된다(Haas, Hill, Lambert, & Morrell, 2002). 그러므로 그것은 상담자가 효과적이고 시간 효율적인 상담회기들을 계획하는 데 더 유용한 도구가 된다.

상담목표를 기술하는 데 있어서 보편적으로 인정되는 공식은 없다. 보험이나 인가 기관에 제출할 서류들 때문에 상담자들이 구체적인 상담목적을 기술할 필요가 커지고 있으므로, 행동적으로 특정한, 또는 과제 특수적인 계획들을 기술하기 위한 전체적인 전략들이 개략화될 것이다(American Psychiatric Association, 2002; APA, 2007c). 연구문헌들은 상담계획이 내담자가 이해할 수 있는 작고 구체적인 표현으로 기술되고 내담자가 성취하고 싶도록 영향을 줄 수 있을 정도로 그것을 가치로운 것으로 볼 수 있는 방식으로 기술되어야 한다고 제시하고 있다(Hubble et al., 1999). 또한 작성된 목표는 내담자의 기대, 바람, 가치관에 맞아서 충분히 동기를 불러일으킬 수 있어야 한다(Egan, 2007). 또한 이 목표를 달성하기 위한 전략들이 가능할 때마다 팻의 강점과 자원을 활용하는 것이어야 한다. 상담의 효과는 이 구체적인, 또는 측정 가능한 목표들이 단계적으로 획득됨에 따라 문서화될 수 있다. 이렇게 문서화된 기록은 팻이 계속해서 희망을 가질 수 있게 도울 것이다. 이것은 효과적인 상담에 있는 공통 요인이다(Hubble et al., 1999).

사례개념화 작업의 핵심적인 특징

사례개념화를 기술할 때에는 두 가지의 핵심적인 특징이 권장된다. 첫 번째의 구조적인 특징은 전제이다. 전제는 선택된 이론적 관점의 가정에 따라 내담자의 핵심적인 강점과 약점을 간결하게 분석하는 것이다. 그것은 다양한 방식으로 구조화될 수 있지만, 항상 이론의 주요 가정들과 분명하게 연결되어야만 한다. 만일 전제가 당신에게 의미 있는 용어가 아니라면, 이 특징에 대해 내담자의 개관, 또는 임시적 진술이나 설명하는 진술, 또는 내담자의 핵심적인 특징들의 요약, 또는 논의들이 기반하고 있는 조건, 또는 결론을 내리거나 인과관계를 밝혀 결론을 도출하는 진술들, 또는 가정, 또는 주제 진술, 또는 이론—기반 도입을 제공하는 기능을 하는 것으로 생각하라. 당신은 이 일련의 대안적 핵심어들에서 당신에게 가장 명료한 의미를 가지는 용어들을 선택할 수 있을 것이다.

사례개념화의 초기에 제공되는 전제는 독자로 하여금 사례개념화에 포함될 주요 이슈들에 대해 간결하게 이해할 수 있게 한다. 이 전제에는 의뢰하는 내담자의 인구통계학적 정보와 의뢰 이유를 개관하는 것이 포함될 수 있다. 예를 들어, '팻은 25세 유럽계 미국인 남성으로서 그의 보호관찰관에 의해 폭력적 행동의 상담을 위해 의뢰되었다.' 이를 다르게 작성할 수도 있을 것이다. 예를 들어서 '팻은 상담에 두 가지의 주요한 목적을 갖고 왔다. 첫째, 앨리스와 함께하는 생활을 유지할 수 있는 것과 다시 감옥에 가지 않는 것' 혹은 '팻은 자신에게 폭력행동 문제가 있음을 인정하지 않는다. 그러나 그는 현재 자신의 생활에 있어 보호관찰관의 통제를 받고 앨리스와 불안정한 관계에 있고 자신의 일이 지루하다는 것은 인정한다.' 사례개념화의 끝에 만들어지는 전제는 개념화의 요약 또는 결론을 제공하는 기능을 한다. 그것은 모든 것을 함께 묶으며, 내담자에 대해 이해하는 주안점들을 명료하게 하는 데 도움을 준다. 면밀한 전제는 내담자의 강점과 약점들을 모두 고려할 것이다.

두 번째로 권장되는 사례개념화의 구조적 특징은 이론에 기반한 지원 자료(supporting material)이다. 그것은 또한 도입 전제에서 만들어지는 진술을 뒷받침하는 증거를 제공하는 세부적인 사례 분석으로 이해될 수 있다. 이 지원적 자료에는 전제를 인도하는 동일한 이론적 관점으로부터 내담자의 강점들(강한 점들, 긍정적 특징들, 성공들, 대처 전략들, 기술들, 변화를 촉진하는 요소들)과 약점들(염려들, 이슈들, 문제들, 증상들, 결핍된 기능들, 상담의 장벽요소들)을 철저하게 분석하는 것이 포함된다. 내담자의 과거 역사, 현재 역사, 상담회기 중의 행동관찰들에서 확인되는 정보, 그리고 다른 자료들(sources)이 내담자의 효과적인 분석을 구축하는 데 적절한 것으로서 종합적인 사례개념화에 포함될 수도 있다.

부연하는 문단들은 전제에 기반하여 구축된 조직적 구조와 일관되어야 한다. 이러한 부연 문단들의 말미에 사례개념화는 내담자의 현재 기능수준 전반에 대한 개괄을 결론적으로 제시하고 상담목적들의 일반적 진술, 이 목적들의 달성을 위한 기회, 그리고 목적 획득의 장애들을 포함해야 한다.

상담계획의 개발의 핵심적 특징

상담계획의 개발에 사용되는 것으로 두 가지의 구조적인 특징들이 제안될 것이다. 첫 번째 특징은 상담계획 개요이다. 이것은 상담계획을 어떻게 실행할 것인지에 대한 짧은 설명을 포함한 짧은 문단이 될 것이다. 내담자가 이해하기 좋은 표현으로 작성되어서 내담자가 자신의 상담계획을 자기의 것으로 가져가고 상담의 성과에 대해서도 자신의 공으로 가져갈 수 있도록 도울 것이다. 또한 이 개요는 상담을 의뢰한 편(팻의 경우 보호관찰관)에서 당신이 세운 상담계획의 취지와 상담계획 안에서 의뢰처의 적정 정도의 역할을 당신이 존중한다는 점을 이해하도록 도울 수 있다.

두 번째 구조적 특징은 사례개념화의 전제에서 발전된 주요 개념들에서 유래된 장기(주요, 의욕적인, 포괄적인, 넓은)목표의 개발이다. 이것들은 상담이 종결되는 시점에서 내담자가 이상적으로 획득할 목표들이다. 전제에 담겨 있는 정보가 장기목표들을 위한 명료한 초점을 제공할 수 있어야만 한다. 그것은 이 시기의 내담자에게 가장 중요하거나 기본이 되는 요구들을 지적할 수 있어야만 한다.

세 번째 구조적인 특징은 내담자와 상담자가 단기간 내에 완수할 것으로 기대하는 단기(작은, 간략한, 요약된, 특정한, 측정 가능한)목표들을 개발하는 것이다. 이러한 목표들은 상담의 진전을 기록하고 변화의 희망을 불러일으키고 상담자가 상담회기를 계획하도록 도울 것이다. 초반의 긍정적 변화는 성공적인 상담 궤도(trajectory)의 부분이다(Hubble et al., 1999,

Chapter 14). 내담자가 변화를 향해 내디딘 작은 발걸음을 강조하는 계획은 내담자가 긍정적 성과를 향해 나아가도록 돕는다.

모든 장기목표는 내담자가 목표달성을 향해 나가도록 하는 데 사용될 일련의 단기목표들을 가지고 있어야만 한다. 장기목표가 의욕적일수록, 더 많은 단기목표들이 개발될 필요가 있을 것이다. 만일 상담이 지연된다면, 단기목표가 너무 크거나 어려운 것일 가능성이 있으며, 그것을 더 잘게 나눌 필요가 있을 것이다. 또한 목표들이 부적절하여 다시 구안되어야 할 수도 있다.

단기목표의 개발을 위한 아이디어들은 사례개념화 안의 부연 사항들에서 올 수도 있다. 내담자의 어려움들은 물론 내담자의 강점도 상담목표와 분명히 연결된다. 효과적인 상담계획은 내담자의 강점을 이용할 것이다. 예를 들어, 만일 팻이 직장에서 자신의 공격성을 억제하는 전략들을 가지고 있다면, 직장이 아닌 다른 곳에서도 그가 이 전략들을 사용하도록 확장하는 상담목표를 세우는 식으로 이러한 강점들을 이용할 수 있을 것이다. 추가적으로, 상담자가 상담을 위해 선택한 이론적 모형에서도 아이디어가 올 수 있을 것이다. 예를 들어서 행동주의 상담에서 상담자는 교육자의 역할을 취하게 되는데 이러한 경우 상담자는 상담목표를 내담자가 숙달되어야 할 기술 혹은 이에 대한 정보에 둘 수 있다. 상담자는 장기목표와 단기목표를 내담자가 효과적으로 변화하도록 돕기 위한 실행계획을 제공하는 데 둘 수 있다.

이 책에서 하게 될 사례개념화 연습은 당신이 상담목표를 (1) 내담자가 이해할 수 있는 구체적 용어로 진술하고, (2) 내담자가 달성하기를 원하는 것과 일치하게 진술하고, (3) 내담자에게 가장 동기부여가 되는 목표, 즉 내담자가 도달할 것으로 보이는 내용으로 개발하도록 안내할 것이다. 어떤 사례들에서는 상담에서 모든 장기목표가 동시에 작동될 수도 있다. 또 어떤 사례들에서는 각각의 목표가 이전 목표 위에 구축되기 때문에 목표 수행이 특정한 순서를 가질 수도 있다. 계획 수행 전략은 상담계획 개요 안에 포함되어 있어야 하고 내담자에게 명료하게 설명되어야 하며 긍정적인 상담성과를 달성하는 데 결정적으로 중요한 상담관계를 구축할 수 있어야 한다(Hubble et al., 1999; Lambert et al., 2004).

자신의 개인적 글쓰기 양식을 개발하기

전문적인 글쓰기를 위해서는 분명하고 특수한 조직적 계획이 필요하다. 이 계획에는, 효과적인 사례개념화와 상담계획을 구조화하는 많은 다양한 양식이 있다. 자신이 지금까지 훈련받은 것, 또는 세계를 보는 양식에 기반해서 보면 처음에는 전문적인 글쓰기가 마치 자신에게 가장 쉬운 양식을 포기하도록 요구하는 것처럼 보일 수도 있다. 훈련을 위해서는 제공되는 사례들에 대해 하나의 특정 양식에 따를(또는 구조적 전략의 단일 형태를 사용할) 수 있기 때문에 이러한 생각을 쉽게 하게 된다. 이 책을 통한 사례개념화 연습은 사례개념화의 6가지 다른 스타일을 효율적으로 모델링하여 다양한 글쓰기 양식의 적절성과 힘을 배우게 돕고자 한다. 이를 통해 당신이 당신 고유의 전문적 글쓰기 스타일을 확인하고 연습하고 개발하게 되기를 바란다.

〈표 1-1〉은 각 장에서 제시된 사례개념화와 상담계획 사례들의 영역, 장, 양식, 그리고 형식 이 책의 각 장은 두 개의 사례개념화 사례를 보여 준다. 첫 번째 사례는 사례를 조직화하도록 안내하기 위해 이론적 가정을 사용한다. 두 번째 사례는 내담자와의 연결에 있어서 특별히 강력할 수 있는 또 다른 양식으로 작성된 것이다(〈표 1-1〉 참조). 연구에 의하면 희망을 불어넣는 것이 긍정적 상담성과를 위해 중요한 요인이다(Wampold, 2010). 상담자들이 이렇게 내담자에 대한 개인적 관점을 반영한 글쓰기 스타일을 적용할 때 내담자의 상담에 대한 희망과 상담에 대한 주인의식을 증진할 수 있다. 장의 마지막 부분에는 당신이 내담자에게 적용할 수 있는 사례개념화와 상담계획의 여섯 가지 글쓰기 양식의 요약이 제시되어 있다. 각 예에는 전제, 상담계획 개요, 장에 따라 완성된 상담계획이 포함되어 있다. 이 예들은 글쓰기 양식 대 이론에 기반한 차이를 부각하기 위해 팻의 사례를 행동적으로 분석한 내용에 바탕을 두었다. 그것들을 묘사하는 이름표인 가정-기반, 증상-기반, 대인관계 기반, 역사 기반, 주제-기반, 그리고 진단-기반은 저자가 이름 붙인 것이다.

〈표 1-1〉 각 장에서 제시된 사례개념화와 상담계획 사례들의 영역, 장, 양식, 그리고 형식

영역	장	양식	형식
폭력	3	이론적 가정, 역사	기본, 문제
성	4	이론적 가정, 진단	기본, 사정
사회경제적 지위	5	이론적 가정, 주제	기본, 문제
인종과 민족	6	이론적 가정, 역사	기본, 문제
성적 지향	7	이론적 가정, 대인관계	문제, 기본
인종과 민족	8	이론적 가정, 대인관계	기본, 기본
나이	9	이론적 가정, 증상	문제, 기본
나이	10	이론적 가정, 진단	문제, 사정
사회경제적 지위	11	이론적 가정, 증상	문제, 문제
폭력	12	이론적 가정, 주제	문제, 문제

가정-기반 양식은 팻에 관한 정보를 그의 역동을 이해하기 위해 선택된 심리적 이론의 주요 가정들 측면에서 구조화한다. 전제의 주제 문장들, 부연 문단들, 장기목표가 모두 이론적 가정에 따라 구성된다. 각 장안에서 이 스타일을 사용하여 완성된 사례개념화 내용이 제시된다.

증상-기반 양식은 팻에 관한 정보를 그가 상담에서 보여 주는 주요 증상 측면에서 구조화한다. 그래서 전제의 주제 문장은 사례개념화 내에서 다뤄지는 모든 증상을 부각하게 되고 각각의 장기목표 역시 이들 증상에 초점을 두게 된다. 이 양식을 사용한 사례개념화를 모두 읽기 위해서는 9장의 앨리스 사례와 11장의 스카랴 사례를 읽기 바란다.

대인관계 기반 양식은 팻에 관한 정보를 중요한 타인들에 대한 그의 관계 측면에서 구조화한다. 내담자에게 중요한 관계들을 전제로서의 주제 문장으로 구성하고 각각의 관계와 관련된 장기목표가 제시된다. 각각의 관계에 대해 이를 부연하는 내용 문단이 작성된다. 경우에 따라 그것이 적절하다면, 내담자와 내담자 자신과의 관계에 초점을 맞춘 부연 문단도 제시하게 될 것이다. 이것은 내담자의 정체성, 자존감, 세계관, 혹은 사례개념화를 위해 상담자가 선택한 이론에 수반되는 자기에 초점이 있는 주제들(self-focused issues)을 다루는 데 유용할 것이다. 이 양식으로 작성된 사례개념화 전체 내용은 7장 엘렌, 8장 서지오의 사례에서 볼 수 있다.

역사-기반 양식은 팻에 관한 정보를 과거에서 현재까지 또는 현재에서 과거까지의 그의 개인사에 기반하여 구조화한다. 사례개념화 안에서 다루는 것으로 선택된 기간들은 내담자의 요구와 현재 여건들에 따라 개별적으로 다뤄진다. 기간은 초기아동기, 초등학교 시절, 고등학교 시절, 대학 시절, 성인기 등을 예로 들 수 있겠다. 혹은 발달에 지장이 초래된 성인기 동안에 일어난 일로서는 대학 시절, 전쟁시기의 군복무, 제대후 사회 복귀, 이혼 등이 상담 주제가 될 수 있을 것이다. 내담자가 어린아이라면 신체적 발달, 인지 발달, 심리적 발달과 같은 주제에 기반하여 정보를 조직하는 것이 적절할 것이다. 역사적 양식으로 작성된 사례개념화 내용 전체는 3장에 제시된 제프와 6장에 제시된 존의 사례를 읽어 보기 바란다.

주제-기반 양식은 팻의 행동이나 세계관을 전형화하는 주요 주제 또는 은유에 관련된 팻의 정보를 구조화한다. 이 양식에서 주제가 전제의 주제 문장으로 작성된다. 각각의 장기목표는 내담자의 사소한 이야기나 정보들 안에 있는 유의미한 것들을 포착함으로 인해 선택된 가정 저변의 주제를 활용하여 수립된다. 부연된 문단들은 각 주제의 맥락 안에서 내담자의 삶의 중요한 영역 혹은 측면을 설명하게 된다. 이 양식으로 작성된 전체 사례개념화 내용은 5장에 제시된 앤, 12장에 제시된 제이크의 사례를 참고하기 바란다.

진단-기반 양식은 팻에 관한 정보를 APA(2013)에서 만든 형식적인 진단 틀인 DSM-5의 기준에 따라 구조화한다. DSM-5가 증상을 조직화한 것이기 때문에 진단 양식 사례개념화는 증상 양식과 매우 비슷하다. 다만, 진단기반 양식은 대부분 의학적 세팅 안에서 요구된다는 점에서 차이가 있다. 이 양식의 전제는 세부적 내용이 아니라, 하나 혹은 그 이상의 정신적 장애 진단을 보여 주는 주요한 데이터를 포함하여 이에 관련된 사람들에게 임상적 주의를 요하는 초점을 제공하거나 특별히 치료를 요하는 장애가 없음을 보여 주는 정보를 제공해야 한다. 전제의 주요 문장은 내담자의 주요 증상을 부각한다. 각각의 장기목표 역시 하나의 증상을 부각할 것이다. 주요 증상이 하나만 있다면 각 장기목표는 내담자의 직장인, 남편, 아버지 같은 주요 역할상의 기능 수준을 다루어야 할 것이다. 각각의 부연 문단은 각기 하나의 증상에 초점을 맞추거나 그의 주요 역할상의 현재 기능수준에 초점을 두게 될 것이다. 진단 기반 양식으로 작성된 사례개념화 내용 전체를 보려면 4장과 10장에 제시된 마리와 앰버의 사례를 읽어 보기 바란다.

여섯 가지의 모델화된 양식들이 모든 것을 포괄하는 것이 아니다. 다른 전략들이 효과적으로 활용될 수 있을 것이다. 전문적인 글쓰기는 그 양식에서 매우 큰 융통성을 허용한다. 그렇지만 내담자와 내담자와의 상담계획을 이해하려고 노력하는 다른 전문가들에게 의미가 통하는 명료한 구조적 계획이 있어야만 한다. 슈퍼비전을 받아야 할 필요가 있거나 인증기관에 의해 검토되어야 할 때, 법정 명령에 의해 평가해야 할 때, 당신의 사례를 다른 전문가에게 급히 의뢰해야 할 필요가 있을 때 등 사례개념화 내용에 포함되어 내용이 작성되어야 할 다른 경우들이 있다(APA, 2007c, Guideline 5).

당신이 한 사례개념화는 전제와 지원적인 세부사항이 병렬적 구조를 따라야 할까? 그렇지 않다. 이론적 가정에 기반한 사례개념화가 그 이론적 가정에서 표현된 상담목표들로 이어질 필요는 없다. 그렇지만 이것은 자신이 하는 상담상의 의사결정을 정당화하는 효과적인 전략이 될 수 있다. 팻이 자신의 문제에 대해 술에 쩔어 자신을 무시한 부모가 원인이라고 한다면 발달적으로 표현된 상담목표를 세우고 상담을 하는 경우에 가장 동기부여가 될 것이다. 그와의 상담계획이 그의 문제가 그의 탓이 아니고 그가 필요로 하는 돌봄을 주지 못한 술꾼 부모의 탓이라고 생각하는 그의 기대를 충족한다면 상담에서 그것을 다루는 것이 그의 상담 참여 동기를 더 높일 것이다.

상담계획의 목표들을 제시하는 표준화된 형식은 없다. 서로 다른 상담자들과 임상 환경에 따라 선호되어 온 형식들이 있다. 이 장의 끝 부분에는 세 가지의 형식이 사례를 통해 모델로 제시되어 있다. 이것들에는 기본 형식(상담계획 1~3), 문제 형식(상담계획 4~5), 그리고 사정 형식(상담계획 6)으로 이름을 붙였다.

'기본 형식'에서는 내담자가 성취, 학습, 계발할 필요가 있는 것들을 목표로 기술한다. 내담자를 동기부여할 수 있는 형식이다. 이 형식은 자신이 여하한 문제를 가지고 있다고 할 때 매우 부정적 반응을 보이는 내담자에게 유용하다. '문제 형식'은 감소시킬 필요가 있는 내담자의 부적응적 행동 혹은 주제를 목표로 기술한 것이다. 자신의 행동으로 인해 매우 좌절하여 변화할 준비가 되어 있는 내담자를 동기부여할 수 있다. 또한 자녀의 부적응적 행동으로 좌절스러운 부모나 재발방지를 위해 보호관찰을 해야 할 보호관찰관에게도 유용하다. 사정 형식은 의학적 세팅에서 일반적으로 사용될 수 있다. 이 형식은 의학박사인 Lawrence L. Weed에 의해 처음으로 개발되었다. 그는 이 형식을 '문제 기반 의학적 기록(Problem—Oriented Medical Record: POMR)'과 함께 개발했다.

Weed 박사는 환자의 현재 문제, 이 문제의 현 상태, 이 문제를 다루는 즉각적인 계획, 그리고 이러한 계획을 선택한 이유를 명료하게 보여 줄 수 있는 의학적 기록을 만들고 싶었다. 임상적으로 볼 때 장기목표보다는 매일 새로운 사정(단기목표)을 기록할 필요가 있었다. S는 내담자에 의해 제공되는 주관적 데이터를 말한다. O는 내담자에 대한 사정평가나 검사를 통해 발전된 객관적 데이터를 말한다. A는 S와 O데이터에 근거한 임상가의 사정평가를 말한다. P는 내담자와의 즉각적인 대면(vis-à-vis) 상담계획을 말한다. 이 책에 제시되는 S, O, A 부분은 Bacigalupe(2008)와 Keenan(2008)이 Weed 박사의 SOAP 양식을 사용하는 방법을 학생들에게 연습시키기 위해 웹에 올린 내용에서 제시한 절차에 준한다. P 부분은 장기, 단기목표를 포함하는 방식으로 확장되었다.

이 세 가지 형식은 상담자인 당신을 격려하기 위한 것이다. 만약 당신에게 선택의 자유가 있다면 당신이 내담자에게 가장 생산적인 변화를 가져올 것이라 믿는 형식을 선택할 수 있을 것이다.

전제들과 상담계획 양식들의 예

모든 사례는 앞에서 제시한 팻의 사례에 관한 통찰들을 제공한다. 상담자는 팻의 보호관찰관과 협의를 하였고 팻을 접수면접하여 팻에 대한 정보가 많다고 가정하자. 각 예를 읽어 나가면서 상담자가 팻이 타인에게 끼칠 잠재적인 해를 살필 것이며 이것을 상담목표로 도출할 것인지를 검토할 것이라 가정하자. 모든 예는 글쓰기 양식의 차이는 있지만 행동주의 이론에 기반하였다.

행동주의 이론을 선택한 이유는 이 이론이 팻의 고유한 특징을 고려하는 데 장점이 많다는 점이다. 이 이론은 행동지향적이고 또, 팻은 짧은 보폭의 상담을 선호한다. 팻은 교도소에 있었고, 따라서 매우 구조화된 접근으로 다가가야 하며, 그에게 부담이 되거나 특이해 보이는 접근이 아니어야 한다. 하지만 지난 3년간 그가 익숙해져 온 환경보다는 덜 구조적이어야 한다. 결국 행동주의적 목표의 달성은 비교적 빠른 것이고 이 빠른 반응이 그가 다시 감옥에 가지 않도록 하기 위해 필요할 것이다.

전제 1: 가정-기반 양식

팻의 어린 시절의 학습 경험은 그의 삶 모든 측면에서 공격적인 전략들을 사용하도록, 정서적 취약성은 처벌받는 것으로 가르쳐 왔다. 팻은 그의 부모를 관찰하며 배웠다. 그는 언어적, 물리적 공격의 전문가였고 정서적으로 민감해지는 것을 두려워하고 성적 흥분과 물리적 지배와 관련된 학습을 해 왔다. 그는 또 술은 홀짝거리며 마시는 것이 아니라 들이키는 것이고 아이들의 욕구는 부적절한 것으로 여겨지는 것을 보아 왔다. 그의 부모는 팻에게 긍정적인 강화를 주지 않았고 정서적 조절이나 비폭력적인 문제해결을 보여 준 적이 없었다. 그가 부모를 다루는 유일한 전략은 빨리 먹어 치우고 먹을 것을 잘 숨기는 것이었고 이것만이 그에게 긍정적 결과를 가져왔다. 폭력적 양육에도 불구하고 팻은 이웃 어른들에게 그의 폭력적 충동을 잘 숨기는 것을 학습했다. 이 이웃들은 그가 믿을 만하고 열심히 일하면 돈을 주는 좋은 자원이었다. 또 팻은 학교에서 잘 드러나지 않는 것이 안전하다는 것을 배웠다. 아버지는 정기적으로 그의 어머니를 구타하였다. 그는 그의 공격성을 숨기는 데, 술을 마셨을 때 특히 어려움이 있었지만 그는 고등학교를 졸업했고 자격증 공부도 마칠 수 있었다. 그는 또한 자신이 섹스파트너를 갈아 치우며 살기보다는 한 여성과 안정적 관계를 갖기를 원한다는 것도 알았다. 팻의 강점은 타인들을 관찰하면서 학습하는 그의 능력이다. 그는 사람들을 관찰하는 데 지속적인 관심이 있으며 어떤 환경에서는 자신의 공격성을 억제할 수 있어서, 멈춤 사인들을 알아차리고 생각하고, 직장에서 그리고 보호관찰 세팅과 상담에서의 친사회적인 역할모델로부터 배울 수 있다.

상담계획 1: 가정-기반 양식

상담계획 개관: 그의 가장 강력한 동기는 로맨틱한 관계를 유지하는 것과 감옥에 다시 가지 않는 것이다. 그래서 그의 상담계획은 이러한 주제들에 초점을 두게 될 것이다. 팻의 보호관찰관은 그를 매주 만나서 그가 폭력적 행동에 관여되지 않았음을 확인할 것이다. 팻은 보호관찰관과의 면담이 그의 과거 폭력 행위를 언급하는 데 치중되는 것이 싫었다. 보호관찰관은 팻이 지난 한 주 동안 보호관찰에서 기대하는 좋은 생활을 하고 대인관계에서 폭력적인 행동을 통제하려 노력하는 데 긍정적 강화를 주려고 노력할 것이다. 장기목표 1과 2는 동시에 다루어질 것이다. 상담계획은 기본적 형식을 따른다.

장기목표 1: 팻은 앨리스와의 관계에서 그의 강점을 사용한 친사회적 행동이 가져오는 긍, 부정적 결과를 인식하는 것을 배우게 될 것이다.

❖ 단기목표들

1. 시간에 맞게 오고, 정기적으로 오고, 예의바르게 행동하고, 위협을 하지 않는 것과 같은 건설적인 상담 행동들이 나타날 때마다 관계-구축 행동으로 기록될 것이다.
2. 팻은 상담자가 그에게 주는 반응들(미소 짓거나 편안한 제스처를 취하거나 팻에게 다가오는 반응들 등)이 편안하거나 스트레스를 주는 관계에서 주는 느낌을 고려할 것이다. 그래서 신뢰와 좋은 느낌들을 구축하는 이러한 행동들의 결과들이 명백하게 될 것이다.
3. 팻은 상담관계 안에서 그가 원래 하던 즉각적 반응들을 조율하는 연습을 하게 될 것이다. 상담자와의 상호작용에서 그가 사용하는 명백하거나 미묘한 단서들을 확인할 것이며 편안하거나 스트레스를 주는 관계를 구축하는 경험을 할 때마다 상담자에게 그 단서들에 대해 물을 것이다.
4. 팻은 앨리스가 그가 집에 왔을 때 그가 계속하기를 원하는 행동들을 하는 것에 관해 상담자와 이야기할 것이다.
5. 팻은 앨리스와 긍정적 관계를 구축하기 위해, 그가 하고 싶지 않은 행동을 했을 때 앨리스가 하는 행동을 무시하는 것과 그가 원하는 행동을 할 때 긍정적 반응을 제공하는 것의 실과 득에 대해 상담자와 이야기할 것이다.
6. 팻은 감옥에 다시 가거나 앨리스와의 관계를 손상시킬 수 있는 행동들을 통제하기 위해 자신에게 줄 수 있는 반응으로서 심호흡, 점진적 긴장이완, 자기최면의 작용을 배울 것이다.

7. 팻은 그가 화날 만한 상황에서 그의 부정적 행동을 통제하는 방법을 선택하고 상담자와 역할연습을 할 것이다.

8. 팻은 퇴근해서 집으로 들어가기 전에 즉각적으로 이완하는 방법으로서 그에게 맞는 것을 찾아서 사용할 것이다.

9. 장기목표 1을 달성하기 위해 개발할 필요가 있는 다른 목표들

장기목표 2: 팻은 그의 상사, 직장동료, 고객들이 그에게 하는 긍정적, 부정적 반응들에 당면할 때, 어떻게 언어적 물리적 공격에 연루되지 않을 수 있는지 스스로 판단하기 위해 그의 관찰 기술을 사용할 것이다.

장기목표 3: 팻은 다른 사람들의 행동에 반영적으로 긍정, 부정적 반응을 할 때 그의 몸을 어떻게 조율하고 어떻게 인식할지, 또한 그가 이러한 행동을 계속 학습하기를 원하는지 아닌지 스스로 판단하는 것을 배울 것이다.

전제 2: 증상-기반 양식

　팻의 가장 심각한 문제점들은 그의 남성들과의 폭력적 싸움과 과도한 음주, 그래서 여성들과의 적응적 관계를 유지하지 못하는 것과 관련된다. 행동주의적 관점에서 볼 때, 이러한 충동 조절의 어려움들은 공격적인 부모의 행동 모델링, 친사회적 기술들의 학습을 위한 도움의 결핍 등 잘못된 학습경험들로 인해 발전되어 온 것으로 볼 수 있다. 팻의 부모들은 술은 취하려고 마시는 것이라는 것을 팻에게 가르쳤다. 음주에 관한 이러한 학습경험은 주유소에서 과음하는 동료들에 의해 더 강화되었다. 그래서 팻은 비폭력적인 갈등 해결 전략을 발전시키는 것을 배우지 못했다. 팻은 열심히 일하고 견디고 분노를 억압하는 것을 학교와 직장에서 배웠다. 그의 호기심 덕분에 직장에서 사람들이 어떻게 행동하는지 관찰하는 강력한 기술을 개발했다. 이러한 강점은 상담 경험 안에서 새로운 행동을 학습하는 것을 지지한다.

상담계획 2: 증상-기반 양식

상담계획 개관: 보호관찰관은 팻의 음주 수준과 공격행동을 점검하고 있다. 팻이 통제를 못하면 그의 보호관찰이 취소될 것이고 그는 다시 수감될 것이다. 팻은 그의 공격적 충동들을 계

속 통제할 수 있는 행동 전략들을 발전시킬 것이다. 그는 명료하게 생각하고 자신을 재수감시킬 수 있는 상황을 피해야 한다는 것을 인식하는 법을 배울 것이다. 팻은 자신의 과도한 음주와 공격성 문제는 인정하지 않지만 그가 앨리스와의 관계를 잃고 싶지 않다는 것과 재수감되는 것을 원하지 않는다는 것은 인정한다. 장기목표 1, 2, 3은 팻이 법에 위배되는 행동을 하는 것을 줄이는 목적으로 동시에 다루어질 것이다. 상담계획은 기본적 형식을 따른다.

장기목표 1: 팻이 재수감되지 않도록 그의 폭력적인 행동을 줄여 나갈 것이다.

❖ 단기목표들

1. 팻은 그를 감옥에 가게 만들었던 이전의 싸움들에 대해 이야기를 나눌 것이다.
2. 팻은 그를 감옥에 가게 만들었던 싸움들의 즉각적 결과와 장기적 결과들(긍정적, 부정적)에 대해 이야기를 나눌 것이다.
3. 팻은 타인들과 싸운 후에 어떤 결과가 되기를 자신이 원하는지 고려할 것이다.
4. 팻은 항상적으로 자신을 통제할 수 있기 위해 언어적 · 물리적으로 공격적인 생각, 감정, 행동을 갖기 직전에 어떤 일이 일어나는지 인식하게 될 것이다.
   a. 상담자는 상담에서 무엇을 할 것인지 팻에게 먼저 설명한 다음에, 그가 화가 나기 시작할 때 그가 알아차림을 갖도록 돕기 위해 과거에 팻을 분노하게 만들었던 일들을 상담 시간과 보호관찰 면담 속에서 의도적으로 제기하고 다룰 것이다.
   b. 상담자는 (a)와 동일한 절차에 따라, 직장에서 최근에 화가 난 일에 대해 팻에게 묻고 다룰 것이다.
   c. 상담자는 (a)와 동일한 절차에 따라, 앨리스와 혹은 이웃들과의 사이에서 최근에 화가 난 일에 대해 팻에게 묻고 다룰 것이다.
5. 팻은 그가 언어적 또는 물리적으로 공격적 (사고, 느낌, 행동)을 갖게 된 직후에 어떤 일이 있었는지 인식하고 그것이 긍정적인 결과를 가져오는지 부정적 결과를 가져오는지 판단하게 될 것이다.
   a. 팻은 상담자와 함께 상담회기 내에서 공격적 사고, 감정, 행동이 올라올 때 이것을 다루고 이것이 그의 통제하에 있었는지 이야기를 나눌 것이다.
   b. 팻은 상담자와 함께 직장에서 공격적 사고, 감정, 행동이 올라왔을 때를 다루고 이것이 그의 통제하에 있었는지 이야기를 나눌 것이다.
   c. 팻은 상담자와 함께 집에서 공격적 사고, 감정, 행동이 올라왔을 때를 다루고 이것이

그의 통제하에 있었는지 이야기를 나눌 것이다.

6. 팻은 자신이 언어적 또는 물리적으로 공격적으로 될 것 같다고 느낄 때 개인적인 휴식시간(깊게 숨쉬기, 눈길 돌리기, 지나가기 등)을 가지는 것에 대해 고려할 것이다.

   a. 팻은 깊게 숨쉬는 법, 다른 형태의 점진적 근육이완, 자기최면 등 자신을 차분하게 만들 수 있는 능력을 개발할 것이다.

   b. 팻은 자신이 가장 자신을 통제하고 있다고 느끼게 만들어 줄 이완방법을 선택할 것이다.

   c. 팻은 집이나 직장에서 자신을 통제할 수 있다고 느낄 수 있도록 최근 겪은 일 하나를 떠올려서 이 방법들 중 하나를 시도해 볼 것이다.

   d. 팻은 상담회기 내에서 상담자에게 화가 나는 순간을 알아차리고 분노를 통제하는 것을 연습할 것이다.

   e. 팻은 집에서 앨리스에게 화가 날 때 이 방법들 중 하나를 시도해 볼 것이다.

   f. 다른 사람이 그를 자극한다고 느낄 때 자신을 통제하고 있다고 확신하도록 하기에 적절한 방법을 갖도록 다른 목표들을 다룰 것이다.

7. 팻은 상담회기에서 그가 원한다면 자극을 주는 상황에서 사용할 수 있는, 공격적 행동을 가지고 있지 않은 문제해결 전략들을 배울 것이다.

   a. 팻은 최근 대인 갈등 상황에서 가장 달성하고 싶은 것을 확인하고 이를 달성했는지를 확인해 볼 것이다.

   b. 팻은 상담자와 상담회기에서의 롤플레이를 통해 갈등상황 속에서 언어적 주장, 공격, 수동 반응들을 알아차리는 것을 배울 것이다.

   c. 팻은 어떤 반응이 그가 재수감되는 일을 방지하면서도 그가 바라는 것을 가져오는 종류인지를 고려할 것이다.

   d. 팻은 상담회기 내에서 상담자와의 롤플레이를 통해 법적 문제를 일으키지 않고 그가 원하는 것을 얻을 수 있는 주장적 언어반응을 연습할 것이다.

   e. 팻은 보호관찰관과의 면담에서 갈등이 있을 때 연습한 반응을 실행해 볼 것이다(보호관찰관에게 미리 이러한 계획을 통보하여, 팻이 연습해 볼 기회를 가질 수 잇게 할 것이다).

   f. 팻이 충분한 정도로 연습이 되면 상담회기 안에서, 집에서 앨리스에게 화가 날 때 이 방법들 중 하나를 시도해 볼 수 있도록 응용된 새로운 행동들을 연습해 볼 것이다.

장기목표 2: 재수감 위험을 줄이기 위해 그가 언제나 통제가능하다고 느낄 수 있는 정도까지 팻의 음주를 점점 줄여 나갈 것이다.

장기목표 3: 앨리스 혹은 다른 여성들과의 관계를 유지할 수 있도록 그의 관계 구축 기술을
증진할 것이다.

전제 3: 대인관계 기반 양식

자기 자신, 동료들, 현재 자신의 가족, 확대가족, 또는 타인들과의 어떤 관계에서도, 팻은 폭력적이고 충동적이지 않은 사회적 관계들을 맺는 방법을 학습하지 못했다. 팻의 부모는 서로 폭력적이고 술에 취한 관계를 보여 주었다. 맞지 않기 위해서 팻은 부모로부터 숨었고 자신과 함께 술 마시는 친구들만이 가장 가까운 사이였다. 그는 부모로부터 술을 마셨다 하면 기억이 끊어질 때까지 마시는 행태를 배웠다. 술집에서 그는 싸워 이기는 법을 배웠다. 그는 경찰이 올 때까지 싸웠으며 감옥에 갈 때까지는 경찰에게 처벌받는 것보다 싸움을 통해 갖게 되는 지배감이 더 큰 강화가 되었다. 그는 과거에 친밀한 관계 경험이 부족했지만 한 여성과 지속되는 긴 관계를 갖기를 결심했다. 그는 자신이 일하는 백화점에서 다른 남자들과 언어적, 신체적 폭력을 보여 주지 않았으며 고용 상태를 유지하는 것이 중요하다고 보고 이에 동기화되었다. 팻은 머리가 좋아서 이러한 동기화가 되면 빠르게 학습을 할 수 있다. 팻은 타인들을 관찰하여 학습하는 것에 지속적인 관심을 보였다. 상담을 통해 이러한 기술들을 극대화하는 것이 팻이 파괴적인 학습 역사 극복의 예후를 증진하는 데 도움이 될 것이다. 팻이 가장 중요하게 여기는, 앨리스와의 굳건한 관계를 가지는 것과 감옥에 다시 가지 않는 것에 그는 가장 동기화될 것이다.

상담계획 3: 대인관계 기반 양식

상담계획 개관: 팻의 가장 강한 상담 동기는 앨리스와의 관계를 유지하고 감옥에 다시 가지 않는 것이다. 그러므로 그의 상담목표는 관계 형성 기술에 초점을 맞추어 그의 동기를 이용하도록 고안될 것이다. 먼저 관계 구축 기술에 관한 책을 읽고, 왜 그리고 어떻게 이러한 기술을 가질지 발견하도록 상담자와 토의하는 것으로 상담을 시작할 것이다. 이것이 되면 팻은 그의 삶에서 경험한 주요한 관계들을 분석하고 법을 어기지 않고 더나은 일자리를 얻고 앨리스와의 관계를 유지하도록 그를 돕는 다른 사람들과의 관계에 새로운 기술을 사용해 보도록 결정하게 될 것이다. 장기목표 1에 관한 작업을 먼저 하고 그런 다음에 장기목표 2와 3, 4는 동시에 다루어질 것이다. 상담계획은 기본적 형식을 따른다.

장기목표 1: 팻은 관계 구축행동, 손상행동, 중립적 행동의 개념을 설명하는 책을 읽을 것이며 그의 대인관계에 이러한 기술을 더 의식적으로 사용하고 싶은지 생각하게 될 것이다.

❖ 단기목표들

1. 팻은 상담 동안에 책에서 읽은 것들 중에서, 관계를 구축하는 행동, 관계를 손상시키는 행동, 그리고 중립적 행동들을 분류하는 방법에 대해 이야기를 나눌 것이다.
2. 팻은 그가 시청하는 TV쇼에 나오는 대인관계를 관찰하고 관계를 구축하는 행동, 관계를 손상시키는 행동, 그리고 중립적 행동들을 기록하여 상담 시간에 이야기를 나눌 것이다.
3. 팻은 그의 상사를 관찰하여 관계를 구축하는 행동, 관계를 손상시키는 행동, 그리고 중립적 행동들을 기록한 다음 상담 시간에 이에 대해 이야기를 나눌 것이다.
4. 팻은 출근길에 관찰한 관계를 구축하는 행동, 관계를 손상시키는 행동, 그리고 중립적 행동들을 기록한 다음 상담 시간에 이에 대해 이야기를 나눌 것이다.
5. 팻은 상담자와 대인관계 기술이 나오는 영화를 감상하고 거기에 나오는 기술을 자신의 대인관계에서 사용하는 것의 득실에 대해 이야기를 나눌 것이다.
6. 필요하다면, 대인관계 행동유형의 차이를 명료화하는 데 도움이 되는 다른 목표들을 수립할 것이다.

장기목표 2: 팻은 부모와의 관계에서 관계 구축 행동, 관계 손상 행동, 그리고 중립적 행동들의 예를 분석하고 부모의 대인관계 행동들이 부모의 결혼관계와 팻 자신에게 미친 영향을 고려할 것이다.

장기목표 3: 팻은 또래친구들과 자신의 관계에서 관계 구축 행동, 관계 손상 행동, 그리고 중립적 행동들의 예를 분석하고 현재와 미래에 친구들과의 관계의 어떤 부분이건 변화시키기를 원하는지 고려할 것이다.

장기목표 4: 팻은 앨리스와의 관계에서 관계 구축 행동, 관계 손상 행동, 그리고 중립적 행동들의 예를 분석하고 현재와 미래에 앨리스와의 관계의 어떤 부분이건 변화시키기를 원하는지 고려할 것이다.

전제 4: 발달 기반 양식

팻이 아동기에서부터 청소년기까지 죽 발전시킨 것처럼, 그의 세계는 폭력적이고 무시되는 것으로서 스스로 생존해야만 하는 것이었다. 이웃과 학교의 어른들은 신체 학대가 정상적이라는 생각을 강화하였고 먹을 것과 돈을 얻기 위해서는 힘들게 일해야 한다는 것을 가르쳤다. 어른이 된 팻은 성인 여성과 관계를 맺는 것에 매우 강하게 동기화되었다. 팻은 그의 부모와 같은 남녀 관계를 원치 않았지만 어떻게 관계를 성공시키거나 실패시키는지에 대해 알지 못했다. 달라지고 싶었지만 안정적이고 적응적인 관계를 발전시킬 기술이 부족했다. 팻은 원하는 남녀 관계를 지속시키는 데 계속 실패해 왔지만 그럼에도 불구하고 계속 시도했다. 팻의 강점은 관찰을 통해 배우는 능력, 특정한 상황에서 그의 신체적 공격성을 억제할 수 있는 능력, 사람들이 왜 특정한 행동을 하는지에 대한 호기심에 있다. 이러한 호기심은 앨리스와의 관계를 유지하고 감옥에 가지 않는다는 그의 목표를 추구함에 있어서 새로운 행동을 시도해 보려는 동기를 제공할 수 있을 것이다.

상담계획 4: 발달적 또는 역사적 기반 양식

상담계획 개관: 부모의 무시와 폭력으로 팻은 스스로를 돌보며 자라서, 공격하지 않고서 그가 원하는 삶을 얻을 수 있는지에 대한 학습을 하도록 도움을 부모로부터 전혀 받지 못했다. 팻은 자신의 공격적 행동을 탐구해 보려는 동기가 거의 없고 그것이 문제라는 점에 대해 동의하지도 않는다. 그는 그의 부모가 그를 망쳤다는 점에 대해 그의 부모에게 화를 내고 있다. 다만, 그는 그의 아버지가 엄마에게 했던 것보다 앨리스에게 자신이 더 낫게 행동하기를 바란다. 그래서 그는 그의 부모가 그에게 가르치지 않았던 관계구축 기술을 배울까 고려하고 있다. 장기목표 1은 그다음 목표로 진행하기 전에 성취될 것이다. 상담계획은 문제 형식을 따른다.

문   제: 팻은 공격성을 사용하지 않고 인생에서 원하는 것을 얻는 방법을 학습하지 못했다.

장기목표 1: 팻은 그의 아동, 청소년 시기에 부모가 보인 대인관계 갈등 해결의 방식으로부터 그가 학습한 것을 검토할 것이다.

❖ 단기목표들

1. 팻은 부모의 친척, 이웃, 그 외 그의 부모가 우정관계라고 할 성인들과의 관계에서 부모가 한 행동들로 관찰한 것을 묘사할 것이다.
   a. 팻은 부모의 폭력적 방식이 부모가 다른 성인들로부터 친밀성, 존중, 안전 등을 충족시키는 데 얼마나 도움이 되었는지 분명하게 인식할 것이다.
   b. 팻은 부모를 관찰하여 실용적인 우정관계 기술을 학습한 것이 있는지 숙고할 것이다.
   c. 팻은 부모의 행동이 그가 혼자 행동하는 외톨이의 삶을 선택하도록 어떤 영향을 주었는지 숙고할 것이다.
2. 팻은 배우자로서 서로에 대한 그의 부모들의 행동과 그 결과들을 친밀성, 존중, 안전 등에 대한 그들의 욕구 충족의 측면에서 어떠했는지 평가할 것이다.
   a. 팻은 남자와 여자가 서로 관계하는 방식에 대해 부모로부터 배운 것이 있는지 숙고할 것이다.
   b. 팻은 폭력적으로 길러진 것이 그가 여성과 긍정적인 관계를 유지해 나갈 수 있도록 교제하는 그의 능력에 미친 영향을 숙고할 것이다.
3. 팻이 아이였을 때의 자신에 대한 그의 부모의 폭력적이고 무관심한 양육 행동과 그 결과들을 모든 아이가 필요로 하는 지지와 돌봄이라는 관점에서 어떠했는지 평가할 것이다.
4. 팻은 폭력적 양육 경험이 다른 사람을 믿을 만한지 판단하는 그의 능력에 미친 영향을 숙고할 것이다.
5. 팻은 폭력적 양육 경험이 학업을 지속하는 그의 능력에 미친 영향을 숙고할 것이다.
6. 과거의 폭력적이고 무시되는 양육 경험이 현재 그의 생활에 미치는 영향을 숙고하도록 돕기 위해 필요한 적절한 다른 목표들

장기목표 2: 팻은 아동, 청소년기 이웃 어른들과 교사들이 팻이 학대, 방임된 신체적 신호를 알아차리지 못하고 반응하지 못한 것으로부터 자신이 학습한 것이 무엇인지 숙고할 것이다.

장기목표 3: 팻은 아동, 청소년기 이웃 어른들이 그가 학대, 방임된 신체적 신호는 알아차리지 못했지만 팻의 노동에 대한 대가로 돈을 준 일로부터 자신이 학습한 것을 생각할 것이다.

전제 5: 주제 또는 은유 기반 양식

"그녀가 계속 내 곁에 있게 할 수 있을까?"이것은 팻이 앨리스와 이런 정도로 친밀한 관계로 지내기 전까지는 결코 스스로 물어보지 않았던 질문일지도 모른다. 관계 실패의 역사에 직면하여, 그리고 또 다른 관계를 잃어버릴 위험 속에서 팻은 그의 삶에 대해서, 그리고 지금의 그로 이끈 것이 무엇인지에 대해서 마침내 생각하기 시작했을지도 모른다. 행동주의적 관점에서 볼 때, 그의 어려움 중 많은 것은 공격성의 사용과 술이 들어가면 제멋대로 행동함을 모델링하고 강화받은 잘못된 학습 경험에서 비롯되었다고 볼 수 있다. 그의 가족 안에서 어린 팻은 숨어야만 안전하다는 것을 배웠다. 이 경험은 팻이 안전하려면 다른 사람들로부터 거리를 두어야 한다고 생각하게 만들었고 또래들과의 관계에서 대인관계 기술을 발전시키지 않도록 영향을 주었다. 그 결과로 그는 사람들과 함께 머무르고 그들을 자신의 세계로 초대하는 기술을 학습하지 못하였다. 그의 강점은 폭력적 행동으로 감옥에 가게 되었다는 인식을 다른 사람들을 지켜보면서 학습하게 되었다는 점이다. 이러한 인식은 그를 동기화한, 앨리스와 함께 계속 잘 지내기를 위해 필요한 새로운 전략을 학습하도록 그를 개방시킬 것이다. 과거에 그는 생존하기 위해 무거운 짐들과 분투해야만 했다. 이러한 경험들이 그로 하여금 힘들어도 잘 견디고 버티는 잠재력을 길러 주었다. 그는 관계를 유지하는 힘을 발전시키기 위해 다른 사람들을 관찰하여 배우는 능력과 그의 인지적 능력을 사용할 수 있다.

상담계획 5: 주제 또는 은유 기반 양식

상담계획 개관: 팻은 여성들과 교제를 시작했지만 헤어진 경험이 많다. 그는 현재 앨리스와 좋은 관계를 지속하는 데 관심이 매우 많고 일자리를 놓치고 싶지 않은 마음이 크다. 그에게 안정적인 관계란 알코올중독인 양친 밖에 없다. 부모는 술에 취해 있지 않을 때도 그에게는 싸우는 모습만 보여 주었다. 팻은 그래서 관계 유지 기술이 없다. 팻은 앨리스와의 관계 유지 기술에 관심이 많다. 그래서 장기목표 1은 장기목표 2가 시작되기 전에 완수되어야 한다. 상담계획은 문제 형식을 따른다.

문   제: 팻은 여성이 자신과의 관계를 계속하고 싶게 하는 관계 기술을 배우지 못했다.
장기목표 1: 팻은 여성들이 자신과의 관계를 유지하고 싶도록 하는 기술이 무엇인지 고려하고 안정적인 관계의 기술을 검토할 것이다.

❖ 단기목표들

1. 팻은 자신의 이웃과 직장 환경에서 현재 그의 관계를 관찰하고 '누가 왜 안정적 관계인가?'라는 질문에 대한 답을 탐색할 것이다.
2. 팻은 이 안정적 관계의 증거가 되는 언어적, 신체적 행동을 숙고할 것이다.
3. 팻은 이 대인관계들(이익을 본 사람, 패배한 사람)에서 그러한 행동들이 가져온 결과들(중립적, 부정적, 긍정적)을 상기하고 관찰할 것이다.
4. 팻은 이 행동들 중에서 자신의 대인관계에 적용하기 위해 배우고 싶은 기술들을 목록으로 작성할 것이다.
5. 팻은 영화를 보고 남자와 여자가 안정적인 그리고 안정적이지 않은 관계를 결과하는 행동을 관찰할 것이다.
6. 팻은 상담자가 선정한 영화를 보고 남자와 여자가 안정적인 그리고 안정적이지 않은 관계를 결과하는 행동을 관찰할 것이다.
7. 팻은 그의 보호관찰관과 긍정적 관계를 발전시킬 수 있도록 사용하고 싶은 언어적 행동들을 이야기할 것이다.
8. 팻이 그 자신에게 가치 있다고 생각하는 기술들을 확인하기에 적절한 다른 상담목표들

장기목표 2: 팻은 관계 유지 전략을 앨리스와, 상담회기 내에서 상담자와 실습하고 이렇게 연습한 것이 앨리스가 자신과 관계를 유지하고 싶도록 만들 것이다.

전제 6: 진단-기반 양식

팻은 그의 복지에 책임이 있는 사람들에게 학대, 방임된 긴 역사를 살아왔다. 그의 부모는 팻이나 다른 사람들과의 상호작용에서 결코 정서적 조절이 되지 않는 모습을 보여 왔다. 그의 이웃들과 교사들은 그의 양육에 도움이 되는 일을 하지 못했다. 팻은 그들의 행동을 이해하려고 다른 사람들을 관찰하고 안전하려면 피하고 숨는 등의 생존 방법을 발전시켜 왔다. 비록 그는 제정신이 아닌 사람들 속에서 세상을 기본적으로 적대적인 장소로 보게 되었지만, 그의 현재 직장상사처럼 위험하지 않고 존중할 가치가 있는 사람도 있다는 것을 안다. 그는 또한 힘들여 일하는 것과 책임지는 것이 그에게 물리적 안전(예를 들어, 생활할 따뜻한 공간과 먹을 음식 등)을 준다는 것을 배웠다. 팻은 열심히 일하고 기회가 된다면 컴퓨터 기술 같은 새로운 기술을 배워 익힐 수 있는 능력이 있다. 또한 그가 감옥에서 보낸 시간과 과거

에 그가 잃어버린 대인관계를 후회한다는 증거를 보여 준다. 그렇지만 그는 이러한 결과들을 낳게 한 분노통제에 실패한 행동들에 대한 알아차림은 부족하다. 이러한 분노통제 실패의 일련의 에피소드로 DSM-5의 312.34 간헐적 폭발 장애(American Psychiatric Association, 2013)를 고려할 수 있다. 알코올 관련 장애로 진단할 수 있을지에 관해서는 추가의 사정이 필요하다. 팻의 부모는 알코올중독일 것이며 팻에게는 알코올남용으로 인해 일어난 폭력 발생의 증거들이 있다. 그의 분노통제 실패의 여러 에피소드에도 불구하고 그는 또한 예전 컴퓨터 기술자로 일한 것에 대한 자부심과 지속적인 구직 역사와 현재 직장에서 성실히 일하고 있다는 자부심이 있다. 이러한 점들은 그가 친밀한 관계를 유지하고 그의 정서를 조절하는 법을 학습한 그의 최근 역사로 볼 때 그의 능력으로 인정될 만한 증거이다.

상담계획 6: 진단-기반 양식

상담계획 개관: 팻은 감옥에 다시 가지 않는 것과 앨리스와의 관계 유지에 대한 동기가 있다. 그는 현재 정서적 조절 기술과 술을 끊는 것이 이러한 목적을 달성하는 데 필요하다는 점을 인정하지 않는다. 현재의 상황이 그의 관점에서 표현되도록 할 수 있을 것이다. 그런 다음 상담자가 다른 자원으로부터 모은 정보를 요약해서 보여 주게 될 것이다. 그리고 나서 모인 정보에 의거한 상담계획이 팻이 감옥에 다시 가지 않고 앨리스와 관계를 유지하도록 돕는 것으로 제안될 수 있을 것이다. 상담계획은 사정 형식을 따른다.

❖ 주관적 평가

개인 역사: 팻은 25세의 유럽계 미국인 남성으로서 알코올중독인 양친 사이의 외아들이다. 그는 그의 부모에 의해 무관심하고 적대적으로 양육되어 왔다. 그는 그가 이해할 수 없는 이유로 자주 맞았다고 했으며 그의 부모가 폭력적으로 행동하는 것을 여러 번 목격했다고 한다. 그는 학교에서 공격적 행동으로 문제에 처한 적이 있으며 초등학교 때부터 낮은 성적을 받기 시작했다. 그는 10대 때 법을 어기기 시작했다. 10대는 그가 술을 마시기 시작한 시기이기도 하다. 그는 자신을 친구가 없는 외톨이라고 했다. 그는 친구들에게 '패배자'로 불리었다.

관계 역사: 팻은 여성들과 짧은 교제를 많이 해 왔다. 그는 이 여성들을 주로 술집에서 만나거나 이웃들 중에서 찾았고 몇 주 정도 교제하고 나서 여성들에게 자신의 집에서 같이 살자고 청했다. 그리고 나서는 그의 생각에는 갑작스럽게 여성들은 그에게 말도 없이 그의 집을

나갔다. 그는 다른 사람들을 관찰함으로써 다른 사람들은 자신보다 더 오래 여성들과 교제한다는 것을 알게 되었고, 그는 앨리스와 그렇게 다른 사람들처럼 더 오래 함께하기를 바란다고 상담자에게 이야기했다.

법적인 역사: 팻은 최근 교도소에서 풀려났다. 그는 상해죄로 5년을 언도받았고 3년 후에 모범수로 조기출소했다. 그는 현재 보호관찰 중이다. 그는 매주 그의 보호관찰관과 면담을 하고 있으며 보호관찰관의 요구대로 상담을 받고 있다. 보호관찰관은 그가 알코올을 줄이고 갈등을 다룸에 있어서 비폭력적인 전략을 발달시키기를 원한다.

직업 역사: 팻은 어릴 때부터 일을 하기를 원했고 고등학교를 졸업한 후부터 계속 일을 해 왔다. 그가 일을 못하는 때는 교도소에 있을 때뿐이었다. 교도소를 나오면 그는 즉시 일자리를 구했고 현재는 마트에서 일하고 있다.

❖ 객관적 데이터

웩슬러 성인용 지능검사 버전 4(WAIS-IV)를 사용한 표준화된 개인용 지능검사에서 팻은 평균 이상의 지능을 보였다. 팻은 기억 손상이나 인지적 와해, 두부 손상의 역사가 없어서 신경심리검사를 고려할 필요가 없는 것으로 판단된다. MMPI-2 검사에서는 인지적 의식장애(confusion), 개인적 혼란(turmoil)이나 고민(distress), 또는 신체적 증상의 신호가 나타나지 않았다. 그렇지만 그의 프로파일은 가족 불화와 대인 불화의 역사를 보여 준다. 그가 보이는 타인과의 관계는 의심, 질투, 적의로 특징지어진다. 알코올 남용을 시사하는 검사 문항에서 그의 점수는 모호하며, 따라서 이 영역의 추가적인 검사가 요구된다. 그의 프로파일은 심각한 가족 붕괴와 통제상실의 에피소드와 관련된 행동 패턴들을 보여 준다. 그 결과 팻은 상담자에게 신뢰롭게 보이는 행동을 보여 주어야 할 것이다. 팻은 현재 312.34 간헐적 폭발 장애로 진단될 수 있다. 그의 현재의 기능 정도는 평균 수준의 지능, 안정적 고용 유지, 앨리스와 안정적 관계를 이어 가고 싶은 동기를 반영한다. 그는 매주 보호관찰관과의 면담을 통해 최소한의 사회적 지지를 받고 있다. 앨리스가 팻과 지속적 관계를 유지하기를 원하는지 여부에 대해서는 자료가 없다.

❖ 사정 평가

현재 중요한 정서적 혼란이나 고민, 현재 또는 과거의 자살 상상을 나타내는 신호는 나타나지 않는다. 상담회기에서, 분노 통제의 실패를 나타내는 신호는 없었다. 팻의 행동은 312.34 간헐적 폭발 장애 진단에 부합한다. 그렇지만 팻의 행동은 학대와 방임의 양육에서 살아남은 성인으로서의 행동으로 보인다. 그의 이야기에 따르면 그는 건설적인 대인관계 기술이나 정서조절 기술의 발달에 필요한 신체적 혹은 정서적 지지를 받지 못했다. 이러한 기술을 발전시키는 데 도움이 되었을 그의 지능과 타인의 행동을 관찰하여 학습하는 능력이 활용될 수도 없었다. 의뢰나 연계 문제에 팻이 화가 나기도 하므로, 안전 문제가 주의깊게 모니터되어야만 한다. 상담회기 내에서 그가 화를 폭발시키는 일은 아직 없었지만, 과거에 그는 화가 폭발하여 상대방에게 심각한 상처를 준 적이 있으므로 화가 나면 상담자를 포함하여 타인들에게 아직 위험할 수 있다.

❖ 계획

상담계획 개관: 팻은 타인에게 위험할 수 있는 잠재성이 있으므로 그의 분노 수준은 지속적으로 모니터되어야 할 필요가 있다. 상담자가 아는 한 팻의 싸움은 모두 남자와 한 것이었다. 현재 그가 앨리스와의 관계에서 폭력성이 드러났는지는 알려진 바가 없다. 보호관찰관과 연계하여 앨리스의 안전을 확인하고 팻의 분노 수준을 모니터링하는 것이 상담에 도움이 될 수 있을 것이다. 팻은 앨리스와의 관계를 유지하는 것, 직장에 계속 다닐 수 있는 것, 교도소에 다시 가지 않는 것에 가장 강한 동기부여가 되어 있다. 앨리스와의 관계를 가장 먼저 다루되 이전의 이성관계와 앨리스와의 관계가 어떤 점에서 다른지, 어떻게 다르게 행동하고 싶은지를 다룰 것이다. 팻의 관찰학습 능력이 상담회기에서 활용되도록 하여 상담의 성공을 촉진하도록 할 것이다.

장기목표 1: 앨리스와의 관계를 유지할 것이다.

❖ 단기목표들

1. 관계 구축에 관한 책을 읽고 앨리스와의 관계에 도움이 된다고 생각하는 기술에 대해 상담자와 이야기를 나눌 것이다.
2. 이웃 사람들의 남녀관계를 관찰하고 앨리스와의 관계에 도움이 된다고 생각하는 기술에 대해 상담자와 이야기를 나눌 것이다.
3. TV나 비디오, 영화를 보고 앨리스와의 관계에 도움이 된다고 생각하는 기술에 대해 상담자와 이야기를 나눌 것이다.

4. 상담자와 롤플레이로 관계 기술을 연습하고 이 중 앨리스와의 관계에 도움이 될 것을 찾을 것이다.

5. 관계를 파괴하는 폭력에 관한 책을 읽고 이전 이성관계나 부모의 관계에서 관찰한 것과 관련된 부분을 상담자와 이야기 나눌 것이다.

6. 관계를 파괴하는 폭력이 등장하는 TV나 비디오, 영화를 보고 그가 본 것의 영향에 대해 상담자와 이야기를 나눌 것이다.

7. 정서조절에 관한 책을 읽고 앨리스와의 관계를 유지하는 데 도움이 되도록 시도해 볼 가치가 있는 기술 한두 가지를 책에서 찾아볼 것이다.

8. 앨리스와의 관계를 유지하는 데 도움이 될 것으로 생각되는 정서조절 기술 한두 가지를 상담자와 롤플레이로 연습할 것이다.

9. 장기목표 1을 달성하는 데 필요한 다른 목표들

장기목표 2: 생산적인 고용 상태를 유지할 것이다.

장기목표 3: 교도소 밖에서의 삶을 유지할 것이다.

결론

이 장에서 추천된 사례개념화와 상담계획 유형은 상담 실시에 앞서서 아주 중요한 생각들을 해야 함을 제시한다. 상담의 초기에 시간이 소요되더라도 이 중요한 생각들이 효과적이고 시간 효율적인 상담회기 계획에서 좋은 작용을 할 것이다.

새로운 기술들을 개발하는 것은 학습자에게 일시적인 혼란을 줄 수 있다. 이 새로운 사례개념화와 상담계획 기술들을 연습할 때에, 자신의 글쓰기가 어색하고, 딱딱하고, 극단적으로 단순해지며, 그래서 스스로 혼란스럽고 불편하게 느끼게 되는 일시적인 시기가 있을 수도 있다. 이 '좋지 않은' 또는 '스트레스가 많은' 글쓰기의 시기는 연습에 의해 흩어져 없어질 것이며, 자신의 개인적인 양식을 반영하는 글쓰기에서 학문적인 접근법을 개발하게 될 것이다.

추천 자료

American Psychiatric Association. (2013). *Diagnostic and statistical manual of mental disorders* (5th ed.). Washington, DC: American Psychiatric Publishing.

American Psychological Association. (2007). Record keeping guidelines. *American Psychologist, 62*(9), 993-1004.

Dunn, D. S. (2004). *A short guide to writing about psychology.* New York, NY: Pearson Education.

Pan, M. L. (2008). *Preparing literature reviews: Qualitative and quantitative approaches.* Glendale, CA: Pyrczak.

제2장 인간 경험의 복합성

 말리카는 갑자기 불안이 엄습하여 상담자인 당신에게 의뢰되었다. 그녀의 나이, 성적 지향, 성 또는 문화적 배경이 그녀의 상담과 어떻게 연관될까? 그녀의 병원치료경력, 유아기 때의 종교적 교육, 사회경제적 지위, 교육 수준, 신체적 또는 성적 학대의 역사, 그 외의 다른 배경 요소들은 어떠한가? 이 모든 인간 복합성의 영역들이 당신이 말리카를 평가하는 데 도움이 될 통찰을 보여 준다. 상담자인 당신은 그의 사례를 개념화하기 위해 무엇을 선택해야 할 것인가?

 상담자인 당신과 내담자인 말리카 사이의 차이가 크면 클수록 이 의사결정은 더 어려울 것이다. 상담자가 내려야 할 중요하지만 때때로 어려운 판단은 행동의 패턴이 '건강'한지, '다르긴 하지만 건강'한지, 또는 병적인 것인지를 판별하는 것이다. 모든 규준은 그것이 개발될 당시의 역사와 정치의 영향을 받기 때문에 이러한 결정의 절대적 기준은 없다. 그 결과 전문 상담자의 단체인 the American Psychological Association(APA; 2002a)과 the Association for Multicultural Counseling and Development(Sue, Arredondo, & McDavis, 1992)는 상담자들이 다문화적 유능성과 인간 경험의 복합성에 관한 새로운 연구가 생산한 지식을 발전시켜야 한다고 주장했다. 노년층, 장애인, 여성, 성소수자 등의 특수집단 역시 같은 맥락의 유능성을 요구하는 문화적 차이를 지닌다(APA, 2006, 2007a, 2007b, 2013, 2014).

 상담자로서 당신은 말리카의 불안이 문제 환경에 대한 건강한 반응인지, 건강하긴 하지만 특이한 반응인지, 병리적 수준의 불안인지 판단해야 한다. 이것은 압도적이고 시간이 많이 걸리는 일이다. 말리카에게 불안을 다루는 상담이 필요한지 판단하기 위해 그의 복잡하고 독특한 정체성을 구성하는 모든 것을 평가해야 한다. Hays(2008)는 말리카에게 자신이 어떤 사람인지 이야기해 보라고 요청하는 것으로부터 시작하기를 권한다. 자기 자신의 정의에 의거하는 것은 중요하다. 연구는 말리카 자신이 자신의 정체성에 대해 기술한 것이나 자기의 속성을 타당화한 것이 손상일 수 있다고 지적한다(Pedrotti, Edwards, & Lopez, 2008). 그의 정체성 중 어떤 측면은 그의 세계관에서 매우 두드러지고 그에게 지속적으로 영향을 주는 것일 수 있다. 또 어떤 측면은 그의 삶의 도전들이나 그의 여러 역할이 생기는 시기에만 영향을 주는 다소 덜 중요한 것일 수 있다(Delphin & Rowe, 2008).

상담자인 당신의 개인적 정체성과 말리카의 정체성 사이에 상호작용이 일어날 것이다. 이러한 상호작용은 효과적인 상담관계를 더 발전시킬 수도 있고 억제할 수도 있다. 그래서 Hays(2008)는 당신과 당신의 내담자 사이의 잠재적 차이를 다음 9가지의 결정적인 정체성 영역으로 평가함으로써 새로운 상담관계를 시작할 수 있다고 추천한다. 9가지 영역은 연령과 세대의 영향, 발달적 장애와 후천적 장애, 종교와 영적 지향성, 인종적 정체성, 사회경제적 지위, 성적 지향성, 타고난 천성, 민족성, 성이다. 각 영역에서 당신은 당신과 말리카가 기득권, 권력, 박해경험 등에서 서로 다르다는 것을 발견할 수 있을 것이다. 당신과 말리카 사이의 권력의 차이를 명료하게 하는 것은 말리카에게 당신이 의도하지 않게 박해자 역할을 하게 되는 등의 미소한 공격성을 가하는 것 혹은 말리카의 사례개념화에 부정적 편향이 발생하는 것을 막아 주는 첫걸음이 될 것이다(Hays, 2008; Sue & Sue, 2013). 이것이 아주 작은 것이라 하더라도 말리카는 상담자에게 도움을 청하러 온 것이기 때문에 잠재적으로는 심리적으로 해로운 영향을 줄 수 있다(Sue & Sue, 2013). 우리는 모두 우리의 전생애를 통해 발달되어 몸에 배고 자동화된 상대방에 대한 반응을 가지고 있다. 이 중 어떤 것은 다른 사람과의 관계에서 뜻하지 않았지만 박해자 역할을 취하는 것과 관련되어 있다. 우리의 몸에 밴 이러한 행동을 바꾸기는 어렵다. 몸에 밴 편향이 당신에게 자동적으로 영향을 줄 때 이것을 알아차리는 큰 노력을 요한다. 예를 들어, 유럽계 미국인인 나는 새로 이사 온 동양계의 이웃 남성과 조금 친해지고 나서는 "미국에서 산 지 얼마나 되셨어요?"라고 물을 수 있다. 나는 얼굴을 찌푸리고 내가 실수했음을 알아차린다. 나는 이 사람이 외국 국적이거나 최근에 이주해 왔다고 가정하여 미소한 공격을 가한 것이다. 사실 그 사람은 3세대 이주민으로서 미국 국적을 가지고 있는 사람이었다. 그의 가족은 미국에서 태어났으니 나보다 더 오래 전에 미국 국적을 취득한 셈이다. 이런 경우 내가 사과한다고 해서 그 사람 마음이 충분히 괜찮아지지 않을 수도 있을 것이다. 당신이 아시안계 미국인이라면 당신은 이런 사람에게 나와 같은 실수를 하지 않을 것이다. 그러나 상대방이 라틴계라면 당신 역시 유사한 실수를 할 수 있다. 만약 당신이 미소한 공격성에 상처입은 경험이 있다면 이러한 상황에 대해 훨씬 더 민감함을 갖고 더 주의 깊게 사람을 대하게 되었을 것이다.

우리는 누구나 이런 행동을 할 수 있다. 따라서 우리와 다른 사람들에 대해 고정관념을 갖지 않도록 더 잘 알아차릴 책임이 우리 모두에게 있다. 더 교육받고 우리와 다른 사람에게 즉각적인 반응을 하지 않도록 다듬는 것은 우리가 지닌 책임이다. 말리카의 사례로 돌아와서, 당신은 상담관계에서 말리카보다 더 큰 파워를 가지고 있는 만큼 그와 긍정적인 상담관계를 구축하기 위해 당신의 관점과 접근을 잘 적용할 개인적 책임이 있다. 말리카와 상담을 하면서 직접적으로 배우게는 되겠지만 우리를 교육할 책임이 말리카에게 있지는 않다. 말리카는 당신에게 와서 자신에게 엄습한 불안에 대해 이야기할 것을 예상하지, 이해받기 위해 자신의 문화적 배경을 설명하게 될 것을 예상하지는 않을 것이다.

이제 다음 부분에서 연령, 인종적 배경, 성, 성적 지향성, 사회경제적 지위, 폭력 역사 등의 개요를 제시할 것이다. 각 영역의 개요에 해당되는 정보만을 제시하게 될 것이며 각 영역의 핵심적 정보를 통합하여 당신의 사례개념화를 구성하도록 도울 '꼭 기억해야 할' 지침을 제공할 것이다. 각 영역의 마지막 부분은 당신이 문화적 영역에 대한 이해 수준을 숙고하도록 도울 것이다. 이러한 알아차림 질문은 Sue 등(1992)에 의해 기술된 다문화적 유능성에 기반을 두었다. 당신은 3장부터 12장의 끝부분에 있는 통합 연습을 함으로써 내담자에 대한 분석을 심화할 수 있을 것이다. 이러한 연습은 인간의 복합성을 당신의 상담에 어떻게 도입할 수 있을지에 대한 기초적인 학습을 가능하게 할 것이다. 만약 당신이 이미 심층적 이해에 도달해 있다면 이 장의 끝에 있는 추천 자료를 공부하기 바란다.

나이 영역

달라는 16세 학생으로서 학교 운동장에서 술을 마셔서 붙잡혀 왔다(5장). 14세의 케빈은 자기-혐오(self-hate), 거울 공포증과 씨름 중이다(3장). 앨리스는 9세인데 그녀의 부모가 이혼 전과 이혼 후의 과정에서 보인 갈등에 의한 영향에서 벗어나지 못하고 있다(8장). 이 아이들은 학교로부터 성인상담자에게 의뢰되었다. 케빈과 앨리스의 나이가 그들의 상담자와 얼마나 적절할까? 9세 아동에게 있어서 적응적인 행동들은 14세 청소년의 경우와 얼마나 다를까? 어떤 아동에게 무엇이 정상인가 하는 나이, 보호자의 태도, 문화적 기대, 현재의 사회적 규준 같은 요소들에 의해 영향을 받는 상대적인 질문이다. 아동의 나이는 그 나이에 전형적이거나 정상적이라고 간주되는 혹은 비전형적이고 비정상적이라고 간주되는 행동유형과 밀접하게 관련되어 있다.

상담자로서 당신이 타당하게 평가를 하고 상담을 하려면 정상적 발달에 대한 배경지식이 있어야 할 것이다. 이 절에서는 상담사례개념화에 도움이 될 발달에 관한 간략한 개요를 제시한다. 인구통계학적 데이터, 초기 아동기, 후기 아동기, 청소년기의 신체적, 인지적, 심리사회적 발달에 관한 요약된 정보는 아동 및 청소년이 성인과 어떻게 다른지를 보여 주는 개요가 될 것이다. 이러한 개요는 건강하고 적절한 보살핌을 받아 왔으며 최소한 평균 이상의 지능을 가진 사람에게만 적용된다. 인지적 또는 신체적 장애, 성, 문화에 관한 이슈들, 그리고 발달에서 외상의 유형이 주는 영향은 여기에서는 다루지 않는다. 아동들은 자라면서 변화하는 계속적인 과정에 있다. 아이들이 살아가는 사회적 맥락 역시 그들의 발달에 결정적인 영향을 준다(H. Werner, 1957). Werner는 아동의 발달은 그들의 사회적 상호작용 안에서 일어난다는 점을 지적하였다. 그들이 새로운 생각, 감정, 행위 그리고 신체적 감각에 노출됨에 따라 그들은 새로운 정보를 그들이 이미 이해하고 있는 것에 통합시키게 된다. 그들이 그들의 새로운 정보와 경험을 어떻게 바라보느냐, 즉 기존의 지식과 유사한 것으로 보는지 상이한 것으로 보는지에 따라 그들은 새롭고 더 개별화된 지식을 만들어 가게 된다(Raeff, 2014). 그래서 아이들에 대해 상담자로서 판단할 때 그들이 언제나 타인들과 상호연결된 맥락 속에서 발달이 일어난다는 점을 고려할 필요가 있다.

인구통계학적 데이터

2012년 미국에서 아동의 수는 7,400만이었다. 숫자로 보면 이들은 소수자는 아니지만 성인에 비해 파워를 덜 갖기 때문에 소수자라 할 수 있다. 그들은 태어나서 자랄 가족을 선택하지 못하며 어느 학교를 갈지, 매일 무엇을 먹으며 살지도 결정할 수 없다. 64%의 아이들은 양친과 살지만 24%의 아이들은 엄마하고 산다. 12%의 아이들은 결혼하지 않은 양친과 산다(Vespa, Lewis, & Kreider, 2013).[1] 아이들은 양친과 같이 사는지, 둘 중 어느 한부모와 사는지, 어떤 부모와도 같이 살지 않는지 등에 대해 잘 이야기하지 않는 것으로 보인다. 경제적으로, 아이들은 결혼한 양친과 함께 사는 경우 가장 풍족하다. 양친과 사는 아이들 중 70%가 빈곤층 평균의 두 배 이상 경제적으로 풍족하다. 싱글맘 가정의 두 아이 중 한 아이는 엄마가 미혼모이며, 양친과 함께 살지 않는 아이들은 빈곤 수준 이하에서 살아간다. 모든 아이가 빈곤한 가정의 영향에 취약한 것은 아니다. 52%의 아프리카계 미국 아이들은 한부모와 빈곤하게 살아가고, 28%의 히스패닉계 아이들도 그러하며, 그 외의 모든 소수인종의 아이들은 유럽계 미국인 계층 아이들의 빈곤층 비율인 20%보다 더 많은 비율로 빈곤하다(Vespa et al., 2013). 대부분의 경우, 아이들은 성인보다 더 사회적으로 약자임이 간과된다.

---

1) 우리나라의 경우, 2015년 인구주택총조사 기준으로, 아동 · 청소년은 총 9,724,028명으로 이들이 양친과 사는 인원은 7,460,705명이며 이는 아동 · 청소년 중 76.7%에 해당한다. 한부모와 사는 청소년은 13.6%(1,318,191명)이다. 미국의 경우와 다르게 우리나라에 흔한 가족형태로 소년소녀가장 및 조손부모 가정은 1.7%(166,324명)이고, 그 외의 가족형태로 살고 있는 청소년도 8.0%(778,808명)에 달한다.

발달은 맥락에 의해 영향을 받는데 아이들은 가정과 이웃, 학교, 나라 등 자신이 살아가는 환경 맥락을 통제할 힘이 없다(Raeff, 2014; H. Werner, 1957). 소수 계층 내담자들의 건강한 발달을 북돋우기 위한 상담을 설계하고 진행할 때 이러한 점을 고려해야만 할 것이다.

초기 아동기(대략 4~7세)

4세 아동은 7세 아동과 비교하면 매우 어리고 불완전하지만 갓난아기와 비교하면 매우 정교하고 조화롭다. 어린아이들의 신체발달은 속도가 매우 빠르다. 유아들은 더 빠르게 걷고, 달리고, 뛰어오르고, 기어오를 수 있게 된다. 나이를 먹으면서 그들은 스스로 옷을 입고, 단추를 잠그고, 양치질을 하고, 스스로 수저를 들고 식사를 하고, 연필을 쥐고 쓸 수 있을 만큼 충분한 동작 조절을 할 수 있다. 과제들은 목적 지향이라기보다는 운동감각의 즐거움에 따라 가치가 주어진다(Brems, 1993). 따라서 아동들은 진흙을 끝없이 가지고 놀면서도, 결코 진흙 성을 진지하게 쌓는 데에는 관심이 없을지도 모른다. 새로운 신체적 기술을 익히는 데 있어서 내적 동기가 기준이 된다. 어른들이 아이의 행동에 어떻게 반응하는가는 아동의 두뇌 발달과 기술 발달에서 그다음 단계를 안착시키는 데에 결정적 역할을 한다(National Scientific Council on the Developing Child, 2007).

어린아이들은 비구조적인 놀이를 즐기지만, 구조적인 과제의 경우에도, 자신에게 적절한 구조와 함께 적절한 과제가 주어지면 과제에 도전하는 데 효율적으로 주의를 집중시킬 수 있다(Vygotsky; 1978, 1986-1987). 아이들이 신경학적으로 준비되지 않은 과제를 숙달하도록 타인에 의해 압력을 받으면 강한 좌절을 경험하게 될 수 있다. 속도와 민첩함이 증진되는 신체적 성숙은 멈추고 생각하도록 돕는 인지적 기술보다 더 빠르게 구축된다. 그래서 아이들은 빈번하게 몸을 다친다(National Center for Health Statistics, 2002). 15세 미만의 아이들은 가장 높은 빈도로 몸을 다치며(12%), 상해로 인한 손상을 크게 입는다(Bergen, Chen, Warner, & Fingerhut, 2008).

인지적으로, 어린아이들은 호기심이 많고 능동적인 학습자이다. 이들은 피아제의 인지발달단계상 전조작기로서, 행동에 옮기기 전에 무엇인가를 생각하기 시작한다. 이 아동들은 언어적, 비언어적으로 성인처럼 의사소통할 수 있다. 아이들은 가장놀이, 상징놀이를 즐기며, 이런 놀이를 통해 자신의 욕구를 만족시키고 세계에 대한 이해를 증진시킨다. 전조작적 사고는 자아중심적이어서 이 아이들은 세계에 대한 그들의 영향을 과장되게 보며, 즉각적이고 구체적인 사건들의 측면에서 세계를 이해한다. 그들은 종종 일어난 일에 대한 책임이 자신에게 있다고 본다. 이것은 긍정적인 사건과 부정적인 사건 모두에 해당될 수 있다(Piaget, 1952). 예를 들어, 아동은 '오늘 내가 내 옷을 마루에 놔두어서 아빠가 엄마를 때렸어.'라고 생각할 수도 있다.

아이들의 이러한 형태의 자아중심성에도 불구하고, 아이들은 다른 사람들이 자신과 다르게 생각하고 느끼는 것을 인식할 수 있다. 아이들은 부모가 자신에게 말로 지시하기 전에 그렇게 하고 되기를 바라는 것을 보고 배운다(Meltzoff, 2005). 그래서 아이는 다른 아이가 공으로 때리면 아프다는 것, 규칙을 어겼기 때문에 선생님이 화를 낼 것이라는 것을 알 수 있다. 어린아이들은 그때그때의 사건들을 보고 인과관계의 이해를 학습한다. 그들의 마음의 이론은 모방에 의해 먼저 발달하고 그다음 경험을 통해 발달한다. 아이들은 나와 같이 행동하는 아이들은 나와 같은 마음일 거라는 것을 보고 배운다(Meltzoff, 2005, p. 56). 그들은 유도된 참여, 반복, 비계 설정(scaffolding)에 의해 가장 잘 배운다(Vygotsky, 1978, 1986-1987). 그들의 인지적 능력은 새로운 과제가 적절한 한계 안에 놓여 있으면서도 도전적일 때 가장 원만하게 성장한다. 이러한 여건에서 아동은 성숙을 향해 나아가려는 본래적인 동기가 발동된다(Vygotsky, 1978, 1986-1987).

언어발달의 면에서, 아이들은 어른과 같은 언어적, 비언어적 소통을 할 수 있다. 그들은 복잡한 문장을 사용하며 복잡한 사고 기술을 발달시키는 도구로서 언어를 사용한다(Vygotsky, 1978). 이들이 새로운 개념을 배우기 위해서는 지금-여기와 연결해 주는 구체적이고 단순한 설명이 필요하다. 언어능력은 발달했지만, 아이들은 언어적 지시로 배우기보다는 모델링을 통해 배우는 것을 선호한다(Brems, 2008). 부모, 형제자매, 그 외 사람들이 그들의 학습경험을 안내함을 통해 그들의 언어가 더 발달된다. 아동 개인의 언어발달은 학습의 과정에서 아동을 안내하고 아동이 자기 통제하도록 돕는 롤플레이를 통해서 이루어진다. 이러한 발달은 발달단계를 이행하는 긴 과정을 통해 연속적으로 일어난다(Vygotsky, 1978, p. 57).

가장 어린 시절의 사회적 발달 형태로 안정 혹은 불안정 애착 패턴이 연구되어 왔다(Bowlby, 1973). Sroufe(2005)는 안정 애착을 형성한 아이들이 정서조절 능력이 잘 발달되고 또래, 교사, 자신보다 나이가 많은 아이들과의 대인관계에서 긍정적 네트워크를 잘 만드는 것을 발견했다. 안정 애착의 아이들은 자신을 가치 있고 소중한 존재로 본다(Masten & Narayan, 2012). 이는 서로의 대인관계 기술이 구축되고 그 토대가 그 시기로부터 다음 시기로 성장할 때 성공적인 관계를 증진시키는 결과를 가져오기 때문이다(Feeney, 2008). 아이들은 정서에 이름을 붙이는 것과 함께 자신의 내적 감각에 이름을 붙이는 것, 어떻게 감정을 느끼는 수준을 경감하는지 이해하는 것, 어떻게 다른 사람의 감정을 이해하는지를 학습하도록 도움을 필요로 한다. 성인들은 아이들이 이러한 기술을 숙달하도록 효과적으로 코치할 수 있다(Denham, Basset, & Wyatt, 2007, p. 622).

신생아들은 처음에는 근접성추구 행동을 통해 천천히 애착을 보여 주며 그리고 나서 스트레스가 있을 때 안전한 천국으로서 애착의 대상을 이용하고 마침내 세상을 탐색할 때 애착대상을 안전기지로 삼는다(Bowlby, 1973). 성인들이 아기의 욕구에 대해 온정성을 가지고 일관된 반응을 하면서 아이에게 연령에 맞는 성숙을 보여 주도록 기대하면 아기는 다른 사람과 자기 자신을 위해 긍정적인 모델을 발달시키게 된다. 이것은 성인들과 건강한 친애 관계를 형성하는 기초로 기능한다(Baumrind, 1967).

다른 한편으로 아이를 돌보는 이들이 일관성 없이 혹은 불충분하게 반응할 경우 아이들은 그들 자신에 대한 부정적 작동모델을 발달시켜서 모든 친밀한 관계에서 버림받는 결과가 생길 것이라는 두려움을 가지게 될 수 있다(Mallinckrodt & Wei, 2005). 이런 여건에서 아이들은 자신의 정서, 특히 분노, 좌절, 공포 같은 정서를 조절하는 법을 배우지 못할 수 있다. 이것은 결과적으로 분노나 폭력적인 행동을 폭발적으로 표출하게 만들 수 있다(Ryder, 2014). 부모가 이를 바로잡지 못하면 아이들은 자라서 부모의 영향권을 넘어선 더 큰 사회에 소속될 때 그리고 가정에서 부모와 또래들에게 거부당할 수 있다.

4~7세의 아이들은 에릭슨의 심리사회적 발달단계상 주도성 대 죄책감의 단계에 있다. 그들은 그들의 가족에게 꼭 맞으려는 강한 열망을 가지고 있으며, 가치 있는 존재로 가족에게 인정받기를 원한다. 그들은 그들의 보호자를 모델로 하며, 그들의 공동체와 문화가 지닌 사회화된 규칙들을 받아들인다(Erikson, 1963). 심리사회적으로, 이 아동들은 그들이 느낀 것을 확인하고 도움을 받으면 이것을 타인과 의사소통할 수 있다. 전형적으로 그들은 한 번에 하나의 정서를 인식할 수 있으며, 다른 사람들은 같은 상황에서 매우 다르게 반응할 수도 있다는 것을 이해하지 못한다. 그들은 자신을 과거와 현재의 인간으로 인식한다. 정서를 억제하고 감소시키고 이끄는 능력, 즉 조절하는 능력은 아이들이 화가 났을 때 그저 강아지를 발로 차는 것이 아니라 분노를 말로 표현하는 것을 배우도록 해 준다(Halberstadt & Eaton, 2003; National Scientific Council on the Developing Child, 2004). 이러한 기술을 익히지 못할 경우 아이들은 그들의 정서를 과도하게 통제하여 문제를 내면화하거나 그들의 정서를 과소통제하여 문제를 외현화하는 발달을 겪을 수 있다(Bates & Pettit, 2007). 정서적 · 행동적 자기조절은 아동들이 성인들과 또래들과 좋은 상호작용을 하도록 영향을 줄 것이다. 아이들은 화가 났을 때 부정적인 방식, 즉 충동적으로 행동하거나 억압하지 않고 그들의 부정적 정서를 대

처하는 법을, 그러한 상황에서 그들이 반응할 수 있는지 여러 선택지가 있음을 알도록 배울 필요가 있다(D. Schwartz & Proctor, 2000). 정서적 조절은 아이들이 나이를 먹어 가면서 계속 발달되는 기술이기 때문에 자기조절 전략이 증진되면서 아이들의 사회적 기능을 향상시키게 될 수 있다. 효과적인 전략으로는 자기 자신을 달래는 말을 자신에게 하는 것, 괴로운 상황으로부터 자신의 주의를 돌리는 것, 괴로운 사건 혹은 상황을 인지적으로 이해하려고 하는 것, 정서적으로 덜 폭발적인 상황으로 재구조화(reframing)하는 것, 스트레스 상황에서의 폭발을 감소시키는 방식으로 행동하는 것 등이 포함될 수 있다(D. Schwartz, Toblin, Abou-ezzeddine, Shelley, & Stevens, 2005). 이러한 유형의 대인 유능성은 스트레스 상황에 처했을 때 아이들이 탄력성을 발달시키도록 지지하는 중요한 보호요인이다.

생물학적인 연구에 의하면 아이들은 타고난 기질이 있어서 이것이 행동적으로 억제하는 것 혹은 억제를 못하는 것 등에 영향을 준다. 또한 사회적 철수는 상황적 맥락, 동기, 발달의 결과에 의해 영향을 받는 다른 유형의 특성임을 발견하였다(Coplan, Prakash, O'Neil, & Armer, 2004). 다른 아이들과의 대인관계에서 어린아이들은 협력과 공유가 중요하게 작용하는 주고받는(give & take) 양식을 보여 주기 시작한다. 이 시기 아이들은 또래들로부터 영향을 받기 시작하긴 하지만 주양육자로부터의 승인과 관심은 여전히 중요하다. 부모와 환경 안에서 롤 모델이 되는 중요한 사람은 아이들이 다른 사람에 대한 공감 혹은 반감(antipathy)을 발달시키도록 도울 수 있다. 아이들 뇌의 거울 뉴런은 이러한 정서적인 발달을 촉진시키고 아이들의 다양한 방식의 정서적 기술은 뇌에 장착되게 된다(Meltzoff, 2005; National Scientific Council on the Developing Child, 2004).

초기 아동기에 일어나는 이러한 것들이 기초가 되어 아이들이 성인이 되었을 때 미약하거나 강력한 대인관계 기술을 갖는 데 영향을 준다(National Scientific Council on the Developing Child, 2007). 새로운 기술을 학습함으로부터 자존감이 발달하고, 이러한 기술의 발달을 격려하는 성인들과의 관계를 발달시키며 유능감을 발달시킨다(Erikson, 1963; National Scientific Council on the Developing Child, 2007). 아이들은 자신이 할 수 있는 것과 할 수 없는 것에 기초하여 자아개념을 형성하기 시작한다. 새로운 과업을 받아들이는 데 있어서 아동의 자신감이나 자부심은 그들이 과업에 집중하고 과업을 지속하도록 돕는다. 그들은 그들이 새로운 과업을 완수할 수 있다는 데 낙관적이게 된다. 그러나 그들이 그들의 실수에 대해서는 죄책감을 느끼게 된다(Erikson, 1963). 그들의 실수와 처벌의 연결은 즉각적이고 분명해야 한다. 그렇지 않으면 아동은 그것으로부터 배울 수 없을 것이다(Skinner, 1938). Laible과 Thompson(2007, p. 184)은 따뜻한 양육이 아동의 긍정적인 정동 상태(mood state)를 증진시키도록 도울 수 있다고 보았다. 부모와 믿을 수 있는 관계를 가지는 것은 폭포수같은 (cascading) 효과를 가져와서 다른 사람들과의 관계에서도 믿을 수 있는 관계를 기대하도록 하며, 결과적으로 다른 사람들과 더 협력적으로 관계를 갖고 더 따뜻한 관계를 촉진하도록 영향을 준다. 돌보는 사람이 아동을 무시하는 방식으로 양육하면 아동으로 하여금 그들의 정서를 조절하고 행동을 통제하는 능력을 덜 발달시키도록 하여 뇌의 조직에 부정적인 영향을 줄 수 있다(Laible & Thompson, 2007; National Scientific Council on the Developing Child, 2005).

중기 아동기(대략 7~12세)

초등학교에 다니는 아동은 새로운 신체적 도전과제들을 하나씩 차례대로 숙달한다. 전체적인 동작 기능들이 하나의 훌륭한 동작보다 더 빨리 숙달되며, 신체적 발달의 전반적인 과정에서 근육 운동의 공동작용과 능력이 상대적으로 느리게 발달한다. 경쟁적 게임의 규칙을 따르는 능력이 증진되어 다양한 개인적 성공과 승패가 있는 팀 경기 능력을 발달시키고, 뇌의 수초(Myelination) 형성이 계속되어 뇌의 영역들 간 연결을 증진시킨다. 지지적인 성인들의 도움과 함께 초등학생 시기의 아동들은 더 어린아이들과 비교할 때 성질을 부리는 것, 충동성과 부주의함이 줄어들고 유연함이 늘어난다. 학교가 교사, 그 밖의 직원, 또래 사이에 따뜻한 관계를 제공할 때 이곳에서 아이들은 긍정적인 자존감, 포기하지 않고 해내려는 의지력, 또래들과 협력적으로 활동하고 갈등을 해결하는 능력을 기르게 된다(National Scientific Council on the Developing Child, 2007).

초등학교 시기의 아동들은 피아제의 구체적 조작기에 있다. 비록 그들이 아직 자아중심적인 특징들을 보여 주지만, 그들은 구체적 사건들과 연결되어 있는 논리적 추론을 이해할 수 있다. 이 아동들이 복잡한 인생사들을 이해하도록 돕는 데 있어서, 여전히 현재-지향적 설명들이 추상적, 일반적 논의보다 더 효과적이다. 규칙과 지시를 따르는 데 있어서, 이 아동들은 한 번에 한두 단계 이상을 진행시킬 수 있으며, 미리 계획할 수 있고, 자기 행동의 결과를 예상하기 시작할 수 있다(Brems, 2008). 언어 기능이 잘 발달되어서 이 아동들은 폭넓은 어휘, 문법 규칙들에 대한 확장된 이해를 가지고 있다. 이 시기의 초기에 읽기 학습이 시작되며, 읽기 기능들은 교육적 성공에서 점점 더 중요해진다(Masten, 2014).

심리사회적으로, 에릭슨은 이 시기 아동들의 발달단계를 '근면성 대 열등감'이라고 하였다. 이 시기 아이들은 새로운 기술을 배우느라 바쁘고 새로운 기술을 배우면서 자신에 대한 긍정적 느낌과 유능감을 가질 수 있다. 유능감을 추구하는 것은 타고난 경향이지만 환경의 반응에 영향을 받는다(National Scientific Council on the Developing Child, 2007). 아이들은 또래들과의 관계를 통해 그들의 사회적 상황을 인식하는 사회적 인지를 증진하게 된다. 그들의 기술을 다른 사람들의 것과 비교하는 능력은 그들이 열등감을 느끼도록 만들고 부정적 자아개념을 갖도록 영향을 준다(Erikson, 1963). 또한 아이들을 돌보는 어른으로부터 신체적 학대를 받거나 정서적으로 거부당하는 것은 중립적인 사회적 단서를 부정적인 것으로 잘못 해석하게 하고 지나치게 위험한 것으로 받아들이게 하는 과도한 민감성을 갖게 만들어 결과적으로 아이들이 더 공격적으로 행동하게 만든다(National Scientific Council on the Developing Child, 2005). 사회적으로 고립되는 것은 심리적 병리를 발달시키는 위험요인일 수 있다. 연구에 의하면 아이들에게 상이한 영향을 주는 세 가지 형태의 사회적 고립이 있다. Conflicted shyness[2](Asendorpf, 1990, 1993)는 접근-회피 갈등이 있는 아이들의 사회적 유능성을 대표한다. 이 아이들은 또래들로부터의 고립의 위험이 없는 새로운 상황을 만날 때 집단에서 더 편안해지기 위해서 지지와 격려를 필요로 한다. 좋은 대인기술을 가지고 있지만 다른 아이들에게 접근할 때 갈등을 느낀다. 외향적 아동들보다 대인 접촉을 덜하는 다른 아동들은 사회적으로 적절하고 개인에게 보상이 되는 활동을 하느라 바빠서 또래들과 시간을 덜 보내는 아이들이다. 부지런한 아이들이 독특한 관심에 지나치게 빠져서 자신의 연령에 적합한 대인기술에서 뒤떨어지게 될 정도가 되면 그들의 관심사가 발달에 위험을 초래할 수 있다. 따라서 유의미하게 위험한 경우는 또래들에 의해 적극적으로 거부당하는 아이들의 경우이다. 그렇지만 부모와의 긍정적 관계는 이러한 위험을 완화할 수 있다(Asendorpf, 1993; Wright, Masten, & Narayan, 2013).

이 시기 아이들에게는 여전히 부모가 중요하지만, 이 아이들은 적극적으로 그들 또래에게서 충고와 자기 타당성을 찾고 인기 있는 또래들을 닮아 가려고 노력한다(Luthar & Latendresse, 2005). 아이들은 친절함, 협력적, 진실함 등의 긍정적인 대인기술을 가지고 있기 때문에 인기가 있을 수도 있고 혹은 운동을 잘하거나 매우 매력적이거나 지배적이거나 오만함(arrogant) 때문에 인기가 있을 수도 있다. 6학년 아이들은 노골적으로 권위를 과시하거나 수동적인 방식으로 규칙을 어기는 또래 아이들을 존중한다는 연구결과(Luthar & Latendresse, 2005)도 있다.

연구에 의하면 교외에 사는 중산층 가정의 아이들의 경우 남학생보다 여학생들이 신체

---

2) 갈등이 있는 수줍음. 사람들과 상호작용하려는 욕구가 있지만 대인관계에 대한 두려움과 불안이 있어서 어려움을 겪는 경우로서 친구를 사귈 수 없어 불행한 아이들을 설명하는 용어이다.

적 매력을 더 중요한 준거로 여겼다. 신체적 매력은 중산층 이하 집단에서보다 중산층 집단에서 더 중요한 요인이었다(Luthar & Latendresse, 2005). 인기가 없는 아이들은 위축된 행동들이나 공격적 행동들 때문에, 또래들에게 받아들여지기보다 무시당할 수 있다. 적극적으로 거부당하는 것은 정서적 문제를 일으켜 발달의 위험요인이 될 수 있는 반면, 수줍음의 문제는 그렇지 않다(Asendorpf, 1993).

　　대부분의 소년과 소녀는 유치원 시절에 가장 공격적이며 나이가 들어 감에 따라 점점 덜 공격적이다. 유치원 시기에 과도하게 공격적인 아이들은 초등학생 시절에는 집단 괴롭힘을 가한다. 관련 연구의 일부에서 성차가 발견되는데, 소년들은 괴롭힘 행동 중 신체적 공격성이 주가 되지만 소녀들의 경우 똘똘 뭉쳐 다니는 관계적 공격성을 주로 보인다. 그렇지만 소년, 소녀 모두 신체적인 공격행동을 보일 수 있으며 관계적 공격성도 사용할 수 있다(Watson, Andreas, Fischer, & Smith, 2005). Broidy와 associates(2003)는 6개 지역의 소년, 소녀 집단에서 신체적 공격행동을 거의 하지 않는 비율이 소년보다 소녀집단에서 더 높았으며 지속적인 신체적 공격행동을 하는 비율도 소년 집단보다 소녀 집단이 더 높다는 것을 발견했다. 불안이 높고 위축된 행동을 보이는 아이들이 괴롭힘의 피해자가 되기 쉽지만 부모가 역할을 잘할 경우 또래들과의 문제를 잘 다룰 수 있도록 완충작용을 할 수 있다(Wright et al., 2013). 스트레스는 단기간에, 그리고 부모의 반응적인 양육과 함께 경험하게 될 때 아동이 자신의 충동을 통제하고 어려운 과업에 대한 숙달감을 주는 방식으로 심리적 성장에 자극제(spur)가 될 수 있다. 스트레스가 지속적이며 그것에 대처할 방법을 혼자서 찾아내야 한다면, 그것은 독이 된다. 이러한 스트레스는 아이들을 지속적으로 취약한 상태의 머무르게 한다. 위협이 크지 않은데도 크게 반응한다든지, 위험에서 빠져나오는 신체 반응을 못하도록 얼어붙게 만드는 것이다. 이러한 유독한 스트레스는 뇌의 화학반응에 작용하여 정서적 조절, 기억, 학습을 방해한다(National Scientific Council on the Developing Child, 2007).

　　아이들은 자기 자신의 사회화에 있어 능동적인 요인이 되어 환경으로부터 오는 정보를 받아들이거나 거부한다. 이를 통해 건강한 발달을 증진하거나 좌절시키는 주양육자와 아동의 상호작용적인 영향이 생긴다. 초기와 중기 아동의 시기에 이루어진 것은 이후에 이어질 발달의 밑바탕이 된다. 또래들 및 자애로운 양육자들과의 좋은 상호작용을 한 아이들은 이제 이후의 대인관계 기술 구축에 굳건한 토대가 생긴 것이다(National Scientific Council on the Developing Child, 2007). 이 아이들은 자신의 정서를 더 잘 조절할 수 있고 정서를 행동으로 표출하기보다는 말로 더 잘 표현할 수 있는 능력을 가졌다. 그들은 동시에 두 개의 정서를 이해할 수 있는데, 이것은 그 두 정서가 둘 다 긍정적이거나 부정적일 때 가능하다. 아동들은 그들의 느낌과 행동들 뒤에 있는 원인과 효과들을 더 인식할 수 있게 되며, 더 자기-지시적(self-directed)으로 된다. 학교는 학년이 올라가면서 점점 더 이러한 자기지시적 행동을 요구하게 된다. 이것이 부족한 아이들, 예컨대 학습장애나 주의집중 장애 때문에 혹은 불우한 환경의 학생이라 이것이 잘 되지 않는 학생들은 학교 적응에 실패하기 쉽다(National Scientific Council on the Developing Child, 2007).

청소년기(대략 12~19세)

아동이 사춘기에 접어들면서, 극적인 신체적 변화가 일어난다. 어떤 10대들은 '밤 사이에 확 변한 것'처럼 보인다. 다른 10대들에게 그 과정은 더 점진적이다. 사춘기는 여러 해에 걸쳐서 일어나는 일련의 생물학적 사건들이다. 일반적으로 여성이 남성보다 일찍 그 과정을 시작한다(Hofmann & Greydanus, 1997). 자아상과 정체성이 이른 발달, 늦은 발달에 의해 영향을 받을 수도 있다. 또래 사이의 준거는 아이들에게 스트레스가 되기도 한다. 조숙한 여자 아이들은 내면화, 외현화 문제의 위험이 더 높다(Ge, Conger, & Elder, 2001). 성숙이 늦게 오는 소년들은 학교에서 괴롭힘의 대상이 될 더 큰 위험이 있고 내면화 문제의 비율이 더 높다(Graber, Lewinsohn, Seeley, & Brooks-Gunn, 1997). 또래들의 반응이 아이들에게 미치는 영향은 가정과 이웃 환경이 그들의 변화를 준비하는 데 지지적인지 아닌지 따라 달라진다. 예를 들어, 조숙한 소녀들은 자신보다 나이가 많은 소년들 심지어 성인남자들까지도 자신에게 눈길을 돌리도록 만드는데, 이들 자신은 이러한 변화를 잘 다룰 준비가 되어 있지 않다. 어른들은 이 아이들의 신체적 발달에 이러쿵저러쿵 말하지 않음으로써 그리고 원치 않는 성적인 눈길을 어떻게 알아차리고 어떻게 효과적으로 반응할 수 있는지 지도함으로써 긍정적 지지를 보여 줄 수 있다(APA, 2002b).

사춘기 시기는 유전과 동시에 영양과 신체건강에 의해서 영향을 받는데 환경의 영향은 여전히 강력하다. 조숙한 소년은 몸집이 크고 빠르기 때문에 고등학교에서 스포츠 스타가 될 수도 있지만 또한 동네 깡패가 될 수도 있다. 호르몬이 들끓기 때문에 10대는 감정적이기 쉬운데다가 그들의 조숙한 생김새 때문에 사회에서 그들에게 더 엄격한 기준을 요구하기 때문에 화가 좀 더 잘 나기도 한다. 어른들은 청소년에 대해서 그들의 두뇌 성숙 정도보다도 더 많이 성숙했다고 잘못 판단하기 쉽다.

어른들은 청소년의 신체적 생김새가 아니라 사회적, 정서적 발달 정도에 맞게 반응해야 함을 이해할 필요가 있다(APA, 2002). 사춘기에는 남녀 청소년 모두 그들의 외모를 매우 중요하게 여기고 그들의 또래들에게 승인될 외모를 갖추려는 노력을 하느라 많은 시간을 보낸다(APA, 2002).

연구에 의하면 10대들의 큰 문제 중 하나가 잠이 부족한 것이다. 생물학적으로 10대는 성인보다 두 시간 이상 더 잘 필요가 있다. 잠이 부족하면 10대들은 졸리고 피곤하고 더 충동적이게 된다. 이렇게 되면 이들이 학교에서 잘 배울 수 없고 나아가 훈육에 문제를 일으키기도 한다(Carpenter, 2001). 연구에 의하면 이들은 이전 세대에 비해 피임도구를 더 많이 사용하며 담배를 덜 피운다[World Health Organization(Who), 2014].

피아제(1952)에 의하면 청소년은 본격적인 조작적 사고 단계에 있어서 성인과 동일한 방식으로 논리적 사고가 가능하다. 그러나 뇌 연구에 의하면 패턴이 더 복잡하다. 사실과 기본적 정보의 관한 추론 능력에서 초기 청소년과 후기 청소년 간에는 큰 차이가 발견되었지만 16세 이상의 청소년과 성인들 간에는 의미 있는 차이가 나타나지 않았다(Steinberg, Cauffman, Woolard, Graham, & Banich, 2009). 그렇지만 더 복잡한 형태의 인지적 추론 과제에서 청소년들은 다른 결과를 보여 주었다. 성인들은 복잡한 결정을 내리는 과제에서 전전두엽 피질(prefrontal cortex)과 대뇌변연계(limbic system, 大腦邊緣系) 모두를 사용하였다. 그러나 대뇌변연계는 전전두엽 피질보다 더 빨리 발달하는데 이 발달의 차이 때문에 과도한 정서적 추론을 해야 하는 많은 상황에서 청소년이 성인보다 더 취약하다.

첫째, 청소년은 그들이 상대적으로 경험이 부족한 맥락 속에서 충동적인 결정을 하는 반면, 그들이 잘할 수 있는 분야, 예를 들어 학업 부분에 대해서는 정교한 추론을 사용할 수 있다. 두 번째로, 청소년은 불안, 공포, 분노 혹은 성적 느낌 등으로 인하여 과도한 각성상태가 되면 정서적 추론 시스템에 매우 의존하게 된다. 그래서 10대들은 약물과 성적인 행동을 가설적(hypothetical) 상황으로서는 논리적으로 생각할 수 있는 반면에 그들이 정서적으로 신체적으로 실제로 이것을 체험할 때 그들의 느낌은 논리를 앞서는 것으로 보인다. 마지막으로 청소년들은 성인에 대해서 보다 또래의 압력과 승인에 더 취약하다. 알코올이나 약물에 대해서도 '모두 다 하고 있으니까 한다.'라는 것이 10대들이 폭력으로 인한 죽음과 보호 되지 않은 섹스의 위험에 놓이는 전형적인 이유이다(APA, 2004; Steinberg, 2007; Steinberg & Scott, 2003).

결론적으로 청소년들은 전반적인 지적 기능의 면에서 성인들과 유사한 인지적 역량을 보여 주지만 그들은 또래와 관련된 추론이거나 과도한 각성상태이거나 충동 통제와 관련된 추론에서는 성인들과 매우 다른 모습을 보여 준다. 청소년과 성인의 뇌의 여러 영역에서 많은 차이가 있음을 신경생물학적인 증거는 보여 준다. 이것은 정서를 조절하는 것과 충동을 통제하는 것, 위험과 보상을 평가하는 것, 장기계획을 하는 능력과 관련된다(Steinberg, 2008; Steinberg et al., 2008; Steinberg, Graham, et al., 2009; Steinberg & Monahan, 2007). 신경생물학적 증거는 청소년들이 그들의 반사회적인 행동, 심지어 누군가를 살해하는 결과를 가져온다 하더라도 그것은 청소년들의 뇌가 미성숙하기 때문이므로 이들의 잘못을 비난하는 것에 대한 재고의 필요성이 있음을 보여 준다. 게다가, 모든 청소년이 다 같지는 않다. 심리사회적 성숙도에 있어서 16∼17세와 22세 이상은 매우 큰 차이가 있다. 이 차이는 18∼21세, 그리고 26세 이상에서 발견되는 차이보다 훨씬 더 크다(Steinberg, Cauffman, et al., 2009). 뇌는 새로 학습한 경험에 적응한다. 보상을 추구하는 두뇌의 센터 부분이 정서를 조절하고 의사 결정을 하는 것과 관련된 영역보다 더 앞서 발달되므로 청소년은 탐색하고 위험을 감수하는 경험을 통해 의사결정 능력을 향상시킬 수 있다(WHO, 2014).

덜 성숙한 청소년은 결정에서 실수를 더 많이 만들고 그래서 더 위험하고 불법적이고 잘못된 결과를 가져올 활동들을 많이 하게 된다. 미국의 질병관리본부(Centers for Disease Control, 이하 CDC로 칭함)의 청소년 조사보고서(Kann et al., 2014)에 의하면 남자 청소년의 10.8%와 여자 청소년의 7.8%가 만 13세가 되기 전에 흡연을 하였고 한 달 동안 남자 청소년의 25.3%와 여자 청소년의 21.1%가 다섯 번 혹은 그 이상 연달아(in a row) 음주를 하였다. 조사 당시 최근 한 달 동안 64.3%의 청소년이 운전을 하였는데 12%의 남자 청소년과 7.8% 여자 청소년은 음주운전이었다. 최근 한 달간 운전을 한 청소년 중 41%는 운전을 하면서 문자를 보내거나 이메일을 보냈다. 최근 한 달의 기간에 남자 청소년 28%와 여자 청소년의 7.9%가 무기를 소지했다. 같은 기간에 남자 청소년의 7.4%와 여자 청소년의 13%가 데이트 폭력 가 · 피해 경험이 있었다. 최근 일 년간 남자 청소년의 24.7%와 여자 청소년의 19.2%가 몸싸움에 연루되었다. 이 기간, 거의 절반(46.8%)의 청소년은 성관계 경험이 있었는데 이중 6%는 만 13세 미만이었다. 최근 일 년간 남자 청소년의 24.5%와 여자 청소년의 19.7%가 성매매를 하였거나 학교 안에서 불법적인 약물을 매매하였다. Moffitt(1993)에 따르면 9세에 약물을 시작하는 것은 14세에 시작하는 것과 비교할 때, 성인 전기로 들어서는 청소년 후기에 반사회적인 행동을 시작하게 되는 더 강력한 위험 요인이다.

친밀한 관계를 잃을 두려움 때문에, 그 관계의 빈약함의 정도와 상관없이, 매우 거부적이고 폭력적인 가정의 소녀들도, 누군가가 자신의 부실한 부모를 비난하는 것에 언어적, 신체적 공격으로 반응한다. 그들의 부모는 그들의 정서를 이해하고 조절하는 법을 학습하도록 그들의 자녀를 지원하는 효율적인 정서 코치가 아니었다. 그래서 학대당하고 거부당해 왔으며 정서적 조절 기술이 없는 10대 소녀들은 충동적으로 폭력을 행사하게 된다. 아이러니하게도 사회에서 '폭력적인 약탈자'로, 매우 위험하다고 보는 10대들, 폭력 범죄를 저질러서 감옥에 있는 아이들은 그들 자신을 폭력적이라고 보지 않는다. 어떻게 이렇게 '순진(naive)'할 수 있을까? 그들이 자라난 환경 안에는 수많은 가정폭력과 동네폭력이 있는데 거기에서 폭력행동은 전형적인 분노 표출로 간주된다(Ryder, 2014). 대부분의 청소년[3]에게 공격행동은 아동기에서 청소년기로 시간이 흐르면서 점진적으로 떨어지는 경향성을 보인다. 아동기에 신체적 공격행동을 보이지 않은 경우(Broidy et al., 2003 study에서 19%) 청소년기에도 마찬가지이다(Broidy et al., 2003).

심리사회적으로 10대들은 에릭슨의 '정체성 대 역할혼돈'의 단계에 있다. 그들의 정체성에 주의를 많이 기울이고 그들이 삶에서 무엇을 하기를 원하는지가 불확실하다면 불안을 크게 느낀다. 그들은 성, 가족, 정치, 종교, 진로 정체성과 관련된 여러 가지 실험을 해 본다. 크고 작은 여러 가지 시도를 통해 자신이 세상에서 잘 맞는 곳이 어디인지 알아보려고 한다(Erikson, 1963). 비록 그들이 양육자로부터의 분리와 독립의 느낌들을 위해 싸우고 있을 수도 있지만, 그들은 여전히 그들의 가족, 사회적 환경, 매체에서 더 나이가 많은 사람을 역할모델로 사용한다. 대부분의 10대는 단지 온건한 보호자-청소년 갈등을 경험하며, 그들의 보호자들과 긍정적인 관계를 유지한다(APA, 2002b).

이 시기가 되면 사회적으로, 동료의 수용이 어른의 승인보다 우위에 선다. 10대들은 성인의 지원 없이도 효과적인 동료 집단 관계를 시작하고 유지한다. 대부분의 10대에게 있어서, 초기의 동성 선호는 이성과의 친밀감에 대한 관심으로 변한다. 10대들은 남성 또는 여성이 된다는 것이 무엇을 의미하는지 이해하려고 노력하고, 자신의 성적 정체성을 자아의 느낌(sense of self)에 통합시키려고 노력한다(Brems, 2008). 연구에서 부유한 학교에 다니며 건강문제가 없는 9~12학년 학생들의 약 2.5%가 평균 이상의 약물 사용, 외현화 행동을 보여 주었는데 이 아이들은 다른 학생들보다 더 일찍 성적 행동을 하고 학업성적이 낮았으며(Jensen Racz, MacMahon, & Luthar, 2011), 성차는 나타나지 않았다. 반대 패턴의 아이들은 이러한 문제에서도 역시 반대의 패턴을 나타냈다. 이 학생들은 친사회적이었으며 부정적 행동을 덜보였으며 학업성적도 높았다. 성소수자 학생들은 이성애의 발달에만 지원을 제공하는 가족 그리고/또는 공동체에서 긍정적인 자아-정체성을 발달시키는 데에 심각한 어려움들에 직면할 수도 있다(Beckstead & Israel, 2007).

과거 질풍노도의 시기라는 청소년에 대한 신화가 설명하는 그런 정도의 시기는 아니지만, 전체적으로 10대는 어린 시절보다 덜 행복하다. 그들에게 요구되는 기준은 점점 더 충족

---

3) 상습적으로 공격행동을 하는 소년은 그중 약 7%임.

하기 어렵고 그래서 그들은 점점 더 큰 삶의 스트레스를 당면하게 된다. 그 결과로 청소년은 복잡한 정서적인 반응들을 이해하고, 동일한 상황이 서로 다른 사람들에게 매우 다른 감정을 일으킨다는 것을 인식할 수 있는 능력을 가지게 된다. 그렇게 되어 그들은 다른 사람의 감정을 공감하고 이해할 수 있게 된다. 그렇지만 이것은 그들이 공감을 학습하는 것을 지지하는 부모나 환경을 만나야만 가능한 것이다. 저녁식사 시간에 적어도 한쪽 부모와 함께 식사를 하는 청소년들은 그렇지 않은 청소년들에 비해서 정서적, 행동적 어려움을 덜 보여 준다. 결국, 모든 정신건강 문제의 약 50%가 만 14세에 시작된다(WHO, 2014).

또래관계가 중요하긴 하지만 10대들은 그들의 삶의 한 부분을 지탱하기 위해서 성인들을 필요로 한다. 신체적, 정서적 고립은 부유한 지역이건 아니건 모든 여건의 청소년들에게 불안, 우울, 약물남용, 그리고 빈약한 학업적 발달의 위험요인이다(Luthar & Latendresse, 2005). 공감보다는 반감 혹은 혐오감이 발달한 청소년들은 다른 사람들에게 가해하기 시작한다. 공격적인 유치원 시절, 초등학교 시절의 또래 괴롭힘을 거쳐 10대가 되면 폭력적, 비폭력적 비행에 연루된다(Broidy et al., 2003; Watson et al., 2005). 정서적 조절 기술은 성공적인 대인 발달의 열쇠로 지속적으로 작용한다. 정서적 조절 기술은 청소년들이 자신의 감정을 알아차리도록 돕고 자신의 감정을 잘 다루어서 알코올이나 약물 같은 파괴적 행동으로 자신의 정서를 마비시키지 않도록 지속적으로 돕고 사회적 관계로부터 움츠러들지 않고 역기능적인 섭식행동을 하지 않도록 돕는다. 사회화에는 성차가 나타나는데, 소녀들은 자신을 주장하고 분노를 다루는 데 있어서 소년들보다 더 많은 도움을 필요로 한다. 반면, 소년들은 경쟁에서 협력으로 나아가기 위한 학습을 함에 있어서 더 많은 도움을 필요로 한다. 인종적 정체성이 굳건한 청소년들은 그렇지 않은 청소년들에 비해 더 높은 자존감을 가지며 성장한다(APA, 2002b).

학교는 학교에서 반사회적인 또래나 성인을 접촉하게 된다는 점에서 위험한 환경이다. 반면, 교육적 성공을 가져오는 학교의 프로그램들은 탄력성을 증진하는 보호요인이다(WHO, 2014). 청소년들은 더 나이 어린 학생들보다 더 학교는 지루하고 선생님은 적대적이라고 묘사하며 학교에서의 성공에 필요한 내적 동기는 낮아진다. 학교에 대한 긍정적 애착이 떨어지는 것은, 선생님들은 학생을 한 시기에만 만나고 급우들은 계속 바뀌고 청소년들은 점점 더 많은 자율성을 원하지만 규칙과 구조는 점점 더 엄격해지기 때문에 일어나는 일일 수 있다. 청소년이 성인이 되면 숙달되어 있어야 할 과업들, 예를 들면 고용을 유지할 수 있고, 로맨틱한 관계를 풍성하게 유지해 나갈 줄 알고, 자기의 아이들을 효율적으로 돌보는 방법을 아는 것 등이 갓난아기 시절의 안정 애착으로부터 시작되고 나이가 들면서 점점 더 심화되는 것이다(McCormick, Kuo, & Masten, 2011). 신생아부터 28세까지의 장기 종단 연구에 의하면 영아기와 아동기 애착의 질은 이후 대인 애착을 예측하는 변인이었으며 로맨틱한 관계를 잘하도록 영향을 주었고 결과적으로 28세 시기 전반적 삶의 적응에 대해서도 중요한 예측변 인으로 기능하였다(Englund, Kuo, Puig, & Collins, 2011). 불안정 애착과 회피 애착은 대인 지 지와는 부적 상관, 심리사회적 어려움과는 정적 상관을 가졌다(Mallinckrodt & Wei, 2005).

청소년기의 생활은 또래, 가족, 교사들, 이웃, 작업환경 등의 복잡한 망 위에 놓이는 것이 며 그들이 청소년기부터 성인 전기까지에 상호관계를 만들어가면서 그 궤도를 형성하도록 긍 · 부정적 영향을 준다(Masten, 2014). 청소년기는 그들 자신의 고유함을 이해하기 위해 능 동적으로 분투하는 첫 시기이지 이러한 탐색이 일어나는 유일한 시기는 아니다(APA, 2002b). 대부분의 개인은 성인이 되어서 심각한 정서적, 행동적 문제를 갖지 않고, 그들의 가족과 애 착을 형성하고 학교에서 성공적으로 살아가며, 지역사회 안에서도 공헌을 하고 삶을 영위할 수 있다(APA, 2002b).

탄력성 대 위험

청소년이 사망한다면 아마도 사고이거나 살해당한 것이며 자살이 세 번째로 많은 비율 의 원인일 것이다(Centers for Disease Control and Prevention, 2014). 고등학생에 대한 전국적 인 조사에 의하면 지난 한 해 동안에 학생들의 16%가 자살을 심각하게 고려했고, 8%는 자 살을 시도한 적이 있었다. 소녀들은 소년에 비해 자살을 시도한 비율이 더 높지만 시도의 결 과로 소년들이 더 많이 죽는다. 질병관리본부 통계자료에 의하면 자살의 위험 요인은 자살 시도로서, 자살을 시도한 가족력, 우울, 양극성 장애, 기타 심각한 정신질환, 알코올이나 약 물사용, 최근의 스트레스 사건이나 상실, 문제에 대한 잠재적 해결책으로서 자살을 시도한 사건에의 노출, 자살을 시도할 치명적인 메커니즘에 대한 쉬운 접근성, 구금된 경험 등이 이 와 관련되었다(CDC, 2014). 질병관리본부(2013a)에 의하면, 3세에서 17세 아이들은 주의집중 장애(6.8%), 품행 문제(3.5%), 그리고 불안(3.0%) 이 세 가지 문제를 가장 많이 갖는 데 반해, 12~17세의 청소년들은 약물사용(4.7%), 알코올(4.2%), 그리고 담배 의존(2.8%)의 문제를 가 장 많이 가지고 있었다.

탄력성을 측정하기 위해 다양한 준거가 사용되어왔다(Masten, 2014). 예를 들면, 전국 아 동건강조사(U. S. Department of Health and Human Services, Health Resources and Services Administration, Maternal and Child Health Bureau, 2009)에서는 6~17세의 2.8%가 심각한 행동 문제를 가지는 것으로 나타났다. 만약 심각한 어려움이 없는 것을 준거로 삼는다면 대부분

의 아이가 탄력성이 있는 것이다. 반면, 매년 정서적 · 행동적 장애를 경험했는지를 준거로 삼는다면 13%에서 20%의 아동이 문제가 있는 것이 되므로 이 아이들을 고려한다면 많은 아이가 위험하다고 볼 수 있다. Wright와 동료들(2013, p. 17)은 탄력성을 '위험이나 역경에 대한 긍정적 적응, 어려움으로부터 회복되거나 견딜 수 있는 역량'으로 정의한다. 그리고 위험은 '부정적 결과가 가중될 가능성'으로 정의한다.

어떤 연구에 의하면 트라우마에 대해 탄력적인 반응을 보여 주는 능력은 아동의 이웃 환경을 통제하는 것과 가정의 수입에 상관이 있었다(G. W. Evans, Li, & Whipple, 2013). 가장 좋은 영향을 미치는 지역에서 자란 아동들에 비해 나쁜 영향을 미치는 지역에서 성장한 아동들은 더 높은 비율(6%)로 심각한 문제가 발견되었으며 이는 3배에 해당되는 결과이다. 이러한 위험은 빈약한 지역의 사회적 여건에서 영향을 받으며, 이러한 결과는 부모의 수입을 통제한 이후에도 여전히 영향을 미치는 것이었다. 빈곤 이하 계층의 아동들은 그들보다 수입이 4배 높은 가정의 아동들에 비해 4배의 심각한 행동문제를 가질 위험이 있었다(Singh & Ghandour, 2012).

Masten의 연구는 아동이 발달의 과정에서 낮은 탄력성을 보여 주거나 병리적 반응을 보여 줄지를 판별할 4개의 범국가적 요인을 보여 주었다. 첫 번째 요인은 아동이 가정과 지역사회에 자신감 있고 효율적인 성인과 연결되어 있는가이다. 효율적인 부모는 아이의 행동과 환경의 안전성을 점검하고 온정적이고 지지적인 분위기를 제공한다. 자신 있고 반응적인 양육자는 아동의 성장을 지지하는 여러 보호요인을 제공하게 된다. 이러한 부모는 아동이 역경을 만났을 때 위협에 효율적으로 대응하고 아동을 보호하기 위해 조치를 취한다(Masten & Narayan, 2012). 긍정적 발달을 증진하고 따뜻한 양육을 포함한 탄력적 요인을 구성하는 가정의 특성으로는 아동의 행동에 대해 모니터링하고 적절한 구조를 제공함, 아동의 나이에 적절한 기대를 제공함, 형제자매들과의 긍정적 관계, 안정적인 가정 환경, 아동의 교육에 대한 부모의 관여 등이 있다. 지지는 또한 질적인 향상을 돕는 연습이 제공되는 교육과정과 교사가 있고, 교사들이 열성적이며, 방과후 프로그램이 부모가 집에 없는 아동들을 위한 도움을 제공하면서 동시에 아동들끼리의 긍정적 연결을 돕는 그런 학교에 의해서도 제공된다.

탄력성의 두 번째 요인은 아동이 학교에서 혹은 다른 사회적 환경에서 성공을 가능하게 할 정도의, 최소한 평균 정도의 인지적, 정서적 자기조절 기술을 가지는 것이다. 연구 당시에 더 높은 지능을 가진 개인은 더 높은 탄력성을 보여 주었다. 더 높은 탄력성은 높은 학교 등교율과도 관련이 있었다(Wright et al., 2013).

세 번째 요인은 자신에 대한 긍정적 관점이다. 이것은 자신감, 자아효능감, 자신의 강점에 대한 적절한 관점, 희망, 삶에 대한 유의미감 등과 관련된다.

마지막 네 번째 요인은 환경 안에서 더 효율적이고자 하는 동기이다. 이것 역시 부모의 사회경제 지위나 높은 학력 등의 유리함에 의해 강화받을 수 있다. 이러한 요인들과 함께할 때 아동은 역경의 결과가 가져올 부정적 작용으로부터 보호받을 수 있다. 탄력성이 있는 청소년은 건강한 성공의 기회로부터 무언가를 얻고자 노력하며 친사회적 멘토와 관계를 맺고자 노력하고 또래 비행집단과 거리를 두며, 새로운 자극이 되는 일에 덜 관여한다. 경제적으로 불리한 여건에 있는 아동의 탄력성은 가족 구성원 간의 좋은 의사소통에 영향을 받는다. 좋은 의사소통은 아동이 부정적인 일에 당면했을 때 받게 되는 부정적인 영향에 완충작용을 할 수 있다. 좋은 의사소통은 또한 개인이 친사회적인 정체감을 발달시키고 좋은 자존감과 대인관계 기술을 발달시키도록 돕는 긍정적인 또래관계를 발달시킨다. 긍정적인 대인관계 망을 가진 청소년은 건강상의 문제를 덜 가지며 더 높은 안녕감을 가지고 지나친 음주나 흡연 등의 건강을 해치는 행동 대신 건강증진행동을 더 많이 하며 더 높은 삶의 만족도를 보고한다. 결국 지역사회 안에서 살고 필요할 때 그들로부터 대인자원을 구축하고 자존감을 증진하고 부정적인 대인 행동을 안 하게 하는 것은 청소년들이 더 건강하게 살도록 영향을 준다(Currie, Zanotti, et al., 2012). 지역사회의 대인적인 응집성은 신체적, 정신적 위험을 감소시킨다(Rios, Aiken, & Zautra, 2012). Wright 등(2013)은 발달에 있어서 위험 요인과 탄력성 요인 간의 복잡한 상호작용에 대한 연구를 통해 위험 요인과 탄력성 각각의 수준보다는 이 두 개념의 연속선을 강조하였다. 예를 들어, 아동의 내적 요인들은 대인관계와 맥락의 요인에 의해 영향을 받는다.

발달, 이것만은 꼭 기억합시다!
. . . .

1. 내담자의 신체적, 인지적 발달이 나이에 적절한지 고려하고 그것이 가정, 학교, 지역사회 환경 안에서의 동기 수준과 수행이 영향을 주는 방식을 평가하라.
2. 내담자의 연령에 비추어 한계 설정, 모니터링, 기술 형성, 정서적 연결 등의 면에서 성인들과의 관계의 적절성, 그리고 그것이 발달 과정을 지지하거나 방해하는 방식을 평가하라.
3. 내담자의 또래와의 어울림과 대인관계 기술이 자신의 나이에 적절한지, 이 관계가 발달 과정을 지지하는지 방해하는지를 평가하라.
4. 내담자의 자아상, 자기효능감 등을 포함한 기능이 내담자의 나이에 적절한지, 건강한 발달을 위해 그에게 가장 필요한 것이 무엇인지, 만약 있다면 성숙 혹은 성숙 촉진 요소 혹

은 장벽 요소가 무엇인지 평가하라.

5. 내담자의 삶에서 환경과 여건의 위험 수준을 평가하고 그들이 이러한 위험을 완화시키는 관리 능력이 얼마나 되는지 평가하라.

자기 분석 지침

1. 발달과 관련된 주제들에 대한 당신의 지식은?

   a. 아동 · 청소년에 대해 당신이 이수한 수업은 얼마나 되는가?

   b. 아동 · 청소년에 대한 배경지식을 제공하는 워크숍에 얼마나 참가하였는가?

   c. 아동 · 청소년과 상담한 전문적인 경력은 얼마나 되는가?

   d. 아동 · 청소년을 만난 개인적 경험은 얼마나 되는가?

   e. 세상에 대한 가치관, 사람들과의 소통, 보상과 처벌 등과 관련하여 당신의 아동 · 청소년기 경험은 당신이 아동 · 청소년 집단을 상담하는 데 어떠한 영향을 줄 수 있는가?

2. 당신의 임상 업무에 영향을 주는 발달에 관한 인식 수준은?

   a. 당신의 현재 나이와 현재 만나는 특정 연령대의 내담자 집단과의 접촉 정도는 내담자에 대한 당신의 반응에 어떤 영향을 주는가?

   b. 이 연령대 집단의 전형적인 특성에 대해 당신이 이해하고 있는 것은 무엇인가?

   c. 아동 · 청소년 내담자와의 효율적인 작업을 지지하는 어떤 경험을 해 왔는가? 이들의 현재 여건이나 이에 대한 이들 자신의 관점에 관한 편견이나 사회적 소외를 초래할 수 있는 경험이 있는가?

3. 다양한 연령대의 내담자들과 일함에 있어서 현재 사용하는 기술들은?

   a. 이 연령대 집단과 효율적으로 일해 나가기 위하여 가치가 있는 기술로 당신은 어떤 것들을 가지고 있는가?

   b. 이 연령대 집단과 효율적으로 일해 나가기 위하여 개발해야 할 중요한 기술은 무엇이라고 생각하는가?

4. 어떤 조치, 단계를 취할 수 있는가?

   a. 당신이 이 연령대 집단과 상담할 때 더 유능할 수 있도록 무엇을 준비할 것인가?

   b. 이 연령대 집단과 더 긍정적인 성과를 내기 위해 상담 환경을 어떻게 구조화할 것인가?

   c. 이 연령대 집단에게 당신이 그들을 더 잘 받아들이도록 당신은 상담의 어떤 과정을 변화시키겠는가?

성(性) 영역

마리는 최근 비행기 사고로 죽은 사랑하는 남편을 위해 아내로서 슬퍼할 여유가 없다. 그녀는 먼저 어머니로서, 그녀의 두 아이가 그들의 상실에 대처하는 것을 도와야만 한다(4장). 미대에 다니는 스티브는 타인들로부터 정서적으로 분리(detach)되어 있다(8장). 이들의 성역할이 이들의 심리적 안녕에 영향을 줄까? 당신이 스티브를 충분히 이해하기 위해 남성의 세계관을, 그리고 마리를 깊이 이해하기 위해 여성의 세계관을 이해해야 할 필요가 있는가? 성을 고려한 상담은 마리와 스티브의 자신에 대한 성 편견, 내담자들의 개인적 · 사회적 삶 안에서 강점 혹은 어려움으로 작용하는 성역할 등 이들의 성 고정관념을 상담자가 알아차려야만 가능하다. 상담자가 이들의 성역할에 대한 그들의 자기동일시를 다룰 수 있는 상담 전략일 때 이 상담에 더 적합할 것이고 마리와 스티브는 더 많은 도움을 받을 수 있을 것이다 (Liu, 2005).

인구통계학적 데이터

2010년 인구센서스 조사에서 남성과 여성 집단, 그리고 스스로를 어느 쪽이라고 확인한 집단에 대한 정보에 의하면(U. S. Census Bureau, 2010a), 미국에서 여성은 51%, 남성은 49%였다. 남자 아이들이 더 많이 태어나지만 35~39세까지만 이 비율이 유지되고 그 이후에는 여성의 비율이 높아지기 시작한다. 65~69세가 되면 여성 비율이 53%까지 높아진다. 85세가 되면 여성 비율은 65%가 된다(U. S. Census Bureau, 2010a).

성에 대해 우리가 제대로 이해하고 있지 않다면, 이 통계조사를 보면 여성들이 모든 유형의 직업에서 그리고 사회 안의 권위적인 지위에서 약간 더 다수를 구성하고 있다고 생각할 것이다. 게다가 최근 들어서 모든 고용 유형에서 그리고 권위 있는 지위에서 여성들이 점점 더 많아지고 있다. 그러나 이것은 실제와는 다르다. 21세기 들어서서 여성들이 파워풀한 정치 지도자로 나타나게 되었고, 미국의 경우 유명한 정치 지도자인 여성들이 등장하였다. 그렇지만 이러한 권위 있는 직위에서 여전히 여성은 소수이다. 정치 지도자, 미국의 상하원 의원 중에서 여성의 비율은 18%에서 20%이다. 그리고 100개의 대도시 중 12개의 도시에서만 여성이 시장직을 맡고 있다(Eagleton Institute of Politics, 2014). 성에 관한 연구는 미국 내에서 남성이 여전히 기득권을 가지고, 여성이 누리지 못한 기회를 가지고 있음을 보여 준다(Liu,

2005).

　여성과 남성의 사회 안에서 그들의 역할에 대한 지각은 가족이 함께 사는 가구 비율이 1970년 81%에서 2012년 66%로 감소한 만큼 변화해 왔다. 전체 가구의 27%가 1인 가구이다(Vespa et al., 2013). 21세기의 가정은 남성과 여성이 독신 생활을 점점 더 오래 하는 쪽으로 변화해 왔다. 성인들은 점점 더 늦게 결혼하고 이에 따라 아이는 점점 더 적게 가지고 있다(Worell & Remer, 2003). 2012년 인구통계조사가 보여 주듯이, 결혼한 부부는 여전히 전체 가구의 가장 다수를 구성하고 있다(Vespa et al., 2013). 그렇지만 가족이 구성한 가구의 비율은 시간이 지남에 따라 점점 줄어들고 있다. 1970년에는 결혼한 부부의 40.3%가 아이들이 있었지만, 2012년에는 19.6%만 아이들이 있었다. 결혼연령이 점점 더 높아지고 첫 아이 출산 연령도 점점 더 높아지고 있다. 여성은 여전히 남성보다 결혼 연령이 낮다(Vespa et al., 2013). 첫 번째 결혼 당시 여성의 평균연령은 26세, 남성은 28세였다. 18세에서 28세의 젊은 남성들은 보통 젊은 여성보다 부모와 함께 사는 비율이 더 높다(남성 59%, 여성 51%). 동거는 1982년 3%에서 2010년 11%로 증가했다(Copen, Daniels, Vespa, & Mosher, 2012). 동거하는 커플의 동거 시작 연령은 결혼한 부부의 결혼 연령보다 더 낮은 경향이 있다. 동거 경험이 있는 남성의 86%와 여성의 89%가 나중에 결혼한다(Vespa et al., 2013).

　더 늦게 결혼함에도 불구하고 첫 번째 결혼의 50%가 이혼으로 끝이 난다(Copen et al., 2012). 그렇지만 52%의 여성과 56%의 남성은 그들의 결혼이 20년 이상 지속될 것으로 전망한다. 석사 학위 이상의 고학력 여성들은 상대적으로 학력이 낮은 여성들에 비해 첫 번째 결혼을 더 오래 유지하는 경향이 있다(Copen et al., 2012). 한 번 결혼한 남성과 여성은 높은 비율로 이혼하며 다른 사람과 재혼한다. 그래서 현대의 가정은 부모와 아이들, 혹은 한부모와 아이들, 혹은 계부, 계모와 아이들로 구성된다(U. S. Census Bureau, 2004). 남성과 여성은 변화하는 가족구조와 증가하는 역할 긴장에 적응해야 한다(Worell & Remer, 2003). 결혼은 남성의 생활 스트레스를 감소시키지만 여성의 경우는 그렇지 않다. 여성은 가정과 아이들을 돌봐야 하는 책임을 여전히 더 많이 지고 있다(APA, Joint Task Force, 2006). 가족의 해체는 경제적인 긴장을 가지고 온다. 이것은 특별히 아이들이 엄마와 살 때 더 그렇다. 엄마와 사는 아이들은 양부모와 함께 사는 아이들에 비해서 다섯 배 더 빈곤하다(U. S. Census Bureau, 2003). 양육 기술의 측면에서 남성은 여성이 자녀를 양육하는 것과 유사한 행동과 태도를 가지려면 더 적극적으로 양육 행동을 해야만 한다(Kimmel, 2008).

간략한 역사

남성과 여성의 생물학적인 차이는 변함이 없다. 그렇지만 남성과 여성이 무엇인지의 의미는 사회적으로 구성되고 문화권, 역사적 시기, 정치적 분위기에 따라 다양하다. 그것은 고정된 개념이라기보다는 항상 변화에 열려 있는 것이다(Liu, 2005). Worell과 Remer(2003, p. 15)는 성(gender)을 "특정 문화권 안에서 남성과 여성 각각에게 더 바람직한 것으로 간주되는 문화적으로 승인된 행동 패턴들"이라고 정의한다. 그래서 한 개인의 sex는 생물학적 기반을 두고 있지만 한 개인의 gender는 사회적 수준, 대인 수준, 개인 수준에서 개인의 행동에 영향을 주는 학습의 결과이다(Crawford, 2006). 남성과 여성의 능력의 이질성에 관한 다양한 결과를 보여 주는 많은 연구가 있지만 성 고정관념은 여전히 남성과 여성의 개인적, 사회적 정체성에 대해서 남성과 여성이 취하는 역할을 정의하고 제한하는 데 사용되어 왔다(Worell & Remer, 2003). 남성성과 여성성은 종종 서로 반대로 정의되어 왔다(Kimmel, 2008). 그렇지만 당신의 성 정체성은 또한 여성으로서 혹은 남성으로서 당신 자신이 가지는 내적인 감정의 영향을 받는다. 어떤 사람이 트렌스젠더라면 그 사람은 외적으로 정의된 자신의 성과는 다른 성정체감을 가지고 있을 것이다(APA, Committee on Lesbian, Gay, Bisexual, and Transgender Concerns, 2006).

성이라는 구인이 어떻게 개인에게 영향을 주는가? 사회적 수준에서 젠더는 누가 사회에 영향을 줄 파워를 가지고 있는지에 영향을 주는 구인이다. 미국 사회는 가부장적 모델(patriarchal model)에 기반을 두고 있으며 남성이 우리가 준수해야 할 법을 만들고 있고 남성이 공공의 대화를 이끄는 미디어를 소유하고 있으며 부는 남성의 손안에 집중되어 있고 사회 속의 주된 종교들은 남성적 개념으로 신성(deity)을 정의하고 있고 남성이 군을 통제하고 있다(Crawford, 2006).

대인간 수준에서, 성은 남성과 여성이 서로 어떻게 상호작용하는지에 영향을 주어 온 것으로 보인다. 사람들은 종종 상대방이 자신에게 기대한다고 생각하는 데 대한 반응으로서의 행동을 한다. 다른 사람들이 남성과 여성이 특정한 방식으로 행동한다고 기대한다면 이러한 규범대로 움직이는 경향이 있으며 이러한 기대에 부응하는 행동을 함으로써 사회적인 보상을 받을 것으로 기대하는 경향이 있다(Crawford, 2006). 한 여성이 다른 사람에게 여성적이라고 지각되려면 그 여성은 옷 입는 것, 그녀의 신체, 머리카락과 얼굴에 대해 매우 신경을 써서 자신의 성을 표현하려고 노력해야 한다. 결국 여성성은 여성들이 그들의 목표 성취를 위해서보다는 자신의 외모를 향상하는 데 노력할 것을 요구한다. 남성이 남성적으로 보이도록 행동하기 위해서도 여러 제약이 있겠지만 적어도 그들은 그들의 목적을 성취하는 것을 넘어서서 여성들처럼 외모를 꾸미는 데 시간을 더 많이 사용하지는 않을 것이다(Crawford, 2006; Just the Facts Coalition, 2008).

성이 대인관계에 어떤 영향을 주는가? 남자는 여자가 말하는 것을 끊는 것, 대화를 주도하는 것, 허락 없이 여자를 건드리는 것, 파워를 갖는 방법에서 장벽에 부딪혔을 때 여성을 비난하는 것 등에서 불편함을 덜 느낀다(Crawford, 2006). 예를 들어, 남자답다는 것은 사회 안에서 어떤 것이 남자로서 정상적인 행동인지, 즉 관계에서 지배적인 것, 자신 있게 행동하는 것, 공격적으로 목표를 추구하는 것 등과 연결된다. 여성은 이와 같은 행동을 할 경우 여성의 성에 대해 사회적으로 기대되는 것에 반(反)하기 때문에 가치롭게 인정되지 않는다(Crawford, 2006).

개인 수준에서 각 개인은 성 구분으로 받아들여지기 위해 어느 정도의 행동을 해야 할지 결정할 필요가 있다. 전형적 성은 자신이 여성성 혹은 남성성의 관점에서 그 행동과 특질을 얼마나 갖고 있다고 보는지로부터 시작되는 개념이다. 그리고 그것은 다른 사람들과 관계할 때 어떤 역할을 얼마나 할지에 영향을 받는다(Crawford, 2006).

권력 위계에 더하여 사회단체들은 남성의 성취가 여성의 것이 비해 더 존중될 만하고 가치롭다는 생각을 강화한다. 이러한 인식은 파워의 성차를 현상 유지시키는 데 기여한다(Kimmel, 2008). 이러한 특권과 기회의 불공평은 여성 내담자가 상담에 올 때 사회 속에서 성적 편향의 결과로 어려움을 가지고 올 수 있다는 것을 의미한다. Mellinger와 Liu(2006)는 남성들도 이와 마찬가지의 성적 편향의 어려움을 가지고 있음을 이해하는 것이 중요하다는 점을 지적했다. 남성이 엄격한 성역할을 내면화해서 가족의 기대와 사회적 압력으로 어려움을 겪는다면 이것은 이 남성 내담자가 가진 심리적 어려움의 중요한 요인이 될 것이라는 것이다. 그러나 이는 남성성에 대한 고정관념의 한 부분으로서, 미국 내의 모든 문화 집단은 남성성을 같은 방식으로 보고 있다. 성과 인종 집단 간의 상호작용이 다른 모든 타입의 대인관계의 차이와 마찬가지로 존재한다(Liu, 2005). 이것은 남성들이 자신이 어떻게 행동하기를 기대받는지 이해하기 위한 노력을 해야 하는 스트레스를 가져온다(Liu, 2005). 성에 관해 유능한 상담자는 성의 사회화가 어떻게 스트레스를 가져오는지, 건강한 행동뿐 아니라 건강하지 않은 행동을 가져오는지 이해하고 있다(Feder, Levant, & Dean, 2007). 신체적 활동, 심지어 음료수 컵을 잡는 방식, 수건을 꼬는 것도 성 정체감에 관련되어 남성이 정서를 표현하는 방식이 된다(Rabinowitz & Cochran, 2002). Mahalik과 colleagues(2003)는 미국 사회 내에서 남성성의 규범으로, 여성에 대해서 파워를 가지기를 기대함, 대인관계에서 지배적인 위치를 점함, 성적 경험에 대한 강조, 플레이보이와 같은 성적인 잡지를 읽으면서 자극을 받음, 반동 성애 윤리 등을 포함한다. 일에서의 역할로는 높은 지위를 추구하고 위험을 감수하며 승리 를 추구하는 것을 가치 있게 여긴다. 자기의존과 정서적 통제가 강조되며 세상을 폭력적인 공간으로 받아들이고 그곳에서 잘 지내는 것이 강조된다(Mahalik et al., 2003).

남성과 여성의 성역할의 영향에 대한 논의는 미국의 백인 중산층의 개신교도 표집에 대 해서 먼저 이루어진 연구에 기반하여, 이와 다른 집단에 일반화하기에는 제한이 따른다. 성 (gender)이라는 구인은 사회 안에 존재하는 다양한 집단별로 매우 상이하다. 문화적으로 다 수가 아닌 젊은이들은 주류 사회에 동화되려고 시도하고 지배적인 주류 집단의 성 고정관 념과 역할을 그들 자신의 경험 안으로 가져와 닮으려는 노력을 한다(APA, Joint Task Force, 2006; Mazure, Keita, & Blehar, 2002; Worell & Remer, 2003). 트렌스젠더에 관련된 주제, 즉 트 렌스젠더의 성 정체성과 성 표현의 범위를 설명하는 연구 등은 해당집단 표집의 부족으로 인해 논의하기 어렵다(APA, Committee on Lesbian, Gay, Bisexual, and Transgender Concerns, 2006).

남자들은 어떻게 행동하도록 기대되는가? 여기에 남성성 문화가 있다(Liu, 2005). 이 문화 는 사회가 남성에게 무엇을 기대하는지, 남자는 무엇을 가치롭게 여기는지, 전형적인 남성 은 어떤 행동을 하는지, 어떤 관습을 중시하는지 등을 포함한다. 전통적인 전형들은 남성이 자기의존적이고 거칠고 공격적이고 지배적이고 정서적·통제적으로 행동하도록 격려해 왔 다(Addis & Mahalik, 2003). 남성의 행동은 그것이 사적인 그리고 공적인 생활 양쪽에서 사회 적 기대를 충족시킬 때 사회적으로 승인받는다. 소년들의 또래집단은 팀 작업과 경쟁을 지 지해 왔다. 자신의 의견을 주장적으로 표현하는 소년들과 남자들이 지도자로 간주될 것이다 (Worell & Remer, 2003). 그렇지만 남성들이 넓은 범위의 정서를 경험한다면 좌절을 겪을 것 이다. 그들은 그들의 정서를, 경험하는 것보다는 행동하는 것으로 여기도록 사회화되어 왔 다. 미국인들이 수세기 동안 화가 나고 속이 뒤집힐 때 어떻게 하라고 배워 온 것은 '남성 은 미치지 않는다. 남성은 한결같다(Kimmel, 2008, p. 122)'라는 것이다. 그 결과로 남성들은 '감정표현불능증(alexithymia)' 혹은 그들의 감정을 다루는 데 무능력자가 되었다(Feder et al., 2007). 남성도 화가 날 수 있다. 그러나 정서적인 친밀감의 표현, 협동, 의존, 이타주의, 슬픔 을 드러내는 것은 약하고 미성숙하고 더 강해져야 할 필요를 보여 주는 것으로 여겨져 왔다. 그 결과, 어떤 남성들은 감정적 알아차림을 잘라내 버렸다. 도움 요청 역시 남성으로서는 승 인받지 못할 행동이다. 그 결과로 남성들은 여성들보다 건강지원 서비스를 덜 이용해 왔다. 남성이 자신의 자율성에 대한 위기로 도움을 요청하고 싶어져도 그들은 그것을 회피할 것이다(Addis & Mahalik, 2003). 남성은 자신이 건강하다는 기준을 충족한다는 것을 일과 운동에서의 성공과 여성에 대한 지배성, 이성적인 연애와 결혼생활로 증명하도록 요구받아 왔다(Kimmel, 2008). 힘과 권위를 추구하는 것은 소년과 청년들에게 그들이 성공하지 못하면 트라우마, 고통, 고립을 경험하는 것을 대가로 치르게 한다(Kaufman, 1994; Messner, 1997). 남성적 성역할과 관련하여 11개의 요인이 발견되어 왔는데, 여기에는 이기는 것에 대한 강조, 정서적 통제, 지배성, 위험 감수, 폭력성, 여성에 대한 우위, 자기의존, 일 우선시, 성소수자에 대한 경멸, 지위 추구, 플레이보이 경향이 포함된다(Mahalik et al., 2003).

지배성을 추구하고 그들의 남성성을 증명하기 위한, 남성을 소진시키는 사회적 메시지들은 10대와 성인 전기 동안에 그들의 높은 비율의 폭력적 행동과 직접적인 연관성이 있다. '청소년 폭력', '약물 폭력', '학교폭력', '테러리스트들의 납치 폭력' 등으로 일컬어지는 폭력행위의 가해자들은 거의 남자였다(Kimmel, 2008). 서로 다르지만 남자들은 같은 방식으로 사회적 압력을 느끼고 생각하고 행동한다. 항상 정서적으로 금욕적이고 자기의존적이기를 요구하는 외적 압력들은 남성들에게 역할 스트레스를 가져오게 된다. 여성이 쓴 책과 여성들이 성취한 목적은 남성과는 다른 '여성'으로서 겪는, 성적으로 구별되는 영향에 초점을 두고 분석되고 연구되어 왔다. 그러나 남성들의 남성성은 보이지 않는 주제로 남겨져 있다. 그래서 남성으로서 겪는 도전과 어려움, 예를 들면 좋은 아버지가 되고 싶은 남성 과학자들에 대해서는 결코 분석되지 않았다(Kimmel, 2008). 남성들은 그들의 개별성, 그리고 개별성을 제한하는 문화적 규범에 의해 압박받고 비현실적인 행동 기준을 설정하게 되어 신체적, 정신적 건강을 위협받게 된다. 그러나 이런 이슈들은 지금까지 사회적으로 주목되지 않았다(Kimmel, 2008; Worell & Remer, 2003). 매체들이 보여 주는 여성의 이미지는 남성들이 어떠한 타입의 여성을 파트너로 추구할 것인가에 대하여 비현실적이고 좁은 시각을 갖도록 영향을 준다(Schooler & Ward, 2006). 남성이 심리적인 장애를 보일 때 그들은 흔히 물질남용이라든지 간헐적 폭발성장애와 같은 외현화된 문제행동을 많이 보인다(Kessler, Chiu, Demier, & Walters, 2005). 만약 그들이 동반장애(comorbid disorder)를 보인다면 우울 혹은 약물남용일 가능성이 크다(Russo & Tartaro, 2008).

여성은 어떻게 행동할 것으로 기대되는가? 전통적으로 여자는 남자보다 더 순종적이고, 양육적이며, 관계에서 더 정서적으로 동조하고 타인의존적이라는 고정관념이 있다(APA, Joint Task Force, 2006; Papp, 2008). 여성적 성역할에 관련된 요인들로는 관계에서 더 우호적고 지지적, 로맨틱한 관계에 몰두, 성적인 충실성, 능력과 재능에 대한 겸손, 자녀들과 함께 있고 싶어 하고 아이들을 돌보고 싶어 하는 열망, 가정을 꾸리고 지키고 싶은 바람, 자신의 신체적인 아름다움을 유지, 증진하는 데 몰두함, 날씬한 몸매를 가꿈 등이 있다(Mahalik et al., 2005). 주장적인 여성은 지도자가 아니라 '성질 더러운 여자(bitchy)'로 간주된다(Worell & Remer, 2003). 그리고 여성은 여성에 대해 사회가 기대하는 행동, 태도 등에 부합할수록 사회적 보상을 더 받게 된다(Crawford, 2006). 소녀들의 또래집단은 정서적으로 친밀한 관계의 발달을 지지하고 성인 여성은 문제가 있을 때 자신의 정서와 말을 잘 조절하는 것에 대해 격려받는다. 이것은 아마도 여성들이 남성들보다 긍정적이고 부정적인 정서 모두에서 더 진한 정서를 경험한다고 보고하는 이유가 될 것이다(Brannon, 2002). 여성들은 또한 친구들이든 로맨틱한 남자친구나 연인이든 다른 사람들과 관계를 형성하도록, 이러한 관계를 삶의 중심으로 보도록 격려된다(Nolen-Hoeksema, 2000).

사회가 주는 메시지는 여성들에게 성적 매력이 남자들하고의 관계에서 성공하는 열쇠라고 믿도록 격려한다. 이성관계에서 문제가 발생했을 때 여성들은 분노를 내면화하거나 부인하도록 격려받아 왔다(APA, Joint Task Force, 2006). 성적 매력에 대한 강조에도 불구하고 사회는 여성들이 그들 자신을 성적인 사람으로 여겨야 할지 어떨지 혼란스럽도록 한다. 언어는 여성들을 ○○년, 불감증, 창녀(ho)와 같은 경멸이 담긴 성적 라벨로 여성들을 가둔다. 이러한 것들이 여성들로 하여금 자신을 성적인 사람으로서 어떻게 행동해야할지 혼란스럽고 불안하게 만든다(Worell & Remer, 2003). 사회적 기준은 결혼하지 않은 여성의 표준으로서 처녀성을 계속적으로 강조하고 있다. 그래서 독신 여성은 성적 공격이나 학대의 희생자가 되어 왔다. 이런 여성들은 성 폭력의 피해자가 되어도 자신이 처녀성을 잃은 것에 대해 비난받게 될 공포 때문에 도움을 덜 요청하게 되는 경향이 있다(Russo & Tartaro, 2008). 또한 여성과 소녀들은 미디어가 내놓는 비현실적인 이미지와 매력에 대한 비현실적인 사회적 기준에 영향을 받는다. 이러한 이미지는 여성들이 여성스럽게 느껴지기 위해서 심하게 날씬해야 된다는 믿음을 갖고 강한 노력을 할 것을 요구한다. 여성들은 몸단장과 몸단장을 위한 상품에 많은 시간을 보내도록 부추겨진다. 많은 여성이 비현실적인 미디어 이미지에 자신을 맞추지 못하면 남성들에 비해 자존감이 낮아지고 우울, 불안, 섭식장애에 더 취약해진다(APA, Joint Task Force, 2006; Mazure et al., 2002). 우울보다 분노를 표현하는 여성들은 그런 자신에 대해 죄책감을 갖거나 타인의 승인을 받지 못하게 된다.

여성들은 심리적 장애를 보여 줄 때 우울이나 불안 같은 내면된 증상들을 갖는 경향이 있다. 여성들이 여성에게 전형적이지 않은 문제, 예를 들면 알코올중독 같은 것을 보여 주는 경우에 대해서는 연구가 별로 되어 있지 않다(Russo & Tartaro, 2008). 또한 성적 매력이 있는 소녀들은 섭식장애, 우울과 낮은 자존감, 자신을 성적 대상으로 내면화환 관점 등과 관련이 있었다(Zurbriggen et al., 2007). 마지막으로, 대인 폭력은 성(gender) 관계와 관련이 깊은데 신체적 공격을 받은 여성의 20% 이상이 파트너에게서 공격받았으며 그중 12%는 성적 공격이었다(APA, 2005b). 여자는 남자들보다 오래 살지만, 나이가 들수록 여성들은 우울과 약물 남용의 위험이 더 큰 것으로 밝혀지고 있다(APA, 2004).

전통적인 어머니 역할은 아이들을 기르고 가사를 돌보는 것에 대한 책임을 지는 것이다. 여성들에게 이러한 재생산 역량, 능력은 여성들은 엄마가 되기 위해서 태어났다는 것을 보여 주는 것으로 여겨져 왔다. 좋은 엄마 노릇은 학습해야 할 필요가 있는 어려운 기술로 구성되어 있다기보다는 천성적으로 타고난 능력으로 간주된다(Goodrich, 2008). 자식들을 위해 엄마 자신의 욕구를 희생하고 자녀를 돌보고 사랑하는 것이 이상화되며 또한 자녀들에게 발견되는 어떠한 타입의 정신 병리에 대해서도 엄마에게 책임이 있는 것으로 비난받는다(Papp, 2008). 여성들은 집 밖에서 너무 많이 일해도, 너무 적게 일해도, 엄마 노릇을 지나치게 했다거나 부실하게 한 것으로 비난을 받아 왔고 이것은 여성들에게 이중 구속이 된다(Papp, 2008). 다른 역할에 비해서 가족 안에서의 역할을 강조하는 여성은 가족 갈등, 파트너의 폭력, 다른 사람을 돌보는 역할에 대한 강조로부터 부정적인 영향을 더 많이 받는다(Russo & Tartaro, 2008). 건강한 아이를 갖지 못하는 것이나 양쪽 부모 때문에 고통받는 것은 아마도 모성과 함께 여성성이 결합되어서 여성들에게 더욱 문제가 되는 것일지 모른다. 다른 한편, 산아 제한과 인공유산이 가능해지면서 여성들은 엄마가 될지 말지를 선택할 수 있는 자유를 더 많이 가지게 되기도 하였다(APA, Joint Task Force, 2006).

아버지의 전통적 역할은 가족을 경제적으로 부양하는 것이다. 아버지는 전형적으로 가정 경영, 자녀양육, 다른 피부양인들을 돌보는 일, 사회적 네트워크를 유지하는 것 등에서는 비교적 적은 역할을 한다(Papp, 2008). 오늘날에는 아버지가 과거에 비해서 자녀나 가사에 책임을 더 져야 한다는 태도를 표현하지만 실제로 이러한 일에 시간을 쓰는 것에 비해서 그래야 한다는 소리가 더 큰 것이 현실이다. 미국에서의 사회적 규범은 남자들에게 사회적 일이 더 필요하고 중요하다는 목소리, 아내보다는 남편들에게 여가시간이 더 많이 필요하다는 의견을 더 지지하는 것 같다. 이러한 목소리와 의견은 똑같이 직장일을 하는 부부의 경우에도 아내가 좀 더 집안일에 책임을 지게 되는 가정에서의 남녀불평등을 가져온다(Brannon, 2002). 아버지가 아들들을 돌보고 멘토링할 때 아들들은 자존감이 더 높고 정서를 더 잘 이해하며, 그렇지 않은 아버지를 둔 아이들에 비해 더 낮은 수준의 공격성을 보여 준다(Feder et al., 2007).

남편과 아내는 종종 가정 내에서 힘과 권리의 불균형을 받아들인다. 이것은 남성이 여성보다 더 많은 파워와 권리를 가질 만하다는 문화적 기대보다는 남성성과 여성성의 차이를 반영하는 것으로 해석된다(Goodrich, 2008; Papp, 2008). 그래서 그것이 여성의 일이라는 이유로 집안일이나 아이를 돌보는 일을 나눠 맡지 않으려고 남성이 행사하는 압박은 의식적일 수 있다. 남성의 압박은 무의식적 수준에서 일어날 수도 있는데, 그의 아내가 그의 충고에 반하는 행동을 할 때 남성이 화가 나는 것이 그 예가 되겠다. 남성이 아이를 돌보는 일에서 더 평등해질 때 그들은 부모로서 그들 자신에 대해 더 큰 자신감을 가질 수 있다(Barnett & Hyde, 2001).

아이들은 그들의 성(gender)에 대해 무엇을 배우는가? 태어나면서부터 남성과 여성은 다르게 사회화되고 남성이 여성보다 더 파워를 가질 만하다는 믿음을 배운다. 다른 성역할이 사회화되면 남녀 간 파워는 서로 다른 채로 유지된다(Kimmel, 2008). 부모는 종종 부모 중 아버지가 더 지배적인 위치에 있다는 관계 모델을 보여 준다. 아이들은 그들의 엄마가 더 표현적이고 사랑이 많으며 그들의 아버지는 심리적으로 떨어져 있고 더 통제하고 더 지배적인 존재로 보게 된다(Worell & Remer, 2003). 어린아이들은 남자와 여자의 지위로 볼 때 남자가 여자보다 더 전문적이라고 생각하기 시작한다. 학교 시스템 안에서 대부분의 교사가 여성이고 대부분이 교장선생님은 남자라는 것을 보게 된다. 이것은 성 고정관념을 강화하고 성과 파워를 연결하여 보는 것을 강화하게 된다(Worell & Remer, 2003). 학교에서 소년들은 더 많은 멘토링과 격려를 받는다. 소녀들은 그들의 성취를 격려하지 않는 학교관리자들에 의해 판별검사에서 낮은 점수를 받고 상담을 받는다(APA, Joint Task Force, 2006). TV 프로그램은 성적 괴롭힘을 재미있거나 혹은 최소한 받아들여질 만한 것으로 묘사하여 보여 준다(Montemurro, 2003). 소녀들은 대중매체가 완벽한 몸매들만을 주로 보여 주기 때문에 자신의 외모에 대해 불안감을 경험하기 시작한다(Monro & Huon, 2005).

직장에서 남자와 여자에게 일어나는 일들은 또 어떠한가? 여성들은 남성에 비해 취업이 덜 되고 일을 가져도 자신의 능력이 덜 사용되는 것 같은 느낌을 갖게 된다. 그들은 또한 남성에 비해 같은 일을 해도 남성 1달러당 여성 0.77달러로 저임금을 받는다(DeNavas-Walt, Proctor, & Smith, 2013). 여성들은 임금의 저하로 인해여 경제력이 부족해져서, 돈이 필요할 때 자금을 끌어다 쓸 능력도 적어진다(APA, Joint Task Force, 2006).

여성은 남성만큼 직장에서 심리적으로 환영받지 못한다. 여성들은 종종 직장에서 성적 괴롭힘이나 일반적인 괴롭힘을 당한다. 약하게 경멸받은 일에 대해서는 '너무 민감하다'고 여기게 될까 봐 동료나 상사에게 말하지 못하기도 한다. 시간이 지나면서 이러한 경멸들이 쌓여서 여성이 존중받지 못하고 남성들에 비해 저평가되는 적대적인 환경을 만든다(Goodrich,

2008). 그러나 동등한 기회가 주어지면 여성들은 파워와 권위를 드러내는 언어를 사용하는 힘 있는 남성들처럼 일하는 모습을 보인다. 반면, 지위가 낮은 남성들은 대표자가 자신을 함부로 대하도록 하고 대표자의 기분 상태에 민감해지는 등 지위가 낮은 여성들과 동일한 행동을 보인다(Kimmel, 2008).

대부분의 남성은 직장인으로서의 자신의 역할에 매우 충실한 반면, 여성들은 가정에서의 역할과 직장에서의 역할의 균형을 맞추려고 노력한다(Brannon, 2002). 여성은 심지어 높은 지위에서 시작했을 때에도 임신 휴가의 필요 때문에 남자보다 승진 속도가 늦어지는 것을 감수해야 한다. 회사는 출산 휴가를 가지는 여성들이 그들의 남성 상대만큼 그들의 일에 헌신하지 않는다는 편견을 갖고 따라서 출산 휴가를 가지는 여성들은 승진도 늦어지게 된다(Goodrich, 2008). 15세 미만의 자녀를 둔 24%의 여성들이 전업주부이다. 전업주부 남성이 최근 증가추세이긴 하지만 3% 정도로 여전히 여성에 비해서는 낮은 비율이다. 자녀와 함께 집에 있는 여성들은 일하는 여성들보다 자녀가 더 어리고 여성의 연령도 더 낮은 경향이 있다. 또한 이들은 히스패닉 혹은 외국 출신인 경우가 많고 대체로 빈곤한 편이다(Krieder & Elliot, 2009).

일하는 여성들은 불가피하게도 직장 일과 가정 일을 동시에 신경 써야 한다. 이들은 자녀 양육의 역할에 대한 책임을 남성에 비해 더 가지고 있으며 이에 따라 직장에서는 불이익을 받고 있는 상황이다. 자녀가 아플 때 자녀에게 달려가 자녀를 데리고 병원에 가는 것은 주로 엄마이다(Goodrich, 2008). 여러 가지 역할을 맡아서 한꺼번에 하는 것은 큰 스트레스를 가져올 수 있으며, 한 역할을 성공적으로 수행하는 것은 다른 역할을 하는 데는 문제가 될 수 있다(Barnett & Hyde, 2001). 사회는 남성들이 주로 직업상의 지위와 수입에 근거하여 자신의 성공을 평가하도록 격려한다. 따라서 삶의 여러 영역에 삶의 성공을 분산하여 걸어 놓는 여성들에게 실업 상태이거나 저임금에 고용되는 것은 신체적, 정신적 건강과 자아정체감, 그리고 자신의 전반적 삶에 대한 시각에 부정적 영향을 크게 미칠 수 있다(Papp, 2008). 기혼 부부의 66%는 맞벌이인데 맞벌이는 부부의 재정을 튼튼하게 하지만(Krieder & Elliot, 2009) 가족과 보낼 시간, 운동하거나 쉴 시간을 감소시킨다.

성(gender)이 심리적 건강에 어떤 영향을 주게 되는가? 남성과 여성은 스트레스에 직면했을 때 서로 다른 대처기제를 사용하도록 학습되어 왔을 것이다. 남성은 흔히 신체적 활동을 통해 문제로부터 자신을 떨어뜨려 두도록 사회화되었다. 이 전략은 우선은 해방되는 느낌을 갖고 그다음에 효율적으로 문제해결로 나아가도록 한다는 점에서 건강한 것이다. 그렇지만 이것이 문제의 해결보다는 축소로 귀결된다면 불건강한 것이 된다(Mazure et al., 2002). 여성은 이러한 문제에 대해 이야기하는 동반자를 추구하는 경향이 있다. 이것은 우선 사회적 지지를 제공해 주고 그 후 효율적인 문제해결에 도움이 될 수 있다는 점에서 건강한 전략이다. 그렇지만 문제해결로 나아가기보다는 문제에 대해 더 많은 시간 동안 생각만 하도록 한다면 불건강한 전략이 된다(Mazure et al., 2002).

성(gender)은 내담자가 문제에 당면했을 때 내담자가 상담을 받으려고 할지의 여부에 영향을 줄 수 있다. 남성들은 상대적으로 흔히 물질남용이나 반사회성 성격장애로 진단되고 여성들은 우울, 불안, 섭식장애 진단을 받는다(Kessler et al., 2005). 여성들은 남성에 비해 직업 및 교육 면에서 불리하고 여러 가지 역할을 수행해야 하기 때문에 심리적 스트레스에 더 취약하다. 여성들은 사회경제적으로 더 빈곤하고 취약하기 때문에 스트레스 관련 장애에 훨씬 더 취약하다 (APA, Joint Task Force, 2006; Mazure et al., 2002). 그렇지만 남성에 비해 도움을 추구하기 더 어려우며 그들의 역할 때문에 자조를 기대하기도 어렵다(Papp, 2008). 여성들은 어떠한 이유에서건 도움을 추구하기 어렵지만 특히 정서적 문제에 대해 도움을 추구하는 것을 꺼리게 된다(Addis & Mahalik, 2003; Liu, 2005).

요약하자면, 사람들은 능력 면에서 내재적인 차이가 있기 때문에 남성이 여성보다 더 파워를 가졌다고 믿도록 길러졌다. 사실 이러한 차이는 사회 속에서 남성의 역할에 비해 여성의 역할의 가치가 더 낮다는 인식과 불공평한 대우가 이루어져 온 결과로 만들어진 차이이다(Kimmel, 2008). 성인들로서 대부분의 남성은 가정과 사회 모두에서 문화적으로 더 존중받는 역할이 주어졌으며 사회 속에서 여성들의 기여는 낮게 평가되었다. 남성들은 여성들에 비해 '기준', '평균점'으로 대우받았다. 예를 들어, 여성과학자들은 남성과학자처럼 행동하기를 기대받는다. 일에서 과학자로서 남성들의 남성성의 효과는 간과된다(Kimmel, 2008). 그 결과로 남성과 여성들이 서로 다른 방식으로 갖게 된 자신의 고유한 잠재성은 성별 간 차이보다 개인 간 차이가 더 큰 현실이 무시되는 엄격한 성역할 고정관념에 의해 제한을 받게 된다(APA, Joint Task Force, 2006; Kimmel, 2008). 개인에게 그 자신의 흥미와 능력을 충분히 탐색할 수 있도록 하는 행동에 대한 유연한 기대는 남성과 여성 모두의 안녕감을 증진할 수 있다(Kimmel, 2008; Worell & Remer, 2003). 내담자의 삶에서 작용하는 성의 역할을 이해하는 상담자는 성에 대한 정보를 다루는 상담을 제공할 수 있다. 예를 들면, 남성의 성역할과 세계관을 이해하고 있는 상담자는 남성성 초점 상담을 할 수 있다. 상담자는 남성 내담자가 상담과정에서 더 편안하게 느끼도록 돕는 정보를 제공할 필요가 있을 것이다. 예를 들어, 상담자는 이와 관련된 상담의 과정을 기꺼이 이야기를 나눌 것이며 내담자에게 적절하며 확인이 가능한 상담목적에 초점을 둘 의지가 있다는 것을 보여 주어야 한다. 남성 내담자들은 또한 효과적인 상담 동맹을 발전시키기 위해 상담자가 더 많은 정보를 주기를 바랄 것이다(Liu, 2005). 상담자는 그들의 남성 내담자와 경쟁 구도가 아님을 명료하게 함으로써 상담 관계를 더 강화할 수 있을 것이다(Liu, 2005).

성역할, 이것만은 꼭 기억합시다!

1. 자신의 자아상, 정서적 삶, 기대, 지각, 행동의 면에서 내담자를 이끄는 현재의 성역할이 주는 이점과 대가를 사정하고 개인적 자원에 접근하라.
2. 내담자의 애정 파트너, 가족, 친구의 면에서 내담자를 이끄는 현재의 성역할이 주는 이점과 대가를 평가하라.
3. 내담자의 교육 혹은 직장에서의 관계 측면에서 내담자를 이끄는 현재의 성역할이 주는 이점과 대가를 사정하고 대인관계 자원에 접근하라.
4. 전통적 성역할이 내담자의 정신적, 신체적 건강에 긍·부정적 영향을 얼마나 주는가? 이러한 영향에 대한 내담자의 인식은 어느 정도인가?
5. 전반적으로 개인의 독특한 욕구와 목적을 가진 비성적(nongendered) 개인으로서 삶을 살기 위하여 내담자가 얼마나 파워와 선택권을 가져야 하며, 성적 개인이 되려는 내담자에게 가해지는 역압(counterpressures)이 얼마나 강한가?

자기 분석 지침

1. 성(gender) 주제에 대한 당신의 지식은?
    a. 성에 적절한 주제에 대한 비경지식을 제공하는 수업을 얼마나 이수했는가?
    b. 성에 대한 배경지식을 제공하는 워크숍에 얼마나 참가하였는가?
    c. 성에 대한 정보를 다루는 내담자와 상담한 전문적인 경력은 얼마나 되는가?
    d. 개인에게 있어 성의 영향을 고려할 수 있는 개인적 경험을 얼마나 가지고 있는가?
    e. 성에 관한 세계관, 사회 안에서 남성과 여성의 역할, 남성과 여성의 의사소통 방식, 남성과 여성의 보상과 처벌 등과 관련하여 당신의 아동·청소년기 경험은 어떠한 영향을 줄 수 있는가?
2. 당신의 삶에서 당신이 수행해 온 성역할에 대한 인식 수준은?
    a. 당신의 삶에서 당신을 이끄는 현재의 성역할은 무엇인가?

b. 당신의 성역할은 내담자의 성역할과 얼마나 유사한가?

c. 내담자에 대한 당신의 시각에 영향을 주는 당신 문화권 안의 공정된 성역할은 무엇인가?

d. 당신이 알고 있는 내담자의 성역할에 대한 고정관념은 무엇인가?

e. 내담자와의 효율적인 작업을 지지하는 어떤 경험을 해 왔는가? 내담자 자신의 현재 여건에 대한 내담자 자신의 관점에 대한 편향이나 소외를 가져올 수도 있는 어떤 경험을 해 왔는가?

3. 이 성의 내담자들과 일함에 있어서 당신이 개발해 온 혹은 현재 사용하는 기술들은?

a. 이 성의 내담자들과 일해 나감에 있어서 가치가 있는 기술로 당신은 어떤 것들을 가지고 있는가?

b. 이 성의 내담자에 대한 분석을 잘하기 위하여 개발해야 할 중요한 기술은 무엇이라고 생각하는가?

c. 이 성의 내담자와 긍정적 상담관계를 발전시키기 위해 당신은 무엇을 할 수 있는가?

d. 성 편향이 있을 수 있는 당신의 상담접근으로는 어떤 측면이 있으며 이러한 편향을 당신은 어떻게 다룰 것인가?

4. 어떤 조치, 단계를 취할 수 있는가?

a. 당신이 이 성의 내담자와 상담할 때 더 유능할 수 있도록 무엇을 준비할 것인가?

b. 이 성의 내담자들과 더 긍정적인 성과를 내기 위해 상담환경을 어떻게 구조화할 것인가?

c. 이 성의 내담자들에게 당신이 그들을 더 환영하도록 당신은 상담의 어떤 과정을 변화시키겠는가?

인종과 민족 영역

존은 중년의 유럽계 아메리카 남성으로서 다국적 기업의 관리직 임원이다. 그는 퇴근하고 돌아오면 아내가 자신을 거들떠보지 않는다고 느낀다(6장). 서지오는 멕시코계 미국인 고등학생으로 학교에서 마리화나를 팔다가 적발되었다. 그는 인종적 차별과 빈곤으로 어려움을 겪고 있다(9장). 카일라는 국제적으로 명성이 있는 미국 원주민 작가로서 불우한 성장 역사와 문화적인 적응의 갈등을 겪고 있다(12장). 이들의 인종적, 민족적 배경은 어느 정도로, 어떤 방식으로 당신의 상담계획을 세우는 데 영향을 줄까?

인구통계학적 데이터

2012년 인구통계조사에 따르면 미국에는 357,134,565명이 살고 있다(U. S. Census Bureau, 2012d). 매우 다양한 인종, 민족이 살고 있다. 이들이 어떠한 인종, 민족일지를 결정할 권리는 누구에게 있는 것일까? 바로 그 자신이다. 이 책을 읽고 당신이 꼭 기억해야 할 것은 당신이 상담하는 사람의 인종이나 민족을 그의 겉모습으로 판단해서는 안 된다는 점이다. 내담자에게 내담자 스스로 가지고 있는 인종 혹은 민족 정체성을 물어보아야만 한다(Hays, 2008; Rodriguez, 2008). 2012년 미국 인구센서스 조사(U. S. Census Bureau, 2012d)에 따르면, 각 개인은 자신의 선조 혹은 자신이 속한 인종집단을 스스로 지정할 수 있게 되어 있다. 이러한 자료에 기반하면 현재 6개의 미국 내에서 가장 인구 비중이 높은 6개의 집단은 독일(46,882,727명), 아일랜드(34,149,030명), 영국(25,262,644명), 미국인(23,567,147명), 이탈리아(17,361,780명), 폴란드(9,500,696명)이다. 미국 인구의 인종 구성은 출생과 이민 등으로 계속적으로 변동한다. 2043년까지는(U. S. Census, 2012e), 히스패닉계가 아닌 백인은 50% 미만으로 떨어지고 2060년이 되면 다른 소수 인종 집단들이 57%까지 증가할 것으로 추산된다. 이 소수 인종 집단은 아프리카계 미국인, 아메리카 원주민, 알래스카 원주민, 아시아계 미국인, 하와이 원주민, 태평양 제도인과 히스패닉계 등이다.

간략한 역사

각 인종집단이 경제적으로 어떻게 살아가는가는 지배 집단과 비교한 순위에 의해 영향을 받는다. 그 이유는 지배 문화 집단이 학교 시스템, 법원 시스템과 같은 모든 사회 제도에 자기 집단의 가치를 부여하기 때문이다. 지배 집단 구성원들은 실제로 문화의 영향을 받았을 때, 다른 집단은 불이익을 받고 자신들이 특혜를 누리게 되는 제도들에 대해 중립적이고 객관적인 것으로 지각하게 된다. 그러나 이러한 사실은 통상적으로 잘 인식되지 않는 기득권이다. 지배적인 집단 구성원과 기관들에 의해 수행되는 일상적인 소규모 회의 결과가 지배적이지 않은 본질적으로 다른 집단에 상당한 정도의 심리적 손상을 초래할 수 있다(Solorzano, Ceja, & Yosso, 2000; Sue & Sue, 2013). 이러한 '컬러 라인(DuBois, 1903/1997; Ignatiev, 1995)'은 특정 집단이 미국 내 지배 사회로의 문화적 적응을 촉진하거나 억제하는 데 중요한 역할을 한다. 이러한 부정적인 일들은 백인이 아니라고 인식되는 사람들에게 가장 자주 발생한다. 어두운 피부색을 가진 이민자들은 이민을 하고 주류 사회 속으로 동화되고자 할 때 가장 불리한 입장에 처한다. 새로운 이민자들은 미국 사회에서 피부색, 모발의 질감 및 안면 구조가 개인의 지위와 힘을 어떻게 증강하거나 감소시킬 수 있는지 빠르게 알게 된다. 그들은 또한 그들이 백인 인종과 동맹을 맺고 흑인 인종과 자신을 분리할 경우 자신의 지위를 향상시킬 수 있음을 알게 된다(Rodriguez, 2008).

'백인들' 또는 '유럽계 미국인'이 여전히 미국 내에서 가장 큰 인종 집단을 구성하기 때문에 이 집단을 돕는 상담자들은 '문화적으로 다른' 내담자가 제시한 문제가 내부 또는 가족에 기반한 문제이기보다는 동화의 갈등이나 억압을 반영한 것일 수 있다는 점을 적극적으로 고려해야 한다. 제시되는 문제들을 결정하는 주요 요인이 개인 또는 가족에 기반한 문제들 속에 있을 수도 있지만, 연구 결과에 따르면 불의와 차별로 인해, 가장 힘이 약한 집단의 사람들에게는 지배 집단의 구성원에게보다 문제들이 더 많이 발생한다는 것을 알 수 있다(Sue & Sue, 2013). 그러므로 상담자인 당신이 지배 집단 출신이고 내담자는 그렇지 않은 경우, 내담자들의 호소문제 안에서 압박이 중요한 역할을 하는지 여부를 결정할 때, 내담자가 상담자보다 더 정확할 수 있으므로 내담자의 의견을 들어야 할 것이다. 또한 백인 문화에서는 인종을 중요한 범주로 간주하는 반면, 많은 다른 문화 집단들에서는 그들이 어느 나라 출신인지가 더 중요하다고 생각한다(Rodriguez, 2008). Sue와 Sue(2013)는 상담자가 지배적인 문화에 속해 있는지 소수 민족 문화에 속해 있는지 여부에 따라 상담자는 내담자의 요구를 정확히 이해하는 데 있어서 세 가지 주요 장벽을 가질 수 있음을 보여 준다. 첫째, 계급 기반 가치관으로서, 상담자는 중산층이나 상류층인 반면, 내담자가 하위층인 경우에 해당한다. 둘째, 오해를 불러일으키는 언어 편향으로서, 이 집단이 방언을 구사하거나 영어가 아닌 다른 언어를 모국어로 사용하고 상담자는 영어를 능숙하게 구사하는 사람인 경우이다. 셋째, 문화적 가치의 충돌로서, 상담자가 내담자가 암시적으로 대부분의 상담 접근법에 포함된 백인 가치관을 이해하고 동의한다고 가정하는 경우이다(Sue & Sue, 2013).

효과적이고 힘을 실어 주는 상담을 함에 있어서 내담자와 협력하는 것이 중요하다. 당신의 기대를 명시적으로 표현하고, 내담자의 요구에 맞게 그 기대를 수정하고, 내담자의 호소문제에 관련된 현실적 삶의 제약 조건을 정확하게 평가함으로써 이러한 상담을 할 수 있다. 이 다음 내용에서는 아프리카계 미국인, 아메리칸 인디언 및 알래스카 원주민, 라틴계 및 라틴계 미국인, 흰색 피부의 유럽계 미국인의 유산을 폭넓게 설명할 것이다. 왜 이 집단들이 포함되었는가? 이 책의 주요 목표, 저자의 전문 지식의 한계 및 이 책 지면의 한계에 의해 설정된 실질적인 제약 사항을 염두에 두고 어려운 결정을 내려야만 했다.

이 책에서 어떤 집단을 제외하여 그 인종 및 민족 집단이 미국에 기여한 중요성을 떨어뜨리거나 평가절하하려는 의도는 없다. 여기에서 다루는 인종 또는 민족 집단별로 중요한 역사적 사건을 간략하게 검토할 것이다. 역사가 반드시 과거일 필요는 없다. 많은 사람이 가족이나 문화에 관한 이야기를 다시 이야기하면서 역사적인 사건이 직접적 작용을 계속할 수 있다는 것을 알아차리는 것이 중요하다. 또한 간접적으로 생존 전략에는 과거의 사건이나 외상, 학대 및 억압에 대처할 수 있는 인종 또는 민족 집단의 정신이 담겨 있어야 한다.

아프리카계 미국인

❖ 인구통계학적 데이터

아프리카계 미국인 또는 흑인으로 자칭하는 인구는 미국 내 3,890만 명으로 2010년 인구조사에서 미국 인구의 12.6%를 차지한다(U. S. Census Bureau, 2010a). 이 인구 중 360만 명이 외국에서 태어났으며 2000년대부터 41.8%가 미국에 입국했다(U. S. Census Bureau, 2010a). 라틴 아메리카 출신이 이민자 중 60.8%를, 아프리카 출신이 36.2%를 차지한다(U. S. Census Bureau, 2010a). 상대적으로 연령대가 젊은 집단으로 비히스패닉계 백인의 경우 평균연령은 38.3세인 데 비해 이들이 평균연령은 31.7세이며 이 중 32%는 미성년자이다(U. S. Census Bureau, 2010a).

학력 면에서, 아프리카계 미국인 또는 흑인의 84.5%는 적어도 고졸이다(일반 인구에서 고졸자의 비율은 87.5%이다). 흑인 여성의 14%는 학사 학위가 있는 데 비해 아프리카계 미국인 남성의 학사 학위 비율은 12.2%이다(U. S. Census Bureau, 2011b). 아프리카계 미국인 성인은 교육을 중요하게 생각하지만, 그들의 자녀들은 현재의 공립학교 시스템에서 심각한 문제를 겪고 있다. Tutwiler(2007)는 학교가 인종차별주의적, 계급주의적 방식으로 그들을 대함으로써 학교에서의 성공, 특히 아프리카계 미국인 소년의 성공을 어떻게 위협하는지 요약하여 보여 주었다. 젊은이들이 부정적인 고정관념에 저항하고 그들 자신의 가치를 주장하면 학교 교직원은 종종 이를 오해하고 청소년을 처벌하거나 이미 적대적인 환경을 더욱 강화한다. 통계에 따르면, 흑인 아이들은 백인 아이들보다 2~5배 더 많이 정학을 당하는 추세이며(Monroe, 2005), 인종차별적인 학교 환경의 결과로, 중학교와 고등학교에서 학업 수행으로부터 이들의 자존감을 잘라내 버리게 될 수 있다(Caughy, O'Campo, & Muntaner, 2004). 또한 일부 학생들은 억압적인 학교 체제에 대한 저항의 한 형태로서 의도적으로 학업저성취를 만든다(Ogbu, 2003). 유독한 여건이 학교에 존재하지만, 교회에 정기적으로 다니는 가정의 아이들은 학교에서 문제를 일으킬 가능성이 적다(Christian & Barbarin, 2001).

직업 면에서, 모든 아프리카계 미국인 근로자의 29%는 경영 및 전문 직종에 종사하고 있으며 26.1%는 서비스 직종에 종사하고 있다. 아프리카계 미국인 남성은 아프리카계 미국인 여성이 90달러를 벌 때 100달러를 번다. 아프리카계 미국인 남성과 아프리카계 미국인 여성 모두 일반 인구의 여성보다 수입이 적다(U. S. Bureau of Labor Statistics, 2013). 경제적으로 아프리카계 미국인 가구소득의 중간값은 33,321달러로 일반 인구의 평균소득인 51,017달러보다 현저히 적다. 이 인구의 25.8%는 일반 인구의 14.3%에 비해 더 많은 인구가 빈곤선 아래에 살고 있다. 즉, 아프리카계 미국인 4명 중 1명과 아프리카계 미국인 아동의 1/3(38.2%)이 빈곤한 상태이다(U. S. Census Bureau, 2011a).

아프리카계 미국인은 35명 중 한 명이 교정 시스템에 관련되어 있다(Glaze & Herberman, 2013). 이것은 전체 인구의 3%를 나타낸다. 가난한 사람들은 형사처벌을 받을 가능성이 더 높다. 따라서 흑인인구 중 빈곤율이 높은 이유 중 하나는 2011년에 모든 흑인 남성의 3%가 백인 남성(Carson & Sabol, 2012)의 0.5%와 비교하여 훨씬 더 높은 비율로 투옥된 것과 관련된다. 아프리카계 미국인은 폭력적인 범죄와 비폭력 범죄 모두에서 백인 미국인보다 더 높은 비율로 투옥된다(Carson & Golinelli, 2013). 흑인 남성의 6.6~7.5%가 25~39세 사이에 투옥되는데 특히 아프리카계 미국인은 모든 집단 중 투옥률이 가장 높다(Carson & Sabol, 2012). 부분적으로 마약 전쟁으로 인해, 그리고 부분적으로 가난한 흑인들 사이에 크렉코카인[4]이 유행하면서, 많은 흑인 어머니가 자녀를 부모 없이 남겨 둔 채로 감옥에 가고 있다(Ryder, 2014). 남성과 여성 모두에서 흑인과 같은 유색 인종의 미국인들은 모든 연령대에 걸쳐 백인보다 높은 비율로 투옥된다(Carson & Sabol, 2012).

이러한 통계자료들은 음울하다. 아프리카계 미국인에 대해 수집된 많은 데이터는 사회경제적으로 불리한 집단에서 추출되어 중간 및 상위 계급에 속한 개인들의 경험을 대표하지 않을 수 있다(Ford, 1997; Holmes & Morin, 2006). 경제적으로 불리한 이들이 경제적 성공을 계속 경험할 수 있도록 돕는 많은 전문기구가 개발되었다. 예를 들어, Black Entertainment Television은 'Black America Saves'의 무료 멤버십을 제공하고 미국 소비자 연맹(Consumer Federation of America)은 부의 축적을 돕는 서비스를 제공한다. 또한 National Urban League(nul.iamempowered.com/org), 흑인투자자연합, Investment Company Institute(www.ici.org) 및 New York Life 보험 회사(New York Life, 2008)는 효과적인 투자를 돕는 세미나를 제공한다.

여러 가지 다양한 분위기의 가족이 있다. 대부분의 아프리카계 미국인은 가족 단위로 생활한다. 그러나 아프리카계 미국인의 결혼율은 다른 여러 집단보다 여전히 낮으며 아프리카

---

4) crack cocaine. 흡연 형태의 강력한 코카인

계 미국인 가족은 여성이 가장인 경우가 많다. 예를 들어, 비히스패닉 백인 가구의 51.2%가 결혼 상태인 데 비하여, 흑인 가구의 27.4%만이 결혼 상태로 나타났다(Vespa et al., 2013). 비히스패닉 백인 여성의 10.2%가 가구주인 반면, 아프리카계 미국인 여성 중 29.4%가 가구주인 것으로 나타났다(Vespa et al., 2013). 2007년 조사에서 흑인 여성 중 42.3%는 결혼한 적이 없었고 전문직 흑인 여성 중 70%가 결혼한 적이 없었다(Nelson, 2008). 결혼하는 여성이 적음에도 불구하고 자녀는 있었다. 작년에 아이를 낳은 흑인 여성 중 67%가 미혼이었다(비히스패닉계 백인 여성의 경우는 20%). 이런 사정이다 보니, 한 집에서 같이 사는 조부모의 50%가 손주들의 보살핌을 담당하고 있었다(U. S. Census Bureau, 2011a).

❖ 간략한 역사

아프리카계 미국인 또는 흑인 집단은 매우 이질적이다. 그러므로 다음의 정보는 미국으로 건너오도록 강요받고 200년간의 노예 생활을 견뎌 낸 노예의 자손인 아프리카계 미국인을 기반으로 한다. 이 노예들의 일부는 사하라 사막 이남의 아프리카 연안 지역에서 주로 납치당해 노예로 팔려 왔다. 이들의 사회에서는 일부다처제가 흔했다(Comer & Hill, 1985; Du Bois, 1903/1997). 공동체의 이러한 전통은 자아정체성 면에서 가족과 친족 관계가 개별화된 자아보다 더 중요하다는 점을 강조했다.

일족의 지도자, 족장 및 성직자는 노예화 과정에서 다른 사람들과 분리되었다. 더욱이, 재배지 기반의 노예 사회에 대해서는 이들이 서로의 관계에 헌신하는 것을 부수기 위해 더 적극적이었다(Du Bois, 1903/1997). 주인은 노예들에게 노예를 만들어 내도록 압력을 가했다. 더 많은 노예를 낳기 위해서, 부부는 강제로 분리되고, 다른 농장에 노예로 팔려 가기도 했다. 팔려 간 곳에서 여자 노예는 새로운 짝을 찾도록 강요당했다. 이 잔학한 200년은 아프리카 사람들의 전통적인 가정 생활을 오염시켰다.

남북 전쟁 이후 아프리카계 미국인의 삶을 새로이 만든 중요한 정치적 사건 중 일부로는 1866년 프리드맨국(Freedmen's Bureau)의 발전과 일련의 미국 헌법 개정안이 있다. 열세 번째 헌법 개정안에서는 마침내 노예 제도를 폐지했다. 14번째 수정안은 시민권의 권리를 정의했으며, 15번째 수정안은 아프리카계 미국인에게 투표권을 부여했다. 이러한 입법적 진보에도 불구하고, 억압과 인종차별은 계속되었다. 1964년과 1965년에 통과된 시민권 법안에도 불구하고 학교 시스템, 법률 시스템, 주택 당국, 토지 당국 등에서 지나치게 가혹하고 차별적인 관행이 이어졌다. Du Bois(1903/1997)에 따르면 '유색' 아프리카계 미국인들은 사회의 지배적인 문화로 통합되지 못했다. 그들은 '미국인'과 '아프리카계 미국인'으로서의 정체성 통합에 어려움을 겪었다(Du Bois, 1903/1997).

1970년대부터 시작된 차별 철폐 조치 프로그램은 수년간의 억압받은 아프리카계 미국인들에게 배상을 하기 위해 고안되었다. 목표는 고등교육 및 고용에서 자격을 갖춘 아프리카계 미국인의 수를 늘리는 것이었다. 이러한 차별 철폐 조치 프로그램의 혜택을 입은 사람들은 경제적 이득도 얻었다. 그러나 1980년대에 반발이 시작되었다. 14차 수정 조항의 평등 보호 조항과 1964년 민권법 7장은 차별 철폐 조치가 '역차별'이라고 주장하는 데 사용되기 시작했다. 여론조사에 따르면 백인 남성들은 차별 철폐 조치 프로그램에 의해 피해를 입었다고 생각했다. 그러나 연구에 따르면 백인 남성에 대한 차별은 드물었으며(5% 이하), 이 법조항이 없었을 때 훨씬 더 많은 비율의 유색 인종과 여성이 차별을 받았다(Pincus, 2001/2002).

전반적으로 아프리카계 미국인 가정은 지배적인 문화가 개인 성취도에 중점을 두고 사건에 대한 보다 선형적인 견해를 갖는 것에 비해 구성원 간의 상호 연관성과 상호 의존성을 강조하고 삶에 대한 전체론적 관점을 취하는 경향이 있다(Hall & Greene, 2008). 미국의 적대적이고 억압적인 역사적 · 정치적 현실에 효과적으로 대처하기 위해 아프리카계 미국인 가정은 네 가지의 주요한 강점을 개발했다(LaRue & Majidi-Ahi, 1998). 첫째, 그들의 종교적 신념과 교회와의 연합을 사회운동 및 시민활동의 출발점으로 사용하였다. 아프리카계 미국인의 대다수는 침례교회, 감리교회 및 하나님의 교회(Churches of God)에 다니는 개신교도이다. 이 교회 중 많은 수가 근본주의 운동의 부분을 이룬다. 그러나 최근 몇 년 동안 흑인 무슬림들과 자유주의 개신교 교회들이 회원으로 들어왔다(LaRue & Majidi-Ahi, 1998). 영적 신앙은 아프리카계 미국인의 삶에서 보호 요인으로 작용한다.

교회는 아프리카계 미국인이 직면한 백인 공동체의 편견과 차별로부터 피난처 역할을 한다. 교회는 위로, 경제적 지원, 리더십과 자기 표현의 기회를 제공하는 중요한 사회적 관계가 만들어질 수 있는 장소이다(Boyd-Franklin & Lockwood, 2009). 많은 중요한 아프리카계 미국인 지도자들은 종교 활동을 넘어서는 일을 했다. 마틴 루터 킹 목사, 제시 잭슨 목사, 알 샤프톤 목사가 그 예이다. 부모가 교회에 정기적으로 출석하면 아이들은 학교에서 문제행동을 거의 나타내지 않는다(Christian & Barbarin, 2001). 교회가 지원하는 클럽은 대학 내에서의 크고 작은 공격에 노출된 학생들의 회복탄력성을 촉진한다(Watkins, Labarrie, & Appio, 2010). 교회 지도자들은 보통 그들의 가족을 잘 알고 있으며, 어려움에 처한 가족을 돕는 최선의 방법을 이해하기 위해 상담자들에게 중요한 자원으로 작용할 수 있다(Sue & Sue, 2013).

아프리카계 미국인 가정은 가족 및 친구와 긴밀한 관계를 맺고 있기 때문에 누가 가족

인지에 대한 정의에서 백인 문화권의 기대와 다를 수 있다(LaRue & Majidi-Ahi, 1998; Sue & Sue, 2013). 아프리카계 미국인 가정은 문제가 있는 확대 가족을 돌본다. 예를 들어, 환경 변화가 필요한 청소년이나 친척과의 갈등이 심한 청소년은 다른 친척과 함께 살 수 있다 (LaRue & Majidi-Ahi, 1998). 돈, 자원 및 감정적인 지원의 공유는 아프리카계 미국인 공동체 내의 많은 가난한 가정의 생존에 있어서 중요하다. 그러나 이것은 또한 가족구성원 간에 돈이 너무 얇게 퍼질 수 있음을 의미한다(Greene, 1997). 강한 친족관계의 끈끈함은 친구에게까지 확장된다. 따라서 가족 구조에는 확장된 가족 또는 비전통적 생활방식이 포함될 수 있다. 더 나이가 든 아동, 친구 또는 조부모는 가족 안에서 중요한 보살핌의 역할을 담당할 수 있다(Sue & Sue, 2013).

아프리카계 미국인 성인은 성별로 업무를 나누는 유럽계 미국의 관습을 준수하기보다는 가족의 특수한 요구에 따라 가족 내에서 유연한 역할을 수행하고자 한다(LaRue & Majidi-Ahi, 1998). 가족의 업무는 각 개인의 업무나 학교 일정을 고려하되 가장 기능적인 것을 토대로 나누어진다(LaRue & Majidi-Ahi, 1998). 따라서 아프리카계 미국인 남성은 종종 육아에 관련된 책임을 진다(Sue & Sue, 2013). 경제적 현실 때문에 아프리카계 미국인 여성은 항상 일할 필요가 있고, 그런 만큼 이러한 공동육아의 책임이 남녀 공동체의 삶을 더욱 풍요롭게 만든다. 이들 가족은 종종 선택에 의한 것이 아니라 필요에 따라 맞벌이 가정이 된다(Greene, 1997). 또한 인종차별적인 사회는 아프리카계 미국인 남성보다 아프리카계 미국인 여성에게 더 많은 취업 기회를 제공한다. 일부 여성들은 이 사실에 대해 죄책감을 느끼지만 커뮤니티 전체는 많은 고용주가 아프리카계 미국인 남성을 적극적으로 차별한다는 것을 인정하고 있다(Greene, 1997). 아프리카계 미국인 여성들이 가족에 있어서 강한 여성의 고정관념적 역할을 수행한다면 좌절감을 느끼고 역할 수행에 압도당할 수 있다. 이 역할은 개인으로서의 자신의 필요를 충족하는 것을 소홀히 하게 만든다. 또한 아프리카계 미국인 남성은 무책임하고 무능하며 폭력적이라는 고정관념으로 인해 피해를 입는다(Hall & Greene, 2008).

흑인 부모는 적극적으로 자녀들의 자기주장과 자기계발의 발전을 지지한다(Sue & Sue, 2013). 흑인 부모는 또한 유럽계 미국인보다 육체적인 처벌을 사용하는 경향이 크다. 신체적 처벌은 유럽계 미국인 인구 집단에서는 부정적인 결과와 관련이 있지만, 흑인 인구 집단에서는 그렇지 않다(Pinderhughes, Dodge, Bates, Pettit, & Zelli, 2000). 이는 신체적 처벌이 유럽계 미국인 가정의 아동에 대한 부정적 태도와 상관관계가 있고 아프리카계 미국인 가정에서는 부모의 따스함과 관련이 있기 때문일 수 있다. 인종주의와 억압에 대처하는 방법을 아이들에게 직접 가르치는 아프리카계 미국인 가정은 그렇지 않은 아이들보다 불의에 직면할 때 아이들의 불안감이 적은 편이다(Neal-Barnett & Crowther, 2000). 빈약한 자존감으로 어려움을 겪는 아동들은 아프리카계 미국인 문화에 대해 가르치는 프로그램(Belgrave, Chase-Vaughn, Gray, Addison, & Cherry, 2000)의 도움을 받는다. 아프리카계 미국인 공동체는 과거와 현재의 직간접적인 억압 행위(Sue & Sue, 2013) 때문에 지배적인 문화에 기반한 기관 및 시설에 대한 현실적 신뢰가 부족하다(Sue & Sue, 2013). 예를 들어, 아프리카계 미국인 가정의 61%는 뉴올리언스의 허리케인 카트리나의 희생자들 중 더 많은 사람이 유럽계 미국인이었다면 희생자들에게 더 많은 도움이 주어졌을 것이라고 생각했다(Washington, 2005). Pew 리서치 센터(Krogstad, 2014)의 연구에 따르면 아프리카계 미국인은 인종이 사람들이 어떤 판단을 하는가를 결정하는 중요한 요인이라고 느낀다. 또한 미묘한 형태의 억압이 계속되고 있으며, 아동용 장난감의 대부분이 백인 형상이고, TV프로그램에서 경찰 및 정치인과 같은 강력한 등장인물은 주로 백인이다(McIntosh, 2008). 아프리카계 미국인은 일반 인구보다 높은 비율로 희생당하고 있음에도 불구하고 경찰이 어떤 식으로 개입할 것인지에 대한 우려 때문에 범죄를 신고할 확률이 낮다(C. E. Schwartz et al., 2010). 그들의 신뢰 부족은 2012년 2월 26일에 17세인 Trayvon Martin에 대한 총격과 2012년 11월 23일 17세의 Jordan Davis에 대한 총격 사건 등에 의해 뒷받침된다. 이들에게는 무기가 없었고 어떤 범죄도 저지르지 않았지만 그들은 백인들에 의해 총살당했다. 트레이본(Trayvon)은 플로리다주 샌퍼드(Sanford)에 있는 편의점에서 집으로 돌아오는 길에 뒤따라온 자경단원(neighborhood watch volunteer) 조지 짐머만(George Zimmerman)이 쏜 총에 맞아 사망했다. 조던 데이비스(Jordan Davis)는 플로리다 잭슨빌의 한 주차장에서 차 안에서 큰 소리로 음악을 틀었다는 이유로 마이클 던(Michael Dunn)이 쏜 총에 맞아 사망했다. 두 사례 모두 백인 남성이 아프리카계 미국인 청소년 남성에게 접근한 것이지만 총격을 가한 백인 남성들은 이 흑인 아이들이 의도적으로 자신과 마주친 것이고 이들에 의해 위협받고 있어 자기방어를 한 것이라고 생각했다.

아프리카계 미국인의 사회적 파워는 21세기에 들어 계속 커지고 있다. 1964년 민권법이 통과된 지 50년이 지나면서 많은 힘 있는 아프리카계 미국인이 정치인으로서 역할을 가지게 되었다. 여기에는 2001년 취임한 콜린(Colin) 국무장관, 2005년 취임한 콘돌리자 라이스(Condoleezza Rice) 국무장관, 2009년에 취임한 후 2012년 재선되어 두 번의 임기를 수행한 버락 오바마 대통령 등이 있다. 이 지도자들은 아프리카계 미국인이 미국의 번영에 기여하였음을 분명하게 보여 준다. 그러나 아프리카계 미국인은 백인보다 이러한 진보에 대한 시각에서 더 신중하다. 2013년에 아프리카계 미국인이 5년 전보다 더 나아졌는지 묻는 질문에 백인 중 35%가 그렇다고 응답했으나 아프리카계 미국인은 26%만이 그렇다고 응답했다

(Krogstad, 2014). Trayvon이 사망한 후 실시된 여론 조사에서 아프리카계 미국인은 79%, 백인계 미국인은 44%가 미국에서 인종 평등이 이루어지려면 더 많은 일이 필요하다고 응답했다(Krogstad, 2014). 상담을 받으러 오는 아프리카계 미국인들은 상담에서 제공되는 것과 그들이 추구하는 것 사이에서 차이와 단절을 느낄 수 있다. 이러한 단절은 (a) 상담자가 중산층이고 내담자는 더 낮은 계층이기 때문에, (b) 내담자는 비언어적인 메시지를 더 강조하는 흑인 사투리를 쓰고 상담자는 표준 영어를 사용하기 때문에, (c) 내담자는 확장된 가족을 강조하는 것을 포함하여 사람을 지향하는 반면, 상담자는 핵가족 구조에 의존하는 개인주의적인 지향을 가지고 있기 때문에, (d) 내담자가 개인의 탐색에 초점을 맞춘 장기목표보다는 즉각적이고 단기적인 구체적 목표를 강조하기 때문에, (e) 중추적인 역할을 하는 사회적 관점에 있어서 내담자는 억압적 세계, 상담자는 정당한 세계에 대한 믿음을 가지고 있기 때문에 등이 이유가 될 수 있다(Sue & Sue, 2013, 14장).

아메리칸 인디언과 알래스카 원주민들

❖ 인구통계학적 데이터

아메리칸 인디언과 알래스카 원주민은 북미의 원주민을 대표한다. 북부, 남부 또는 중미 출신으로서 자신의 부족에 대한 소속감 또는 공동체에 대한 애착을 유지하는 사람들이다. 2011년 기준으로, 인구 내 510만 명으로서 미국 전체 인구의 1.6%를 구성한다. 연방정부가 인정한 324개의 인디언 보호구역, 617개의 인정받은 원주민 구역 및 566개의 부족이 있다(U. S. Census Bureau, 2012a). 원주민 건강지원 서비스(Indian Health Service: IHS)는 인정받은 부족 구성원들에 대해서만 서비스를 제공한다. IHS는 미국 보건복지부에 포함된 기구로서 IHS가 제공하는 지원을 받는 대부분의 개인은 원주민 보호구역이나 농촌 지역에서 살고 있다.

아메리칸 인디언과 알래스카 원주민의 평균 가구소득은 35,192달러로, 일반 인구의 평균 소득 51,017달러에 비해 현저히 낮은 수준이다(DeNavas-Walt et al., 2013; U. S. Census Bureau, 2012a). 모든 아메리칸 인디언 중 27%가 빈곤선 이하에서 살고 있으며, 유아 사망률은 백인 인구의 1.6배에 달한다(U. S. Department of Health and Human Services, Office of Minority Health, 2006, 2009; U. S. Census Bureau, 2011a). 높은 빈곤율과 함께 범죄율 역시 높다. 미국 법무부 통계에 따르면 이들 중 25~34세 사이의 사람들은 같은 연령대의 백인 집단에서보다 폭력 범죄에 의해 희생될 가능성이 2.5배 높다. 12세 이상 남성은 폭력 범죄에 희생당할 확률이 1/10이며, 역사적으로 가해자는 알코올의 영향을 받는 백인인 경우가 많다. 일반적으로는 여성 희생자의 비율은 낮지만 원주민 여성은 희생자가 될 확률이 두 배에 달한다. 폭력을 당하거나 강간당한 인디언 여성은 주로 가족 밖의 누군가에 의해 공격받는 경우가 가장 많은 반면, 비원주민 여성은 친밀한 파트너에 의해 공격받는 경우가 가장 많다(U. S. Department of Justice, 2002). 따라서 아메리칸 인디언과 알래스카 원주민은 백인에 대비해 안전한 지에 대해 현실적인 두려움을 갖는 경향이 있다. 상담자들은 종종 원주민 간의 다중 희생의 비율을 과소 평가한다. 이로 인해 개인은 희생을 종식시키고 지속적인 삶을 견디려는 희망을 포기할 수 있다(Vieth & Johnson, 2013). 다른 인종 집단과 비교할 때, 아메리칸 인디언은 음주로 인한 폭력으로 체포되는 확률이 가장 높다(U. S. Department of Justice, 2002).

아메리칸 인디언은 초기에는 학교에서 매우 성공적으로 시작하지만 다른 문화 집단보다 고등학교를 졸업하는 확률이 낮다. 고교 졸업률은 79%로서 일반 인구의 85.9%(U. S. Census Bureau, 2012a)와 비교하여 낮은 편이다. 이들은 소외감을 느끼고 불공정하게 대우받음에 따라 10대 초반에 적대적인 학교 환경이나 사회 착취에 대한 시각이 증가하는 것으로 보인다(Sue & Sue, 2013). 미국정부는 많은 경우, 자격이 없는 교사들, 심지어 범죄 기록이 있는 교사들까지 인디언 보호 구역에 있는 학교에 파견하곤 한다(French, 1997). 의도적인 억압이 학교에 존재하는 데 더해 지배 사회의 가치관에서 훈련받은 교사 역시 의도하지 않게 불편한 환경을 조성할 수 있다. 예를 들어, 학교에서 상을 받기 위해 선발되면 아메리칸 인디언 아동은 아메리칸 인디언 전체 집단이 이 성취의 혜택을 볼 것이라고 생각하지 못하는 경우 상을 받는 것을 불편해할 것이다. 아동 및 청소년의 비언어적인 의사소통 패턴 또한 지배문화의 기대와 부합하지 않을 수 있다. 예를 들어, 이 아이들이 노인에게 존경심을 표하려면 노인과 눈을 직접 마주치지 않아야 한다. 학생들 간의 경쟁을 중요시하는 교사는 이 행동을 무례하다고 생각하거나 수동적 또는 무관심하다고 생각할 수 있다(French, 1997). 또한 아메리칸 원주민 학생들은 직접적인 질문을 잘하지 않으므로 교사는 학생에게 도움이 필요할 때 알아차리지 못할 수도 있다(Sue & Sue, 2013). 이러한 어려움에도 불구하고, 아메리칸 인디언의 13.3%는 학사 학위를 취득하고 일부는 고등교육기관의 학위를 받기 위해 진학한다(U. S. Census Bureau, 2012a).

아메리칸 인디언과 알래스카 원주민의 65%는 가족을 이루고 살고 있다. 전체 인구 집단에서 20%인 데 비해 이들 가구의 20%가 남편이 없는 여성의 한부모 가구이다(DeNavas-Walt et al., 2013, U. S. Census Bureau, 2010b). 지배문화 속에서 살아가는 이들에 비해 원주민 지역에서 거주하는 이들의 결혼이 더 잘 유지된다.

❖ 간략한 역사

유럽계 미국인이 이주해 오기 시작한 때부터 격변하는 역사적, 정치적 사건들이 원주민들을 휩감았다. 유럽인들은 홍역, 디프테리아, 콜레라, 천연두 및 결핵과 같은 전염성 질병에 전염되었으며 인디언에게는 면역력이 없었다. 이 질병으로 인해 원주민들의 땅이 파괴되었다. 토착민의 문화는 이 엄청난 인구 감소로 인해 크게 손상되어 유럽인들이 말 그대로 북미를 빼앗아 갈 수 있었다. 유럽 이민자들은 사망이나 감염으로 원주민들이 포기한 집과 재산으로 이주했다(Mann, 2005).

미국정부가 형성되면서 군대를 사용하여 전염병에서 살아남은 사람들에게서 땅을 훔치는 과정을 계속했다. 정부의 정책에는 미군에 의한 대량 학살 행위, 생존자를 자신의 토지에서 강제로 이주시키는 것, 그리고 원주민들을 해산시키는 정치 조약에 강제로 서명하게 하는 것 등이 포함되었다. 미국정부는 나중에 이 조약을 없앴다. 이러한 조약의 예는 1851년과 1868년의 포트 라라미(Fort Laramie) 조약이 있다.

이러한 육체적인 멸망과 더불어 악의적인 사회적 제도가 살아남은 아메리카 원주민들에게서 그들의 문화를 없애기 위해 수행되었다. 기숙학교에 강제로 수용된 원주민 아이들은 유럽의 가치를 지닌 기독교인으로 자랐다. 이 학교에서 아이들은 자신의 모국어로 말하거나 영적인 의식이나 문화적 관행에 참여하려 할 경우에 처벌을 받아야 했다. 아메리칸 인디언 아동과 청소년은 연방정부가 교사로 고용한 비원주민들에 의해 체계적으로 학대당했다. 결과적으로 지배 사회의 정치인, 변호사, 교사 및 사회기관은 신뢰할 수 있는 것으로 인식되지 않으며 많은 원주민은 미국정부가 지원하는 기관에 대한 정당한 불신과 증오심을 가지고 있다(French, 1997). 유럽계 미국인에 의해 지속된 사회문화적 및 역사적 외상의 오랜 패턴은 오늘날에도 여전히 존재하는 빈곤, 알코올중독, 약물남용 및 폭력의 빈발을 초래했다(Duran, 2006). 군사적으로 감행된 대량학살 및 문화 근절 노력에 의한 문화적 억압은 원주민의 정신적 상처를 가져왔으며, 강한 사람으로서의 감각을 상실하고 유럽인이 육성한 부정적인 고정관념을 내면화했다(Duran, 2006).

'아메리칸 인디언과 알래스카 원주민' 집단은 매우 다양한 부족을 대표한다. 이들 중 가장 많은 수의 사람들이 체로키족이나 나바호족(20%)이며 그 외에도 캐나다 또는 라틴 아메리카(4.4%), 수족(4.4%), 치페와족(4.3%), 촉토족(3.5%), 푸에블로족(2.4%), 아파치(2.3%), 럼비(Lumbee)족(2.1%), 이로쿼이(Iroquois)족(1.8%) 순으로 다양한 민족이 있다. 한 부족에 속한 사람들에 의해 확인된 서로 구별되는 각 종족 집단은 전체 인구의 24%를 차지한다. 또한 2.1%가 자신이 두 개 이상에 종족에 소속된다고 표시했으며, 20.7%는 소속 부족이 없다고 보고했다(U. S. Census Bureau, 2012a). 참조 집단으로서 라코타 수(Lakota Sioux)족에 대한 이야기에서 더 구체적인 다양한 정보를 제공하겠다.

수족은 그 자체가 매우 다양한데 크게 라코타(Lakota), Dakota 또는 Santee와 4개의 연맹(band), Nakota 또는 Yankton과 3개의 연맹(Snow Owl, 2004)의 세 가지로 나눌 수 있다. 원래 수족을 구성한 사람들은 숲에 살았던 마운드 빌더(mound builders)[5]였다(French, 1997). 그들은 사냥, 채집 및 원예를 하며 살았는데, 이주의 역사를 거치면서 세 개의 기본 집단으로 발전했다. 이 집단들은 일시적으로는 뭉쳤지만 백인의 박해가 시작될 때까지 조화된 수족 국가로 묶이지는 않았다. 루이스와 클라크는 토머스 제퍼슨 대통령이 이끄는 미국정부와 라코타(Lakota) 종족의 관계를 발전시키려고 시도했다. 그러나 그의 노력은 문화적 오해와 언어의 불통으로 인해 실패했다(Jefferson National Expansion Memorial, 2013).

미국의 많은 시민에게, 대평원의 수족은 원주민에 대한 대표적인 전형이었다. 그들은 유목민이었고, 천막에서 살았으며, 버팔로를 사냥했다. 그들은 전사를 중시하는 사회였는데, 전사들은 깃털 머리 장식을 쓰고 다른 부족과 전쟁을 벌였다. 그들은 그 중심에 '위대한 신비(Great Mystery)' 또는 '상위 신(Chief God), 위대한 성령(Great Spirit), 창조주(Creator)'라는 이름으로 불리는 와칸 탄카(Wakan Tanka)가 있는 복잡한 신앙 체계를 가지고 있다(French, 1997, p. 114). 이 위대한 신비는 복잡하고 때로는 모순적인 성격을 가지고 있으며, 16종류의 우월하고도 종속적인 수족의 신과 신적 존재가 합쳐진 것이다. 숫자 4와 7은 수족 사람들에게 매우 중요하며 자연(네 개의 방향), 동물(기는 것, 나는 것, 두 다리가 있는 것, 네 다리가 있는 것) 및 수족의 미덕(용감성, 용기, 관용, 그리고 지혜)과 연결된다. 가장 중요한 의식으로서 매년 여름에 태양 무도회(Sun Dance)가 열렸고 '칠 협의회의 불 집회(Seven Council Fires)'가 개최되었다. 이 의식은 용사들이 중요한 서원을 마무리하는 행사였다. 수족은 모든 힘이 와칸 탄카에서 온다고 본다. 이 행사를 통해서 전사들 역시 창조자로부터 힘을 얻으려고 한다. 태양무도회 외에 정화, 비전 추구, 공 던지기, 버팔로 여성 만들기, 형제 만들기, 유령 소유하기 등 여섯 가지 신성한 의식이 있다. 수족의 영성에는 우주를 대표하는 신성한 파이프의 사용이 통합된다. 이 파이프로 흡연하는 것은 와칸 탄카와의 연결을 만드는 일의 하나이다(French, 1997).

수족의 족장은 자신의 백성에게 무엇을 해야 한다고 말하는 통치자가 아니다. 수족에게 족장은 명예로운 직함이다. 그들은 전쟁 중에 잘 싸우고 그들의 행동과 의견은 부족민들에게 존중받는 그런 사람들이다(French, 1997). 이들은 결정해야 할 중요한 일이 있을 때 참의

---

5) 북아메리카 5대호에서 Florida에 걸쳐 많은 무덤 · 둑을 남긴 선사 시대의 인디언의 여러 부족을 말함.

원 협의회(Snow Owl, 2004)의 만장일치 투표로 결정한다. 역사상 중요한 몇 명의 족장으로는 Sitting Bull, Big Foot 및 Crazy Horse가 있었다. 라코타족은 원래 Black Hills 출신이 아니었는데 백인들이 침범해 옴에 따라 서부로 이주했다. 그들은 Black Hills를 신성한 곳으로 보고 그들의 정신적 문화의 중심으로 여겼다(Jefferson National Expansion Memorial, 2013).

수족의 도덕 규범은 선은 악보다 강하며 선은 그 집단 내 조화의 결과라는 믿음에 근거한다. 마음, 몸 그리고 정신은 상호 연결된 불가분의 관계로 간주된다(French, 1997). 조화가 부족하면 신체적 또는 심리적 어려움이 생긴다고 본다(Sue & Sue, 2013). 부족은 원주민들에게 자기 자신의 연장으로서 매우 중요하다. 각 개인의 가치는 부족에 대한 유용성에 포함된다. 부족의 땅 또는 인디언 보호구역 또한 아메리카 인디언의 정체감에 결정적으로 중요하다. 개인이 자신의 경제적 번영을 추구하기 위해 조상의 땅을 떠나면 개인의 정체성이 손상될 수 있다(Sue & Sue, 2013). 원주민들은 미래를 계획하기보다는 현재를 사는 경향이 있다. 그들의 존재 방식은 심리적, 영적 세계를 모두 포함한다(Duran, 2006). 따라서 원주민들은 기본 경비를 지불할 수 있을 정도로만 일자리를 유지하면서 영적인 의식에 헌신할 수 있는데, 불행히도 이것은 빈곤을 영속시키는 작용을 할 수 있다(Sue & Sue, 2013).

역사적으로, 라코타족에게는 그들이 세상에 살도록 돕는 12가지 덕목이 있었다(Marshall, 2001). 이야기는 전통적인 교육의 수단이었고 아이들은 이런 방법으로 수족의 덕목을 배웠다. 남성과 여성 모두 덕스러워지기를 기대받았으며 부족 안에서 그들의 지위는 그들이 이 덕목을 얼마나 잘 보여 주었는지에 달려 있다(Marshall, 2001). 남성과 여성은 규정된 성역할을 수행해야 했다. 전사인 남성과 아이를 기르는 여성은 모두 용감함(woohitike)과 용감함에 관련된 미덕, 강인함(cantewasake)을 보여야 했다. 용감하기 위해서는 자기희생(icicupi)이 필요했다. 전사의 경우 counting coup(비폭력적인 행동으로 적을 손이나 막대기로 단 시간에 터치한 다음 달아남), dog soldiering(부족을 지키기 위해 죽을 때까지 싸우려는 일레트 전사가 되는 것), 그리고 태양 무도회(Sun Dance) 참여(용감성과 스스로 잘 훈련되었음을 공공에게 보여 주는 행사) 등으로 자신의 용감함을 보여 줄 수 있었다. 강인함(Fortitude)은 남성과 여성이 용감성을 입증하는 방법을 말한다(French, 1997). 용감하고 용기 있는 모습을 보여 주는 이야기가 교육의 수단으로 장려되었지만 동시에 겸손(unsiiciyapi)도 매우 중요하게 여겨졌다. 전사들은 중요한 것은 말이 아니라 행동이라는 것을 인식했다(Marshall, 2001). 수족은 겸손함을 통해 관용, 용감함, 존경 및 지혜의 미덕을 타당화하였다. "진정으로 겸손한 사람은 타인에게 인정받을 필요가 없기 때문에 겸손함의 부담은 가볍다. 반면에 오만함의 부담은 날이 갈수록 더 크게 자란다."(Marshall, 2001, p. 19)

이들에게는, 약간의 노력만으로 성공을 거두는 것은 이야기가 될 가치가 없었다. 성공하기 위해 반복하여 도전하는 끈기 혹은 인내(wowacintanka)는 기억될 가치가 있었다. 사랑(catognake)과 지속적인 애착은 가치가 있지만, 공적으로는 남성과 여성 모두 고통과 두려움에 직면했을 때뿐만 아니라 긍정적인 경험에서도 자기수양과 정서적 자기조절을 보이도록 사회화되었다. 신체적인 친밀은 사적 행동이었으며 대중 앞에서 애정 표현을 하는 것은 금기시했다. 존경(wawoohola)은 존경받을 자격이 있는 사람에 대해 존경심을 가지고 하는 행동이다(Marshall, 2001). 라코타족은 불손한 행동을 하려는 유혹에 빠지면 그 사람의 영혼이 결코 치유될 수 없다고 본다. 따라서 한 여인이 진정으로 한 남자를 사랑하지만 아버지가 사위로 그를 선택하지 않는다면, 그녀는 아버지가 선택한 남자와 결혼할 것이다. 그녀는 가정을 이루고, 자녀를 갖고 남편을 돌보는 일에 흠 잡을 데 없이 행동하더라도, 그 남편은 그녀의 마음이 다른 사람의 것이란 것을 알 것이다. 덕스러운 한 여성에 관한 이와 같은 이야기는 다음 세대에 대한 교훈으로 전해져 라코타족 사람들이 개인적, 영적 세계에서 균형을 이루는 법을 배우게 될 것이다(Marshall, 2001).

관대함(canteyuke) 또는 음식과 소유물의 공유는 또 다른 핵심 덕목이었다(Marshall, 2001). 이것은 수족의 윤리와 초기 백인 이민자의 근본적인 차이를 보여 주었다. 유럽 이민자들은 돈을 벌고 개인 재산을 소유함으로써 존경심을 얻었다. 수족 사람들 사이에서 존경은 '내어줌'(French, 1997, p. 118)에 참여한 것으로부터 온다. 부족, 특히 부족에서 가장 필요한 사람들에게 자신의 재산을 나누어 줄 수 있는 사람들은 명예와 존경을 얻었다. 가장 많이 내어준 사람들은 가장 높은 지위를 얻었다. 이 관대한 사람들은 다른 사람들의 필요를 이해하고, 그들의 상황에 공감하며, 소유물 축적을 넘어 이웃의 복지를 돌보는 등의 동정심(waunsilapi)을 보여 주었다(Duran, 2006).

명예의 길(wayuonihan)은 성실하고 정직하며 확고부동한 성격을 갖는 것이었다(Marshall, 2001). 라코타족 사람들은 그들이 한 행동은 물론 하지 않은 행동에 의해 명예를 보일 수 있었다. 명예는 관대함과 진실성(wowicake)과 같은 다른 많은 덕목을 뒷받침함으로써 다른 사람들이 당신의 말에 기대어 신뢰할 수 있다는 것을 알게 한다. 부족 내에서 지위를 결정하는 것은 나이와 삶의 성취도의 조합이었다. 지혜(woksape)는 축적된 지식에서 왔다. 부족의 장로는 삶의 경험을 기반으로 낸 의견을 존중받았고 종종 갈등 상황에서 받아들일 수 있는 결론을 도출하는 데 활용되었다(French, 1997). 수족은 조화의 개념을 강력히 지지했으며 갈등을 줄이기 위해 고안된 전통을 지니고 있었다. 그들은 다른 사람들의 일에 참견하지 않았다. 그들은 충동적으로 행동하기보다는 주의 깊게 관찰하고 고려하도록 배웠다. 꿈과 비전은 초자연적 힘을 전하는 것으로 진지하게 받아들여졌다(Jefferson National Expansion Memorial, 2013).

가족 집단은 시간이 지나면서의 변화에도 불구하고 언제나 중요했다. 한 가족은 그들이 소유한 말의 수, 사냥에 성공했는지 여부, 중요한 사회 단체에 참여했는지, 그리고 얼마나 많은 종교 의식을 후원했는지를 기준으로 다른 가족들과 비교되었다(Jefferson National Expansion Memorial, 2013). 이들 부족은 아이들을 매우 귀중한 존재로 대했다. 부족의 조화에 아이들의 행복이 포함되므로 아이들은 그릇된 행동을 한 후에도 신체적인 처벌을 받지 않았다. 아동에게 주어지는 가장 심각한 형벌은 화가 난 부모들이 차가운 물을 양동이에 담아 아이들에게 뿌리는 것이었다(History Learning Site, 2008). 젊은이들은 다른 사람들의 감정에 민감하고 경쟁을 추구하지 않도록 권고받았는데, 이렇게 할 경우는 불화로 이어질 수 있기 때문이었다(French, 1997). 라코타족은 아동뿐만 아니라 성인들도 사람이 말하는 것 이상을 경청해야 한다고 믿었다. 따라서 12덕목에 대한 이야기를 듣는 것은 모든 사람에게 중요한 가르침의 수단이었다. 이야기에는 덕성스러워지는 방식으로 살아가고 그래서 명예로운 결과를 낳는 방식으로 사는 법에 대한 교훈이 있었다(Marshall, 2001). 역사적 상황들은 이야기에 통합되었고 수족 사람들의 구전 전통의 일부가 되었다.

비극적으로, 미국의 지배문화는 수족의 전통적인 삶의 방식을 계속적으로 억압하는 행동을 하고 있다. 수세대 간의 이러한 문화적 억압의 직접적인 결과로서, 많은 아메리칸 인디언 종족은 그들의 전통적인 삶의 방식과의 접촉을 잃었다. 범 인디언 운동(pan-Indian movement)이 이것을 바로잡기 위한 하나의 대응책으로 발전했다. 수족의 의식과 영적 노래는 다른 원주민 집단의 전통적인 치유의식에 통합되고 있다. 수족 지도자들은 여러 부족의 치료사를 훈련시키고 있다(French, 1997). 현재, 아메리칸 인디언들은 그들의 원주민 문화 안에서 완전히 살아 있는 것부터 미국의 지배문화 안으로 완전히 동화되는 것 사이에서 자신의 개인적 필요에 가장 적합한 생활 양식을 선택했다. 듀란(Duran, 2006)은 많은 원주민이 문화적 정체성과 개인적 정체성의 균형을 이루는 데 도움을 받는 것이 이익이 된다고 보았다. 이러한 도움과 이를 통한 혜택이 이루어지기 위해서는 지배문화 속에 심어져 있는 심리적 학대와 미시적 공격들이 없어져야 한다. 예를 들어, 미국 역사 책은 크리스토퍼 콜럼버스가 실제로 미국을 '탐사'하기 전에 미국 전역에 거주하는 인디언들이 있었음에도 불구하고 미국을 발견했다고 가르치고 있다. 콜럼버스 데이를 기념함을 통해 우리는 유럽계 미국인이 도착할 때까지 북미와 남미는 가치가 없었다는 암시를 받게 된다. 일부 아메리칸 인디언들은 이런 이유로 콜럼버스의 날을 폐지하기를 원한다. 태평양 북서부 부족들은 콜럼버스의 날에 대한 항의 시위를 열었다(Pan Tribal Secession Against the Empire, 2012). 또한 미국 전역의 스포츠 팀은 아메리칸 인디언 문화를 존중하지 않는 이름, 상징 및 이미지를 사용했다. 전미 대학 운동협회(NCAA)은 2005년 11월 1일부터 대학이 리그에 계속 소속되려면 유니폼 및 기타 의류에 운동 경기를 할 때 원주민 문화에 대한 모욕적인 말이나 상징을 없앨 것을 요구했다(ESPN.com News Services, 2005). 그 당시 NCAA는 18개 학교에 대해 공격적이거나 용납할 수 없는 마스코트를 사용 중인 것으로 지목했다. 그러나 모든 아메리칸 인디언 부족의 이름이나 상징으로 공격받은 것은 아니다. 플로리다주 세미날 부족(Seminal Tribe)은 대학의 이름과 상징 사용을 승인하는 결의안을 통과시킴으로써 플로리다주(Florida State)를 지지했다. 이 논쟁은 아메리카 원주민들이 지배문화 대표자들이 결정을 내리도록 두기보다 자신들의 문화의 여러 측면과 관련된 모든 대화에 참여하는 것이 얼마나 중요한지를 강조한다(Billie, 2013). 스포츠 팀의 정책 변화는 아메리카 원주민에 대한 지배문화의 억압을 인정한다는 것을 보여 준다. 그럼에도 불구하고 그들의 인권을 침해하는 훨씬 더 심각한 일들이 계속 되었고 이는 비극적인 결과를 낳았다.

미국정부에 의한 억압적 조치들, 인종적인 편견과 민족적 편견, 원주민들의 높은 빈곤율 등은 지배문화 집단에서의 통계보다 훨씬 높은 비율의 실업, 물질남용, 자살, 외상 후 스트레스 장애, 아메리카 원주민들의 희생양화의 원인이 되는 요소이다. 미국의 백인 이웃과 정부가 이들을 희생시킨 과거 역사는 아메리카 원주민이 도움을 구할 때 비원주민들을 불신하게 만들었다(French, 1997; Sue & Sue, 2013; U. S. Department of Justice, 2002). 그들이 비원주민 상담자의 도움을 받을 때 발생할 수 있는 문제는 다음과 같다. 내담자는 부족의 방언을 사용하고 영어와 백인 문화에서 사용되는 것과는 매우 다른 비언어적 의사소통 패턴을 사용할 수 있다. 부족의 관습은 경쟁보다는 협력을 강조할 수 있다. 이들의 목표 설정은 미래의 목표와 장기적인 목표보다는 현재의 욕구와 즉각적이고 단기의 목표에 초점을 맞출 수 있다. 원주민들의 가족 구조는 핵가족이 아니라 확대가족이며 확대가족의 적극적인 참여에 의존할 수 있다(Sue & Sue, 2013). 다른 복합적인 문제들로는 원주민이 사는 곳에서 조력자들이 얼마나 멀리 떨어져 있는지, 고도로 훈련된 조력자가 얼마나 부족한지, 전통적인 학습 스타일(예: 이야기를 통한 교육)과 그들의 영성에서 발생한 혼란 등이 있다.

외상을 입은 아동과 청소년을 문학치료, 체로키 문화 요법, 수족의 전통적인 치유요법, 나바호의 아름다운 경치(the Navajo Beauty Way perspective)와 같은, 외상의 회복 과정에서 원주민들에게 힘을 실어 주기 위한 많은 문화특화요법이 개발되었다. 이 치료법들 각각은 문화적 연관성과 자긍심을 회복시키고 종교의 자유를 증진하고자 한다(French, 1997).

Duran(2006)은 수족에게는 미국의 식민주의에 의한 땅과 사람에 대한 강간의 결과로 생겨난 영혼의 상처를 치유하기 위한 해방의 담론이 필요하다고 주장한다. 백인 사회가 정의한 진실에 대한 과거의 식민지 관점과는 달리, 해방 심리학은 진리를 보고 세상을 살아가는 데는 한 가지 이상의 방법이 있다는 서사적 관점(narrative perspective)을 취한다. 서구 심리학은 영적인 세계 또는 영혼에 관해서 말하지 않는다. 그러나 라코타가 치유되도록 돕는 데 있어서 영적 세계와 영혼에 대해 이야기하는 것은 매우 중요하다.

듀란(Duran)은 라코타 부족민의 전통적인 요법에서 개발된 많은 치료 전략에 대해 이야기하고 있다. 이러한 전통적인 요법을 임상 작업에 적용하는 것은 아메리칸 인디언 문화가 백인, 중산층 문화에서 비롯된 치료 방향이 기대하는 바와 잘 맞지 않고 라코타가 지금 직면하고 있는 문제가 미해결된 문화적 및 역사적 외상의 결과가 라코타 부족민들이 식민지주의에 의해 초래된 내부 증오로부터 자유로워지도록 힘을 실어 주는 방식으로 진행되어 오지 않았기 때문에 가치가 있다. 치유에 필요한 부분 중 하나는 백인들이 샌드 크릭 대학살, 상처 입은 Knee 학살, 나바호인의 긴 이주의 걸음, 눈물의 길(Trail of Tears),[6] Maidu인의 긴 이주의 길, Jamestown에서 수백 명의 원주민을 불태워 학살함 등을 포함한 원주민에 대한 잔학 행위를 인정하는 것이다. 이러한 잔학 행위를 인정함으로써, 사망한 사람들의 희생이 명예를 되찾아서 라코타의 상처입은 영혼의 일부가 치유될 수 있다(Duran, 2006).

통계에 따르면 아메리칸 인디언 아동의 경우 일반 인구보다 아동학대 및 방임 비율이 높다(U. S. Department of Health and Human Services, Office of Minority Health, 2006). Duran(2006)은 원주민들의 영혼이 상처를 입은 결과라고 본다. 이러한 상처의 대부분은 지배문화가 원주민들에게 동화를 강요하는 의도적 행위를 한 결과이며, 원주민들이 적응적인 방식으로 살 수 있는 구조를 갖는 데 도움이 되는 중요한 전통을 무시한 것의 도미노 효과이다. 조력자는 원주민의 말을 듣고 자유롭게 정보를 공유하며 이야기를 구전하는 전통과 같은 전통적 관행에 지지적이어야 한다(Vieth & Johnson, 2013). 듀란(Duran, 2006)은 원주민에 대한 대학살을 인정하는 것으로 시작하는 상담에서의 해방 담론을 권고한다. 그는 미국정부가 제공하는 학교와 마찬가지로 사회복지 기관에 '임상적 인종차별'이 가득하다고 생각한다. 이러한 임상가들은 원주민을 존중하지 않거나 적절한 정도의 사례 기록을 해 나가지 않는 것 같은 백인들에게 서비스할 때 지키는 표준적인 돌봄을 제공하지 않는다(p. 36). 듀란은 원주민이 서구 세계관과 원주민 세계관 모두를 존중하는 하이브리드 서비스에 가장 잘 맞을 것이라고 주장

---

6) 160여 년 전 미 남동부에 살던 아메리칸 인디언들이 미군의 총부리에 못 이겨 애팔라치아 산맥을 넘고, 미시시피강을 건너, 멀고 먼 지금의 오클라호마주까지 끌려온 길

한다. 확대가족과 연장자들에 대한 존경과 그들의 땅과 동물의 보호에 대한 그들의 열망과 같은 원주민의 강점을 인정할 필요가 있다(Sue & Sue, 2013).

영혼, 정신 및 신체 간의 조화를 회복하기 위해서는 땀을 흘리거나, 신체 불순물을 제거하기 위해 금식하거나, 약초 치료법을 사용하는 등과 같은 치유에 대한 전통적인 접근 방식이 통합될 수 있다(Indians.org, 2014). 아메리카 인디언의 치유 방법은 특정한 질병을 치유하기보다는 사람 전체를 치유하는 데 초점을 둔다. 이야기와 부족의 잠언 사용은 학습 도구로도 사용될 수 있다. 잠언의 예는 "당신은 잠자는 척하는 사람을 깨울 수 없다(나바호)." "울기를 두려워하지 말라. 우는 것은 당신 마음의 슬픈 생각을 풀어 줄 것이다(호피)." "우리의 첫 번째 선생은 우리의 마음이다(샤이엔)." "그의 모카신 안에서 두 달 걸을 때까지는 네 이웃을 판단하지 말라(샤이엔)." "사람이 자연에서 멀어지면 그의 마음은 딱딱해진다(라코타)."

원주민들의 정의를 위해 싸우는 것으로 알려진 최근의 지도자들은 아메리칸 인디언 운동, 아메리칸 인디언 전국 대회, 인도 인디언 청소년위원회와 같은 단체에서 왔다. Lower Brule 수족 보호구역은 샤이엔강의 수족, 크로우 계곡의 수족, Flandreau Santee 수족, Lower Brule 수족, Oglala 수족, 로즈버드 수족, Sisseton Wahpeton Oyate, Standing Rock 수족 및 Yankton 수족을 포함한 사우스 다코타 주의 9개 부족 정부와 협력하여 일하고 있다(South Dakota Department of Tribal Relations, 2011). Lower Brule 지역 내에서 각 부족은 별도의 정부로 운영된다. 각 부족은 다른 부족의 언어, 종교 및 문화와는 상이한 고유함을 갖고 있다(South Dakota Department of Tribal Relations, 2011). 예를 들어, 로즈버드 수족은 Sicangu Lakota Oyate의 전통을 보존하려고 노력한다. 로즈버드 부족은 Antelope, Black Pipe, Bull Creek, Butte Creek, Corn Creek, Grass Mountain, He Dog, Horse Creek, Ideal, Milk's Camp, Okreek, Parmelee, Ring Thunder, Rosebud, St. Francis, Soldier Creek, Spring Creek, Swift Bear, Two Strike, Upper Cut Meat 등 20개 커뮤니티로 구성되어 있다(Official Site of the Rosebud Sioux Tribe, 2013).

히스패닉(Hispanic) 혹은 라틴계(Latina and Latino)[7] 미국인

❖ 인구통계학적 데이터

2010년 인구조사에 따르면 미국에는 대략 5,040만 명의 히스패닉 인구가 살고 있다

---

7) Latina는 라틴계 여성, Latino는 라틴계 남성을 의미함.

(Ennis, Rios-Vargas, Albert, 2011, U. S. Census Bureau, 2012b). '히스패닉'은 인종 집단이 아니라 출신 국가별로 인구를 정의하는 카테고리이다. 멕시코, 푸에르토리코, 쿠바, 엘살바도르, 니카라과 및 기타 중남미 국가 및 스페인 사람들로 구성된다. 이 중 53%가 자신을 백인이라고 밝히지만 인디언, 아프리카, 스페인 및 기타 백인 조상으로부터 온 전통 민족 유산과 함께 아즈텍 인디언 또는 다른 인디언 유산을 포함할 수 있는 인종 및 민족적 유산을 보유하고 있다(Comas-Diaz, 2008). 히스패닉은 인종적 혼합과 다중 정체성이 전형적이라고 여겨진다. 이 집단들 사이에는 피부색에 큰 차이가 있어서 스스로는 백인이 아니라고 여기는 경우에도 남들에게는 백인으로, 자신을 흑인이라고 보지 않는데도 남들에게는 흑인으로 잘못 판단될 수 있다. 다른 사람이 자신에게 확인을 위한 질문을 하지 않고 잘못 판단하면 이들은 크게 기분이 상할 수 있다. 라틴계와 라틴계 인종은 인종 분류를 통해서보다는 민족적 기원으로 자신의 정체를 더 잘 나타낸다. 실제로, 인종에 대한 자기식별은 더 유동적이다. 그들은 인종이 생물학적 현실보다는 맥락에 의해 영향을 받는 사회적 구성이라고 보는 경향이 있다. 예를 들어, 어떤 경우에는 출신국가를 기준으로 자신을 Latina/Latino로 지정하고 일부는 Afro-Latina/o로 지정하며, 일부는 검은 쿠바인(Black Cuban) 등으로 지정할 수 있다(Rodriguez, 2008). 외국에서 출생하여 미국으로 이주한 인구의 3분의 1은 멕시코에서 이주한 사람들인데 이들의 55%는 라틴 아메리카 출신이다. 멕시코계 미국인은 히스패닉 인구 중 가장 큰 하위 그룹으로 3,180만 명에 달한다. 푸에르토리코인이 다음으로 많으며 중미계 미국인, 남미계 미국인, 쿠바인의 순으로 그 뒤를 잇는다(U. S. Census Bureau, 2010e). 라틴 아메리카로부터의 유입이 꾸준히 증가하고 있는데, 히스패닉계의 대다수는 세 개의 주에 거주한다. 캘리포니아주가 히스패닉 인구의 27.8%, 텍사스는 18.7%, 플로리다는 8.4%를 보유하고 있다.

일반 인구의 평균 가구소득은 51,017달러인 데 비해 히스패닉의 평균 가구소득은 39,005달러이다(DeNavas-Walt et al.., 2013). 일반 남성보다는 수입이 적지만 히스패닉 남성이 히스패닉 여성보다는 많은 수입을 올린다. 히스패닉계 남성의 70%와 히스패닉계 여성의 58.2%가 노동에 종사하고 있다(U. S. Census Bureau, 2011b). 히스패닉계 남성과 여성 모두 관리직, 전문직 그리고 이에 관련된 직종에서 가장 많이 일한다. 히스패닉계의 23.2%가 빈곤선 아래에서 살고 있다(일반 인구의 경우 14.3%). 히스패닉계 아동 3명 중 1명은 빈곤 속에 살고 있으며, 이러한 빈곤율은 백인 아동의 경우보다 15.3% 더 높은 수치이다(Anderson, 2011; Macartney, Bishaw, & Fontenot, 2013).

빈곤율이 높을수록 범죄율이 높아진다. 일반 인구는 5% 비율, 히스패닉 인구는 9%의 투옥률을 보인다(Carson & Sabol, 2012). 백인에 비해 더 높은 투옥률은 성, 연령차에도 불구하고 동일한 경향이다(Carson & Sabol, 2012).

히스패닉의 교육 수준은 일반 인구보다 낮다. 25세 이상의 히스패닉계 중 64.3%만이 고등학교를 졸업하였는데 이는 일반 인구의 수치인 87.5%를 크게 밑도는 것이다. 그러나 히스패닉계의 14.1%는 학사 학위를 받았다. 교육 배경은 히스패닉 집단들마다 상당히 다르다. 남미 사람들이 가장 높은 교육 수준을 보이고 멕시코와 중미 사람들이 가장 낮은 교육 수준을 보였다. 멕시코에서 태어난 사람의 29.7%만이 적어도 고등학교에 입학을 했다(U. S. Census Bureau, 2011a).

학교에 앞서서 시작되는 학업 성취의 격차가 있다. 연구에 따르면 히스패닉계 만 4세 아동 중 23%(백인 4세 아동의 경우는 37%임)만이 학교에 입학할 준비가 되어 있는 것으로 나타났다(Aud, Fox, & KewalRamani, 2010). 라틴계 학부모는 언어장벽, 학교에서 환영받지 못한다는 느낌(Nzinga-Johnson, Baker, & Aupperlee, 2009), 문화적 몰이해, 그들의 자녀 학교 참여를 힘들게 만드는 고용 여건(Carreon, Drake, & Barton, 2005) 등으로 인해 백인 부모보다 자녀의 학교 활동에 참여할 가능성이 적다. 이러한 상황에도 불구하고, 히스패닉계의 대학 진학률은 꾸준히 증가하고 있다. 실제로, 18~24세의 고등학교 졸업생 중 49%(백인 이 경우 47%)가 대학에 진학했다(Krogstad & Fry, 2014)

Passel과 Cohn의 연구(2009)에 의하면 미국에 불법 이주한 사람들이 1,190만 명에 달하는데 그중 700만 명이 멕시코 출신인 것으로 추정된다. 미국은 이러한 '불법 입국'을 기소해왔다. 불법 입국이란 한 개인이 여러 번 불법적으로 미국에 입국하려고 시도했을 때 적용되는 범죄 조항이다. 이 범죄에 대한 기소는 1992년과 2012년 사이에 두 배 이상 증가했다. 연방 법원에서의 양형(sentencing) 증가의 48%가 불법 입국에 대한 것이었는 데 반해 22%만이 마약 범죄에 해당된 것이었다. 불법 입국을 선고받은 거의 모든 사람은 감옥에 투옥된다(Light, Lopez, & Gonzalez-Barrera, 2014). 불법적으로 이 나라에 있기 때문에 등록되지 않은 사람들은 19억 달러의 세금 납부는 물론 소비자로서의 지출에 수십억 달러 이상을 사용하여 미국 경제에 상당한 이익을 가져다준다. 이 돈은 교육, 건강 관리 및 사회 서비스 측면에서 미국 시민에게 제공되는 모든 서비스에 기여한다(Capps & Fix, 2005). 불법체류자인 근로자들은 합법적 이민자와 같은 서비스를 받지 못한다. 예를 들어, 불법체류자들은 어떠한 사회적 서비스도 받지 못한다(Chung, Bemak, & Kudo-Grabosky, 2011). 사회보장 서비스가 필요함을 알고 있다고 하더라도 불법체류자들은 언어장벽, 통역 부족, 문화적 차이로 인해 정신건강 서비스를 받을 수 없다(Bemak & Chung, 2008).

불법체류 근로자의 대부분은 가난하고 교육을 받지 않은 것으로 보이는데 특히 멕시코 출신 근로자는 다른 나라 출신의 근로자보다 더 가난하고 교육 수준이 낮다. 허가받지 못한 이민자의 25%가 고등학교를 마치지 못했는데 불법 멕시코 이민자의 경우에는 64%가 고등학교 졸업장이 없는 것으로 추산된다. 그러나 미등록 이민자 중 4%는 학사 학위를 소지하고 있다. 다른 불법 체류자들보다 미등록 인구가 많은 멕시코 출신의 성인들은 많은 경우 미국에 와서 자녀를 낳고 기른다(Passel & Cohn, 2009).

이민 정책은 라틴계 사람들에게 개인적인 영향을 미친다. 2011년 조사에서, 24%의 라틴계 사람들이 억류되거나 추방된 사람을 알고 있다고 응답했다(Lopez, Gonzalez-Barrera, & Motel, 2011). 따라서 많은 라틴계 시민은 시민이 아닌 가족이나 친구가 미국에서 추방될 수 있음에 불안감을 느낀다(Lopez et al., 2011).

오바마 정부 시절에 이민 정책이 바뀌었다. 국경에서의 체포가 70%나 감소했고 대신 추방이 증가했다(Passel & Cohn, 2009). 라틴계 사람들의 59%는 이를 인정하지 않았다(Lopez et al., 2011). 라틴계 미국인들의 42%(일반 인구는 24%)는 불법 이민자들에게 시민권을 취득할 수 있는 방법을 제공하는 것을 지지한다. 일반 인구(43%)에 비해 비슷하지만 약간 더 높은 비율의 라틴계 미국인들(46%)이 이민 정책에서 국경 수비와 국적 취득의 경로 제공의 비중이 비슷해야 한다고 말한다. 국경 수비가 최우선 순위가 되어야 한다는 의견을 지지하는 비율은 라틴계에서 10%, 일반 인구에서 29%이다(Lopez et al., 2011).

Dick Durbin과 Orrin Hatch가 2001년 상원에서 발의한 DREAM(Development, Relief, and Education for Alien Minors 외국계 미성년자 발달, 구제 및 교육)법과 같이 불법체류 외국인들 문제에 대처하는 많은 시도가 있었다. 이 법안은 처음부터 많은 반대에 부딪혔다. 이 법안이 통과되었다면, 미국 고등학교를 졸업하고 적어도 5년 동안 이곳에 살았으며 좋은 성격을 지녔다고 기록된 미등록 학생에게 영주권을 제공했을 것이다. 또한 부모가 불법체류인 상황에서 미국에서 태어난 라틴계(Latina and Latino) 청소년들이 공교육을 받을 수 있었을 것이다. 2001년에 이 법안이 제안되었지만, 여전히 연방 차원에서 통과되지 못했다. 그러나 2013년 11월 현재, 15개 주에서는 불법 체류 상태의 청소년을 돕기 위해 이 법안을 자체적으로 제정했다. 라틴계 미국인의 대다수(91%)는 DREAM 법안을 지지한다(Lopez et al., 2011).

불법 이민에 대한 우려는 라틴계 사람들에 대한 편견과 차별 행위를 가져왔다. 허리케인 카트리나가 지나간 후, 허리케인 구호 서비스를 받기 위해 거주 증명을 제시해야 했다(Terhune & Perez, 2005). 2010년에 애리조나주에서는 불법 이민으로 인한 문제를 줄이기 위해 「우리의 법 집행 및 안전한 지역 지원 법안」을 통과시켰다(Arizona S. B. 1070). 이 법안에는 미연방 윈저 대법원 판결(2013년)에서 위헌으로 간주한 세 가지 조항, 즉 허가 없이 근로하는 것에 대한 벌칙, 외국인이면서 적법한 절차로 등록하지 않은 것에 대한 벌칙 및 불법체류 외국인으로 보이는 개인을 경찰이 영장 없이 체포할 수 있는 권한 부여가 포함된다. 그러나 경찰이 다른 위반이나 잠재적 위반으로 인해 자신을 멈추게 한 사람의 신원 확인을 요구할 수 있는 네 번째 조항은 위헌으로 간주되지 않았으며 파기되지 않았다.

히스패닉 인구는 매우 다양하다. 따라서 다음의 심층 분석은 미국에서 가장 큰 라틴계인 멕시코계 미국인에 초점을 맞춘다(Ennis et al., 2011).

❖ 간략한 역사

미국에 있는 멕시코인의 시민권은 정복과 구입에 의해 시작되었다. 1849년에 멕시코-미국 전쟁이 끝났을 때, 멕시코는 영토의 45%를 미국에 빼앗겼다. 이 남서부 지역에서 모든 멕시코인과 스페인 사람에게 시민권이 부여되었다. 경제적인 이유로 인해 멕시코인의 노동력이 필요할 때에는 멕시코인들의 미국 이주가 조장되었고, 그들의 노동력이 필요 없을 때에는 이주가 어려워짐에 따라, 계속적인 이동의 순환이 시작되었다. 예를 들어, 1930년대의 불경기 시대에 30만 명의 멕시코인과 멕시코 미국인이 본국으로 송환되거나 추방되었다. 제2차 세계대전 동안, 멕시코인 계절농장 노동자(Bracero) 협약을 통해 멕시코인들이 짧은 기간 동안 미국에서 일하는 것이 조장되었다. 전쟁이 끝나자 다시 멕시코인의 이주를 제한하는 법률이 제정되었다(Bernal & Enchautegui-de-Jesus, 1994).

현재 멕시코의 주요 문제는 마약 조직의 활동이다. 멕시코는 세계에서 두 번째로 큰 아편 생산국이다. 마약 신디케이트는 엑스터시, 헤로인, 마리화나 및 메탐페타민을 국경을 넘어서 미국으로 보낸다(Central Intelligence Agency, 2013).

미국정부의 모호하고 때로는 적극적으로 적대적인 태도에도 불구하고 많은 멕시코인은 경제 기회를 찾아 미국으로 이민을 계속했다. 멕시코는 약 1억 1,880만 명의 인구를 가지고 있으며 그중 51%가 빈곤선 아래에 살고 있다(Central Intelligence Agency, 2013). 경제적 기회의 부족은 많은 사람이 미국으로 이민하도록 촉진해 왔다(Santana & Santana, 2001). '서류를 갖추었는가' 또는 '서류 미비인가' 하는 개인의 법적 지위는 미국에서의 고용, 교육, 의료 및 사회 구조 내에서 권리를 획득하는 데 큰 영향을 미친다. 공개에 대한 두려움은 등록되지 않은 근로자가 필요로 하는 서비스를 찾는 것을 막을 수 있다(Atkinson, Morten, & Sue, 1979). 그러나 이들은 멕시코에서 유급 노동일의 부족으로 미국에 남아 있다. 미국의 많은 농업 공동체는 멕시코 노동자에 의존하고 있다(Santana & Santana, 2001). 예를 들어, 농민의 25%, 토지 관리인의 19%, 건설 노동자의 17%가 허가받지 않은 이민자이다(Passel & Cohn, 2009).

가족의 역동성과 미국의 지배문화에 대한 문화 적응 패턴 때문에 멕시코계 미국인 가정의 특성은 매우 다양하다. 그러나 일반적인 라틴계 가치에는 가족 구성원의 중요성과 가족에 대한 자부심이 포함된다. familismo라는 용어는 가족 개개인에 대한 가족의 요구의 중요성을 나타낸다. 가족은 친척들로 구성된 확장된 네트워크를 포함하는데, 그중 일부는 핏줄보다는 의무와 감정의 관습에 가족으로 연결되어 있다. 가족의 연대와 명예가 강조된다(Atkinson et al., 1979). 예를 들어, 멕시코에 있는 3세대 혹은 그 이상 이상 떨어진 가족하고도 친척관계를 장기간 유지할 수 있다. 멕시코 가정은 재정적, 정서적, 사회적 지원을 위해 compadres(대부모)에게 의존할 수도 있다(Ramirez, 1998).

집단주의 문화에서 온 멕시코계 미국인은 자신의 족보뿐만 아니라 사회 정치적, 역사적 맥락에서 자신의 정체성을 끌어낸다(Comas-Diaz, 2008). 가족 역사에는 처리되지 않은 외상을 포함하여 다세대 전위(dislocations)와 붕괴(disruptions)가 포함될 수 있다. 깊은 가족관계와 세대 간 영향으로 인해 과거의 불의로부터 인종차별과 성차별이 지속적으로 이어져 올 수 있다. 연장자들이 가족의 역사를 이야기를 통해 전달하므로 과거의 외상은 계속해서 젊은 가족 구성원에게 영향을 준다(Comas-Diaz, 2008).

멕시코계 가정의 빈곤율은 25%이다(Macartney et al., 2013). 미국에는 가정에서 스페인어를 모국어로 사용하는 약 7백만 명의 아동이 있다. 학교는 주로 영어 수업을 제공하기 때문에 이 아이들은 교육과정을 따라가는 데 불리할 수 있으며(Sanchez, Bledsoe, Sumabat, & Ye, 2004), 그 부모에게는 아이들의 영어를 도울 시설 지원이 부족할 수 있다(Aud et al., 2010).

라틴계 미국인은 권위와 위계에 대한 강한 감각을 가지고 있어서, 권위자와 의견을 달리하는 것을 무례하다고 생각할 수 있다. 이것은 그들이 자신의 권리를 주장하는 것을 방해할 수 있다(Ramirez, 1998; Santana & Santana, 2001). 전통적으로 남성은 공급자 및 최종 의사 결정권자의 역할을 맡았다. 그들은 강력하고, 충직하며, 가족 구성원의 행복을 보장하기 위해 가능한 한 모든 일을 함으로써 남자다움(machismo)을 갖춰야 한다. 심한 고통을 겪었을지라도, 남자는 계속해서 가족을 부양하면서 계속해서 그것을 견뎌 낼 것으로 기대된다. 한 남자는 남편, 아버지, 아들로서 자신의 역할에 자부심을 갖고 가족의 행복을 최우선으로 생각한다(Santana & Santana, 2001). 남자다움(machismo)이라는 개념은 때때로 성 차별주의와 권위주의적인 요소를 취했다. 남자들은 여자보다 위에 있다고 여겨질 수 있으며 그래서 여자들에게 부당한 권력을 행사할 수 있다. 그들은 질투 때문에 여자친구나 아내를 보호하기보다는 제한할 수 있다.

가정에서 장남이 가장 중요한 역할을 하는 전통은 여성이 가정을 위하여 돈을 벌어오도록 집 밖으로 나가게 되는 경제적 현실 때문에 변할 수 있다. 바느질, 청소 및 요리 기술이 있는 여성 이민자는 농업 기술이 있는 이민자보다 쉽게 일자리를 얻을 수 있다(Santana & Santana, 2001). 이로 인해 멕시코계 가정은 보다 평등주의적 가정으로 변모하게 되었다(Ramirez, 1998). 일부 가족에게는 이러한 역할 변화가 스트레스와 혼란을 야기하기도 한다(Santana & Santana, 2001).

전통적인 여성은 주부와 아동의 보호자 역할을 맡는다. 그들은 마리아주의(Marianismo)를 보여 주어야 한다. 이 단어는 성모마리아를 모성의 궁극적인 모범으로 믿는 데서 비롯된다. 마리아의 정신은 문자 그대로 성스러운 의무로서 가족 구성원들에게 따뜻하고 지지가 되는 것을 포함한다. 여성들은 다른 사람들에게 즐거움을 가져다주려고 노력하여 심지어 순교의 수준까지 이르도록 스스로의 즐거움은 추구하지 않아야 한다. 그들은 또한 가정에 헌신하는 모습을 보인다. 가족의 집은 가족의 중심이 될 것으로 기대되며, 여성은 가족에 대한 충성을 먼저 생각해야 한다. 어머니는 매우 복종적인 것처럼 보이지만 다른 사람들을 돌보는 기술은 재정적 지원을 제공하는 기술보다 훨씬 중요하기 때문에 실제로 가정 내에서 큰 힘을 발휘한다. 어머니의 사랑은 낭만적인 사랑보다 강한 것으로 간주된다. 부모의 역할은 배우자가 되는 역할보다 우선적인 것으로 간주된다. 모성과 돌볼 수 있는 어머니의 권위는 매우 존경받는 반면, 역설적이게도 아버지는 최종 가정 결정을 내릴 수 있는 가장으로서의 권위를 부여받는다(Santana & Santana, 2001).

멕시코계 미국인은 일반적으로 자녀의 개인적 요구와 자녀의 자질에 매우 수용적이다. 그들은 어린아이부터 장성하기까지의 전 발달과정에서 자녀를 통제하거나 압박하지 않는 편이다. 부와 모 모두 어린아이들에게 다정하게 대하고 돌본다. 아버지는 자녀가 어린 나이일 때 잘 놀아 주는 역할을 맡고 자녀의 나이가 들수록 징계와 처벌을 하는 역할을 맡는다. 어머니는 계속해서 자녀를 매우 사랑하는 역할을 맡고 있으며, 자녀와 남편 사이의 갈등을 줄이기 위해 중개자 역할을 한다. 가정 내에서 권위를 위한 적절한 처벌이 강조된다. 아이들은 부모의 말을 듣고 순종해야 하며, 어린아이들은 형제자매의 행동에 순종하고 따라야 한다. 아이들은 나중에 초등학교에 입학할 때가 되면서부터 점점 더 많은 가족의 책임을 져야 할 것이다(Ramirez, 1998). 자기가치감은 아이들의 독창성, 선함, 그리고 자기 자신에 대해 존경을 부여하는 것과 다른 사람들의 존경심을 얻는 것의 통합의 측면에서 정의된다.

가족은 각자 독립적인 것이 아니라 서로 의존하는 존재로 기대된다. 젊은 세대는 부모 세대가 성취한 것 이상으로 열심히 노력해야 한다. 부모의 권위에 대한 반란은 전통적인 가정에서는 받아들일 수 없다. 10대 소녀는 전통적으로 소년보다 자유가 적고 주부의 일을 하도록 종용되는 반면, 소년에게는 친구들과 사귈 것을 권장한다. 미국 문화에 더 많이 적응되면서 자유를 추구하는 청소년들은 가정 내에서 위기를 초래할 수 있으며 각 문화 내에서 그들이 발전시킨 정체성을 연결하려고 분투하게 될 수 있다(Santana & Santana, 2001). 젊은 성인은 결혼할 때까지 부모와 함께 살 것이고, 부모가 노쇠해지면 성인 자녀 중 한 사람과 함께 살도록 옮겨 갈 것으로 생각한다(Santana & Santana, 2001). 소녀들은 결혼하기 전에 순결해야 하며 성에 관심을 보이지 않아야 한다. 그렇게 하지 않는 여성은 '나쁜' 여자로 간주될 수 있다(Santana & Santana, 2001).

미국에서 지배문화에 대해 적응하기 시작한 초기 가정에서는 때때로 자녀를 통역사로 사용해야 할 수 있다. 이것은 전통적인 가족 위계의 권위에 혼란과 스트레스를 야기할 수 있다. 또한 이런 가정의 경우 상담자가 정확한 정보를 얻기 어려울 수도 있다(Sue & Sue, 2013).

멕시코계 미국인은 다른 사람들과의 상호작용에서 우정과 따뜻함을 강조한다. 그들은 지배적인 문화 기관에서 자주 선호되는 보다 전문적이고 먼 방식의 상호작용보다는 사적인 방식(personalismo)의 처리와 상호작용을 중요시한다. 멕시코계 미국인은, 거리를 두고 사무적인 태도로 행동하는 사람과 상호작용할 때 불쾌감과 불편함을 느낄 수 있다.

교회는 가족 생활에 필수적이며 성직자는 매우 존경받고 15세 소녀의 성인식 같은 중요한 종교 의식(quinceañera) 및 결혼식을 집전한다(Santana & Santana, 2001). 멕시코계 미국인의 대다수는 가톨릭(70%)이지만 예수그리스도 후기 성도교회와 장로교회와 같은 개신교 신앙에 입문하기 시작했다(Delgado, 2006). 복음주의 교회에는 지난 10년 동안 멕시코 계 미국인 신자가 증가한 것으로 나타났다(Delgado, 2006). 신앙은 다양하지만, Virgen de Guadalupe는 많은 멕시코 여성에게 중요한 정신적 어머니이다. 그녀는 검은 성모마리아로 간주된다(Comas-Diaz, 2008, Santana & Santana, 2001). 과달루페(Guadalupe)는 가톨릭 교회에서 유래되었지만, 토착 신앙 체계에서도 사용되어 왔다. 과달루페는 억눌린 자들에게 양육과 보람과 수용을 제공하는 존재로 여겨진다. 그녀는 멕시코와 미국 내 정치적 투쟁에서 희망의 상징으로 사용되어 왔다(Comas-Diaz, 2008).

전반적으로, 멕시코계 미국인 인구는 미국의 일반 인구보다 젊고, 교육 수준이 낮으며, 빈곤층이다. 상대적으로 안정적인 이민율에도 불구하고 높은 출생률로 인해 멕시코계 미국인은 계속 증가하고 있다(Passel, Cohn, & Gonzalez-Barrera, 2012). 세대 간 역사는 가족 구성원 서로 간에 그리고 사회와 어떻게 상호작용하는지에 중요한 역할을 한다(Comas-Diaz, 2008). 가족의 상황은 개인의 정체성에 매우 중요해서 이들은 현재의 가족 및 확대가족과 서로 가깝게 살려고 노력한다(Santana & Santana, 2001).

현행의 상담 방법은 다음과 같은 멕시코계 미국인들의 기대 및 역량과 충돌할 수 있다. (a) 가정 내에서 영어가 아닌 스페인어를 주로 사용함. 이는 영어 의사소통 기술이 줄어들게 할 수 있음, (b) 개인보다는 가족 지향, (c) 권위자의 말에 침묵하고 순응하는 양식, (d) 의사소통이 고도로 구조화된 접근법 내에서 상담자가 주로 방향을 제시하는 일방향적 소통을 할 것이라는 기대, (e) 행동지향적이며 구체적인 단기목표에 중점을 두고 상담이 진행될 것이라는 기대 등이다(Sue & Sue, 2013).

백인 미국인/유럽계 미국인

❖ 인구통계학적 데이터

'백인 미국인' 분류는 미국 인구통계국이 창설했을 때 만들어졌다. '백색'은 백색 피부를 가지고 있는 유럽계 미국인 혈통의 개인뿐만 아니라 조상이 유럽 출신이 아닌 하얀 피부를 가졌다고 인식되는 개인들을 포함하는 이질 집단이다. 현재 '백인' 미국인은 미국 내 지배적 집단이다. 백인이라 생각하는 사람들을 모두 합하면 78%이며 히스패닉계가 포함되지 않은 경우에는 총 인구의 64%이다(DeNavas-Walt et al., 2013). 비히스패닉계 백인의 평균 가구소득은 57,009달러이다. 이것은 전체 인구에서의 평균 51,017달러에 비해 상당히 높은 수준이다. 빈곤 수준 아래에 사는 사람들의 비율은 11.6%(일반 인구에서 14.3%)이다(U. S. Census Bureau, 2011b). 비히스패닉계 백인 아동 중 17%만이 빈곤 속에 살고 있다(U. S. Census Bureau, 2011a, DeNavas-Walt et al., 2013). 이는 미국 내 모든 인종 또는 소수민족 중 최저의 빈곤율이다. 경제 복지가 범죄율과 관련되어 있으므로 2%의 백인이 감옥에 있고 이것은 일반 인구의 9%보다 현저히 낮다(U. S. Department of Justice, 2006).

교육 측면에서 백인 인구의 92.4%는 고등학교 졸업자이고, 34%는 학사 학위 이상을 취득했다(U. S. Census Bureau, 2011b). 백인 근로자가 가장 많은 직업은 관리직, 전문직 및 관련 직종(42.7%)이며, 다음으로 영업 및 사무실 직종(24.2%)과 서비스 직종(14.5%) 순이었다. 백인 노동자의 10.1%만이 생산, 운송 및 물류 이동 직업에서 일하는 것으로 분류되었다. 백인 인구의 8.2%는 자신이 건설, 추출 및 유지 관리 직종에 있다고 응답했으며 0.5%가 농업, 어업 및 임업 직종에 종사한다고 응답했다(U. S. Census Bureau, 2011b).

❖ 간략한 역사

미국 내에서 처음으로 정치적으로 강력하거나 '특권을 가진' 인구는 백인 개신교도였다. 개신교 남성만이 투표권을 가졌고, 그들은 또한 그들의 가정에서 수장이었다. 그들은 자신들의 신념체계에서 나온 가치에 기반하여 사회의 제도와 규칙을 창안했다. 이민자 집단과 재정적으로 덜 성공한 백인 집단은 이미 만들어져 있는 제도와 규칙을 받아들여야 했다. 미국의 역사 초기에 많은 백인 인구가 적극적으로 차별받았으며 백인으로 간주되지 않았다. 가장 중요한 사례는 초기 아일랜드계 미국인 이민자들에 대한 대우였다. 그들은 아프리카계 미국인과 같은 유형의 차별과 억압을 받았으며 19세기에 고도로 착취당한 노동 계급의 일원이었다. 그들은 '백인 흑인'(Ignatiev, 1995, p. 34)이라고 불렸다. 남북전쟁 이전에 아일랜드인은 노예제 폐지 운동에 적극적으로 참여했다. 남부 노예 종사자들은 자신들의 권력을 유지하기 위해 북부 노동 계급의 지지가 필요하다는 것을 깨닫게 되었다. 그들은 아일랜드 시민권자들에게 노예제 폐지론자들에 대한 지지의 대가로 투표권을 부여하기 위한 정치적 전투에 돈을 쏟아 부었다. 시간이 지남에 따라, 아일랜드인은 하얀 피부를 소외에서 벗어나게 해줄 표로 보았고, 그것을 얻어 냈다(Ignatiev, 1995).

제2차 세계대전 시대에 소위 '열등한' 인종 또는 유럽 소수 민족 집단에서 소외되었던 사람들은 중산층에 들어가고 정치적 영향력을 얻기에 충분한 돈을 벌면 백인으로 받아들여졌다. 그들의 수를 제한하려고 노력한 쿼터제에도 불구하고, 그들은 자녀들에게 더 많은 교육을 시킬 수 있었다. 부모보다 더 교육받은 자손들은 노동 현장에서 필요로 하는 기술을 배웠다(Brodkin, 2001). 백인 사회로의 이러한 진입은 제2차 세계대전 이후에 더욱 가속화되었다. 새로운 산업 단지는 숙련된 노동력에 대한 수요가 있었으며, 이 고용붐은 백인 피부색의 여러 집단들의 경제적 번영을 확산시켰다.

마찬가지로, 1944년 「퇴역군인 재적응 법(Servicemen's Readjustment Act)」과 연방 주택 관리청(Federal Housing Administration)에 의한 대출 제도를 통해, 이 서비스 수혜자격이 있는 많은 백인 남성은 처음으로 주택을 살 수 있는 대출을 받았다. 이것은 이들이 경제적 번영으로 한걸음 더 나아가는 계단을 놓은 셈이 되었다. 이들은 흰 피부와 남성이라는 성별을 통해 이러한 특권을 부여받았다(McIntosh, 2008). 유사한 혜택과 경제적 안정성은 여성과 소수 민족 참전 용사들에게는 주어지지 않았다. Brodkin(2001)은 「제대군인원호법(GI Bill)」이 미국 역사상 가장 큰 차별 철폐운동이었으며 이를 통해 백인 피부색의 가톨릭 신자와 유대교 신자들이 중산층에 입장할 수 있는 특권을 제공하게 된 것으로 보았다. 백인 종족의 일원이 된 것은 더 나은 집에서 살 수 있는 것 이상의 특권을 부여했다. 그것은 훌륭한 직원, 선량한 시민, 안전한 이웃으로 여겨지는 사회적 존경의 비밀을 담고 있다(McIntosh, 2008; Sue & Sue, 2013).

그러나 '진정한' 백인성은 출신 국가에 대한 충성으로부터 단절하는 것에서 왔다. 예를 들어, 이탈리아 출신의 가족이 가정에서 계속 이탈리아어를 구사했다면, 백인이긴 하지만 '그런 자손들'이었기 때문에 열등한 유형의 백인이었다(Frankenberg, 2008, p. 83). 인종 및 문화적 계층 구조는 피부색, 모발 질감, 얼굴 특징 및 언어가 계층 구조에 적합한 위치의 기준으로 사용되는 방식으로 발전되었다. 식민주의로부터의 이월된, 비백인 문화는 덜 정교하고, 문명적이지 않으며 변칙적이라는 견해가 이 계층에 퍼졌다. 피부가 흰 색인 사람이 '평균' 또는 '전형적'이며 진정한 미국인이었다. 미국에서는 백인이 '정상적인' 사람들이었고 진정한 백인은 영어만 사용했다(Frankenberg, 2008).

웨버(Weber, 1904-1905/1958)가 만든 '개신교 윤리'는 백인 문화라고 불리는 것을 요약해 놓은 것으로 생각된다. 이 윤리는 열심히 일하는 일, 자립심, 자기 부정, 정서적 통제, 그리고 통제의 메커니즘으로서의 죄책감을 중시하는 미학적 개신교의 윤리적 측면을 통합하였다(Albee, 1977). 이러한 가치들은 부유한 개신교 사업가들에 의해 잉태된 새로이 발전된 자본주의 체제에서 요구되는 자질들과 섞여 있었다. 그들은 가족이나 친구와의 관계보다는 직장에서 성공할 때 더 만족할 만한 충직한 노동자를 원했다. 회사의 성장을 위해 가족과 함께 할 시간을 희생한 근로자는 재정적 성공으로 보상을 받았다(Weber, 1904-1905/1958). 보다 개인주의 지향적인 방향이 조성되어 사회의 의무의 수행보다는 부와 사회적 지위의 축적으로 얼마나 성공했는가가 평가되었다(Albee, 1977). 자본주의와 산업화는 강력한 힘이었고, 백인 집단의 가치를 변화시켜 이들로 하여금 상품의 생산과 소비를 주요 목표로 삼게 하였다(Frankenberg, 2008).

이 새로운 문화 윤리는 남성을 위한 가장(breadwinner)의 개념을 재정의했다. 이제는 일상생활에 적극적으로 참여하는 것이 아니라 가족의 재정 지원이 가장 중요했다. 가족 구성원들은 가장이 일념으로 직장에서의 승진을 추구하도록 가장을 지원했다. 아이들을 갖는 것을 미루면서 더 많이 배우고 상향 이동이 가능해졌다. 각 가정의 아이들이 상향 이동의 사다리를 오르는 데 필요한 교육과 재정 지원을 받을 수 있도록 더 작은 가정이 권장되었다 (Albee, 1977). 가장은 쾌락주의적인 단기간의 목표가 아닌 장기적인 목표를 추구할 수 있도록 자제력을 가질 것으로 기대되었다. 그들은 다른 사람들과의 상호 의존이라는 맥락에서보다는 독립적 사고의 맥락에서 의사결정하는 감각이 필요했다(Weber, 1904-1905/1958). 자본주의에 의해 초래된 이러한 압력은 백인을 균질화하여 동일한 가치를 지니고 영어를 구사할 수 있도록 적극적으로 노력하게 했다(Frankenberg, 2008). 법률 및 교육 기관은 새로운 자본주의와 일치하는 특정 일정 및 생활 방식에 부합하도록 발전되었다. 학교 시스템 내의 사회적 재구성은 백인 피부색의 이민자들이 이러한 가치와 행동을 취하게끔 사회화가 되도록 도왔다(Frankenberg, 2008; Ignatiev, 1995). 업무에 유용한 단위로 시간을 분할하는 것이 표준이 되었으며, '시간 낭비'는 심각한 범죄가 되었다. 이 새로운 윤리는 다른 시간 감각을 지니고 가족 생활에 적극적으로 개입하도록 장려하는 문화를 지닌 노동자들이 불이익을 받도록 만들었다(Weber, 1904-1905/1958). 모든 문화 집단은 백인 문화에 의해 설정된 '규범'과 얼마나 유사한지를 기준으로 평가되었다. 그들이 더 많이 다를수록, 그들은 배제되어 열등하거나 벗어난 것으로 간주되었다(Frankenberg, 2008).

실력주의라는 미국의 사회적 신화가 만들어졌다. 실력주의란 능력이 있고 열심히 일하면, 모든 사람이 성공할 수 있다고 가정하는 것으로서 이에 따르면 사람들은 각자 자기 운명의 주인이다. 이에 따른 나쁜 결과는 재정적으로 성공한 개인이 돈과 재산이 적은 개인보다 도덕적으로 우월하다고 간주하는 것이었다. 따라서 '자리 혹은 권리(agency)'라는 아이디어는 도덕적으로 취약하거나 게으른 사람만이 가난하며 불이익을 받는다는 아이디어와 섞이게 되었다(Quinn & Crocker, 1999). 또한 비백인 집단을 고용 기회에서 적극적으로 배제하였고, 이것이 성공에 대한 심각한 장벽으로 작용한 방식은 간과되었다(Zweig, 2008). 자녀 교육의 실제는 백인 문화의 성공의 이상을 지원하기 위해 변화되었다. 부모는 넓은 범위의 목표에 집중하고 성공의 징표에 민감하게 반응하며 적극적으로 이 목표를 추구하는 방식으로 아들들을 교육했다. 부모들은 아들이 단기적으로 실패하더라도 이를 통해 장기적으로 성공을 뒷받침할 중요한 교훈을 배웠다면 이 실패는 받아들여질 수 있다는 생각을 가르쳤다(Ng, Pomerantz, & Lam, 2007). 이것은 건강한 남성은 독립적이며 경쟁력이 있다는 견해를 조장했다. 자신감 있고 독립적인 아들로 키우기 위해 백인 부모는 실패와 관련된 상황을 경시하는 동시에 성공에 긍정적인 피드백을 제공하는 것으로 나타났다. 사회의 일부 영역이 더 양성화(androgynous)됨에 따라 부모의 이러한 자녀 교육 실제는 소녀들에게도 적용되었다. 중산층의 백인 부모는 자녀가 주도성을 갖고 독립적으로 행동하도록 장려하기 위해 이들 집단에서 관행적으로 사용하는 징계의 범위 안에서 생각해 보도록 하는 방법으로 교육했다. 이것의 부작용은 의사결정 과정에서 청소년들이 권위자들에 대한 존경심을 덜 갖게 될 수 있다는 것이다(S. V. Dixon, Graber, & Brooks-Gunn, 2008). 전반적으로, 백인 청소년들은 부모로부터의 자율성을 갖는 것을 최우선 과제로 간주해 왔다(Fuligni, 1998).

백인은 다른 민족과 종교의 사람들로 구성된 이질 집단이다. 그들이 가진 공통점은 미국에서 백인이 되는 데서 오는 특권이다. 결과적으로, 백인 피부색의 이민자들은 미국 사회와 통합되려고 할 때 자동적으로 유리함을 갖게 된다. 그들은 자신의 인종 범주를 '존재하지 않는' 혹은 '표 나지 않는' 것으로 간주하고, 자신의 가치와 행동을 사회 규범적인 것이나 사회 안에서 자연스러운 것으로 간주하며, 자신의 문화적 가치를 다른 모든 문화의 기준점으로 간주하는 암묵적인 특권을 가지고 있다(Frankenberg, 2008, p. 81; L. Smith, Constantine, Graham, & Diz, 2008). 백인 부모는 자녀가 잘못 다뤄질 수 있는 상황으로부터 자녀를 보호할 수 있다고 가정하고 백인 아이들은 텔레비전을 켜고 자신이 속한 백인들이 '선량한 사람들'로 묘사되는 것을 본다(McIntosh, 2008).

D. W. Sue와 D. Sue(2013)는 이러한 이점을 '무임승차 특권(unearned privileges)'이라고 부르는데, 이러한 이익이 개인의 긍정적인 행동의 결과로 온 것이 아니기 때문이다. 백인 문화의 구성원은 다른 종족 및 종족 집단보다 더 많은 사회적, 정치적 힘을 가지고 있으며, 인종 불평등 사회를 유지하는 명시적이고 암묵적인 정책을 수행함으로써 권력을 유지한다(Frankenberg, 2008). 백인은 자신이 능력주의 사회에서 살고 있다고 믿으면서 이러한 무임승차 특권을 못 볼 수 있다(McIntosh, 2008). 다른 색 피부의 사람들에 대한 사회의 억압적 본성이 사회 구조로 세워짐에 따라 백인은 자신이 인종차별주의자라는 사실을 인식하기가 어려울 수 있다. 한 가지 가능한 해결책은 인종차별적인 의견을 도전적으로 내서 다양한 피부색의 사람들의 목소리를 침묵시키려는 시도를 압도하는 것, 내면화된 인종차별의 결과일 수 있는 내부의 부정적인 반응을 인식하는 것과 같이 자신의 백인성을 가시화하는 것이다(Case, 2012).

미국에서 권력을 가진 사람들은 주로 백인이다. 편견, 차별, 소외의 결과로 미국에서 대부분의 비백인 인구는 백인에 대한 강한 부정적 감정을 표현한다(Sue & Sue, 2013). 그러나 많은 백인은 권력에 접근할 수 없고 열악한 환경에서 저임금을 받으며 노동하는 작업장에서 일하고 재정적 압박을 경험해 왔다(Frankenberg, 2008). 그러나 그들이 백인 피부를 가졌다는 사실은 동화될 수 있는 능력을 부여했으며, 다른 집단은 적극적으로 동화에서 제외되었다. 비용을 지불할 수 있는 여유 있는 이웃과 살고 선거 당일에 투표할 수 있고, 그들의 요구에 부응할 수 있고 불의에 맞서 싸울 수 있는 권리를 가졌다(Frankenberg, 2008; Sue & Sue, 2013). 많은 백인은 스스로를 유색으로 사람을 판단하지 않고 각자가 가진 고유한 특성에 의해서만 사람들을 판단한다고 생각한다. 인종차별주의의 존재를 인정할 수는 있지만 그 비율과 영향은 크게 과소평가한다. 이러한 유형의 신념이 오늘날의 인종차별을 뒷받침하고 있다. 이 인종차별주의는 유색 피부의 사람들에게 매우 부정적인 영향을 미치는 작은 공격들로 구성되어 있다(L. Smith et al., 2008; Sue & Sue, 2013). 백인은 피부색이 주는 특권을 알지 못한다. 예를 들어, 대학 수업을 놓친 경우, 백인 학생은 백인 교수에게 도움을 요청할 수 있다. 또한 이 학생은 수업 중 다른 사람의 노트를 복사하는 것을 편안하게 느낄 수도 있다. 대부분의 동급생은 백인일 가능성이 크다. 대조적으로, 아프리카계 미국인 학생은 과거에 학교에서 많은 직접적인 인종차별적 행위뿐만 아니라 많은 미시적 공격을 경험했기 때문에 백인 교수에게 접근하는 것이 편안하지 않을 수 있다. 또한 이 학생은 자신과 같은 아프리카계 미국인 학생에게 노트를 빌려 달라고 요청하는 것은 편안하지만 학교 안에는 그렇게 할 수 있는 다른 아프리카계 미국인 학생이 없다. 이것은 결석한 백인 학생이 진도를 따라 잡을 수 있는 동안 이 아프리카계 미국인 학생은 학급에서 뒤처지게 할 수도 있다(McIntosh, 2008).

현재 미국 내에서의 백인 문화의 지배와 세계 정세에서의 미국의 지배는 백인 문화의 우월성과 다른 문화 집단에 비해 더 큰 가치를 부여하는 것에 대한 암묵적 정당화로 작용한다(Frankenberg, 2008). 경제는 인종과 밀접하게 관련되어 있다. 이제 중산층과 상류층은 백인 문화에서 온 것으로 가정된 태도와 행동을 형성했다. 자금 부족으로 주택이 혼잡해지고 사생활이 침해되며 강렬한 육체 노동이 필요하다. 이러한 요소는 백인이 아닌 문화 집단이 백인이 전통적, 통상의, 그리고 건강한 방식이라고 여기는 생활을 하지 못하게 만든다(Frankenberg, 2008).

백인 특권의 두 가지 일반적인 형태가 사회 내에 존재한다. 하나는 존중받고 교육, 주택 등에 공정하게 접근할 수 있는 특권이다. 이러한 유형의 특권은 모든 인종과 민족에게 확대되어야 한다. 두 번째 유형은 나쁜 종류의 특권으로서 다른 사람들을 지배할 수 있는 힘을 부여한다. 이러한 유형의 특권은 근절되어야 한다(McIntosh, 2008).

백인 중산층 문화의 가치는 상담자가 사용하는 전략에 주입되어 대부분의 백인 내담자는 상담 환경에서 백인이 아닌 내담자보다 더 편하게 느끼게 된다. 이러한 내장된 가치에는 (a) 개인주의적 지향, (b) 언어 표현 강조, 따라서 영어를 사용하는 능력에 대한 의존, (c) 요구를 전달하고 문제를 해결하는 데 있어서 내담자의 적극적인 참여에 중점을 둠, (d) 건강함의 증거로서 정서적 표현성을 강조함, (e) 장기목표에 중점을 둔 미래 오리엔테이션(Sue & Sue, 2013)이 있다.

인종과 민족, 이것만은 꼭 기억합시다!

1. 개인적, 가족적, 사회적, 직업적, 정치적 분야로 그들에게 가져올 수 있는 강점, 자원 및

힘의 측면에서 그들의 삶에서 스스로 확인한 내담자의 인종과 민족 집단의 역할을 평가
하라.

2. 확고한 지배문화적 세계관, 제도, 정책 및 관행이 차별, 편견, 인종차별로 이어지고 내담
자의 현재의 건강한 발달에 장벽을 조성할 수 있다는 점을 고려하라.

3. 지금 현재의 사건으로 인해 차별, 편견, 인종차별이 증가할 수 있으며 이로 인해 내담자의
건강한 발달에 장애가 될 수 있다는 점을 고려하라.

4. 역사적 사건이 내담자의 확인된 인종과 민족 집단에 미친 영향과 내담자의 현재 문제가
직접 또는 간접적인 억압 또는 외상의 결과인지 여부, 이러한 억압에 대한 내담자의 반
응, 동화의 스트레스, 차별, 편견 및 인종차별, 또는 지배 사회 및 그 기관의 가치와의 불
일치를 고려하라.

5. 인종적 및 민족적 유산의 세계관과 지배문화 집단의 세계관을 통해 내담자가 가치, 신념
및 행동 면에서 전반적으로 얼마나 잘 기능하고 있는지 평가하라. 지배 사회 내에서 그들
이 하는 행동이, 그들의 인종과 민족 공동체에 의해 지지될 수 있는, 부당함에 대한 건강
한 적응을 나타내는지 평가하라.

6. 성공적인 상담이 내담자의 내적 알아차림이나 행동과 관련되는지 또는 내담자를 압박하
고 있는 환경 내의 정책, 절차 및 가치를 변화시키기 위한 더 많은 조치와 관련될 것인지
고려하라. 현재의 특수한 문화적 자원, 상담 전략 또는 조력자들이 당신의 상담계획 안에
서 효과적으로 사용될 수 있는지 고려하라.

자기 분석 지침

1. 내담자의 인종 또는 민족 집단에 대한 당신의 지식은?
   a. 내담자의 인종 또는 민족 집단에 대한 배경지식을 제공하는 교육과정을 얼마나 수강했
      는가?
   b. 내담자의 인종 또는 민족 집단에 대한 배경지식을 제공하는 워크숍에 얼마나 참여했
      는가?
   c. 내담자의 인종 또는 민족 집단과 어떤 전문적인 경험을 쌓았는가?
   d. 내담자의 인종 또는 민족 그룹에 관련한 어떤 개인적인 경험을 했는가?
   e. 내담자의 인종 또는 민족 그룹의 세계관은 무엇인가?
2. 내담자의 인종 또는 민족 집단과 관련된 현안에 대한 당신의 현재 인식 수준은?

     a. 내담자의 문화 및 인종 그룹에 대해 들어온 고정관념은 무엇인가?

     b. 지배문화의 편견이 당신의 삶에서 어떤 방식으로 작용했는가?

     c. 인종과 민족이 당신의 삶에서 어떤 역할을 했는가?

     d. 당신이 소속한 인종과 문화를 내담자의 인종과 문화에 통합함에 있어서 의사소통 문제, 가치 충돌, 내담자의 라이프 스타일이나 경험에 대한 이해 어려움, 내담자의 강점을 무효화하는 결과를 가져올 수 있는 어떤 차이가 있는가?

3. 이 인종 집단의 내담자와 함께 일하기 위한 당신의 현재의 기술은?

     a. 이 내담자의 문화적 및 인종적 신분 확인을 위해 현재 어떤 기술을 가지고 있는가?

     b. 내담자의 문화 및 인종 확인 정보를 효과적으로 활용하기 위해 개발해야 할 중요한 기술은 무엇이라고 생각하는가?

4. 어떤 조치, 단계를 취할 수 있는가?

     a. 이 인종 또는 민족 집단의 내담자와 보다 효과적인 동맹관계를 발전시키기 위해 래포 구축 단계에서 상호작용하는 방법을 어떻게 바꿀 수 있는가?

     b. 이 인종 집단의 내담자들과 긍정적인 성과를 발생시킬 가능성을 높이기 위해 상담 환경을 어떻게 구성하는 것이 좋겠는가?

     c. 이 내담자와 상담할 때 사용하려는 이론적 오리엔테이션의 어떤 측면에 암묵적인 문화적 또는 인종적 편향이 포함될 수 있는가? 효과적인 상담을 위해 무엇을 바꾸겠는가?

     d. 상담계획 단계에서 이 인종 집단의 내담자가 긍정적인 성과를 낼 가능성을 높이기 위해 당신은 무엇을 바꿀 것인가?

성적 지향의 영역

16세의 에릭은 가족의 혼란 속에서 자신의 성 정체성 문제와 분투 중이다(4장). 엘렌은 그녀가 레즈비언임을 공개한 이후, 외로움 속에서 가족과의 관계를 개선하려고 노력하고 있다(7장). 성적 지향은 종종 개인의 특성으로 논의되는 반면, American Psychological Association(2008)에서는 성적 지향이 다른 사람들과의 상호작용에 포함되므로 이러한 정의가 부적절한 것이라고 간주한다. 이러한 상호작용은 개인의 친밀감, 사랑 및 애착의 필요성을 충족시키기 위한 것이다. 따라서 에릭과 엘렌의 성적 지향은 그들이 대인관계를 강화하도록 돕는 것으로서 고려되어야 한다. 누군가의 성적 지향이 대인관계 상호작용 내에서 표현된다면 상담관계에 어떤 영향을 미칠 수 있을까?

일반적인 오해는 동성 커플이 이성 커플과 다르다는 것이다. 차별과 편견을 제외하면, 이 커플들은 이성 커플과 같은 이유로 가족을 형성한다(APA, 2008). 2011년 미국 가정의 1%(605,000가구)는 동성 커플이라고 보고했다. 이들 중 28%는 자신을 동성 배우자로 보고했다(Lofquist, 2011). 동성 파트너 간의 연령 차이는 이성애 파트너 간의 차이보다 컸다. 또한 성별로 차이가 있었는데, 파트너가 자신보다 열 살 이상 많은 남성(25%)은 여성(18%)보다 많았다. 이성애 커플과의 이러한 차이는 이성애 커플에 비해 게이 및 레즈비언 커플의 풀이 제한적이기 때문일 수 있다(Lofquist, 2011). 성 소수자 부부의 성에 대한 배타적인 태도는 이성애 커플의 태도와 다른 것으로 밝혀져 왔다. American Couples Study는 이성애자 남성의 36%, 게이 남성의 36%가 일부일처제를 중요시한다고 밝혔다. 또한 레즈비언의 71%가 일부일처제를 중요하게 생각하지만, 이성애 여성의 경우는 84%가 그렇다. 두 경우 모두 여성은 남성보다 일부일처제를 중요시했다(Peplau & Fingerhut, 2007).

미국 대법원은 2013년 6월 26일에 결혼법(DOMA)을 파기했다(United States v. Windsor). 그것은 시민들이 동등한 자유를 가져야 한다고 명시한 5차 수정 조항을 위반함에 따라 위헌으로 간주되었다. 그러나 2014년에도 동성 커플의 결혼을 허용해야 하는지에 대한 정치적 논란이 여전히 남아 있으며 자신의 발언을 통해 동성애에 대한 공포를 보여 주는 일부 정치인이 여전히 존재한다. 예를 들어, 2011년에 Franks 상원의원(Arizona 의회)은 '결혼 평등은 장기적으로 국가의 생존에 위협이 된다.'고 했으며, 2013년 Michele Bachmann 상원의원(Minnesota 의회)은 기독교인은 동성 결혼을 퇴치하기 위한 '영적 전쟁'을 벌여야 한다고 말했다(Hagan, 2013). 동성애 혐오증이 있는 경우를 제외하고, 동성 커플은 27개 주와 워싱턴주에서 결혼할 자유가 있다. 또한 미국 인구의 거의 44%가 동성 결혼을 할 수 있는 자유를 누릴 수 있는 주에서 살고 있다. 전체 인구의 48%가 동성 커플에 대한 보호를 제공하는 주에서 살고 있다(Freedom to Marry, 2013).

미국심리학회(American Psychological Association, 2008)는 성적 지향을 다음과 같이 정의한다.

성적 지향은 남성, 여성 또는 남녀 모두에게 감정적, 낭만적 또는 성적 매력의 지속적인 패턴을 말한다. 또한 성적 지향은 또한 이러한 매력, 관련된 행동들, 그리고 이러한 매력을 공유하는 다른 사람들과의 공동체 내의 소속감에 기반한 개인의 정체성을 말한다.

성적 지향에 대해 범주형 변수로 생각하는 것이 일반적이지만, 실제로는 연속선상의 범위가 있는 것이 일반적이다. 한쪽 끝에서는 개인이 동성의 개인에게 독점적으로 끌리고 다른

쪽 끝에서는 다른 성의 개인에게 독점적으로 끌린다(APA, 2008). 성적 지향은 유전적으로 정의된 개인의 생물학적 성별과는 다르며 문화적으로 정의된 개인의 성 태도 및 행동과도 다르다.

에릭과 엘렌의 성 정체성은 남성인지 여성인지에 대한 심리적 감각과, 사회가 여성이나 남성의 행동으로 규정한 것과 얼마나 밀접한 관련이 있는지를 모두 포함한다(APA, 2008). 성적 지향은 또한 개인이 하는 성행위와도 다르다. 예를 들어, 어떤 사람은 남녀 파트너 모두와 성행위를 하지만 다른 어떤 사람은 동성 파트너와의 성행위에만 전적으로 의지한다(Savin-Williams, 2001). 에릭과 엘렌은 타인과의 관계에서 자신의 생물학적 성과 다른 성적 취향을 표현한다. 손을 잡고, 키스하고, 배척하는 것 등 특정한 행동이 무엇이든 간에, 그 의도는 사랑, 애착 또는 친밀감에 대한 필요를 충족시키는 것이다. 성적 지향은 로맨틱한 관계의 충족을 어떤 대상 집단에게서 찾는가 하는, 사회적 집단을 정의하는 것으로, 이는 정서적 안정을 정의하는 것이 아니다(APA, 2008).

성적 소수자는 자신의 정체를 게이 또는 레즈비언, 양성애자, questioning,[8] 퀴어(queer) 또는 범성애자(pansexual) 등 다양한 방식으로 규정할 수 있다(Zea & Nakamura, 2014). 성적 지향의 자기 정체 확인은 자기 존중과 정서적 안녕을 위해 중요하다. 따라서 성적 지향 문제에 대한 상담은 개인이 성적 소수자에 대한 사회적 편견을 극복하고 자신의 성적 지향에 대한 자기 정의에 도달하도록 돕는 것을 포함해야 한다. '회복적' 또는 '전환' 치료가 안전하다는 증거는 없으며 이는 성적 소수자에게 유해할 수 있는 부정적인 고정관념을 강화한다(APA, 2008).

성 소수자 청소년의 심리적 건강에 대한 최근의 논의들은 물론, 미국심리학회(2005a, 2012)의 윤리강령, 미국정신의학회(American Psychiatric Association의 심리치료 분과, 2000)의 윤리강령, 상담에 있어서의 동성애자협회(2012)는 성 소수자가 일반적 발달 경로와는 다른 발달을 한다는 것을 인식하는 것이 중요하다는 점을 강조한다. 이 강령은 또한 상담공급자가 이러한 내담자에 대해 긍정적이고 건설적인 방식으로 대응하는 방법을 배워야 한다고 강조한다. 레즈비언과 게이 문제에 관한 정책 성명서에서 미국심리학회의 레즈비언 및 게이 문제위원회(1991, p. 1)는 '동성애는 판단, 안정성, 신뢰성 또는 일반적인 사회 및 직업 능력에 손상이 없으며' 실무자가 이것에 대해 일반 대중에게 공개해야 할 의무가 있음을 밝히고 있다. 동성애에 대한 대중의 태도는 빠르게 변화하고 있다(T. Smith, 2011). 시카고 대학교의 국가의견조사센터(NORC)가 2010년에 수행한 조사에서는 날카롭게 의견이 나뉘어 나타

---

8) 자신의 성 정체성에 대해 질문을 제기하고 있는 중이라는 의미

났다. 조사한 인구의 44%가 '동성의 두 성인 사이의 성관계'가 언제나 틀렸다고 했고, 41%가 그러한 관계가 '전혀 틀리지는 않다'는 것을 지적했다. 이러한 결과는 젊은 사람들이 나이 든 사람들보다 동성애에 대한 수용을 더 많이 하기 때문에 나타난 코호트[9] 효과 때문일 수 있다(Smith, 2011).

성 소수자 개인은 이성애자보다 더 자주 상담을 받을 수 있다. 편견과 차별은 사회적으로 나 개인적으로 부정적인 영향을 미칠 수 있다(APA, 2008). 일부 성 소수자는 부적절한 고정 관념과 비위생적 행동과 관련된 사회적 낙인에 적응할 수 있는 반면, 이러한 유형의 스트레스는 성 소수자 집단 구성원이 이성애자보다 더 자주 상담받도록 할 가능성이 있다(Cochran, 2001). 차별에는 일자리가 거부되거나 은행 대출과 같이 쉽게 정의될 수 있는 행동이 포함 될 수 있을 것이다. 또한 차별은 개인의 감정을 상하게 하는 미묘한 부정적인 행동들일 수 도 있다. 현재 미국연방법은 성 소수자를 주택이나 직장에서의 차별로부터 보호하지 못한 다(Human Rights Campaign, 2000). 그들의 이웃에서 매일 차별과 편견에 직면하고 학교나 직 장에서 괴롭힘을 당하거나 괴롭힘을 당할 가능성이 높아지기 때문에 일부 성 소수자 개인은 무방비의 성관계와 약물 및 알코올 사용(APA, 2008) 등을 포함하여 고위험의 행동들에 연루 될 수 있다. 동성애자들은 이성애자보다 우울증, 자살 충동 및 자살 시도에 대한 위험이 더 높은 것으로 밝혀졌다(APA, 2008; Herek & Garnets, 2007).

따라서 '커밍아웃' 능력은 경제적으로 그렇게 할 수 있는지 여부에 따라 달라질 수 있다. 커밍아웃 과정에는 현실적인 위험이 있지만 명확한 이점도 있다. 커밍아웃하는 개인은 그들 이 자기 자신일 수 있는 개인적인 자유의 감각을 얻는다고 언급했다. 이러한 자유는 또한 사 회적 허울이 아니라 자기 확정(self-affirming) 행동에 기초하여 다른 사람들과 더 깊은 관 계를 맺을 수 있게 해 준다(Riggle, Whitman, Olson, Rostosky, & Strong, 2008). Bauermeister 와 동료들(2010)의 2년간의 장기 연구 프로젝트에서 여성들이 동성관계에 관여하는 것은 그 들의 내적인 동성애 공포증을 감소시켰으며 남성들은 동성관계에 있다는 것이 자존감을 증 진시켰다고 보고했다. 이전의 연구와 달리, 이성애 관계에 관여하는 것은 복지에 긍정적 또 는 부정적 영향을 미치지 않았고 동성 간의 관계에 관여하는 것은 행복감과 관련이 있다는 점이 밝혀졌다. 성희롱, 괴롭힘, 차별을 용납하지 않는 사회적 분위기는 성 소수자 청소년의 건강한 발달을 뒷받침하는 데 많은 도움이 된다(APA, 2008).

자신이 성 소수자 집단의 일원이라는 인식은 종종 중년기 및 청소년기에 나타난다. 어떤 사람들은 성적 지향을 조기에 인식하는 반면, 일부 성적 소수자는 자신의 정체를 인식하기

---

9) 일정한 시기에 있는 인생에서 동일하고 중대한 사상을 체험한 사람들의 집합을 의미

전에 다양한 성적 활동에 참여할 수 있다(APA, 2008). 신체적 발달에서 생물학적 시간 변화에 따라 대부분의 청소년은 성에 대한 흥미를 갖게 된다. 성적 활동은 개인이 자신의 성적 지향을 인식하는 데 반드시 필요한 것은 아니다. 그러나 성 소수자 청소년은 자신이 '이성애자' 또는 '동성애자' 환경 속에 살 때 자신의 성적 지향을 느끼면서 괴로움을 겪을 수 있다(Beckstead & Israel, 2007, p. 222). 부모, 종교 지도자, 언론 및 기타 영향력 있는 사회화 기관이 표현한 성에 관한 문화적 메시지가 배타적으로 이성애적이고 반동성애적이기 때문이다. 즉, 동성애로의 발달은 본질적으로 이성애적 발달보다 불건강한 것이라는 것을 시사하기 때문이다(Savin-Williams, 2001). 성 소수자 청소년 설문 조사에 따르면 자신을 61%가 동성애자로, 32%가 양성애자로, 3%가 questioning(의문 제기 중)으로, 4.5%가 기타로 보고하였다(Kosciw, Greytak, Diaz, Bartkiewicz, 2010).

여론은 점차 차별에 반대하고 관용하는 방향으로 맞춰지고 있다(T. Smith, 2011). 그럼에도 여전히 사회에서 많은 반 동성애 편견이 존재한다. 연구에 따르면 성희롱과 학대가 성 소수자들이 겪는 보편적인 경험인 것으로 밝혀졌으며 여전히 성 소수자에 대한 심각한 폭력 행위가 나타난다. 또한 게이 및 레즈비언이 양성애자 또는 성전환자를 차별할 수도 있다(APA, 2008).

청소년들은 자신의 성적 지향을 거의 선택의 여지가 없는 것으로 여기는 경우가 일반적이다. 성적 지향에 대한 과학적 연구는 일반적으로 그것이 성격과 양육의 복잡한 상호작용이라고 생각한다(APA, 2008). 이성애 청소년은 자신의 정체성에 대해 혼란스러울 때 다른 명백한 이성애자를 모델링하여 새로운 역할과 행동을 시도해 볼 수 있다. 그들은 이 탐험 행위에 대해 적어도 부모의 인정을 받을 것이다. 동성애와 양성애자에게는 이러한 동일한 유형의 탐색 기회는 존재하지 않을 수 있다. 잠재적 파트너를 찾으면 대개 자신의 감정을 탐색하는 것과 관련하여 가족, 동료 또는 언론으로부터 타당성을 인정받지 못한다. 대신, 그들은 종종 성인 동료들로부터의 편견과 불만, 가정에서의 폭력, 그리고 지역 사회에서의 범죄에 직면할 것이다(Schneider, Brown, & Glassgold, 2002). 에이즈에 대한 우려는 그것이 게이 질병이 아니라는 증거에도 불구하고 성적 소수자에 대한 편견과 차별을 심화시켰다(APA, 2008). 많은 사람이 성 소수자에 대한 명백한 차별을 점점 더 문제시하지만, 성 소수자는 다른 사람들로부터 많은 적대감을 경험하는 것이 일반적이다(APA, 2008).

학교는 레즈비언, 게이, 양성애자, 트랜스 젠더(LGBT) 청소년에게 위험한 곳이 될 수 있다. 학교에서의 이들의 희생은 학업 성취도를 낮추고 자존감을 낮추는 작용을 한다. LGBT 학생들을 지지하는 어른들이 있는 학교와 같은 제도적 지원은 결석을 감소시킨다. 성 소수자 문제에 대한 교육, 동성애자 동맹과 같은 클럽, 포괄적인 반 괴롭힘 및 반 폭력 정책과 같은 교육 과정과 같은 성 소수자 청소년의 연결 및 참여를 증가시키는 포괄적인 학교 정책이 자립심에 긍정적 영향을 미치는 것으로 나타났다(Kosciw, Palmer, Kull, Greytak, 2014).

일부 이성애 부모들은 성 소수자인 자신의 10대 자녀들을 명백히 거부하지는 않지만 여전히 완전히 받아들이지도 않을 수 있다. 부모는 자녀가 이성애자가 될 것이라고 기대하고 진실을 받아들일 준비가 되어 있지 않을 수 있다. 자녀가 아직은 너무 어리다고 판단하고 결정을 내리지 않도록 조장함으로써 청소년의 성장하는 성적 알아차림을 무시할 수 있다(Schneider et al., 2002). 성 소수자 10대들은 때로는 자신의 성적인 감정을 무시하고 종교적, 문화적 규범에 맞추도록 심리적 압박을 받아 왔다(Haldeman, 2000). Savin-Williams(2001)는 전반적으로 성적 소수자 청소년의 25~84%가 재정적 또는 정서적 지원을 잃을까 봐 두려워 가족에게 커밍아웃하지 않는다고 했다.

10대 청소년의 커밍아웃 과정은 성적 소수자에 대한 차별과 편견으로 인해 복잡할 수 있다(APA, 2008). 첫 번째 단계는 개인의 알아차림의 점증과 성적 정체성을 확인하는 능력과 관련된다. 다음 단계는 다른 사람에게 첫 번째 커밍아웃을 한 다음 '중요한' 다른 사람에게 알리는 방향으로 진행할 수 있다. 그러나 많은 사람이 이러한 선형 과정을 거치지 않기도 하며, 하나의 단계 모델이 아니라 다양한 발달의 궤적이 있을 수 있다(Savin-Williams, 2001). 또한 청소년이 가족으로부터 독립할 준비가 되기 전까지는 청소년이 완전히 커밍아웃하지 않거나 완전한 비밀을 지키기로 결정하는 여러 가지 이유가 있을 수 있다(Hershberger & D'Augelli, 2000). 일부 성 소수자 청소년들은 자신이 커밍아웃할 경우 가족관계가 위험에 빠질 것이라고 생각하고 또 다른 청소년들은 이것이 관계의 개선을 가져올 수 있다고 생각한다. 청소년들은 그들이 살고 있는 지역의 이웃이나 그들이 다니는 학교를 통제하지 못한다. 다른 사람들에게 커밍아웃한 성 소수자 청소년은 학교에서 괴롭힘을 당할 수 있다(APA, 2008). 이 청소년들은 일반적으로 이성애 부모에게 태어났으므로 LGBT 커뮤니티로의 동화는 나중에 일어난다. 그들은 청소년기나 성인기에 LGBT 커뮤니티에 가입하려고 할 수 있다. 각 개인은 주류와 구분되는 이 커뮤니티에 얼마나 통합되기를 원하는지 결정을 할 필요가 있다(Zea & Nakamura, 2014).

또한 개인은 복합적인 정체성을 가지고 있다. 개인의 정체성 측면은 텅 빈 채로 존재하는 것이 아니다. 여러 교차점 중 하나의 공통점은 개인의 인종 또는 민족 정체성의 형성이 성적 지향과 관련이 있다는 것이다. 또 다른 예는 성별과 성적 지향의 교차점이다(Zea & Nakamura, 2014). 따라서 다른 사회 집단에 속한 또래들로부터 따돌려질 위험을 없애기 위해 혼자서 지내면서 자신의 정체성을 탐색할 기회를 거의 못 가질 수도 있다(Hershberger & D'Augelli, 2000). 성 소수자는 자신이 커밍아웃에 대해 우려하는 공동체 내에서는 이성애자로서 생활하기로 했다면, 주말에는 동네를 벗어나 자신이 사는 곳에서 먼 지역의 술집이나 클럽에서 데이트를 할 수도 있다. 술집이나 클럽은 성인용으로 설계되었으며 매우 성적인 분위기를 띄고 있다. 따라서 성 소수자 청소년은 이러한 무리들을 탐색하고 데이트를 위한 안전하고 적절한 파트너를 선택하는 전략이 필요할 수 있다(Hershberger & D'Augelli, 2000).

사회는 성년기 성 소수자들에게도 이성애 정체성으로 바뀌도록 압력을 가한다(Beckstead & Israel, 2007). 인간은 독특한 성격과 배경을 가지고 있으며 다양한 사회 집단에 참여하기를 원한다(Bartoli & Gillem, 2008). 그러나 성 소수자는 종종 자신의 성 정체성과 종교적 또는 민족적 신념과 같은 정체성의 다른 측면 중에서 택일을 하도록 강요받고 있다(Beckstead & Israel, 2007). 동성애 행동을 한다고 보고하는 비율보다 더 많은 비율의 사람들이 자신이 레즈비언, 게이 또는 양성애자라고 자신의 정체를 밝힌다는 연구결과가 있다(Gates, 2010). 이것은 외적 및 내적 동성애 공포증 때문일 수 있다(Zea & Nakamura, 2014). 결과적으로, 개인이 자신의 다양한 측면 사이에 평화를 만들기 위해 자신의 성에 대해 질문하는 지속적인 수년 간의 기간이 생길 수 있다. '나는 누구인가?'라는 양가적 분투는 커밍아웃 과정의 공통적인 한 부분이며 결국 건강하고 성적으로 통합된 정체성으로 이어질 가능성이 있다. 그러나 일부 양가적인 사람들은 전환 치료(conversion therapies)에 참여해 왔다. 그들 중 66%는 자신의 종교적 신념 때문이었다. 전환 치료는 대부분의 개인에게 부정적 결과를 가져온다. 변화시킬 수 없다는 점, 동성애적 태도와 우울 및 외로움에 대해 비난하는 부모의 잘못된 행동, 성 소수자로서의 갈망의 원인에 대한 잘못된 정보, 아동 성학대자가 될 것 같은 공포 때문에 동성애 공포증과 자기 혐오감이 증가한다(APA, 2014; Shidlo & Schroeder, 2002). 개인이 자신의 성 정체성을 명확히 하는 데 도움이 되는 치료는 유익하므로 미국소아과학회, 미국상담학회, 미국정신의학회, 미국심리학회, 미국학교상담자협회 및 전국 사회복지사 협회는 모두 동성애를 질병, 정신장애, 정서적 문제의 징후 또는 죄로 간주하는 치료는 개인의 행복에 해롭다는 점을 명확하게 진술하고 있다(APA, 2014).

성적 소수자는 종종 부모가 된다. 때로는 개인이 이성애 생활을 하고 있기 때문에 부모가 되는 일이 생긴다. 그러나 1980년대에 레즈비언이 된 비슷한 연령대의 동성애자들은 인공 생식 기술을 사용하여 동성애 단체 내에서 부모가 되거나 아동복지기관에서 입양을 하여 부모가 되었다(Cooper & Cates, 2006). 연구에 따르면 이성애자 부모만큼 적절한 양육을 제공할 가능성이 높다. 레즈비언과 이성애자에 의해 키운 자녀의 발달 양상과 심리적 적응 간에는 유의한 차이가 발견되지 않았다(Cooper & Cates, 2006). 또한 어린 자녀들은 성 소수자 부모들을 매우 잘 수용하는 것으로 나타났다. 이 역동은 자녀의 사춘기 동안 바뀔 수 있다. 10대들은 부모가 동성에게 끌리는 것이나 부모의 동성 파트너에 대해 당혹스러울 수 있다.

성 소수자 부모들은 이혼을 하게 되는 경우에 자녀 양육권을 잃을까 봐 두려워할 수 있다(American Civil Liberties Union, 1999). 동성 부부가 헤어질 경우에 대한 법적 판례는 여전히 부족하고 불안정하다. 판사는 양육권 법령을 '아동의 최선의 이익'으로 해석하는 데 상당한 권한을 가지고 있으며 알라바마, 미시시피, 노스캐롤라이나 및 버지니아 주에서는 이러한 경우에 관한 상당한 정도의 판결 사례들이 있다(Cooper & Cates, 2006, DeAngelis, 2002).

성 소수자는 편견과 차별로 인해 상당한 스트레스를 받지만 가족과의 만족스러운 관계, 긍정적인 동성애 정체감, 집단 소속감을 포함하여, 스트레스 탄력성에 대한 보호 요인들이 있다(Zea & Nakamura, 2014). 상담자들은 성 소수자의 완전한 인권을 옹호할 윤리적 의무가 있다. 정신건강 증진을 위해 이들이 필요로 하는 것은 시민권 증진이다. 언론 매체도 이러한 인권을 지원하는 힘이 되어 왔다. 윤리보다는 이익에 의해 동기 부여가 되긴 하지만, 언론은 영화와 텔레비전에서 성 소수자 역할모델이 증가하는 흐름을 제공했다. 엘렌 드 제너리스(Ellen DeGeneres)와 같은 스타들은 대중에게 커밍아웃한 후에도 인기를 유지할 수 있었다. 또한 취임 선서를 하기 전에 자신이 성 소수자임을 밝힌 정치 지도자가 점점 늘어나고 있다. 예를 들어, 위스콘신 출신의 Tammy Baldwin 상원의원은 자신을 레즈비언으로, 콜로라도 출신의 Jared Polis는 자신을 동성애자로, 애리조나 출신의 Kyrsten Sinema는 자신을 양성애자로 밝혔다.

인터넷은 개인이 관련된 정보를 풍부하게 얻을 수 있는 개인 포럼을 제공한다. PFLAG(Parent, Families and Friends of Lesbians and Gays)와 GLSEN(the Gay, Lesbian, Straight Education Network)과 같은 기관은 성 소수자의 건강한 발달을 지원하고 COLAGE(Children of Lesbians and Gays Everywhere)는 성 소수자 부모를 둔 자녀들을 위한 교육과 지원을 제공한다. 결국, 부정적인 고정관념, 차별 및 증오 범죄가 여전히 힘을 떨치지만, 한편 사람들이 자신의 성 정체성을 탐색할 때 개인에게 정상성의 배경을 제공하는 많은 긍정적인 힘 역시 존재한다.

성적 지향, 이것만은 꼭 기억합시다!

1. 내담자의 성적 지향을 확인하는 과정에서 내담자의 성적인 환상, 태도, 감정, 성 관련 행

동 및 성 정체성 면에서 고정인지, 양가적인지, 질문 중인지, 또는 양성애인지를 평가하라.

2. 직장 또는 학교 환경 내에서의 강점과 장벽, 가족관계, 사회적 관계, 정보 및 자원에 대한 접근 수준을 포함하여 내담자 자신의 성 정체성에 대한 편안함에 영향을 미치는 과거와 현재의 환경을 평가하라.

3. 내담자의 커밍아웃의 (잠재적) 이점을 평가하라. 그들이 아직 커밍아웃하지 않은 경우, 개인적 정체성, 가족관계, 또래관계 및 학교 또는 직업관계를 고려하여, 내담자 자신의 세계 안에서 지금 시점에 커밍아웃하는 것으로부터 최선의 이익이 무엇일지에 대해 평가하라.

4. 내담자의 커밍아웃의 (잠재적) 대가를 평가하라. 그들이 아직 커밍아웃하지 않은 경우, 개인적 정체성, 가족관계, 또래관계 및 학교 또는 직업관계를 고려하여, 내담자 자신의 세계 안에서 지금 시점에 커밍아웃하는 것으로부터 어떤 측면이 가장 큰 위험을 내포하고 있는지 평가하라.

5. 내담자가 자신의 성 정체성과 자신의 다른 측면의 정체성, 예를 들면 종교적 정체성 또는 인종적 또는 민족적 유산 등의 공통 배경을 찾아낼 필요가 있는지를 평가하라. 그리고 이러한 과정에서 장벽을 감소시키고 자원과 자신을 연결할 방법을 고려하라.

자기 분석 지침

1. 성적 취향과 관련된 현안에 대한 당신의 현재 지식은?

  a. 성적 취향에 대한 배경지식을 얼마나 수강했는가?

  b. 얼마나 많은 워크숍을 통해 성적 지향에 대한 배경지식을 얻었는가?

  c. 성적 취향과 관련된 문제에 대해 내담자와 어떤 전문적인 경험을 쌓았는가?

  d. 성적 소수자들과 어떤 개인적인 경험을 했는가?

  e. 어떤 코호트 효과가 성 소수자의 세계관에 영향을 미칠 수 있는가? 역사상 이 시점에서 그들에게 중요한 것은 무엇인가? 사회는 성적 지향에 따라 사람들에게 어떻게 보상하거나 처벌하는가?

2. 성적 지향과 관련된 주제들에 관한 인식 수준은?

  a. 자랄 때 이성애 및 성 소수자 정체성에 대해 어떤 긍정적이고 부정적인 고정관념을 배웠는가?

  b. 당신이 성장하는 동안 사회 속에서 동성애 공포증은 어떻게 존재해 왔는가?

  c. 당신의 현재의 가족, 사회, 문화 및 정치 집단 안에서 사회적으로 동성애 공포증은 어

떻게 존재하고 있는가?

   d. 사회 속의 동성애 공포증과 모두가 이성애자라는 가정이 의도하지 않은 방식으로 당신으로 하여금 어떻게 내담자의 경험이나 관점을 무시하거나 무효로 만들 수 있는가?

3. 성적 지향이 다른 내담자와 함께 일하는 현재의 기술은?

   a. 성이나 성적 지향에 관한 주제를 다루는 데 있어 현재 어떤 기술을 가지고 있는가?

   b. 성이나 성적 지향에 관한 문제를 효과적으로 해결하기 위해 개발해야 할 중요한 기술은 무엇이라고 생각하는가?

4. 취할 수 있는 실행 단계는?

   a. 이 성적 지향의 내담자와 강력한 상담작업관계를 형성하는 능력을 향상시키기 위해 할 수 있는 일은 무엇인가?

   b. 이 내담자와 함께 사용할 상담방법의 어떤 측면이 이성애 관점에서 개발되었을 가능성이 있는가? 그것에 대해 취할 수 있는 것은 무엇인가?

   c. 이 성적 지향을 가진 내담자가 상담을 통해 긍정적인 성과를 낼 수 있는 가능성을 높이기 위해 상담의 환경을 어떻게 구성할 수 있겠는가?

사회경제적 지위 영역

70세의 유럽계 미국인인 앤은 성인 딸에게서 재정적 착취를 당하고 있다. 앤은 실업자임에도 불구하고 자신을 금융 엘리트의 구성원으로 여긴다(5장). 34세의 유럽계 미국인 여성 샤론은 가난한 노동자 가정에서 자랐다. 현재 자녀를 상류 계층의 새로운 일원이 되도록 기르는 데 어려움을 겪고 있다(6장). 19세의 흑인 남성 스가랴는 그의 가족 중에서 대학에 처음 입학하고서 다른 사람들에게 위험한 존재로 비난받고 있다(11장). 소득 수준과 사회적 지위가 현재의 딜레마들에 어떤 역할을 할 가능성이 있는가? 사회경제적 지위(Socioeconomic status: SES)는 건강 관리, 주거 및 교육 측면의 자원 접근은 물론 그 사람의 수입을 나타내는 지수이다.

인구통계학적 데이터

SES는 개인의 공적, 사적 생활의 기회를 강화하거나 제한할 수 있다. 2007년 12월부터

2009년 6월까지 미국에 심각한 경기 침체의 시기가 왔다(Kochhar, Fry, & Taylor, 2011). 2009년 인구 조사 데이터에 따르면, 백인, 흑인 및 라틴계 가구 간 부의 격차가 증가했다. 백인 가구의 순자산(net worth)은 히스패닉 가구의 18배, 흑인 가구의 20배로 나타났다. 부의 격차가 커진 이유 중 하나는 가계 자산 가치가 급격히 하락했기 때문이며, 이는 백인 가정보다 다른 유색의 가정에 더 큰 영향을 미쳤다. 소수 민족 가구가 은행 채무를 갚지 못해 재산 압류를 당하는 경우는 백인 가정에 비해 두 배로 높았다(Kochhar et al., 2011). 2005년부터 2009년까지 모든 집단에서 전반적인 가계재산이 감소한 것으로 나타났다. 그러나 백인 가구에서는 16% 하락한 반면, 흑인 가구는 53%, 아시아인 가구는 54%, 히스패닉은 66% 감소했다.

대부분의 사람들에게 자기 집은 가장 큰 자산이다. 따라서 부적절한 대출과 은행 채무로 인한 주택 위기로 많은 사람의 가구재산이 엄청나게 줄어들었다(Kochhar et al., 2011). 일부 백인과 아시아인은 주식 및 뮤추얼 펀드와 같은 이자 수익 자산에 투자한 자산의 증가로 인해 가구재산 감소의 영향을 부분적으로 상쇄했을 수 있습니다. 이러한 자산은 백인과 아시아인은 45%가 소유하지만 히스패닉의 경우 25~30%만 소유하는 것으로 나타났다.

2007~2008년의 경기 침체 기간 동안, 주식 시장 가치의 붕괴와 750만 개의 일자리 손실이 있었다. 부유한 가정에 비해 저소득 및 중산층 가정의 경기 침체의 영향은 상당히 컸다. 2005~2009년 동안 하위 SES 집단의 경제적 복지가 급격한 하락을 하면서 모든 인종과 민족의 상위 10%가 보유한 부는 증가하였다. 경기 침체는 상위 10%와 하위 90% 사이의 부의 격차를 증가시켰다(Kochhar et al., 2011).

정규직 근로자의 소득은 2010년에서 2011년까지 2% 감소했다. 미국의 2012년 평균 가구 소득은 51,017달러였다(DeNavas-Walt et al., 2013). 최상위 10% 부유층 가구의 평균 소득인 677,900달러와 비교하면 매우 뒤떨어지는 수치이다(U. S. Census Bureau, 2006). 통계 자료는 미국 내에서 재정적으로 가장 성공한 인구와 가장 적은 재정적 성공을 거두는 집단 사이에 선명하게 분열이 증가하고 있음을 나타낸다. Shapiro, Greenstein과 Primus(2001)는 예산 및 정책우선과제 센터(the Center on Budget and Policy Priorities)의 자료를 분석하여 빈곤층에 대한 세후 소득이 최근 몇 년 동안 10,900달러에서 10,800달러로 떨어졌다는 결론을 내렸다. 같은 시기 경제적으로 상위 10% 가구의 세후 소득은 263,700달러에서 677,900달러로 36% 증가했고, 상위 20% 가구의 경우에는 수입이 10% 증가했다. 이는 빈곤층과 중산층 사이의 격차가 확대되었고, 중산층은 부유층에 비해 한참 뒤처졌다는 것을 보여 준다. 이러한 소득 불균형의 증가는 조지 W. 부시 대통령의 연임 기간 동안 추진한 세제 입법의 결과였다. 미국은 현재 세계에서 가장 부유한 34개국 가운데 4번째로 불평등한 나라이다(Shapiro,

Greenstein, & Primus, 2001).

미국의 가난한 사람들은 누구인가? 전체 인구의 15%, 즉 4,620만 명이 가난한 사람들이다 (DeNavas-Walt et al., 2013). 현재 미국 인구의 14.3%가 빈곤선 아래에 살고 있다(Macartney et al., 2013). 빈곤에 대한 종단 연구는 복잡한 그림을 보여 준다(Anderson, 2011). 36개월의 연구 기간 동안 조사한 인구의 29%가 적어도 2개월 동안 빈곤을 겪었다. 3%는 전체 기간 내내 빈곤 상태에 있었다. 대부분의 사람은 2개월 이내에 빈곤 상태를 벗어날 수 있었다. 빈곤에 대한 통계는 가정을 담당하는 성인의 인종 및 민족 그룹 및 성별에 따라 다르다는 것을 보여 준다. 2012년, 아시아계 가구의 평균 소득이 68,636달러로 가장 높았다(DeNavas-Walt et al., 2013). 그러나 빈곤율로 볼 때는 기혼 백인 가정이 가장 낮았다. 비히스패닉계 백인 가구의 실제 중간 소득은 57,009달러이다(DeNavas-Walt et al., 2013). 통계에 따르면 자녀가 양쪽 부모와 함께 살고 있을 때 경제적으로 풍족하다(U. S. Census Bureau, 2004). 부모가 결혼을 유지하고 있는 가정의 아동의 70%는 빈곤 수준보다 적어도 200% 높은 소득의 가정에서 산다(Vespa et al., 2013). 이러한 결혼한 가정이 여전히 가장 일반적인 가족 구조이다(Vespa et al., 2013). 그러나 1970년과 2012년 사이에 독신 가구의 비율은 17%에서 27%로 증가했다 (Vespa et al., 2013). 결혼한 부부의 가구 인구는 5천 6백만 명이었고, 5백만의 남성 주부와 1,500만 명의 여성 가구주는 배우자가 없었다(Vespa et al., 2013). 모든 연령대에서 남성보다 여성이 빈곤선 아래에 사는 경우가 더 많다(Macartney & Mykyta, 2012).

양쪽 부모와 함께 살지 않는 아이들은 덜 행복했다. 어머니와 함께 사는 백인 아이들의 빈곤율은 28.1%였는데, 아버지와 사는 백인 아동 14.1%와 비교하면 훨씬 높은 빈곤율이다. 2012년 자료에 의하면 흑인과 히스패닉계 아동이 비히스패닉계 백인이나 아시아계 어린이보다 한부모가정에서 사는 경우가 더 많다(Vespa et al., 2013). 빈곤율이 가장 높은 종족 또는 인종 그룹은 아메리카 인디언 및 알래스카 원주민으로, 23.9%가 빈곤선보다 낮았다 (Macartney et al., 2013). 빈곤층 이하 인구의 낮은 비율은 백인(11.6%), 아시아인(11.7%), 히스패닉(23.2%), '기타 종족'(24.6%), 아프리카계 미국인(25.8%)로 나타났다(Macartney et al., 2013).

남성(14%)보다 여성(16%)이 더 많은 비율로 빈곤선 아래에 살고 있으며, 빈곤층의 22%는 아동이다(DeNavas-Walt et al., 2013). 이 아동 중 백만 명이 집 없는 가족 안에서 산다 (Macartney et al., 2013). 70%의 가난한 가정에는 일하는 부모가 있다. 낮은 임금, 높은 생활비, 높은 의료비 및 기타 중요한 자원에 소용되는 비용을 치르느라 이러한 가정은 빈곤선 아래에 살게 된다[Children's Defense Fund(CDF), 2008]. 2011년 미국에서 가장 가난한 아동은 백인이었다. 그러나 비례하여 백인 아동의 19%만이 흑인 아동의 37%와 히스패닉 아동의 34%와 비교하여 빈곤선 아래에 살고 있었다(DeNavas-Walt et al., 2013). 빈곤선 아래에 사는 것은 어머니가 가구주인 가정에서 가장 많이 발생한다. 여성 주부와 함께 살고 있는 6세 미만의 아동 중 57%가 빈곤 상태에서 자라고 있다. 또한 6세 미만 아동 580만 명이 빈곤 수준 이하로 살고 있다. 2012년 배우자가 없는 여성이 유지하는 가구의 실제 중간 소득은 34,002달러였다(DeNavas-Walt et al., 2013).

미국은 2002년 세계 보건 보고서(World Health Report, 2002)에 따르면 국내 총생산에서 다른 나라보다 더 많은 돈을 건강 증진에 지출하고 있지만, 건강 관리의 질적 측면에서 191개 국가 중 겨우 37번째에 그쳤다. 이 낮은 순위는 빈곤층의 많은 비율과 빈곤층에게 주어진 보건 의료의 질과 부유층에게 주어진 보건 의료의 질 사이에 존재하는 중요한 불일치 로 인해 발생한다(WHO, 2000). 가족 구성원이 중병에 걸릴 경우 가난한 가정은 위기에 처한다. 질병은 그들이 감당할 수 없는 의료비를 지불하게 만들고 더 많은 빚을 지게 한다. 양질의 의료에 대한 접근성 부족으로 가족 구성원이 사망하거나 예방할 수도 있었던 장애를 남길 수 있다(WHO, 2000). 2012년 미국 인구의 15.4%가 건강 보험 미가입자였다(DeNavas-Walt et al., 2013).

미국 내에서 660만 명의 아동이 건강 보험에 가입하지 않았는데 이 문제는 백인 아이들보다 유색 인종의 아이들에게 훨씬 더 심각하다(DeNavas-Walt et al., 2013). 사회적 취약성은 높은 건강 위험과의 상관관계를 보인다. 사회적으로 취약계층 아동들의 생활 환경은 상대적으로 더 열악하다. 신선한 청과물과 같은 건강 식품, 그리고 유료화된 건강한 운동장 등의 건강 관리에 대한 접근성이 낮다. 이들은 또한 심리적, 사회적 스트레스로 인해 초래되는 더 큰 건강 위험에 노출되어 있다(Currie, Zanotti, et al., 2012).

간략한 역사

미국의 계급을 결정짓는 세 가지 주요 기준은 권력, 의사 결정에서의 독립성, 집단의 삶의 질이라고 할 수 있다(Zweig, 2008). 자본가 집단(노동력의 2%)은 직장과 정치 분야를 지배할 수 있는 권한을 가지고 있다. 이 상위 그룹 사이에도 상당한 권력의 다양성이 있다. 대기업을 담당하는 개인(0.2% 미만)은 자신의 돈뿐만 아니라 국가의 부를 통제한다. 백인 남성들은 연방정부의 최고 정치 지도자들과 함께 미국 내에서 '지배 계급'을 구성한다고 할 수 있다(Zweig, 2008, p. 132). 정치 캠페인에 대한 재정적 지원의 대부분을 제공하는 이웃들은 주로 백인이고, 나이가 많고 보수적이며, 대도시 지역 출신이다(Bramlett, Gimpel, & Lee, 2011). 정치적 견해 면에서 그들은 공개 무역과 이민, 동성 결혼, 낙태권을 지지하며 공립학교의 기도 시간(school prayer)에 더 반대하는 입장이다. 다른 문제에 관해서는 그들이 평균 또는 낮은 액수의 기부자 지역 사람들과 의미 있는 차이가 나타나지 않는다.

중산층은 자본가보다 훨씬 적은 권력을 가지고 있지만, 전통적으로 안정된 일자리, 집과 자동차를 소유하고 유급 휴가를 가져 왔다. 이 계층에는 업계의 감독자뿐만 아니라 전문가(변호사, 의사, 교수 등) 및 중소기업 사장이 포함된다. 이 집단은 전체 인구의 36%이다. 전문가 협회의 로비 활동을 통해 정치적 영향력을 행사할 수 있다. 이 집단과 자본가 집단 사이의 경계는 명확하지 않을 수 있다. 예를 들어, 일부 고위급 기업 변호사 및 회계사는 일부 자본가의 급여에 상응하는 수입을 얻을 수 있기 때문이다. 중산층은 자신이 하는 일에 대해 상당한 권한을 가지고 있지만 최종 결정권자는 아니며 이러한 결정 권한이 자본가와 중산층을 구분한다(Zweig, 2008).

노동 계급의 개인은 초과 근무를 통해 중산층 노동자만큼 많은 돈을 벌 수 있다. 그러나 업무나 일정을 제어할 수 있는 권한이 없다. 그들은 중산층 노동자들과 똑같은 정도의 존중을 받지 못한다. 그들의 일에서 그들은 업무 수행 방식과 그들의 작업 속도에 따라 결정을 내릴 권한이 없다. 이 계급(노동력의 62%)은 회원들을 위한 로비 역할을 하는 소속 노동 조합이 대표하는 것을 제외하고는 파워가 없다(Zweig, 2008).

경제적 복지는 교육 성취도에 크게 의존한다. 학교는 지역 주민의 재산세로 운영되는 면이 있기 때문에 부유한 아동과 중산층 아동이 이용할 수 있는 학교, 가난한 아동이 이용할 수 있는 학교 수준은 심각한 격차가 있다. 지역의 학교가 좋지 않으면 중산층 및 고소득 가정은 더 나은 학교가 있는 지역으로 이사할 수 있다. 이로 인해 학교를 지원하는 소득 기반이 크게 줄어들기 때문에 학교의 품질은 더 저하된다. 남겨진 아이들은 더 열악해지고, 교보재가 부족하며, 혼잡하고, 때로는 위험한 학교에 다니게 되는 것이다(Books, 2007). 아이들이 학교에서 성공하는 법을 배우는 데 도움이 되는 헤드 스타트(Head Start)도 운영을 위해서 필요한 충분한 기금을 얻기 위해 소득 기준에 부합하는 아동들을 절반 또는 2/3가량 입학시킨다(CDF, 2008).

25세 이상 집단에서 80.4%가 고졸이며 24.4%는 학사 학위 또는 전문대 학위가 있다. 결혼한 남성과 여성의 1/3 이상이 학사 학위를 가지고 있다(Vespa et al., 2013). 거의 25%의 아동이 적어도 학사 학위를 소지한 사람과 함께 산다(U. S. Census Bureau, 2004).

학교는 부모가 적극적으로 참여할 때 더 효과적이지만 가난하고 일하는 부모는 자녀의 학교 일에 참여할 시간이 없다. 전국 규모의 조사에 따르면 빈곤선 위에 살고 있는 부모의 60%가 정기적으로 학교 활동에 참여하고 있지만 이와 대조적으로 빈곤한 부모는 단지 36%만이 이와 유사한 정도로 자녀의 학교 행사에 참여한다(U. S. Department of Health and Human Services, 1999). 이것은 가난한 가정의 아동들이 자신의 학교에 소속감과 애정을 느끼지 못하게 하며, 이는 또한 교육의 성공을 저해하는 것으로 밝혀졌다(G. W. Evans, 2004). 통계에 따르면 공립학교에서 교육받은 4학년 학생의 3분의 2는 동 학년 수준의 읽기나 수학연산을 못한다. 이러한 부진은 백인 아동들보다 소수 인종 혹은 민족 아동들에서 더 높은 비율로 나타난다(CDF, 2008). 저임금의 직업 때문에 가난한 부모는 여러 종류의 세금과 요금을 지불하기 위해 장시간 일해야 한다. 그래서 자녀들과 보내는 시간이 거의 없다. 따라서 빈곤선 위의 가구 중 40%에서 58%가 미취학 아동에게 책을 읽어 주지만 저소득 가정의 경우에 그 수치는 38%이다. 가난한 부모는 또한 자녀가 텔레비전을 더 많이 보고 책은 더 적게 읽도록 내버려 두게 된다(U. S. Department of Health and Human Services, Federal Interagency Forum on Child and Family Statistics, 2008). 빈곤한 가정의 아동의 교육적 성취를 제한하는 교육 위험 요소의 새로운 유형은 인터넷에 대한 접근 부족이다. 빈곤한 아이들의 94%는 인터넷에 접속할 수 없다. 가정 형편이 좋은 아이들의 경우 57%가 인터넷에 접근할 수 없는 것에 비해 높은 수치이다(G. W. Evans, 2004).

가난한 가정은 또한 거리의 폭력과 교통사고와 같은 개인적인 위험과 외상에 노출된 위험한 지역에서 살기 쉽다. 또한 독성 쓰레기 더미 및 기타 환경적 위험에 더 가까운 지역에 살고 있으므로 아동이 납 및 일산화탄소에 노출될 위험이 있다. 연구에 의하면 발달 중에 6개 이상의 환경 위험 요소에 노출되는 비율은 가난한 유아의 경우 35%, 중간 소득의 유아의 경우 5%였다(G. W. Evans, 2004).

가족이 더 오래 빈곤 상태에 빠질수록 부모는 부부싸움을 더 많이 하고, 부모가 자녀에게 덜 민감하게 반응하고 자녀를 더 심하게 야단치게 되는 등 가족의 생활이 악화된다(G. W. Evans, 2004). 우울증의 빈도도 가난한 사람들 사이에서 더 높으며, 우울한 부모는 자녀에게 질이 떨어지는 양육을 제공한다(Mazure et al., 2002). 가난한 아이들은 또한 풍요로운 가정의 아이들보다 위탁 보호 및 기타 가정 밖 배치(out-of-home placements)를 통해 가족과 분리될 가능성이 더 크다(G. W. Evans, 2004).

'평균적인' 가난한 사람이 소수자 집단에 속한다고 생각하기 쉽지만 통계에 따르면 실제로 성인 빈곤층의 평균은 백인, 여성 및 젊은이이다(U. S. Census Bureau, 2012a). 역사적 및 정치적 맥락은 자국 및 세계의 취약 계층을 돕는 사회의 개방성에 영향을 줄 수 있다(Delphin

& Rowe, 2008). 일반 인구에게 재정적 도움이 필요하다는 명확하고 설득력 있는 증거가 있다고 생각할 때 그들은 자유롭게 다른 사람들을 돕는다. 예를 들어, 사람들은 2001년 세계무역센터(World Trade Center) 공격의 희생자들을 돕기 위해 많은 돈을 기부했다. 이 당시 후원금은 27억 달러에 달한 것으로 추정된다(L. Dixon & Stern, 2004). 희생자들을 걱정한 시민들이 인식하지 못했던 것은 일련의 정책들이 가난한 사람들을 보이지 않는 소모품으로 여긴 점이었다. 허리케인 카트리나 재해는 이것을 잘 보여 주는 예이다. 이러한 재앙이 올 것은 이미 예상되었었다. 그러나 40년간의 정부의 저예산 정책은 제방을 혼란에 빠뜨렸다. 연방비상사태관리국(FEMA)은 부시 대통령이 재선되면서 예산을 테러와의 전쟁으로 옮겨서 사용하였다. 가난한 사람들(전체 가구의 27%)은 피난할 수 있는 방법이 없었으며 허리케인이 들이쳤을 때 갈 곳이 없었다. 피난 계획은 개인이 각자 도망가는 것밖에 없었다(Ignatieff, 2005). 이로 인해 가난한 사람들은 물에 잠겼다. 초기 재난 이후, 공화당 의회에서 정치적 보수주의자들은 허리케인 피해자가 의료지원서비스를 사용하여 건강관리를 받을 수 있는 계획을 차단했다(Krugman, 2005). 뉴올리언즈의 가난한 사람들은 나아가 재건 노력에 의해 더욱 악용당했다. 모든 연방 계약에 대해 적절한 임금을 보장하는 「데이비스 베이컨 법(Davis-Bacon Act)」이 있지만 이것을 적용하지 않고 부시 대통령과 체니 부통령의 정치적 지지자들은 가장 적은 임금으로라도 일할 사람으로서 뉴올리언즈의 가난한 이들과 먼저 재건 사업을 위한 계약을 맺었다(Lipton & Nixon, 2005). 그들은 더 가난한 사람들을 착취한 것이다.

그러한 착취는 어떻게 계속될 수 있는가? 중산층, 하층 계급 및 상류 계층의 가정은 서로 다른 지역에서 살고 다른 학교에 다니며 서로의 일상생활도 구분되어 있다. 이로 인해 서로의 어려움과 강점에 대해 알지 못하게 되고 종종 빈민층의 고통이 과소평가되는 인지적 거리감으로 이어진다(Lott, 2002). 중산층 및 상류층 가정은 자녀들에게 인터넷, 우수한 학교, 안전한 가정 및 이웃 환경에 대한 접근성을 제공할 수 있다. 부유한 성인들은 더 높은 수준의 교육을 받고 더 큰 직업적 성공을 얻는다. 그들은 가사, 육아 및 보다 포괄적인 의료 서비스와 같은 여러 서비스에 대한 지불 능력이 있다. 따라서 곤경에 처했을 때, 부유한 사람들은 가난한 사람들보다 도움을 청할 수 있는 더 많은 자원을 가지고 있다(Mellander, Florida, & Rentfrow, 2011).

적응적 정서 및 행동 건강에 대한 위험이 빈곤층 청소년들에게서 발견되어 왔지만 부유한 가정의 청소년들에게서도 이와 유사한 정도의 우울, 불안 및 약물 남용과 같은 어려움이 발견되었다(Luthar & Latendresse, 2005). 두 집단 모두에서 나타난 이러한 문제의 요인에는 부모로부터의 정서적 및 신체적 고립이 포함된다. 어려움을 겪는 10대들은 모든 6학년생 중

1/10이었으며 이러한 비율은 11학년에 이르기까지 지속되었다. 저녁 식사를 가족과 함께하는 대부분의 청소년은 이와 같은 어려움을 보이지 않았다. 어려움을 겪는 가난한 청소년과 부유층 청소년의 한 가지 차이점은 부유한 10대가 높은 성취 압력을 받는다는 것이었다. 자신이나 부모의 기준을 충족시키지 못했던 완벽하고 풍요로운 청소년들은 10대 초반에 약물 남용을 시작할 위험이 더 크고 이 위험은 18세까지 지속된다. 풍족한 부모와의 정서적 친밀감 부족은 10대와 부모 모두의 대단히 바쁜 일정의 후유증일 수 있다(Luthar & Latendresse, 2005). 부유한 부모는 문제가 있는 10대들을 위해 정신건강 서비스에 더 쉽게 접근할 수 있지만 개인 정보 보호에 대한 우려와 엘리트 그룹의 일원으로서 모든 것을 독자적으로 처리할 수 있어야 한다는 자부심이 그들의 도움을 방해할 수 있다는 증거가 있다(Feather & Sherman, 2002).

개인 소득 수준은 소득의 사회적 맥락에 따라 영향을 받는다. 선진국 15개국의 연구에 따르면 번영의 시기에는 경제적 불평등이 낮은 국가의 개인들이 소속 계층에 관계없이 사회 구조와 그 안에 속한 다른 개인에 대한 복지와 신뢰에 대해 더 민감했다. 또한 개인이 모두 자신을 중산층이라고 여기는 경향이 있었다. 그러나 보건 의료, 교육 및 사회 이동성에 큰 불평등을 초래하는 경제적 불평등이 큰 사회에서는 번영의 시기에 집단 양극화 및 집단 내/집단 간 갈등이 더 많다(Curtis, 2013).

경제적 불이익에 대한 탄력성은 가족 구성원과의 좋은 소통과 긍정적인 동료 관계의 영향을 받는다. 이러한 지지적 관계는 개인이 사회적 정체성, 자존감 및 대인 기술을 개발하는 데 도움이 된다. 마지막으로, 이웃 사회의 응집력은 신체적, 정신적 건강 문제의 위험을 감소시키는 역할을 한다(Rios et al., 2012). 교육을 받는 것이 빈곤에서 벗어날 수 있는 길일 수 있지만 가난한 학생들은 추천서를 받거나 입학자금을 마련하는 것 외에도 여러 가지 대학 입학의 장애가 있다. 교수진, 대학 기관 및 가난한 학생들 간의 문화적 불일치로 인해 학업 성공 가능성을 낮추는 오해가 발생할 수 있다(Markus & Conner, 2013). Lee와 Dean(2004)은 일관되게 열심히 일하고 양질의 일을 하는 사람은 경제적으로 혜택을 받을 수 있다고 주장하는 중산층 신화는 억압, 기회 부족 및 사회적 이동성에서의 자원 부족이 하는 역할을 무시한다. 이 연구자들은 최근의 이민자, 실업자, 불우한 이웃들이 의도하든 의도하지 않든 중산층 신화를 받아들이기보다는 이러한 외적 제약들을 상담에서 명백하게 다룰 때 더 많은 도움이 된다는 점을 강조한다. 경제적 성공을 위한 동기 부여를 뒷받침하기 위해 성공한 이민자의 사례를 들 수도 있을 것이다. 그러나 이러한 사례를 통해 가족 및 지역 사회에서 중요한 자원을 얻게 될 때 이러한 '성공 사례'가 만들어질 수 있는 것임을 명확히 하는 것이 중요하다. 사람들은 다른 사람들로부터 많은 도움을 받으면서 동시에 열심히 끈질기게 일함으로 써 빈곤에서 벗어날 수 있는 것이다(Lee & Dean, 2004).

사회경제적 영역, 이것만은 꼭 기억합시다!

1. 내담자의 경제적, 사회적 계층을 평가하고 이것이 다른 가족 구성원에게 주의를 기울이고 받는 것, 그리고 안전한 주거, 사생활 및 재충전을 위한 여가 생활과 같은 자원 같은 가족 내에서 자원에 대한 접근에 어떻게 영향을 주었는지 고려하라.
2. 내담자의 경제적, 사회적 계층을 평가하고 이것이 의료, 교육 선택, 사회적 선택, 직업 선택, 법적 자원 및 사회 정치적 힘과 같은 지역 사회 내의 자원에 대한 접근에 어떻게 영향을 주었는지 고려하라.
3. 1과 2를 고려하여 내담자의 경제적·사회적 계층이 자존감과 개인의 복지, 가족복지, 가정, 학교 및/또는 작업 환경에서 독립적인 결정을 내릴 수 있는 능력, 사회적·정치적 영역 내에서 자신의 삶이 다른 사람들의 통제를 받는지 자신의 삶의 상황에 영향을 줄 수 있는지에 영향을 주는 능력을 평가하라.
4. 과거, 현재 그리고 가까운 미래에 내담자의 경제적 성공을 적극적으로 지원하거나 저지하는 데 있어서 환경의 영향(사회 경제적 장벽 또는 기회 창구)을 고려하라.
5. 1, 2, 3을 고려하여 내담자의 사회경제적 지위(SES)가 내담자의 삶을 제약하거나 지원하는 어떤 역할을 더 수행하는지 고려하라. SES가 현재 내담자 자신의 강점과 약점, 전체 스트레스 수준 또는 전체 복지 수준에 어떻게 영향을 주는지, SES가 현재의 생활 습관을 어떻게 저해하거나 촉진시킬 수 있는지 고려하라.

자기 분석 지침

1. 사회경제적 지위(SES)와 관련된 주제들에 관한 현재 당신의 지식은?
    a. SES에 대한 배경과 SES가 내담자의 신체적, 정서적 건강에 미치는 영향을 알려 주는 강좌를 얼마나 수강했는가?
    b. SES에 대한 배경과 SES가 내담자의 신체적, 정서적 건강에 미치는 영향을 알려 주는 워크숍에 얼마나 참여했는가?
    c. SES가 다른 사람과 어떤 전문적인 경험을 했는가?

    d. 다른 SES를 가진 사람과 관련하여 어떤 개인적인 경험을 했는가?

    e. 이 시대의 하층 계급, 중산층 계급 및 상류 계급에 속한 개인의 세계관에 영향을 미칠 수 있는 어떤 동시대 또래 집단 효과가 있을 수 있는가?

2. SES에 대한 당신의 현재 인식 수준은?

    a. 하층 계급, 중산층 계급, 상류 계층 사람들에 대해 들어 온 고정관념은 무엇인가?

    b. 당신이 투표하는 방법, 당신이 살고 있는 지역, 당신이 소유하고 있는 것, 그리고 재정을 어떻게 다루는지 등 당신의 삶의 측면에서 원가족의 사회경제적 계층이 어떤 역할을 했는가?

    c. 이 내담자와의 효과적 상담을 지지했을 어떤 경험이 있는가? 내담자의 관점 혹은 현재 상황에 대한 부정적 편향 또는 사회적 소외를 결과할 수 있었음 직한 어떤 경험을 했는가?

3. 이 SES의 내담자과 함께 상담하는 데 있어서 현재 당신이 적용하는 기법은?

    a. 계층 분석을 하고 내담자에게 필요한 재정 또는 관련된 자원에 접근하도록 돕는 어떤 기법이 있는가?

    b. 이 내담자의 신체적, 정서적 건강에 대한 사회 계층의 영향을 평가하는 데 도움이 되는 어떤 기법이 있는가?

    c. 이 내담자의 신체적, 정신적 건강에 대한 사회 계층의 영향을 평가하는 능력을 높이기 위해 할 수 있는 일은 무엇인가?

4. 취할 수 있는 조치, 단계는?

    a. 이 SES의 내담자와 상담함에 있어서 보다 유능해지도록 스스로를 준비하기 위해 당신은 무엇을 할 수 있는가?

    b. 이 SES의 내담자가 상담을 통해 긍정적인 결과를 발생시킬 가능성을 높이기 위해 상담의 환경을 어떻게 구성할 수 있는가?

    c. 이 내담자과 함께하려는 상담 방향을 고려할 때, 이 상담 방향에 내재적으로 포함되어 내담자의 경험과 관점을 편향시키거나 소외시킬 수 있는 계급차별적 가치는 무엇인가?

    d. 현재 내담자와의 관계 형성 과정을 강화하기 위해 할 수 있는 일은 무엇인가?

    e. 이 SES의 내담자에게 보다 효과적이도록 상담계획 및 과정에 대해 무엇을 바꿀 것인가?

폭력 영역

 22세 유럽계 백인 남성인 제프는 여성을 공격하여 상담에 보내졌으며(3장), 70세 유럽계 미국인 여성인 앤은 딸에게 공격받은 후의 우울과 딸에 의한 학대로 상담에 오게 되었다(5장). 18세 유럽계 미국인 여성인 니콜은 아버지와 남자 형제들로부터 학대받았고 어머니 역시 그들의 폭력을 당하는 것을 보아왔다(7장). 75세 유럽계 미국인 남성인 댄은 자신이 최고로 여겼던 장성한 딸에게서 신체적 학대를 받고 있다(10장). 17세 히스패닉계 미국인 여성인 조세피나는 데이트 강간과 가정폭력의 희생자로서 자신의 신생아기 아들을 학대하기 시작했다(11장). 마지막으로 25세 유럽계 미국인 제이크는 좋은 아버지가 되려고 노력하지만 아들을 공포에 떨게 하고 있다(12장). 이들의 폭력 역사는 당신과의 상담 관계를 발전시키는 능력에 어떤 영향을 주게 될까? 그들의 폭력의 역사는 상담계획에 어떤 영향을 미칠 것인가?

 2002년 세계보건기구(WHO)는 대인간 폭력을 전 세계 공중 보건 위기로 규정했다(WHO, 2002). 대인관계 폭력에 대한 노출이 다른 상황에서 노출될 가능성을 증가시킨다는 많은 연구 결과가 있다. 또한 폭력 희생은 심각한 정신적, 육체적 건강 결과를 겪을 가능성을 높인다(Felitti, 2002; Hamby & Grych, 2013). 정서적 학대를 포함한 아동학대 및 학교에서의 괴롭힘과 같은 불리한 유년기 사건의 수의 증가는 성인 시기 심각한 질병으로 고통받을 가능성과 조기 사망 가능성이 증가시킨다(Brown et al., 2009). 대인관계 폭력은 모든 지역 사회에서 발생하며, 수명에 걸친 예방은 모든 신체 건강 및 정신건강 문제를 줄임으로써 지역 사회 건강 및 건강을 증진시킬 것이다(Brown et al., 2009). 1998년 미국에서 150만 명의 여성과 80만 명의 남성이 파트너에 의해 신체적 또는 성적 학대를 받았으며 300만 명의 아동이 이를 목격한 것으로 보고되었다(CDC, 1998). 부부 폭력을 하는 부모는 아동이 학대에 참여하도록 하거나 아동 역시 폭력에 처하게 할 수 있다(Fantuzzo & Mohr, 1999). 매년 수백만 건의 아동학대 사례가 보고된다(Finkelhor, Turner, Ormrod, & Hamby, 2005). 노인학대도 더 큰 관심사가 되었다. 신고 전화가 증설됨에 따라 학대 신고가 계속 늘어난다(CDC, 2002). 복합적인 요인으로 폭력 행위가 일어나지만, 정확한 행동 위협 평가와 효과적인 대응을 통해 많은 사건을 예방할 수 있다(APA, 2013). 개인에 대한 전 생애에 걸친 폭력 노출이 평가되어야 한다. 대부분의 폭력 피해자는 여러 형태의 피해에 노출될 것이며, 각각의 피해 경험은 상황과 시간에 따라 다른 역할을 할 수 있다(Finkelhor, Turner, Ormrod, & Hamby, 2009; Hamby & Grych, 2013).

따라서 효과적인 치료 계획은 내담자가 노출된 각 유형의 폭력을 함께 고려해야 한다. 상담자는 각 폭력 노출에 대해 개인이 직접 입은 피해인지, 목격 경험이었는지, 폭력에 간접적으로 노출되었는지를 확인하고, 노출 빈도, 사건의 심각도, 노출에서 개인의 역할(증인, 피해자, 가해자, 피해자-가해자)을 알아보아야 한다(Hamby & Grych, 2013, p. 10).

임산부가 폭행을 당하면 아이는 출생 전부터 폭력에 노출되기 시작할 것이다(CDC, 2006). 2006년 조사에서 약 330만 건의 아동학대가 보고되었다. 기존의 학대 사례에서 방임이 가장 흔했으며(64.1%), 신체적 학대(16%), 성적 학대(8.8%), 정서적 학대(6.6%)가 뒤를 이었다. 가해자의 대다수는 부모(79.4%) 또는 피해자의 친척이었다(U. S. Department of Health and Human Services, Administration for Children and Families, 2006). 학대 가정의 부모는 아이들이 실수를 하거나 잘못된 행동을 할 때 가혹한 신체적 징계를 사용한다(Consortium for Longitudinal Studies of Child Abuse and Neglect, 2006). 학대받은 아동은 인지 기능과 학업 기능이 저하될 위험이 높을 뿐 아니라 내면화 및 외현화 행동의 위험이 증가한다(Bates & Pettit, 2007). 또한 유년기 학대 경험은 공격, 불안 및/또는 우울과 관련된 행동 문제를 포함하여 장기적인 정신건강 결과뿐만 아니라 장기적인 정신건강에 영향을 미치는 것으로 밝혀졌다(Brown et al., 2009). 이것은 학대와 방임이 발달 중인 아동의 뇌에 미치는 영향에 기인한 것일 수 있다는 의미이다(National Scientific Council on the Developmenting Child, 2005). 발달은 계속되는 과정이다. 발달은 상황과 사람들이 아동에게 유효하고 신뢰할 수 있는 학습 경험을 제공할 때 일어난다. 이러한 학습경험은 아동이 폭력적이거나 방임당한다는 정보를 자신의 세계관, 대인관계 및 자기이해에 동화시키고 통합할 수 있는 것을 의미한다(Raeff, 2014). 이에 더해, Ryder(2014)는 방임하거나 학대하는 양육자 손에 자란 초기 아동기 경험과 성장 후 폭력적인 대인관계를 맺거나 폭력적 행동을 하는 경향 사이의 관계 모델을 제시했다. 그녀의 모델은 폭력의 씨앗이 손상된 유아와 유아의 대인관계 외상성의 영향에서 시작된다는 점을 제안한다. 그녀는 폭력 범죄로 유죄 판결을 받은 여자 청소년들을 연구했다. 그녀는 이 소녀들이 폭력적인 이웃과 가족 환경에서 자랐음을 발견했다. 이들의 거주 지역과 가정의 많은 성인은 마약 중독자였다. 이 소녀들은 아이들이 정서적 조절과 충동 통제를 발달시키기 위해 필요한 반응적인 성인과 안정적인 애착을 형성할 기회가 없었다. 발달 과정에서 이 소녀들은 애착 형성의 방해, 안정적인 주거 시설의 부족, 안정적인 지도의 부족 등을 지속적으로 경험해 왔다. 따라서 그들은 다른 사람들과 건전한 애착을 형성하는 능력을 기르는 데 도움을 얻지 못했으며 자신의 행동을 사회의 규준에 맞추는 준비가 되지 않은 채로 학교, 아동 복지 시스템, 나아가 법정까지 오게 되었다. 이들은 반복적으로 폭력에 노출될 때마다,

고통에서 순간적으로 벗어나게 해 주는 행위와 경험으로 도피하여 고통스러운 생각과 느낌을 피하는 방식으로 대처하려는 시도를 한다. 그러나 그들의 억압된 감정은 격렬한 행동으로 불규칙하게 분출하여 다른 사람을 폭력의 희생자로 만든다. 이렇게, 폭력의 피해자는 반복적인 외상과 반응적인 양육 부족의 과정을 거치면서 차츰 폭력적인 가해자로 변모해 간다(Ryder, 2014).

가정 폭력이 없는 상황에서도 아동학대 및 방임이 발생할 수 있다. 그러나 가정 폭력과 동시 발생하는 경우가 30~60%이다. 남성이 파트너와 자녀 모두에게 폭력을 행사할 가능성은 여성의 3배이다(U. S. Department of Health and Human Services, Administration for Children and Families, 2006). 어머니가 자녀를 학대로부터 보호하려고 한다면, 아버지는 자녀를 폭행하거나 자녀에 대한 공격을 강화하여 방해하지 않는 것이 더 낫다는 것을 가르침으로 대응할 수 있다(Bancroft & Silverman, 2004/2005). 그렇지만 파트너의 자녀 폭력 상황에서 개입하지 않은 여성은 때때로 자녀 보호에 실패한 잘못으로 당국에 의해 기소된다(Kantor & Little, 2003).

파트너 사이에 폭력이 일어나면 약 3백만 명의 아동이 이를 목격한다(Fantuzzo & Mohr, 1999). 아이들은 자신의 삶에서 성인의 폭력적인 행동을 보거나 듣거나 폭력 후유증을 나중에 목격할 수 있다. 이러한 행위에는 성폭행뿐만 아니라 신체적 폭행이 포함될 수 있다(Kantor & Little, 2003; Wolak & Finkelhor, 1998). 간접 폭력의 부정적인 심리적 영향 외에도 폭행 가해 부모는 아동이 폭행에 참여하도록 강요하거나, 아동에게 피해자인 부모를 감시하도록 요구하거나, 피해자가 폭행의 책임이 있다는 메시지로 아동을 교육할 수 있다(Kantor & Little, 2003). 또한 매년 1,500명의 아동이 아동학대로 사망하고 사망에 이르도록 방임되며, 이러한 사망의 80%는 4세 미만의 아동이다. 매년 약 550,000명의 아동과 청소년이 가정폭력으로 병원에서 치료를 받는다(CDC, 2013b).

장기간의 가정 폭력에 노출된 아이들은 남성이 여성보다 우월하고 여성에게 폭력을 가하는 것이 정당하며 폭력이 문제 해결의 적절한 수단이라는 생각을 갖게 될 수 있다(Bancroft & Silverman, 2002). 남성 가해자들은 파괴적인 방식으로 아이를 기르기도 한다. 그들은 자녀들을 편애하고 어머니에게 애착을 보이는 자녀를 조롱할 수 있다(Bancroft & Silverman, 2004/2005). 그들은 의도하지는 않더라도 어머니인 파트너의 능력을 모욕, 멸시함으로써 자녀를 양육하는 어머니로서의 권위를 깎아내릴 수 있다(Bancroft & Silverman, 2004/2005). 그들은 또 의도적으로 그녀의 결정을 무시할 수 있다. 예를 들어, 그녀가 자녀에게 특정 활동을 금지하는 경우, 가해 부모는 아동이 그 활동에 참여하도록 도울 수 있다. 그는 어머니를 무시한 것에 대해 자녀에게 보상을 줄 수도 있다. 전반적으로 소년들은 폭력의 피해자가 되도록 사회화되고, 소녀들은 학대를 용인하도록 길러질 수 있다(Jaffe & Geffner, 1998). 이는 아이들이 폭력적인 사회에서 배우고 있는 것을 그들의 성 역할에 대해 이미 배운 것에 통합시키려 하기 때문일 수 있다. 성차별화된 행동에는 남성의 지배와 통제에 대한 주장과 여성의 양육하고 타인들의 요구에 부응하려는 시도가 포함된다(Worell & Remer, 2003).

학교에 들어가면, 학대받는 아동들은 다른 아동들에 의해 왕따당할 위험이 높아진다. 다중 피해가 계속 발생할 수 있지만 시간이 지남에 따라 이러한 아동 자신이 폭력가해자가 될 수 있다. 단일한 폭력 또는 일회적 폭력보다 다중 폭력, 반복 폭력의 패턴을 보이는 경우가 더 많다(Hamby & Grych, 2013). 학대받은 아동이 억제되지 않는 기질을 가진 경우 공격적으로 행동할 가능성이 높다. 그들은 대인 정보를 처리하기 위한 부적응적 인지도식을 발달시켜 종종 중립 행동에 대해서도 적대적인 의도라고 인지한다. 이 아이들은 충동적으로 반응하고 빠르게 화를 낸다. 그들은 집에서 공격적인 보복 행동의 레퍼토리를 배워서, 공격행동을 도덕적으로 용인되는 것으로 간주하고, 부모는 친구들에 대한 공격 행동을 용납한다(Dodge, Pettit, Bates, & Valente, 1995: Watson et al., 2005).

대조적으로, 행동이 억제된 아이들은 학교에서 폭력 피해자가 될 때 내면화 증상으로 반응할 가능성이 더 높다. 그러나 특정 상황이나 특정 가족 상황에서는 시간이 지나면서 공격적으로 될 수 있다(Watson et al., 2005). Holt, Finkelhor 및 Kantor(2007)는 사회 생태학적 이론틀을 사용하여 폭력 피해 아동을 연구했다. 그들은 피해자와 폭력 행동이 서로 어떻게 관련되어 있고 관련이 없는지 다양한 상황을 통해 조사했다. 그들은 학교 안에서 폭력에 연루된 사람은 그렇지 않은 사람보다 내면화 행동을 더 보인다고 보고했다. 그러나 내면화 행동의 원인은 달랐다. 폭력 가해 아이들은 전통적 방식의 범죄에 희생되고 있기 때문에 그런 행동을 발전시켰다. 폭력 피해 아이들은 내면화 행동을 직접적으로 발전시켰다. 나아가 폭력 가해 아동과 피해 아동은 가정 폭력 목격과 같은 간접적인 방식의 폭력 피해에 노출되는 빈도가 더 높았다. 폭력 피해 아이와 폭력 가해자이면서 폭력 피해자인 아이는 학교에서, 그리고 형제자매나 또래관계에서 피해자가 되는 데 있어 유사성을 보였다. 폭력 가해자이면서 폭력 피해자인 아이는 폭력 가해 아이, 폭력 피해 아이에 비해 전통적 범죄에 희생되는 비율이 더 높았다. 가장 놀라운 것은 지난해에 폭력 가해자이면서 폭력 피해자인 아이의 32.1%가 성폭력 피해 보고를 했다는 것이다. 이는 학교 폭력과 아무 관련이 없는 학생의 3.1%가 성폭력 피해 보고를 했다는 것과 대비된다. 또한 아동학대와 전통적 범죄에 자주 희생되는 아이들이 내면화 증상을 가장 높게 보이는 것으로 나타났다.

종단 연구에 따르면 5세에 신체적으로 공격적인 아이는 초등학교 시기, 심지어 사춘기까지도 계속 공격적이다(Broidy et al., 2003; Watson et al., 2005). 아동기 때 학대받은 청소년은 폭력 및 비폭력 범죄로 체포될 가능성이 더 높다. 또한 데이트 폭력에 연루될 가능성이 높고 행동 문제를 외면화할 가능성이 높다. 그들은 또한 고등학교를 중퇴하고, 직장에서 해고당하고, 10대에 부모가 될 위험이 더 크다(Lansford et al., 2007).

청소년 폭력의 가능성은 여러 위험 요소가 증가할수록 높아진다. 이러한 위험 요소로는 가정 내 약물 남용, 무기에 대한 쉬운 접근, 다른 가정 가구 간 자녀 이동, 지역 사회 폭력에 대한 노출, 일탈하는 친구집단에 소속, 빈곤한 생활 등이 있다(Garbarino, 1999; Hanson et al., 2006; Surgeon General, 2001; Watson et al., 2005). 성도 폭력 행위를 저지르는 주요 위험 요소이며, 특히 10대와 초기 성인 시절에 그런 경향이 강하다(Kimmel, 2008). 유치원 시절부터 남자아이는 공격성의 모든 수준에서 여자아이보다 더 공격적이며(Watson et al., 2005), 젊은 남자는 젊은 여자보다 살인을 저지를 확률이 10배 더 높다(Garbarino, 1999).

White와 Smith(2004)의 연구에 의하면 아동기에 성폭력을 당하고 나서 신체적으로 학대를 받거나 아동기에 가정 폭력을 목격한 남성은 10대 시절에 성폭력을 저지를 가능성이 두 배 높다. 학대 경험 중 부모의 신체적 학대는 10대 시절의 성폭력과 가장 높은 관계를 보였으며, 가정 폭력의 목격과 아동기의 성적 학대로 이어졌다. White와 Smith는 또한 대학에서 성폭력 가해는 아동기에 희생자가 되고 이후 10대 시절에 성폭력을 저지른 경우에만 관련이 있음을 발견했다. 아동기에 희생되었지만 청소년기에는 성폭력에 연루되지 않은 남성은 대학에서 여성을 공격하지 않았다. White와 Smith는 대학 4학년 남학생 대상의 연구에서 대부분이 성폭력 가해자가 아니지만, 성폭행을 포함하여 성적으로 강압적인 하위 단위에 연루된 경우는 4년 전체에서 모두 증가한 것을 확인하였다.

연인, 동료, 가족, 이방인에 대한 존중의 중시, 그리고 성폭력, 스토킹, 신체적 폭력의 용인에 반대하는 메시지를 포함하는 신념, 태도, 메시지의 공동체 환경을 조성하는 것은 남성과 여성의 폭력 피해를 종식시키는 데 결정적으로 중요하다. 언론매체는 종종 폭력을 저지르고 가해하는 행동을 일반적인 것으로 묘사하는 사회 및 공동체 규범을 강화하고, 여성을 대상화하고 격하시키는 전형적인 남성성을 받아들일 만한 것으로 본다(Black et al., 2011).

지속적인 폭력의 위험 요소를 조사하는 것 외에도, 연구는 가정이나 학교에서 그 자체로 폭력 요인은 아니지만 아이를 폭력에 노출되게 하는 요인을 밝혀내려 한다. 중요한 요소 중 하나는 아이에게 사회적, 정서적 지원을 제공하는 아이돌보미이다. 또한 폭력 대처 방법에 대한 실질적인 지침이 매우 중요하다(Consortium for Longitudinal Studies of Child Abuse and Neglect, 2006). 다른 보호 요소로는 폭력적, 일탈적 행동을 용납하지 않는 성인에 대해 긍정적인 애착을 가지는 것, 아이의 성공적인 학교생활을 위한 부모의 헌신이 있다(Surgeon General, 2001). Wright와 그 동료들(2013)은 외상의 부정적인 영향으로부터 아이를 보호할 수 있는 가장 강력한 가족 요소로 가족이나 가족대리인의 긍정적이고 민감한 돌봄, 안정적이고 안전한 가정환경을 제시하였다. 보호하는 특징을 가진 아동 특성으로는 정서조절 능력, 자신을 가치 있게 보는 것, 평균 또는 그 이상의 지능, 적응적인 문제해결 능력, 인생에 대한 긍정적인 전망 등이 있다. 외상 대처에 도움이 되는 공동체 특성으로는 안전한 이웃, 낮은 수준의 공동체 폭력, 적절한 가격의 집, 이용 가능한 레크리에이션 센터, 효과적인 학교, 고용 기회 등이 있다. 마지막으로 보호 요소 역할을 하는 문화적 또는 사회적 특성으로는 가정, 학교, 직장에서 아동의 안녕을 보호하는 법, 보건진료를 지원하는 법, 신체적 폭력을 용서하지 않는 법 등이 있다(Wright et al., 2013).

대인 폭력을 방지하는 것은 부모와 자식 사이에 건강하고 존중하는 가족관계를 발전시키는 것에서 시작된다(Wright et al., 2013). 건강한 부모-자식 관계에는 아이가 부모 모두에게서 긍정적이고 효과적인 양육을 받는 것이 포함된다. 이것은 정서적으로 지지하고 열린 소통을 하는 가족 환경을 만든다. 아이에게는 부모의 많은 복잡한 기술이 필요하며, 아이에게 필요한 것은 아이가 발달해 가면서 변화한다. 부모는 아이가 커 감에 따라 새로운 행동을 배우고 새로운 기술과 자원을 발전시킬 필요가 있으며 아이에게 다른 요구를 한다. 부모는 또한 아이에게 친밀한 관계에서 어떻게 행동해야 하는지에 대한 역할모델이 된다. 따라서 공격성 또는 폭력이 없이 존중하는 친밀한 관계는 아이에게 미래에 자신의 관계를 어떻게 발전시켜야 하는지에 대한 강력한 사례가 된다. 청소년은 이 좋은 관계의 사례를 또래나 이성 친구와의 관계를 발전시켜 가는 지침으로 사용할 수 있다. 아이와 10대는 타인과 갈등할 수 있으며, 폭력이 관계에서 수용될 수 없다는 믿음을 유지하고 비폭력적인 의사소통과 문제해결 전략을 가질 필요가 있다. 부모는 아이와 10대 자녀가 갈등 교섭, 스트레스 해소, 안전한 방식으로 부정적 정서의 관리 방법을 배우도록 돕는 데 있어 매우 중요하다.

성인 사이의 폭력은 개인, 자극, 물리적 환경의 맥락 안에서 발생한다(U. S. Department of Justice, Office of Violent Crimes, 2010). 이 경우 신체적 공격, 성폭력, 신체적 또는 성적 공격의 위협, 정서적 학대가 일어날 수 있다(CDC, 2006). 연인 또는 부부 사이의 폭력은 찰싹 치거나 할퀴어서 생기는 일시적인 상처에서부터 반복적인 주먹 공격, 발로 차기, 무기 사용 등으로 인한 치명적인 상처까지 생길 수 있다. 치명적이지 않은 상처라도 심각한 질환이나 만성적 결과로 이어질 수 있다. 법규에서는 연인 또는 부부 사이의 모든 학대를 '불법 신체 침해'로 규정하고 있지만, 남성의 공격은 종종 여성이 주도하는 경우보다 더 높은 수준의 치명적 위험을 보인다(Samuelson & Campbell, 2005; Stuart, 2005). 폭력은 한쪽에서 시작될 수도 있으며, 이것이 자기방어 또는 복수의 형태로 상대방의 폭력을 유발하는 경우가 많다(Archer, 2002; Graham-Kevan & Archer, 2005).

여성 대상의 성폭력이 더 많지만, 남성도 성폭력을 당한다. The National Intimate Partner and Sexual Violence Survey에서는 미국에서 여성 5명 중 1명, 남성 71명 중 1명이 성폭행 당한 경험이 있다고 밝혔다. 성폭행은 주로 친밀한 파트너, 그다음으로 지인에 의해 발생하며, 낯선 사람인 경우는 가장 빈도가 낮다. 대부분의 여성 피해자는 25세 전에 첫 번째 성폭행 피해를 당하며, 42%는 18세 이전에 첫 피해를 당했다. 남성 피해자의 25% 이상이 10세 또는 그 이전에 성폭행을 당했다. 남녀 모두 대부분이 남성에 의해 성폭행을 당했다(Black et al., 2011).

정서적 학대는 놀리기, 고의적이고 공공연한 행동 방해, 가족이나 친구에게서 고립시키기, 금전적 통제 등의 행동으로 나타난다(CDC, 2006). 파트너 학대는 종종 가족 내의 비밀이다. 이는 피해자가 이런 피해는 자신의 잘못이거나 일반적으로 가족에게 일어나는 일이거나 그것을 공개할 경우 자신이나 다른 가족이 위험해질 것이라고 믿기 때문일 것이다(Stuart, 2005). 파트너 폭력의 피해자는 다양하며, 모든 사회경제적 수준, 민족과 인종 집단, 교육적 배경, 성적 지향에서 발생한다(CDC, 2006). 피해자에게 공통적으로 일어나는 현상은 그 폭력적 경험이 가해자와의 이전 관계에 대한 배신으로 느껴지고, 신체적 피해가 없는 경우에도 심각한 정서적 불안을 경험하며, 종종 자신감을 잃고 자신이 가치 없다고 느끼게 되는 것이다. 피해자는 또한 매우 무서워하며, 파트너의 위험신호를 경계하게 된다(Stuart, 2005).

커플 사이의 폭력은 대체적으로 두 개의 넓은 범주로 구분할 수 있다. 첫 번째로 일반적인 또는 상황에 따른 커플 폭력은 동성애자, 이성애자, 결혼한 부부, 동거인 등 넓은 범주의 커플들에서 일어난다(Frieze, 2005). 이런 경우 폭력은 쌍방 간에 일어나며 가족의 일상사에서 부정적인 경험에 대한 반응의 형태로 발생한다. 이들에게 있어 폭력은 수용할 만한 스트레스 반응으로 여겨진다(M. P. Johnson & Leone, 2005). 다른 유형의 커플 폭력인 '은밀한 공포행위'는 상대적으로 빈도가 낮으며 매우 극단적인 행동과 관련되어 있다. 가해자는 폭력과 공포를 사용하여 지속적으로 파트너를 완전히 통제하며, 파트너는 그런 상황들에 심한 정서적 반응을 경험하게 된다(M. P. Johnson, 1995; Koss, Bailey, Yuan, Herrera, & Lichter, 2003). 가해자는 또한 심리적 학대를 또 다른 통제 기제로 사용한다(Dye & Davis, 2003).

부정적인 아동기 경험사가 친밀한 파트너 폭력 가능성을 높인다는 정도 외에는 이 폭력의 발생에 대한 단순한 설명은 없다(Felitti, 2002). 발생 요인(predisposing factors), 증강 요인 (potentiating factors), 촉발 요인(eliciting factors)을 조사하는 복합적 모형은 폭력을 예방하고 폭력에 대처하는 데 매우 유용하다(Stuart, 2005). 발생 요인은 개인의 정신 능력과 세계관을 설명해 주는 생물학적, 문화적 요인이다. 증강 요인은 불확실성, 커플의 관계 역동에 대한 개인의 잠재능력을 포함하는 내면적, 상황적 요인이다. 촉발 요인은 자기억제력을 떨어뜨리고 긴급한 상황에 잘 대처하지 못하게 만드는 내면적, 상황적 사태이다.

  폭력적인 모든 사람이 상담 및 치료에 잘 따라 주는 것은 아니며, 이에 따라 어떤 사람이 상담 및 치료에 가장 잘 따라 주는지 조사하는 연구가 수행되었다. Stuart(2005)는 상담 실무자에게 어느 정도 지침이 될 수 있는 유형 분석틀을 개발하였다. 그는 폭력적인 사람을 약탈적 학대자(predatory abusers), 감정적 학대자(affectively motivated abusers), 도구적 학대자 (instrumental abusers)로 분류하였다. 가장 변화 의사가 없고, 피해자에게 가장 위험한 학대자는 약탈적 학대자이다. 이들은 파트너의 행동과 상관없이 자신의 독특한 목적에 의해 촉발되는 폭력을 자주 되풀이하여 행사한다. 이들은 공격 전에 조용할 수 있지만, 어느 순간 폭력 사태가 고조되었다고 느낀다. 피해자에게 신체적으로, 정서적으로 심한 상처를 주며, 사태 이후에도 자신이 했던 것에 대해 후회하거나 피해자에게 공감하는 경우는 드물다. 도구적 학대자는 파트너에게 뭔가를 얻어 내기 위해 폭력을 행사하며, 이 폭력은 발생 빈도가 낮다. 이들은 공격 전에 조용하며, 파트너에게 원하는 것을 얻을 때까지 폭력 사태를 천천히 고조시킨다. 이들에게는 피해자에 대한 관심보다 자신이 원하는 바에 대한 열망이 더 중요하기 때문에 변화 동기가 제한적이다. 피해 정도는 학대자가 피해자에게 원하는 것이 무엇이냐에 따라 달라진다. 변화에 가장 순응적인 가해자는 감정적 학대자이다. 이들은 실제로 피해자에 의해 촉발되거나 최소한 피해자의 행동이 자신을 촉발하는 것이라고 해석한다. 폭력적 행동은 우발적으로만 일어난다. 가해자는 공격 전에 매우 고조되며, 사태 후에는 진정된다. 폭력 행동은 충동적으로 발생하며, 상대적으로 덜 심하게 행동하며, 다른 학대자들과 비교해 볼 때 가벼운 피해 정도로 끝날 수도 있다. 이들의 행동은 피해자의 자아존중감에 가장 큰 영향을 줄 수 있으며, 가해자는 피해자의 상처를 같이 느끼고 그것을 유발한 것에 대해 후회할 수도 있다.

  일반적인 커플 폭력 범주에 속하는 폭력 관계나 감정적 학대자의 폭력 관계는 변화에 가장 열린 태도를 보인다(Frieze, 2005; Stuart, 2005). 변화 동기는 파트너를 손상시킨 것에 대한 후회, 좋은 부모가 되고 싶은 바람, 위험으로부터 아이를 보호하려는 열망, 미래 방향의 계획 같은 역동에서 올 수 있다(CDC, 2006). 그렇지만 폭력이 친밀한 관계나 결혼생활 50년 내내 지속될 수도 있다(U. S. Department of Justice, Office of Violent Crimes, 2010). 50세 이상의 여성은 50세 이상의 남성에 비해 신체적, 성적 폭력의 피해자가 되는 경우가 더 많다. 살인-자살이 일어나는 가장 많은 경우가 남편이 아내를 죽인 후에 자살하는 것이다(U. S. Department of Justice, Office of Violent Crimes, 2010). 그러나 남성도 이런 방식으로 희생자가 되며, 일부 자료에 의하면 착취나 방임 같은 경우 상대적으로 남성 피해자가 더 많다(Pritchard, 2002). 가장 일반적인 노인 폭력 가해자는 그들의 가족이다. 피해자는 그들을 신뢰하며, 그들과 계속 관계를 가진다(U. S. Department of Justice, Office of Violent Crimes, 2010). 그렇지만 노인학대는 어떤 식으로든 심각한 가족붕괴 후의 새로운 관계에서 일어날 수 있다.

나이가 들어 발생하는 대인 폭력은 질병이나 정신건강 상태 같은 것의 심각한 변화가 공격적인 행동을 증가시킨 오래된 관계 또는 권력이나 통제의 역동이 폭력을 심화시키게 된 오래된 관계에서도 발생할 수 있다(U. S. Department of Justice, Office of Violent Crimes, 2010). 학대자는 피해자에게 원하는 바를 얻기 위한 자신의 폭력 사용이나 폭력 위협을 정당화할 방법을 찾아낸다. 매년 2백만 명의 노인이 학대받는 것으로 추정되며, 이는 신체적 학대, 성적 학대, 정서적 학대, 방임, 감금, 경제적 학대 등의 여러 행태로 이루어진다(Dong et al., 2011). The National Elder Maltreatment Study(Acierno et al., 2010)의 조사 결과 가장 일반적인 형태의 노인학대는 경제적 학대(5.2%)이며, 방임(5.1%), 정서적 학대(4.6%), 신체적 학대(1.6%), 성적 학대(0.6%)의 순서로 나타났다. 연구에 의하면, 특정한 노인은 다른 노인에 비해 학대당할 가능성이 더 크다. 사회적 접촉이 별로 없는 것, 외상 경험이 있는 것이 학대 취약성과 가장 관련되어 있다(Acierno et al., 2010). 가장 취약한 노인은 심리적, 사회적 복지 수준도 낮은 것으로 나타났다. 여기서 우리가 할 질문은 심한 우울증, 매우 불충분한 사회적 네트워크, 매우 낮은 고용률이 노인학대의 결과인가, 아니면 이것이 학대의 위험성을 높이는 것인가이다(Dong et al., 2011).

결론적으로 폭력 대상이 아동, 성인, 노인 어느 쪽이든 간에 중복 피해가 일반적이며, 따라서 상담 실무자는 한 가지 형태의 폭력 보고서를 받았을 때 다른 형태의 폭력 가능성을 알아보지 않는 실수를 하면 안 된다. 또한 폭력 형태에 따라 내담자의 피해자 역할이나 가해자 역할이 바뀔 수 있다. 따라서 다른 형태의 폭력인 경우 다른 개입이 필요할 것이다(Hamby & Grych, 2013). 상담 및 치료 성공에 장애가 되는 것으로 피해자와 가해자가 모두 폭력이 일상적이라고 보는 것이 있다. 폭력 환경 속에서 자란 내담자는 명료한 의사소통과 비폭력적인 문제 해결 목표를 현실적이지 않은 것으로 볼 수 있다. 이런 내담자는 상담자의 행동, 타인의 행동에 대한 자신의 해석에 영향을 주는 적대적 또는 의심에 찬 편견을 가지고 있을 것이다.

　상담 실무자는 가정, 학교, 이웃, 상담 세션에서 즉각적, 단기적, 장기적 수준의 위험도를 주의 깊게 사정할 필요가 있다(Samuelson & Campbell, 2005). 피해자의 경험은 검증되어야 하지만, 동시에 상담 실무자는 학대 행동이 불법이며 피해자에게 신체적, 심리적으로 손상을 준다는 점을 분명히 해야 한다. 아동의 폭력 목격이 주는 피해도 강조해야 하며, 어떤 부모에게는 이것이 변화 동기를 높이기도 한다. 폭력의 위험요소를 줄이는 것과 보호요소를 높이는 것은 상담 및 치료에서 우선적으로 고려되어야 하며, 내담자가 자신의 삶에서 다른 변화를 만들려 하기 전에 안전에 대한 계획이 선행되어야만 한다. 여전히 과거의 폭력이 미래 폭력을 가장 잘 예측해 주는 것이지만, 10년 주기로 신체적 폭력과 정서적 폭력이 모두 감소되고 있다(Timmons Fritz & O'Leary, 2007).

폭력, 이것만은 꼭 기억합시다!

1. 다음의 사항들을 고려하면서 현재 내담자가 처해 있는 상황에서 폭력을 발생시키는 위험요인, 폭력을 억제하는 보호요인을 사정하라.

　　a. 내담자가 아동기에 겪었던 부정적인 사태들: 약물중독자와 사는 것, 부모가 이혼하는 것, 잦은 이사나 노숙 같은 심각한 가족 붕괴, 부모에게 우울증이나 정신 질환이 있는 것, 자살 시도를 했거나 자살을 계획했던 사람과 사는 것, 중범죄를 저질렀거나 감옥에 갔다 온 사람과 사는 것, 신체적·성적·정서적으로 학대받거나 방임되는 것, 폭력을 목격하는 것

　　b. 성인이 되어서 맞닥뜨린 부정적인 사태들: 약물중독자와 사는 것, 심각한 가족 붕괴, 우울증이나 정신 질환이 있는 사람과 사는 것, 자살 시도를 했거나 자살을 계획했던 사람과 사는 것, 중범죄를 저질렀거나 감옥에 갔다 온 사람과 사는 것, 신체적·성적·정서적으로 학대받는 것, 폭력을 목격하거나 폭력에 대한 공포 속에서 사는 것

　　c. 충동을 조절하고, 자기 행동에 제한을 설정하고, 감정을 조절하고, 반성적인 문제해결을 하고, 타인의 정서와 행동을 이해하는 능력과 같은 내담자의 내적 요인들

　　d. 내담자의 아동기에 폭력을 지지하거나 억제한 장기적인 사회 네트워크와 환경: 외상성의 상처나 양면가치나 정서적 연대의 부재나 긍정적인 정서적 연대, 가족 폭력, 가족들이 문제해결 전략으로서 폭력을 참고 견디는 정도, 학교나 이웃에 대한 긍정적 또는 부정적 경험, 종교적 배경

  e. 가족 관계, 동료 관계, 교육적 성취, 직업, 현재의 이웃, 현재의 신앙에서 폭력에 대한
   환경적인 지지나 억제

  f. 폭력적 반응 또는 친사회적 반응을 정당화하거나 그런 반응을 더하게 만드는 당장의
   유도 또는 촉발 요인: 무기의 존재, 알코올이나 약물 남용, 높은 수준의 좌절이나 분노,
   폭력에 대한 타인의 지지

2. 다음의 사항을 고려하면서 내담자가 삶 전체에 걸쳐서 폭력에 노출된 정도를 사정하라.

  a. 노출의 유형(직접적, 간접적)

  b. 노출의 빈도

  c. 사태의 심각성

  d. 그 상황에서 내담자의 역할(목격자, 피해자, 가해자, 피해자−가해자)

  e. 폭력 노출이 내담자의 정서적, 인지적, 신체적, 사회적 기능 수행에 주는 현재의 영향

3. 내담자의 세계관을 사정하고, 폭력이 그 세계관에 일반적 역할을 했는지 아니면 제한된
 역할을 했는지, 그리고 그 세계관이 현재 폭력을 산출하거나 촉진하는지 아니면 친사회
 적 행동을 산출하거나 촉진하는지 사정하라.

4. 지금 내담자의 위험 정도와 그의 환경에 있는 다른 사람들의 위험 정도를 사정하라. 당장
 그리고 좀 더 장기적으로 안전 정도가 높아질 수 있을지, 만일 높아질 수 있다면 어떻게
 하면 가능할지 검토해 보라. 그들의 삶에서 폭력 가해자의 특성을 주의 깊게 고려하여야
 한다. 1~10 척도로 볼 때, 지금 내담자의 환경은 얼마나 위험한가? 내담자는 그 위험을
 얼마나 통제하고 있는가?

5. 내담자의 안전, 그리고 그의 개인적, 사회적, 문화적 세계에 있는 다른 사람들의 안전을
 사정하라.

6. 폭력이 그와 타인들에게 주는 전체적인 심리적, 신체적 영향을 사정하라. 폭력이나 비폭
 력을 지지하는 다른 힘이 있는지 평가하고, 지금 내담자가 폭력에서 자유롭게 살 수 있느
 냐의 측면에서 내담자의 예측력을 판단하라.

자기 분석 지침

1. 폭력과 방임이 개인과 그 가족에게 주는 영향에 대해 현재 당신은 얼마나 알고 있는가?

  a. 방임, 폭력, 외상이 내담자의 신체적, 정서적 안녕에 주는 영향에 관해 배경지식을 줄
   수 있는 강좌를 얼마나 수강하였는가?

b. 방임, 폭력, 외상이 내담자의 신체적, 정서적 안녕에 주는 영향에 관해 배경지식을 줄 수 있는 워크숍에 얼마나 참가하였는가?

c. 방임, 폭력, 외상이 내담자의 신체적, 정서적 안녕에 주는 영향에 관해 배경지식을 줄 수 있는 전문적 경험을 한 적이 있는가? 어떤 경험이었는가?

d. 방임, 폭력, 외상이 내담자의 신체적, 정서적 안녕에 주는 영향에 관해 배경지식을 줄 수 있는 개인적 경험을 한 적이 있는가? 어떤 경험이었는가?

e. 세상에서 무엇이 중요한지, 사람들은 어떻게 의사소통하는지, 이 세계에서 어떤 보상과 벌이 있는지의 측면에서 방임, 폭력, 외상의 배경을 가진 사람의 세계관에 어떤 코호트 효과가 영향을 줄 수 있는가?

2. 폭력 또는 방임 배경을 가진 내담자와 관련된 이슈에 관해 당신의 현재 인식 수준은 어떠한가?

a. 당신은 무관심하고 폭력적인 생활양식에 관한 전형 중에 어떤 것들을 알고 있는가? 그리고 지금 그것이 내담자에 관한 당신의 관점에 어떤 영향을 주는가?

b. 당신의 과거 폭력 관련 경험 또는 폭력 노출이 지금 내담자에 관한 당신의 관점에 어떤 영향을 주는가?

c. 당신은 좋은 낭만적 관계, 좋은 부모-자식 관계에 관한 전형 중에 어떤 것들을 알고 있는가? 그리고 지금 그것이 내담자에 관한 당신의 관점에 어떤 영향을 주는가?

d. 당신이 과거에 폭력, 방임에 노출된 것이 이 특정한 내담자에 대한 당신의 반응에 어떤 영향을 주는가?

e. 당신은 내담자와의 효과적인 작업에 도움이 될 수 있는 어떤 경험들을 하였는가? 내담자의 관점이나 현재 상황에 대해 부정적 편견을 가지거나 평가절하하게 만드는 어떤 경험들을 하였는가?

3. 당신은 폭력 또는 방임 배경을 가진 내담자와의 작업에서 어떤 기술을 사용할 수 있는가?

a. 당신은 방임이나 폭력, 트라우마 배경을 가진 사람과 작업할 때 유용하게 사용할 수 있는 기술을 가지고 있는가? 어떤 기술인가?

b. 당신은 폭력이나 방임 배경을 가진 사람과 효과적으로 작업하기 위해 어떤 기술을 개발하는 것이 중요하다고 느끼는가?

c. 당신은 폭력이나 방임 배경을 가진 사람과 긍정적인 결과를 이끌어 낼 가능성을 높이기 위해 무엇을 할 수 있는가?

4. 당신은 어떤 행동단계를 취할 수 있는가?

a. 당신은 자신을 좀 더 숙련시켜서 폭력이나 방임 배경을 가진 내담자와 작업하기 위해 무엇을 할 수 있는가?

b. 당신이 선택한 상담치료 접근법을 고려해 볼 때, 폭력 피해자 또는 가해자인 내담자에게 적절한 개입을 안 하거나 부적절한 개입을 하게 만드는 잠재적 편견으로 어떤 것들이 있는가?

c. 당신은 폭력이나 방임 배경을 가진 내담자에게 긍정적인 결과를 이끌어 낼 가능성을 높이기 위해 상담환경을 어떻게 구성할 것인가?

d. 당신이 폭력이나 방임 배경을 가진 내담자에게 더욱 환영받을 수 있으려면 어떤 상담과정을 변화시킬 것인가?

결론

이론적 관점(예: 행동주의)은 내담자가 누구이고, 왜 그들이 그렇게 행동하는지에 대해 이해하는 데 도움이 된다. 성, 성적 지향, 폭력의 역사, 또는 다른 영역의 복합성이 주는 영향을 고려하여 내담자의 개인적 특성을 더 깊이 탐색하는 것은 유의미한가? 3장에서 12장까지의 실습들은 이런 질문에 대답하고 임상 실무에 인간 복합성을 통합하는 기술 연습에 기본 틀을 제공하는 첫 번째 단계이다. 복합성에 대해 점점 더 익숙해지면, 이 책에서 소개되는 영역들을 좀 더 공부하고 종교, 발달장애와 같이 여기서 다루지 않은 다른 중요한 영역들도 알아보는 것이 좋다.

〈표 2-1〉은 각 장의 내담자 인터뷰에서 초점이 된 인간 복합성의 영역들을 장, 호소 문제, 위탁처, 상담 상황에 따라 정리한 빠른 참조표이다. 〈표 2-2〉는 3~12장의 실습 6에서 이론과 복합성 영역의 비교방식을 보여 주는 빠른 참조표이다.

〈표 2-1〉 내담자 인터뷰에서 초점이 된 영역들

영역	장	호소 문제	의뢰처	상담 환경
나이				
케빈	3	자아-혐오, 공포증	학교	학교
앨리스, 캐더린	9	미성숙, 이혼 다툼	학교	외래
앰버	10	만성적 고독감	자신	외래
성				
마리	4	사별, 양육	자신	외래
달러	5	알코올 중독, 방임	학교	외래
스티브	8	정서적 친밀	자신	학교
인종과 민족				
존	6	결혼생활 위기	자신	외래
서지오	8	마약범죄, 인종차별주의	법원	외래
태니샤, 마커스	9	사별	자신	외래
케일러	12	무기력감, 정서적 친밀	자신	외래
성적 지향				
에릭	4	성적 혼란, 방임	학교	학교
엘렌	7	이혼, 정서적 친밀	자신	외래
사회경제적 지위				
앤	5	우울, 노인학대	친구	외래
샤론	6	결혼생활, 양육	내과전문의	외래
스가랴	11	인종차별주의, 적응	학교	학교
폭력				
제프	3	갑작스러운 공격, 분노	법원	외래
니콜	7	신체적 학대, 친밀감 공포	자신	외래
댄	10	신체적, 정서적 학대	성인보호국	외래
조세피나	11	아동학대, 폭력	법원	외래
제이크	12	아동학대, 양육	법원	외래

〈표 2-2〉 실습 6에서 이론과 인간 복합성 영역 비교

장	이론	내담자	이론 비교	복합성 비교
3	행동주의	케빈	인지-행동주의	나이, 폭력
4	인지주의	에릭	인지-행동주의	성적 지향, 폭력
5	인지-행동주의	달러	가족체계	나이, 폭력
6	여성주의	샤론	인지주의	사회경제적 지위, 성
7	정서-초점	니콜	여성주의	폭력, 나이
8	정신 역동	스티브	정서-초점	성, 사회경제적 지위
9	가족체계	태니샤, 마커스	여성주의	인종, 성
10	문화 모형	댄	정신역동	폭력, 인종
11	구성주의	조세피나	가족체계	폭력, 인종
12	초이론	케일러	구성주의	인종, 성적 지향

추천 자료

❖ 나이 영역

American Psychological Association Help Center. http://www.apa.org/helpcenter/

Brems, C. (2008). *A comprehensive guide to child psychotherapy and counseling* (3rd ed.). Long Grove, L: Waveland Press.

Harvard University, Center on the Developing Child, National Scientific Council on the Developing Child. http://developingchild.harvard.edu/activities/council/

Zero to Three: National Center for Infants, Toddlers, and Families. www.zerotothree.org

❖ 성 영역

Association for Women in Psychology. http://awpsf2015.com/

Crawford, M. (2006). *Transformations: Women, gender and psychology* (2nd ed.). New York: NY: McGraw-Hill.

Feminist Psychology Institute. https://feminism.org

Kimmel, M. S. (2008). The gendered society. In K. E. Rosenblum & T. C. Travis (Eds.), *The meaning of difference: American constructions of race, sex and gender, social class, sexual orientation, and disability* (5th ed., pp. 81-87). Boston, MA: McGraw-Hill.

Landrine, N. F., & Russo, N. F. (2010). *Handbook of diversity in feminist psychology.* New York, NY: Springer.

U. S. Department of Labor, Women's Bureau. http://www.dol.gov/wb/

❖ 인종과 민족 영역

Hays, P. (2008). *Addressing cultural complexities in practice: Assessment, diagnosis, and therapy* (2nd ed.). Washington, DC: American Psychological Association.

National Alliance for Hispanic Health (NAHH). http://www.hispanichealth.org/

National Black Child Development Institute (NBCDI). http://www.nbcdi.org/

National Indian Child Welfare Association (NICWA). http://www.nicwa.org/

❖ 성적 지향 영역

Association for Lesbian, Gay, Bisexual, & Transgender Issues in Counseling. www.algbtic.org

Biescheke, K. J., Perez, R. M., & DeBord, K. (2007). *Handbook of counseling and psychotherapy with lesbian, gay, bisexual, and transgender clients* (2nd ed.). Washington, DC: American Psychological Association.

Children of Lesbians and Gays Everywhere. http://www.colage.org

Gay, Lesbian and Straight Education Network. www.glsen.org

Parents, Families and Friends of Lesbians and Gays. http://www.PFLAG.org

❖ 사회경제적 지위 영역

Books, S. (2007). *Invisible children in the society and its schools* (3rd ed., pp. 1-22). Mahwah, NJ: Lawrence Erlbaum.

Centers for Disease Control and Prevention. http://www.cdc.gov

Children's Defense Fund. http://www.childrensdefense.org/

Institute for Research on Poverty. http://www.irp.wisc.edu/

❖ 폭력 영역

Child Welfare Information Gateway. http://www.childwelfare.gov/

Hamby, S., & Grych, J. (2013). *The web of violence: Exploring connections among different forms of interpersonal violence and abuse.* New York, NY: Springer.

National Council on Child Abuse and Family Violence. http://www.nccafv.org/

Stop It Now! http://www.stopitnow.org

Zorza, J. (2006). *Violence against women: Vol. III. Victims and abusers.* Kingston, NJ: Civic Research Institute.

제3장 행동주의적 사례개념화와 상담계획

행동주의 이론 소개

보호관찰 기관으로부터 방금 전화가 와서 한 내담자를 의뢰받았다고 가정해 보자. 의뢰받은 내담자 제프는 22세의 백인 남성이다. 그는 16세에 고등학교를 중퇴했다. 그는 그때부터 패스트푸드 음식점에서 요리사로 일해 왔다. 그는 최근에 GED(역자 주. 미국 고등학교 학력인증 시험: 우리나라의 고졸검정고시와 그 의미가 비슷함. 이후 고졸검정고시로 번역함) 공부를 시작했다. 그는 2년 전에 21세의 카렌과 결혼했다. 그들에게는 존이라는 세 살 아들이 있으며, 카렌은 현재 임신 4개월이다. 제프는 50세의 여성을 공격하여 100시간의 사회봉사와 분노조절에 초점을 둔 100시간의 상담을 선고받았다. 짧은 접수면접(intake) 동안 제프는 인지적 혼란이나 자살 생각의 징후를 전혀 보이지 않았지만 타인에게 해를 끼치는 심리적 상태에 대해 질문할 때에는 매우 화를 냈다. 그럼에도 불구하고 그는 법원과 그의 보호관찰관에 대해서는 여유로운 태도를 보였다. 그는 이런 모습을 통해 자신이 느긋한 성격을 가진 사람이라는 것을 증명하려 했다.

당신은 행동주의자이며, 모든 행동이 학습된다고 생각한다고 하자. 제프는 어떻게 해서 폭력적인 모습을 학습하였을까? 당신의 이론적 모델은 그의 학습이 고전적 조건화, 작동적 조건화, 그리고/또는 사회적 학습의 원리에 따라 일어났다고 가정한다(Bandura, 1986; Pavlov, 1927; Skinner, 1938). 어떻게 상담을 진행해야 할까? 초점은 제프가 분명하게 드러내는 적응적/비적응적 행동들, 그리고 그것들이 일어나는 특정한 환경들에 있을 것이다(Ingram, 2012). 회기 중에 제프는 적응적 행동을 가르치거나 그 빈도를 높이는 중재과정뿐만 아니라 비적응적 행동 패턴을 수정하거나 제거하기 위한 학습 경험에 능동적으로 참여하게 될 것이다. 만일 제프의 외현적 행동이 변하면, 그것은 관련된 인지적, 정서적 변화들로 이어질 것이라고 가정된다. 그렇지만 변화의 초점은 조건화된 정서적 반응이나 이를 중재하는 인지(mediating cognitions)에 있을 것이다(Ingram, 2012).

만일 제프가 고전적 조건화를 통해 폭력적인 반응들을 학습했다면, 그것은 무의도 학습

(unintentional learning)이다(Pavlov, 1927). 고전적 조건화는 개인의 의식적 통제 바깥에서 발생하는 반사적이고 인출된 행동과 관련된다. 예를 들어, 제프의 성장 시기에 초기의 중립자극(문을 쾅 닫는 것)은 무조건자극(제프에 대한 아버지의 신체폭력)과 함께 일어났다. 시간이 흐르면서 제프는 이 무조건자극에 대해 학습되지 않은 반사적 반응인 공포 반응(혈압, 심장박동, 체온의 상승)을 키워 가게 되었다. 중립자극(문을 쾅 닫는 것)과 무조건자극(제프에 대한 아버지의 물리적 공격)이 반복적으로 연합되면서 제프는 중립자극에 대해 공포 반응을 보이도록 학습하게 된다. 이 학습은 심지어 중립자극이 더 이상 무조건자극과 함께 나타나지 않는 경우까지 이어지게 된다.

제프에게 있어 문을 쾅 닫는 것은 이제 조건(학습된) 자극이 되었다. 이 조건자극에 대한 공포반응은 조건(학습된)반응이라고 볼 수 있다. 고전적 조건반응을 탈학습시키려면 조건자극(문을 쾅 닫는 것)과 무조건자극(신체폭력)의 연합을 깨야 한다. 제프는 아동기 내내 아버지가 있는 상황에서의 모든 갑작스러운 큰 소리에 대해 공포반응을 일반화하는 학습을 하였다. 그렇지만 만일 그가 아버지가 있을 때와 없을 때의 큰 소리를 변별하는 학습을 하였다면 그의 공포반응은 인생에 어떤 기능적 역할을 할 수 있었을 것이다. 만일에 그가 어떤 상황에서든 자신의 공포반응을 일반화하게 된다면 그의 공포는 그가 역기능적 행동을 하도록 이끌어 가거나 고착화시킬 것이다.

만일 제프가 작동적 조건화를 통해 폭력반응을 학습하였다면, 그는 (그의 환경에 작동하는) 뭔가를 의도적으로 하고 그 결과를 경험하는 학습을 한 것이다(Skinner, 1938). 만일 긍정적 결과가 있으면 그 행동의 빈도는 높아진다. 만일 부정적 결과가 있으면 행동 빈도는 낮아진다. 긍정적 결과는 정적 강화(원하는 것을 얻는 것)를 받는 것, 또는 부적 강화(싫은 것을 감해 주는 것)를 받는 것으로 구성될 수 있다. 예를 들어, 만일 제프가 배고플 때 아내에게 고함지르고 아내가 얼른 음식을 갖다 준다면 음식을 주는 것은 정적 강화로 기능하고 이에 따라 그의 고함 빈도를 증가시킨다. 만일 그가 질문받는 것을 무척 싫어한다면 그가 더 고함지를 때 아내가 조용히 있는 것은 부적 강화를 통해 고함 빈도를 증가시킬 수 있다. 무엇이 강화로 기능하느냐는 사람에 따라 다르다.

제프의 행동은 또한 정적 벌 또는 부적 벌에 의해 수정될 수 있다. 만일 어렸을 때 제프가 아버지에게 고함지르고 아버지가 그를 한 대 때렸다면, 이 한 대는 그가 고함지를 자신을 잃게 만드는 정적 벌로 기능할 것이다. 만일 제프의 아버지가 제프의 고함에 대응하여 TV 시청을 중지시킨다면, 이것은 부적 벌을 사용하여 고함을 지르지 못하게 하는 것이다. 정적 벌은 원하지 않은 것을 갖게 되는 것과 관련되며, 부적 벌은 원하는 것을 뺏기게 되는 것과 관련된다. 제프는 여러 환경에서 고함이 벌로 이어지는 것과 강화로 이어지는 것을 변별 학습하였다.

일반적으로 단 한번의 강화 또는 벌이 사람에게 지속적인 영향을 주지는 않는다. 제프가 그의 생에서 경험한 강화와 벌의 전체 역사가 그의 현재 행동 레퍼토리를 만든 것이다. 제프는 인생에서 순기능을 할 수 있는 새로운 행동들을 배울 필요가 있을 것이다. 이 사례에서, 그는 새로운 능력을 개발하려는 작은 단계들을 해 나가는 데에 대한 강화를 받아야만 한다. 만일 그가 자발적으로 '올바른 방향으로의 한 걸음'을 내디디지 않는 영역에서 그에게 필요한 기술이 있다면, 촉구와 행동형성을 사용해야 한다. 촉구는 행동을 시작하게 하여 강화를 가능하게 하는 선행 사태(단서, 설명, 제스처)이다. 행동형성은 원하는 반응으로 점차 근접하는 것에 대해 강화하는 것이다. 탈학습(작동적 소거)은 앞서 강화받은 행동이 더 이상 정적 결과로 이어지지 않을 때 일어난다.

제프는 어떤 한 모델이나 여러 모델을 관찰하면서 폭력행동과 그 결과를 학습해 왔을 것이다(Bandura, 1986). 이 학습된 행동이 나중에 실행되느냐는 그 행동과 연합된 결과에 달려 있다. 제프는 자신과 유사한 것 같은 모델 또는 명성이나 지위, 전문성이 높은 것 같은 모델에게서 학습할 가능성이 더 많을 것이다. 가족 내 제1의 권력자인 제프의 아버지는 폭력행동을 가르치는 강력한 모델이 되었을 것이다. 제프는 아버지의 언어적, 물리적 통제행동에 순종하는 어머니를 보면서 자신의 지배행동에 대한 대리적 강화를 받았을 것이다. 관찰을 통해 학습된 반응의 소거는 벌이 되는 결과를 직접 겪거나 관찰(대리)할 때 가능하다.

행동이 1차적으로 주의를 받고 있을 동안, 인지나 정서가 '학습된 행동'이 되도록 하는 것이 가능하다. 예를 들어, 제프는 고전적 조건화를 통해 화와 여성에 대한 적대감을 연합하도록 배울 수 있었다. 따라서 여성과 관련된 어떤 상호작용에서도 제프는 부적응적 행동으로 이끌어 가는 조건화된 정서적 반응을 보일 것이다. 이와 유사하게, 그는 질문을 하려는 어떤 시도도 사실상 지배하려는 시도라는 신념을 아버지에게서 배웠을 것이다. 따라서 누군가가 제프에게 질문을 하면, 그는 '이 사람이 나를 통제하려고 하는군. 누가 보스인지 보여 줘야겠어. 안 그러면 나는 이 사람의 노예가 될 거야.'와 같이 자동적으로 생각하게 된다. 이런 유형의 생각은 대부분의 사람이 중립적이거나 따뜻하다고 느끼는 상황에서 제프의 공격적 행동을 부채질하게 된다.

상담자의 역할

상담자는 제프를 어떻게 도울 것인가? 상담자는 교사, 훈련시키는 사람, 그리고 행동수정을 능동적으로 이끌어 가는 수반성[1] 관리자일 것이다. 첫째로 상담자는 제프의 행동을 사정하고, 그의 현재 문제점들을 빈도, 강도, 지속도, 형식이나 질, 맥락의 적절성 측면 등 행동주의적 관점에서 규정할 것이다. 제프의 행동주의적 강점들도 유사한 방식으로 기록할 것이다. 이 정보들은 자기-보고식 질문지(inventories), 제프와 주요 타인들과의 인터뷰, 행동주의적 관찰, 그리고 기타의 방법을 통해 수집될 것이다. 이 과정과 더불어, 상담자는 선행자극사건들(행동 촉발요인-어디서, 언제, 누구를)과 후속자극, 즉 행동의 결과들(강화, 벌), 그리고 변화과정에 대한 환경적 지지나 장벽의 관점에서 제프의 문제점들을 유지시키는 조건들을 분석할 것이다. 이러한 결정들을 한 후에, 상담자는 제프가 변화하는 데에 필요한 학습경험들을 제프에게 제공하는 상담회기들을 계획할 것이다. 제프는 특정한 행동들을 시작하고, 그 빈도를 높이고, 또는 수정할 필요가 있을 것이다. 유사하게, 그는 어떤 행동들을 그만두거나, 줄이거나, 대체할 필요가 있을 것이다. 상담자는 이러한 변화를 지원하는 학습 환경 구성을 위해 적극적이고 직접적인 역할을 할 것이다.

잠재적으로 적응적인 행동으로 수정하고, 이미 있는 적응적 행동을 증가시키며, 새로운 기술을 가르치는 것이 상담의 성공을 위해 꼭 필요할 경우 적응행동을 위한 적극적 탐색 또한 이 행동 분석의 부분이 될 수 있다. 제프의 폭력행동 문제가 과소평가되어서는 안 되지만, 한편으로 진정한 행동강점을 찾아볼 수 있는 영역도 많이 있다. 예를 들어, 제프는 타인에게 고함치는 것이 안전한 상황인지 아닌지를 변별하는 능력을 보여 왔는데, 이것은 그가 화났을 때에도 자기통제를 어느 정도 할 수 있다는 것을 보여 준다. 제프는 타인을 관찰하려는 동기를 가지게 되었고, 잘 조율된 능력을 가지고 있다. 만일 이런 기술들을 사용할 기회를 가진다면 그는 가장 효과적으로 배울 것이다. 예를 들어, 그는 자신의 행동을 숙고하는 과제보다는 퇴근 후에 '동료들'을 관찰하는 과제의 경우에 공격적 행동으로 이어지는 선행자극과 후속자극을 더 빨리 인식하였다. 마지막 예로, 행동주의 상담은 통찰에 초점이 있다기보다는 매우 활동 지향적이다. 제프는 '무언가를 하는 것'을 과제로 주는 것이 자신에 대해

---

1) 수반성(隨伴性)은 contingency의 번역어이로서 반응행동과 그 결과 간에 확립될 수 있는 특별한 관계를 말한다. 수반성은 어떤 사건(A)이 일어나면 그에 이어 특정한 사건(B)이 야기될 것이라는 것을 진술하는 규칙이다. 행동주의 상담자는 이러한 수반성을 잘 관리할 수 있어야 한다.

생각해 오는 과제보다 더 자신의 개인적 스타일에 맞을 것이다.

제프의 상담과정에서 상담자는 이완 훈련, 분노 조절 훈련, 사회적 기능 훈련 등 많은 유형의 학습 경험을 소개할 수도 있다. 역사적으로 행동주의 상담은 인지나 정서에 초점을 두지 않았다(Skinner, 1938). 그렇지만 현재의 많은 행동주의자는 '인지'와 '정서'가 조건화될 수있고 이에 따라 개입의 적절한 표적이 될 수 있다고 믿고 있다(Ingram, 2012).

제프의 진전 과정은 어떻게 측정되고 모니터될 것인가? 목표들은 특정하고, 명료하고, 기능적이고, 획득될 수 있는 것으로 설정될 것이며, 적응적 행동을 수정, 제고, 학습시키는 것뿐만 아니라 부적응 행동을 수정, 감소시키는 것과도 관련될 수 있다. 건설적인 변화를 지원하는 환경을 제공하는 데에 초점을 둔 개입으로 시작할 수도 있다. 만일 안전할 수만 있다면, 제프의 부인은 제프의 행동에 대해 자신이 보이는 행동을 변화시키는 데에 참여할 수 있다. 만일 상담자가 제프에 맞는 학습환경을 설계하고 제프가 그 환경에 적극적으로 참여하는 신뢰롭고 상호존중하는 상담관계를 발전시키지 않는다면, 효과적으로 가르치는 환경이 상담회기에서 나타나지 않을 수도 있다.

사례 적용: 폭력 영역의 통합

이제 제프의 사례가 상세하게 검토될 것이다. 그의 행동을 통찰할 수 있는 복합적인 분야가 많이 있다. 폭력 영역을 선택한 이유는 행동주의적 사례개념화를 다루는 데에 좋기 때문이다. 원하는 상담자가 있느냐는 질문에 제프는 가능한 한 빨리 끝내고 싶기 때문에 바로 상담할 수 있는 누구라도 괜찮다고 이야기한 뒤, 잠깐 생각하고는 '바보가 아닌' 상담자면 좋겠다고 답했다.

행동주의적 관점에서 제프(J)와 인터뷰한 것

P: 나는 당신이 보호관찰 조건으로 여기 왔다는 것을 압니다. 어쩌다가 보호관찰 처분을 받게 되었지요?

J: 왜냐하면 그 여자가 내가 주차하려는 자리를 빼앗았고, 저는 그걸 참을 수 없었거든요.

P: 그녀가 당신의 주차공간을 어떻게 빼앗았는데요?

J: (화를 내며) 아내인 카렌이 히스테리를 부려서, 나는 직장에 늦었어요. 내가 식당(직장)에

도착했을 때, 차 댈 곳이 모두 꽉 차 있었어요. 나는 자리가 날 때까지 계속 돌았지요. 내가 그 자리를 발견하여 후진 기어를 넣었을 때, 그 여자가 거기로 밀어넣었어요. 그래서 나는 차에서 내려서 그녀의 차 창문을 두드리고는 차를 빼라고 했어요. 내 말을 무시하더라고요. 나는 돌아가는 척하다가 그녀가 차 밖으로 나왔을 때, 재빨리 다시 갔죠. 나는 그녀에게 차에 다시 타고 내 주차 자리에서 나가라고 했어요. 그녀는 나를 밀치고 지나가려고 하데요. 그래서 나는 그녀를 한 번 흔들어 줬어요.

P: 그녀는 얼마나 많이 다쳤나요?

J: (단호하게) 안 다쳤어요. 주차장에 있던 다른 누군가가 식당으로 달려가 경찰에게 전화했어요. 경찰은 나를 낚아채고, 그녀를 병원에 데려갔어요. 그녀는 밴드 하나 붙일 필요도 없었어요!

P: 경찰이 어떻게 했나요?

J: (화를 내며) 법원으로 데려갔어요. 판사는 내가 이성을 잃은 이유를 묻데요. 나는 아내와 좋지 않게 싸우느라 직장에 늦었다고 말했죠. 그리고 나는 판사에게 내 아내가 임신했으며, 만일 내가 감옥에 간다면 직장에서 쫓겨날 거라고 말했어요. 카렌은 거기 앉아서 울고 있었어요. 나는 보호관찰 처분을 받았어요.

P: 카렌이 그곳에 있었던 것이 보호관찰 처분 정도로 끝나게 도움을 주었나요?

J: (화를 내며) 그 멍청한 혼란은 모두 그녀의 잘못으로 시작된 거예요. 그녀는 나를 직장에 지각하게 만들었어요. 사장은 제가 부부싸움을 했다고 하니 크게 화를 냈어요. 그것은 몇몇 고객을 겁에 질리게 했어요. 한 번만 더 그런 일이 있으면 해고할 거라고 그가 말했어요.

P: 이 직장이 당신에게 중요한가요?

J: (진지하게) 내가 고졸검정고시에만 합격하면 나는 레스토랑 관리자 교육에 등록할 자격을 갖게 돼요. 그러면 나는 카렌과 아이들을 먹여 살릴 돈을 충분히 벌면서 공부도 할 수 있어요.

P: 당신은 자신의 가족들을 부양하기 위해 열심히 일하고 있어요. 당신은 직장에서는 감정을 잘 조절하고 자신의 직업을 유지할 수 있나요?

J: (상담자를 쏘아보며, 긴장하여) 나는 직장에서 사장을 때리지 않아요, 만일 그걸 묻는 거라면요.

P: 당신의 사장이 당신에게 소리를 지르는데도, 당신은 자신의 화를 통제할 수 있군요. 그때 그 여자에게는 왜 화를 통제하지 못했을까요?

J: (확고하게) 어디, 여자가 나를 찍어 눌러요. 내가 그녀를 위협했을 때 그녀가 자기 주장을

굽혔으면, 나도 물러났을 거예요. 그녀의 하는 짓이 내가 폭발할 정도로 화가 치밀어 오르게 했어요. 그녀가 흐느껴 우는 것을 내려다보면서 나는 화가 내려갔어요. 물론, 경찰이 나를 낚아챘기 때문에 잠시만 기분이 좋았지만요.

P: 당신은 다시 폭발했나요?

J: (부인하면서) 아뇨, 화를 눌러야지요. 그 상황에서는.

P: 당신은 경찰에게 자신의 화를 통제할 수 있었군요.

J: (짜증스럽게) 나는 감옥에 가고 싶지 않았어요-그러나 욱하는 건 느꼈지요.

P: 욱했다는 건 무슨 뜻이죠?

J: (긴장하여) 처음에 나는 문제상황에 몰두하게 됩니다. 잠시의 시간이 흘러도 여전히 그 긴장을 놓지 못하면 나는 열이 오르기 시작합니다. 만일 내가 너무 열받으면, 자동조종장치처럼 되어서 내가 이길 때까지 싸우게 되는 거지요.

P: 그게 그 여자에게 일어난 건가요?

J: 예. 나는 차 안에서 이미 욱했고, 주차장을 돌아다닐 때 더 나빠졌는데, 그때 그녀가 나를 밀어내려고 한 거죠. 그겁니다.

P: 당신이 법원에 다녀온 후에 어떤 것이 긴장을 없애는 데 도움이 되었나요?

J: (사무적으로) 나는 식당에서 일할 때 음식을 좀 많이 익혀요. 타는 냄새는 항상 나에게 어느 정도의 만족감을 줍니다.

P: 집에서는 어떤가요, 긴장을 어떻게 완화시키시나요?

J: (집중하여) 집에 가면, 어떻게 해야 내가 좋아하는지 카렌이 더 잘 알아요.

P: 만일 그렇지 않으면요?

J: (적대적으로) 그러면 나는 그녀에게 해대죠.

P: 어떻게 하나요?

J: (사무적으로) 그건 그녀가 나를 얼마나 미치게 만드는지에 달려 있습니다. 어쩌면 나는 그녀를 밀치겠죠. 어쩌면 좀 더 난폭하게 할 때도 있고요.

P: 싸움 후에 카렌에게 병원치료가 필요한 적이 있었나요?

J: (천천히 그리고 단호하게) 전혀 그렇지 않습니다. 나는 그녀를 그렇게 세게 때리지 않습니다.

P: 최근의 사례 한 가지를 이야기해 줄 수 있을까요?

J: (긴장하여) 제가 싸운 그날이었는데, 그녀는 내가 언제 집에 오는지 알고 싶어 했어요. 그녀는 차를 갖고 뭘 사러 가려고 했거든요. 나는 그녀를 밀쳤어요, 단지 그녀가 나를 통제하려고 하지 않는 게 낫다는 점을 지적하기에 충분한 정도로만요.

P: 1부터 10까지의 척도로 본다면, 얼마나 세게 밀었나요?

J: (짜증스럽게) 카렌에 대해서는 걱정하지 마세요, 그녀는 그걸 조절할 수 있어요. 그녀는 임신한 걸 알았을 때 무척 투덜댔지만, 내가 해 줄 수 있는 여러 가지 것을 친정 부모에게 서 다 받아내기도 하는 걸요.

P: 당신이 아내를 때리거나 차는 것은 하루에 몇 번 정도 되나요?

J: (무척 짜증을 내며) 아내는 괜찮아요. 내가 그녀를 밀쳐도 그녀는 전혀 말을 멈추지 않아 요. 내가 문을 열 때 그녀는 내 팔을 붙잡아요. 그러면 내가 그녀를 세게 차죠. 그래서 아 내가 나한테서 떨어지고 나면 나는 흥분하지 않고 문 밖으로 나올 수 있게 되지요.

P: 마음이 편안할 때는 어째서 아내를 차지 않나요?

J: (집중하여) 나는 그녀를 완전히 물러서게 하지 못했고 나한테 잘못이 있는 것처럼 되었기 때문에 분이 풀리지 않았어요. 그녀가 물러선다면……. 예, 나는 좋은 기분으로 끝을 내죠.

P: 기분이 좋을 때는 무엇을 하나요?

J: (사무적으로) 내 몸이 섹스를 할 준비가 되죠. (잠시 침묵) 나는 아내에게 하자고 강하게 고 집하기도 합니다.

P: 아내와 몸싸움을 하고 나면 성적으로 흥분되는 것을 느끼나요?

J: (조용하게) 크게 다툴 때만 그래요, 왜냐하면 그러면 모든 좌절감이 사라지면서 편안해지 거든요. 근데, 내가 출근하기 전에 싸우면 그렇게 할 수가 없죠. 그러면 나는 집에서 나오 면서부터 계속 화가 나 있어요.

P: 섹스를 하고 나면 어떤가요?

J: (자기도취하며) 나는 정말 편안해집니다.

P: 몸으로 싸우는 것 말고 화를 풀 수 있는 다른 방법이 있을까요?

J: (자기도취하며) 나는 말로도 꽤 화를 풀어요. 종종, 어떤 위협은 오래 가죠.

P: 당신이 화가 나서 정신이 없을 때, 싸움을 멈추게 하는 것으로는 어떤 것이 있나요?

J: (긴장하여) 만일 상대방이 물러서면, 나는 여전히 신경이 날카롭긴 하지만 기분을 풀 수 있어요. 만일 아직 열이 오르지 않았고, 그것이 직장의 상황이라면 나는 그 자리를 떠날 수 있습니다. 나는 나 자신을 통제해야만 합니다. 나는 그게 싫어요.

P: 자신을 통제해야만 하는 게 싫다는 말인가요?

J: (화를 내며) 신경이 날카로워지는 것도, 또 그것이 풀리도록 기다려야만 하는 것도 싫어요.

P: 열 받으면?

J: (단호하게) 전에 말했지만, 열 받으면 나는 자동조종이에요. 그렇지만 대부분의 시간 동안

에는 잘 통제하고 있습니다. 실제로, 내가 일을 잘하지 못하는데도 잘릴까 걱정도 안 한다고 모든 사람에게서 항상 비웃음을 받고 있는데도 말이지요.

P: '모든 사람'은 누구를 말하는 건가요?

J: (거만하게) 내 어머니와 아버지요. 나한테 하는 것이 딱 세 가지지요. 내가 게으르며 성공하지 못할 거라고 야단치고, 나를 때리고, 나를 무시하는 것.

P: 어떤 일이 있었나요?

J: (생각에 잠겨) 만일 아버지가 집에 있는데, 또 내가 집에 있다는 걸 알아차리면, 아버지는 내가 게으르게 행동한다는 둥 나를 때릴 이유를 찾아냅니다. 만일 아버지가 나를 때리거나 발길질하지 않는다면, 그건 아버지가 너무 바빠서 내가 집에 있는 걸 알아채지 못했기 때문입니다. 그럴 때는 또 어머니가 나를 '괴롭히려고' 기다리고 있습니다. 학교에서 'F'를 받았다거나 학교를 빼먹은 것 같은 걸로요. 엄마는 나를 엄청나게 야단치지요. 집에서 내가 쉴 수 있는 유일한 시간은 부모님이 서로 싸우느라고 정신이 없어서 나를 신경 쓸 여유가 없을 때뿐이었어요.

P: 맞아서 치료가 필요했던 적은 없었나요?

J: (거만하게) 몇 번 내 팔이 부러졌죠.

P: 자신이 학대받고 있다는 걸 의료 관계자나 다른 어른들이 알아챈 적은 없었나요?

J: (조용하게) 아무도 신경 쓰지 않았어요. 심지어 내가 수많은 멍자국이 있는 채로 학교에 갔을 때에도, 아무도 그 자국을 보는 것 같지 않았어요. 선생님들도 내가 게으르다고 생각했어요. 열네 살 때부터인가? 아버지가 주변에 있으면 사라져야 한다는 걸 배웠어요. 나는 어머니가 자기 분수에 맞게 행동하도록 하는 방법을 배웠어요.

P: 그걸 어떻게 배웠어요?

J: (열심히) 아버지한테서 듣는 것과 밤낮으로 텔레비전을 보면서요.

P: 무엇을 보나요?

J: (열심히) 나는 항상 경찰, 스파이 전쟁 등 액션물을 즐겨 봅니다. 지금도 여전히 그걸 봅니다.

P: 액션물의 어떤 부분이 좋은가요?

J: (열심히) 재빠른 행동, 분노. 나는 이것들을 보면서 내 주먹뿐만 아니라 위협을 사용하는 법에 대해서도 몇 가지 좋은 팁을 얻었어요. 우리 부모는 내가 멍청이라고 생각합니다. 그러나 나는 원할 때에는 빠르게 배울 수 있습니다.

P: 지금은 어떤 것을 배우는 데 관심이 있나요?

J: (자기도취하며) 누군가가 나를 압박하지만 않는다면, 나는 이 고졸검정고시 공부를 잘 마

칠 수 있습니다.

P: 당신은 자신의 화를 표현하는 방법, 감옥에 가는 일 없이 편안함을 느끼는 방법을 배우는 데에 관심이 있는가요? (제프는 주저하는 것처럼 보이다) 나는 사람들이 편안해지도록 도와주는 많은 방법을 알고 있습니다.

J: (도전하듯이) 당신은 내가 이미 섹스에 대해 알고 있는 것보다 나한테 더 많이 가르칠 수 있다고 생각하나요?

P: 나는 편안해질 수 있는, 성적이지 않고 폭력적이지 않은 방법에 대해 이야기하고 있는 겁니다.

J: (비꼬듯이) 우리 한 잔 하러 가는 건가요?

P: 아뇨. (잠시 침묵) 그런데 술을 마시면 편안해지는 데 도움이 되나요?

J: (사무적으로) 아뇨. 그렇지만 나는 술 마시는 그 맛을 좋아합니다.

P: 하루에 어느 정도의 술과 마약을 하는지요?

J: (짜증스럽게) 나는 마약을 하지 않아요. 나는 퇴근 후에 사람들과 맥주 두어 잔 정도 마십니다.

P: 집에서는요?

J: (집중하여) 어쩌다가요, 만일 내가 미식축구를 보고 있다면요.

P: 술에 취한 적이 있나요? (J는 머리를 좌우로 흔들어 부인한다) 술을 마시는 것이 자신의 신경을 더 또는 덜 날카롭게 만드나요?

J: (화를 내며) 만일 내가 신경이 날카로우면, 술을 마시든 아니든 신경이 날카롭습니다.

P: 자신이 자제력을 잃는 것과 자신이 술을 마시는 것 사이에는 연관이 없군요?

J: (짜증을 내며) 내가 이미 선생님한테 말했잖아요. 나는 대부분의 시간 동안 느긋한 사람입니다.

P: 즐거움을 위해서는 뭘 하나요?

J: (생각에 잠겨) TV를 보면 그만입니다. 나는 보통 직장에서의 일들에 대해 직장에서 동료들과 이야기하는 것을 좋아합니다.

P: 그 동료들과 신체적인 다툼이 있었던 적은 없나요?

J: (집중하여) 아뇨. 나는 그렇게 많이 싸우지 않아요. 그 동료들, 우리는 퇴근 후에 술집에서 좀 밀치기도 하지만, 그다음 날에 직장에서 이야기할 때는 그저 약간의 이야깃거리죠.

P: 아들과 몸을 써서 다툰 적이 있는가요?

J: 아뇨.

P: 그는 당신을 겁내나요?

J: 아뇨.

P: 그가 하는 행동에서 당신을 화나게 하는 게 있나요?

J: (단호하게) 아뇨. 이제 겨우 세 살인데요. 아내가 그 아이를 돌보죠.

P: 당신과 아내가 부부싸움을 할 때 그 아이는 무엇을 하나요?

J: (생각에 잠겨) 그 아이는 항상 자기 방으로 달려가요. 때때로 그는 첫 번째 부딪침이 있기 전에 아는 것처럼 보여요. 싸움이 시작되려 하면 TV를 보러 가 버려요.

P: 똑똑한 아이네요. 그 아이는 싸움을 촉발시키는 것이 무엇인지를 아네요. 당신은 그 의자에서 무척 구부정하게 있네요. 지금 날카롭다거나 긴장되어 있다고 느끼나요?

J: (화를 내며) 나는 통제하고 있어요. 이건 내가 흔히 보이는 모습입니다.

P: 지금 화가 났나요?

J: (부인하면서) 아뇨. (잠시 침묵) 왜 그렇게 생각하죠?

P: 네. 당신은 강제로 여기 오게 되었고, 나는 당신한테 많은 질문을 했어요. 사람들이 당신에게 무언가 강제로 시키면 미칠 것 같다고 이야기했잖아요.

J: (짜증을 내며) 상담실이냐, 아니면 감옥이냐, 이 일은 선택이 분명하죠.

P: 우리는 어떤 것들이 당신을 긴장하게 만들고 자제력을 잃게 만드는지 매우 구체적으로 이야기할 필요가 있습니다. 우리는 당신이 진정하는 데에 도움이 되는 비공격적인 방법들을 개발할 필요가 있습니다. 내가 이런 일을 당신과 함께하는 것이 안전할 수 있을까요?

J: (도전하듯이) '안전'요?

P: 만일 내가 당신을 긴장되고 날카롭게 느끼도록 만든다면, 당신은 나에게 말로 이야기할 건가요, 아니면 가까이 와서 나를 붙잡고 흔들 건가요?

J: (단호하게) 나는 감옥에 가고 싶지 않아요.

P: 그러면 당신은 여기에서 그것을 통제할 수 있다고 생각하는군요. (한참의 침묵 후에 제프가 머리를 아래위로 끄덕여 긍정을 표시한다) 만일 내가 당신을 날카롭게 만들면, 당신은 집에 가서 아내를 쥐고 흔들 건가요?

J: (짜증스럽게) 모르겠어요. 내가 아내를 쥐고 흔들 생각은 없어요. 만일 그런 일이 있다면 그건 그녀가 잘못했을 때 그렇지요.

P: 자신은 그렇게 긴장하는 것, 점점 긴장이 쌓이는 것을 알아차릴 수 있나요?

J: (거만하게) 거의 알아차리지요.

P: 여기서 그걸 느끼면, 나에게 말해 주실래요?

J: (화를 내며) 내 보호관찰관은 내가 만일 보호관찰 중에 누군가를 때린다면 곧바로 감옥행
이라고 했어요.

P: 제가 상담계획을 세워서 다음 주에 보여 드릴게요. 만일 당신이 그 계획을 따른다면, 당
신은 당신의 날카로워지는 느낌과 긴장된 느낌이 들 때 폭발하지 않고 자제력을 가지게
될 겁니다. 당신이 배우는 기술들은 당신으로 하여금 감옥 밖 세상에서 살아갈 수 있고
좋은 관리자가 되도록 도울 수 있습니다. 다시 말씀드리지만, 만일 나는 당신의 아내나
다른 누군가가 위험하다고 생각되면, 나는 그들과 경찰에 연락해야만 합니다.

J: (열심히) 나는 아내나 다른 누군가를 때리지 않을 겁니다. 나는 감옥에 가고 싶지 않아요.

제프에 대한 행동주의적 사례개념화: 가정-기반 양식

제프의 학습 역사는 언어적 또는 신체적 공격, 공격적 행동의 강화인, 성적인 만족을 통한
타인의 지배와 이완의 연합 행동들로 가득 차 있다. 그는 부모가 서로 폭력을 주고받는 것,
텔레비전에서 폭력적인 인물이 추앙받는 것을 수없이 보았고 말과 주먹으로 다른 사람을 위
협하는 법을 학습하였다. 그가 어렸을 때 그의 부모가 그를 다그쳐 그들이 원하는 대로 하게
했듯이, 제프는 커 갈수록 언어적, 신체적 공격행동을 통해 어머니 또는 그가 목표했던 사람
에게서 자신이 원하는 것을 얻어 내게 되었다. 학교 선생님은 그를 학대하지는 않았지만 그
가 자주 다치는 것에 관심을 보이지도 않았다. 이 모습은 제프의 적대적인 세계관을 한층 더
강화하였고, 폭력적인 사람이 권력과 통제권을 가지며 비폭력적인 사람은 수동적이고 스스
로에게 도움이 되지 않는다고 생각하게 만들었다. 제프는 화가 날 때 자동조종장치에 올라
타는 경향이 강하며, 상대방을 완전히 굴복시켜야 싸움을 멈출 수 있게 되었다. 만일 상대방
이 여자이면 지배감은 성적 만족, 이완과 연합되는 것으로 보인다. 제프는 직장이나 경찰 앞
에서는 폭력적 충동을 통제할 수 있다. 성인이 된 제프는 타인의 행동에 대해 과잉경계하며
타인의 행동이 실제로 부정적이었는지 중립적이었는지와 무관하게 위협적 행동이라고 급히
해석해 버린다. 그렇지만 그는 또한 유급고용 상태를 유지하고 아내와 자식을 경제적으로
부양하려는 진지한 책임감을 학습하였다. 고졸검정고시 합격과 같이 현재 목표에 맞는 결과
가 제공되면 새로운 행동을 학습할 제프의 잠재력을 잘 보여 주는 사례들이 있다.

제프는 부모를 관찰하면서 언어적, 신체적 폭력 레퍼토리를 형성하기 시작하였다. 그는
부모가 서로를 공격하는 데 바빠서 자기를 신경 쓰지 않을 때에만 부모의 폭력에서 안전했
다는 것을 기억하고 있다. 그는 무엇이든지 아버지의 폭력행동에 전조가 될 수 있다는 것을

학습하였다. 그렇지만 어머니의 공격행동은 아마도 제프가 뭔가 잘못한 것에 기인했을 것이다. 가능한 한 부모의 눈에 띄지 않으려 애쓰면서 제프는 열심히 TV를 시청하게 되었다. 제프가 처음으로 언어적, 신체적 공격행동을 한 것은 아마도 부모 행동의 거울상이었겠지만, 그는 TV의 폭력적 역할모델을 보면서 얼마나 많이 학습하였는지를 자랑스럽게 이야기했다. 이러한 관찰에 의한 영향을 따로 떼놓는 것은 불가능하다. 그렇지만 그의 아버지가 어머니를 지배하는 것을 관찰한 것에서든 아니면 TV에서 남자가 여자를 지배하는 것을 시청한 것에서든, 그는 남자가 여자를 지배하는 것에서 정서적인 대리만족과 즐거움을 경험하기 시작했을 것이다. 사춘기에 접어들면서, 이 간접 학습은 그가 점점 더 어머니를 지배하는 데 성공하면서 직접적인 학습이 되었다. 그렇지만 그는 아버지를 지배하려 한 것에 대해서는 전혀 이야기하지 않았다. 따라서 이 관계를 통해서든 아니면 TV를 통해서든, 제프는 권위자에 대해 자기통제를 못하면 자기피해로 이어진다는 것을 학습했을 것이다. 지금 시점에서 권위자가 누구인지는 명확하지 않지만, 제프가 직장을 중시하는 것을 보면 돈을 벌어서 생계를 책임지는 것에 대한 역할모델을 가지고 있다는 것을 짐작할 수 있다. 따라서 직장에서 화가 날 때 제프는 음식을 태우는 것과 같이 수동공격적인 행동을 하고, 고용주나 직장동료들에게 명백히 자제력을 잃는 행동은 하지 않을 것이다.

제프의 폭력 기술은 작동적 조건화를 통해 좀 더 강화되었다. 그의 아버지는 언어적, 신체적으로 제프를 학대하는 것이 유용하다는 것을 알게 되었고, 기회가 날 때마다 그렇게 했다. 제프의 어머니는 교육이 중요하다는 것을 알고 있었고, 그래서 제프가 학교를 열심히 다니지 않는다고 느낄 때면 제프에게 언어적 또는 신체적 공격을 하였다. 그녀는 자신이 원하는 만큼 제프가 학교공부에 충실하지 않으면 언어적 또는 신체적 벌을 주었다. 제프는 학년이 올라가면서 무단결석을 하기 시작했다. 초기에는 이것에 대해 어머니가 제프를 공격하였지만, 제프의 몸집이 점점 커지면서 어머니는 점차 제프의 피해자가 되었다. 성장기 아동으로서 제프는 이웃이나 학교에서 다른 아이들과 점점 더 많이 접촉하게 되었다. 명확한 것은 아니지만 이런 양육 상황이 제프를 매우 공격적으로 만들었던 것 같고, 제프는 점점 커 가면서 자기보다 작거나 어리숙한 사람들을 피해자로 만드는 데 보다 더 성공하게 되었다. 제프는 어머니를 지배하는 방법을 학습한 것에 대해 즐거움을 드러냈는데, 이 즐거움은 아내인 카렌과의 관계, 그리고 주차장에서 여성과의 다툼에 대해 이야기할 때에도 드러났다. 그는 많은 사람이 임신한 여성에 대해 동정심을 보인다는 것을 알게 되었다. 이에 따라 그는 법정에 갈 때 카렌을 데리고 가서 울게 하였다. 그가 기대한 대로 그는 감옥으로 보내지지 않고 보호관찰 처분을 받게 되었다. 그는 좋지 않은 상황이라 할지라도 정기적으로 출근하였으며,

직장에서 자기 화를 자제하지 못하면 해고될 수 있다는 것을 잘 인식하고 있다. 또한 학교에 대해 이야기할 때 어떤 좋은 것도 말하지 않았지만, 만일 더 많은 돈을 벌게 해 주고 아무도 그에게 잔소리로 벌을 주지 않는다면 고졸검정고시 공부를 할 거라고 하였다.

제프의 폭력행동은 청소년기에 고적적 조건화로 형성된, 열이 나고 긴장하게 되는 생리적 감각과 결합되어 있다. 그것이 언제 시작되었는지 제프는 정확히 기억하지 못한다. 다만, 그는 일단 자신의 분노 자동조종장치가 작동하면 상대가 쓰러질 때까지 싸운다는 것을 알고 있다. 그는 자신의 주요 피해자로 여성을 선택해 왔다. 이것은 성적 만족과 여성에 대한 지배를 통한 평온함 사이에 그가 쌓아 온 연합 때문일 것이다. 제프가 만족감을 느끼고 평안해지려면 그의 의사에 대한 분명한 굴복이 있어야 한다. 경찰의 시야 안에 있던 그날, 직장 주차장에 도착할 때 그는 늦었고 화가 나 있었다. 그가 화가 난 것은 카렌을 무시하려 했는데 카렌이 계속 그의 신경을 건드리려 했기 때문이다. 몇 번 걷어찰 시간밖에 없었기 때문에 카렌을 충분히 굴복시키지 못했고, 그래서 그는 직장으로 운전해 오는 동안 계속 화가 나 있었다. 이와 마찬가지로, 주차장에서 그 여성에게 겁을 주는 것으로는 불충분했다. 만일 그녀가 차를 빼지 않으려 하면 그는 그녀를 때렸을 것이다. 그의 남성 고용주, 남성 경찰관, 남성 판사와 마주쳤을 때 그것이 그의 긴장 사이클에 끼어들어서 분노 상태를 중지시킬 수 있었다. 이것은 그가 지금까지 아버지와 다른 남성들에 대한 공격행동에서 항상 성공하지는 못했다는 점에 어느 정도 기인한다. 그는 또한 많은 사람이 울고 있는 임산부에게 좀 더 부드럽게 대한다는 것을 학습하였다. 그는 카렌을 효과적으로 이용하여 감옥에 가지 않고 가석방되었다. 제프는 또한 학대하지 않는 아버지로서의 자기 역할에 대해 어느 정도 학습할 수 있게 되었다. 충동적인 행동, 우는 것, 결핍을 나타내는 것과 같이 유아나 어린 아동의 예측 가능한 행동 중에 어떤 것에도 제프는 화를 내거나 불만을 드러내지 않았다. 그는 아버지로서 어린 아동이 얼마나 무기력한지 인식할 수 있었고, 카렌이 아이를 돌보는 노력에 대해 인정하였다.

현재 제프는 화, 긴장, 짜증의 느낌이 없다고 이야기한다. 그는 자신이 편안하고 느긋한 사람이라고 주장한다. 그는 감옥에 가지 않기 위해 상담자 앞에서 이 가면을 유지해야만 한다고 느낄지도 모른다. 그렇지만 상담을 통해 그의 학습역사에 강력한 영향을 줄 수 없다면 제프는 또다시 여성, 아마도 카렌에게 피해를 줄 가능성이 크다. 제프 자신은 아동기 때 중복(poly) 피해자였고, 그 후 남성으로서 여성에 대한 중복 가해자가 되었다. 그가 최근 저지른 폭력범죄는 여성에게 입원이 필요한 신체적 손상을 입힌 것이었다. 감옥에 가지 않고 관리자 교육 프로그램에 등록하려는 그의 열망은 진정한 것으로 보인다. 따라서 지금 시기는 제프의 학습역사에서 폭력 없이 다른 사람과 함께 살고 상호작용하는 새로운 전략을 받아들여야 하는 시기일 것이다.

행동주의적 상담계획: 가정-기반 양식

상담계획 개관: 제프의 현재 목표는 분노조절 훈련에 참가함으로써 감옥에 가지 않는 것, 그리고 고졸검정고시를 취득하여 직장에서 관리자로 승진하는 것이다. 이 목표들은 지금 제프가 상담에 적극적으로 참여하게 하는 충분한 유인가가 될 수 있다. 상담자와 보호관찰관은 협력하여 회기 단위로 제프의 위험성을 평가할 필요가 있다. 그가 자제력을 잃게 되는 대상인 카렌과 다른 여성이 가장 위험에 처해 있다. 장기목표 1의 과정은 초기상담의 초점이 되어야 하며 이를 통해 제프는 상담자, 보호관찰관, 카렌, 일반 여성에게 덜 위험한 사람이 될 수 있게 할 것이다.

장기목표 1: 제프는 생활 상황에 대한 자제력을 가지며 감옥에 가지 않도록 정서조절 기술을 배울 것이다.

❖ 단기목표들

1. 제프는 많은 이완, 분노조절 전략을 소개받을 것이며, 감옥에 가게 만드는 상황에 대한 자제력을 높이기 위해 배우고 싶은 것을 선택할 것이다.
2. 제프는 회기 중에 화가 나거나 긴장이 되는 신체적 징후를 확인하는 법을 배울 것이며, 자신이 선택한 기술을 연습할 것이다.
3. 제프는 보호관찰관과 직장 남성동료와의 갈등 상황에 대한 역할놀이 동안에 '열 받는' 것을 막기 위해 선호하는 이완 전략의 사용을 연습할 것이다.
4. 제프는 회기 밖 상황에서 화가 나거나 긴장감을 느끼면 곧바로 그 자리를 피해서 감옥에 가지 않게 하는 회피 전략을 사용할 것이다.
5. 제프는 열이 오른다는 느낌을 갖기 전에 자신의 화와 짜증을 확인해 내는 법을 배울 것이며, 어떤 부정적 정서를 경험할 때 이완훈련을 연습할 것이다.
6. 제프는 자신이 화나거나 짜증이 난 최근 사태를 평가할 것이며, 이 사태의 선행자극을 확인할 것이다. 만일 그 사태에 대해 이야기하는 것에 대해 화가 난다면 이완훈련을 할 것이다.

7. 제프는 자신을 가장 덜 촉발시키는 것에서 가장 촉발시키는 것까지 타인의 행동 목록을 만들 것이며, 각각에 관해 상세히 이야기할 것이다. 만일 이런 행동에 관해 이야기할 때 화가 나려 한다면 이완훈련을 할 것이다.

8. 제프는 회기 밖에서 열이 오르는 것을 막기 위해 회기 중에 배운 전략을 사용하기 시작할 것이다.

9. 너무 열이 오를 때 멈추어서 식힐 수 있다는 것을 확신할 수 있는 다른 목표들이 개발될 것이다.

장기목표 2: 제프는 주변 상황을 통제하면서 감옥에 가지 않도록 관찰기술을 사용할 것이며, 이를 통해 고졸검정고시 학원의 다른 학생들, 보호관찰소의 사람들, 직장동료들이 교사/보호관찰관/고용주와 긍정적인 관계를 유지하기 위해 사용하는 전략들에서 성공적인 것과 성공적이지 못한 것을 판단할 것이다.

❖ 단기목표들

1. 제프는 고졸검정고시 반에서 학생이 지각하고, 질문하고, 그 외에 교사의 짜증을 유발할 만한 뭔가를 할 때 교사가 어떻게 행동하는지를 관찰할 것이다. 그리고 이런 짜증 행동의 선행자극과 후속자극(결과)이 무엇인지에 관해 토론할 것이다.

2. 제프는 자신과 다른 학생에 대한 교사의 행동 목록을 만들 것이며, 이런 행동들이 자신이 학습하고 싶어 하는 기술이 '될 수 있는지' 결정할 것이다.

3. 제프는 약속보다 일찍 보호관찰기관에 가서 그곳 근무자들이 전화, 대면 등에서 짜증나는 상황에 어떻게 행동하는지를 관찰할 것이다. 그리고 그가 본 행동들 중에 학습하고 싶은 기술로 어떤 것이 '가능할지' 회기 중에 이야기를 나눌 것이다.

4. 제프는 보호관찰관이 자신과 타인에게 하는 행동 목록을 만들고, 이 중에서 자신이 학습하고 싶은 기술로 어떤 것이 '가능할지' 판단할 것이다.

5. 제프는 직원이 지각하거나, 실수하거나, 그 외에 고용주의 짜증을 유발할 수 있는 뭔가를 할 때 고용주를 관찰할 것이다. 그리고 이 짜증나는 행동의 선행자극과 후속자극에 대해 상담자와 이야기를 나눌 것이다.

6. 제프는 자신과 타인에 대한 고용주의 행동 목록을 만들고, 이 중에서 자신이 학습하고 싶은 기술로 어떤 것이 '가능할지' 판단할 것이다.

7. 제프는 아내가 아들과 상호작용하는 것을 유심히 보고, 그녀의 말이나 행동 중에서 자신

의 직장이나 학교에서, 또 법정에서 대처할 때에 유용한 것이 있는지 생각할 것이다.

8. 제프는 자신이 학습하고 싶은 기술로 '가능한' 것들에서 어떤 것을 배울지 결정할 것이다.

장기목표 3: 제프는 직장, 보호관찰관과의 만남, 가정생활에서 '가능한' 또는 비폭력적인 문제해결 기술의 사용 결과를 확인할 것이다. 그리고 그 결과가 자신이 감옥에 가게 될지, 또는 고졸검정고시를 취득할지에 대한 자제력을 가지는 데 도움이 되는지 판단할 것이다.

❖ 단기목표들

1. 제프는 직장에서 일어나는 짜증스러운 사태들과 비폭력적으로 행동하기 위해 각 사태에 자신이 어떻게 반응했는지의 경과기록을 매일 작성함으로써 보호관찰 준수사항을 잘 지켜 갈 것이다.

2. 제프는 매주 한 번 보호관찰관과 만날 때, 자신이 지난주 동안 짜증스러운 상황에서 자제력을 유지하기 위해 시도했던 것의 경과기록을 보호관찰관에게 이야기할 것이다.

3. 제프는 매주 한 번 보호관찰관과 만나는 마지막에, 자신이 현재 보호관찰국의 기대에 부응하고 있는지 물어봄으로써 자신의 자제력을 유지할 것이다.

4. 제프는 매 상담회기에서, 자신의 경과기록과 그것에 대한 보호관찰관의 반응을 검토하고 그 경과기록대로 유지하는 것이 감옥에 가지 않도록 자제력을 더 가지는 것에 도움이 될지 이야기를 나눌 것이다.

5. 제프는 자신의 공격적 행동을 촉발시키는 주변의 특정 장소 또는 지각 등의 특정 상황에 대해 숙고해 보고, 개인적 자제력을 가질 수 있는 계획표를 작성하여 그런 촉발상황을 피함으로써 자신의 화를 통제할 것이다.

6. 제프는 흥분 정도를 낮게 유지시키고 교사와 고용주에게 자신의 학습잠재력으로 좋은 인상을 줄 수 있도록, 어떻게 하면 고졸검정고시 프로그램 학습을 최대화할 수 있을지 회기에서 계획을 짤 것이다.

7. 적절한 다른 목표들

제프에 대한 행동주의적 사례개념화: 역사-기반 양식

발달과정에서 제프는 부모에 의해 언어적 위협과 신체적 공격을 당하고 교사나 의료진 같은 다른 성인들로부터 방임되어 신체적, 인지적, 심리사회적 멘토링이 필요했다. 아무도 그에게 적극적으로 친사회적, 또는 양육적 생활 기술들을 가르치지 않았다. 제프는 그가 자신의 생존 욕구들을 충족시키는 데 사용할 수 있는 폭력적 반응들을 숙달하는 것에 집중하는 능동적인 자기-학습자가 되었다. 그는 친사회적 능력을 배우는 것의 필요와 가치를 인식하지 못했다. 성인이 되어서, 제프는 주의를 요하는 타인으로부터의 어떤 신호든 공격적으로 인식하고 반응하는 데 재빨라졌다. 타인의 중립적인, 긍정적인, 또는 부정적인 행동들은 부정적인 또는 위협적인 결과들로 경험되었으며, 그가 보이는 대부분의 공통적인 반응은 공격이다. 현재 제프의 행동 자산은 동기가 있을 때 재빨리 학습하는 그의 능력, 감옥 밖에 계속 있으려는 그의 현재 동기, 그리고 생활이 될 만큼의 급여를 받는 고용을 통한 가족 부양이다.

어린아이일 때, 제프는 성인들이 공격적이라는 것을 학습했다. 그의 부모들은 서로 폭력적인 상호작용을 많이 하였으며, 그에 따라 친밀한 관계에서 폭력의 사용, 문제점들에 관해 의사소통하는 데서 폭력의 사용, 문제해결을 위한 폭력의 사용이라는 역할모델을 하였다. '어떻게 행동할지를 사람들에게 가르치기 위해' 또는 '잘못된 행동에 대한 벌'로서 폭력을 이렇게 강조하는 것은 제프의 행동에 영향을 주기 위해 사용하는 유일한 적극적 양육전략으로 폭력을 사용하는 것에 의해 더욱 군어졌다. 부모들은 제프에 대한 각자의 신체적 학대에 서로 지지하였다. 제프의 부모들은 폭력적인 양육행동을 하지 않을 때에는 제프의 행동을 무시하였다. 제프는 비폭력적인 기술들을 학습할 능력이 있었지만, 이런 유형의 기술 개발에 지지적인 환경이 주어지지 않았다.

제프가 학교에 입학하게 되자, 그는 교사들에 대해 그를 게으르다고 하거나 명백한 학대의 신호들을 무시하는 등 그의 행동에 대해 부정적인 결과만 제공하는 사람으로 인식하였다. 이러한 학습경험들은 자신의 부모에 대한 제프의 부정적인 동일시를 더욱 강화시켰다. 제프는 교제하는 법 그리고 적대적인 세상과 타협하는 방법을 TV에서 배웠다. 그가 선택하여 본 쇼들은 세계가 적대적인 장소이며 자아존중과 안전은 언어적, 신체적 공격의 숙달을 통해 획득된다는 그의 이전 학습들을 더욱 단단하게 만들었다. 그는 신체적인 폭력을 사용하고 타인의 권위에 굴복하는 것을 참지 않음으로써 존중을 획득하는 액션 쇼의 인물들에서 긍정적인 동일시를 발전시켰다. 그는 이런 역할모델들을 매우 주의하여 관찰함으로써 능동적으로 학습하기 시작하였다.

10대에, 제프는 신체적인 힘을 발전시켰고, 그의 어머니에게 언어적, 신체적 위협을 가하기에 충분한 폭력적 기법들을 숙달하였다. 그는 아버지와 TV의 역할모델을 관찰하면서 학습한 기술들을 어머니에게 사용하기 시작하였다. 그의 어머니는 그의 요구에 묵종하고 그를 더 이상 때리지 않음으로써 이것에 대해 강화를 제공하였다. 제프는 그의 아버지로부터 자신을 보호하기 위해 신체적인 거부를 사용하였다. 이로써 제프는 집에서 자신을 안전하게 지키는 법을 학습하였다. 발달 과정에서 그가 동료와 가진 상호작용의 질과 범위는 명확하지 않다. 그의 교사는 팔이 부러진 것과 같이 제프가 학대받고 있다는 명백한 신호를 계속 무시하였고, 제프는 그들에게서 자신을 강화시킬 만한 어떤 결과도 받지 못했다. 그 결과, 그는 교사들을 역할모델로 여기지 않게 되었다. 그는 교사들을 관찰함으로써 타인과 어울리는 비폭력적인 방법을 적극적으로 배우려 하지 않았고, 학업성취에서 보상을 찾아보려 하지 않았다. 결국 그는 고등학교를 자퇴하였다.

성인이 되어서, 제프는 그가 선택한 환경적 경험들에 의해 자신의 폭력적 세계관을 계속 강화하게 되었다. 그는 다른 폭력적인 남자들하고만 교제하였다. 이 동료들과의 교제 활동은 누가 언어적, 신체적 공격을 가장 숙달되게 사용하느냐를 과시하는 데 초점이 있었다. 여자들(그의 아내, 그의 어머니)은 그의 요구에 묵종함으로써 그의 언어적, 신체적 공격을 강화시켜 왔다. 제프는 카렌의 부모가 카렌을 학대한 것을 알고 있으며 또한 그의 아버지가 그의 어머니를 학대한 기억들을 가지고 있는데, 이것들은 여자에 대한 폭력의 수용성을 그에게 더욱 분명히 하였다. 제프의 폭력에 대한 그 이상의 정적 강화인은 신체적으로 여자를 지배한 후에 그가 얻는 편안한 느낌이다. 고전적 학습 또한 그가 자제력을 잃는다고 묘사한 자동적 증상들에 일정한 역할을 했을 것이다. 제프는 그가 성장한 가정환경에서 반복적으로 폭력의 피해자가 되었고 폭력을 목격하였다. 그의 가정환경에서는 누군가 의도하지 않아도 많은 중립자극이 신체적 공격과 짝지어지면서 조건자극이 되는 것이 가능했다. 제프는 여자들과 있을 때에만 이 자제력 상실 상태로 들어갈 수 있다. 그는 그가 (그의 아버지, 다른 남자들과의) 싸움에서 질 수도 있는 상황, 또는 그의 수입이나 개인적인 자유가 위태로운 상황에서 그의 분노 수준을 통제하는 법을 배웠다. 그의 삶은 분노로 가득 차 있지만, 그는 유급 고용 상태를 유지하고 있고, 아내와 아들 그리고 장차 태어날 아이를 열심히 부양하고 있다. 그는 또한 고졸검정고시를 치르고 관리자 훈련 프로그램에 지원하여 승진할 기회를 가지려 한다. 따라서 그는 결과가 분명하고 자신이 동기를 가질 만한 것에 대해서는 새로운 기술을 학습할 의지를 가지고 있다.

현재 제프의 폭력적 행동은 복잡한 방식으로 결정되며, 성인 남성으로서 여성을 중복 피해자로 만드는 데 일조하고 있다. 그의 폭력적 반응은 그의 시도에 대한 카렌의 반응에 의해 일관되게 강화받아 왔다. 그는 폭력적인 역할모델에 일상적으로 노출되었으며, 이로써 그의 폭력적 세계관은 한층 더 강화되었다. 그는 또한 고전적으로 조건화된 특정한 자극들에 노출되었을 때 폭력적으로 반응할 수도 있다. 그러나 제프에게는 그의 폭력 성향 이상의 것이 있다. 아동기에 그는 비록 관찰을 통해 타인의 도움을 얻어 내는 경우는 거의 없었지만 관찰을 통해 학습하는 재능을 개발하였다. 성인이 된 그는 가족을 더 잘 부양하기 위해 열심히 일하고 새로운 기술을 배우려는 의지를 보이고 있다. 그의 학습사에서 이 시점에 법 체제와 갈등하게 되었다. 왜냐하면 화, 좌절, 긴장을 풀기 위해 단지 반사회적 기제들만 개발해 왔기 때문이다. 보호관찰에 놓이기 전에, 제프는 그의 폭력적 행동에 대해 어떠한 부정적 후속 자극도 받은 적이 없었다. 따라서 그는 변화할 동기를 가지고 있지 않았다. 그는 만일 그가 또 다른 폭력적 공격을 할 경우 감옥에 갈 것이라는 것을 알게 되었으며, 이것은 그에게 자신의 자기통제를 높이려는 유인이 되었다. 보호관찰 기간은 제프를 새로운 학습경험에 참여케 하여 화, 좌절, 긴장에 대한 그의 비폭력적 반응 범위를 늘리고 그에게 친사회적 기술을 증진 또는 개선시키거나 새로운 친사회적 기술을 가르치는 기회의 시간이 되어 줄 것이다.

행동주의적 상담계획: 역사-기반 양식

상담계획 개관: 제프의 현재 목표는 감옥에 안 가는 것, 분노 관리 훈련을 받는 것, 고졸검정고시에 합격하여 직장에서 승진하는 것이다. 이 목표들은 제프가 상담에 참가하기에 충분한 유인이 된다. 상담자와 보호관찰관은 함께 협력할 필요가 있으며, 회기 단위로 위험성 측면에서 제프를 평가할 필요가 있을 것이다. 제프는 카렌 그리고 다른 여자들을 상대할 때 자제력을 잃을 수 있는 위험성이 가장 크다. 장기목표 1과 2는 동시에 추구될 것이고, 그 후에 목표 3과 4가 뒤따를 것이다(상담계획은 문제 양식을 따른다).

문　　제: 제프는 자기 힘으로 자랐으며, 인생에서 필요하거나 원하는 것을 공격을 사용하지 않으면서 얻는 방법을 배우는 데 도움을 받지 못했다. 상담자와 보호관찰관은 그의 공격성을 막고 그의 친사회적 능력 발달을 격려하는 교육적 역할(그의 부모가 하지 않았던 역할)을 할 필요가 있다. 각 목표에서, 보호관찰관 또는 상담자가 부정적 행동의 결과(감옥에 가는 것)와 긍정적 행동의 결과(관리자가 되는 것, 감옥에 안 가고 사는 것, 친밀감 개발)를 강조할 것이다.

장기목표 1: 제프는 부모나 교사에게 배우지 못했던, 그의 공격적 행동에 환경적 통제를 사용하는 방법에 관해 학습경험을 할 것이며 계속해서 감옥에 가지 않고 살아갈 것이다.

❖ 단기목표들

1. 제프는 주 단위로 보호관찰관과 만나는 약속을 지킬 것이며, 시간 약속을 지키는 것, 정중해지는 것, 위협하지 않는 것에 대해 긍정적인 사회적 강화를 받을 것이다.

2. 제프는 주 단위로 상담 약속을 지킬 것이며, 시간 약속을 지키는 것, 정중해지는 것, 위협하지 않는 것에 대해 긍정적인 사회적 지지를 받을 것이다.

3. 제프는 폭력적인 사람들과 술집 등 직장 밖에서 어울리는 것을 피하면서 감옥에 가게 만드는 공격적 행동의 촉발 원인을 줄일 것이다.

4. 제프는 고졸검정고시 학원, 관리자 교육 프로그램에서 다른 사람들이 사회적 상황에서 흥분 수준을 낮게 유지시켜 가는 방법을 관찰할 기회를 찾아보고 이런 행동을 모방해 보는 것의 가치에 대해 생각해 볼 것이다.

5. 적절한 다른 목표들

장기목표 2: 제프는 부모와 교사에게 배우지 못했던, 분노 통제 전략과 스트레스 감소 전략을 사용하여 예민해진 감정을 통제하는 방법에 관한 학습경험을 할 것이다.

❖ 단기목표들

1. 제프는 다양한 이완 전략들, 분노-통제 전략들을 소개받고, 그중에서 학습하고 싶은 것들을 선택할 것이다.

2. 제프는 상담회기 중에 자신이 화가 나거나 긴장되고 있다는 신체적 신호들을 확인하는 법을 배울 것이다.

3. 제프는 갈등상황의 역할극에 참여할 것이며, '열이 오르는' 것을 막기 위해 선호하는 이완 전략을 사용하는 연습을 할 것이다.

4. 제프는 계속해서 감옥에 가지 않도록, 화가 나거나 긴장된다고 느끼기 시작할 때 회기 바깥 상황으로 자신을 보내는 것을 회피할 것이다.

5. 제프는 회기 밖 상황에서 '열이 오르는' 것을 막기 위해 회기에서 배웠던 전략들을 사용하기 시작할 것이다.

6. 적절한 다른 목표들

장기목표 3: 성인인 제프는 아동기에 배우지 못했던 비공격적인 의사소통과 문제해결 전략을 새롭게 학습할 것이며, 갈등상황에서 스스로를 통제하고 관리자가 될 준비가

되었다는 것을 보여 줌으로써 그의 고용주, 보호관찰관, 상담자 등에게 긍정적인
강화를 받을 것이다.

❖ 단기목표들

1. 제프는 효과적인 경청, 자신감 넘치는 의사소통, 문제해결의 대안적 전략들을 소개받고
학습하고 싶은 것들을 선택할 것이다.

2. 제프는 상담회기 중에 먼저 효과적인 경청 전략들을 연습할 것이며, 그다음에 보호관찰
회기 중에, 그다음에 직장에서, 그리고 마지막으로 가정에서 그 전략들을 연습할 것이다.

3. 제프는 일단 경청 기술을 숙달한 뒤에 상담회기 동안에 다른 사람이 관련된 갈등 상황에
서 자신감 넘치는 반응을 연습할 것이다. 만일 그가 화가 난다면, 그는 역할연습을 중단
하고 자신을 이완시킬 것이다.

4. 제프는 회기 바깥에서 갈등에 대한 자신감 넘치는 반응을 연습할 것이다. 만일 그가 화가
난다면, 그는 그 상황에서 벗어나서 자신을 이완시킬 것이다.

5. 적절한 다른 목표들

장기목표 4: 제프는 아동기에 배우지 못한 정서적 친밀감의 개발 전략을 연습할 것이다.

❖ 단기목표들

1. 제프와 상담자는 정서적으로 친밀한 어떤 행동을 할지, 그리고 이런 행동에 대한 구체적
인 보상을 무엇으로 할지에 관해 이야기를 나눌 것이다.

2. 제프는 다른 사람들을 관찰하고 정서적으로 친밀한 행동에 뒤따르는 긍정적, 중립적, 부
정적 결과의 목록을 작성할 것이다.

   a. 제프는 카렌과 아들 존 사이에 일어나는 양육적 행동을 관찰하고, 이에 관해 상담자와
   이야기를 나눌 것이다.

   b. 제프는 직장동료나 고객들 사이에서 서로를 북돋우는 행동을 관찰하고, 이에 관해 상
   담자와 이야기를 나눌 것이다.

3. 제프는 존이 잘못 행동할 때는 카렌에게 맡기고 존이 잘 행동할 때는 격려와 칭찬 같은
자애로운 행동을 하는 놀이기술 사용법을 상담자와 함께 연습할 것이며, 후반기 회기가
되면 이를 카렌과 존에게 사용할 것이다.

4. 제프는 집에서 존과 함께하는 중에 자신을 짜증나게 하는 행동유형에 관해 상담자와 이

야기 나누고, 존을 카렌에게 맡기면서 그 상황에서 벗어나 화와 짜증을 누그러뜨리는 시간을 가지는 방법을 상담자와 함께 연습할 것이다.

5. 제프는 존에게 자애로운 행동만 하고 만일 화, 짜증이 나면 그 상황을 벗어나 자신을 진정시키는 놀이기술을 상담회기 동안 카렌, 존과 함께 연습할 것이다.

6. 제프는 회기 동안 카렌의 이야기를 잘 경청하고 그들이 존과 함께 놀면서 생기는 결과들에 관해 이야기를 나눌 때 자신감 있게 의사소통할 것이며, 상담회기 동안 연습한 것을 집에 가서 시도해 볼 준비가 되었는지에 관해 이야기를 나눌 것이다.

7. 제프는 짜증날 때 자신을 진정시키려 노력한 것, 자애로운 행동을 한 것, 비폭력적인 문제해결 전략을 사용한 것의 경과를 기록할 것이고, 회기에서 이 기록에 관해 이야기를 나눌 것이다.

8. 제프는 존이 집에서 겁이 날 때가 있는지에 관해 회기 중에 존과 이야기할 때 잘 경청하고 자애로운 행동을 할 것이며, 존의 언행으로 화가 나려 한다면 존을 카렌에게 맡기고 그 상황에서 벗어날 것이다.

9. 제프는 자신과 카렌이 존에게 가장 좋은 부모가 되기 위해, 또 집이 모두에게 안전한 장소가 되기 위해 어떤 것을 할 수 있는지에 관해 경청과 문제해결 기술을 사용하면서 카렌과 대화할 것이다.

10. 적절한 다른 목표들

사례개념화 실습 사례: 나이 영역의 통합

이제 케빈에 대한 행동주의적 분석을 할 시간이다. 그의 행동에 대해 통찰을 얻을 수 있는 복합적 영역이 많이 있다. 당신은 자신의 행동주의적 사례개념화와 상담계획에 나이 영역을 통합해야 한다.

짧은 접수면접에서 얻은 정보

케빈은 시골 지역에서 고등학교 진학을 앞둔 14세의 백인 남자아이이다. 그는 학교 다니는 내내 학교 성적이 매우 우수했으며, 고등학교를 졸업하면 대학에 진학할 계획이다. 그는 그의 친부모, 그리고 두 명의 누나와 함께 살고 있다. 그의 아버지는 자영 농부이다. 케빈은

7세 때에 수술 불가능한 뇌종양이 발견되었다. 장기간에 걸친 화학요법을 통해 종양이 퍼지는 것을 막았지만, 그 바람에 머리카락이 모두 빠져 버렸다. 이 종양 때문에 케빈은 중학교 1, 2학년 때에 장기 결석을 하였다. 케빈의 입학예정 고등학교의 상담교사가 상담으로 의뢰하였다. 케빈은 자신이 거울을 볼 수 없으며 자신을 증오한다고 상담교사에게 이야기하였다. 케빈의 부모는 이 상담에 적극적이진 않았지만, 상담받는 것을 막지는 않았다.

간단한 정신상태 검사에서는 자살이나 살인 관념, 심각한 정신병리가 없는 것으로 나타났다. 케빈은 학교선생님과 함께 개인상담을 받는 것, 가족과 함께 상담받는 것에 동의하는 서류에 사인해야 했으나 개인상담에 대한 동의서에만 사인하려 하였다. 어떤 상담자에게 상담받고 싶은지 물었을 때는 가장 빨리 약속을 잡을 수 있는 사람을 원했다.

행동주의적 관점에서 케빈(K)과의 인터뷰

C: 케빈, 나는 네가 스스로를 거울 공포증이라고 생각한다는 것을 안다. 너한테 이것이 어떤 것인지 정확하게 말해 줄 수 있겠니?

K: (숨김없이) 나는 거울을 볼 수 없어요. 거울을 보려고 하면, 나는 땀을 줄줄 흘리게 되고 어지러워지기 시작해요.

C: 네가 거울을 볼 수 있었던 때를 기억할 수 있니?

K: (생각에 잠겨) 내가 화학요법을 받고 머리카락이 빠지기 전에, 나는 언제나 거울을 보았어요. 머리카락이 빠지고 나서는 내가 괴물처럼 보였어요. 내 모습이 무서웠어요. 내가 병원에서 집으로 돌아온 날, 그리고 누나들이 내 모습을 보고 도망가던 장면을 나는 아직도 기억해요.

C: 너는 머리카락이 빠진 것이 두려웠니, 아니면 그것에 대한 누나들의 반응이 두려웠니?

K: (열심히) 둘 다요. 누나들이 도망친 후, 나는 화장실로 달려가서 내 자신을 잠깐 동안 바라보았어요. 그때까지는, 병원에서 퇴원하는 것이 무척 기뻤기 때문에 내 모습에 관해서는 생각하지 않았어요. 거울을 본 순간 나는 내가 괴물이라는 걸 깨닫게 되었어요.

C: 괴물?

K: (화를 내며) 그건 내가 학교로 돌아갔을 때 모든 애들이 나를 부르던 말이에요.

C: 모든 아이, 심지어 네 친구들도?

K: (화를 내며) 나는 병원에서 퇴원한 이후 계속 친구가 없어요. 아무도 괴물과는 어울리려 하지 않아요. (한참 침묵) 외톨이죠.

C: 너와 어울리는 사람이 아무도 없니?

K: (곰곰이 생각하면서) 선생님들 몇 분요. 나는 그분들도 안 보려고 하지만, 그 선생님들은 친절하고 항상 나에게 보충할 과제를 줘요.

C: 특별히 그분들은 너를 어떻게 다르게 대했는데?

K: (슬프게) 그분들이 내 얼굴을 볼 때, 결코 다른 아이들이 날 보듯이 그렇게 하지 않은 것 같아요.

C: 의사선생님들은 너에게 뭐라고 이야기하셨지?

K: (열심히) 그분들은 내 생명을 구해 주었어요. 내가 뭘 더 바라겠어요?

C: 네가 수술을 받은 후에, 거울을 들여다볼 수 있었던 때가 한 번도 없었니?

K: (걱정하면서) 네. 그렇게 하려고 할 때마다 땀이 흘러내리고 심장이 터져 나갈 것 같아요. 그건 진짜 공포증이에요.

C: 부모님들은 어떻게 너를 도왔니?

K: (사무적으로) 나는 혼자예요. 엄마 아빠는 내가 아플 때 나를 병원에 데려다주었지만, 그 후에 병실에 잘 와 보지도 않았어요. (한참 침묵, 냉소적으로) 놀랍게도, 난 죽지 않았고, 그 사람들은 나를 집에 데려와야만 했어요.

C: 부모님은 너를 집으로 데려오는 걸 원하지 않았어?

K: (조용하게) 물론 원했죠, 내가 퇴원할 그 때가 봄이라서 씨를 뿌리는 때였어요. 아마 일손 이 필요했겠지요.

C: 부모님이 너의 공포증에 대해 너한테 도움을 주려고 노력한 적이 한 번도 없었니?

K: 3학년 때에 아버지가 나를 극복시킨다면서 억지로 거울을 보게 한 적이 있어요. 난 기절 했고요.

C: 정확하게 어떤 일이 있었니?

K: (땀을 많이 흘리면서) 나는 학교 버스를 타려고 준비하고 있었어요. 아버지가 나한테 머리 를 빗지 않았다고 이야기했죠. 나는 그렇지 않다고 했어요. 우리는 잠시 동안 말다툼을 했는데, 아버지가 나를 화장실로 끌고 가서 거울을 들여다보게 했어요. 내가 의식을 되찾 자, 어머니가 나에게 빗을 주면서 서두르지 않으면 버스를 놓치겠다고 이야기했어요.

C: 네가 지금 상담받겠다고 한 이유는, 무엇 때문이니?

K: (열심히) 우리 반의 다른 아이들은 수염이 자라기 시작했어요. 내가 거울을 볼 수 없다면 면도를 어떻게 하겠어요? 면도를 하지 않으면, 난 더 괴물처럼 보일 거예요. (절실하게) 도 와줄 수 있으세요?

C: 그래, 공포증은 고쳐질 수 있어. 그 문제를 극복할 계획을 함께 짜 보자.

K: (열심히) 다른 사람은 두려움을 없앨 수 있을지 몰라도 나만큼 괴물은 아니잖아요?

C: 너는 거울 가까이 가면 땀을 흘리고 심장이 터질 것 같지만, 괴물은 아니야. 오늘 네가 한 단계 나아간 바로 그 방식으로 네 문제와 싸워 이길 수 있는 머리와 기술을 네가 가지고 있다는 것을 나는 알고 있어.

K: (흥분하여) 무슨 말이에요?

C: 대부분의 사람은 여기 왔을 때 두려워하고, 이야기를 하지 않으려고 해. 대부분의 사람은 숨쉬기 어렵다거나 기절할 것 같다는 식으로 어려움들을 표현할 수 있지만, 공포증이라는 용어는 몰라. 그건 네 문제에 대한 전문적인 표현이야. 너는 이미 네 문제에 대한 통찰과 전문적 지식을 가지고 있는데, 그건 성인들도 아주 소수만 가지고 있는 거야. 너는 도움을 찾는 데 열린 자세를 가지고 있어.

K: (생각에 잠겨) 그다음에는요?

C: 몇 가지 질문을 더 해야 할 것 같아. 공포증을 더 심하게 하는 게 있니?

K: (생각에 잠겨) 아이들, 또는 가족 중에 누군가가 나를 조롱한 후에, 나는 심지어 거울이 있는 방 가까이에 가기만 해도 멘붕이 와요.

C: 너에게 그런 반응을 가져다주는 것은 누군가가 너의 용모에 대해 조롱할 때니, 아니면 멍청이라고 부르는 것과 같이 다른 어떤 것으로 너를 놀릴 때니?

K: (괴로운 듯이) 선생님들 몇 분 말고는 모두 나를 그저 괴물로만 봐요. 그 선생님들은 학교에서 항상 나를 격려하고 내가 좋은 대학에 갈 수 있다고 생각해요.

C: 지금 몸의 건강은 어떠니?

K: (부인하면서) 나는 병원에서 검사를 받을 필요가 없어진 지 오래 됐어요. 그런데도 어머니는 여전히 알약과 비타민을 억지로 먹이려고 해요.

C: 그래, 어머니는 네 건강을 염려하고 있지만, 그럴 필요가 없나 보네?

K: (짜증스럽게) 난 괜찮아요. 의사들도 더 이상 약 처방을 주지 않고 있어요. 어머니는 진짜 문제가 뭔지 몰라요. 나는 버림받은 사람이에요. 아버지는 농장 일에만 관심이 있어요.

C: 거울 외에 문제가 되는 게 있니?

K: (걱정스럽게) 상이 비칠 수 있을 만큼 진짜 반짝이는 건 모두 그래요. 예를 들어, 학교에 한쪽 면이 모두 유리창인 복도가 있어요. 그 복도는 전등이 어떻게 달려 있는 건지, 내가 복도에서 계속 눈을 내리깔고 걷지 않으면 유리창에 비친 내 모습이 다 보여요.

C: 아, 그렇구나. 유리창에 비친 네 모습을 보게 되면 어떻게 되는데?

K: (열심히) 나는 최대한 빨리 뛰어서 거길 나와야만 해요, 그렇지 않으면 난 아프게 돼요.

C: 아프게까지 되는 일이 얼마나 자주 있니?

K: (열심히) 한 달에 한 번 정도요. 어떤 것에 정신을 뺏겨서 바닥으로 눈을 내리깔아야 된다는 것을 잊어버릴 때가 있거든요.

C: 선생님들이나 친구들 중에서 누가 아니?

K: (조용하게) 선생님은 아무도 나한테 뭐라고 이야기하지 않아요. 이제 아이들은 다 알고요. 걔들 입을 다물게 할 유일한 방법은 엉덩이를 걷어차는 거예요. 처음에는, 주로 내가 당했지만, 이제는 어떻게 해야 할지 알아요. 걔들은 나를 괴물이라고 생각은 하겠지만, 어떻게 하는 것이 자기에게 좋은지 아는 애들은 나한테 집적거리질 않죠.

C: 엉덩이를 걷어차기 전에는 어떤 일이 있었지?

K: (생각에 잠겨) 괴물이라고 대놓고 말하고, 복도에서 나를 밀치고, 꼴사나운 표정을 짓고는 나한테 얼굴을 들이대고 그런 거죠. 나는 항상 아이들을 치지는 않았어요. 어떤 때는 그냥 내 모습을 보여 주기만 해도 애들이 물러갔어요. 어릴 때는 항상 싸워야만 했어요. 키가 180센티미터 이상 자란 후로는, 내 모습이 큰 도움이 되었어요.

C: 엉덩이를 걷어차고부터는 어떤 일이 있었지?

K: (자랑스럽게) 아무도 나를 오랫동안 괴롭히지 않아요. 때때로 선생님들은 나한테 열을 가라앉히라고 말해요. 내 생각에 나를 여기로 보낸 학교 상담선생님은 내가 자제를 좀 더 잘해야 한다고 생각하는 것 같아요. 그 선생님은 괴물이 되는 것이 어떤 것인지 몰라요.

C: 너는 이 문제를 해결해 보려고 어떤 노력을 해 봤니?

K: (신경질적으로) 때때로 나는 거울을 들여다보려고 시도해요. 나는 보통 내 집의 지하실에 있는 화장실에서 거울을 보려고 시도해요. 왜냐하면 가족 중의 누구도 거기에 가는 걸 좋아하지 않거든요. 나는 내 자신에게 "침착해지자, 넌 거울을 볼 수 있어."라고 이야기하면서 지하실 계단을 내려가기 시작해요. 계단 끝에 다다르면 심장이 심하게 두근거리기 시작해서 문을 열고 들어갈 수가 없어요. 나는 또한 아무것도 생각하지 않으면서 계단을 달려서 내려가려고도 해 봐요. 한 번은 내가 공황상태에 빠지기 전에 정말로 문을 열었어요.

C: 어떤 게 도움이 되었니?

K: (생각에 잠겨) 어머니 심부름으로 뭔가를 가지러 지하실로 내려가고 있었는데, 그때는 내려가면 거울을 보게 되겠구나 이런 생각을 못 했어요.

C: 또 다른 노력은 해 보지 않았니?

K: (긴장하면서) 그 정도면 충분히 노력했다고 생각하지 않나요?

C: 나는 네가 매우 강한 사람이라고 생각해. 나는 네가 해 온 노력들에 깊은 인상을 받았고, 네가 시도한 모든 노력을 내가 인정하고 있다는 점을 분명히 하고 싶다.

K: (미안해하며) 흥분해서 미안해요. 선생님은 나를 돕기 위해 여기 있는데…….

C: 너한테 힘든 시간이었지. 나는 다음 회기까지 우리가 거울공포증과 싸울 계획을 만들어 볼게. 다음 주에 내 계획을 너하고 함께 살펴볼 텐데, 살펴보면서 네가 더 낫다고 생각되는 것이 있으면 뭐든지 제안해도 돼.

K: (걱정스럽게) 잘될 수 있는 것이 있을까요?

C: 잘되는 것이 어렵지 않다면, 너는 몇 년 전에 너 혼자 다 해냈겠지, 너는 결단력이 있으니까. 그러나 이건 어려운 일이야. 여기에 와서 도움을 청한 건 잘한 일이다. 거울에 대한 불안이 생기는 매 순간마다 네가 기록을 좀 하면 좋겠어. 매번 어느 정도 불안한지를 1에서 10까지의 숫자로 표시해 봐. 또 불안해지기 직전에 무슨 일이 있었는지도 기록해 둬. 네가 침착해지는 데 도움이 될 뭔가를 시도해 봐. 그다음에 무엇을 했는지 기록하고, 1에서……. (케빈이 끼어든다)

K: 10까지, 얼마나 성공적이었는지 적겠어요.

C: 바로 그거야! 네가 할 수 있다는 걸 알아.

케빈에 대한 사례개념화 개발 실습

❖ 실습 1(최대 4쪽)

목 표: 자신이 행동주의 이론을 분명하게 이해하고 있다는 것을 확인하기

양 식: A, B, C 파트에 초점을 맞춘 통합적인 에세이

도움말: 이 장의 내용을 다시 보라(149~153쪽).

A. 행동주의 이론의 모든 가정을 간략하게 개관하라(내담자의 변화 방식을 이해하는 데 핵심이 되는 차원에 관한 가정들을 폭넓게, 추상적으로 생각하라).

B. 이 가정들의 각각이 내담자가 변화해 가는 과정을 이해하는 데 어떻게 사용되는지를, 각 가정을 충분히 설명할 수 있는 구체적인 사례를 포함한 단락글로 상세하게 기술하라.

C. 내담자의 변화를 돕는 상담자의 역할(컨설턴트, 의사, 교사, 조력자), 상담에서 사용한 주요 접근법, 공통적으로 사용된 상담기법을 기술하면서 에세이를 마무리하라. 구체적인 사례를 충분히 포함시켜서 이 접근법에서 무엇이 독특한지가 잘 드러나게 하라.

❖ 실습 2(최대 4쪽)

목　표: 케빈에 대한 행동주의 이론의 적용을 돕기.

양　식: A~C까지의 섹션 각각에 대한 문장 개요

도움말: 이 장의 내용을 다시 보라(149~153쪽).

A. 케빈의 행동에서 부족한 부분/과다한 부분, 장점/기술 리스트를 작성하고 각각에 대해 다음의 작업들을 하라.

1. 조작적 정의; 행동의 빈도, 지속 정도, 강도; 빈도나 강도를 낮추는 것; 빈도가 강도를 높이는 것; 행동의 전조와 결과

2. 관련될 수 있는 학습유형에 대한 논의: 작동적, 고전적, 사회적 학습

3. 변화에 장벽이 될 수 있는 환경요인들, 그리고 문제행동의 변화에 도움이 되거나 좀 더 적응적인 행동으로 대체하게 하는 환경요인들에 대한 논의

B. 과거에 케빈이 환경에 적응하기 위해 사용했던 전략들, 그가 선호했던 학습 방식, 새로운 학습에 대한 현재 태도에 대해 논의하라.

C. 지금 케빈이 자신의 환경에 얼마나 잘 적응해서 생활하고 있는지 논의하라.

❖ 실습 3(최대 4쪽)

목　표: 케빈의 삶에서 발달의 잠재적 역할에 대한 이해를 발달시키기

양　식: A~H의 섹션 각각에 대한 문장 개요

도움말: 2장을 다시 보라(49~66쪽).

A. 케빈이 8세일 때와 14세일 때 그의 신체적, 인지적 발달이 그 나이의 발달 정도였는지, 그것들이 가정과 학교, 공동체에서 그의 수행과 동기수준에 어떤 방식으로 얼마나 영향을 주었는지 평가하라.

B. 케빈이 8세일 때와 14세일 때 그가 성인들과 얼마나 나이에 맞게 관계를 형성했는지 한계의 설정, 모니터링, 기술 형성, 정서적 연계의 측면에서 평가하고, 이 관계가 어떤 방식으로 발달 과정을 지원 또는 방해했는지 평가하라.

C. 케빈이 8세일 때와 14세일 때 그가 또래들과 얼마나 나이에 맞게 관계를 형성했는지 일상의 사회적 기술 형성, 우정 측면에서 평가하고, 이 관계가 어떤 방식으로 발달 과정을 지원 또는 방해했는지 평가하라.

D. 현재 케빈은 전반적으로 봐서 얼마나 나이에 맞게 행동하고 있는지 평가하라. 그의 자아상과 자아효능감에 대한 고려, 그가 10대로서 건강한 발달을 하는 데 있어서 가장

필요한 지원, 현재 성숙에 장애가 되는 요인 또는 성숙을 촉진하는 요인을 포함시키라.

E. 케빈의 연령대와 관련하여 당신이 얼마나 잘 알고 있는지 평가하라.

　　1. 청소년에 관한 강좌를 얼마나 많이 수강하였는가?

　　2. 청소년에 관한 워크숍에 얼마나 많이 참가하였는가?

　　3. 청소년과 함께하는 전문적 활동으로 어떤 것을 하였는가?

　　4. 청소년과 함께한 개인적인 경험으로 어떤 것이 있었는가?

　　5. 어떤 일련의 현상들이 청소년 세계에서 중요한 것, 청소년의 의사소통 방식, 청소년
　　　이 받는 보상과 벌 측면에서 청소년에 대한 당신의 관점에 영향을 주었는가?

F. 케빈의 나이가 당신의 상담작업에 줄 수 있는 영향에 관해 당신이 얼마나 잘 인식하고
　 있는지 평가하라.

　　1. 당신의 현재 나이, 당신이 현재 청소년과 접촉하고 있는 정도가 케빈에 대한 당신의
　　　반응에 어떤 영향을 줄 수 있는가?

　　2. 청소년에 관한 전형(stereotypes)으로 어떤 것들을 알고 있는가?

　　3. 케빈과 효과적으로 상담하는 데 도움이 될 수 있을 어떤 경험들을 해 보았는가?

G. 청소년과 함께 상담하는 당신의 현재 기술을 평가하라.

　　1. 당신은 현재 청소년과 함께 상담하기에 매우 유용한 기술 중 어떤 것을 가지고 있
　　　는가?

　　2. 어떤 기술이 케빈 또래의 청소년들과 효과적으로 상담하는 데 중요하다고 느끼는가?

H. 당신이 취할 단계별 조치를 검토하라.

　　1. 청소년과 함께 상담하는 것에 더 숙련되기 위해 무엇을 할 수 있는가?

　　2. 청소년에게 긍정적 결과를 가져올 수 있는 상담환경을 어떻게 구축할 것인가?

　　3. 청소년에게 더 잘 받아들여질 수 있도록 상담과정을 어떻게 바꿀 것인가?

❖ 실습 4(최대 5쪽)

목　표: 행동주의 이론, 발달에 대한 자신의 이해를 케빈에 대한 심층적 개념화(그가 누구이
　　　고, 왜 그렇게 하는지)에 통합시키는 것을 돕기

양　식: 주의 깊게 계획된 구조적 양식에 따라 전제, 세부적인 근거, 결론으로 구성된 통합적
　　　인 에세이

도움말: 2장(49~66쪽)과 1장(17~24쪽)을 다시 보라.

단계 1: 케빈에 대한 행동주의적 이해를 구조화할 때 어떤 양식을 사용할 수 있을지 생각한 다. 이 양식은 (a) 그의 학습 역사와 그 역사가 현재의 그에게 미친 영향에 대한 종합 적이고 분명한 이해를 제시하는 데 도움이 되어야 하며, (b) 10대 내담자가 설득력 있다고 여길 언어로 작성될 수 있도록 지원해야 한다.

단계 2: 거울공포증을 가지고 있고 자신의 학습을 스스로 관리해 온 10대 소년 케빈의 강점 과 약점을 설명해 주는 간단명료한 전제를 개발하라(개관, 예비적 또는 설명적 진술, 핵 심 특징의 요약, 조건, 가정, 주제 진술, 이론에 따른 도입). 만일 이 단계를 하는 데 어려 움이 있다면, 이것은 연습 2와 3의 핵심 아이디어를 통합한 것으로서 (a) 케빈의 장기 목표에 기초가 되고, (b) 행동주의 이론에 기반하고 케빈의 과거와 현재 행동을 이해 하기 위한 발달적 맥락을 포함하며, (c) 행동주의적 상담에서 그가 발휘할 수 있는 강 점에 초점이 있다는 것을 상기하라.

단계 3: 행동주의적 관점에서 강점과 약점에 대한 근거자료들 또는 세부적인 사례분석을 각 단락에 대인관계에서 거부당한 경험을 한 10대인 케빈에 대한 깊은 이해를 통합시켜 서 개발하라. 이 단계를 하는 데에 어려움이 있다면 (a) 단기목표들의 개발을 지원하 고, (b) 발달에 유의하는 행동주의적 상담에 기반하며, (c) 가능할 때마다 케빈의 강 점에 대한 이해를 학습과정과 통합시킬 필요가 있다는 점을 심사숙고하라.

단계 4: (a) 케빈의 전반적인 정상적 활동 수준, (b) 현재 그의 새로운 기술 학습을 촉진하거 나 방해하는 것, (c) 현재 학습자로서의 그에게 가장 필요한 것을 포함시켜서 당신의 결론들, 그리고 폭넓은 상담 추천사항들을 개발하라. 연습 3의 F~H에서 진술했던 것에 주의하라(간단명료하게 일반화하라).

❖ 실습 5(최대 3쪽)
목 표: 케빈의 강점을 고려하고 그의 나이에 적절한, 개별화되고 이론에 의해 도출된 활동 계획 개발하기
양 식: 장기목표들과 단기목표들로 구성된 문장 개요
도움말: 1장을 다시 보라(24~45쪽).

단계 1: 개괄적인 상담계획을 개발하라. 이때 당신이 연습 3의 F~H에서 진술했던 것에 주의 하여야 한다. 이는 부정적 편견을 막고 한 개인으로서 케빈이 가지는 특유한 요구사 항들에 맞춰 이런 접근을 했다는 것을 분명히 하기 위해서이다.

단계 2: 10대로서의 발달을 지원해 주는 적응적 기술을 배우면서 한편으로는 비적응적 기술을 버릴 수 있도록, 그리고 거울공포증을 극복할 수 있도록 상담 종결시 케빈이 도달하게 될 이상적인 장기(주요, 큰, 야심만만한, 종합적인, 폭넓은) 목표들을 개발하라. 이 단계를 하는 데 어려움이 있다면 당신의 전제를 다시 읽고, 주제 문장을 유지하면서, 주제 문장을 고적적 조건화, 작동적 조건화, 관찰학습과 관련되는 목표로 변환시켜 보라(연습 4에서 선택했던 양식을 사용하라).

단계 3: 케빈과 당신이 몇 주 내에 완수될 것으로 기대할 수 있고, 당신이 케빈의 학습 진전 과정을 기록하는 데 도움이 되고, 변화에의 희망을 서서히 불어넣어 주고, 시간 효율적인 상담회기들을 계획하게 하는 단기(작은, 간단한, 요약된, 특정한, 측정 가능한) 목표들을 개발하라. 이 단계를 하는 데 어려움이 있다면 각 주제에 관해 부연한 문단들을 다시 읽고, (a) 10대로서의 모습을 고려하는 특정한 학습방식을 사용하여 적응적 기술을 배우거나 비적응적 기술을 버리도록 돕고, (b) 현재 새로운 기술을 배우는 그의 능력을 촉진하는 요인을 제고시키고 방해가 되는 요인을 감소시키며, (c) 가능할 때마다 자신의 강점을 학습과정에 활용하고, (d) 일반적이지 못하고 무관심한 가정에서 10대로서 가지는 관심사에 맞춰서 목표를 변환시킬 아이디어를 생각해 보라.

❖ 실습 6

목 표: 케빈의 사례에서 행동주의적 상담 비평

양 식: 에세이 형식으로 각 질문에 답하거나 집단을 짜서 논의하라.

A. 케빈(거울공포증을 가지고 있고, 자기혐오를 하며, 공격성 문제를 가진 10대)을 돕는 데 있어서 이 모델의 강점과 약점은 무엇인가?

B. 인터뷰에 의하면, 케빈은 그의 가족에게서 어떤 신념을 배우게 되었는가? 그리고 자기와의 대화, 귀인, 기대, 인식을 포함하여 당신의 개념화를 확장하면 상담계획을 어떻게 강화시키는가?

C. 폭력 영역의 정보에 기초해 볼 때, 현재 케빈은 얼마나 위험하다고 생각하는가? 그의 폭력적인 문제해결 경향은 당신의 장기, 단기 상담계획에 어떤 방식으로 영향을 주는가?

D. 당신이 병원에서 상담자로 일하고 있었고 8세 케빈이 뇌종양 치료를 받으러 왔다고 가정해 보자. 의사는 케빈의 치료에 도움을 받기 위해 당신에게 그를 상담 의뢰하였다. 케빈의 가족이 병원에 오거나 케빈에게 전화한 적이 없다는 것을 알게 되었을 때 어떤 윤리적 이슈가 제기될 수 있는가? 당신은 이 상황을 얼마나 구체적으로 다룰 것

인가?

E. 케빈은 인터뷰 중에 상담자가 말하는 것에 기분이 잘 상했고 자극이 되는 것들에 공격적인 행동을 한 사례들이 있다. 인터뷰를 다시 읽고, 이런 행동에 대한 당신의 반응들에 주목해 보라. 행동주의 틀 안에서 효과적인 상담 동맹을 발전시키기 위해 어떻게 하면 이런 당신의 반응들을 효과적으로 다룰 수 있을지에 대한 아이디어를 내고, 당신의 반응과 아이디어에 관해 논의하라.

추천 자료

❖ Books

Antony, M. M., & Roemer, L. (2011). *Behavior therapy*. Washington, DC: American Psychological Association.

Ingram, B. L. (2012). *Clinical case formulations: Matching the integrative treatment plan to the client* (Chapter 11, pp. 225-255). Hoboken, NJ: John Wiley & Sons.

Martin, G., & Pear, J. (2010). *Behavior modification: What it is and how to do it* (9th ed.). Upper Saddle River, NJ: Prentice Hall.

Michael, J. L. (2004). *Concepts and principles of behavior analysis* (Rev. ed.). Kalamazoo, MI: Society for the Advancement of Behavior Analysis.

❖ videos

American Psychological Association (Producer), & Persons, J. B. (Trainer). (n.d.). *Cognitive behavior therapy* (Motion Picture #4310774). (Available from the American Psychological Association, 750 First Street, NE, Washington, DC 20002-4242)

Chapman, A. L. (Featured). (2014). Dialectical behavioral therapy [Video series episode]. In *APA psychotherapy video series II: Specific treatments for specific populations*. Washington, DC: American Psychological Association.

Gondim, P. (2006, October 22). Behaviour therapy [Video file]. Retrieved from https://www. youtube .com/watch?v=MCyfMFXR-n0

Smethells, J. (2012, December 5). Snake phobia behavioral therapy [Video file]. Retrieved from https:// www. youtube. com/watch?v=zKTpecooiec

❖ Websites

Association for Behavioral Analysis International. http://www. abainternational. org/ The Linehan Institute: Behavioral Tech. http://behavioraltech. org

제4장 **인지주의 사례개념화와 상담계획**

인지 이론 소개

남편과 사별하고 두 딸 에이미(8세), 낸시(5세)와 함께 사는 30세의 마리가 지난주에 당신에게 상담신청 전화를 했다. 마리의 남편인 앨런은 한 달 전에 심한 폭풍우 때문에 일어난 비행기 사고로 두 명의 사업 동료와 함께 사망하였다. 앨런은 처제의 약혼식에 참석하기 위해 급히 집으로 오던 중이었으며, 날씨로 인해 그가 원래 타기로 되어 있던 주요 항공편이 결항되는 바람에 비행기를 빌려 탔었다. 이 갑작스러운 죽음으로 인해 마리의 행복하고 만족스러운 10년간의 결혼생활이 끝나 버렸다. 그녀와 두 아이는 대도시의 교외에 위치한 그들의 집에서 계속 살고 있다. 마리는 스스로 상담을 받으러 왔다. 그녀는 앨런의 사망이라는 충격 속에서 두 딸의 부모 역할을 해야 하는 자신의 능력에 대해 매우 걱정하고 있다. 그녀는 지난주에 정신상태 인터뷰와 심리측정 검사를 받았다. 검사 결과 마리는 우울 상태에 있고 자살사고는 없는 것으로 나타났다. 또한 살인사고, 인지적 혼란, 충동성의 징후는 없었다.

당신은 아론 벡(1991; Beck Institute for Cognitive Therapy and Research, 2008; J. S. Beck 2011)이 개발한 인지적 상담방법을 사용할 것이다. 이 접근법은 심리적 고통 속에 있는 비적응적 인지의 역할에 초점을 두고 있다. 이 관점에서 보면, 마리의 상담에서 초점이 되는 것은 남편의 죽음과 그 여파가 아니라, 오히려 이 사건들에 대한 그녀의 인지적 표상이다. 문제들은 자기패배적인 신념체계들(인지적 구조들)의 결과이며, 이 체제들은 마리가 남편 사망의 결과로 가질 수 있는 왜곡된 이미지와 생각들을 강화시킨다. 상담의 목표는 그녀의 습관적인 사고들을 재평가하고, 현재의 어려운 상황에서 왜곡된 부정적 사고들이 하는 역할을 그녀에게 가르치고, 그녀의 생각을 기록하고 도전과제로 삼고 수정함으로써, 그녀의 인지적 왜곡을 사정, 평가하는 것이 될 것이다(A. T. Beck, 1991; J. S. Beck, 2011; Sudak, 2006).

마리는 그녀의 신념체계(인지적 도식)들을 어떻게 발달시켜 왔을까? 인지 이론은 개인이 유아기부터 늙을 때까지 발달하며, 자신과 세계에 대한 신념을 개발하고 유지한다고 가정한다. 이 신념들은 성공이나 실패, 수용이나 거부, 존중이나 멸시와 같은 중요한 주제들 또는 사회적 이슈들의 곳곳에서 발달한다(A. T. Beck, 1991). 이 신념들 중 일부는 핵심 신념으로 개인에 대해 지배적인 영향력을 가진다. 다른 것들은 좀 더 구체적인 중간급 신념으로서, 구체적인 상황이나 사태에 대한 작동 규칙이나 가정들로 구성된다. 모든 신념은 세계에 대한 개인의 인지적 표상의 일부분이 되며, 자기대화(self-talk)나 습관적인 사고들의 흐름 속에 반영된다. 이 자기대화는 개인의 내적인 의사소통 체제로 기능한다. 어떤 사람들은 다른 사람들보다 이 내적인 의사소통을 더 인식한다. 학습을 통해, 개인의 중얼거림은 미래에의 기대와 과거의 회상뿐만 아니라 자기, 타인들, 환경들에 대한 평가를 포함하게 된다(A. T. Beck, 1991; J. S. Beck, 2011).

이 내적인 의사소통 체제가 마리에게 어떤 영향을 줄 것인가? 그녀가 보이는 자기대화의 흐름은 그녀의 행동을 모니터하고, 주도하고, 방해할 것이다. 그녀가 보이는 적응적 행동(높은 자아존중감과 자아효능감)은 그녀의 자기대화에 수반된, 긍정적 경향을 가지고 있는 적응적 신념들의 결과로 여겨진다. 반대로, 비적응적 행동(낮은 자아존중감, 자기비판)은 자기대화에 반영된, 부정적 경향의 비적응적 신념들의 결과로 여겨진다. 마리는 그녀의 적응적 신념들과 비적응적 신념들 양쪽을 학습해 왔다.

이 학습은 어떻게 일어나는가? 아이를 돌보는 사람 등이 이 신념들을 아이들에게 명시적으로 가르칠 수도 있고, 또는 아이들이 모델링을 통해 암묵적으로 배울 수도 있다. 예를 들어, 부모가 마루에 잔을 떨어뜨리는 것을 아이가 본다. 부모는 "아, 이런, 잔을 떨어뜨렸네, 그래, 나는 그걸 깨끗하게 치울 수 있어, 이건 단지 실수일 뿐이야, 큰일은 아니야."라고 이야기할지 모른다. 아이는 이것으로부터 모든 사람이 실수를 할 수 있으며, 실수는 고쳐질 수 있다는 것을 배울 것이다. 반면에 부모가 "아, 이런, 이건 재앙이야, 나는 뭐 하나 제대로 하지 못해, 이제 저녁식사는 엉망이 됐어."라고 이야기할 수도 있다. 아이는 이것으로부터 실수는 심각한 것이고 고쳐질 수 없다고 배울 것이다.

긍정적인 세계관에 장기적으로 노출된 아이들은 긍정적으로 편향된 인지도식(핵심 신념과 중간급 신념)과 자기대화를 발달시킬 것이며, 그 속에서 그들은 그들 자신의 행동, 타인의 행동에 대해 긍정적인 기대, 귀인, 평가로 해석할 것이다. 이들은 미래에 대한 추측, 과거의 회상에서 긍정적인 편향을 가진다. 그들에게는 실수와 불쾌한 경험이 긍정적인 정보를 막아버리게 만들지 않는다(A. T. Beck, 1991; J. S. Beck, 2011; Sudak, 2006).

반면에 부정적인 세계관에 장기적으로 노출된 아이들은 부정적으로 편향된 인지적 도식과 자기대화를 발달시킬 것이며, 이로 인해 그들 자신의 행동, 타인의 행동을 부정적으로 보는 렌즈를 가지게 된다. 부정적인 인지적 편향은 사람으로 하여금 부정적인 사고를 하기 쉽게 만들며, 긍정적인 사건들을 알아차리고 그것에 영향받는 것을 방해할 수도 있다. 부정적인 세계관에 딱 맞는 것은 모두 쉽게 받아들여진다. 부정적 편향을 가진 사람들은 종종 모호한 것들을 모두 부정적인 것으로 해석한다. Beck(1991)은 높은 수준으로 우울해하고, 불안해하고, 화를 내는 인지적 편향들의 존재를 가정하였다. 인지적 편향들은 경험의 특정 영역들에 제한될 수도 있고, 포괄적일 수도 있다(A. T. Beck, 1991; J. S. Beck, 2011; Sudak, 2006).

상담자의 역할

상담자는 마리를 어떻게 도울 것인가? 상담자는 마리로 하여금 자기패배적인 신념체계를 사정하고 수정하도록 돕는 교육자, 가설 산출자이다. 상담자는 먼저 자신의 생각이 감정과 행동으로 어떻게 연결되는지 마리가 이해할 수 있도록 가르칠 것이다(A. T. Beck, 1991; Sudak, 2006). 그다음에 상담자는 마리가 자신의 자기대화를 인식하고 자신의 생각을 검증해 보아야 할 가설로 보도록 도울 것이다. 이러한 인지의 사정 또는 검증은 상담자와 마리 사이의 협력관계와 관련이 있다. 둘은 소크라테스식 대화를 통해 함께 마리의 신념체계에 관한 자료를 수집하고, 그 체제의 유용성과 타당성을 검증해 본다(A. T. Beck, 1991; Ingram, 2012). 전체적으로 이 과정은 상담자가 마리에게 묻는 것, 마리가 자신의 결론을 검증해 보게 하는 것, 사고 왜곡을 인지하는 마리의 능력을 높이는 것, 자신의 삶에 관한 생각에 상상력과 융통성을 높이는 것과 관련이 있다. 마리는 상담실에서 그리고/또는 일상생활에서 지금-여기의 특정한 사건들에 그녀가 흔히 보이는 오류를 인식하는 법을 배울 것이다. 비적응적 사고에 대한 이 단계적 논박은 마리의 비적응적 신념에서 기본이 되는 것에 도전하는 수단이 될 것이다(A. T. Beck, 1991; J. S. Beck, 2011; Ingram, 2012; Sudak, 2006).

구체적으로 보면, 상담자와 마리는 (a) 그녀가 자신과 타인에 관해 만드는 귀인, (b) 미래에 대한 그녀의 예상, (c) 지금 일어나는 일에 대한 그녀의 인식(그녀가 가질 수 있는 모든 부정적 편견 포함), (d) 예정의 사건들, 그리고 이 사건들의 해석에 나타나는 편견들에 대한 그녀의 인식을 탐색할 것이다. 사고 오류는 '전부 아니면 무' 사고(2분법적 사고), 독단적인 추론(결론으로 건너뛰기), 감정적 논법(사실이 아니라 감정을 사용하여 결론을 내리는 것), 점치기(미래가 예측될 수 있다는 믿음), 확대와 축소(실제적 영향력에 대한 잘못된 표상), 마음 읽기(다른 사람이 뭘 생각하고 있는지 알 수 있다는 믿음), 개인화(어떤 것이든 당신과 개인적으로 관련이 있다는 믿음), 과도한 일반화(과도하게 폭넓은 추론), 선택적 추상화(정보의 삭제 또는 무시), 과장 또는 왜곡과 관련이 있다(A. T. Beck & Weishaar, 2000; Ingram, 2012).

마리는 회기 중에 자신의 생각을 살펴볼 것이며, 또한 그녀의 생각이 자신의 우울이나 불안과 연관된 방식에 대해 그녀가 더 잘 인식할 수 있게 하는 사고 일지의 작성 같은 숙제를 통해 자신의 생각을 살펴볼 것이다. 자신의 인지적 오류 확인 방법을 배운 뒤에, 마리는 이런 비적응적 인지들과 현재 그녀의 생활 스트레스 사이의 연관을 살펴보도록 도움을 받을 것이다.

그녀는 지속적인 자기비판과 부정적 예측, 회상, 해석이 어떻게 서로를 북돋워서 자기비난, 낮은 자아존중감, 낮은 자아효능감을 만들어 내는지를 이해하도록 도움을 받을 것이다. 그리고 나서 상담 안과 밖의 활동들을 통해, 마리는 그녀의 부정적 생각들을 알아채고, 이해하고, 모니터하고, 저지하고, 또한 그것에 도전하도록 격려받을 것이며, 또한 좀 더 적응적인 대처반응에 대해 스스로를 강화할 것이다. 그녀는 위험성이 높은 상황들을 확인하고, 어떤 종류의 실패라도 대비하고, 다루고, 대처하는 방식들을 고려해 보도록 도움을 받을 것이다.

마리는 또한 유능감과 즐거움의 느낌을 촉진하는 활동들을 하도록 격려받을 것이며, 이 활동들에 대해 '나는 세계에 영향을 줄 수 있어.' '나는 인생사의 수동적인 피해자가 되지 않아야 해.'와 같이 긍정적인 자기귀인을 하도록 격려받을 것이다. 이 통제의 귀인들은 마리의 자아효능감을 높이고, 그녀로 하여금 그녀가 자신, 타인들, 환경에 부과하는 부정적 귀인들을 바꿀 수 있게 할 것이라고 가정된다(Craighead et al., 1994). 더 긍정적인 인지들이 마리가 가진 의식의 자동적 흐름에서 일정한 부분이 되어 감에 따라, 그녀의 기분과 외현적 행동이 긍정적인 영향을 받을 것이다(A. T. Beck, 1991; J. S. Beck, 2011; Sudak, 2006).

사례 적용: 성 영역의 통합

이제 마리의 사례가 자세하게 검토될 것이다. 그녀의 사례와 관련될 수 있는 복합적 영역이 많이 있다. 여기서는 성(gender)의 영역을 선택하여 인지적 사례개념화에서 검토하였다.

인지적 관점에서 마리(M)와의 인터뷰

C: 나는 당신의 남편이 최근 사망하였고, 당신이 당신의 아이들을 염려하고 있다는 것을 알고 있습니다. 특히 어떤 것을 염려하고 있나요?

M: (조용하게) 내 남편과 나는 항상 우리의 부모 역할에 자부심을 가지고 있었어요. 우리 딸애들이 잘 자라는 것은 우리 둘에게 무척 중요했어요. 이제 나는 혼자이므로, 나는 내 남편의 믿음을 저버리고 있다고 느껴요.

C: 자신이 남편의 믿음을 저버리고 있다는 생각을 왜 하죠?

M: (조용하게) 그는 나한테 최고의 친구였고 완벽한 남편이었어요. 우리는 어떻게 살고 아이를 어떻게 키울지에 대해 생각이 같았어요. 모든 일이 우리 계획대로 되고 있었죠. (감정의 흔들림) 요즘 여덟 살 에이미는 집에서 수시로 짜증을 내고, 동생인 낸시에게 끊임없이 싸움을 걸고, 선생님에게 무척 버릇없게 행동해요.

C: 당신의 딸은 집과 학교에서 잘못된 행동을 하고 있군요. 그것이 당신 자신의 잘못이고 배신인가요?

M: (유감스러워하며) 앨런이 죽기 전까지 에이미는 학교에서 완벽했어요. 학교에 개근했고, 좋은 내용의 통지표를 받았지요. 지금……. 나는 매일 아침마다 옷을 입히는 일로도 그애하고 싸워요. 또 그 아이는 자기 담임 선생님에게 버릇이 없어요.

C: 당신 생각에 버릇이 없는 것은 받아들일 수 없는 것인가요?

M: (단호하게) 여자아이들은 그렇게 행동하지 않아요. 앨런과 나는 무례한 말대답을 결코 용납하지 않아요. 남편이 살아 있었다면 에이미의 행동에 무척 화가 날 거예요.

C: 그것에 대해 당신은 특별히 어떤 노력을 해 보았나요?

M: (진지하게) 나는 항상 자기통제의 모범으로 행동해요. 나는 우리 아이들을 포함하여 누구에게도 결코 무례하지 않아요, 그들이 아무리 나쁘게 행동하더라도.

C: 화를 드러내는 것이 나쁜가요? (M은 고개를 끄덕인다) 당신은 사람, 특히 어린아이들이 항상 그들의 화를 통제할 수 있다고 생각하나요?

M: (슬프게) 나는 그들이 자기통제를 배워야 한다고 생각해요, 그렇지만 에이미가 빗나가는 방식은, 난 내가 무엇을 잘못하고 있는지 모르겠어요, 그 아이는……. (M은 가볍게 흐느낀다)

C: 어떤 생각들이 당신을 짓누르고 있나요?

M: (슬프고 지친 목소리로) 내가 그것을 어떻게 견딜 수 있을까요? 나는 남편을 실망시키고 있어요.

C: 남편 분은 당신이 에이미에 대해 그런 높은 기준을 세우기를 바랄까요?

M: (다시 감정을 추스르며) 그건 우리가 가족 내에서 가졌던 유일한 기준이에요. 앨런은 가장 좋은 남편이고 아버지였어요. 그는 단지 한 번 쳐다보는 것이나 목소리를 높이는 것으로 딸아이들의 과도한 흥분을 통제할 수 있었어요.

C: 앨런은 모범을 보이는 것 이상을 했군요. 그는 또한 그의 눈빛과 목소리로 통제했군요.

M: (단호하게) 그래요. 남편이 항상 그 아이들을 통제할 수 있었기 때문에 나는 전혀 그런 일을 할 필요가 없었어요.

C: 남편 분은 딸아이들에게 제한들을 설정할 수 있었지만, 이제 그 제한들은 사라졌어요. (한참 침묵) 남편 분이 여기에 있어야만 하나요?

M: (열심히) 남편이 가 버린 것은 그 사람의 잘못이 아니에요. 그는 내 동생의 약혼식에 오고 있는 중이었어요. 그는 약혼식에 와야 한다는 걸 알고 있었어요. (한참 침묵, 슬프게) 날씨 때문에 못 왔지요.

C: 돌아오는 것이 옳은 것이었나요?

M: (자신 있게) 예. 앨런은 결코 빠질 생각이 없었어요. 만일 참석하지 않는다면 그건 내 가족들에게 무례한 일이 되겠지요.

C: 사람들이 날씨를 통제할 수 있나요?

M: (짜증스럽게) 우리 가족들도 그 폭풍우가 앨런 탓이 아니라는 건 잘 알아요. (침묵) 그렇지만 자신이 충분히 잘 계획한다면 이와 같은 일은 발생하지 않아요.

C: 만일 잘 계획한다면 나쁜 일이 일어나지 않는다고 믿고 있군요.

M: (짜증스럽게) 약혼식 날짜는 앨런의 사업회의 전에 결정되었어요. 그의 일을 존중하는 의미에서 약혼식 날짜에 관해 앨런과 의논을 했었어요. 그는 사업회의에 참석하기 위해 급하게 가야 했고요. 그는 돌아오는 것이 그의 의무라는 것을 알고 있었어요. 내 부모님은 심지어 장례식에서도 이에 관해 이야기했어요.

C: 누군가가 그에게 약혼식에 왔어야만 했다고 말했었나요?

M: (당황하여) 아뇨. 그런 말을 한 건 아니에요.

C: 그 기준은 자동적이군요.

M: (다시 확신하면서) 예, 그래요. 아이들이 버릇없이 행동할 때, 나는 내 머릿속에 남편이 "이건 용납할 수 없어."라고 하는 목소리를 들을 수 있어요. 저는 이 작은 목소리(어떤 일이 진행되고 있는지 평가하고, 내가 무엇을 해야만 하는지 이야기하는 목소리)를 들어요.

C: 어떤 종류의 목소리죠?

M: (걱정스럽게) 그냥 내 목소리예요. 내 의식 같은 것. 내 자신이 그 기준들을 일깨워 주는 소리죠, 저는 항상 들어요……. 내가 포기하지 못하도록 하는 것.

C: 자신이 실수를 할 경우에는 어떤 일이 일어나나요?

M: (다시 슬프게) 나는 무척 화가 나지요. (침묵) 나는 스스로를 용서할 수 없어요.

C: 그 감정이, 스스로를 해칠 만큼 격할 때도 있나요?

M: (다시 통제하며) 아뇨. 딸아이들에게는 내가 필요해요. 나는 그들을 실망시키지 않을 거에요. 내가 계속 실수를 하고 있기 때문에, 그것이 좀 힘들어요.

C: 누구나 실수를 하잖아요?

M: (완강하게) 나는 내 자신을 놓아둘 수가 없어요. 딸아이들에게는 이제 저뿐이에요. 만일 내가 일들을 올바르게 하지 못한다면, 나는 나 자신을 용서할 수가 없어요.

C: 그 아이들이 실수할 때는 아이들을 용서할 수 있나요?

M: (단호하게) 물론이죠. 걔들은 아직 어린아이들이잖아요. 물론 올바르게 행동하는 방법을 배울 필요는 있죠. (침묵) 그렇지만……. 이제 그들에게는 나뿐이에요.

C: 그 기준이 당신에게 완벽해지기를 요구하는군요. 당신의 가족들도 역시 이렇게 완벽해야 한다고 생각하나요?

M: (집요하게) 아, 예. 내 부모님들도 내 딸아이들의 행동에 실망하고 있다는 걸 알고 있어요.

C: 어떻게 아셨죠?

M: (열심히) 결코 말로 뭐라 하시지는 않았어요, 그렇지만……. 남편 장례식에서 딸아이들이 서로 다투는 걸 부모님들이 보셨을 때, 나는 그분들 표정에서 처음으로 그걸 보았어요. 지난 몇 주 동안, 그분들은 저희 집에 오시지 않았어요. (침묵, M은 머리를 좌우로 흔든다) 내가 여러 일을 잘 건사하게 되면 다시 오실 거라고 아버지가 말씀하셨어요.

C: 당신은 그분들이 집에 오시지 않는 것을 당신이나 그 아이들에 대해 인정할 수 없다는 뜻으로 해석하는군요?

M: (한참 침묵, 절망적으로) 나는 어머니로서 끔찍한 실수를 하고 있는 것이 틀림없어요. 딸아이들은 앨런이 죽은 후에 좋은 모습을 보이거나 존중받게 행동하지 않고 있어요. 부모님들은 나에게 좋은 모범을 보여 주셨었는데. 어머니는 진짜 현모양처세요. 어머니는 나에게 내 성질을 자제하는 방법, 다른 사람들이 바라는 것을 알아차리고 주의하는 방법을 가르쳐 주셨죠. (침묵) 나도 내 딸아이들을 그렇게 가르치려고 노력하고 있는데……. (한참 침묵)

C: 부모님들은 당신과 아이들에게 높은 기준을 세우고 계시네요. 당신은 아이들이 그 기준에 도달하기를 원하고요. 그렇지만, 기준이 너무 높지 않나요?

M: (단호하게) 남편이 살아 있을 때, 우리의 기준은 그렇게 높지 않았어요. 우리가 그 기준에 도달할 수 있다는 걸 우린 알고 있었어요. 그렇지만 남편은 이제 죽었어요. 나는 남편이 죽어서 내 딸아이들의 미래가 잘못되도록 둘 순 없어요.

C: 그 아이들의 모든 미래가 지금 현재의 그 아이들의 행동에 달려 있을까요?

M: (확신 없이) 난 몰라요……. 행동은 천천히 스며들 수 있어요. 남편은 내 여성스러움, 내 태도, 내 균형감각에 대해 무척 자랑스러워했어요. 만일 내 딸아이들이 거칠고 제멋대로 라면, 어떤 남자가 그 애들과 결혼하려 하겠어요?

C: 당신은 항상 당신 아이들이 잘 사는 것에 대해 생각하고 있어요. 다른 것을 생각하는 시 간은 없나요?

M: (한참 침묵, 조용하게) 난 어떤 면에서는 복 많은 사람이에요……. 앨런은 생명보험을 많이 들었어요, 그래서 나는 딸아이들과 우리가 살던 집에서 계속 살 수 있어요. 나는 앨런과 내가 아이들을 위해 원했던 그런 종류의 집을 포기하지 않아도 되었어요. 그는 항상 그렇 게 훌륭했어요.

C: 경제적으로, 앨런은 여전히 당신과 아이들을 돌보고 있군요. 남편 사망 후에 다른 사람의 도움을 받고 있지는 않나요?

M: (조용하게) 앨런의 사무실에서 온 두 명의 남자가 무척 친절해요. 그들은 번갈아 와서는, 풀을 베고 집 안에 수리할 것들을 고쳐요.

C: 그런 일들이 원래는 남편 분이 하시던 일이었나요?

M: (걱정스럽게) 예. 그렇지만……. (잠시 흐느낀다. 통제하며) 나는 그 사람들에게 이제 그만 오라고 해야만 할 것 같아요, 왜냐하면 (침묵) 이웃들 몇몇이 수군대고 있거든요.

C: 지금 한참 우셨는데, 어떤 생각을 하면서 울었나요?

M: (슬프게) 이웃들은 남편 친구들과 나에 대해 이상한 소문을 퍼뜨리고 있어요. (침묵) 남편 이 죽고 나니 어떻게 살아야 할지를 모르겠어요. (완강하게) 어떻게 사람들은 내가 다른 남자에게 흥미를 가질 거라고 생각할 수가 있죠? (열심히) 그 남자들은 유부남이에요!

C: 앨런의 친구들과 당신은 그 소문이 사실이 아니라는 걸 알고 있어요. 당신을 매우 괴롭히 는 이 소문에 대해 당신은 어떻게 생각하고 있나요?

M: (슬프게) 이웃 사람들은 나를 업신여기고 있는 게 분명해요……. (흐느낀다)

C: 업신여긴다고 느끼면 매우 고통스럽죠. (M은 고개를 끄덕인다) 지금 당신은 이웃들과 어떤 접촉이 있나요?

M: (부인하면서) 정말로 전혀 없어요. 사실 이웃 중에 아는 사람도 없어요. 앨런의 사업 때문 에 이사를 자주 했거든요. 그러다 보니 나는 어디에서도 제대로 뿌리를 내릴 수가 없었어 요. 내 삶에는 가족밖에 없었어요.

C: 이웃들은 당신에게 낯선 사람이군요. 그들이 당신에 관해 뭐라도 알 수 있는 방법이 있나

요?

M: (침묵, 확신 없이) 난 모르겠어요. 이제 나는 이웃들과 어울리면서 지내야 해요. 그리고 내가 존중받을 만한 여성이라는 걸 그들이 알았으면 좋겠어요. 이웃 사람들이 나를 나쁘게 오해하지 않았으면 좋겠어요. (한참 침묵) 나는 앨런의 친구들에게 그만 오라고 이야기해야 할 것 같아요.

C: 다른 방법은 없을까요? (한참 침묵) 당신은 도움이 필요하며, 앨런의 친구들은 기꺼이 도울 건데요.

M: (확신 없이) 만일 이웃들이 나에 대해 쑥덕대고 있다면, 내가 뭔가 옳지 않게 처신하고 있는 게 틀림없어요.

C: 틀림없다고요? (한참 침묵) 이웃에게 다가가서 당신이 어떤 사람인지 보여 줄 수는 없을까요?

M: (눈물을 흘리지만 더 이상 울지는 않는다) 아마, 할 수 있을 거예요……. 그렇지만……. 앨런은 내가 잔디 깎는 일 같은 것을 직접 하는 걸 원치 않을 거예요. 그건 남자가 할 일이에요. (침묵, 통제하며) 내가 그렇게 자제력을 잃어서 미안해요. 선생님에게도 내가 형편없게 보일 것 같아요.

C: 당신 가족이 자제력, 자제심을 매우 가치롭게 여기기 때문에 그것에 관해 걱정하고 있군요. (M은 고개를 끄덕인다) 당신이 생각하기에, 당신과 아이들이 통제하고 있는 것들이 있나요?

M: (조용하게) 네, 나는 아이들에게 죽음에 관해 설명하는 것을 도울 수 있는 책들을 도서관에서 찾아와요. 나는 딸아이들이 앨런의 죽음을 더 잘 이해하도록 도왔어요. 사고가 일어나고 나서 한동안 딸아이들은 끔찍한 악몽을 계속 꿨거든요. 그렇지만 이제는 악몽을 꾸지 않아요.

C: 자신의 고통만 해도 클 텐데, 그 와중에도 당신은 계속 아이들을 돌보고 있어요. 당신은 그들에게 문제가 있다는 걸 인식하고 있고, 그리고 이 문제들에 대해 그들을 도우려고 노력하고 있어요. (한참 침묵) 이것은 당신이 좋은 어머니라는 의미 같은데요?

M: (유감스러워하며) 아뇨. 선생님이 잘 모르셔서 그래요. 앨런이 가고 나서 내가 얼마나 엉망으로 엄마 노릇을 했는지 모르시잖아요. 내 딸아이들과 관련된 모든 것이 잘되어야 내가 좋은 엄마인 거죠.

C: 기준이 너무 높아요. 누가 도달할 수 있겠어요?

M: (고통스럽게) 내가 더 노력해야 한다고 생각하지 않으세요? (한참 침묵) 앨런 없이 미칠 것

만 같고, 이 모든 것을 통제할 수가 없어요.

C: 사별의 큰 슬픔 속에 있는 사람들은 종종 모든 것이 너무 엄청나서 압도된다고 느낍니다. 사랑하는 사람이 죽었잖아요.

M: (걱정스럽게) 나는 내 자신을 돌아볼 여유는 없어요. (단호하게) 난 이 딸아이들을 보살펴야만 해요!

C: 앨런은 당신에게 무척 중요했군요. 남편 분을 잃은 슬픔이 실감되나요?

M: (열심히) 남편은 내게 딸아이들에게 계속 신경 쓰라고 할 거 같아요.

C: 당신은 자신을 심한 압박 속에 두고 있어요. 당신은 좋은 여자, 좋은 어머니가 될 수는 있지만, 완벽해질 수는 없지 않나요?

M: (걱정스럽게) 만일 내가 내 기준들을 버린다면, 나는 내 자신을 알지 못하게 될 거예요. 나는 어제, 화장하지 말까 생각했어요……. 누가 신경이나 쓸까 하고요. 그렇지만 화장을 해야만 했어요. (절망적으로) 딸아이들은 내가 해 줄 수 없는 것들을 해 달라고 하고 있어요. 앨런은 그 아이들을 집 주변에 데리고 가서 뒤쫓기 놀이를 하곤 했죠. 아이들은 이 놀이를 무척이나 그리워해요.

C: 아이들이 그 놀이를 하고 싶어 한다면, 당신이 놀아 줄 수 있을 것 같은데요?

M: (걱정스럽게) 나는 그 아이들 아버지의 자리를 차지할 수는 없어요. 내 짐작으로는, 아이들은 내가 아이들을 위해 다른 아버지를 찾아오기를 바라는 것 같아요……. 나는 지금 이 상황을 직시할 수가 없어요. 나는 숨이 막혀요! (절망적으로) 더 나아질 수가 있을까요?

C: 예. 그렇지만 가족에게 앨런이 몹시 중요했기 때문에 어느 정도 시간이 걸립니다. 우리 둘이서 사별의 깊은 슬픔에 빠진 가족의 행동 지침들을 탐색해 볼 겁니다.

M: (걱정스럽게) 나는 도움을 요청하지 말았어야만 했어요. 나는 이 상황을 내 스스로 통제할 수 있어야만 해요.

C: 그런 식으로 생각하는 것이 우리가 함께 탐색할 필요가 있는 것들입니다.

마리에 대한 인지적 사례개념화: 가정-기반 양식

훌륭한 여성은 항상 자기통제를 할 수 있고, 훌륭한 아내는 항상 남편의 바람에 양보하고, 훌륭한 어머니에게는 완벽한 아이가 있다는 등, 마리는 사회에서 여성이 가지는 역할에 관해 완벽주의 신념체계를 가지고 있다. 남편이 살아 있을 동안 그녀는 이런 완벽주의 신념체제를 유지하면서 제 역할을 하는 마음가짐, 관계, 행동을 유지할 수 있었다. 그렇지만 남편의 갑작스러운 사망은 이를 불가능하게 만들었다. 그녀는 비탄에 빠져 있는 동안 스스로 완벽한 숙녀의 상태를 유지할 수 없었고, 아이들이 아버지의 사망을 슬퍼할 때에 그들을 완벽한 어린 숙녀로 유지시킬 수 없었다. 게다가 마리는 여성으로서의 자기가치, 미래의 여성으로서의 자기 딸들의 가치에 관해 부정적인 자기대화를 계속하고 있다. 이 자기대화는 그녀로 하여금 흑백논리 사고, 과도한 일반화를 하게 만들며 자신의 과실과 아이들의 잘못된 행동을 검토할 때 작은 실패를 확대해석하게 만든다. 마리는 우울증 병력이 없으며, 아이들은 그 사고 이전에 가정과 학교에서 자기 역할을 잘하고 있었다. 그녀는 심지어 비탄 속에서도 자신이 아이들의 신체적 필요사항들을 잘 돌보고, 아이들이 죽음의 의미를 이해하도록 도우며, 학교와 정기적으로 소통한다는 것을 보여 주었다. 이것은 마리가 자신의 능력이 부족하다고 길고 지루하게 설명하는 것에서 '예외'를 보여 주는 데에 사용될 수 있는 적응적 신념들, 그리고 그것에 수반되는 정서적, 행동적 능력을 여전히 많이 유지하고 있다는 것을 보여 준다. 비탄에 대한 지원이 있으면, 마리는 아이들과 함께 남편 또는 아버지가 사망한 가족의 삶에 새로운 관점을 가질 수 있게 하는 생산적인 자기대화를 배울 수 있을 것이다.

마리는 훌륭한 여성은 항상 완벽한 숙녀처럼 보이고 행동한다는 성역할 신념에 의해 지배되어 있다. 그녀는 비극적인 비행기 사고에서 남편을 잃은 것에 대해 3개월의 여유도 자신에게 주지 않았다. 마리와 그녀의 남편 앨런에게 있어, 여성은 항상 완벽한 숙녀처럼 보이고 행동해야만 한다. 이와 마찬가지로 항상 깔끔하게 화장을 하고 옷을 제대로 입고 있는 것에 있어서 예외는 인정되지 않았다. 나아가 여성은 항상 친절하고 아무리 화가 나도 자기 감정을 통제할 수 있어야 한다. 마리와 앨런은 이런 신념을 공유했고, 그래서 앨런이 사망하기 전까지 마리가 완벽한 숙녀 역할을 유지하는 것이 가능했다. 그렇지만 이제 마리는 혼자 힘으로 집과 아이들을 돌봐야만 한다. 그녀의 계속되는 완벽주의 자기대화는 아이들을 돌보지 않거나 화장하는 것을 잊어버리는 것(완벽한 숙녀는 완벽한 외모를 유지한다)을 용납하지 않는다. 다행히 완벽한 여성에게는 마당 주변의 잡일을 할 남자가 허락된다. 이에 따라 앨런의 몇몇 친구들이 도와주기 위해 집에 들렀을 때, 마리는 기꺼이 받아들였다. 그렇지만 그녀가 이 남자들과 무슨 일이 있다고 소문이 돌아서 이제 그녀는 죄책감을 가지고 있다. 만일 사람들이 그녀에 대해 쑥덕댄다면 그녀가 그럴 만하기 때문(그녀는 틀림없이 나쁜 여성이다)이라고 그녀는 믿고 있고, 그래서 그녀는 자신을 탓하고 있다.

마리는 앨런에게 완벽한 아내가 되는 것이 자신의 책임이며, 그가 자신의 가장 친한 친구이며 완벽한 아버지였다고 믿고 있다. 이것은 그녀로 하여금 자신이 앞으로 독신으로 지낼 것이고, 다른 친구를 사귀지 않을 것이고, 아이들이 아버지 없이 자라면서 겪는 어려움을 보충하지 못할 것이고, 남편의 믿음을 저버리고 있다는 자기대화를 하게 만든다. 마리는 그동안 앨런의 일을 지원하기 위해 기꺼이 이사해 다녔고, 이에 따라 지금 사는 곳에서 한 명의 친구도 없이 남편의 사망이라는 상황에 직면하였다. 그녀는 그동안 너무 많이 이사를 다녔기 때문에 이 지역에 와서 친구를 사귈 노력을 하지 않았다. 이는 한편으로 이웃들이 그녀를 도우러 오기보다는 쑥덕대는 이유가 된다. 그녀는 흑백논리 사고를 한다. 예를 들어, 그녀는 남자들에게 더 이상 와서 일하지 말라고 이야기하든지, 아니면 계속 오게 해서 난잡한 여자라는 자신의 평판을 유지시키든지 해야 한다고 말한다. 좋은 사회적 기술을 가지고 있음에도 불구하고, 그녀는 어떤 상황인지를 이웃들에게 이야기하면 된다는 생각이 떠오르지 않는다. 그녀는 또한 융통성 없는 성역할을 견지하고 있으며, 이것이 그녀의 행동을 이끌어 가고 있다. 앨런은 아이들과 잘 놀아 주었는데, 마리는 이 역할을 자신이 하기보다는 아이들이 이제 이런 활동적인 놀이의 영향을 경험할 수 없을 것이라고 믿는다. 앨런 역시 스스로 융통성 없는 행동 규칙을 가지고 있었다. 만일 그가 올바른 계획을 짰다면(이는 남자의 의무이다) 약혼식을 놓치지 않았을 것이다. 따라서 그는 악천후 속에서 집으로 돌아오려 했으며, 비행기가 추락하여 사망하였다. 심지어 지금에도, 그것이 잘못이었느냐고 마리에게 물어보면 앨런은 사람들이 자신에게 기대하는 바를 알고 있었다고 대답한다. 약혼식에 참석하는 것은 그의 '할 도리'였다.

마리는 훌륭한 어머니는 완벽한 어머니라고 믿는다. 과거에 그녀는 부모로서의 자신의 수행에 만족하였다. 그녀는 스스로에게 어머니는 아이들의 삶을 계획하고, 어머니는 아이들이 학교에서 잘 해내도록 만들고, 어머니는 아이들이 먹을 음식을 요리하고 등과 같은 자기대화를 해 왔을 것이다. 마리가 부모 중에 앨런만이 아이들과 잘 놀아 주었다는 것을 암시하는 말을 한 것으로 볼 때, 그녀가 어머니로서 즐거웠는지는 명확하지 않다. 마리는 현재 자신이 완벽한 것과는 멀어졌다고 생각한다. 그녀는 '내가 부모로서 능력이 있다면 아이들이 화를 내거나 공격적인 행동을 하지 않을 거야.'와 같은, 스스로를 꾸짖는 자기대화를 한다. 마리가 자신의 '잘못'과 '실수'에서 이끌어 낸 유일한 결론은 자신이 나쁜 어머니임이 분명하다는 것이다. 마리가 앨런과의 생활에 대해 이야기한 것을 보면, 그들은 둘 다 그들의 완벽한 어린 숙녀들에 대해 완벽주의자의 계획을 가지고 있었음이 분명하다. 마리에게 있어 이 전제적인 완벽주의는 더 이상 혼자 힘으로는 불가능한 것이 되었다. 그녀는 자신이 비탄에 빠져 있고 아이들이 여전히 비탄에 빠져 있는 상황에서도 완벽주의를 일시 유예하지 못한다.

마리는 좋은 아이는 완벽한 아이라고 믿는다. 마리는 아이들이 일시적으로, 예를 들어 몇 주 동안 아버지의 죽음이 주는 직접적인 여파에 의해 힘들어하는 것을 수용할 수 있다. 마리는 아버지가 죽은 직후 아이들이 악몽을 꾼 것은 수용할 수 있는 것이라는 자기대화에 대해 언급한 바가 있다. 그렇지만 한 달이 지난 후에도 악몽을 계속 꾸고 학교에서 잘못 행동하는 일이 있어서는 안 된다. 이런 전제적 '의무'는 아이들이 아버지의 사망을 슬퍼하는 동안 공격적 징후를 보이는 것의 심각성 정도를 마리가 확대해석하게 만든다. 아버지의 사망이라는 여파 속에서 아이들이 학교에서 정서적으로, 또 학업 성취에서 수행이 낮아질 것으로 예측할 수 있다. 그렇지만 마리는 이 상황에 적응하기 위해 자신과 아이들에게 좀 더 시간을 주는 식의 진정시키는 자기대화를 하기보다는 긍정적인 모든 행동은 최소화하고 부정적인 모든 것은 최대화한다. 그녀는 아이들이 아버지의 죽음에 직면한 상황에서도 그들이 완벽한 어린 숙녀이기를 바라는 하나의 극단과, 이제 그들은 희망 없이 망가졌고 앨런이 그녀와 아이들을 부끄러워할 것이라고 느끼는 또 다른 극단을 보여 주고 있다. 마리는 아이들이 그들의 망가진 미래에서 벗어날 수 있게 하는 뭔가가 가능할지 의심하고 있다.

과거에는 마리의 완벽하고 빡빡한 신념이 스트레스를 일으키는 중에도 마리는 긍정적인 눈으로 미래를 볼 수 있었다. 그녀는 가장 좋은 친구이자 남편인 앨런과 결혼생활을 하고 있었다. 그들은 행복하고, 건강하고, 성취적이고, 완벽한 어린 숙녀들을 키웠다. 그녀는 가족들이 행복하고 잘해 나가고 있다는 것을 인식할 수 있었고, 그들을 얼마나 사랑하는지 보여 줄 수 있었다. 이에 따라 그녀는 이 모든 적응적인 행동에 깔려 있는 생산적인 자기대화를 했음에 틀림없다. 그녀는 남편의 사망에 뒤따르는 부정적인 인지적 이동을 겪기 전에 그런 박탈 경험이 없었다. 만일 그녀가 자신과 아이들에 대한 스스로의 부정적인 예상을 의심하고, 아이들의 행동에 대한 자신의 귀인이 올바른지 평가하고, 중립적인 눈으로 자신과 타인을 재평가한다면 그녀는 이전 수준의 적응적 사고를 재정립할 수 있을 것이다.

인지적 상담계획: 가정-기반 양식
. . . .

상담계획 개관: 남편의 사망에 대한 마리의 비탄은 엄격한 성역할 고정관념에 의해 지지되는 완벽주의 신념체계로 인해 역기능적 행동으로 이어질 것이다. 마리는 이 완벽주의 신념체계의 각각에 대해 가설 검증을 하고 부적응적 사고를 적응적인 것으로 대체하도록 도움을 받을 것이다. 장기목표 1에서 3까지는 동시에 또는 어떤 순서로든 다루어질 수 있다(이 상담계획은 기본 양식을 따른다).

장기목표 1: 마리는 훌륭한 여성이 되기 위해서는 항상 완벽한 숙녀여야 한다는 자신의 신념
을 검토할 것이다.

❖ 단기목표들

1. 마리는 완벽한 여성의 일상적인 외모에 관해 자신이 기대하는 것과 관련된 일련의 자기
대화를 인식할 수 있도록 자신의 내면으로 주의집중을 할 것이다.

2. 마리는 남편의 사망 이후 자신이 경험 또는 수행했던, 이 기준과 관련된 자신의 생각, 감
정, 행동을 탐색할 것이다.

3. 마리는 완벽한 외모를 갖추지 않아도 이해될 수 있거나 오히려 그것이 적절한 경우가 있
는지 생각해 볼 것이고, 그 이유를 이야기할 것이다.

4. 마리는 이웃들에게 가서 다른 여성의 외모를 주의해서 본 후 그들 중에 완벽해 보이지 않
는 사람이 있는지 생각해 볼 것이다. 그리고 이와 관련된 자신의 자기대화를 깨닫게 될
것이다.

5. 마리는 각각의 여성이 완벽해 보이지 않는 이유에 관해 가설 검증을 해 볼 것이고, 훌륭
한 여성이 완벽해 보이지 않을 수도 있는 것에 타당한 이유가 있는지 생각해 볼 것이다.

6. 마리는 앨런의 입장이 되어, 앨런의 사망 이전에 그녀가 가졌던 여성으로서의 평판을 설
명할 것이다. 이 설명에는 그것과 관련되어 왔던 모든 생각, 감정, 행동이 포함되어야 한다.

7. 마리는 앨런의 입장이 되어, 앨런의 사망 이전에 그녀가 가졌던 여성으로서의 평판을 설
명할 것이다. 이 설명에는 그녀가 앨런 친구들의 도움을 받아들일 때 어떻게 행동했는지
가 포함되어야 한다.

8. 마리는 앨런의 사망 이전에 그녀의 어떤 부적절한 행동을 본 적이 있는지, 또 앨런의 사
망 이후에 그런 적이 있었는지 앨런의 친구들 각각에게 물어볼 것이다.

9. 마리는 앨런이 완벽한 남편이 아닌 경우를 되돌려 생각해 볼 것이며, 심지어 그가 잘못을
할 때에도 그를 훌륭한 남편으로 인식하는 것이 가능한지에 관해 이야기를 나눌 것이다.

10. 마리는 배우자의 사망을 최근에 겪은 훌륭한 여성의 생각, 감정, 행동과 관련되는 좀 더
적응적인 자기대화를 형성할 것이다.

장기목표 2: 마리는 유능한 어머니가 되기 위해서는 항상 완벽한 어머니가 되어야 한다는 자
신의 신념을 탐색할 것이다.

❖ 단기목표들

1. 마리는 완벽한 어머니의 행동에 관해 자신이 기대하는 것과 관련된 일련의 자기대화를 인식할 수 있도록 자신의 내면으로 주의집중을 할 것이다.

2. 마리는 남편의 사망 이후 자신이 경험했던, 이 기준과 관련된 자신의 생각, 감정, 행동을 탐색할 것이다.

3. 마리는 앨런이 부모로서 잘못을 했던 사건을 회상하여 생각해 볼 것이며, 이 잘못이 그가 훌륭한 부모가 아니라는 것을 의미하는지 살펴볼 것이다.

4. 마리는 자신이 생각하기에 자기가 부모로서 '올바른' 방식으로 행동했지만 아이들은 예상했던 방식으로 반응하지 않았던 사건을 되돌려 생각해 볼 것이다.

5. 마리는 자신이 완벽한 기준에 맞춰 수행하지 않았지만 아이들은 적응적 방식으로 반응했던 사건을 회상하여 생각해 볼 것이다.

6. 마리는 공원에서 다른 부모들을 주의해서 보고, 그들이 잘못을 할 때와 그들이 그녀가 '옳다고' 생각하는 방식으로 수행할 때를 기록할 것이다. 그리고 항상 모든 것을 올바르게 하지는 않는 사람을 훌륭한 부모로 인식하는 것이 가능할지 살펴볼 것이다.

7. 마리는 사람은 잘못을 저지르며 잘못된 행동이 아이들에게 영원한 피해를 주지는 않는다는 생각을 포함하여, 부모 역할에 관한 좀 더 적응적인 자기대화를 형성할 것이다.

장기목표 3: 마리는 훌륭한 아동이 되기 위해서 어린 소녀는 항상 완벽한 어린 숙녀가 되어야 한다는 자신의 신념을 탐색할 것이다.

❖ 단기목표들

1. 마리는 자기 딸들의 행동에 관해 자신이 기대하는 것과 관련된 일련의 자기대화를 인식할 수 있도록 자신의 내면으로 주의집중을 할 것이다.

2. 마리는 남편의 사망 이후 자신이 경험 또는 수행했던, 이 기준과 관련된 자신의 생각, 감정, 행동을 탐색할 것이다.

3. 마리는 공원에서 다른 아이들을 주의해서 보고, 잘못된 행동을 하는 아이에 대해 그 아이가 훌륭한 아이가 아니라는 이유 외에 그렇게 잘못 행동하는 최소 세 가지 이유를 생각해 낼 것이다.

4. 마리는 자신의 딸들 중 하나가 완벽한 어린 숙녀로 행동하지 않은 최근의 사건을 떠올리고, 훌륭한 아이가 아니라는 이유 외에 그 아이가 그런 행동을 하게 된 의미를 살펴볼 것

이다.

5. 마리는 좋지 않은 아이가 왜 잘 행동하지 못하게 되는지에 관해 적어도 세 가지 이유를 생각해 낼 것이다.

6. 마리는 아버지를 잃은 아이가 학교에서 잘못된 행동을 할 수 있지만 전체적으로 봐서 여전히 올바르게 행동하는 아이인 이유에 관해 적어도 세 가지 이유를 생각해 낼 것이다.

7. 마리는 가족 내에서 앨런의 입장이 되어, 그의 사망을 받아들이려 노력하고 있는 아이들에게 그가 어떤 기대를 할지 상상해 볼 것이다.

8. 마리는 학교 교장의 입장이 되어, 부모 사망의 여파 속에서 아이가 학교에서 보이는 행동에 관해 어떤 기대를 하게 될지 상상해 볼 것이다.

9. 마리는 아버지의 사망을 슬퍼할 때, 그리고 스트레스를 겪을 때 불완전한 모습을 보여도 수용이 되는 아이들의 행동과 관련하여 적응적인 자기대화를 발전시킬 것이다.

마리에 대한 인지적 사례개념화: 진단-기반 양식

홀어미, 엄마, 딸, 친구의 어떤 역할에서든 마리는 낮은 자아존중감과 개인적 효능감으로 인해 우울해하고, 불안해하고, 고통받고 있다. 그녀는 부정적인 인지적 이동(cognitive shift)을 경험하고 있으며 그녀 자신, 그녀의 아이들, 또는 당장의 사회적 상황에 대해 어떤 것도 긍정적으로 인식하지 못하고 있다. 이 부정적 이동과 이에 수반된 증상은 한 달 전에 그녀의 남편이 비행기 사고로 갑자기 죽은 후에 시작되었다. 마리는 우울증 병력이 없다. 그렇지만 그녀는 적절한 성역할에 대한 강한 중간급 신념을 가지고 있어서 남편의 죽음을 실제적으로 애도하는 데 어려움을 겪고 있으며 완벽주의자, 엄격한 신념체계의 역사를 분명히 가지고 있다. 비록 지금 그녀가 심각한 종합적 증상을 보이고 있지만, 근친 사별이 최근에 있었고, 또한 자기 아이들의 발달적, 교육적, 사회적 필요에 대해 계속 긍정적인 관심을 보임으로써 그녀가 중요한 지적, 기능적 능력을 가진 사람이라는 점을 보여 주고 있다. 그녀의 전체적인 행동 관련 사고는 'DSM-5 V62.82 합병증을 수반하지 않은 사별'에 가장 잘 나타나 있다(American Psychiatric Association, 2013). 마리는 강박관념, 완벽주의 사고의 징후들을 보인다. 그렇지만 그녀가 과거에 보인 높은 수준의 기능은 이것들이 성격장애라기보다는 핵심 신념에 기초한 그녀의 개인적 양식을 반영한다는 것을 암시한다. 높은 수준의 고통, 상담에 대한 강한 동기, 과거에 보였던 적응적인 기능의 역사를 볼 때 상담 예후는 좋을 것 또는 무척 좋을 것으로 볼 수 있다.

마리는 남편을 사별한 아내로서의 자신을 어떻게 보고 있는가? 그녀는 지난 10년간 남편과 튼튼하고 만족스러운 관계를 유지했다고 믿고 있다. 그들은 성역할 고정관념과 이상적인 가족관계에 대한 핵심 신념과 중간급 신념을 공유함으로써 서로에게 강력한 지지체제가 되었다. 앨런의 일을 위해 자주 이사했기 때문에 그들은 계속 고립된 가족이었다. 그 결과 마리로서는 남편을 잃으면서 유일한 친밀한 친구를 잃었다. 그녀가 가진 슬퍼할 수 있는 능력은 그녀가 엄격하게 유지하고 있는 성역할에 대한 신념에 의해 억제되고 있다. 이러한 중간급 신념은 '여자는 화를 낼 수 없다.' '여자는 자제력을 잃으면 안 된다.' '여자는 항상 다른 사람들을 도와야만 한다.'와 같은 가정을 포함하고 있다. 이러한 성역할 고정관념들은 '가장 높은 기준들만이 수용될 수 있다.' '만일 자신이 적절하게 계획한다면, 일이 잘못되지 않는다.' '당신은 완벽하거나 부적절하다.'와 같은 완벽주의 신념체계들 위에 덧붙여져 있다. 이 비적응적 신념체계들은 심지어 상실에서 바로 겪게 되는 충격 속에서도, 지극히 정상적인 비탄 반응의 경험을 스스로 비난하고 자신에게 완벽해지라고 권고하는 자기대화의 흐름에 반영된다. 그녀가 다른 사람들의 지원을 정말로 필요로 할 때, 그녀의 부정적인 렌즈는 그녀로 하여금 그녀의 환경에 있는 모든 '타인'이 불인정하는 것으로 보게 만든다. 심지어 긍정적인 지원에 맞닥뜨렸을 때에도, 그녀는 이 지원을 그릇된 것으로 재해석한다. "당신이 나에 대해 더 잘 알게 된다면, 앨런이 죽은 후 내가 얼마나 부적절하게 행동했는지 알게 될 거예요." 과도한 일반화와 왜곡을 함으로써, 그녀는 그녀의 남편을 완벽한 배우자로 회상하고 지금의 자신이 부적절하게 행동함으로써 그의 믿음을 배신하고 있다고 평가한다. 그녀는 근친사별 전의 한 여성으로서, 그리고 아내로서의 자신에 대해 긍정적으로 생각했다.

마리는 부모로서의 자신을 어떻게 보고 있는가? 마리는 완벽한 부모가 되기 위해 분투하고 있으며, 그녀의 상실에도 불구하고 자기 아이들에게 필요한 것들을 대부분 잘 제공해 오고 있다. 그녀는 그들의 신체적 필요사항들을 잘 보살피고, 그들의 교사들과 정기적으로 의사소통하며, 그들이 아버지의 죽음이라는 현실을 이해하도록 도와 왔다. 그렇지만 그녀의 완벽주의자, 성역할 고정관념들은 자기가 가진 어머니로서의 능력에 대한 인식, 자기역할에 대한 유능감의 유지를 방해하고 있다. 더욱이 이런 신념은 최근에 아이들이 무의식적으로 드러내는 행동에 대해 부정적인 가정을 하게 만든다. 그녀는 아이들의 잘못된 행동에 대해 아버지의 죽음에 대한 스트레스 반응으로 이해하기보다는 받아들일 수 없는 행동이라고 본다. 그녀는 아이들의 잘못된 행동 정도를 과장하며, 그들의 미래에 대해 아주 불행한 예측을 한다. 그녀는 아이들에게 성공적인 인생의 희망은 심지어 아버지의 죽음이 주는 직접적인 충격 속에서도 오로지 항상 꼬마숙녀로 있을 수 있는 그들의 능력에 달려 있다고 본다. 그녀는 아이들의 삶에서 자신이 할 역할을 철저하게 기준의 설정, 완벽한 역할모델, 그들의 신체적 필요사항의 보살핌 측면에서 본다. 아버지의 역할은 경제적인 지원자, 완벽한 놀이친구 역할이다. 마리는 아이들에게 이 완벽한 놀이친구를 제공해 주기 위해 자신이 할 수 있는 것은 재혼뿐이라고 생각한다. 그녀 자신의 비판적인 목소리에 더하여, 마리는 앨런의 소리를 들으며 또한 부모님의 표정을 그녀의 모든 양육적 행동에 찬성하지 않는 비판적인 합창으로 본다. 아이들이 요즘 보이는 행동 분출에 좌절감을 느끼면서도 그녀는 앨런의 죽음 이전에 아이들이 학업 측면에서 또 사회성 측면에서 잘해 왔다고 인식한다.

마리는 딸로서의 자신에 대해 어떻게 보고 있는가? 그녀와 앨런은 결혼 후에 그녀의 확대가족에 적극적으로 동참하였다. 그녀는 그녀의 핵심신념들, 완벽한 여성이 되는 것에 관한 신념들을 어머니에게서 가져왔으며, 어머니가 '진짜 숙녀'라고 생각한다. 그녀의 부모들은 완벽주의와 엄격한 성역할 고정관념에 대한 그녀의 신념을 강화해 왔다. 심지어 앨런의 죽음 후에도, 그들은 폭풍우 속에 집으로 급히 돌아오려 한 앨런의 행동이 부적절했다고 생각하지 않는다. 그들은 "그는 시간에 맞춰 돌아오는 것이 자기의 의무란 걸 알았다. 그는 하기로 되어 있던 것을 하던 중이었다."와 같이 이야기한다. 아마도 확대가족의 구성원 중에서 "만일 그가 더 잘 계획했다면, 이 일이 일어나지 않았을 것이다."와 같이 앨런에 대한 약한 비판의 소리가 있었을 것이다. 마리는 "약혼식은 앨런의 사업회의 전에 정해졌어요……. 그는 그 날짜에 대해 미리 의논을 했어요……. 그는 급히 떠나야만 한다고 느꼈어요……. 그는 되돌아오는 것이 자신의 의무라는 걸 알았어요."라고 이야기할 때 이 비판을 암묵적으로 공유하고 있을 것이다. 여자는 화를 내지 말아야만 한다고 마리는 믿고 있지만, 그러나 마음속 깊은 곳에서 그녀는 앨런이 사업회의에 간 것에 대해 화를 내고 있을지도 모른다. 그녀는 또한 그가 그녀 여동생의 약혼식에 참석하기 위해 집으로 오다가 죽은 것에 대해 죄책감을 느끼고 있을지도 모른다. 앨런과 마리는 둘 다 그녀의 가족들이 그의 약혼식 불참에 대해 어떤 변명도 수용하지 않으리라는 걸 알고 있었다. 마리의 확대가족은 마리 자신의 비탄 반응 또는 마리의 양육상 고충에 대해 어떤 정서적인 지원도 그녀에게 제공하지 않고 있다. 그녀의 부모들은 마리가 그 상황에 대해 '통제력을 얻을' 때까지 마리와 아이들에게서 뒤로 물러서 있을 계획이다. 마리는 그들이 뒤로 물러서 있는 것에 대해 불평을 하지 않는다. 그녀는 그 것을 자신이 여자, 어머니로서 '실패한 것'에 대한 그들의 정당한 반응으로 해석한다.

마리는 여성 친구, 이웃으로서의 자신을 어떻게 보고 있는가? 그녀의 과거 역할은 완벽한 아내, 어머니로서의 역할이었다. 그녀는 항상 앨런과 아이들을 우선시했기 때문에 그녀 자신을 위한 다른 역할을 갖지 않았으며, 자신의 친구들도 없었다. 그녀는 근친사별 상황 속에서도 항상 완벽한 부인처럼 옷을 입고 행동함으로써 그녀의 완벽주의자 기준들을 유지하려고 노력해 왔다. 그녀는 '만일 충분히 계획한다면 모든 것이 올바르게 될 것이며, 자기 아이들에 대해 통제력을 잃는 것은 부끄러운 일이다.'라는 그녀의 신념 때문에, 그녀의 이웃들에게 도움을 직접적으로 요청하지 않았다. 이로 인해 그녀의 이웃들은 그녀에게 도움이 필요하지 않거나 실제로는 크게 슬퍼하지 않는다고 생각하게 되었을 수도 있다. 이것은 또한 앨런의 친구들이 현재 그녀의 삶에서 하고 있는 역할에 대해 그녀의 이웃들이 뒷말하는 이유 중의 하나일 것이다. 그들의 뒷말은 자신이 앨런의 믿음을 저버리고 있고 만일 자신이 '잘못' 양육하면 자신은 받아들일 수 없는 부족한 사람이 된다는 마리의 생각을 강화하는 역할을 하게 된다. 만일 자신이 친구, 이웃과 긍정적인 관계를 가질 자격이 있다고 믿게 된다면, 그녀는 개인적인 친구관계를 발전시키는 것뿐만 아니라 이웃들과도 긍정적인 관계를 발전시킬 사회적 기술을 가지고 있다.

　여러 가지 면에서, 마리의 가족들은 앨런 사망의 여파 속에서 자기 삶을 잘 살고 있다. 모든 사람이 충분히 먹고 있으며, 모든 사람이 가족의 집에서 살고 있으며, 아이들은 그들의 집에서 가까운 학교에 다니고 있으며, 단지 한 달 만에 그들은 비탄 과정의 '부인(denial)' 단계를 지나 왔다. 불행하게도, 비적응적 신념체계가 마리로 하여금 비탄의 과정에서 더 이상 나아가지 못하게 하고 우울, 불안, 무기력감에서 벗어나지 못하게 막고 있다. 그것들은 또한 그녀의 아이들이 겉으로 보이는 행동들이 정당한 비탄 반응들이며 이 시점에서 그녀의 '높은 기준들'을 완화하는 것이 적절하다는 것을 그녀가 인식하지 못하게 하고 있다. 마리 부모님의 행동은 마리의 핵심 신념인 완벽주의 신념을 강화하면서 지금 이 상황에서 좀 더 유연하게 자기 역할을 할 수 있게 하는 마리의 능력을 방해하고 있다. 지금 마리의 스트레스 수준은 너무 심해져서, 그녀는 자신의 기준들 중 하나를 깨고 능동적으로 상담자에게 도움을 받으려 하고 있다. 그녀는 또한 매일 제대로 화장을 하는 것 같이 완벽한 숙녀가 되는 것에 대한 그녀의 가설들이 이 상실의 상황에서 정말 필요한 것인지에 대해 의문을 가지고 있다. 이런 점을 고려할 때, 현 상황은 그녀가 지금 가지고 있는 신념체계의 효율성을 재평가하면서 여자와 어머니로서의 자기 행동이 갈 방향을 찾게 되는 일종의 기회라고 볼 수도 있다.

인지적 상담계획: 진단-기반 양식

상담계획 개관: 마리는 말을 잘하며, 지적이고, 고통 속에 있으며, 변화에 대해 동기화되어 있다. 따라서 그녀는 상담에 있어서 좋은 지원자이며, 그녀의 변화에 대한 예후는 좋을 것 또

는 매우 좋을 것이다(상담계획은 adapted SOAP format에 따른다. 좀 더 완성된 상담계획 개관과 구체적인 상담계획은 다음의 세부 '계획'에 있다).

❖ 주관적 자료

마리는 아이들에 대해 걱정하고 있다. 그녀는 아이들의 아버지가 최근에 비행기 사고로 사망한 이후 그들의 행동이 심하게 나빠졌다고 생각한다. 그녀는 자신에 대해 한 여성이자 어머니로서 부족한 실패자라고 본다. 그녀는 부모로서 자신과 자기 남편의 기준을 충족하지 못했다고 믿기 때문에 죄의식에 차 있다. 그녀는 이 시점에서 자신의 삶은 별 관계가 없고 다만 아이들이 중요하다고 여기고 있다.

❖ 객관적 자료

웩슬러 성인지능검사 IV(WAIS-IV)를 사용한 표준화된 지능검사에서 마리는 평균 수준의 지능을 가지고 있는 것으로 나타났다. 미네소타 다면적 인성검사 2(MMPI-2)를 사용한 성격 검사에서는 엄격한 완벽주의자 사고, 엄격한 전통적 성역할 고정관념, 약한 인지적 혼란, 심각한 개인적 혼란, 고통의 징후를 보였다. 그녀의 프로파일은 대부분 'DSM-5 V62.82 단순 사별' 진단과 일치한다.

❖ 사정

마리는 낮은 자아존중감과 개인적 효능감에서 오는 우울, 불안, 고통을 겪고 있다. 그녀가 최근 갖게 된 근친 사별로 부정적인 인지적 이동이 일어나면서 그녀는 자신, 아이들, 현재 그녀의 사회적 환경에서 긍정적인 것을 찾지 못하고 있다. 마리는 매우 자기 역할을 잘하고 있는 유능한 여성이자 부모이지만, 완벽주의자 등의 핵심 신념과 엄격한 성역할 등의 중간급 신념으로 인해 비탄 과정이 악화되었다. 비록 그녀가 지금 전체적으로 심각한 증상을 보이고 있지만 아이들의 발달, 학업, 사회적 요구에 대한 그녀의 지속적인 긍정적 관심으로 볼 때 매우 지적이고 자기 역할을 잘하는 사람이라는 것을 알 수 있다.

그녀의 DSM-5 치료진단(working diagnosis)은 'V62.82, 단순 사별'이다. 그녀의 현재 역할 활동을 보면 그녀가 최소한 평균 수준의 지능, 좋은 사회적 기술, 좋은 양육기술, 경제적 안정성을 가지고 있음을 알 수 있다. 그녀의 사회적 지지 수준은 현재 부족하다.

❖ 계획

상담계획 개관: 마리의 적응적, 비적응적 신념체계를 홀어미, 어머니, 성인이 된 딸, 친구, 이 웃으로서 가지는 그녀의 역할 측면에서 탐색할 것이다. 엄격한 성역할 등 그녀가 가진 모든 완벽주의 신념체계에 대해 다룰 것이며, 따라서 그녀의 장기목표도 함께 작업할 것이다.

장기목표 1: 마리는 막 홀어미가 된 여성으로서의 자신에 관한 자신의 신념체계에 대해 인식 하게 될 것이고, 이것이 자신에게 도움이 되는지 아니면 스트레스를 만들어 내는 지 살펴볼 것이다.

❖ 단기목표들

1. 마리는 '훌륭한 여성은 결코 화내지 않는다.'는 생각과 관련된 자기대화를 인식할 것이며, 이 자기대화가 남편의 갑작스러운 죽음에 현실적으로 대처하는 데 도움이 될지 아닐지에 관해 검토해 보게 될 것이다.

2. 마리는 '훌륭한 여성은 결코 통제력을 잃지 않는다.'는 생각과 관련된 자기대화를 인식할 것이며, 이 자기대화가 남편의 갑작스러운 죽음에 현실적으로 대처하는 데 도움이 될지 아닐지에 관해 검토해 보게 될 것이다.

3. 마리는 '훌륭한 여성은 항상 다른 사람을 돕는 것을 최우선으로 여겨야 한다.'는 생각과 관련된 자기대화를 인식할 것이며, 이 자기대화가 남편의 갑작스러운 죽음에 현실적으로 대처하는 데 도움이 될지 아닐지에 관해 검토해 보게 될 것이다.

4. 마리는 사별에 관한 글 읽기, 상담자와의 대화, 비탄에 빠진 다른 사람들과의 대화를 통해 위와 같은 생각들이 현실적인지에 관해 함께 가설 검증을 해 볼 것이다.

5. 마리는 사별 문제에 관해 좀 더 많은 지식을 갖고 이에 근거해서, 남편을 사별한 지 얼마 안 된 사람으로서 자신이 한 일들과 행동들에 대해서 타인과 함께 혹은 머릿속으로 토론 하는 과정을 통해 자신의 완벽주의와 비현실적인 생각들을 좀 더 적응적인 것들로 바꿀 것이다.

6. 기타 가능한 목표들

장기목표 2: 마리는 어머니로서의 자신에 관한 관점에 밀접히 관련된 그녀의 신념체계를 인 식할 것이며, 이것이 자신에게 도움이 되는지 아니면 스트레스를 만들어 내는지 살펴볼 것이다.

❖ 단기목표들

1. 마리는 딸들의 행동에 관한 자신의 자기대화를 인식할 것이며, 이것이 최근에 근친사별을 한 아이의 행동에 대한 현실적인 평가인지 검토할 것이다.

2. 마리는 딸들에 대한 훈육, 특히 꾸중하는 방법에 관한 자기대화를 인식할 것이며, 이것이 아버지를 여의고 애도 기간에 있는 어린 소녀에게 현실적인 개입인지 생각해 볼 것이다.

3. 마리는 어린아이들의 사별 및 애도에 관한 독서, 상담자와의 대화, 어린아이가 있는 다른 부모들 관찰 등을 통해 자기대화에 관해 상담자와 함께 가설을 검증할 것이다.

4. 마리는 아동의 발달, 아동의 비탄에 관한 새로운 수준의 이해에 기초해서 완벽주의 또는 비현실적인 자기대화를 건설적인 것으로 대체할 것이다.

5. 기타 가능한 목표들

장기목표 3: 마리는 성인이 된 딸로서의 자신에 관한 관점에 밀접히 관련된 자신의 신념체계를 인식할 것이며, 이것이 자신에게 도움이 되는지 아니면 스트레스를 만들어 내는지 검토해 볼 것이다.

❖ 단기목표들

1. 마리는 자신이 딸로서 배웠던 것, 그녀의 부모님이 계속 강조했던 것(예: '미리 계획하면 일은 항상 바르게 된다.' '일을 올바르게 하는 것은 성인이 져야 할 책임이다.')에 관한 자기대화를 인식할 것이다.

2. 마리는 자신이 딸로서 배웠던, 그리고 그녀의 부모님이 계속 강조했던 남편의 책임(예: '가족 행사에 참석하기 위해 돌아오는 것은 그의 책임이었어.')에 관한 자기대화를 인식할 것이다.

3. 마리는 이성적 사고와 비현실적 사고의 차이, 그리고 이런 사고 유형들이 화, 우울, 불안 같은 기분에 미치는 서로 다른 영향에 관해 글을 읽고, 상담자와 이런 이슈들에 관해 토론하고, 그녀의 감정이 절대론적인 용어에 대한 그녀의 생각과 어떤 식으로 관련되는지 점검하는 사고일지를 쓸 것이다. 그리고 이 활동들에 기초해서 자기대화가 적응적인지 아닌지를 함께 가설 검증할 것이다.

4. 마리는 부모님과의 상호작용에서, 모든 부정적 자기대화를 긍정적 정서, 적응적이고 유연한 행동, 완벽주의 극복을 지지해 주는 더 적응적인 자기대화로 대체할 것이다.

5. 기타 가능한 목표들

장기목표 4: 마리는 여성친구, 이웃으로서의 자신에 관한 관점에 밀접하게 관련되는 그녀의 신념체계를 인식할 것이며, 이것이 자신에게 도움이 되는지 아니면 스트레스를 만들어 내는지 검토해 볼 것이다.

❖ 단기목표들

1. 마리는 여성친구, 이웃으로서의 자기 역할과 밀접한 자신의 자기대화를 인식할 것이며, 이 자기대화가 어떻게 해서 그녀로 하여금 항상 완벽하게 차려입고, 항상 감정 통제를 하고, 항상 부모로서 완벽하게 통제하도록 만드는지 검토해 볼 것이다.

2. 마리는 '자신이 비탄과 고통에 빠져 있다는 것을 세상에 보여 줘서는 안 되고, 어떤 것에도 도움을 요청해서는 안 된다. 만일 그렇게 하면 자신은 숙녀가 아니고 존중받을 가치가 없다.'는 자신의 생각과 관련하여 함께 가설 검증을 할 것이다. 그녀는 사회적 지지의 중요성에 관한 글을 읽고, 상담자와 이 이슈에 관해 토론하고, 동료들과 상호작용하는 다른 성인들을 관찰하는 활동을 통해 이 작업을 수행할 것이다.

3. 마리는 모든 부적응적인 이야기를, 그녀의 가정, 그녀의 아이, 가장 친한 친구인 남편의 사망에 따른 그녀의 외로움에 대한 도움이 필요할 때 스스로 도움을 요청할 수 있게 하는 적응적인 이야기로 대체할 것이다.

4. 마리는 남편의 사망 이후에 퍼지기 시작한 잘못된 소문에 관해 이웃과 이야기할 때에 도움이 될 적응적 이야기로 어떤 것들이 있을지 생각해 볼 것이다.

5. 기타 가능한 목표들

사례개념화 실습 사례: 성적 지향 영역의 통합

이제 에릭에 대한 인지적 분석을 할 시간이다. 그의 행동에 통찰을 제공할 수 있는 복합적 영역이 많이 있다. 이 분석에서, 당신은 성적 지향(sexual orientation) 영역을 사례개념화에 통합시켜야 한다.

짧은 접수면접에서 얻은 정보

에릭은 한 중서부 대도시의 점점 더 악화되고 있는 가난한 지역에서 살고 있는 16세의 백인 남성이다. 그는 현재 고등학교 2학년이다. 그는 학교 적응 문제를 일으킨 적이 없는 평범한 학생이다. 그의 부모는 7년 전에 이혼했지만, 여전히 갈등 관계에 있다. 지난 7년 동안, 에릭은 다섯 번 가족이 바뀌었다. 부모와 함께 사는 것 외에도, 때때로 그는 그의 외숙모, 외삼촌 댁에 가서 살기도 했다. 이런 이동으로 인해, 그는 세 개의 학교로 이리저리 옮겨 다녀야 했다. 에릭은 역사 선생님인 젠킨스 씨에 의해 학교상담교사에게 의뢰되었다. 젠킨스 씨는 상담교사에게 에릭이 우울해하며 그의 가정환경이 안전한지 우려된다고 하였다.

간단한 정신상태 검사에서 보통 수준의 고민을 보여 주었고 자살이나 살인 사고 또는 심각한 정신병리는 나타나지 않았다. 에릭은 비밀 유지의 한계에 대한 이야기를 할 때 약간의 불안을 보였다. 그렇지만 그는 젠킨스 선생님이 상담받기를 원한다면 상담을 받겠다고 말하였다.

인지적 관점에서 에릭과의 인터뷰

C: 나는 젠킨스 선생님과 네 이야기를 좀 했어. 네 마음속에 무엇이 있는지 말해 줄 수 있겠니?

E: (화를 내며) 나는 어디로 가야 할지 모르는 튀는 공 같다고 느껴요. 어떤 때는 엄마한테, 어떤 때는 아빠한테, 또 어떤 때는 둘 다 나를 내쳐서 결국 외숙모와 외삼촌 집으로 가야 하죠. 아빠는 무척 대장 행세를 해요. 항상 나를 괴롭혀요. (침묵) 내가 마음에 드는 구석이 하나도 없나 봐요. 어렸을 때는 아빠 마음에 들게 되어 보려고 굉장히 노력했어요. 가슴 아픈 이야기죠. (침묵) 이제는 완전히 포기했어요. 아빠 집에 있을 때는, 아빠한테서 어느 정도의 거리를 유지해요. (생각에 잠겨) 아빠와 엄마는 서로 굉장히 미워하는 것 같아요. 엄마의 새로운 술주정뱅이 애인이 우리 집을 들락거려요. 잘 모르겠지만 그 남자가 나를 아주아주 싫어한다는 것은 확실히 알겠어요.

C: 무엇 때문에 그렇게 생각하지?

E: (생각에 잠겨) 심지어 내가 엄마에게 인사만 해도, 그는 엄청 소리를 질러요. 그 남자가 있으면 엄마는 엄마의 시간을 전부 다 그 남자에게 써야 해요. (고개를 좌우로 열심히 흔들며) 침입자는 내가 아니라 그 남자란 말이에요.

C: 네 엄마가 너에게 신경을 쓰면, 그 사람이 화를 내니?

E: (신랄하게) 점잖게 표현하면 그렇겠네요. 내가 학교에서 돌아와서 엄마한테 인사를 해요, 그때 만일 그 남자가 집에 있으면 엄마는 대답을 안 해요. 심지어 내 목소리만 들려도 고

함을 지르기 시작하는 경우가 자주 있어서요.

C: 그런 경우에 엄마는 어떻게 하시니?

E: (무척 화를 내며) 나한테 입 다물라고 해요. 만일 나 때문에 그가 이 집에서 나가 버리면 우리 두 사람은 굶어야 된다고 말해요.

C: 엄마가 그런 이야기를 하고 나서 어떤 일이 일어나니?

E: (단념하며) 엄마가 나를 잠시 쫓아낼 것이고, 그러면 또 외숙모, 외삼촌 집으로 가는 거죠.

C: 외숙모, 외삼촌 네에서 지내는 것은 어떻니?

E: (너무 외롭게) 얼마든지 그 집에 있게 해 줘요. 또 밥도 주고요. (침묵) 한 번은 새 외투가 필요했는데 그것도 사 주셨어요. 그렇긴 하지만 나한테 말은 거의 안 해요……. 외삼촌, 외숙모끼리도 말을 별로 안 해요. 학교에서도 똑같죠. 나에게는 아무도 없어요.

C: 네가 학교에서 친구를 사귀려는 노력을 하지 않게 된 이유가 무엇이었을까?

E: (슬프게) 나는 전학을 여러 번 하다 보니, 진짜 친구를 만들 수가 없었어요. (한참 침묵) 나는 혼자라고 느끼고, 별종이라고 느껴요. 나는 어느 무리에도 끼지 못해요.

C: 사람들과 어울렸던 경험을 전혀 생각해 낼 수 없나 보네.

E: (화를 내며) 내 부모가 나에게 신경을 쓰지 않는다는 것 외에도 나는 내가 누구인지를 알아내야 해요. (폭발하듯이) 계속 이럴 수는 없어요!

C: 너는 너 자신을 이해해야 한다고 스스로를 몰아붙이고 있네? (침묵) 너는 이 싸움에서 혼자라고 느끼지만, 다른 10대들도 역시 이 문제와 씨름하고 있지 않을까?

E: (긴장하며) 나하고는 다를 걸요.

C: 너는 너 자신에게 그렇게 이야기하고, 그것은 너의 괴로움을 더 크게 만들어.

E: (침묵, 생각에 잠겨) 그럴지도 모르죠. 다른 사람들은 친한 친구가 있는 것처럼 보여요. 나도 원하지만, 친구를 사귀려 할 때마다 나는 생각해요, 친구를 사귀어서 더 괴로우면 어떻게 하지?

C: 너의 가족관계는 힘들지. 너는 모든 관계가 틀림없이 그런 식일 거라고 생각하니?

E: (열심히) 네, 엄마 아빠는 서로를 상처 주는 것만 할 수 있죠. 다른 사람 사귀어도 그렇게 대단히 다르지도 않아요. (어쩔 수 없다는 듯) 좋은 관계란 있을 수 없는 것 같아요.

C: 만일 내가 너에게 좋은 관계가 가능하다고 이야기하면, 너는 어떤 생각이 들까?

E: (확신하며) 나는 상처를 받을 거예요, 나는 거부당할 거예요, 그리고 나는 더 이상 고통을 견딜 수가 없을 거예요.

C: 만일 누군가가 너를 거부하면, 너는 모든 사람이 그럴 거라고 생각하니?

E: (사무적으로) 모든 사람이 거부하죠. 젠킨스 선생님만 저한테 관심을 가져 주세요.

C: 그래, 그분과 함께 많은 시간을 보냈지, 나도 들었어.

E: (폭발하듯이) 그게 뭐 잘못된 게 있나요?

C: 화난 것처럼 들리는구나. 지금 뭘 생각하고 있니?

E: (한참 침묵, 열심히) 어제 몇몇 애들이 화장실[1]에서 나를 괴롭혔어요. 그들은 나를 찌질이, 젠킨스 선생님에게 달라붙은 게이라고 불렀어요. (한참 침묵) 그 애들 중 한 명이 수업 시간에 젠킨스 선생님에게 버릇없이 말하곤 해서, 내가 쉬는 시간에 복도에서 개를 좀 밀쳤거든요. 그러자 친구 패거리를 데려와서는 화장실에 따라 들어와서 나를 이리저리 심하게 밀었어요.

C: 너는 괜찮았니?

E: (놀라면서) 괜찮아요. 걔들은 그냥 내 자존심을 무너뜨려서 스스로 보잘것없다고 느끼도록 만들고 싶었을 거예요. 그러다가 그렇게 됐다 싶을 때 나를 남겨 놓고 가 버렸어요.

C: 그들은 복수하려고 그랬나 보네. 그런데 그들이 너를 게이라고 부르는 이유는 뭐라고 생각하니?

E: (폭발하듯이) 나는 그것에 대해 생각해 본 적이 전혀 없어요! (한참 침묵, 조용하게) 모르겠어요. (낙담하면서) 어쩌면 그런지도 모르죠.

C: 의자 꺼지겠다. 완전 쓰러지듯이 앉아 있네. 어떤 생각을 하고 있니?

E: (빈정대듯이) 음, 동성애자가 되는 게 좋다는 이야기는 아니에요.

C: 네 생각에, 동성애자가 되는 것이 어떤 점에서 좋고 어떤 점에서 나쁠까?

E: (머리를 좌우로 흔든다. 긴장하며) 나는 그것에 대해 선생님에게도, 그리고 다른 누구에게도 이야기할 수 없어요.

C: 네가 그것에 관해 이야기하는 건 어려울 수 있어. (침묵) 우리의 성적 특징은 우리 정체성의 한 중요한 부분이야. (한참 침묵) 나는 네가 게이인지 아닌지 모르지. (한참 침묵) 만일 네가 게이라면, 괜찮겠니?

E: (확고하게) 내가 정말로 게이인 것이 확실할 때에만 이 문제에 관해 이야기할 거예요. (침묵) 내가 게이인지 어떻게 하면 알 수 있을까요?

C: 지금 여기서, 젠킨스 선생님에 대해 생각해 봐, 너는 구체적으로 어떤 생각과 느낌이 드니?

E: (조용히) 나는 다른 누구보다 그분과 함께 있고 싶다고 생각해요. 선생님이 나에게 인사를 하면, 나는 기분이 무척 좋아져요. 만일 선생님이 아프면, 나도 기운이 없어지죠. 나는 항

---

1) 원서에서는 라커룸이었으나 우리나라의 학교 환경에서 집단 괴롭힘이 흔히 일어나는 공간인 화장실로 바꾸어서 표현했음.

상 선생님을 생각하고, 내가 한 것들에 대해 선생님이 어떻게 생각하실까 생각해요. 이런 게 내가 게이라는 증거일까요?

C: 젠킨스 선생님은 너에게 중요하지. 그분께 정서적으로 가깝게 느끼는 것인지, 그 이상의 어떤 것을 바라는 것인지, 다른 점이 좀 있니?

E: (확신 없이) 무슨 말이죠?

C: 그래, 사춘기를 겪을 때 대부분의 사람은 특정한 어떤 사람, 어떤 유형의 사람들에게, 다른 대부분의 사람에 대해 생각하는 것과 다른 특별한 생각, 바람, 환상을 갖기 시작해.

E: (낙담하면서) 걔들이 이야기한 것처럼 나는 쓸모없는 찌질이네요.

C: 너는 쓸모없는 사람이니, 아니면 대단한 사람이니? (침묵) 너, 이미 면도하고 있니? (E는 고개를 좌우로 흔든다) 네가 다 자라려면 한참 남았을까? (한참 침묵) 네가 아직 이런 느낌들을 가질 때가 아니지 않을까?

E: (빈정대듯이) 나를 때렸던 애들은 내 것의 크기 갖고 난리쳤어요.

C: 그게 너한테 중요하니? (한참 침묵)

E: (솔직하게) 내가 그 싸움을 할 때까지는 정말 신경 쓰지 않았어요. 좀 더 생각하고 신경을 쓸 수도 있었는데. (한참 침묵) 젠킨스 선생님에 대한 내 마음은 어떤 걸까요?

C: 나는 네가 젠킨스 선생님에게 특별한 느낌이 있는지 없는지를 모른단다. 너도 모르는 것처럼 보여. 만일 내가 너에게 읽을거리를 좀 주고, 그리고 네가 스스로에게 성장할 시간을 준다면, 때가 되면 너에게 모든 것이 분명해지지 않을까? (E는 고개를 좌우로 흔든다) 의문을 갖는 것은 네가 누구인지를 배울 때 일어나는 정상적인 일이야.

E: (무척 화를 내며) 나는 이것에 대해 이해하는 데 내 삶을 모두 쓸 수 없어요. (한참 침묵, 조용히) 나는 이것에 관해 젠킨스 선생님께 이야기해야 하는지 많이 생각해 왔어요. 이것은 내가 유일하게 젠킨스 선생님과 이야기하지 않은 중요한 일이에요. 선생님도 내게 뭔가 있다는 건 아실 거예요.

C: 네가 선생님께 말씀드리면 어떻게 하실 것 같니?

E: (절망적으로) 선생님이 소리 지르며 욕하는 걸 상상해요, 마치 화장실에서의 그 녀석들처럼요. 그다음 장면에서는 무너지고, 외롭고, 아무도 신경 쓰지 않는 내 자신을 보게 되죠.

C: 끔찍한 결과들이구나. 선생님이나 네가 다른 행동을 하는 건 가능할까?

E: (낙담하면서) 나는 다른 걸 상상할 수 없어요.

C: 선생님이 실제로 어떻게 하실지는 알 수가 없네. 흥분할 수도 있고, 또는 그것을 이해하고 그것에 대해 너와 이야기할지도 모른단다. 이야기하는 것에는 어떤 위험이 있고, 이야

기하지 않는 것에는 어떤 위험이 있을까?

E: (슬프게) 선생님이 그래도 나를 불쌍하게 여기고 내치지는 않을 거라고 상상하기도 해요.

C: 그 외에 어떤 일이 일어날까?

E: (열심히) 아무것도요. 선생님은 정말로 무엇이 옳고 그른가에 주로 관심이 있는 분이죠. 우리 부모님에 관해 이야기하면서 알겠더라고요. 그분은 그저 내 선생님일 뿐, 다른 어떤 것도 아니에요. 다른 어떤 것을 생각한다면 내가 정말 죽일 놈이에요.

C: 그 생각은 너 자신에게 무척 가혹한 것인데. 다른 학생들도 그들의 선생님들에게 개인적인 어떤 감정을 가질 수 있다고 생각하지 않니?

E: (기대를 가지고) 예, 그럴 수 있을 것 같아요. (한참 침묵, 동요하면서) 만일 내가 게이라면 아빠는 나를 증오할 걸요.

C: 그렇게 생각하게 할 무슨 일이 있었니?

E: (걱정스럽게) 아빠는 나한테 크게 관심을 가진 적이 없는데요. 아빠가 게이에 대해 험악하게 말하는 걸 많이 들었어요……. 만일 아빠가 나를 동성애자라고 생각하게 되면 나를 완전히 잡아먹으려고 할 거예요.

C: 너는 게이나 레즈비언인 사람을 만나 본 적이 있니?

E: (확신없이) 한 번 있었던 것 같아요. 내가 아빠와 함께 거리를 걸어가고 있을 때 어떤 남자가 아빠를 스쳐 지나갔어요. 나는 그게 우연히 일어난 일이라고 생각했지만, 아빠는 그가 게이라고 하면서 그와 싸웠어요. (한참 침묵)

C: 그 사람은 어땠니, 아빠가 동성애자라고 부른 사람 말이야.

E: (혼란스러워하며) 다른 사람과 똑같아 보였어요. 그렇지만 아빠는 동성애자를 알아볼 수 있다고 이야기해요. (침묵) 아빠는 아직 나에 대해 관심을 두지 않는 것 같아요. 만일 관심을 두게 되면 거리의 그 남자에게 했던 것처럼 나와 싸우게 될 거예요.

C: 어떤 아빠들은 그렇게 해. 그렇지만 어떤 부모와 친구들은 이해하는 법을 배우지. 가족 중에 이해하려고 노력할 사람이 있니? (한참 침묵) 가족들 모두 극단적이고, 너를 때리거나 걷어차게 될까?

E: (열심히) 부모님은 뭐든지 극단적으로 해요. 그들은 젊은 나이에 결혼했어요. 그들은 술을 많이 마시고, 많이 싸워요. 아빠는 엄마랑 엄청나게 많이 싸우고 질투, 의심……. 난리치고 결국 집을 나갔어요. (침묵) 내가 젠킨스 선생님과 있을 때는 그런 난리들이 절대 없어요. 선생님과 있으면 조용하죠. 나 혼자 있으면 악몽이에요. (한참 침묵, 큰 소리로) 나는 지금 당장 알아내야만 해요! 나는 더 이상은 견딜 수 없어요!

C: 너를 자해하거나 도망가 버릴 생각을 할 만큼 마음이 많이 안 좋니?

E: (깊은 숨을 쉰다. 조용히) 아뇨. 난 괜찮아요.

C: 너는 집에서 안전하니?

E: (조용히) 집은 화나는 곳이지만 아무도 나를 때리거나 하진 않아요.

C: 학교는 어떻니?

E: (조용히) 그 애들 외에는 아무도 나를 위협하지 않았어요. 교장 선생님이 어느 날 그들에 대해 우연히 듣고는, 그들에게 뭔가 겁을 주었어요. 그때부터 그들은 나를 피해요.

C: 좋아. 만일 네가 다음 주에 올 수 있다면, 우리는 너 자신과 타인들에 대한 너의 생각들, 그리고 이 자기대화가 너에게 어떤 영향을 줄 수 있는지에 관해 초점을 맞출 필요가 있겠어. 너 자신에 대한, 그리고 게이가 되는 것에 대한 너의 생각들을 기록해 두면 좋겠구나.

E: (걱정스럽게) 만일 내가 그 과제를 하면, 그게 내가 게이라는 걸 증명하게 될까요?

C: 보통의 경우, 상담에서 우리가 질문하고 탐색하려면 시간이 좀 필요해. 너는 네 자신이 다른 모든 사람처럼 되도록 하는 것이 필요할지도 모르겠고, 그러려면 또 시간이 더 필요해.

에릭에 대한 사례개념화 개발 실습

❖ 실습 1(최대 4쪽)

목　표: 자신이 인지 이론을 분명히 이해하고 있다는 것을 확인하기

양　식: A~C 파트를 포함한 통합적인 에세이

도움말: 이 장의 내용을 다시 보라(183~186쪽).

　A. 이 연습의 이후 부분에 대한 도입으로서, 인지 이론의 모든 가정을 간략하게 개관하라 (내담자를 이해하는 데 있어서 핵심이 되는 차원에 대한 그 이론의 가정들, 폭넓게 추상적으로 생각하라).

　B. 이 가정들의 각각이 내담자가 변화해 가는 과정을 이해하는 데 어떻게 사용되는지를, 각 가정을 충분히 설명할 수 있는 구체적인 사례를 포함하여 상세하게 기술하라.

　C. 내담자의 변화를 돕는 상담자의 역할(컨설턴트, 의사, 교사, 조력자), 상담에서 사용한 주요 접근법, 공통적으로 사용된 상담기법을 기술하면서 에세이를 마무리하라. 구체적인 사례를 충분히 포함시켜서 이 접근법에서 무엇이 독특한지가 잘 드러나게 하라.

❖ 실습 2(최대 4쪽)

목   표: 에릭에 대한 인지 이론의 적용을 돕기

양   식: A~D 섹션 각각에 대한 문장 개요

도움말: 이 장의 내용을 다시 보라(183~186쪽).

   A. 에릭의 약점 목록(걱정들, 이슈들, 문제들, 징후들, 결핍 기능들, 상담 장벽들)을 작성하고, 그 중에서 에릭이 도움을 원하는 것을 기록하라.

   B. 에릭의 강점 목록(강한 점들, 긍정적 특성들, 성공들, 기능들, 변화를 촉진하는 요소들)을 작성하고, 그중에서 에릭이 인식하고 있는 것을 기록하라.

   C. 이 약점, 강점과 관련되어 있다고 에릭이 생각하는 것에 관해 논의하라. 논의할 때 (a) 신념체계, (b) 자기대화, (c) 자신과 타인에 대한 귀인, (d) 현재와 과거의 사건들에 관한 인식과 이 인식에서 볼 수 있는 편견들, (e) 미래에 대한 예상을 검토해야 한다. 그의 강점과 약점 안에서 그의 생각이 그의 정서, 행동, 동기에 어떤 영향을 주는지 함께 검토하라.

   D. 에릭의 전체적인 세계관, 에릭의 환경에서 이 세계관을 강화하거나 부정하는 힘들, 그리고 현재 이 생각의 전반적인 적응성 정도에 관해 논의하라.

❖ 실습 3(최대 4쪽)

목   표: 에릭의 삶에서 성적 정체성의 잠재적 역할에 대한 이해를 발달시키기

양   식: A~I의 섹션 각각에 대한 문장 개요

도움말: 2장을 내용을 다시 보라(112~121쪽).

   A. 에릭이 어디에서 자신의 성적 지향을 확인하는지 성적 특징과 관련된 욕구, 환상, 태도, 정서, 행동의 측면에서 평가하라. 그리고 그의 성적 정체성이 안정적인지, 양성애적인지, 의문 제기 중(questioning)인지, 이동 중(shifting)인지 평가하라.

   B. 에릭의 강점과 장벽, 학교 환경, 가족관계와 사회적 관계, 정보와 자원에 대한 접근 수준을 포함시켜서, 그가 자신의 성적 정체성에 편안해하는 정도에 영향을 주는 과거와 현재의 환경을 평가하라.

   C. 지금 에릭이 커밍아웃하는 것의 이점을 평가하고, 그의 세상에서 어떤 측면이 그의 커밍아웃에서 가장 도움을 받는지 평가하라. 에릭의 개인적 정체성, 가족관계, 동료관계, 교육적 관계를 고려하여야 한다.

   D. 지금 에릭이 커밍아웃하는 것의 손실을 평가하고, 그의 세상에서 어떤 측면이 그의 커

밍아웃 과정에서 가장 위험을 감수해야 할지 평가하라. 에릭의 개인적 정체성, 가족관계, 동료관계, 교육적 관계를 고려하여야 한다.

E. 에릭이 자신의 성적 정체성과 소속 종교나 인종적, 민족적 혈통 같은 다른 측면의 정체성들 사이에 있는 공통적인 기반을 찾아볼 필요가 있는지 평가하라. 그가 이런 자원들에 연계된 방식, 이 과정에 있는 장벽을 완화시키는 방식을 고려하라.

F. 성적 지향 이슈들에 대해 당신이 현재 가지고 있는 지식을 평가하라.

    1. 성적 지향에 바탕이 되는 강좌를 얼마나 많이 수강하였는가?

    2. 성적 지향에 바탕이 되는 워크숍에 얼마나 많이 참가하였는가?

    3. 성적 지향 이슈를 가진 내담자와 함께하는 전문적 활동으로 어떤 것을 하였는가?

    4. 성소수자인 사람과 함께한 개인적인 경험으로 어떤 것이 있었는가?

    5. 어떤 일련의 작용들이 성소수자의 세계관에 영향을 주는가? 역사의 이 시점에서 그들에게 중요한 것은 무엇인가? 사회가 성적 특성에 기초하여 사람들에게 보상하고 사람들을 벌주는 방식은 어떠한가?

G. 성적 지향 이슈들에 대해 당신이 얼마나 잘 인식하고 있는지 평가하라.

    1. 당신이 이성애와 성소수자에 관해 어린 시절부터 배웠던 긍정적 전형과 부정적 전형에 대해 논의하라.

    2. 당신의 어린 시절에 사회 전반의 동성애 혐오증이 어떤 식으로 드러났는지 논의하라.

    3. 현재 당신의 가족, 사회, 문화, 정치 집단에서 동성애 혐오증이 어떤 식으로 나타나는지 논의하라.

    4. 사회 전반의 동성애 혐오증, 모든 사람이 이성애자라는 가정이 어떻게 에릭의 경험이나 관점을 본의 아니게 소외시키거나 무효화하는지 논의하라.

H. 당신과 다른 성적 지향을 가진 내담자와 상담하는 당신의 현재 기술을 평가하라.

    1. 당신은 성적 특징 또는 성적 지향 이슈로 상담할 때 가치가 있는 기술 중 어떤 것을 가지고 있는가?

    2. 성적 특징 또는 성적 지향 이슈에 관해 효과적으로 상담하려면 어떤 기술을 개발하는 것이 중요하다고 생각하는가?

I. 당신이 취할 단계별 조치를 검토하라.

    1. 당신은 게이 또는 게이인지 의심하는 내담자와 강력한 상담 동맹을 형성하는 능력을 높이기 위해 무엇을 할 수 있는가?

    2. 당신이 에릭에게 사용하려 하는 상담 접근법에서 이성애적 관점에서 개발된 측면,

그리고 그것에 대해 당신이 할 수 있는 것에 관해 논의하라.

3. 당신은 게이 또는 게이인지 의심하는 내담자에게 긍정적 결과를 가져올 수 있는 상담환경을 어떻게 구축할 것인가?

❖ 실습 4(최대 6쪽)

목 표: 인지 이론, 성적 지향 이슈에 대한 자신의 이해를 에릭에 대한 심층적 개념화(그가 누구이고, 왜 그렇게 하는지)에 통합시키는 것을 돕기

양 식: 주의깊게 계획된 구조적 양식에 따라 전제, 근거가 되는 세부사항, 결론으로 구성된 통합적 에세이

도움말: 1장(17~24쪽)과 2장(112~121쪽)의 내용을 다시 보라.

단계 1: 에릭에 대한 자신의 인지적 이해를 구조화할 때 어떤 양식을 사용할 수 있을지 생각한다. 이 양식은 (a) 그의 신념, 자기대화, 귀인, 인지, 예상에 대해 종합적이고 명료하게 이해하는 근거가 되어야 하고, (b) 그의 현재 절망상태에 동기를 불어넣어 줄 내용이 제시될 수 있는 것이어야 한다.

단계 2: 혼란스러운 가족 속에서 힘겹게 자신의 성적 특징을 이해하려고 노력하는 한 사람이라는 측면에서 에릭의 전반적인 기능수준을 설명해 주는 간단명료한 전제를 개발하라(개관, 예비적 또는 설명적 진술, 조건, 주제 진술, 이론에 따른 소개, 가정, 요약, 결론적인 인과 진술). 이 단계가 어렵다면, 이 단계가 연습 2와 3의 핵심 아이디어를 통합한 것이어야 하며 (a) 에릭의 장기목표에 기초가 되어야 하고, (b) 인지이론에 기반하면서 성적 지향 이슈에 민감해야 하고, (c) 인지적 상담에서 에릭이 보이는 장점을 강조해야 한다는 것을 상기하라.

단계 3: 동성애 혐오증을 가진 10대인 에릭에 대해 깊이 이해할 수 있는, 인지적 관점의 근거자료(강점과 약점에 대한 세부적인 사례분석, 초기 전제를 뒷받침하는 근거자료)를 개발하라. 이 단계가 어렵다면, (a) 단기목표들의 개발에 근거가 되고, (b) 인지이론에 기반하면서 성적 지향 이슈에 민감하고, (c) 에릭의 신념과 자기대화를 분석할 때 그의 장점에 대한 이해를 통합시킬 필요가 있다는 점을 심사숙고하라.

단계 4: (a) 에릭의 전반적인 기능수준, (b) 현재 그가 좀 더 생산적인 신념을 개발하는 데 도움이 되거나 방해가 되는 것, (c) 에릭이 자신의 사고를 평가할 때에 기본적으로 필요한 것을 포함시켜서 당신의 결론, 폭넓은 상담 추천사항들을 개발하라(간단명료하게

일반화하라). 당신이 실습 3의 G, I에서 이야기한 것에 주의해야 한다.

❖ 실습 5(최대 3쪽)

목　표: 에릭의 강점을 고려하고 그의 성적 지향 이슈에 민감한, 개별화되고 이론에 의해 도출된 활동계획 개발하기

양　식: 장기목표들과 단기목표들로 구성된 문장 개요

도움말: 1장(24~45쪽)의 내용을 다시 보라.

단계 1: 개괄적인 상담계획을 개발하라. 연습 3의 G와 I에서 이야기했던 것에 주의하면서, 상담계획에 부정적 편견이 개입되지 않게 하고 상담접근법에 개인으로서의 에릭이 가진 특유한 요구를 적용시키는 것을 놓치지 않아야 한다.

단계 2: 상담 종결 시 에릭이 도달하게 될, 적응적인 세계관으로 이끌어 가고 그의 성적 특징을 정체성에 통합시키게 하는 장기(주요한, 큰, 야심만만한, 종합적인, 폭넓은)목표들을 개발하라.

단계 3: (a) 당신과 에릭이 몇 주 내에 완수할 것으로 기대할 수 있으며, (b) 에릭이 특히 성적 특징에 초점을 두면서 자신의 부적응적 사고를 분석하고, 그것에 도전하고, 그것을 대체하는 방법을 배워 나가도록 당신이 계획을 짜고, (c) 서서히 변화에의 희망을 키워 가게 하고, (d) 시간 효율적인 상담회기를 계획할 때에 도움이 되는 단기(작은, 간단한, 요약된, 구체적인, 측정 가능한, 부수적인)목표들을 개발하라. 만일 이 단계가 어렵다면, 근거가 되는 단락들을 다시 읽고, (a) 에릭이 자신의 특정한 신념을 가설 검증하도록 돕고, (b) 현재 그의 성적 특징을 탐색할 수 있는 그의 능력에 대해 촉진요소를 제고하고 저해요소를 감소시키며, (c) 자신의 삶을 분석하는 데 있어서 그의 강점을 활용할 수 있고, (d) 자신의 집단에서 일반적이지 못하고 무시당해 온 10대로서의 그에 맞춘 목표로 변화시킬 아이디어를 탐색해 보라.

❖ 실습 6

목　표: 에릭의 사례에서 인지주의적 상담 비평

양　식: 다음의 각 질문에 대해 에세이 식으로 답하거나 집단을 짜서 논의하라.

　A. 에릭(성적 지향 이슈를 가지고 있는 10대)을 돕는 데 있어서 이 모델의 강점과 약점은 무엇인가?

B. 인지-행동주의 관점을 취하면서, 에릭이 자신의 생각이 하는 역할에 대한 이해와 자신의 학습사에 대한 이해를 통합시키도록 도울 때에 상담계획이 어떻게 바뀔지 생각해 보라. 에릭은 어떤 학습양식을 가장 많이 사용할 것 같은가? 어떤 역할모델들이 그의 생각과 행동에 영향을 줄까? 현재 에릭에게 가장 가치 있는 접근법은 무엇이라고 생각하며, 왜 그렇게 생각하는가?

C. 에릭이 자기 엄마의 남자친구와 자신의 아버지에 관해 했던 말들이 줄여서 약하게 이야기한 것이고 현재 그의 안전에 실제적인 위협이 있다고 가정해 보자. 에릭의 안전을 위태롭게 하지 않으면서 변화과정을 촉진시키기 위해, 당신이 폭력 영역에 관해 무엇을 알고 있는지, 어떤 이슈들을 평가해야 하는지, 구체적으로 무엇을 할 것인지 생각해 보라.

D. 에릭의 가족 상황, 성적 지향에 관한 연구들을 고려하면서 현재 에릭의 자살 위험성에 대해 논의하라. 정확한 사정, 평가를 하기 위해 좀 더 깊이 사정해야 할 특정한 이슈들이 있는가? 당신과 에릭의 상담이 그의 성적 특징 이슈에 초점이 있다는 것을 그의 가족들이 알게 된다면 어떤 일이 생길까? 그렇게 될 때 에릭의 자살 위험은 높아질까, 아니면 낮아질까?

E. 에릭의 사례로 작업하면서 성적 특성에 대한 자신의 태도, 그리고 성적 특징 이슈를 가진 10대를 돕는 것에 관해 어떤 것을 배웠는가?

추천 자료

❖ Books

Beck, J. S. (2011). *Cognitive behavior therapy: Basics and beyond* (2nd ed.). New York, NY: Guilford Press.

Dobson, K. S. (2012). *Cognitive therapy*. Washington, DC: American Psychological Association.

Greenberg, L. S., McWilliams, N., & Wenzel, A. (2013). Explori*ng three approaches to psychotherapy*. Washington, DC: American Psychological Association.

Ingram, B. L. (2012). *Clinical case formulations: Matching the integrative treatment plan to the client* (Chapter 10, pp. 197-223). Hoboken, NJ: John Wiley.

❖ videos

American Psychological Association (Producer), & Beck, J. S. (Trainer). (n.d.). Cognitive therapy (Motion Picture #4310736). (Available from the American Psychological Association, 750 First Street, NE, Washington, DC 20002-4242)

Owen, P. (2013, September 15). Depression: A cognitive therapy approach [Video file]. Retrieved from https://www.youtube.com/watch?v=G1ALHcCRpkE

❖ Websites

American Institute for Cognitive Therapy. http://www.cognitivetherapynyc.com

Beck Institute for Cognitive Behavior Therapy. http://www.beckinstitute.org

제5장 인지-행동주의 사례개념화와 상담계획

인지-행동주의 이론 소개

앤은 70세이며, 가장 친한 친구인 캐런이 상담에 데려왔다. 캐런은 상담실 밖에서 기다리고 있다. 앤는 이웃집에 사는 캐런과 지난 한 주 동안 함께 살았다. 앤은 그녀의 딸 로리(43세)에게서 떨어져 있기 위해 집을 떠나야 했다. 로리는 그녀를 앞뒤로 계속 흔든 다음에 거실 소파에 밀어 넘어뜨렸다. 이 일은 로리가 가게에서 신용카드 사용하는 걸 앤이 거부하면서 일어났다. 앤은 이 일에 놀랐고 뒷문으로 달려 나와 캐런의 집으로 갔다. 캐런은 앤을 병원에 데리고 갔고 그 후 계속 앤을 돌보고 있다. 앤은 학대의 결과인 가벼운 뇌진탕에서 순조롭게 회복 중이다.

앤의 남편 제이슨은 1년 전 그들의 교외 집에서 잔디를 깎던 중에 심장마비로 사망하였다. 아버지 제이슨이 죽은 지 얼마 안 되었을 때 이혼을 당한 딸 로리는 표면적으로는 어머니인 앤을 돌보기 위해, 앤의 집으로 이사해 왔다. 그 이후 로리와 앤 사이에 많은 갈등이 있었다. 앤에게는 2시간 거리에 사는 또 다른 자식 브라이언(47세)이 있다. 앤은 아들과의 통화에서 자신이 로리가 자신을 밀어 넘어뜨린 그 사건에서 겁을 먹었으며 지금은 로리가 이사가 주기를 바랄 뿐이라고 했다. 앤이 느끼기에 자신의 진짜 문제는 남편의 죽음 이후 지난 1년 동안 고통을 받아 온 심한 우울증이다.

심리측정 검사와 정신상태 검사에서 앤은 뇌진탕의 여파로 인한 인지적 혼란 징후를 보이지 않았다. 또 자살 사고나 충동 징후가 없었다. 살인 사고의 징후도 없지만, 그녀는 심한 우울 증상을 호소하였다.

짧은 접수면접에서 노인학대가 크게 우려되었지만, 앤은 노인보호기관과 이야기를 나누기를 거부했는데, 그럴 경우 로리와 다시 다투게 되는 일을 피하고 싶은 것이 그 이유였다. 당신은 연계가 필요하다는 소견서를 작성했지만, 앤은 그 사건을 노인보호기관과 연계하는 것을 완강하게 거부하였다. 그렇지만 캐런은 상담 약속을 잡고 앤을 상담에 데려왔고, 앤은 상담실에 들어오는 것을 심하게 거부하지는 않았다.

전통적인 인지-행동 상담에서 당신이 처음으로 하는 것은 생각, 감정, 행동이 서로 어떻게 연관되는지 앤에게 알려 주는 것이다. 앤의 우울증은 제이슨의 죽음이나 로리의 공격이 아니라 오히려 이 사태들에 대한 그녀의 해석에 따른 결과이다. 당신은 또한 전조와 결과가 그녀와 로리의 행동에 강력한 영향을 준다는 개념을 그녀에게 알려 줄 것이다. 그렇지만 전통적인 인지-행동주의 접근법과는 달리, 당신은 그녀의 부적응적 사고를 좀 더 적응적인 것으로 변화시키는 방법에 관해 앤에게 가르치지 않을 것이다. 당신은 앤이 우울증을 완화시키기 위해 반드시 그것들을 변화시켜야 하는 건 아니라고 믿고 있다. 오히려 그녀에게는 자신이 자기 마음속 내적 세계에 존재하는 사고, 생각과 가지는 관계를 변화시킬 필요가 있다. 당신의 상담 접근법은 Segal, Williams와 Teasdale(2013)에 의해 개발된 마음챙김에 근거한 인지치료(mindfulness-based cognitive therapy: MBCT)에 기초할 것이다. MBCT는 인지주의 상담과 심리교육을 결합하여 앤이 세상과 상호작용하는 방식에 대한 자신의 정신 모델을 인식할 수 있도록 한다. MBCT는 또한 명상연습을 추가하여 앤이 판단하지 않고, 참을성 있고, 온화한 태도로 지금 여기에 머무를 수 있게 할 것이다.

MBCT를 사용하면서 앤은 자신, 타인, 그녀가 속한 상황에 대한 그녀의 신념을 포함하여 세계와 상호작용하는 방식에 대한 자신만의 정신 모델을 가지고 있다는 것을 배우게 될 것이다. 그녀의 우울증 문제는 그녀가 자동조종장치에 따라 살면서 자기 행동을 통제하는 뿌리 깊은 패턴에 따르고 이에 따라 현재의 신념과 생각이 타당한지 의심하고 확인해 보는 능력을 떨어뜨린 결과이다. 그녀는 자신의 정신적 삶을 더 의식하게 되고 그래서 자신이 가진 선택지를 인식하도록 도움을 받으면서 우울증에서 빠져나오고 우울 재발의 가능성을 낮추게 될 것이다. 그녀는 자동조종장치를 작동하지 않고 지금 여기에서 충만하게 존재하는 방법을 배울 것이다.

앤은 자기 능력으로 우울증을 멈추지 못하는 것에 매달려 있기보다는 그 생각이 자신의 우울증 극복을 저지하고 있다는 것을 인식할 것이다. 과거의 우울증 극복 실패에 대해 생각하거나 앞으로도 극복하지 못할 거라는 두려움을 생각하기보다는 현재의 순간에서 우울을 충분히 경험하도록 도움을 받을 것이다. 앤은 경험이 생길 때 그것을 의도적으로 의식하는 것이 필요하다. 이를 통해 그녀는 경험의 특정 측면을 허용하는 시기와 그렇지 않은 시기를 주의 깊게 판단할 수 있을 것이다. 인생에는 만족스러운 삶을 방해하는 곤란한 사태가 항상 있을 것이다. 앤은 이런 곤란한 사태에 어떻게 반응할지에 있어 많은 선택지를 가지고 있다. 예를 들어, 그녀는 자신의 생각과 충동에 따라 행동하기로 결정할 수 있다. 또는 현재의 삶이 타당한지 확인하려 할 수도 있다. 마음챙김은 세상에서 하는 경험의 모든 측면을 환영하고 그것에 주목하게 앤을 가르칠 것이고, 그것을 허용할지 아니면 더 이상 그것에 마음을 두지 않게 할지 결정한다. MBCT는 앤이 부정적 생각, 감정, 감각, 충동에 맞서 싸워 물리치려는 시도가 단순히 그것이 그렇게 하는 것을 경험하는 것보다 고통을 더 유발한다고 가정한다.

Segal과 동료들(2013)은 마음이 다양한 작동 양식을 가지고 있다고 본다. 행위 양식(뭔가하는 것)이 그중 하나이다. 이 양식에서, 앤은 딸 로리를 책임감 있는 성인으로 키우는 것과 같이 자신이 성취하고 싶은 목표를 가질 수 있다. 앤이 로리의 실제 행동 방식과 자신이 원하는 로리의 행동양식이 불일치한다는 걸 알아차리게 되면, 그녀는 이런 불일치를 줄이거나 없애기 위해 다양한 활동을 시도하게 된다. 이 문제해결 전략은 원래 일부 유형의 목표 획득에서는 결점이 없지만 목표 상황에서 개인이 통제할 수 없는 측면이 매우 많을 경우 부적절할 수 있다. 앤은 마치 실제로 통제하고 있는 것처럼 행동함으로써 스스로를 반복적인 우울 상태로 설정하고 있다. Segal과 동료들은 이 역기능적 행위에 대해 강박적인 반추사고 오류와 관련된 '추동-행위 양식(driven-doing mode)'이라고 불렀다.

앤은 그녀를 불행하게 만드는 '추동-행위'를 허용하기보다는 '존재 양식'에 자신을 둘 수 있다(Segal et al., 2013, p. 72). 이 양식에서 앤은 자신을 수용하고, 그녀가 자기 삶에 관해 그냥 이야기하는 것이 아니라 참으로 자기 삶 속에 있다고 그녀에게 말해 주는 신체적 감각에 다시 접촉할 수 있게 스스로에게 허락하면서 충분히 깨어 있을 것이다. 앤은 일어난 일을 경험하고 있을 것이며, 동시에 일어나고 있는 것을 반드시 변화시킬 필요는 없음을 경험할 것이다. 앤은 존재 양식으로 있을 동안에 목표를 성취하려 하지 않을 것이므로 과거나 미래에 대한 계획에 구애받지 않고 현재의 순간에서 자기 경험을 충분히 풍성하게 경험할 수 있다. 생각, 감정, 충동은 모두 앤이 충분히 의식하게 될 순간순간 경험의 측면들이다. 존재 양식에서는 행위 양식에서와는 달리 행위를 하지 않는다. 앤은 그냥 있는 그것을 경험할 것이다. 그것이 좀 더 많은 차원의 경험으로 이끌든 아니든 간에. 자신이 추동-행위 양식에 있다는 것을 인식하는 방법을 앤이 배우게 되면, 그녀는 스스로를 다시 존재 양식으로 되돌릴 수 있다. 이 내용-과정 이동은 나중에 앤에게 우울증이 재발되는 것을 막는 데 도움이 될 것이다.

상담자의 역할

MBCT에서 당신의 역할은 앤이 자신의 내부 경험을 근본적으로 조정할 수 있는 방법을 배우도록, 그래서 견고한 부적응 사고로부터 벗어날 수 있도록 도와줄 교사의 역할이다. 앤이 자기 경험을 더 인식하도록 도울 때 사용할 수 있는 많은 유형의 연습이 있다. 어떤 것을 선택하든 상담자는 따뜻함, 보살핌, 친절함의 역할모델이 될 것이다. 상담자의 상담 환경과 행동이 앤에게 기꺼이 받아들여지는 것이 매우 중요하다. 상담자는 앤이 자기 마음 세계를 두려움 없이 탐색할 수 있게 하는 공간을 만들어야 한다. 상담자는 가르침을 줄 때 스스로에게 온화하고 친절하라고 직접적으로 앤에게 말할 것이다. 상담자가 그녀에게 그렇게 말할 때, 온화하고 친절하게 할 것이다.

결국 앤은 심지어 부정적인 경우에도 자신의 경험에 동일한 느낌의 친절함과 보살핌을 보일 수 있게 될 것이다. 오래된 자동조종장치가 시작될 때 앤이 자신에게 거칠게 대하는 것은 그녀가 의도하는 바와 반대되는 것이다. 상담자는 그녀에게 자동조종장치에서 부드럽게 벗어나서 다시 지금 여기에 초점을 맞추는 방법을 가르칠 필요가 있다. 그녀가 마음을 챙기도록 상담자가 인도할 때 보였던 따뜻함과 부드러움과 똑같이, 일단 앤이 마음챙김 기술을 숙달하면 그녀는 따뜻함, 연민, 관심을 가지고 그것을 연습할 것이다. 그녀는 더 이상 자신의 경험을 증오하거나 두려워하지 않을 것이며, 그것을 참으로 이해할 것이다. MBCT라는 이름은 이 순간의 자기 경험에 주의를 기울이는 법을 배우는 것이 가장 중요하다는 느낌을 앤에게 줄 수 있지만, 만일 앤이 친절과 자기 연민을 가지고 그렇게 하지 못한다면 그것은 앤에게 해로울 수 있다(Segal et al., 2013, p. 137).

앤은 내적 경험을 진행시키기 시작할 때 부정적 정서가 높아지는 것을 경험할 수 있다. 상담자는 그녀에게 자신의 어려움에 대해 부드러운 호기심을 가져보라고 격려할 필요가 있다. 그런 호기심은 그녀가 판단을 내리거나 목표 성취를 위해 스스로 압력을 받는 것 없이 그 어려움을 더 깊이 탐색할 수 있게 도울 수 있다. 전체적으로 볼 때, 배워야 할 기술은 8개가 있다(Segal et al., 2013, p. 91-92). 그것은 집중, 의식하기/마음챙기기, 이 순간에 있기, 탈중심화, 수용, 내려놓기, 존재하기, 문제의 징후에 대한 알아차림 불러일으키기이다.

당신은 앤이 집중적이고 초점이 있는 주의를 유지하는 방법을 배울 때 앤이 집중할 수 있도록 도울 것이다. 그녀에게 도움이 되지 않았던 패턴에 앤이 적응하도록 도울 때 그녀가 더 잘 알아차리거나 마음챙김을 할 수 있도록 도울 것이다. 만일 바로 그 순간에 가르침이 필요한 게 아니라면 상담자는 그녀에게 도움이 되는 가르침을 제공하지 않을 것이고 이때 그녀는 지금 여기에 머무를 수 있을 것이다. 만일 앤이 생각, 감정, 충동, 신체 감각을 그것에 자신이 관여하기보다는 흘러가는 대로 그냥 지나가게 할 수 있다면, 상담자는 그녀가 탈중심화하도록 도운 것이다. 만일 그녀가 경험을 수용하고 부정적 감정이나 감각까지도 기꺼이 인식한다면, 그것은 그녀가 자신의 고통을 유발시키는 이전의 부적응적 습관이 가진 힘을 감소시키도록 돕는 것이다. 내려놓기에서, 앤은 도움이 되지 않는 생각, 감정, 감각, 충동의 순환을 시작하지 않도록 또는 최소한 그것에서 한 발 벗어나 있도록 도움을 받을 것이다. 존재하기에서, 그녀는 목표를 성취하거나 설정하지 않고 그냥 경험하도록 도움을 받을 것이다. 마지막으로 앤의 신체는 자신의 경험을 다른 방식으로 연관시키는 방법을 배울 수 있는 핵심 공간이다. 그녀가 문제의 징후에 대한 알아차림 불러일으키기를 하도록 상담자가 도울 때, 상담자는 그녀가 불편함에서 벗어나기 위해 추동에 따르는 노력을 하기보다는 건강한 과정에 따라 나가는 핵심 전략을 배우도록 도운 것이다.

Segal과 동료들(2013)은 상담자가 내담자와의 인터뷰 후 MBCT에 적합하다고 판단한 경우에 대해 8회기 집단상담 프로그램을 추천하였다. 이 집단상담은 매주 모임에서 2시간 동안 집중적인 활동을 하는 것과 매일 집에서 1시간의 연습을 하는 것으로 구성되어 있다. 자동조종장치에서 내리는 것은 쉽지 않다. 그렇게 하려면 앤은 추동에 따르는 양식의 신호를 인식하는 방법을 배우고, 존재 양식을 연습하며, 필요한 경우 추동에 따르는 양식에서 존재 양식으로 전환하는 법을 배울 필요가 있다. 이 경우 앤은 자신에게 어렵고 불편한 감정을 탐색할 때 생기는 부정적인 감정, 감각, 생각을 참고 견디는 것이 필요하다. 상담 결과, 앤은 한편으로 자신의 외적 욕구를 계속 따르면서도 자신의 내적 세계에 반응하는 법에 대해 충분한 범위의 선택지를 가지게 될 것이다.

상담회기에서 사용될 수 있는 마음챙김 연습은 많이 있다. 모든 연습을 한 후에, 상담자는 앤에게서 그 경험에 대한 피드백을 확인해 볼 필요가 있을 것이다. 학습이 일어나는 경우의 대부분은 상담자의 강의가 아니라 경험에 대한 논의를 통해서 일어난다. 상담의 목적은 앤이 자신의 정신적 관습에서 벗어나 자동조종장치의 자리가 아니라 선택의 자리에서 상황에 반응하게 하는 것이다. 각각의 연습은 앤이 더 마음을 챙기면서 자신에 대해 더 따뜻하고 온정적인 자세를 취하도록 하는 데 도움이 될 것이다.

건포도 명상과 바디스캔 연습은 앤이 어떻게 자신의 경험을 깊이 인식하는 법을 배우는지 보여 주는 사례이다. 건포도 명상에서, 앤은 건포도를 손에 건네받아서 그것에 최대한 주목한다. 그녀는 촉각, 후각, 시각, 미각 등 자신의 감각체제 각각을 사용하여 건포도의 모든 면을 자세히 살펴보라고 안내받는다. 앤은 마음을 챙겨서 인식하는 것과 자동조종장치에 있는 것 사이의 차이에 어떻게 주목해야 하는지 배울 것이다. 그녀는 세부사항에 주의하는 것이 어떻게 더 확대된 정보를 드러내게 하는지, 뭔가에 대한 주의집중이 어떻게 그것을 변형시킬 수 있는지, 주의집중을 하려 할 때 일반적으로 마음이 방황하는 이유가 뭔지를 알게 될 것이다. 이런 경험 후에, 그녀는 그 연습이 자신에게 어떠했는지에 관해 논의하게 될 것이다. 이 연습은 그녀가 그 순간에 인식하는 것을 증진시키고 자신의 감각적 경험에 대한 그녀의 호기심을 높이기 위한 것이다.

바디스캔 연습은 앤이 의도적인 전념을 연습하고, 그다음에 자신의 주의를 해제시키도록 돕는 연습이다. 이 연습의 의도는 앤이 자기 신체 감각과의 접촉을 되찾도록 돕는 것이다. 이 연습은 마루에 누워서 눈을 감는 것으로 시작된다. 그다음에는 자기 몸의 여러 부위로 천천히 주의해 가면서 마루에 닿아 있는 신체가 어떻게 느껴지는지 인식한다. 그녀는 몸 속의 감각으로 자신의 호흡을 인식하게 된다. 각 날숨마다 그녀는 마치 자신이 마루에 더 깊이 가라앉는 것처럼 스스로 느끼게 한다. 상담자는 이 연습을 할 때 어떤 차이를 느낄 수도 있고 못 느낄 수도 있다는 이야기를 그녀에게 상기시킨다. 그녀는 더 이완되는 느낌을 받을 수도 있고 받지 못할 수도 있다. 그녀는 이 연습에서는 자기 몸의 각 부위에 차례대로 주의집중하는 것만 필요하다는 안내를 받게 된다. 이 연습의 각 부분에서 성공이나 실패는 없다. 연습은 자기 위장 부위의 감각에 주목하라는 지시로 시작된다. 상담자는 숨을 들이쉴 때 위장 부위의 감각에 대한 인식이 높아질 수 있다는 이야기를 한다. 만일 그렇지 않다 해도 문제가 되는 것은 아니다. 다른 신체 부위로 인식을 이동시킬 때가 되면, 앤은 숨을 내쉴 때 숨이 위장에서 나가서 신체의 새로운 영역으로 이동해 가는 것으로 느껴질 수 있다는 안내를 받게 된다. 만일 그녀에게 이런 일이 일어나지 않는다고 해서 문제가 되는 것은 아니다. 만일 앤의 주의가 딴 데로 가 버린다면, 상담자는 그녀에게 마음이 방황하는 것은 흔한 일이며 그런 일이 일어나고 있다는 것을 느끼면 다시 스캔하고 있는 신체 부위로 그냥 주의를 되돌리면 된다고 이야기한다. 상담자가 앤에게 자신의 전체 몸을 스캔하라고 부드럽게 지시하면, 앤은 자신의 숨이 자유롭게 흐르도록 잠시 동안 그냥 숨을 마시고 내쉰다. 몇 분 동안의 호흡 후에, 앤은 바디스캔 연습이 자신에게 어떠했는지에 관해 이야기하게 된다. 이 논의 중에 상담자는 앤에게 무슨 일이 있었는지 궁금하냐고 물어본다. 만일 그녀가 자신의 수행에 대해 불만을 가진다면, 상담자는 앤에게 자신에 대해 비난하는 자세보다는 너그러운 자세를 취하라고 격려한다. 상담자는 연습의 초점이 그냥 그것을 경험하는 것, 즉 하나의 시간(period)이므로 자신의 수행을 '판단하는 것'이 그냥 지나가게 해 보라고 앤을 격려한다.

생각과 감정 연습은 해석이 자신의 감정에 하는 역할에 관해 가르치는 연습이다. 이 연습에서 앤은 편안한 자세로 눈을 감은 다음에 상담자가 큰 소리로 이야기하는 각본을 상상한다. 이 각본에서 앤은 거리를 걸어 내려가고, 자신이 아는 사람을 보고, 그 사람에게 웃으면서 손을 흔든다. 그렇지만 그 사람은 알아차렸다는 어떤 표시 없이 지나쳐 간다. 앤은 이 각본을 상상하면서 자기 마음속에 지나가는 것을 그대로 진행시킨다. 그녀의 몸은 어떤 느낌을 가지는가? 그녀는 어떤 행동을 하고 있는 것처럼 느끼는가? 상담자는 그 사람의 행동 그 자체보다는 그것에 대한 앤의 해석이 그것에 관한 그녀의 느낌(걱정, 화, 우울, 무덤덤)으로 이 끈다는 점에 관해 앤과 이야기를 나눈다. 관찰된 사람의 반응은 많은 면에서 중립적이다. 그 렇지만 앤이 우울하다면 그녀는 그 사람의 행동을 거부로 해석할 가능성이 높다. 그녀의 반 추 패턴은 그녀를 자동조종장치에 올라타게 할 것이다. 예를 들어, 그녀는 아래를 내려다보 면서 울기 시작할 수 있고, 위장이 꽉 조여들 수 있고, 외로움을 느낄 수 있다. 앤에게는 두 가지의 중요한 점을 제시할 수 있다. 한 가지 점은 그 연습이 그녀의 마음속에서 홀로 일어 났고, 따라서 그녀가 고립감을 느끼게 한 건 그 사태가 아니라 그녀의 생각이라는 것이다. 손을 흔들지 않고 지나간 가상의 지인은 앤 자신과는 아무 상관없이 그렇게 할 많은 이유를 가지고 있을 것이다. 예를 들어, 그 지인은 막 안과에서 안약을 눈에 넣고 나와서 앤을 볼 수 없었을 수도 있다. 또는 어쩌면 앤은 지인이라고 생각하고 손을 흔들었지만 사실은 지인이 아닐 수도 있다. 이러한 예는 각본에 있는 내용을 충족시키는 수많은 다른 해석 중의 두 가 지에 불과하다. 손을 흔들지 않고 그녀를 지나친 사람은 상상된 각본 속에 있지만, 그 사람 이 자신을 거부했다는 앤의 생각은 사실이 아니라 그녀의 마음속에 있는 생각일 뿐이다. 두 번째 점은 만일 이 자동적인 반응 패턴이 우울 경고 신호라는 것을 앤이 배울 수 있다면 그 녀가 또다시 우울에 빠지지 않도록 MBCT가 도울 수 있다는 것이다. 앤은 이 패턴을 인식하 게 될 때마다 추동에 따른 양식에서 벗어나 존재 양식으로 가야만 하며, 그러지 못할 경우 우울이 다시 일어날 것이라는 것을 인식할 필요가 있다.

상담자가 앤에게 도입한 연습이 무엇이든 간에, 그녀가 과거의 부정적 패턴에서 자신을 자유롭게 할 기술을 개발하려 한다면 상담회기 밖에서 마음챙김을 연습할 필요가 있다. 이 연습은 적어도 하루에 세 시간은 걸릴 것이다. 격식에 따른 이 연습시간 외에도 그녀는 이 닦기, 옷 입기, 아침 먹기 같이 일상에서 선택한 한 가지를 하는 동안 격식 없이 마음챙김을 연습할 수 있다.

상담자 또한 매일 마음챙김을 연습할 필요가 있다. 만일 상담자가 마음챙김을 철저하게 연습해 온 것이 아니라면 마음챙김을 효과적으로 가르칠 수 없다. Segal과 동료들(2013)은 상담자가 마음챙김에 관해 앤에게 '어떻게' 이야기하는지가, 즉 마음을 챙기는 것에 있어서 본인의 경험을 깊이 이해한 것을 기반으로 해서 이야기하는 것이 어떤 면에서는 연습 그 자 체보다도 더 앤에게 도움이 될 것이라고 지적했다.

사례 적용: 사회경제적 지위 영역의 통합

이제 앤의 사례를 자세하게 검토할 것이다. 그녀의 사례와 관련이 있는 복합적 영역이 많이 있지만, 여기서는 사회경제적 지위(SES) 영역을 선택하여 인지-행동주의(마음챙김에 근거한 인지치료) 사례개념화와 상담계획에서 검토하였다.

마음챙김에 근거한 인지-행동주의 이론에서 앤(A)과의 인터뷰

C: 전화로 들었을 때, 당신이 딸 로리에게 신체적 학대를 당해서 당신 친구 캐런이 걱정하고 있다고 하셨어요. 그것 때문에 오늘 여기 오신 것이 맞나요?

A: (걱정스럽게) 아니에요. 캐런은 로리에 대해 지나치게 걱정하고 있어요. 로리는 내 딸이에요. 애가 원래 성질이 급했고, 앞으로도 그럴 거예요. 사실, 나는 너무 우울해요. 그게 나한테 도움이 필요한 부분이에요. 남편이 작년에 죽었고 나는 나를 추스르기가 힘들어요. 노력은 했지만 그 사람 없이 살 수가 없어요. 나는 돈도 많고, 좋은 집도 있고, 원한다면 세계 곳곳을 여행할 수 있지만 (깊은 한숨) 남편 없이 사는 건 아무 의미가 없어요.

C: 남편 분이 돌아가셨고, 그분을 몹시 그리워하시네요.

A: (깊은 한숨) 45년을 함께 살았어요. 처음에 우리는 기차에서 우연히 만났어요. 둘 다 첫눈에 서로 끌렸어요. 내가 먼저 기차에서 내려야 했어요. 그렇게 헤어지기가 너무 힘들어서 그 사람도 기차에서 내렸고, 우리 집까지 함께 걸어갔어요. (한참 침묵, 울음) 우리는 2주 뒤에 결혼했어요.

C: 울고 계시네요.

A: (다시 걱정스럽게) 멈출 수가 없어요. 내가 혼자 있느냐 아니면 누군가와 있느냐는 중요하지 않아요. 우리가 이야기한 게 뭐든지 간에 결국 사라져 버리고 내가 할 수 있는 건 우는 것밖에 없어요. 어디서 시작해야 바꿀 수 있을지 모르겠어요. 내가 뭘 이야기해야 하나요?

C: 당신은 살아오면서 그렇게 많은 사람, 그렇게 많은 경험이 있었지만 당신의 반응은 항상 같아요. 우시는 것.

A: (울음, 부드럽게) 멈출 수 있게 저를 도와주세요.

C: 우리는 오늘 당신의 우울에 대해 이야기할 거예요. 그렇지만 먼저 관련 상항을 저에게 더 알려 줘야 무슨 일이 일어나고 있는지 좀 더 분명히 알 수 있겠어요.

A: (부드럽게) 가족의 삶은 항상 나한테 중요했어요. 제이슨은 아이들을 사랑했지만 아침 일

찍 기차를 타야 했고 저녁에 아이들이 막 자러 가야 할 때 집에 왔어요. 그는 직장에서 크게 성공했고 우리가 원하는 건 모두 우리에게 주었어요. 집은 아름다운 것들로 가득했어요. 아이들은 하고 싶은 건 모두 했어요.

C: 당신은 필요한 걸 모두 가졌군요. (멈춤, A는 고개를 끄덕인다) 그래서 어떻게 되었나요?

A: 나는 아들 브라이언과 큰 문제없이 지냈어요. 그는 아주 머리가 좋았어요, 아주 어린아이일 때부터도 매우 논리적이었어요. 근데 로리는 그렇지 않았어요. 그녀는 에너지가 요동쳤고 항상 짜증을 냈어요. 그녀는 항상 자기 마음대로 해야 했어요. 내가 아니라고 해도 절대 받아들이지 않았어요. (한참 침묵, 내려다본다)

C: 아래로 내려다보고 있네요. (멈춤) 무슨 생각을 하고 있나요?

A: (유감스러워하며) 나는 정말 로리에게 실패했어요. 나는 그 아이를 정말 많이 사랑했어요. 딸을 가져서 정말 행복했어요, 그렇지만……. (멈춤, 가볍게 운다. C가 티슈박스를 준다) 나는 로리와 문제가 생길 때마다 제이슨에게 말했어요. 그는 나한테 단호하게 하라고 했지만 항상 주저하는 목소리였어요. 그는 매우 너그러운 아버지였어요. 아이들이 어렸을 때 한 번도 주머니에 사탕 없이 집에 온 적이 없어요. 아이들은 잠옷 차림으로 그에게 달려가 그의 주머니에 손을 넣었어요. (멈춤, 가볍게 운다)

C: 당신은 그가 아이들을 사랑했고 아이들에게 기쁨을 주었다고 기억하고 있어요. 그렇지만 당신은 울고 있어요, 웃지를 않고.

A: (작은 한숨) 예, 자제해야 한다는 걸 알고 있어요.

C: 나는 무슨 일이 일어나고 있는지를 있는 그대로 이야기한 거예요. 우울해질 때는 우는 것도 괜찮아요. (한참 침묵) 조금 전에 느낀 건데, 즐거웠던 추억을 떠올리는 것이 행복한 생각, 감정이 아니라 고통스러운 생각, 감정을 가져오고 있어요. 제이슨과 사탕 이야기를 당신이 어떻게 이해하고 있는지 궁금하네요.

A: (슬프게) 그는 절대로 아이들을 실망시키지 않았고, 결코 그들의 사탕을 잊지 않았어요. 그러나 아이들을 키우는 건 내 책임이었죠. 브라이언은 좋은 직장에 취직했고 자기 가족들과 잘 지내고 있어요. 그렇지만 로리는 이혼을 했고 사는 게 완전히 엉망이에요. 그녀의 성질 때문이죠. (머리를 흔든다) 나는 그녀를 진정시켜 남편과 화해하게 하려고 정말 많이 노력했어요. 로리랑 사위는 계속해서 서로의 고집을 안 꺾었기 때문에 결혼생활이 항상 위태위태했어요.

C: 그들은 싸움을 멈출 수가 없는 자동조종장치에 올라탄 거네요, 그걸 원했든 원하지 않았든.

A: (슬프게, 의자에서 미끄러져 내려앉으며) 로리와 프랭크는 둘 다 매우 고집이 셌어요. 둘 다

항상 상대방을 꺾으려고 했죠. 나는 그 둘에게 수없이 이야기했어요. 내가 그들을 도와야 했지만 실패했어요. (멈춤) 완전히 실패했어요. 사위야 뭐 내 자식이 아니지만 로리는 내 책임이에요.

C: 그 두 사람의 고집이 세다고 이야기할 때 의자에서 미끄러져 내려앉았어요. 그게 무슨 의미인지 궁금합니다.

A: (울음, 한참 침묵) 모두가 나한테 나쁜 엄마라고 해요. (멈춤) 나는 다른 사람들보다 더 나 자신을 비난해요.

C: 그렇게 생각할 이유가 뭔지 잘 모르겠네요. 당신은 아이들을 사랑했고 로리를 돌보기 위해 당신이 할 수 있는 건 모두 했어요. 남편 분은 대부분 시간 동안 거기 없었죠. 당신만이 하루 종일 로리, 브라이언과 함께 있었어요. 브라이언은 잘 지내고 있어요. (멈춤) 이 일로는 칭송을 듣나요?

A: (애타게 손을 움켜쥐며) 당신이 친절한 목소리로 이야기하고 있지만 당신이 이야기한 내용을 보면 당신도 나를 비난하고 있다는 생각이 드네요. 제이슨은 없었고, 그래서 로리 문제는 그의 잘못이 될 수 없죠. 그건 내 잘못인 게 확실해요.

C: 당신은 자신에게 너무 엄격하군요. (멈춤) 나는 당신이 의자에 미끄러져 내려앉은 게 무슨 의미인지 궁금했어요. 당신은 "모두 나를 비난해요."라고 대답했어요. 나는 브라이언을 잘 키운 것에 대해서 칭송받은 게 있는지 물었는데, 당신은 제이슨이 항상 없었기 때문에 잘못은 모두 자신의 탓이라고 했어요. 지금 당신의 생각과 감정은 자동조종장치 위에 있어요. 우리가 이야기했던 상황에 많은 요인이 관련될 수 있지만, 당신은 그 원인이 당신에게 있다고 자동적으로 이야기하고 그 결과 당신이 모든 책임을 지고 그것으로 고통을 받고 있어요. (멈춤, A는 여전히 내려다보고 있다) 이게 옳은 일인가요?

A: (부드럽게, 코를 약간 훌쩍거리며 올려다본다) 내가 자동으로 그렇게 생각한다는 것이 맞는 것 같아요. 나는 나를 나무라거나 로리 또는 제이슨에 대해 슬퍼하는 데에 많은 시간을 보냈어요. 나는 아이들을 키우기 시작하면서 가끔씩 우울증 문제를 겪었어요. 캐런은 나한테 그냥 기운 내라고 여러 번 이야기했어요. 그녀는 내가 나 자신의 편이 되어서 로리에게 단호하게 대하면 훨씬 나아질 거라고 생각했어요. 만일 그렇게 하지 않으면 로리가 성인이 되어서 큰 문제를 갖게 될 거라고 이야기했어요. 캐런이 100% 옳았어요! 그녀의 말을 들었어야 했는데.

C: 당신이 자신을 비난하는 걸 캐런이 돕고 있나요?

A: (부드럽게) 오, 아니에요. 캐런은 40년 이상 나의 절친한 친구였어요. 그녀는 항상 그곳에

서 나를 도왔어요. 아시는지 모르겠지만, 캐런의 남편과 나의 남편은 형제예요. 그녀는 사교적인 테드와 결혼했고, 나는 내성적인 제이슨과 결혼했어요. 그들은 그들의 친척이 LA 중심지에 갖고 있던 큰 백화점에서 함께 일했어요. (단호하게) 우리는 그들이 일하는 동안 우리 아이들을 사실상 함께 키웠어요. 그녀는 항상 그곳에서 나의 편이었어요.

C: 당신들 둘은 함께 아이를 키웠나요? (A는 고개를 끄덕인다) 당신은 그녀가 항상 그곳에서 당신 편이었다고 했는데, '항상'은 기준이 엄격한 말이에요.

A: (눈물을 참으며) 그녀는 항상 그곳에서 나를 도우려 했어요. 항상 동의하지는 않았어요. 그녀는 자기생각을 알고 내 아이들도 잘 알았어요. 절대로 자기 생각을 나한테 말하는 데 주저하지 않았어요. (한숨) 그게 친구가 있는 이유죠, 상대에게 필요하다면 잔인하게 솔직해지는 것.

C: 그녀가 잔인하게 솔직했던 것 하나를 이야기해 주시겠어요?

A: (멈춤, 흥분하면서) 음, 로리가 열 살 정도였을 때 뒤뜰에서 고래고래 고함을 쳤어요. 로리는 집 안으로 들어와 숙제를 하기 싫었어요. 나는 그래야 하는 이유를 납득시키려 했죠. 브라이언은 이미 들어와 있었어요. 나는 그의 좋은 행동을 따라야 한다고 이야기하고 있었어요. (멈춤, 눈을 질끈 감으며) 캐런은 달려와서 이웃들에게 로리 고함소리가 다 들리겠다고 이야기했어요. 그녀는 내가 젖은 행주처럼 행동한다면서 기운을 내서 딸에게 입 다물라고 말해야 한다고 했어요. 나는 울기 시작했고, 그게 그녀를 짜증나게 했어요. 나는 로리가 나를 사랑하기를 원했어요. 나는 우리 둘이 친밀해지기를 원했어요. 그리고 내가 단호해지려고 할 때마다 로리는 자신이 사랑받지 못하는 것 같다는 말만 했어요.

C: 당신은 딸에게서 사랑받기를 원했어요. 그건 매우 이해할 만해요. (멈춤) 캐런은 잔인하게 솔직했고 당신에게 젖은 행주라는 딱지를 붙였어요. 당신의 반응은 우는 것이었고, 그래서 그녀가 당신을 도우려고 했지만, (멈춤) 잘되지 않았죠.

A: (부드럽게) 캐런은 항상 옳았어요. 그녀는 단지 로리에게 입 다물고 안으로 들어가라고 고함쳤어요. 그녀는 로리에게 큰 아기처럼 구는 걸 멈추지 않으면 아기로 생각해서 엉덩이를 때려 주겠다고 말했어요. 로리는 발을 구르면서 집으로 들어갔고 나를 노려보았어요.

C: 로리가 집 안으로 들어갔기 때문에 캐런이 옳고 당신이 틀렸다는 건가요? 다른 이유도 있지 않을까요? (A는 고개를 흔들어 부인함) 로리가 캐런의 큰 목소리와 위협 때문에 당신이 아니라 캐런을 두려워하지 않았을까요?

A: (궁금해하며) 그렇게 생각하세요? 그건 좋지 않아요. 아이들은 부모를 두려워하게 되어서는 안 돼요. 그렇지만 그럴 리가 없어요. 그들은 캐런을 두려워한 적이 없어요. 그들은 그

녀를 사랑해요. 내가 큰 아기예요. 그것이 작은 4세 로리이든 큰 로리이든 상관없이, 큰 목소리는 항상 나를 뒷걸음쳐 내 속으로 들어가게 해요. (멈춤) 캐런이 또 옳았고, 나는 당할 만한 일을 당하고 있어요. 로리는 43세이지만 여전히 나를 못살게 굴고 내 돈을 마구 쓰고 있어요. (다시 가볍게 운다) 로리는 내가 제 오빠를 사랑한 만큼 자기를 사랑한 적이 없대요. 내가 아니라고 말하려고 하면 막 울면서 항상 그랬다고 하는 거예요.

C: 당신이 그녀를 진심으로 사랑하지 않았다고 그녀가 말할 때마다 그녀에게 원하는 만큼의 돈을 주었나요? (A는 고개를 끄덕이고, 자신의 무릎을 응시한다) 로리가 당신에게서 원하는 것을 얻을 수 있는 패턴이 있는 것처럼 들리네요. 왜냐하면 고집 대결에서 당신은 제정신의 부드러운 반응을 얻으려 애쓰지만 그녀는 주저하지 않고 고함을 치니까요. 만일 당신이 단호해지면, 로리는 고함을 칠 필요 없이 당신이 그녀를 사랑하지 않는다고 말하기만 하면 당신은 굴복하네요.

A: (차갑게) 선생님 말이 맞아요. 나는 겁쟁이예요. 나는 로리를 키웠죠. (멈춤) 이제 나는 단호해져야 해요. 약해져서는 안 돼요. 로리는 내가 버는 것보다 더 많이 쓰고 있어요. 그걸 멈추지 않으면 재정 문제가 많이 생길 거예요. 나는 내 약이 다 떨어졌는데 새로 살 돈이 없어요. 곧 재산세를 내야 하는데 로리가 내 잔고를 텅 비웠어요. (울기 시작한다) 나는 로리가 불린 이 빚을 책임져야 해요. (심하게 운다) 나는 단호해지려고 했고, 이제 뇌진탕을 입었어요. 제이슨도 내 잘못으로 죽은 거예요.

C: 당신은 로리가 당신을 흔든 것에 대해 그녀가 다 큰 어른인데도 불구하고 성질이 급해서 그렇다고 이해하면서 당신 자신에 대해서는 연민이 전혀 없네요. 당신은 로리가 사랑받는다는 느낌을 갖게 해 주려다가 재정 문제를 갖게 됐어요. 당신은 사랑하는 남편을 잃었어요. 당신은 모든 것, 심지어 제이슨의 죽음에 대해서도 당신을 비난함으로써 당신의 고통을 더하고 있어요.

A: (운다) 그건 내 잘못이에요. 심장마비의 문제가 아니에요. 그는 72세이고 담배를 많이 피워 왔어요. 그렇지만 그 일이, 나는 식기세척기 세제가 떨어져서 그걸 사러 가게에 갔어요. 그에게 심장마비가 왔을 때 내가 집에 있었더라면 늦지 않게 병원에 데려가서 그를 살릴 수 있었을 거예요.

C: 당신의 목소리에서 고통이 들리고 당신의 태도에서 고통이 보이네요. 좀 천천히 가 봅시다. 우리 둘 다 같이 숨을 좀 깊게 쉬어 보는 게 좋겠습니다. 길게, (멈춤) 천천히, (멈춤) 쉬면 공기가 안으로 들어가고, (멈춤) 나가고, (멈춤) 하는 걸 정말 느낄 수 있어요. 아무 말도 하지 말고요. 할 수 있는 만큼 최대한 그냥 숨이 들어오고 그다음에 나가는 걸 느끼

세요. 좋아요. 좀 더 깊이 숨을 쉬세요. 가슴이 공기로 팽창하는 걸 느끼세요. 당신의 허파가 천천히 공기로 가득 차게 그냥 두고, 그다음에 천천히 내뱉으면서 당신의 몸이 변화하는 것이 어떻게 느껴지는가에 주목해 보세요.

A: (눈물을 참으며) 그래도 내가 잘못했던 모든 것이 자꾸 생각나요.

C: 뭔가 다른 것이 생각나려 할 때마다 당신의 마음이 가는 곳을 그냥 알아차린 후에, 마음을 다시 되돌려서 공기가 들어오고 그다음에 나가는 것에 대해 모든 감각, 심지어 가장 작은 것까지 의식해 보세요.

A: (한참 침묵, 점점 천천히 숨을 쉰다) 울음을 멈춘 걸 보니 내가 제대로 하고 있는 건가 봐요?

C: 그냥 계속 숨을 쉬세요. 그걸 하는 것에 옳고 그른 것은 없어요. 그냥 숨을 쉬고 당신의 모든 주의를 몸의 감각에 두어 보세요. 만일 마음이 이리저리 가기 시작하면, 그건 흔한 건데요, 그냥 당신 자신을 숨 쉬는 것으로 부드럽게 되돌리세요. 숨쉴 때 몸이 어떻게 느끼는지 충분히 의식하려 하세요. (5분 경과)

A: (눈물을 참으며) 나는 내가 지금 얼마나 부족한지, 내가 아내로서 얼마나 실패했는지, 어머니로서 얼마나 실패했는지만 자꾸 생각나요. 지금은 홀어미로서 실패하고 있어요!

C: 마치 당신이 그런 것을 중립적으로 관찰하는 것처럼 비판적인 생각에서 물러나 보세요. 당신은 그 생각들을 이해하지만 그것이 옳은지 그른지 판단하지 않습니다. 당신의 마음은 마치 당신의 허파에 공기가 필요한 것처럼 생각이 필요합니다. 그렇지 않으면 작동하지 않죠. 생각이 떠오르면 그것을 인정하세요. 그렇지만 다시 초점을 숨쉬기로 돌리세요. (3분 경과)

A: (조용하게) 나는 울음을 멈췄어요, 마침내!

C: 당신을 울게 하거나 울음을 멈추게 하는 게 목표가 아닙니다. 나는 단지 우리가 상담에서 함께할 수 있는 게 뭔지 당신이 경험해 보기를 원했어요. 우리는 당신을 평가하거나 등급을 매기지는 않을 겁니다. 나는 세상과 관계를 가지는 당신의 정신 모델을 당신이 의식하도록 도울 겁니다. 당신의 우울을 부채질하는 당신의 생각도 그 모델에 포함됩니다. 그런 생각과 더불어 당신이 어떤 관계를 원하는지 결정할 때에 내가 당신을 도울 것입니다.

A: (다시 울며) 나는 제대로 한 적이 없어요. 나는 내 생각을 평가해 왔어요. (멈춤) 이런, 내가 또 울고 있네요!

C: 울어도 괜찮습니다. 어떤 생각, 어떤 감정을 가져도 괜찮습니다. 그것들은 모두 당신이 가질 수 있는 것입니다. 그런데 부족하다는 이런 생각을 인식하면서도 부족하다고 느끼지 않는 게 당신에게 가능할지 궁금하지 않나요?

A: (걱정스럽게) 난 할 수 없을 것 같아요.

C: 당신의 생각은 당신 내부 세계의 한 부분입니다. 그것들을 생각할지 말지에 대한 선택권이 없는 것처럼 느껴지지요. 그렇지만 당신에게는 선택권이 있습니다. 그런 우울한 생각을 할지 말지를 스스로 선택할 수 있다는 걸 당신이 순간순간 경험하기를 바랍니다.

A: (조용하게, 천천히 숨쉬며, 5분 경과) 이렇게 하니 기분이 좋네요.

C: 당신이 경험하고 있는 걸 최대한 자세하게 이야기해 주겠어요?

A: (조용하게) 내가 숨 쉬는 것에 주의를 집중하고 있다고 느껴요. 가끔 제이슨의 죽음이 내 책임이라는 생각이 들면 가슴이 답답해지지만, 그러면 곧 숨 쉬는 것에 집중하고, 그러면 그 생각이 사라지네요.

C: 당신의 몸과 마음에서 뭔가 부정적인 경험이 진행된다고 의식했을 때, 다시 숨 쉬는 것에 주목해야겠다고 결정할 수 있다는 걸 알았을 거예요. (멈춤, A는 고개를 끄덕인다) 당신은 생각, 감정, 감각, 행동의 충동을 가지고 있지요. 그렇지만 당신은 이런 것들이 당신의 내적 세계에서 떠나도록 할지, 당신의 외적 상호작용에 영향을 주게 할지 결정할 수 있어요.

A: (걱정스럽게) 여기서는 내 생각을 통제할 수 있다고 느끼는데, 여기서 나가면 그렇게 못할 것 같아요.

C: 많은 연습이 필요한 거지만 할 수 있을 거예요. 당신이 당신 생각을 통제하도록 하는 것보다는 자동조종장치에 올라타서 당신의 생각이 당신을 통제하게 두는 것이 쉽긴 하죠.

A: (부드럽게) 얼마나 걸릴까요?

C: 사람마다 달라요. 그렇지만 당신이 준비가 된다면, 같은 걸 배우려 하는 사람들이 모여 연습하는 프로그램에 우리가 참가할 수 있을 거예요. 8주 동안 매주 1번 집단회기를 할 거예요. 집에서 매일 한 시간씩 기술들을 연습해 주세요. 그것들을 할 수 있게 되면, 8주의 집단회기가 끝난 후에 여기 안 와도 될 거예요.

A: (매우 빨개지면서) 숨을 쉬고 있는 중에 한 순간 로리가 매우 무섭게 느껴진 적이 있었어요. (흐느끼며) 끔찍해요. 그녀는 내 딸이에요. 그녀를 두려워하면 안 돼요.

C: 당신의 감정은 당신 것이에요. 그녀는 당신을 마구 흔들었어요. 그녀는 당신을 밀쳤어요. 당신은 뇌진탕을 입었죠. 법적으로 노인학대에 해당됩니다.

A: (좀 더 강하게) 당신이 그 사건을 보고할 거란 걸 알았어요. (내려다보며) 내가 그 사건을 부인할 거라고 했잖아요, 그리고 부인했고요.

C: 내가 로리 일을 보고하지 않으면 좋겠다고 생각하는 게 충분히 이해됐어요. 그렇지만 나는 당신의 안전이 걱정되었고, 여전히 걱정됩니다. 오늘 로리의 급한 성질에 대해 여러

번 이야기했잖아요. 나는 법적으로 의무보고인이고 당신이 학대, 방임, 경제적 착취를 받는 것 같으면 노인보호국에 보고해야만 합니다.

A: (올려다보며) 당신이 뭘 하든 당신을 고소하지는 않겠어요. 그렇지만 당신이 전화한 이유는 잘 알고 있어요. 그리고 당신과 캐런이 나를 신경 써 주는 것에 정말 감사 드려요. 당신이 왜 그러는지는 모르겠지만. (한숨) 나는 너무 쓸모가 없어요, 그렇지만 (멈춤, C를 똑바로 쳐다보며) 고마워요. 나는 무슨 일이 일어나는지 계속 생각해 봤어요. 로리는 소리지르고 싶으면 나한테 소리 질러도 되지만 나를 흔들어서는 안 돼요. 나는 걔 엄마예요. 나는 열심히 일해서 지금까지 걔를 잘 돌봐 왔어요. 그녀는 나를 더 존중해야 해요.

C: 당신은 이제 의자에 똑바로 앉아 있는 것 같고, 목소리에 확신이 더 많아졌어요.

A: (조용하게) 지금보다 로리와 더 좋은 관계가 되길 정말 바라고 있어요. 그렇지만 내가 그녀 곁에 없었다는 건 진실이 아니에요. 나는 오늘 아침 그녀에게 전화를 걸어서 당신이 한 일을 이야기해 줬어요. 걔는 충격을 받았어요. 내 생각에 일이 잘될 것 같아요. 학대를 해서 법을 어겼다는 걸 걔가 알게 됐으니까요.

C: 당신이 안전하다고 확신하나요?

A: (코를 훌쩍이며) 캐런이 으스대긴 하지만 나를 사랑해요. 로리가 이사갈 때까지는 내가 집에 가는 걸 막을 거예요. 다음 상담에서는 무엇을 하게 되나요?

C: 우리는 다음 주에도 이야기만 할 거고, 아까 이야기했던 집단회기에 당신이 참석할 준비가 됐는지 확인할 거예요. 당신이 한 주 동안 집에서 할 연습활동을 드릴 테니까 잠깐 본 다음에 질문사항이 있으면 이야기해 주세요.

A: (자료를 읽는다. 3분간 침묵) 무슨 내용인지 알겠어요. 그런데 쉽지 않을 것 같네요.

C: 그냥 매일 하세요. 평가하지 말고요. 그냥 하세요.

앤에 대한 인지-행동주의 사례개념화: 가정-기반 양식

앤이 세상에 대해 작동시키는 정신 모델은 현재 자동조종장치로서, 완벽주의 신념과 우울한 생각으로 가득 차 있고 그녀를 적극적인 생활로 이끌지 못하고 우울증을 동반한 내적 고통에 가둬 놓고 있다. 앤의 정신 모델은 모든 일에 대해 주의 깊게 생각하여 완벽한 해결책을 내놓도록 하고 있다. 그것은 앤이 집을 보살피고 삶의 많은 결정을 내릴 때에 효과적이었다. 그렇지만 깊은 부정적 정서를 촉발시키는 문제와 마주칠 때 앤은 자동조종장치에 올라타게 되며 효과적인 실행을 취하는 대신 정서 촉발 상황에 대해 자꾸 생각하게 된다. 인생은 복잡하고 항상 부정적, 긍정적 사건이 있게 마련이다. 이런 사건에 대한 앤의 정서, 행동 반응을 이끄는 것은 사건 그 자체라기보다 사건에 대한 앤의 인식이다. 제이슨의 죽음, 로리의 신체적 학대는 큰 정신적 충격을 주었는데, 이런 사건이 아니라 그것에 대한 앤의 완벽주의 신념이 그녀를 비생산적인 반추로 이끌고 이 반추는 그녀를 우울하고 소극적이게 만든다. 앤이 반추 순환에 고착된 것은 이번이 처음이 아니며, 그녀는 과거에 이 역기능적 상태를 부수고 나올 수 있었다. 그녀는 남편과 45년 동안 같이 살았는데, 비록 남편을 기억하면 우울한 반추가 순간순간 찾아오긴 하지만 그녀는 사랑과 애정으로 남편을 기억한다. 또한 그녀는 캐런과 일생 동안 우정을 유지하고 있는데, 캐런은 현재 앤의 안전을 위해 헌신하고 있다. 따라서 만일 앤이 자신의 경험을 좀 더 충분히 의식하면서 생각과 감정에 반응하는 방식을 다시 선택할 수 있게 된다면 그녀는 이미 자기 신념에 반응하는 데 필요한 기술과 사회적 지지를 가지고 있을 가능성이 많다. 또한 경험을 견디면서 수정하거나 스스로 그것에서 벗어나는 것에 필요한 기술과 사회적 지지도 가지고 있을 가능성이 많다. 이 순간 일어나고 있는 것에 더욱 마음을 쓰는 법을 배우면 앤이 자동조종장치에 붙잡혀 있다는 경고 신호를 인식하는 법을 배우는 데 도움이 되고, 앤이 우울에 더 깊이 빠지지 않도록 막게 될 것이다. 앤은 최근 노인보호국에서 전화를 해서 로리의 학대 행동에 관해 물어보았다고 로리에게 말했다. 로리의 행동을 노인학대로 규정함으로써, 앤은 로리가 절대로 또다시 그녀를 공격하지 않을 거라고 생각한다. 정말 그런지는 확실치 않지만, 이것은 앤이 자신의 내적 세계에서 벗어나와 자신의 신체적 안정을 스스로 지키려 한다는 긍정적 신호이다.

앤이 세상에 대해 작동시키는 모델은 그녀가 앞으로 달성해야 할 것에 관해 생각하는 것, 그녀가 과거에 했던 것을 평가하는 것과 항상 관련되어 있으며, 이는 자신이 언제나 아주 올바르게 하고 있다는 것을 보증하기 위한 것이다. 만일 일이 잘못되면, 그녀는 항상 자신이 올바르게 했다면 제대로 됐을 거라고 생각한다. 그녀의 모델이 아주 올바르게 해야만 한다는 신념을 항상 가지고 있지만, 어떤 상황에서는 이 신념이 기능적일 수 있어서 앤이 사려 깊은 판단을 할 수 있게 해 준다. 불행하게도, 강력한 부정적 정서가 반추 패턴을 작동시키며, 이 패턴에서 그녀는 효과적인 실행을 하지 않고 단지 생각하고 스스로를 비판한다. 그녀가 가게에서 돌아와 남편이 심장마비로 사망한 걸 보았을 때, 상실의 고통은 그녀를 만일 좀 더 나은 판단을 하기만 했어도 그 사건을 막을 수 있었다고 생각하는 반추적 순환으로 보냈다. 딸이 그녀를 경제적으로 착취하고 신체적으로 학대했을 때, 두려움은 그녀를 과거에 부모로서 실패했다는 반추로 보냈다. 그녀가 항상 딸 로리와 지지적이고 친밀한 관계를 갈망했지만 그렇게 되지 않았기 때문에, 그녀는 자신이 충분히 좋은 부모가 아니었으므로 그 착취와 학대가 틀림없이 자신의 잘못이라고 믿는다. 상담 대화 동안에 앤은 브라이언에게 부모로서 보인 능력이라는 긍정적 신호를 모두 무시했고, 로리에게 부모로서 어려웠던 신호는 모두 과장하였다. 브라이언은 앤과 유사하게 세상을 분석적, 논리적 방식으로 살았고, 그래서 앤이 그를 어떻게 양육해야 할지 알아내기가 상대적으로 쉬웠을 수 있다. 로리는 자신의 감정에 좀 더 치우치고 매우 강렬하게 표현했기 때문에 앤은 그것에 압도되었다. 캐런은 로리의 고함소리에 압도되지 않았고 로리의 격렬함에 맞섰기 때문에, 앤은 더욱더 만일 자신이 더 잘 계획했다면 지금의 로리 문제가 없을 거라고 믿게 되었다. 앤은 자신의 정신 모델이 주의 깊게 생각해 의사결정하도록 돕는 경우와 결함 신념을 자동적으로 작동시켜 그녀를 비효율적으로 이끄는 경우를 인식할 필요가 있다.

인생은 긍정적, 부정적 사건으로 가득하며, 건설적 또는 파괴적 생각과 감정으로 이끌 수 있는 것은 그런 사건에 대한 앤의 인식이다. 제이슨의 죽음과 로리의 학대는 부정적 사건이지만 건설적인 자기와의 대화를 하고, 지지적인 감정을 경험하고, 그런 사건에 효과적으로 대처하는 것을 막은 것은 앤의 반추이다. 예를 들어, 앤은 로리가 어렸을 때 자신이 실수한 걸 반추하는 것이 성인 로리에 대한 효과적인 대처를 방해한다는 것을 인식할 필요가 있다. 현재 앤은 전부 아니면 무의 사고방식으로 관계를 바라본다. 한편으로는 결혼생활이 완벽했고, 남편은 완벽한 부모였고, 캐런은 완벽한 친구이고, 브라이언의 삶은 성공적이라고 믿는다. 또 한편으로는 자신이 항상 로리를 실망시켰고, 그래서 로리의 삶이 완전히 엉망이 되었다고 믿는다. 세상에 대한 앤의 모델은 자신의 경험을 걸러서 좋은 것에 대한 칭찬은 모두 다른 사람에게 주고 나쁜 것에 대한 비난은 모두 자신에게 보낸다. 앤은 결혼생활에서 좋았던 것은 모두 제이슨의 노력 덕분이라고 하면서 자신의 공은 없다고 생각한다. 앤은 제이슨이 비록 아이들과 같이 한 시간이 별로 없지만 항상 아이들이 원하는 것을 알고 있었다고 믿는다.

앤은 자신의 정신세계를 '당위(shoulds)'로 채웠다. 그녀는 제이슨의 심장마비가 있던 날에 가게에 가지 말았어야 했다. 그녀는 양육에 대한 캐런의 충고를 경청해야 했다. 이런 전체 아니면 무 사고방식은 그녀가 로리에게 도움이 되었든지 아니면 실패했든지 둘 중의 하나로 보게 하면서 앤을 얼어붙게 하고 소극적으로 만든다. 이런 자기비난과 전체 아니면 무 사고방식으로 인해 앤은 다른 사람이 자신을 어떻게 보는지에 대해 종종 오해를 한다. 예를 들어, 그녀는 상담자가 왜 의자에 내려앉느냐고 물었을 때 자신을 비난한 것이라고 생각했다. 앤은 과거에 자신의 우울증을 깨고 벗어난 적이 있다. 다시 그렇게 하기 위해서는 현재 일어나고 있는 사람들과의 경험에 주의를 집중할 필요가 있다. 앤은 지금 여기에 마음을 둘 필요가 있고, 현재의 관계를 이끌어 가는 자신의 인식과 기대가 타당한지 평가할 필요가 있다. 만일 그녀가 이 순간을 더 잘 의식하게 되고 느끼는 방식, 행동하는 방식에 대한 선택권이 자신에게 있다는 것을 깨닫게 된다면 현재의 우울에서 벗어날 수 있다. 제이슨에 대해 슬픔을 느끼는 것, 로리에 대해 두려움을 느끼는 것을 꼭 멈춰야 할 필요는 없다. 앤은 다만 그런 감정에 대한 자신의 관계를 변화시키는 것이 필요하다. 예를 들어, 제이슨에 대한 슬픈 감정으로 가득해질 때 앤은 자신이 그걸 견디기를 원하는지, 아니면 그의 잘못한 기억이 포함된 것으로 바꾸는 게 필요한 것인지, 그것에서 벗어나는 것이 필요한지 판단할 필요가 있다. 현재 그녀는 우울증이라는 자신의 내적 세계에서 길을 잃었고, 자신의 과거 행동과 미래에 대한 두려움을 반추하고 있다. 43세의 로리가 자신을 경제적으로 착취하고 신체적으로 학대하도록 내버려 두는 것, 그러면서도 노인보호국의 방문 요청은 거절한 것은 이 정신적 고착에 원인이 있다. 앤은 로리와의 현재 상황을 충분히 직면하는 대신 로리가 열 살 때 일어났던 사건을 반추하고 있다. 로리의 지출은 앤에게 필요한 의약품을 살 수 없게 만들었고, 재산세를 내기 위한 돈까지 모두 소비한 것과 같이 앤의 집을 위험에 빠뜨렸다. 앤은 자신의 계좌와 신용카드에 대한 통제권을 확립하지는 않고, 돈줄을 막으면 로리가 사랑받지 못한다는 느낌을 갖게 될 거라고 걱정하고 있다.

이런 신체적 학대, 경제적 착취 이슈가 심각한 것인 반면에, 앤은 자신의 완벽주의 사고에서 예외를 인식할 수 있다. 예를 들어, 그녀는 제이슨이 가족에게 돈을 잘 벌어 주었지만 집에 별로 없었다는 것을 인식할 수 있다. 그녀는 그가 완벽한 아버지였지만 로리의 응석을 지나치게 받아 준 것 같다고 이야기할 수 있다. 앤은 또한 얼어붙은 정지 상태에서 벗어날 수 있다. 그녀는 로리에게 전화해서 상담자가 의무보고서에 로리를 학대 가해자로 기재하였다고 이야기했다. 앤은 이 이야기로 인해 로리가 그녀에게 상처를 입힐 가능성이 낮아질 것이라고 믿고 있다. 따라서 노인보호국과 접촉했을 때 상담자의 보고를 부인했지만 앤은 우울한 생각을 하는 정신세계에서 벗어나서 자신의 신체적 안전을 위해 효과적인 행동을 하는 능력을 보여 주었다.

앤은 작년에 두 가지 매우 충격적인 사건을 겪었다. 하나는 남편 제이슨의 갑작스러운 죽음이고, 다른 하나는 딸 로리에게 신체적으로 공격당한 것이다. 두 사건에 대한 반응에서, 앤은 격렬하고 부정적인 감정에서 물러나서 그 감정을 촉발한 사건에 대해 자신을 비난하는 오래된 패턴으로 피난하였다. 로리가 어머니를 학대한 것은 위험한 사건이지만 앤이 자동조종장치에서 벗어날 기회를 열어 준 것이기도 하다. 그것은 수많은 변화를 불러일으켜, 자신이 내적 세계에 의해 통제되기를 원하는지 아니면 그것을 통제하기를 원하는지 판단해야 하는 자리에 앤이 있게 하였다.

앤에게 우울 상태가 재발하였지만, 그녀는 자신이 자동조종장치에 타서 자기 경험을 충분히 진행시키지 못한다는 신호를 인식하는 능력을 보여 주었다. 그녀의 노력이 성공할지는 확실치 않지만, 앤은 현재 순간에 무엇이 일어나고 있는지 좀 더 의식하도록 돕는 새로운 방식의 숨쉬기를 시도하고 있다. 또한 그녀는 다른 상담회기에 나오기로 약속하였고, 그곳에서 자신의 기술 수준을 비난하지 않으면서 새로운 기술을 적극적으로 연습할 것이다. 성공에 대한 장벽은 완벽한 행동이 아니면 어떤 것도 자신에게 받아들이지 못하는 앤의 오래된 패턴이다. 앤은 항상 딸 로리에게 했던 것처럼 용서하고 부드럽게 대하는 것을 자신에게 하는 법을 배울 필요가 있다. 앤에게 매우 중요한 또 다른 기술은 자신이 주의 깊게 사고하고 해결을 향해 나아가고 있는 때와 반추하면서 고착되어 있는 때의 차이점을 인식하는 것이다. 고착된 것은 앤이 자종조종장치에 올라타 지금 이 순간 그녀를 이끌어 가는 생각이 가치 있는지를 평가할 수 없다는 신호이다. 이것을 구별하는 능력이 그녀의 우울 사이클을 끝낼 수 있는 열쇠이다.

인지-행동주의 상담계획: 가정-기반 양식

상담계획 개관: 앤은 자신의 우울증에 대해 도움을 원한다. 앞선 목표에서 획득한 기술이 다음 목표에 필요하므로, 장기목표 1, 2, 3은 순차적으로 시작될 필요가 있다.

장기목표 1: 앤은 제이슨의 죽음이 주는 고통, 로리의 행동에 대한 두려움과 같은 부정적인 감정에서 물러서는 방식으로 세계와 상호작용하는 자기 모델을 충분히 의식하게 될 것이다.

❖ 단기목표들

1. 앤은 회기 중에 건포도 명상을 연습할 것이다. 이 명상에서 그녀는 자기 우울을 반추하는 쪽으로 가지 않으려고 노력하면서, 건포도를 충분히 인식하는 것이 자동조종장치에 올라타 자기 우울증에 관해 생각하는 것과 어떤 방식으로 다른지 설명할 것이다.
2. 앤은 건포도를 씹을 때 몸에서 어떤 신체적 감각이 있었는지, 그리고 이 적극적인 참여가 건포도 명상 중에 일어난 부정적인 생각이나 감정에서 물러서는 방식과 어떻게 다른지 이야기를 나눌 것이다.

3. 앤은 집에서 바디스캔 명상을 연습할 동안 일어나는 부정적인 생각이나 감정에서 물러설 때에 몸에서 어떤 신체적 감각이 있는지 확인하고 그것에 이름을 붙이는 법을 배울 것이다.

4. 앤은 식사 후 이를 닦는 하루 3회의 시간 동안 현재 순간을 충분히 의식하는 연습을 함으로써 자동조종장치에 올라타 부정적으로 생각하는 것에서 물러나는 순간을 의식하는 것을 연습할 것이다.

5. 앤은 매일 이를 닦을 때, 매일 바디스캔 명상을 실습할 때 자신이 얼마나 그 순간에 주목하는지를 매일 기록할 것이다.

6. 상담회기에서 앤은 집에서의 경험에 관해, 그리고 자신이 자동조종장치에 올라탔을 때 그것을 알아차릴 수 있었는지(그리고, 그랬다면 언제인지)에 관해 이야기를 나눌 것이다.

7. 앤은 이를 닦을 때마다 충분히 의식하는 것을 계속 실습할 것이며, 거기에 더해 아침에 옷을 입는 순간을 충분히 의식할 것이다.

8. 자신이 현재에 충분히 주목하는 때와 자동조종장치에 올라탄 때를 앤이 인식할 수 있게 해 주는 적절한 다른 목표들

장기목표 2: 앤은 제이슨의 죽음, 로리의 경제적 착취와 학대에 대한 자신의 인식과 해석이 우울감, 자신이 부족하다는 감정, 내적 세계로 물러나는 것을 어떻게 유발하는지 생각해 볼 것이다.

❖ 단기목표들

1. 앤은 회기에서 전조, 행동, 결과의 ABC 모델을 소개받고 자신이 그것을 분명히 이해했는지 확인하기 위해 상담자와 그것에 관해 이야기를 나눌 것이다.

2. 앤은 과거의 구체적 사건을 상기하고 ABC 모델에 근거해서 그것을 평가함으로써, 자기 기준에 의거하지 않으면서 제이슨의 양육 방식에 대한 자기 생각을 평가하는 숙제를 할 것이다. 그다음 상담회기에서 그녀는 숙제에서 경험한 것에 관해 이야기를 나눌 것이다.

3. 회기에서 앤은 로리의 행동에 대해 제이슨이 반응한 방식이 현재 로리가 성인이 되어 행동하는 방식에 어떤 영향을 줄 수 있었는지에 대해 자기 기준에 의거하지 않고 ABC 모델에 근거해서 생각해 볼 것이다.

4. 앤은 과거에 제이슨과 그녀가 잘 지낼 때의 구체적인 사건 하나와 잘 못 지낼 때의 구체적인 사건 하나를 회상하여 제이슨에 대한 기억을 이야기 나눌 것이다. 그녀는 각 사건이 왜 그렇게 되었는지에 대해 최소한 세 가지의 가능한 설명을 제시할 것이다.

5. 앤은 매일 제이슨에 관한 한 가지 기억을 기록할 것이며, 그의 행동에 대해 최소한 세 가지의 가능한 설명을 제시하는 숙제를 할 것이다.

6. 앤은 브라이언이 어렸을 때 한 행동 중에서 이해가 되던 한 사건과 이해가 되지 않던 한 사건을 회상하면서 브라이언에 대한 기억을 이야기 나눌 것이다. 그녀는 각 사건이 왜 그렇게 되었는지에 대해 최소한 세 가지의 가능한 설명을 제시할 것이다.

7. 앤은 매일 브라이언에 관한 한 가지 기억을 기록할 것이며, 그의 행동에 대해 최소한 세 가지의 가능한 설명을 제시하는 숙제를 할 것이다.

8. 앤은 로리가 어렸을 때 한 행동 중에서 이해가 되던 한 사건과 이해가 되지 않던 한 사건을 회상하면서 로리에 대한 기억을 이야기 나눌 것이다. 그녀는 각 사건이 왜 그렇게 되었는지에 대해 최소한 세 가지의 가능한 설명을 제시할 것이다.

9. 앤은 매일 로리에 관한 한 가지 기억을 기록할 것이며, 로리의 행동에 대해 최소한 세 가지의 가능한 설명을 제시하는 숙제를 할 것이다.

10. 앤은 상담회기에서 상담자가 행동하는 방식에 대한 그녀의 인식을 이야기 나눌 것이며, 상담자의 행동에 대해 최소한 세 가지의 가능한 설명을 제시할 것이다.

11. 필요하다고 여겨지는 다른 목표들

장기목표 3: 앤은 이 순간 그녀의 내적 인식을 적극적으로 주목하고, 그것의 타당성을 평가하고, 외적 세계에 어떻게 행동할지에 관해 선택을 할 수 있는 상황을 찾아냄으로써 우울을 완화시킬 것이다.

1. 앤은 제이슨의 죽음이 모두 자신의 잘못인지 생각하면서, 그 순간의 내적 경험에 적극적으로 주목할 것이다.

    a. 앤은 5분 동안 깊이 숨 쉬면서 오직 자신의 숨 쉬기에만 주의를 집중할 것이다.

    b. 앤은 제이슨이 죽었다는 생각을 마음속에 떠올릴 때 자기 몸의 감각, 인식, 감정, 행동 경향을 생각해 볼 것이다.

    c. 앤은 5분 동안 깊이 숨 쉰 후, 제이슨의 죽음에 대한 고통을 견디고 그것을 완화시키는 것과 그것에서 물러나는 것 중에서 어떤 선택이 자신의 현재 모습을 나타내는 것인지 이야기를 나눌 것이다.

    d. 앤은 고통을 견뎌야 할 때, 고통에서 물러나야 할 때, 제이슨이 완벽하지 못했던 기억을 할 때와 같이 지금 이 순간 제이슨의 죽음과 관련하여 그녀에게 가장 도움이 된다

고 생각되는 행동을 회기 중에, 또 숙제로 실습할 것이다.

2. 앤은 로리가 경제적으로 착취하고 신체적으로 학대하는 것이 모두 자신의 잘못인지 생각하면서, 그 순간의 내적 경험에 적극적으로 주목할 것이다.

    a. 앤은 5분 동안 깊이 숨 쉬면서 오직 자신의 숨 쉬기에만 주의를 집중할 것이다.

    b. 앤은 로리가 그녀의 돈을 쓰고 그녀를 앞뒤로 흔들었다는 생각을 마음속에 떠올릴 때 자기 몸의 감각, 인식, 감정, 행동 경향을 생각해 볼 것이다.

    c. 앤은 5분 동안 깊이 숨 쉰 후, 로리의 행동에 대한 죄책감과 상실감을 견디고 그것을 완화시키는 것과 그것에서 물러나는 것 중에서 어떤 선택이 자신의 현재 모습을 나타내는 것인지 이야기를 나눌 것이다.

    d. 앤은 로리의 분노를 견뎌야 할 때, 로리의 분노에서 물러나야 할 때, 로리와 함께 있는 시간에 제한을 설정할지 아니면 로리와 함께 시간을 보낼지 결정해야 할 때와 같이 지금 이 순간 로리의 행동과 관련하여 그녀에게 가장 도움이 된다고 생각되는 행동을 회기 중에, 또 숙제로 실습할 것이다.

3. 앤은 심한 우울증상이 재발한 것이 모두 자신의 잘못인지 생각하면서, 그 순간의 내적 경험에 적극적으로 주목할 것이다.

    a. 앤은 5분 동안 깊이 숨 쉬면서 오직 자신의 숨 쉬기에만 주의를 집중할 것이다.

    b. 앤은 이번에 처음으로 우울증상이 온 게 아니라는 생각을 마음속에 떠올릴 때 자기 몸의 감각, 인식, 감정, 행동 경향을 생각해 볼 것이다.

    c. 앤은 5분 동안 깊이 숨 쉰 후, 그녀의 분노와 우울증상 재발에 대해 자신에게 실망한 것을 견디고 그 분노와 실망을 완화시키는 것과 그것에서 물러나는 것 중에서 어떤 선택이 자신의 현재 모습을 나타내는 것인지 이야기를 나눌 것이다.

    d. 앤은 슬픔을 견디는 것, 슬픔에서 물러나는 것, 자신의 감정에 적극적으로 영향을 주는 것과 같이 지금 이 순간 그녀의 우울증에 가장 도움이 된다고 생각되는 행동을 회기 중에, 또 숙제로 실습할 것이다.

앤에 대한 인지-행동주의 사례개념화: 주제-기반 양식

"그건 모두 내 잘못이에요." 이것은 앤이 남편의 죽음, 딸의 학대 행동, 현재의 우울증을 반추할 때의 주문이다. 앤은 만일 자신이 완벽하게 준비했다면 남편이 심장마비로 죽지 않았을 거라고 믿고 있다. 만일 물건을 사러 가지 않았다면 911을 불렀을 것이고, 그러면 긴급

구조원이 남편을 구했을 거라는 생각이 이 신념을 뒷받침하고 있다. 앤은 로리가 어렸을 때 적절하게 반응해 주었다면 어른이 되어서 신체적 학대, 정서적 착취를 하지 않았을 거라고 믿는다. 앤은 좀 더 잘 생각했다면 남편의 죽음, 딸의 학대 행동이 주는 정신적 충격이 있긴 하지만 우울증에 걸리지 않았을 거라고 믿는다. 앤은 자동조종장치에 올라타 얼어붙어 있다. 그곳에서 그녀는 부정적인 생각에서 물러나고, 자신의 삶에 대해 생각만 하고 참여하지는 않는 반추 순환에 갇혀 있다. 반면에 앤은 머릿속에서 좀 더 기능적인 생각을 한다. 예를 들어, 그녀는 자신이 윤택한 삶을 영위하는 혜택받은 사람이라고 생각한다. 그녀는 딸이 자랄 동안 딸의 요구를 거의 들어주었다는 걸 알고 있다. 그녀는 남편이 골초였으며 그것이 심장마비에 큰 영향을 주었을 거라고 생각한다. 또한 그녀는 45년 동안 결혼생활을 하고, 두 아이를 어른이 될 때까지 키우고, 캐런과 일생 동안의 친구관계를 유지하게 해 준 관계 기술을 가지고 있다. 따라서 만일 앤이 자신의 경험을 좀 더 충분히 의식할 수 있고 자신의 생각과 감정에 어떻게 반응할지 선택하는 능력을 되찾게 된다면, 그녀는 자기 삶을 다시 통제할 수 있을 것이다.

"제이슨이 죽은 건 모두 내 잘못이에요." 앤은 제이슨과 45년 동안 결혼생활을 했고, 결혼생활이 행복했으며 제이슨이 가족을 잘 부양했다고 이야기하였다. 그녀의 관점에서 볼 때, 그는 모든 가족이 원하는 걸 모두 가질 수 있는 호화로운 생활양식을 가족에게 제공하였다. 제이슨은 골초였고 72세까지 살았는데, 그녀는 이런 요인들에 대해서는 잠깐만 언급하고 곧바로 자신이 충분히 훌륭한 아내였으면 그가 아직 그녀와 함께 있을 거라는 완벽주의 신념으로 물러서 버렸다. 그녀의 머릿속에 있는 생각은 좀 더 잘 생각해서 가게에 가지 않아야 했다는 것, 집에 있었다면 그를 늦지 않게 병원에 데려가 생명을 구했을 거라는 것이다. 이런 일련의 부정적 생각으로 인해 자신이 절대로 남편의 죽음을 극복하거나 다시 삶을 즐기지 못할 거라는 그녀의 관점이 지속되고 있다.

"로리가 나를 붙잡고 흔든 건 모두 내 잘못이에요." 앤은 항상 딸과 친밀한 관계가 되기를 원했다. 그녀는 딸을 사랑하지만 항상 로리의 급한 성질에 대처하기 어려웠다고 하였다. 그녀는 로리가 원하는 건 모두 주었다고 생각하고 있지만, 로리는 짜증을 잘 냈다. 앤은 로리가 스스로를 진정시키는 법을 배우고 이성을 사용하도록 도우려 했지만, 로리가 진정하도록 잘 도왔던 기억이 한 번도 없다. 앤은 로리의 부부싸움을 많이 보았다. 앤은 그들 누구도 서로에게 양보하려 한 적이 없다고 느낀다. 앤은 그들 사이에 개입하여 그들의 문제를 푸는 데에 도움을 주려 했지만 항상 실패했다고 생각하고 있다. 앤의 관점에서 볼 때, 제이슨과 캐런 같이 경쟁적인 사람은 결코 로리의 긴장을 낮출 수 없다. 제이슨은 항상 로리에게 줄 사탕을 가지고 있었고, 그녀가 화났을 때 진정시키기 위한 선물을 사 왔다. 캐런은 항상 로리에게 고함을 지르면서 할 일을 알려 줌으로써 로리를 통제할 수 있었다. 앤은 그 자신만이 로리에게 적절히 대처하지 못했고, 그에 따라 로리가 그녀의 몸을 흔들고 소파에 밀어 넘어뜨린 것이 노인신체 학대 기준에 부합하는 것임에도 불구하고 모두 자기 잘못이라고 본다. 또한 로리가 앤의 약값과 생활비를 써 버린 것은 또 다른 형태의 노인학대인 경제적 착취 기준에 부합하는 것이다. 로리가 어렸을 때 로리의 요구를 대부분 들어주었고, 자신이 존중을 받을 만했고, 로리가 자신의 몸을 흔들지 말아야만 했다고 앤이 이야기한 순간이 한 번 있었다.

"내가 우울증에 빠진 건 모두 내 잘못이에요." 앤은 아이들을 키우기 시작한 후 간헐적으로 우울증에 걸렸었다. 그녀는 아이를 가지기 전에 이미 완벽주의자 경향이 있었는데, 취침 시간 전까지 혼자서 아이들을 돌보게 되면서 모든 일을 올바르게 하려는 욕구가 심해졌다. 큰 아들인 브라이언의 경우 어머니로서의 '계획'대로 잘되었지만 로리의 기질은 다루기가 더 힘들었다. 어머니로서의 실패를 반성하는 경험이 반복되면서 그녀는 처음으로 우울증에 걸렸다. 남편이 앤을 도와 딸에게 정서조절을 가르치지 않고 로리에게 선물을 주곤 한 사실은 앤이 딸을 자기통제로 이끄는 데 더 큰 짐을 지게 하였다. 그녀가 일을 그릇되게 다루고 있다고 그녀에게 말하는 완벽한 친구 캐런이 있었던 것이 자신이 부적절한 부모라는 앤의 믿음을 한층 더 심화시켰다. 이와 동시에 앤은 브라이언이 잘해 나간 것, 그녀가 로리의 요구를 잘 충족시켜 준 많은 사례 같은 증거는 걸러 낸다. 그녀가 세상에 대해 작동시키는 모델은 현재 자신이 부적절하고 실패했다는 생각으로 무기력하게 되는 반추 순환에 있다. 제이슨의 죽음에서 시작해서 자신이 우울증에서 벗어나지 못하는 것까지 모두 그녀의 잘못이다. 심장마비에서 살아나는 사람이 일부 있다는 사실은 앤이 자신을 비난하는 데 쓰인다. 그렇지만 이런 자기비난은 집에 돌아왔을 때 사랑하는 사람이 죽어 있는 것을 혼자서 본 정신적 충격에 의해 유발되었을 수 있다. 앤이 강한 부정적 정서로부터 벗어나는 전형적인 패턴에서 더 강력한 초기 사건은 없었을 것이다. 상담관계에서 지지를 받으면서 앤은 제이슨의 나이와 흡연 습관이 그의 죽음에 중요한 영향을 주었을 것이라고 생각할 수 있게 되었다.

"틀림없이 모든 게 내 잘못인가?" 지금 앤은 재빨리 "그렇다."라고 답한다. 그렇지만 상담관계에서 지지를 받으면서, 앤은 일시적으로 자동조종장치에서 벗어나서 로리의 행동을 생각할 동안 마음을 챙길 수 있었다. 제이슨이 앤에게 계속 선물을 줌으로써 로리가 지나치게 요구하는 아이가 되도록 조장했다는 생각이 그녀에게 떠올랐고, 이로써 모든 것이 자신의 잘못은 아니라고 생각하게 되었다. 지금 앤이 자동조종장치에서 벗어나도록 뒷받침해 주는 상황이 몇 가지 있다. 첫째는 앤이 사랑하는 딸 로리를 두려워하는 상태에 계속 붙들려 있기를 원하지 않는다는 것이다. 두 번째는 친구인 캐런이 그녀를 상담에 데려다주고 로리가 이사가기 전까지 자기 집에서 편하게 있으라고 이야기하면서 그녀의 변화 노력을 뒷받침해 주고 있는 것이다. 또한 노인보호국에서 학대행동에 대한 책임을 확인한다는 우려로 인해 로리가 최소한 단기간이라도 공격적, 착취적 행동을 억제하게 되었다. 변화에 대한 장벽은 앤이 부정적 정서에서 물러나는 뿌리 깊은 패턴, 앤이 변화하지 않으면 로리에게 갈 2차적 이득이다.

인지-행동주의 상담계획: 주제-기반 양식

상담계획 개관: 앤이 8회기 마음챙김 집단 프로그램에 참여할 준비가 될지, 언제 될지는 지금 시점에서 확실하지 않다. 이 상담계획은 그녀가 그 집단에 참여할지를 결정할 때까지 개인 상담으로 진행될 것이다. 앤은 종종 모든 것이 항상 자신의 잘못이라는 자기비난 진술을 사용한다. 따라서 그녀의 비난 수준을 평가하는 데 도움이 될 목표가 있는 상담계획을 짜는 것이 그녀에게 유용할 것이다. 장기목표 1, 2, 3은 모두 그녀의 현재 경험을 더 잘 의식하도록 돕고, 그녀가 내적 생각을 견뎌야 할지 아니면 변화시켜야 할지 평가하고, 그녀의 삶을 통제할 수 있게 돕는 것이므로 순서에 상관없이 진행할 수 있다(이 상담계획은 문제 양식을 따른다).

문   제: 앤은 모든 것이 자신의 잘못이라고 보며, 이것이 그녀의 생각을 억압하고 있다.

장기목표 1: 앤은 제이슨의 죽음에서 그녀가 가진 책임 정도(그녀의 잘못이 얼마나 많은가)를 판단할 것이다.

❖ 단기목표들
1. 앤은 제이슨의 성인 시기 동안의 건강에 대해 그녀가 어느 정도의 책임이 있는지 생각함으로써 자신의 현재 경험을 충분히 의식하는 연습을 할 것이다.
2. 앤은 제이슨의 건강에 대해 그와 이야기하였던 모든 경험을 충분히 의식하는 연습을 할 것이다.
3. 앤은 제이슨이 건강과 관련하여 내린 선택 중 자신이 유감스럽게 생각했던 모든 경험을 충분히 의식하는 연습을 할 것이다.

4. 앤은 제이슨에게 심장마비가 왔던 날에, 그날이 통상적인 날이라고 느끼게 했던 모든 경험을 충분히 의식하는 연습을 할 것이다.

5. 앤은 가게에 가기 직전에 제이슨과 함께한 경험에서 그날이 통상적인 날이라고 느끼게 했던 모든 경험을 충분히 의식하는 연습을 할 것이다.

6. 앤은 집에 돌아온 직후 제이슨이 죽어 있는 것을 발견했을 때 그녀가 가졌던 모든 경험을 충분히 의식하는 연습을 할 것이다.

7. 앤은 제이슨의 죽음, 그녀가 지금 그것에 대해 가지고 있는 믿음을 생각해 볼 것이고, 지금 그녀의 외적 행동을 이끌어 가는 데 그 신념들이 적절한지 평가할 것이다.

8. 앤은 신념을 견디는 것, 수정하는 것, 회피하는 것 중에서 지금 어떤 선택이 그녀에게 가장 적절한지 결정할 것이다.

9. 필요한 다른 목표들

장기목표 2: 앤은 로리의 성질에서 그녀가 가진 책임 정도(그녀의 잘못이 얼마나 많은가)를 판단할 것이다.

❖ 단기목표들

1. 앤은 로리가 처음으로 울화를 터뜨렸던 상황에서 그녀가 어느 정도의 책임이 있는지 생각함으로써 자신의 현재 경험을 충분히 의식하는 연습을 할 것이다.

2. 앤은 로리가 어린아이였을 때 로리의 성질에 대해 로리와 논의했던 최소한 세 가지의 경험을 충분히 의식하는 연습을 할 것이다.

3. 앤은 로리가 청소년기일 때 로리의 성질에 대해 로리와 논의했던 최소한 세 가지의 경험을 충분히 의식하는 연습을 할 것이다.

4. 앤은 로리가 성인이 되었을 때 로리의 성질에 대해 로리와 논의했던 최소한 세 가지의 경험을 충분히 의식하는 연습을 할 것이다.

5. 앤은 로리가 신체적 학대를 했을 때 로리와 가졌던 경험을 충분히 의식하는 연습을 할 것이다.

6. 앤은 로리의 학대, 그녀가 그것에 대해 현재 가지고 있는 믿음을 생각해 볼 것이고, 지금 그 신념에 따라 그녀의 외적 행동을 하는 것이 타당한지 평가할 것이다.

7. 앤은 신념을 견디는 것, 수정하는 것, 회피하는 것 중에서 지금 어떤 선택이 그녀에게 가장 적절한지 결정할 것이다.

8. 필요한 다른 목표들

장기목표 3: 앤은 현재의 우울증에서 그녀가 가진 책임 정도(그녀의 잘못이 얼마나 많은가)를
　　　　　판단할 것이다.

❖ 단기목표들

1. 앤은 자신이 우울하다고 인식했던 첫 번째 경험을 충분히 의식하는 연습을 할 것이다. 그
   녀는 그 사건, 그녀가 그 사건을 어떻게 통제했는가에 대한 인식, 그녀의 감정, 타인에게
   받은 모든 도움을 조리 있게 설명할 것이다.

2. 앤은 아이들이 어렸을 동안 그녀가 우울해졌던 최소 세 가지의 경험을 충분히 의식하는
   연습을 할 것이다. 그녀는 그 사건, 그녀가 그 사건을 어떻게 통제했는가에 대한 인식, 그
   녀의 감정, 타인에게 받은 모든 도움을 조리 있게 설명할 것이다.

3. 앤은 아이들이 어렸을 동안 그녀가 우울하지 않았던 최소 세 가지의 경험을 충분히 의식
   하는 연습을 할 것이다. 그녀는 그 사건, 그녀가 그 사건을 어떻게 통제했는가에 대한 인
   식, 그녀의 감정, 타인에게 받은 모든 도움을 조리 있게 설명할 것이다.

4. 앤은 아이들이 청소년기였을 때 그녀가 우울해졌던 최소 세 가지의 경험을 충분히 의식
   하는 연습을 할 것이다. 그녀는 그 사건, 그녀가 그 사건을 어떻게 통제했는가에 대한 인
   식, 그녀의 감정, 타인에게 받은 모든 도움을 조리 있게 설명할 것이다.

5. 앤은 아이들이 청소년기였을 때 그녀가 우울하지 않았던 최소 세 가지의 경험을 충분히
   의식하는 연습을 할 것이다. 그녀는 그 사건, 그녀가 그 사건을 어떻게 통제했는가에 대
   한 인식, 그녀의 감정, 타인에게 받은 모든 도움을 조리 있게 설명할 것이다.

6. 앤은 로리와 브라이언이 성인이 된 후 그녀가 우울해졌던 최소 세 가지의 경험을 충분히
   의식하는 연습을 할 것이다. 그녀는 그 사건, 그녀가 그 사건을 어떻게 통제했는가에 대
   한 인식, 그녀의 감정, 타인에게 받은 모든 도움을 조리 있게 설명할 것이다.

7. 앤은 로리와 브라이언이 성인이 된 후 그녀가 우울하지 않았던 최소 세 가지의 경험을 충
   분히 의식하는 연습을 할 것이다. 그녀는 그 사건, 그녀가 그 사건을 어떻게 통제했는가
   에 대한 인식, 그녀의 감정, 타인에게 받은 모든 도움을 조리 있게 설명할 것이다.

8. 앤은 지난주에 그녀의 우울증이 외적 행동을 장악했던 최소 세 가지의 경험을 충분히 의
   식하는 연습을 할 것이다. 그녀는 그 사건, 그녀가 그 사건을 어떻게 통제했는가에 대한
   인식, 그녀의 감정, 타인에게 받은 모든 도움을 조리 있게 설명할 것이다.

9. 앤은 아무리 작은 것이라도 지난주 동안 있었던 최소 세 가지의 경험을 충분히 의식하는 연습을 할 것이다. 그녀는 그 사건, 그녀가 그 사건을 어떻게 통제했는가에 대한 인식, 그녀의 감정, 타인에게 받은 모든 도움을 조리 있게 설명할 것이다.

10. 앤은 한 주 동안 집과 회기에서 현재의 우울을 조정할 것이다. 이 조정 동안 그녀의 마음을 가로질러 간 생각, 감정, 행동 충동을 기록할 것이다.

11. 앤은 회기 중에 먼저 자신의 정신 모델이 자동적으로 진행해 가게 놓아두고, 주기적으로 그것을 중단시키면서 그녀의 마음에 흐르고 있는 것을 건드리고 그것을 수정하든지, 아니면 그것에서 물러나든지 하면서 조정할 것이다.

12. 필요한 다른 목표들

사례개념화 실습 사례: 나이 영역의 통합

이제 달러에 대한 인지-행동주의 분석을 할 시간이다. 그녀의 행동에 통찰을 줄 수 있는 복합적 영역이 많이 있다. 여기서는 나이 영역을 당신의 사례개념화에 통합시켜야 한다.

짧은 접수면접에서 얻은 정보

달러는 큰 중서부 도시의 교외 지역에서 편모인 어머니와 함께 사는 14세의 백인 여자이다. 달러는 아버지를 기억하지 못한다. 아버지는 그녀의 여동생 수잔(12세)이 태어나고 곧 집을 나갔다. 그녀는 현재 고등학교 1학년이다. 어머니에 의하면 달러는 중학교 때까지는 학교적응 문제를 일으키지 않고 전과목 A를 받았다. 달러의 성적은 가슴이 나오기 시작한 그 시기부터 급격하게 떨어지기 시작했다. 어머니는 달러가 적절한 예의와 가족의 책임에 관해 배웠던 것을 모두 잊어버린 것 같다고 하였다. 그녀는 성적에 관심을 두지 않은 것과 마찬가지로 여동생을 돌보지 않았다. 다행히 동생 수잔은 언니의 나쁜 사례에도 불구하고 여전히 학교에서 잘해 가고 있었다. 달러가 학교 주차장에서 일군의 학생들과 술을 마시다가 붙잡히면서 사태가 커졌다. 학생들은 교내 미성년 음주에 대한 학교 규정에 의거해서 6개월 정학을 받았다. 달러의 어머니는 달러가 통제 불능이며 이번의 음주 사건은 단지 한 사례에 불과하다고 했다. 그녀는 달러가 술을 과하게 마시고 자기통제가 더 필요하기 때문에 상담받을 필요가 있다고 믿고 있다.

간단한 정신상태 검사에서 달러는 매우 균형 잡혀 있는 것으로 보였고 자살, 살인 사고나 심한 정신병리 등의 심리 문제 징후를 전혀 보이지 않았다.

인지-행동주의 관점에서 달러(D)와의 인터뷰

C: 내가 왜 여기 와야 하나 하는 생각이 많을 거 같아, 그리고 (D가 끼어든다)

D: (자신의 무릎을 내려다보며 가시 돋친 어투로) 생각이요? 어이가 없네요. 다 엄마가 하는 일이죠. 나는 여기 오는 것에 관심이 하나도 없었어요.

C: 화가 많이 난 것 같네.

D: (가시 돋친 어투로, 그렇지만 잠깐 올려다보며) 누가 강제로 여기 오게 만들면 선생님은 화 안 나겠어요? 기가 차요. 나는 괜찮으니까 우리 엄마를 상담하세요. (한참 침묵)

C: 전화로 상담약속을 잡을 때 들었어, 네가 원하지 않는 (D가 끼어든다)

D: (격분하여) 제길, 제길, 제길! 모르면 관두세요! (한참 침묵, D는 주먹으로 자기 다리를 친다)

C: 화가 엄청 나 있구나. (한참 침묵) 네가 학교에서 정학됐다고 엄마가 그러셨어. 그리고 내가 듣기에 마치 (D가 끼어든다)

D: (격분하여) 엄마 말이 어떻게 들리는지 알아요. 마치 걱정하는 것처럼 들리지만 완전 연기예요. 엄마는 만나는 사람마다 내가 알코올중독이 될까 봐 무섭다고 이야기해요, 마치 아빠가 그랬던 것처럼. (숨을 깊이 들이쉬었다가 훅 내쉰다. 부드럽지만 매우 격렬하게 말한다) 그냥 다 허튼소리예요. 첫째, 매일 밤마다 술 마시는 사람은 엄마예요, 내가 아니라. (잠깐 올려다본다) 둘째, 아빠에 관해서는 모르지만 만일 내가 술을 너무 마신다면 그건 엄마 때문이에요. (D는 이제 내려다보면서 부드럽지만 악의적인 목소리로 무릎에 대고 욕을 한다)

C: 엄마한테 화가 많이 났구나. (멈춤) 엄마가 술을 너무 많이 마신다고 생각하고. (멈춤) 네가 술 마시기 전에 엄마가 오래전 사라진 아빠를 비난하는 게 너를 더욱 화나게 하나 보네. (한참 침묵, D는 다시 주먹으로 자기 다리를 두드린다) 네가 어떤 일을 겪고 있는지는 모르지만 무척 강렬한 것 같아서 네가 그것에 대해서 도움받는 걸 생각해 봤으면 좋겠네.

D: (화를 내며, 상담자의 어깨 너머로 무표정하게 쳐다보며) 나는 엄마가 정말 싫어요. 아빠처럼 그냥 없어져 버렸으면 좋겠어요. 둘 다 없으면 우리가 더 행복해질 거예요.

C: 우리? (한참 침묵)

D: (마침내 올려다본다. 미소 짓는다) 여동생 수잔이요. 12세인데, 좋은 애예요. 나는 아니지만, (미소 지으며) 나는 집안의 말썽꾸러기죠. (낄낄거리며 웃는다)

C: 말썽꾸러기가 되면 어떻니?

D: (다시 화를 내며) 농담하세요? 내가 항상 그렇게 실망시키고 싶은 줄 아세요? 진짜 친구들은 수업받고 있는데 나만 쫓겨나서 여기 있고 싶은 줄 아세요? (C의 눈을 응시한다)

C: '진짜 친구들'이 무슨 말이지?

D: (냉소적으로) 아, 네네. 내가 학교에서 어울리는 모든 애들이죠.

C: 친구들은 너하고 같이 정학당했다고 생각했는데.

D: (화를 내며) 걔들은 그냥 같이 술 마시는 애들이고요. 걔들하고는 끝났어요.

C: 네가 걔들하고 절교하기로 마음먹은 거니, 아니면 학교와 관련이 있는 거니?

D: (화를 내며) 물론 내 결정이죠. 내가 뭘 할지는 내가 결정해요. 내가 술 마시고 싶으면 나는 마셔요. 마시기 싫으면 안 마셔요. 내 몸, 내 결정. 나는 좋은 결정을 해요. (한참 침묵)

C: (한참 침묵, 부드럽게 D를 바라본다)

D: (조용하지만 격렬하게) 아무 말씀도 안 하실 건가요?

C: 네가 대부분의 시간 동안 화를 내는 것 같다고 생각하고 있어. 네가 마치 판에 박힌 것처럼 보이고 다른 걸 느낄 기회를 자신에게 주지 않는 것 같아.

D: (조용하지만 격렬하게) 음, 나는 화를 낼 빌어먹을 권리가 있어요!

C: 여기서 왜 그렇게 빨리 화가 나는지 궁금하지 않니?

D: (격분하여) 왜 궁금하겠어요? 엄마가 모든 걸 엉망으로 했기 때문에 화가 나는 거죠. (한참 침묵, 눈물을 억누른다. 조용하게) 내가 모든 것, 즉 요리, 냉장고 안 음식 관리, 수잔이 학교에 가고 숙제하는 걸 돕기를 다 책임질 수는 없어요.

C: 가족을 위해 할 일들에 부담을 많이 느끼는구나. 엄마, 아빠가 모두 보이지 않으니까 네가 수잔을 돌봐야 한다고 느끼는구나.

D: (조용하게, 눈물을 흘린다) 너무 힘들어요. 왜 이렇게 힘들까요?

C: 너는 이제 열네 살이야. 수잔보다는 많이 알지만 아직은, 열네 살에 엄마가 되기는 힘들지.

D: (눈물을 억누르려 애쓰며) 그건 엄마가 할 일이죠. 엄마가 엄마 일을 하게 해 주실 수 있나요?

C: 여기 오도록 요청할 수는 있지, 만약 네가 원한다면. 나는 엄마가 뭘 하게 할 수는 없어, 마치 네가 못하는 것처럼. (한참 침묵, D는 아래를 내려다본다) 네가 다음에 오면, 너를 위한 시간을 가질 거야. 네가 이 세상을 살아가는 모델을 찾아볼 거야. 네가 그 과정을 통제할 거야. 나는 그냥 너를 도울 거고.

D: (냉소적으로, 올려다보며) 음, 하루 종일 수잔하고 별다른 좋은 일도 없어요. 그렇지만 이게 엄마를 어떻게 바꿀 수 있을지는 모르겠네요.

C: 집에서 무슨 일이 일어나고 있든 여기서의 초점은 너한테 있어. 너는 지금 자동조종장치에 올라탔어, 즉 네가 가지는 모든 경험에 대해 매우 화를 내고 있지. 네 인생에서 좀 더 많은 선택지를 네가 가지면 좋겠어.

D: (냉소적으로, 올려다보며) 음, 대단한 것처럼 들리긴 하는데, 그게 진짜로 무슨 뜻이에요?

C: 네가 그럴 마음이 있다면 우리가 함께할 것을 너한테 보여 줄 수 있어. (D는 고개를 끄덕인다) 네가 너의 내적 세계, 즉 네 마음과 몸에서 일어나고 있는 일에 주의집중을 하도록 돕는 연습을 할 거야.

D: (화를 내며) 누구도 내 몸에 손댈 수 없어요, 남자친구가 되겠다고 한 인간들한테 이런 식의 헛짓을 충분히 겪었어요.

C: 네 몸이니까 네가 원하지 않으면 누구도 손대서는 안 되지. (멈춤) 네 몸에 손을 대겠다는 것이 아니야. 네가 네 몸 속에서 일어나고 있는 일을 알아차려야 한다는 거야. 네 몸은 너의 것이고, 그것을 통제할 권리가 너한테 있는 거지.

D: (조용하게) 좋은 것 같네요. (멈춤) 해 보겠어요.

C: 의자에 최대한 편하게 앉고, 눈을 감아. (멈춤) 첫째, 의자에 앉아 있으면서 엉덩이와 배 부분이 어떤 느낌인지 의식하려고 노력해 봐. 몸의 그 부분들에 있는 감각만 의식해야 해.

D: (긴장하여) 편하지가 않아요. 편해지게 할 수가 없네요.

C: 이건 이완하느냐 아니냐에 관한 것이 아니야. 그냥 몸의 감각에 귀를 기울이는 거지. 의식하는 건 네 몸이야. 한번 깊은 숨을 쉬고, 몸이 어떻게 느끼는지 알아차려 봐. 똑같이 느껴지니, 아니면 다르게 느껴지니?

D: (긴장하여, 화를 내며) 다르게 느껴지지 않아요. (멈춤) 다르게 느껴지면 좋겠어요. 내가 잘못하고 있나요? 하기 싫어요.

C: 네가 얼마나 빨리 화를 내는지, 너 자신을 얼마나 비난하게 되는지 알아차려 봐. (멈춤) 화가 나는 게 느껴질 때 네 마음속에서 어떤 생각이 지나가고 있는 것 같니?

D: (긴장하여) 술을 마시고 싶어요. 생각나는 건 맥주밖에 없어요.

C: 맥주에 관한 생각이 네 마음을 거쳐 지나가는 것을 그냥 의식해. 어떤 식이든 그 생각을 중지시키거나 변화시키려 하지 마. 그냥 그걸 의식해 봐. (멈춤) 숨을 깊이 들이마셔 봐. 이거 할 때 의자에 엉덩이가 가라앉는 감각이 더 강하게 느껴질 수도 있고 아닐 수도 있어.

D: (화를 내며) 나는 말썽꾸러기예요. 그게 남자애들과 배회하거나 맥주를 많이 마시는 것 같은 나쁜 짓을 해야 하는 이유예요. 나는 뭔가 해야 해요, 즉시 해야 해요. 그걸 기다리는 게 정말 싫어요. 나한테 무슨 문제가 있는 걸까요?

C: 모든 것이 짐처럼 느껴지지, (멈춤) 심지어 의자에 앉아 있는 것도. 말썽꾸러기가 되는 것은 14세한테는 무거운 짐이지. 지금 당장은 그 짐을 그냥 보내고 의자에 앉을 때 몸의 감각에만 집중해 봐. (멈춤) 깊이 숨 쉴 때, 내쉬는 숨이 네 다리로 여행가는 것 같이 해. 그리고 숨 여행이 다리 끝으로 내려가는 것을 상상할 때 네가 가질 수 있는 감각과 그렇지 못한 감각을 매우 의식해 봐.

D: (짜증을 내며) 어떻게 해야 할지 모르겠어요. 의자에 이렇게 앉아 있는 건 어느 정도 좋은 것 같지만, 당장은 뭔가 다른 걸 하고 싶어요. 가만히 앉아 있으면 뭐해요.

C: 그냥 그렇게 해 봐. (한참 침묵)

D: (긴장하며) 좋아요, 나는 숨 쉬고 있고 여기에 앉아 있어요. 다음에는 뭐죠?

C: 우리가 연습하는 것은 의자에 앉아 있는 네 엉덩이가 받는 느낌과 같이 뭔가에 주의를 집중하고 그다음에 엉덩이에 더 이상 주의하지 않고 다리에 주의집중하는 네 능력이야. 우리는 네가 주의를 통제하는 것을 연습하고 있어.

D: (화를 내며) 나는 통제하고 싶어요. 성적 잘 받고 항상 수잔을 돌보는 훌륭한 언니 노릇 하는 데 너무 지쳤어요. 나도 나 자신에게 좀 신경 쓰고 싶어요. (멈춤) 근데 그럴 수가 없어요. 잘 안 돼요. 남자애들이 나를 통제하네요, 나는 아직도 걔들과 어울려서 엉망이 될 때까지 마시니까요. 그게 뭐 어때서요? 엄마는 술을 많이 마시면 완전 바보가 돼요. 그리고 나는 왜 엄마처럼 행동하고 있죠?

C: 이제 눈을 떠 봐. (D는 C를 쳐다본다) 너는 네가 누구이고 왜 그런 행동을 하는지에 관해 많은 질문을 가지고 있지. 그런 질문은 의미 있는 질문이야. 그런 질문에 답하는 방법은 많이 있어. 나의 방법은 네가 네 안에 있는 세계에 주파수를 맞추도록 돕는 것, 네가 너 자신을 위해, 학교에서 작동시키기 위해, 가족과 함께 있을 때를 위해, 밖에서 데이트를 할 때를 위해 네가 개발한 모델을 의식하도록 돕는 것이야.

D: (긴장하여) 그렇게 되려면 얼마나 걸릴까요? 나는 급해요. 나는 끝내야 하는 일이 많아요.

C: 너는 또 자동조종장치에 올라탔어, 달려. 당장 뭔가를 향해 달려가려 하지. 그건 네가 스트레스에 대처하는 방식이야. 너 자신을 돌보기 위한 좋은 계획을 짜는 데 시간이 정확하게 얼마나 걸리는지 약속할 수 없지만, 보통은 네가 여기 다시 올 필요가 없게 되려면 8회기 정도 걸려, 만일 네가 숙제를 매일 한다면.

D: (냉소적으로) 나는 더 이상 숙제는 안 해요.

C: 우리가 작업하고 있는 기술은 열심히 연습하지 않으면 제대로 작동하지 않아. 연습하지 않으면, 너는 너의 자동조종장치를 중지시킬 수 없을 것이고 너의 질문에 대답을 얻을 수

없어. (한참 침묵) 이 과정은 매일 1시간 정도 숙제하는 것이 필요해. 일어나고 있는 일 모두에 대해 분노로 반응하는 것은 네가 네 삶에서 원하는 것을 너에게 가져다주지 않아. 뭔가 바뀔 필요가 있어.

D: (긴장하여) 좋아요, 알았어요. 내가 해야 할 게 뭐죠? (C가 D에게 과제 안내문을 건네준다. 2분간 침묵) 알겠어요.

C: 한 가지 더. 이 연습을 하는 것 외에, 나는 네가 매일 단순한 하나의 숙제를 할 동안 네가 하고 있는 것을 충분히 알아차리는 연습을 해 주면 좋겠어. 그렇게 하는 동안 너는 네가 하는 것에 대해 생각하고, 느끼고, 충분히 주의집중하려고 노력하게 돼. 이건 언제 할 거니?

D: 아침에 옷을 고를 때 해 보겠어요.

달러에 대한 사례개념화 개발 실습

❖ 실습 1 (최대 4쪽)

목   표: 당신이 인지-행동주의 이론을 분명하게 이해하고 있다는 것을 입증하기

양   식: A~C 파트를 포함한 통합적 에세이

도움말: 이 장의 내용을 다시 보라(219~225쪽).

  A. 이 실습의 도입부가 될 수 있게, 인지-행동주의의 모든 가정을 간략하게 개관하라(내담자 변화 방식 이해의 핵심 차원에 대한 이론의 가정, 폭넓게 추상적으로 생각하라).

  B. 이 가정들 각각이 변화 과정을 통한 내담자의 진전을 이해하는 데 어떻게 사용되는지 각 가정을 충분히 설명하는 구체적 사례를 포함하여 상세하게 기술하라.

  C. 내담자의 변화를 돕는 상담자의 역할(컨설턴트, 의사, 교육자, 조력자), 상담에 사용한 주요 접근법, 공통적으로 사용된 상담 기법을 기술하면서 에세이를 마무리하라. 구체적인 사례를 충분히 포함해서 이 접근법의 특유한 점이 분명히 드러나게 하라.

❖ 실습 2(최대 4쪽)

목   표: 달러에 대한 인지-행동주의 적용을 돕기

양   식: A~C의 각 섹션 각각에 대한 문장 개요

도움말: 이 장의 내용을 다시 보라(219~225쪽).

  A. 달러의 약점(걱정, 이슈, 문제, 징후, 기능 결핍, 상담 장벽) 목록을 작성하고, 그중에서 달러가 도움을 원하는 것을 기록하라.

B. 달러의 강점(강한 점, 긍정적 특성, 성공, 기술, 변화 촉진 요소) 목록을 작성하고, 그중에서 자신에게 있다고 달러가 인식하고 있는 것을 기록하라.

C. 세상과 상호작용하는 방식에 대한 달러의 정신 모델을 설명하라.

    1. 이 모델은 그녀의 약점에서 어떤 부분을 어떻게 유지시키는가/나타내는가?

        a. 그녀의 역기능적 자기대화는 무엇인가?

        b. 그녀의 자기대화 뒤에 있는 역기능적 신념은 무엇인가?

        c. 이런 신념의 결과로 어떤 행동을 하는가?

        d. 이런 신념의 결과로 어떤 감정을 가지는가?

        e. 그녀가 자동조종장치에 올라타면 생각, 감정, 행동 패턴이 항상 같은가?

    2. 이 모델은 그녀의 강점에서 어떤 부분을 어떻게 유지시키는가/나타내는가?

        a. 그녀의 기능적 자기대화는 무엇인가?

        b. 그녀의 자기대화 뒤에 있는 기능적 신념은 무엇인가?

        c. 이런 적응적 신념의 결과로 어떤 행동을 하는가?

        d. 이런 적응적 신념의 결과로 어떤 감정을 가지는가?

        e. 그녀는 지금 그녀에게 기능적인 전략들, 문제를 풀기 위해 그녀가 사용했던 전략들을 가지고 있는가?

D. 지금 달러는 자신의 정신 모델 평가에 대해 얼마나 전향적인가?

    1. 이 순간의 경험을 의식하는 것은 그녀에게 얼마나 어려운가?(1~10 척도)

    2. 마음이 방황하고 있을 때 마음을 지금 여기로 가져오는 것은 그녀에게 얼마나 어려운가?(1~10 척도)

    3. 자신의 내적 경험을 평가할 때 선택의 순간을 보는 것은 그녀에게 얼마나 어려운가?

    4. 전체적으로 지금 달러의 정신 모델은 얼마나 적응적이고, 그녀는 변화의 필요성을 얼마나 의식하고 있는가? (독특하고 구체적인 사례를 제시하라.)

❖ 실습 3(최대 4쪽)

목   표: 달러의 삶에서 나이의 잠재적 역할 이해하기

양   식: A~J의 각 섹션에 대한 각각의 문장 개요

도움말: 2장의 내용을 다시 보라(49~66쪽).

A. 달러에게 나이에 적절한 신체적, 인지적 발달이 얼마나 있었는지 사정하라. 그리고 이것은 집, 학교, 공동체 활동에서 달러의 수행과 동기 수준에 얼마나, 어떤 방식으로 영

향을 주었는가?

B. 나이에 적절한 달러의 성인관계가 얼마나 있었는지 나이에 적절한 제한 설정, 조절, 기술 형성, 정서적 연결의 제공 측면에서 사정하라. 그리고 이 관계가 그녀의 발달 진행을 어떤 방식으로 지원 또는 방해하였는가?

C. 나이에 적절한 달러의 또래관계가 얼마나 있었는지 나이에 적절한 교제, 사회적 기술 형성의 제공 측면에서 사정하라. 그리고 이 관계가 그녀의 발달 진행을 얼마나, 어떤 방식으로 지원 또는 방해하였는가?

D. 지금 달러가 얼마나 나이에 적절하게 기능하고 있는지 사정하라. 자아상과 자아효능감, 지금 달러의 건강한 발달 지원에 가장 필요한 것, 지금 성숙에 장벽이 되거나 촉진 요인이 되는 것을 고려하라.

E. 지금 달러의 삶에서 환경적 위험 수준을 사정하고 이 위험을 완화하려 할 때 달러가 얼마나 많이 통제할 수 있는가?

F. 지금 달러의 삶에서 환경적 지원 수준을 사정하고 이 지원을 증가시키려 할 때 달러가 얼마나 많이 통제할 수 있는가?

G. 당신의 발달 관련 이슈에 관한 지식을 평가하라.

    1. 청소년에 대한 배경지식을 습득할 수 있는 강좌를 얼마나 수강하였는가?

    2. 청소년에 대한 배경지식을 습득할 수 있는 워크숍에 얼마나 참가하였는가?

    3. 청소년에 대해 어떤 전문적 경험이 있는가?

    4. 청소년에 대해 어떤 개인적 경험이 있는가?

    5. 어떤 코호트 효과가 그들의 세계에서 중요한 것, 사람들의 의사소통 방식, 보상과 벌의 유형 측면에서 청소년에 대한 당신의 관점에 영향을 줄 수 있는가?

H. 발달이 당신의 상담 작업에 어떻게 영향을 줄 수 있는지에 대한 현재 당신의 인식 수준은 어떠한가?

    1. 당신의 지금 나이와 청소년과의 접촉 정도가 달러에 대한 당신의 반응에 어떻게 영향을 줄 수 있는지 논의하라.

    2. 당신이 알고 있는 청소년의 전형에 관해 논의하라.

    3. 달러와 효과적으로 상담하는 데 도움이 될 수 있는 당신의 경험, 달러의 관점이나 현재 상황을 부정적 편견이나 무시로 이끌 가능성이 있는 당신의 경험에 관해 논의하라.

I. 당신은 나이가 다른 내담자와 상담할 때 어떤 기술을 사용할 수 있는가?

1. 당신은 청소년과의 상담에서 유용하게 사용할 수 있는 어떤 기술을 가지고 있는가?

2. 달러와 효과적으로 상담하기 위해서는 어떤 기술을 개발하는 게 중요하다고 생각하는가?

J. 당신이 취할 단계별 조치를 검토하라.

1. 달러와 좀 더 숙련되게 상담할 수 있도록 당신을 준비시키기 위해 당신은 무엇을 할 수 있는가?

2. 달러에게 긍정적인 결과를 이끌어 낼 가능성을 높이기 위해 당신은 상담환경을 어떻게 구축할 것인가?

3. 달러에게 상담과정이 더 잘 받아들여지도록 하기 위해 당신은 상담과정을 어떻게 변화시킬 것인가?

❖ 실습 4(최대 6쪽)

목　표: 발달과 관련된 인지-행동주의 이론, 이슈에 대한 당신의 지식을 달러에 대한 심층적 개념화(그녀가 누구이고, 왜 그렇게 하는지)에 통합시키도록 돕기

양　식: 주의 깊게 계획된 구조적 양식에 따라 전제, 세부 근거사항, 결론으로 구성된 통합적인 에세이

도움말: 1장(17~24쪽)과 2장(49~66쪽)을 다시 보라.

단계 1: 달러를 인지-행동주의 관점에서 구조화할 때 사용할 양식을 생각해 보라. 이 양식은 (a) 세계 속에서 작동하는 달러의 정신 모델과정에 대한 종합적이고 분명한 이해를 제시하는 데 도움이 되어야 하고, (b) 당신이 과거의 순간이나 미래에 대한 기대보다 이 순간을 작동시키는 것의 중요성을 강조할 때 도움이 되어야 하고, (c) 달러가 현재 성인들이 자신을 신뢰하지 않는 상태에서 달러에게 설득력이 있는 말을 뒷받침해야 한다.

단계 2: 아이를 방임하는 가정에서 청소년으로서 어떻게 발달해야 할지 알아내려고 힘들어 하고 있는 10대로서 달러가 가진 전반적인 기능 수준을 설명하는 간략한 전제를 만들라(개관, 예비적 또는 설명적 진술, 조건, 주제 진술, 이론에 따른 소개, 가정, 요약, 결론적인 인과 진술). 만일 단계 2에 어려움이 있다면, 이것이 실습 2와 3의 핵심 아이디어를 통합한 것이어야 하며, (a) 달러의 장기목표에 기초가 되어야 하고, (b) 인지-행동주의 관점에 기반하고 (c) 발달 이슈에 민감해야 하며, (d) 달러가 가능할 때마다 인지-

행동주의 상담에서 보여 주는 강점에 초점을 맞춰야 한다는 것을 기억하라.

단계 3: 인지−행동주의 관점에서 알코올을 남용하는 10대로서의 달러에 대한 심층 이해를 통합하면서 근거자료(강점과 약점에 대한 상세한 사례 분석, 도입 전제를 뒷받침하는 충분한 자료)를 개발하라. 만일 단계 3에 도움이 필요하다면 (a) 단기목표 개발에 도움이 되고, (b) 인지 이론에 기반하고 발달 이슈에 민감해야 하며, (c) 달러의 삶에서 가치 있는 것을 분석할 때 달러의 강점에 대한 이해를 통합시키는 데에 필요한 정보를 생각해 보라.

단계 4: 결론, 폭넓은 상담 권고사항을 제시하라. 실습 3의 H, J 파트에서 진술했던 내용에 유의해야 하며, (a) 달러의 전반적인 기능 수준, (b) 자신의 감정 또는 알코올 없이 그것을 조절하는 자기 능력을 달러가 더 잘 의식하도록 하는 데 도움이 되거나 장애로 작용하는 것, (c) 자신이 가치 있게 생각하는 것, 자신이 인생에서 더 원하는 것을 결정할 때의 기본적인 욕구를 포함시켜야 한다(간결하고 일반적이어야 한다).

❖ 실습 5(최대 3쪽)

목　표: 달러의 강점을 고려하고 아이를 방임하는 가정의 청소년으로서 도피 수단으로 알코올을 사용하는 그녀의 어려움에 민감한 이론−기반 활동 계획 개발하기

양　식: 장기목표와 단기목표로 구성된 문장 개요

도움말: 1장을 다시 보라(24~45쪽).

단계 1: 당신의 상담계획을 개관하라. 상담계획에서 부정적 편견이 개입하지 않도록 막고 달러가 한 개인으로서 가진 특유한 요구에 맞게 상담계획을 개발했다는 것을 확실히 할 수 있도록 실습 3의 H, J 파트에서 진술했던 내용을 주의해서 다시 읽으라.

단계 2: 상담 종결 시점에서 달러가 이상적으로 도달할 수 있고, 세계에 대한 적응적 정신 모델로 이끌어서 자신의 적응적 신념을 활용할 수 있게 하는 장기(주요, 큰, 대규모의, 종합적인, 폭넓은)목표를 개발하라. 만일 단계 2에 어려움이 있다면 당신의 전제와 아이디어 뒷받침 문장이 달러의 요구와 상황을 현실적으로 고려한 목표로 어떻게 변형될 수 있는지 주의하면서 그것들을 다시 읽으라.

단계 3: 달러와 당신이 몇 주 내에 완수될 것으로 기대할 수 있고, 그녀가 현재 순간을 충분히 의식하고 또한 부정적 경험을 견딜지, 수정할지, 그것에서 물러설지를 결정할 때의 선택 지점을 인식하도록 배워 가는 진전 과정을 기록하는 데 도움이 되는 단기(작

은, 간단한, 요약된, 특정한, 측정 가능한, 보조적인)목표를 개발하라. 만일 단계 3에 어려움이 있다면 (a) 현재 그녀에게 얼마나 적응적인 신념인지 판단하기 위해 특정한 신념 측면에서 달러가 가설 검증을 수행하는 데 도움이 되고, (b) 부정적인 내적 사건의 경험에서 선택 지점을 인식하는 그녀의 능력을 촉진하고, (c) 부정적 내적 사건에 적응적으로 대처하는 새로운 기술을 그녀에게 가르치고, (d) 가능할 때마다 그녀의 강점을 활용하고, (e) 일반적이지 않고 방임된 10대로서의 그녀에게 맞게 개별화된 목표로 변환시킬 아이디어를 탐색하면서, 근거가 되는 단락들을 다시 읽으라.

❖ 실습 6

목　표: 달러의 사례에서 인지-행동주의 상담 비평

양　식: A~E의 질문에 에세이 형식으로 답하거나 집단 형식으로 논의하라.

A. 달러(방임 환경에서 알코올 문제를 가진 10대)를 돕는 데 있어서 이 모델의 강점과 약점은 무엇인가?

B. 달러가 가족 내에서 자신의 역할에 대한 이해, 가족의 경계와 하위체제, 위계가 그녀의 현재 상황 이해에 어떻게 사용될 수 있는지에 대한 이해를 통합시키도록 돕는 가족체제 관점을 취하는 것이 상담계획을 어떻게 변화시킬지 생각해 보라.

C. 현재 행동에 대해 달러가 한 말들은 낮춰서 말한 것이고 실제로는 강간, 폭행을 당해 왔다고 가정해 보라. 당신이 폭력 영역에서 알게 된 것을 고려했을 때, 지금 그녀의 안전을 위협하지 않으면서 변화 과정을 고취시키기 위해서는 당신이 어떤 이슈를 사정해야 하는가, 그리고 당신은 구체적으로 무엇을 할 것인가?

D. 달러의 가족, 현재의 학교 상황, 발달에서의 회복탄력성(resiliency in development)에 관한 정보를 고려하면서 현재 달러가 더 큰 피해 경험을 할 위험성에 관해 논의하라. 이것을 정확하게 사정하려면 좀 더 심층적으로 사정해야 할 특정한 이슈가 있는가? 달러가 피해자라는 걸 그녀의 어머니가 알게 된다면 어떤 일이 일어날까? 이 경우 달러가 알코올 남용을 계속할 위험성은 높아질 것인가, 아니면 낮아질 것인가?

E. 당신이 달러의 사례로 계속 작업하면서 알코올에 대한 당신의 태도, 자신의 감정을 잘 다루어 보려는 10대를 조력하는 것에 대한 당신의 태도에 관해 어떤 것을 배웠는가?

추천 자료

❖ Books

Beck, J. S. (2011). *Cognitive behavioral theory: Basics and beyond* (2nd ed.). New York, NY: Guilford Press.

Farmer, R. F., & Chapman, A. L. (2008). *Behavioral interventions in cognitive behavior therapy: Practical guidance for putting theory into action.* Washington, DC: American Psychological Association.

Hays, S. C., & Lillis, J. (2012). *Acceptance and commitment therapy* (Theories of Psychotherapy). Washington, DC: American Psychological Association.

Herbert, J. D., & Forman, E. M. (2011). *Acceptance in mindfulness in cognitive behavior therapy: Understanding and applying the new therapies.* Hoboken, NJ: John Wiley.

Ingram, B. L. (2012). *Clinical case formulations: Matching the integrative treatment plan to the client* (pp. 191-228). Hoboken, NJ: John Wiley.

Polk, K. L., & Schoendorff, B. (2014). *The ACT matrix: A new approach to building psychological flexibility across settings and populations.* Reno, NV: Context Press.

Strosahl, K. D., Robinson, P. J., & Gustavsson, T. (2012). *Brief interventions for radical change: Principles and practice of focused acceptance and commitment therapy.* Oakland, CA: New Harbinger.

Wenzel, A. (2013). *Strategic decision making in cognitive behavioral therapy.* Washington, DC: American Psychological Association.

❖ videos

aggiementalhealth. (2013, March 7). Cognitive behavioral tools [Video file]. Retrieved from https://www.youtube.com/watch?v=IEsYiCDoJks

Association for Behavioral Cognitive Therapies. (2007). Clinical grand rounds: Mindfulness-based cognitive therapy and the prevention of depression [Video file]. Retrieved from http://www.abct.org/docs/mov/GWilliams_1.htm

Beck Institute for Cognitive Behavior Therapy. (2014, February 19). Determining treatment length in CBT [Video file]. Retrieved from https://www.youtube.com/watch?v=ZSIO3itZS_I

DrAhmedHaroun. (2013, March 13). CBT for depression 1/6 [Video file]. Retrieved from https://www.youtube.com/watch?v=9QkbF197HGs

Global Presentations. (2008, November 16). Applying principles of evidence-based practice to three treatments of PTSD [Video file]. Retrieved from http://www.globalpres.com/mediasite/Viewer/?peid=1213ec7d20a74cb0abf7bc4cadb3186a

❖ Websites

American Academy of Cognitive and Behavioral Psychology. http://aacbp.org/index.htm

Association for Behavioral and Cognitive Therapies. http://www.abct.org

National Association of Cognitive-Behavioral Therapists. http://www.nacbt.org

여성주의 사례개념화와 상담계획

여성주의 이론 소개

존은 당장 부부상담을 받고 싶어하는 56세의 개신교 백인 남성이다. 그는 북동부의 큰 도시에 있는 당신의 상담소에서 길 건너편에 법인 본부가 있는 국제적인 회사의 CEO이다. 그가 당신을 상담자로 선택한 유일한 이유는 가장 가까운 상담소이기 때문이다.

정신상태 검사에서, 존은 우수한 수준의 지적 기능을 보여 주었다. 인지적 혼란, 기억 장애와 관련된 이슈에서 어떤 징후도 나타나지 않았다. 그는 자살, 살인 사고나 약물남용을 부인했으며, 충동통제 문제의 징후도 보이지 않았다. 그렇지만 그는 사정 시간 동안 매우 거만했으며, 그가 받는 모든 질문이 자신의 시간만 낭비하는 것 같다고 여러 번 이야기했다.

존은 지난 30년간 마가렛과 결혼생활을 했다. 마가렛은 현재 53세이다. 그의 가족은 대부분의 기간을 코네티컷에 있는 저택에서 살았다. 존과 마가렛의 확대가족이 같은 도시에 살고 있으며, 양쪽 집안 모두 가족 중에 도시의 개신교 교회 설립 회원이 있다. 존은 지난주에 출장을 끝내고 집에 돌아왔다가, 마가렛이 이혼을 원한다는 쪽지를 남겨 놓고 집을 나가 버린 걸 알게 되었다. 그는 휴대전화를 통해서만 그녀와 접촉할 수 있었고, 그녀는 집에 돌아가는 것을 거부하였다. 며칠 전부터 그녀는 그의 전화를 받지 않고 있다. 그들에게는 두 딸, 줄리엣(25세)과 킴벌리(22세)가 있다. 두 딸은 최근 캘리포니아로 이사 갔다. 그들은 최근에 외할아버지가 죽으면서 남겨 주신 신탁자금으로 그들의 사업을 막 시작하고 있다.

상담자는 임파워먼트[1] 여성주의 상담(empowerment feminist therapy: EFT)의 지지자로서, 마가렛과의 결혼생활에서 존의 가치, 기대, 행동을 형성하는 사회적, 정치적 힘의 측면에서 환경의 영향력을 인식하고 있다. 상담자인 당신이 처음 할 일은 존이 자신의 복잡한 개인적, 사회적 정체성, 그리고 그 안에서 권력, 특권, 억압이 하는 역할을 더 깊이 이해하도록 돕는 것이다. 의식 고양을 통해 존은 자신이 마가렛과 고유한 결혼생활을 발전시키기보다는 현상

---

1) 임파워먼트는 권한부여, 역량강화 등으로 번역되기도 하고 영어 그대로 임파워먼트로 번역되기도 한다. 권한부여와 역량강화 두 번역의 의미가 상이한 점이 있고 최근 영어발음 그대로 번역하는 추세를 반영하여 이 책에서도 임파워먼트로 번역하였다.

(現狀)에 적용하고, 사회적으로 설계된 결혼의 많은 무의식적인 '의무'를 따라 왔다는 것을 인식할 것이다. 사회화의 힘은 존과 마가렛이 개인으로서 자신을 표현할 권리를 부정하는 결혼생활 속에서 엄격한 성역할을 맡게 만들었다. 현재 존의 사고방식에 따르면, 마가렛의 행동은 병리적이며 정신병적 쇠약이나 중년의 위기 같은 내적 원인에 의한 것이다. 상담자는 사회에서, 그리고 그들의 결혼생활에서 얼마나 차별적인 권력이 마가렛의 현재 행동 뒤에 있는지를 그가 인식하도록 도울 것이다. 그녀는 고유한 개인으로서 자신을 표현할 기회, 자신의 고유한 인생 목표를 설정할 기회에서 매우 차별받고, 억압되고, 거부되어 왔다. 마가렛과 마찬가지로 존도 외적 압력에 의해 조형되었으므로 그가 마가렛의 고통에 대해 비난받지는 않지만, 건강한 결혼생활을 하려면 여성으로서의 가치를 존중하면서 마가렛과 평등한 관계를 발전시켜야 한다는 것을 존은 인식하게 될 것이다(Worell & Remer, 2003).

존은 누구인가? 그는 주로 성공한 사업가로 자신을 보겠지만, EFT의 첫 원칙에 따르면 실상 그는 상호의존적이고 통합적으로 그를 규정하는 다양한 사회적, 개인적 정체성을 가지고 있다(Worell & Remer, 2003). 각각의 정체성은 시기와 사회적 상황에 따라 그에게 중요성이 변할 수 있다. 상담자는 존이 인생의 여러 측면에서 그의 생각, 감정, 행동, 가치를 함께 지배하는 이 복잡한 개인적, 사회적 정체성 행렬을 의식적으로 인식하게 도울 것이다. 이 정체성이 그의 강점을 얼마나 지지할지, 또 현재 그가 가진 어려움에 얼마나 영향을 줄 것인지가 심층적으로 고려될 것이다. 각각은 지배적 사회 안에서 존이 특권을 경험하는 잠재적인 '혜택의 의자' 또는 존이 권력이나 선택의 자유를 가지지 못하는 경험을 하는 잠재적인 '억압의 의자'를 동반한다(Worell & Remer, 2003, p. 58). 권력은 모든 관계에 본질적이다. 관계에서 더 많은 권력을 가진 사람은 더 많은 특권을 경험한다. 예를 들어, 존은 회사의 CEO이므로 가장 큰 권력을 가지고 있다. 이것은 언제 회의를 할지, 어떤 의제로 할지, 누구에게 어떤 과제를 할당할지 결정할 자격이 그에게 있다는 뜻이다. 그는 공정하게 결정할 수도, 부당하게 결정할 수도 있다. 회의에 참석한 다른 사람은 그에 비해 한 단계 아래의 지위에 있고 존이 하는 것에 따라서 존중받으며 공정한 대우를 받거나 억압을 경험할 수 있다.

성별화된 사회적 제도는 남성과 여성이 근본적으로 서로 다르고, 각 성에 속한 사람은 서로 매우 유사하며, 따라서 성적 동일시는 자연스럽고 건강한 것으로 여겨지고 고정된 성역할에서 벗어나는 사람은 병리적이라는 신화를 조장한다. 성 차별적 사회는 결혼 제도 등의 사회 제도에서 남성이 여성보다 더 많은 권리를 갖게 정하였다. 따라서 여성은 공공 제도에서 억압받는 방식과 동일한 방식으로 결혼생활에서 억압받는다. 예를 들어, 사회는 남편인 존에게 아내인 마가렛보다 더 많은 권력을 주었다. 여기서 EFT의 두 번째 원칙이 드러난다.

'개인적인 것은 정치적인 것이다.' 사회에 존재하는 억압과 똑같은 억압이 개인적 관계에도 존재한다(Worell & Remer, 2003, p. 6).

상담에서 존의 의식은 전통적인 성역할 고정관념이 어떻게 성에 따라 사람을 동질화시켰는지 인식할 수 있도록 고양될 것이다. 남성은 집안의 기둥 역할로 사회화되고, 여성은 가정과 아이의 관리자 역할로 사회화된다. 심지어 여성이 가정의 관리자 역할을 하지만 마가렛은 여전히 존이 가족의 주요 의사결정을 하도록 양보해야 한다. 남성은 돈을 버는 한 자신의 개인적 목표를 추구해도 되며, 그들의 관계에서 자유롭게 직접적인 권력을 사용한다. 예를 들어, 존은 그의 사업 동료를 위한 파티를 준비시키는 것과 같이 마가렛에게 해야 할 일을 직접적으로 이야기할 수 있다. 마가렛은 하위 역할을 맡으며 존의 목표를 뒷받침할 것으로 기대된다. 여성은 하위자로서 자신이 원하는 것을 남성에게 요구하기보다는 남성을 교묘히 조종하는 방식처럼 간접적인 방법으로만 권력을 획득할 수 있다(Worell & Remer, 2003). 여성은 남편의 기분에 동조하고 그에 따라 행동하리라는 기대를 받는다. 그들은 결혼생활을 안전하게 유지하기 위해 언제, 무엇에 관해 다툴지 신중하게 고른다(Goodrich, 2008). 따라서 만일 마가렛이 아파서 파티 준비하기가 싫다면, 그녀는 날씨예보에서 다음 주에 날씨가 더 좋아진다고 했으며 존이 바깥에서 고기를 구우면서 하는 파티를 얼마나 좋아하는지 알고 있다는 이야기를 할 것이다. 그녀는 자신의 요구를 직접적으로 표현하지 않는다. 그녀는 존이 동기를 가질 만한 틀 안에서 자신의 요구를 넌지시 말한다. 존과 마가렛은 그들의 행동이 개인적 선택에 의해 나온 것으로 볼 가능성이 많다. 그렇지만 의식 고양을 통해, 그들은 성역할 사회화와 제도화된 성 차별주의가 그들의 기능에 미친 영향을 인식할 수 있고 좀 더 양성적 생활양식으로 사는 것의 가치를 깊이 생각해 볼 수 있다.

건강한 결혼생활에 필요한 것은 무엇인가? EFT의 세 번째 원칙에 의하면, 평등한 관계는 건강한 생각, 감정, 행동을 북돋운다. 존의 진짜 강점은 지지와 상찬을 받게 되지만, 그의 모든 억압적 생각, 감정, 행동은 타인에 대한 영향 측면에서 탐색될 것이다. 상담에서는 존과 마가렛 사이의 위계적이고 권력 불균형인 관계를 두 파트너가 개인으로서 성장할 수 있는 평등한 관계로 변환시키려 할 것이다. 존은 결혼생활 안팎에서 자신의 억압적 행동에 대한 책임을 져야 하겠지만 현 상태에서 사회적 압력이 이러한 변화의 반대 방향으로 작용할 것이다. 존은 이런 압력을 인식할 필요가 있으며 그의 개인적 정체성 안에서, 또한 이상적으로는 그의 사회적 정체성 안에서 압력에 저항하는 책임을 져야 할 것이다. 그는 상담에서 얻은 지식을 사용하여 그의 개인적, 사회적, 직업적 관계에서 긍정적인 사회적 변화의 동인이 되도록 격려받을 것이다.

사회는 존과 마가렛이 성차별적 관점을 가지도록 조장하였다. 또한 남성의 가치가 여성의 가치보다 우월하다고 믿도록 그들을 사회화하였다. 상담에서 존은 이런 편견을 벗어던지고 마가렛의 관점을 자신의 것과 동등하게 대하도록 격려받을 것이다. '여성의 관점은 남성의 관점과 더불어 가치를 가진다.'는 마음가짐은 EFT의 마지막 원칙을 나타낸다(Worell & Remer, 2003, p. 73). 남성의 관점에서 볼 때, 삶의 의미는 직장에서 행사되는 권력을 통해 구성된다. 리더가 되는 것, 의제를 설정하고 문제를 해결하는 것에서 주도권을 가지는 것이 중요하다. 남성들은 이런 역할을 성공적으로 담당하기 위해서 가치 독립적이고 감정에 초연해져야 한다고 배운다. 여성의 관점에서 볼 때, 삶의 의미는 다른 사람을 양육하고 정서적 애착을 형성하는 것을 통해 구성된다. 사회는 여성이 직장에서의 경쟁보다 온정, 양육, 친절, 타인의 행복에 대한 관심이 우선시되는 세상을 공개적으로 지향하게 조장하였다. 그렇지만 한편, 사회는 이런 역할을 성공적으로 담당한 여성을 평가절하하고 그들의 성취를 평범한 것으로 취급한다(American Psychiatric Association, Joint Task Force, 2006; Worell & Remer, 2003).

여성에 대한 평가절하는 공공연하게 일어날 수도 있고 교묘하게 일어날 수도 있다. 사친회[2]에서 존의 견해가 마가렛의 견해보다 우선적이다. 가정에서 존은 자신의 대단한 사업 지식을 인용하면서, 자기에게 동의하지 않는 마가렛의 가계 관련 선택을 뒤엎을 수 있다. 또 마가렛이 지출에 대해 의견을 제시할 때 존은 그저 얼굴을 찡그리는 것으로 무시할 수 있다. 그들의 의견이 맞지 않을 때 심지어 미묘한 무시만으로도 여성의 자아존중감과 정서적 행복을 손상시키는 것으로 나타났다(Goodrich, 2008). 공정한 사회가 되려면, 남성과 여성의 성취가 똑같이 존중받아야야 한다. 결혼생활을 개선하려면 존이 마가렛의 말을 경청하고 그녀의 관점을 가치 있는 것으로 대할 필요가 있다. 마가렛도 똑같은 것을 존에게 할 필요가 있다. 상담은 존에게 자신이 인간으로서 하게 되는 각 행동이나 태도에서 어떤 것이 그에게 가장 어울리는지 자유롭게 선택할 수 있는 사람으로 자신을 바라볼 수 있게 할 것이다. 그는 더 이상 규정된 정체성에 딱 맞춰야 하는 성 차별화된 남성이 아니게 될 것이다.

---

2) 학부모 모임, 학부모회

상담자의 역할

상담자는 어떻게 존을 도울 것인가? 상담자는 존이 성 차별화된 자아로서가 아니라 개인으로서 어떻게 행동하고, 생각하고, 느낄지를 넓은 범주에서 선택하도록 만드는 다양한 기법을 적극적으로 사용할 것이다. 첫 번째 단계는 평등한 관계로 향하도록 그와 작업하는 것이다. 진정으로 평등한 관계는 실제라기보다 이상에 더 가까우므로, 존이 도움을 받으러 여기에 오고 상담자가 도움을 주러 여기에 있을 때 협력관계를 만들기 위해 상담자가 사용할 수 있는 주요 전략은 두 가지가 있다. 첫 번째 전략은 EFT에 포함된 가치들을 존과 논의하는 것이다. 상담이 어떻게 진행될지를 알려 주어서 그가 교육된 소비자로 되는 것이 중요하다. 존은 그를 돕기 위해 사용할 수 있는 이론과 기법에 대해 교육을 받아야 한다. 첫 회기가 끝나면 존은 상담자인 당신에게 회기에 대한 피드백과 상담자와 EFT가 자신에게 도움이 될 것 같은지에 대한 피드백을 할 시간을 가지게 될 것이다.

상담자인 당신은 또한 존이 자신의 경험을 더 충분히 이해하는 데에 도움이 될 것 같으면 선택적 자기개방을 할 것이다. 상담자는 그가 말하는 것과 행동하는 것에 대해 상담자의 정서적 반응을 받았다고 인식할 수 있도록 하는 상담 반응을 할 것이다. 비난받는다는 느낌이 없는 공감, 돌봄, 상호존중이 모델링될 것이다. 상담자인 당신은 존의 강점을 적극적으로 탐색할 것이며, 자신의 개성을 가치 있게 여기도록 격려하면서 동시에 그가 모든 억압적 생각, 감정, 행동을 그만두도록 격려할 것이다. 결국 존은 상담자인 당신으로부터 자신의 경험에 대한 전문가로 대해질 것이다.

협력관계를 구축하는 것에 더하여, 상담자인 당신은 존이 자신의 개인적, 사회적 정체성 각각을 확인하도록 도울 것이다. 그 각각에서 존이 어떤 유형의 혜택을 얼마나 많이 경험하는지 확인하도록 돕고, 어떤 방식으로 얼마나 많이 억압받는지 확인하도록 도울 것이다. 그러고 나서 존은 그의 많은 정체성 중에 어떤 것이 지금 그에게 가장 두드러진 것인지 확인하고, 그것이 성역할 사회화와 환경의 압력에 얼마나 영향을 받은 것인지 확인할 것이다. 그는 그의 정체성들이 얼마나 상호의존적인지, 그것들이 어떤 식으로 합쳐져서 그가 누구인지에 대한 느낌을 그에게 주는지 교육받을 것이다.

그런 다음에는 무엇을 할 것인가? 여성주의 상담자는 EFT의 원칙에 일치하는 범위 안에서, 존과 같은 내담자에게 사용할 수 있는 수많은 상담 기법 중에서 선택할 수 있다. 통상적으로 사용되는 기법으로는 틀 재구성(reframing), 이름 다시 붙이기(relabeling), 문화 분석, 독서요법, 주장 훈련, 의식 고양, 성역할 분석, 권력 분석이 있다. 마지막의 두 기법은 여성주의 상담에 특유한 것이다.

만일 상담자가 틀 재구성 기법을 사용한다면, 자신의 문제에 대한 존의 정의를 이동시키고 있는 것이다. 이것은 흔히 문제에 대해 개인 내적 원인을 찾는 것에서 대인, 사회적, 정치적 압력에서 원인을 찾는 것으로 변화시키는 것과 관련이 있다. 상담자는 마가렛의 문제가 어떻게 해서 폐경기 같이 내적인 것에 기인한 것이 아닌지를 존이 볼 수 있도록 도울 것이다. 오히려 그것은 한 개인으로서 동질화되고 평가절하된 일생 동안의 경험에 기인한 것이다.

이름 다시 붙이기는, 내담자가 부정적 렌즈로 본 것에 대해 긍정적 렌즈를 사용하여 또는 거꾸로 해서 다시 이름을 붙이는 것이다. 존의 '결혼생활 위기'를 '삶의 기회'로 다시 이름 붙일 수도 있다. 이는 존에게 서로 다른 관점으로 자신의 상황을 검토하고 새로운 해법을 시도할 가능성을 열어 주는 것이다.

문화 분석은 존의 백인 문화가 그의 현재 관심사를 이해할 수 있는 맥락을 어떤 식으로 제공해 왔는지 그가 볼 수 있도록 도울 것이다. 그의 문화 집단이 결혼 문제에 대해 내린 정의가 이 문제와 관련된 문화적 신화와 함께 탐색될 것이다. 여기에는 그의 결혼 문제를 설명할 때 백인 문화에 의해 전형적으로 사용되는 바로 그 언어나 라벨이 마가렛이 '빈 둥지 증후군'으로 힘들어하고 있다는 것 같이 개인 내적 인과성과 개인적 비난을 어떤 식으로 암시하는지 분석하는 것이 포함될 것이다. 존은 백인 문화 안에서 그와 같은 문제가 발생하는 비율에 대해 배울 것이다. 문화적 맥락이 가진 힘의 최대치를 이해함으로써, 그는 백인 문화로부터의 압력이 그의 결혼 문제를 '유발'시키는 데 어떤 중요한 역할을 했는지 볼 수 있게 될 것이다.

독서 요법을 한다면, 존은 그의 결혼 문제와 그것이 포함된 문화적 맥락을 이해하는 것에 도움이 되는 자료들을 읽도록 격려받을 것이다. 그는 독서를 통해 자신이 배운 것에 관해 상담자와 대화할 것이다. 이것은 그가 혜택 또는 억압의 결과로 가지게 된 경험을 더 잘 인식하도록 도울 것이다.

자기주장 연습에서, 존은 어떻게 하면 다른 사람의 권리를 짓밟지 않으면서 자신의 권리를 옹호할 수 있는지 배울 것이다. 존에게 있어 이것은 특히 중요하다. 과거에 그는 항상 권력을 휘두르는 방식으로 자신의 요구와 바람을 표현하였다. 이는 타인에 대한 억압으로 이어졌다.

의식 고양은 자기주장 연습의 중요한 한 부분이며 개인 또는 집단으로 실시될 수 있다. 이는 존으로 하여금, 어떻게 성역할 사회화가 남성으로 하여금 자신이 원하는 것을 얻기 위해 타인의 요구와 바람에 대한 고려 없이 지배와 통제를 사용하도록 조장하는지 인식하고, 이에 따라 자신이 결혼생활에서 남성이 사회화되는 그 길을 따라가고 있다는 것을 인식하도록 도우려는 것이다.

남성과 여성은 생각, 감정, 행동이 다를 수 있지만, 이런 차이는 생득적인 것이 아니라 사회화의 압력에 의한 것이다. 성역할 분석에서, 존은 남성과 여성이 어떻게 서로 다르게 사회화되는지, 이것이 어떻게 그들의 차이를 직접적으로 유발시키는지 볼 수 있게 도움을 받을 것이다. 남성에 대한 성 차별화된 기대가 어떻게 그의 발달에 도움 또는 방해가 될 수 있는지가 논의될 것이다. 여기에는 존이 특정 성역할 과제를 수행하고 성 차별적으로 정해진 방식으로 경험하기 위해 그가 겪었던 직접적, 간접적 메시지와 압력을 그가 확인하도록 돕는 것이 포함된다. 그는 이런 성 차별화된 압력을 깨뜨려서 개인으로서 그가 가지는 특유성을 뒷받침하는 방식으로 생각하고, 느끼고, 행동할 수 있게 하는 기술을 배울 것이다.

마지막으로, 권력 분석에서 존은 권력의 유형, 집단 사이에 존재하는 서로 구별되는 권력을 인식하게 될 것이다. 예를 들어, 사회는 여성보다 남성에게, 비백인보다 백인에게, 가난한 사람보다 부자에게, 장애가 있는 사람보다 장애가 없는 사람에게 더 많은 권력을 주도록 구조화되어 있다. 권력은 직접적으로도, 또 간접적으로도 행사될 수 있다. 존은 남성인 것, 축적된 부, 자산, 좋은 질의 건강관리 같은 개인적 자원을 가지게 된 것으로 인해 매우 혜택을 받았고 이에 따라 매우 큰 권력을 가지게 되었다. 혜택을 받은 사람은 직접적 권력 전략을 자유롭게 사용한다. 덜 혜택을 받은 사람은 원하는 것을 얻기 위해 좀 더 간접적인 전략에 의존해야 한다. 존은 그가 다른 사람에게 권력을 드러낼 때 보였던 직접적, 간접적 방식을 탐색하도록 격려받을 것이다. 존은 다른 사람을 통제하기보다는 평등한 관계를 발전시키고 개인적 또는 외적 변화를 창출하는 권력인 건설적인 권력을 사용하도록 격려받을 것이다.

존이 스트레스의 외적 원인을 인식하고, 그것에 효과적으로 반응하고, 스트레스에 직면했을 때의 탄력성이 커지고, 사회적 및 개인적 영역에서 발달하고, 타인에 대한 억압적 행위를 종식시키려고 한다면 상담과정이 효과적이었다고 볼 수 있다. 여성주의 상담은 좀 더 공정한 사회를 만들려고 한다. 따라서 가장 깊은 형태의 변화는 존이 사회적 수준에서 성 차별주의를 종식시키려고 행동하는 것이라고 할 수 있다.

사례 적용: 인종과 민족 영역의 통합

이제 존의 사례가 자세하게 검토될 것이다. 그의 행동에 통찰을 제공할 수 있는 복합적인 영역이 많이 있지만, 여기서는 인종과 민족 영역을 선택하여 여성주의 사례개념화와 상담계획에 통합하였다.

여성주의 관점에서 존(J)과의 인터뷰

C: 접수면접 내용을 보면, 당신은 아내가 가족의 집을 갑자기 떠나서는 당신과 이야기하지 않으려 해서 매우 걱정이 많은 것 같습니다.

J: (긴장하며) 예. 어쩌면 내가 시간을 낭비하고 있는지 모르겠지만, 일을 해결할 아이디어가 떠오르지 않네요.

C: 화가 난 것 같이 보이네요.

J: (화를 내며) 덫에 걸린 것 같아요. 아내는 나를 나쁜 사람으로 몰아가고 있어요. 내 전화를 받지 않아요. 딸애들은 무슨 일인지 모른다고 그러고요. 나는 어떻게 해야 할지 몰라서 여기 와 있고요.

C: 당신은 화가 났고, 상담받는 것보다는 좀 더 나은 옵션이 있기를 바라네요. 선택이란 중요하죠. 상담이 잘되기 위한 한 부분은 당신이 나한테 솔직한가 하는 것입니다. 언제라도 상담이 실망스러우면 나한테 이야기해 주세요. 상담은 원하지만 내가 마음에 들지 않으면, 다른 상담자에게 연결해 드리겠습니다.

J: (조용하게) 네, 좋습니다. 다음 주말에 중요한 사업을 마무리하기 위해 해외에 가야 하는데, 그때까지 이 문제를 통제할 수 있어야 한다는 걸 알아주면 좋겠습니다.

C: 시간은 계속 가고 있죠. (멈춤) 당신은 정말 그걸 중요하게 생각하시네요.

J: (놀라며) 다들 그렇지 않나요?

C: 아닙니다. 그건 정말 문화적인 것이죠. 당신은 그렇게 생각 안 할지 모르겠지만 당신은 기업 문화에 속해 있죠. 그건 당신의 인생에서 매우 중요하죠. 이 문화는 시간을 몹시 중시해서, '시간이 돈이다.'라는 격언도 있죠. 전화통화에서 당신은 요즘 업무 압력에 시달리는 것처럼 이야기했어요.

J: (성급하게) 물론 나는 압박을 받고 있어요. 나는 CEO입니다. 마무리할 일이 엄청 많지만,

이건 내 직업이 그런 거죠.

C: 나는 그게 압력이라고 생각하는데, CEO인 당신에게는 일상적인 일이군요. 전화통화에서, 아내가 왜 떠났는지 정말 모르겠지만 2주 내에 해외에 나가야 한다고 했지요. (한참 침묵) 2주 내에 우리가 어떤 걸 할 수 있겠다고 기대하나요?

J: (화를 내며, 주제를 바꾼다) 마가렛은 갑자기 떠났어요. (단호하게) 그리고 내 전화를 받지 않아요. 무슨 일인지 알아내려면 자료가 더 있어야 해요.

C: 갑작스럽고 충격적이었네요. (한참 침묵) 정보를 더 원하지만, 그녀는 당신과 대화하지 않으려 해요. (멈춤) 이전에도 이런 일이 있었나요?

J: (혼란스러워하며, 다시 주제를 바꾼다) 나는 마가렛에게 뭐든 주었어요. 그녀에게는 좋은 집, 멋진 옷으로 가득한 옷장, 전용클럽의 회원권들이 있어요.

C: 존, 당신이 못 느끼는지 모르겠는데 이번이 두 번째입니다. 나는 당신에게 질문을 했고, 당신은 주제를 바꿨어요. 이게 무슨 뜻이라고 생각하나요?

J: (단호하게) 좀 더 관련이 있는 정보를 준 거지요.

C: 당신은 직장에서 리더지요. 무엇이 중요하고 안 중요한지 당신이 정해요. (J는 고개를 끄덕인다) 그러나 여기는 내 사무실이고, 우리는 사업 거래를 하는 게 아니에요. 관련된 것들을 좀 이야기해 주겠어요?

J: (단호하게) 이 거래가 그냥 하나의 거래가 아니라는 걸 당신이 알아주면 좋겠네요. 이건 가장 중요한 거래예요. 마가렛과 나는 대학을 졸업한 이후 지금까지 이 일을 해 왔어요.

C: 그건 당신 인생의 목표이고, 당신 생각에 마가렛도 그럴 거라는 거죠. (멈춤) 이것에 관해 마가렛과 이야기해 본 적이 있나요?

J: (짜증스럽게) 이 문제로 회의를 한 적은 없어요. 이건 우리의 결혼생활이고, 그녀는 어떤 일에 서명했는지 알고 있었어요.

C: 남편이 아니라 CEO 이야기처럼 들리네요. 당신의 일은 당신의 정체성에 중요한 것이죠. 그렇지만 내 생각에 우리는 남편 존에 대해 더 탐색하는 게 필요해요. (멈춤) 당신은 한 남자로서, 일을 우선시하고 마가렛보다 먼저 집을 나서야 한다는 압박을 많이 받았어요. 그녀는 떠났고, 이건 그녀가 뭔가에 실망했다는 의미예요. 당신 생각에 그녀가 당신 둘이 함께 나누는 삶을 원하는 것 같았나요?

J: (생각에 잠겨) 나는 대학에서 마가렛을 만났어요. 그녀는 똑똑했어요. 분석적이고, 야심만만했고, 사업 세계에서 자신의 미래를 열심히 계획하고 있었어요. 물론 우리가 결혼하면서 그녀는 임신했고 집에 있어야 했지요. 시간이 많이 걸렸지만, 그녀는 잘할 수 있게 되

었죠.

C: 당신과 마가렛은 둘 다 사업에 야심이 있었고 그게 두 사람이 만난 계기였군요. 그러나 한편으로는 아이를 가지면 그녀의 야심이 바뀔 필요가 있다는 생각을 공유하고 있었고요. 당신은 당신의 사업적 야심을 추구하고 있고 그녀는 자신의 야심을 포기해야 했던 것에 마가렛이 어느 정도 원망했었다고 생각하나요?

J: (적대적으로) 마가렛이 전업주부로 사는 것을 원하지 않았다고 내가 말하게 하려는 건가요?

C: 그녀가 사업에 대한 야심을 포기해야만 한다고 느끼게 한 사회적 압력이 있었는지 그냥 생각해 보는 겁니다. 당신들은 대학에서 만났고, 둘 다 야심만만했어요. 당신은 자신의 특유한 재능과 능력에 계속 집중할 수 있었죠. 마가렛은 여자라서 가정을 우선시해야 한다는 사회적 압력을 받았죠. 당신은 마가렛이 자신의 야심을 집안일 하는 것으로 돌리면서 행복하지 않았을지도 모른다고 암시하는 것처럼 보입니다.

J: (단호하게) 나의 어머니와 그녀의 어머니가 그녀의 적응을 도왔어요. 우리는 코네티컷에 있는 같은 도시에 살아요. 마가렛은 지난 30년간 지역 교회의 뛰어난 조직구성 담당자였어요. 그녀는 심지어 10년 동안 교육위원회 위원장이었어요. 지역의 주요 파티를 주최했고, 그녀가 주최한 파티에 모든 사람이 오고 싶어 했지요. 이제 그녀는 모든 것에서 그냥 벗어나 버렸어요, 내가 사업 정점에 있는 바로 그 순간에. (냉소적으로) 나의 골프 친구들은 그냥 폐경기가 온 거라고 해요. 그게 맞을까요?

C: 폐경기가 왔을 수도 있지요. 잠시 멈추고, 당신이 방금 마가렛의 관점에서 했던 말을 생각해 봐요. 그녀는 매우 심각한 첫 발걸음을 내디뎠어요. 그런데 당신의 골프 친구들은 마치 대수롭지 않고 무분별한 행동을 한 것처럼 그걸 사소한 것으로 만들고 있어요.

J: (끈덕지게) 음, 여성은 폐경기를 겪을 때 매우 감상적으로 되지요. 그녀가 합리적인 방식으로 되돌아오게 내가 도와야 해요. 그런데 그녀는 내 전화를 받지 않아요.

C: 당신은 그녀가 당신처럼 생각하기를 원하고, 당신이 합리적이라고 느끼는 방식으로 자료를 사용해요. 당신은 감정이 비논리적인 것이라고 생각하고 있어요. 그러나 인간에게 진짜 비논리적인 것은 감정을 무시하는 것이에요. 감정은 매우 강력하고 사람에게 큰 영향을 줘요. (J는 내려다보고 얼굴을 찡그린다. 멈춤) 내가 당신을 도우려 하는 부분은 다른 관점에서 상황을 보고 그것이 마가렛의 현재 상황을 이해하는 데 있어서 유용한 자료인지 살펴보게 하는 거예요.

J: (화를 내며) 나의 결혼생활은 아무 문제가 없어요!

C: 정말 그렇게 생각한다면 여기 오지 않았을 거예요. (J는 아래를 본다. 격분한 것 같다) 화를

내고 혼란스러운 건 괜찮아요. 당신은 미지의 땅 위에 있어요. 여기에 하나의 가정을 내려놓고 곰곰이 생각해 봅시다. (J는 고개를 든다) 당신이 해외에 나갔을 때 마가렛이 집을 나가서 당신과의 통화를 피하면, 당신은 그녀의 중대한 결정을 멍청하고 사소한 것으로 만들 기회를 가질 수 없겠지요?

J: (적대적으로) 그건 아이러니해요. 그녀는 수년 동안 내가 전화를 잘 안 한다고 불평하다가 지금 내 전화를 피하고 있어요.

C: 당신은 그녀가 뭔가 불행해 한다는 걸 알고 있었지요?

J: (부인하면서) 그녀가 때때로 외로워하는 건 알았어요. 그렇지만 그녀는 그것에 적응해야 해요. 나는 언제나 정신없이 바쁘고, 그녀는 그것에서 많은 혜택을 받아요.

C: 당신이 해 온 야심만만한 일들은 당신에게 지위와 돈을 보상으로 주었지요. 이것은 당신이 대학을 졸업한 이후로 줄곧 원한 것이지요. 당신은 직장에서도, 그리고 집에서도 CEO였어요. 그건 마치 마가렛이 당신의 부하직원인 것처럼 당신의 기대와 목표에 마가렛 자신을 맞춰서 적응해야 한다는 것처럼 들려요.

J: (끄덕지게) 그녀는 아내, 어머니여야 하지요, 만일 당신이 말한 게 그 이야기라면. (멈춤) 마가렛이 지금 빈둥지 증후군일까요?

C: 마가렛의 행동을 어떤 증상으로 이해해 버리는 것은 당신에게 당장은 기분 좋게 느껴질 겁니다. (한참 침묵) 그건 분명히 하나의 가정입니다. 그녀는 딸이 아이였을 때 전업주부 역할에 더 만족했을 수 있습니다. 이제 그녀의 '둥지'가 비면서 슬퍼지고 불안해질 수 있죠. 다른 한편으로는, 당신이 만났던 야심만만한 학생이 아니라 단지 한 아내이자 어머니여야 한다는 사회적 압력이 딸이 성인이 되면서 약해졌을 수 있습니다. 또 다른 가능성은 그녀가 자신의 개인적 열망에 다시 접속했다는 겁니다.

J: (혼란스러워하며) 당신이 계속 제기하는 그 사회적 압력이 뭐죠?

C: 당신 둘은 돈과 지위를 중시하는 백인 상류 문화에서 자랐어요. 당신과 마가렛은 같은 개신교 교회에 다녔어요. 양가 모두에 교회의 창립멤버가 있었고, 그래서 당신들이 역할모델이 될 거라는 공동체의 기대가 생겼어요. 약간 과장이 있긴 하지만 정해진 길에 따라 행동하는 것도 사회적 압력입니다. 당신에게 기대되었던 것은 당신이 즐기던 것, CEO가 되어서 사업 세계에서 매우 야심만만하고 성공하는 것과 잘 맞았어요. 당신이 마가렛을 만났을 때, 그녀도 같은 열망을 가지고 있었죠. 그렇지만 양가의 어머니가 강하게 보였던 코네티컷의 사회적 기대는 마가렛에게 성공적인 여성보다는 성공적인 남성의 아내 역할에 맞추라는 압력으로 작용했어요.

J: (화를 내지만 조용하게) 내가 그녀에게 뭔가 강제했다는 당신의 의견이 마음에 들지 않네요. 물론, 그녀의 첫 계획은 사업을 시작하는 것이었지만 나는 집과 딸아이들에 대한 통제권을 완전히 그녀에게 주었어요.

C: 당신이 방금 사용한 말을 알아차렸나요? "나는 집과 딸아이들에 대한 통제권을 완전히 그녀에게 주었어요?" 당신은 사회적 압력의 한 부분이었어요. 당신이 담당한다고 마가렛에게 말했고, 그녀가 통제할 수 있다고 당신이 결정한 것에 대해서 그녀가 통제권을 가진 거죠. 이건 그냥 물어보는 건데, 당신이 한 것처럼 마가렛도 사업 세계에서 통제권을 가지길 원하는 게 가능했나요?

J: (긴장하며) 우리는 그것에 관해 논의했고 그게 현실적이지 않다는 것에 동의했어요. 그녀는 임신했고, 이야기 끝이죠.

C: 아이는 계획된 건가요?

J: (화를 내며) 아뇨. 우연히 그렇게 됐지만, 우린 잘 해냈어요.

C: 당신은 그 특정한 시기에 아이를 기대하지 않았지만 그걸 당신의 계획에 통합시킬 수 있었어요. 당신은 지금 아내가 그 계획을 거부한 것에 화가 나 있어요.

J: (격분하며) 물론 화가 났어요. 당신은 내가 들인 시간, 내가 생각해 내야 했던 아이디어들, 회사를 튼튼하게 만들기 위해 해결해야만 했던 위기상황들을 심지어 상상조차도 못 할 거예요. 마가렛은 내가 새로운 거래를 성사하기 위해 해외에 곧 나가는 걸 알고 있었는데, 나 몰래 이 파워 게임을 시작했어요.

C: 당신은 당신의 모든 고된 일, 창의성, 성공이 있고 난 이후에, 마가렛을 포함하여 모든 사람이 경의를 가지고 당신을 대할 거라는 기대를 가졌군요. 그리고 지금은 그녀가 무례한 행동을 했다고 느껴서 매우 화가 났어요.

J: (화를 내며) 나는 존중받을 자격이 있어요.

C: 마가렛이 당신이 없을 때 떠난 것은 존중하지 않는 걸 나타낸 걸까요, 아니면 당신의 권력이 얼마나 큰지 정말 잘 안다는 표시일까요? 어쩌면 그녀의 권력은 당신이 없을 때에야 떠날 수 있는 정도일지도 모르지요.

J: (적대적으로) 그녀는 이 문제로 나와 얼굴을 맞대고 이야기했어야 했어요. 그녀의 행동은 매우 비겁한 거예요. 나는 항상 이직할 때마다 상사를 대면했어요.

C: 우리가 남편과 아내로서의 당신과 마가렛에 관해 대화를 하기 시작하면, 당신의 회사 CEO 역할이 자꾸 끼어드네요. 이 정체성이 당신에게 너무 두드러져서 당신 삶의 모든 측면에 배어 있네요.

J: (따지듯이) 지금 나한테 리더가 되는 게 나쁘다고 이야기하는 건가요?

C: 나는 당신이 직장에서는 CEO, 집에서는 남편이어야 하는지 묻고 있는 거예요. 사회적 압력도 당신 삶의 한 부분인지 궁금하고요. 아마도 사업의 세계에서는 당신에게 일을 우선시하고 모든 관계에서 통제권을 가지라는 압력을 가하겠지요. 이런 모든 영향을 당신이 알아차릴 수 있으면 좋겠어요. 그리고 나면 당신은 사회적 압력에서 벗어나서 당신만의 고유한 선택을 하는 자유를 가질 거예요.

J: (격노하며) 나는 어떤 선택이든 내가 원하면 할 수 있어요!

C: 당신은 많은 특권을 가지고 있어요. 당신은 힘 있는 사업가예요. (J는 좀 진정한 것으로 보인다) 당신과 마가렛은 백인 개신교도이기 때문에 어디든 원하는 동네에서 살 수 있어요. 당신은 아름다운 것들을 살 수 있는 돈이 있고, 비싼 건강보험 같은 것을 가질 수 있어요. 당신이 못 가진 것처럼 보이는 것은 시간이에요. (한참 침묵) 당신은 일의 압박으로 인해 2주 안에 해외로 나가야 해요. 만일 마가렛을 잃는 것이 당신에게 위기라면, 단 2주 안에 그 심각한 상황을 해결하라고 압박할 권리가 일에 있나요? 당신은 항상 너무 많은 것을 일에 바쳤어요. 출장을 연기해서 당신의 결혼생활에 집중하는 것이 불가능한가요?

J: (격분하여) 만일 출장을 미루면 그 거래는 사라집니다.

C: 당신의 CEO 역할은 출장을 가라고 말하죠. 마가렛의 남편 역할은 뭐라고 하나요? 직장에 다니는 사람이 가족의 위기를 최우선시하는 그런 선택권을 가질 수 있나요?

J: (한참 침묵, 곰곰이 생각하며) 내가 아는 대부분의 남자는 이혼했어요, 두세 번 결혼한 사람도 포함해서.

C: 출장에서 돌아왔을 때 이혼서류가 기다리고 있다면 어떤 느낌이 들까요?

J: (조용하게) 마가렛이 그걸 나한테 강요하는 것에 화가 날 겁니다.

C: 방금 말씀하실 때는 화보다는 슬픔이 더 많은 것 같았어요.

J: (격분하여) 그따위 감정으로 나를 밀어붙일 생각 마시오, 우는 게 남자한테 좋다는 따위.

C: 지금 당신은 분명히 화가 난 것 같네요. 강한 남자는 우울, 불안, 자신 없음 같은 감정이 생기면 무시하도록 되어 있죠. 화내는 것만이 남자다운 것으로 여겨지고, 그래서 때때로 남자는 다른 감정 대신에 화로 표현하죠. 그건 논리적이지도, 자연스럽지도 않아요. 우리의 참된 DNA는 우리의 감정 표현 뒤에 있어요. 그것은 우리의 생리적 충동이고, 인간관계에 강한 영향을 주죠.

J: (열심히) 나는 이혼을 원하지 않아요, 그렇지만 이번 거래를 날리라고는 하지 마세요.

C: 나는 절대로 당신이나 다른 사람에게 무엇을 해야만 한다고 말하지 않아요. 이 과정은 협

력과 관련되죠. 당신은 당신의 강점을 이 자리로 가져오고, 나는 나의 강점을 가져와요. 당신은 매우 발전된 전략 기술을 가지고 있어요. (멈춤) 그렇지만 당신이 다른 사람과 감정 수준에서 관계를 가지도록 배우면 남자로서 성공하는 데 방해가 될까요?

J: 아버지는 나를 잘 훈련시키셨어요, 만일 그게 당신이 말한 거라면.

C: 당신의 아버지는 남자가 되는 것이 어떤 의미라고 하셨나요?

J: 아버지는 말보다는 주로 행동으로 보여 주셨어요. 아버지는 매우 바쁘셨어요. 나는 아버지를 더 잘 이해하고 싶어서 집에서 통화하실 때 자주 엿들었어요. 아버지는 내가 방해되지 않는 한 뭐라 하지 않으셨어요. 나는 대대로 사업가 집안 출신이에요. 그건 본능이고 타고난 거예요.

C: 자연스럽게 느껴지네요. 당신이 자동적으로 아는 것 같지만, 가르침이 있었던 거죠. 그는 당신이 전화통화 엿듣는 걸 그냥 둠으로써 당신을 가르친 거죠. 그런데 집에 아버지가 계시지만 가족이 아니라 일 측면에서 생각하게 되면 아들로서 어떤 느낌이 들던가요?

J: (혼란스러워하며) 모르겠어요. 그건 어떤 질문이죠? 아버지는 하셔야 할 일을 하셨어요. 나는 내가 뭘 해야 하는지 알았어요. 내가 할 일은 성공할 준비가 될 수 있게 교육을 통해 최대한 습득하는 거였죠. 나는 그렇게 할 수 있다는 걸 아버지에게 보여 드리기 위해 학교에서 정말 열심히 공부했어요. 내가 고등학교 졸업생 대표가 되었을 때 아버지는 나에게 차를 사 주셨어요. 쪽지에는 이것이 가족 전통이라고 쓰여 있었어요. (멈춤) 그렇지만 내 바람은 아버지가 졸업식에 오시는 거였어요. (멈춤) 아버지가 안 오셔서 어머니는 정말 격분하셨어요.

C: 그걸 어떻게 알았나요?

J: (부인하면서) 어머니는 내 졸업파티에서 술을 너무 많이 드셔서 가족을 당황시키셨어요.

C: 너무 속이 상하셔서 그걸 완화시키려고 술을 많이 드셨네요. 당신 생각에는 그녀가 어떻게 했어야 할까요?

J: (사무적으로) 그냥 받아들여야죠. 아버지는 항상 일을 우선시하셨어요. 그건 필요한 거예요. 아버지는 선물, 주로 보석으로 그걸 보상하시곤 했죠. 어머니는 그걸로 행복해야 했죠.

C: 아버지는 어머니께 멋진 걸 사 줌으로써 마음 쓰고 있다는 걸 보여 주셨네요. 당신은 마가렛에게 이렇게 하는 걸 배웠군요. 여성은 남성이 주는 것에 만족해야 하고 다른 걸 물어보면 안 된다는 기대를 당신들 둘 다 배웠군요.

J: (화를 내며) 내가 좋은 남편이 아니라고 생각하나요?

C: 내 생각에 당신은 좋은 남편이 해야 할 일로 배웠던 건 모두 하고 있어요. 그러나 내가 보

기에 당신은 얼마나 많은 권력과 통제를 마가렛에게 행사했는지는 못 느끼고 있어요. 당신은 그녀에게 졸업 후의 사업 계획을 재개할 마음이 있는지 물어본 적이 있나요? (J는 고개를 좌우로 흔들어 아니라고 대답한다) 그녀가 당신에게 원하는 것이 많은 돈인지 물어보았나요?

J: (화를 내며) 물론 그녀는 돈을 원했어요. 그녀는 매우 부유한 집안 출신이에요. 그녀는 교외의 자그마한 집에서는 결코 행복할 수 없어요.

C: 당신들 둘은 똑같이 부유한 집안 출신이죠. 그녀는 당신의 아내로서 특권을 가진 삶을 살았어요. 원하는 건 뭐든 살 수 있고, 저택에서 살았지요. 그녀가 못 가진 건 자신의 인생 목표를 설정하는 권력과 통제권이었어요.

J: (열심히) 희생은 인생의 한 부분이에요. 나는 골프장에 나갈 필요가 없거나 거래를 마무리하려고 파티장에 가는 걸 놓친 그런 주가 한 번도 없었어요.

C: 당신은 당신이 우선시할 수 있었던 것을 놓쳤어요. 당신은 훌륭한 공급자가 되려 했고, 정말로 돈으로 살 수 있는 건 모두 제공했어요. (멈춤) 당신 딸과의 관계는 어땠나요?

J: (열심히) 그들이 요청한 건 모두 주었어요. 사립학교에 보냈고, 특별활동과 회원제 클럽 비용을 모두 대 주었죠. 아버지보다는 더 애들과 함께하려고 열심히 계획했지만, 그들의 연주회와 이벤트는 항상 중요한 일과 겹쳤어요.

C: 당신이 직감적으로 볼 때 그들은 어머니가 집을 나간 것에 대해 뭐라고 할 것 같나요?

J: (화를 내며) 직관은 허튼 거예요. 나는 사실, 마가렛이 사라진 것에 대한 논리적 추론이 필요해요. 딸애들은 내 질문에 답하지 않았어요. 나는 그들의 아버지예요. 나는 그들의 존중을 받을 자격이 있어요.

C: 당신은 존중받는 걸 기대했는데, 그들이 일부 당신 질문에 대답하지 않아서 존중받지 못한다고 느끼는군요. 분석적 사고는 이 세상에서 중요한 역할을 하죠. 그러나 직관도 그래요. 그건 우리 감정이 우리에게 말하는 것에 의존하니까요. 잠시 동안 따님 생각을 하면서 당신의 결혼생활에 대해 그들이 뭐라고 할지 직관되는 게 있는지 한번 보세요.

J: (한참 멈춤, 슬프게) 솔직히 말해서, 내 직관은 그들이 뭐라 할지 정말 모르겠다는 거예요.

C: 방금 이야기할 때 목소리가 좀 슬프게 들렸어요. (멈춤) 당신은 매우 목표지향적인 사람이에요. 그리고 (멈춤) 당신은 당신의 아버지가 당신을 알았던 것보다 당신의 딸들을 더 잘 알겠다고 설정한 목표를 달성하지 못했어요.

J: (한참 멈춤, 곰곰이 생각하면서) 나는 후회되는 게 몇 가지 있어요. 인정합니다. 나는 딸아이들이 자랑스러워요. 그들은 매우 독립적이죠. 먼 곳에서 새로운 삶을 시작했고, 비록

3개월 전에 외할아버지가 돌아가시면서 상속받은 돈으로 거래를 성사시키긴 했지만 나한테 어떤 것도 요청하지 않았어요.

C: 그들이 외할아버지에게서 돈을 좀 받았기 때문에, 자랑스럽지 않은 건가요?

J: (단호하게) 만일 그들이 가족에게서 상속받기 전에 스스로 돈을 벌었다면 더 큰 성취라고 할 수 있죠. 그게 내 요점이에요.

C: 그들이 그렇게 멀리 이사 간 이유는 뭔가요?

J: (사무적으로) 모르겠어요. 이 많은 일이 내가 해외에 나간 지난달에 일어났어요. 나는 생각해 볼 만한 정보가 별로 없어요. 마가렛처럼 그들도 그냥 떠나 버렸어요.

C: 그들도 떠나 버렸고, 당신에게 이야기는 하지만 당신의 질문에는 대답하지 않아요. 어쩌면 그들이 무례한 것일 수도 있고, 어쩌면 아버지와 어머니 사이에 끼는 걸 원하지 않을 수도 있겠죠. (멈춤) 마가렛의 감정이 어땠는지, 왜 당신이 없을 때에 집을 떠났는지 잠깐 동안 곰곰이 생각해 보면 어떨까요?

J: (한참 멈춤, 내려다보며) 내 짐작에 만일 마가렛이 집에 있으면서 나한테 떠날 거라고 말했다면, (한참 멈춤) 아마도 나는 나 없이 성공하지 못하니까 그런 건 잊어버리라고 말했을 것 같아요.

C: 그녀에게 할 일을 말하기 전에 그녀의 입장에 귀를 기울인 적이 있나요?

J: (열심히) 없는 것 같아요. (멈춤) 정말 멍청한 것 같네요. 나는 이 일이 오고 있는 걸 알아챘어야만 해요.

C: 당신은 조금도 멍청하지 않습니다. 당신은 사업에 관한 모든 것에서 전문가이지만 다른 사람의 감정적 요구는 알아차리지 못했어요. 당신은 아버지에게서 남자가 되는 법에 관해 알아야 할 걸 모두 배우려고 노력했고, 그는 친밀한 관계를 형성하는 것에 아무 관심도 보이지 않았어요. (멈춤) 당신은 매우 똑똑하고 목표지향적이에요. 만일 당신이 딸들과 좀 더 정서적으로 연결되어야겠다고 마음먹는다면 그 방법을 배울 수 있을 겁니다. 그게 마가렛과의 상황에 도움이 될지는 말하기 어려워요. 왜냐하면 그녀는 당신과의 대화를 거부했으니까요. 만일 당신이 좀 더 자상한 아버지가 되었다는 걸 딸들에게 듣는다면 그녀가 당신과 대화할 가능성이 높아질 겁니다. 해 볼 생각이 있으신가요?

J: (진심으로) 모르겠어요. 마가렛이 떠난 이유에 대한 당신의 의견을 정말 듣고 싶네요.

C: 마가렛과 이야기한 적이 없어서 아이디어만 제시할 수 있어요, 확실하진 않지요. (멈춤, J는 C를 똑바로 쳐다본다) 우리가 태어나서 사람들이 남잔지 여잔지 쳐다볼 때, 그들은 성별이 운명인 것처럼 우리를 대합니다. (J가 끼어든다)

J: (단호하게) 정말 그게 우리를 규정하지요.

C: 당신이 내 이야기를 방해했다는 걸 아세요? 지금까지 몇 번이나 그랬어요. 이게 바로 당신이 화제를 통제하는 당신의 권력을 사용하는 방식이에요. 그러면 나는 내 아이디어가 당신에게 아무 가치가 없다면 왜 나한테 의견을 물어볼까 하고 의심하게 되죠.

J: (멈춤, 진지하게) 나는 당신의 의견을 정말 듣고 싶어요.

C: 성은 우리가 신체적으로 어떤가를 규정하지만 우리의 마음이 충분히 발달했을 때 우리의 고유한 소질이 어떻게 되는지는 규정하지 못합니다. 마가렛은 자신의 사업을 시작하고 싶었어요. 그녀가 당신과 비슷했기 때문에 당신이 그녀에게 끌렸어요. 논리적이고, 목표 지향적이고, 야심만만했죠! 그렇지만 양가의 어머니는 마가렛이 이런 야심을 포기해야만 한다고 결정했어요. 당신은 동의했고요. 그리고 당신은 마가렛이 한 개인으로서 가진 고유한 소질이 아니라 남성과 여성에게 의무로 지워진 전형에 기초해서 당신의 모든 논리적 결정을 내렸어요. 이건 논리적이지 않아요. 논리에 따르면, 당신은 보모를 둘 만큼 충분히 돈을 벌었으므로 마가렛은 엄마가 되었든 아니든 간에 계속 사업의 세계에서 일할 수 있었어요. (J는 고개를 떨군다. 한참 침묵) 마가렛은 아이들이 어릴 때는 그녀가 집에서 해야 할 일이라고 모두 말하는 것을 했을 거예요. 이제 아이들이 다 자라서, 아마도 그녀는 자신이 하고 싶은 것을 추구할 자유를 마침내 갖게 되었겠죠.

J: (조용하게) 이 문제에 관해 좀 더 생각해 봐야겠어요. 당신의 생각이 맞는지는 아직 모르겠어요.

C: 당신이 다시 오기로 마음먹는다면, 우리는 남자의 '의무들'에 따르는 당신의 강점을 당신이 어떻게 발전시켰는지 알아보고, 또 이런 '의무들'이 마가렛과의 문제에 어떤 영향을 주었는지 탐색할 겁니다. 당신이 사회적 압력을 이해하게 된다면 마가렛에게 어떻게 다가서고 그녀에게 무슨 말을 할지를 자유롭게 선택할 수 있는 더 나은 위치에 서 있게 될 겁니다. 나는 어떤 것도 약속할 수 없습니다. 그렇지만 아마도, 존중받는다고 마가렛이 느끼는 방식으로 당신이 마가렛에게 다가갈 수 있다면 그녀는 기꺼이 당신과 이야기할 겁니다.

J: (C를 쳐다본다) 다시 올지는 아직 모르겠어요.

C: 당신은 사실들의 무게를 가늠하면서 많은 중요한 결정을 내렸어요. 오늘 우리가 이야기했던 것과 관련해서 더 많은 사실을 당신에게 알려 주는 읽을거리들을 당신에게 줄게요. (멈춤) 만일 당신이 아내 마가렛이 아니라 한 인간인 마가렛을 원한다는 걸 그녀가 알게 하고 싶다면, 이제 업무 스케줄이 아니라 결혼생활을 우선시할 필요가 있다고 생각합니

다. 당신이 나와 다시 만나고 싶은지를 어떤 식이든 알려 주기 바랍니다.

J: (조용하지만 단호하게) 나는 강해지는 걸 포기하지는 않습니다.

C: 그 목표가 당신에게 더 많은 선택지와 더 큰 힘을 줄 거예요.

존에 대한 여성주의 사례개념화: 가정-기반 양식

존의 가장 지배적인 정체성은 CEO 정체성이다. 그렇지만 백인, 부자, 남성이라는 그의 다른 정체성도 지금 그에게 중요한 영향을 주고 있다. 이 정체성들은 그의 생애 대부분 동안 그를 압도하였다. 반면, 남편과 아버지라는 정체성은 그의 관심에서 멀어졌다. 존의 인생에 평등한 관계는 없다. 그는 직장에서 직원들에게 행사하는 것과 똑같은 권력을 아내와 딸과의 관계에서 행사하며, 이 유사성 또는 그 결과로 생기는 부당함을 인식하지 못한다. 그의 아내가 결혼생활에서 의견을 제시할 때 그가 보인 반응은 그녀의 생각과 감정을 깎아내리는 것이다. 남편으로서 가지는 그의 관점만이 타당하다. 백인 문화의 관점에서 볼 때, 그는 남성으로서의 역할을 완벽하게 수행하고 있다. 그는 힘이 있고, 부유하고, 분석적이고, 감정을 통제한다. 존의 강점은 빠른 학습 능력, 결정의 장단점을 분석하는 능력이다. 나아가 그에게는 직업 유연성, 그리고 그의 백인 문화가 그렇게 소중하게 여기라고 그에게 가르쳤던 그것, '시간'을 더 크게 가질 수 있는 재원이 있다. 만일 그가 '타고난 능력'이 아니라 강력한 사회화 메시지가 그의 사업 성공과 개인생활 실패에 어떤 역할을 했는지 탐색할 수 있는 자유를 그에게 주는 평등한 상담관계를 기꺼이 형성하려 한다면 이런 강점들이 그에게 좋게 작용할 것이다.

존의 CEO 정체성은 그의 가장 두드러진 정체성이지만 그의 백인 정체성이 이 위치로 오는 길을 어떻게 용이하게 해 주었는지는 간과된다. 그는 그의 성공을 그의 안에 강하게 있는 독립성, 야심만만함, 공격성의 결과라고 여긴다. 백인 문화는 그가 이런 자질을 발전시키도록 격려했지만 그를 경제적 성공의 세계로 들어서게 한 것은 상속받은 재산이라는 환경적 자원과 좋은 교육이었다. 그의 아버지는 직접 일에 대한 절대적인 헌신의 모델 역할을 하였고, 남자의 성공은 그가 번 돈의 양에 의해 측정된다는 백인 문화의 메시지를 강화하였다. 만일 크게 돈을 벌려고 하면 졸업식에 참석하거나 아이들과 노는 모습은 절대 볼 수 없는 것이다. 현재 존의 사업 정체성은 남편, 아버지로서의 개인적 정체성을 완전히 지배하고 있다. 그는 사업에서 통용되는 은유를 사용하여 현재 그의 가족 위기를 이해하려 한다. 그는 가족들의 바람과 가치를 부적절한 것인 양 무시하면서 그들을 부하처럼 대해 왔다. 그는 아내와 딸이 좀 더 존중받는다고 느낄 수 있게 가족에서 자신의 일부 권위를 포기하는 것에 관심이 없다. 게다가 존은 자신의 전문가 지위와 권력을 사용하여 다가오는 사업 거래 시기를 바꾸는 것은 생각조차 하지 않았다. '시간'은 그의 독재적이고 억압적인 상관이 되었고, 그는 그것이 요구하는 어떤 희생이라도 자동적으로 치르는 충성스러운 부하가 되었다. 존은 자신의 개인적 정체성과 사회적 정체성을 계속 그렇게 가깝게 두는 것 때문에 남편, 아버지로서 가지는 그의 가족 역할을 상실할 수도 있다는 것을 인식하는 데 어려움이 있을지도 모른다. 가족의 우두머리이자 경제적 제공자로서의 남성은 백인 개신교도에게 이율배반적이다. 따라서 존은 그가 마가렛과 딸들에게 얼마나 억압적으로 대했는지, 그리고 다른 유형의 가족생활이 가능한지 인식하기가 매우 어려웠다. 그렇지만 그는 사업 세계에서 복잡한 문제를 해결하려 할 때 계속해서 매우 열심히 일하도록 배웠다. 그는 그의 개인적 세계에서 그렇게 하는 법을 배울 수 있을 것이다.

존의 부자 정체성은 백인 문화 구성원 정체성과 뒤엉켜 있고 상호의존되어 있다. 이 '백인성(Whiteness)'은 그의 의식적 인식 바깥에 있지만, 그는 자신이 물려받은 부를 매우 잘 인식하고 있으며 그것이 그의 자연스러운 한 부분이라고 여긴다. 존은 경제적 혜택으로 이미 부양된 상태에서 일 세계로 들어왔다. 그는 딸들에게 사립학교 교육과 회원제 클럽, 백인들이 주도하는 클럽과 활동의 회원권을 제공함으로써 이 혜택을 물려주었다. 그는 이런 혜택이 그가 열심히 일하고 성공을 위해 헌신한 대가라고 여기며, 따라서 존중을 받을 '자격'이 있다고 믿는다. 그는 사회가 백인과 부자에게 노력 없이 받는 혜택을 주며, 비백인과 빈자에게는 이 혜택이 체제에 의해 거부된다는 것을 모른다. 그의 백인성과 물려받은 부가 그랬던 것과 똑같이 그의 권리 의식도 물려받은 것이다. 그의 순서가 되자 그는 그것을 딸들에게 물려주었다. 20대에 자신의 사업을 시작할 수 있는 능력은 물려받은 부와 백인 피부가 존의 가족에게 얼마나 많은 권력을 주었는지 보여 주는 구체적인 사례이다. 그들은 좋은 직위의 취업을 선택할 수 있고, 원하는 지역으로 이사할 수 있다. 그들에게 닫혀 있는 사업 기회나 이웃은 없다. 자신이 많은 다른 사람보다 우월하다고 여기도록 사회가 조장했으므로, 존은 평등한 관계의 개발이라는 생각에 저항할 수도 있다. 그는 아마도 다른 사람의 생각과 감정을 존중으로 대함으로써 그들을 북돋우는 것이 사회정의 이슈라는 생각을 받아들이기 힘들 것이다. 또한 정서적 친밀감은 금전으로 치환되지 않으므로 무엇이 중요한지에 대한 여성의 관점을 존중하기 어려울 것이다.

엄격한 성역할 고정관념을 고수하는 사람으로 자신을 보는 존의 관점은 많은 측면에서 그의 백인 문화에 기원을 두고 있다. 이 문화는 가족에서 이룬 것보다 사업적 성취를 중시할

뿐만 아니라 독립, 성취, 양육과 정서적 연결에 대한 정서적 통제를 강조한다. 존은 그의 아버지와 어머니를 보면서 자신의 성역할을 배우기 시작했다. 그들의 관계는 위계적이었으며, 분명히 아버지가 더 많은 권력을 가지고 있었다. 그의 아버지는 자신이 가족과 어울리는 시기와 방식을 결정하였다. 어머니가 유일하게 의지한 것은 자신의 실망을 술로 달래는 것이었다. 백인 문화는 정의로운 사회라는 신화를 가지고 있다. 따라서 존이 볼 때 만일 어머니에게 힘이 없다면 그럴 만한 이유가 어머니에게 있는 것이다. 존은 아버지가 자주 부재한 것을 아쉬워하였지만, 아버지가 해야 할 일을 하고 있는 것이라고 믿게 되었다. 즉, 아버지가 항상 일을 우선시하는 것은 당연한 것이었다. 어머니가 할 일은 아름다운 집과 자식들의 높은 성취에 '나무랄 데 없는 기반'을 제공하는 것이었다. 어머니 역할이 크게 존중받는 라티노 문화와는 달리, 백인 문화 안에서 그의 어머니가 한 일은 보상받지 못하고 따라서 중요하지 않은 것이었다. 존은 자율성(남성 가치)이 정서적 연결(여성 가치)보다 더 중요하다고 배웠다. 그는 아버지의 행동이 강하고 본받을 만한 가치가 있는 것이라고 보도록 배웠고, 우월감을 가지고 어머니를 대하도록 배웠다. 마지막으로, 존은 힘이 없는 가족인 아이와 아내는 자신에게 주어진 것에 감사하고 가족 내에서 힘이 없는 상황에 적응해야 한다고 믿게 되었다. 이에 따라 그는 어머니가 불행해한다는 것은 인식했지만 그녀가 술에 의존한 것이 그녀가 약해서가 아니라 그녀가 여성, 아내, 어머니로서 하는 역할을 아버지가 무시했기 때문이라는 걸 이해하지 못했다. 존은 부모의 결혼생활, 자신과 마가렛의 결혼생활을 이해하지 못하며 성 차별화된 행동 패턴을 강요하는 억압적 사회에 의해 발생된 도전에 직면해 있다. 존이 현재 전형적인 남성, 남편, 아버지로서 가족들과 관계를 가지고 있지만, 그렇게 함으로써 그가 중시하는 뭔가를 잃었다는 것은 인식하고 있다. 남편으로서의 자신에 대한 존의 관점은 부모님 사이에서 보였던 것과 똑같이 엄격한 결혼생활 패턴을 유지하고 있다. 이것은 그가 자란 백인, 부자 공동체에서 통상적인 패턴이며, 존의 기대에 강력한 영향을 주었다. 처음에는 개인적으로 야심만만한 마가렛에게 끌렸지만, 결혼한 이상 그녀가 전업주부 역할을 맡는 것은 자연스럽고 필연적인 것이라고 그는 생각하였다. 마가렛은 아내로서 돈으로 살 수 있는 것은 뭐든 가질 수 있었지만 존과의 관계에서 권력을 가지는 것, 자신의 인생 목표를 선택할 자유는 가질 수 없었다. 훌륭한 남편이 되려면 많은 돈과 자산을 제공해야만 한다고 믿도록 존은 사회화되었다. 그는 마가렛이 그와 함께하는 시간보다 돈과 자산을 더 좋아한다고 여기게 되었다. 이에 따라 그는 오랜 시간 일하고 일거리를 집으로 가지고 왔다. 마가렛은 비록 물리적으로는 아니지만 심리적으로 종종 혼자였다. 그녀는 많은 기간 동안 그녀의 성에 의해 규정되고, 존과 그의 어머니, 자신의 어머니가 그녀를 압박하는 역할을 하였다.

이제 존은 결혼관계에서 갑작스럽게 권력을 잃은 것에 어리둥절해하면서 화가 나 있다. 오랜 기간 동안 구축되어 온 결혼생활이므로 존은 이 결혼생활 문제에 대해 도움을 찾아볼 생각이 없었다. 그것은 극도로 독립적이고 자급자족하는 그의 백인 문화 신념을 지키는 것이었다. 그렇지만 마가렛이 떠나 버린 행동은 무시하기에는 너무 극적인 것이었다. 그녀가 떠난 이유는 알 수 없다. 그렇지만 그녀의 아버지가 물려준 돈은 존이 통제할 수 없는 것이다. 아마도 그녀는 자신의 운명을 통제하는 힘을 마침내 발휘할 수 있게 되었다고 느꼈을 수 있다. 마가렛의 독립적 여성 정체성이 좀 더 부각되었을 수 있고, 그녀는 현재 사업세계에 뛰어들고 싶은 과거의 희망대로 어떤 목표를 추구하는 것일 수 있다. 만일 존이 그녀의 관점을 존중하고 중시한다고 그녀가 믿었다면, 좀 더 만족스럽고 어쩌면 평등한 관계를 가지기 위해 그와의 의논 없이 갑작스럽게 떠나지는 않았을 것이다. 존은 가족 내에서 가지는 더 큰 권력을 포기하지 않는 한편, 이혼을 원하지도 않는다. 이것은 마가렛과 덜 억압적인 관계를 형성하는 시작점으로 작용할 수 있다.

존의 아버지 정체성은 어떠한가? 존은 스스로에게 했던 약속, 즉 아버지가 자신에게 했던 것보다는 더 딸들과 시간을 보내겠다는 약속을 잘 지키지 못했다는 것을 단지 어렴풋이 인식하고 있다. 그는 자신의 딸들에 대해 더 잘 알 수 있게 해 주는 방식, 즉 자신의 개인 정체성과 일 정체성 사이에 균형을 이루는 방식을 찾지 못했고, 그것을 정말 후회하고 있다. 그의 백인 사업 공동체나 백인 공동체에 그런 것이 있어서 부유한 이웃이 그를 인도하여 그와 같은 균형을 달성하게 하는 건 가능성이 없는 일인 것 같다. 그들은 더 상위의 교육을 추구하며, 가족의 삶보다 사업 성공에 더 가치를 두고 있다. 아버지가 있는 동부 해안지역을 떠나서 멀리 떨어진 캘리포니아에 회사를 설립하려는 그들의 선택은 권력을 간접적으로 행사한 것일 수 있다. 그들은 자신의 삶을 스스로 통제하고 있다는 느낌을 유지하기 위해 그들과 아버지 사이에 물리적 거리가 필요했을 수 있다. 그들은 존의 사례를 뒤따르면서 일 정체성이 그들의 삶을 지배하게 하는 것일 수도 있다. 만일 그렇다면 그들은 남성 관점의 정체성을 형성하고 있으며 정서적으로 친밀한 관계 형성보다는 경제적 성공에 더 가치를 두고 있는 것이다. 그들은 백인 공동체의 사회적 압력에 의해 이 선택이 바로 그들이 '해야만' 하는 것이라고 믿게 되었을 수 있다. 존은 그들의 성취를 자랑하는 마음과 그들이 그의 영향과 무관한 선택을 한 이유에 대한 혼란스러운 마음 사이에서 갈피를 못 잡고 있다. 만일 그들이 딸이 아니라 아들이었다면 그는 이런 유형의 마음속 괴로움을 경험하지 않았을 수도 있다. 상호간의 방식 측면에서, 엄격한 성역할은 존과 딸들 사이에 있는 관계의 질을 제한하고 있을 수도 있다. 자신의 아버지 역할 수행에 대한 막연한 불만족은 그가 여성 관점의 평가절하를 다시 숙고해 보게 하는 시작점으로 작용할 수 있다.

존은 새로운 역할, 즉 상담에서 내담자가 되는 것이 받아들이기 힘든 것이라고 생각했을 수도 있다. 왜냐하면 이 역할이 많은 방식에서 백인, 남성, 개신교 사회가 그에게 가르쳤던 가치와 상반되기 때문이다. 그렇지만 그의 첫 상담회기 동안, 그는 회기를 주도하지 못하게 되었다고 해서 그만두지는 않았다. 그는 결혼생활 문제에서 그의 역할에 대한 책임이 그에게 있고 또한 사회적 압력이 결혼생활에 가지는 영향력을 숙고해야 한다는 것이 분명해졌다고 해서 다음 상담을 거절하지는 않았다. 존은 그의 성공적인 백인 동료들이 한 번 이상 결혼에 실패했다는 것을 알아차리게 되었다. 그는 이 패턴을 뒤따르고 싶지 않다. 나아가, 그는 복잡한 문제에 도전하는 것을 즐기는 매우 숙련된 학습자이다. 따라서 그가 아직은 변화, 상담의 필요성에 대한 판단을 유보하긴 하지만, 현재 결혼생활 위기의 뿌리에 남성 관점과 여성 관점의 충돌이 있다고 그가 깨닫는 것은 오래 걸리지 않을 것이다. 그때가 존이 새로운 도전을 하기에 적당한 때일 것이다.

CEO이자 가정을 중시하는 남성인 존은 그의 결혼생활을 구해 내고 딸들을 이해하는 것이 또 다른 사업 거래를 마무리하려는 그의 욕망을 억누를 만큼 중요한지 판단하려고 고민에 빠져 있다. 이 결정은 그에게 심각한 정서적 고통을 일으킬 것이다. 왜냐하면 성공한 CEO로서 그의 백인 문화 배경과 지위는 그에게 그 상태를 유지하라는 강력한 환경적 압력을 줄 것이기 때문이다. 그는 '남자'가 되도록 양육되었고, 감정을 표현하고 권력을 나누는 것을 약한 모습으로 여기도록 양육되었다. 하지만 이것들은 그와 마가렛, 딸들과의 가교를 만드는 데 도움이 될 바로 그 기술들이기도 하다. 그러나 그가 사업 일선에서 배웠던 고도로 발달한 문제해결 기술은 가정 일선에서도 똑같은 예리함을 드러내고 싶게 만들 수 있고, 따라서 새로운 기술 학습을 어느 정도 고려하게 하는 작용을 할 수 있다. 존은 다른 사람의 요구에 동조하고 반응하는 데 필요한 기술을 발전시키지 못했다. 왜냐하면 그가 이런 기술을 발전시키도록 사회가 돕지 않았기 때문이다. 이것이 현재 그의 결혼생활 문제로 그가 엄청난 타격을 받는 이유일 수 있다. 존은 사회적 정체성 안에서 중요한 선택의 기로에 서 있다. 그는 마가렛, 딸들과 더 정서적으로 연결된 관계를 발전시키는 것이 '그의 시간을 사용할 만한'가치가 있는 것인지 결정해야 한다.

여성주의 상담계획: 가정-기반 양식

상담계획 개관: 존의 백인 문화 배경은 그가 모든 관계에서 권력을 억압적으로 사용하게 강화

하였다. 따라서 이것을 인식하는 것이 우선되어야 한다. 그다음에 지금 그에게 가장 두드러진 정체성, 즉 남성, CEO, 부자 가문 출신이 동시에 다루어질 것이다(이 계획은 기본 양식을 따른다).

장기목표 1: 존은 백인으로서의 사회적 정체성이 사회화 요인에 의해 어떻게 형성되었는지 검토하고 그것이 그에게 혜택을 준 방식과 마가렛처럼 권력을 덜 가진 사람과의 상호작용을 할 때 그의 지배 행동을 강화한 방식을 생각해 볼 것이다.

❖ 단기목표들

1. 존은 현재 거주지역의 공동체 구성원으로서, 그리고 해외출장 중에, 사회적 권력을 가진 한 백인으로서의 그의 역할을 기록해 볼 것이다.
   a. 그는 인종으로서의 '백인'에 관한 자료를 읽을 것이고, 그 타당성에 대해 노트 필기를 하면서 생각해 볼 것이다.
   b. 그는 상담회기 중에 그가 기록한 내용에 관해 이야기를 나눌 것이고 아내인 마가렛과 같이 사회적 권력을 덜 가진 사람을 대할 때에 백인성이 자동조종 수준으로 그의 생각과 행동에 영향을 주지 않도록 백인성을 의식적으로 인식하는 것의 장단점을 생각해 볼 것이다.
2. 존은 비백인인 사람과 관계를 가질 때 자신의 생각, 감정, 행동을 탐색할 것이고, 이것이 백인인 사람과 관계를 가질 때와 다른지 탐색할 것이다.
   a. 그는 상담회기에서 최근 그가 백인, 비백인과 가졌던 상호작용에 관해 이야기를 나눌 것이다.
   b. 그는 그가 가진 것보다 사회적 권력을 덜 가진 사람과는 다른 방식으로 관계를 가지도록 백인 문화가 어떤 압력을 가해 왔는지 탐색할 것이다.
3. 존은 그가 백인이라서 노력 없이 얻은 혜택이 정당한 것인지 이야기를 나눌 것이고, 비백인뿐만 아니라 마가렛 같이 권력을 덜 가진 백인에게도 의도적 또는 비의도적으로 이 특권을 사용하여 어떻게 억압했는지 또는 억압하지 않았는지 이야기를 나눌 것이다.
4. 존은 권력을 덜 가진 사람과의 관계에서 목표 성취를 위해 권위자 역할을 유지할 필요가 있는 상황이 어떤 상황이고 더 평등한 태도로 사람을 대해야 더 나은 결과로 이어지는 상황은 어떤 상황인지에 관해 이야기를 나눌 것이다.
5. 존은 권력을 덜 가진 사람과 상호작용을 할 때의 여러 전략을 역할연습을 통해 실습할 것

이고, 어떻게 하면 억압이 아니라 존중으로 사람을 대하면서도 필요할 때 그의 권위를 유지할 수 있는지에 대한 결론을 내릴 것이다.

장기목표 2: 존은 남성으로서 가지는 사회적 정체성이 어떻게 엄격한 성역할 사회화를 통해 형성되었는지, 어떻게 그의 성이 그에게 혜택을 주고 또한 마가렛과 서로 만족하는 관계를 발전시키는 데 있어 그의 선택지를 제한시켰는지 검토할 것이다.

❖ 단기목표들

1. 존은 성역할 고정관념(gender role stereotypes)에 관한 글을 읽고, 한 주 동안 남성, 여성과 관계를 가질 때 하는 자신의 행동을 분석하고, 성 전형이 자신의 가치, 태도, 감정, 행동에 타당한지에 관해 잠정적인 결론을 내릴 것이다.
2. 존은 자신의 아동기를 회상해 보고 가족, 지역사회, 매체에서 나타난 어떤 사회화 압력이 현재 그의 성역할에 대한 기대, 결혼과 가족 생활에 관한 성 차별적인 기대를 형성하게 하였는지 분석할 것이다.
3. 존은 회기 중에 그가 남성인 것이 그에게 여성에 대한 특권 또는 지배 관계를 준 방식에 관해 논의하고, 이 역할을 하는 것이 마가렛, 딸들과 관계를 가질 때 그의 선택지를 어떤 방식으로 제한하였는지 이야기를 나눌 것이다.
4. 존은 관계 형성 기술에 관한 글을 읽을 것이고, 그가 마가렛, 딸들과 평등한 관계를 발전시키려 할 때 어떤 기술이 유용할지 자신의 분석 기술을 사용하여 판단할 것이다.
5. 존은 여성에게 권위주의자 역할을 하는 것이 자신의 사회적 목표와 일 목표를 더 효과적으로 달성할 수 있게 하는 상황, 평등한 태도로 관계를 가지는 것이 더 효과적인 상황을 그의 분석 기술을 사용하여 판단할 것이다.

장기목표 3: 존은 CEO로서 가지는 사회적 정체성이 사회적 요인에 의해 어떻게 형성되었는지 검토할 것이고, 이것이 그에게 혜택과 경제적 성공을 가져다주면서 한편으로는 남편, 아버지로서의 성공을 축소시킨 방식을 검토할 것이다.

❖ 단기목표들

1. 존은 한 주 동안 회사의 회장, 부회장, 파트장 사이의 상호작용을 관찰하고, 그가 목격한

그들의 의사소통 양식과 직접적, 간접적 권력 사용 방식을 기록할 것이다.

   1a. 존은 그들이 부하직원에게 직접적 권력을 사용하여 지시할 때 그들의 목표가 (부하직원이 일을 하는 속도, 팀 작업의 효과, 수행된 일의 질 측면에서) 효율적으로 성취되었는지 살펴볼 것이다.

   1b. 존은 그들이 부하직원에게 간접적 권력을 사용하여 지시할 때 그들의 목표가 (부하직원이 일을 하는 속도, 팀 작업의 효과, 수행된 일의 질 측면에서) 효율적으로 성취되었는지 살펴볼 것이다.

   1c. 존은 부하직원에게 더 평등한 양식을 사용하는 것의 장단점, 그리고 이것이 가진 더 나은 아이디어, 더 효과적인 팀 작업, 목표를 향한 효율적인 진행 가능성을 생각해 볼 것이다.

2. 존은 직장에서 부하직원에 대한 자신의 행동과 마가렛, 딸들에 대한 과거 자신의 행동을 비교해 볼 것이다.

   2a. 존은 마가렛과 딸들에게 그가 보였던 권위주의자 태도가 현재 그들로부터 소외되는 것에 역할을 하였는지 생각해 볼 것이다.

   2b. 존은 마가렛과 딸들에게 더 평등한 태도를 보이는 것이 그에게서 더 존중받는다는 느낌을 그들에게 주고 관계를 개선하는 시작점으로 작용할 수 있을지 생각해 볼 것이다.

3. 존은 역할연습을 통해 다른 관계 기술들을 실습한 후, 마가렛과 재연결하려고 시도할 때, 딸들과 재연결하려고 시도할 때 어떤 기술을 사용할지 결정할 것이다.

장기목표 4: 존은 사회화 요인에 의해 형성되었고 부자로서 그가 가지게 된 주요한 사회적 정체성을 검토할 것이다. 그리고 이것이 그에게 혜택을 준 방식, 평등주의 태도를 취하면서 마가렛, 딸들과 서로 만족하는 관계가 되는 것을 막은 방식을 검토할 것이다.

❖ 단기목표들

1. 존은 미국에서 부의 축적 역사에 관한 글을 읽을 것이고 그것에 기초해서 새로운 가족 연대기를 작성하고 상담회기 중에 이야기를 나눌 것이다.

2. 존은 그의 성취 역사를 연대기로 작성하고 물려받은 부가 이 성취에 어떤 역할을 했는지 생각해 볼 것이다.

3. 존은 강점-약점 차트를 작성하고, 노력 없이 얻은 혜택과 노력으로 얻은 혜택이 각 강점

과 약점에 한 역할을 평가할 것이다.

4. 존은 어떤 가치, 태도, 감정, 행동이 타인에 대한 억압 없이 그의 일 정체성과 가족 정체성에서의 성공을 경험하는 데 도움이 되는지 생각해 볼 것이다.

5. 존은 마가렛, 딸들과 재연결하기 위한 전략을 상담자와의 역할연습을 통해 실습할 것이다.

6. 존은 자애롭고 존중하는 태도로 딸들과 재연결할 수 있는 방법의 목록을 만들 것이다.

7. 존은 마가렛이 그의 편지, 전화, 방문을 받아주는 때가 온다면 그녀와 재연결할 수 있는 방법의 목록을 만들 것이다.

8. 존은 딸들에게 전화해서 성공적일 거라고 생각하는 새로운 기술을 사용하여 딸들과 재연결하기 위한 단계를 시작할 것이다.

9. 존은 딸들과의 관계에 위협이 되지 않으면서 그가 마가렛과 어느 정도 접촉하는 것을 딸들이 도와줄 시기를 판단하기 위해 상담회기에서 그의 노력과 성공을 공유할 것이다.

10. 마가렛이 존과 어느 정도 접촉할 마음이 들게 하는 다른 목표들

존에 대한 여성주의 사례개념화: 역사-기반 양식

존과 마가렛은 강렬한 흥분 속에 그들의 관계를 시작했지만, 일단 그들이 결혼하고 아기가 생기자 마가렛 입장에서 이 흥분은 급속히 떨어지기 시작했다. 그들의 부모라는 형식으로 나타난 사회적 압력은 약혼자 마가렛을 그녀가 원하는 사업가 여성에서 부유하고 힘이 있는 남편 존을 돌보이게 하는 역할의 백인, 부자, 전업주부 어머니로 변환시켰다. 존과 마가렛이 대학에서 만났을 때 그들은 둘 다 성적 매력, 공동 관심사, 부자이고 잘 교육받았다는 비슷한 배경에 기초하여 서로 이끌렸을 뿐만 아니라 개인적 야심도 가지고 있는 복잡한 사회적 정체성을 가지고 있었다. 존은 그들 둘 다 사업 경력을 추구하고, 힘 있고 부유한 지도자가 되겠다는 그들의 목표에 공헌하려는 공동 관심사를 함께 발전시켰다는 점에서 그들의 관계가 평등한 것이라고 이야기하였다. 환경은 남성과 여성의 행동을 통제하는 힘을 존과 마가렛이 알고 있는 것보다 더 많이 가지고 있다. 그들의 관계가 점점 더 공식적으로 되고 깊어지면서 사회적 압력은 서로의 관계에서 더 성 차별화된 역할을 맡도록 만들었으며, 마치 이 압력이 외적으로 부과되는 것이라기보다는 내적으로 올바른 것처럼 여겨지게 하였다. 마가렛이 존의 가족을 처음 만났을 때나 존을 집으로 데려와 자신의 가족을 만나게 했을 때, 개인사가 정치적인 것으로 되었을 것이다. 성역할 고정관념은 존이 대학 졸업 후에 할 일의 계획을 말하도록 이끌었을 것이다. 반면에 마가렛은 어머니로서 할 일에 대한 그녀의

계획을 이야기하도록 강요되었을 것이며, 만일 그녀가 일에 전념하는 방향의 계획을 이야기했다면 그녀의 부모나 존의 부모는 직접적 또는 간접적으로 반대했을 것이다. 존은 마가렛과는 매우 다른 압력에 직면하면서, 부유한 배경, 미래의 성공에 대한 야심만만한 목표에 기초해서 그녀의 부모에게서 결혼 동의를 받았을 것이다. 평등주의에 어느 정도 기초해 있었지만 그들의 초기관계는 급속히 불평등하게 기울어졌고, 존의 손에 더 많은 파워가 쥐어졌다. 만일 존이 마가렛이 직면한 어려움에 대해 이해하는 모습을 보여 줬다면 그 상황의 부정적 특성은 개선되었을 것이다. 그는 자신의 부모가 마가렛을 돕는다고 이야기했다. 그는 그녀에게 일을 그만두고 싶은지 물어보지 않았다고 했다. 의도적이든 아니든 간에 그는 그녀가 가진 여성 관점을 평가절하했다. 존의 강점 중 하나는 이 결혼생활의 위기 순간에서 마가렛과 딸들이 무엇을 원하는지 그가 모르고 있으며 그에게는 도움이 필요하다는 것을 그 자신이 이해하고 있다는 것이다. 사회가 그에게 깊이 주입시킨 신념, 즉 그가 모든 결정을 내리는 부유하고 힘 있는 사람이라는 신념 때문에 그에게는 굉장히 힘든 일임에도 불구하고 그는 마가렛이 떠난 이유에 대한 상담자의 의견을 물었다. 불쾌한 일이긴 하지만, 그는 떠나겠다는 마가렛의 결정이 폐경기의 갑작스러운 결정이 아니라 오히려 오랫동안 형성되어 온 것이라는 걸 깨달을 수 있었다. 이로 미루어 볼 때, 만일 마가렛이 그들의 결혼생활을 되살리려 한다면 그가 남편으로서 좀 더 융통성 있게 자기 역할을 맡을 수 있을 것이다.

존과 마가렛은 그들이 대학생일 때 처음 만났다. 그는 그녀가 명석하고 야심만만하고 분석적이고 사업세계에서 자신의 미래를 주의 깊게 계획하고 있는 것을 존중하였다. 그들 둘에게 있어, 그들이 가진 미래의 사업 정체성은 많은 시간을 쏟아야 하는 것이었다. 그들이 서로 간에 성적으로 끌렸음이 분명하지만, 존이 그들의 관계에 대해 이야기할 때 그것은 어떻게 하면 그들이 권력을 가지고 부자가 될까 하는 관심사가 발전하는 맥락 안에 있다. 존과 마가렛이 결혼하기로 했을 때 그들의 관계는 그들의 확대가족의 가치로 통합되었으며, 이로 인해 직장에서 존의 역할은 확장되고 마가렛이 가진 일, 친구, 가족 정체성은 제약을 받기 시작하였다. 결혼하려는 그들의 계획은 '결혼식 계획'이라는 환경을 창출하였고, 이 환경은 존과 마가렛을 성 차별화된 개인적 정체성으로 더 깊이 밀어 넣었다.

존이 자유롭게 자신의 창조적 에너지를 일에 집중할 수 있었던 반면, 마가렛은 신체 외모, 결혼식과 관련된 끝없는 세부사항들과 관련하여 어떤 결정을 내릴지에 몰두하라는 압력을 받았을 것이다. 가족 중의 다른 여성들인 그의 어머니와 그녀의 어머니가 부유한 남자의 아내 역할을 받아들이도록 그녀를 재촉한 반면에 마가렛이 자신의 정체성을 좀 더 자유롭게 선택할 수 있도록 그가 이런 압력에 상반되는 뭔가를 했는지는 확실치 않다는 점을 생각해 볼 때, 존과 마가렛에게 있어서 개인사는 상당히 정치적이었다. 성역할 고정관념은 존과 마가렛에게 서로 다른 압력을 주었을 것이다. 그는 아내와 미래의 아이를 위해 매우 실질적인 것을 제공해야 하는 의무에 관해 많은 메시지를 들었을 것이다. 그녀는 적절하게 남편을 돋보이게 하고 그의 성공을 촉진해야 하는 그녀의 의무에 관해 많은 메시지를 들었을 것이다. 이 시점에서는 마가렛의 사회적 정체성이 존이 가는 길에 의해 점점 더 제약을 받으면서 평등한 관계에 대한 어떤 신호도 그냥 사라졌을 것이다. 그렇지만 표면적으로는 존이 그들 둘을 위해 성취한 것처럼 보이지만 실제로는 그들 둘이 경제적 성공에 함께 참여하는 것이라고 마가렛이 생각하게 되면서, 그들 관계의 새로운 모습은 마가렛이 계속 활기를 가지게 하였다.

그들의 확대가족이 마가렛을 직장에서 몰아내 어머니 역할로 보냄으로써 존은 경제적 제공자로서 본궤도에 들게 되었다. 상용직으로 일한 기간에 존은 가족 안팎에서 그의 사업 수완에 대해 영예를 얻었던 것처럼 보인다. 스스로 '그들의' 목표를 성취했다고 인식하고 집 바깥에서 오랜 시간을 보내면서 그는 점점 더 쉽게 마가렛의 욕구를 의식하지 않게 되었다. 그에 의하면 그녀는 외롭게 지내는 것을 불평하고 그와 더 많이 접촉하기를 원했다. 그의 반응은 그것에 익숙해질 것이라고 말하는 것이었다. 그는 자신의 길을 계속 허락받은 반면에, 그녀가 자신을 위해 선택했던 인생의 길에서 벗어나도록 엄격한 성역할 고정관념이 얼마나 그녀를 강제했는지에 대해 그는 어떤 공감이나 이해도 하지 못했다. 마가렛은 그녀의 야심만만한 성격을 부유한 전업주부 어머니가 하기로 되어 있는 것을 하는 쪽으로 돌리면서 자신의 삶을 채웠다. 그녀는 모든 사교계 행사에 얼굴을 내밀었고, 모든 기금 모집 활동에 참여하였으며, 어머니들이 주도하는 활동에서 지도자 역할을 자발적으로 하였다. 그녀의 지적 능력은 이런 활동들에서 꽤 성공을 거둘 수 있게 하였고, 이에 따라 존은 그녀가 자신의 삶에 만족하고 있다고 잘못 느끼게 하였다.

마가렛은 어머니, 아내, 학교위원회 위원장으로서의 사회적 정체성에 만족했을 수도 있고 아닐 수도 있다. 다른 선택이 있다고 그녀가 생각한 것 같지는 않다. 존은 그녀에게 물어본 적이 없고, 그녀는 그에게 이야기하는 것을 포기했을 것이다. 성 차별화된 환경의 힘을 과소평가하면서, 존과 마가렛은 서로 점점 더 정서적으로 멀어지게 되었을 것이다. 존은 그가 매력을 느꼈던 명석하고, 야심만만하고, 분석적인 여성과 매우 오래 접촉하지 않으면서 그녀의 관점을 평가절하하게 되었다. 마가렛은 아내, 어머니로서의 사회화된 정체성에 너무 파묻혀 있어서, 자신이 개인적 야심을 포기하도록 강요되었다고 인식하기보다는 젊은 남자를 잘못 선택했기 때문에 불행해졌다고 점점 더 생각하게 되었을 것이다. 그의 경제적 성공은 친구나 확대가족에게 하는 그녀의 불평을 무가치하게 만들었고, 부유한 공동체 안에서 사회적으로 고립되면서 그녀는 다양한 관점을 듣지 못하게 되었다.

존은 56세이고 30년간 함께 살았던 아내, 20대의 두 딸과 접촉하지 못하면서 예기치 않게 혼자 살고 있다. 그는 이제 막 영광의 왕관을 그들이 쓰려는 순간에 마가렛이 그를 떠나 버린 것에 대해 혼란스러워하고 있다. 막 성사되려는 국제적인 사업 거래를 마무리하면 많은 돈을 벌 수 있어서 그와 마가렛이 오래 전에 대학 다닐 때 설정했던 야심을 마침내 성취한다고 그는 느끼고 있는 것이다. 그가 생각해 낼 수 있었던 것은 폐경기 또는 빈둥지 증후군 때문에 마가렛이 어떤 종류의 감정적이고 통제할 수 없는 여성적인 뭔가에 빠졌다는 것이다. 여성의 관점에 대한 그의 존중 부족은 매우 뿌리 깊은 것이었다. 인생의 어떤 한 순간에 그는 아버지와 함께한 시간이 너무 없는 것을 깊이 유감스러워했고, 자신의 딸들과는 더 많은 시간을 같이 있겠다고 계획하였다. 그렇지만 마가렛과 마찬가지로 그의 두 딸도 그에게서 떠나는 것을 선택하였다. 비록 그가 자신이 원했던 만큼 그들과 시간을 보내지 못한 것을 좀 후회하지만, 그들의 태도는 이해하지 못하고 있다. 그는 그들이 어떻게 느끼는지 상상하지 못하지만, 그들에 대해 정말로 알고 있지는 않다는 것을 인정한다.

딸들의 나이가 마가렛이 확대가족에 의해 그녀의 수많은 사회적 정체성을 제약당했던 그 나이에 도달한 것은 마가렛과 그녀의 두 딸이 가족에서 벗어나기로 결정한 것과 특히 관련이 있는 것 같다. 마가렛과는 달리 킴과 줄리엣은 자신들이 결정한 자신들만의 목표를 향해 나아갈 기회를 얻게 되었다. 이것은 부분적으로는 그들의 목표가 백인, 상류층의 가치와 일치하고 또한 최근에 마가렛의 아버지에게서 물려받은 돈이 필요한 것이기 때문이다. 그들의 운명을 통제하려는 아버지의 권위를 그들이 비웃는 것을 그들의 할아버지가 지지했는지는 확실치 않다. 존은 큰 회사의 CEO로서 권력의 정점에 있는 반면, 마가렛은 자신만의 개인적 권력이 최하점에 있고 또한 딸들이 내리는 개인적 결정을 보면 그녀의 권력 부족이 분명히 드러난다. 이 시점에서 그녀의 관점은 최소한 잠시 동안이라도 존이 그녀의 인생을 통제하도록 허락하지 않는다는 사실 이외에는 알려져 있지 않다. 만일 존이 그가 결혼했던 분석적이고, 야심만만하고, 명석한 여성을 다시 원한다면 마가렛과 다시 관계를 가지는 것이 가능할 것이다. 현재 그녀의 관점을 모르는 상황이므로 이것은 모두 가설이다. 존이 자신의 시야를 목표에 한정한다면 그는 깊이 헌신하며 그것을 추구할 수 있다. 그러므로 만일 그가 원래 그들이 커플로 있었던 것과는 별도로 마가렛과 그에 대한 사회의 압력이 가진 힘에 관해 배우기로 결심한다면, 딸들에 관해 알게 되고 마가렛과 존중하고 베푸는 관계를 발전시킬 수 있게 해 주는 좀 더 양성적 정체성을 그가 고려해 보는 것이 가능할 것이다.

여성주의 상담계획: 역사-기반 양식

상담계획 개관: 존과 마가렛의 부유한 백인 문화 배경은 그들의 관계에서 마가렛이 점점 덜 만족하도록 만들었다. 왜 마가렛이 이혼하려 하는지 그가 이해하도록 돕기 위해 시간의 흐름에 따른 그들의 관계 변화, 그가 부유한 배경을 가진 남성, CEO라는 점이 그 관계에 영향을 준 방식을 검토할 것이다(이 계획은 문제 양식을 따른다).

문   제: 마가렛은 존을 떠났고, 그와의 결혼생활을 더 이상 유지할 생각이 없다. 반면에 그는 계속 유지하기를 원한다.

장기목표 1: 존은 그와 마가렛이 처음 만났을 때 가졌던 관계, 부유한 백인 가족 출신이라는 정체성을 같이 가진 것이 시간의 흐름에 따른 그들의 관계에 영향을 준 방식을 검토할 것이다.

❖ 단기목표들

1. 존은 그와 마가렛의 초기 관계를 보여 주는 모든 기록을 샅샅이 찾아볼 것이다.
   a. 존은 그들이 참여했던 강좌와 단체, 그들이 대학생으로서 가진 정체성에 그것들이 관련된 방식에 관해 회기에서 이야기를 나눌 것이다.
   b. 존은 그들이 대학에서 가졌던 사회적 네트워크에 관해 회기에서 이야기를 나눌 것이다. 그리고 다양한 사람과의 접촉 부족이 성역할 고정관념에 맞추도록 그와 마가렛을 압박한 사회적 압력을 얼마나 인식하게 했는지 그가 이해할 수 있도록, 그 네트워크가 인종, 종교, 사회경제적 지위 등에서 얼마나 다양했는지 이야기를 나눌 것이다.
2. 존은 그와 마가렛의 초기관계에 관해 이야기해 줄 수 있는 그들의 예전 친구들과 접촉할 것이다.
   a. 존은 이 친구들이 어떤 사회적 배경, 역할, 흥미 등을 가지고 있는지, 그리고 그들이 어떤 방식으로 그와 마가렛과 유사하거나 다른지 회기에서 이야기를 나눌 것이다.
   b. 존은 이 유사점 또는 차이점이 그들 둘이 함께하는 삶의 모습에 대한 그들의 무의식적 가정에 어떤 영향을 주었는지 회기에서 이야기를 나눌 것이다.
   c. 존은 그와 마가렛이 얼마나 많이 성역할 고정관념에 따라 행동했는지 회기에서 이야기를 나눌 것이다.

3. 존은 그와 마가렛이 다니던 대학의 학생들이 경제적, 인종적, 민족적 다양성 측면에서 얼마나 다양했는지 조사할 것이다.

    a. 존은 그 대학에 '백인성'이 얼마나 있었는지, 그리고 그가 관계에서 권력과 억압의 역할을 경험한 적이 있었는지 회기에서 이야기를 나눌 것이다.

    b. 존은 그와 마가렛이 공유한 부유한 백인 배경이 대학에서 그들의 선택에 얼마나 많이 영향을 주었는지 또는 주지 않았는지 회기에서 이야기를 나눌 것이다.

    c. 존은 그와 마가렛이 공유한 부유한 백인 배경이 그들의 전공과 경력 선택에 얼마나 많이 영향을 주었는지 또는 주지 않았는지 회기에서 이야기를 나눌 것이다.

    d. 존은 학생 집단의 다양성 부족이 그가 외벌이 가장이 되었을 때 그와 마가렛 사이에 발생했던 권력의 차이에 대한 그의 인식 부족에 얼마나 많이 영향을 주었는지 회기에서 이야기를 나눌 것이다.

4. 존은 그들의 관계가 시작될 때 마가렛이 자신의 개인적 가치와 계획을 얼마나 많이 그와 공유했는지, 그리고 그녀의 가치와 개인적 계획에 그가 동의하지 않는 것을 스스로 인식하고 있었는지 생각해 볼 것이다.

    a. 존은 그녀가 대학 강좌와 미래 계획에 대해 얼마나 기대하고 있었는지에 대한 그의 기억에 관해, 그리고 만일 그녀가 그와 결혼하려 한다면 그는 그 계획 중 일부가 반드시 바뀌기를 기대한다고 그녀에게 직접적 또는 간접적으로 표현한 적이 있었는지에 관해 이야기를 나눌 것이다.

    b. 존은 그가 대학 강좌와 미래 계획에 대해 얼마나 기대하고 있었는지에 대한 그의 기억에 관해, 그리고 만일 그가 그녀와 결혼하려 한다면 그녀는 그 계획 중 일부가 바뀌기를 기대한다고 그에게 직접적 또는 간접적으로 표현한 적이 있었는지에 관해 이야기를 나눌 것이다.

5. 존은 그가 어떤 방식으로 마가렛의 관점을 중시하고 또 중시하지 않았는지, 그리고 그녀가 어떤 방식으로 그의 관점을 중시하고 또 중시하지 않았는지 생각해 볼 것이다.

6. 존은 그가 마가렛과 가진 관계가 어떤 방식으로 평등했는지, 그리고 그가 어떤 방식으로 더 많은 권력과 통제를 행사했는지 생각해 볼 것이다.

장기목표 2: 존은 그와 마가렛이 결혼계획을 세우기 시작할 때 그들이 가졌던 관계를 검토할 것이고, 그들이 공유하고 있던 부유한 백인 집안 정체성이 이 시기의 그들 관계에 어떤 영향을 주었는지 검토할 것이다.

❖ 단기목표들

1. 존은 성역할 고정관념에 관한 글을 읽고 그의 어머니와 아버지, 그의 사회집단에 있던 다른 성인들의 행동을 분석하여, 성역할 고정관념이 존과 마가렛이 사귈 때부터 신혼에 이르기까지 일어났던 변화에 실제로 영향을 줄 수 있었는지 생각해 볼 것이다.

2. 존은 그의 아동기를 회상하여 그의 가족, 공동체, 매체에서 나온 어떤 사회화 압력이 그의 현재 성역할, 결혼과 가족생활에 대한 성 차별화된 기대를 형성했는지 분석할 것이다.

3. 존은 정원사, 세탁사, 차 정비사 같은 그의 아동기 시절의 남성들이 그가 가졌던 것과 똑같은 선택의 자유를 가졌는지, 그리고 그들이 가족 내에서 맡고 있는 성역할에 이것이 어떤 영향을 주었는지 생각해 볼 것이다.

4. 존은 결혼식 준비를 할 시기에 마가렛과 양가 부모가 각각 얼마나 많은 통제권을 가졌는지 양가 부모에게 물어보면서 그 시기에 마가렛이 어떻게 행동했는지에 관한 이야기를 들을 것이다.

5. 존은 그가 결혼식을 준비했을 때, 그리고 결혼했을 때의 행동을 돌이켜 보고, 결혼식 관련 결정을 내릴 때 그와 다른 사람이 각각 얼마나 많은 통제권을 가졌는지 생각해 볼 것이다.

장기목표 3: 존은 그들이 처음 아이를 가졌을 때의 관계를 검토하고, 그들이 공유하고 있던 부유한 백인 집안 정체성이 이 시기의 그들 관계에 어떤 영향을 주었는지 검토할 것이다.

❖ 단기목표들

1. 존은 그들이 아이 가지는 것을 원하는지에 관해 그와 마가렛이 의논한 적이 있는지, 만일 그랬다면 언제 아이를 가지고 각자 어떤 역할을 할지를 원했는지 돌이켜 볼 것이다.

2. 존은 아버지가 되고 싶다고 마가렛에게 말한 적이 있었는지, 그것에 대한 마가렛의 반응은 어땠는지 돌이켜 볼 것이다.

3. 존은 마가렛이 다시 일하고 싶다고 그에게 말한 적이 있는지, 그것에 대한 그의 반응은 어땠는지 돌이켜 볼 것이다.

4. 존은 그들의 부모, 사회적 네트워크의 형식으로 나타난 환경의 힘을 돌이켜 볼 것이고, 그것이 부모로서 각자 맡을 역할에 대한 그들의 결정에 어떤 영향을 주었는지 돌이켜 볼 것이다.

5. 존은 부모로서 그들이 맡은 성역할 고정관념이 마가렛에 대해 그가 특권 또는 지배적 위

치를 가지도록 이끌었는지 이야기를 나눌 것이다.

6. 존은 부모로서 그들이 맡은 성역할 고정관념이 그가 딸에게 열심인 부모가 될 기회를 잃도록 이끌었는지 이야기를 나눌 것이다.

7. 존은 관계 형성 기술에 관한 글을 읽고 그가 딸들, 마가렛과 평등한 방식으로 재연결되려고 노력할 때 유용하게 사용할 수 있는 기술을 그의 분석 기술을 사용하여 판단할 것이다.

장기목표 4: 존은 그들 둘이 함께 가졌던 인생 목표에 근접했다고 느꼈던 최근 시기에 그들이 가졌던 관계를 검토해 볼 것이며, 또한 그들이 공유하고 있던 부유한 백인 집안 정체성이 이 시기의 그들 관계에 어떤 영향을 주었는지 검토할 것이다.

❖ 단기목표들

1. 존은 미국의 부 축적 역사에 관한 글을 읽을 것이고, 그의 가족이 가지고 있는 권력과 통제력이 얼마나 많이 개인적 노력에 의한 것인지, 또 얼마나 많이 물려받은 부에 의한 것인지에 대한 그의 생각을 상담에서 이야기할 것이다.

2. 존은 그의 성취 역사를 연대기로 작성하고 물려받은 부가 이 성취에 어떤 역할을 했는지 생각해 볼 것이다.

3. 존은 강점-약점 차트를 작성하고, 노력 없이 얻은 혜택과 노력으로 얻은 혜택이 각 강점과 약점에 한 역할을 평가할 것이다.

4. 존은 부유한 백인 집안 출신으로서 그가 배웠던 어떤 가치, 태도, 감정, 행동이 그가 부를 계속 축적하기 위해 그의 가족 역할을 무시하도록 이끌었는지 생각해 볼 것이다.

5. 존은 국제적인 사업 거래를 마무리해서 계속 더 많은 부를 축적하는 것과 이 위기의 순간에 가족들과의 재연결을 시도하는 것 중에서 어느 것이 그에게 더 중요한지를 생각해 볼 것이다.

6. 존은 직장에서 부하직원을 대하는 그의 행동과 과거에 마가렛, 딸들을 대하던 그의 행동을 비교할 것이며, 그들의 관점에 대한 존중을 보여 주기 위해 그가 무엇을 할 수 있었는지 생각해 볼 것이다.

   6a. 존은 누군가가 중요한 거래를 마무리하는 출장을 해야 할 필요성, 출장에서 성공하기 위해 출장 전, 중, 후에 해야 할 일에 대한 아이디어를 부하직원들과 이야기할 것이다.

   6b. 존은 그가 가족의 위기에 주의집중할 동안 부하직원 중에서 누가 그 대신 일 문제를

다루는 데 필요한 기술을 가지고 있는지 생각해 볼 것이다.

7. 존은 만일 그가 부하직원에게 사업 거래의 마무리를 맡기기로 결정할 경우 그에게 유용할 수 있는 평등한 관계 기술을 상담자와의 역할놀이를 통해 실습할 것이다.

8. 존은 그가 예전에 두 딸에게 억압적으로 행동했다는 것을 이제는 안다는 것을 그들에게 보여 주고, 그가 그런 부분을 정정하여 그들의 관점에 존중을 보여 주는 지지적인 아버지로서 그들과 관계를 가지려 한다는 것을 명백히 보여 주는 다양한 방법에 관해 상담자와 브레인스토밍할 것이다.

　8a. 존은 딸들에게 전화해서 그들의 아버지-딸 관계에 관해 서로 존중하며 대화해 볼지 결정할 것이다.

　8b. 존은 마가렛과 접촉해서 그녀의 이혼 요구에 대한 그의 유감을 이야기할 기회를 요청해 달라고 딸들에게 요청한다면 언제 요청하는 것이 그에게 적당할지 상담자와 이야기를 나눌 것이다.

9. 존은 그가 예전에 마가렛에게 억압적으로 행동했다는 것을 이제는 안다는 것을 그녀에게 보여 주고, 그가 그런 부분을 정정하여 그녀의 관점에 존중을 보여 주는 평등한 태도로 그녀와 관계를 가지려 한다는 것을 명백히 보여 주는 다양한 방법에 관해 상담자와 브레인스토밍할 것이다.

10. 마가렛이 존과 기꺼이 접촉할 마음이 들게 하는 다른 목표들

사례개념화 실습 사례: 사회경제적 지위 영역의 통합

이제 EFT를 사용하여 샤론에 대한 분석을 할 것이다. 이 분석에서 사회경제적 지위 영역을 당신의 사례개념화와 상담계획에 통합시켜야 한다.

짧은 접수면접에서 얻은 정보

샤론은 시골 광역군의 작은 도시에 살고 있는 34세 백인 여성이다. 그녀는 1년 전에 결혼했고, 이것은 그녀의 두 번째 결혼이다. 첫 번째 결혼에서는 남편의 장기적인 알코올중독으로 인해 10년의 결혼생활 후 이혼했다. 그녀에게는 첫 남편과의 사이에 난 10세의 아들 애드리안과 8세의 딸 수지가 있다. 샤론과 그녀의 아이들은 그녀가 두 번째 남편인 에드워드와

결혼하기 전까지 셋이서 살았다. 그들은 6개월의 데이트 후에 결혼하였다. 에드워드는 큰 은행의 지사장이고, 샤론은 이 은행의 한 지점에서 매니저로 일하고 있다. 그녀는 지난 1년 동안 천천히 몸무게가 줄고 불안, 우울 징후를 보여서 그녀의 내과의사에 의해 의뢰되었다.

접수면접에서, 샤론은 내과의가 그녀를 상담에 의뢰한 것에 대해 큰 분노를 표시하였다. 그렇지만 그녀는 의사의 견해를 존중하여 상담받는 것에 동의했다고 하였다. 샤론은 간이 정신건강 검사에서 자살, 살인 사고나 심한 정신병리 징후를 보이지 않았다. 그녀는 결혼생활이 행복하며 은행에서의 자기 업무가 즐겁다고 반복해서 주장하였다.

여성주의 관점에서 샤론(S)과의 인터뷰

C: 직장 일이 어떤지에 대해 이야기하는 것으로 시작하면 어떨까요?

S: (진지하게) 저는 저의 일을 사랑해요. 저는 전업주부였어요. 애들을 사랑하지만 내 한계를 시험하는 책임감이 나를 활기차게 만들어요.

C: 지적으로 도전하는 것이라서 그걸 사랑하는군요. (잠시 멈춤) 좀 더 이야기해 주시겠어요?

S: (미소를 지으며) 은행에서 처음에는 금전출납원으로 시작했는데, 직장에서 첫 주 동안은 뭐가 뭔지 멍했어요. 그러나 곧 아주 쉽게 은행의 전체 흐름에 익숙해져서 나 자신도 깜짝 놀랐어요. 은행 업무를 익히려고 혼자서 공부도 좀 했어요, 그렇게 하다 보니 매니저가 제 업무 성과를 높이 사서 저는 첫 번째 승진을 했어요. (흥분하여) 내가 한 일을 인정받는 건 정말 감격적이었어요.

C: 이 이야기를 할 때 즐거운 표정이었어요. 저도 사람들이 내 노력을 알아줄 때 기분이 좋아요.

S: (미소를 지으며) 그건 재미있는 놀이기구가 막 움직이는 순간 같은 거예요. 그렇게 일하면서 야간대학을 은행에서 지원해 주어서 대학을 갔어요. 대학 환경과 강의 수강이 참 좋더라고요. 학사 학위를 따자 다시 승진이 되었어요. 처음에는 보조매니저였고 이제는 매니저예요.

C: 열심히 일하고 일을 잘해서 보상을 받으셨군요……. (S는 얼굴을 찡그린다) 뭐가 잘못됐나요?

S: (부인하면서) 큰 일은 아니에요. 대부분의 사람은 내 능력을 아는데, 작년에 승진한 후에 떠돌기 시작한 소문이 방금 생각났어요.

C: 그것에 관해 이야기해 주겠어요?

S: (화를 내며) 내가 남자를 이용해서 승진했다는 헛소문이에요. 내가 매니저로 승진할 때쯤에 에드워드와 결혼했거든요. 나는 에드워드를 교회에서 만났어요. 나는 그와 데이트를 시작한 뒤에야 그가 지사장이란 걸 알았어요. 그는 그 몇 주 전에 여기서 차로 두 시간 거리의 큰 지점에서 승진했어요. 우리는 그때까지 만난 적도 없어요!

C: 에드워드는 당신의 승진과 아무 관련이 없네요. 당신은 자격이 있었고, 그걸 즐길 자격도 있어요. 불행하게도, 우리나라에는 아직도 많은 성차별이 있어서 여성의 성취를 인정하지 않는 경향이 있어요.

S: 나하고 같은 지점에서 일하던 몇몇 나쁜 사람들이 퍼뜨린 소문이라고 생각해요. 나는 남녀 차별 이런 것을 믿지 않아요.

C: 당신 사무실에서 있었던 일은 당신이 알고, 물론 나는 모르죠. 그렇지만 정부 통계에 의하면, 모든 직업 분류에서 남성이 여성보다 더 많은 돈을 받아요. 일반적으로 여성에게 일어나는 일을 이해하면 지금 당신에게 일어나는 일을 이해하는 데 도움이 돼요.

S: (짜증스럽게) 당신한테 반박할 생각은 아니지만, 에드워드와 나는 우리가 평등한 기회의 나라에 살고 있다고 믿으며 살아요. 만일 당신이 나를 선동하고 세뇌할 생각이라면 그는 여기 오는 걸 반대했을 거예요.

C: 반박하고 싶은 부분이 생기면 반박해도 괜찮아요. 나는 어떤 것으로도 당신을 세뇌시킬 생각이 없어요. 나는 나의 상담철학이 있고, 그건 내가 하는 모든 것에 영향을 주죠. 나는 남성과 여성이 똑같은 대우를 받아야 하며 그들의 노력에 대해 똑같이 존중받아야 한다고 믿어요.

S: (진심으로) 음, 거기에는 동의해요. 그냥 이렇게 생각해야 한다. 저렇게 생각하는 것이 옳다 이런 말을 듣고 싶지 않은 거죠.

C: 이해가 됩니다. 당신이 대학에서 매우 즐겁게 보냈으니까 이 주제와 관련하여 내가 갖고 있는 책 몇 권을 당신이 볼 마음이 들 수도 있겠다는 생각이 드네요. 거기에서 연방 통계를 볼 수 있고 하니 스스로의 결론을 내릴 수 있을 거예요.

S: (진지하게) 즐겁게 볼 수 있을 거라고 생각해요. 그렇지만 내가 당신한테 동의하지 않으면 어떻게 하려고요?

C: 동의하지 않는 부분을 이야기해 주면 같이 이야기를 나눌 수 있을 겁니다. 당신이 보기에 내 상담철학이 좋지 않다면, 내가 가지고 있는 우리 지역 상담자 목록에서 당신에게 잘 맞는 사람을 찾아볼 수 있을 겁니다.

S: (열심히) 당신은 내가 동의하지 않아도 괜찮다고 하네요. 당신이 하려는 이야기가 무엇인

지 알고 싶어요. 내가 말도 안 되는 여성주의라고 말했던, 당신에게는 중요한 그 생각이 어떤 것인지 이야기해 주면 좋겠어요.

C: 나는 그것이 말도 안 된다는 데 동의하지 않지만, 우리가 모든 것에 동의할 필요는 없지요. 나는 당신이 같은 시기에 교육도 받고, 은행 일도 배우고, 두 아이도 키운 것에 깊이 감명받았어요. 나도 그렇고 다른 사람도 그렇고 당신에게 어떻게 생각하라고 이야기할 수는 없죠.

S: (사무적으로) 좋아요. 우선 첫 번째로 나는 지금 무척 잘 살고 있어요. 일도 잘되고 있고, 소문은 그냥 짜증스러운 정도죠. 그건 더 자세히 이야기할 게 없어요.

C: 더 자세히 이야기할 것은 어떤 것일까요?

S: (걱정스러운 표정으로) 애들이 걱정돼요. 나의 새 결혼에 적응하는 데 어려움을 겪고 있어요. 심지어 애들 아버지와 함께 살 때도, 애들은 전적으로 내 일이었어요. 애들 아버지는 아이 키우는 것에 전혀 간섭하지 않았거든요. 그런데 에드워드는 많이 달라요. 그에게는 규칙이 있고, 애드리안과 수지는 거기에 적응하기가 어려워요.

C: 에드워드가 그 규칙에 대해 당신과 미리 의논하고 적용했나요?

S: (열심히) 아뇨. 그는 같이 살게 된 첫날부터 열심히 아버지 역할을 했어요. 나는 정말 그의 노력에 감사하고 있어요. 그렇지만 그는 나보다 나이가 많고 오랫동안 아이와 함께 살아 보지 않았어요. 내가 그 사람보다 아이에 대해 더 많이 안다는 걸 깨닫지 못하는 것 같아요. 그는 기대가 너무 커요.

C: 이 문제로 그와 의논해 봤나요?

S: (진지하게) 정확하게는 아니에요. 왜냐하면 심지어 집에서도 우리는 은행 업무 이야기를 주로 하거든요. 내가 때때로 아이들 문제를 제기하지만 우리는 금방 업무 이야기로 되돌아가는 것 같아요. 그는 그의 업무 관심사를 함께하는 파트너를 두게 된 것에 정말 고마워하고 있어요.

C: 심지어 부부로서 집에 있을 때에도 당신들의 일 정체성이 가장 중요하군요.

S: (혼란스러워하며) 무슨 뜻인지 모르겠네요.

C: 모든 사람은 자신이 누구인지 규정하는 정체성을 많이 가지고 있어요. 예를 들어, 당신은 은행 매니저, 신혼의 아내, 어머니죠. 각각의 정체성은 다른 것과 상호의존적이에요. 심지어 당신이 아내 역할을 할 때에도 당신의 은행 업무 기술이 끼어드는 것 같은 거죠. 각 정체성은 다른 사람과의 관계에서 특정한 수준의 권력 또는 억압을 가져옵니다. 직장에서 당신은 매니저입니다. 은행의 다른 모든 사람은 당신의 부하직원이죠. 그래서 은행

업무가 어떻게 수행되어야 하는지에 대한 결정에서 당신이 다른 사람보다 더 많은 권력을 가지고 있어요.

S: (방어적으로) 음, 나는 열심히 일해서 권위를 가진 지위에 올랐어요.

C: 당신은 정말 열심히 일했고, 그런 지위를 가질 자격이 있어요. 내가 이야기하는 건 당신의 지위가 은행에서 일어나는 일을 결정하는 권력과 통제권을 가져온다는 거예요. 반면에 지사장인 에드워드는 당신보다 더 큰 권력을 가지고 있죠.

S: (진지하게) 예, 물론 그 이야기는 맞아요.

C: 만일 당신이 일에 관해 이야기한다면, 심지어 집에 있을 때에도 그가 더 큰 권력을 가진 지위에 여전히 있는 거예요. 집에 와서도 에드워드가 당신의 남편이 아니라 상사처럼 느껴진 적은 없나요? (S는 혼란스러워 보인다) 당신이 아이 이야기를 꺼내면 그가 다시 일 쪽으로 화제를 바꾼다고 이야기했잖아요. 부하직원과 함께 있을 때, 상사가 대화 주제를 정하죠.

S: (곰곰이 생각하면서) 그것에 대해 생각해 보니까, 그래요, 집에서 그가 대부분의 시간 동안 대화 주제를 조절해요. 그는 또 우리가 집에서 할 일을 정하지만 그건 그가 우리에게 새로운 것을 소개하려는 것이에요.

C: 그가 결정한 것에서 당신을 위해 한 건 어떤 게 있나요?

S: (방어적으로) 큰 건 아니고, 그냥 그의 친구들과 어울리도록 도와 주는 그런 것들이에요. 그는 내가 테니스를 시작하길 원해요, 우리는 컨트리클럽에 들어 있거든요. 그는 오랫동안 남자 단식 토너먼트 챔피언이었어요.

C: 에드워드는 정말로 경쟁을 즐기는군요.

S: (단호하게) 그래요, 그리고 그는 우리가 테니스와 골프를 못 치는 걸 알고는 좀 실망했어요. 지금 우리는 모두 배우고 있어요. 에드워드는 부유한 집에서 자랐어요. 내가 어떻게 자랐는지를 그는 아직도 진짜로 이해하지는 못해요. 나는 내가 구할 수 있는 비전 없는 직장에서 일했어요. 처음 결혼했을 때 우리는 그 달 그 달 먹고 살았어요. 비싼 스포츠는 선택할 수 있는 것이 아니었죠.

C: 에드워드는 부유하게 자랐군요. 그는 비싼 장비가 필요한 스포츠를 하는 것처럼 당신에게 새로운 많은 혜택을 당연하게 여기는군요. 그가 당신보다 경력을 더 빨리 쌓은 것에도 그런 혜택이 있었는지 궁금하네요.

S: (조용하게) 물론이지요. 그의 아버지도 은행에 있어요. 에드워드는 시작은 자기 힘으로 했지만, 아버지의 충고 덕을 봤죠. 나와 나의 가족에게 있어 이 직업은 크게 올라간 거예

요. 나는 정말 고마워하고 있어요. 첫 발걸음은 내가 내디뎠지만 에드워드가 커다란 도움이 돼요. (흥분하여) 그는 우리가 무적의 팀이 될 거라고 생각해요!

C: 당신은 개인적 권력의 변화를 정말 경험했군요.

S: (멈춤, 확신 없이) 예, 애드리안이 골프 레슨을 정말 안 좋아하는 것 외에는 모두 잘 되고 있어요, 그렇지만 에드워드는 사업에서 성공하려면 골프가 필요하다고 말해요.

C: 에드워드는 미래의 목표, 즉 사업 성공을 위해 애드리안을 도우려 하는 거군요. 그렇지만 애드리안은 아직 어려요. 자유로운 시간에 뭘 할지 그가 선택할 수 있나요?

S: (방어적으로) 에드워드는 애드리안에게 정말 헌신적이에요. 그는 애드리안을 성공시키고 싶어 해요. 나는 정말 고맙게 생각해요. 솔직히 친아들도 아닌데.

C: 당신 가족은 그저 쉬기만 하면서 시간을 보내기도 하나요?

S: (부드럽게) 에드워드는 애드리안이 말하는 '어울려 놀기(hanging out)'가 시간낭비일 뿐이라고 생각해요. (멈춤) 에드워드가 독재적으로 행동하는 것이라고 볼 수도 있겠지만 그건 그의 한쪽 면이에요. 그는 우리에게 매우 너그러워요. 우리가 결혼식을 하고 집으로 왔을 때 그는 그의 집에 있는 두 방을 아이들 침실로 꾸며 놓아서 아이들을 깜짝 놀라게 했어요. 그리고 각자의 방 한쪽 코너에 개인용 컴퓨터를 포함한 공부 공간을 만들어 줬어요. 우리는 모두 깜짝 놀랐어요.

C: 이야기를 들으면서 보니, 당신 자신의 반응을 나한테 알려 주기보다는 '우리'라는 용어를 사용하네요.

S: (열심히) 아이들과 나를 의미하는 거예요. 에드워드는 우리 결혼식 날을 배송일로 정해서 우리가 집에 돌아왔을 때 모든 게 깜짝 놀랄 일이었어요.

C: 그는 소유물에 대해서 매우 관대하군요. (멈춤) 그런데 당신은 깜짝 놀라기보다는 같이 상의해서 결정하는 게 더 좋지 않나요?

S: (열심히) 그가 의도적으로 나를 배제한 건 아니에요. 그는 매우 행동 지향적인 사람이고 빨리 결정을 내려요. 그는 다른 사람과 상의하는 유형이 아니에요.

C: 이 일 때문에 당신의 의견이 존중받지 못하다는 느낌이 든 적이 있나요?

S: (걱정스럽게) 그는 내 의견을 존중하지만 그의 경험이 더 폭이 넓어요.

C: 우리 사회에서 남편과 아버지는 종종 의사결정에 가장 큰 권력을 가지고 있지요.

S: (짜증스럽게) 그가 남자라서 그렇게 하도록 내버려 둔 건 아니에요. 나는 그의 머리와 의사결정 능력을 정말 높이 평가해요. 내 생각에 그는 다만 어머니로서의 내 경험을 과소평가해요.

C: 그건 어느 정도로 심한가요?

S: (방어적으로) 심각하다고는 생각하지 않아요. 애드리안과 수지는 그를 아버지로 둠으로써 매우 많은 걸 얻었어요. 그러나 수지가 너무 울어서, 나는 그게 좋지 않아요. 에드워드도 그것 때문에 예민해졌어요. 그가 느끼기에 수지는 자기통제를 좀 더 할 수 있어야 해요. 나는 애들에게 에드워드가 우리에게 준 것들을 자꾸 상기시켜요. 애들은 그 옷과 집을 정말 사랑해요. 우리는 전에 매우 작은 아파트에서 살았어요. 애들은 방 하나를 같이 썼 고요. 우리는 영화 구경 같은 가외의 것에 쓸 돈이 없었어요.

C: 당신들은 당신의 결혼 후에 많은 자원을 가지게 됐네요. 수지가 우는 이유는 뭐죠?

S: (화를 내며) 수지는 발레 반에서 옷이 바보 같다고 놀림을 받았어요. 다른 애들은 모두 유 치원부터 함께해 왔고 수지만 새로 온 거예요. 나는 수지에게 앞으로 점점 나아질 거고 옷은 예쁜 거라고 이야기해 줬어요.

C: 여자와 소녀는 특정한 방식으로 보이도록 사회적 압력을 많이 받아요. 그건 그들의 개별 성을 억누를 수 있어요.

S: (단호하게) 동의해요. 그게 수지에게 일어난 거예요. 수지를 도울 수 있는 시간이 좀 더 있으면 좋겠어요. 내 인생이 바뀌고 난 후 한 가지 아쉬운 건 애들과 함께할 시간이 너무 적다는 거예요. 내가 전업주부일 때는 애들이 우선이었고 그들에게 많은 시간을 들일 수 있었어요. 그렇지만 그들에게 좋은 옷과 인형은 없었죠. 이제는 반대가 됐어요. 나는 항 상 바쁘지만, 애들에게 돈으로 살 수 있는 건 뭐든 꽤 많이 줄 수 있어요.

C: 당신은 어머니로서 애들에게 더 많은 시간을 쓸 수 있었으면 하는군요. 이 점에서 당신 이 가진 아내로서의 정체성과 어머니로서의 정체성 사이에 계속해서 긴장이 있어요.

S: (슬프게) 정말 그렇게 느껴져요. 나는 그들 사이에서 당겨지는 걸 느껴요. 에드워드는 이 해 못해요. 나는 그냥 애들과 같이 있고 싶어요. 내가 주말에 애들과 함께 그냥 조용히 집에 있으려고 계획할 때마다 에드워드가 애들을 어딘가에 등록해 놓아요. 내가 하는 일 은 그냥 애들을 태워서 어딘가로 가서는 그들을 내려 주는 거죠.

C: 당신 얼굴에서 고통이 보이네요. 당신이 그렇게 느끼는 걸 에드워드가 아나요?

S: (슬프게) 그는 내가 신경 쓰는 것들을 과소평가하는 경향이 있어요. 계획이 없다면 시간 이 낭비된다고 느끼나 봐요. 어머니는 내가 에드워드하고 의견이 맞지 않는다고 생각하 세요.

C: 어머니는 당신이 신경 쓰는 것을 알아주지 않네요. (멈춤) 당신에게는 권리가 있어요. 당 신이 아이들을 사랑하고, 그들과 함께하는 시간을 원하는 건 자연스러운 거예요.

S: (짜증스럽게) 어머니는 "그런 것에 신경을 쓰다니 네가 제 정신이 아니구나."라고 실제로 이야기하셨어요. 어머니는 예전에 우리가 경제적으로 얼마나 힘들었는지, 에드워드가 정말 얼마나 가족을 구원했는지 생각하라고 하세요. 그가 어머니를 경제적으로 도와줬어요, 그래서 어머니는 이제 살기가 훨씬 나아졌거든요.

C: 돈 문제에 관한 한 에드워드가 정말 모두를 도와주는군요. 가난에서 벗어나려고 발버둥칠 때 돈이 더 있으면 정말 그 상황에서는 구원으로 보이죠. 그렇지만 이제 당신이 가지게 된 돈이 아이들을 더 행복하게 하나요?

S: (슬프게) 뭔가를 주면 그 직후에는 행복해해요. 그렇지만 그들은 그들이 등록하게 된 새 사립학교를 좋아하지 않는 것 같아요. 그 학교 아이들은 버릇없는 애들이라서 나는 정말 내 아이들이 그들처럼 되지 않았으면 좋겠어요. (걱정스럽게) 나는 애들이 걱정되지만 에드워드는 단지 아이들이 적응하는 데 시간이 걸리는 거라고 생각해요.

C: 변화는 어렵죠. 사람들은 종종 적응하는 데 시간이 필요해요. 그렇지만 당신은 당신 생각에 건강하지 않은 것에 적응하고 싶지는 않잖아요.

S: (한참 침묵) 애드리안이 에드워드에게 가장 어려움을 겪고 있어요. 그는 학교에서 열심히 공부하지만 어떤 때는 아무렇게나 누워서 아무것도 안 하는 걸 좋아해요. 나는 에드워드가 이걸 이해할 수 있으면 좋겠어요. 지난주에 애드리안이 실수로 거실에서 에드워드의 꽃병을 야구방망이로 깨뜨렸을 때 에드워드는 정말 자제력을 잃었어요.

C: '자제력을 잃었다'는 게 무슨 뜻이죠?

S: (슬프게) 에드워드가 애 엉덩이를 몇 차례 때렸어요. 분명히 학대는 아니라고 보는데, 그래도 나는 애들을 때리지 않아요. 애드리안은 에드워드의 얼굴을 보면서 아동학대라고 고함쳤고, 그러자 에드워드는 한 달 동안 외출금지를 시켰어요. 한 달은 너무 길지요. 애드리안이 무례했지만 애들은 때때로 흥분을 해요. (걱정스럽게) 에드워드가 이 일을 이해할 수 있으면 좋겠어요.

C: 에드워드가 벌을 준 후에 애들에게 멍이나 다른 자국이 남은 적이 있나요?

S: (열심히) 아뇨. 때릴 때는 두 애 모두에게 손바닥으로 때리는데, 자국이 남을 정도는 한번도 없었어요. 에드워드의 가장 날카로운 무기는 입이에요. 그는 아이들에게 불만스러울 때 자존심 상하게 하는 말을 해요. 그는 애들이 더 열심히 노력하도록 동기를 주려는 거예요. 그의 아버지는 그에게 기준을 높이 세우고 그것에 맞게 살도록 했는데, 그는 그것이 그에게 도움이 되었다고 믿고 있어요. 그는 애드리안이 정말 똑똑하지만 너무 감성적이라고 생각해요. 내가 애들 기르면서 나한테 감정을 이야기하도록 권해서 그런 것 같아

요. 에드워드는 애드리안이 소심해서 억세질 필요가 있다고 생각해요.

C: 당신도 그렇게 되기를 바라나요?

S: (조용하게) 저는 애드리안이 괜찮다고 생각해요. 에드워드에게 배우게 하는 것이 아이에게 상처가 되진 않을 거예요.

C: 에드워드는 직장과 가정 양쪽에서 매우 힘을 가지고 있어요. 당신의 경우는 어떤가요? 당신이 어머니로서 하는 역할은 제대로 존중받지 못하는 것처럼 보이네요.

S: (신경질적으로) 그는 나에게 매우 많은 걸 주었어요.

C: 그는 당신에게 물질적인 것, 직장에서의 훈련 기회를 주었어요. 당신은 그에게 어떤 것을 주었나요?

S: (열심히) 예. 나는 그에게 좋은 아내였고, 그의 관심사를 뒷받침했고, 그를 보살폈어요. 그러나 (한참 침묵) 나는 내가 가지고 있지 않은 것에서 원할 수 있는 게 뭔지 정말 모르겠어요.

C: 당신에게 좋은 결혼이 뭔지를 규정하는 건 당신에게 달려 있죠. 그렇지만 나는 두 파트너의 의견이 똑같은 결정권을 가지고 똑같은 존중을 받아야 한다고 믿어요. 에드워드는 자신의 은행 지식에 대해 존중받을 자격을 가지고 있지만 당신의 양육 지식도 존중받을 자격이 있어요.

S: (확신 없이) 내가 존중받을 자격이 있다고 느끼는 건 처음이에요.

C: 에드워드는 여러 측면에서 좋은 파트너였어요. 그러나 힘을 가진 많은 남자처럼, 그도 아이 양육에 있어서 그가 알지 못하는 중요한 지식을 당신이 가지고 있는지 멈춰서 곰곰이 생각해 보지 않아요. 당신은 에드워드가 아이들을 이해하지 못해서 생기는 스트레스에 어떻게 대처하고 있나요?

S: (걱정스럽게) 내가 최근에 몸무게가 많이 줄었어요. 나는 그냥 먹고 싶지가 않아요. 미친 짓이란 걸 알아요. (슬프게) 에드워드는 그걸 좋아해요. (단호하게) 그는 내가 컨트리클럽에서 가장 아름다운 여인이 될 거라고 해요.

C: 의사는 당신 몸무게에 대해 뭐라고 하던가요?

S: (확신 없이) 너무 말랐대요. 그렇지만 나는 배고프지가 않고, 살이 빠져서 많은 찬사를 받고 있어요.

C: 여성은 날씬해야 한다는 사회적 압력이 많이 있어요. 그건 TV, 영화, 광고에서 오죠. 많은 다이어트 물품을 팔죠, 그렇지만 여성의 건강에 좋지 않아요.

S: (슬프게) 나는 정말로 다이어트하고 있는 게 아니에요. 그런데 수지가 나를 따라 하기 시

작해서 적게 먹고 있어요. 걔가 그러는 건 원치 않아요.

C: 당신들의 이 새로운 가족에 많은 긍정적인 점이 있어요. 의사가 그렇게 이야기한 게 당신을 화나게 했다는 걸 알고 있지만, 나는 당신에게 솔직하게 이야기해야 하고, 그래서 당신이 불안하고 우울해 보인다고 이야기하겠어요. 내 생각에 이건 이 새로운 가족에서 좋은 아내, 좋은 어머니가 되어야 한다고 당신을 압박하는 심한 압력에서 온 것 같아요.

S: (걱정스럽게) 나는 에드워드를 잃고 싶지 않아요.

C: 당신이 다시 오기로 한다면, 우리는 당신의 식욕을 잃지 않으면서 당신의 아내, 어머니 정체성을 균형 잡을 수 있는 방법에 관해 생각해 볼 것입니다.

S: (한참 침묵, 조용하게) 다시 와야겠네요.

샤론에 대한 사례개념화 개발 실습

❖ 실습 1(최대 4쪽)

목   표: EFT에 대해 분명히 이해하고 있다는 것을 확인하기

양   식: A~C 파트로 구성된 통합적 에세이

도움말: 이 장을 다시 보라(259~265쪽).

  A. 이 실습의 도입부가 될 수 있게, EFT의 모든 가정을 간략하게 개관하라(내담자의 변화 방식 이해에 핵심이 되는 차원에 대한 이론의 가정, 폭넓게 추상적으로 생각하라).

  B. 이 가정들 각각이 변화 과정을 통한 내담자의 진전을 이해하는 데에 어떻게 사용되는지 상세하게 기술하라. 각 가정을 충분히 설명하는 구체적 사례를 포함시켜야 한다.

  C. 내담자의 변화를 돕는 상담자의 역할(컨설턴트, 의사, 교육자, 조력자), 상담에 사용한 주요 접근법, 공통적으로 사용된 상담기법을 기술하면서 에세이의 결론을 내려라. 이 접근법의 특유한 점이 분명히 드러나는 구체적인 사례를 충분히 제공하여야 한다.

❖ 실습 2(최대 4쪽)

목   표: 샤론에 대한 여성주의 이론 적용 돕기

양   식: A~D의 각 섹션에 대한 각각의 문장 개요

도움말: 이 장을 다시 보라(259~265쪽).

  A. 샤론이 어머니, 아내, 딸, 은행 매니저로서 가지는 정체성 각각에 대해 다음 사항들을 논의하라.

1. 이 정체성 발달에 있어서 성역할 고정관념의 역할
2. 가족, 사회로부터 오는 현재의 압력이 이 정체성에서 성 차별화된 전형을 유지하는 것에 대해 하는 역할
3. 샤론은 각 정체성에서 얼마나 많은 혜택과 억압을 경험하였는가?
4. 이 정체성에서 여성의 관점이 얼마나 많이 또는 적게 중시되었는가?
5. 샤론이 이 정체성에서 자기 역할을 할 때 그녀와 다른 사람의 관계는 얼마나 평등한가?
6. 샤론의 첫 결혼 이후 어떤 커다란 변화가 이 정체성에 있었는가?
7. 현재 샤론의 어떤 단점(걱정, 이슈, 문제, 징후, 기술 결핍, 상담 장벽)이 이 정체성에 있는가?
8. 현재 샤론의 어떤 장점(강한 점, 긍정적 특성, 성공, 기술, 변화 촉진 요소)이 이 정체성에 있는가?

B. 지금 샤론의 정체성이 서로 간에 얼마나 상호의존적인지, 어떤 정체성이 그녀에게 가장 두드러진지, 현재 샤론은 얼마나 힘을 부여받았는지, 현재 그녀의 생활양식은 얼마나 남녀 구별이 없는지 논의하라.

C. 현재 샤론의 환경, 사회 맥락은 그녀가 지금 개인으로서 성장하는 것을 어떤 방식으로 촉진 또는 방해하는가? 그녀가 성 차별화된 여성이라는 사회적 기대가 그녀의 삶에 영향을 주는 방식을 그녀는 어떻게 인식하고 있는가? 이 사회적 압력은 그녀의 체중 감소, 불안, 우울에 어떤 역할을 하고 있는가?

D. 샤론은 전체적으로 봐서 얼마나 잘 기능하고 있는가? 그녀가 더 큰 권한을 부여받고 다른 성인과 평등한 관계를 발전시키도록 뒷받침하기 위해 그녀의 강점이 어떻게 활용되고 있는가?

❖ 실습 3(최대 4쪽)

목　표: 샤론의 삶에서 사회경제적 지위(SES)의 잠재적 역할 이해하기
양　식: A~I의 각 섹션에 대한 각각의 문장 개요
도움말: 2장을 다시 보라(121~130쪽).

A. 샤론의 경제적, 사회적 계급을 사정하고, 이것이 그녀가 가족 내에서 일상생활 자원, 안전한 거주환경, 사생활, 레크리에이션뿐만 아니라 가족과 함께하는 시간 등의 자원에 접근하는 데에 어떤 영향을 주었는지 생각해 보라.

B. 샤론의 경제적, 사회적 계급을 사정하고, 이것이 그녀가 공동체 내에서 건강 관리, 교육 선택, 사회적 선택, 직업 선택, 합법적 자원, 사회정치적 권력 등의 자원에 접근하는데 어떤 영향을 주었는지 생각해 보라.

C. 위의 A, B를 고려하면서 샤론의 경제적, 사회적 계급이 그녀의 자아존중감과 개인적 평안, 가족의 평안, 집과 학교, 직장에서 독립적인 의사결정을 할 수 있는 능력, 직장, 사회, 정치 국면에서 자신의 삶을 타인의 통제하에 두는 것과는 상반되게 자기 인생의 환경에 영향을 주는 능력에 준 영향을 사정하라.

D. 과거, 현재, 예측 가능한 미래에서 샤론의 경제적 성공을 적극적으로 지지하거나 좌절시키는 것에 환경이 준 영향을 생각해 보라.

E. 위의 A~D를 고려하면서 SES가 샤론의 인생을 제한하는 역할을 더 하는지 아니면 지지하는 역할을 더 하는지, SES가 지금 그녀의 강점 또는 약점에 어떤 원인이 되는지 또는 어떻게 관련되는지, 그녀의 전체 스트레스 수준이 어떤지, 그녀의 전체 행복 수준은 어떤지, SES가 지금 샤론의 생활양식 변화를 어떻게 방해 또는 촉진하는지 생각해 보라.

F. 당신은 SES 관련 이슈에 관해 현재 얼마나 알고 있는가?

1. SES, 그리고 그것이 내담자의 신체적, 정서적 건강에 미치는 영향에 대해 배경지식을 습득할 수 있는 강좌를 얼마나 수강하였는가?

2. SES, 그리고 그것이 내담자의 신체적, 정서적 건강에 미치는 영향에 대해 배경지식을 습득할 수 있는 워크숍에 얼마나 참가하였는가?

3. 다른 SES를 가진 사람과 작업했던 전문적 경험으로 어떤 것이 있는가?

4. 다른 SES를 가진 사람과 작업했던 개인적 경험으로 어떤 것이 있는가?

5. 어떤 코호트 효과가 지금 하위, 중위, 상위 계급인 사람의 세계관에 영향을 주었는가?

G. 현재 SES에 대한 당신의 인식 수준은 어떠한가?

1. 하위, 중위, 상위 계층인 사람에 관해 당신이 들었던 전형들에 관해 논의하라.

2. 당신의 원가족이 속했던 사회경제적 계층이 투표 방식, 거주 지역, 소유 상황, 재정 관리 방식 측면에서 현재 당신의 삶에서 하는 역할에 관해 논의하라.

3. 샤론의 관점이나 현재 상황에 대해 부정적 편견 또는 무시로 이끌 수 있는 당신의 경험, 샤론과 효과적으로 작업하는 것을 뒷받침할 수 있는 당신의 경험에 관해 논의하라.

H. 지금 당신이 이 SES의 내담자와 작업할 때 어떤 기술을 사용할 수 있는가?

1. 계층 분석을 하고 내담자가 필요한 경제적 자원 또는 관련 자원에 접근하도록 돕는 것에 있어서 당신은 현재 어떤 기술을 가지고 있는가?

2. 당신이 현재 가진 어떤 기술이 샤론의 신체적, 정서적 건강에 사회 계급이 주는 영향을 평가할 때 도움이 되는가?

3. 샤론의 신체적, 정서적 건강에 사회 계급이 주는 영향을 평가하는 당신의 능력을 높이기 위해 당신은 무엇을 할 수 있는가?

I. 어떤 활동단계로 진행할 것인가?

1. 이 SES의 내담자와의 작업에서 당신 자신이 좀 더 기술을 갖추도록 준비하기 위해 당신은 무엇을 할 수 있는가?

2. 이 SES의 내담자에게 긍정적인 결과를 이끌어 낼 가능성을 높이기 위해 당신은 상담환경을 어떻게 구조화할 것인가?

3. 이 내담자에게 사용하기 위해 당신이 계획한 상담 방향을 기술하라. 그리고 은연중에 이 상담방향에 포함되어 있고 샤론의 경험이나 관점에 대해 편견이나 무시로 이끌 수 있는 계급 차별적 가치관에 관해 논의하라.

4. 샤론과 래포를 형성하는 과정을 튼튼하게 하기 위해 당신은 무엇을 할 수 있는가?

5. 이 SES의 내담자에게 더 효과적이도록 하기 위해 당신은 상담계획 과정에 어떤 변화를 줄 수 있는가?

❖ 실습 4(최대 6쪽)

목　표: EFT와 SES의 역할에 대한 당신의 지식을 샤론에 대한 심층적 개념화(그녀가 누구이고, 왜 그렇게 하는지)에 통합시키도록 돕기

양　식: 주의 깊게 계획된 구조적 양식에 따라 전제, 세부 근거사항, 결론으로 구성된 통합적인 에세이

도움말: 1장(17~24쪽)과 2장(121~130쪽)을 다시 보라.

단계 1: 샤론을 여성주의 관점에서 이해할 때 사용할 양식을 생각해 보라. 이 양식은 (a) 이 세상에서 그녀의 정체성과 권력에 대한 종합적이고 분명한 이해를 제시하는 데 도움이 되어야 하며, (b) EFT에 대해 그녀가 양가감정을 가지고 있음에도 불구하고 그녀에게 설득력이 있는 말을 뒷받침해야 한다.

단계 2: 자신의 자녀들과 그들의 새 의붓아버지가 서로 관계를 가지는 방식에 대해 걱정하는 새로운 상위-계급 여성으로서 샤론이 가진 강점, 약점을 설명하는 간략한 전제(개관, 예비적 또는 설명적 진술, 조건, 주제 진술, 이론에 따른 소개, 가정, 요약, 결론적인 인과 진

술)를 만들라. 만일 단계 2에 어려움이 있다면, 이것이 실습 2와 3의 핵심 아이디어를 통합한 것이어야 하며, (a) 샤론의 장기목표에 기초가 되어야 하고, (b) 여성주의 관점에 기반하고 사회 계급 이슈에 민감해야 하며, (c) 여성주의 상담에서 그녀가 보여 주는 강점에 초점을 맞춰야 한다는 것을 기억하라.

단계 3: 여성주의 관점에서 근거자료(강점과 약점에 대한 상세한 사례 분석, 도입 전제를 뒷받침하는 충분한 자료)를 개발하라. 각 단락에 자신의 개인적 정체성과 일 정체성 사이에 균형을 잡으려는 노력이 불안, 우울, 체중 감소로 이어진 여성인 샤론에 대한 깊은 이해를 통합시켜야 한다. 만일 단계 3에 어려움이 있다면 (a) 단기목표 개발에 도움이 되고, (b) 특히 SES와 관련된 EFT 원칙에 기반하고, (c) 샤론의 강점에 대한 이해를 그녀의 삶에서 사회적 힘이 한 역할에 대한 당신의 평가에 통합시키는 데 필요한 정보를 생각해 보라.

단계 4: 당신의 여성주의 결론, 폭넓은 상담 추천사항을 제시하라. (a) 샤론의 전반적인 기능 활동 수준, (b) 지금 그녀에 대한 권한 부여를 촉진 또는 방해하는 것, (c) 그녀 자신의 특유한 능력을 발전시키도록 하는 평등한 관계를 발전시키려 할 때 그녀의 기본적인 욕구를 포함시켜야 한다(간결하고 일반적이어야 한다).

❖ 실습 5(최대 4쪽)

목　표: 샤론의 강점을 고려하고 그녀의 SES 이슈에 민감하도록 샤론에게 개별화되고, 이론에 따른 활동 계획을 개발하기

양　식: 장기목표와 단기목표로 구성된 문장 개요

도움말: 1장을 다시 보라(24~45쪽).

단계 1: 상담계획에서 부정적 편견을 막고 당신의 상담 접근법을 샤론이 개인으로서 가진 특유한 요구에 맞게 적응시킬 수 있도록, 실습 3의 G, I 파트에서 당신이 진술했던 내용을 주의 깊게 고려하면서 당신의 상담계획을 개관하라.

단계 2: 상담 종결 시점에서 그녀가 이상적으로 도달할 수 있고 이것이 그녀에게 힘을 주게 되는 장기(주요, 큰, 대규모의, 종합적인, 폭넓은)목표를 개발하라. 만일 단계 2에 어려움이 있다면 당신이 제시한 전제를 다시 읽고, 주제 문장을 뒷받침하고, 그것들을 어머니, 아내, 은행 매니저로서 그녀가 가지는 요구를 충족시키는 목표로 변환시키라(실습 4의 양식을 사용하라).

단계 3: 샤론과 당신이 몇 주 내에 완수될 것으로 기대할 수 있고, 그녀가 자기 인생에서 사회적 힘의 영향을 이해하면서 나아가는 것을 당신이 기록하는 데 도움이 되고, 변화에 대한 희망을 서서히 불어넣어 주고, 시간 효율적인 상담회기들을 계획하게 하는 단기(작은, 간단한, 요약된, 특정한, 측정 가능한)목표를 개발하라. 만일 단계 3에 어려움이 있다면 (a) EFT의 원칙과 SES의 이슈와 관련된 변화를 촉진시킬 수 있고, (b) 지금 그녀에게 힘을 싣는 데 있어 촉진 요인을 제고하고 방해 요인을 감소시키며, (c) 그녀의 삶에서 사회적 압력이 한 역할을 이해하는 데 있어 가능할 때마다 강점을 활용하고, (d) 일반적이라기보다는 새로 결혼한 두 아이의 어머니로서 그녀가 가지는 요구에 맞게 개별화된 목표로 변환시킬 아이디어를 탐색하면서, 근거가 되는 단락들을 다시 읽으라.

❖ 실습 6

목 표: 샤론의 사례에서 EFT 비판하기

양 식: A~E의 질문에 에세이 형식으로 답하거나 집단 형식으로 논의하라.

　A. 샤론(새로 결혼하면서 하위 계급에서 상위 계급으로 이동한 두 아이의 어머니)을 돕는 데 있어서 이 모델의 강점과 약점은 무엇인가?

　B. 절대론자의 기준, 이분법적 사고, 역기능적 정서 · 행동 등과 같은 사고 오류의 신호를 인터뷰에서 찾으면서, 이 사례에 인지-행동주의 이론을 사용하는 것이 가진 힘에 관해 논의하라. 그다음에 이 사례에 인지-행동주의 접근법, 여성주의 접근법을 사용하는 것의 힘을 비교, 대조하라. 지금 샤론을 돕는 데 있어 가장 강력한 이론이 무엇이라고 생각하는지 논의하고 그 이유를 설명하면서 결론을 내리라.

　C. 샤론과 에드워드에게 성 영역을 적용시키라. 그다음에 지금 샤론의 배우자 관계에 가장 영향을 가진 것이 성인지 SES인지에 대해 논의하라. 또한 만일에 에드워드가 작은 조경사업을 하고 있고 그녀는 여전히 은행 매니저라면 그녀의 배우자 관계에 있는 역동이 어떻게 변할지 논의하라.

　D. 성역할 고정관념이 그녀, 그녀의 결혼과 관련이 있다는 아이디어를 그녀가 분명하게 거부했다는 것을 고려해 본다면, 샤론과 작업할 때 어떤 윤리적 이슈가 발생할까? EFT의 원칙 중 하나는 샤론이 자신의 특유한 정체성을 찾아볼 권리를 가지고 있다는 것이다. 만일 몇 주 후에 그녀가 가족의 의사결정 통제권을 에드워드에게 남겨 두는 선택을 하고 이 문제와 관련하여 아이들과 논의하는 것에 당신의 도움을 원한다면, 당신은

구체적으로 무엇을 할 것인가?

E. 당신이 이 모델을 샤론에게 적용하면서 성역할에 대한 당신의 가정에 관해 무엇을 배
웠는가? 샤론이 에드워드와의 관계, 아이들과의 관계에 관해 언급한 것에 대해 당신은
어떻게 반응했는가? 이것은 그녀와의 긍정적 작업 관계를 형성하는 당신의 능력을 어
떻게 뒷받침했고 어떻게 방해했는가?

추천 자료

❖ Books

Brown, L. S. (2010). *Feminist therapy*. Washington, DC: American Psychological Association.

Enns, C. Z., & Byars-Winston, A. M. (2010). Multicultural feminist therapy. In H. Landrine & N.
F. Russo (Eds.), *Handbook of diversity in feminist psychology* (pp. 367-388). New York,
NY: Springer.

Worell, J., & Remer, P. (2003). *Feminist perspectives in therapy: Empowering diverse women*.
New York, NY: John Wiley & Sons.

❖ Videos

American Psychological Association (Producer), & Brown, L. S. (Trainer). (n.d.). Feminist
therapy (Systems of Psychotherapy Video Series, Motion Picture #4310828). (Available
from the American Psychological Association, 750 First Street, NE, Washington, DC 20002-
4242)

Amber May (Producer). (2012, August 1). Feminist therapy [Video file]. Retrieved from https://
www.youtube.com/watch?v=YuFmc3y72Nw

❖ Websites

Feminist Psychology Institute. https://feminism.org Psychology's Feminist Voices. http://www.
feministvoices.com

제7장 정서-초점 사례개념화와 상담계획

정서-초점 상담 소개

엘렌이 당신에게 전화해서 자동응답기에 메시지를 남겼다. 그녀는 32세의 백인 여성이며, 결혼 10년 만에 남편인 프랭크와 최근에 이혼했다. 그녀는 현재 8세, 10세인 그녀의 두 아들과 도시지역에서 살고 있다. 엘렌은 자신이 레즈비언이라는 것을 인식하고는 장기간의 불행한 결혼 생활을 끝내고 프랭크와 이혼했다고 말했다. 그녀에 의하면, 프랭크는 아직 그 이혼과 그녀의 성적 지향을 받아들이지 못하고 있다. 엘렌은 프랭크와의 관계를 잘 정리하고, 다른 성인 레즈비언과 발전적인 관계를 형성하는 데 도움을 원하고 있다. 그녀는 자동응답기 메시지의 끝에 "만일 나의 동성애가 문제라고 생각한다면 나에게 전화하지 마세요. 나는 그것이 내가 가진 문제의 해결책에 해당한다는 것을 처음부터 확실히 하고 싶어요."라고 하였다.

접수면접에서의 간이 정신건강 검사에서 엘렌은 살인이나 자살 사고, 인지적 혼란, 충동성의 징후를 보이지 않았다. 그렇지만 그녀는 어린 시절에 학대당하고 방임된 경험이 있고, 장기간의 알코올중독으로 입원한 경험이 여러 번 있는 것으로 나타났다. 그렇지만 그녀는 지난 2주 동안 술을 전혀 마시지 않았다고 했다.

당신은 인지주의 과학, 신경과학의 정서 관련 연구(Greenberg & Goldman, 2007; Perls, Hefferline, & Goodman, 1951; Rogers, 1951)뿐만 아니라 내담자 중심 상담, 실존주의 상담, 게슈탈트 상담의 전통에 뿌리를 둔 정서-초점 상담을 제공한다. 사람은 경험에서 의미를 도출하는 데에 도움을 주고, 스스로 자라고 발달하도록 자극하는 생득적인 정서-기반 체제를 가지고 있다고 당신은 믿고 있다. 엘렌은 괴로운 상태로 당신에게 왔고, 당신이 잘못된 방향으로 이끌어 가지 않기를 원한다. 그녀는 그런 걱정을 할 필요가 없다. 당신은 결코 그녀의 동성애가 문제라고, 또는 문제가 아니라고 그녀에게 말하지 않을 것이다. 그녀는 자신의 경험에 대해서 전문가이며, 어떤 것이 그녀에게 적응적인지 아니면 부적응적인지는 그녀만이 판단할 수 있다. 또한 그녀는 만일 스스로를 믿고 자신의 경험을 완전히 진행시킬 수 있다면, 적응적인 방식으로 성장하고 변화할 수 있는 타고난 역량을 가지고 있다. 당신의 역할은 이 과정을 촉진시키는 것이다(Greenberg & Goldman, 2007; Rogers, 1951). 다음에 제시된 좀 더 세부적인 정서-초점 상담 분석은 Elliott과 Greenberg(1995)가 수행한 것이다.

엘렌은 자신, 타인, 자신의 상황을 이해하기 위해 끊임없이 자신의 삶의 경험에서 의미를 창출한다. 그녀가 내적, 외적 경험을 완전하게 진행시켜서 그것에서 도출된 의미가 그녀를 유연하고 적응적으로 이끌게 된다면 그녀는 건강하게 기능하게 된다. 이 과정을 수행할 때, 그녀는 자신의 정서적 각성을 자신에게 최상인 수준으로 유지할 필요가 있다. 상황의 중요성(그것의 의미)을 인식하고 적절한 행동을 할 수 있도록 자신의 정서에 접근하고, 그것들을 고양시키고, 그것들을 견뎌 내는 것이 필요한 순간들이 있다. 어떤 때는 그녀가 이런 정서들을 계속 유지하거나 또는 멀리 떼어 놓음으로써 자신의 각성상태를 낮추지 못한다면, 그래서 상황에 대해 적응적으로 생각하고 적절하게 행동할 수 없게 된다면, 의미-창출 과정이 방해받을 수 있다. 정서조절은 엘렌이 적응적으로 기능하는 데 매우 중요하다. 그것은 정서가 자신을 이끌 수 있도록 자기 정서와 좀 더 접촉할 때와 이성을 사용하여 경험을 진행시키기 위해 정서를 계속 통제할 필요가 있을 때를 아는 것으로 구성된다. 만일 엘렌의 현재 기능이 부적응적이면 그것은 정서 과정이 방해받은 결과이다.

엘렌은 최근에 자신의 내적 경험을 신뢰하기 시작했다. 이를 통해 그녀는 자신을 이성애자가 아니라 동성애자로 재규정하게 되었다. 그녀는 현재 이 성적 지향에서의 이동이 삶의 다른 측면에 가지는 의미에 관해 고민하고 있다. 엘렌은 하룻밤 만에 세상 속의 자신에 대한 관점을 바꾼 것이 아니다. 이 관점은 그녀가 새로운 경험과 옛 경험을 통합할 때마다 언제나 건설 중인 상태였다. 정서도식의 형태로 있는 옛 경험은 새로운 경험에 필터 역할을 한다. 정서도식은 아동기 동안 발달하며, 패턴이 결정된 선행 방식으로 작동하여 자동적이고 무의식적으로 행동을 이끌게 된다. 이 고유의 정서-기반 체제는 일이 어떻게 되어 가고 있는지에 대한 전체적인 느낌을 순간순간 단위로 엘렌에게 제공한다.

정서도식은 기본 정서 또는 부차 정서의 주변에서 발달할 수 있다. 기본 정서는 발생한 어떤 일에 대한 직접적인 반응으로 일어난다. 엘렌이 아버지에게 화가 났다면, 이 화가 기본 정서이다. 그렇지만 그녀가 화를 표현하면 아버지가 그녀를 더 때릴 것이라는 두려움을 엘렌이 가졌다면 공포는 화라는 기본 정서를 감추는 역할을 하는 부차 정서가 된다. 엘렌이 이런 정서 경험에서 생산적인 의미를 얻으려면 기본 정서를 마음에 떠올리고 그래서 화의 감정으로 충분히 나아갈 때까지 부차 정서인 공포에 머무르면서 작업을 할 필요가 있다. 항상 부정적 정서는 좀 더 의미를 탐색하는 과정이 필요한 경험의 영역에서 단서 역할을 한다.

정서도식은 단순한 감정이 아니다. 비록 감정이 정서도식의 발달에 핵심 역할을 하지만 정서도식은 높은 수준으로 조직된 구조이며 감정, 신체적 느낌, 인지(신념, 인식, 예상), 동기나 행동의 경향이 함께 어우러져 자신이 누구이고, 타인들과 어떻게 관계를 가지며, 자신에게 중요한 것이 무엇인지를 엘렌이 이해하도록 돕는다. 이 정서도식은 엘렌의 행동에 자동적으로 영향을 주지만, 엘렌이 새로운 경험을 겪거나 옛 경험을 좀 더 진전시키면 새로운 도식이 창출될 뿐만 아니라 기존의 도식이 수정 또는 변형될 수 있다.

엘렌의 강점은 건강한 정서도식과 적응적 정서에서 오는 반면, 그녀의 어려움은 부적응적 정서도식 또는 문제가 되는 경험 상황에서의 적응적 정서에서 온다. 건강한 도식은 엘렌이 삶을 고양시키는 방식으로 자신의 요구를 충족시키도록 돕는다. 그런 도식은 감정, 신체적 느낌, 인지, 동기나 행동 경향을 포함하고 있다. 불완전하고, 건강하지 못하고, 모순된 도식은 엘렌을 적응적으로 이끌지 못하지만, 여전히 그녀의 정당한 요구를 충족시키려는 시도일 수는 있다.

어떤 것이 건강한 정서도식이 될 수 있는가? 엘렌은 학교에서 항상 잘해 나갔다. 이것은 그녀가 효과적으로 학습하게 이끄는 건강한 도식 때문일 것이다. 이 도식은 유능감, 새로운 것을 학습할 수 있다는 예상, 과거에 성공적으로 학습하였다는 인식을 포함하고 있을 것이다. 이것은 그녀가 교실에서 주의집중하고 공부하게 하는 동기 경향과 짝지어져 있을 것이다. 이 도식은 엘렌이 교육환경에서 학습할 때에 도움이 될 것이며, 그녀가 상담환경에서 새로운 것을 학습할 수 있을 것이라는 좋은 징조로 볼 수 있다.

적응적 정서란 무엇인가? 이것은 현재 상황에서 엘렌을 적응적으로 이끌어 가는 정서이다. 만일 누군가 직장에서 엘렌을 모독하면, 그녀는 화가 날 것이다. 이 화에 반응해서 단호한 태도로 자신을 방어하는 행동을 하면, 화는 그녀가 적응적 행동을 하도록 이끌어 준 적응적 정서로 기능한 것이다. 유사하게, 만일 그녀가 낭만적인 짝과 함께하면서 친절과 사랑의 보살핌을 받으면 그녀는 그에 맞춰 사랑을 느낄 것이다. 그녀가 짝에게 사랑을 표현하는 반응을 하면 이 사랑은 적응적 정서로 작동한 것이다.

엘렌은 정서 처리 문제를 가지고 있어서 그녀의 모든 경험이 건강하고 완전한 정서도식으로 조직되지는 않고 있다. 엘렌이 가진 불완전한 도식은 어떻게 해서 부정적인 결과를 가져오는가? 예를 들어, 엘렌은 다른 성인과 정서적으로 친밀한 관계를 형성하려는 욕구나 동기 경향을 가지고 있을 수 있다. 그렇지만 엘렌에게는 정서적 연결에 대한 열망이 불완전한 채로 존재할 수 있다(불명확한 체감). 이 도식은 불완전하며, 그래서 엘렌이 자신의 요구를 충족시키려면 어떻게 해야 하는지 이끌어 가는 데에 도움이 되지 못한다. 상담에서, 당신은 엘렌이 정서적 연결에 대한 자신의 열망을 좀 더 인식하게 도울 수 있다. 그녀는 그것에 관해 논의하고 그 열망이 자신에게 무엇을 의미하는지 말로 표현(기호화)할 수 있다. 자신의 신체적 느낌에 관심을 둠으로써, 그녀는 그 느낌에 대해 자신이 정서적 친밀을 매우 경험하고 싶어하면서도 어떻게 하면 가능한지 모르고 있다는 슬픈 감정을 반영한 것이라고 명시화할 수 있다. 이 열망을 좀 더 깊이 진행시킴으로써, 엘렌은 자신이 다른 사람과 이 감정을 공유하는 법을 모르고 있다는 것을 인식할 것이다. 이 정서적 과정을 진행시킴으로써 불명확한 체감이 완전하고 적응적인 도식으로 변형되며, 이 도식에서 그녀는 희망의 감정, 과거에 효과적으로 학습했으며 앞으로도 그렇게 할 수 있다는 인식, 새로운 사회적 기술을 열심히 시도하고 연습하겠다는 동기를 가지게 되며, 그럼으로써 다른 사람과 정서적 친밀감을 발달시킬 수 있게 된다.

엘렌이 가진 완전하지만 부적응적인 정서도식은 어떤 것인가? 아버지의 학대 행동으로 인해, 엘렌은 모든 여성은 안전해지기 위해 순종적일 필요가 있다는 인식을 포함하여 남성과의 상호작용에 대한 도식을 발달시켰을 것이다. 그녀의 동기 경향은 눈을 내리뜨는 신체적 반응, 조용히 말하는 것, 항상 남성에게 동의하는 것 등의 순종적 행동을 하도록 그녀를 이끌었을 것이다. 그녀는 만족할 수 없었겠지만 안전했다. 이 도식은 아버지의 학대 행동을 감소시키는 기능을 했지만, 한편으로 폭력적 남성과 비폭력적 남성 모두에 대한 그녀의 행동을 단단하게 이끌었다. 이에 따라 이 도식은 전남편과의 정서적으로 만족스러운 관계로 그녀를 이끌어 갈 수 없었다.

서로 갈등하는 도식은 엘렌에게 어떤 영향을 주었는가? 그녀는 조화되지 않는 방식들로 그녀를 이끄는 두 개의 정서도식을 가지고 있었다. 이것은 엘렌이 자기 경험의 경쟁하는 두 측면 사이에서 분할되게 하는 분할된 자기평가를 유발했을 것이다. 예를 들어, 그녀는 자신의 성적 행동을 이끄는 정서도식을 가지고 있을 것이다. 이 도식은 아동기에 부모를 보면서, 그리고 다른 남녀 커플들이 상호작용하는 것을 보면서 발달하였다. 엘렌은 또한 자라면서 동성애 혐오증을 나타내는 말들을 많이 들었으며, 이에 따라 그녀의 성적 행동을 이끄는 도식은 적절한 성적 행동이 남성과 여성 사이에서만 일어나며 레즈비언과 게이의 성적 행동은 항상 받아들일 수 없는 것이라는 인식을 포함하게 되었다. 아동기에 발달한 이 도식과 대조적으로, 성인인 엘렌은 레즈비언으로서의 정체성을 지지해 주는 새로운 도식을 발달시켰다. 이렇게 되면서 이 도식은 희망과 안도의 감정, 흥미로운 느낌, 스스로를 더 잘 이해하고 있고 자신이 결혼생활의 실패자가 아니며 레즈비언인 것이 문제의 한 해결책이 될 수 있다는 인식들로 구성된다. 이 도식은 그녀가 다른 레즈비언에게 다가가도록 이끄는 동기 경향을 포함하고 있다. 그렇지만 성적 관계에서 어떻게 행동해야 할지를 알려 주는 그녀의 '성적 행동' 도식은 레즈비언과 데이트하게 하는 그녀의 '개인적 정체성' 도식과 일치하지 않는다. 이로 인해 엘렌은 내적 혼란과 갈등의 상태에 빠져 있으며, 알코올을 통해 그녀의 모순된 인식과 행동 경향을 둔화시켜야 데이트할 수 있게 되었다.

마지막으로, 엘렌은 아동기에 아버지에게 신체적으로 학대당하고 또 아버지가 어머니를 성적으로 학대하는 것을 보았고, 그래서 이 문제 경험에 대한 반응으로 발달시킨 적응적 정서로 인해 문제를 겪었다. 누군가가(그녀의 아버지가) 화를 내면 다른 누군가가(그녀가, 그녀의 어머니가) 심하게 상처를 입는다는 것을 배웠고, 이로 인해 화를 드러내는 것을 두려워하게 되었다. 두려움은 자신을 보호하는 행동을 하도록 이끈다는 점에서 적응적 정서가 될 수 있다. 아버지가 목소리를 높일 때마다 그녀의 두려움은 그녀를 순종적이게 이끌었고, 이렇게 해서 아버지의 격분은 완화되었다. 따라서 이것은 적응적이다. 이제 예전에 적응적이었던 이 정서는 그녀가 자신의 화를 표현하는 능력, 화를 내는 사람과 문제를 해결하려는 노력을 제한하고 있다. 상담은 그녀가 이 정서를 충분히 탐색하도록 도울 수 있고 그 정서의 작용을 감소시켜서 그것이 관계에서 어떤 역할을 하는지 그녀가 이해하도록 할 수 있다. 그런 다음에 엘렌은 그녀의 순종적 행동이 화난 사람에게 대처할 때 제대로 역할을 하는지, 그리고 다른 사람에게 화를 내는 것이 안전한지 판단할 수 있을 것이다.

엘렌은 대부분 건강한 정서도식과 적응적 정서를 가지고 있으며, 이런 도식과 정서는 경험에서 의미를 파악해 가도록 이끌어서 최소한의 또는 제한된 정서적 처리 문제만 가지고 있다. 반면에 그녀는 문제가 있는 전체 처리 양식을 발달시켰는데, 이 양식은 대부분의 시간 동안 적절한 정서적 조절을 방해한다. 이 처리 양식은 과도한 정서 규제(정서에서 벗어남), 과소한 정서 규제(정서의 바다에 있음), 경험적 처리에 대한 심한 의존(그는 정서적 또는 신체적 인식의 과다 사용), 개념적 처리에 대한 심한 의존(추론 전략의 과다 사용)을 포함한다.

만일 엘렌이 문제가 있는 처리 양식을 가지고 있다면, 그것은 매우 고통스러운 정서(핵심 고통) 또는 압도하고 있는 생각(핵심 이슈)과 연관되어 있다. 이것은 네 가지 원인(경험을 말로 나타내서 그것을 개념적으로 처리하는 것의 어려움/자존감이나 자기인식 문제로 힘들어하는 유형의 개인 내 역동/애착 형성을 통해 친밀감에 대한 욕구와 자율성에 대한 욕구 사이에 균형을 맞추는 문제로 힘들어하는 유형의 개인 내 역동/죽음, 상실, 삶 등의 의미를 힘겹게 고민하는 유형의 실존적 역동) 중의 하나에서 나온다. 엘렌은 하나 이상의 핵심 고통 또는 이슈를 가질 수 있다. 이 각각은 문제가 있는 경험에 직면했을 때 역기능적 정서도식이나 덜 분리된 정서도식, 또는 적응적 정서의 구성요소가 된다.

엘렌이 자신의 경험을 충분히 처리하지 않는 한 그녀의 선택, 행동의 자유는 제한된다. 상담은 그녀가 ⓐ 자신의 경험을 좀 더 충분하게 인식하고, ⓑ 이 경험을 좀 더 충분히 진행시켜서 의미를 찾고, ⓒ 정서도식에서 잘 작동하지 않는 측면을 판단하도록 돕는 데 초점을 둘 것이다. 만일 그녀가 이렇게 한다면 그녀는 도식을 수정, 변형하게 될 것이며 빠뜨리고 있던 뭔가를 새롭게 창출할 것이다. 자신의 정서에 대한 기능적 처리를 통해 엘렌은 세계 속의 자신에 대한 새로운 관점, 타인에 대한 새로운 관점을 가지게 될 것이며 또한 자신에 대해 더 크게 이해하고 수용하게 될 것이다.

상담자의 역할

상담자는 엘렌을 어떻게 도울 것인가? 전체적으로 볼 때, 상담자는 두 가지 중심 원칙을 따라야 한다. 첫째는 협력하고 돌보며 진실한 상담관계를 키워 나가는 것이다. 그렇게 하기 위해서 상담자는 엘렌의 참조틀에 맞춰 조율된 공감을 해 나가는 데 초점을 두고, 그녀와 함께 서로를 돌보는 관계를 발전시키고, 함께 상담목표를 설정하고 상담과제에 참여하는 과정에 그녀를 더 적극적으로 관여시킬 것이다. 두 번째 원칙은, 엘렌에게 논의가 필요한 '내용'에 대해서는 엘렌 자신이 전문가이므로 상담자는 상담회기의 내용에 대해서는 비지시적으로 하고 엘렌에게 구체적인 상담활동에 참여할 기회를 제공함으로써 그녀의 자아 탐색을 촉진시켜야 한다는 것이다. 과제는 고통스러운 정서적 상태, 주제의 구성요소들, 그리고 이 새로운 경험들의 통합을 충분히 진행시켜서 자신과 자신의 상황을 구축하도록 촉진하는 것이다. 상담자의 도전과제는 엘렌의 자기탐색과 구체적인 과제의 채택 사이에 균형을 만드는 것이다. 엘렌의 자기탐색은 엘렌이 자신의 내적 경험을 신뢰하는 법을 학습하도록 돕는 데 핵심이 되며, 구체적인 과제의 채택은 엘렌이 자신의 경험에서 의미를 구축하는 데 도움이 되는 것이다.

상담자는 어떤 과제가 지금 엘렌에게 도움이 되는지를 어떻게 판단하는가? 상담자는 매 순간에 주의를 기울여 경청하고 엘렌의 정서를 쫓아간다. 상담자는 정서적 처리 문제(해결되지 않은 인지-정서 문제들)를 나타내는 표식을 탐색한 후, 엘렌이 이 당장의 정서적 차단의 어려움이 있는 그 순간에서 자신의 내적, 외적 세계를 충분히 경험할 수 있도록 돕는 과제를 제안한다. 상담자는 또한 엘렌이 자기 경험들에 관해 이야기할 때, 그녀의 목소리가 가진 질을 검토할 수 있는데, 이를 통해 그녀가 상담자에게 원하는 것에 대한 단서를 얻을 수 있다. 상담자는 목소리의 질을 네 가지로 확인할 수 있다. 만일 그녀가 '집중하는 목소리'로 말한다면 그녀는 이미 경험의 새로운 측면을 말로 나타낸 것이다. '정서적 목소리'는 그녀가 자신의 감정에 동조되어 있다는 것을 나타낸다. 만일 그녀가 '억제된 목소리'로 말한다면 그녀는 자신의 감정을 건드리면 어떻게 될지 염려하고 있는 것이다. 이 상황에서는 먼저 상담관계에서 신뢰를 형성하고 안전하다는 느낌을 강화한 다음에 엘렌이 자신의 경험을 좀 더 충분히 탐색하는 것이 필요하다. 마지막으로, 만일 엘렌이 '형식적인 목소리'를 낸다면, 그녀는 연습한 대로 또는 기계적인 태도로 자기 경험을 이야기하고 있는 것이다. 이때 그녀가 관심을 두고 있는 것은 그 이야기를 통해 그것의 의미에 관한 내적 이해를 발전시키는 측면이라기보다 그것이 상담자에게 촉발시키는 반응이다. 이런 경우, 상담자는 그녀가 자신의 내부로 향하도록, 그리고 그 자리에서 그것이 진행될 수 있도록 생생한 방식으로 각 경험을 재현하도록 도와야 한다.

엘렌은 상담자가 제시한 과제를 수행해 갈 것인가? 그녀의 자율성과 자기주도적 탐색은 매우 중요하며, 따라서 그녀는 할 준비가 되어 있다고 느끼는 과제만을 택할 것이다. 엘렌은 항상 새로운 경험을 자신과 자신의 세계에 대한 느낌에 통합시키고 있다. 이렇게 하면서 그녀는 자신, 그리고 그 순간에 자신에게 필요한 것을 재창출한다. 그 결과 미리 계획되지 않은 행동이 한 회기에서 다음 회기로 곧바로 이어진다. 그녀는 각 회기의 속도와 방향을 결정한다. 그렇지만 상담자는 만일 그녀가 핵심 고통이나 이슈를 가지고 있다면 그것이 회기가 이어지면서 되풀이될 것이라고 예상한다. 엘렌을 만나는 매 회기마다 상담자는 서로 협력하는 평등한 상담관계를 만들면서 그녀에게서 무엇이 나타나는지 기다리며 살펴보고 그녀가 이끄는 대로 따라간다. 상담자는 절대로 그녀의 경험에 의미를 부과하지 않는데, 이는 상담자의 의미 부과가 상담의 진행을 방해하고 엘렌이 자신에게 가장 도움이 되는 방식으로 자기 경험을 재조직하지 못하게 막기 때문이다.

어떤 것이 탐색되어야 할 경험인지는 엘렌의 전체적인 처리 양식이 자신의 정서를 과다규제하는 것에서 확인할 수도 있다. 따라서 그녀가 자신의 정서적 경험을 최소화한다는 첫 번째 징후 또는 표식이 확인되면 상담자는 좀 더 충분히 경험하도록 촉진하는 과제를 제시할 수 있다. 표식은 또한 비언어적 행동과 같이 당장의 상황에서 나타나는 작은 무엇인가에 있을 수도 있다. 예를 들어, 엘렌이 이야기를 나눌 때 아래를 내려다본다면(비언어적 표현), 상담자는 이 행동과 관련된 그녀의 신체적 감각에 주의를 돌리게 하고, 먼저 그것을 기호화하게(말로 나타내게) 도운 다음에 그것이 무엇을 의미하는지 살펴본다.

여섯 가지 유형의 정서적 처리(과정 진단)가 논의될 것이다. 각 유형에 대해, 엘렌이 그것을 탐색하고 적응적인 의미로 변형하도록 도움이 될 상담활동을 제시한다. 첫 번째 유형은 문제가 되는 반응(problematic reaction)이다. 이 반응에서 엘렌은 자신이 예상한 반응과 자신의 실제 반응 사이에 괴리가 있는 것을 인식한다. 그녀는 어떤 식으로든 그 경험에서 당혹 또는 곤혹스러운 점을 발견한다. 이 경우에 도움이 되는 과제는 체계적으로 환기시키는 것이다. 상담에서 엘렌은 이 문제가 있는 반응을 생생하게 재경험하고 탐색하도록 도움을 받으며, 이 과정에서 상담자는 공감적으로 반응한다. 상담자는 당혹스러운 경험의 과정을 천천히 진행시키면서 엘렌이 그 경험의 모든 작은 부분까지 더 깊이 검토하도록 돕는다. 그녀는 지각된 촉발제(반응 직전에 있었던 일), 그와 관련해서 당장 떠오르는 생각(그 경험을 좀 더 기호화하기), 그것에 대한 반응으로 가진 감정(그 경험이 느껴진 방식), 그녀의 동기(그녀가 그것에 관해 느끼고 생각하고 싶은 것)를 인식하게 된다. 그 결과 엘렌은 그 문제가 있는 경험에서 좀 더 적응적인 의미를 이끌어 낼 수 있다.

사람들은 단 하나의 대표 자아가 아니라 다양한 자아를 가지고 있다. 엘렌은 자신에 대한 하나의 통일된 느낌을 계속해서 구축하는 상태에 있다. 만일 그녀에게 두 번째 유형의 처리인 자기 평가의 분할(self-evaluative split)을 한다면, 두 가지 측면의 자신이 자신에 대한 느낌 속에 충분히 통합되어 있지 않고 서로 반목하고 있을 것이다. 예를 들어, 그녀의 정체성의 한 측면은 다른 측면에 대해 비판적이거나 고압적일 수 있다. 한 측면은 그녀의 결혼이 실패한 것을 들면서 관계능력 부족을 비판하고, 다른 측면은 실패의 원인이 관계능력 부족이 아니라 성적 혼란이라고 주장할 수 있다. 이 두 측면은 엘렌의 자아 개념 안에 적응적으로 통합될 필요가 있다. '두 의자 대화' 기법이 이 상황에 도움이 될 수 있다. 엘렌은 자신의 두 측면을 의인화한다(아내로서의 역할 수행을 비난하는 자아 대 새로 개발된 레즈비언 정체성의 자아). 상담자는 그녀를 코치하여 두 목소리의 메시지가 충분히 진행될 때까지 한 측면이 다른 측면에 이야기를 하도록 한다. 이것은 그녀가 두 목소리를 통합하는 데 도움이 된다. 그녀는 이전에 자기 경험의 어떤 측면에 대해 그것이 고통스럽다거나 받아들이기 어렵다는 이유로 거부했을 수 있다. 이 거부된 측면도 그녀의 정당한 한 부분이므로, 상담을 통해 엘렌은 동정과 자기수용을 보이도록 도움을 받을 것이다.

세 번째 처리 유형은 자기 차단적 분할(self-interruptive split)로, 두 번째 유형과 맥락상 관련되어 있다. 엘렌은 결혼생활에 대해 불만스러운 자기 정서를 표현하거나 충분히 이를 경험할 수 있는 자기 능력을 차단하거나 최소화하면서 자신의 한 측면(좋은 아내가 되려 하는 부분)만으로 지내 왔을 수 있다. 이 경우에도 두 의자 실연 과제가 도움이 될 수 있다. 엘렌은 의도적인 통제하에, 차단하는 쪽의 좋은 아내(불만족 정서를 과다 규제하는 이)를 데려옴으로써 천천히 작업하게 된다. 이 과정에서 엘렌은 자신의 불만족을 충분히 표현할 수 있고, 그 정서가 생산적인 의미를 향해 나아가도록 할 수 있다.

네 번째 유형은 취약한 느낌(sense of vulnerability)이다. 이것은 과거에 엘렌이 모두에게 비밀로 해 왔던, 경험의 어떤 측면과 관련된 고통스러운 정서를 나타낸다. 어쩌면 엘렌은 자신이 원래 나쁘고 가치 없는 게 아닌가 생각하면서 아버지에게 학대받을 만하다고 항상 믿고 있었을지도 모른다. 이 느낌이 표면화될 때마다 그녀는 그 경험을 받아들이는 것은 자신이 나쁘고 가치 없다는 것을 의미한다는 두려움 속에서 그 경험을 회피하였을 것이다. 이 경우에는 공감적으로 인정해 주는 것(empathic affirmation)이 필요하다. 상담자가 그녀가 누구인지를 이해하고 있고 그런 그녀를 존중한다는 것을 표현하는 것이다. 상담자는 그녀가 어릴 때 학대당했고 이혼을 했으며 레즈비언이고 두 아이의 어머니라는 점 등 그녀의 총체적인 자아를 존중한다. 이 수용은 엘렌이 더 큰 희망의 느낌과 강점을 발전시켜서 자신의 모든 측면을 받아들일 수 있게 돕는다.

다섯 번째는 체감하지 못하거나 불명확하게 체감하는 것이다. 만일 경험의 어떤 측면에 대한 엘렌의 생리적 반응이 뒤섞이거나 없으면 엘렌에게 이 문제가 있는 것이다. 엘렌이 자신의 체험에 초점을 두는 것이 이러한 문제에서 도움이 된다. 엘렌이 자러 가기 전에 불을 끌 때마다 항상 무감각해지는 것을 느끼지만 왜 그런지는 모른다고 가정해 보자. 상담자는 엘렌이 자신의 내부로 향하게 하여 이 무감각에 주의집중하면서 그 과정에 좀 더 머무르도록 돕는다. 상담자는 그녀가 이 무감각한 느낌을 한층 더 강하게 하면서 이 감각에 명칭을 붙여서 이를 형상화할 수 있도록 돕는다. 그녀는 이 무감각이 얼어 있고 녹을 때까지 매달려 있는 각얼음 같으며 자신이 사라졌다고 이야기한다. 이 각얼음 은유에 유념하면서, 엘렌은 이제 그것을 각얼음으로 기호화할 수 있다(말로 나타내거나 좀 더 진전된 기호로 나타낼 수 있다). 각얼음이 된 자신은 아버지가 때릴 때 고통을 느끼지 않는다. 곧이어 그녀는 녹아 사라진다. 왜냐하면 어머니가 마치 그 경험이 없었던 것처럼 그녀를 대하기 때문이다. 엘렌은 이 불명확한 체감에 강하게 집중함으로써 새로운 의미를 구성할 수 있다. 그녀의 과거는 바꿀 수 없지만, 학대가 가진 의미는 변화될 수 있다. 그녀는 자신이 단지 녹아 사라지는 물이라는 생각을 그만둘 수 있다. 그녀는 이제 아버지가 자신을 학대했고 어머니는 그것을 부정했다는 것을 분명히 인식하게 된다. 이제 그녀의 자아 관념은 자신이 성인으로서 학대로부터 스스로를 보호할 수 있다는 인식을 포함시키게 된다. 그녀는 이제 성인인 자신이 침대에서 안전하다고 분명히 인식하면서 밤에 불을 끌 수 있다.

마지막 처리 유형은 미결 사항이다. 어쩌면 엘렌은 자신이 5세 때 어머니가 돌아가신 것에 대해 가졌던 버림받은 느낌 또는 분노 감정(역자 주. 엄마에 대한)을 아직 풀지 못했을 수 있다. (어머니가 앉아 있는 것처럼 상상하는) 빈 의자를 활용한 대화가 이 상황에 유용할 수 있다. 먼저, 엘렌은 빈 의자를 바라보면서 자신의 관점에서 이야기한다. 그다음에는 '어머니의 의자'로 옮겨 앉아서 어머니의 관점에서 이야기한다. 엘렌은 미결 사항의 모든 측면이 충분히 완성될 때까지 계속해서 의자, 그리고 관점을 바꾼다. 그녀는 이제 어머니의 죽음에 대한 자신의 감정을 풀어냈다는 적응적인 결론에 도달할 수 있다.

모든 처리 유형(표식의 인식)은 잠정적이며 추가적인 정서적 처리에서 확인될 수도, 확인되지 않을 수도 있다. 여섯 개의 상담활동은 모두 엘렌의 인식에 무의식적이고 자동적인 정서도식을 가져다주어서 그것들이 깊이 탐색될 수 있게 하려는 것이다. 만일 엘렌이 자신을 생산적으로 이끌지만 과거에는 과소평가했던 도식을 발견한다면, 그녀는 그것에 좀 더 주의집중하여 그것이 그녀를 이끌어 갈 가능성을 높일 수 있다. 만일 그녀가 그녀를 이끌어 가는 도식 중 하나가 해롭다는 것을 발견한다면, 그녀는 그것을 인식하고 변형하거나 자신에게 좀 더 도움이 되는 다른 도식을 만들어 낼 수 있다.

상담이 종결될 때 엘렌은 어떤 것을 얻게 되는가? 그녀는 자신의 정서에 충분히 접근할 것이고 그것들을 활용하여 자신의 행동을 이끌 것이다. 만일 그녀가 자신의 정서에 압도되는 기분이 되면, 그녀는 스스로 위로하기, 타인의 도움 찾기, 기분 전환 같은 전략을 사용하여 자신의 각성을 낮추는 기술을 배울 것이다. 대조적으로, 만일 그녀가 자신의 정서에서 멀어지면 그녀는 자신의 신체 감각에 주의집중하는 방법 등의 기술을 배워서, 자신의 정서 상태를 인식할 수 있도록 내면에 초점을 맞출 것이다. 전체적으로, 그녀는 자신의 경험을 신뢰하고, 더 큰 범주로 정서적 정보를 활용하고, 경험에 대해 자신만의 사고와 감정 방식을 반영하는 능력을 발전시킬 것이다. 그녀는 자신이 가치 있는 사람이고 또한 자신의 운명을 이끌어 갈 수 있으므로 이제 자신은 다른 사람과의 관계에서 자기 자신으로 존재할 수 있다는 것을 배울 것이다.

사례 적용: 성적 지향 영역의 통합

이제 엘렌의 사례가 자세하게 검토될 것이다. 그녀의 사례와 관련될 수 있는 복합적 영역이 많이 있다. 여기서는 성적 지향의 영역을 선택하여 인지적 사례개념화와 상담계획에서 검토하였다.

인지-초점 관점에서 엘렌(E)과의 인터뷰

C: 어서 오세요. (침묵) 어디서부터 이야기를 시작할까요?

E: (슬프게, 내려다보며) 나는 최근에 남편인 프랭크와 이혼했어요. 나는 고등학교에서 그를 만났어요. 그는 내가 진지하게 사귄 첫 번째이자 유일한 남자예요. 그는 우리의 재정, 사는 장소, 사는 방식에 대한 책임을 다 떠맡았어요. 그는 나의 하나뿐인 유일한 친구였어요(고개를 든다).

C: 당신의 유일한 친구와 결별했으니 많이 힘드시겠어요.

E: (낙담하여) 예, 정말 힘들어요. 가끔 만나는 친구들은 있어요. 그렇지만 (침묵, 쓸쓸하게) 난 새로운 상대가 필요해요, 내가 사랑할 사람……. 아이들이 밤에 잠들고 나면 나는 몹시 외로워요.

C: 당신은 그 외로움에서 벗어날 방법을 찾고 있군요. (침묵) 어떤 것을 할 수 있을까요?

E: (쑥스러워하며) 나한테 필요한 건 (긴 침묵) 다른 레즈비언을 만나는 거예요. 그렇지만 어떻게 하면 다른 여자에게 접근할 수 있을까요? 나한테는 새로운 사람을 만나는 게 언제나 힘들었어요. 프랭크는 나한테 다가왔던 유일한 사람이었어요. 내가 그에게 다가가긴 어려웠을 거예요. (방어적으로) 나는 지난 주말에 게이바에 갔어요. 나는 다만 술을 충분히 마셔서 (침묵) 좀 사교적으로 될 생각이었어요. 그렇지만 (침묵, 내려다보며) 그건 시간도 많이 걸리고 술도 많이 마셔야 했어요. 그래도 결국 나는 누군가에게 말을 걸 수 있었어요. 우리는 어떤 호텔에 갔고, 그리고 (한참 침묵) 나는 그 여자의 이름도, 내가 뭘 했는지도 기억나지 않아요. (고개를 들고, 넌더리를 내며) 다음날 아침에 호텔에서 깨어났을 때 나는 혼자였어요. 나는 화장실 거울에서 나 자신을 쳐다보았고, 갑자기 심하게 토하기 시작했어요. (화를 내며) 나는 집으로 돌아가서 아이들을 대해야만 했어요. (한참 침묵) 아이들은 내가 전날 입은 옷에 (한참 침묵) 토한 흔적을 잔뜩 묻혀서 들어온 걸 쳐다보고 있었어요. 아이들은 그냥 나를 쳐다보고만 있었어요. 나는 거짓말을 했어요. 독감에 걸려서 병원에 있었다고요. (침묵, 슬프게) 기분이 안 좋았어요. 아이들에게 거짓말하면 정말 기분이 안 좋아요. (혼란스러워하며) 그렇지만 달리 어떻게 하겠어요?

C: 기분이 많이 안 좋았군요. 당신은 무슨 일이 있었는지 기억할 수 없었어요. (침묵, E는 내려다본다) 거짓말을 했고요. (침묵) 깨어나서 토하고 아이들에게 거짓말을 하는 것은 당신이 살고 싶은 삶의 방식은 아니지요.

E: (확고하게) 아니죠, 그건 아니에요. 나는 이전에도 그렇게 술 취해서 의식을 잃은 적이 있

어요. 나는 다시 정상적으로 살기 전에, 많은 시간을 술에 취해 있었어요. 아이들은 내가 만취해서 소파 위에 있는 걸 자주 보았어요. (침묵, 단호하게) 나는 다시는 술에 취하지 않을 거예요! 나는 그 덫에서 빠져나왔어요.

C: 술에 취하지 않겠다고 결심했군요. (E는 고개를 끄덕인다) 결심을 계속 지키려면 얼마나 힘들까요?

E: (확고하게, 내려다보며) 나는 술을 마시지 않아요. (침묵, 올려다보며) 내 말은, 내가 레즈비언이라는 걸 깨닫게 된 이후부터는 술을 마시지 않았다는 거예요. (혼란스러워하며) 그렇지만 그 술집에 가면 그냥 다시 술 속으로 빠져들어요.

C: 혼란스러운 것 같네요.

E: (부드럽게) 예, 그래요. 나는 내 삶의 많은 시간을 나 자신으로부터 숨는 데 쓰며 보냈어요. (한참 침묵, 확고하게) 내가 어떤 사람인지 이제 알았으니까 더 이상 숨는 일은 없어요. 그래요, 내가 왜 취하도록 술을 마셨겠어요?

C: 자신을 이해한 새로운 당신은 그런 잘못을 다시 하지 않을 것 같네요.

E: (한참 침묵, C를 올려다보며) 나는 강한 걸까요, 아니면 약한 걸까요?

C: 강한 사람은 언제나 자신을 이해하기 위해 애써 노력하고 있을까요? 그들은 항상 자신이 무엇을 해야 할지 알고 있을까요?

E: (슬프게) 그건 현실적이지 않은 것 같네요. (한참 침묵) 여성과 성관계를 가지는 데에 문제가 없다고 내가 이야기했지요, 심지어 그러면 안 된다고 프랭크가 고함칠 때에도. 나는 내가 충분히 강해져서 어떤 것도 다시 나빠지지 않을 거라고 생각해요.

C: 그렇게 좋아질 수 있었어요. (침묵) 당신이 최근까지 그런 일들을 겪어 냈고, 마침내 불안정과 고통에서 벗어났네요.

E: (한참 침묵, 동요하면서) 나는 다른 레즈비언에게 말을 거는 것이 너무 무서워요, 그래서 술을 과하게 마시게 돼요. (강하게) 그것 때문에 여기 온 거예요. 앞으로는 그 두려움을 마주 볼 거예요, 술로 그것을 덮어놓지 않겠어요.

C: 당신은 알코올이 아니라 상담에서 도움을 받기로 했군요. (한참 침묵) 알코올이라는 덫에서 벗어나는 데 도움이 되는 게 또 있나요?

E: 내 아이들도 당연히 엄마가 잘 돌봐줘야 해요. 걔들은 지금까지 학교에서 잘해 나가지 못했어요. (침묵, 고통스럽게) 나는 내 어려움에만 매달려 있어서 내 부모님이 나한테 하셨던 것처럼 아이들을 방임해 왔어요. 어머니는 항상 취해 있었어요. 나는 어머니처럼 되고 싶지 않았지만 그렇게 되었어요. 애들 학교 숙제를 도와준 적도 없어요, 심지어 교

사가 나한테 메모를 보냈을 때도요. 작년에 걔들은 나한테 뒷순위였어요, 그리고 (침묵, 목이 메어서) 그래서 걔들은 매우 불행해졌어요. (한참 침묵, 완강하게) 나는 술에 취하고 아이들을 돌보지 않는 사람인 채로 지냈어요. 이젠 그러지 않을 거예요.

C: 아이들에 대한 관심이 금주하려는 결심에 좋은 영향을 줬군요. (E는 고개를 끄덕인다) 당신은 자신을 이해하고 좋은 부모가 되려고 애써 노력할 생각이네요.

E: (확고하게) 예, 나는 내 자신과 아이들을 돕기로 결심했어요. (걱정스럽게) 어떻게 하면 좋은 엄마가 되는지 모르는 게 너무 많아요. 나는 아이들을 먹이고 입히지만, 그 정도에 그쳐요. 때때로 애들이 불행해 보이지만 어떻게 해야 할지 모르겠어요. 뭔가가 일어나고 내가 애들한테 고함지르는 것으로 끝나는 경우가 많아요. 내 고함소리는 마치 아버지의 고함소리 같은데, 나는 그걸 끔찍하게 싫어해요! 난 알고 있어요, (목이 메어서, 깊이 앉으며) 우리 애들한테는 더 좋은 엄마가 필요해요. (흐느낀다)

C: (한참 침묵) 지금 이 방에 크나큰 고통이 있네요, 그건 당신 내면 깊은 곳에서 나오고 있어요.

E: (눈물을 머금고) 내 애들은 엄마에게서 더 많은 것을 받을 필요가 있어요. 내가 술이 취해 잠들어 있으면 애들이 나를 깨우고, 그러면 나는 애들에게 먹을 걸 차려 줄 수가 있죠. 나는 그렇게 나쁜 엄마였어요. (두려워하며, 의자에 더 깊이 앉는다) 내가 레즈비언이란 걸 알게 되면 그 애들은 어떻게 반응할까요? 프랭크는 매우 끔찍하게 이야기해요. 애들은 아버지가 옳다고 생각할까요? 프랭크는 다만 내가 돌아오기를 바란 거지만, 나에 대해 그렇게 이야기함으로써 끔찍한 짓을 하고 있는 거예요.

C: 고통이 커요. (침묵) 걱정도 많고요. (침묵) 당신의 몸이 의자 속으로 숨으려 하는 것처럼 보이네요.

E: (흔들며) 아니에요, 그럴 수 없어요. (똑바로 앉는다) 난 숨으면 안 돼요. 그건 예전의 나예요, 자기 아이들을 제대로 돌보지 않고 잘못되었다는 걸 알면서도 프랭크와 함께했던 사람. 새로운 나는 좋은 엄마가 되는 법을 배우고 있어요. (침묵) 그렇지만 내가 강하게 마음먹고 아이들에게 내가 레즈비언이라고 밝히려 할 때마다 속이 울렁거려요. (내려다보며) 애들도 그걸 알아야만 해요. (걱정스럽게) 애들이 나를 받아들이고 있는 그대로의 나를 사랑해 줬으면 좋겠어요.

C: 아이들이 프랭크처럼 반응할까 봐 겁이 나시는군요. (한참 침묵) 당신은 아이들이 더 이상 당신을 사랑하지 않을까 걱정하고 있습니다. (한참 침묵) 당신이 침대에 취해 쓰러져 있을 때도 아이들은 당신을 사랑했어요. 그들은 당신에게 와서 밥을 차려 달라고 했지

요. 당신이 밥을 차려 줄 거란 걸 그들이 알고 있었던 거죠. 그들은 이와 똑같은 확신을 당신, 즉 술 취하지 않은 레즈비언 엄마에게도 가지게 될까요?

E: (올려다보며, 강하고 분명하게) 예, 그들은 그럴 거예요. (침묵) 프랭크와 내가 함께 만들었던 우리 가정은 끔찍한 곳이었어요. 프랭크와 나는 몇 년 전에 이혼했지요. 만일 내가 아이들에게 편안하고 행복한 가정을 주려면, 더 많은 사랑이 있어야만 해요. 그러나 나는 항상 내가 그렇게 할 힘이 없는 것 같아요. 나는 너무 외로워요. 그리고 새로운 사람을 만나는 게 너무 힘들어요. 프랭크는 나한테 전화해서 내가 외롭고 우울해한다는 걸 알고 있다고 이야기해요. (한참 침묵) 그는 그렇게 비참하고 복종적인 나를 원하지요, 심지어 내가 술에 취했을 때도. (혼란스러워하며) 나한테 필요한 건 더 많이 있지만 어떻게 하면 그걸 가질 수 있는지 모르겠어요.

C: 프랭크와 결혼한 후, 당신은 뭔가 잘못되고 있다는 걸 알고 있었어요. (침묵) 당신은 알코올에서 벗어나는 방법을 찾으려 했지만 그건 단지 덫에 불과하다는 걸 알게 되었어요. 당신은 자신에게 필요한 것에 대해 점점 더 잘 인식하게 되었지만 그것을 가지는 방법은 알지 못해요. 프랭크는 뭔가 바뀌어야만 한다는 걸 이해하지 못하고 있고요.

E: (부드럽게) 그 변화는 그냥 자연스럽게 시작되었어요. 나는 또다시 알코올중독으로 병원에 입원해 있었어요. 정맥용 수액을 주사한 후에, 의사와 간호사는 내 음주에 관해 항상 그랬던 것과 똑같은 질문을 하기 시작했어요. (한참 침묵, 놀란 모습으로) 거기에 젊고 매력적인 여성 의사가 한 명 있었어요. 나는 그 여성을 매우 의식하게 되었어요. 그뿐이었어요. 나는 나 자신에 대해 이해할 수 있었어요. (침묵) 나는 레즈비언이었어요. 나 자신에 대해 알게 되면서 하루 종일 기분이 매우 좋았어요, 심지어 병원에 입원해 있을 때도요. (침묵) 그렇지만 밤이 되면 너무 힘들어요. 아이들이 잠이 들고, 나는 혼자가 돼요. (부드럽게) 나는 그것 때문에 아파요. 프랭크는 나에게 전화를 해요. 그도 외로워요. (침묵) 그는 항상 나를 원하고 있다고 말해요.

C: 당신과 프랭크는 서로 외롭지 않게 돕고 있네요. 노력해 봤지만 그런 식으로는 충분하지 않았군요. 마음속에서 (침묵) 뭔가 잘못됐다고 항상 느꼈고요. (한참 침묵) 프랭크의 그런 도움이 잘 작동하지 않았던 이유를 이제 알게 되었군요.

E: (한참 침묵, 몸을 힘차게 흔들며) 내가 레즈비언이란 걸 안 것이 나의 모든 문제를 해결하지는 못했지만 술 끊는 걸 쉽게 만들어 주었어요. 술이 깨 있을 때, 나는 내가 프랭크와의 그런 관계를 원하지 않는다는 걸 느껴요.

C: 프랭크에 관해 이야기할 때 당신의 몸은 의자에 파묻히고 목소리는 매우 의기소침해 있

는 것처럼 들려요. 이제 자신에 대해 알게 된 것이 얼마나 도움이 되는지에 관해 이야기 하면서 당신은 키가 커진 것처럼 보입니다. 당신의 얼굴에서는 자신에게 매우 내재적인 어떤 것, 즉 당신의 성적 특징을 받아들인 후에 당신이 느낀 자유가 보입니다. 그것은 당 신이 자신의 삶을 탐색하도록 에너지와 자유를 주었어요.

E: (양가감정을 드러내며) 예, 나는 때때로 정말 자유롭다고 느껴요. 그렇지만 동시에 무섭고 혼란스러워요. 프랭크는 레즈비언인 것이 내 문제라고 계속 말해요. 아버지는 동성애 혐 오증이 심해요. 그는 동성애자라고 생각되는 사람한테는 굉장히 모욕적으로 대해요. 한 번은 단지 동성애자처럼 보인다는 이유만으로 어떤 남자를 때린 적이 있어요. (긴장하여, 크게) 프랭크는 당신이 나의 이 레즈비언 어쩌고를 고칠 것이고, 그러면 내가 집으로 돌 아올 거라고 이야기했어요!

C: 프랭크가 당신의 성적 특징을 부정할 때까지 당신은 매우 자유롭다고 느꼈군요. 그는 당 신이 그걸 고칠 필요가 있다고 생각합니다. 당신의 아버지는 만일 그걸 알게 되면 당신 을 때릴 수도 있고요. 당신 생각에 나는 당신의 아버지와 프랭크에게 동의하는 것 같나요?

E: (한참 침묵, 부드럽게) 당신은 동의하나요?

C: 아니요, 동의하지 않아요. (침묵) 당신을 바라보고 있으면 당신의 몸이 뭔가를 이야기하 고 있는 것처럼 보여요. 지금 당장 당신의 몸이 무엇을 이야기하고 있는지에 신경을 집 중해 볼 수 있을까요?

E: (한참 침묵) 너무 긴장되고, 너무 화가 나요. (침묵) 나는 그걸 놓아 버려야 해요, 그렇지 않으면 사람들이 나에게서 떠나갈 거예요. 나는 충분히 외로워요.

C: 당신이 화를 더 내게 되더라도 나는 떠나지 않을 거예요.

E: (한참 침묵, 혼란스러워하며 말한다) 대체적으로 그냥 속이 부글부글 끓고 있어요. 프랭크는 술꾼인 나를 좋아했어요. 아버지에게 나는 샌드백이었죠. 어머니는 취해 있어서 대부분 의 시간 동안 나를 방임했어요. 나는 어머니의 도움을 원했지만 그런 일은 없었어요. (몸 을 경직시키며) 나를 나 자신으로 받아 줄 사람이 없어요.

C: 당신의 몸은 매우 긴장해 있고 억제되어 있는 것처럼 보여요.

E: (강하게, 몸을 경직시키며) 끔찍하네요. 그만 멈춰야겠어요.

C: 언제든지 멈춰도 돼요. (침묵) 그렇지만 당신의 느낌은 당신의 한 부분이에요. 어쩌면 잠 시 동안 끔찍하게 느끼는 게 필요할 수도 있어요. 아버지는 당신을 학대했고, 어머니는 당신을 방임했어요. 프랭크는 당신에게 다시 술꾼으로 돌아가야 한다고 이야기하고 있고 요. 당신은 뜨겁게 끓어오른다고 느껴요. (한참 침묵) 그건 매우 뜨겁고 매우 강렬하게 들

려요. 그러나 당신은 아무 김도 나지 않는 것처럼 억제하고 있는 것 같아요.

E: (전전긍긍하며) 나는 그 김을 내보낼 수 없어요. 폭발할 수도 있다고요.

C: 당신의 아버지는 폭발했었지요. 그는 돌봐 줄 아버지가 필요한 아이가 아니라 샌드백처럼 당신을 취급했어요. (엘렌은 고개를 끄덕이고 흐느낀다) 당신 안에 그렇게 많은 화가 있어요. 그걸 좀 더 경험하면 당신이 망가질까요?

E: (긴장하여) 나는 그것을 통제하고 억제할 수 있어요.

C: 당신은 당신의 화를 통제할 수 있군요. 통제해야 하는 건 당신의 화입니다. 그건 당신에게 뭔가 중요한 걸 알려 줄 수도 있어요.

E: (긴장하여) 나는 누구도 다치게 하고 싶지 않아요.

C: 화가 나면 다른 사람을 치게 되나요? (E는 C를 열심히 쳐다본다) 화가 꼭 위험한 건 아니에요.

E: (어리둥절하여) 당신이 틀리면 어떻게 할 거예요?

C: 내가 틀릴 수도 있지요. 당신만이 분명하게 알아요. 다른 사람을 해칠 생각을 가지고 있나요?

E: (열심히) 아니요. 내가 고함지를 수는 있지만 아이들이나 다른 누군가를 친 적은 한 번도 없어요. (한참 침묵, 혼란스러워하며) 내가 그 문제에 골몰하게 되면 프랭크를 포함해서 그들 모두에게 화가 나요. 나는 항상 술에 취해 있었지요. 분명히, 나는 어려운 지경에 있었고 도움이 필요했지만 아무도 그걸 알아채거나 나를 돌봐 주지 않았어요!

C: 지금 당신은 화가 나 있는 것 같네요. (침묵) 화난 것처럼 들려요. (한참 침묵) 그렇지만 당신은 끓어 넘쳐서 폭력적으로 행동하지는 않아요. (한참 침묵) 이것은 무엇을 의미할까요?

E: (침묵) 나는 외로운 사람이지만, 누군가를 때린 적은 없어요. 폭발하기를 바라지도 않고 아이들과 프랭크에게 고함지르지 않기를 바라고 있어요. (한참 침묵) 나는 받아들여지기를 원하고 있어요. 그들이 나를 사랑하고 나에게 마음을 쓰면 좋겠어요. (침묵) 내가 레즈비언이라고 하더라도.

C: 당신은 받아들여질 자격이 있어요.

E: (부드럽게) 내가 레즈비언인 것이 모두에게 수용될 필요가 있어요. 만일 아이들 양육권을 틀림없이 계속 가질 수 있다면…… (한참 침묵, 허공을 바라본다)

C: 왜 눈길을 돌리시죠? (한참 침묵) 양육권을 잃게 될까 봐 걱정되시나요?

E: (부드럽게) 모르겠어요. 프랭크가 그 문제를 가지고 직접적으로 나를 위협한 적은 없어요. 그렇지만 그는 내가 돌아오기를 바라고 있어요. 그는 아이들에게 동성애 혐오증을

나타내는 심한 말들을 좀 했어요. 내가 돌아가지 않는다는 걸 확실히 알게 되면, (소곤거리듯이) 앙심을 품게 될 거예요. 그는 그럴 수 있는 사람이에요.

C: 목소리가 점점 약해지네요.

E: (고통스럽게) 나는 자라면서 레즈비언에 대해 모욕하는 말만 들었어요. 이것이 내가 그렇게 오랫동안 나 자신에게서 숨겼던 이유 중 하나일 거예요. 법정 다툼으로 갈 경우, 아버지는 분명히 나의 반대편에 서실 거예요. 어머니는, (침묵) 나는 항상 어머니가 내 편을 들어 줬으면 했지만 어머니는 아버지에 맞서는 걸 너무 두려워했어요. 아버지는 어머니를 때리고 강간하곤 했어요. 어머니의 비명소리가 들렸어요. (침묵) 나한테 나쁜 병이 있어서 자신이 아이들을 데려가야 한다고 프랭크가 말하면 판사는 어떻게 할까요? (질문조로) 법정에서 내가 진실을 부정하면, (침묵) 그냥 프랭크에게 벌주기 위해서라고 하면 어떻게 될까요?

C: 당신에게 상반된 마음이 같이 있는 것 같네요.

E: (확고하게) 거짓말하고 싶진 않아요. 너무나 오래 거짓말을 해 왔어요. 내가 어떤 사람인지를 아이들이 알고 그게 문제없다는 걸 이해했으면 좋겠어요. 그들 중 하나가 게이가 될 수도 있는 거예요. 그 아이들은 내가 겪는 고통을 겪지 않았으면 좋겠어요. 있는 그대로의 자신을 좋아하게 되기를 바랍니다.

C: 자신을 수용하는 것은 중요하죠.

E: (고통스럽게, 의자에 더 깊이 내려앉으며) 나는 다시 거짓말하게 되면 혼돈에 빠질 거예요. 또다시 술을 마시게 될지도 몰라요. (한참 침묵, 똑바로 앉는다. 몸을 떤다. 자신있게) 아뇨. 그렇게 하지 않을 거예요. 이번에는 일들이 달라질 거예요. 나는 계속 강한 모습을 유지할 계획을 짜 놓았어요. 여기에도 왔고요. 그리고, 나는 내 이름을 바꾸는 것에서부터 시작할 거예요.

C: 당신이 이름 바꾸는 것에 관해 이야기할 때 절망감이 다른 뭔가로 바뀌는 것처럼 보였어요.

E: (미소 지으며) 나는 새로운 이름을 하나 생각해 봤어요. 나는 아버지를 증오했어요. 그는 알코올중독자였고 나를 학대했기 때문에, 나는 그의 이름이 싫어요. 프랭크와 결혼한 것도 완전 잘못된 것이어서 그 이름도 내 것이 아니에요. 나의 새로운 시작을 나타낼 수 있는 나 자신의 이름을 만들 거예요.

C: 이 이야기를 할 때 당신의 힘이 분명하게 느껴지네요.

E: (미소 지으며) 어떤 이름으로 할지 생각할 때 어쩐지 내가 더 소중한 것처럼 느끼게 돼요.

C: 당신은 지금 미소 짓고 있어요. 편안해 보이네요.

E: (진심으로) 어떻게 시작해야 할지 확신이 서지 않지만, 그래도 내가 원하는 게 뭔지는 알고 있어요. (침묵) 이제 외로움을 피하려고 정신을 잃는 일은 없을 거예요.

C: 외로운 건 좋지 않지만, 의식을 잃는 상태가 되는 것은 더욱 좋지 않죠. 자신을 통제할 수 없게 됩니다. 그런 상태에서 빠져나와서 삶을 진정으로 경험한다면 매우 많은 흥미로운 일들을 접하게 될 거예요.

E: (한참 침묵, 걱정스럽게) 도움이 필요해질 거예요.

C: 내가 도와드리고 있어요. (침묵, E는 미소 짓는다) 당신은 미소를 짓고, 그 의자에서 더 깊이 내려앉았어요.

E: 프랭크가 틀렸다는 것을 깨달아서 정말 다행이에요. 당신은 나를 변화시키려 하지 않네요.

C: 당신은 내가 당신을 받아들이지 않거나 당신이 세운 목표를 받아들이지 않을까 봐 걱정했지요. (E는 고개를 끄덕인다) 당신은 레즈비언으로서의 자신에 대해 좋게 느껴요. 개인적으로 자신을 더 통제하고 있다고 느끼며, 새 이름을 정함으로써 그 느낌을 상징화하려 해요. (E는 고개를 끄덕인다) 당신이 혼란스러워하는 것은 자신에 관한 이 새로운 이해를 로맨틱한 파트너 찾기, 세심한 엄마 되기, 프랭크나 부모님과의 관계에 대한 방법 찾기에 어떻게 통합시키느냐 하는 거예요.

E: (미소 지으며) 예. (침묵) 잘 들어 줘서 고마워요!

엘렌에 대한 정서-초점 사례개념화: 가정-기반 양식

엘렌은 학대하고 방임하는 환경에서 자라났고, 이로 인해 자신의 정서경험을 억제하고 신체의 느낌을 신경 쓰지 않으려 하는 전체 양식을 발달시키게 되었다. 이는 그녀가 자신의 행동을 이끌어 갈 건강하고 완전히 연계된 정서도식을 개발하기 어렵게 하였다. 오히려 많은 부분이 불완전하거나 부적응적이다. 예를 들어, 엘렌은 신체적 안전에 대한 욕구와 관련하여 과도하게 연계된 정서도식을 개발하였다. 이 도식 안에서 그녀는 어떤 남자가 화를 내면 두려움을 경험한다. 또한 순종적으로 행동해야만 하고, 그렇지 않으면 위험해질 것이고, 조용히 이야기하면서 그가 무슨 말을 하든 동의해야 하고, 그의 권력에 도전하지 않도록 눈을 내리깔아야 하고, 요구가 있으면 성적 서비스를 제공하여야 한다고 인식한다. 나아가, 정서적 친밀감을 개발하는 것에 있어 엘렌은 외롭다는 감정과 정서적 연결에 대한 갈망으로 구성된 불완전한 도식만 가지고 있다. 그 도식에는 부모의 관계에서 무엇이 역기능적인지를 이해하거나 어떻게 하면 술에 취하지 않고 다른 사람에게 다가갈 수 있는지에 대한 인식은 없다. 성적 특징과 관련된 정서도식은 스스로도 규정짓기 어려운 불명확한 체감, 그리고 동성애 혐오증이라는 인식을 중심으로 전개되었다. 최근에 엘렌은 자신의 성적 특징과 관련된 자신의 정서와 신체 감각에 좀 더 근접할 수 있게 되었다. 그녀는 이전에 불명확했던 자신의 성적 흥분 체험을 식별할 수 있게 되었다. 이 과정은 다른 여성과의 성적 관계를 발달시키려는 동기를 포함하여 도식을 좀 더 완전하게 만들고 있다. 불행하게도 엘렌은 여전히 다른 여성에게 접근할 때 사용할 수 있는 적응적 행동을 가지고 있지 않고, 그래서 그녀는 접근을 위해 또다시 술을 많이 마시고 있다. 역기능적 행동의 단순한 재발에도 불구하고, 자신의 성적 특징에 대해 더 잘 인식한 것은 엘렌에게 매우 기분이 좋은 일이다. 엘렌은 자기 정서를 과다통제하는 자신의 전체적인 처리양식을 좀 더 깊이 다시 다룰 준비가 되어 있다. 그녀는 레즈비언인 여성, 파트너, 엄마로서 긍정적인 새 자기 정체성을 발달시키는 데 도움을 구하기 위해 상담을 신청하였다. 그녀는 자신의 아이들이 동성애 혐오증 없이 자라기를 바란다. 그녀가 정서적 처리에 좀 더 크게 열린 자세를 가진 것은 자신의 경험이 한층 더 생산적인 의미를 가지도록 처리함으로써 부적응적 정서도식을 적응적인 것으로 변환시킬 수 있을 것이라는 전조이다.

엘렌은 학대, 방임의 결과로 자신의 정서를 억누르는 전체 처리양식을 개발하였다. 이 양식은 과도하게 연계된 안전 도식에 의해 가장 강하게 강화되었다. 그녀는 아버지를 매우 두려워하였고, 그 두려움에 대한 반응으로 이 도식을 발달시켰다. 이 도식은 남자가 화를 내면 순종해야 하고, 조용히 이야기하면서 그가 무슨 말을 하든 동의해야 하고, 그의 권력에 도전하지 않도록 눈을 내리깔아야 하고, 그의 요구가 있으면 성적 서비스를 제공해야 한다는 인식을 포함하고 있다. 비록 엘렌이 아버지와의 성적인 행위는 전혀 없었지만 아버지가 어머니에게 가하는 성적 폭력 행위를 많이 목격하였고, 이에 따라 남자가 자신을 때리고 성적인 폭력을 가할 수 있다는 생각을 하게 되었다. 엘렌은 자신의 아버지에 대해 그녀를 샌드백 취급하면서 신체적으로 학대한 사람으로 묘사하였다. 어머니에 대해서는 대부분의 시간 동안 엘렌을 돌보지 않았고 어머니 역할보다는 술을 더 좋아하던 사람이라고 하였다. 이런 관계가 그녀에게 야기시켰던 두려움, 고통, 화에서 벗어나기 위해, 엘렌은 부정적 정서에 대한 설명을 인식하려 하기보다는 자신에게로 물러나서 고통의 정서를 느끼지 않는 법(무감각해지기)을 배웠다. 그런 정서가 자신의 인식으로 넘쳐 들어올 조짐이 보이면, 그녀는 술을 마시면서 그것을 억제하였다. 엘렌에게 있어, 정서를 인식하는 것은 그것에 압도당하는 것이고 어쩌면 다른 누군가에게 해를 입힌다는 것을 의미하였다. '경험하지 않음'이라는 전체적 처리양식이 점차 사라지게 하려면 화, 외로움, 사랑의 정서가 엘렌을 압도하기보다는 그녀를 효과적으로 인도해 갈 수 있도록 엘렌이 정서의 조절 방법을 학습하게 돕는 것이 필요하다. 그녀는 자신의 정서에 겁을 먹고 있지만, 한 여성 의사에게 성적으로 끌리는 것을 인식한 이후에는 그녀가 경험한 긍정적인 충격이 그녀로 하여금 정서 조율에 더 다가서는 위험을 감수하게 하였다.

정서적 친밀감을 개발하기 위해, 엘렌은 외로운 감정, 연결에 대한 갈망으로 구성된 불완전한 정서도식만 가지고 있다. 그녀는 친밀해지기를 원하는 생각만 미완성의 형태로 가지고 있다. 그녀는 부모의 행동에서 자신에 대한 또는 부모들 간에 정서적 친밀감의 신호를 본 적이 없다. 가정에서 아버지의 사회적 행동은 신체적 또는 언어적 학대였다. 어머니는 학대당하고 있거나 아니면 술에 취해 있었다. 엘렌은 그들에게서 건강한 정서적 연계를 전혀 배울 수 없었다. 엘렌은 자신에 대해 사람들과의 관계를 항상 더 원하지만 그렇게 하기에는 너무 내성적이라고 이야기했다. 그녀는 인생의 이른 시기에 프랭크와 만났다. 프랭크는 엘렌의 외로움을 알아채고 그녀에게 다가갔다. 엘렌은 그들의 모든 사회적 상호작용을 그가 주도하는 패턴을 재빨리 받아들이면서 자신을 마비시키는 불안에서 벗어나려 하였다. 프랭크는 그녀가 순종적이기만 하다면 알코올중독자 아내가 되더라도 신경 쓰지 않는 것처럼 보인다. 그는 여전히 그런 식의 그녀를 원하고 있다. 과거에 그녀는 외롭게 있는 자신을 탓하지 않게 된 것에 매우 감사하게 생각했다. 엘렌은 지난 10년간 자신이 프랭크의 친구이자 파트너로서 다시는 외롭지 않을 것이라고 믿다가 말다가 했다. 가끔 그녀는 결혼생활이 만족스럽지 않다는 생각을 벗어날 수가 없었다. 그럴 때면 프랭크를 떠나곤 했다. 그렇지만 그녀는 단지 외로움만 느끼는 짧은 기간을 보낸 후, 프랭크가 이끄는 대로 과거의 관계로 돌아갔다. 그는 그녀에게 적극적으로 해를 끼치는 행동을 전혀 한 적이 없지만, 만일 그녀가 레즈비언이면 반드시 바뀌어야 한다고 주장해 왔다. 그는 아이들 앞에서 동성애 공포증을 나타내는 안 좋은 말들을 하기 시작했다. 그녀는 이것에 겁을 먹었지만 한편으로 침묵의 삶으로 다시 돌아가지 않겠다는 확신도 갖게 되었다. 그녀는 또한 자신의 아이가 어느 날 게이인 것이 밝혀진다 하더라도 동성애 공포증의 이야기들을 듣지 않기를 바라고 있다. 이런 생각들은 좀 더 자신감을 가지고 아이들의 행복을 지켜 주려는 엘렌에게 있어 자아효능감이 좀 더 높아진 정서도식의 시작이 될 수 있다.

좋은 부모가 되려는 의욕을 가지고 있지만, 엘렌의 친밀감 정서도식에는 유능한 부모가 하는 행동이 포함되어 있지 않다. 그 도식은 하지 않는 방법에 대한 지침만 가지고 있다. 즉, 그녀는 아이들을 방임하지 않아야 하고 아이들을 때리지 않아야 한다는 것을 안다. 그렇지만 그녀는 잘 반응하는 부모가 되어 아이들의 행동을 효과적으로 이끌어 가는 방법에 관해 아무것도 배우지 못했다. 성인이 된 엘렌은 아이들을 신체적으로 학대하지는 않지만, 자신의 화를 통제하지 못하고 아이들에게 심하게 고함을 지른다. 이는 그녀의 아버지가 그녀에게 고함지른 것과 같다. 아이들이 학교에서 잘못한 걸 알게 될 때, 자신이 아이들을 실망시켰다는 걸 알아챘을 때 그녀는 어머니가 했던 것처럼 술을 마시면서 스스로 무감각해진다. 그녀는 아이들에게 고함지르는 것, 아이들 앞에서 술에 취하는 것, 아이들의 학교 숙제를 도와주지 않는 것에 대해 스스로를 비난하고 있다. 그렇지만 그녀는 먹이기, 입히기, 씻기기 등을 한 것에 대해 스스로를 칭찬하지 않고 있다. 어쨌든 그녀는 아이들이 배고프다는 걸 엄마에게 알려 주면 심지어 술에 취했더라도 음식을 차려 준다는 걸 알게 해 줄 수 있었다. 따라서 그녀의 일부 양육 행동은 그녀가 현재 인식하는 것보다 더 나은 것처럼 보인다. 최소한 그녀는 학교에서 배우는 건 아이들에게 중요하고, 부모는 아이들의 학교 숙제를 도와줘야 하고, 자기 아이들이 학교에서 고통받는 것이 문제라는 걸 인식하고 있다. 이런 생각은 그녀의 어머니 역할에 대한 건강한 정서도식에 기초가 될 수 있다. 엘렌은 프랭크에게 돌아가는 걸 거부할 때 그가 아이들의 양육권을 가져가려 할까 봐 두려워하고 있다. 그녀가 술꾼 엄마였을 때 프랭크가 양육권 문제로 위협한 적은 한 번도 없지만, 그녀는 그가 다른 사람에게 앙심을 품는 걸 보아 왔다. 그녀는 그와의 성관계를 거부할 때 그가 그녀에게 앙심을 품게 될까 봐 두려워하며, 그가 동성애 공포증을 나타내는 안 좋은 말을 한 것이 양육권 문제에 관해 생각해 보기 시작했다는 것을 암시하는 것일까 봐 두려워한다. 그녀는 양육권 분쟁이 일어날 때 법정에서 자신의 성적 특성을 숨길까 고려하고 있지만, 거짓말을 할 때 자신이 갖게 되는 느낌의 영향에 대해 잘 인식하게 되면서 그러지 않을 가능성이 많다. 엘렌은 정서적 혼란 상태에서 벗어났으며, 이것은 또다시 그런 상태가 되고 싶지 않은 그녀의 미래에 좋은 징조이다.

최근까지 엘렌의 성적 특성을 직접적으로 이끄는 정서도식은 스스로 규정하기 어려운 불명확한 체감, 그리고 동성애 공포증이라는 인식과 관련된 것뿐이었다. 아버지는 그녀를 신체적으로 학대했을 뿐만 아니라 언어적으로도 학대했는데, 증오에 찬 그의 말들 중에 성적 소수자에 대한 많은 비방도 있었다. 그녀가 두려워하던 사람에게서 나온 이런 말들은 나중에 엘렌이 자신의 레즈비언 성향을 신체를 통해 암시받을 때 이를 알아차리는 능력을 마비시켰다. 엘렌이 자신의 성적 흥분의 신체적 감각에 동조하기 시작한 것은 최근에 갑자기 일어난 일이다. 이제 그녀는 어떤 여성 의사에게 느꼈던 성적 끌림을 말로 표현할 수 있게 되었고, 자신이 레즈비언이란 걸 깨닫게 되었다. 이런 통찰 이전에는, 엘렌은 그녀의 모든 정서를 애써 억누르고 있었다. 그녀는 만일 자신이 정서를 경험하면 그녀의 아버지가 항상 그랬던 것처럼 그 정서를 통제하지 못할 것이라고 가정했었다. 그렇지만 여성 의사에게 성적으로 끌린 이후, 그녀는 이끌림의 정서를 조절하고 그 정서를 마음속에 간직할 수 있게 되었으며, 또한 다른 사람에게 해를 끼치지 않았다.

엘렌은 10년 동안 만족스럽지 못한 이성 간의 결혼생활을 했다. 엘렌이 스스로 받아들여 인식했던 유일한 정서는 외로움이었다. 이 신체적 신호에 대한 그녀의 대응은 프랭크와 성적 관계를 가지는 것이었다. 지금까지의 그녀에게는 프랭크가 유일한 친한 친구였다. 이 행동이 당장의 외로운 느낌을 없애 주긴 했지만 프랭크와의 친밀한 관계는 결코 충분히 만족스러운 것이 아니었다. 그녀는 명확하진 않지만 그 관계가 어쩐지 그녀에게 맞지 않는다고 체감하였다. 그렇지만 그녀가 이 관계에서 벗어나 이 불명확한 체감에 대해 알아보려 할 때마다, 외로움에 대한 두려움으로 인해 다시 프랭크에게 돌아가게 되었다. 자기 인식은 세월이 흐르면서 점차 구축되어 가지만, 그녀에게는 그것이 마치 갑작스레 급하게 다가온 것 같았다. 그녀가 가진 '뭔가 잘못되었다'는 불확실한 느낌은 자신을 레즈비언으로서 새롭게 이해하려 할 때 얼마나 좋게 느껴지는지 인식하게 되면서 사라진 것 같다. 프랭크와의 관계에서 만족감을 느끼지 못한 것은 순식간에 이치에 맞는 것이 되었다. 이는 자신이 성적 파트너로서 부족해서가 아니라 성적 지향 때문인 것이다. 이 자기 인식이 그녀에게 가져다준 더 큰 자신감과 완성감은 그녀가 자신을 더 깊이 이해하고, 아이들이 성적 존재로서의 자신을 충분히 이해하려 할 때 필요한 기술을 발달시키도록 도와야겠다는 그녀의 동기를 증진시켰다.

엘렌은 학대, 방임되는 환경에서 자랐고, 그녀는 자신의 안전을 위해 자기정서를 억제하는 전체적 처리양식을 발달시켰다. 그녀는 다른 사람과 상호작용할 때 제어된 목소리를 사용하며, 항상 자신의 정서를 엄격하게 통제하였다. 그녀는 정서의 표현이 항상 타인에게 위협이 된다고 믿었다. 그녀는 특히 아이들에게 해를 끼치고 싶지 않았다. 오랜 알코올중독력에도 불구하고, 엘렌의 알코올 의존을 한번에 종결시킬 기회가 나타났다. 이 기회는 예기치 않게 엘렌을 완전히 사로잡고 그녀에게 힘을 불어넣어 준 어떤 경험에 의해 주어졌다. 병원에서 치료받는 동안 엘렌은 다른 여성에게 갑자기 성적 흥분이 일어나는 걸 느꼈다. 이 긍정적인 정서 경험의 결과로, 그녀는 자신이 아동 발달기에 자각적 인식에서 강제적으로 밀려났던 그것이 그녀의 일부분이라는 걸 받아들이기 시작했다. 그녀는 자신의 성적 특성에 관한 이 인식을 갖게 된 것이 기뻤고, 이 기쁨은 일관된 자아감을 가지기 위한 새로운 전략으로서 치료받고 술을 끊으려는 마음을 불러일으켰다. 그렇지만 그녀는 여전히 자신의 정서를 경험하도록 스스로를 놓아두지 않고 있으며, 빨리 압도당하고 있다. 상담자는 엘렌이 다시 알코올중독으로 돌아가지 않도록, 그녀가 충분히 경험했다는 신호에 주의할 필요가 있다.

엘렌은 발달해 가는 자아감 속에서 자기 문제의 해결책 중 하나로 레즈비언이 되려는 일련의 구성적 활동들을 시작하였다. 이 변화를 좀 더 상징화하기 위해, 엘렌은 새로운 자기 인식의 시작에 초점을 맞춘 새로운 성을 만들었다. 이것은 엘렌이 자기 수용을 진정으로 배울 때가 되었다는 긍정적인 신호일 수 있다.

정서-초점 상담계획: 가정-기반 양식

상담계획 개관: 엘렌은 자신의 경험을 더 진행시키는 데 도움이 필요하다. 이를 통해 그녀는 자신이 처한 상황에 적절한 수준으로 자기 정서를 경험할 수 있는 유연한 처리 양식을 발달시킬 수 있다. 장기목표 1은 그녀에게 정서적 반응을 불러일으키는 사람이나 상황에서 자신이 본능적으로 회피하는 반응을 보인다는 것을 인식하도록 돕는 것이다. 그녀는 그녀의 계획에 있는 다른 목표들에 앞서 최소한 부분적으로라도 이 목표를 진행시킬 필요가 있을 것 같다. 그렇지만 그녀는 미리 정해진 순서에 따라 목표들을 진행시키기보다는 언제라도 현안이 되는 경험 측면을 우선적으로 진행시켜도 된다. 장기목표 1부터 3까지 각각은 지금 그녀의 행동을 가장 많이 이끌고 있는 세 가지 정서도식 중 하나에 초점을 두고 있다. 그녀는 양육 시의 학대로 인해 안전에 대해 과도하게 연계된 정서도식, 정서적 친밀감을 지지하는 데있어 불완전한 도식, 레즈비언 여성으로서의 행동을 이끌기에 불완전한 도식을 가지고 있다(이 상담계획은 문제 양식을 따른다).

문   제: 엘렌은 자신의 정서들을 경험하기보다는 회피하려 한다.
장기목표 1: 엘렌은 자신의 정서로부터 멀어지려는 자신의 전체 처리양식을 충분히 인식하게 될 것이다.

❖ 단기목표들
1. 엘렌은 아버지가 그녀를 무섭게 하였던 마지막 사건(a)을 생각해 낼 것이며, 그것에 관해 최대한 상세하게 기술할 것이다.
2. 엘렌은 그 사건(a)에 관해 기술할 때 자기 몸이 느끼고 있는 것을 말로 표현할 것이다.
3. 엘렌은 그 사건(a)에서 자신이 보고 싶은 곳, 듣고 싶은 것, 하고 싶은 것의 측면에서 그 사건에 대한 자신의 본능적인 반응을 인식할 것이다.
4. 엘렌은 굉장히 외롭다고 느꼈던 가능한 최근의 사건(b)을 생각해 낼 것이며, 그것에 관해

최대한 상세하게 기술할 것이다.

5. 엘렌은 그 사건(b)에 관해 기술할 때 자신의 몸이 느끼고 있는 것을 말로 표현할 것이다.

6. 엘렌은 자신이 보고 싶은 곳, 듣고 싶은 것, 하고 싶은 것의 측면에서 그 사건(b)에 대한 자신의 본능적인 반응을 인식할 것이다.

7. 엘렌은 자신이 프랭크와 성적 관계를 가져야만 한다고 느꼈던 가능한 최근의 사건(c)을 생각해 낼 것이며, 그것에 관해 최대한 상세하게 기술할 것이다.

8. 엘렌은 그 사건(c)에 관해 기술할 때 자신의 몸이 느끼고 있는 것을 말로 표현할 것이다.

9. 엘렌은 자신이 보고 싶은 곳, 듣고 싶은 것, 하고 싶은 것의 측면에서 그 사건(c)에 대한 자신의 본능적인 반응을 인식할 것이다.

10. 엘렌은 이런 사건들에 자신이 반응했던 방식에서 어떤 패턴이 있는지 생각해 볼 것이다.

11. 엘렌은 만일 이 행동 패턴이 좋은 여성, 좋은 엄마, 좋은 성적 파트너가 되려는 그녀의 목표를 성취하는 데 도움이 되는지 생각해 볼 것이다.

12. 자신이 모든 정서에 대해 회피하려는 본능적 대응으로 반응한다는 것을 엘렌이 인식하는 데 도움이 되는 다른 목표들

장기목표 2: 엘렌은 자신의 안전 정서도식을 충분히 인식하게 될 것이며, 자신을 비폭력적인 사람뿐만 아니라 폭력적인 사람과도 상호작용하는 레즈비언 성인으로서 잘 적응하게 이끌려면 그 도식을 수정할 필요가 있을지 결정할 수 있을 것이다.

❖ 단기목표들

1. 엘렌은 아버지에게 겁을 먹었던 제일 마지막 순간을 생각해 낼 것이다.

2. 엘렌은 아버지에게 겁을 먹을 때를 생각할 때 자신의 몸이 가지는 느낌을 인식할 것이다.

3. 엘렌은 그 순간에 경험했던 느낌을 유지하면서 자신의 두려움을 언어로 표현할 것이다.

4. 엘렌은 자신의 두려움을 깊이 인식할 때 자신의 몸이 가지는 느낌을 말로 표현할 것이다.

5. 엘렌은 이런 경험들과 관련된 더 깊은 의미를 말로 표현할 것이다.

6. 엘렌은 현재 아버지와 우연히 만나게 될 때 자신의 안전 도식이 자신을 효과적으로 이끌어 주는지 숙고해 볼 것이다.

7. 엘렌은 자신의 안전 도식이 프랭크와의 관계에서 자신을 효과적으로 이끌어 주는지 숙고해 볼 것이다.

8. 엘렌은 자신의 안전 도식이 폭력적이지 않은 남자와의 관계에서 자신을 효과적으로 이끌

어 주는지 숙고해 볼 것이다.

9. 엘렌은 아이들이 청소년기에 들어서서 덩치가 커졌을 때 자신의 안전 도식이 자신을 효과적으로 이끌어 줄지 숙고해 볼 것이다.

10. 엘렌은 이런 경험들을 더 진행시켜 더 깊은 의미를 탐색할 것이며, 그녀가 현재 상호작용하고 있는 사람에게 적절하게 자신의 안전 도식을 수정하거나 바꿀 것이다.

11. 폭력적 관계와 비폭력적 관계에서 엘렌을 효과적으로 이끌어 줄 유연한 안전 도식을 엘렌이 발달시키는 데에 도움이 되는 다른 목표들

장기목표 3: 엘렌은 자신의 정서적 친밀감 도식을 충분히 말로 표현할 것이고, 이를 통해 레즈비언 엄마로서 잘 헤쳐 나갈 것이다.

❖ 단기목표들

1. 엘렌은 자신의 기억 속에서, 어머니와의 정서적 연계를 갈망하던 마지막 사건을 생각해 낼 것이다.

2. 엘렌은 어머니와의 관계를 생각할 때 자신의 몸이 가지는 느낌을 인식할 것이다.

3. 엘렌은 그 느낌을 표현할 것이다.

4. 엘렌은 어머니와의 관계를 시작해야 하거나, 그냥 그대로 둬야 하거나, 관계를 끝내야 하는 동기를 말로 표현할 것이다.

5. 엘렌은 어머니와의 이전 경험들에서 더 많은 의미를 이끌어 낼 것이며, 레즈비언 성인으로서 정서적 친밀감을 어머니에게서 계속 찾아야 할지, 아니면 자신의 교섭에 좀 더 적응적 태도로 반응할 것 같은 다른 나이 많은 성인 여성에게서 찾아야 할지 결정할 것이다.

6. 엘렌은 자신의 기억 속에서, 두 아들 중 하나와 좀 더 나은 정서적 연계를 갈망하던 마지막 사건을 생각해 낼 것이다.

7. 엘렌은 그 사건을 생각할 때 자신의 몸이 가지는 느낌을 충분히 탐색할 것이다.

8. 엘렌은 그 느낌들을 말로 표현할 것이다.

9. 엘렌은 술에 취해 자기 아이들을 돌보던 최근 경험에서 자신이 가졌던 무감각한 느낌을 충분히 탐색할 것이다.

10. 엘렌은 그 사건을 기억할 때 자신의 몸이 가지는 느낌을 충분히 탐색할 것이다.

11. 엘렌은 그 느낌들을 말로 표현할 것이다.

12. 엘렌은 그 정서적 처리의 결과로 갖게 된 동기에 관해 기술할 것이다.

13. 엘렌은 자신의 주의를 능동적이고 잘 도와주는 부모가 되려는 자신의 욕구에 집중할 것이다.

14. 엘렌은 능동적이고 잘 도와주는 부모가 되려는 것에 관해 생각할 때 자신의 몸이 가지는 느낌을 충분히 탐색할 것이다.

15. 엘렌은 능동적인 부모가 되려는 자신의 욕구, 그리고 자신이 과거에 한 부모 역할과 앞으로 아이들과 함께 만들어 보려 하는 새로운 유형의 관계에 관해 아이들에게 이야기하고 싶은 것을 말로 표현할 것이다.

16. 엘렌이 다른 사람과 건강하고 나이에 맞는 정서적 친밀감을 발달시키는 데 도움이 되는 다른 목표들

장기목표 4: 엘렌은 자신의 성적 특징 도식을 충분히 말로 표현할 것이고, 이를 통해 레즈비언 엄마로서 잘 헤쳐 나갈 것이다.

❖ 단기목표들

1. 엘렌은 응급실에 갔던 때, 특히 성적으로 끌렸던 의사를 인식하게 되었던 순간을 생생하게 기억해 낼 것이다.

2. 엘렌은 그 경험을 생생하게 기억해 낼 때 경험한 신체적 느낌을 탐색할 것이다.

3. 엘렌은 그 신체적 느낌을 말로 표현할 것이다.

4. 엘렌은 상담자가 자신을 거부하거나 또는 자신을 이성애자로 바꾸려 할 것이라고 생각했던 두려움을 말로 표현할 것이다.

5. 엘렌은 상담자가 동성애를 혐오할지 생각해 볼 때 자신의 몸이 가졌던 느낌을 탐색할 것이다.

6. 엘렌은 그 느낌을 말로 표현할 것이다.

7. 엘렌은 만일 상담자가 프랭크처럼 자신을 레즈비언이 아니라고 생각한다면 그것이 그녀에게 어떤 의미를 가질지 곰곰이 생각해 볼 것이다.

8. 엘렌은 다른 레즈비언에게 접근하기 위해 술을 취하도록 마셨던 때를 생생하게 기억해 낼 것이다.

9. 엘렌은 그다음 날의 혐오감을 기억할 때 자신의 몸이 가졌던 느낌을 탐색할 것이다.

10. 엘렌은 그 느낌을 말로 표현할 것이다.

11. 엘렌은 그때를 생생하게 기억해 본 결과로 가지게 된 행동경향을 말로 표현할 것이다.

12. 엘렌은 동성애 경험을 적응적 의미의 측면에서 충분히 진행시킬 것이며, 어떻게 준비하면 서로 존중하고 즐거운 동성애 경험이 될 수 있을지 계획을 짜 볼 것이다.
13. 엘렌이 다른 성인 레즈비언과 건강한 성적 관계를 발달시키는 데 도움이 되는 다른 목표들

엘렌에 대한 정서-초점 사례개념화: 대인-기반 양식

　로맨틱한 파트너와 사귀는 방법, 좋은 어머니가 되는 방법, 자신과 관계를 가지는 방법에 대한 엘렌의 견해는 지금까지 자신이 이성애자라는 가정에 기반하고 있었다. 이 점에서, 엘렌은 자신을 아내 역할, 어머니 역할을 제대로 못한 실패자로 보았다. 이런 생각으로 사는 동안 그녀는 자신의 정서를 회피하는 전체 양식을 사용하였다. 그녀의 알코올중독은 이 양식을 뒷받침하는 역할을 하였다. 그렇지만 이로 인해 그녀는 외로움에 대한 뿌리 깊은 두려움, 풀리지 않은 화를 가지게 되었다. 최근에 자신에 대한 이런 부정적 인식과 감정이 근본적인 변화를 겪고 있다. 자신의 내적 경험에 대한 그녀의 인식은 깊어졌고, 이를 통해 그녀는 자신이 레즈비언이라는 인식을 하게 되었다. 이 더 큰 자기인식[1])을 통해, 그녀는 과거 '실패들'의 의미를 재평가하게 되었다. 그녀는 자신의 성적 특성에 관한 내적 경험을 부정한 것이 그녀의 어려움들을 유발시킨 근본 원인이라는 것을 깨달았다. 비록 그녀의 자기 알아차림이 더 발달해 오긴 했지만, 그녀는 여전히 자신의 정서를 과도하게 통제하고 있다. 그녀는 친밀한 파트너, 그녀의 아이들, 그녀의 확대가족과의 관계에서 자신이 레즈비언이라는 것이 가지는 의미를 충분히 이해하는 데 도움이 필요하다. 엘렌의 강점들은 자신의 내적 경험에 주목하는 것의 중요성을 점점 더 잘 인식하고 있다는 점, 다른 여성에 대한 성적 감정을 자신이 인식하고 수용한다는 점, 술 취한 것의 '잘못'에 대한 깊은 느낌을 믿고 금주를 한 점에 있다.
　최근에 엘렌은 자신이 여자와 친밀한 관계를 맺고 싶어 한다는 것을 알게 되었다. 그녀는 알코올중독 치료를 위해 병원에 입원한 적이 있었는데 뜻밖에도 그녀는 자신이 거기에 있던 여자 의사에게 성적으로 끌린다는 것을 알게 되었다. 이 사건은 이전에는 불명확했던 자신의 성적 특성에 관한 체감을 더 깊고 명확하게 이해할 수 있는 계기가 되었다. 이 일은 그녀가 왜 남편과 만족스러운 친밀한 관계를 형성할 수 없었는지 이해하는 데 도움을 주었다. 그녀는 확장된 성적 인식에 기초하여, 자신이 먼저 다가가 새로운 관계를 형성해 보려 하였다.

---

1) 역자 주. self-knowledge를 번역한 말, 자기지식으로 번역되기도 함.

그렇지만 그녀는 자신이 겁을 내고 있고 어떻게 행동할지 갈등하고 있기 때문에 술을 취하도록 마셔야만 다른 사람에게 다가갈 수 있다는 것을 알게 되었다. 알코올에 떠밀려 하게 된 데이트 후에, 그녀는 자신의 경험을 반성하면서 그것이 '잘못된 것이라고 느껴진다'는 것을 깨닫게 되었다. 엘렌은 문제가 되는 이 주요 반응을 더 탐색해 나가면서, 이것이 타인과의 관계에서 스스로를 존중하고 싶은 자신의 마음에 위배된다는 것을 인식하게 되었다. 그녀는 어떤 식으로 해 나가면 친밀한 관계를 건강하게 발달시킬 수 있는지 아직 잘 모르고 있다고 생각한다.

엘렌은 예전에 프랭크와 연애하던 시절을 돌이켜보고, 그녀가 연인에게 원하는 유형의 지지를 그가 주지 않았다고 생각하였다. 그녀는 좀 더 맑은 정신일 때의 자신을 지지해 주길 바랐지만 그는 무감각하고 술에 취해 있는 상태의 그녀를 좋아했다. 그녀는 계속 회피해 왔지만 결국 외로움에 대한 두려움이 불행하게 10년의 결혼생활을 유지하게 했다는 것을 스스로 인식할 수 있게 되었다. 프랭크와의 성관계는 일순간 외로움을 잊게 해 주었지만 그녀가 가지고 있는 고통스럽고도 깊은 취약점에서 벗어나게 하기에는 불충분했다. 프랭크는 좋은 엄마가 되고 싶은 그녀의 열망을 잘 알아차리지 못했고, 그녀가 스스로를 망가뜨릴 만큼 술을 많이 마시는 것에 신경 쓰지 않았다. 그녀는 여러 번 그와 별거하려고 노력했지만 외로움에 대한 두려움으로 인해 항상 다시 되돌아오게 되었다. 유사하게, 엘렌은 부모님이 자신의 신체적, 정서적 요구에 부응해 주는 것에서 보인 무능력, 무관심에도 불구하고 그들과 계속 접촉하며 지냈다. 현재 엘렌은 그녀의 아버지와 프랭크가 모두 동성애를 혐오하며 만일 자신이 레즈비언 정체성을 유지할 경우 아이들에 대한 그녀의 양육권을 가지고 법정에서 그녀와 반대편에 설 수 있다고 생각한다. 프랭크는 이 문제를 가지고 직접적으로 그녀를 위협한 적이 없지만, 만일 그녀가 그의 화해 요구를 분명하게 거절하고 공개적으로 레즈비언 정체성을 주장할 경우 그녀에게 등을 돌리고 '앙심을 품게' 될까 봐 그녀는 걱정하고 있다. 양육권 다툼에 대한 엘렌의 걱정은 일부 판사가 동성애 혐오를 나타내는 양육권 판결을 한 바 있다는 점에서 현실적인 두려움이다. 양육권을 잃을 수 있다는 것이 두렵지만, 엘렌은 자신이 한 인간으로서의 자기 요구를 부정했던 그때로 되돌아 갈 수 없다는 것을 알고 있다. 그녀의 강점은 자기수용, 그리고 자신의 아이들도 자신의 성적 자아를 수용하는 방법을 배울 필요가 있다는 그녀의 인식에 있다. 그녀는 아이들에게 나쁜 역할모델이 되고 싶지 않다. 그녀는 무엇을 해야 할지 모르지만, 술로 자신의 감정을 무감각하게 하는 것은 해결책이 아니며 또한 프랭크에게 돌아가서 일시적으로 외로움에서 벗어나는 것도 해결책이 아니라는 것을 잘 알고 있다. 어떤 행동을 취해야 할지 여전히 혼란스러운 마음이지만, 엘렌이 이 도전과업에서 발휘할 강점은 과거에 자신이 외롭고 약하다는 느낌에서 벗어나기 위해 대인관계를 가졌고 그들의 인정을 얻기 위해 그들의 요구에 복종했다는 것을 더 잘 알게 된 것이다. 자신 그리고 타인과 진실한 관계를 맺고 싶다는 그녀의 깊은 열망은 상담을 통해 좀 더 완전히 진전을 하게 될 때 이 동기의 실현을 위해 필요한 행동들을 찾아내는 데 도움이 될 것이다.

　엘렌은 자신이 무관심하고 수동적인 엄마였다는 것을 인식하게 되었다. 그녀는 부모로서의 자기 행동, 아이들의 행복에 관해 더욱더 집중해서 살펴본 후에 그와 같은 결론을 내렸다. 그녀는 자기 아이들이 학교에서 오랫동안 어려움을 겪고 있을 때 아이들의 과제를 도와주거나 아이들에게 어떤 도움이 필요한지 알아보기 위해 교사에게 만남을 요청한 적이 없다는 것을 깨달았다. 엘렌은 또한 자신이 어릴 때 어머니에 의해 방임되었고, 아버지는 오직 고함지르거나 때리기만 했다는 것을 어느 정도 인식하고 있다. 그녀는 그 경험들을 넘어서서 그와 같은 부모가 되고 싶지 않다는 막연한 느낌 너머로 나아가지 못했고, 아이들을 긍정적인 방식으로 양육하는 데 도움이 될 의미를 생성하지 못했다. 엘렌의 자기평가는 분할되어 있는데, '비판적 목소리'는 과거에 자신이 했던 어머니 역할을 비하하고 있는 반면, '수동적 목소리'는 어떤 식으로 하면 달라질지 애처로울 정도로 혼란스러워하고 있다. 엘렌은 자신의 어머니로서의 두 측면을 충분히 수용하고 통합할 필요가 있다. 이를 통해 아이들의 행복을 증진시키는 양육행동을 더 잘 찾아낼 수 있을 것이다. 그녀는 또한 자신의 동성애가 양육에 영향을 주는지, 준다면 어떻게 영향을 주는지, 아이들에게 자신의 성적 특성을 언제 어떻게 설명해야 할지 확실한 결론을 내리지 못하고 있다. 긍정적인 어머니 역할을 발달시키는 점에 있어 그녀의 강점은 아이들이 남성으로서 긍정적인 자아 감정을 발달시키려면 자신의 내적 경험을 존중할 필요가 있다는 그녀의 인식에 있다. 그녀는 자신이 자기의 특징을 이해하기 위해 겪었던 어려움을 아이들이 똑같이 경험하지 않기를 원한다. 나아가 그녀는 효과적인 양육과 관련된 정서도식을 발달시키기 시작했을 수 있는데, 이는 좋은 어머니로 발달해 갈 잠재력을 자신이 가지고 있다는 희망을 새롭게 가지게 되었다는 것을 의미한다. 아이들에 대한 관심은 또한 술 마시지 않으려는 결의를 더욱 굳게 만들었는데, 술은 이전에 그녀가 생산적인 행동을 취하는 데 장벽이었다.

　엘렌은 최근에 자신의 내적 경험을 신뢰하고 자신의 성적 특성과 관련된 진실을 발견함으로써 자신과의 관계를 더욱 강력하게 발달시켰다. 이전에 엘렌은 내적 경험의 많은 부분을 전혀 인식하지 못하거나 부분적으로만 인식하기 위해 술을 취하도록 마셨다. 이 때문에 그녀는 긍정적 정체성의 발달, 타인과의 생산적인 관계 형성이 힘들었다. 거부와 외로움에 대한 그녀의 두려움은 술을 취하게 마심으로써 자신의 경험을 충분히 진척시키지 못하게 한 원인이었다. 그녀의 정신적 무감각은 이제 더 이상 없다. 여전히 두려움을 가지고 있긴 하지만, 타인의 대리인이라는 느낌을 더 잘 인식하고 스스로 결정하려는 열망을 가짐으로써 그녀는 적응적 성장을 향해 나아가고 있다. 그녀는 자신의 감정을 탐색하고 자신에 관한 직감을 신뢰함으로써 더 큰 힘을 갖게 되었다. 그녀는 이 변화를 상징하기 위해 자신의 정체성을 드러내는 새로운 성을 선택하였다. 그녀는 이 성을 생각할 때 자신감과 흥분을 느낀다. 막 생긴 이 정서도식을 충분히 표현하면 긍정적인 자아성장을 좀 더 뒷받침할 수 있을 것이다. 지금 그녀의 계속되는 성장에 장벽이 되는 것은 레즈비언 엄마임을 '공표'함으로써 자기 아이들의 양육권을 잃게 될까 걱정하는 현실적인 두려움이다. 그렇지만 그녀는 그녀의 말에 경청하는 사람, 그녀의 자아인식을 존중하는 사람과 협력하여 대처해 나갈 자세를 갖추고 있다. 그녀는 현재 자신의 경험을 생산적인 의미, 삶을 고양시키는 의미 쪽으로 진전시킴으로써 자기 발견의 길로 계속 나아가려는 동기가 매우 높다.

정서-초점 상담계획: 대인-기반 양식

상담계획 개관: 엘렌의 장기 상담목표는 본질적으로 대인관계에 관한 것이다. 목표는 상담이 진척되고 그녀가 자신의 감정과 욕구를 더 깊이 이해하는 것에 맞춰 다듬어지거나 초점이 수정될 수 있다. 특정한 시점의 상담회기에서 어떤 대인관계를 초점에 둘지는 엘렌이 결정할 것이다. 엘렌의 알코올 남용 역사를 고려하여, 상담자는 엘렌의 음주를 모니터할 필요가 있을 것이다(상담계획은 기본 양식을 따른다).

장기목표 1: 엘렌은 친밀한 관계에 있는 동성의 다른 성인들과 어떻게 관계를 가질지 충분히 탐색할 것이다.

❖ 단기목표들

1. 엘렌은 자신이 취했을 때, 그리고 처음으로 다른 레즈비언과 데이트를 했을 때 보였던 문제가 되는 반응을 충분히 탐색할 것이다.
   a. 그녀는 '잘못됨'의 느낌을 강렬하게 하고, 레즈비언 파트너와의 관계에서 이 경험이 어떻게 자신을 존중하려는 동기를 높이는지 말로 표현할 것이다.
   b. 엘렌은 동성관계를 시작할 때 느끼는 두려움의 감정을 강렬하게 하고, 이 두려움, 데이트에서 술을 취하도록 마시는 것, '잘못됨'의 느낌 사이에 있는 관계를 말로 표현할 것이다.

2. 엘렌은 외로움의 감정을 인식하게 될 것이며, 그 감정이 그것에 수반되는 신체적 감각 측면에서 얼마나 빨리 강렬해지는지 경험할 것이다.

   a. 엘렌은 이 감각에 수반되는 인식을 말로 표현할 것이다.

   b. 엘렌은 이 정서의 강렬함이 어떻게 새로운 관계 형성 시도를 막는지 숙고할 것이다.

3. 엘렌은 '잘못됨', 두려움, 외로움의 느낌을 충분히 진척시켜서, 데이트에서 '올바름'의 느낌을 가져다줄 행동을 하도록 이끌 생산적인 의미를 발달시킬 것이다.

장기목표 2: 엘렌은 레즈비언 부모로서 자신의 아이들과 어떻게 관계를 가질지 탐색할 것이다.

❖ 단기목표들

1. 엘렌은 자신의 자아비판과 수동성을 의인화하여 충분히 이해될 때까지 각각의 목소리로 차례대로 이야기하면서, 이 둘 사이에서 갈등하는 자신의 인식을 충분히 탐색할 것이다.

   a. 엘렌은 각 목소리 역할을 맡을 때의 자기 신체를 인식할 것이며, 이 신체적 감각에 수반되는 정서, 동기, 행동경향을 확인할 것이다.

   b. 엘렌은 이 과정에서 각 목소리의 생산적 측면을 자신의 부모 역할에서 받아들이게 하는 새로운 의미를 도출할 것이다.

2. 엘렌은 양육과 관련하여 막 시작된 새로운 희망, 자기 결정의 느낌을 충분히 탐색할 것이다.

   a. 엘렌은 이런 느낌들을 말로 표현하여 자기역할을 잘하는 부모가 되려는 자기 믿음을 설명할 것이다.

3. 엘렌은 자기 아이들이 엄마가 레즈비언이라고 증오할까 하는 두려움을 포함하여, 아이들에게 커밍아웃하는 것에 관해 자신이 가지고 있는 혼란스러운 생각을 탐색할 것이다.

   a. 엘렌은 만일 자기 아이들이 성인이 될 때까지 자신이 커밍아웃하지 않는다면 아이들이 동성애를 혐오하는 생각을 내면화하고 만일 게이가 될 경우 스스로를 증오할 수도 있다는 염려를 말로 표현할 것이다.

   b. 엘렌은 커밍아웃하는 것의 결과, 그리고 그 결과가 자신에게 주는 의미를 충분히 탐색할 것이며, 일련의 행동과정을 결정할 것이다.

장기목표 3: 엘렌은 레즈비언 가족 구성원으로서 그녀의 전남편, 확대가족들과 관계에서 그녀를 이끌어 가는 모순된 감정들을 탐색할 것이다.

❖ 단기목표들

1. 엘렌은 전남편, 확대가족과의 관계에서 경험하는 화가 나서 끓어오르는 느낌을 화가 날 때의 신체적 감감에 집중하면서 탐색할 것이다.

    a. 엘렌은 이 경험에서 비롯된 동기를 말로 표현하고 이 동기가 순종적이고 자기 자신에게 진실되지 못한 태도를 요구하는 다른 사람들과 관련되어 있는지를 이야기할 것이다.

    b. 엘렌은 전남편, 확대가족과의 관계에서 자신이 취약한 모습으로 가지고 있는 고통의 느낌과 고립감을 생생하게 경험함으로써 이 느낌들을 탐색할 것이다.

2. 엘렌은 이러한 감정들을 생생하게 경험함으로써 전남편, 부모와 관계할 때 특히 취약하게 그녀가 느끼는 고통과 외로움의 느낌을 탐색할 것이다.

    a. 엘렌은 이 경험에서 비롯된 동기를 말로 표현할 것이다.

    b. 엘렌은 생생하게 재창출된 이 경험에서 의미를 생성할 것이며, 이 시점에서 전남편, 부모와의 관계에서 자기 역할을 변화시키려 하는 것이 적응적인 것인지 판단할 것이다.

3. 엘렌은 전남편, 부모와의 관계에서 고통스럽거나 고립감이 들 때 하는 행동과 화가 날 때 하는 행동이 어떻게 다른지를 인식하게 될 것이다.

    a. 엘렌은 먼저 (고립의 고통의 피하기 위해) 그들에게 다가가려는 동기에 주의를 집중할 것이며, 그리고 나서 (개인적 통제감과 자기인정을 높이기 위해) 그들을 회피하려는 동기에 주의를 집중할 것이다.

    b. 엘렌은 자기 아이들에 대한 양육권 상실 문제로 실질적인 염려를 하는 이 자아발견의 시점에서 그녀를 적응적으로 이끌어 줄 의미를 발전시킬 때까지 이 모순된 경향들에 대한 작업을 계속해 나갈 것이다.

장기목표 4: 엘렌은 새로운 성이 촉발시킨 자신감과 흥분의 느낌, 그리고 이것이 레즈비언인 자신과의 관계에 주는 영향을 탐색할 것이다.

❖ 단기목표들

1. 엘렌은 새로운 성과 관련된 자신감과 흥분의 느낌을 재경험할 것이다.

    a. 엘렌은 이 새로운 성과 관련된 자신의 동기와 행동을 포함하여, 새로운 성이 자신에게 주는 의미를 말로 표현할 것이다.

    b. 엘렌은 술이 이 새로운 성을 가진 자신의 인생에 한 부분이 될 수 있을지 숙고할 것이다.

    c. 엘렌은 이성애적 행동이 이 새로운 성을 가진 자신의 인생에 한 부분이 될 수 있을지

숙고할 것이다.

2. 엘렌은 새로운 성적 동기를 인식했을 때 얻게 된 자유와 자기수용의 느낌을 재경험할 것이다. 이것은 그 정서들을 충분히 인식할 수 있는 심리적 공간을 제공해 줄 것이다.

    a. 엘렌은 이 느낌들이 그녀에게 가지는 의미를 말로 표현할 것이다.

    b. 엘렌은 이 긍정적 정서들을 유지하는 것에 있어 어떤 행동이 그녀에게 가장 가치 있는지 숙고할 것이다.

    c. 엘렌은 그녀의 새로운 자기 이야기, 그녀가 원하는 타인과의 상호작용 방식, 건강한 생활양식을 유지하는 방식에 관해 이야기를 나눌 것이다.

사례개념화 실습 사례: 폭력 영역의 통합

이제 니콜에 대한 정서-초점 분석을 할 것이다. 그녀의 행동에 통찰을 제공할 수 있는 복합적 영역이 많이 있다. 이 분석에서 당신은 사례개념화와 상담계획에 폭력의 영역을 통합해야 한다.

짧은 접수면접에서 얻은 정보

니콜은 시골풍 도시에 살고 있는 18세의 백인 여성이다. 그녀는 현재 고등학교 3학년이다. 학업 성적이 뛰어나며, 내년에 대학에 갈 것이다. 가족 구성은 핵가족으로, 세 명의 오빠가 아직 함께 살고 있다. 그녀의 아버지는 자동차 정비 가게를 운영하고 있으며, 그의 아들들도 그 가게에서 일하고 있다. 니콜은 자신의 아버지와 오빠들이 그녀와 그녀의 어머니를 포함하여 여자들을 때리는 생활습관을 가지고 있다고 이야기했다. 그녀는 지금 집을 떠나서 그녀의 남자친구와 같이 살 기회를 갖게 되었다. 그렇지만 그녀는 떠나는 것을 두려워하고 있다. 그녀는 떠나야 할지 아니면 머물러야 할지 결정하는 것에 도움을 원한다.

니콜은 고등학교 심리학 강좌를 수강한 후에 스스로 상담을 신청했다. 그녀의 부모는 그녀가 상담받으려 하는 것을 모르고 있으며, 니콜은 이 정보가 알려지지 않기를 원하고 있다. 간이 정신건강 검사에서 살인 사고, 자살 사고, 심각한 정신병리의 임상적 징후가 보이지 않았다. 그렇지만 니콜은 비밀 보호의 한계에 관한 이야기를 들을 때 불안을 어느 정도 보였다. 그녀가 현재 18세이므로 더 이상 아동보호서비스의 범위에 포함되지 않는다는 것이 재

확인된 후에야 이 불안은 진정되었다. 그녀는 가장 빨리 상담할 수 있는 상담자에게 상담을 받겠다고 하였다.

정서-초점 관점에서 니콜과의 인터뷰

C: 안녕, 니콜. 어떤 도움이 필요하니?

N: (진지하게) 내 남자친구가 이번에 우리가 고등학교를 졸업하고 나면 같은 아파트로 이사하자고 계속 이야기하고 있어요. (혼란스러워하며) 뭐라고 해야 할지 모르겠어요. (침묵) 우리는 1학년 때부터 계속 사귀었어요. 그는 정말로 가장 친하고 유일한 나의 친구예요. 그렇지만……. (침묵)

C: (침묵) 그렇지만……. (침묵)

N: (확신 없이) 나는 그와 정말 가깝게 지내지만 그는 그 이상을 원해요. 내가 그럴 수 있을지 모르겠어요.

C: 그는 우정 이상의 것을 원하는구나. 너는 그럴 수 있을지 확신하지 못하고?

N: (확신하며) 나는 정말로 그와의 신체적 접촉을 원해요. 하지만 그와 성관계를 하는 생각을 할 때마다 날카로운 느낌이 나를 사로잡아요. 단지 키스만 해도 힘들어요.

C: 그 날카롭다는 게 어떤 의미지?

N: (걱정스럽게) 난 모르겠어요. 내가 팀에게 그것에 관해 이야기하려 할 때마다 그는 화를 내고 당분간 나를 피해요. (침묵) 그리고 나서 우리는 그 일을 잊어버리죠.

C: 난처한 상황이네. 네가 제대로 이해하지 못하고 있고, 또 뚫고 헤쳐 나갈 수는 없고. 지금 그것을 좀 더 경험해 볼 수 있을까?

N: (한참 침묵, 전전긍긍하며) 몸이 스멀거려요. 어떻게 할 수가 없어요. (속삭이듯이) 못하겠어요.

C: (침묵) 좀 더 경험했을 때, 날카로운 느낌을 넘어서 도망쳐야 할 정도의 위협이 되었나 보네.

N: (걱정스럽게) 너무 엄청나요. 도움을 얻으려고 여기 왔는데도, 그것에 관해 이야기하는 게 너무 힘드네요. (침묵) 나는 정말 패배자예요.

C: 지금은 그 느낌이 너를 압도하고 있어. 그게 앞으로도 항상 그럴까?

N: (슬프게) 선생님은 이것이 시간 낭비라고 생각하세요?

C: 너는 그걸 해결하고 싶지만, 지금 이 순간에 너무 힘든 거지.

N: (시험 삼아) 만일 우리가 다른 걸 먼저 이야기하고 나면, 그 문제를 다룰 수 있을지도 모르겠어요.

C: 뭘 이야기하면 좋을 것 같니?

N: (한참 침묵, 걱정스럽게) 모든 게 잘 해결될 거라고 선생님이 이야기해 주셨으면 좋겠어요.

C: 만일 내가 약속할 수 있다면, 안심이 될 수도 있겠다.

N: (슬프게) 아무것도 약속 안 하시려나 봐요, 그렇지요?

C: 경청하고, 네가 이야기하는 것에 주의를 기울이고, 너를 이해하는 데 온 힘을 다하겠다고 약속하마.

N: (침묵, 기대를 가지고) 정말로 나를 위해 그렇게 하실 건가요?

C: 너는 중요해. (N은 미소 짓는다) 미소를 지었네. 누군가가 너를 중요하게 여기고 있다는 걸 알게 되면 기분이 좋아지지.

N: (조심스럽게) 나는 완전히 그렇게 받아들이지를 못하겠어요. 내가 팀에게 중요하다는 건 알아요. 그가 나를 얼마나 사랑하는지 알고 있고요. 그는 나를 사랑한다고 항상 말해요. 그는 언제나 다정하지만, 그의 손이 닿으면 겁이 나요. (침묵, 걱정스럽게) 왜 그런지 모르겠어요. 그가 나한테 뭔가 강요한 적은 없거든요. (침묵) 그를 잃고 싶지 않아요.

C: 그가 너에게 중요하구나. 너는 자신이 가치 있다는 느낌을 잃고 싶지 않은 거지.

N: (긴장하면서) 네, (침묵) 난 아닌데, (침묵, 걱정스럽게) 그러나 이사하는 건……. (한참 침묵)

C: 팀을 잃고 싶진 않지만, 네 몸은 긴장하게 되고 그와 함께 이사하는 게 편치가 않구나.

N: (혼란스러워하며) 예, 이상하지요, 나는 우리 집에서 사는 걸 항상 끔찍하게 생각해 왔고, 이번이 도망갈 기회거든요.

C: (한참 침묵) 집에서 벗어나는 걸 막고 있는 게 뭔지 몰라서 의아하게 생각하고 있구나.

N: (단호하게) 나는 집에서 샌드백이었고, 엄마도 그랬어요. 둘 중 누군가에게 멍자국이 없던 때가 없었어요.

C: 네가 위험한 상황이 아닌지 걱정된다.

N: (단호하게) 아뇨. 난 괜찮아요. 나는 어릴 때부터 늘 이렇게 살아왔어요. 나는 필요할 때 집에서 도망치는 방법을 알아요.

C: 이 위험한 상황이 네게는 일상적인 일이구나. (침묵) 얼마나 심한 정도니?

N: (사무적으로) 내가 더 어렸을 때는 크게 다치곤 했어요. 어릴 때는 끔찍한 일이 곧 닥친다는 신호를 잘 알아차리지 못했어요. 내 팔 또는 다리가 부러지고 나서야 끝난 적이 몇 번 있었어요. 내가 중학교 들어가고 나서는 타박상 이상으로 다치지는 않을 수 있게 되었어요. 분위기가 심상치 않은 때를 알 수 있고, 그러면 재빨리 집에서 나와서 팀의 집으로 가요. 나는 그렇게 많이 했어요.

C: 어떻게 집에서 나오지?

N: (사무적으로) 처음에 한 대 맞고 나면 항상 도망칠 수 있었어요. 넘어진 척하거나 그들이 원하는 것을 하는 척하거나, 그들이 서로 싸우게 해요. 그렇게 하기는 쉬워요. 그러고 나서 화장실 창이든 현관문이든 가장 가까운 곳으로 나오죠.

C: 일단 집에서 나오면, 팀의 집으로 어떻게 가니?

N: 팀은 우리 집에서 가까운 곳에 살아요. 걔 부모님은 걔를 집 지하실에서 살게 했어요. 지하실 문으로 해서 가면, 그분들은 심지어 내가 거기에 있다는 것도 몰라요.

C: 만일 팀이 집에 없으면?

N: 나는 열쇠를 가지고 있어요. (진심으로) 하도 자주 일어나는 일이라서요. 나에게 필요한 적은 없었지만, 매 맞는 여성의 쉼터가 어디에 있는지도 알아요.

C: 집에서 도망치는 것에 대해 평소에도 생각을 많이 했구나. 너는 탈출계획을 가지고 있어, 침묵) 그러나 (N이 끼어든다)

N: 솔직히 말해서, 어느 시점에는 집을 나와야 한다는 것을 알아요. 나는 그러고 싶지만, (침묵) 내가 정말로 그렇게 하면 그다음에 무슨 일이 일어날까요?

C: 너의 집은 위험해, (침묵) 그렇지만 너는 어떻게 도망치는지를 알고 있지. 새로운 상황에서는 아직 알지 못하는 것이 있지.

N: 정말 그래요. (한참 침묵, 걱정스럽게) 아마도 집을 나가서 살면 거기가 더 나쁠 수도 있죠.

C: 겁나는 생각이네.

N: (급히) 나는 무서워요. 나는 안전하다고 느끼고 싶어요.

C: 불안해하는 것 같구나. 너는 안전하다고 느끼고 싶어 하고. 지금까지 안전한 적이 있었니?

N: (조용하게) 학교에서는 안전했죠. 학교에서는 때리는 일이 없어요.

C: 학교는 안전한 장소였네. 다른 곳은 없니?

N: (부드럽게, 아래를 내려다보며) 화를 낸 적은 있어도 팀은 나를 때린 적이 전혀 없어요. 그렇지만……. (침묵)

C: 그렇지만?

N: (급히) 나는 팀이랑 같이 살아 본 적이 없잖아요.

C: 팀은 화를 낸 적은 있지만 지금까지는 널 겁먹게 만드는 어떤 일이 일어난 적이 없어. 만일 같이 살게 되면 바뀔 수도 있다고 걱정하고 있구나.

N: (걱정스럽게) 함께 살게 되면 여러 가지로 격렬해질 수도 있을 것 같아요.

C: 함께 사는 것은 뭐든 강도를 높이고, 그러다 보면 어쩌면 겁먹을 만한 일이 일어날 수도

있지.

N: (침묵) 그건 위험해요. 나는 그걸 견딜 수 없을 거예요. (침묵) 뭔가 다른 걸 이야기해요.

C: 네가 겁먹은 게 이 방에 가득해졌어.

N: (절실하게) 저를 도와주세요. (침묵) 제발.

C: 떨고 있구나. 네 안의 공포가 모두 쏟아져 나오고 있는 것 같아.

N: (큰소리로) 나는 곧 폭발할 것 같아요!

C: (속삭이듯이) 너무나 큰 공포. 네가 가진 공포가 네 삶에 가득 찼어. 만일 그것이 모두 밖으로 나온다면……. (한참 침묵)

N: (걱정스럽게) 나는 이게 싫어요. 끔찍하게 느껴져요.

C: 심지어 공포가 너를 흠뻑 적신다 하더라도, 여기서 그걸 인식하는 건 안전해.

N: (억지로 조용하게) 뭔가 잘못된 짓을 하기 전에 이것에서 벗어나는 게 필요해요. (침묵, 전전긍긍하며) 당장 이걸 멈춰야 해요!

C: 만일 필요하다면 벗어나야지.

N: (절실하게) 학교. 학교에 대해서 더 이야기하면 좋아질 거예요.

C: (한참 침묵) 학교. (한참 침묵)

N: (심호흡을 하며) 학교는 평온하죠. 만일 자신의 일을 알아서 잘한다면, 선생님들은 웃어주죠. 거기서 일어나는 가장 나쁜 일은 교사가 학생을 좀 쪼는 정도죠.

C: 평온함, 미소. 어쩌면 약간의 죄기.

N: (긴장을 풀고) 죄는 일 따위는 아무것도 아니에요. 선생님이 의사결정을 하죠. 그들은 두목 행세를 할 수 있어요. 나는 그것에 따를 수 있어요. 그들은 학생에게 무엇을 하라고 말하지만, 학생을 해치지는 않아요. 많은 선생님이 나를 격려했어요. 기분이 좋았어요.

C: 교사들은 너보다 힘을 더 많이 가지고 있지. 일부 선생님은 너를 믿고 있구나.

N: (놀라서) 선생님들은 나를 좋아해요. 만일 그렇게 많은 선생님이 나에게 대학 갈 만큼 머리가 좋다고 이야기하지 않았다면, 내가 그런 생각이라도 할 수 있었을지 모르겠어요.

C: 선생님들의 도움으로 네가 스스로 똑똑하다고 생각하게 되었구나. 그것에 대해 어떤 기분이 드니?

N: (생각에 잠겨) 좋지요, 뭐. 그 곳은 내가 나 자신에게 편안하게 느끼는 유일한 장소예요.

C: 여기서는 어떻게 느끼니? (한참 침묵, N은 생각이 많아 보인다) 내가 보기에 뭔가 깊이 생각하고 있는 것 같네. 뭔지 이야기해 줄 수 있니?

N: (긴장하면서) 나는 여기도 정말 안전하다고 느껴요. 좀 이상하긴 하죠. 왜냐하면 선생님을

이제 막 만난 거고, 나는 곧바로 결론으로 가는 걸 믿지 않거든요.

C: 무슨 뜻이지?

N: 세상에는 화를 통제 못하는 경우가 많이 있어요. 나는 나 자신을 보호하기 위해 매우 조심해야만 해요.

C: 화가 세상 곳곳에 있고, 그게 너한테 위협적으로 느껴지는구나.

N: (걱정스럽게) 나는 더 이상 다치는 걸 원하지 않아요. 팀과 함께 이사하면 그것에서 벗어날 수 있겠죠. 팀은 안전한 장소에서 나와 함께 있고 싶다고 이야기해요.

C: 팀은 안전한 장소를 원하고, 너도 안전한 장소를 원하는구나.

N: (진지하게) 아무도 팀을 위협하지 않아요. 그는 그냥 가족들에게 무시당하고 있어요. 일종의 버려진 사람인 거죠. 내가 팀의 진짜 가족이에요. 나는 그게 좋아요, 하지만……. (N은 감정이 격해진 것처럼 보인다)

C: 너는 갈 길을 잃은 것처럼 보이네. (N은 고개를 끄덕인다) 너에게는 신체적 안전이 필요하고, 팀에게는 정서적 안전이 필요하구나. 너희 둘은 각자 서로에게서 그것들을 일부 얻었고. (침묵) 그렇지만 너는 만일 팀과 너무 가까워지면 팀이 더 이상 너에게 안전한 사람이 아니게 될까 봐 두려워하고 있어.

N: (걱정스럽게) 만일 내가 그렇게 이야기하는 걸 팀이 듣는다면 펄펄 뛰겠지요. 걔는 내가 집에서 수많은 두려운 일을 겪을 때 계속 나의 가장 친한 친구였어요.

C: 팀은 죽 너의 가장 친한 친구였지. 그러나 너는 항상 화에 대한 그런 두려움을 가지고 있구나.

N: (머리를 끄덕이며) 예……. (침묵) 못하겠어요……. (한참 침묵) 안 할래요……. (한참 침묵)

C: 마음속 감정을 말로 표현하기가 정말 어려운가 보구나.

N: (열망하면서) 나는 이걸 더 잘 이해해야 돼요. 내 가장 친한 친구를 무서워하고 싶지는 않아요. 가끔 내가 팀에게 겁을 먹을 수 있다는 것이 너무 이상하다는 생각이 들어요. 그는 내가 때때로 내 가족들 때문에 얼마나 큰 고통을 겪었는지 알고 있고, 나는 그가 나를 무척 좋아한다는 걸 알고 있어요.

C: 그러나 여전히 두려움이 있지. 실제적인 두려움. 그게 널 둘러싸고 있어.

N: (슬프게) 그건 결코 완전히 사라지지는 않아요. (멈춤) 나는 항상 그걸 막고 있어요.

C: 막고 있을 때 네 몸의 느낌은 어떻니?

N: (어리둥절하여) 모르겠어요. 팀은 언제나 나에게 굉장히 몰두해요. 팀의 눈에는 나에 대한 사랑이 있어요. 나도 정말 걔를 사랑해요. (시선을 돌리며) 항상 나의 일부분은 멀리 떨어

져서 물끄러미 바라보고 있어요, 안전거리를 확보한 후 무엇이 진행되는지 관찰하는 것 같이.

C: 이해하지는 못하지만, 인식하고는 있구나. 어머니는 그것을 이해하실까?

N: (부인하면서) 모르겠어요. 우리는 서로 많이 이야기하지 않아요. 요점이 뭐죠? (침묵) 엄마는 한 번도 나를 도운 적이 없어요. 앞으로도 그럴 거예요.

C: 어머니와 외모는 비슷해도 생각은 서로 다르구나. (한참 침묵) 어머니가 너를 돕지 않는 이유는 무엇일까?

N: (화를 내며) 내가 어릴 때는 어머니에게 도와달라고 소리치곤 했어요, 어머니가 완전히 아버지와 오빠들의 꼭두각시라는 걸 알기 전까지는요. 유일하게 어머니가 했던 건 아버지가 나를 막 찾으러 다닐 때 부엌에 있는 나의 비밀장소를 비밀로 유지해 준 거예요.

C: 어머니가 적극적으로 너를 도운 적은 전혀 없지만, 네가 도망치도록 둔 것은 너를 보살핀다는 걸 보여 준 게 아닐까?

N: (납득하지 못하며) 그게 나를 돌본다는 걸 보여 준 건지는 잘 모르겠어요. 내 생각에는 그냥 엄마가 얼마나 수동적인지를 보여 준 것 같아요. 뭘 하라는 말을 들을 때까지는 아무것도 하지 않았거든요. (한참 침묵, 화를 내며) 왜 내 친엄마보다 학교 선생님들이 나한테 더 관심을 보이는지, 그 이유를 나 자신에게 묻곤 했어요. (침묵, 어쩔 수 없다는 듯) 이제는 익숙해졌어요.

C: 선생님들이 주신 관심은 좋았지만 한편으로는 너를 화나게 만들었구나, 어머니에게서 그런 관심을 받지 못한다는 생각 때문에. 무슨 일이 있었다고 생각하니?

N: (한참 침묵, 곰곰이 생각하면서) 아버지는 어머니가 나에게 작은 관심이라도 기울이는 꼴을 못 봤어요. 아버지는 자기한테만 신경 쓰라고 요구했어요. 오빠들이 어렸을 때, 우리는 모두 아버지에게 끊임없이 내동댕이쳐졌어요. 오빠들이 이제 아버지에게 굴복하지 않으니까, 아버지는 그들을 동급으로 대해요. 만일에 엄마가 자기 마음에 들만큼 빨리 하지 않는다고 오빠가 한 대 먹이면, 아버지는 그냥 웃어요. 그들은 나를 마치 자기들 노예처럼 대하려 하지만, 나는 많이 벗어났어요.

C: 처음에는 아버지, 그리고 이제 오빠들도 물리적 힘으로 어머니를 노예처럼 부리는구나. 너는 그런 것에서 벗어나려고 노력하고 있고.

N: (의자에 깊이 내려앉으며) 나는 지쳤어요. 나는 오랫동안 그렇게 지냈어요.

C: 너는 오늘 상담시간에 한 것들이 여러 가지로 많이 힘들었지. 좀 쉬어야 할 거야. 나는 여전히 네가 집에서 안전한지 걱정이 돼.

N: (피곤한 듯이) 쓸데없는 관심이에요. 주중에는 아버지와 오빠들이 밤늦게까지 일하기 때문에 주말에만 집 안에서 마주칠 일이 있어요. 만일 분위기가 좋지 않아 보이면 집에서 나오면 돼요. 만일 재수 없게 붙잡히면, 한 방 맞고 그다음에 도망칠 수 있어요, 항상 그랬어요.

C: 비록 한 방이라도 그건 심한 거야. 너는 당연히 안전해야만 해. 만일 네가 17세라면 나는 아동보호센터에 연락해서 보호받도록 했을 거야.

N: (회의적으로) 내가 좀 더 어릴 때 아동보호센터에서 몇 번 온 적이 있어요. 항상 아빠가 그들보다 한 수 위였어요. 걱정 마세요. 나는 괜찮을 거예요.

C: 결정을 내릴 권리가 너에게 있다는 걸 인정해. 나는 다만 너한테 안전할 권리가 있다는 걸 강하게 말하는 거지.

N: (생각에 잠겨) 무슨 말씀인지 알겠어요. (침묵) 그것에 관해 생각해 볼게요.

니콜에 대한 사례개념화 개발 실습

❖ 실습 1(최대 4쪽)

목 표: 자신이 정서–초점 이론을 분명히 이해하고 있다는 것을 확인하기

양 식: A, B, C 파트에 초점을 맞춘 통합적인 에세이

도움말: 이 장을 다시 보라(309~318쪽).

   A. 이 실습의 도입 부분이 될 수 있도록 정서–초점 이론의 모든 가정(내담자의 변화 방식을 이해하는 데 핵심이 되는 차원에 관한 이 이론의 가정들, 추상적이고 폭넓게 생각하라)을 간략히 개관하라.

   B. 내담자가 변화과정을 통해 나아가는 것을 이해하는 데 각 가정이 어떻게 사용되는지 면밀하게 기술하라. 각 가정을 충분히 설명할 수 있는 구체적인 사례를 포함시켜야 한다.

   C. 내담자의 변화를 돕는 상담자의 역할(컨설턴트, 의사, 교육자, 조력가), 상담에 사용한 주요 접근법, 공통적으로 사용된 상담기법을 설명하면서 에세이의 결론을 내리라. 이 접근법의 독특한 점이 분명히 드러나도록 구체적인 사례를 충분히 포함시키라.

❖ 실습 2(최대 4쪽)

목 표: 니콜에 대한 정서–초점 이론의 적용을 돕기

양 식: A~G까지의 각 섹션에 대한 단독적인 문장 개요

도움말: 이 장을 다시 보라(309~318쪽).

A. 이 시점에서 니콜은 어떤 것을 자신의 약점(걱정, 이슈, 문제, 징후, 기술 결핍, 상담 장벽, 성장이 막힌 영역)으로 보는가? 각각에 대해 다음을 고려해야 한다.

  1. 정서−처리 문제, 문제가 되는 경험에 대한 적응적 정서의 어떤 판별적 특징이, 또는 부적응적 정서도식의 어떤 측면이 각각의 약점을 나타내 주는가?

  2. 위의 모든 정보를 살펴볼 때, 니콜의 삶에서 어떤 부적응적 정서도식이 작동하고 있는가?

    a. 여러 약점이 같은 정서도식의 부분이 될 수 있다.

    b. 부적응적 도식은 불완전할 수도, 완전할 수도 있지만 내담자를 부적응적 방식으로 이끌거나 다른 도식과 관련하여 갈등이 되게 이끌 수 있다.

B. 정서 처리 문제와 그것에 기초가 되는 정서도식의 판별적 특징을 살펴볼 때, 니콜은 (정서적으로 과도하게 규제된, 정서적으로 과소하게 규제된, 대부분 개념적 처리과정과 관련된, 대부분 경험적 처리과정과 관련된) 전반적 처리양식을 가지고 있는가?

  1. A에 대한 당신의 응답에 기초해서 볼 때, 어떤 핵심 고통 또는 핵심 이슈가 이 전반적 처리양식과 관련되어 있는가? (하나 이상의 핵심 고통 또는 핵심 이슈가 있을 수 있다.)

  2. 핵심 고통 또는 이슈가 내적 경험, 개인 내 문제, 대인관계 문제, 경험적 우려를 기호화하는 능력의 부족과 관련되어 있는가?

C. 니콜이 인터뷰 동안 사용한 목소리 유형(집중된, 정서적인, 억제된, 형식적인)에 관해 구체적인 사례를 들면서 논의하라. 그리고 그것이 정서−초점 상담에 일반적으로 도움이 되는 그녀의 능력에 가지는 함의점, 이 시점에서 그녀에게 가장 도움이 될 수 있는 기법 유형에 관해 논의하라.

D. 당신이 A에서 응답한 판별적 특징 각각에서, 이 시점에서 니콜에게 도움이 될 수 있는 정서−처리 과제의 유형에 관해 논의하라. 당신이 C에서 응답한 목소리가 이 시점에서 니콜이 각 과제에서 도움을 얻는 정도를 촉진 또는 저해하는 데 어떤 영향을 주는가?

E. 니콜은 이 시점에서 어떤 것이 자신의 강점(강한 점, 긍정적 특징, 성공, 기술, 변화를 촉진하는 요소, 성장이 막히지 않은 영역)이라고 보는가? 각각에 대해 다음을 고려해야 한다.

  1. 각 강점은 건강한 정서적 처리의 어떤 구성요소, 적응적 정서도식 또는 적응적 정서의 어떤 측면을 반영하고 있는가, 또는 어떤 구성요소와 측면에서 발달하였는가?

  2. 위의 모든 정보를 살펴볼 때, 어떤 건강한 또는 불완전하지만 부분적으로 건강한 정서도식이 니콜의 삶에서 작동하고 있는 것 같은가? (여러 강점이 같은 도식의 부분일 수

있다.)

3. 니콜의 강점은 자기성장을 향한 긍정적 경향을 어떻게 반영하고 있는가? 어떻게 하면 이 강점에 더 주의하여서 니콜이 가진 당장의 어려움에 도움이 될 수 있게 할 수 있을까?

F. A~E의 정보를 고려해 볼 때 니콜은 현재 자신, 타인, 자신의 상황에 관한 자기 경험에서 어떤 유형의 의미를 창출하고 있는가? 그리고 이것이 그녀의 전반적인 기능 수준과 어떻게 관련되어 있는가?

G. 니콜이 이 시점에서 자신의 경험을 충분히 진행시키고 그것에서 적응적 의미를 도출하는 데 현재 어떤 장벽과 기회가 있는가?

❖ 실습 3(최대 3쪽)

목　표: 니콜의 삶에서 폭력의 잠재적 역할에 대해 이해하기

양　식: A~J의 각 섹션에 대한 단독적인 문장 개요

도움말: 2장을 다시 보라(131~143쪽).

A. 현재 니콜이 처해 있는 상황에서 폭력의 발생 위험요소, 폭력적이지 못하게 하는 방어요소를 사정하라. 사정할 때에 다음의 질문을 고려하라.

1. 니콜은 어린 시절에 어떤 부정적인 사태들에 맞닥뜨렸는가? 약물중독자와 사는 것, 부모가 이혼하는 것, 잦은 이사나 노숙 같은 심각한 가족 붕괴, 부모에게 우울증이나 정신 질환이 있는 것, 자살 시도를 했거나 자살을 계획했던 사람과 사는 것, 심각한 범죄를 저질렀거나 감옥에 갔다 온 사람과 사는 것, 신체적 · 성적 · 정서적으로 학대받거나 방임되는 것, 폭력을 목격하는 것 같은 사태들을 검토해 보라.

2. 니콜은 성인이 되어서 어떤 부정적인 사태들에 맞닥뜨렸는가? 약물중독자와 사는 것, 심각한 가족 붕괴, 우울증이나 정신 질환이 있는 사람과 사는 것, 자살 시도를 했거나 자살을 계획했던 사람과 사는 것, 심각한 범죄를 저질렀거나 감옥에 갔다 온 사람과 사는 것, 신체적 · 성적 · 정서적으로 학대받는 것, 폭력을 목격하거나 폭력에 대한 공포 속에서 사는 것 같은 사태들을 검토해 보라.

3. 폭력을 방어할 수 있는 니콜의 내적 요인은 무엇인가? 그녀가 충동을 억제하고, 자기 행동에 제한을 설정하고, 감정을 조절하고, 반성적인 문제해결을 하고, 타인의 정서와 행동을 이해하는 능력을 가지고 있는지 검토해 보라.

4. 니콜이 아동기일 때 장기적인 사회 네트워크나 환경이 폭력을 지지하거나 억제하

였는가? 외상성의 상처가 있었는지, 양면가치가 있었는지, 정서적 연대가 없었는지 아니면 긍정적인 정서적 연대가 있었는지 검토해 보라. 또한 가족 폭력의 정도, 가족들이 문제해결 전략으로서 폭력을 참고 견디는 정도, 학교나 이웃에 대한 긍정적 또는 부정적 경험, 종교적 배경을 검토해 보라.

5. 니콜의 가족관계, 동료관계, 교육적 성취, 직업, 현재의 이웃, 현재의 신앙에서 폭력에 대한 환경적인 지지나 억제가 현재 있는가?

6. 폭력적 반응 또는 친사회적 반응을 정당화하거나 그런 반응을 더 하게 만드는 당장의 유도 또는 촉발 요인이 있는가? 니콜의 삶에서 무기의 존재 유무, 알코올이나 약물 남용의 정도, 좌절이나 분노의 수준, 폭력에 대한 타인의 격려나 만류 같은 것들을 검토해 보라.

B. 니콜의 삶 전체에 걸쳐서 폭력에 노출된 정도를 사정하라. 다음을 고려하라.

1. 노출의 유형(직접적, 간접적)
2. 노출의 빈도
3. 사태의 심각성
4. 그 상황에서 니콜의 역할(목격자, 피해자, 가해자, 피해자-가해자)
5. 폭력 노출이 정서적, 인지적, 신체적, 사회적 기능 수행에 준 현재의 영향

C. 니콜의 세계관을 평가하고, 폭력이 그 세계관에 일반적 역할을 했는지 아니면 제한된 역할을 했는지, 그리고 그 세계관이 현재 폭력을 산출하거나 촉진하는지 아니면 친사회적 행동을 산출하거나 촉진하는지 평가하라.

D. 지금 니콜의 위험 정도와 그녀의 환경에 있는 다른 사람들의 위험 정도를 평가하라. 당장 그리고 좀 더 장기적으로 안전 정도가 높아질 수 있을지, 만일 높아질 수 있다면 어떻게 가능한지 검토해 보라. 니콜의 삶에서 폭력 가해자의 특성을 주의 깊게 고려하여야 한다. 지금 니콜의 환경이 얼마나 위험한지 1~10 척도로 표시하라. 니콜이 그 위험을 얼마나 통제하고 있는지 1~10 척도로 표시하라.

E. 니콜의 안전, 그리고 그녀의 개인적, 사회적, 문화적 세계 안에 있는 다른 사람들의 안전을 평가하라.

F. 니콜, 그리고 그녀의 삶에 있는 다른 사람에 대한 폭력이 주는 전체적인 심리적, 신체적 영향을 평가하라. 폭력이나 비폭력을 지지하는 다른 힘이 있는지 평가하고, 지금 니콜이 폭력에서 자유롭게 살 수 있느냐의 측면에서 니콜의 예측력을 측정하라.

G. 폭력과 방임이 개인과 그 가족에게 주는 영향에 대해 현재 당신은 얼마나 알고 있는가?

1. 방임, 폭력, 외상이 내담자의 신체적, 정서적 안녕에 주는 영향에 관해 배경지식을 줄 수 있는 강좌를 얼마나 수강하였는가?

2. 방임, 폭력, 외상이 내담자의 신체적, 정서적 안녕에 주는 영향에 관해 배경지식을 줄 수 있는 워크숍에 얼마나 참가하였는가?

3. 방임, 폭력, 외상이 내담자의 신체적, 정서적 안녕에 주는 영향에 관해 배경지식을 줄 수 있는 전문적 경험을 한 적이 있는가? 어떤 경험이었는가?

4. 방임, 폭력, 외상이 내담자의 신체적, 정서적 안녕에 주는 영향에 관해 배경지식을 줄 수 있는 개인적 경험을 한 적이 있는가? 어떤 경험이었는가?

5. 세상에서 무엇이 중요한지, 사람들은 어떻게 의사소통하는지, 이 세계에서 보상과 벌이 무엇인지의 측면에서 방임, 폭력, 외상의 배경을 가진 사람의 세계관에 어떤 코호트 효과가 영향을 줄 수 있는가?

H. 폭력 또는 방임의 배경을 가진 내담자 관련 이슈에 관해 당신의 현재 인식 수준은 어떠한가?

1. 무관심하고 폭력적인 생활양식에 관한 당신의 전형에 관해 논의하고, 그것이 니콜에 관한 당신의 관점에 영향을 주는지 논의하라.

2. 당신의 폭력 경험 또는 폭력 노출에 관해 논의하고, 그것이 니콜에 관한 당신의 관점에 영향을 주는지 논의하라.

3. 좋은 낭만적 관계, 좋은 부모-자식 관계에 대한 당신의 선입견에 관해 논의하고, 그것이 니콜에 관한 당신의 관점에 영향을 주는지 논의하라.

4. 당신이 과거에 폭력과 방임에 노출되었던 것이 니콜에 대한 당신의 반응에 어떤 영향을 줄지 논의하라.

5. 폭력, 방임의 배경을 가진 내담자에 대한 당신의 선입견에 관해 논의하고, 그것이 니콜과 함께 작업할 때 어떤 영향을 줄지 논의하라.

6. 니콜과의 효과적인 작업에 도움이 될 수 있는 지금까지 당신의 경험, 니콜의 관점이나 현재 상황에 대해 부정적 편견을 가지거나 평가절하하게 만드는 지금까지 당신의 경험에 관해 논의하라.

I. 폭력 또는 방임의 배경을 가진 내담자와 작업할 때 당신은 어떤 기술을 사용할 수 있는가?

1. 당신은 현재 방임, 폭력, 외상 배경을 가진 내담자와 작업할 때 유용하게 사용할 수 있는 기술로 어떤 것을 가지고 있는가?

2. 당신은 폭력 또는 방임의 배경을 가진 내담자와 효과적으로 작업하기 위해 어떤 기

술을 개발하는 것이 중요하다고 느끼는가?

    3. 니콜이 폭력과 방임의 배경을 가지고 있다는 점을 고려해 볼 때, 당신은 니콜에게 긍정적인 결과를 이끌어 낼 가능성을 높일 수 있는 것으로 무엇을 할 수 있는가?

J. 어떤 행동단계를 취할 것인가?

    1. 니콜이 폭력과 방임의 배경을 가지고 있다는 점을 고려해 볼 때, 당신은 좀 더 숙련되도록 준비하여 니콜과 작업하기 위해 무엇을 할 수 있는가?

    2. 당신의 상담 접근법과 관련된 모든 편견을 폭력 피해자인 내담자에 대한 방임 또는 부적절한 개입 측면에서 논의하라.

    3. 니콜이 폭력과 방임의 배경을 가지고 있다는 점을 고려해 볼 때, 당신은 니콜에게 긍정적인 결과를 이끌어 낼 가능성을 높이기 위해 상담환경을 어떻게 구성할 것인가?

    4. 니콜이 폭력과 방임의 배경을 가지고 있다는 점을 고려해 볼 때, 당신은 어떤 상담과정을 변화시켜 니콜에게 더욱 환영받을 수 있게 만들 것인가?

    5. 폭력의 피해자인 니콜과 효과적인 상담 관계를 발달시키는 데 유용할 수 있는 당신의 경험에 관해 논의하라. 그 경험들이 니콜의 관점에 대한 부정적 편견 또는 평가절하로 이끌지 아니면 니콜을 더 잘 이해하게 할지 고려하라. 니콜에게 긍정적인 결과의 가능성을 높이기 위해 무엇을 시도해 볼지, 그리고 그 시도가 어떤 점에서 도움이 된다고 생각하는지 논의하라.

    6. 폭력과 관련된 당신의 과거 경험, 폭력적 생활양식에 대한 당신의 선입견, 당신의 상담 접근법에 포함되어 있는 편견이 니콜의 관점에 대한 부정적 편견과 평가절하로 이끌지, 니콜과 그녀의 삶에 있는 다른 사람들의 위험을 증가시킬지 사정해 보라. 당신이 긍정적 결과의 가능성을 높이기 위해 당신의 접근법을 수정할 때 무엇을 할 것인지 고려하라.

❖ 실습 4(최대 6쪽)

목　표: 정서-초점 상담, 폭력 이슈에 대한 자신의 지식을 니콜에 대한 심층적 개념화(그녀가 누구이고, 왜 그렇게 하는지)에 통합시키는 것을 돕기

양　식: 주의 깊게 계획된 구조적 양식에 따라 전제, 근거가 되는 세부사항, 결론들로 구성된 통합적인 에세이

도움말: 1장(17~24쪽)과 2장(131~143쪽)을 다시 보라.

단계 1: 정서–초점 접근법으로 니콜에 대한 이해를 구조화할 때 어떤 양식을 사용해야 할지 검토하라. 이 양식은 (a) 그녀가 정서를 어떻게 진행시켜 가는지에 대해 포괄적이고 분명하게 이해하는 데 도움이 되어야 하며, (b) 현재의 혼란 상태에 유인 자극이 될 수 있는 언어를 뒷받침해야 한다.

단계 2: 니콜이 어디서 살지를 결정하는 것의 어려움을 설명해 주는 간략한 전제(개관, 예비적 또는 설명적 진술, 조건, 주제 진술, 이론에 따른 소개, 가정들, 요약, 결론을 내리는 인과 진술들)를 개발하라. 단계 2를 하는 데 어려움이 있다면, 그것이 연습 2와 3의 핵심 아이디어를 통합하는 것이어야 하고, (a) 그녀의 장기적 목표에 기초가 되어야 하고, (b) 정서–초점 상담에 기초하고 폭력 이슈에 민감해야 하고, (c) 니콜이 정서–초점 상담에서 보일 강점에 초점을 두어야 한다는 것을 기억하라.

단계 3: 정서–초점 관점에서 근거가 되는 자료(강점과 약점에 대한 상세한 사례 분석, 도입부의 전제에 근거가 되는 자료)를 개발하라. 이때 각 단락에 폭력 피해자인 니콜에 대한 깊은 이해를 포함시켜야 한다. 만일 단계 3에 도움이 필요하다면, (a) 단기목표의 개발에 도움이 되고, (b) 폭력 이슈에 민감한 정서–초점 상담에 기초를 두며, (c) 니콜의 강점이 사용될 수 있는 방식에 대한 이해를 더 깊은 의미를 이끌어 내기 위해 그녀의 정서를 진행시키는 것에 통합시키기 위해 당신이 포함시킬 필요가 있는 정보를 고려하라.

단계 4: 당신의 결론, 그리고 폭넓은 상담 추천사항들을 개발하라. 당신이 연습 3의 H와 J에서 했던 대답을 주의 깊게 고려하면서, (a) 니콜의 전반적인 기능 수준, (b) 지금 그녀의 경험을 충분히 진행시키는 것을 촉진하거나 그것에 장애가 되는 것, (c) 긍정적 성장에 대한 그녀의 타고난 경향을 제고하는 측면에서 지금 그녀가 가진 기초적인 정서–처리 욕구를 포함시켜야 한다(간결하고 일반적이어야 한다).

❖ 실습 5(최대 3쪽)

목　표: 니콜의 강점을 고려하고 폭력 이슈에 민감하게 개별화된 활동계획을 이론에 따라 개발하기

양　식: 장기목표들과 단기목표들로 구성된 문장 개요

도움말: 1장을 다시 보라(24~45쪽).

단계 1: 상담계획에서 부정적 편견을 막고 한 개인으로서 니콜이 독특하게 가지는 요구에 맞

는 상담이 될 수 있도록, 당신이 연습 3의 H와 J에서 응답했던 것을 주의 깊게 고려하면서 상담계획 개관을 개발하라.

단계 2: 상담이 끝난 후에 니콜이 도달하게 될, 그리고 그녀가 새로운 경험에서 적응적으로 성장하는 데 제약이 없고 비폭력적인 환경에서 살도록 이끄는 이상적인 장기(주요, 큰, 야심만만한, 포괄적, 폭넓은)목표를 개발하라. 단계 2를 하는 데 어려움이 있다면, 당신의 전제를 다시 읽고 주제 문장의 근거를 제시하고, 목표로 변형시킬 아이디어를 탐색하여 내적 경험과 외적 경험의 정서적 처리과정을 뒷받침하게 하라(실습 4의 양식을 사용하라).

단계 3: 니콜과 상담자가 몇 주 내에 완수될 것으로 예상할 수 있고, 니콜이 자신의 경험을 진척시키면서 나아가도록 상담자가 대략적인 계획을 세울 수 있게 도울 수 있고, 변화에 대한 희망을 점차 가질 수 있게 도울 수 있고, 시간 효율적인 상담회기를 계획하는 데 도움을 줄 단기(작은, 간단한, 요약된, 특정한, 측정 가능한) 목표를 개발하라. 만일 단계 3에 어려움이 있다면 근거가 되는 단락들을 다시 읽고, (a)니콜이 폭력과 비폭력의 경험을 충분히 진행시키도록 도울 수 있고, (b) 자신의 경험에서 새로운 의미를 개발하는 것을 촉진하는 요소를 고조시키거나 그런 개발에 장애가 되는 것들을 감소시키고, (c) 가능할 때마다 자신의 경험을 진척시키는 데에 자신의 강점을 활용하고, (d) 일반적이지 않고 학대의 피해자로서 그녀의 요구에 맞춰진 목표로 변형시킬 아이디어를 탐색하라.

❖ 실습 6

목　표: 니콜의 사례에서 정서-초점 상담 비판하기

양　식: A~E의 질문에 에세이 형식으로 답하거나 집단 형식으로 논의하라.

A. 니콜(폭력의 역사를 가지고 있는 10대)을 돕는 데 있어서 이 모델의 강점과 약점은 무엇인가?

B. 니콜에 대해 정서-초점 접근법 대신에 페미니스트 접근법을 취하는 것에 대한 찬반 양론을 논의하라(니콜이 자신의 어려움을 보는 관점과의 양립성, 상담계획의 틀 안에서 작업하려는 그녀의 잠재적인 동기, 폭력 이슈에 대한 민감성을 고려하라).

C. 니콜이 아동기에 폭력에 노출된 것이 그녀의 신체적, 인지적, 심리사회적 기능 수행에 어떤 영향을 끼쳤는지 나이 영역을 사용하여 기술하라. 이제 막 성인이 된 그녀의 강점과 약점에 어떤 영향을 주었는지에 대한 분석을 포함시켜야 한다.

D. 상담회기 동안 자신의 신체적 안전에 관해 이야기를 나눌지 말지를 니콜이 결정하게 하는 상담접근법을 사용하는 것에 대해 어떤 윤리적 이슈를 제기할 수 있는가? 그녀 자신의 경험에 대해 그녀를 전문가로 대하고 상담관계에서 동등한 파트너로 대하면서 그녀의 안전을 보증할 수 있는가?

E. 정서-초점 상담에서의 상담자는 과정-지시적이지만 내용-비지시적인 접근법을 사용한다. 당신이 상담자로서 가지는 개인적 양식을 논의하고 그것이 이 유형의 상담접근법과 어떻게 양립하는지 논의하라. 전체적으로 봐서 당신의 양식은 행동주의나 인지주의 상담과 같이 좀 더 지시적인 상담 형식에 가장 잘 들어맞는가, 아니면 정서-초점이나 구성주의 상담과 같이 좀 더 비지시적인 형식에 가장 잘 들어맞는가?

추천 자료

❖ Books

Elliott, R., Greenberg, L. S., & Lietaer, G. (2004). Research on experiential psychotherapies. In M. J. Lambert (Ed.), *Handbook of psychotherapy and behavior change* (5th ed., pp. 493-539). New York, NY: John Wiley & Sons.

Geller, S. M., & Greenberg, L. S. (2012). *Therapeutic presence: A mindful approach to effective therapy*. Washington, DC: American Psychological Association.

Greenberg, L., & Goldman, R. (2007). Case-formulation in emotion-focused therapy. In T. D. Eells (Ed.), *Handbook of psychotherapy case formulation* (2nd ed., pp. 379-411). New York, NY: Guilford Press.

Greenberg, L. S. (2011). *Emotion-focused therapy: Coaching clients to work through their feelings*. Washington, DC: American Psychological Association.

Greenberg, L. S., McWilliams, N., & Wenzel, A. (2013). *Exploring three approaches to psychotherapy*. Washington, DC: American Psychological Association.

❖ Videos

American Psychological Association (Producer), & Greenberg, L. S. (Trainer). (n.d.). Process-experiential therapy (Systems of Psychotherapy Video Series, Motion Picture #4310290). (Available from the American Psychological Association, 750 First Street, NE, Washington, DC 20002-.4242)

Ellis, D. J. (Featured). (2014). Rational emotive behavior therapy [Video series episode]. In *APA psychotherapy video series: I. Systems of psychotherapy*. Washington, DC: American Psychological

Goldman, R. N. (Featured). (2014). Case formulation in emotion-focused therapy: Addressing unfinished business [Video series episode]. In *APA psychotherapy video series: II. Specific treatments for specific populations*. Washington, DC: American Psychological Association.

Johnson, S. (2014, Feb. 19). Emotionally focused therapy [Video file]. Retrieved from https://www.youtube.com/watch?v=xQCg-jC25fo

Paivio, S. C. (Featured). (2014). Emotion-focused therapy for trauma [Video series episode]. In *APA psychotherapy video series: II. Specific treatments for specific populations*. Washington, DC: American Psychological Association.

PsychotherapyNet. (2012, May 21). Sue Johnson emotionally focused couples therapy (EFT) in action video [Video file]. Retrieved from https://www.youtube.com/watch?v=xaHms5z-yuM

❖ Websites

Emotion-Focused Therapy Clinic. http://www.emotionfocusedtherapy.org

International Centre for Excellence in Emotion Focused Therapy. http://www.iceeft.com

International Society for Emotion Focused Therapy. http://www.iseft.org

역동적 사례개념화와 상담계획

역동 이론 소개

당신은 청소년 상담 전문가이고 방금 보호관찰소로부터 의뢰를 받았다. 17세의 라틴계 남성인 서지오는 그의 고등학교 친구들에게 마리화나를 팔다가 최근에 체포되었다. 그는 보호관찰 1년과 상담 명령을 선고받았다. 큰 확대가족에 속해 있는 서지오의 부모는 모두 시골의 농장 공동체에서 살고 있으며, 그곳은 멕시코인과 비멕시코인 사이의 인종적 긴장이 심하다. 그의 형제자매로는 라울(12세), 애나(10세), 호세(8세)가 있다. 서지오의 부모와 확대가족은 봄과 여름의 몇 달 동안 미국에서 일하고 나머지 기간에는 멕시코에 있는 이주 노동자이다. 현재 그들은 미국에 영구 정착했다. 그들의 수입은 빈곤 수준 아래이다. 서지오의 가족들은 그를 존중받는 아들, 책임감 있는 가족 구성원이라고 하였다. 학교에서 서지오의 학업 수행은 항상 평균 범위 안에 있었고, 그는 이전에 한 번도 문제를 일으킨 적이 없다. 비록 서지오가 술을 마시고 마리화나를 피운다고 인정하였지만, 간략한 정신건강 검사에서는 인지적 혼란, 자살이나 살인 생각, 약물남용 징후가 나오지 않았다.

당신은 적응적, 부적응적 역할 수행에서 대인관계가 가장 중요하다고 보는 단기 역동 상담 형식으로 상담한다. 상담의 목표는 서지오가 자신, 타인과 관계를 맺는 방식을 개선하는 것이다. 단기 역동 상담은 대상관계 이론, 대인관계론, 자기심리학, 그리고 기타 심리학 이론에 근거를 두고 있다(Levenson & Strupp, 2007). 다른 모든 사람과 마찬가지로 서지오는 안전함과 사랑을 느낄 수 있는 인간관계(human connections)에 대해 생물학적으로 프로그램된 욕구를 가지고 있다(Bowlby, 1973; Levenson & Strupp, 2007). 서지오는 불안, 우울, 분노 증상을 호소하면서 상담받으러 왔을 수 있다. 그렇지만 상담에서 초점이 되는 것은 그런 증상들이 아니라 그의 대인 양식이다. 단기 역동 상담에 대한 다음의 구체적인 설명은 주로 Levenson과 Strupp(2007), Strupp과 Binder(1984)의 연구에서 가져온 것이다.

역기능적인 대인 양식은 어떻게 발달하는가? 그것은 잘못된 대인관계, 특히 초기 아동기의 대인관계에서 일어난다. 서지오가 타인과 관례를 가지는 역기능적 양식을 발달시켜 왔다면 그는 병리적으로 되지 않을 것이다. 그것은 인간관계에 대한 그의 기본적인 욕구를 충족시키려는 실제 시도에서 발달한다. 이 잘못된 관계 양식은 새로운 인생 경험에 기초하여 수정되거나 완전히 변형될 수 있다. 성인은 아동기에 학습해서 굳어진 패턴이 현재의 관계에서 지지받을 때에만 그 패턴을 유지한다.

서지오의 대인관계 문제는 상담에서 어떻게 개선 또는 해결될 수 있는가? 치료적 요인은 효과적인 상담관계에서 발전한다. 서지오는 그동안 발전시켜 온 관계맺기에 대한 순환적인 부적응 패턴(cyclic maladaptive pattern: 이하 CMP)을 상담자와 관계를 가지면서 필연적으로 재창출하게 된다. 그렇지만 상담관계에서 그는 (a) 상담자와의 관계에서 다른 사람에게서 받았던 것과는 상반되는 새로운 결과를 경험하고, (b) 현재와 어쩌면 과거의 관계에서 자기 자신, 그리고 다른 사람과 어떻게 관계를 맺어 왔는지에 대해 새롭게 이해할 수 있게 될 것이다.

단기 역동 상담을 받는 모든 내담자가 새로운 결과를 경험하고 타인과의 관계맺기에 대해 좀 더 유연한 패턴을 얻게 되지만, 모두가 자신의 CMP 발달을 통찰하는 경험에 이르는 것은 아니다. 서지오는 매우 똑똑하고 자신과 타인의 동기를 반성적으로 숙고하는 능력을 가지고 있기 때문에 통찰을 통한 도움을 받을 수도 있다. 내담자가 이런 역량이 없을 수 있지만 그렇더라도 단기 역동 상담에서 도움을 받을 수 있다. 이런 내담자의 경우, 상담자는 상담 상황에서 내담자가 건강한 상호작용 양식을 발전시키도록 도우며, 그러고 나서 상담 바깥에서의 관계에 그 양식을 일반화시키도록 안내할 것이다.

지금 서지오에게 상담이 필요한 이유는 무엇인가? 비록 상담의 초점이 서지오가 현재 생활에서 보이는 역할 활동에 있지만, 상담을 받으려는 그의 욕구는 그의 초기 발달 단계에 내포되어 있다. 건강한 발달의 경우, 친밀감(타인과 관계를 가지는 능력, 애착을 형성하고 유지하는 능력, 사랑을 주고받는 능력, 정서적인 접근을 하는 능력)과 자율성(개인의 능력에 대한 탐색을 통해 획득되는 독립감과 자아조절감)에 대한 서지오의 기본적인 욕구는 양육자와의 관계에서 효과적이고 일관되게 충족될 것이다(Bowlby, 1973; Strupp & Binder, 1984). 이 건강한 대인관계를 통해, 서지오는 그에게 반응하는 양육자의 능력이 지닌 한계를 수용하는 법을 배웠을 것이고, 또한 그의 욕구 충족이 합리적 이유에 의해 늦춰지는 것을 참도록 배웠을 것이다. 이렇게 나이에 적절하고 최소화된 좌절을 통해, 어린 서지오는 필요할 때에 스스로를 진정시키는 법을 배웠을 것이다. 이런 경험들을 통해 그는 자아에 대한 긍정적인 느낌(자신에 대한 신뢰), 자신과 타인에 대한 실제적이고 적응적인 기대, 사람들과 관계를 맺는 융통성 있는 방법을 가지게 될 것이다. 관계맺기에 대한 이 건강한 태도와 패턴은 대인 세계가 어떻게 작동하는지에 관해 하나의 모델로 내면화될 것이다.

　대조적으로, 만일 서지오의 욕구가 그의 초기 대인관계에서 일관되게 충족되지 않아 왔다면, 그는 하나 이상의 CMP를 발전시킬 것이다(Bowlby, 1973; Strupp & Binder, 1984). 서지오는 그의 욕구를 충족시키고 불안, 우울을 회피하기 위한 간접적인 시도 속에서 타인과 관계를 맺는 이 그릇되고 경직된 패턴을 발전시켜 왔을 것이다. 서지오는 자신과 타인에 대한 자기 패배적인 기대를 담고 있는 대인 세계 모델을 내면화시켰을 것이다. 따라서 그는 낮은 자아존중감과 낮은 자아효능감을 가지게 되었을 것이다.

　대인 세계에 대한 서지오의 내적 모델은 실재에 대한 그의 개인적인 해석을 나타내며, 타인과의 관계에 대한 그의 생각, 감정, 바람을 포함하여 그가 자신에게 던지는 역할, 대인 상호작용에서 그가 가진 기대와 인식을 포함하여 그가 타인에게 던지는 역할, 그리고 자신에 대한 내사(introjects)로 구성된다. 이 내사는 자신과의 관계에서 그가 가지는 생각, 감정, 바람을 담고 있다. 서지오가 내면화한 대인 세계 모델은 그가 포함된 상황, 그가 관계 맺는 사람에 융통성 있게 반응할 수 있도록 하는 서로 다른 대인관계 맺기 패턴을 많이 포함하고 있다. 그렇지만 만일 서지오가 부적응적인 대인 세계 모델을 가지고 있다면, 최소한 하나 어쩌면 그 이상의 CMP를 가지게 될 것이다. 이 경우에 단기 역동 상담은 가장 설득력 있는 또는 가장 문제가 되는 관계 맺기 양식에 서지오가 주목하게 할 것이다.

　서지오의 초기 인생 경험은 그의 현재 행동에 필연적으로 영향을 미칠 것인가? 환경 상황은 나이에 따라 변할 수 있다. 그렇지만 서지오의 대인 행동은 여전히 초기 삶에서 발달했던 환상, 공포, 오해에 의해 이끌릴 수 있다. 만일 그렇다면, 서지오의 역기능적 대인 패턴은 형제자매나 동료관계, 직장이나 학교에서의 관계, 부모와의 관계, 상담관계 등 그의 모든 현재 대인관계에서 재현될 수 있다. 그렇지만 그의 대인 세계 모델은 항상 변화에 열려 있으며 10대로서 현재 진행 중인 관계에 나타나는 변화에 대응할 것이다. 그가 집을 떠나 완전히 성인의 삶으로 진입하면, 그의 내적인 대인 세계 모델은 새로운 사람과의 상호작용과 그들의 행동 변화에 기초한 변화에 언제나 열려 있을 것이다. 따라서 만일 서지오가 초기 삶에서 관계 맺기의 역기능적 양식을 발달시켰다면, 그 부적응적 패턴이 현재의 관계에서 계속 커나가는 경우에는 그것이 변하지 않고 지속되기만 할 것이다.

　어떻게 현재의 관계가 역기능적 관계 맺기 양식을 촉진시키게 되는가? 하나의 방식은 서지오가 역기능적 대인 패턴을 가지고 있는 다른 사람과 상보적인 부적응적 관계를 가지는 것이다. 서지오의 아동기에 그가 복종적인 행동을 보일 때에만 권위적인 부모에게서 보살핌을 받을 수 있었다고 가정해 보라. 비록 그가 부모에게서 제대로 벗어나서 독립하는 걸 갈망해 왔을 수도 있지만, 부모와의 정서적 연대감을 유지하기 위해 이 욕구를 차츰 무너뜨렸을 수도 있다. 성인이 된 서지오는 이제 무심코 권위적인 사람과의 관계를 추구할 수도 있다. 왜냐하면 보살핌에 대한 그의 욕구가 그러한 사람들에게서 어떻게 충족되는지 알기 때문이다.

그의 역기능적 패턴이 강화될 수 있는 또 다른 방식은 그가 가장 두려워하거나 원하는 바로 그 반응을 무심코 타인에게서 얻으려 하는 것이다. 예를 들어, 서지오는 그의 복종 행동을 통해 타인에게서 권위적 행동을 이끌어 낼 수도 있다. 마지막으로 서지오는 부적응적 기대와 일치하는 방식으로 사회적 상호작용을 해석할 수도 있다. 예를 들어, 만일 교사가 그에게 수업에서 어떤 프로젝트를 하기 원하느냐고 물었을 때, 그는 이에 대해 자신이 '올바른' 프로젝트를 선택하지 않을 경우 교사가 그의 행동을 비난하려 하는 것으로 해석할 수 있다. 따라서 서지오의 현재 관계에서 타인의 행동은 서지오의 부적응적 관계 맺기 패턴을 의도치 않게 강화할 수 있다. 서지오의 삶에서 드문 상황에 반응하여 한 번 일어난 부적응적 대인 에피소드는 CMP가 되지 않을 것이다. 예를 들어, 만일 그의 고등학교에서 강압적인 교사가 있어서 모든 학생이 복종 행동을 한다면 이 교사에 대한 서지오의 복종 반응은 자신에 대한 것이라기보다는 교사에 대한 것이라 할 수 있다. 나아가, 그의 대인 패턴 중 일부가 그의 문화집단에서 전형적이거나 그의 독특한 대인 패턴이라기보다 문화적 요구에 대한 적응을 나타내는 것이 아닌지 검토하는 것이 중요하다. 비록 서지오가 그의 내적인 대인 세계 모델에서 일부 측면을 의식적으로 인식하고 있지만, 그것의 많은 부분은 전의식적이거나 무의식적이다(Strupp & Binder, 1984).

상담자의 역할

단기 역동 상담(time-limited dynamic treatment: TLDP)에서, 상담자는 서지오의 대인 행동을 검토하면서 한편으로는 신뢰롭고 의지할 만한 동료로서 그에게 새로운 정체성 모델을 제공하고 또 한편으로는 그와 협력하는 대인 행동 참여/관찰자이다. 크게 봐서 (a) 상담관계 안에서 새로운 대인 경험을 만들어 내고, (b) 서지오가 자신, 타인과 어떻게 관계 맺는지 새롭게 이해하는 두 개의 상담 목표를 들 수 있다. 상담자는 서지오와 관계를 해 나가면서 드는 상담자 자신의 생각과 감정을 매우 잘 알아차릴 필요가 있다. 이것들은 그의 대인 문제가 가진 특성을 알아내고 그가 상담관계에서 가질 필요가 있는 새로운 경험을 제공하려면 어떤 것이 달라져야 할지 결정할 때에 핵심 자료로 활용할 수 있는 것이다.

상담자의 첫째 과제는 비록 역사적으로 중요한 의미를 가지지만 지금 그가 겪고 있는 어려움과 분명히 관련되는 하나 이상의 CMP를 그가 가지고 있는지 판단하는 것이다. 나아가 만일 적절하다면 이 패턴을 그가 이해할 수 있는 용어로 그에게 설명해야 한다. 만일 상담자가 보기에 패턴에 대한 통찰이 그의 주 관심사가 아니면, 상담자는 그가 현재 가진 특정한 문제와 직접적으로 관련된 방식으로만 그의 관계 문제를 논의해야 한다.

서지오의 대인관계를 평가하고 경직된 역기능적 관계 패턴이 있는지 판단하기 위해, 상담자는 다음의 네 가지 질문에 대답해야 한다.

1. 서지오가 타인과 상호작용할 때 어떤 역할을 하는가?그 자신의 역할은 무엇인가? 여기에는 타인에 대한 그의 느낌, 바람, 의도뿐만 아니라 타인에 대한 그의 행동 방식도 포함된다.
2. 서지오는 그의 대인 행동에 반응하는 타인에게 무엇을 기대하는가? 여기에는 타인들이 그의 대인 행동에 어떻게 반응할지 예상하는 서지오의 모든 생각이 포함된다.
3. 서지오에 대한 타인의 행동은 어떠하며(타인은 그와 어떻게 관계를 맺는가), 그는 이 대인 행동을 어떻게 인식하고 있는가? 여기에는 타인이 서지오의 대인 행동에 반응하는 방식, 그가 이러한 반응의 의미를 해석하는 방식이 포함된다. 서지오는 또한 타인의 행동에 대해 그의 사전 기대를 충족시키는 것으로 잘못 이해할 수 있다.
4. 자신과 관계 맺을 때 서지오는 어떤 역할을 하는가(그의 내사)? 여기에는 자신에 대한 그의 생각, 감정, 의도뿐만 아니라 자신에 대한 그의 행동 방식(자기 벌주기, 자기 양육 등)이 포함된다. 그는 중요한 타인이 그를 대하는 것과 같은 방식으로 자신을 대할 가능성이 있다.

서지오의 대인 행동을 이 네 범주로 구조화하면서 그의 대인 모델을 이해하는 것은 그의 경험에 관한 방대한 정보를 간결하게 줄여 준다는 점에서 유용하다. 또한 상담자에 대한 서지오의 반응, 서지오에 대한 상담자의 반응을 명료하게 하는 데에도 도움이 된다. 때때로 서지오의 생각, 감정, 행동 중 어떤 것이 타인에게 향한 것이고 어떤 것이 그 자신에게 향한 것인지 정확하게 판단하기 어려울 수 있다. 만일 상담자가 서지오의 전체 대인 양식을 이해하는 데 방해가 되지 않는다면 이런 구별은 중요하지 않다. 확인된 CMP는 현재 서지오의 대인 문제를 설명하는 상담자의 가정을 나타낸다. 이것은 그의 대인관계에 관한 정보가 쌓이면 수정이 필요하다. 상담자는 또한 서지오의 대인 행동 중 일부는 융통성 있고 적응적인 패턴을 보인다는 것을 인식하게 될 것이다. 이는 그의 대인 강점이 발현된 것이다.

서지오가 자기 강점을 잘 활용할 수 있을 만큼 충분히 똑똑하고 생각이 깊으므로, 상담자가 먼저 초점이 되는 CMP를 이해하게 되면 두 번째 과제는 서지오가 상담회기에서 상담자와 관계를 가질 동안 그것에 대해 통찰할 수 있도록 돕는 것이다. 이 과제가 달성되면 그다음 과제는 서지오가 자신의 현재 삶에서 그것과 관련된 문제를 탐색하게 돕는 것이다. 상담 과정 전체에 걸쳐, 일단 서지오가 회기 안, 그리고 밖에서 관계를 개선했다는 신호가 보이면 상담자가 할 중요한 일은 그것에 관해 언급하고 서지오가 그의 대인 강점을 높이 평가하도록 돕는 것이다(Levenson & Strupp, 2007).

이 과제들은 어떻게 수행될 수 있는가? 상담자는 서지오의 관심사에 관해 같이 이야기하고, 감정을 이입하면서 경청하고, 그의 내적 세계에 대해 이해하면서 서지오와 좋은 작업 관계를 만들어야 한다. 또한 서지오의 아동기에 사용 가능했던 모델보다 좀 더 적응적인 새 모델을 제공하여 공감을 이끌어 내야 한다. 처음에 서지오는 이 좋은 관계를 충분히 활용하지 못할 수 있다. 만일 갈등이 있으면 그는 상담자와 자신의 CMP를 재생성하려 할 것이다. 상담자는 이 대인 과정의 참가자-관찰자로서 정기적으로 이 과정 바깥으로 나가서 관찰하고, 상담관계에서 어떤 일이 일어나고 있는지를 전이와 역전이 현상에 기초하여 서지오에게 설명할 것이다. 전이는 서지오가 자신의 내면화된 대인 패턴(자신과 타인에 대한 생각과 신념, 자신과의 상호작용, 타인과의 상호작용)을 상담자에게 반복하려는 어쩔 수 없는 시도이다. 상담자는 서지오가 CMP를 재생성하기 위해 지배, 통제, 조종, 착취, 비판 등의 대인 반응을 보이려 하지 않는지 경계하고 계속 비평할 필요가 있다.

상담자는 또한 서지오의 행동에서 역전이 반응을 경험할 것이다. 역전이는 서지오에게 어떤 올바른 경험이 필요한지에 관한 중요한 단서가 될 수 있다. 상담자는 먼저 자신이 끌려들어간 패턴을 판단하고, 그다음에 이 경직된 대인 패턴을 무너뜨리려면 상담자로서의 자기 역할 안에서 어떻게 행동해야 할지 결정할 것이다. 서지오와의 관계를 향상시키는 많은 반응방식 중에서 어떤 것이 가장 유효할지 선택하는 것은 상담을 그의 대인 요구에 맞게 개별화하는 것이다. 어쩌면 그는 자신이 성가신 행동을 했을 때 상담자가 화를 내지 않고 덤덤하게 대하기를 바랄 수 있다. 어쩌면 그는 상담자가 자신을 성인 남성으로 대하면서 그의 욕구에 존중을 보여 주기를 바랄 수 있다. 만일 상담자가 보인 역전이가 서지오에게 중요한 사람들이 서지오와 관계를 맺는 방식과 다르다면, 상담자는 그것이 실제로는 서지오가 아니라 상담자 자신의 과거사와 관련된 것이 아닌지 검토할 필요가 있다.

대인 과정에 대한 상담자의 해석은 서지오가 타인과의 관계에서 보이는 CMP에 관해 그가 인지적, 경험적 학습을 할 수 있게 한다. 해석이 구체적이고 현재의 문제와 매우 긴밀하게 관련되는지 아니면 대인 패턴에 관한 통찰을 유도하는 비평에 가까운지는 자신과 타인에 관해 생각하고 반성하는 서지오의 능력에 달려 있다. 초기 아동기 관계의 해석보다는 지금 여기의 해석이 강조된다. 이야기 속의 진실(narrative truth)이 실제로 있었던 사실(historical validity)보다 더 중요하게 여겨진다. 추론은 최소한으로 하며, 해석은 그가 이해하는 현실과 결부되어 있어야 한다. 만일 상담자가 너무 복잡하게 의사소통하거나 거부 반응을 보이면, 해석 과정은 손상될 수 있다. 서지오가 정서적으로 고통스럽고 뿌리 깊은 대인 시나리오 속에서 살고 있지만 상담자는 다른 반응(즉, 그가 과거의 관계에 기초해서 예상하는 것과 다른 반응)을 보이기 때문에 그는 자아상, 타인의 태도와 의도에 관한 이전의 가정들에 의문을 제기할 수 있게 될 것이다. 서지오가 자신의 CMP를 검토할 능력을 가짐에 따라, 그는 그것과 연관되고 이전에 억압받은 감정과 판타지를 직면할 수 있게 될 것이다. 상담자는 이 과정에서 신뢰할 수 있는 협력자 역할을 한다. 지지적이고 공감하는 경청자와 좋은 관계를 가지는 상황을 통해, 서지오는 대인관계에서 새로운 패턴의 생각, 감정, 행동을 발달시킬 것이다. 회기 제한은 상담 초기에 설정되어야 하며, 계속 서지오와 논의되어야 한다. 단기 역동 상담에서 성과를 공고히 하기 위해서는 계획된 종결이 필수적이다.

사례 적용: 인종과 민족 영역의 통합

이제 서지오의 사례가 상세하게 검토될 것이다. 그에게 적절하게 적용할 수 있는 복합된 영역이 많이 있는데, 여기서는 인종과 민족 영역을 선택하였다. 인종은 이 사례에서 중요한 이슈이다. 상담자는 멕시코 전통을 가지고 있지 않은 것으로 가정하였다.

역동 관점에서 서지오(S)와의 인터뷰

C: 안녕, 서지오. 네가 알다시피 네 보호관찰관이 어제 나에게 전화해서 이 약속을 잡았어. 그가 나를 선택한 건 내가 10대 내담자를 상담한 적이 많기 때문이야. 그가 말하길 네 가족이 멕시코에서 왔다고 했어. 나는 멕시코에 가 본 적은 없지만 여러 사진을 본 적이 있어. 매우 아름다운 나라 같았어. (한참 침묵) 네가 왜 여기 오게 됐는지를 네 입장에서 이야기해 주겠니? (한참 침묵) 집에서는 모두 스페인어로 대화한다고 들었어. 스페인어는 자신에 관해 이야기하기에 좋은 언어지. (침묵) 내가 스페인어를 할 수 없어서 안타깝네. 네 입장에서는 스페인어를 할 수 있는 사람과 이야기하는 게 더 좋겠지?

S: (갑자기, 아래를 내려다보며) 저는 여기 있어야만 하기 때문에 여기 있는 거예요.

C: 강제적인 거지. (멈춤) 강압적이라고 느끼면서도 여기 온 걸 보면 자기통제력이 강하네.

S: (조용하지만 무뚝뚝하게) 예, 저는 자제력이 있어요. 그게 그렇게 놀랄 일인가요?

C: 나는 네 관점에 대한 존중을 표현한 건데, 의미가 좀 왜곡되어서 네가 모욕감을 느꼈나 보네.

S: (화를 내며) 저는 존중받고 싶지, 당신뿐 아니라 누구한테도 놀림받고 싶지 않아요.

C: 사람을 놀리는 건 나쁜 거지. 나는 의도적으로 그렇게 한 적은 없어. 그렇지만 만일 네가 그렇게 느낀다면, 나한테 그걸 알려 주면 참 고맙겠어.

S: (멈춤, 진지하게) 그런 뜻이라면, (C를 슬쩍 쳐다본다) 좋아요.

C: 정말 그런 뜻이야. (멈춤) 네 법정 사례 기록을 봤는데, 네 가족이 법정에 모두 같이 왔더라.

S: (반항적으로) 저한테는 가족이 전부예요.

C: 네가 네 가족을 얼마나 사랑하는지를 내가 이해할 수 없을 거라고 생각하는 것 같네. (S는 고개를 끄덕이고 아래를 내려다본다. 한참 침묵) 그것에 관해 이야기해 줄 수 있겠니?

S: 저는 외할아버지 댁 옆집에서 엄마, 아빠와 함께 살아요. 이웃들은 모두 멕시코인들이고, 많은 사람이 우리와 관련이 있거나 멕시코에서 이웃이었어요. 호세 삼촌이 제일 먼저 여기 왔어요. 그의 농장 고용주인 주커맨 씨가 더 많은 인력이 필요하다고 해서 우리 모두 여기 오게 됐어요. 우리는 여름 동안 그 사람 농장에서 매우 열심히 일해요. 그는 좋은 사람이에요. 그는 이 도시의 다른 백인들 같지 않아요.

C: 너는 가족을 사랑하고 주커맨 씨를 존경하는구나. 그들에게 헌신하고.

S: 저는 부모님과 할아버지, 할머니는 존경해요. (멈춤, 단호하게) 모든 사람의 존경을 받아야 해요. 그들은 항상 열심히 일해 왔어요. (멈춤, 애정을 보이며) 그들은 정말 저와 제 동생들을 위해서 뭐든지 다 하세요.

C: 너를 돌보는 것이 그분들이 하실 일인데, 그 일을 사랑으로 하시는구나. (S는 고개를 끄덕인다) 너는 어떤 걸 하니?

S: (진지하게) 저는 도움을 주려고 해요. 우리는 모두 여름 동안 농작물 생산을 돕고, 또 엄마는 농작물 수확이 끝난 후에 몇 달 동안 공장에서 재봉 일을 하세요. 엄마가 일하실 동안 저는 주로 제 동생들을 돌보죠. 학교 숙제도 도와주고 집에서 그들이 해야 하는 일도 같이 해 주죠.

C: 그러면 동생들은 뭐라 하니?

S: (자신의 무릎을 내려다보며 미소 짓는다) 그애들은 저를 우러러보죠. 저는 걔들을 신경 써서 보살피고요.

C: 굉장히 끈끈하고 서로를 잘 보살피는 가족이네. 어떤 문제점은 없니?

S: (무뚝뚝하게) 아무 문제도 없어요. 우리는 단단한 공동체예요, 서로 하나가 되어 있죠. 일할 때 외에는 백인을 피하려 하지만, 백인들이 우리한테 문제를 일으키죠.

C: 무슨 뜻이지?

S: (역겹다는 듯이) 우리 이웃 중 몇몇은 백인들인데, 항상 우리를 염탐하고 있어요.

C: 그들이 뭘 하길래?

S: (냉소적으로) 그들은 현관(porches)에 나와서는 우리가 정원을 손질하거나 공놀이하는 걸 지켜보든지 아니면 우리 이야기를 유심히 들어요.

C: 그렇게 해서 어떤 좋은 점이 있다고 그럴까?

S: (낄낄 웃으며) 그들은 스페인어를 못 알아들어요. 그래서 우리가 무슨 말 하는지 몰라요. 그들은 바쁜 척하지만, 실제로는 뭐 별로 하는 일은 없어요.

C: 집에서는 항상 스페인어를 사용하니?

S: (방어적으로) 그게 우리말이에요.

C: 너를 모독할 생각은 아니야. 그냥 내 생각에 네가 스페인어로 말한다면 네 이웃이 그 이야기를 못 알아들을 거라서. (한참 침묵) 네 이웃들도 나처럼 실제로는 무례하게 할 생각이 없지만 몰라서 잘못을 저지를까?

S: (조용하게) 아니에요, 그들의 표정과 행동에서 잘 나타나요. (멈춤, 화를 내며) 작년에 그들은 제가 밤늦게 집 밖에 있다는 이유로 부모님을 경찰에 고발했어요.

C: 너는 부모님을 무척 존경하는데, 누군가가 나쁜 부모라고 했으니 무척 화났겠구나. (S는 고개를 끄덕인다) 그래서 어떻게 됐니?

S: (화를 내며) 몇몇 아동보호국 직원이 우리를 조사했어요. (멈춤) 그들은 정말 무례했는데, 아빠는 (멈춤) 아빠는 우리한테 질문에 대답하기만 하고 조용히 있으라고 강하게 말씀하셨어요. 그들은 밤 11시부터는 제가 집 안에 있어야 한다고 아빠한테 이야기했어요. 그게 10대 야간 통행금지래요. 아빠는 알았다고 했지만, (멈춤) 부모님은 저한테 어떤 게 올바른 건지 아시죠, 그런 무식한 사람들은 모르고요.

C: 부모님은 너한테 어떤 걸 기대하시니?

S: (생각에 잠겨) 주중에는 학교 마치면 바로 집에 가서 남동생 라울과 호세, 여동생 애나를 돌봐야 해요. 주말에는 제가 원하는 만큼 프리모들과 어울려 다녀도 돼요, 부모님이 허락해 주셨어요. (C는 혼란스러워 보인다) 미안해요, 프리모는 사촌이라는 뜻이에요. 부모님은 그때는 내가 늦어도 그러려니 하세요.

C: 그래서 너는 집에 정말 많이 늦게 들어가는구나.

S: (조용하게) 아침이 되기 전에 들어갈 때도 있어요. 저는 저 자신을 조절할 수 있어요. 우리는 즐겁게 지내요.

C: 부모님은 너를 믿어 주고, 귀가시각에 대한 네 생각을 존중해 주시는구나.

S: (조용하게) 제가 이제 남자가 됐다는 걸 부모님도 아세요. 저의 결정을 존중해 주세요.

C: 너는 부모님에게 그런 존중을 기대하는구나. 그들은 네가 믿을 만하다고 생각하시고.

S: (미소 지으며) 네. (멈춤) 제가 어렸을 때는 그분들이 저를 인도하고 돌봐 줬어요. 이제 저는 그게 필요하지 않아요.

C: 사촌들과 밖에 있을 때 무엇을 하니?

S: (미소 지으며) 그냥 누군가의 집에서 어울리거나, 마당에서 음식을 먹거나, 음악을 듣거나, 우스개소리를 하거나, 어떨 때는 차를 타고 돌아다니죠. (멈춤) 그건 그냥 우리끼리 노는 거예요.

C: 사촌들과 함께 있을 때 어떤 느낌이 드니?

S: (미소 지으며) 끝내줘요. 그들에게 항상 인정받는다는 느낌이에요. 그들은 제가 어떤 사람인지 알죠. (S는 조용히 있다)

C: 어떤 생각을 하고 있니?

S: (긴장하면서) 보호관찰관에게 말할 건가요, 그가 저한테 적용시키는 그 멍청한 야간 통행금지를 제가 때때로 어긴다는 걸?

C: 아니. 그렇게 하지 않을 거야. 그렇지만 내가 알기로 보호관찰 당국에서는 그 규칙을 중요하게 생각해. 만일 보호관찰관이 알게 되면 너를 질책할 거야.

S: (생각에 잠겨) 부모님도 그것에 대해 걱정하고 계세요.

C: 그래? (S는 고개를 끄덕인다) 보호관찰 기간에는 좀 더 일찍 집에 들어가는 게 어떻겠니?

S: (확고하게) 제가 어떤 사람인지 모르고, 또 저를 존중하지 않는 담당자에게서 이래라저래라 소리를 듣고 싶진 않아요.

C: 부모님께서 하신 것처럼 네가 존중받는다고 느끼면 잘 들어 볼 마음이 생길까?

S: (조용하게) 물론이죠. 어른들이 우리를 잘 이끌어 가시는데, (화를 내며) 제 보호관찰관은 저에 대해 아무것도 몰라요. 저에 대한 존중이 전혀 없어요!

C: 그가 너한테 어떤 무례한 행동을 하니?

S: (긴장하며) 저를 한 남자로 대하지 않고, 말하지도 못하게 해요. 저한테 앉아라, 잘 들어라, 시키는 대로 해라, 그렇게만 이야기해요. 부모님의 바람을 존중해서 하는 거예요, 그

를 만나러 가고, (멈춤) 여기에 오고. 보호관찰관 때문이 아니에요.

C: 보호관찰관이 너한테 무례하게 행동하지만, 부모님을 깊이 존중해서 그와의 약속을 지키고 있는 거구나.

S: (진지하게) 저는 부모님한테 더 골치 아프게 해 드리고 싶지 않아요. 저는 부모님을 도우려다가 이 모든 문제를 일으키게 된 거예요.

C: 마리화나로?

S: (단념하며) 마리화나에 관한 법은 정말 바보 같아요. 멕시코에서는 많은 사람이 그냥 좀 편안해지려고 피워요. 아무것도 아니에요. 매년 여름마다 국경을 넘을 때 마리화나를 가져오는 사람 몇 명을 알고 있어요. 집에서는 항상 돈이 빠듯하죠. 그래서 그 사람들한테 부모님을 위해 저도 그걸 좀 팔면 좋겠다고 이야기했죠. 학교의 백인 애들 몇몇은 돈을 많이 가지고 있어요.

C: 부모님은 네가 뭘 하는지 알고 계셨니?

S: (슬퍼하며) 아뇨, 그분들은 그걸 알고 화를 내셨어요. 그건 법을 어기는 것이고, 저는 법을 존중해야 한다고 말씀하셨어요.

C: 부모님께서는 피우시니?

S: (화를 내며) 아뇨, 물론 아니지요!

C: 미안해, 그런데 네가 "아무것도 아니에요." "많은 사람이 피워요."라고 했잖니.

S: (겁먹은 듯이) 아빠는 마리화나를 피우는 것이 인생을 낭비하는 거라고 생각하시고, 저한테도 못 피우게 하셨어요. 그렇지만 제가 아는 많은 사람이 피우고 있는 것도 사실이에요. 백인이 피울 때는 아무도 상관하지 않아요.

C: 그걸 어떻게 아니?

S: (짜증을 내며) 저도 눈이 있어요. 전에 고등학교 주변에서 많은 마약을 봤거든요. 몇몇 사람들이 붙잡혔지만, 경찰서로 잡혀간 건 저밖에 없어요.

C: 경찰서로 잡혀간 게 너밖에 없다고?

S: (화를 내며) 예, 저는 멕시코인이고, 모든 나쁜 건 우리 탓이라고 하죠.

C: 네 생각에는 마리화나를 파는 게 문제가 아니라 학교의 인종차별이 진짜 문제인 게 분명하구나.

S: (화를 내며) 제가 멕시코인이라서, 그리고 제가 그들 학교에 다녀서 저에게 벌을 주는 거예요. 그 사람들은 우리가 여름 동안 그들 농장에서 일하길 바라지만 그 후에 마을에 머무르는 건 바라지 않아요. 우리는 다음 여름까지 멕시코로 돌아가야만 해요. 그들은 주

거가 안정되어 있지 않은 게 얼마나 힘든지는 관심이 없어요.

C: (부드럽게) 그들은 그게 얼마나 힘든지 모르고 있구나. 어떤 모습에서 그런 게 드러나니?

S: (화를 내며) 빈민 지역이 아니면 아무도 부모님한테 집을 세놓지 않아요. 모든 멕시코인 가족은 그런 망가진 집에서 살고 있고, 마을의 다른 곳에서는 대부분의 백인이 아름다운 곳에서 살고 있어요. 우리가 쇼핑을 가면 그들은 우리를 이상하게 보고, 그들의 아이들이 학교에서 우리와 어울리지 못하게 해요.

C: 화가 난 것 같네.

S: (생각에 잠겨) 모르겠어요. 저는 그것에 익숙해진 것 같은데, 하루는 애나가 울었어요. 교실에서 네 명의 여자애가 생일파티에 가는데 자기는 초대받지 못했다고요. 저는 그런 애들은 잊어버리라고 했죠, 걔들이 나쁘다고. 그런 애들은 필요 없어요. 우리 공동체는 항상 파티를 하고 있고, 걔들은 초대받지 못해요. 우리는 즐거운 시간을 많이 가져요. 걔들은 필요 없어요.

C: 가족들한테 친밀감을 느끼고 가족들과 함께하는 시간을 즐기는구나. 그런데 왜 그 아이들이 나쁘다고 말했니? 걔들에 관해 알고 있는 게 있니?

S: (확고하게) 애나에게 물어봤어요, 걔들 모두 백인이에요. 주커맨 씨나 학교의 몇몇 선생님 말고 여기 다른 백인들은 우리를 믿지 않아요.

C: 너한테는 분명히 인종차별이라고 느껴졌구나. 너는 든든한 오빠이고, 여동생이 상처받는 게 싫은 거지. (멈춤) 걔들 중에 주커맨 씨 같은 애도 있을 수 있고, 애나를 정말 좋아하는 애도 있을 수 있잖니?

S: (멈춤, 생각에 잠겨) 그럴 것 같아요. 그런 점은 생각 못했어요. 제 생각에 몇몇 사람은 주커맨 씨처럼 괜찮지만 대부분은 인종차별주의자이고, 애나도 그걸 깨닫는 게 더 안전해요.

C: 인종차별 때문에 네가 받았던 고통을 애나가 받지 않도록 보호하려는 거구나. (S는 고개를 끄덕인다) 또 어떤 일이 있었니?

S: 부모님께서는 영어를 잘 모르셔서 가게의 안내 문구나 물품 라벨을 읽지 못하세요. 저한테는 영어가 쉬우니까 제가 부모님 대신 쇼핑해요. 모든 가게에서는 제가 뭘 훔치러 온 것인 양 저를 쫓아다녀요. 처음에는 어떻게 해야 할지 몰랐어요. 이제 저는 그 직원들과 게임을 해요. 때때로 "오늘은 좀도둑질하기에는 너무 바빠. 내일 다시 와야 할까?"라고 중얼거려요. 그러고는 아무것도 사지 않고 가게를 나오는 거죠.

C: 신뢰받지 못한다고 느끼면 상처가 되지. (S는 고개를 끄덕인다) 너는 때때로 그들을 골리는 식으로 되받아 주는구나. 그들은 어떻게 반응하니?

S: (빗대어) 그들은 겁을 먹죠, 심각하게 받아들여요. 그냥 멍청한 거죠. 제 가족은 열심히 돈을 벌어서 그들의 멍청한 가게에서 돈을 쓰죠. 우리 공동체의 모든 사람은 열심히 일해요. 우리는 정직한 사람들이고, 그만큼 존중을 받아야 해요.

C: 열심히 일하는 것은 존중받을 가치가 있지. 사람들이 너를 쫓아다니는 경우, 너는 그것에 화를 낼 권리가 있어. 너는 그들을 골리고, 그들은 겁을 먹는구나. (멈춤) 항상 그렇게 하니?

S: (생각에 잠겨) 가끔 저는 계산대에서 돈 찾는 데에 시간을 끌어요.

C: 그들은 네가 골리고 있다는 걸 아니?

S: (긴장하여) 그들은 단지 제가 멍청하고 느리다고 생각해요, (멈춤) 다른 모든 멕시코인들과 마찬가지로.

C: 멕시코인들이 멍청하거나 느리진 않지.

S: (화를 내며) 제가 못 듣는다고 생각하고는 그런 말 하는 걸 들은 적이 있어요.

C: 그런 이야기가 너한테 상처가 되지. (멈춤)

S: (생각에 잠겨) 제가 그들과 있을 때만 그래요. 일단 집에 있으면 내가 멍청하지 않다는 걸 알고 있죠. 저는 학교에서 잘해 가고 있어요. 수학선생님께서는 내가 더 열심히 공부하게 하려고 애쓰시죠. 학교의 좋은 선생님 중 한 분이세요. 피부색깔에 개의치 않으시고, 다만 모든 사람을 도우려고 하세요. 그분은 심지어 대부분 학생이 헤맬 때도, 수업시간에 설명하신 대로 제가 할 수 있다는 걸 아시게 되셨어요. 학교 과제를 할 시간만 더 있다면 더 잘할 수 있겠지만, 이제 여덟 살인 제 동생 호세는 학습에 어려움이 많고, 그래서 그를 돕는 데 많은 시간을 들여야 해요. 그게 우선적으로 할 일이에요.

C: 너는 가족 모두에게 헌신적인데, 호세한테는 특히 네가 필요하구나. 네가 가게에서 하는 행동에 대해 부모님은 어떻게 생각하시니?

S: (조용하게) 부모님께서는 제가 그런 게임 하는 걸 원치 않으세요, 그래서 그 버릇을 고치려고 하고 있어요. (멈춤) 아빠는 그게 유치하다고 하셨어요. 그 말씀이 맞아요. 전 남자이고 그런 건 하지 말아야 해요.

C: 너는 남자로서 올바른 일을 하는 데에 관심이 매우 많구나. 현재 너는 어떤 계획을 가지고 있니?

S: (확고하게) 부모님을 어떻게 도와드릴 수 있을지 결정할 필요가 있어요. 부모님의 경제적 어려움에 관해 처음 듣게 됐을 때, 학교를 그만두고 종일제로 일하겠다고 말씀드렸는데 부모님께서는 반대하셨어요. 그분들은 제가 고등학교를 졸업할 수 있는 것을 자랑스럽게

생각하세요. 가족 중에 제가 처음이거든요. 그렇지만 우리 가족은 돈이 더 필요해요.

C: 시간제로 일할 수 있도록 도와줄 사람은 없니?

S: (진지하게) 주커맨 씨에게 일자리 주실 수 있냐고 여쭤 본 적이 있어요. 그분은 겨울에 일손이 더 필요하진 않고, 또 일손이 필요한 아는 사람이 없다고 하셨어요. 만일 저한테 필요하다면 추천서를 잘 써 주겠다고 하셨어요.

C: 멕시코인 공동체에서 너를 도와줄 사람은 없니?

S: (조용하게) 없어요, 우리는 모두 겨울에 배고프게 지내요.

C: 네 공동체에서 음식 같은 기본적인 것들을 필요한 만큼 가지지 못한다니 마음이 아프네.

S: (슬프게) 그게 우리 현실이에요. 만일 백인들이 모두 주커맨 씨 같다면 우리도 괜찮아지겠지요.

C: 주커맨 씨는 네가 진짜 어떤 사람인지 알고 계시지. 일꾼으로서의 너에 대해서는 어떻게 이야기하시니?

S: (조용하게) 제가 항상 시간을 잘 지키고, 빠지는 날이 없고, 열심히 일한다고 하셨어요.

C: 누구라도 고용하고 싶어 하는 그런 유형의 사람 같네. (S는 고개를 끄덕인다) 너는 이 부분에 자신감이 있구나. 네가 일감을 찾도록 보호관찰관이 도와줄 수 있을까?

S: (확신 없이) 그가 왜 저를 돕겠어요? 그에게 있어 저는 먼지 같은 존재예요. 그게 바로 저한테 이래라저래라 하는 이유죠.

C: 누구도 이래라저래라 소리 듣는 걸 안 좋아하지. 그는 존중감을 가지고 너를 대해야 해. 그가 인종차별주의자라는 뜻은 아니야. 내 이야기는 그가 보호관찰 중인 백인에게도 그런 식으로 대할 거라는 거지. 아마 그는 사람들한테 거칠게 행동하지 않으면 일이 잘 진행되지 않는다고 생각하나 봐.

S: (생각에 잠겨) 그는 백인이고, 그래서 저는 그가 멕시코인을 매우 싫어한다고 추측했어요.

C: (확고하게) 그럴 수도 있지. 그게 아니면 그는 보호관찰관이 해야 할 일을 하고 있다고 생각할 수도 있어.

S: (한참 침묵) 제가 멍청하게 그를 아무렇게나 대했어요. 아마도 올바른 행동이 아닌가 봐요.

C: 네가 진짜 어떤 사람인지를 그에게 보여 주면 상황이 더 나아지지 않을까?

S: 나는 열심히 일해요. 나는 집과 학교에서 최선을 다했어요. 직장에서는 더 열심히 할 거예요. 내가 그렇게 할 수 있다는 걸 난 알아요.

C: 너 자신에 대해 자신감을 가지고 있구나. 보호관찰관이 네가 취업하도록 도와주지는 않을까?

S: 그는 내가 지저분하다고 생각해요. 그게 그가 나한테 이래라저래라 명령하는 이유죠.

C: 그가 그런 식으로 행동하는 또 다른 이유도 있지 않을까?

S: 나는 그가 가게주인들 같다고 생각하고, 그래서 나는 그에게 멍청한 척했어요.

C: 만일 네가 진정한 자신을 보여 주면, 뭔가 더 나아지지 않을까? (S는 조용히 있다) 네가 존중받을 가치가 있는 남자라는 걸 인종차별주의자 보호관찰관이 알게 되고, 그래서 네가 취업하는 걸 도울 수 있을까?

S: (확신 없이) 모르겠어요.

C: 이 마을에는 많은 인종차별이 있어. 그렇지만 누군가가 인종차별주의자이건 아니건 간에 네가 그들을 대하는 방식이 결국에는 그들 중 많은 사람이 너를 대하는 방식에 영향을 줄 수 있어. 모두는 아니야, 어떤 사람은 인종차별이 너무 심해서 네가 변화시킬 수 있는 게 아무것도 없지. 네가 정중하게 나를 대하고 내 질문에 대답해 줘서 고맙게 생각해. 다음 주에 올 수 있겠니? (S는 고개를 끄덕인다) 와 줘서 고마워.

서지오에 대한 역동적 사례개념화: 가정-기반 양식

서지오는 자율성과 독립에 대한 그의 욕구뿐만 아니라 양육, 친밀감, 정서적 연대에 대한 그의 기본적 욕구가 잘 충족되는 멕시코인 가족에 속해 있다. 가족들은 서로 굳게 맺어져 있다. 그는 그에게 사랑을 주고 자기희생을 하는 부모에게 강한 일치감을 형성해 왔다. 그 결과, 그는 자신, 타인, 대인관계의 이해에서 전반적으로 적응적인 내적 모델을 발전시켜 왔다. 이 적응적인 모델은 자신과 그의 가족에 대한 그의 굉장히 건강한 이야기에 반영되어 있는데, 타인에 대한 그의 긍정적인 행동, 타인에 대한 그의 현실적인 기대, 자신을 대하는 타인의 반응에 대한 그의 정확한 인식, 그의 건설적인 개인적 내사에 잘 나타나 있다. 서지오의 부모는 매우 인종차별적인 백인 공동체에서 자식들을 부양하기 위해 계속해서 매우 힘겹게 노력하고 있다. 그들이 도움을 청할 수 있는 사람은 다른 확대가족(멕시코인들) 뿐이다. 이것은 '우리' 대 '그들'(멕시코인 대 백인)이라는 사고방식을 키웠을 것이다. 부모에 대한 그의 강한 일치감을 통해, 서지오는 이런 경향을 백인에 대한 부정적 인식과 기대의 형태로 내면화했을 것이다. 이것은 서지오가 백인, 그리고 백인이 아닌 비멕시코인 사이(이웃과 가게주인 대 교사와 상담자)의 차이점을 인식할 수 있다는 점에서 진정으로 선 대 악으로 구분하는 것은 아니다. 그렇지만 이 부정적 기대와 인식은 서지오가 최근 백인 공동체의 일부 구성원과 법 체계와 갈등하게 되는 주요 요인이다.

서지오는 타인에게 어떻게 행동하는가? 그는 그의 부모, 형제자매, 확대가족과 긍정적인 대인관계를 가지는 적극적이고 외향적인 사람이다. 멕시코인 공동체에 대한 그의 행동은 사회적으로 외향적인 행동과 책임감 있는 행동으로 구성되며, 그는 그런 행동 속에서 타인의 가치를 인정하고, 연장자의 바람을 위해 양보하고, 동생의 요구를 들어 준다. 백인에 대한 그의 행동은 유연한 것에서 경직된 것까지 분포되어 있다. 그를 내려다보고, 존중하지 않고, 모욕하는 것 같은 백인과 비멕시코인(이웃, 학교 동료, 가게주인)에게, 그는 물러서거나 수동-공격적 행동을 하거나 또는 심하지 않은 언어적 공격행동을 하는 식으로 반응한다. 상대적으로 수용적 태도를 보이는 백인과 비멕시코인(일부 교사, 주커맨 씨, 상담자)에게, 그는 마음을 열고, 밝게 생각하고, 분명하게 이야기할 수 있다.

서지오는 다른 사람들에게 어떤 기대를 가지고 있는가? 그는 다른 멕시코인이 그에게 어떻게 반응할지에 대해 긍정적인 기대를 가지고 있다. 그는 그에 대한 부모의 사랑과 존중에 굳은 믿음을 가지고 있다. 독립적일 수 있고 자신의 삶에 대해 의사결정을 내릴 수 있는 그의 능력을 그들이 신뢰하고 있다고 생각한다. 그는 그의 동생들이 그를 사랑하고 있으며, 그가 그들을 돌보고 그들의 성장을 도와주는 시간들에 고마워하고 있다고 확신한다. 백인 공동체에 대해 그가 가지는 기본적인 기대는 부정적이다. 그는 이웃, 학교, 가게에서 백인들의 행동이 무례하고 품위가 없을 것으로 예상한다. 그리고 실제로 이러한 행동들이 나타나기도 하는 것 같다. 그렇지만 그는 그런 행동을 하지 않으면서 그를 대할 수 있는 백인과 비멕시코인에게도 그가 가장 증오하고 두려워하는 바로 그 부정적인 행동과 전형을 끌어낼 수 있는 방식으로 행동하고 있다. 서지오는 이 기본적인 기대를 검토하고, 비록 자신이 전체적으로 부정적인 인식을 설정했지만 백인과 비멕시코인(일부 교사, 주커맨 씨, 상담자)의 명백히 긍정적인 대인 피드백은 받아들이는 능력을 보여 주었다. 서지오의 공동체 내에서 인종차별적인 사건들이 있어 왔으므로, 그의 부정적 기대는 현실에 기초한 것이다.

다른 사람들은 서지오에게 어떻게 반응하며, 서지오는 이 대인 행동을 어떻게 인식하는가? 그의 멕시코인 가족과 친구들은 그와 즐겁게 교제하며, 그의 판단을 존중하고, 또 그는 이것을 긍정적으로 인식한다. 반면에 그는 대부분의 백인들 행동에 대해서는 부정적인 인식을 가지고 있다. 그는 그들 중 많은 사람이 그를 신뢰하지 않고 모욕한다고 본다. 공동체 내에서 인종차별적 사건들이 있어 왔으며, 그 와중에 그는 모호하거나 차별이 아닌 공동체 행동을 오해하거나 인식하지 못했을 수 있다. 예를 들어, 새로운 이웃이 오면 이웃 사람들은 흔히 호기심을 보이게 되는데, 서지오에게는 이것이 적의로 보였을 수 있다. 유사하게, 학교에서 이미 굳게 뭉쳐져 있는 집단은 전학 온 학생에게 무관심한 경향이 있는데, 이것이 서지오에게는 인종차별적 적의로 잘못 인식될 수 있다. 그의 가족을 미성년자 방임으로 신고한 것은 비록 문화적 인식의 맥락에서는 부적절하겠지만, 미국의 학대 및 방임에 대한 법률을 지키는 범위 안에 있다. 그렇지만 학교에 마약을 가져온 백인 학생은 체포되지 않고 서지오는 체포된 사실은 그가 멕시코인이라서 표적이 되었다는 것을 암시한다. 따라서 억압에 대한 그의 인식 중 일부는 정확하지만, 서지오에게 중요한 것은 그가 백인 공동체 구성원에게 의도적으로 짜증나게 하거나, 약 올리거나, 위협하는 반응을 함으로써 멕시코인에 대한 부정적인 견해를 심화시키거나 어쩌면 발생시키는 역할을 때때로 하고 있다는 것을 인식하는 것이다. 서지오는 자신의 인식이 정확한지 아닌지 숙고해 보는 열린 모습을 보여 왔다.

서지오는 어떤 내사(introjects)를 하고 있는가? 그는 자신이 유능하고, 사랑을 주고, 책임감이 있는 가족 구성원이며, 만일 기회가 주어진다면 훌륭한 일꾼이 될 수 있다고 믿고 있다. 그는 동생들을 잘 보살피는 자신의 능력을 자랑스러워한다. 그는 먼저 자신을 긍정적인 태도로 대하며, 자신의 역량을 높이 평가하고 존중한다. 그는 주커맨 씨가 농장노동자 추천서를 그에게 써 주려 한 것에서 자부심과 자기존중감을 느꼈다. 그는 학교에서 마리화나를 파는 것, 가게 주인을 괴롭힌 것과 같이 부모의 가치에 상반되는 행동을 한 것에 강한 죄책감을 가졌다. 그가 자신의 백인 동료와 이웃에 대해 언급한 것을 보면, 그가 부정적인 멕시코인 전형을 일부 가지고 있을지도 모른다는 몇 가지 신호가 있다.

서지오는 멕시코인과의 관계에서 친밀감과 자율성에 대한 자신의 욕구를 효과적으로 충족시키는 방법을 배워 왔다. 충분히 적응적인 그의 역할 활동은 현재 백인에 대한 그의 경직되고, 융통성 없고, 부정적인 인식과 기대로 인해 방해받고 있다. 이런 것들이 마리화나 사용의 윤리적 측면에 대한 문화적 혼동에 덧붙여져서 그의 현재 상태를 마약 범죄자로 만들었다. 그의 마약 판매는 반사회적 경향을 보여 준 것으로 여겨지지 않으며, 보호관찰 명령을 받은 그의 판결은 그가 상담 상황에서 백인에 대한 자신의 부정적 인식과 신념을 재검토하도록 하는 기회로 작용할 수 있다. 상담 상황에서 그는 멍청한 척하며 놀리기나 적대감 보이기 같은 그의 대인 거리두기 행동에 대해 마을의 비멕시코인에게서 받았던 것과 다른 반응을 경험할 수 있다. 서지오는 백인 공동체에서 인정받으려는 자신의 무의식적인 노력, 분할방어법(선/악)을 사용하는 자신의 경향을 탐색해 볼 수 있다. 그는 자신이 백인과 상호작용하는 양식이 멕시코계 미국인에게 사용하는 상호작용 양식에 비해 덜 효과적이라는 것을 깨닫게 될 것이다. 이 통찰은 보호관찰 기간을 만족스럽게 끝내고 그에 대한 판결이 주류 미국 문화 안에서 성공할 수 있는 그의 능력에 계속적인 부정적 영향을 주지 않도록 하는 데에 도움이 될 것이다. 서지오는 취업하려는 동기가 매우 높으며, 그의 취업을 도우려는 적극적인 접근법은 변화하려는 그의 동기를 높여 줄 것이고, 백인 공동체에서 그의 대인 능력을 좀 강화시켜 줄 것이고, 가족에게 정서적·경제적 도움을 주려는 성인 남성으로서의 긍정적 정체감을 뒷받침해 줄 것이다.

역동적 상담계획: 가정-기반 양식

상담계획 개관: 상담자는 서지오가 상담과정 동안 명백하거나 미묘한 인종차별 행동을 더 경험할 가능성에 민감할 필요가 있다. 그렇지 않으면 그런 경험이 상담 성공에 대한 장벽을 생성할 것이다. 장기목표 1은 상담관계에 초점을 둘 것이며, 그다음에 다른 관계(보호관찰관, 교사, 이웃, 동료, 부모)로 확장될 것이다. 장기목표 2는 종결 과정의 한 부분으로 수행될 것이다. 내담자가 취직 자리를 찾도록 돕는 것은 역동 관점의 전형적인 목표는 아니지만, 서지오의 사례에서는 그가 가족을 돕기 위해 가장 성취하고자 하는 목표가 바로 취직이기 때문에 문화적으로 민감한 상담의 핵심적인 요소로 본다. 서지오가 갈등이 있는 백인과의 대인관계를 회상할 때 보여 준 능력은 단기 상담이 효과적임을 시사한다(상담계획은 기본 양식을 따른다).

장기목표 1: 서지오는 상담관계에서의 경험을 활용하여 백인, 비멕시코인과의 대인 세계에 대한 그의 내적 모델의 유연성을 향상시킬 것이다.

❖ 단기목표들

1. 서지오는 현재 자신과 관련된 대부분의 백인, 비멕시코인과의 관계에서 자신이 맡고 있는 역할을 인식하게 될 것이다. 그는 이 사람들의 목록을 만들어서 다음 사항을 촉진시킬 것이다.

　　a. 서지오는 주커맨 씨와의 관계에서 자신이 어떻게 행동했는지, 그리고 이것이 주커맨 씨가 긍정적인 멕시코인 전형을 유지 또는 형성할 가능성을 얼마나 높였는지 인식하게 될 것이다.

　　b. 서지오는 가게 주인 놀리기와 같이 백인, 비멕시코인이 그를 거부할 가능성을 높이는 유도 술책을 자신이 어떻게 사용했는지, 그리고 그런 행동이 멕시코인에 대한 그들의 부정적 전형을 유지시키는 데 어떤 영향을 주었는지 인식할 것이다.

　　c. 서지오는 이 사람들 각각에 대한 자신의 정서, 환상, 바람을 인식할 것이고, 그것들 각각이 어떻게 그의 선/악(멕시코인 대 백인/멕시코인) 범주화로 이어졌는지를 인식할 것이다.

2. 서지오는 특정한 백인이 자신을 대하는 것에 자신이 어떤 기대를 가지고 있는지 인식할 것이고, 그런 기대에 수반되는 감정을 인식할 것이다.

    a. 서지오는 각각의 백인이 자신을 대하는 방식에 대한 자신의 부정적 기대를 인식하게 될 것이고, 그런 기대가 주중에 이 사람들과 상호작용할 때 어떻게 그의 감정에 영향을 주는지 인식할 것이다.

    b. 서지오는 멕시코인이 자신을 대하는 방식에 대한 자신의 긍정적 기대를 인식하게 될 것이고, 그런 기대가 주중에 특정한 멕시코인과 상호작용할 때 어떻게 그의 감정에 영향을 주는지 인식할 것이다.

3. 서지오는 주중에 타인이 그를 대하는 방식에 대한 자신의 인식, 그리고 특정한 멕시코인, 백인, 비멕시코인에 관한 그의 인식이 얼마나 정확한지 뒷받침해 주는 증거에 관해 이야기를 나눌 것이다.

    a. 서지오는 지난 몇 주 동안 멕시코인, 백인, 비멕시코인에 관한 그의 긍정적 인식, 그리고 그것을 뒷받침해 주는 증거에 관해 이야기를 나눌 것이다.

    b. 서지오는 지난 몇 주 동안 멕시코인, 백인, 비멕시코인에 관한 그의 부정적 인식, 그리고 그것을 뒷받침해 주는 증거에 관해 이야기를 나눌 것이다.

4. 서지오는 자신이 멕시코인, 아들, 형제, 젊은 성인, 보호관찰 중인 사람, 상담받는 사람의 역할을 할 때 자신의 내사에 관해 더 잘 인식하게 될 것이다.

    a. 서지오는 주중에 그의 역할 안에서 인종차별적 사태가 불러일으킨 분노와 수치심을 좀 더 깊이 경험할 것이고, 부정적인 공동체 전형이 그의 내사에 영향을 주는지 숙고해 볼 것이다.

    b. 서지오는 그의 역할 안에서 긍정적 상호작용이 불러일으킨 자부심, 사랑, 존중감을 좀 더 깊이 경험할 것이고, 그런 상호작용이 그의 내사에 어떤 영향을 주는지 숙고해 볼 것이다.

    c. 서지오는 젊은 성인으로서 정서적 친밀감과 독립에 대한 자신의 욕구를 좀 더 깊이 경험할 것이고, 그런 욕구가 자신이 맡은 역할에서 얼마나 잘 충족되는지, 그리고 이것이 그의 내사에 어떤 영향을 주는지 숙고해 볼 것이다.

장기목표 2: 서지오는 취업을 하여 가족의 경제적 안정을 뒷받침하는 것을 통해 자율성(자신, 가족, 타인에게서 성인으로 인식되는 것)에 대한 자신의 욕구를 충족시킬 능력을 향상시킬 것이다.

❖ 단기목표들

1. 서지오는 주커맨 씨 농장에서 자신이 맡은 역할을 인식하게 될 것이고, 백인이나 비멕시코인일 가능성이 높은 누군가에게 고용되어 있는 자신에 대해 어떤 정서, 환상, 바람을 가지는지 인식하게 될 것이다.

2. 서지오는 미국의 고용인들이 피고용자의 행동, 특히 업무 활동, 약물 사용과 관련된 행동에 어떤 기대를 가지고 있는지 상담자, 교사, 보호관찰관과 함께 탐색할 것이다.

3. 서지오는 주커맨 씨가 그를 대하는 방식에 대한 자신의 생각, 그가 처음으로 출근했을 때 백인이나 비멕시코인 고용자가 그를 대하는 방식에 대한 자신의 정서, 환상, 바람, 멕시코인에 대한 긍정적 전형을 조장하기 위해 그가 할 수 있는 행동을 인식하게 될 것이다.

4. 서지오는 좋은 피고용자로서의 자신에 관한 내사를 인식하게 될 것이고, 가족에 경제적 도움을 주려는 젊은 성인으로서의 자기 정체성에 관해 그가 가지고 있는 긍정적, 부정적 정서를 더 깊이 탐색할 것이다.

서지오에 대한 역동적 사례개념화: 대인-기반 양식

부모, 형제자매, 백인 고용주, 백인 공동체 구성원에 대한 서지오의 대인관계는 그의 강점, 약점 영역에 대한 대조적인 관점을 보여 준다. 서지오는 초기 아동기에 멕시코에서 주로 산 이후에 미국에서 살게 되었기 때문에 타인의 새로운 기대에 맞춰 문화 변용을 시도하고 있다. 그는 학교에서 마리화나를 피우고 판매한 것 때문에 그의 보호관찰관에 의해 상담에 의뢰되었다. 서지오는 맨 먼저 체포되고 보호관찰을 받게 된 것에 대해 인종차별이라고 인식한다. 그는 백인 교사와 경찰관이 자신과 자기 가족에 대해 라티노라는 이유로 무례하게 대할 것이라고 예상한다. 서지오의 부모는 그들의 공동체 안에서 마리화나와 인종차별에 대한 그의 관점을 공유하지만, 미국 법에 저촉된다는 이유로 그에게 마리화나를 그만두라고 단호하게 이야기하였다. 젊은이들이 밤늦게 집 밖에 있는 것이 멕시코에서는 흔한 것이기 때문에 서지오가 미국에서 그렇게 하는 것에 그의 부모는 상관하지 않지만, 그의 보호관찰관은 그가 그것을 그만두기를 기대한다. 대부분의 백인에 대한 서지오의 대인관계는 그가 인종차별이라고 인식하는 것에 저항하는 행동과 관련되지만, 그가 가족과 상호작용하는 방식은 상당히 다르다. 그는 어린 형제자매가 학교 숙제를 하는 것을 돕고 가족이 생필품을 사는 데 도움이 되기 위해 돈을 벌려고 열심히 노력하고 있다. 자신에 대한 스스로의 인식은 자신이 열심히 일하는 사람이며 그의 백인 고용인인 주커맨 씨가 그에게 좋은 추천장을 써 준다는 것이다. 상황에 따라 사람들과 다르게 관계를 맺는 그의 능력은 그가 멕시코 문화에 경험이 없는 백인과 관계를 가질 새로운 모델을 개발할 수 있을 거라는 희망을 갖게 한다.

부모에 대한 서지오의 역할은 존중받는 아들이 되는 것이다. 그는 미국에 와서 사는 것이 그보다는 부모에게 더욱 힘들다는 것을 알고 있다. 왜냐하면 그는 영어를 잘하게 되었고 그의 부모는 그렇지 않기 때문이다. 가게에서 다른 사람에게 의심을 받고 인종차별적인 이야기를 우연히 듣게 되었지만, 서지오는 가족의 쇼핑을 계속 담당하고 있다. 그는 부모가 자신보다 더 현명하다고 생각하며, 그들이 항상 그에게 가장 도움이 되게 충고할 것이라고 기대한다. 그는 그들이 자식들을 부양하기 위해 그렇게 힘들게 일해 왔다는 것을 잘 알고 있다. 서지오는 겨울에 그의 가족과 확대가족이 배고프지 않도록 하기 위해 고등학교를 중퇴하고 일을 해서 돈을 더 벌려 하였다. 그렇지만 그의 부모는 그가 학교를 잘 다니기를 원하며 그가 고등학교를 졸업하는 첫 가족 구성원이 될 것이라고 자랑스러워한다. 연장자에 대한 서지오의 내사는 그의 확대가족이 서로 돕고 열심히 일하는 착한 사람이라는 점에서 그의 찬양을 받을 가치가 있으며 자신이 그들 중 한 명인 것이 자랑스럽다는 것이다.

형제자매에 대한 서지오의 역할은 도움을 주는 형/오빠가 되는 것이다. 그는 학교를 마치면 바로 집으로 와서 동생 호세의 숙제를 돕는다. 심지어 자신의 일로 바쁠 때에도 먼저 호세를 돕는다. 서지오는 자신보다 호세가 학습에 더 어려움을 겪고 있다고 생각하며, 책임감 있고 의존할 만한 조력자가 되기 위해 노력한다. 그는 또한 동생들의 행복이 자신의 관심사항이라고 생각한다. 그는 여동생 애나가 인종차별로 괴롭힘을 당했다고 생각하면서 매우 고통스러워한다. 최근 친구라고 생각했던 여자아이들이 생일파티에서 애나를 배제했었다. 서지오는 이 일에 대해 재빨리 인종차별 딱지를 붙이고, 마을에서 자신이 겪었던 일을 고려해 볼 때 이것이 애나를 제외한 이유로 적합하지 않다고는 생각하지 않는다. 그렇지만 그는 인종차별에 대한 그의 예상과 인식이 항상 정확한 것은 아니라는 점을 생각할 수 있다. 형/오빠로서의 자신에 대한 서지오의 내사는 그가 동생들을 마음 깊이 보살피고 동생들도 그를 마음 깊이 신경 쓰고 있으며, 자신이 항상 자신의 욕구보다 그들의 요구를 우선시하는 책임감 있는 형/오빠라는 것이다.

백인 공동체에 있는 멕시코인으로서 서지오의 역할은 유연한 것에서 경직된 것까지 있다. 상대적으로 수용할 만하다고 생각하는 백인이나 비멕시코인(일부 교사, 주커맨 씨, 상담자)에 대해 그는 열려 있고 명료하게 사고하고 자기 의사를 잘 표현한다. 백인인 주커맨 씨에 대한 그의 행동은 열심히 일하고 믿을 만한 피고용인의 역할을 하는 것이다. 그는 여름 내내 주커맨 씨의 농장에서 일하며, 주커맨 씨는 그의 노력을 인정하여 서지오가 지원하는 겨울철 일에 대해 추천서를 써 주겠다고 하였다. 주커맨 씨는 백인이지만, 서지오는 그가 인종차별적이지 않으며 서지오와 그의 가족에게 존중감을 가지고 있다고 인식할 수 있었다. 서지오는 자신이 일의 세계에서 성공할 수 있으며 좋은 고용인은 비록 백인이라도 열심히 일하는 것을 알아줄 것이라고 기대한다. 일꾼으로서의 자신에 대한 서지오의 내사는 그가 항상 시간을 지키고, 열심히 일하고, 빠지지 않고 일하러 온다는 것이다.

　그를 깔보거나 존중하지 않거나 모욕하는 사람이라고 생각되는 백인과 비멕시코인(이웃, 학교의 또래들, 가게 주인)에 대해 멕시코인으로서 서지오의 역할은 뒤로 물러나기, 수동적인 공격행동, 가벼운 언어적 공격으로 반응하는 것이다. 그는 이웃, 학교, 가게의 백인이 무례하고 품위 없이 행동할 것으로 예상하게 된다. 이런 예상은 아마도 실제의 억압적 행동에 기초해서 형성되었을 것이다. 서지오는 인종차별 행동이 많은 공동체에서 살고 있다. 그렇지만 그는 그가 가장 증오하고 두려워하는 바로 그 부정적 행동과 전형을 끌어내는 방식으로 행동하고 있다. 만일 그가 가게 계산대 앞에서 돈을 못 찾는 척하는 것 등의 자극적인 행동을 하지 않는다면 그를 인종차별적으로 대하지 않은 백인, 비멕시코인이 더 많았을 것이다. 서지오는 비록 전체적으로 부정적인 인식을 가지고 있지만 자신의 기본적 기대를 검토해 볼 능력, 백인과 비멕시코인(일부 교사, 주커맨 씨, 상담자)의 명백히 긍정적인 대인 피드백을 받아들이는 능력을 스스로 보여 주었다. 서지오는 일부 모호하거나 차별이 아닌 공동체 행동을 잘못 인식하거나 인식하지 못했을 수 있다. 예를 들어, 새로 온 이웃에 흔히 가지게 되는 호기심이 서지오에게는 적의처럼 보였다. 유사하게, 학교에서 이미 굳게 뭉쳐져 있는 집단은 전학생에게 무관심한 경향이 있는데, 이것이 서지오에게는 인종차별적 적의로 잘못 인식될 수 있다. 그의 내사는 학교에서 마리화나를 팔고 가게 주인을 놀리는 것 같이 부모의 가치에 상반되는 행동을 한 것에 커다란 수치심을 포함하고 있다.

　서지오는 대인관계에서 유연한 반응 패턴을 가지고 있다. 그는 열심히 일하는 믿음직한 일꾼, 친절한 아들이자 형/오빠일 수 있다. 그는 주커맨 씨에게 양심적이고, 존중할 만하고, 믿음직하고, 고마움을 아는 피고용인이다. 그는 보호관찰 상황에서 짜증스럽고, 느리고, 도발적인 청소년이다. 지금 서지오는 열심히 일하고 믿음직한 가족 구성원인 자신의 긍정적 정체성을 그의 보호관찰관에게 숨기고 있다. 그의 인식, 기대, 내사는 자신이 멕시코인이라서 유일하게 보호관찰을 받고 있다는 믿음을 강화하고 있다. 서지오의 믿음이 정확할 수도 있다. 또한 그의 보호관찰관이 인종차별주의자일 수도 있다. 이것은 서지오가 보호관찰에서 벗어나서 비멕시코인 공동체에서 살아갈 수 있는 좀 더 효과적인 기술을 발전시키는 데에 강력한 장벽이 될 수 있다. 그렇지만 부모를 경제적으로 도우려는 서지오의 강력한 동기는 변화의 기회로도 작용한다. 그의 보호관찰관, 교사, 공동체의 다른 구성원은 심지어 인종차별적 믿음을 좀 갖고 있는 경우에도 그가 취업 자리를 찾는 데 도움을 줄 수 있을 것이다. 공동체의 백인 구성원에게서 유용한 도움을 받는 것은 인종차별주의자로 보이는 사람을 성공적으로 약올리면서 얻는 작은 만족감에 비해 서지오 가족의 건강에 더 중요하다. 이런 인식은 서지오가 백인 공동체 구성원, 교사, 보호관찰관의 규칙을 깨지 않으면서 그들과 관계를 가지는 방법을 좀 더 충분히 탐색하여 멕시코계 미국인 전통에 자부심을 가지면서도 여전히 취업 성공의 길로 가는 데 도움이 될 것이다.

역동적 상담계획: 대인–기반 양식

상담계획 개관: 상담자는 서지오가 상담과정 동안 명백하거나 미묘한 인종차별 행동을 더 경험할 가능성에 민감할 필요가 있다. 그렇지 않으면 그런 경험이 상담 성공에 대한 장벽을 생성할 것이다. 나아가 만일 상담자가 백인이라면, 상담자가 인종차별주의자라는 자신의 기대가 맞는지 알아보기 위해 서지오가 관계를 시험할 거라는 걸 상담자는 알고 있어야 한다. 따라서 서지오 가족에게 존중심을 보여 줄 기회를 상담자가 더 많이 가질 수 있도록 장기목표 1 다음에 장기목표 2가 시작될 것이다. 서지오가 취직 자리를 찾도록 돕는 것(장기목표 1)은 역동 관점의 전형적인 목표는 아니지만, 서지오의 사례에서는 그가 가족을 돕기 위해 가장 성취하고자 하는 목표가 바로 취직이기 때문에 문화적으로 민감한 상담의 핵심적인 요소로 본다. 서지오가 갈등이 있는 백인과의 대인관계를 회상할 때 보여 준 능력은 단기 상담이 효과적임을 시사한다(상담계획은 기본 양식을 따른다).

장기목표 1: 서지오는 법에 저촉되지 않으면서 부모를 경제적으로 도울 계획을 짜기 위해 어떻게 멕시코계 미국인인 그의 부모와 관계를 가질지 충분히 탐색할 것이다.

❖ 단기목표들
1. 서지오는 그의 멕시코계 미국인 부모에게 존중받는 젊은 남성으로서 그가 맡을 역할을 알게 될 것이다.
2. 서지오는 그의 멕시코계 미국인 부모가 그에게 하는 행동에 대해 그가 가진 기대, 그리고 그가 마리화나 피우는 것을 그들이 어떻게 보는지를 탐색할 것이다.
3. 서지오는 그가 마리화나 흡연 및 판매로 체포되기 전과 후에 그의 부모가 그를 대한 방식

을 그가 어떻게 인식했는지 알게 될 것이다.

4. 서지오는 부모가 자신을 한 남성으로서 자랑스러워하기를 원하는 멕시코계 미국인 아들 로서의 자신에 관한 내사, 그리고 이 내사가 마리화나 흡연 및 판매로 체포되는 데 어떤 영향을 주었는지를 더 잘 인식하게 될 것이다.

장기목표 2: 서지오는 자신의 멕시코계 미국인 형제자매와 어떻게 관계를 맺고 있는지, 그들 이 미국 백인 사회에 맞게 문화 변용을 할 때 자신이 어떤 역할모델이 될 수 있는 지 충분히 탐색할 것이다.

❖ 단기목표들

1. 서지오는 동생들이 멕시코계 미국인으로 사는 법을 배울 때 자신이 맡은 역할이 무엇이 고 그것이 동생들에게 어떤 의미인지 좀 더 인식하게 될 것이다.

2. 서지오는 자신이 동생들에게 가지고 있는 기대, 자신의 마리화나 흡연과 판매가 그들에게 끼친 영향을 탐색할 것이다.

3. 서지오는 자신이 마리화나 흡연 및 판매로 체포되기 전과 후에 동생들이 그를 대하는 방 식에 대한 자기 인식을 알게 될 것이다.

4. 서지오는 동생들에게 젊은 남자의 역할모델인 멕시코계 미국인 형/오빠로서의 자신에 대 한 내사를 좀 더 인식하게 될 것이다.

장기목표 3: 서지오는 자신이 백인 고용주인 주커맨 씨와 어떻게 관계를 맺고 있는지, 어떻게 하면 멕시코계 미국인에 대한 인종차별적 기대와 인식을 가지고 있는 백인에게 대립하지 않으면서 멕시코계 미국인 전통에 자부심을 가질 수 있을지 충분히 탐 색할 것이다.

❖ 단기목표들

1. 서지오는 주커맨 씨 농장에서 자신이 맡은 역할을 인식하게 될 것이고, 백인이나 비멕시 코인일 가능성이 높은 누군가에게 고용되어 있는 자신에 대해 어떤 정서, 환상, 바람을 가지는지 인식하게 될 것이다.

2. 서지오는 미국의 고용인들이 피고용자의 행동, 특히 업무 활동, 약물 사용과 관련된 행동 에 어떤 기대를 가지고 있는지 상담자, 교사, 보호관찰관과 함께 탐색할 것이다.

3. 서지오는 주커맨 씨가 그를 대하는 방식에 대한 자신의 생각, 그가 처음으로 출근했을 때 백인이나 비멕시코인 고용자가 그를 대하는 방식에 대한 자신의 정서, 환상, 바람, 멕시코 인에 대한 긍정적 전형을 조장하기 위해 그가 할 수 있는 행동을 인식하게 될 것이다.

4. 서지오는 좋은 피고용자로서의 자신에 관한 내사를 인식하게 될 것이고, 그리고 이 내사가 마리화나 흡연 및 판매로 체포되는 데 어떤 영향을 주었는지 인식하게 될 것이다.

장기목표 4: 서지오는 멕시코계 미국인 전통에 자부심을 가지면서도 여전히 취업 성공의 길로 갈 수 있기 위해서 어떻게 하면 백인 공동체 구성원, 교사, 보호관찰관의 규칙을 깨지 않으면서 그들과 관계를 가질 수 있을지 충분히 탐색할 것이다.

❖ 단기목표들

1. 서지오는 교사, 가게 주인, 그의 보호관찰관과 같은 대부분의 백인 공동체 구성원에게 그가 해 왔던 역할을 인식하게 될 것이다.

   a. 서지오는 주커맨 씨와의 관계에서 자신이 어떻게 행동했는지, 그리고 이것이 주커맨 씨가 긍정적인 멕시코인 전형을 유지 또는 형성할 가능성을 얼마나 높였는지 인식하게 될 것이다.

   b. 서지오는 가게 주인 놀리기와 같이 백인, 비멕시코인이 그를 거부할 가능성을 높이는 유도 술책을 자신이 어떻게 사용했는지, 그리고 그런 행동이 멕시코인에 대한 그들의 부정적 전형을 유지시키는 데 어떤 영향을 주었는지 인식하게 될 것이다.

   c. 서지오는 이 사람들 각각에 대한 자신의 정서, 환상, 바람을 인식할 것이고, 그것들 각각이 어떻게 그의 선/악(멕시코인 대 백인/멕시코인) 범주화로 이어졌는지를 인식할 것이다.

2. 서지오는 특정한 백인이 자신을 대하는 것에 자신이 어떤 기대를 가지고 있는지, 그리고 그런 기대에 수반되는 감정이 무엇인지 인식하게 될 것이다.

   a. 서지오는 각각의 백인이 자신을 대하는 방식에 대한 자신의 부정적 기대를 인식하게 될 것이고, 그런 기대가 주중에 이 사람들과 상호작용할 때 어떻게 그의 감정에 영향을 주는지 인식할 것이다.

   b. 서지오는 멕시코인이 자신을 대하는 방식에 대한 자신의 긍정적 기대를 인식하게 될 것이고, 그런 기대가 주중에 특정한 멕시코인과 상호작용할 때 어떻게 그의 감정에 영향을 주는지 인식할 것이다.

3. 서지오는 주중에 타인이 그를 대하는 방식에 대한 자신의 인식, 그리고 특정한 멕시코인, 백인, 비멕시코인에 관한 그의 인식이 얼마나 정확한지 뒷받침해 주는 증거에 관해 이야기를 나눌 것이다.

    a. 서지오는 지난주 동안 멕시코인, 백인, 비멕시코인에 관한 그의 긍정적 인식, 그리고 그것을 뒷받침해 주는 증거에 관해 이야기를 나눌 것이다.

    b. 서지오는 지난주 동안 멕시코인, 백인, 비멕시코인에 관한 그의 부정적 인식, 그리고 그것을 뒷받침해 주는 증거에 관해 이야기를 나눌 것이다.

4. 서지오는 자신이 모든 사람에게, 그가 인종주의자든 아니든 간에 존중감을 가지고 행동했을 때 자신에 대해 가질 수 있을 것 같은 내사에 관해 이야기를 나눌 것이다.

    a. 서지오는 취업 자리를 알아볼 때 그가 할 수 있는 역할에 관해 이야기를 나눌 것이다.

    b. 서지오는 자신을 존중하지 않는 사람에게 존중감을 가지고 대할 때 겪게 될 것 같은 정서적 혼란과 고통에 관해 이야기를 나눌 것이다.

    c. 서지오는 자신의 행동이 자신과 가족에게 가져다줄 이점에 관해 이야기를 나눌 것이다.

    d. 서지오는 성인 남성이 가족을 잘 돌보기 위해 희생하는 것에 관해 이야기를 나눌 것이다.

사례개념화 실습 사례: 성 영역 통합

이제 스티브에 대한 역동 분석을 할 것이다. 그에게 적절한 복합적 영역이 많이 있지만, 여기서는 성 영역을 역동적 사례개념화와 상담계획에 통합시켜야 한다.

짧은 접수면접에서 얻은 정보

스티브는 대학교 3학년이다. 그의 전공은 미술이다. 그는 자신에 대해 재능이 있는 미술가이며, 굉장히 건강하다고 하였다. 그는 몇 명의 친구들과 함께 캠퍼스 밖의 아파트에서 살고 있으며, 2시간 거리에 있는 도시에서 살고 있는 그의 부모를 주기적으로 방문한다. 그는 그의 대학생활을 재정적으로 지원해 주는 중상위 계층의 가족 출신이다. 그는 졸업이 가까워지고 이제 한 달밖에 남지 않으면서 자신이 졸업 후 경제적 자립을 할 수 있을지 점점 더 걱정이 되어서 스스로 상담을 받으러 왔다.

간단한 정신건강 검사에서 미래에 대한 보통 수준의 불안이 나타났지만 자살이나 살인 징후 또는 심각한 정신병리는 보이지 않았다. 그는 남자 상담자가 좋겠지만 상담약속을 빨리 잡을 수 있다면 여자 상담자도 괜찮다고 하였다.

역동 관점에서 스티브(S)와의 인터뷰

C: 전화 통화할 때 보니까, 당신은 한 달가량 스트레스를 받아 왔나 봐요.

S: (화를 내며) 여기 있다는 게 정말 멍청한 것 같아요. 내 힘으로 다룰 수 있어야만 하는 건데요.

C: 누군가의 도움이 필요하다는 것에 화가 났군요.

S: (자신 있게) 나는 여기 오게 된 이유를 정말 모르겠어요. 나는 항상 내 문제를 내 힘으로 해결해 왔어요. (단호하게) 내 친구들도 모두 자기 문제는 자기가 해결해요. 선생님 시간을 뺏어서 미안해요.

C: 정말로 도움을 요청하는 것이 내 시간을 뺏는 거라고 생각하시나요?

S: (주저하며) 물론이죠. 만일 스스로를 돌볼 수 없다면, 패배자예요. (멈춤) 패배자를 돕고 싶은 사람이 어디 있겠어요?

C: 당신에 대해 좀 더 알려 주시겠어요?

S: (부인하면서) 아뇨. 내 친구 중 누구라도 내가 여기 왔다는 걸 알게 되면 비웃을 거예요.

C: 나는 당신을 패배자로 보게 되고, 당신의 친구들은 당신을 비웃게 되는군요.

S: (열심히) 틀림없어요. 그들은 내가 얼마나 자립형 인간인지 알아요. (곰곰이 생각하면서) 처음에 그들은 내가 농담한다고 생각할 거예요. 그리고 나서, 나를 놀릴 것이고, 어쩌면 나를 '싸이코 씨'라고 부를 거예요.

C: 친구들은 당신에게 문제가 있을 때 당신을 돕지 않나요?

S: (조소하듯이) 패배자만이 문제를 가지고 있죠. 내 친구들은 모두 미술가이고, 매우 자부심이 강해요. 그들은 미술, 미술 이론, 이 동네 일부 미술 교수들의 명청함, 여기 대부분의 학생이 가지고 있는 바보같은 취미에 관해 이야기하죠.

C: 당신은 여기 대부분의 학생과 따로 분리된 젊은 예술가 집단 소속이군요.

S: (조용하게) 예, 우리는 우리끼리만 함께하는 것이 상당히 많아요. 우리의 목표는 각자 자기 길로 가는 거죠. 우리는 각자 자신의 재능을 가지고 있고, 그것을 자신 안에서 발전시키기 위해 열심히 노력해요.

C: 당신은 무척 외로운 것처럼 들리네요.

S: (단호하게) 물론이죠, 창조하기 위해서는 외로워야만 해요. (열렬하게) 혼자 힘으로, 어쩌면 단지 일부 사람만이 진짜 제대로 감상할 수 있는, 그런 정말 중요한 뭔가를 창조하는 건 믿을 수 없는 일이죠.

C: 당신은 당신의 미술, 당신의 문제…에서 혼자네요, 심지어 친구들과 함께 있어도. (멈춤) 당신은 앉은 모습을 자꾸 바꾸시네요. 지금 기분이 어때요?

S: (스트레스가 높아지면서) 최근에 나는 등을 심하게 다쳤어요. 그것 때문에 작업이 힘들어요.

C: 신체의 고통이 작업을 늦추면서 생각할 시간을 더 많이 주었군요.

S: (열심히) 네. 나는 많은 걸 생각해 봤어요. 그러나 친구들과 같이 이야기할 그런 종류는 아니에요. (부드럽게) 그들은 웃기만 하고, 그러고는 가 버릴 이유를 대겠죠.

C: 당신이 나한테 이야기하면 어떻게 될까요?

S: (생각에 잠겨) 내 생각에 당신의 직업은 듣는 거예요. (멈춤) 다른 3학년들이 모두 졸업 후 계획에 관해 이야기하는 걸 들었어요. 일부는 결혼을 했고, 일부는 취업했어요. 그들 모두 파티를 하거나 축하할 뭔가가 있는 것 같아요. 나는 어떤 파티에도 초대받지 못했고, 부모님은 나한테 파티를 열어 보라고 말씀하시지 않으셨어요. (혼란스러워하며) 나한테 그런 것이 필요하다는 게 아니고……. 그건 정말 관계없어요.

C: 그렇지만 다른 학생 대부분이 하는 것 같은 방식으로 친구들과 어울리지 않는 것은 이상하게 느껴지죠.

S: (고개를 끄덕이며) 그렇죠, 나는 심지어 애기 때도 그런 적이 없어요. 나는 항상 자급자족했어요, 심지어 내 가족들로부터도. 나한테 필요한 건 미술밖에 없어요.

C: 당신의 미술. (멈춤) 그것은 당신에게 어떤 의미인가요?

S: (처음으로 행복한 목소리로) 나는 정말 자유롭다고 느끼게 되고 내 속을 발산하는 거 같이 느껴요.

C: 뭔가가 바뀌었나요? (멈춤) 지금 자유롭다고 느끼지 못하는 것처럼 보여요.

S: (부드럽게) 그건 보통 굉장한 느낌이지만, 지금은 아니에요. 작업실에서 나는 내 친구들이 그리는 걸 유심히 보면서 그들이 누구인지 생각해요.

C: 그들에게 물어본 적이 있나요?

S: (냉소적으로) 만일 그런 걸 물어본다면 그들은 그냥 웃을 거예요. 우리는 항상 대부분의 사람이 살아가는 따분한 삶, 다른 사람과 싸우고 서로 시기하는 삶을 비웃어요. (걱정스럽게) 지금 비웃고 있는 건 아니고요. 아직까지는, 시기할 만한 사람이 없어요, 아, 모르겠네요.

C: 당신은 자기 생각을 안전하게 나눌 수 없다고 느끼게 되어서 친구들과 함께 있을 때에도 외롭군요, 외로움을 느낄 때 의지할 만한 사람이 있나요?

S: (확고하게) 아뇨. 가족들은 매우 바쁘고 또 매우 독립적이에요. 그들은 전혀 이해하지 못할 거예요. 아버지는 내가 미술을 전공한 것에 대해 여전히 화가 나 있으세요. 내가 아버지 돈을 낭비하고 있다고 생각하세요. 내가 더 이상 미술에 대해 확신하지 못한다는 걸 아버지가 아시게 되면 정말 노발대발하실 거예요.

C: 왜 당신이 그의 돈을 낭비해 왔죠?

S: (냉소적으로) 음, 아버지는 은행의 중역이세요. (멈춤) 내가 어렸을 때부터 아버지는 돈 문제에만 신경을 쓰셨어요. 아버지는 내가 미술을 선택한 이유를 이해 못하세요. 아버지는 내가 피카소가 아니기 때문에 영원히 아버지에게 얹혀 지낼 거라고 이야기하세요.

C: 그러나 (멈춤) 당신은 자급자족하잖아요.

S: (걱정스럽게) 나는 사람들이 필요하지 않아요. (멈춤) 그러나 만일 내가 돈을 벌지 못하면 나는 영원히 아버지의 통제하에 있을 거예요.

C: 아버지의 통제요?

S: (열심히) 만일 내가 미술 작업실을 열기 위해 아버지의 돈이 필요하다면, 아버지는 그걸 빌미로 내가 비굴해지도록 만들 걸요.

C: 비굴요?

S: (참을 수 없다는 듯이) 은행에서 시간을 보내고, 아버지가 여시는 파티에 참석하고, 아버지 친구 분들에게 아첨하려고 노력하죠. (머리를 감싸 쥐며, 두려워하며) 나는 그림을 그릴 수가 없어요, 엄청난 스트레스예요!

C: 당신은 부모, 친구한테 속에 있는 말을 못하고, 이제 심지어 작품 활동하기에도…….

S: (도중에, 절망적으로) 나는 이 의자에서 벗어나야만 하겠어요, 등 때문에 너무나 힘들어요.

C: 외로움에 대해 이야기하다가 당신의 등으로 대화주제를 바꾼 게 이번이 두 번째예요. 그 고통이 당신의 삶에서 어떤 역할을 하고 있는지 궁금하네요.

S: (화를 내며) 가족들과 돈 문제로 마지막으로 이야기한 이후 지난 몇 달 동안 이 문제가 계속되고 있어요.

C: 어떤 일이 있었나요?

S: (열심히) 나는 돈을 벌어야만 해요. 나는 항상 내 마음속 깊이 그걸 알고 있었어요. (멈춤) 그러나 미술은 돈이나 경쟁에 관한 것이 아니에요. 그건 자기 안에 있는 것에 관한 거예요. 나는 아버지와 이 문제로 계속 싸워 왔어요. (화를 내며) 그는 벽돌담이에요. 그는 계

속 "너는 피부양 여성처럼 될 것이다."라고 이야기하세요.

C: 아버지는 당신이 사나이다운지를 기준에 두시나 보네요.

S: (냉소적으로) 내가 두 살 때부터 죽 그래요.

C: 더 자세히 이야기해 보세요.

S: (무척 화를 내며) 나는 아직도 도움을 요청할 때마다 "남자답게 좀!" 하는 아버지의 목소리
가 내 머리 속에서 들려요.

C: 무엇에 대한 도움인가요?

S: (냉소적으로) 신발 신는 일, 내 숙제……. (멈춤) 나는 어릴 때 그것 때문에 정말 고통스러
웠어요. 그렇지만 나는 최대한으로 빨리 배워서, 같은 도움을 두 번 요청하지 않으려고
노력했어요.

C: 당신은 부모님이 알아주셨으면 했지만, 부모님께서는 당신에게 도움이 필요하다는 걸 인
정하지 않으셨군요.

S: (조용하게) 우리 집에서는 도움을 요청하면 패배자가 돼요. 나는 "스스로 해라, 더 노력해
라, 남자답게 좀 해라, 그렇지 않으면 너는 항상 패배자가 될 것이다!"라는 말을 천 번은
들었을 거예요.

C: 누가 그렇게 이야기했나요?

S: (화를 내며) 두 분 다 그러셨어요, 그렇지만 아버지 목소리가 더 컸죠.

C: 당신의 가족에게는 독립이 중요하고 도움을 요청하는 것은 멍청한 짓이군요. 그와 관련
된 경험이 있나요?

S: (확신을 가지고) 부모님이 옳다고 생각해요. 난 패배자였어요.

C: 당신은 자신을 깎아내리네요. 이런 방식으로 자신을 대하는 것은 당신의 부모에게 배운
건가요?

S: (사무적으로) 물론이죠, 그렇지만 내 친구들도 남에게 의지하는 사람을 패배자라고 불러
요. 사람은 스스로를 돌볼 필요가 있죠. 그렇게 생각 안 하시나요?

C: 부모님, 친구들 그리고 당신 안의 목소리는 모두 당신이 도움을 요청하는 것을 비난하며,
당신은 나도 그럴 것이라고 가정해요. 아동이나 성인이 도움을 요청하는 것이 패배자 외
에 어떤 의미를 가질 수 있을까요?

S: (한참 멈춤, 조용하게) 아마도 아동은 도움을 요청해도 문제가 안 되겠죠, 사람은 모든 것
을 알고 태어나는 게 아니니까요. 나하고는 다르죠. 나는 성인이잖아요.

C: 남자는 경쟁적이고, 돈을 벌고, 어떤 것도 요구하지 않아야만 한다고 당신은 이야기했어

요. 그것이 진리일까요?

S: (혼란스러워하며) 왜 나는 여기 계속 앉아 있는 걸까요? 무슨 의미가 있을까요?

C: 당신의 한 부분은 여기서 떠나려 하고, 또 한 부분은 남자가 도움을 요청하는 것도 아무 문제없지 않을까 하고 생각하고 있어요.

S: (펄쩍 뛰며, 화를 내며) 당신의 어리석은 이야기에 지쳤어요. (C를 향해 주먹을 흔든다) 어쩌면 당신이 패배자예요!

C: (큰 소리로) 나는 패배자라라는 말을 듣고 싶지 않아요, 그리고 나한테 주먹을 흔드는 걸 안 좋아해요!

S: (자리에 앉으며, 방어적으로) 그런 뜻이 아니고……. (한참 침묵) 그냥 너무 초조해졌고, 그리고 창작할 수가 없어요, 그리고……. (머리를 숙인다)

C: (한참 침묵, 조용하게) 소리 질러서 미안해요. 패배자라는 말을 듣는 게 싫어요. 당신도 그렇죠. (S는 고개를 든다. 한참 침묵) 누군가 당신에게 소리를 지르면 뭔가 안에서 고함으로 맞받고 싶어 하는 걸 느낀 적 없나요?

S: (생각에 잠겨) 아버지와 함께 있을 때 항상 있었던 일 같네요. 심지어 침착하자고 사전에 스스로 되뇐 경우에도.

C: 그건 흔히 있는 반응이에요. (멈춤) 당신이 혼란스러울 때조차도, 당신이 패배자라고 생각하지 않아요.

S: (부드럽게) 고맙습니다. (멈춤, 긴장하면서) 나는 그림을 그리고 싶어요.

C: 당신에게는 그림 그리는 게 필요해요. (멈춤) 미술가가 되는 것은 본래의 당신에서 핵심적인 부분이에요. (S는 고개를 끄덕인다) 우리, 상담하는 기간 동안 그 사실을 잊지 맙시다.

스티브에 대한 사례개념화 개발 실습

❖ 실습 1(최대 4쪽)

목 표: 당신이 단기 역동 이론을 분명히 이해하고 있다는 것을 확인하기

양 식: A, B, C 파트를 연계 짓는 통합적 에세이

도움말: 이 장을 다시 보라(359~365쪽).

  A. 이 실습의 도입부가 될 수 있도록, 단기 역동 이론의 모든 가정을 간략하게 개관하라 (내담자가 어떻게 변하는지를 이해하는 데 있어서 핵심이 되는 차원에 대한 가정, 폭넓게 추상적으로 생각하라).

B. 이 가정들 각각이 변화 과정을 통한 내담자의 진전을 이해하는 데 어떻게 사용되는지를 상세하게 기술하라. 각 단락마다 각각의 가정을 충분히 설명하는 구체적 사례를 포함시켜야 한다.

C. 내담자의 변화를 돕는 상담자의 역할(컨설턴트, 의사, 교육자, 조력자), 상담에 사용된 주요 접근법, 공통적으로 사용된 상담기법을 설명하면서 에세이를 마무리하라. 이 접근법의 특유한 점이 분명히 드러나는 구체적 사례를 충분히 제공하여야 한다.

❖ 실습 2(최대 4쪽)

목　표: 스티브에 대한 역동 이론의 적용을 돕기

양　식: A~C 섹션 각각에 대한 문장 개요

도움말: 이 장을 다시 보라(359~365쪽).

A. 스티브가 그의 부모, 동료, 교사와 얼마나 적응적 또는 부적응적으로 관계를 가지는지 평가하고 적응적 관계 패턴인 CMP를 사용하는 관계 양식, 그리고 적응적 특성과 부적응적 특성이 혼합된 패턴을 사용하는 관계양식 각각에서 그의 상호작용 양식을 분석하라.

B. 전체적으로 볼 때, 스티브는 지금 상담자와 얼마나 잘 관계를 가지는가? (a) 스티브로부터의 전이 신호, (b) 상담자로부터의 역전이 신호, (c) 이 대인 패턴에 대한 해석의 개방성 신호를 고려하라.

C. 스티브의 모든 관계에 있어서, 대인 과정에 어떤 강점(강한 점, 긍정적 특징, 성공, 기능, 변화를 촉진하는 요인)과 약점(걱정, 이슈, 문제, 징후, 기능 결핍, 상담 장벽)을 보이는가? 그리고 그는 이 모든 관계에서 친밀감과 자율에 대한 그의 욕구를 얼마나 잘 충족시키는가?

D. 스티브는 타인과의 관계에서 그가 보이는 태도와는 별도로 상담에서 어떤 강점과 약점을 보이는가? 만일 그런 게 있다면 약점은 상담과정에 어떤 영향을 주며, 강점은 상담 성공에 어떤 도움이 되는가?

❖ 실습 3(최대 4쪽)

목　표: 스티브의 삶에서 성의 잠재적 역할에 대해 이해하기

양　식: A~I 섹션 각각에 대한 문장 개요

도움말: 2장을 다시 보라(67~79쪽).

A. 현재 스티브의 자아상, 정서적 생활, 기대, 인식, 행동, 개인 자원에 대한 접근에 있어서 그를 이끌고 있는 성역할의 개인적 이점과 손실에 대해 평가하라.

B. 낭만적인 파트너, 가족, 친구와의 관계에 있어서 스티브를 이끌고 있는 성역할의 대인적 이점과 손실에 대해 평가하라.

C. 스티브의 교육 또는 업무 관계, 사회 자원에 대한 접근에 있어서 그를 이끌고 있는 성역할의 사회적 이점과 손실에 대해 평가하라.

D. 전통적인 성역할이 스티브의 정신적 또는 신체적 건강에 얼마나 많은 긍정적, 부정적 영향을 주고 있는가? 스티브는 이 영향에 대해 어떻게 인식하고 있는가?

E. 전체적으로 볼 때, 성별화되지 않고 자신의 독특한 요구와 목표를 가진 개인으로 살아가는 데 있어 스티브는 얼마나 많은 힘과 선택권을 가지고 있는가? 그리고 스티브가 성별화된 개인이 되는 데 있어서 반대 압력은 얼마나 강한가?

F. 당신은 현재, 성 이슈에 관해 얼마나 알고 있는가?

   1. 성 관련 이슈에 배경이 될 수 있는 강좌를 얼마나 많이 수강하였는가?

   2. 성 관련 이슈에 배경이 될 수 있는 워크숍에 얼마나 많이 참가하였는가?

   3. 성 분석 보고와 관련하여 어떤 전문적 경험이 있었는가?

   4. 개인에 대한 성의 영향이라고 생각했던 것과 관련하여 어떤 개인적 경험이 있었는가?

   5. 성, 사회에서 남성과 여성의 역할, 남성과 여성이 의사소통하는 방식, 남성과 여성에게 보상과 벌로 제공되는 것에 대한 당신의 관점에 어떤 코호트 효과가 영향을 주었는가?

G. 당신은 성이 당신의 삶에 하는 역할에 대해 현재 어떤 인식수준에 있는가?

   1. 어떤 성역할이 현재 당신의 삶을 이끌어 가고 있는가?

   2. 그 성역할은 스티브의 성역할과 어떤 점에서 유사하고 다른가?

   3. 미국 문화에 있는 어떤 성 전형이 내담자에 대한 당신의 관점에 영향을 주었는가?

   4. 당신이 알고 있는 남성 성 전형에 관해 논하라.

   5. 스티브와 효과적으로 작업하는 데에 도움이 될 수 있는 당신의 경험, 스티브의 관점 또는 현재 상황에 부정적인 편견이나 비하로 이끌 수 있는 당신의 경험에 관해 논하라.

H. 당신은 현재 스티브와 작업할 때 어떤 기술을 사용할 수 있는가?

   1. 현재 스티브와 작업할 때 유용한 어떤 기술을 가지고 있는가?

   2. 스티브에 대해 효과적인 성 분석을 수행할 때에 어떤 기술이 중요한가?

3. 스티브와 긍정적인 작업 관계를 발전시키기 위해 무엇을 할 수 있는가?

4. 당신의 상담 접근법에서 어떤 측면이 성 편향적일 수 있는가? 그리고 이 상황에 대해 어떻게 대처할 것인가?

I. 당신은 어떤 활동단계로 진행해 갈 것인가?

1. 좀 더 숙련된 상태로 스티브와 작업하기 위해 어떤 준비를 할 수 있는가?

2. 스티브에게 긍정적인 결과의 가능성을 높이기 위해 상담환경을 어떻게 구조화할 것인가?

3. 스티브가 더 좋아할 수 있도록 어떤 상담절차를 바꿀 것인가?

❖ 실습 4(최대 6쪽)

목　표: 역동 이론, 성 이슈에 대한 자신의 지식을 스티브에 대한 심층적 개념화(그가 누구이고, 왜 그렇게 하는지)에 통합시키도록 돕기

양　식: 주의 깊게 계획된 구조적 양식에 따라 전제, 세부적인 근거, 결론으로 구성된 통합적 에세이(2장 참조)

도움말: 1장(17~24쪽)과 2장(67~79쪽)을 다시 보라.

단계 1: 스티브에 대한 역동 이론적 이해를 구조화할 때 어떤 양식을 사용해야 하는지 생각해 보라. 이 양식은 (a) 그의 역동에 대한 종합적이고 명료한 이해에 도움이 되어야 하고, (b) 상담이 필요한 것이 패배자임을 뜻한다는 그의 두려움을 고려해서 스티브에게 설득력 있는 언어로 뒷받침해야 한다.

단계 2: 자신의 능력이 미술가로서 성공할 만한지 매우 걱정하는 젊은 남성으로서 스티브가 보이는 전반적인 기능 수준을 설명하는 간략한 전제(개관, 예비적 또는 설명적 진술, 조건, 주제 진술, 이론에 따른 소개, 가정, 요약, 추론적 인과 진술)를 개발하라. 만일 단계 2에 어려움이 있다면 이것이 실습 2와 3의 핵심 아이디어를 통합한 것이어야 하고 (a) 스티브의 장기목표에 대한 기초를 제공하고, (b) 성 이슈에 민감한 역동 이론에 기반하고, (c) 스티브가 역동 상담에서 보이는 강점을 부각시키는 것이어야 한다는 점을 상기하라.

단계 3: 역동적 관점에서 근거 자료(강점과 약점에 대한 상세한 사례 분석, 도입 전제를 뒷받침하는 자료)를 개발하라. 각 단락마다 스티브에 대한 깊은 이해와 남자다움에 대한 사회의 정의에 그가 겪는 어려움을 통합시켜야 한다. 만일 단계 3에 도움이 필요하다면

(a) 역동 이론에 기초해 있고 성 이슈에 민감하며, (b) 대인관계에서 스티브의 강점에 대한 이해를 통합시키는 단기목표의 개발에 도움이 되는 정보를 생각해 보라.

단계 4: 당신의 결론, 넓은 범위의 상담 추천사항을 제시하라. 당신이 실습 3의 G와 I에서 제시했던 내용에 주의하면서 (a) 스티브의 전반적인 기능 수준, (b) 지금 그의 대인 패턴을 바꾸는 데 도움이 되거나 방해가 되는 것, (c) 지금 그가 대인 과정에서 보이는 기본적 욕구를 포함시켜야 한다(간략하게, 일반적으로 제시하라).

❖ 실습 5(최대 3쪽)

목　표: 스티브의 강점을 고려하고 성 이슈에 민감한, 개별화되고 이론에 따른 활동 계획 개발하기

양　식: 장기목표와 단기목표로 구성된 문장 개요

도움말: 1장을 다시 보라(24~45쪽).

단계 1: 당신이 실습 3의 G와 I에서 제시했던 것에 주의하면서 상담계획을 개관하라. 상담계획에 부정적 편견이 작용하지 않도록 주의하고 스티브가 개인으로서 가지는 특유한 욕구에 맞게 상담 접근법을 정했다는 것을 확실히 해야 한다.

단계 2: 스티브가 성인 남성으로서 다른 사람과 유연한 관계 패턴을 발전시키는 데 도움이 되고 상담이 끝날 때 스티브가 도달하게 될 이상적인 장기(주요, 큰, 야심만만한, 포괄적인, 폭넓은)목표를 개발하라. 만일 단계 2에 어려움이 있다면 스티브의 대인 양식, 그가 타인과 유연한 태도로 관계를 가지는 능력에 대해 스스로 통찰하도록 도울 수 있는 목표로 변환시킬 아이디어를 탐색하면서, 당신의 전제를 다시 읽고 주제 진술의 근거를 제시하라(실습 4의 양식을 사용하라).

단계 3: 스티브와 당신이 몇 주 내에 완수될 것으로 기대할 수 있고, 스티브가 대인 통찰과 기술을 발전시켜 가는 진척사항을 당신이 기록하는 데 도움이 되고, 변화에의 희망을 서서히 불어넣어 주고, 시간 효율적인 상담회기들을 계획하게 하는 단기(작은, 간단한, 요약된, 특정한, 측정 가능한)목표들을 개발하라. 만일 단계 3에 어려움이 있다면 다음과 같은 목표로 변환시킬 아이디어를 탐색하면서 근거가 제시된 단락을 다시 읽으라.

A. 스티브가 상담자와의 대인 과정에서 새로운 경험을 얻도록 도울 수 있다.

B. 자신이 남자로서 타인과 관계를 가지는 방식에 대해 스티브가 새롭게 이해하도록 도울

수 있다.

C. 유연한 관계 양식의 발전을 촉진하거나 자율성과 양육에 대한 스티브의 욕구를 충족시키는 요소를 강화시키거나 그런 발전의 방해요인을 감소시킬 수 있다.

D. 필요할 때마다 성인 남자로서 유연하게 관계를 가지는 양식을 구축하는 데 그의 강점을 활용할 수 있다.

E. 일반적인 것이 아니라 그의 대인 욕구에 개별화된 것이다.

❖ 실습 6

목　표: 스티브의 사례에서 단기 역동 상담 비판하기

양　식: A~E의 질문에 대해 에세이 형식으로 답하거나 집단 형식으로 논의하라.

A. 경직된 성역할 전형 때문에 어려움을 겪고 있는 대학생인 스티브를 돕는 것에 있어서, 이 모델이 가진 강점과 약점은 무엇인가?

B. 스티브에게 정서-초점 상담을 하는 것의 강점과 약점을 역동 상담과 비교하면서 논의하라. 이 접근법에서 의욕적으로 작업할 수 있는 그의 능력뿐만 아니라 그의 상담목표 (더 큰 정서적 친밀감, 경력 개발의 방향)도 고려하여야 한다.

C. 사회경제적 위치를 고려하여 스티브에 관해 논의하라. 부유한 가족에서 자란 것이 그의 대인 양식, 미래에 대한 그의 두려움에 어떤 영향을 주었는가? 스티브의 상담을 이끌어 가는 것에서 사회계급의 중요성과 성 이슈의 중요성을 비교하라. 전체적으로 볼 때, 그것이 당신의 상담계획에 얼마나 큰 차이를 가져오는가?

D. 스티브는 사회적으로 고립되어 있고 가족과 불화가 심하며, 자신의 미래가 희망이 없다고 느끼고 있다. 스티브가 가족의 성역할 전형에서 벗어나게 돕는 것이 그의 자살 위험을 높일지 아니면 낮출지 논의하라. 위험 정도에 대한 당신의 평가를 확신하려면 다음 회기에서 스티브에게서 어떤 것을 더 알아내야 하는가?

E. 역동 상담은 내담자에 대한 당신의 내적 반응을 전략적으로 사용하는 것과 더불어 당신에 대한 수많은 자기 인식이 필요하다. 인터뷰를 다시 정독하면서 스티브에 대한 당신의 내적 반응을 생각해 보라. 이때 그가 한 어떤 이야기가 당신에게 어떤 반응을 불러일으켰는지 기록해야 한다. 이 역전이 이슈에 관해 논의하고, 당신이 그것에 대해 스티브의 관계 패턴에 대한 반응이라고 여기는 정도와 그것이 당신 자신의 개인사에 의한 결과라고 여기는 정도에 관해 논의하라.

추천 자료

❖ Books

Binder, J. L. (2004). *Key competencies in brief dynamic psychotherapy: Clinical practice beyond the manual*. New York, NY: Guilford Press.

Greenberg, L. S., McWilliams, N., & Wenzel, A. (2013). *Exploring three approaches to psychotherapy*. Washington, DC: American Psychological Association.

Levenson, H. (2010). *Brief dynamic therapy*. Washington, DC: American Psychological Association.

Levenson, H., & Strupp, H. H. (2007). Cyclic maladaptive patterns: Case formulation in time-limited dynamic psychotherapy. In T. D. Eells (Ed.), *Handbook of psychotherapy case formulation* (2nd ed., pp. 164-197). New York, NY: Guilford Press.

❖ Videos

American Psychological Association (Producer), & Freedheim, D. K. (Trainer). (n.d.). Short-term dynamic therapy (Systems of Psychotherapy Video Series, Motion Picture #4310833). (Available from the American Psychological Association, 750 First Street, NE, Washington, DC 20002-4242)

Frederickson, J. (2011, October 5). Intensive short term dynamic psychotherapy part 1 [Video file]. Retrieved from https://www.youtube.com/watch?v=cKzmk2-xnzY

PsychotherapyNet. (2009, May 6). Time-limited dynamic psychotherapy (TLDP) with Hannah Levenson video [Video file]. Retrieved from https://www.youtube.com/watch?v=yTHM2o3dvao

❖ Websites

California Society for Intensive Short-Term Dynamic Psychotherapy. http://www.istdp.com/

Hanna Levenson, PhD. http://www.hannalevenson.com/institute.html

Society for Psychotherapy Research. http://www.psychotherapyresearch.org/?104

가족체계 사례개념화와 상담계획

가족체계 이론 소개

상담자인 당신은 방금 초등학교 3학년 학급의 담임인 월터스 선생님으로부터 상담 의뢰를 받았다. 월터스 교사의 보고에 의하면 앨리스라는 9세 백인 소녀가 지속적인 행동문제를 가지고 있다고 한다. 앨리스는 무례하며 학급에서 수업을 따라오지 않으려 한다. 나아가, 으스대기도 하며 학급 동료들에 비해 미성숙하다. 앨리스는 전학생이다. 그녀는 지난 여름에 어머니(캐더린, 30세)와 아버지(데이브, 32세)가 이혼한 후에 이 지역으로 이사왔다. 캐더린이 주 양육권을 가지고 있지만, 앨리스는 거의 대부분 주말을 아버지, 친할머니와 함께 지낸다. 데이브는 앨리스를 절친한 친구처럼 이용하고 있다. 그는 캐더린과 재결합하기를 원하며 그의 어머니도 이를 지지하고 있다. 그는 앨리스에게 엄마에 대해 스파이 역할을 하면서 가족들이 다시 합칠 수 있는 방법을 자기가 찾을 수 있게 도와달라고 요청하였다. 데이브는 이혼 전에 캐더린이 엄마로서 한 역할을 존중했지만, 지금은 캐더린과 재결합하려는 마음으로 가득해지면서 모든 걸 잊어버린 것처럼 보인다. 그의 행동이 역효과를 보일 수 있다는 생각이 떠오르지 않는 것 같다. 캐더린은 지난 주 사친회에서 월터스 선생님에게 이 모든 정보를 이야기하였다. 월터스 선생님은 캐더린에게 자신이 상담의뢰를 할 것이지만 캐더린이 직접 전화해서 상담 약속을 잡아야 한다고 이야기하였다.

짧은 접수면접의 정신건강 검사에서 앨리스와 캐더린은 최소한 평균 지능을 가지고 있는 것으로 나타났다. 앨리스의 학습에 어려움을 줄 수 있는 인지적 혼란이나 학습장애의 징후는 없었다. 캐더린은 인지적 혼란, 자살 또는 살인 행동, 충동조절 장애의 징후를 보이지 않았다.

앨리스의 상황에 대한 당신의 접근법은 살바도르 미누친(Salvador Minuchin)의 구조적 가족 접근법에 기초한 것이다. 앨리스는 학습장애와 같이 개인에 초점이 있는 문제를 가지고 있으며, 이것이 학교에서의 잘못된 행동으로 이끌 수 있다. 그렇지만 당신의 접근법이 가진 힘은 앨리스의 문제가 가족갈등의 반영일 수 있다는 인식에 있다. 앨리스가 삶 속에서 경험하는 갈등 중 많은 것이 타인과의 상호작용과 관련될 것이다. 그녀의 가족을 한 단위로, 그리고 상호작용 패턴에 의해 결정되는 것으로 생각해 보면 앨리스의 상황에 대해 새롭고 비난이 아닌 많은 설명이 가능해진다. 그녀는 한 개인이지만 자신이 맺고 있는 관계들, 특히 가족 관계들의 맥락 안에서 자신의 요구를 충족시키기 위해 최선을 다하고 있다.

모든 가족은 구조를 가진 하나의 사회적 집단이다. 이 구조의 목적은 돈을 지불하고, 집을 청소하고, 아이의 숙제를 돕고, 아픈 가족을 돌보는 것 같은 가족의 할 일을 잘하게 하는 것이다. 이 구조는 또한 독립과 정서적 친밀에 대한 각 가족 구성원의 요구를 어떻게 충족시킬지 결정한다. 가족의 구조가 제대로 기능하기 위해서는 가족의 할 일이 조화를 이루어야 하고 개인적 요구가 믿을 만한 방식으로 충족되어야 한다.

가족의 구조는 기본적인 특징 측면에서 분석될 수 있다. 중요한 한 특징은 하위체제 또는 가족체계를 구성하는 더 작은 단위들이다. 하위체제는 아이 양육과 같이 가족에서 수행될 필요가 있는 특정한 기능을 중심으로 발달할 수 있다. 가족 하위체제는 또한 성 또는 세대 또는 성과 세대 둘 다를 중심으로 발달할 수 있다. 또 다른 중요한 특징은 하위체제들 사이의 경계, 전체로서의 가족체계와 가족이 아닌 구성원들 사이의 경계이다. 경계는 얼마나 많은 하위체제가 서로 의사소통할지, 얼마나 많은 정서적 친밀이 장려되느냐에 대비하여 가족 구성원의 개성이 얼마나 많이 장려될지를 결정한다. 가족 구조는 또한 할 일을 조화시키고 의사결정을 내리는 책임을 누가 지는지를 결정하는 위계를 가지고 있다. 이 권력과 권위의 위계에서 종종 배우자 하위체제가 꼭대기에 있다.

만일 앨리스의 가족이 잘 기능하고 있다면 앨리스의 가족체계는 발달적으로 적절한 자율권(개성화)과 발달적으로 적절한 관계성(소속감)을 모든 가족 구성원에게 장려할 것이다. 만일 앨리스의 가족체계가 역기능적이라면, 상담 개입은 가족 구성원이 그들의 상호작용 패턴을 바꾸고, 한 단위로서 그리고 개인으로서 가지는 그들의 요구를 좀 더 효과적으로 충족시키는 구조를 발달시키도록 도울 것이다. 다음의 상세한 설명은 살바도르 미누친과 그의 동료들이 한 연구(Minuchin, 1974; Minuchin & Fishman, 1981; Minuchin, Nichols, & Lee, 2007; Nichols, 2008)에 기초한 것이다.

캐더린과 데이브가 결혼하고 함께 살게 되면서, 그들은 새로운 가족체계를 생성하였다. 그들의 가족은 두 명의 구성원만 있었지만(캐더린과 데이브), 세 개의 더 작은 가족 집단 또는 하위체제를 가지고 있었다. 캐더린 하위체제, 데이브 하위체제, 배우자 하위체제가 그것이다. 각 하위체제는 수행되어야 할 과제를 가지고 있으며, 하위체제 내의 구성원들은 각자 서로에게 보완되는 역할을 발달시킬 가능성이 크다. 처음에 데이브와 캐더린은 가족에서 누가 어떤 과제를 할지 서로 적응하고 타협할 필요가 있었다. 그들은 또한 서로 어떻게 의사소통할지, 갈등을 어떻게 해결해야 할지와 관련해서 규칙을 개발할 필요가 있었다. 캐더린과 데이브는 하나의 단위로서 자신의 배우자에게 충실할 필요가 있지만(배우자 하위체제), 한편으로 개인으로서 자신에게 계속 충실할 필요가 있었다(데이브 하위체제, 캐더린 하위체제). 이 개인적 충실은 캐더린과 데이브가 서로 다소간 적응해 가는 중에도 자신의 자율권 요구들을 계속 유지하도록 도움을 준다.

데이브와 캐더린 사이에 지속적인 패턴이 발달하면서, 그들은 서로 자신이 할 수 있는 제한된 수의 행동을 하기 시작한다. 이것은 그들 각자가 단지 특정한 가족 과제에 참여하도록 위임되었기 때문이다. 예를 들어, 결혼 초기에 데이브는 그의 친척이 가까이 살고 있었기 때문에 가족과 확대가족 사이의 초기 사회적 접촉을 계획ㆍ실시하였다. 그렇지만 이 접촉이 계속 일어나면서 그와 캐더린은 항상 그가 이것에 책임을 진다는 생각을 발달시키게 되었고, 이에 따라 가족 내에서 하나의 지속적인 패턴이 확립되었다. 이 패턴이 더 오래 지속될수록 이것은 점점 더 선택이라기보다 필수처럼 여겨지게 된다. 따라서 친가와 모이는 일들에 대한 연락과 약속을 데이브가 전담한다는 가족 규칙이 발달할 수 있다. 시간이 지나면서 발달하는 가족의 규칙은 명시적일 수도 암묵적일 수도 있으며, 각 가족 구성원에게 적절하다고 여겨지는 행동 범위를 결정한다.

더 많은 구성원이 가족에 들어오게 되면, 더 많은 하위체제가 발달한다. 앨리스가 태어났을 때, 두 개의 새로운 하위체제가 형성되었다. 부모 하위체제가 앨리스의 발달적 요구에 부응하기 위해 형성되었으며, 앨리스는 자신의 하위체제를 형성하였다. 앨리스와 어머니는 또한 여성 하위체제를 형성할 수 있다. 부모는 서로, 그리고 앨리스와 상호작용하면서 사회화 기능을 수행한다. 앨리스는 부모와 상호작용하면서 더 강하고 더 많은 자원을 가진 사람에게서 무엇을 기대할 수 있는지 학습한다. 그녀는 무엇이 보상을 가져다주며, 무엇이 벌을 가져다주는지 학습한다.

만일 다른 아이들이 가족체계에 들어오면, 형제자매 하위체제가 형성된다. 아이들은 형제자매 하위체제 안에서 동료들과 적응하고 타협하는 법, 그들과 같은 힘을 가지고 있는 사람에게 기대할 수 있는 것 등과 같은 중요한 대인관계 기술을 배운다. 만일 처음에 더 나이 많은 아이가 다른 아이와 싸우고 있는 동생을 편든다면, 이것은 기대를 발달시키기 시작하는 것이고 그다음에 더 나이 많은 아이가 동생을 돌볼 것이라는 하나의 가족 규칙이 된다. 이 규칙은 심지어 '동생'이 자신을 돌볼 만큼 충분히 나이가 들어서 더 이상 기능적이지 않아진 뒤에도 지속될 수 있다. 만일 더 나이 많은 아이가 계속 보호자로 남아 있으면, 동생은 스스로를 지키는 법을 배우지 못할 수도 있다. 따라서 가족 구성원 사이의 기대는 만일 계속 충족된다면 각 구성원이 '마땅하게' 행동하는 법에 대한 가족 규칙을 확립하게 된다.

앨리스 가족의 하위체제들 사이에 어떤 경계가 발달하였는가? 경계는 하위체제가 서로 상호작용하는 빈도와 방식을 결정하는 눈에 보이지 않는 장벽이다. 경계는 또한 하나의 전체로서 가족체계가 외부세계와 상호작용하는 것에도 있을 수 있다. 미누친은 경계를 명확한 것, 모호한 것, 경직된 것으로 구분하였다. 하위체계 간 명확한 경계는 가족 구성원들이 지지하고 양육하면서 또한 개별성을 용인받을 때 생긴다. 이 경우, 부모 하위체제가 가장 권력을 많이 가지고 있긴 하지만 부모는 수용성 있게 가족 규칙을 수정할 수 있다. 예를 들어, 10대 아이가 자신의 의사결정과 일상생활에 대한 통제권을 점점 더 원할 경우, 부모는 그들의 요구에 맞게 가족 규칙을 수정한다. 또한 하위체제들 사이에는 빈번한 의사소통이 있다. 이에 따라 하위체제들은 서로 의사소통하고 협상할 수 있으며, 가족 규칙은 상황과 발달적 요구를 수용한다.

모호한 경계는 가족 구성원들이 지지하고 양육하지만 개별성을 용인받지 못할 때 생긴다. 명확한 권위 위계가 없고 가족 구성원들은 서로 너무 많이 협상하고 수용한다. 이것은 가족 구성원이 서로 심하게 밀착하도록 만들 수 있다(서로 간에 정서적으로 심하게 의존). 가족과 밀착한 아이는 미성숙하고, 부모에게 너무 많이 의존하며, 자기 힘으로 해 나가지 못한다. 아이는 자라면서 개인적 통제가 더 많이 필요해지지만 개별성이 가족 구성원에 대한 거부가 되거나 자신이 성공적으로 독립하지 못할까 봐 두려워한다. 부모는 아이가 더 많은 자율권을 가질 경우 처참한 결과로 이어질까 봐 두려워한다. 반면에 부모와 밀착해 있는 아이는 자신에게 부모를 방해할 권리가 있다고 믿으며 심지어 부모가 아주 중요한 일을 하고 있거나 다른 사람과 중요한 의사소통을 하고 있는 경우에도 자신에 대한 관심을 요구한다. 가족에서 부모의 권위는 존중받지 못한다. 가족 바깥의 사람과 상호작용할 때, 밀착해 있는 가족 구성원은 계속해서 서로에게 보살핌을 기대하고 비현실적인 요구를 하게 된다.

경직된 경계는 가족 구성원들이 개인적 관심사에 따라 개별화되어 그것에 몰두하는 것을 장려하지만 양육에 대한 요구는 충족되지 않는 곳에 생긴다. 경직된 경계는 가족 구성원 사이의 대인관계 접촉을 제한하여 정서적으로 서로 이탈하게 만든다(정서적 고립). 가족 구성원은 서로 협상하고 수용할 여지가 거의 없다. 하위체제 사이의 접근도 제한적으로만 가능하다. 그 결과, 각 가족 구성원은 하나의 섬이 되어 홀로 성공과 실패를 직면해야 할 수도 있다.

가족의 어떤 구성원들은 서로 이탈되어 있고 한편으로 다른 구성원들은 서로 밀착하여 있을 수도 있다. 예를 들어, 캐더린과 앨리스는 이혼에 따른 상실감을 메우기 위해 정서적으로

서로 과도하게 관련되었을 수 있다(밀착). 반면에 데이브는 이혼 이후에 앨리스와 있는 시간이 줄어들었으므로 정서적으로 떨어졌을 수 있다(이탈). 데이브는 아이 시절에 했던 것처럼 다시 그의 부모에게서 그의 요구를 충족시키려 하면서 그들과 얽히고 있을 수 있다. 전체 가족과 바깥세상 사이의 경계 또한 명확하거나, 모호해지거나, 경직될 수 있다.

앨리스의 가족에서 권위와 권력이 어떻게 분산되었는가? 가족의 위계는 규칙을 만들고 의사결정을 하는 권력, 권위를 가족 중에서 누가 가장 많이 가지는가를 나타내는 것이다. 건강한 가족에서는 부모가 아이들보다 더 많은 권력과 권위를 가지며, 더 나이 많은 아이가 더 어린아이보다 더 많은 권력과 권위를 가질 것이다. 잘 기능하고 있는 부모 하위체제가 되려면, 캐더린과 데이브는 서로 강력하고 긍정적인 제휴를 해서 앨리스를 양육하는 하나의 팀으로 작동해야만 한다. 이 제휴는 상대방이 가진 부모로서의 권위를 손상시키지 않는 상호존중과 배려를 보여 준다. 나아가, 조부모와 같은 확대가족의 구성원들은 부모의 권위를 지지해야만 한다. 아이가 태어났을 때, 자율성과 양육에 대한 아이의 요구는 존중되지만 아이가 부모의 제휴를 붕괴시키거나 가족의 중요한 의사결정을 하도록 허락되지는 않는다. 건강한 가족에서는 성인이 궁극적인 권위를 가지고 있으며, 가족 안의 모든 아이는 아이가 존중받는 방식대로 자신의 의존 요구를 가지고 있다.

잘못 기능하는 가족에서는 가족 위계를 붕괴시키는 세대 간 동맹이 형성될 수도 있다. 예를 들어, 친할머니와 아버지가 부모 하위체제에서 어머니의 참여를 배제하거나 낮추는 동맹이 발달될 수 있다. 또 다른 유형의 세대 간 동맹은 부모 중의 한쪽이 아이와 제휴할 때 일어날 수 있다. 비록 아이는 가족 내에서 좀 더 권위를 가지게 되겠지만, 그 아이 자신의 발달적 요구들은 충족되지 않는다. 아이는 의사결정을 하거나 또는 자신이 경험하지 못했거나 기술을 가지고 있지 못한 상황을 다루도록 기대를 받을 수 있다. 이는 아이에게 스트레스를 주게 된다.

가족의 구조가 안정적으로 유지되는 시기(항상성의 시기)도 있지만 모든 가족은 변화에 대한 내적, 외적 요구로 인해 스트레스를 받고 성장해 가는 시기(불안정의 시기)를 겪는다. 변화에 대한 내적 요구는 가족 구성원들의 탄생이나 죽음, 또는 가족 구성원들이 나이가 많아지면서 요구가 바뀌는 것에서 올 수 있다. 미누친은 가족 구성원들이 함께 살 경우 그것이 네 단계를 통해 발전한다고 보았다(배우자 형성, 어린 자녀가 있는 가족, 좀 더 나이 든 자녀 또는 청소년이 있는 가족, 장성한 자녀가 있는 가족). 외적 요구에는 고용상태의 변화, 교육적 변화, 확대가족 구성원의 죽음 등이 포함된다. 변화의 시기에 가족은 서로 수용하고 협상하여(가족규칙의 수정) 가족 구성원의 요구가 여전히 충족되도록 해야 한다.

모든 가족은 문제를 가지고 있지만, 건강한 가족은 문제에 작동할 수 있는 대처 전략을 가지고 있다. 건강한 가족은 변화의 시기에 애써 노력하는 과정에서 이 변화된 상황을 수용할 수 있게 된다. 건강하지 못한 항상성의 시기는 변화에 대한 정당한 압력이 있지만 가족이 과거 구조를 유지하면서 변화하지 않으려 할 때 나타난다. 건강하지 못한 불안정의 시기에는 변화의 압력을 받는 동안 가족 구조의 붕괴가 나타난다.

이혼의 결과로서, 앨리스는 더 이상 핵가족체계의 부분이 아니다. 가족체계는 확대가족, 편부모 가족, 이혼한 부부, 양부모 가족 등 많은 다양한 구성으로 나타난다. 가족의 건강성을 결정하는 것은 가족의 구성 그 자체가 아니라, 항상성과 불안정의 시기에 양육과 자율성에 대한 가족 구성원들의 요구를 조화시키는 체제의 능력이다. 당신은 앨리스의 가족이 기본적으로는 건강하지만 재구조화를 통해 자체의 문제를 해결할 필요가 있으며 상담의 목적은 가족 구조를 변화시키는 것이라고 가정하고 있다.

앨리스의 가족을 돕기 위해, 당신은 4단계 개입 모델(Minuchin et al., 2007)을 진행시킬 것이다. 첫 단계에서는 현재의 불편함에 대해 가족이 어떻게 보고 있는지를 논의하고, 가족의 이해에 맞게 그것에 대한 대안적 설명을 만들기 시작한다. 두 번째 단계에서는 현재의 가족 상호작용이 어떻게 현재의 불편함을 유지시키는지에 초점을 둘 것이다. 세 번째 단계에서는 구조적 관점에서 과거를 탐색하고, 아이들의 경험이 가족 안에 있는 현재의 문제와 어떻게 관련되는지에 대한 어느 정도의 인지적 통찰을 성인 가족 구성원에게 제공한다. 마지막 단계에서는 가족 구성원이 서로 관련되는 대안적 방식을 탐색하고 그들의 문제를 극복하고 좀 기능적인 가족 구조를 발달시키기 위해 그들의 강점과 자원을 어떻게 사용할지 결정하도록 도울 것이다.

이 상담과정 동안 당신과 앨리스의 가족 구성원은 무엇이 그들의 현재 문제를 야기시켰는지에 대한 '진실', 그리고 가족들이 구조화되는 '올바른 방식'을 찾지 않을 것이다. 오히려 각 가족 구성원은 가족의 현재 실제나 이야기를 구성하는 데 참여할 것이고, 그들이 좀 더 만족스럽고 적응성 있다고 생각하면서 만들게 된 가족 이야기 안에서 가족 기능에 도움이 될 재구성에 참여할 것이다.

상담자의 역할

상담자는 앨리스를 어떻게 도울 것인가? 상담자는 전문가, 코치, 협력자, 조력자이다. 상담자의 첫 과제는 그 가족을 이해하는 것이다. 상담자는 그렇게 이해한 바를 가지고 협력하는 자세로 그 가족에 합류해서 각 구성원이 가족을 어떻게 경험하는지 이해하도록 돕고, 이 현실을 각 구성원과 함께 경험한다. 이를 가족 합류(joining the family)라 한다. 상담자는 모든 가족 구성원을 존중하고 그들에게 이해한 바를 전한다. 가족은 통상적으로 문제가 한 개인에게 있다고 본다. 상담자는 대안적 관점을 가지고 있거나 문제를 재구성하며, 가족 구성원들에 의해 수행되는 상보적인 역할이 있고 문제가 한 개인보다는 가족 구조에 있다고 본다.

가족은 그 구성원을 이해하는 배경 상황이다. 따라서 구성원이 가족의 구조적 문제를 이해하도록 도우려면 최소한 첫 회기에는 구성원 모두가 함께할 필요가 있다. 추후에 하위체제만 또는 나아가 한 구성원과 만남을 가지는 것도 유용할 수 있다. 회기 안에서 상담자는 가족 구성원에게 서로 직접적으로 의사소통할 것을 장려하며 이를 통해 상호작용의 패턴과 과정을 상담회기 안으로 가져온다. 가족 구성원이 통상적인 방식으로 상호작용하는 것은 시행(enactment)이라 불린다. 상담자는 이 상호작용을 관찰하는 것과 그것에 참여하는 것 사이를 왔다 갔다 한다.

일단 역기능적 가족 구조를 이해하게 되면 상담자는 확인된 문제를 새롭게 정리하여 그것이 한 개인에게 있는 것이 아니라 어떻게 모든 가족 구성원의 상호작용을 포함하고 있는지를 설명한다. 현재의 불만족에 대한 가족의 관점을 넓힐 때 사용할 수 있는 기법이 많이 있다. 그중 하나는 각 가족 구성원이 증상 표출자(symptom bearer, 문제라고 여겨지는 사람)에게서 볼 수 있는 강점을 말로 표현하게 하는 것이다. 모든 가족 구성원의 강점과 약점도 초점이 될 수 있다. 이 도움은 IP(the identified patient)로 지목된 사람을 가족의 '골칫거리'라는 곤혹스러운 위치에서 벗어나게 한다. 문제가 계속되게 하는 각 가족 구성원의 역할은 비난하지 않고 판단하지 않는 방식, 다른 식의 개념화나 문제의 재구성을 통해 역설되고, 가족 내의 대안적 상호작용 패턴이 시작될 수 있게 논의될 것이다. 문제의 '진정한' 재구조화는 있을 수 없다. 만일 재구조화가 가족으로 하여금 건설적인 방식으로 재조직하게 돕는다면 그것은 그 가족에게 성공적인 하나의 재구조화이다.

상담의 세 번째 단계는 성인 가족 구성원으로 하여금 자신과 다른 구성원에 대한 관점을 제한시키는 비생산적인 가족 가정(family assumptions)에 대한 인지적 통찰을 발달시키도록 돕는 것이다. 초기의 구조주의 이론에서 통찰은 중요하게 여겨지지 않았다. 당시의 목표는 단지 기능적 구조가 발달할 때까지 가족 상호작용을 변화시키는 것이었다. 그렇지만 최근의 연구에 의하면, 성인 가족 구성원이 자신의 과거 아동기 경험이 현재의 가족 상호작용 문제와 어떻게 관련되는지에 관해 인지적 통찰을 발달시키도록 돕는 것은 자신과 가족 구성원을 좀 더 유연하게 보려는 그들의 마음가짐을 증가시키고 결국 변화된 상호작용 패턴을 유지시킨다(Minuchin et al., 2007).

과거에 대한 이런 논의는 항상 현재 가족 구성원의 관심사와 확실하게 엮여 있으므로, 이를 통해 가족이 역기능적 패턴으로 '고착되어 있는' 이유를 이해할 수 있다. 이는 상담의 네 번째 단계로 이어진다. 네 번째 단계에서 상담자는 가족 구성원을 도와서 다양한 새로운 방식으로 서로 관계 맺도록 시도하는 등의 '고착 풀기' 방법을 생각해 보게 한다. 목표는 새로운 가족 구조를 발달시키는 데 있어서 그들의 선택지를 확장하는 것이다. 뭔가 다른 것을 할 필요가 있는 각 가족 구성원에게, 가족이 새로운 상호작용 패턴으로 전환하려면 자신이 어떤 걸 하고 하지 말아야 할지 생각해 보라고 요청한다. 상담자는 가족 구성원에게 새로운 방식으로 상호작용하라고 강요해서는 안 되기 때문에 기꺼이 그렇게 할지 물어본다. 상담자는 새로운 것을 시도하기 위해 가족 구성원과 협력 태세를 구축하려 한다. 만일 가족 구성원 중 누구라도 상호작용 양식을 바꾼다면 전체 가족체계에 영향을 주게 된다. 각 회기에서 상담자는 가족 구성원이 서로 새로운 관계 방식을 적극적으로 경험하도록 돕는다. 한 가족으로서의 이 새로운 기능 방식은 상담자가 가족 구성원과 함께 재구조화시킨 틀에 기초하고 있다. 이것은 그 가족에 관해 구성된 진실을 의미한다. 만일 이 새로운 구성이 기존의 것보다 더 만족스러운 상호작용을 보여 준다면 가족은 그것을 계속 사용하려 할 것이다.

상담자는 앨리스의 가족 구성원에게 새로운 관계 경험을 어떻게 제공할 것인가? 상담자의 전체 계획은 이전의 구조를 무너뜨리는 것이다. 이를 위해서는 가족이 현재의 발달 상태에 맞춰 더 잘 기능할 수 있는 방식으로 경계를 조정하고 하위체제를 재편성하는 등의 작업을 해야 한다. 상담자는 어떻게 시작해야 할까? 상담자는 회기 중에 기존의 하위집단들이 상호작용할 때 곧바로 적극적으로 무너뜨리려 한다. 상담자는 가족 구성원이 집에서 가족들 사이에 일어나는 것에 관해 설명할 때 여전히 존중심을 가지고 대하지만, 한편으로는 회기 중에 보고 경험하는 것에 반응한다.

상담자는 가족 구성원이 경험하는 갈등의 강도를 높여서 그들이 자신들의 상호작용 방식에 의문을 가지고 그동안 사용했던 행동, 인지, 정서 반응의 대안을 탐색하도록 만든다. 구조적 상담에서는 강도를 높이는 기법이 많이 있다. 예를 들어, 캐더린과 데이브에게 서로 무릎이 닿게 마주보고 앉아서 그들의 갈등에 관해 논의하라고 요청할 수 있다. 이것은 물리적 거리를 조절함으로써 강도를 증가시키는 방법이다. 또 다른 예로, 만일 캐더린이 "나는 결혼생활에 실패해서 슬퍼요."라고 말한다면, 상담자는 "당신은 결혼생활 실패로 인해 심하게 고통스럽군요."라고 말할 수 있다. 이 방법은 언어를 조절하여 강도를 증가시킨다.

상담은 각 가족에게 개별화되며, 가족 구성원이 서로 좀 더 생산적으로 상호작용하게 돕는 기법은 다양하다. 그중에서 적절한 연대의 강화, 명확한 경계의 개발 등 흔히 사용되는 몇 가지에 관해 논의해 보겠다. 상담자는 가족 각자의 요구에 매우 주의하면서도 아이가 있는 가족이 건강해지기 위해서는 응집력 있는 부모 하위체제가 있어야 한다고 믿는다. 이에 따라 상담자는 데이브와 캐더린 사이의 강력한 부모 연대를 생성하려 하며, 비록 이혼했지만 부모 하위체제가 앨리스의 아이 하위체제에 대해 가지고 있는 권위를 지지한다. 둘째, 만일 밀착된 하위체제가 있다면 상담자는 경계를 강화하고 필요할 때마다 가족 구성원의 개별성을 격려할 것이다. 셋째, 만일 이탈된 하위체제가 있다면 상담자는 가족 구성원의 정서적 결합을 강화시키기 위해 그들 간의 직접적 의사소통을 증가시킬 것이다. 예를 들어, 데이브는 캐더린과의 이혼에 대해 그가 앨리스와 '분리'되도록 요구하는 것으로 보기 때문에 앨리스와의 접촉을 제한해 왔을 수 있다(이탈). 상담자는 "이제 당신은 캐더린과 매일 싸울 필요가 없기 때문에 앨리스와 함께 정말 즐겁게 보낼 수 있는 자유시간을 갖게 되었다."라는 식으로, 데이브에게 이 이혼 상황의 재명명 또는 재해석을 제공할 수 있다. 데이브의 이혼가족 현실에 대한 이 재구성은 만일 그것이 데이브를 자유롭게 하여 그가 앨리스와의 정서적 결합을 재구축하게 한다면 성공적이다. 상담자는 또한 데이브가 정서적 결합을 유지해 온 관계들을 지적하고 데이브가 앨리스와 재결합하는 능력에 믿음을 보여 줌으로써 데이브의 강점들을 쌓아 올릴 수 있다. 가족 내에서 유능감을 형성하는 것(강점들을 쌓아 올리는 것)은 데이브가 앨리스, 캐더린과의 상호작용에서 현재 사용하고 있는 상호작용의 대안이 되는 구조적 행동을 사용하는 데 격려가 된다.

또 다른 중요한 기법으로 경계 만들기가 있다. 만일 아이가 부모를 방해하면 상담자는 아이에게 그만하라고 이야기하도록 부모에게 권장한다. 이것은 부모에게 더 높은 수준의 부모 권위를 가지게 하면서 부모 하위체제와 아이 하위체제 사이의 경계를 강화시키는 데 도움이 된다. 이 아이는 '부모화된 아이(parentified child)'였을 것이다. 이것은 아이가 부모의 권력을 어느 정도 가지는 것이 받아들여진 것이다. 이것은 한편으로 아이에게 자유와 권력을 추가적으로 주면서 한편으로는 발달단계상 의사결정을 내릴 수 없는 것에 대해 의사결정을 내릴 수 있는 지위를 가지게 한다. 만일 부모가 형제자매의 싸움에 간섭하면, 아이들은 자신의 문제를 스스로 해결하는 법을 배워야 하니까 좀 빠져 달라는 말을 자녀에게서 듣게 될 것이다.

'균형 깨뜨리기(unbalancing)' 기법은 상담자가 하위체제 구성원 사이의 관계를 변화시키는 것이다. 예를 들어, 상반된 관점을 가진 두 사람이 모두 타협에 이를 능력이 없는 경우 가족은 문제해결의 교착상태에 빠질 수 있다. 이 경우 종종 그 뒤에 변화에 대한 두려움이 있다.

상담자는 권력다툼을 하는 두 구성원 중 한 명의 편을 들면서 그에게 권력을 이동시킨다. 이 것의 의도는 교착상태에 빠진 두 사람을 흔들어서 균형과 공평함이라는 해결책을 향해 나아 갈 수 있게 하는 것이다. 상담과정 동안 상담자는 문제해결을 돕기 위해 상황에 맞춰 모든 가족 구성원과 차례로 동맹이 되어 준다.

얼마나 많은 기법을 사용해야 하는가? 각 가족은 적응적 구조로 나아갈 능력을 가지고 있 다. 상담자는 가족 구성원이 현재의 상태를 넘어서서 그들 모두의 행복을 지지하는 기능 구 조를 발달시키도록 촉진하는 역할을 할 때까지 여러 기법을 계속 시도한다. 변화에 가장 중 요한 것은 기법 그 자체가 아니라 각 가족 구성원의 나이에 적절한 자율권과 양육이 가능하 도록 가족의 과제를 수행하는 새롭고 좀 더 만족스러운 방법을 가족이 발달시키도록 돕는 능력이 상담자에게 있느냐 하는 것이다.

사례 적용: 나이 영역의 통합

이제 앨리스의 사례가 상세하게 검토될 것이다. 그녀의 사례와 연관될 수 있는 복합적 영 역이 많이 있다. 여기서는 나이 영역을 선택하여 가족체계 사례개념화와 상담계획에서 검토 하였다.

가족체계 관점에서 앨리스(A), 캐더린(K)과의 인터뷰

C: 안녕하세요, 캐더린, 앨리스. 왜 여기 왔는지 이야기해 주시겠어요?

K: (조용하게) 앨리스가 적응에 어려움을 겪고 있어요, 새로운, (앨리스가 끼어든다).

A: (신랄하게) 학교에 있는 모든 사람이 저를 나쁘게 대해요.

C: 캐더린, 조금 전에 무슨 이야기를 하려고 했죠?

K: (상담자를 바라보며 조용하게) 학교 선생님은 앨리스가 다른 아이들과 협동하고 공유하는 법을 알지 못한다고 생각해요.

C: (앨리스를 쳐다보면서) 네 생각을 말해 줄래?

A: (독설을 퍼붓듯이) 나는 그 월터스 선생님이 너무 싫어요. 선생님은 항상 나에게 이래라 저래라 해요, 도와주지는 않으면서.

C: 앨리스, 엄마가 너한테 뭔가 중요한 이야기가 있으신 것 같아.

K: (앨리스를 향하며, 조용하게) 나는 네가 친구를 사귀기를 바라.

A: (화를 내며) 나는 그들 중 누구와도 친구가 되고 싶지 않아요. 그 애들은 이기적이에요. 우리는 교실에서 과제를 하죠. 그들은 내가 사용하려 하는 물건을 나한테 주지 않아요. 그들은 항상 '기다려, 네 차례가 아니야.'라고 말해요. (캐더린은 앨리스의 손을 쓰다듬으려 하지만 앨리스는 홱 뿌리친다) 그러고는 만일 내가 그들의 더러운 손에서 그걸 붙잡으면 월터스 선생님이 나를 그 무리에서 떼어 놓아요!

C: 너는 화가 나고 부당하다고 느끼는구나. 그럴 때 네가 무엇을 할 수 있는지 엄마한테 물어보렴.

A: (부인하면서) 엄마는 나를 도울 수 없어요. 사람들이 항상 엄마를 괴롭혀요.

K: (상담자를 쳐다보며, 조용하게) 데이브는 항상 나한테 두목 노릇을 했어요. 나는 사람들을 지배하는 걸 좋아하지 않아요. 학교 선생님은 앨리스가 학교에서 대장 노릇 하기를 좋아한다고 해요. 앨리스는 그걸 데이브에게서 배웠어요.

C: 앨리스, 너 움찔하는 것 같네.

A: (화를 내며) 엄마는 또 아빠에 대해 나쁘게 이야기하고 있어요. 엄마, 아빠는 서로 맨날 그래요. (발을 구른다) 나는 그게 정말 싫어요! 왜 엄마랑 아빠는 중요하지도 않은 것들을 갖고 그렇게 이야기해야만 하죠?

C: 엄마가 어떻게 했으면 좋겠는지 엄마한테 직접 이야기하렴.

A: (캐더린을 노려보면서, 큰 소리로) 엄마. 나한테 아빠에 관해 이야기하지 말고, 내 앞에서 아빠와 싸우지 말아요. (상담자를 향해서) 엄마, 아빠는요, 너무 시끄러워요, 내 앞에서 맨날 서로 고함질러요.

C: 엄마를 계속 쳐다보렴. 엄마는 네가 어떻게 느끼는지를 아실 필요가 있단다.

A: (어머니에게 주먹을 흔들면서 큰 소리로) 나는 이런 거 정말 싫어요! 만일 엄마가 그냥 집으로 돌아가기만 하면 이 싸움들이 끝날 거예요!

K: (조용하게, 우물쭈물하며) 앨리스, 아빠와 나는 이혼했잖아. 아빠 집으로 결코 돌아가지 않을 거야.

A: (거들먹거리며) 아빠는 엄마가 제정신이 들면 집으로 돌아올 거라고 이야기했어요.

K: 나한테 그런 식으로 말하지 마, 앨리스! (앨리스가 끼어든다)

A: (거들먹거리며) 아빠는 엄마가 아빠한테 한 약속들을 잊어버렸다고 이야기했어요. 엄마는 예전처럼 집에 있으면서 나를 돌보지 않고, 밖으로 나가서 일을 했어요. 할머니와 아빠 둘 다 그렇게 이야기했어요!

C: 캐더린, 앨리스가 당신의 이야기에 자꾸 끼어드네요. 그게 괜찮은가요?

K: (걱정스럽게) 네, 이 이혼은 앨리스에게 큰 상처가 되었어요. 데이브가 아주 사소한 것에 대해서도 분쟁거리로 삼아서 이혼하기까지 몹시 지루한 3년이 걸렸어요. 앨리스는 항상 아빠와 가까웠어요. 나는 그것을 깨고 싶지 않아요. 나는 그녀의 아빠와 일을 잘 해결 해 보려고 오랫동안 노력했어요. 나는 그의 어머니가 여전히 나를 비난하고 있는 게 놀랍지 도 않아요. 애 할머니는 언제나 그랬어요.

C: 당신은 좋은 엄마예요. 당신은 이혼에 대한 아이의 느낌을 인식하고 있고, 아이의 아빠가 앨리스에게 중요하다는 것을 알고 있어요. 그런데 아이가 항상 당신을 방해하는 것이 괜 찮은가요? 당신이 엄마라는 걸 잊으면 안 돼요.

K: (생각에 잠겨) 나는 앨리스가 대장 노릇을 하고 싶어 한다고 생각해요. 그녀는 내 말을 듣 지 않으며, 학교 선생님은 앨리스가 학교에서 말을 잘 듣지 않는다고 이야기해요.

C: 앨리스에게 무엇이 필요하다고 생각하나요?

K: (확고하게) 선생님의 말씀을 듣고 선생님에게서 배울 수 있어야 해요, 그리고 또래 친구를 사귈 필요가 있어요.

C: 당신은 아이의 교육적, 사회적 필요사항에 대해 잘 이해하고 있군요. 이혼에 대해서 앨리 스는 어떻게 적응하고 있나요?

K: (조용하게) 나는 딸애 앞에서 애 아빠를 비난하려는 것이 아니에요. 그 사람이 여전히 나 한테 매우 화가 나 있어서 주말에 앨리스를 데리러 올 때마다 나한테 싸움을 걸어요. 이 혼 전에는 데이브와 그의 어머니가 나를 괴롭혀도 가만히 있곤 했죠. 하지만 이제 나는 나 자신을 두둔하게 되었고, 그러면서 싸움은 꽤 시끄러워졌어요.

C: 싸움은 당신과 데이브 사이에 있군요. 그러므로 앨리스는 그 싸움에 끌려들어가지 말아 야 하네요. 앨리스를 보면서 그녀에게 필요한 이야기를 해 주세요.

K: (앨리스를 쳐다보며) 네 아빠와 내가 싸우는 한가운데에 네가 있게 되어서 미안하구나. 우 리는 몇 가지 문제점을 잘 해결할 때까지 잠시 동안 계속 싸울 것 같아. 네 앞에서는 싸 우지 않도록 노력할게.

C: (앨리스는 아래를 보고 있다) 앨리스, 엄마를 좀 쳐다볼래? (앨리스는 캐더린을 쳐다본다)

K: (진심으로) 나는 노력할 거야, 앨리스, 그러나 나한테는 너의 노력 또한 필요해.

A: (부인하면서) 나는 그 멍청한 규칙들을 따르지 않을 거예요! 나는 아빠한테 이야기했고, 아빠는 내가 그것들을 따를 필요가 없다고 이야기했어요.

K: (화를 내며) 네 아빠는 아무……. (상담자가 끼어든다)

C: 캐더린, 당신은 데이브에 관해 불평하지 않겠다고 한 것을 잊고 있어요. 당신이 그 규칙들에 대해 어떻게 생각하는지 진심 어린 태도로 앨리스에게 이야기해 주세요.

K: (확고하게) 학교 선생님은 네가 학교의 다른 아이들보다 참을성이 부족하고, 덜 공유하고, 덜 돕는다고 이야기했어. 넌 정말 영리하고 사랑스러워, 앨리스. 넌 선생님이 가장 좋아하는 학생이 될 수 있어. 그건 나의 잘못이야. 이혼 전에 나는 모든 가사일을 했고 네 숙제를 도와주었어. 나는 네가 스스로 자라도록 두고 보지를 못했어.

A: (캐더린을 쳐다보면서, 투덜대며) 나는 깨끗이 청소하는 게 무척 싫어요. 나는 그걸 하고 싶지 않아요.

C: 너는 엄마에게 좋은 예를 보여 주고 있어, 앨리스. 너는 엄마를 똑바로 쳐다보고, 누군가를 비난하지 않으면서 네 마음속에 있는 것을 엄마한테 이야기했어.

A: (캐더린을 쳐다보면서, 투덜대며) 엄마, 엄마가 모든 것을 할 때가 더 좋아요.

C: 좋아, 그건 단순하고 분명했어. 그러나 아기들만이 그들의 엄마가 모든 것을 하게 하지. 넌 아홉 살이야. 만일 네가 아홉 살의 책임을 가진다면, 네가 받아들일 수 있는 아홉 살짜리 착한 아이의 행동이 어떤 것인지 알아봐야지.

A: (공격적으로) 엄마, 만일 내가 그 시시한 청소를 한다면, 나한테도 뭔가 즐거운 걸 줄 거에요?

K: 앨리스, 네 선생님이 이야기하시길 (상담자가 그녀의 귀에 대고 작게 말한다. "앨리스에게 당신이 생각하는 것을 말해요.") 앨리스, 만일 네가 책임감 있는 모습을 보이고, 또 집 안의 잡일과 숙제를 한다면, 나는 네가 친구를 초대해서 밤새 함께 지내는 것을 허락할게.

A: (흥분하여 큰 소리로) 오늘 밤?

K: 잘 모르겠어. (상담자와 눈을 맞춘다) 앨리스, 나는 오늘 밤 네 친구를 초대할 준비가 되어 있지 않아. 우리는 먼저 집 안의 잡일들을 처리할 필요가 있어. 만일 네가 책임감 있게 행동한다면, 네가 다음 주에 누구를 데려올 수 있을지 생각해 보자.

A: (슬프게) 학교의 모든 아이가 나를 미워해요.

K: (슬프게) 나는 그 문제에 대해 어떻게 시작해야 할지 정말 모르겠다.

C: 앨리스는 아직 자신은 인식하지 못하지만 많은 것을 혼자서 할 수 있어요. 학교에서 친구를 사귀는 것 같은. 앨리스, 네가 여기 이사 오기 전에 어떤 친구들이 있었니?

A: (조용하게) 아빠의 농장은 시골에서 매우 좋은 것이에요. 나는 대개 내 사촌 오빠, 언니들과 놀았어요. 그들은 함께 놀기에 좋았어요. 그들은 항상 무엇을 할지 내가 결정하도록 했어요. 그들은 여기 아이들처럼 나를 괴롭히지 않았어요.

C: 너는 요즘 네 사촌들을 만나니?

A: (화를 내며) 아빠와 함께 있을 때에만 만나요. 그들은 모두 아빠 편이고, 그들 중 누구도 엄마에게 말을 걸지 않고 있어요.

C: 왜?

A: (화를 내며) 그들은 엄마가 아빠를 떠났기 때문에 나쁘다고 말해요.

C: 그들은 너를 다시 싸움의 한가운데로 끌고 가는구나. 그것이 너를 싸움의 한가운데로 끌고 가서 기분 나쁘게 만든다고 그들에게 이야기하면 어떤 일이 일어날까?

A: (걱정스럽게) 아마도 그들은 엄마를 미워하는 것처럼 나를 미워할 거예요.

C: 그건 가슴 아플 거야. 그런 일이 일어나는 걸 원하는 사람은 아무도 없지.

A: (투덜대면서 추근추근히) 그럼, 친구를 사귀려면 내가 어떻게 해야 하죠?

C: 엄마에게서 그 방법을 배울 수 있는지 한번 보자. 캐더린, 당신의 상처를 돌봐주는 어른은 없나요?

K: (슬프게) 내 부모님은 앨리스가 태어나기 전에 돌아가셨어요. 나는 독자였어요.

C: 친구들은요?

K: (생각에 잠겨) 농장은 외딴 곳에 있었어요. 우리는 데이브의 가족들과 어울렸죠. 나는 몇몇 사람들을 새로 만났지만 그들을 잘 알지는 못해요.

C: 캐더린, 우리가 이야기할 동안 앨리스에게 어떤 일이 있는 것 같나요?

K: (조용하게) 앨리스는 매우 슬픈 것처럼 보여요.

C: 당신이 앨리스를 도울 수 있을까요?

K: (조용하게) 앨리스, 나도 친구를 사귀는 것이 어렵단다. 그렇지만 너를 도울 방법을 찾아볼 거야. 너한테 친구가 필요하다는 걸 알아.

C: 당신은 지각력이 있는 엄마예요, 캐더린. 지금 당장 앨리스를 도울 수 있는 뭔가가 있나요? (캐더린은 앨리스에게 가서 끌어안는다)

A: (캐더린의 무릎으로 기어올라가서 꼭 껴안는다. 캐더린이 다시 꼭 껴안는다. 두 사람 모두 미소 짓는다)

C: 당신들 둘 모두 미소 짓고 있고 행복해 보여요. 가족이 항상 행복할 수는 없지만, 우리는 가능한 한 많은 시간을 당신 가족이 행복하도록 만들 필요가 있어요. 우리는 앨리스에게 친구가 필요하다는 걸 알고 있어요. 그녀는 숙제와 같은 아이들의 일에 책임감을 가질 필요가 있고, 또한 이혼과 같은 어른들의 일에 책임감을 가지지 않아야 해요.

K: (여전히 앨리스를 꼭 껴안고 있지만 앨리스의 얼굴을 보기 위해 몸을 틀고 있다) 앨리스, 우리는

이 문제들을 해결할 때까지 여기에 계속 올 거야. 난 너를 정말 사랑해.

A: (다정하게) 나도 사랑해요, 엄마.

C: 캐더린, 만일 데이브도 여기 와서 당신과 함께 앨리스가 새로운 가족을 이해하고 학교에서 어떻게 행동해야 할지 도울 수 있다면 가장 좋을 거예요.

K: (한숨을 쉬고, 앨리스를 흘낏 보고는 상담자를 쳐다본다) 나는 그게 좋지만, 데이브가 여기에 올지는 알 수 없어요.

C: 앨리스, 아빠의 전화번호를 기억하고 있니? (앨리스는 고개를 끄덕인다) 아주 좋아요. 전화번호를 알려 줘. 아빠한테 전화해서 여기로 초대해야겠어. 아빠가 어떻게 답하든지, 우리 셋은 다음 주에 만날 거야.

앨리스에 대한 가족체계 사례개념화: 가정-기반 양식

앨리스의 가족은 부모의 이혼이 3년에 걸쳐 이루어지고 가족이 둘로 나누어졌을 때 혼돈스러운 불안정 시기에 들어가게 되었다. 이혼 문제가 제기될 때 앨리스의 나이는 겨우 6세였지만, 캐더린과 데이브는 둘 다 몹시 화가 나 있어서 부모 연대가 완전히 무너지는 것에 관심을 두지 않았다. 앨리스가 아직 양육받고 그 나이에 맞는 지도를 받아야 한다는 사실을 모든 성인이 놓치게 되면서, 캐더린-앨리스 가족 또는 데이브-앨리스-할머니 가족에서 권위의 위계가 명료하게 구축되지 않았다. 캐더린의 가족에서 앨리스는 자율권이 너무 부족하다. 캐더린은 사랑받고 있다는 느낌을 앨리스에게 주기 위해 사소한 일까지 모두 하고 있으며, 이에 따라 앨리스는 현재 9세이지만 여전히 엉망진창의 6세처럼 행동한다. 데이브의 집에서 앨리스는 그녀의 아버지와 할머니에 의해 유사 성인 역할을 하게 되었다. 이 역할에서 그들 모두는 캐더린에 관해 뒷말을 하고 이혼에 대해 그녀를 비난한다. 데이브와 그의 어머니는 앨리스가 할 일은 어머니를 설득하여 데이브에게 되돌아오게 하는 것이라는 생각을 직접적 또는 간접적으로 앨리스에게 불어넣었다. 앨리스가 한 집에서는 너무 많은 권위를 가지고 있고 다른 집에서는 권위가 전혀 없다는 점을 생각해 보면, 앨리스가 학교 선생님의 권위에 대해 갈등을 일으키는 것은 놀라운 일이 아니다. 앨리스는 가족에게 증상 표출자가 되었고, 학교 선생님은 앨리스가 학교에서 으스대고, 미성숙하고, 우울해하는 모습을 번갈아 보인다는 이유로 상담 의뢰를 하였다. 앨리스는 부모 갈등의 소용돌이에서 빠져나오고 9세의 세계로 되돌아가서 또래들과 좋은 관계를 형성하는 법을 배울 필요가 있다. 가족의 모든 규칙과 책임이 다 흩어진 것처럼 보이는 반면에, 데이브와 캐더린은 이혼 이전에 부모 하위체제 활동을 잘 수행하였다. 게다가 앨리스는 매우 똑똑한 어린 소녀이다. 이는 앨리스가 부모와 학교 선생님에게서 잘 배울 수 있고, 일단 새로운 가족의 균형 상태가 구축되면 나이에 맞는 행동을 다시 보일 것이라는 좋은 징조로 볼 수 있다.

캐더린과 데이브는 앨리스에 관한 주요 정보를 공유하고 앨리스를 그들의 자녀로서 잘 이끌어 가는 효과적인 부모 연대를 가지고 있지 않다. 이혼 전에 데이브는 가족 농장에서 일했고 캐더린은 전업주부였다. 그들은 둘 다 앨리스에게 많은 관심을 기울였다. 불행하게도 이혼이 3년 동안의 지구전이 되면서 잘 자라고 있던 6세 앨리스가 화를 잘 내고 으스대는 9세 앨리스로 되었다. 그녀의 나이를 감안해 보면, 앨리스는 자신이 이혼에 책임이 있다고 여기는 것 같다. 그녀의 아버지와 할머니는 비록 의도하진 않았지만 그녀의 어머니를 농장으로 되돌아오게 설득하는 책임을 그녀에게 지움으로써 이런 믿음을 더욱 키웠다. 앨리스가 어머니에게서 얻은 상반된 정보는 이혼이 돌이킬 수 없는 일이라는 것이다. 이 정보는 다만 앨리스가 어머니에게 화를 내게 하는 역할을 하였다. 캐더린은 이것에 대해 지나치게 응석을 받아 주는 식으로 반응하였고, 이는 앨리스에게 가족에서 일어나는 일의 책임이 자신에게 있다는 메시지를 또다시 주게 되었다. 세 명의 성인이 그녀의 양육과 밀접하게 관련되어 있지만 아무도 집에서 앨리스를 잘 지도하지 못하고 있다. 이혼은 또한 앨리스가 아버지와 함께 하는 시간을 상당히 감소시켰고, 이혼에 대해 화가 난 아버지는 앨리스의 발달적 요구를 알아채고 그것에 대응하는 데 주의를 못하고 있다. 캐더린과 데이브는 앨리스 앞에서 싸우고 그녀에게 서로에 대한 불평을 이야기함으로써 비록 의도하지 않았지만 그녀를 그들 갈등의 한가운데에 두게 되었다. 데이브의 어머니도 이것에 일조하였다. 앨리스는 부모 사이가 갈라졌고 그들의 화해를 도와야 한다는 책임감을 느끼지만 어떤 역할을 해야 하는지 확신하지 못하고 있다. 어떤 아홉 살짜리도 그러한 위치, 그러한 역할 기술을 가지고 있지는 않을 것이다.

캐더린과 데이브는 부모가 분명하게 책임을 지고 앨리스는 그 규칙에 따라 자기 행동을 하면 되는 집을 만들어서 앨리스와 적절한 위계를 구축하는 일을 하지 못했다. 9세 앨리스는 어머니의 집과 아버지의 집이 가지고 있는 서로 다른 일련의 규칙들을 보면서 혼란스러웠을 것이다. 그렇지만 그녀가 성인을 권위자로 받아들이는 것조차 하기 어렵게 만든 것은 규칙이 부족한 것이다. 이혼 전에 가족 위계는 분명했다. 데이브는 주도적인 위치에 있는 남편이자 아버지였다. 그는 항상 최종결정권을 가지고 있었고, 권위자의 역할모델 역할을 하였다. 그는 캐더린을 좀 들볶긴 했지만 그녀가 가진 엄마로서의 역할을 존중했고, 앨리스가 그의 앞에서 엄마에게 무례하게 말하는 것을 절대 용납하지 않았다. 이혼 후에 캐더린은 데이브가 자기에게 두목 노릇 하는 것을 인정하지 않으려 했다. 그렇지만 이로 인해 앨리스 앞에서 심한 충돌이 많아졌고, 이것은 앨리스에게 매우 힘든 것이었다. 앨리스는 영리한 어린 소녀로서, 엄마에게 반대하고 아빠와 할머니의 편을 들어야 아빠 집에서 자신이 원하는 것을 더 많이 얻을 수 있다는 것을 곧 알게 되었다. 이들 세 명은 캐더린에 관해 뒷말을 하였다. 앨리스는 또한 엄마 집에 있을 때 자신의 행동에 엄마가 제약을 가할 때마다 이혼과 관련하여 크게 울면 더 많은 권력을 얻을 수 있다는 것을 알게 되었다. 캐더린은 앨리스의 눈물에 쉽게 속아서 자신이 설정하려 했던 제약을 철회하였다. 앨리스가 이혼 후에 권력을 획득해 가는 동안, 그녀는 제 나이에 맞는 정서적 통제를 발달시키지 못했고 함께 나누고 타협하는 법 같은 중요한 사회적 기술을 배우지 못했다. 게다가 앨리스는 부모 사이의 소용돌이 속에 항상 있는 상태여서 자주 그리고 쉽게 짜증, 화를 내게 되었다. 앨리스에게는 가정에서 아이 하위체제로 돌아가는 것, 나이에 맞는 책임만 지는 것이 필요하다.

캐더린과 데이브는 교사가 규칙을 만들고 앨리스는 다른 아이들과 협동, 공유하는 것과 같이 학교에 적절한 위계가 어떤 것인지를 앨리스와 함께 형성하지 못했다. 앨리스의 부모는 집에서 앨리스가 나이에 맞는 행동을 할 것이라는 기대를 설정하지 않았고, 그래서 앨리스는 학교 선생님이 자신의 행동에 어떤 제한을 설정하지 않을 거라고 예상하면서 학교에 갔거나 설정된 제한을 지키려 하지 않았다. 현재 앨리스는 학교에서 자신의 유사-성인 역할을 유지하려고 힘써 다투고 있다. 그렇지만 그녀의 부모와는 달리 월터스 선생님은 물러나지 않고 있으며 심지어 캐더린과 데이브도 물러나지 않도록 그들을 상담에 의뢰하는 조치를 취했다. 앨리스는 현재 친구를 사귀는 것이 중요해지는 시기에 있으며, 이는 세월이 지나면서 점점 더 중요해질 것이다. 캐더린은 앨리스에게 공유하고, 타협하며, 또래친구를 사귀는 것이 필요하다는 것을 알고 있다. 불행하게도 앨리스는 농장에서 살기 때문에 주로 어른이나 손위사촌들과 놀았으며, 이들은 앨리스에게 맞춰서 놀아 주었다. 학교의 또래들은 그렇게 맞춰 주지 않으며, 앨리스는 그런 상황에 잘 대처하는 사회적 기술을 가지고 있지 않다. 그렇기는커녕 그녀는 으스대고 통제하려는 행동을 점점 강화하고 자신의 방식을 다른 학생에게 강요하려는 식으로 반응하였다. 앨리스는 사회적으로 고립되면서 다른 학생들과의 갈등에 대해 그들의 잘못이라고 보고 있다.

앨리스와 캐더린 가족, 그리고 앨리스와 데이브, 할머니 가족은 모두 기존의 가족 역할이 붕괴되고 새로운 항상성이 아직 뚜렷해지지 않은 속에서 혼란한 불안정 시기에 있다. 각 가족 내에서 부모가 책임을 지고 앨리스는 나이에 맞는 학문적, 사회적 기술을 익히도록 지원받을 필요가 있다. 그렇지만 이 시기에 부모는 서로 싸우면서 비난하는 것에 가장 관심이 많은 것처럼 보인다. 앨리스에게 있어 가족의 문제를 자신의 탓으로 돌리는 것은 고통스러운 것이다. 그렇지만 그녀가 그 역할을 하는 것이 상담자에게 있어서는 가족 변화를 촉구하는 데에 하나의 기회가 될 수도 있다. 데이브와 캐더린이 동의할 수 있는 유일한 것은 그들이 앨리스를 사랑한다는 것이다. 학교에서 앨리스가 학교 선생님과 급우들을 대하는 데 있어서 심각한 문제가 있다는 것이 그들이 자신의 고통을 넘어서서 앨리스의 고통을 볼 수 있게 하는 자극제가 될 수 있다. 불행하게도, 변화에 대한 한 장벽이 있는데, 이는 '누가 가족인가'라는 가장 중요한 판단이 모두에게 통일된 방식으로 정해지지 않았다는 것이다. 9세 앨리스가 가족이 재결합하기를 바라는 것은 이해할 수 있는 것이다. 데이브도 그것을 원한다. 그렇지만 캐더린은 원하지 않는다. 그녀에게 있어 이 이혼은 최종적이다. 상담자는 그들이 이 막다른 궁지를 넘어서서 각 가족 내에 항상성을 발달시킬 수 있도록 돕는 방법을 발견해 내야 한다.

가족체계 상담계획: 가정-기반 양식

상담계획 개관: 가장 좋은 계획은 상담회기 중 일부는 캐더린-앨리스 가족 문제해결에, 일부는 데이브-앨리스 가족 문제해결에, 그리고 또 일부는 캐더린, 데이브, 앨리스 셋을 포함시켜 이혼 후 공동양육이 잘 이루어지도록 하는 것이다. 그렇지만 현재 캐더린과 데이브가 서로 신랄하게 비난하고 있으므로, 그 계획이 불가능할 수도 있다. 상담계획은 최적의 가족 참여를 염두에 두고 개발하였지만, 만일 캐더린의 이야기가 맞아서 데이브가 참여하지 않는다면 데이브와 관련된 목표는 삭제 또는 수정될 것이다(이 상담계획은 문제 양식을 따른다).

문   제: 앨리스는 부모 사이의 이혼 전쟁에 붙잡혀 있으며, 이는 그녀의 발달에 부정적인 영향을 주고 있다.

장기목표 1: 캐더린과 데이브는 비록 이혼했지만 효과적인 부모 연대를 재수립하여 앨리스에 관한 주요 정보를 공유하고 그들의 아이인 앨리스를 잘 돌볼 것이다.

❖ 단기목표들

1. 캐더린은 학교 선생님의 보고를 근거로 앨리스의 학교 문제에 관해 데이브에게 이야기하고 학교 통지표를 그에게 보여 줄 것이다.
2. 캐더린과 데이브는 그들의 공공연한 다툼에 직접적으로 영향을 받은 앨리스가 현재 어떤

정서적 혼란에 빠져 있는지 구체적으로 이야기를 나눌 것이다.

3. 캐더린과 데이브는 그들 각자의 집으로 앨리스가 왔다 갔다 할 때 서로간의 비난을 최소화하기 위해 어떻게 할지 함께 계획을 짤 것이다.

4. 캐더린과 데이브는 앨리스까지 포함된 공동양육 약속의 '가능한 목표들'을 보고, 어떤 점에서 찬성하고 반대하는지 이야기를 나눌 것이다.

5. 캐더린과 데이브는 앨리스와의 이 공동양육 약속에 따를지에 관해 함께 이야기를 나눌 것이며, 만일 동의하지 않는다면 앨리스와의 분명한 의사소통을 보증하기 위해 무엇을 할지 이야기를 나눌 것이다.

장기목표 2: 부모는 부모가 책임을 지고 앨리스가 규칙에 따르는 집에서 적절한 위계를 수립할 것이다.

❖ 단기목표들

어머니 집의 규칙

1. 캐더린은 앨리스의 나이에 맞는 집안 행동 규칙과 이 규칙을 지키지 않을 때의 결과를 정할 것이다.

2. 캐더린은 앨리스가 학교 과제와 자기 방 관리에 어떤 책임이 있는지에 관해 앨리스와 이야기를 나눌 것이다. 그리고 만일 이 책임사항들을 잘 지키고 9세에 맞게 행동한다면 취침시간을 15분 늦춰 줄 것이고 만일 책임사항들을 지키지 않는다면 취침시간이 15분 당겨질 것이라고 앨리스에게 이야기할 것이다.

3. 캐더린과 앨리스는 앨리스 나이 또래의 좋은 친구관계 행동이 포함되어 있는 영화나 TV 쇼를 함께 볼 것이며, 캐더린은 그런 행동을 지적하여 언급할 것이다.

4. 캐더린은 앨리스가 협동, 공유 활동이 포함된 스포츠 보드게임을 상담자와 함께할 때 앨리스를 코치할 것이다.

5. 캐더린은 앨리스가 급우 한 명을 정해서 그 아이에게 어머니나 아버지와 함께 놀러 오라고 초대하도록 도울 것이다.

6. 캐더린은 간식을 제공하고 게임을 감독하면서 앨리스가 초청된 친구와 즐겁게 놀 수 있도록 도울 것이다.

아버지 집의 규칙

7. 데이브는 (농장에서, 할머니 댁에서, 사촌의 집에서) 나이에 맞는 앨리스의 행동 규칙, 그리고 이 규칙을 지키지 않을 때의 결과를 만들 것이다.

8. 데이브는 농장에서 앨리스의 구역에 대한 앨리스의 책임사항들에 관해 앨리스와 이야기를 나눌 것이다. 그리고 만일 이 책임사항들을 잘 지키고 9세에 맞게 행동한다면 취침시간을 15분 늦춰 줄 것이고 만일 책임사항들을 지키지 않는다면 취침시간이 15분 당겨질 것이라고 앨리스에게 이야기할 것이다.

9. 데이브, 그의 어머니, 앨리스는 앨리스 나이 또래의 좋은 친구관계 행동이 포함되어 있는 영화나 TV 쇼를 함께 볼 것이며, 데이브와 그의 어머니는 그런 행동을 지적하여 언급할 것이다.

10. 데이브, 그의 어머니, 앨리스는 앨리스가 또래 아이들과 잘 노는 법을 배울 수 있도록 9세 아동이 보여야만 하는 훌륭한 스포츠맨십을 앨리스가 보일 것으로 기대되는 보드게임을 할 것이다.

11. 데이브와 그의 어머니는 앨리스의 손위 사촌을 초대하여 앨리스와 놀게 할 것이다. 이 둘은 게임에 적합한 규칙을 따라야 하며, 앨리스는 이를 통해 또래 아이들과 잘 노는 법을 배울 것이다.

장기목표 3: 부모는 학교에서의 적절한 위계를 수립할 것이다. 교사와 부모는 앨리스가 학교에서 지켜야 할 규칙을 만들며, 앨리스는 다른 아이들과 협동, 공유할 것이다.

❖ 단기목표들

1. 캐더린과 데이브는 학교에서 교사의 역할이 무엇인지, 학생인 앨리스의 역할이 무엇인지에 관해 앨리스와 함께 이야기를 나눌 것이다.

2. 캐더린과 데이브는 앨리스가 수업에 잘 참여하지 않는다고 학교 선생님이 연락하면 어떻게 해야 할지 이야기를 나눌 것이다. 앨리스는 이 논의를 들을 수는 있지만 끼어들어서는 안 된다.

3. 캐더린과 데이브는 앨리스가 학교에서 수업에 잘 참여하고 집으로 돌아왔을 때 어떻게 할지, 그리고 학교 선생님이 만족하지 못한다면 어떻게 할지에 관해 앨리스와 함께 이야기를 나눌 것이다.

4. 앨리스는 학교에서 다른 한 학생과의 사이에 있었던 특정한 문제에 관해 부모에게 이야기하고 또다시 그런 일이 생기면 어떻게 해야 할지에 관해 조언을 요청할 것이다.

5. 캐더린과 데이브는 어떤 전략이 앨리스가 시도해 볼 만한 것일지 이야기를 나눌 것이다. 앨리스는 이 논의를 들을 수는 있지만 끼어들어서는 안 된다.

6. 캐더린과 데이브는 최상의 아이디어를 앨리스와 함께 이야기를 나눌 것이다. 그리고 앨리스는 가장 먼저 해 보고 싶은 것이 무엇인지 이야기할 것이다.

7. 앨리스는 친구 사귀고 싶은 한 아이에 관해 부모에게 이야기하고 학교 선생님을 화나게 하지 않으면서 친구를 사귀기 시작하는 방법에 관해 조언을 요청할 것이다.

8. 캐더린과 데이브는 만일 그 아이가 친구가 되고 싶지 않아하면 어떻게 할지 앨리스와 함께 이야기를 나눌 것이다.

9. 앨리스가 학교에서 선생님, 급우들과 자신의 나이에 맞는 역할을 하도록 도울 수 있는 다른 목표들

장기목표 4: 캐더린과 데이브는 그들의 갈등 한복판에서 앨리스를 끄집어내어 자신들의 부모 연대와 함께 있는 아동 하위체제로 되돌려 놓기 위해 그들의 이혼에 관해 앨리스와 분명한 의사소통을 할 것이다.

❖ 단기목표들

1. 캐더린과 데이브는 각자 자신이 매우 자랑스러워하는 앨리스의 특정한 행동 사례 하나를 서로에게 제시할 것이다.

2. 캐더린은 데이브가 앨리스와 함께했던 것 중에서 자신이 무척 좋게 생각하는 사례 하나를 제시할 것이다.

3. 데이브는 캐더린이 앨리스와 함께했던 것 중에서 자신이 무척 좋게 생각하는 사례 하나를 제시할 것이다.

4. 캐더린과 데이브는 앨리스가 부모 사이에서 갈라진 결과로 학교에서 보이게 된 문제에 관해 이야기를 나눌 것이다.

5. 캐더린과 데이브는 앨리스에게 고통을 주지 않도록 앨리스의 앞에서 서로에게 비난하는 말을 하지 않는 것에 관해 이야기를 나눌 것이다.

6. 캐더린과 데이브는 앨리스와 함께 이혼에 관해 논의하게 될 가족상담 회기를 할지에 관해 이야기를 나눌 것이다.

7. 앨리스는 회기에서 가족이 함께했을 때의 즐거웠던 추억에 관해 이야기하고 가족 앨범을 부모와 함께 볼 것이다.

8. 앨리스는 엄마의 무릎에 앉아서 엄마가 아빠에게서 좋아했던 점들을 듣고 예전 가족체제가 변한 것에 대한 아쉬움을 표현할 것이다(필요하다면 정서적 지지의 표시로 앨리스를 안아 준다).

9. 앨리스는 아버지의 무릎에 앉아서 아빠가 엄마에게서 좋아했던 점들을 듣고 예전 가족체제가 변한 것에 대한 아쉬움을 표현할 것이다(필요하다면 정서적 지지의 표시로 앨리스를 안아 준다).

10. 캐더린은 비록 앨리스가 아빠 집에서 다르게 들었지만 이혼이 최종적이며 앨리스가 앞으로도 마음 깊이 아빠를 사랑하면 좋겠다고 앨리스에게 분명하게 이야기할 것이다.

11. 데이브는 비록 앨리스가 이전에 다르게 들었지만 이혼이 최종적이며 앨리스가 앞으로도 마음 깊이 엄마를 사랑하면 좋겠다고 앨리스에게 분명하게 이야기할 것이다.

12. 앨리스가 더 이상 부모의 이혼 전쟁에 붙잡혀 있지 않다고 느끼도록 도울 수 있는 다른 목표들

앨리스에 대한 가족체계 사례개념화: 증상-기반 양식

앨리스는 학교에서 으스대고 미성숙하며 우울해하는 것 때문에 학교 당국에 의해 상담에 의뢰되었다. 비록 그녀가 영리하고 말 많은 9세처럼 보이지만, 그녀는 자신의 나이에 비해 미성숙하게 행동하며 성인과 또래에게 파괴적인 행동을 한다. 그녀의 나이에서는 중요한 또래와의 우정을 발전시키고 있어야 한다. 그 대신에 그녀는 협동하고 공유하는 것을 배우는 더 이른 단계의 발달과제들에 애쓰고 있다. 9세 아이는 여전히 그녀의 부모와 강하게 연결되어 있으면서도 추가적인 역할모델로 교사나 다른 성인들에 주목할 시기이다. 그 대신에, 앨리스는 교사의 인정을 받으려 하지 않으며 또는 교사의 권위를 인식하지 않는다. 앨리스는 또한 부모의 이혼 후 갈등에 스트레스를 받으면서 슬퍼하고 있다. 이 증상들은 역기능적인 가족체계의 반영으로 볼 수 있다. 앨리스의 핵가족 내에 있는 구조적인 역기능은 앨리스가 성인에 대한 그녀의 권력에 대해 실제적인 관점을 가지지 못하고 또한 또래 친구들과 적응하고 타협하는 능력을 개발하지 못하게 하였다. 이러한 기능 결핍은 앨리스의 핵가족이 해체되고 그녀의 이혼한 가족들이 새로운 하위체제와 경계를 창출하는 싸움을 시작함에 따라 앨리스에게 더 문제가 되었다. 이 불안정 시기 동안에 드러나고 있는 가족의 강점으로는

부모 역할에 대한 캐더린의 헌신, 정서적 지지에 대한 앨리스의 요구를 인식하고 그것에 반응하는 그녀의 능력, 그리고 새로운 관계 패턴을 탐색하려는 캐더린과 앨리스의 의지 등이 있다.

왜 앨리스는 성인들에게 두목 행세를 할까? 그녀의 핵가족 안에서 캐더린과 데이브는 강력한 부모 연대를 갖지 않았다. 데이브는 가족 안에서 의사결정을 하는 최종적인 권위를 가지고 있었다. 그렇지만 그는 앨리스가 캐더린에게 엄마에 대한 존중감을 갖고 대하도록 했다. 이혼 후에 그는 복수심 때문에 그의 어머니와 그의 딸이 부모로서의 캐더린의 역할을 저평가하는 것을 장려하였다. 캐더린은 결혼 후에 갈등을 피하기 위해 데이브의 뜻에 따름으로써 남편을 보완하는 패턴을 발달시켰는데, 지금은 똑같은 행동을 앨리스에게 함으로써 의도와 무관하게 부모로서의 자기 권위를 자신의 딸에게 넘겨주게 되었다. 앨리스는 아빠에 의해 가짜−부모 역할을 하게 되면서 아이−성인 관계에서 자신의 권력에 대해 잘못된 의식을 발달시켰다. 앨리스는 자신의 높아진 권력을 학교 상황에 그대로 가져오려 하였다. 그녀는 학교의 다른 아이들이 교사의 규칙에 따르는 것을 보면서도 그 규칙이 자신에게는 적용되지 않는다고 생각했다. 현재 앨리스는 집안일을 거들고 싶지 않아서 캐더린에 대해 애기 역할을 계속 유지하려 애쓰고 있다. 캐더린은 자신의 나이에 맞게 행동하고 가정과 학교에서 규칙에 따르는 것이 앨리스에게 더 건강한 것이라고 생각하고 있다. 데이브의 관점은 아직까지 알 수가 없다.

왜 앨리스는 또래 관계에서 미성숙한가? 앨리스는 주변에서 자신만 어린아이였기 때문에 주로 성인들, 그리고 그녀의 손위사촌들과 어울렸다. 이 나이가 더 많은 사람들은 그녀의 바람을 수용하였다. 그들이 항상 앨리스에게 양보하였기 때문에, 취학 전 나이의 앨리스가 기대할 수 있는 이 자기본위의 놀이 양식은 앨리스의 가족과 확대가족 체제에서 의도치 않게 여러 방식으로 계속 유지되었다. 이에 따라 그녀는 학교에서 또래들과 상호작용하거나 동등한 권력 관계에 맞춰 자신의 양식을 바꿔야 할 때 어떻게 해야 할지 모른다. 그녀는 두목 행세를 하고 통제를 하는 행동을 점점 높이는 식으로 반응하면서 다른 사람들에게 자신의 익숙한 관계 패턴, 즉 그녀의 요구에 굴복하는 패턴을 강제하려 한다. 앨리스는 다른 아이들과의 갈등이 그들의 잘못이라고 본다. 캐더린은 앨리스가 공유하고 타협하고 또래 친구를 사귀는 것을 배울 필요가 있다고 생각한다.

왜 앨리스는 우울해하는가? 캐더린과 데이브는 둘 다 부모로서의 역할에 매우 헌신하였다. 그들은 앨리스를 사랑하고 앨리스에게 주의를 기울였다. 이로 인해 정서적인 결합이 생겼지만, 이 결합은 이제 부서졌다. 이혼은 앨리스가 아빠와 함께할 수 있는 시간을 상당히 줄였으며, 이혼에 대한 데이브의 분노는 앨리스의 발달적 요구를 인식하고 그것에 반응하는 그의 능력을 방해하였다. 캐더린과 데이브는 앨리스 앞에서 싸우고 앨리스에게 서로를 불평함으로써, 의도치 않게 그들의 갈등 한가운데로 앨리스를 끌어들였다. 데이브의 가족은 이를 강화시켰다. 앨리스는 그녀의 부모 사이에서 괴로움을 느꼈으며, 그들이 화해하도록 도와야 한다는 책임을 느끼지만 자신이 어떤 역할을 해야 하는지를 알지 못한다. 어떤 9세도 이런 기술을 가지고 있지는 않을 것이며, 이런 위치에 놓이지 않아야 한다. 상담자의 지지 속에서, 앨리스는 자신에게 이 역할을 그만 요구하라고 어머니에게 요청할 수 있었다. 그녀는 아버지와 할머니에게도 똑같은 요청을 할 생각이다. 캐더린은 이전에 부모-아이 경계를 모호하게 한 데 책임이 있다. 그녀는 앨리스와 둘이 있는 새 가족에서 충분히 성인 역할을 하기 위해 상담자의 지원을 받으려 한다.

앨리스, 캐더린, 데이브는 불안정의 시기에 있으며, 그 안에서 가족 역할은 무너졌고 새로운 균형 상태(homeostasis)는 아직 나타나지 않았다. 데이브는 예전의 가족 구조와 경계를 회복하려고 시도하고 있을 것이다. 캐더린은 앨리스와 함께 새로운 가족체계를 수립하려고 노력하고 있다. 이 새로운 체제 안에서, 캐더린은 부모로서 자신의 권위를 높일 필요가 있고 앨리스는 나이에 맞는 책임감들을 가질 필요가 있으며 같은 권위를 가진 사람(또래)뿐만 아니라 더 큰 권위를 가진 사람(부모, 교사)에게 적응하고 타협하는 방법을 배울 필요가 있다. 앨리스는 인과관계를 이해하는 능력을 가지고 있고 타인의 요구가 구체적인 용어로 제시되면 그것을 이해할 수 있는 발달 단계에 있다. 이러한 능력은 그녀가 구성원으로 있는 다양한 체제(어머니 가족, 아버지 가족, 학교 체제)에 맞게 대인 행동 목록을 확장하려 할 때 많은 도움이 될 것이다. 캐더린은 앨리스에게 부모 역할을 잘하려는 마음이 크다. 그렇지만 데이브와 그의 가족은 앨리스에게 필요한 당장의 성장, 발달보다는 이혼 후 갈등에 더 초점을 둘 수도 있다. 만일 그렇다면 그들의 행동은 상담의 성공에 장애가 될 것이다.

가족체계 상담계획: 증상-기반 양식

상담계획 개관: 학교에서 앨리스의 어려움은 혼란스러운 가족관계 상황 안에서 발달해 왔다. 만일 그녀를 돌보는 모든 성인이 상담에 참여한다면 앨리스에게 가장 도움이 될 것이다. 그렇지만 한편으로 데이브와 그의 어머니에게 참여를 요청하겠지만 그들이 올지 확실치 않기 때문에 그들에 대한 목표는 거의 개발하지 않았다. 상담자는 그들을 초대하고, 앨리스의 문제를 강조하면서 이혼에 대한 그들의 분노에도 불구하고 공동양육 전략 수립 문제를 생각해

보게 할 것이다. 상담목표 1~3은 동시에 추진될 것이다(이 상담계획은 기본 양식을 따른다).

장기목표 1: 앨리스는 부모의 이혼과 관련된 우울 수준을 낮출 것이다.

❖ 단기목표들

캐더린과 앨리스 가족체계 약속

1. 캐더린은 공식방문 전후에 데이브와 부모 역할에 관해 의논할 때에 앨리스가 방에 없고 듣고 있지 않다는 것을 확실히 확인할 것이다.
2. 캐더린은 데이브와의 문제점을 앨리스에게 이야기하지 않도록 배울 것이다.
3. 캐더린과 앨리스는 회기에서 가족이 함께했을 때의 즐거웠던 추억에 관해 이야기하고 가족 앨범을 함께 볼 것이다.
4. 앨리스는 엄마의 무릎에 앉아서 엄마가 아빠에게서 좋아했던 점들을 듣고 예전 가족체계가 변한 것에 대한 아쉬움을 표현할 것이다(필요하다면 정서적 지지의 표시로 앨리스를 안아 준다).
5. 캐더린은 비록 앨리스가 아빠 집에서 다르게 들었지만 이혼이 최종적이며 앨리스가 앞으로도 마음 깊이 아빠를 사랑하면 좋겠고 언젠가는 아빠가 이혼에 관해 더 이상 미친 듯이 굴지 않기를 바란다고 앨리스에게 분명하게 이야기할 것이다.
6. 캐더린은 그들이 새로운 가족으로서 함께했던 즐거운 추억에 관해 앨리스에게 이야기할 것이고, 상담자는 회기 중에 둘이 함께하는 즐거운 사진을 찍어서 새로운 가족 앨범에 넣도록 할 것이다.
7. 앨리스가 엄마에게 사랑받고 있고 데이브를 아빠로 계속 사랑하도록 분명하게 허락받는다고 느끼게 도울 수 있는 다른 목표들

데이브, 할머니, 앨리스 가족체계 약속들 (상담회기에서 가능하지 않을 경우, 앨리스에게 과제로 주어서 아빠 집에 갔을 때 다음 사항들을 하게 한다.)

8. 앨리스는 자기 앞에서 엄마 문제에 관해 이야기하지 말라고 아빠에게 요청하고, 그것이 자신을 슬프게 만든다고 설명할 것이다.
9. 앨리스는 할머니가 엄마를 비난하는 것을 들으면 슬퍼진다고 할머니에게 이야기할 수 있도록 아빠에게 도움을 요청할 것이다.

10. 데이브와 그의 어머니는 캐더린을 비난하지 않으면서 앨리스를 양육하는 방법에 관해 이야기를 나눌 것이다. 앨리스는 이 논의를 듣고 있지만 끼어들면 안 된다.

캐더린과 데이브의 이혼가족체계 약속

11. 캐더린과 데이브는 서로의 견해차는 배제하고 어떻게 하면 계속해서 앨리스에게 도움이 되게 양육할 수 있을지 이야기를 나눌 것이다.

모든 가족체계

12. 새로운 가족체계가 부모와 할머니를 사랑하는 행복한 앨리스로 양육하는 힘을 강화시키는 다른 목표들

장기목표 2: 앨리스는 자신의 미성숙한 행동을 줄여서 또래들과 친구관계를 만들 수 있을 것이다.

❖ 단기목표들

캐더린과 앨리스 가족체계 약속

1. 캐더린은 앨리스가 학교 과제와 자기 방 관리에 어떤 책임이 있는지에 관해 앨리스와 이야기를 나눌 것이다. 만일 9세에 맞게 행동하면 취침시간을 15분 늦춰 줄 것이고 만일 책임사항들을 지키지 않는다면 취침시간이 15분 당겨질 것이라고 앨리스에게 이야기할 것이다.
2. 캐더린은 자신이 친구관계를 시도하고 싶은 다른 성인, 친구관계를 시작하는 방법에 관해 상담자와 이야기를 나눌 것이다. 앨리스는 이 성인들의 대화를 들을 수 있지만 거기에 끼어들어서는 안 된다. 이는 엄마가 친구 찾기 행동의 역할모델이 되게 하는 것이다.
3. 캐더린은 친구관계를 시도하고 싶은 다른 성인 중 한 명을 점심 외식에 초대하고 앨리스와 함께 나갈 것이다. 여기서 캐더린은 협동, 경청, 공유하는 행동을 통해 좋은 친구 사이의 행동 모델을 보여 줄 것이다. 만일 앨리스가 9세에 맞게 행동하면 디저트를 줄 것이고, 만일 9세에 맞지 않게 행동한다면 점심 디저트는 없으며 나아가 저녁 디저트도 주지 않을 것이다.
4. 캐더린과 앨리스는 앨리스 나이 또래의 좋은 친구관계 행동이 포함되어 있는 영화나 TV

쇼를 함께 볼 것이며, 캐더린은 그런 행동을 지적하여 언급할 것이다.

5. 캐더린은 앨리스가 협동, 공유 활동이 포함된 스포츠 보드게임을 상담자와 함께할 때 앨리스를 코치할 것이다.

6. 캐더린은 앨리스가 급우 한 명을 정해서 그 아이에게 어머니나 아버지와 함께 놀러 오라고 초대하도록 도울 것이다. 캐더린은 먼저 그 아이의 엄마나 아빠에게 전화해서 약속일시를 잡고, 앨리스를 코치하여 전화로 매우 정중하게 요청하게 할 것이다.

7. 캐더린은 적절한 성인-아이 경계를 유지하면서 앨리스가 초대받아 온 친구와 즐겁게 보내도록 도와서 이 친구가 다시 놀러오고 싶도록 할 것이다.

8. 앨리스가 또래들과 적절하게 어울리도록 돕는 다른 목표들

장기목표 3: 앨리스는 성인들에게 으스대는 행동을 줄일 것이다.

❖ 단기목표들

1. 캐더린은 앨리스가 집에서 지켜야 할 규칙에 관해 상담자와 이야기를 나눌 것이다. 만일 앨리스가 이 대화에 끼어들지 않는다면 그날 밤의 취침시간을 15분 늦춰 줄 것이고, 만일 이 대화에 끼어든다면 그날 밤의 취침시간이 15분 당겨질 것이다.

2. 캐더린은 앨리스가 집에서 지켜야 할 규칙을 포함한 행동기록표를 만들 것이다. 그리고 지킨 규칙 각각에 대해 매일 5점씩 앨리스에게 줄 것이다.

3. 앨리스는 매주 몇 점을 획득하면 충분히 엄마 말씀을 잘 들었다고 인정받아서 저녁 외식을 할 수 있게 될지에 관해 엄마와 이야기를 나눌 것이다.

4. 앨리스는 매주 몇 점을 획득하면 충분히 엄마 말씀을 잘 들었다고 인정받아서 새로운 친구를 초대해 함께 밤을 보낼 수 있게 될지에 관해 엄마와 이야기를 나눌 것이다.

5. 앨리스가 엄마와 그 외 적당한 성인들에게 존중감을 가지고 행동하도록 돕는 다른 목표들

사례개념화 실습 사례: 인종과 민족 영역의 통합

이제 아프리카계 미국인 커플인 태니샤와 마커스에 대한 가족체계 사례개념화와 상담계획을 할 것이다. 복합되어 있는 많은 영역이 이들과 관련되어 있지만 당신의 사례개념화와 상담계획에서는 인종과 민족 영역을 중심에 두어야 한다. 인종과 민족에 대한 상담자와 내

담자 사이의 갈등이 인터뷰에 매우 중요하므로, 상담자가 아프리카계 미국인이 아니라고 가정하라.

짧은 접수면접에서 얻은 정보

태니샤(30세 아프리카계 미국인)와 마커스(32세 아프리카계 미국인)는 결혼한 지 7년이 되었다. 그들은 미시간주 디트로이트에 살다가 2년 전에 서부 펜실베이니아로 이사하였다. 태니샤는 자신의 결혼생활이 대체적으로 행복하지만 부부 둘 다 유아기 때 사망한 그들의 딸 래티샤와 관련하여 도움이 필요하다고 하였다. 태니샤는 이 상담자에게 결혼생활 상담을 받은 후에 매우 행복해한 친한 친구의 추천을 받고 상담을 받으러 왔다. 마커스는 태니샤가 이 상담약속을 잡는 것을 모르고 있지만, 태니샤는 그가 상담받으러 올 거라고 확신하고 있다.

간단한 정신건강 검사에서 태니샤는 임상적 우울 징후를 보였지만 자살이나 살인 생각, 기타 심한 정신병리를 보이지 않았다. 태니샤의 진술을 살펴보면, 마커스에게 우울이나 심한 정신병리 징후는 없는 것 같다.

가족체계 관점에서 태니샤(T), 마커스(M)와의 인터뷰

C: 태니샤 씨, 마커스 씨, 상담받으러 와 주셔서 감사합니다. 앞서 태니샤 씨와 이야기를 나누면서 내가 보통 상담회기를 하는 방식과 윤리적 · 법적 개인정보 보호에 관해 설명을 드렸습니다. 마커스 씨, 상담을 시작하기 전에 그 점들에 관해 알고 싶으신 것이 있나요?

M: (긴장하여) 아니요. 태니샤가 정보를 알려 주었고 또 당신이 준 팸플릿도 보여 주었어요.

C: 좋습니다. 내가 하는 것이나 상담진행에 관해 궁금한 점이 있으면 주저 말고 질문해 주세요. (침묵) 두 분 중 한 분이 당신 가족에 관해 나한테 이야기해 주는 것으로 시작해 볼까요?

T: (긴장하여) 여기 살고 있는 우리 가족은 마커스와 나 둘뿐이에요. (T는 M을 쳐다본다. M은 내려보고 있다) 얼마 전에, (침묵) 우리는 우리에게 새 출발이 필요하다고 판단했고 마커스가 이리로 이사해야 하는 승진을 받아들였어요. 우리 둘 다 디트로이트에 많은 가족이 남아 있어요. 우리는 1년에 네댓 번 그들을 보러 돌아가요. 여전히 전화나 이메일로 자주 대화를 나누고 있어요. 멀리 이사하는 건 힘들었지만 마커스와 나는 항상 경력을 중시해 왔어요.

C: 네, 디트로이트에 있는 가족이 당신들에게 매우 중요하군요. (침묵) 지금 당신들과 함께 살거나 가까이에 있는 사람은 없나요? (한참 침묵)

T: (잠깐 M을 쳐다본다. 유감스러워하며) 아니요. 마커스의 여동생이 우리집 가까이에 있는 대학에서 몇 강좌를 듣기 위해 지난 여름에 우리와 함께 살았어요. 그녀가 대학 학위를 따는 걸 진심으로 격려해 준 건 우리밖에 없었어요. 그녀가 계속 우리와 함께 살았으면 좋았을 텐데요. 그렇지만 그녀는 지금 라이트주립대학에 다녀요. 그곳은 그녀의 엄마와 우리의 여러 친척이 살고 있는 곳에서 아주 가까워요.

C: 교육을 받는 것과 가족 가까이 사는 것 둘 다 당신들에게 중요했군요.

T: (잠정적으로) 네, (M이 끼어든다)

M: (화를 내며) 요점이 뭐죠? 디트로이트의 가족은 잘 지내고 있으니까, 그들에 대해 이야기하는 건 시간 낭비예요.

C: 마커스 씨, 당신의 시간을 낭비할 생각은 아닙니다. 당신들 가족에 어떤 사람이 있는지 아는 것은 당신들이 나한테 필요로 하는 게 뭔지 내가 이해하는 과정의 하나입니다. (M과 T는 서로를 쏘아본다. T가 주먹을 꽉 쥔다)

C: 태니샤 씨, 당신 주먹을 보세요. (T는 손을 푼다) 당신은 이야기할 필요가 있어요. 의자를 내가 아니라 마커스 씨 쪽으로 돌려보시고, 당신 가족에게 당장 필요한 게 뭔지를 나한테 어떤 식으로 이야기하면 좋을지 두 분이서 의논해 보세요. (T는 의자를 M 쪽으로 돌리고 C를 쳐다본다. C는 고개를 끄덕인다)

T: (주저하면서, C를 쳐다본다) 내 생각에 (멈춤) 선생님한테 말씀 드리는 것으로 시작할게요. (C가 끼어든다)

C: 끼어들어서 죄송해요. 당신이 마커스 씨와 그 문제를 의논하는 게 좋겠어요. 나는 듣고 있을게요.

T: (주저하면서, M을 쳐다본다) 우리가 새 출발하러 여기 온 걸 알지만, 아직도 5년 전에 죽은 우리 어린 딸이 자꾸 생각나요. (멈춤) 그냥 자꾸 울면서 한탄하게 돼요. 당신은 관심을 돌릴 이런저런 일들이 있었어요. (멈춤) 나는 일할 때는 괜찮은 것 같은데, 집에서는 아니에요. (멈춤) 당신은 다른 아이를 원하고 나도 아이를 사랑하지만, 내 생각에는 내가……. (한참 침묵, T는 손에 얼굴을 대고 앞으로 숙인다. M은 그녀 쪽으로 기울이며, 그녀의 무릎을 가볍게 쓰다듬는다)

C: 아이를 잃는 건 굉장한 충격이지요. (한참 침묵) 어떤 일이 있었나요?

M: (조용하지만 단호하게) 자세하게 이야기하지 않는 것이 좋겠어요. 단지 태니샤를 울게 만

들고, 어떤 것도 바뀌지 않을 거예요.

C: 매우 고통스러운 주제입니다.

M: (날카로운 목소리로) 그리고, 끝난 주제입니다.

T: (눈물을 머금고) 마커스, 이것 때문에 우리가 여기 있는 거예요. 내가 여기 온 건 이것 때문이에요. 우리 아기 래티샤는 일종의 선천적 결손증을 가지고 태어났어요. 의사들도 왜 그런지 몰라요. 임신상태는 건강했고 출산에도 문제가 없었지만, 아기가 태어나자마자 (침묵) 뭔가 문제가 있다는 게 분명했어요. 아기는 심장과 허파에 결손이 있었어요. 의사들은 클리블랜드 병원으로 아기를 데려갔어요. 그곳에 그런 증상에 맞는 전문 분야가 있었거든요. 아기는 계속 그 병원에 있었어요. 나는 1년 내내 매주 아기를 보러 갔어요. 불쌍한 내 애기는 코에 튜브가 끼워져 있었어요. 병원이 너무 멀어서 놀러 갈 수도 없고 가족 중에 나 외에는 거의 가 본 사람이 없어요. 아빠는 정말 몸이 안 좋으시고 엄마는 항상 아빠 곁에 계셔야 했어요. 시어머니가 나와 함께 몇 번 같이 가셨어요. (조용히 울기 시작한다)

M: (화를 내며) 이러는 건 좋은 생각이 아니라고 내가 말했잖아. (C를 노려본다) 여보, 그냥 집으로 가요. 이러는 게 우리한테 도움이 되지는 않아요. (M은 일어서서 T의 손을 부드럽게 잡아끈다)

T: (격렬하게) 아니, 난 여기 있을 거예요. 마커스, 당신이 이 이야기하는 걸 좋아하지 않는다는 건 알아요. 그렇지만 우리가 지금까지 했던 건 소용이 없었고, 난 도움이 필요해요. 우리는 도움이 필요해요. (M은 다시 자리에 앉는다)

M: (C를 노려보며) 래티샤에 관해 이야기하는 건 도움이 안 될 거예요.

C: 내가 당신을 화나게 만든 걸 알겠어요. 그럴 의도는 아니었어요. 물론 당신이 나보다 태니샤 씨에 대해 더 잘 알겠지만, 내가 보기에 그녀는 이 상황을 헤쳐 나가는 게 필요해요.

M: (비난조로) 무례하게 대해서 미안하지만 당신은 아프리카계 미국인이 아니고, 그래서 그녀에게 뭐가 필요한지 알 수 없어요.

C: 비록 내가 아프리카계 미국인은 아니지만 나의 목표는 당신들 두 사람이 함께 그 문제를 해결하도록 돕는 것입니다. 나는 내 방식을 당신들에게 강요하지 않을 겁니다. (멈춤) 당신들이 굳센 커플이라는 걸 알겠어요. 당신들의 래티샤가 죽은 그 큰 정신적 충격에 잘 대처하도록 도울 기회를 나한테 줘 보세요.

M: (의자에 내려앉으며, 피곤해하며) 보세요, 선생님한테 반대하는 건 없어요. 그렇지만 태니샤는 이걸 떠나보내야 해요. 나는 다른 아이를 가지고 싶지만 만일 그녀가 그걸 원하지

않으면……. 나는 그렇게 살겠어요. 우리는 이미 잘 살고 있어요. (마치 다시 일어서려는 듯이 의자에서 몸을 앞으로 옮기기 시작한다)

C: 당신의 딸에 관해 이야기하고 싶지 않아하는 걸 알겠어요. 그러면 당신들 둘이 잘 살고 있다는 것에 관해 태니샤 씨와 좀 더 이야기해 보실 수는 없을까요?

M: (C에서 T로 눈길을 돌린다. T는 의자에 기대앉아 있다. 피곤해하며) 좋아요, 그것에 관해 이야기해 보지요. (C를 쳐다본다) 나는 여기서 20분 정도 거리에 있는 작은 도시의 우체국장이에요. 나는 안정적으로 벌고 있어요. 태니샤도 그렇고요. 그녀는 라이트에이드(역자 주. 미국의 약국 및 잡화점 체인, 미국에서 세 번째로 크다)의 지사장이에요. 우리는 함께 충분한 돈을 벌어서 상당히 좋은 집을 사고 훌륭한 물품들을 들였어요. 우리는 매년 멋진 휴가를 보내요. 작년에 우리는 멕시코에 갔고, 재작년에는 알래스카 여행을 했어요. (T를 쳐다본다. 단호하게) 태니샤, 우리가 잘 살고 있다는 걸 당신도 인정하잖아요.

T: (슬프게) 그렇지 않다고 이야기한 적 없어요. 나는 우리가 가진 것들에 감사하고 있어요. 그렇지만 나는 우리의 작은 딸이 커 가는 걸 원했어요. 나한테는 계획이 있었어요. 일을 그만두고 엄마가 했던 것처럼 대가족을 가지려 했어요. 나는 아이들로 가득찬 집에서 자라는 게 정말 좋았어요. (깊이 생각에 잠기어) 내가 집에 있으면 우리 수입이 줄어들겠지만, 나는 그것에 신경 쓰지 않았어요.

M: (부드럽게) 나도 그걸 원했어요. 우리는 지금도 그렇게 할 수 있어요.

T: (머리를 좌우로 흔든다. 슬프게) 당신은 이해할 수 없어요. 우리의 래티샤는 죽었어요. 나는 다른 아이를 원하지 않아요. 나는 바로 그 아이를 원해요. (한참 침묵, 태니샤는 손에 얼굴을 묻고 있다)

C: 태니샤 씨, 마커스 씨를 한번 보세요. 그는 딸을 잃는 끔찍한 일이 있었지만 함께 아름다운 삶을 영위하고 있다고 당신에게 알려 주고 싶어 해요. 그는 딸이 없는 속에서도 당신들 둘이서 얼마나 많은 힘과 사랑을 가지고 있는지 알려 주려고 해요. (T는 M을 쳐다보고 그에게 가볍게 미소를 짓는다) 당신들 둘은 서로 사랑하지만 가족의 삶에서는 다른 상황에 있습니다. 그는 그의 래티샤를 잃는 엄청난 상실에 매우 슬퍼하는 것을 끝냈어요. 그에게 남겨진 것은 당신에 대한 사랑이고, 그는 또 다른 아이의 아버지가 되길 원해요. 태니샤 씨, 당신은 여전히 비탄에 빠져 있어요. 고통과 괴로움이 너무 커서 딸아이의 죽음이라는 참사에 매인 것처럼 느껴요. 지금 당신은 또 다른 아이는 생각조차도 할 수 없지요. (멈춤) 마커스 씨의 손을 잡고 이 고통에서 당신을 끌어내고자 하는 그의 힘을 그냥 느껴볼 수 없을까요?

M: (T가 그의 손을 잡자 의자를 뒤로 민다. C를 노려보며 소리 지른다) 나는 더 이상 이런 걸 못 참겠어요! 우리는 꼭두각시가 아니에요. 우리한테 이래라저래라 하지 마세요!

C: 당신들 둘 다 강한 사람이고 무슨 꼭두각시가 아니에요. (한참 침묵) 문제가 되는 게 당신들 둘을 도우려고 내가 사용하는 기법인가요, 아니면 내가 문제인가요?

M: (확고하지만 정중하게) 선생님은 아프리카계 미국인이 아니에요. 선생님은 우리 가족을 이해 못합니다. 선생님은 다만 우리가 겪고 있는 걸 이해 못하는 거죠. 그래서 나는 선생님이 이 일에서 빠지길 바랍니다.

T: (화를 내며) 마커스, 나는 우리 딸을 매일 생각해요. 그렇지만 당신은 그걸 듣고 싶어 하지 않지요. 이게 바로 당신이 항상 하는 거예요. 나는 그것에 관해 이야기하는 게 필요하지만, 당신은 다만 화를 잔뜩 내면서 가 버리죠. 봐요, 당신만 화나는 게 아니에요. 나는 너무 오랫동안 우리 어린 딸아이에 대한 고통 이상을 내 가슴 속에 가지고 있었어요. 당신이 한 번도 나와 함께 우리 아이를 보러 가지 않아서 내가 얼마나 화가 났는지 이야기해야겠어요.

M: (방어적으로) 가야 할 이유가 없었어요. 그 아이는 우리를 볼 수 없었고 우리 이야기를 들을 수도 없었어요. 의사가 그렇게 말했어요.

T: (큰 소리로) 나는 그 아이의 손을 잡았어요. 그 아인 그걸 느낄 수 있었을 거예요. 그 아인 우리 아이예요. 우리가 필요했다고요.

C: 당신들 두 사람은 의사가 이야기한 걸 서로 다르게 이해했어요. 태니샤 씨는 말로는 래티샤를 도울 수 없다고 들었죠. 그래서 접촉을 통해 도우려 했어요. 마커스 씨, 당신은 희망이 없다고 들었고, 그래서 실제로 죽기 전에도 아이가 죽은 것처럼 아이에 대해 슬퍼하기 시작했어요.

M: (화를 내며) 나를 조종하려고 하지 마세요. 래티샤에 관해 이야기하지 않을 거라고 내가 이미 이야기했어요. 태니샤, 우리는 서로를 필요로 하지만 이건 필요하지 않아요. 당신 자신을 봐요. 우리가 여기로 운전해서 올 때보다 더 우울해졌잖아요.

T: (피곤해하며) 나는 단지 내 안에 있는 걸 끄집어내는 거예요. 나는 여기 있고 싶어요. 만일 당신이 여기 있고 싶지 않다면, (한참 침묵) 떠나도 좋아요. (한참 침묵)

C: 마커스 씨, 여기 있는 게 당신이 원하는 게 아니란 건 알고 있어요. 그렇지만 지금 태니샤 씨에게 여기가 적당한 장소라고 느껴지니까 여기 있어 보는 게 어떻겠어요?

M: (머리를 좌우로 흔든다. 한참 침묵) 나는 선생님도 이 상황도 불편하네요.

C: 그런 사적인 사항을 아프리카계 미국인도 아니고 게다가 방금 만난 사람한테 이야기하

는 건 이상하지요. (침묵) 마커스 씨, 당신은 내가 조종하려 한다고 느끼고 있어요. 그렇게 느끼신다니 미안합니다. 문제에 관해 이야기하면서 커플을 돕는 내 방식은 매우 직접적입니다. 나는 정말로 당신들이 지금까지 해 왔던 것과 다른 방식으로 래티샤에 관해 이야기하면서 당신들을 도우려 하고 있어요. 태니샤는 래티샤의 죽음이라는 현실을 헤쳐 나가는 데에 도움이 필요하다고 이야기했어요. 나는 그 점에서 태니샤를 도울 수 있는 대화상황을 설정해서 도움을 주려 했어요. 당신에게 뭔가를 억지로 시키려 한 건 아니에요. 만일 도움이 되지 않는다면 뭔가 다른 걸 시도해 봐야겠습니다. 당신 두 사람에게 도움이 되고 태니샤가 좋다고 느끼는 뭔가를 발견할 때까지 계속 노력할 생각입니다. (멈춤) 어떻게 생각하시나요?

M: (열심히) 선생님이 시도해 볼 수는 있지만 우리를 이해할 수는 없습니다. 왜냐하면 선생님은 우리와 어울리는 인종이 아니니까요. 제가 무례하단 건 알지만 아닌 척할 수는 없네요.

C: 당신이 맞습니다. 내가 인생에서 뭘 겪더라도 그게 아프리카계 미국인이기 때문은 아니지요. 따라서 나는 당신의 경험을 결코 당신처럼 이해할 수는 없습니다.

M: (이에 편승하여) 그러면, 우리는 이것이 잘못됐다는 데 동의했네요.

C: 나는 내가 아프리카계 미국인이 아니라는 점, 이 차이가 우리들의 성공적인 작업에 장애가 된다는 점에 동의합니다. 그렇지만 반대로 우리가 나눴던 것에서 내가 알아차린 점은 우리가 근면하고 의욕적이며 동시에 가족 간의 유대가 가지는 중요성을 항상 잊지 않고 있다는 것입니다. 나는 당신들을 '내 방식'대로 살게 하려는 게 아닙니다. 나는 래티샤와 관련하여 이 놀랍고 강력한 마커스 씨와 태니샤 씨 커플이 계속될 수 있게 하는 길을 찾는 데에 도움이 되기를 원합니다.

T: (요구하듯이) 마커스, 당신은 지금 도움이 되지 않고 있어요. 나는 이 인종 문제는 그만두고 우리 딸아이 이야기를 하고 싶어요.

M: (화를 내며) 아니지요. 인종 문제는 그냥 무시할 수 없는 기예요. (한참 침묵)

C: 제가 아프리카계 미국인이 아니라는 건 분명히 매우 중요합니다. 나는 옆방으로 갈 테니까 나와 함께 상담작업을 하는 것이 당신 각자에게 어떤 의미인지 논의해 보기 바랍니다. 나와 함께 좀 더 상담작업을 하겠다고 결정하든지, 아니면 나한테서 다른 상담자를 소개받고 그 상담자의 문화적 소속과 강점에 대해 이야기듣고 싶다고 결정하게 되면 옆방으로 와 주세요.

T: (단호하게) 아니요. 나는 그 이야기를 하고 싶지 않습니다. 마커스, 인종 문제에 초점을

맞추는 건 단지 래티샤 이야기를 하지 않는 또 다른 한 방식일 뿐이에요. 나는 래티샤 이 야기를 하고 싶어요.

M: (강력하게) 태니샤, 아프리카계 미국인이 아닌 사람은 이해할 수 없으며, 아무리 의도가 좋아도 상황을 악화시키게 될 거예요.

C: 도움이 되기는커녕 상태를 악화시킨다면 끔찍한 일입니다. 나는 당신이 그걸 막고 싶어 하는 게 이해됩니다. (한참 침묵) 지금 내 목표는 당신들 둘에게 있는 강점을 지지하는 것 이지, 당신들의 결혼생활을 내가 그려 놓은 올바른 결혼생활로 바꾸려 하는 게 아닙니다. 내가 이해하도록 당신들이 도와주지 않는다면 당신에게 필요한 게 뭔지를 내가 이해 못 하는 게 많이 있습니다. (T는 다시 울기 시작한다)

M: (단호하게) 선생님이 이 문제로 그녀에게 어떻게 상처를 주고 있는지 못 보시나요? 나는 받아들일 수 없습니다.

C: 당신은 그녀를 사랑합니다. 그녀를 고통에서 보호하려 합니다. 그렇지만 당신들 딸아이 의 선천성 결손증과 죽음이라는 고통에서 그녀를 보호하는 게 가능할까요?

T: (몸을 앞으로 굽혀서 M의 손을 잡는다. 조용하게) 마커스는 좋은 사람이고, 나를 돌보기 위 해 많은 걸 해요. 그렇지만 당신이 옳아요. 내가 단지 계속해 갈 수가 없고 우리 래티샤 를 잊지 못한다는 걸 그는 이해하지 못하고 있어요. 우리는 래티샤가 뒤뜰에서 놀 수 있 도록 디트로이트 외곽에 집을 샀어요. (고통스럽게) 그게 우리가 디트로이트에서 이사 온 이유 중의 하나예요. 그 집에서 중요한 점이 뭐냐 하면, 특히 마커스가 래티샤의 물품들 을 나눠 줘 버린 후에 나에게 기억 외에는 아무것도 남기지 않았다는 거예요. 그는 그런 식으로 하지 말아야 했어요.

M: (짜증을 내며) 나는 그 물품들을 그냥 없앤 게 아니에요. 당신 여동생이 자기 아들에게 필 요하다고 했어요. 그녀에게 그걸 살 돈은 없었고, 그 방에 자물쇠를 채워 두는 건 좋은 게 아니에요. 물품들을 집 밖으로 내보내는 게 당신에게 더 좋았어요.

T: (조용하게) 선생님이 지금 보신 것처럼, 결혼 후 3년 동안 그가 큰 우두머리 역할을 한 것 같아요. 그렇지만 이 문제에서는 우두머리 역할을 할 수 없어요. (의자를 M에게서 더 멀 어지게 옮긴다) 나는 여기 있고 싶어요. 나한테는 여기 있는 게 필요해요. 나는 그 문제에 관해 더 이상 입 다물고 있을 수 없어요. 나는 노력해 봤지만 잘 되지 않았어요.

M: 왜 여기지요? 만일 꼭 해야 한다면 다른 사람을 찾아봅시다.

T: 내가 신뢰하는 어떤 사람이 여기서 도움을 받았어요. 마커스, 한 번만 믿어 보기로 해요.

M: 한 주만 더 해 보죠. 그렇지만 여전히 도움이 될 거라고는 못 믿겠어요.

C: 당신의 부인은 5년 동안 슬피 울어 왔어요. 한 주로는 시간이 충분하지 않습니다. 3주로 하면 어떨까요? 그다음에 당신 둘이서 이야기해서 나한테 문제가 있다고 판단이 되면 다른 사람을 찾도록 돕겠습니다. 만일 도움이 되고 있다는 생각이 들면 계속 오고요.

M: (확고하게) 좋습니다. 3주의 시간으로 하겠습니다. (비꼬듯이) 당신은 많이 이야기하세요, 들어 드리지요.

C: 논란의 여지가 없네요.

태니샤, 마커스에 대한 사례개념화 개발 실습

❖ 실습 1(최대 4쪽)

목　표: 당신이 가족체계 접근법에 대해 분명히 이해하고 있다는 것을 확인하기

양　식: A, B, C 파트를 결합시키는 통합적 에세이

도움말: 이 장을 다시 보라(397~406쪽).

　A. 이 실습의 도입부가 될 수 있게 가족체계 이론의 모든 가정을 간략하게 개관하라(내담자가 어떻게 변화하는지 이해할 수 있는 핵심 차원에 대한 가정, 폭넓고 추상적으로 생각하라).

　B. 이 각각의 가정이 변화 과정을 통한 내담자의 진전을 이해하는 데 어떻게 사용되는지를 상세하게 기술하라. 각 가정을 충분히 설명하는 구체적인 사례를 포함시켜야 한다.

　C. 내담자의 변화를 도울 때 상담자가 하는 역할(컨설턴트, 의사, 교육자, 조력자), 상담에 사용된 주요 접근법, 흔히 사용된 상담 기법에 대해 기술하면서 에세이를 결론지으라. 이 접근법에 특유한 것이 무엇인지 분명하게 밝히는 구체적 사례를 충분히 제시해야 한다.

❖ 실습 2(최대 4쪽)

목　표: 가족체계 이론을 태니샤와 마커스에게 적용시키도록 돕기

양　식: A~E 각 섹션에 대한 각각의 문장 개요

도움말: 이 장을 다시 보라(397~406쪽).

　A. 현재 개인 또는 커플로서 태니샤와 마커스가 가지고 있는 강점(강한 점, 긍정적 특성, 자원)이 무엇이라고 생각하는가?

　B. 현재 개인 또는 커플로서 태니샤와 마커스가 가지고 있는 단점(걱정, 이슈, 징후, 문제, 상담 장애)이 무엇이라고 생각하는가?

C. 다음의 질문에 답하면서 그들의 강점과 단점이 가족 상황에서 어떻게 이해될 수 있는 지 상세하게 분석하라.

　1. 마커스와 태니샤는 누가 그들 가족의 구성원이라고 여기는가, 그리고 두 사람은 이 사항에 대해 동의하는가?

　2. 가족 하위체제로 어떤 것이 있는가, 그리고 각 하위체제의 구성과 기능은 어떠한가?

　3. 하위체제들 사이, 가족과 확대가족 사이, 가족과 다른 사회체제 사이에 어떤 유형의 경계가 있는가?

　4. 무엇을 할지 결정하는 권력이 가족 중 누구에게 있고, 가족에 어떤 규칙이 있는가? 이 사항들이 과거와는 달라졌는가(즉, 어떤 위계와 연합 이슈가 있는가)?

　5. 각 가족 구성원의 요구, 전체로서의 체제가 가진 요구가 정서적 친밀감과 독립 측면에서 얼마나 잘 충족되고 있는가?

　6. 지금 가족체계에서 래티샤가 어떤 역할을 하고 있는가?

　7. 래티샤의 선천적 결손증이 그들 가족체계에 준 영향에 대해 태니샤와 마커스는 똑같이 인식하고 있는가? 그리고 이것이 현재 가족체계에서 그들의 기대와 행동에 어떤 영향을 주었는가?

D. 현재 가족은 어떤 발달단계에 있는가? 가족은 항상성 시기에 있는가, 아니면 불안정 시기에 있는가? 전체적으로 봐서 가족은 얼마나 자기 역할을 잘하고 있는가?

E. 현재 가족 구조에서 어떤 변화가 도움이 될 수 있는가? 가족은 상담과정에서 어떤 강점을 보여 주는가? 지금 구조적 변화를 촉진하거나 저해하는 요소가 있는가?

❖ 실습 3(최대 4쪽)

목　표: 아프리카계 미국인 전통이 태니샤와 마커스의 결혼과 현재 상황에 주는 잠재적 역할 이해하기

양　식: A~J의 각 섹션에 대한 문장 개요

도움말: 2장을 다시 보라(82~88쪽).

A. 태니샤와 마커스의 삶에서 아프리카계 미국인 전통이 그들의 개인, 가족, 사회, 직업, 정치 영역에 주는 영향을 강점, 자원, 권한 측면에서 평가하라.

B. 뿌리 깊게 자리 잡고 지배적인 문화적 세계관, 사회제도, 정책, 관습에서 차별, 편견, 인종주의, 지금 태니샤와 마커스의 건강한 발전에 장벽이 되도록 이끄는 것으로 어떤 것들이 있는지 생각해 보라.

C. 지금 어떤 상황이 차별, 편견, 인종주의로 이끌고, 그래서 지금 태니샤와 마커스의 건강한 발전에 장벽이 되는지 생각해 보라.

D. 어떤 역사적 사태가 이 커플의 아프리카계 미국인 전통에 영향을 주었는지 생각해 보고, 그들의 현재 문제가 직접적 또는 간접적 억압, 트라우마, 억압에 대한 그들의 반응, 동화의 스트레스, 차별, 편견과 인종주의, 지배적인 사회와 그 제도가 가치와 서로 맞지 않는 것에 의한 결과인지 평가하라.

E. 이 커플이 전체적으로 얼마나 잘 자기 역할을 하고 있는지를 그들의 가치, 신념, 행동을 중심으로 해서 아프리카계 미국인 전통의 세계관으로, 그리고 지배적인 문화집단의 세계관으로 평가하라.

F. 성공적인 상담이 되려면 커플의 내적인 인식과 활동이 더 필요한지, 아니면 커플을 억압하는 정책, 절차, 환경 평가를 변화시키는 활동이 더 필요한지 생각해 보라. 당신의 상담계획에서 효과적으로 활용할 수 있고 현재 태니샤와 마커스에게 의미가 있는, 문화적으로 특정한 자원, 상담전략, 조력자가 있는지 생각해 보라.

G. 당신은 아프리카계 미국인 전통에 관해 지금 얼마나 알고 있는가?

1. 아프리카계 미국인에 대한 배경지식을 습득할 수 있는 강좌를 얼마나 수강하였는가?

2. 아프리카계 미국인에 대한 배경지식을 습득할 수 있는 워크숍에 얼마나 참가하였는가?

3. 아프리카계 미국인 내담자에 대해 어떤 전문적인 경험이 있는가?

4. 개인적으로 아프리카계 미국인에 대해 어떤 경험이 있는가?

5. 아프리카계 미국인 문화 집단의 세계관을 설명하라.

H. 이 문화 전통과 관련된 이슈에 대해 현재 당신의 인식 수준은 어떠한가?

1. 아프리카계 미국인에 관해 들었던 전형적인 내용을 기술하라.

2. 지배적인 백인 문화의 문화적 편견이 당신의 삶에 어떻게 작용했는지 기술하라.

3. 당신의 인종적, 민족적 문화집단이 당신의 삶에 어떤 역할을 했는지 기술하라.

4. 당신의 인종적, 민족적 소속을 태니샤와 마커스의 소속과 비교해 볼 때, 어떤 차이가 의사소통 문제, 가치 갈등, 커플의 생활양식이나 경험 이해의 어려움, 그들의 강점 불인정으로 이끌어 가는가?

I. 당신은 태니샤, 마커스와의 작업에서 어떤 기술을 사용할 수 있는가?

1. 당신은 태니샤, 마커스와의 작업에서 유용하게 사용할 수 있는 어떤 기술을 가지고 있는가?

2. 아프리카계 미국인과 효과적으로 작업하기 위해서는 어떤 기술을 개발하는 게 중요하다고 생각하는가?

J. 어떤 활동단계로 진행할 것인가?

1. 아프리카계 미국인 내담자와 좀 더 효과적인 작업동맹을 발전시키려면 래포 형성 국면에서의 상호작용 방식에 어떤 변화를 줄 것인가?

2. 아프리카계 미국인 내담자에게 긍정적인 결과를 이끌어 낼 가능성을 높이려면 상담 환경을 어떻게 구조화하는 게 좋겠는가?

3. 태니샤, 마커스에게 사용하려는 이론적 지향에서 어떤 측면이 문화적 또는 인종적 편견을 은연 중에 가지고 있는가? 당신은 효과적인 상담을 위해 어떤 부분을 변화시킬 것인가?

4. 당신은 태니샤, 마커스에게 긍정적인 결과를 이끌어 낼 가능성을 높이기 위해 상담계획 국면에서 어떤 부분을 변화시킬 것인가?

❖ 실습 4(최대 6쪽)

목 표: 가족체계 이론과 인종적, 민족적 이슈에 관한 당신의 지식을 태니샤, 마커스 사례에 대한 심층 개념화(그들이 누구이고 왜 그런 행동을 하는지)에 통합시키도록 돕기

양 식: 주의 깊게 계획된 구조화 양식에 따라 전제, 상세한 근거, 결론으로 구성된 통합 에세이

도움말: 1장(17~24쪽)과 2장(82~88쪽)을 다시 보라.

단계 1: 이 커플에 대한 가족체계 이해를 계획하는 데 어떤 양식을 사용해야 하는지 생각해 보라. 이 양식은 (a) 가족 구조와 그것의 작동 방식에 대한 종합적이고 분명한 이해에 도움이 되어야 하고, (b) 태니샤와 마커스가 그들 가족과 아프리카계 미국인 공동체의 바깥에서 도움을 구하는 데 서로 동의하지 않은 점을 고려해 볼 때, 그들에게 설득력이 있는 언어를 뒷받침해야 한다.

단계 2: 아이를 잃었고, 또 그 상실을 지금까지 진행시킨 것보다 더 진척시킬 필요가 있는지에 관해 서로 동의하지 못하는 커플인 태니샤와 마커스를 설명해 주는 간결한 전제(개관, 사전준비 또는 설명 진술, 명제, 주제 진술, 이론에 따른 소개, 가정, 요약, 결론적인 인과 진술)를 개발하라. 만일 단계 2에 어려움이 있다면 단계 2가 실습 2와 3의 핵심 아이디어를 통합한 것이어야 하고, (a) 가족의 장기목표에 기초가 되고 (b) 가족체계 이

론에 기초하고 태니샤와 마커스의 아프리카계 미국인 전통에 민감해야 하며 (c) 가족이 가족체계 상담에서 보여 줄 수 있는 강점을 강조해야 한다는 것을 상기하라.

단계 3: 가족체계 관점에서 근거 자료(강점과 약점에 대한 세부적인 사례 분석–도입 전제에 근거 자료가 되어야 함)를 만들라. 각 단락마다 아프리카계 미국인 커플인 태니샤, 마커스에 대한 깊은 이해가 포함되어야 한다. 만일 단계 3에 어려움이 있다면 (a) 단기목표 개발에 도움이 되고 (b) 가족체계 이론에 기초하고 인종과 민족 이슈에 민감하며 (c) 태니샤와 마커스 가족이 가진 구조적 강점을 이해하는 데 필요한 정보를 생각해 보라.

단계 4: 실습 3의 H와 J에서 당신이 제시했던 것에 주의하면서, 결론을 내리고 개괄적인 제언을 제시하라(간결하게 요점을 제시하라). (a) 커플의 전체적인 기능활동 수준, (b) 지금 커플이 새로운 가족 구조를 발달시키는 데에 도움이 되거나 장벽이 되는 것, (c) 현재 하나의 가족체계로서 커플이 가진 기본적 요구를 포함시켜야 한다.

❖ 실습 5(최대 3쪽)

목　표: 태니샤와 마커스의 강점을 고려하고 그들의 아프리카계 미국인 전통에 민감하게 개별화되고 이론에 따른 활동계획 개발하기

양　식: 장기목표와 단기목표로 구성된 문장 개요

도움말: 1장을 다시 보라(24~45쪽).

단계 1: 실습 3의 H와 J에서 답한 것에 주의하면서 부정적 편견이 상담계획에 포함되지 않고 태니샤와 마커스의 독특한 요구에 맞출 수 있도록 상담계획 개관을 작성하라.

단계 2: 상담 종결시에 태니샤와 마커스가 이상적으로 도달할 수 있고, 그들의 결혼생활에서 래티샤가 그들의 인생에 하는 역할을 인정하는 적응적 항상성에 도달할 수 있게 이끄는 장기(주요, 큰, 대규모의, 종합적인, 폭넓은)목표를 개발하라. 만일 단계 2에 어려움이 있다면 당신이 제시한 전제를 다시 읽고 어떻게 하면 그것을 구조적 목표로 변환할 수 있을지 주의하면서 아이디어의 주제 문장에 근거를 제시하라.

단계 3: 태니샤, 마커스, 당신이 몇 주 내에 완수될 것으로 기대할 수 있고, 당신이 상담 진척 과정을 기록하는 데 도움이 되고, 변화에의 희망을 서서히 불어넣어 주고, 시간 효율적인 상담회기들을 계획하게 하는 단기(작은, 간단한, 요약된, 특정한, 측정 가능한)목표를 가족 구조 관점에서 개발하라. 만일 단계 3에 어려움이 있다면 근거가 되는 단락들을 다시 읽고 (a) 태니샤와 마커스가 그들의 아동기 가족에 기초하여 결혼생활에

서 보여 줄 수 있는 서로 다른 가족 기대에 관해 인지적 통찰을 높일 수 있고, (b) 구조적 변화에 도움이 되고, (c) 딸아이의 죽음에 잘 대처하는 데 도움이 되는 요소를 제고시키고 장벽을 낮출 수 있고, (d) 가능할 때마다 그들의 개별적 강점, 관계의 강점, 확대가족의 강점을 활용할 수 있고, (e) 일반적이지 않은 아프리카계 미국인 커플로서 가지는 그들의 요구에 맞춰진 목표로 변환시킬 아이디어를 탐색하라.

❖ 실습 6

목 표: 태니샤와 마커스의 사례에서 가족 상담 비판하기

양 식: A~E의 질문에 에세이 형식으로 답하거나 집단 형식으로 논의하라.

A. 태니샤와 마커스(비탄에 빠져 있고, 확대가족으로부터 멀리 떨어져 살고 있고, 문화적 억압을 경험했던 아프리카계 미국인 커플)를 돕는 데 있어서 가족체계 이론의 강점과 약점은 무엇인가?

B. 소수집단의 구성원이자 억압 이슈를 매우 중시하는 한 개인인 마커스에게 페미니스트 상담을 하는 것에 대한 찬반양론을 논의하라. 이 커플의 상담에 성 이슈를 통합하는 것이 얼마나 중요한지 논의하라.

C. 백인 상담자는 그와 태니샤, 그리고 그들의 상황을 이해할 수 없을 거라는 마커스의 우려가 타당한지 논의하라. 만일 상담자가 유색인종이지만 아프리카계 미국인이 아닌 경우 어떤 것이 달라지고 또 달라지지 않는가? 내담자 커플이 백인이고 상담자가 아프리카계 미국인인 경우 어떤 것이 달라지고 또 달라지지 않는가?

D. 상담자가 자신의 가족과 문화적으로 다르고, 그래서 훌륭한 상담을 하기 어렵다는 우려를 마커스가 표현했을 때 어떤 민족 이슈가 제기되는가? 자신이 이 가족을 상담할지 아니면 다른 사람에게 리퍼할지 상담자가 결정하기 전에 더 확인해야 하는 요구사항들이 있는가?

E. 당신은 마커스가 상담자에게 도전적인 비평을 한 것에 대해 개인적으로 어떻게 반응했는가? 만일 당신에게 그런 일이 일어난다면 그 상황을 어떻게 다룰 것인가? (만일 당신이 아프리카계 미국인이고 그 커플이 백인이며 남편이 같은 우려를 제기했다고 가정하라.) 만일 당신이 하나 이상의 방식으로 내담자 가족과 문화적으로 다르다면 강력한 상담관계와 긍정적인 결과를 고양시키기 위해 무엇을 할 수 있는가? 상담 전에 어떻게 준비할지, 회기 구조를 어떻게 다르게 다룰지, 회기 과정에서 어떤 다른 점을 발생시킬 필요가 있을지 고려하라.

추천 자료

❖ Books

Alexander, J. F., Waldron, H. B., Robbins, M. S., & Need, A. A. (2013). *Functional family therapy for adolescent behavior problems*. Washington, DC: American Psychological Association.

Minuchin, S., Nichols, M. P., & Lee., W.-Y. (2007). *Assessing couples and families: From symptom to system*. Boston, MA: Allyn & Bacon.

Nichols, M. P. (2008). *Family therapy concepts and methods* (8th ed.). Boston, MA: Pearson Education.

❖ Videos

Alexander, J. F. (Featured). (2014). Functional family therapy for high-risk adolescents [Video series episode]. In *APA psychotherapy video series II: Specific treatments for specific populations*. Washington, DC: American Psychological Association.

Family Institute of Kansas City, Missouri (Producer), & Corales, R. (Trainer). (1986). *The major theories of family therapy teaching tapes: VT 112 structural* [Motion picture]. (DVD #7AQ3717 available from Insight Media, 2162 Broadway, New York, NY 10024, 1-800-233-9910)

Jamestermcb. (2009, August 2). Structural family therapy [Video file]. Retrieved from https://www.youtube.com/watch?v=91wTCgPa_xw

PsychotherapyNet. (2009, June 30). Kenneth Hardy family systems therapy video [Video file]. Retrieved from https://www.youtube.com/watch?v=WBfaIN0rKWM

PsychotherapyNet. (2009, August 4). Tools and techniques for family therapy video [Video file]. Retrieved from https://www.youtube.com/watch?v=62HTYRM14rs

RockinChikk. (2012, February 24). Structural family therapy example [Video file]. Retrieved from https://www.youtube.com/watch?v=bOrnOcHWXgA

ToniHerbineBlank's channel. (2012, January 23). About internal family systems [Video file]. Retrieved from https://www.youtube.com/watch?v=_Yz4JNKIK_Q

❖ Websites

American Association for Marriage and Family Therapy. http://www.aamft.org/

Bowen Center for the Study of the Family: Georgetown Family Center. http://www. thebowencenter.org

Family Systems Institute. http://www.thefsi.com.au

문화적 사례개념화와 상담계획

문화 치료 소개

앰버(45세)는 캘리포니아에 있는 컴퓨터 소프트웨어 회사의 CEO이다. 그녀는 결혼한 적이 없지만 20대 중반에 5년 동안 마틴(46세)과 서로 아끼면서 함께 살았다. 마틴이 아이를 가져야겠다고 결심했을 때 그녀는 준비가 되지 않았다고 했고, 그래서 마틴은 앰버와 헤어졌다. 앰버는 세 명의 성인자녀 중 맏딸이며, 샌프란시스코의 좋은 동네에서 부유한 부모 밑에서 자랐다. 앰버는 컴퓨터 엔지니어링을 전공했으며 하버드에서 학사, 예일에서 박사 학위를 받은 후 캘리포니아로 돌아왔다. 앰버는 1주일에 한 번 부모님을 만난다. 형제자매는 다른 주에 살기 때문에 비정기적으로 만나고 있다.

앰버의 아버지는 백인이고 어머니는 아프리카계 미국인이다. 그는 성공한 은행원이고 그녀는 성공한 미술가였지만, 그들이 결혼하자 일부 친구와 친척은 그들을 적극적으로 배제하였다. 앰버는 부모님이 함께 매우 행복하고 매우 평등한 관계라고 하였다. 앰버는 자신을 자수성가한 사람으로 보며 자신의 전문 직업에 매우 만족하지만, 6개월 전부터 심한 외로움을 느끼고 있다.

지능과 성격 검사를 포함한 상세한 정신건강 검사가 실시되었다. WAIS-IV 검사에서 앰버는 우수 수준의 지능을 가진 것으로 나타났다. 인지적 혼란이나 기억 장애의 징후는 보이지 않았다. MMPI-2 검사에서는 개방적이고 정직한 태도의 반응을 보였다. 불안과 우울 수치가 좀 높긴 했지만, 심한 정신병리 징후는 없었다.

당신은 Hays(2008, 2013)에 의해 개발된 다문화 상담(multicultural therapy)을 실습하고 있다. 다문화 상담(MCT)은 모든 사람의 정체성이 그가 소속된 서로 다른 많은 사회 집단에 의해 영향을 받기 때문에, 사람들 사이의 모든 만남이 다문화 경험이라고 본다. 그녀의 외로움을 이해하려면 그녀의 복잡한 문화적 요인이 어떻게 상호작용하면서 그녀에게 자신에 대한 느낌, 타인에 대한 느낌, 세상에서 작동하는 방식에 대한 느낌을 가지게 하는지 이해해야 한다. 앰버의 삶에서 사회 집단 또는 문화 요인의 수는 삶의 각 지점에서 많아지거나 적어질 수 있다. 모든 사회 집단이 그들과 타인의 전형을 만들어 내는 것은 자연스러운 일이다. 시간이 흐르면서 그들은 자신들의 가치와 경험이 다른 집단의 것보다 더 정상적이고 타당하다고 인식하게 된다. 불행하게도, 이것은 내집단과 외집단, 그리고 그에 따른 불공평한 권력 배분으로 이어진다. MCT는 앰버가 하나 또는 그 이상의 외집단 소속원으로서 경험하는 억압이 심리적 고통의 주요 근원이라고 본다. 사회에서 지배적인 집단은 그들의 '진실'을 반영하는 사회 제도와 사회적 규준을 형성한다. 만일 앰버가 사회에서 적절하다고 여기는 사회적 규준에서 벗어나면 그녀는 타인으로부터 공격 또는 미묘한 차별(microagression)의 표적이 될 수 있다. 다문화적 이해를 발전시키는 것은 가치 있게 살 수 있는 방법은 많이 있으며, 그 방법들은 모두 지배 집단과 소수자 집단에서 다소간 보이는 문화적 맥락에 내재되어 있다는 것을 앰버가 깨닫는 데 도움이 된다. 앰버의 외로움은 그녀가 가진 특정한 요소의 결과일 수도 있고, 아니면 타인으로부터의 억압적 행동에 의한 결과일 수도 있다. 이 인과관계를 결정하는 것은 상담에 중요한 영향을 준다. 그녀의 고통이 사회적 불의에서 온 경우, 그녀의 개인적 고통이 진짜로 경감되려면 그녀가 개인적 또는 사회적 삶에서 활동가가 되는 것이 필요할 수도 있다.

앰버는 서로 교차하는 많은 사회 집단으로 구성된 복잡한 문화적 맥락에서 태어났다. 각 사회 집단은 구성원의 신념, 기대, 가치, 행동, 삶의 규칙을 인도하는 그 자체의 세계관을 가지고 있다(Sue & Sue, 2013). 인종이 다른 커플의 아이로 태어난 것은 앰버의 발달이 임신 순간부터, 임신에 어떻게 대처할지에 대한 백인 아버지와 아프리카계 미국인 어머니의 서로 다른 문화적 기대에 의해 영향을 받았다는 것을 의미한다. 부모의 친척과 친구 중 일부가 그들의 결혼 후에 관계를 끊었다는 사실은 많은 아이가 받는 보편적인 찬양을 앰버의 탄생이 받지 못했다는 것을 의미한다. 부모 모두 가족의 전폭적 지원 없이 그들의 분야에서 매우 성공했다. 그렇지만 어쩌면 가족의 지원이 부족했기 때문에, 앰버는 가족에서 중요한 돌봄 역할을 하였다. 그녀의 발달 과정 내내, 그녀가 세상을 어떻게 보는지, 그녀가 어떻게 컴퓨터 엔지니어링을 높이 평가하게 됐는지, 여성으로서 행동하는 법에 대해 그녀가 어떻게 결정을 내리는지는 항상 그녀의 정체성에 영향을 주는 사회 집단들이 발산해 내는 올바르게 사는 법에 관한 '진실'에 의해 의식적, 무의식적 수준에서 영향을 받았다. 삶에 관한 앰버의 진실은 먼저 부모의 가치와 신념에 의해 형성되었고, 그다음에 그녀가 소속된 또는 배제된 많은 사회 집단에 의해 형성되었으며, 사회 집단의 영향은 그 정도가 계속 증가하고 있다(Sue & Sue, 2013).

문화적 관점에서 앰버를 이해하려면 그녀가 날씬한 몸매에 컴퓨터 엔지니어링 박사 학위가 있는 짙은 갈색 피부의 여성이라는 사실을 훨씬 넘어서야 한다. 그녀의 문화유산이 그녀에게 어떤 의미인지, 그것이 그녀의 부모와 선조에게 어떤 의미였는지, 그것이 지금 그녀의 세계관에 어떤 영향을 주는지 이해해야 한다. 앰버는 그녀의 문화적 요인을 함께 섞어서 자신만의 독특한 인생 항로를 만들어 왔을 것이다. 반면에 하나의 근원적인 문화적 요인이 그녀의 신념, 가치, 태도에 지배적인 영향을 주었을 수도 있다(Comas-Diaz, 2012).

MCT를 할 때, 당신은 앰버의 문화적 요인 각각을 따로 떼어 분석하는 것에서 시작할 것이다. 특정 시점에서 이 문화적 요인 중 일부가 그녀의 정체성에 다른 것보다 더 큰 역할을 하게 된다. MCT는 ADDRESSING 분석틀을 사용하여 문화적 요인이 앰버의 태도, 감정, 행동, 타인과의 관계에 준 모든 충격을 이해하려 한다. 이 문화적 요인은 다음과 같다. 나이와 세대의 영향(Age and generational influences), 발달상의 또는 기타의 장애(Developmental or other Disabilities), 종교와 영적 지향(Religion and spiritual orientation), 민족적·인종적 정체성(Ethnic and racial identity), 사회경제적 지위(Socioeconomic status), 성적 지향(Sexual orientation), 고유의 문화유산(Indigenous heritage), 기원 국가와 제1언어(National origin and primary language), 역할·기대·관계를 포함한 성 관련 정보(Gender-related information, including roles, expectations, and relationships) 등이다.

앰버에게 다른 근원의 문화적 요인도 있지만, 이 ADDRESSING 분석틀에서 두드러진 부분은 미국의 사회제도에 의한 체계적인 억압이 있는 영역이다(Hays, 2013). 그녀가 외로움을 느끼는 데 중요한 역할을 한 것처럼 보이는 것은 외적 억압이다.

앰버에게서 이 9가지 문화적 요인을 평가할 때, 당신은 언제 그녀가 지배 또는 소수자 집단에 소속되었나를 판단할 것이다. 지배 집단의 지위가 반드시 수적 우위를 반영하는 것은 아니다. 지배는 그 집단이 환경을 통제하는 능력을 반영한다. 사회의 제도를 전반적으로 통제하고 그래서 일상사의 규칙 대부분을 설정하는 것이 지배적인 사회적 집단이다. 지배 집단의 소속원은 그들의 가치가 학교, 형사 사법제도와 같은 사회제도에 반영된 것을 볼 수 있다. 그들의 종교 기념일은 법정 공휴일이나 전통의 날로 지정되어 학교와 직장이 쉬기 때문에, 그들은 그날을 축하하기가 편하다(Hays, 2008). 지배 집단은 그들의 경험과 가치가 정상이며 그들의 가치가 '진실'을 대표한다고 마음껏 생각할 수 있다. 그들은 소수자 집단의 구성원처럼 신체적, 감정적 실체를 의식하는 일 없이 그들의 일상을 살 수 있다. 지배 집단의 구성원은 소수자 위치의 사람과 접촉이 제한될 수 있다. 예를 들어, 아이가 있는 가족은 학교에 가까운 곳, 고령자들은 성인 전용 마을에 살 수 있다. 가난한 사람은 도심 쪽에 사는 반면, 부자들은 교외의 외부인출입통제 지역에서 살 수 있다. 이 물리적 분리는 각 집단이 다른 집단의 신념과 가치를 오해하도록 부채질할 수 있다.

소수자 지위는 지배 집단에 의해 힘에 대한 접근이 제한되어 있다는 것을 의미한다. 이것은 그들의 실제 생활양식이 매체와 같이 현재의 권력 구조를 유지하려 하는 주류 사회 제도에 의해 잘못 전해진다는 것을 의미한다. 계속해서 소수자 집단 구성원을 깎아내리고 영향력 있는 지위에서 배제하는 것만이 지배 집단의 권력과 사회 통제권 유지를 가능하게 한다. 소수자 공동체의 구성원은 권력과 영향력을 가진 지배문화의 가치, 신념, 기대를 매우 의식해야만 한다. 그들은 고용, 거주, 교육, 사회 서비스에서 지배 집단에 종속되어 있다. 사람들이 사는 환경은 그들의 심리적 적응에 매우 강력하게 영향을 준다. 사회적 정의는 정신적 건강을 증진하고, 불공평한 경험은 심리적 고통과 역기능의 주요 근원이다(Sue & Sue, 2013). 소수자 문화의 한 부분이 되면 억압에 더 잘 노출되지만, 한편으로 집단 유대감과 자부심, 문화적으로 장려되는 긍정적 전통과 특질, 자연원조망 같이 문화적으로 특별한 강점도 가지게 된다. 인종주의와 차별에 대처하면서 앰버는 자존감을 그녀 주변에 있는 타인의 판단에 의존하지 않고 자기 성취에 대한 자신의 판단에 의지하는 법을 배우게 되었다.

나이와 세대 요인을 보면, 미국에서 아동(23.5%)과 노인(13.7%)은 소수자 집단이다(Vespa, Lewis, & Kreider, 2013). 앰버는 45세의 성인이고, 미국 내에서 다른 집단보다 더 존중받는 특권 집단의 구성원이다. 그녀는 폐경기에 들어서면서 자신이 사회적으로 가장 존중받는 성인 지배 집단에서 인지와 건강 문제를 가지고 있으면서 아마도 열등한 노인 집단으로 길게 굴러 떨어지기 시작했다는 것을 깨달았다. 만일 앰버가 45세가 아니라 65세였다면 노인 차별이 그녀의 외로움에 중요한 요인이었을 것이다. Palmore(2001)에 의하면, 노인 차별은 빈번히 일어나며 미묘한 차별에서부터 확장된다. 예를 들어, 누군가에 대해 안전하게 운전하기에는 너무 늙었다고 사람들이 가정하는 것에서, 능력이 떨어지고 있다고 승진을 시켜 주지 않겠다는 것이나 노화질병을 앓고 있어서 대출금을 갚지 못할 것이므로 대출을 해 주지 않겠다는 것 같이 좀 더 심한 차별로 갈 수 있다.

그녀의 나이 외에도, 앰버는 자신과 타인을 보는 관점에 영향을 준 세대 요인을 가지고 있다. 앰버는 1969년에 태어났다. 그녀의 청춘기에 인종적 편견과 차별에 대하여 굉장히 많은 사회적 활동이 있었다. 마틴 루터 킹 주니어는 그녀의 탄생 1년 전에 암살되었다. 따라서 그녀의 코호트에게 혼혈이 가지는 의미는 2000년에 혼혈로 태어나서 버락 오바마가 미국의 첫 번째 혼혈(아프리카계 미국인과 백인) 대통령으로 당선되는 것을 본 사람과 본질적으로 다르다.

발달장애와 살아가면서 갖게 된 장애의 사회적 요인을 보면, 장애를 가진 사람은 2010년 미국의 전체 인구 중에서 19%를 차지하는 소수자 집단이다(Brault, 2012). 현재 장애를 가진 사람을 차별하지 못하도록 막는 5개의 연방법(미국장애인법, 재활법, 인력투자법, 베트남참전용사 재적응지원법, 공무원제도 개혁법)이 있다. 그렇지만 이런 법은 그것이 제정되기 전에 만들어진 레스토랑이나 사무용 빌딩에는 강제성이 없다. 만일 앰버에게 신체적 장애가 없다면 아무 빌딩이나 들어가고 엘리베이터가 없거나 고장난 경우 계단을 올라갈 수 있는 것처럼 눈에 드러나지 않는 특권을 많이 가지고 있다. 그녀는 운동장애를 가진 사람이 무리 없이 이용할 수 있는 곳인지 미리 탐색하지 않고 결혼식에 참석하고 파티에 갈 수 있다. 만일 앰버가 휠체어를 탄다면 직장에서 홀을 가로질러 갈 때 사람들의 인사를 받지 못해 외로울 수 있다. 왜냐하면 사람들은 앰버가 있는 바닥쪽이 아니라 자기 눈높이 쪽을 보기 때문이다. 현재 당신에게는 앰버가 어떤 장애를 가지고 있는지 보여 주는 정보가 전혀 없다. 그렇지만 그녀가 나이가 많아지면서 최소한 일시적인 장애라도 경험할 가능성이 높아지고 있다. 그녀는 CEO로서 회사의 돈을 아끼는 정책을 펴야 하지만 그로 인해 신체 능력에 문제가 있는 사람에게 회사 환경이 사용하기 어렵거나 접근 불가능해질 수 있다.

종교와 영적 지향의 문화적 요인을 보면, 미국에서 기독교인이 아닌 사람은 소수자 집단에 속한다. 2008년의 인구조사(U. S. Census Bureau, 2012c)에 의하면, 기독교인이 전체 인구의 57%였다. 물론 자신이 기독교인이라고 이야기한 사람의 31%는 신교도이고, 19%는 가톨릭교도이다. 그다음으로 많은 집단은 반종교/무종교 집단이었다. 이 사람들이 전체의 11%였다. 인구조사에서 확인된 많은 소수 종교 중에서, 그다음으로 많은 집단은 유대교도(전체 인구의 0.9%), 무슬림(0.4%), 불교도(0.4%), 힌두교도(0.2%)였다. 앰버는 신교 기독교도일 가능성이 많고 그래서 지배적인 종교 집단에 속하지만, 오랜 기간의 차별과 편견으로 인해 백인 기독교도의 교회와 아프리카계 미국인 기독교도의 교회 사이에는 오래 동안 구분이 있었다(Boyd-Franklin & Lockwood, 2009). 앰버는 어디에 속하는가? 만일 앰버가 부모 가까이 산다면 그녀는 어릴 때 다녔던 교회에 계속 다니고 있을 것이다. 그렇지만 만일 그곳이 부유한 백인이 많은 곳이라면, 그녀는 자신의 가정교회에서 허용되는 소수자가 되었을 것이다.

민족, 인종 요인을 보면, 백인이 아닌 사람은 소수자 집단에 속한다. 앰버의 아버지는 백인(전체 인구의 77.9%)이고 어머니는 아프리카계 미국인(13.1%)이다. 그녀는 어디에 어울리는가? 인구조사에 의하면 혼혈은 전체의 2.4%이다(U. S. Census Bureau, 2012d). 만일 앰버가 같은 집단으로 여기는 백인에 의해 차별을 당한다면 그녀는 그들을 증오할 수 있을까? 그들이 그녀를 같은 집단으로 인정하지 않는다면 어떻게 되는가? 앰버는 혼혈인으로서 지배적인 백인 사회 집단의 구성원이 아프리카계 미국인 공동체(어머니가 속한 집단)의 구성원에게 저지르는 일상의 미묘한 차별을 경험할 것이다. 또한 아프리카계 미국인 공동체의 많은 구성원이 가지고 있는 백인(아버지가 속한 집단)에 대한 부정적인 전형을 매우 잘 인식하고 있을 것이다. 혼혈인은 한쪽 '편'을 선택하라는 압력을 받을 수 있다. 예를 들어, 종교기관에 참가할 때 그녀는 백인 집단 구성원이 많은 교회와 아프리카계 미국인이 많은 교회 중에서 선택해야 한다. 이런 것은 그녀와 그녀의 자매들이 백인이면서 아프리카계 미국인이기 때문에 '해야만 하는'선택이다. 앰버의 인종 집단 각각은 건강하고 적응적인 삶으로 가는 길은 하나뿐이라고 생각하면서 앰버가 어떤 길을 선택할지 갈등하도록 내버려 둘 것이다(Comas-Diaz, 2012). 반면에 그녀의 풍부한 혼혈 문화 정체성은 그녀가 삶의 스트레스를 겪으면서 강력한 복원력을 발전시키는 데 도움이 되었을 것이다. 그녀는 양쪽 문화 집단에서 가장 좋은 문제해결 전략들, 최선의 대처 전략들을 배웠을 것이다. 그녀는 백인 공동체와 아프리카계 미국인 공동체 각각에서 성공적으로 기능하는 법을 배웠을 것이며, 이것은 그녀에게 많은 사회적 자원을 제공한다. 그녀는 권력을 가지고 있을 때 권력이 적은 사람들에게 인정이 많고 존중하는 방식으로 권력을 사용하는 법을 배웠을 것이다(Comas-Diaz, 2012).

성적 지향을 보면, 이성애자가 아닌 사람은 모두 소수자 집단에 속한다. 앰버는 5년 동안 남자와 살았고, 더 깊은 관계의 남성 파트너를 찾는 것처럼 보인다. 이것은 그녀가 이성애자 지배 집단에 속한다는 것을 시사한다. 그렇지만 만일 자신이 양성애자, 레즈비언, 또 다른 성적 소수자의 구성원이라고 앰버가 인식하게 된다면, 그녀는 지배 집단에 비해 수가 적고 매우 차별을 받는 집단에 속하게 된다(American Psychological Association, 2008). 미국심리학회(2005a, 2012), 미국정신의학회(American Psychiatric Association, Commission on Psychotherapy by Psychiatrists, 2000), 레즈비언, 게이, 양성애자, 성전환자 상담학회(2012) 같은 전문가 단체가 모두 성적 소수자는 다른 걸 추구하지만 적응적인 발달 패턴이라고 강조하고 있지만, 이들에 대해 심한 차별과 편견이 여전히 존재하고 있다. 그들은 적대적인 환경에서 살기 때문에 더 큰 심리적 고통을 겪을 수 있다(American Psychological Association, 2008; Herek & Garnets, 2007).

사회경제적 지위의 문화를 보면, 돈과 교육이 부족한 사람, 낮은 지위의 직업을 가진 사람, 시골 지역에 사는 사람은 소수자 집단에 속한다. 앰버는 은행원 아버지, 성공한 미술가 어머니와 샌프란시스코에서 살면서 엘리트 집단의 구성원으로 키워졌다. 그녀는 상위 계급 이웃과 살았던 것 같고 부와 권력이 있는 집안의 아이들과 어울렸던 것 같다. 그녀는 일류 교육과 성공의 세계로 가는 급속 입장권을 제공받았다. 그녀는 자신이 자수성가한 사람이라고 생각한다. 지금 그녀는 자신이 성장하면서 받은 혜택을 인식하지 못하며, 그것이 CEO라는 현재의 지위에 얼마나 큰 영향을 주었는지 인식하지 못한다. 앰버는 노동인구 중에서 2%

에 해당하는 자본가 집단의 구성원으로 키워졌다. 이 집단은 직장, 정치 영역에서 지배 권력을 가지고 있다(Zweig, 2008). 충격적이게도, 가난한 사람은 전체 인구의 15%에 달하여 수적으로 우세한 집단이지만 대부분은 빈곤선 이하로 산다(Macartney, Bishaw, & Fontenot, 2013). 수적 우세에도 불구하고 그들에게는 그들이 가질 수 있는 직업, 살 곳, 먹을 것, 아이들이 다닐 학교에 대한 통제 권력이 거의 없다. 다른 범위의 사회경제적 지위를 가진 사람들이 서로의 환경에 대해 거의 알지 못하는 것은 드문 현상이 아니다. 이는 그들의 이웃이 다르고, 직장 위치가 다르고, 아이들이 다니는 학교가 다르기 때문이다(Books, 2007; Lott, 2002). 따라서 앰버는 자신의 인생에 얼마나 많은 혜택이 있었는지, 그리고 그것이 소프트웨어 회사의 CEO라는 현재 위치를 가지는 데 얼마나 도움이 되었는지 인식하지 못하고 있을 것이다.

고유의 문화유산을 보면, 미국 인디언과 알래스카 원주민은 북아메리카의 대표적인 원주민이다. 자신이 토착 원주민이라고 생각하는 사람은 현재 510만 명 정도이다(U. S. Census Bureau, 2012a). 앰버는 샌프란시스코에 사는데, 이곳에서는 매년 콜럼부스의 날을 폐지하자는 원주민 항의집회가 열린다(Pan Tribal Secession Against the Empire, 2012). 원주민의 문화와 생명을 말살시키려는 백인의 식민지 활동으로 인해 원주민이 받은 영혼의 상처는 앰버에게 개인적으로 공명되었을 것이다. 그녀는 비원주민 지배 집단의 구성원이지만, 가족들의 이야기를 들었고 미국의 노예 제도와 인종주의를 자세히 표현한 어머니의 작품들을 보았다. 이것이 그녀로 하여금 미국의 원주민에 대한 대량학살에 민감해지게 하였을 것이고, 그녀는 원주민에 대해 공격 또는 미묘한 차별을 하지 않으려고 더 조심하게 되었을 것이다.

기원 국가를 보면, 난민, 최근 이주민, 국제 학생은 소수자 집단이다. 미국에는 허가받지 않은 이주민이 많은데, 라틴아메리카에서 온 사람만 1,170만 명 정도로 추산하고 있다(Passel & Cohn, 2009). 합법적 이민이냐 아니냐는 중요한 의미를 가진다. 오바마 대통령 시절 동안, 불법 이주로 기소된 사람이 1992년~2012년에 기소된 사람의 두 배가 넘었고, 대부분은 불법 이주 선고를 받고 감옥에 갔다(Passel & Cohn, 2009). 불법 이주민은 심지어 사회복지 기관에 갈 필요가 있다고 생각해도 국외 추방, 언어 장벽, 통역자 부족, 문화적 차이에 대한 두려움 때문에 신체건강이나 정신건강 기관에 가지 않으려 한다(Bemak & Chung, 2008).

앰버, 앰버의 부모, 조부모가 모두 미국에서 태어났으므로 앰버는 기원 국가 측면에서 지배 집단에 속한다. 그렇지만 미국에는 여전히 인종차별과 편견 행동이 흔히 일어난다. 앰버 자신도 편견 경험이 있을 것이므로, 그녀는 이주민 집단의 요구에 더 민감해졌거나 아니면 그녀의 사회적 집단 구성원에게서 기회를 뺏어 갈 가능성이 있다는 위협을 더 느꼈을 수 있다.

마지막으로 성을 보면, 여성과 성전환자는 소수자 집단이다(American Psychological

Association, 2012; American Psychological Association, Join Task Force, 2006; U. S. Census Bureau, 2010a). 2010년에 여성은 미국 인구의 51%였고, 이 수적 우위는 남성과 여성의 나이가 높아질수록 더 커졌다(U. S. Census Bureau, 2010a). 여성이 수적 우위를 차지하고 있음에도 불구하고, 지금까지 남성이 여성보다 권력, 권위를 가진 지위를 더 많이 가지고 있었다. 앰버는 하버드와 예일에서 교육을 받을 때 많은 편견과 차별을 받았을 것이다. 왜냐하면 컴퓨터 엔지니어링 수업에 여자는 거의 없었을 것이기 때문이다. 앰버에 의하면, 새로 온 고객 중에 많은 사람이 그녀를 비서로 생각하고 커피를 요청한다. 이런 행동을 미묘한 차별이라 볼 수 있으며, 앰버는 이런 유형의 행동을 계속 반복해서 당한 것 같고 따라서 그것이 그녀에게 큰 스트레스가 되었을 것이다(Sue & Sue, 2013). 성전환자는 전체 인구의 1%가 되지 않는 소수자 집단이다. 이 집단은 매우 차별받으며(American Psychological Association, Task Force on Gender Identity, Gender Variance, and Intersex Conditions, 2006), 현재 권력이나 사회적 영향력이 전혀 없다.

앰버는 지배 집단과 소수자 집단 양쪽에 속해 있다. 그녀가 어떤 특정한 사회적 상황에서 특정한 사람과 관계를 가질 때 그 순간 그녀의 정체성은 그녀와 상대방 사이에 있는 사회적 권력의 차이에 영향을 받을 것이다. 그녀가 억압이 예상되거나 억압을 인식하거나 받는 사람의 경우, 그녀는 자기 삶의 중요한 측면을 통제할 권력이 상대적으로 부족해서 스트레스를 경험할 것이다. 반대로 그녀가 권력을 기대하거나 인식하거나 가지는 사람과 상호작용하는 경우, 그녀는 자원과 강점의 증가를 경험할 것이다. 따라서 앰버가 일부 상황에서 지배 집단 구성원에게 피해를 당하는 것과 마찬가지로, 그녀도 다른 상황에서 억압자로 행동할 것이다. 언제 앰버가 억압하고 억압당하는지를 이해하면 그녀가 자신의 외로움을 줄이기 위해 얼마나 많은 개인적 변화를 할 필요가 있는지, 억압적 환경을 바꾸려면 얼마나 많이 사회적 활동에 참가할 필요가 있는지 결정하는 데 도움이 될 것이다. 억압이 심리적 스트레스와 역기능의 주요 원인이므로, 사회적 정의를 찾는 것은 MCT를 사용한 상담의 핵심 요소이다. 상담은 앰버가 가치로운 삶을 사는 많은 방식이 있으며, 각각의 방식은 다문화 맥락에 내재되어 있다는 것을 발견하는 데 도움이 될 것이다.

상담자의 역할

상담자의 주요 역할은 앰버의 문화적 요인이 그녀 자신, 타인, 그녀의 세계관에 대한 느낌에 준 영향을 확인하도록 돕는 것이다. 상담자는 앰버의 삶에 있는 권력과 억압의 근원을 분석할 것이고, 이를 통해 그녀의 소외가 억압이라는 외적인 힘에 언제 영향을 받았는지, 그리고 그것이 그녀의 개인적 기대, 인식, 행동으로부터 언제 왔는지를 그녀가 인식하도록 도울 것이다. MCT는 기술적으로 절충된 모델이다. 앰버의 문화적 정체성이 매우 복잡하므로, 주류 심리상담에서는 전형으로 여겨지지 않는 개입을 포함하여 서로 다른 많은 유형의 개입이 필요할 수 있다(Hays, 2008). 상담자는 문화적으로 적합한 방식으로 앰버의 개인적 강점과 자원을 구축해 갈 기법을 고려할 때, 그녀의 가치와 신념에 대한 상담자의 생각을 유연하게 유지하고 그 가치와 신념을 존중할 필요가 있다. 예를 들어, 상담자는 앰버의 상담계획에서 문화적으로 특정한 치유 의식을 포함시킬 수 있다. 역사적으로 볼 때, 교회는 아프리카계 미국인 공동체의 안녕에 주요 역할을 해 왔다. 만일 교회 예배가 앰버에게 문화적 강점의 근원이라면, 그것이 그녀의 상담계획에 통합될 것이다. 문화적 요인은 많은 측면에서 상담계획에 영향을 줄 수 있다. 예를 들어, 아프리카계 미국인 문화는 관계에서 존중을 중시한다. 앰버는 자신의 CEO 역할 중에서 임원에 대한 지시가 제대로 존중받지 못하고 있다고 믿는다. 앰버는 자신의 아프리카계 미국인 문화와 관계에서 존중이 표현되는 방식을 더 반영할 수 있다. 그 다음에 그녀는 그녀의 지시가 어떤 대우를 받기 원하는지에 관해 임원들을 교육할 때 임원들과의 전체 회의, 임원 개개인과의 회의, 메모 전달, 기타의 다른 방식 중에서 어떤 것이 최선의 방식인지 결정할 수 있다. 임원들이 의도적이라기보다 문화적 단절로 인해 그녀가 결례라고 여기는 방식으로 행동하는 것일 수도 있다. 그렇지만 앰버는 그녀의 업무 환경에 실질적인 변화를 줄 필요가 있을 것이다. 만일 피고용인의 인종주의가 이 결례의 근저에 깔려 있다면 앰버는 자신이 참으면서 피고용인들과 좀 더 생산적인 관계를 형성하려고 노력하기를 원하는지, 아니면 문제가 되는 피고용인을 해고하고 새로운 사람을 고용하면서 적대적 환경을 변화시키는 행동을 취함으로써 회사 내에서 그녀의 권력을 보여 줄 때라고 생각하는지 곰곰이 생각해 볼 필요가 있다.

앰버가 문으로 들어오기 전에 상담자는 한 개인인 그녀에게 효과적인 상담자가 되도록 스스로를 준비할 필요가 있다. 상담관계를 포함하여 두 사람 사이의 모든 상호작용은 다문화적 경험이다(Comas-Diaz, 2012). 상담자와 앰버 사이의 문화적 차이는 상담에 영향을 줄 것이다. 그 결과 상담자는 자신의 신념체계와 세계관이 앰버와의 작업에 어떻게 영향을 주는지 매우 의식할 필요가 있다. 앰버의 경험을 경청하는 것이 중요해질 것이다. 그렇지만 상담자는 먼저 자신의 세계관이 가진 한계를 인식하도록 도와줄 사람들과 접촉 범위를 넓힐 방법을 알아내야 한다(Hays, 2008, 2013). 상담자는 상담을 위해 적절한 개입이라고 생각하는 것이 무엇인지, 그리고 지금 앰버에게 최선의 개입이 될 수 있는 것에 관한 '진실'이라기보다 상담자 자신의 세계관에 의해 이 개입들이 어떻게 영향을 받을 수 있는지 숙고할 필요가 있을 것이다(Sue & Sue, 2013). 자신이 효과적인 조력자로 무척 잘 준비되었다고 생각이 되더라도, 상담자는 겸손한 자세로 상담에 접근할 필요가 있다. 당신이 '전통적'이라고 여기지 않지만 앰버 이해에 큰 도움을 줄 수 있는 지식 자원이 있을 수 있다. 예를 들어, 앰버에 대한 문화적 영향의 근원을 이해하는 데 도움이 되는 음악, 음식, 영화, 문학, 종교 정보 등을 얻을 수 있었던 경험이 상담자에게 있는가? 상담자는 전통적인 지식 자원을 넘어서야 할 필요가 있다. 왜냐하면 그것들은 상담자의 문화적 전형에 의해 제한되기 때문이다(Hays, 2013).

상담자는 자신의 지식 기반 확장 시기를 어떻게 알 수 있는가? 상담자는 ADDRESSING 모델을 사용하여 자신의 편견, 억압 영역을 앰버의 것과 비교하는 것으로 시작할 것이다. 예를 들어, 앰버는 폐경기가 시작된 것에 관해 이야기할 것이다. 상담자는 폐경기와 관련하여 어떤 개인적 경험이 있는가? 상담자는 여성의 정체성이란 측면에서 출산에 얼마나 가치를 두고 있는가? 상담자는 이 발달상의 이정표가 여성에게 주는 영향에 대해 얼마나 교육을 받았는가? 상담자는 여성 노인에 대한 부정적, 긍정적 전형에 대해 알고 있는가? 여성 노인 이슈에 관해 자신이 알고 있는 것과 모르고 있는 것을 스스로 인식하는 것이 앰버의 상담에 자신을 준비시키는 상담자의 첫걸음이다. 상담자의 두 번째 걸음은 폐경기에 관해 배워서, 앰버가 여성 노인이 되어 가는 것을 어떻게 생각하고, 느끼고, 경험하는지 더 잘 이해할 수 있게 되는 것이다(Hays, 2013). 앰버는 혼혈 정체성을 가지고 상담에 왔다. 상담자는 순혈인가, 두 인종 혼혈인가, 다인종 혼혈인가? 만일 앰버가 상담자에게 일상생활에서 얼마나 많은 두 인종 혼혈인과 관계를 가지는지 묻는다면 상담자는 마음 깊은 곳에서 어떻게 느끼게 될까? 어떤 식으로든 비판받는다거나 능력에 의문을 제기받는다고 느낄 때, 방어적으로 되지 않고 마음을 닫지 않는 것은 어려운 일이다. 그렇지만 앰버를 도우려면, 상담자는 그녀의 관점과 경험에 대한 깊은 연민을 보여 주어야만 한다(Hays, 2008, 2013). 만일 상담자가 두 인종 혼혈과의 경험이 일천하다면 그것을 인정해야 한다. 상담자가 그녀에게 도움이 될 수 있을 만큼 두 인종 혼혈인과의 경험이 충분한지에 대해 그녀가 관심을 가지는 것은 그녀의 권리임을 확인해 줘야 한다. 그녀가 상담 성과에 대해 우려하고 있는 상황에서 관련 경험은 없지만 상담이 만족스럽게 진행될 것이라고 상담자가 가정하는 것은 특권적 가정이다. 범주와 전형을 형성하는 것은 인간의 전형적인 대처 전략이다. 상담자가 이것에 영향을 받지 않는 것은 아니다. 상담자가 앰버를 도와주려는 열망을 가지고 관계를 시작한다는 사실이 자동적으로 그것을 할 수 있는 기술을 주는 것은 아니다(Hays, 2013).

상담자는 앰버와의 첫 상담회기에서 그녀에게 자신의 관점에서 스스로를 묘사해 보라고 요청하고 또 그녀의 사회 네트워크에 있는 사람들이 그녀를 어떻게 묘사할지 물어볼 것이다. 상담자는 ADDRESSING 체계를 사용하여 그녀가 자기 삶에 있는 복잡한 문화적 요인을 인식하도록 도울 것이다. 그녀는 현재 자신이 억압을 느끼고 있는 정체성을 가장 잘 인식할 가능성이 높고, 자신이 특권을 가지는 영역을 인식할 가능성이 가장 낮다. 이것은 지배 집단의 개인은 그들의 정체성이 그들에게 주는 혜택과 권력을 인식하도록 장려받지 않기 때문이다. 그건 마치 눈에 보이지 않는 먼지처럼 그들 주위를 그냥 둘러싸고 있으며, 권력을 덜 가진 사람으로 하여금 구분하고 우대하는 태도로 행동하도록 영향을 준다. 소수자 집단의 구성원은 권력의 차이에 민감하도록 키워지며, 반면에 지배 집단의 구성원은 그들의 혜택을 당연한 것으로 여길 것이다. 상담자는 앰버의 이야기를 경청할 때 그녀가 억압받도록 하는 또는 그녀가 타인을 억압하도록 하는 사회문화적 편견의 신호에 주의를 게을리 하지 않아야 한다.

상담자와 앰버가 그녀의 외로움에 대해 이 문화적으로 민감한 사정에 협력한 후에, 상담자는 그녀가 세상에서 상호작용하는 방식에 어떤 변화가 필요한지 알게 될 것이다. 예를 들어, 앰버는 사람들을 멀어지게 하는 미묘한 차별을 무의식적으로 하고 있을 수 있다. 반면에 억압의 외적 근원은 변화시킬 필요가 있을 것이다. 어쩌면 그녀에게 근접한 권력을 가지고 있는 피고용인들은 그녀가 보스인 것을 불쾌하게 생각할 수 있다. 만일 그들이 그녀의 타당한 요구에 존중심을 가지고 반응하는 법을 배우지 못한다면, 앰버는 존중심을 보일 새로운 피고용인을 찾을 필요가 있을 것이다. 앰버를 외롭게 하는 것은 내적인 태도나 행동, 그리고 외적인 태도와 행동이 결합된 것일 수 있다. 상담자는 어떻게 하면 앰버가 더 사회적으로 연결될 수 있는지에 대해 통념에 따른 계획을 미리 세우지 않는다. 상담자는 외로움에서 벗어나 살 가치가 있는 인생으로 가는 길이 많이 있고, 이들 길은 모두 똑같이 근거가 있다고 믿는다(Comas-Diaz, 2012). 따라서 상담자는 앰버가 인생에서 만족을 느끼도록 도울 상담계획에 그녀가 성취하고자 하는 것, 그녀가 상담 성공이라고 여기는 것에 대한 그녀의 관점을 포함시킬 것이다. 상담자의 세계관과 가치가 앰버의 것과 갈등을 일으키는 경우가 있을 수도 있다. 상담자는 자신의 문화적 가치를 그녀에게 부과하지 않겠지만, 그녀가 그녀의 많은 사회적 정체성을 가로지르는 요구들을 조화시키도록 돕기 위해 그녀의 선택지를 확장하려 하는 것은 가능하다.

상담자가 앰버를 돕기 위해 어떤 개입을 선택하든 ADDRESSING 틀을 사용하는 것은 사회적 정의에 대한 요구가 명백해지는 환경을 만들어 낼 것이다. 앰버는 그녀가 가진 정체성의 어떤 측면에서 현재 억압을 경험하고 있는지, 그리고 이것이 얼마나 특별하게 영향을 주었는지 인식하게 될 것이다. 또한 그녀는 자기 정체성의 어떤 측면에서 타인에게 억압적으로 행동해 왔는지 인식하게 될 것이다. 앰버는 그녀가 억압을 받는 환경보다 그녀가 억압의 근원인 환경에서 변화를 만들 힘을 더 가지게 될 것이다(Hays, 2013).

사례 적용: 나이 영역의 통합

이제 앰버의 사례가 자세하게 검토될 것이다. 그녀의 사례와 관련되는 복합적 영역이 많이 있지만 여기서는 나이 영역을 선택하여 문화적 사례개념화와 상담계획에서 검토하였다.

문화적 관점에서 앰버(A)와의 인터뷰

C: 외로움을 많이 느껴서 여기 온 걸로 알고 있어요. 당신에 대해서 이야기해 주시겠어요?

A: (분석적으로) 나는 이제 막 45세가 됐어요……. (멈춤) 바보 같은 이야기지만, 갑자기 내 나이가 신경 쓰여요.

C: 지금 이 순간에 당신에게 바보 같이 느껴지지만, 당신의 나이가 당신을 어떻게 규정하는지 이해하는 건 가치 있는 일이지요.

A: (짜증스럽게) 내 나이에 신경 쓰는 건 바보 같은 일이에요. 내가 죽음 문턱에 있는 것 같지는 않잖아요. 그냥 주름이 좀 생긴 거죠.

C: 광고나 영화를 보면 젊은 여성은 꾸며져 있고 나이 든 여성은 짜증나게 하거나 쇠퇴한 것으로 정형화되어 있죠.

A: (짜증스럽게) 내가 그런 허튼 것을 믿는다고 생각하지는 않아요. 나는 알아요, 내가 누군지……. (한참 침묵)

C: 우리 대부분은 심지어 인식하지 못할 때에도 우리 주변의 전형을 받아들여요. (한참 침묵) 전형은 친숙하지 않은 것을 이해하는 데 도움이 되지만, 한편으로는 그것이 이끄는 방향의 타당성을 우리가 의식적으로 검토하지 않으면 우리를 속박하거나 우리에게 피해를 줄 수 있어요.

A: (C를 쳐다보며 생각에 잠긴 것처럼 보인다) 지난달에 45세가 되었는데, 평상시보다 더 외로움을 느끼게 되었어요. 나는 큰 파티를 열었어요. 문득 보면 나는 어두운 구석에 서서 손

님들이 먹고 웃는 것을 보고 있었어요. 나 빼고는 모든 사람이 즐거워하는 것처럼 보였어요. (한참 침묵) 그건 바보 같아요, 나는 아이를 원한 적이 없었거든요.

C: 지금은요?

A: (화를 내며) 나는 생리 주기가 불규칙해지고 일과성 열감이 나타나기 시작했어요. 나의 부인과 의사는 폐경기가 시작되었다고 해요. 그 증상들이 그렇게 나쁘게 느껴지진 않지만, (멈춤) 생각하고 싶지 않은 것들이 자꾸 생각나요.

C: 폐경기가 되어서 떠올리기 싫은 것들이 자꾸 생각나나 보네요. 예전에는 당신이 선택했지만, 이제는 생리가 선택하는군요.

A: (화를 내며) 나는 선택을 하는 사람이 되는 게 좋아요. 나는 권력과 통제력을 가진 선택자가 되기 위해 열심히 일했어요.

C: 생리는 당신이 유력한 CEO인지 신경 쓰지 않아요. (한참 침묵) 아이를 가지지 않은 것을 후회하나요?

A: (부드럽게) 부모님은 모두 아이를 가지라고 압력을 주셨어요. 아이를 가지지 않을 권리가 나에게 있다고 주장해야만 하는 게 항상 피곤한 일이었어요. 아이 돌보는 일은 내가 자라는 시기에 충분히 했어요. (한참 침묵)

C: 당신이 동생들을 돌봐야만 했나요?

A: (분석적으로) 정확히 말하자면 그건 아니고요. 부모님은 항상 바쁘게 뭔가 하셨어요. 나는 정말 부모님을 존경했고 그런 식의 활력을 가지고 싶었어요. 반면에 내가 맏딸이었기 때문에 부모님이 안 계시면 두 여동생이 나한테 껌처럼 달라붙어 있었어요. 걔들은 혼자 있기 싫다고 항상 울었어요. 처음에는 신경 쓰지 않았지만 결국 그들의 이불을 덮어 주고 숙제를 도와주는 사람이 되었어요. 그러나 그들이 항상 나한테 의지했기 때문에 나는 정말 지쳐 버렸어요. 늦은 시간이 되어서야 내 숙제를 시작해서 밤까지 해야 했죠. 내가 대학에 가기 위해 집을 떠날 때 나는 집에서 멀리 떨어진 곳, 머나먼 보스턴으로 갔어요. 나는 마침내 그냥 나 자신만 돌보게 되었어요.

C: 당신만, (멈춤) 그리고……. (멈춤)

A: (행복하게) 나는 '아니요'라고 하는 게 이기적이라고 느끼지만, 그걸 사랑해요. 세월은 쏜살같이 지나갔어요. 나는 대학원에서 멋진 남자를 만났어요. 우리는 함께 살기로 했고, 5년의 즐거운 날들을 보냈어요. (흥분하여) 서른이 가까워지면서 나는 실질적인 경력을 시작하게 되었고, 그게 정말 좋았어요. (멈춤, 짜증스럽게) 그다음에 그가 '정착해야 할 때'에 대한 연설을 했어요. (멈춤) 그게 무슨 헛소린지? 나는 처음부터 경력을 중시한다고

분명히 밝혔어요. 우리 둘 다 열심히 일했고 잘해 가고 있었어요. 도대체 왜 '우리'가 정착하지 못했다는 걸까요?

C: 당신은 경력을 우선시한다고 솔직하게 밝혔다고 생각했어요. 그렇지만 어쩌면 그는 그게 장기적인 선택이 아니라 젊은 여성의 흥청거림이라고 느꼈을지도 모르죠.

A: (화를 내며) 정확히 그래요. 그는 우리가 더 나이 들면 내가 일을 그만두고 전업주부 어머니가 될 거라고 생각했다는 걸 시인했어요. 그가 언제 그런 생각을 하게 됐는지는 모르겠어요. 나는 그런 언급을 한 적이 전혀 없었어요. (점점 큰 소리로) 나를 가장 혼란스럽게 한 것은 그가 자신의 계획이 옳으며 내가 그 길로 가지 않으면 나한테 뭔가 문제가 있는 것이라고 아주 확신하는 것이었어요. (한참 침묵, 좀 부드럽게) 나는 그 이야기를 했고, 그는 내가 당장 결정하지 않으면 떠나겠다고 했어요……. (한참 침묵) 그리고 그는 떠났어요.

C: 충격적이네요. (한참 침묵)

A: (화를 내며) 그 일이 생각날 때마다 화가 나요. 우리는 항상 동등한 파트너에 관해 이야기했었거든요. 그가 자기 일에 관해 이야기하는 걸 내가 경청한 것처럼 그도 항상 내 일 이야기를 경청하는 것처럼 보였어요. (혼란스러워하며) 그가 아이에 대한 생각을 바꾼 건 이해할 수 있었어요. 우리가 처음 만났을 때 그도 아이를 원치 않았거든요. (한참 침묵) 그러나 내가 아이를 원치 않는다고 이야기할 때마다 그는 항상 그게 내 본 뜻이 아닐 거라고 생각하는 것처럼 보였어요. (한참 침묵, 화를 내며) 그가 통제권을 가지고 우리 관계의 모든 규칙을 바꾸고 있다고 내가 말했을 때, 그는 무슨 뜻인지 알겠다고 말하면서 짐을 싸서 집을 나갔어요. 그는 다른 여성과 네 달 동안 데이트를 한 뒤 결혼을 했고 현재 세 명의 자녀가 있어요. (한숨)

C: (머뭇거리다가) 그 한숨의 의미는 뭔가요?

A: (조용하게) 나는 그 관계가 끝난 게 후회되지는 않아요. 아이를 가지지 않은 걸 후회하지 않아요. 내 생각에 나는 그가 아주 옛날부터 성 차별주의자처럼 행동했다고 그에게 마음껏 소리쳐 주지 못한 걸 후회하고 있어요. 나는 변화해야 했고, 그는 그럴 필요가 없었어요. 우리는 함께 5년을 보냈어요. 그리고 나서 몇 달 후에, 그는 다른 사람과 결혼했어요. 나는 그렇게 열심히 일해서 가지게 된 권력을 포기해야 했지만, 그는 그걸 계속 유지하면서 관계도 가질 수 있었어요.

C: 그는 선택할 필요가 없었고, 권력과 관계 모두 가질 수 있었네요. 당신의 외로움은 그 일과 어느 정도 연관된 걸까요?

A: (화를 내며, 큰 소리로) 마치 그것이 진실인 것처럼 되는 건 못 봐줘요. 부모님은 서로 파트

너이셨고, 나는 항상 우리가 파트너가 될 거라고 기대했는데 그 모든 시간 동안 함께 살았던 게 얼마나 바보짓이었는지 보고는 충격을 받았어요.

C: 당신은 당신이 원한다고 말한 건 진짜로 원한 것이었고 규칙을 바꾸려는 것은 당신이 아니고 그라는 것을 그가 알기를 원했군요. 당신은 그가 떠나기 전에 그에게 더 말하지 못한 걸 후회하고 있고요.

A: (조용하게) 예. 우리가 헤어지기로 결정했다기보다는 그가 나를 떠난 것 같다는 생각이 훨씬 더 들거든요. 또 너무나 갑작스러웠고요. 나는 많이 생각해 봤는데, 그게 그에게서 비롯된 게 아니라고 봐요. 나는 그의 부모님을 의심하고 있어요. (C는 묻고 싶은 듯이 A를 쳐다본다) 우리는 항상 금요일 저녁에 나의 부모님과 함께 저녁 식사를 하고, 일요일 아침에는 교회에 갔다 온 후에 그의 부모님과 함께 브런치를 먹었어요. 그들은 나와 함께 있는 게 언제나 편하지 않은 것 같았어요, 심지어 5년 동안 매주 같이 식사했는데도.

C: (놀라며) 말도 안 돼요.

A: (진지하게) 나는 그게 나의 아버지가 백인이기 때문이냐고 그에게 한 번 물어본 적이 있어요. 그의 부모님은 모두 아프리카계 미국인이거든요. 그는 그걸 부정했지만, 나는 부모님에게 때때로 그들을 금요일 저녁 식사에 초대하게 했는데, 그들은 한 번도 나의 부모님을 초대한 적이 없어요. 그들은 나하고 있을 때처럼 나의 부모님한테도 불편해하는 것 같았어요.

C: (사무적으로) 당신은 똑같은 패턴임을 알아차렸군요.

A: (사무적으로) 부모님이 나와 카드놀이를 하거나 밤에 나를 재워 주는 그런 유형은 아니었지만, 인종을 편 가르는 어리석은 사람은 되지 말라고 우리 모두에게 제대로 이야기하셨어요. 두 분 모두 그들의 약혼을 무효화하려는 많은 사회적 압력을 받았다고 하셨어요. 그들은 헤어지는 걸 거부했지만 상당한 대가를 치렀어요. 그들이 결혼한 후 두 분 다 함께 어울리지 못하는 핑계를 대는 가족과 친구가 많았어요.

C: (멈춤) 핑계를 댄다고요?

A: (화를 내며) 그들은 자신이 편협한 사람이란 걸 인정하지 않았던 거죠. 부모님은 심지어 서로 만나시기 전에 많은 돈을 버셨어요. 따라서 인종 외에 다른 것일 수가 없죠.

C: 당신의 부모님은 모두 돈이 줄 수 있는 권력과 특권을 가졌어요. 그러나 일부 친척과의 관계에서 그들은 억압을 받았군요. 인종 문제가 되면 이인종 커플은 소수자 집단에 속하게 되고 정말 개인적 수준에서 억압에 직면하게 되니까요.

A: 어머니는 아프리카계 미국인임을 자랑스러워하셨어요. 그녀의 작품은 그녀의 아프리카

전통과 흑인 노예 경험을 강력하게 결합한 거예요. 그녀는 몇 세대 전까지의 가족에 관해 모두 알고 계셨어요. 그들은 글을 적을 자유를 가지기 전까지 이야기로 전해 주셨어요. 어머니는 처음으로 글이 아니라 그림을 그리셨어요. 그녀는 자신의 인종과 가족에 자부심을 가지고 계셨어요.

C: 그녀는 당신의 가족이 노예로 겪었던 고통을 알고 있었고, 세대를 이어 이야기를 공유함으로써 가족이 가지게 된 힘을 알고 있었군요. 자신의 혼혈 아이가 아프리카계 미국인이나 유럽계 미국인 또는 양쪽 모두에게 거부될 때 자신이 느끼게 될 고통을 그녀가 예상했는지 궁금하네요.

A: 그런 문제에 대한 그녀의 대처법은 그냥 매우 화난 그림을 그리시고, 그러고 나서 우리에게 잊어버리라고 이야기하시는 거였어요.

C: 혼혈인 것이 당신이 지금 외로운 것과 관련이 있다고 생각하나요?

A: (짜증을 보이지만 곰곰이 생각하면서) 말이 되는 것 같아요. 새로운 고객은 나에게 매우 무례해요. 실제로 그들은 내가 비서라고 생각하고 나한테 커피를 요청해요. (한참 침묵) 내 피부색 때문일 수도 있지만, 내가 여성인 게 그 무례함의 더 큰 원인이라고 생각해요. 여성이 그런 식으로 취급받는 것은 나를 격분시켜요. 성인의 경우, 우리는 일반 대중에서 다수를 차지하고, 조금 다수이긴 하지만, 여전히…… (멈춤)

C: 지배권은 숫자의 우위에 있는 것이 아니라 사회에서 권력과 통제력을 더 많이 가지는 것에서 오죠.

A: (한숨을 쉰다) 음, 나는 세상을 그런 식으로 생각하는 게 정말 싫어요. (진지하게) 내가 직장에서 가지고 있는 권력과 통제력을 내가 정말 좋아한다는 건 시인할 수밖에 없어요. 업무가 잘 처리되면 정말 큰 만족을 느껴요. (한참 침묵, 행복하게) 나는 내가 하는 걸 진짜 사랑하고, 나의 고된 업무는 나에게 지적 도전과 경제적 안정을 주었어요. (한참 침묵, 화를 내며) 나는 외로운 게 아니에요! 그냥 화가 많이 난 거예요. 이 일을 처리할 수 있어야 해요. 나는 일들을 잘 처리해요. 내가 해요.

C: 직장에서 문제가 발생하면 당신이 그걸 처리할 수 있지만, 그 후에 당신은 외로움을 많이 느껴요. 그 뒤에 무엇이 숨겨져 있는 것 같나요?

A: (한참 침묵, 부드럽게) 남성은 그가 버는 것보다 적은 돈을 버는 여성과 교제하죠. 내가 누군가를 만나면 그는 항상 내가 뭘 하는지 묻고, 그래서 내가 진실을 말하면 그의 눈에서 빛이 사라지죠.

C: 진실을 말한다고요?

A: (조용하게) 나는 애매하게 말하려고 해요, 그냥 컴퓨터 소프트웨어 쪽에서 일한다고 이야기해요. 그러면 그들은 레스토랑에서 나와 만나기보다는 나를 태우러 집으로 오거나 나를 집에 데려다 주려 해요. 그들은 초대받길 원하죠. 그러나 일단 내 아파트를 보면 마치 나한테 성행위 감염증이 있는 걸 알게 된 것처럼 행동해요.

C: 당신이 실제로 매우 자랑스러워할 자격이 있는 인생 영역, 즉 일에서의 성취에 대해 사람들에게 숨길 필요가 있다는 게 안타깝네요.

A: (단호하게) 그래요! 남성은 자랑스러워하기 마련이에요. 그것에 대해 생각해 보면, 집 곳곳에 어머니의 작품이 걸려 있었지만 우리가 저녁식사 테이블에 가족으로서 함께 모여 있을 때 우리는 항상 아버지 말씀을 경청하고 있었어요.

C: 당신의 아버지는 자신이 가족의 대화를 독점하는 것이 당신 어머니의 성취가 자신의 것만큼 중요하지 않다고 가족에게 미묘하게 말하는 것이라는 생각을 못했나 봅니다.

A: (격렬하게) 그는 그녀의 작품을 자랑스러워했어요. 나에 대해서도 자랑스러워하고요. 그건 분명해요, 왜냐하면 그가 친구들에게 내가 받은 하버드 학사, 예일 박사 학위에 관해 이야기하는 걸 우연히 들었거든요. (멈춤) 내가 그곳에서 뭘 공부했는지, 지금 직장에서 뭘 하고 있는지에 관한 내 이야기를 아버지가 정말로 경청하는 건 본 기억이 없어요.

C: 편견은 무의식 수준에서 작동할 수 있습니다. 그는 분명히 당신들 둘을 자랑스러워할 거예요. 그렇지만 여전히 정말 경청하지는 않죠. 직장에서는 당신이 이야기해야 할 의제를 정하는 권력을 가지고 있지만, 집에서는 그걸 결정하는 권력이 아버지에게 있었네요. 당신이 누군가와 상호작용할 때마다 권력과 통제력 이슈가 일어납니다. 누구든 위에 있는 사람이 상대방의 의견이나 경험을 덜 존중함으로써 의식적 또는 무의식적으로 상대방을 억압합니다.

A: (짜증스럽게) 상대방이 경청하지 않는다는 느낌은 나를 화나게 해요. 그게 왜 나의 외로움과 관계가 있다고 생각하시나요?

C: 그게 당신의 외로움과 관계가 없을 수도 있죠. 그러나 당신이 교제하는 남성이 의제를 정하리라고 무의식적으로 기대할 수 있었나요? 그리고 나서 당신이 개인적 권력이 많다는 걸 보여 주면, 그것이 그들을 불편하게 만들고 그들은 당신과 좀 멀어지게 되죠.

A: 나는 돈에 신경 쓰지 않아요, 그런데 왜 그들이 그래야 하죠?

C: 남성이 더 많은 돈을 벌 것으로 기대하기 때문일 수 있죠. 어쩌면 당신이 의견을 제시할 때의 자신감 있는 어조와 확신이 모두 당신이 인생에서 많은 권력과 특권을 가져 보았다는 것을 미묘하게 보여 주는 방식이기 때문일 수도 있고요. 이런 것들이 한 묶음으로 되

어 당신이 그들에게 관심이 없다고 그들이 생각하게끔 하는 것일 수도 있어요.

A: (혼란스러워하며) 나는 사귀는 여성보다 더 많이 버는 남성을 매우 많이 알고 있어요.

C: 그건 여성이 성공한 남성을 좋아한다는 전형에 딱 맞죠. 성공한 여성과 함께하는 남성을 보여 주는 문화적 이미지는 어디에 있던가요? (멈춤)

A: 그들은 그녀와 평등한 관계가 아니라 그녀를 뒤따르는 부하직원이에요. (멈춤) 영화 속에서, 만일 그녀가 그에게 홀딱 반한다면 그건 그가 인생을 살아가는 것이나 사람을 이해하는 것에서 어느 정도 더 잘 알기 때문이에요. 어쨌든 그것으로 인해 그는 어떤 식이든 여성보다 우위에 있는 거죠, 심지어 여자가 더 많이 버는 경우에도.

C: 사회적 전형은 매우 강력해요, 심지어 우리가 그것을 받아들이지 않으려고 안간힘을 쓰고 있을 때에도. (한참 침묵) 당신은 지금 외로운 게 아니라 화가 난 것 같네요.

A: (화를 내며) 나는 내 자신에게 매우 화가 났어요. 나는 그것을 외면하지 말아야 해요. 나는 그 문제가 내 검은 피부색 때문이라고 말하고 싶은 거예요. 나는 그게 돈 문제라고 말하고 싶은 거예요.

C: 당신은 그러고 싶어 하지만……. (한참 침묵)

A: (여전히 화를 내며) 심지어 지난해에, 몇몇 남성이 내가 CEO란 걸 알고는 뒤로 펄쩍 뛴 걸 나는 즐겼어요.

C: 그렇지만……. (멈춤)

A: (화를 내며) 그건 내 나이예요. 나는 나 자신에게 무척 화가 나요. 몇 개의 주름, 일과성 열감, 남은 인생 동안 혼자 지낼 거라는 나의 예상.

C: 나이가 든다는 그런 신호는 여성에게 더 힘든 거죠. 영화에서 여전히 로맨틱한 관계를 이끌어 가는 중년의 남성을 보면 그가 관계를 가지는 건 20대 여성이죠, (멈춤) 그들과 같은 나이의 여성이 아니고요. 남성은 종종 아내와 이혼한 후 훨씬 젊은 여성과 재혼하죠.

A: (화를 내며) 내가 여전히 아이 가지는 걸 원치 않는다고 맹세해요. 그러나 나는 정말 이제 정착해서 모든 데이트를 그만두고 싶어요.

C: 우리는 당신의 외로움 뒤에 어떤 문화적 요인이 있을 수 있는지 한참 이야기했어요. 지금 당장 생각해 봤을 때, 관계가 있는 것 같은데 우리가 놓친 게 있나요?

A: (지쳐서) 우리가 제대로 한 것 같아요. 그건 그냥 늙고 주름진 나였어요.

C: 다음 주에 우리는 유사한 뭔가를 할 겁니다. 우리는 당신의 모든 문화적 요인이 당신에게 힘을 주는 방식 또는 이 외로움을 헤쳐 가는 방법에 선택지를 더해 주는 방식을 경험해 가면서 검토해 볼 겁니다. (A는 내려다본다) 다시 와서 그렇게 해 보겠습니까?

A: (멈춤, 올려다보며) 반드시 그럴 겁니다.

앰버에 대한 문화적 사례개념화: 가정-기반 양식

앰버는 많은 사회적, 문화적 집단에 속해 있으며, 이 집단들의 규준은 타인과의 상호작용, 세상의 작동방식에 대한 그녀의 관점에 영향을 준다. 그녀의 외로움이 인종적 억압의 결과일 수 있을까? 앰버는 아프리카계 미국인 어머니와 유럽계 미국인 아버지를 가진 2인종 혼혈이다. 그녀는 어느 공동체에도 '딱 들어맞거나' 편안하지가 않다. 그녀가 상위계급이 된 것이 그녀를 분리되게 하였을까? 새 회사의 CEO로서, 그녀는 급여를 받고 총인구 중 2%만 경험하는 일상 업무 환경에서의 권력과 통제력을 즐기고 있다. 그녀의 성의 경우는 어떤가? 소프트웨어 엔지니어링은 남성이 주도하고 있다. 앰버는 그녀의 남성 동료가 그녀에 비해 더 존중받는다고 느낀다. 이제 중년이 되었다는 그녀의 인식은 어떠한가? 앰버는 폐경기가 시작되었는데, 나이든 여성에 대한 그녀의 부정적 전형이 그녀를 괴롭게 만들고 있다. 권력, 통제력 이슈는 그녀가 가지는 모든 사회적 만남에 스며들어 있다. 어떤 상호작용에서는, 인종차별 같이 타인에게서 오는 억압이 그녀의 외로움에 작용하고 있다. 또 어떤 상호작용에서는, 예를 들어 레스토랑에서 서버를 투명인간 취급하는 것과 같이 그녀가 억압하는 역할을 하고 그래서 스스로 다른 사람으로부터 분리된다. 문화적 차이를 더 존중하게 되면, '진실'에 대한 다른 집단의 규정에 속박받지 않으면서 행복으로 가는 자신의 독특한 길을 규정할 수 있다. 교육과 일에서 성공하려는 그녀의 계획이 지금까지 성공한 것을 볼 때, 그녀가 자신의 개인적 권력을 생산적으로 사용하고 외적 억압이 그녀 앞에 있을 때 사회적 정의를 추구하는 방법을 찾을 수 있을 것으로 기대할 수 있다.

앰버의 인종적 요인은 아프리카계 미국인 문화집단과 백인 문화집단 양쪽 모두에서 왔다. 앰버는 2인종 혼혈인으로 심한 차별에 직면하는 매우 작은 소수자 집단에 해당한다. 앰버는 어디에 소속되는가? 아프리카계 미국인의 세계관은 종종 집단주의, 공동의 행복 중시, 가족과 확대가족에 대한 매우 상호의존적인 정서적 연결, 현재 지향으로 기술된다. 백인 문화는 종종 개인주의, 자율성 존중, 개인 책임, 미래 지향으로 기술된다. 앰버는 어디에 맞는가? 그녀는 두 세계관 사이에서 갈등하면서 심한 억압을 경험했을 수 있고, 어느 집단에도 상당한 정도로 소속되지는 않았다. 반면에 그녀는 2문화인으로서 양쪽의 문화적 요인이 각각 가진 강점을 얻을 수 있는 기회가 있었을 것이다. 앰버의 부모는 그녀가 겪을 수 있는 억압 경험에 대해 준비시켜 주려 하였다. 그들은 결혼하면서 잃게 된 친구와 친척 이야기를 그녀에게 들려주었다. 앰버의 어머니는 인종주의, 억압과 관련된 가족의 이야기를 그녀에게 이야기했다. 이런 이야기는 앰버가 아프리카계 미국인 전통에서 강점을 끌어내는 데 도움이 되었다. 또한 그녀는 꾸준하게 열심히 노력하면 하버드나 예일 같은 명망 있는 대학에서 성공하는 또 한 명의 가족이 될 수 있다는 믿음을 아버지에게서 얻었다. 앰버는 부모님의 성취를 존경하며, 이에 따라 두 문화 집단에서 성공할 수 있다는 개인적 지식을 갖게 되었다. 따라서 남자친구의 가족에게서 5년 동안 혼혈인에 대한 미묘한 차별을 경험할 때, 그녀는 불편함을 느끼면서도 인간으로서의 자기 가치에 대한 자신의 평가에 영향을 받지 않았다.

문화적 요인 중에서 사회경제적 지위를 보면, 앰버는 매우 큰 사회적 권력을 가지고 있다. 그녀는 고학력이고 부유한 집안 출신의 부유한 여성이다. 그녀는 컴퓨터 소프트웨어 회사의 CEO이다. 부유한 사람으로서, 그녀의 세계관은 자신에게는 자신의 노력과 능력으로 획득한 권력과 특권을 가질 자격이 있다는 것이다. 앰버는 자라면서 열심히 일하고 능력이 뛰어나면 성공할 수 있다는 기대와 인식을 가지게 되었다. 그러므로 그녀는 자신이 대학, 대학원에서 얼마나 열심히 공부했는지, 일의 세계에서는 현재 가지고 있는 CEO 지위를 얻기 위해 얼마나 열심히 일했는지 매우 잘 인식하고 있다. 앰버는 부모의 부가 박사 학위를 가진 컴퓨터 엔지니어가 되는 데 어떤 지원이 되었는지 전혀 인식하지 못한다. 샌프란시스코에 사는 가족 중에 매우 소수만이 아이를 보스턴에 있는 사립학교에 보낼 수 있었을 것이다. 또한 만일 앰버가 매우 경쟁력 있는 고등학교를 다니지 않았다면 하버드 입학 허가를 얻을 수 있는 학업 수준에 도달하기 위해 훨씬 더 어려운 시간을 보냈을 것이다. 이런 특권 경험이 앰버를 부유하지 않고 권력이 없는 사람의 경험으로부터 분리시켰다. 따라서 앰버는 자신의 현재 성공 경험이 '정상적'이며 자신이 자수성가했다고 스스럼없이 생각하고 있다. 사람들이 그녀의 이야기를 경청하지 않거나 그녀의 의견을 존중하지 않으면 그녀는 당황하게 된다. 부유한 배경으로 인해 그녀에게 좋은 삶이란 성공, 권력, 영향력, 돈을 추구하는 것이다. 현재의 외로움은 그녀가 권력이 부족한 사람에게 직접적으로 억압하는 방식으로 행동하는 것에 기인한 것일 가능성이 있다. 그녀는 또한 미묘한 차별을 함으로써 사람들이 멀어지게 만들고 있을지도 모른다. 앰버는 처음으로 로맨틱한 파트너와 만났을 때 자신이 CEO라는 사실은 배제하려고 노력하기 시작했고, 이로 인해 그녀의 부가 그녀의 외로움에 어떤 역할을 하는지 점점 더 인식하게 되었다. 앰버는 그녀의 아파트를 한 번 보는 것만으로 데이트가 갑작스럽게 끝나는 것을 어느 정도 인식한다. 앰버는 자신의 부가 그 자체로 사람들을 멀어지게 한다는 것을 볼 수 있지만, 자신의 태도와 행동도 영향을 주고 있다는 것을 아직 인식하지 못하고 있다.

문화적 요인 중 성을 보면, 앰버는 비록 수적으로 우위인 집단에 속해 있지만 여성이라는 이유로 남성 동료들보다 덜 존중받는 현실에 화가 나 있다. 그녀는 회의에서 비서로 오인받는 것과 같이 미묘한 차별을 받는 것뿐만 아니라 많은 형태의 적극적인 차별을 받고 있는 것 같다. 앰버는 헌신하며 열심히 일했지만, 남성 동료들에게는 좀 더 원활하게 경력을 쌓아 위로 올라가는 길이 있다는 것을 인식한다. 심지어 요즘은, 회사의 CEO로서 남성 임원들에게 자신의 지시를 따르라고 요구해야 하는 상황이 여러 번 있었다. 이것은 앰버와 관련된 것보다는 미국 사회가 여전히 가부장제를 심하게 가지고 있다는 사실과 관련이 크다. 남성은 권력, 권위를 가진 지위의 대부분을 차지하고 있고, 여성 지도자는 능력이 떨어지거나 이례적인 것으로 여겨진다. 앰버는 여러 측면에서 양성 특징을 가진 사람처럼 행동한다. 그녀는 참을성 있게 남성과 관계를 유지하는 것이 중요하다는 여성적 세계관을 가지고 있다. 그렇지만 그녀는 여성의 경우 인생의 제일 큰 만족은 아이를 낳아 기르는 것에 있다는 관점을 거부한다. 그녀는 두 여동생이 클 때 그들을 돌봤는데, 그게 어린 생명을 돌보도록 그녀에게 할당된 것이라고 느낀다. 그녀는 경쟁, 성공, 돈을 버는 것이 흥미진진하고 만족을 주는 것이라고 평가하는 남성적 세계관을 가지고 있다. 그녀가 전 남자친구인 마틴과 관계를 시작할 때, 둘 다 아이를 원하지 않으며 동등한 파트너로서 함께 일을 꾸려 가는 것에 고조됐었다. 5년 후에, 마틴은 놀랍게도 안면을 싹 바꿔서 결혼하여 아이를 가지지 않으면 그녀를 떠나겠다고 이야기했다. 아이를 원하지 않는다고 그녀가 다시 이야기하자 그는 집을 나갔고, 몇 달이 지나지 않아 다른 여성과 결혼했으며, 그 여성은 곧 전업주부 어머니가 되었다. 마틴은 지배적인 권력자 남성 집단의 구성원이었다. 그는 자신은 직면할 일이 없지만 앰버에게는 성공으로 가는 길에 장벽이 되는 것을 인식하지 못하도록 사회화되었다. 특권층 사람들은 그들과 혜택이 부족한 사람 사이의 차이 또는 사회의 규칙을 알 필요가 없다. 그는 앰버가 그의 관점에 동조할 것으로 '그냥 기대했다'. 그는 자신이 그런 기대를 가지고 있다는 것에 대해 의식적인 인식이 없었을 것이다. 그렇지만 세월이 흘러도 그녀는 변하지 않았고, 그는 그들 관계의 미래에 대한 자신의 통제 권력을 강하게 주장하였다. 앰버가 보기에 이것은 평등한 것이 아니었다. 전통적인 성역할 고정관념에 의하면 여성은 좋은 공급자와 결혼해야 하고 남성 공급자는 여성보다 더 부자여야 한다. 반대의 전형은 올바르지 않다. 남성 전형을 노골적으로 이야기한다면, 자신보다 더 많은 돈을 버는 여성과 결혼한 남성은 애완남이다. 남성들이 그녀의 값비싼 아파트를 보자마자 도망가는 것처럼 보이는 것이 이 때문일 것이다. 오래 사귄 로맨틱한 파트너가 없고 폐경기에 들어가고 있는 앰버는 여성의 성공 방식에 대한 전형을 위배하고 있다. 앰버는 만족스럽고 친밀한 관계를 발전시키는 것에서 직면하고 있는 장벽을 외로이 알고 있을 것이다.

문화적 요인 중에서 나이와 세대를 보면, 앰버는 중년이고 이에 따라 사회에서 안정적인 지위를 가진 특권 집단의 구성원이다. 나이에 따라 사람들이 어떻게 행동하고 그들의 삶이 어떤 모습인지에 대한 전형이 있다. 아동기에는 근심걱정이 없어야 한다. 그러나 앰버에게는 그렇지 않았다. 앰버의 부모는 자신들의 경력을 빠르게 쌓아 올리고 있어서 앰버와 두 여동생만 남겨 두는 경우가 매우 많았기 때문이다. 앰버는 어머니 역할을 하면서 동생들이 학교에 가져갈 점심을 만들고 그들의 학교 숙제를 봐줘야 했다. 대학생 기간의 전형은 걱정이 없다는 것이다. 앰버는 의도적으로 그녀의 집에서 말 그대로 대륙을 가로질러 있는 대학에 진학함으로써 확실하게 자신을 우선시할 수 있었다. 그녀는 그 상황을 사랑했고, 하버드에서 학사 학위를 받은 후에 예일대학 박사과정에 입학하였다. 그녀가 인생을 함께할 것 같은 남성과 만난 것은 예일대 대학원에 다닐 때였다. 그들은 둘 다 컴퓨터 소프트웨어 분야에서 급박하게 살아가는 인생에 완전히 몰두하였다. 그녀는 그것을 사랑했고 매우 성공적인 경력을 쌓아 가면서 거의 서른 살이 되어가던 시점에서, 결혼을 할 때가 되었고 그녀는 집에 있으면서 아이를 돌봐야 한다는 파트너의 이야기에 완전히 깜짝 놀랐다. 앰버에게 이것은 불시습격이었다. 그녀는 그들이 평등한 파트너 관계를 가지고 있고 둘 다 아이를 원하지 않는다고 생각했었다. 그녀는 그의 마음이 변한 것을 수용할 수 있었지만, 그가 집을 떠난 방식에는 억압과 무례를 느꼈다. 그는 재빨리 다른 여성과 결혼했기 때문이다. 앰버는 이제 45세이다. 중년 시기의 전형은 고용 안정과 경제적 성공이 최고조에 있다고 기대할 수 있는 시기이다. 앞서 경력을 쌓던 시기에는 자기 아이디어를 인정받으려고 애써야 했다. 이제 그녀는 회사의 CEO이다. 대체로 성공했지만 그녀는 여전히 몇몇 피고용인에게서 존중받지 못하고 있다. 세대 요인은 직원들의 이런 코호트를 이끌어 내서 아직도 남성 CEO를 원하게 하고 그녀의 관리 스타일에 불편함을 느끼게 한다.

나이 전형에는 정신적 저하와 무능력이 포함된다. 이것이 의식적 또는 무의식적으로 앰버에게 영향을 줄 수 있다. 앰버는 일과성 열감을 이제 막 경험하기 시작했고 늙은 여성, 즉 대중문학에서 건디기 어려운 노파, 잔소리꾼, 쭈그렁할멈으로 기술되는 그런 유형의 여성이 되는 미끄러운 경사길을 이제 고개를 아래로 한 채 내려가고 있다고 생각한다. 앰버는 지금 나이와 세대 요인이 그녀의 외로움에 가장 큰 영향을 주고 있다고 인정한다. 그녀가 주름 그 자체는 걱정하지 않지만 그것은 노인으로 가는 미끄러운 경사길을 대표한다. 남성 CEO는 종종 젊은 여성을 사업 이벤트에 데려온다. 여성 CEO는 아마 남편이나 아들을 데려올 것이다. 앰버는 누구를 데려갈 것인가? 그녀는 기술 분야에서 빨리 경력을 쌓는 것을 사랑했다.

좀 더 이전에 그녀는 경력을 우선시하는 걸 원했는데, 이제 아이를 가지는 선택이 생물학적으로 사라져 가는 것 같은 상황에서 그녀는 자신의 결정을 의심하고 있다. 그 시기들이 차츰 사라져 가면서, 그녀는 얼마나 많은 선택이 자신이 한 것인지, 야심만만한 남성에게는 강요되지 않는 선택이 사회적 압력에 의해 얼마나 많이 그녀에게 강요되었는지 궁금해지기 시작했다.

앰버는 6개월 이상 지속된 심한 외로움을 겪고 있다. 그녀의 외로움이 차별과 편견 같은 외적 요인의 결과인지, 아니면 일을 너무 많이 해서 사람들을 충분히 만나지 못하는 것 같은 내적 요인의 결과인지는 현재 분명하지 않다. 그녀의 태도나 행동보다는 환경과 더 관련이 있는 정서적 고통에 대해 앰버에게 책임을 지우는 것은 미묘한 차별일 것이다. 현재 그녀는 그녀의 인생에서 가장 두드러진 네 가지 영역의 문화적 요인, 즉 인종적 유산, 사회경제적 지위, 성, 나이와 세대 요인을 확인하였다. 이 문화적 요인 중 하나에서 앰버가 소수자 집단에 속하게 되면, 그녀는 지배 집단에 의해 무시되고 억압받는 위치에 있게 된다. 지금 그녀는 중년 여성, 남겨진 사람, 남성에게 선택받지 못했고 아이를 가질 수 없는 사람으로 억압받는다고 강하게 느끼고 있다. 사회경제적 지위와 같이 그녀가 지배 집단에 속하는 영역에서, 그녀는 권력과 특권을 행사하는 자신의 태도와 행동이 타인을 억압하는 역할을 하고 스스로를 그들과 분리시키는 방식에 대해 좀 더 인식할 필요가 있다. 앰버가 CEO 지위를 가짐으로써 매우 큰 권력을 가지고 있고, 또 자신과 피고용인에게 덜 스트레스가 되는 긍정적 방식으로 그 권력을 행사할 수도 있다는 사실이 그녀의 변화에 도움이 될 수 있을 것이다.

문화적 상담계획: 가정-기반 양식

상담계획 개관: 앰버는 심한 외로움에 대처하는 데 도움을 얻기 위해 왔다. 지금 그녀가 가장 의식하고 있는 문화적 요인은 나이와 세대, 성, 인종과 민족, 사회경제적 지위 요인들이다. 장기목표 1~4의 각각에서, 앰버는 각 문화적 요인에서 경험하는 권력과 특권의 차이, 그리고 그것들이 그녀의 외로움과 관련되는 방식을 평가할 것이다. 이 결과는 그녀에 대한 상담 결과를 나타내 주는 장기목표 5에서 활용될 것이다.

장기목표 1: 앰버는 그녀의 나이와 세대 요인이 현재의 외로움에 주는 영향을 검토할 것이다.

❖ 단기목표들

1. 앰버는 젊은 성인, 중년 성인, 노인에 대해 그녀가 가지고 있는 전형을 그들의 강점과 약점 측면에서 설명할 것이다.

2. 앰버는 젊은 성인 시기에 자신이 가졌다고 생각되는 강점과 약점, 중년 성인 시기에 자신이 가지고 있다고 생각되는 강점과 약점, 노인 시기에 자신이 가질 것으로 생각되는 강점과 약점을 설명할 것이다.

3. 앰버는 자신의 세대를 개인으로서의 자신들 그리고 사회 구성원으로서의 자신들에 대한 그들의 기대 측면에서 탐색하고, 이런 세대 요인이 그녀가 자신에 대해 특정한 기대를 가지도록 이끌었는지, 또는 세상을 보는 방식에 영향을 주었는지 생각해 볼 것이다.

4. 앰버는 발달에 관한 책을 읽으면서 나이 드는 것에 대한 자신의 현재 관점을 의학, 심리학 자료와 비교, 대조할 것이다.

5. 앰버는 자신이 현재 젊은 성인과 가지는 관계를 검토하고, 그녀의 행동에 대한 세대 요인의 영향, 그리고 특히 나이의 차이에서 온다고 그녀가 생각하는 요인의 영향을 고려하면서 그녀의 중년 나이가 이 관계에 주는 영향을 생각해 볼 것이다.

6. 앰버는 자신이 현재 노인과 가지는 관계를 검토하고, 그녀의 행동에 대한 세대 요인의 영향, 그리고 특히 나이의 차이에서 온다고 그녀가 생각하는 요인의 영향을 고려하면서 그녀의 중년 나이가 이 관계에 주는 영향을 생각해 볼 것이다.

7. 앰버는 나이 들어 가는 사람으로서 그녀가 통제하는 개인적 요인뿐만 아니라 그녀의 통제 바깥에 있는 환경적 스트레스원의 영향을 포함하여, 그녀의 현재 외로움에 영향을 줄 수 있는 모든 나이와 세대 요인을 설명할 것이다.

8. 앰버는 그녀의 개인적, 사회적, 직장 환경에서 나이와 세대 요인으로 인해 사람들에게 경험하는 정서적 거리를 줄이기 위해 행동 단계를 계획할 것이다.

9. 앰버는 경제적, 교육적, 사회적 자원 측면에서 그녀가 가진 권력을 생각해 볼 것이며, 자신을 위해 두 개의 의제를 만들어 낼 것이다. 두 개의 의제 중 하나는 자신의 개인적 삶을 위한 것이고, 다른 하나는 자신의 직장 생활을 위한 것이다. 또한 이 의제는 그녀의 개인적, 사회적, 직장 환경에서 노인에 대한 억압을 감소시키기 위해 그녀의 권력을 사용하는 행동 조치를 포함하고 있어야 한다.

장기목표 2: 앰버는 그녀의 부유한 배경과 CEO 직위가 현재의 외로움에 주는 영향을 검토할 것이다.

❖ 단기목표들

1. 앰버는 빈곤층, 중산층, 부유층에 대해 그녀가 가지고 있는 전형을 그들의 강점과 약점 측면에서 설명할 것이다.

2. 앰버는 학교를 막 졸업하고 처음으로 취업했을 때 자신이 가졌다고 생각되는 강점과 약점, 현재 CEO로서 살면서 자신이 가지고 있다고 생각되는 강점과 약점, 은퇴했을 때의 수입과 생활양식에 대한 자신의 기대를 설명할 것이다.

3. 앰버는 현재의 경제적 상황과 그것이 빈곤층, 중산층, 부유층에 주는 영향에 관한 책을 읽으면서 이 새로운 지식이 다른 범주의 사회경제적 지위를 가진 사람에 대한 그녀의 사회적 전형을 어떤 방식으로 변화시킬지 또는 변화시키지 않을지 이야기를 나눌 것이다.

4. 앰버는 회사의 비서 또는 청소인력 중 누군가와 가졌던 최근의 상호작용을 검토하고, 그들의 수입과 권력이 그들이 이야기하는 주제, 그들이 사용하는 언어, 그들이 이 상호작용 동안 다른 사람에 주의하거나 주의하지 않는 방식, 누가 사회적 교제를 시작하는 권력을 가지고 있고 누가 그것을 끝낼 권력을 가지고 있는지에 주는 영향을 생각해 볼 것이다.

5. 앰버는 다른 소프트웨어 CEO와 가졌던 최근의 상호작용을 검토하고, 그들의 많은 수입과 큰 권력이 그들이 이야기하는 주제, 그들이 사용하는 언어, 그들이 이 상호작용 동안 다른 사람에 주의하거나 주의하지 않는 방식, 누가 사회적 교제를 시작하는 권력을 가지고 있고 누가 그것을 끝낼 권력을 가지고 있는지에 주는 영향을 생각해 볼 것이다.

6. 앰버는 나이 들어 가는 부유한 CEO로서 그녀가 통제하는 개인적 요인뿐만 아니라 그녀의 통제 바깥에 있는 환경적 스트레스원의 영향을 포함하여, 그녀의 현재 외로움에 영향을 줄 수 있는 모든 사회경제적 요인을 설명할 것이다.

7. 앰버는 경제적, 교육적, 사회적 자원 측면에서 자신이 가진 권력을 생각해 볼 것이며, 자신을 위해 두 개의 의제를 만들어 낼 것이다. 두 개의 의제 중 하나는 자신의 개인적 삶을 위한 것이고, 다른 하나는 자신의 직장 생활을 위한 것이다. 또한 이 의제는 그녀의 개인적, 사회적, 직장 환경에서 저소득 집단에 대한 억압을 감소시키기 위해 그녀의 권력을 사용하는 행동 조치를 포함하고 있어야 한다.

장기목표 3: 앰버는 그녀의 여성이라는 성이 현재의 외로움에 주는 영향을 검토할 것이다.

❖ 단기목표들

1. 앰버는 남성과 여성에 대해 그녀가 가지고 있는 전형을 그들의 강점과 약점 측면에서 설

명할 것이다.

2. 앰버는 여성으로서 자신이 가졌다고 생각되는 강점과 약점을 설명할 것이고, 자신의 경험이 다른 여성의 것과 비교해서 얼마나 유사하고 다른지에 대한 자신의 믿음을 설명할 것이다.

3. 앰버는 개인적, 사회적 환경에서 성의 역할에 관한 책을 읽으면서, 성 분석이 어떤 방식으로 그녀의 현재 상황에 대한 통찰을 제공하거나 제공하지 않는지 생각해 볼 것이다.

4. 앰버는 자신과 마틴이 20대였을 때 마틴과 가졌던 관계를 생각해 보고, 남성과 여성 전형이 어떤 방식으로 그들 관계의 시작과 종결에 역향을 주었는지 설명할 것이다.

5. 앰버는 현재 자신이 그녀의 피고용인이 아닌 남성과 가지는 관계를 검토하고, 누가 누구에게 끼어드는지, 누가 대화 주제를 정하는지, 누가 주제를 바꾸는지, 누가 이 사회적 교제를 끝내는 권력을 가지고 있는지, 누가 다른 사회적 교제를 시작하는 권력을 가지고 있는지, 누가 관계에서 더 큰 권력을 가지는지 등의 신호를 고려하면서 그녀의 여성이라는 성이 이 관계에 주는 영향을 생각해 볼 것이다.

6. 앰버는 현재 자신이 그녀의 피고용인이 아닌 여성과 가지는 관계를 검토하고, 누가 누구에게 끼어드는지, 누가 대화 주제를 정하는지, 누가 주제를 바꾸는지, 누가 이 사회적 교제를 끝내는 권력을 가지고 있는지, 누가 다른 사회적 교제를 시작하는 권력을 가지고 있는지, 누가 관계에서 더 큰 권력을 가지는지 등의 신호를 고려하면서 그녀의 여성이라는 성이 이 관계에 주는 영향을 생각해 볼 것이다.

7. 앰버는 여성사업가협회에 가입하여 그 조직의 역동을 살펴보고, 그 조직의 강점과 약점을 그녀가 소프트웨어 엔지니어로서 소속된 곳 같이 남성이 지배하는 조직의 강점, 약점과 비교해 볼 것이다.

8. 앰버는 나이 들어 가는 부유한 여성 CEO로서 그녀가 통제하는 개인적 요인뿐만 아니라 그녀의 통제 바깥에 있는 환경적 스트레스원의 영향을 포함하여, 그녀의 현재 외로움에 영향을 줄 수 있는 모든 성 요인을 설명할 것이다.

9. 앰버는 장기적인 관계 발전에 대한 관심, 의제 개발 능력, 달성 가능한 목표 수립 능력, 자신의 개인적, 사회적, 직장 환경에서 성 차별을 감소시키기 위해 미래지향적으로 사용하는 문제해결 능력과 같이 자신이 양성 특징을 가짐으로써 갖게 된 강점을 사용하는 행동 조치 의제를 만들어 낼 것이다.

장기목표 4: 앰버는 그녀의 2인종 혼혈이라는 인종적 유산이 현재의 외로움에 주는 영향을 검토할 것이다.

❖ 단기목표들

1. 앰버는 백인, 아프리카계 미국인, 2인종 혼혈인에 대해 그녀가 가지고 있는 전형을 그들의 강점과 약점 측면에서 설명할 것이다.

2. 앰버는 그녀의 어머니, 아버지, 자신이 가졌다고 생각되는 강점과 약점을 설명할 것이고, 인종과 관련된 그녀 가족의 경험이 일반적인 사람에게서 일어난 것과 비교해서 얼마나 유사하고 다른지에 대한 자신의 믿음을 설명할 것이다.

3. 앰버는 미국의 2인종 혼혈 경험에 관한 책을 읽으면서, 그것이 어떤 방식으로 그녀의 현재 상황에 대한 통찰을 제공하거나 제공하지 않는지 생각해 볼 것이다.

4. 앰버는 현재 자신이 그녀의 피고용인이 아닌 백인과 가지는 관계를 검토하고, 누가 누구에게 끼어드는지, 누가 대화 주제를 정하는지, 누가 주제를 바꾸는지, 누가 이 사회적 교제를 끝내는 권력을 가지고 있는지, 누가 다른 사회적 교제를 시작하는 권력을 가지고 있는지, 누가 관계에서 더 큰 권력을 가지는지 등의 신호를 고려하면서 그녀의 2인종 혼혈 정체성이 이 관계에 주는 영향을 생각해 볼 것이다.

5. 앰버는 현재 자신이 그녀의 피고용인이 아닌 아프리카계 미국인과 가지는 관계를 검토하고, 누가 누구에게 끼어드는지, 누가 대화 주제를 정하는지, 누가 주제를 바꾸는지, 누가 이 사회적 교제를 끝내는 권력을 가지고 있는지, 누가 다른 사회적 교제를 시작하는 권력을 가지고 있는지, 누가 관계에서 더 큰 권력을 가지는지 등의 신호를 고려하면서 그녀의 2인종 혼혈 정체성이 이 관계에 주는 영향을 생각해 볼 것이다.

6. 앰버는 현재 자신이 그녀의 가족이 아닌 2인종 또는 다인종 혼혈인 사람과 가지는 관계를 검토하고, 누가 누구에게 끼어드는지, 누가 대화 주제를 정하는지, 누가 주제를 바꾸는지, 누가 이 사회적 교제를 끝내는 권력을 가지고 있는지, 누가 다른 사회적 교제를 시작하는 권력을 가지고 있는지, 누가 관계에서 더 큰 권력을 가지는지 등의 신호를 고려하면서 그녀의 2인종 혼혈 정체성이 이 관계에 주는 영향을 생각해 볼 것이다.

7. 앰버는 나이 들어 가고, 부유하고, 여성이고, 2인종 혼혈인 CEO로서 그녀가 통제하는 개인적 요인뿐만 아니라 그녀의 통제 바깥에 있는 환경적 스트레스원의 영향을 포함하여, 그녀의 현재 외로움에 영향을 줄 수 있는 모든 인종과 민족 요인을 설명할 것이다.

8. 앰버는 자신의 백인 유산에서 나온 장점 중에서 스케줄을 계획, 통제할 때 가지는 장점이 그녀가 타인과 어울리는 데 더 많은 시간을 쓰게 할 수 있는지 생각해 볼 것이다.

9. 앰버는 자신의 아프리카계 미국인 유산이 가진 집단주의 세계관을 타인에 대한 그녀의 개인적 태도와 행동에 크게 통합하는 것이 자신의 외로움을 감소시킬 수 있을지 생각해 볼 것이다.

10. 앰버는 자신의 개인적, 사회적, 직장 환경에 있는 인종적, 민족적 차별을 감소시키기 위해 개인적으로 어떤 것을 하고 싶은지 설명할 것이다.

장기목표 5: 앰버는 다른 세계관을 가지는 것, 그녀의 나이, 세대와 관련된 문화적 요인에서 비롯된 것, 사회경제적 지위, 성, 인종이 그녀의 외로움에 주는 영향을 검토하고 행복하고 성공적인 삶을 추구하기 위해 자신만의 특유한 진실을 만들어 낼 것이다.

❖ 단기목표들

1. 앰버는 그녀의 나이, 세대 요인과 CEO 정체성 사이에서 경험한 모든 갈등에 관해 설명할 것이다.

2. 앰버는 그녀의 나이, 세대 요인과 매력적인 여성으로서 가진 정체성 사이에서 경험한 모든 갈등에 관해 설명할 것이다.

3. 앰버는 아프리카계 미국인인 것과 중년과 노년에 대한 백인 문화의 전형 사이에서 경험한 모든 갈등에 관해 설명할 것이다.

4. 앰버는 아프리카계 미국인인 것과 여성에 대한 백인 문화의 전형 사이에서 경험한 모든 갈등에 관해 설명할 것이다.

5. 앰버는 아프리카계 미국인인 것과 부유한 사람에 대한 백인 문화의 전형 사이에서 경험한 모든 갈등에 관해 설명할 것이다.

6. 앰버는 여성으로 태어난 한 사람으로서 자신이 행동하는 방식과 CEO로 행동하는 방식 사이에서 경험한 모든 갈등에 관해 설명할 것이다.

7. 앰버는 그녀 자신에게 있는 문화적 요인 분석에 기초해서 세계에 작용하는 가장 좋은 방식에 대한 그녀의 세계관을 설명할 것이다.

8. 앰버는 그녀의 외로움을 완화시키기 위해 개인적 행동과 사회적 정의 측면에서 어떤 것을 하고 싶은지 생각해 볼 것이다.

9. 앰버는 다문화적 세계관을 가지는 것이 개인적, 사회적, 직장 환경에서 그녀의 만족감을 높여 줄지, 그리고 이 환경들에서 어떤 식으로 더 많은 존중을 보이면서 문화적 집단을 대하면 그녀가 타인에게서 사회적으로 고립되는 것을 줄일 수 있을지 생각해 볼 것이다.

앰버에 대한 문화적 사례개념화: 진단-기반 양식

앰버는 다문화인이며, 그녀가 누군가와 가지는 모든 상호작용은 그와 그녀의 문화적 요인이 상호작용한 결과이다. 그녀는 마음자세가 유연하며, 아프리카계 미국인과 백인의 문화적 유산에서 강점을 취할 수 있다. 그녀는 컴퓨터 엔지니어링 전공으로 먼저 하버드에 들어가서 학사 학위를 따고 그다음에 예일에 가서 박사 학위를 따면서, 꾸준히 열심히 노력하면 기대했던 성과를 올릴 수 있다는 것을 배웠다. 앰버는 직장 환경에서 매우 독립적인 사람이며 현재 컴퓨터 소프트웨어 회사의 CEO로서 굉장히 큰 권력과 특권을 가지게 되었다. 많은 성공에도 불구하고 앰버는 지난 6개월 동안 매우 외로웠다. 이 사회적 연결 문제는 나이, 성, 인종, 사회경제적 지위라는 그녀의 문화적 요인 측면에서 검토될 것이며, 이 검토를 통해 그것이 외적인 근원을 가진 억압의 결과인지, 그녀의 신념과 행동 같은 내적 근원의 결과인지, 아니면 양쪽 모두의 결과인지 판단할 것이다. 비록 앰버가 외롭긴 하지만 또한 계속해서 직장에서 매우 높은 수준으로 성취하고, 파트너와 정기적으로 교제하고, 다른 사람과 지속적으로 교제하고 있다. 심리측정 검사에서 그녀는 인지적 혼란, 자살이나 살인 사고, 충동 통제 문제 징후를 전혀 보이지 않았다. 그녀의 뛰어난 지능, 오랜 기간의 꾸준한 고된 노력은 그녀가 개인적 자원을 가지고 좀 더 만족스러운 개인적 삶을 이루려는 목표 획득으로 나아가는 사람이라는 걸 보여 준다. 현재 그녀의 DSM-5 치료진단은 V60.3 독거 관련 문제(Problem Related to Living Alone)이다(American Psychiatric Association, 2013). 그녀는 현재 직업에서 매우 높은 수준으로 자기 역할을 하고 있으며, 경제적으로 안전하고, 가족 지원체제를 가지고 있으며, 상담을 받는 데에 필요한 자원을 가지고 있다.

앰버는 다문화인이며, 본인은 자신에 대해 의식 속에서 그렇게 인정하지 않을지 몰라도 다문화인에 대한 유연한 마음자세를 발전시켜 왔다. 그녀는 행복으로 가는 길이 많이 있으며 삶을 적응적으로 사는 방식도 많이 있다는 것을 인식할 수 있다. 앰버는 아프리카계 미국인과 백인 문화 전통을 결합한 가정에서 자랐기 때문에 이런 유연한 관점을 발전시켰을 것이다. 앰버의 어머니는 심지어 노예시기까지 세대를 거슬러 올라가는 긴 역사의 아프리카계 미국인 출신이다. 그들은 처음에는 말로, 그다음에는 문자로 이야기를 전승해서 그들 가족의 역사가 계속 살아 있게 했다. 앰버는 이 이야기들을 들으면서 또 그녀의 어머니가 그것들을 어떻게 그림 속에 표현했는지를 보면서 자랐다. 이야기를 들은 것, 그녀의 어머니가 쓰인 글을 이미지로 변환한 것을 본 것은 모두 앰버가 과거에 관해 생각하고 그것이 현재에 어떤 영향을 줬는지 생각하게 만들었을 것이다. 말을 사용하는 것과 이미지를 사용하는 것은 경험을 포착하고 그 영향을 유지시키는 두 가지 다른 방식이다. 그것이 의식적 수준이든 무의식적 수준이든 간에, 앰버는 강력한 아이디어를 표현하는 방식은 한 가지 이상이라는 것을 배웠다.

앰버의 아버지는 앰버에게 백인 문화 전통을 알려 주었다. 그는 금융업계에서 매우 성공했다. 그녀는 그에게서 미래지향적인 태도를 취하고 꾸준하고 효과적인 방식으로 장기적 목표를 추구하는 방법을 배웠다. 그녀의 아버지는 그녀에게 빨리 경력을 쌓아 가는 것을 알려 주었고, 그녀는 그것이 신나는 일이라고 느꼈다. 그렇지만 그녀의 백인 유산이 그녀에게 독립심과 높은 성취수준을 장려하는 반면에 그녀의 아프리카계 미국인 유산은 강한 가족 유대를 장려하였다. 어쩌면 그녀는 두 가지 문화적 전통에서 균형을 찾기 위해 샌프란시스코로 돌아가서 CEO의 삶을 살면서 가족과 정기적으로 만나고 있을 수도 있다. 앰버는 부모가 다른 길을 갔지만 둘 다 결국은 매우 성공했고 사회적으로도 고립되지 않았다는 것을 안다. 그렇지만 앰버는 여성, 2인종 혼혈인으로서 심한 억압을 경험하였으며, 이제는 중년이 되어 더 많은 억압에 직면해 있다. 이것들이 모두 그녀의 현재 외로움을 이끌어 낸 요인일 수 있다.

앰버의 다문화적 마음자세는 또한 그녀에게 남성이 되는 것 또는 여성이 되는 것이 의미하는 것에 대해 유연한 관점을 취할 수 있게 해 주었다. 그녀의 부모는 모두 매우 야심만만했고 경력 지향적이었다. 그렇지만 그녀의 어머니는 그림을 그렸고 아버지는 은행원이었다. 의식적이든 무의식적이든 간에, 앰버는 성공적인 삶으로 이르는 길은 다양하게 있으며 그런 삶을 갖기 위해 여성 또는 남성의 성역할 고정관념을 배타적으로 가질 필요는 없다는 것을 배웠다. 그 결과 앰버는 양성 특징을 가진 역할을 취하게 되었다. 그녀는 사업 세계에서 통제력, 권력, 특권을 추구하는 데 오롯이 집중하는 모습을 남성 성역할에서 받아들였다. 여성 성역할에서는 가족과 함께 시간을 보내고 일생에 걸친 파트너를 가지는 것의 가치를 받아들였다. 앰버는 1주일에 한 번 부모와 식사를 한다. 그녀의 전 남자친구 마틴과 그녀가 함께 살 때, 그들은 그의 부모와 1주일에 한 번 식사를 했다. 그녀는 평등한 관계를 중시하는 일생의 파트너를 발견했다고 생각했기 때문에, 5년에 걸친 그들의 관계가 끝났을 때 큰 고통을 받았다. 그렇지만 그가 가정에서 권위를 가지고 싶어 했다는 것을 깨달으면서 그녀는 자신이 원하는 유형의 관계가 아니라는 것을 알게 되었다. 앰버는 안정적인 가족의 삶을 사는 것을 중시하며, 결혼하고 싶어 한다. 부유한 남성 독신 CEO는 별로 없고, 이것이 그녀의 현재 외로움에 영향을 주었을 것이다. 앰버의 유연한 마음자세는 그녀에게 그녀보다 돈을 적게 버는 남성도 로맨틱한 파트너로 생각할 수 있게 하였다. 남성은 그녀의 경제적 성공이 그녀와 로맨틱한 관계를 유지하는 것에 장벽이 된다고 보는 것 같다. 앰버는 현재 어떻게 하면 일생의 파트너를 만날 수 있을지 모르고 있지만, 평등한 관계를 원하는 건 분명하며, 중년의 나이가 관계를 형성하는 데 방해가 될까 두려워하고 있다.

앰버의 꾸준하고 고된 노력은 그녀가 높은 성취를 보여 하버드의 학부과정에 입학허가를 받았을 때 처음으로 그 힘을 보여 주었다. 그녀는 거기서 멈추지 않았다. 그녀는 계속 뛰어난 성취를 보이면서 예일대학의 최고 박사과정 프로그램에 들어갈 수 있게 되었다. 그녀는 컴퓨터 엔지니어링을 자기 전공으로 선택했는데, 그 분야는 남성이 주도하고 있었다. 비록 성 편견이 그녀가 위로 올라가는 속도를 떨어뜨리긴 해도 그녀는 계속 열심히 해서 탁월한 성취를 보였고 현재 소프트웨어 회사의 CEO가 되었다. 그녀의 남성 임원들이 항상 그녀의 지시를 따르지는 않는다는 것에 그녀가 당황하고 있긴 하지만, 그녀가 강하게 요구하면 그들은 그것에 따른다. 그녀는 권력을 가지고 있는데, 현재 45세이므로 앞으로 긴 시간 동안 권력을 가지고 있을 것으로 기대할 수 있다. 그렇지만 45세는 앞으로 일할 수 있는 기간으로는 '괜찮은 것'이지만, 생물학의 세계에서는 '나쁜 일'이다. 비록 앰버가 20대 시기에 부모가 되는 것을 강하게 거부했지만, 폐경기 신호는 그녀에게 마치 아이를 가질지 여부에 대한 선택권을 상실한 것처럼 느끼게 하였다. 앰버는 스스로를 나이 든 여성으로 인식하는 것이 외로움의 주 원인이라고 생각한다. 그녀는 자기 나이대의 결혼하지 않은 남성 중에 그녀의 평생 파트너가 있을지 의심하고 있다. 그녀는 여전히 그에게 매력적일까? 그녀는 남성 CEO들이 젊은 여성과 함께하는 걸 많이 보았지만, 자신이 젊은 남성과 행사에 가는 건 차마 할 수가 없는 일이었다. 나이 든 여성에 대한 그녀의 전형은 모두 부정적이다. 남은 인생을 혼자 사는 것에 대한 우려는 현재 그녀의 사회적 고립에 주도적인 역할을 하고 있을 것이다.

앰버는 독립심, 자기 의제를 설정하는 능력을 중시한다. 따라서 그녀가 마틴에게 깊이 헌신하였지만, 그가 경력을 포기하고 아이를 가지든지 아니면 그와의 관계를 포기하라고 그녀에게 선택을 요구했을 때 그녀는 경력을 유지하는 쪽을 선택했다. 앰버는 파트너인 마틴을 잃은 것 그 자체에는 오래 매달리지 않았다. 그렇지만 폐경기에 들어서면서 그녀는 잠재적인 파트너 풀이 점점 줄어들고 있다는 것을 더욱 인식하게 되었다. 앰버는 비록 계속해서 데이트를 하고 파티를 열지만 현재 외로움을 느끼는 이유로 가장 가능성이 큰 것은 나이가 들어 가는 것이라고 생각한다. 앰버는 많은 파트너와 성적인 만남을 가지는 것에 가치를 두지 않는다. 아마도 어머니에게서 받은 집단주의 지향 또는 여성의 성역할 고정관념으로 인해 앰버는 자신의 것만큼 그녀의 독립심도 중시하는 남성과의 안정적인 관계를 찾고 있다. 6개월 동안 외로움을 느껴 왔지만, 앰버는 직장에서 자기 일을 매우 잘해 왔으며, 계속해서 매주 부모와 만났고, 사회적 일정을 활동적으로 유지해 왔다. 그녀는 유연한 마음자세,

오랜 기간의 꾸준하고 고된 노력, 급박한 직장환경에서 빠르게 생각하는 능력, 다른 사람과의 상호 연결 속에서 또는 독립적으로 자기 역할을 하는 능력 등의 다양한 강점을 가지고 있다. 앰버가 자신의 사회적 고립을 완화하기 위해 적극적인 조치를 시작할 준비가 되어 있다는 것이 지금 변화의 기회로 작용할 수 있다. 그녀는 현재 그녀에게 영향을 줄 수 있는 많은 문화적 이슈를 인식하고 있으며, 복잡한 문제를 성공적으로 해결한 역사를 가지고 있다. 그녀의 부모는 양쪽이 각자의 개인적 재능을 탁월하게 발휘할 수 있는 평등한 파트너십의 역할모델이었다. 마지막으로, 그녀의 유연한 마음자세는 상담회기에서 제시되는 새로운 아이디어를 그녀가 열린 자세로 대할 수 있게 해 준다. 만일 앰버가 그녀의 많은 문화적 요인을 더 잘 인식하게 된다면, 그녀의 특유한 정체성에 맞는 세계관을 만들어 낼 수 있을 것이다. 일단 그녀가 스스로 자신의 가치와 신념을 명료화한다면, 그녀를 동등하게 대하는 파트너를 찾는 과정도 좀 더 부드럽게 진행될 것이다.

문화적 상담계획: 진단-기반 양식

상담계획 개관: 앰버는 많은 강점을 가진 매우 똑똑한 여성이다. 그녀의 상담목표들은 서로 연계되면서 순차적으로 구성되어 있고, 그녀는 계획대로 빠르게 진행해 갈 수 있을 것이다. 그녀의 외로움 이슈는 먼저 그녀의 관점에서 기술될 것이고, 그다음에 다른 자원들에서 수집한 정보가 요약될 것이다. 마지막으로, 그녀의 특유한 강점을 기반으로 한 세부 계획이 제시될 것이다(이 상담계획은 적응적 진단-기반 양식을 따른다).

❖ 주관적 자료

앰버의 현재 불만은 지금 매우 외로우며 상당 기간 동안 외로웠다는 것이다. 그녀의 사회적 단절, 특히 나이가 들어 가면서 수태 가능 기간이 끝났다는 생각이 개인적 수준에서 그녀에게 고통을 주고 있지만, 그녀는 많은 영역의 문화적 요인에서 커다란 특권과 권력을 경험하고 있다.

❖ 객관적 자료

표준화 검사 결과, 앰버는 WAIS-IV에서 '매우 잘함(superior)' 수준의 지능을 보였다. MMPI-2에서는 개방적이고 정직한 태도로 반응하며 심한 정신병리 징후를 보이지 않았다. 그렇지만 약한 우울과 불안 징후는 있었다. 그녀는 매우 좋은 언어 의사소통 기술을 가지고 있다. 그녀는 부모, 자매들과 정기적으로 만나고 있다. 그녀는 자주 데이트하며, 직장에서 매우 성공적이다. 따라서 그녀의 외로운 느낌은 대부분 DSM-5의 V60.3 독거 관련 문제 진단에 해당한다. 그렇지만 앰버는 여전히 매우 인종차별적인 사회에서 살고 있다. 따라서 그녀의 2인종 혼혈인 유산이 현재의 어려움에 중요한 역할을 하였다고 볼 수 있을 것이다. 만일 이것이 사실로 밝혀진다면 다른 가능한 진단들, 예를 들어 V62.4 문화변용의 어려움(Acculturation Difficulties) 또는 V62.4 적대적 차별이나 박해의 대상(Target of Adverse Discrimination or Persecution)이 그녀의 현재 외로움에 대한 좀 더 적절한 설명이 될 수도 있다.

❖ 사정

앰버는 현재 CEO로서의 생활양식에서 만족을 느끼고 힘을 얻는 것으로 기대된다. 돈과 권력을 가지고 있지만, 그녀가 보기에 이런 성취는 전문 영역에서 만족스러운 것이고 개인의 삶에서는 깊은 외로움을 느끼게 하였다. 그녀는 이런 불만족 중에 일부는 전 남자친구의 부모님에게 인종차별을 당한 것, 사회에서 일반적으로 '아프리카계 미국인'을 그들의 문화적 정체성에서 배제하는 것처럼 외적 근원에서 온 것임을 알게 되었다. 그녀는 또한 전 남자친구, 직장의 일부 남성이 성 차별적 이중기준을 가지고 그녀를 대했다고 느꼈다. 그렇지만 그녀는 이런 것들이 그녀가 겪는 외로움의 주요한 근원이 아니라고 믿고 있다. 폐경기가 다가오는 것이 그녀가 여성으로서의 자신을 어떻게 보는지에 큰 영향을 주고 있으며, 이것이 그녀의 외로움에 중요한 영향을 주고 있다는 지표가 몇 가지 있다. 그녀는 자신이 남성에게 덜 매력적으로 보이고 그래서 일생의 파트너를 찾기 어려울까 봐 두려워하고 있는 것이다. 비록 그녀가 현재 심각한 징후들을 보이지 않지만 그녀의 깊은 외로움은 주목해야 할 중요한 사항이다. 그녀의 높은 지능과 오랜 기간의 꾸준하고 고된 노력은 그녀가 개인적 자원들을 가지고 좀 더 만족스러운 개인적 삶의 영위라는 목표를 획득해 가는 사람임을 나타내 준다.

현재 앰버의 치료진단은 V60.3 독거 관련 문제, 싱글, 심하지 않음이다. 그녀는 현재 직업적으로 매우 높은 수준의 활동능력을 보이고 있으며, 경제적으로 안전하고, 상담을 받는 데 필요한 가족 지지체제와 자원을 가지고 있다.

❖ 계획

상담계획 개관: 장기목표 1~2는 순서와 상관없이 다루어질 수 있다. 장기목표 3은 처음의 두 목표가 완료된 뒤에 다루어야만 한다.

장기목표 1: 앰버는 그녀의 유연한 마음자세가 자신의 외로움에서 문화적 요인을 검토할 때
　　　　　사용할 수 있는 강점들을 어떻게 그녀에게 주었는지 검토할 것이다.

❖ 단기목표들

1. 앰버는 젊은 성인, 중년 성인, 노인에 대해 그녀가 가지고 있는 전형을 그들의 강점과 약
　점 측면에서 설명할 것이다.

2. 앰버는 젊은 성인 시기에 자신이 가졌다고 생각되는 강점과 약점, 중년 성인 시기에 자신
　이 가지고 있다고 생각되는 강점과 약점, 노인 시기에 자신이 가질 것으로 생각되는 강점
　과 약점을 설명할 것이다.

3. 앰버는 자신의 세대를 개인으로서의 자신들 그리고 사회 구성원으로서 자신들에 대한 그
　들의 기대 측면에서 탐색하고, 이런 세대 요인이 그녀가 자신에 대해 특정한 기대를 가지
　도록 이끌었는지, 또는 세상을 보는 방식에 영향을 주었는지 생각해 볼 것이다.

4. 앰버는 발달에 관한 책을 읽으면서 나이 드는 것에 대한 자신의 현재 관점을 의학, 심리
　학 자료와 비교, 대조할 것이다.

5. 앰버는 빈곤층, 중산층, 부유층에 대해 그녀가 가지고 있는 전형을 그들의 강점과 약점 측
　면에서 설명할 것이다.

6. 앰버는 학교를 막 졸업하고 처음으로 취업했을 때 자신이 가졌다고 생각되는 강점과 약
　점, 현재 CEO로서 살면서 자신이 가지고 있다고 생각되는 강점과 약점, 은퇴했을 때의
　수입과 생활양식에 대한 자신의 기대를 설명할 것이다.

7. 앰버는 현재의 경제적 상황과 그것이 빈곤층, 중산층, 부유층에 주는 영향에 관한 책을 읽
　으면서 이 새로운 지식이 다른 범주의 사회경제적 지위를 가진 사람에 대한 그녀의 사회
　적 전형을 어떤 방식으로 변화시킬지 또는 변화시키지 않을지 이야기를 나눌 것이다.

8. 앰버는 남성과 여성에 대해 그녀가 가지고 있는 전형을 그들의 강점과 약점 측면에서 설
　명할 것이다.

9. 앰버는 여성으로서 자신이 가졌다고 생각되는 강점과 약점을 설명할 것이고, 자신의 경험
　이 다른 여성의 것과 비교해서 얼마나 유사하고 다른지에 대한 자신의 믿음을 설명할 것
　이다.

10. 앰버는 개인적, 사회적 환경에서 성의 역할에 관한 책을 읽으면서, 성 분석이 어떤 방식
　　으로 그녀의 현재 상황에 대한 통찰을 제공하거나 제공하지 않는지 생각해 볼 것이다.

11. 앰버는 백인, 아프리카계 미국인, 2인종 혼혈인에 대해 그녀가 가지고 있는 전형을 그들

의 강점과 약점 측면에서 설명할 것이다.

12. 앰버는 그녀의 어머니, 아버지, 자신이 가졌다고 생각되는 강점과 약점을 설명할 것이고, 인종과 관련된 그녀 가족의 경험이 일반적인 사람에게서 일어난 것과 비교해서 얼마나 유사하고 다른지에 대한 자신의 믿음을 설명할 것이다.

13. 앰버는 미국의 2인종 혼혈 경험에 관한 책을 읽으면서, 그것이 어떤 방식으로 그녀가 현재 외로워하고 있는 상황에 대한 통찰을 제공하거나 제공하지 않는지 생각해 볼 것이다.

14. 앰버는 1주일 동안 매일 하루를 보내면서 보게 되는 다른 나이, 성, 세대, 사회경제적 지위, 인종적 유산을 가진 사람에 대한 자신의 생각을 일기로 기록하고, 성공적이고 행복한 삶을 살 수 있는 방법에 관한 자신의 고유한 세계관을 만들어 낼 때 사용할 수 있는 것으로 무엇을 배웠는지 생각해 볼 것이다.

15. 필요한 다른 목표들

장기목표 2: 앰버는 꾸준하게 열심히 일하는 자신의 장점을 외로운 느낌을 완화시키는 데 어떻게 사용할 수 있을지 검토할 것이다.

❖ 단기목표들

1. 앰버는 교회 예배에 참석하여 자신보다 나이 든 사람 옆에 앉아 예배 전후에 잡담을 할 것이고, 그때의 사회적 연결이나 단절 느낌에 주목할 것이다.

2. 앰버는 나이와 세대 요인으로 인해 사람들에게서 경험하게 되는 모든 정서적 거리를 감소시키기 위해 직장에서의 행동 조치를 실행할 것이며, 그때의 사회적 연결이나 단절 느낌에 주목할 것이다.

3. 앰버는 나이와 세대 요인으로 인해 사람들에게서 경험하게 되는 모든 정서적 거리를 감소시키기 위해 개인적 삶에서의 행동 조치를 실행할 것이며, 그때의 사회적 연결이나 단절 느낌에 주목할 것이다.

4. 앰버는 경제적, 교육적, 사회적 자원 측면에서 자신이 가진 권력을 생각해 볼 것이며, 자신을 위해 2개의 의제를 만들어 낼 것이다. 2개의 의제 중 하나는 자신의 개인적 삶을 위한 것이고, 다른 하나는 자신의 직장 생활을 위한 것이며, 나이가 드는 것에 대한 건강한 관점을 뒷받침하는 것이어야 한다. 그녀는 의제를 수행할 동안 사회적 연결이나 단절의 느낌을 인식할 것이다.

5. 앰버는 여성사업가협회의 모임에 참석하고, 이 모임에서 그녀가 느끼는 것이 남성이 지배

하는 모임에서 그녀가 느꼈던 것과 어떻게 비교될 수 있는지, 그리고 이것이 사회적 연결이나 단절에 대한 그녀의 느낌에 영향을 주는지 생각해 볼 것이다.

6. 앰버는 장기적인 관계 발전에 대한 관심, 의제 개발 능력, 달성 가능한 목표 수립 능력, 자신의 개인적, 사회적, 직장 환경에서 성 차별을 감소시키기 위해 미래지향적으로 사용하는 문제해결 능력과 같이 자신이 양성 특징을 가짐으로써 갖게 된 강점을 사용하는 행동 조치 의제를 만들어 낼 것이다.

7. 앰버는 YMCA 체육관, 부유층 전용 클럽의 체육관에서 운동해 보고 각 장소에서 사회적 연결과 단절의 느낌을 비교해 볼 것이다.

8. 앰버는 경제적, 교육적, 사회적 자원 측면에서 그녀가 가진 권력을 생각해 볼 것이며, 자신을 위해 2개의 의제를 만들어 낼 것이다. 2개의 의제 중 하나는 자신의 개인적 삶을 위한 것이고, 다른 하나는 자신의 직장 생활을 위한 것이다. 또한 이 의제는 그녀의 개인적, 사회적, 직장 환경에서 저소득 집단에 대한 억압을 감소시키기 위해 그녀의 권력을 사용하는 행동 조치를 포함하고 있어야 한다.

9. 앰버는 NAACP 모임, 공화당 동호회 모임에 참석해 보고, 각 환경이 그녀에게 사회적 연결과 단절의 느낌을 높이는지 생각해 볼 것이다.

10. 앰버는 아프리카계 미국인 유산의 집단주의 세계관과 백인 유산의 개인주의 세계관 중에 어느 것이 그녀가 다른 사람과 상호작용하는 방식, 사회적 상호작용에 들이는 시간, 다른 사람과 상호작용하기 위해 가는 장소에 더 큰 영향을 주고 있는지 생각해 볼 것이다.

11. 앰버는 사회적 연결 느낌을 높이기 위해 미리 계획하는 전략 한 가지(백인 유산에서 온 것), 현재 지향성을 사용하여 사람과 상호작용하는 전략 한 가지(아프리카계 미국인 유산에서 온 것)를 발전시킬 것이다.

12. 앰버는 자신의 개인적, 사회적, 직장 환경에서 인종적, 민족적 차별을 완화시키기 위해 자신이 개인적으로 하고 싶은 것에 관해 설명할 것이다.

13. 필요한 다른 목표들

장기목표 3: 앰버는 독립적인 행동을 중시하는 태도와 할 수 있는 능력을 사용하여 그녀 자신의 의제를 설정하고, 사회적 연결의 느낌을 최대화시키는 자신의 다문화적 세계관을 형성할 것이다.

❖ 단기목표들

1. 앰버는 그녀의 나이, 세대 요인과 CEO 정체성 사이에서 경험한 모든 갈등에 관해 설명할 것이다.

2. 앰버는 그녀의 나이, 세대 요인과 매력적인 여성으로서 가진 정체성 사이에서 경험한 모든 갈등에 관해 설명할 것이다.

3. 앰버는 중년과 노년에 대한 아프리카계 미국인 문화의 전형과 백인 문화의 전형 사이에서 경험한 모든 갈등에 관해 설명할 것이다.

4. 앰버는 여성에 대한 아프리카계 미국인 문화의 전형과 백인 문화의 전형 사이에서 경험한 모든 갈등에 관해 설명할 것이다.

5. 앰버는 부유한 사람에 대한 아프리카계 미국인 문화의 전형과 백인 문화의 전형 사이에서 경험한 모든 갈등에 관해 설명할 것이다.

6. 앰버는 여성으로 태어난 한 사람으로서 자신이 행동하는 방식과 CEO로서 행동하는 방식 사이에서 경험한 모든 갈등에 관해 설명할 것이다.

7. 앰버는 그녀 자신에게 있는 문화적 요인 분석에 기초해서 세계에 작용하는 가장 좋은 방식에 대한 그녀의 세계관을 설명할 것이다.

8. 앰버는 그녀의 외로움을 완화시키기 위해 개인적 행동과 사회적 정의 측면에서 어떤 것을 하고 싶은지 생각해 볼 것이다.

9. 필요한 다른 목표들

사례개념화 실습 사례: 폭력 영역의 통합

이제 댄에 대한 다문화적 분석을 할 것이다. 그의 행동에 통찰을 제공할 수 있는 복합적 영역이 많이 있지만 여기서는 폭력 영역을 선택하여 당신의 사례개념화에 통합시켜야 한다.

짧은 접수면접에서 얻은 정보

댄은 5년 전에 홀아비가 된 75세의 남성이다. 그의 아내인 코니가 죽었을 때, 그의 딸 헬렌이 댄을 돌보기 위해 가족의 집으로 다시 들어왔다. 댄과 코니는 52년의 결혼생활을 보냈으며, 그 기간 내내 같은 집에서 함께 살았다. 댄은 아버지인 마이어 댄에게서 가족 건설회사를 물려받은 건축가였고, 코니는 두 명의 아이를 가졌다. 그들의 큰아들인 게리(50세)는 대학 졸업 후 프랑스로 이사갔고 미국에는 아주 가끔 방문하고 있다. 딸 헬렌(48세)은 대학 졸업 후 고향으로 돌아와서 부모님 댁 가까이에 있는 작은 콘도에 살고 있다. 헬렌은 미국으로 이주해서 시민권을 획득한 멕시코 출신 로드리고와 36세에 결혼했다. 그는 멕시코 레스토랑에서 요리사로 일하고 있으며, 헬렌은 치과의 조수로 일한다. 그들은 아들 하나를 가졌는데, 현재 12세인 후안이다. 헬렌과 로드리고는 후안이 열 살일 때 이혼했다.

댄은 인터뷰에 왔을 때 심하게 마르고 수척해 보였다. 그의 의사는 성인보호국에 보고하기 위한 의무보고서를 작성해 왔는데, 보고서에 의하면 댄이 폐렴 주사를 맞으러 왔을 때 간호사가 그의 팔에 있는 수많은 멍 자국을 보게 되었다. 댄은 집에 아무 문제가 없다고 했지만 의사가 헬렌에게 연락하거나 질문하지 않는다는 조건하에 이 인터뷰에 응하겠다고 동의하였다. 댄이 간단한 접수면접을 위해 들어왔을 때, 그는 화가 나 있었고 질문에 매우 간단하게 대답하였다. 정신건강 검사에서, 댄은 '매우 잘함' 범위의 지능 활동을 보였다. 그는 자신에 대해 실성한, 노망난, 멍청이, 정신박약 등의 문구를 사용하면서 냉소적인 발언을 많이 하였다. 댄이 매일 혼자 술을 마신다는 징조가 좀 있지만 그는 약물남용의 가능성을 감추면서 충분한 정보를 제공하지 않으려 했다. 그는 노인학대 흔적으로 인해 상담에 의뢰되었지만 모든 의혹을 부인하였다.

문화적 관점에서 댄(D)과의 인터뷰

C: 당신의 의사가 작성한 보고서를 보았습니다. (한참 침묵) 팔에 멍이 들었다고 되어 있었어요.

D: (화를 내며) 그 이야기는 하고 싶지 않고요, 내가 자주 괴롭힘을 당하는 그런 사람이 아니란 걸 알아주면 좋겠어요. 내가 그 바보 같은 멍에 대해 이야기하기 싫으면, 당신이 나를 이야기하게 만들 순 없어요.

C: 그 점에 대해서는 당신이 분명히 옳습니다. (한참 침묵) 당신은 자신에 대해 괴롭힘을 당하고 싶지 않은 사람이라고 이야기했어요. (D는 C를 똑바로 노려본다) 당신이 어떻게 강한 사람인지 더 이야기해 보면 어떨까요?

D: (조심스럽게) 뭘 알고 싶은 거요?

C: 솔직하게 말해서, 당신이 어떤 사람인지에 대한 모든 걸 알고 싶어요. 당신이 75세라는 게 무엇을 의미하는지, 또 무엇을 의미하지 않는지 이야기하는 것에서 시작하면 어떨까요?

D: (신랄하게) 나는 실성하지 않았어요, 만일 당신이 빗대어 말한 게 그거라면. 내가 서툴러

서 멍이 든 게 아니에요. 나는 항상 운동을 해 왔고, 아직도 테니스와 골프를 하고 있어요.

C: 테니스는 대단한 스포츠죠. (한참 침묵) 오늘날 대부분의 사람은 운동이 자신의 신체와 마음에 얼마나 중요한지 모르는 것 같아요. (멈춤) 그래서 당신이 서툴러서 그런 게 아니면 그 멍은 어떻게 해서 생긴 건가요?

D: (자랑스럽게) 내가 이야기하고 싶지 않은 걸 이야기하도록 당신이 나를 속일 수는 없어요. 내 기억력은 내 인생 내내 그랬던 것과 똑같이 지금도 빈틈이 없어요. 마치 내 몸무게가 막 대학 졸업했을 때와 항상 똑같은 것과 같은 거지요. 나는 음식을 지나치게 많이 먹은 적이 없어요. 내 딸 헬렌의 경우에는, 이야기가 좀 달라지죠. 자신이 그렇게 뚱뚱해지도록 내버려 둔 걸 보면, 나는 항상 이해할 수가 없었어요.

C: 당신은 자신의 운동 능력에 대한 자랑으로 이야기를 시작했어요. 어떻게 헬렌에 대한 비난으로 마칠 수가 있었죠?

D: (신랄하게) 내가 걔를 비난하면 안 되는 이유가 있나요? 걔는 내 딸이에요. 10대가 되었을 때 뚱뚱해졌죠, 자신의 외모에 좀 더 관심을 두어야 하는 딱 그 시기에. 아내는 걔가 다이어트를 하도록 도우려 했죠. 코니는 나와 비슷했어요. 우리는 대학 테니스 팀에서 만났고, 둘 다 일생 동안 건강하게 지냈어요. 내 큰 아이 게리도 라켓을 휘두를 수 있고 건강하게 지내 왔어요. 최소한 집에 보내 주는 사진 속에서라도 건강하게 보여요. 헬렌은 항상 가족의 아웃사이더였어요. 부엌에서 음식을 몰래 가지고 나갔고, 지금은 하루 종일 먹어요.

C: 당신은 신체적으로 건강하다고 느끼고 있고, 또 항상 그래 왔다고 느껴요. 현재 당신의 삶을 내가 이해하려면 당신의 나이와 관련해서 내가 알아야 할 중요한 사항으로 어떤 게 있는가요?

D: (화를 내며) 흠, 나는 나의 코니를 5년 전에 잃었고, 지금은 헬렌이 나와 함께 살고 있지요. 얼마나 끔찍한 바꿔치기인지! 헬렌은 제대로 된 요리법을 배운 적이 없어요. 걔는 음식을 너무나 사랑하니까 요리에 좀 더 노력을 할 거라고 생각하기 쉽죠. 걔는 정말 귀찮게 조르고, 항상 내가 하고 싶지 않은 일을 나한테 해 달라고 해요. 나의 코니는 그렇지 않았어요. 그렇지만 그것에 대해 더 이상 징징대 봤자 의미 없죠, 그녀는 죽었으니까. 그게 내가 헬렌에게 자꾸 이야기하려는 건데, 걔는 여전히 울기만 해요.

C: (의문을 나타내면서) 당신은 그녀가 우는 걸 듣고 싶지 않다는 건가요? (멈춤, D는 고개를 끄덕인다) 그녀를 달래 주려고 한 적이 없나요?

D: (매섭게) 나는 걔가 작은 어린아이였을 때 그렇게 감정에 호소하는 응석을 받아 주지 않

았고, 이제 걔가 완전히 다 컸으니까 확실히 안 받아 주죠.

C: 그럼 당신은 일부 아버지가 딸에게 하는 그런 식의 관계, 즉 애가 어릴 때 당신의 무릎으로 기어와서 울면 걔를 달래 주는 걸 한 번도 한 적이 없었나요?

D: (자랑스럽게) 우리 가족의 경우, 불굴의 정신을 가지도록 일찍부터 배워요. 모든 사람에게 있어 당신이 어떤 감정인지를 아는 건 아무 의미가 없어요. 어쨌든 관심을 가지는 유일한 사람은 당신이에요. 우는 건 아기 같고 미숙한 거죠.

C: 당신은 냉철함을 중요하게 여기는 것 같네요.

D: (뻣뻣하게) 정상적인 모든 남자가 그럴 거예요.

C: 모든 문화 전통에서 남자가 감정에 움직이지 않는다고 여기진 않아요. 예를 들어, 라티노와 이탈리아 문화는 남자의 감정 표현을 장려하죠.

D: (단호하게) 우리 가족은 버몬트에서 왔어요. 우리 몸에는 감정 뼈가 없어요, 그것에 대해 하느님께 감사드립니다.

C: 알겠어요. 당신은 냉철한 걸 기뻐하는군요. 그럼, 코니가 죽은 후 헬렌이 이사 온 이유는 뭔가요?

D: (짜증을 내며) 그걸 물어보지 못했어요. (멈춤, 화를 내며) 나는 작년에 발목을 삐었고, 그래서 병원에 다니는 데 도움이 필요해요. 헬렌은 이걸 구실로 일을 그만두고 내 집으로 이사 온 거예요. 나는 그걸 원하지 않았어요. 내가 원한 건 의사에게 데려다주는 작은 도움이 다였어요. 걔는 내 약속 때문에 직장에서 곤란해진다고 했어요. 걔는 절대 자립할 능력이 없어요. 그냥 직장을 그만뒀죠. 걔한테 전형적인 건데, 걔는 강인한 성정이 전혀 없어요.

C: 당신은 발목을 삐었고 약속장소로 가는 데 약간의 도움이 필요했군요. 지금은 다시 예전처럼 다닐 수 있는 건가요?

D: (폭발하듯이) 목발을 보았나요? 휠체어? 눈이 멀었군요!

C: (확고하게) 아픈 곳을 건드려서 죄송해요. 당신에게 어떤 어려움이 있다고 이야기하려던 건 아니었어요. 그냥 지금의 당신이 누구인지 이해해 보려고 하는 거예요. 내가 들어 보니 당신은 화가 많이 났네요. (한참 침묵) 건강한 몸이었다가 장애를 가지게 되는 사람들이 때때로 있는데, 그건 그들의 자유에 상당한 타격이에요. 그건 그들을 화나게 만들죠.

D: (적대적으로) 나는 완전히 자급자족해요. (강조하며) 여덟 살짜리 아이처럼 자급자족하는 건 헬렌이죠.

C: 당신은 오늘 헬렌에 대해 비하하는 말을 많이 했어요. 이유가 뭔가요?

D: (멈춤, 질문을 무시하며) 헬렌과의 문제는 대단한 게 아니에요. 나는 의사에게 그걸 이야기 했어요. (멈춤) 그러나 그는 그 보호국에 전화해서 내 팔에 있던 멍을 대단한 것으로 만들어야 했어요. 마치 내가 누군가에게서 보호받아야 하는 것처럼. 무슨 일이 있었는지 당신에게 이야기해 주겠지만, 그걸 대단한 일로 만들면 안 됩니다. (멈춤) 헬렌은 나한테 자꾸 조르면서 내 신경을 건드렸고, 그래서 나는 내 방으로 가서 TV를 보면서 스카치를 몇 잔 쭉 들이켰어요. 멍이 든 것에 대한 기억이 없는 걸로 봐서 아마 좀 많이 마셨나 봐요. 그렇지만 내가 그걸 부정할 수는 없죠. 나는 눈이 멀거나 귀가 먹은 게 아니에요. 나는 그날 병원 진료실에서 팔에 멍이 제법 있었어요.

C: 어쨌든 당신에게 손상이 없다는 걸 내가 아는 게 당신에게는 중요한 것처럼 보이네요.

D: (동요하다가 화를 내며) 흠, 당신은 안 그런가요?

C: 그래요, 나도 사람들이 그걸 알길 원하죠. (한참 침묵) 만일 내가 듣거나 보는 데 문제가 있다면 그 손상은 나에게 매우 중요하겠죠. 나는 주의를 기울여 사람들의 말을 듣고 모습을 보면서 그들을 이해하려고 노력하는 데 시간을 들이겠죠. 만일 나에게 감각기관의 손상이 있다면 그건 정말 힘든 일이 될 거예요.

D: (적대감을 가지고) 당신이 인정한 거예요. 당신의 본성은 바로 훌륭한 감시꾼이 되는 거군요.

C: (조용하게) 이 모든 몰아세우는 말은 무엇에 관한 건가요? (C가 D의 눈을 쳐다보고 있으며 한참 침묵) 당신은 나를 모욕함으로써 당신이 권력을 가진 사람이란 걸 내가 알게 하는 게 필요하다고 느끼나 보네요.

D: (사무적으로) 음, 나는 권력이 있는 사람입니다. 나는 아버지가 그랬던 것처럼 성공한 회사의 수장이었죠. 나는 가족의 수장이었고, 모든 가족이 그걸 알고 있었어요.

C: 당신과 당신의 아내는 그 권력에서 공유한 부분이 있나요?

D: (폭발하듯이) 성경 안 봤나요? 남편이 집의 수장이에요.

C: 당신은 다시 화가 난 것 같네요. 나는 당신의 종교적 신념을 무시하려 했던 게 아닙니다. 내가 당신 가족을 오해하지 않으려면 그들에 대해 어떤 걸 알아야 하나요?

D: (한참 침묵, 의도적으로 C를 노려본다) 좋아요, 당신이 나를 낚았어요. 나는 종교적인 사람이 아니에요. 나는 단지 당신이 보인 그 짜증스럽게 조용한 태도를 잡아채려고 했던 거예요.

C: (D의 눈을 똑바로 쳐다보며) 내가 당신과 권력 다툼을 하려고 조용한 모습을 유지한 게 아닙니다. (멈춤) 일생 동안 그렇게 권력 있는 사람이었으니 나한테서 도움을 찾는 건 진기한 경험이겠네요. (한참 침묵) 일반적으로, 내가 조용하게 있는 것은 왜 여기 왔는지를 내

담자가 더 편하게 이야기하는 데 도움이 됩니다.

D: (놀라면서) 마치 이야기의 의미가 말한 그대로인 것처럼 이야기하네요.

C: 나는 그렇습니다. 한 가지만 당신에게 분명히 이야기하겠어요. 나는 오늘 당신이 모욕하는 말을 많이 들었어요. 그렇지만 내가 그것에 대해 이야기하느냐 아니냐는 나한테 달려 있지요. (멈춤) 나는 냉철해요.

D: (웃으며) 음, 내가 당신을 화나게 했다고 느낀다면 그렇게 심하게 하는 걸 그만둘 수 있을 것 같아요.

C: 아주 좋습니다. 우리가 동의할 수 있는 게 또 뭐가 있는지 봅시다. 당신은 항상 주관이 뚜렷한 강한 남자였어요. 당신은 일에서 매우 성공했고, 집에서도 관리하는 걸 좋아했어요. 세월이 흐르면서 당신은 점점 더 늙어 갔지만, 당신이 누구냐 하는 건 변하지 않았어요. 그러나 당신은 단지 더 늙었다는 이유로 노망이 났다거나 노쇠했다고 다른 사람들이 여길까 봐 좀 걱정하게 되었어요. 당신은 부유한 가족 출신의 부유한 남자이고, 당신의 아내가 죽기 전까지는 모든 것이 계획대로 잘 되어 가고 있었어요. 그때 종교는 당신에게 도움이 되지 않았고, 이제 당신은 종교적이지 않으니까 그건 관련이 없죠.

D: (언짢아하며) 코니는 무척 건강했어요. 죽을 것 같지 않았어요. 말이 안 돼요. 우리는 아들 게리를 만나러 막 유럽에 가려던 상황이었어요. 우리는 몇 해 동안 개를 보지 못했거든요. (한참 침묵) 음, 주제를 바꿉시다. 그녀의 죽음에 매달려 있다고 그녀가 돌아오지는 않죠. 나는 헬렌에게 그렇게 우는 건 아무 도움이 안 된다고 반복해서 이야기했어요. 한 번은 스카치를 권했는데 그걸 내팽개쳤어요. 카펫이 엉망이 되었죠! 우는 것보다는 술을 좀 마시는 게 더 나아요. 최소한 스카치는 맛이 있잖아요. (D는 내려다보고 스스로 고개를 끄덕인다) 내가 헬렌에게 계속 이야기했던 것처럼, 그것에 대해 울어 봤자 아무 소용없어요.

C: 다른 사람은 다른 방식으로 슬퍼하는 게 필요해요. 당신은 분명히 당신과 헬렌이 근본적으로 매우 다르다고 했어요. 당신은 스포츠를 좋아하고 그녀는 아니죠. 왜 둘이 같은 방식으로 슬퍼하겠어요?

D: (사무적으로) 왜냐하면 똑똑한 방식과 멍청한 방식이 있기 때문이죠. 그리고 헬렌은 항상 멍청한 방식을 성공적으로 선택해요. 개는 항상 나를 실망시켰어요. 그러나 개를 걷어차서 쫓아낼 수는 없어요. 그 바보는 일을 그만뒀어요. 이제 중년이고, 뚱뚱해요. 누가 그녀를 고용하고 싶겠어요? 그리고 개한테는 그 남자애가 있어요. 개는 집에 있으면서 그를 잘 돌봐야 해요. 만일에 그런 능력이 있다면.

C: 왜 손자를 '그 남자애'라고 부르나요?

D: (화를 내며) 나는 뭐든 내가 원하는 대로 부를 수 있어요. 그에게 후안이란 이름을 지어
준 사람 중 하나가 갠데, 나는 그 이름을 증오해요. 우리 가족에서 후안이란 이름은 한
번도 없었어요. 봐요, 존이란 좋은 이름이 있는데, 심지어 그 멍청한 멕시코인이 더 이상
갠와 함께 살지 않는데도, 갠는 말을 들어 먹질 않아요.

C: 후안과 그의 아버지가 집에 있을 때 그런 식으로 이야기하나요?

D: (격렬하게) 아니지요, 물론 아니에요. 나는 바보가 아니라고 이야기했잖아요. 나는 그 애
에게 상처를 주고 싶지 않아요. 그건 그의 잘못이 아니지요. 그건 모두 헬렌의 잘못이에
요. 갠는 몇몇 친구들과 함께 멕시코에 여행 갔다가 단지 미국 시민권을 가지고 싶어 하
는 어떤 남자와 결혼해서 돌아왔어요.

C: 그들은 얼마나 함께 살았나요?

D: (날카롭게) 10년은 너무 긴 기간이죠, 내 생각에.

C: 만일 시민권을 원하는 것뿐이라면 10년은 함께하기에 긴 시간인 것 같네요. 아마도 미국
에서 결혼한 사람의 50%와 마찬가지로 그들도 사이좋게 지내지 못하게 되어서 이혼했나
보네요.

D: (화를 내며) 그게 바로 코니가 이야기한 거예요. 그녀는 항상 헬렌을 위해 변명을 했는데,
그건 헬렌에게 아무 도움도 되지 않았어요. (한참 침묵) 코니는 로드리고가, 그게 그의 이
름이에요, 저녁 식사를 위한 타코나 뭔가 멕시코식의 것을 하면 무척 좋겠다고 생각했어
요. 그가 뭔가요, 여자인가요? 왜 그가 요리를 하죠?

C: 많은 남자가 요리하는 걸 좋아해요.

D: (소리를 지르며) 나 때는, 남자는 남자이고, 아내를 위해 요리하는 일은 없어요. 만일 그가
열심히 일한다면 요리할 시간이 없죠.

C: 당신은 남자가 해야 할 일과 하지 말아야 할 일을 무척 강하게 느끼고 있어요. 그건 그렇
고, (한참 침묵) 나한테 소리 지를 필요는 없어요. 당신이 조용하게 이야기해도 나는 당신
이야기를 경청하니까요.

D: (확고하게) 남자도 요리할 수 있다는 그런 말도 안 되는 여성주의를 나한테 강요하지만
않는다면, 나도 소리 지를 이유가 없죠. 누구도 내가 믿고 싶지 않은 것을 나한테 믿도록
할 순 없어요.

C: 나는 당신에게 어떤 것도 강요하지 않습니다. 어떤 두 사람도 완전히 똑같은 믿음을 가
질 수는 없죠. 그렇지만 내 생각에는, 삶을 살아가는 좋은 방식은 많이 있으니까 좀 더
열린 관점을 가지면 다른 사람을 좀 더 존중하게 돼요. 그리고 존중받기를 원하는 사람

은 당신 혼자가 아니에요.

D: (화를 내며) 나는 솔직한 사람인 것에 자부심이 있어요. 나는 내가 생각한 대로 사람들에게 말하죠.

C: 솔직하면서도 다른 사람을 존중할 수는 없을까요? (한참 침묵) 내 관점에서 볼 때, 당신 이야기에서 많은 부분이 멕시코 혈통, 여성, 장애인, 그리고 가장 심하게는 헬렌에게 공격적이에요.

D: (일어서려고 하며) 당신이 나를 인종차별주의자라고 하는 걸 내가 참고 있을 거라고 생각한다면, 나는 바로 떠나겠어요. 나는 헬렌에게도 똑같이 이야기했어요. 내가 걔 남편에 대해 하는 말에 반대한다면, 그냥 떠나가면 된다고 했어요.

C: 모든 사람이 떠나 버리면 무척 외로울 거예요. (D는 내려다본다. 한참 침묵) 내 역할은 당신을 모욕하는 게 아니에요. 그렇지만 나는 정직해야 하기 때문에 당신이 솔직하다고 여기는 것이 심지어 나를 향한 것이 아닌 경우에도 종종 공격적이라고 느껴진다는 걸 이야기해야겠어요. 당신은 사랑하는 아내를 잃었어요. 헬렌과 후안도 잃고 싶나요?

D: (냉소적으로) 나를 인종차별주의자라고 부르는 것이 내가 헬렌과 후안에게 상처를 주지 않게 하는 데 도움이 되나요?

C: 인종차별주의자라는 단어는 내가 아니라 당신이 사용했어요. (한참 침묵) 당신이 선택한 건 아니지만, 지금 당신 정체성의 한 부분은 멕시코 가족과 결혼한 여자의 아버지예요. (한참 침묵) 이제 당신은 멕시코계 미국인 손자가 있어요. 당신은 버몬트 출신인 걸 자랑스러워해요. (한참 침묵) 헬렌은 후안이 버몬트와 멕시코 출신인 걸 자랑스러워하길 바라지 않을까요?

D: (화를 내며) 좋아요, 나한테 그렇게 예민할 필요는 없어요. 예, 헬렌이 부르는 대로 부르지요. 걔는 내 딸이고, 세상에, 후안은 내 손자예요. 나는 집의 수장이고, 내가 원하는 것을 말할 수 있고 항상 가져요. 그러니 다시는 나를 인종차별주의자라고 하지 말아요.

C: 내가 당신의 마음을 상하게 했나요? (D는 고개를 끄덕인다) 미안합니다. (멈춤) 말도 안 돼요. 생각해 봐요, 당신은 자신이 냉철하다고 나한테 이야기했어요. (D는 웃는다. 한참 침묵) 그렇지만 당신은 헬렌이 냉철하지 않다는 걸 분명히 했죠. 나는 당신이 후안과 같이 헬렌이 사랑하는 누군가에 대해 안 좋게 말해서 그녀가 당신을 친 것이 아닐까 걱정하고 있어요.

D: (몇 분 동안 조용히 있다. 내려다보며) 아뇨, 나는 사업세계에 있었어요. 입 다무는 법을 알고 있죠. 그 문제는 걱정할 필요가 없어요. 그건 사고였지만 내가 의사에게 말했던 것과

는 다른 방식이었어요. 헬렌이 너무 많이 먹는 게 나를 화나게 한다고 아까 이야기했어요. 그때는 늦은 밤이었어요. 나는 지쳤어요. 나는 내 돈이 정크푸드에 쓰이는 게 싫다고 걔한테 백만 번은 이야기했어요. 그렇지만 걔는 또다시 가게에 가서 잡동사니 간식을 잔뜩 사 왔어요. 나는 후안에게 테니스 치는 법을 가르치고 있고 그러려면 건강한 식단이 필요하다고 걔한테 이야기했어요. (내려다본다)

C: (한참 침묵) 그럼, 그녀가 가게에 가서 정크푸드를 더 사 왔군요. 그래서 어떻게 됐나요?

D: (격렬하게) 걔한테 용기가 좀 있는 게 자랑스럽다는 걸 이야기해야겠네요. 걔가 나한테 맞서는 유일한 건 그 빌어먹을 음식에 관한 거예요. (내려다본다. 자신의 팔을 문지른다)

C: 정확하게 무슨 일이 있었는지 이야기해 줄 수 있나요?

D: (격렬하게) 물론 할 수 있지요, 그렇지만……. (한참 침묵)

C: 이야기하기 힘들다는 건 알아요. 그렇지만, 내가 수용할 수 있다는 걸 장담해요. 나한테 이야기해 주세요.

D: 그렇게 극적으로 이야기할 필요는 없어요. 그건 별것 아니에요. 걔는 일요일에 케이크, 쿠키, 그 밖에 무엇이든지 가지고 집에 왔어요. 나는 걔한테 그게 내 돈이고 집에 그런 쓰레기는 필요 없다고 고함쳤어요. 걔는 케이크를 커다랗게 한 조각 잘라서는 내 얼굴 앞에서 앞뒤로 흔들었어요. 나는 손을 내밀어 케이크를 걔의 접시로 밀었어요. 걔는 접시를 내려놓더니 나에게로 다가왔어요. 나는 제 자리를 굳게 지켜야 했는데, 그만 한 발 물러섰고, 카펫의 터진 부분에 넘어졌어요.

C: (한참 침묵) 미안한데, 또 납득이 안 되네요. (멈춤, D를 똑바로 쳐다보며) 당신처럼 부자인 사람에게는 찢어진 카펫이 없어요.

D: (한참 침묵) 만일 그 아이, (C의 얼굴 표정을 본다) 후안을 말하는 거예요, 걔가 나를 확 밀었다면 당신은 믿을 수 있겠어요? (C는 고개를 좌우로 흔든다) 좋아요, 그건 헬렌이었어요. 걔는 나를 잡아당기더니, 내가 고함을 치기 시작하자 나를 몇 번 앞뒤로 밀고 당기다가 갑자기 가 버렸어요. 나는 균형을 잃고 뒤로 넘어졌어요. 걔는 내가 운동하는 걸 알고 있어요. 내가 감당할 수 있다고 생각했겠죠. 걔는 내 팔을 멍들게 하고 나를 넘어뜨린다는 걸 몰랐어요. 의사는 자기 일에나 주의해야 했어요.

C: 의사에게는 의무가 있어요. 노인학대에 관한 법이 있고, 의사 윤리강령에 의해 그는 당신을 보호해야 해요. 나의 윤리강령도 그렇고, 당신과 같이 어떤 보호도 필요하지 않다고 생각하는 힘 있는 사람의 경우에도 마찬가지입니다.

D: (얼굴을 매우 붉히며 큰 소리로) 그건 맞아요. 나는 도움이 필요 없어요.

C: 다시 화가 난 것처럼 들리네요. 헬렌이 당신의 기질을 가지고 있나요?

D: (중얼거리며) 아뇨, 헬렌은 나와 닮은 점이 전혀 없어요. 코니도 닮지 않았어요. 걔는 나의 장모와 비슷해요. 그녀도 뚱뚱하죠.

C: 당신에게는 신체적인 외모가 매우 중요하군요. 당신이 알고 있는지 모르겠지만, 당신은 뚱뚱하고, 멍청하고, 남자에게 이용당해서 결혼했다는 것 외에는 헬렌에 관해 아무것도 이야기하지 않았어요.

D: (적대적으로) 나는 당신이 뭘 하는지 볼 수 있어요, 당신이 내 가족에 대해 모욕하는 말을 하니 기분이 안 좋네요.

C: 당신은 그걸 이야기할 수 있고, 그게 모욕하는 게 아니지만, 내가 그걸 이야기하면 모욕이 되는 건가요? (D는 고개를 끄덕인다) 만일 헬렌이 18세 이하이고 당신이 그를 반복해서 모욕하는 걸 내가 듣게 되면, 나는 아동보호국에 당신의 언어적 학대를 의무적으로 보고해야 해요.

D: (냉소적으로) 농담을 하시는군!

C: (D를 계속 쳐다보며) 아뇨. 후안에게 케이크, 쿠키보다 과일과 채소를 많이 먹으라고 가르치는 것, 그건 법에 의해 존중받는 부모의 선택이죠. 그렇지만 당신이 그의 앞에서 이름을 사용하지 않고 자꾸 '그 아이'라고 부르고 그의 아버지를 멍청한 멕시코인이라고 부르면, 아동보호법에 따라 당신은 그를 언어적으로 학대하고 있는 겁니다.

D: (사무적으로) 법은 계속 바뀝니다. 나의 아버지가 그 아동학대법에 대해 어떻게 생각하실지 상상하기가 어렵네요. 아이를 부르는 명칭에 언어적 학대? 쳇, 나의 아버지는 내가 모자를 떨어뜨리는 것에도 벨트를 풀어서 내 등에 멍이 들도록 후려치셨어요. 시험이나 과제에서 A가 아니라 B+를 받아도 벨트를 푸셨지요. 당신의 아동학대법에 대해 아버지가 뭐라고 생각하실 것 같나요? (내려다보며 머리를 좌우로 흔든다)

C: 그래요, 사회는 시기에 따라 부모 역할에 대한 관점이 정말 바뀌었죠. 오늘날 당신의 아버지가 당신의 등에 그의 벨트를 사용하면, 나는 보고서를 작성해야 하고 당신은 아마 당분간 위탁가정에 보내졌을 겁니다.

D: (열심히) 그게 당신이 나한테 하려는 건가요? 헬렌이 나한테 좀 거칠게 했다고, 나를 집 바깥의 어딘가로 보내는 건가요?

C: 아뇨. 차이점은 당신이 성인이라는 겁니다. 당신은 똑똑하고, 자신의 능력을 잘 사용하고 있어요. 만일 당신이 헬렌을 고소할 마음이 없으면 아무 일도 일어나지 않죠.

D: (강하게, 그렇지만 우물쭈물하며) 좋아요, 그게 내가 원하는 거예요. 무간섭.

C: 나와 만나는 게 간섭인가요?

D: (냉소적으로) 왜 내가 여기 다시 와야 하죠?

C: 당신이 스카치를 좋아하는 건 알지만, 그건 집에서 안 좋은 일이 또 일어나는 걸 막는 최선의 방법이 아닙니다.

D: (아래를 내려다보며, 긴장하여) 당신 생각에 헬렌이 또 그런 행동을 할 것 같은가요?

C: (D를 똑바로 쳐다보며) 예. (멈춤) 내 생각에는 당신과 내가 함께 이 상황에 관해 잘 알아봐야만 해요.

D: (C를 쳐다보며, 긴장하여) 어쩌면 또 올 겁니다. 여기 와서 이야기하는 게 내가 예상했던 것만큼 끔찍하지는 않네요. 그렇지만 좀 생각해 봐야겠어요.

댄에 대한 사례개념화 실습

❖ 실습 1(최대 4쪽)

목　　표: 자신이 문화적 이론을 분명히 이해하고 있다는 것을 확인하기

양　　식: A, B, C 파트를 포함하는 통합적인 에세이

도움말: 이 장을 다시 보라(439~450쪽).

　A. 이 실습의 도입 부분이 될 수 있도록 문화적 이론의 모든 가정(내담자의 변화 방식을 이해하는 데 핵심이 되는 차원에 관한 이 이론의 가정들, 추상적이고 폭넓게 생각하라)을 간략히 개관하라.

　B. 내담자가 변화과정을 통해 나아가는 것을 이해하는 데 각 가정이 어떻게 사용되는지 면밀하게 기술하라. 각 가정을 충분히 설명할 수 있는 구체적인 사례를 포함시켜야 한다.

　C. 내담자의 변화를 돕는 상담자의 역할(컨설턴트, 의사, 교육자, 조력가), 상담에 사용한 주요 접근법, 공통적으로 사용된 상담기법을 설명하면서 에세이의 결론을 내리라. 이 접근법의 독특한 점이 분명히 드러나도록 구체적인 사례를 충분히 포함시키라.

❖ 실습 2(최대 4쪽)

목　　표: 댄에 대한 다문화적 이론의 적용을 돕기

양　　식: A~F까지의 각 섹션에 대한 단독적인 문장 개요

도움말: 이 장을 다시 보라(439~450쪽).

　A. 댄의 약점(걱정, 이슈, 문제, 징후, 기술 결핍, 상담 장벽) 목록을 작성하고, 그중에서 댄이

도움을 원하는 것을 찾아보라.

B. 댄의 강점(강한 점, 긍정적 특징, 성공, 기술, 변화를 촉진하는 요소) 목록을 작성하고, 그중에서 댄이 인식하고 있는 것을 찾아보라.

C. ADDRESSING 모델의 9가지 문화적 요인 영역 각각에 대해 다음 사항을 논의하라. (a) 댄은 얼마나 많은 권력과 특권을 경험하는가, (b) 이 영역에서 댄은 억압을 경험하거나 다른 사람을 억압하는가, (c) 댄은 이 영역에서 어떤 권력과 특권을 이끌어 내는가, (d) 댄은 이 영역에서 어떤 억압의 근원을 이끌어 내는가, (e) 지금 자신에 대한 댄의 전반적인 관점에서 이 영역이 얼마나 두드러져 있는가.

D. 지금 댄의 문화적 요인에서 가장 두드러진 영역은 무엇인가? 왜 그런가?

E. D 파트에서 답했던 것을 고려해 볼 때, 댄의 전반적인 세계관과 가치를 어떻게 설명할 것인가?

F. D 파트에서 답했던 것을 고려해 볼 때, 댄의 현재 어려움이 어떤 방식으로 내적 요인의 결과이고, 외적 요인의 결과인가?

❖ 실습 3(최대 6쪽)

목   표: 댄의 삶에서 폭력의 잠재적 역할에 대해 이해하기

양   식: A~J의 각 섹션에 대한 단독적인 문장 개요

도움말: 2장을 다시 보라(131~143쪽).

A. 현재 댄이 처해 있는 상황에서 폭력 발생 위험요소, 폭력적이지 못하게 하는 방어요소를 사정하라. 사정할 때에 다음의 질문을 고려하라.

　　1. 댄은 어린 시절에 어떤 부정적인 사태들에 맞닥뜨렸는가? 약물중독자와 사는 것, 부모가 이혼하는 것, 잦은 이사나 노숙 같은 심각한 가족 붕괴, 부모에게 우울증이나 정신 질환이 있는 것, 자살 시도를 했거나 자살을 계획했던 사람과 사는 것, 심각한 범죄를 저질렀거나 감옥에 갔다 온 사람과 사는 것, 신체적 · 성적 · 정서적으로 학대받거나 방임되는 것, 폭력을 목격하는 것 같은 사태들을 검토해 보라.

　　2. 댄은 성인이 되어서 어떤 부정적인 사태들에 맞닥뜨렸는가? 약물중독자와 사는 것, 심각한 가족 붕괴, 우울증이나 정신 질환이 있는 사람과 사는 것, 자살 시도를 했거나 자살을 계획했던 사람과 사는 것, 심각한 범죄를 저질렀거나 감옥에 갔다 온 사람과 사는 것, 신체적 · 성적 · 정서적으로 학대받는 것, 폭력을 목격하거나 폭력에 대한 공포 속에서 사는 것 같은 사태들을 검토해 보라.

3. 폭력을 방어할 수 있는 댄의 내적 요인은 무엇인가? 그가 충동을 억제하고, 자기 행동에 제한을 설정하고, 감정을 조절하고, 반성적인 문제해결을 하고, 타인의 정서와 행동을 이해하는 능력을 가지고 있는지 검토해 보라.

4. 댄이 아동기일 때 장기적인 사회 네트워크나 환경이 폭력을 지지하거나 억제하였는가? 외상성의 상처가 있었는지, 양면가치가 있었는지, 정서적 연대가 없었는지 아니면 긍정적인 정서적 연대가 있었는지 검토해 보라. 또한 가족 폭력의 정도, 가족들이 문제해결 전략으로서 폭력을 참고 견디는 정도, 학교나 이웃에 대한 긍정적 또는 부정적 경험, 종교적 배경을 검토해 보라.

5. 댄의 관계, 동료 관계, 교육적 성취, 직업, 현재의 이웃, 현재의 신앙에서 폭력에 대한 환경적인 지지나 억제가 현재 있는가?

6. 폭력적 반응 또는 친사회적 반응을 정당화하거나 그런 반응을 더 하게 만드는 당장의 유도 또는 촉발 요인이 있는가? 댄의 삶에서 무기의 존재 유무, 알코올이나 약물 남용의 정도, 좌절이나 분노의 수준, 폭력에 대한 타인의 격려나 만류 같은 것들을 검토해 보라.

B. 댄의 삶 전체에 걸쳐서 폭력에 노출된 정도를 사정하라. 다음을 고려하라.
1. 노출의 유형(직접적, 간접적)
2. 노출의 빈도
3. 사태의 심각성
4. 그 상황에서 댄의 역할(목격자, 피해자, 가해자, 피해자-가해자)
5. 폭력 노출이 댄의 정서적, 인지적, 신체적, 사회적 기능 수행에 준 현재의 영향

C. 댄의 세계관을 사정하고, 폭력이 그 세계관에 일반적 역할을 했는지 아니면 제한된 역할을 했는지, 그리고 그 세계관이 현재 폭력을 산출하거나 촉진하는지 아니면 친사회적 행동을 산출하거나 촉진하는지 사정하라.

D. 지금 댄의 위험 정도와 그의 환경에 있는 다른 사람들의 위험 정도를 사정하라. 당장 그리고 좀 더 장기적으로 안전 정도가 높아질 수 있을지, 만일 높아질 수 있다면 어떻게 가능한지 검토해 보라. 댄의 삶에서 폭력 가해자의 특성을 주의 깊게 고려하여야 한다. 지금 댄의 환경이 얼마나 위험한지 1~10 척도로 표시하라. 댄은 그 위험을 얼마나 통제하고 있는가?

E. 댄의 안전, 그리고 그의 개인적, 사회적, 문화적 세계를 포함하여 그의 환경에 있는 다른 사람들의 안전을 사정하라.

F. 댄과 다른 사람에게 폭력이 주는 전체적인 심리적, 신체적 영향을 사정하라. 폭력이나 비폭력을 지지하는 다른 힘이 있는지 평가하고, 지금 댄이 폭력에서 자유롭게 살 수 있느냐의 측면에서 댄의 예측력을 측정하라.

G. 폭력과 방임이 개인과 그 가족에게 주는 영향에 대해 현재 당신은 얼마나 알고 있는가?

   1. 방임, 폭력, 외상이 내담자의 신체적, 정서적 안녕에 주는 영향에 관해 배경지식을 줄 수 있는 강좌를 얼마나 수강하였는가?

   2. 방임, 폭력, 외상이 내담자의 신체적, 정서적 안녕에 주는 영향에 관해 배경지식을 줄 수 있는 워크숍에 얼마나 참가하였는가?

   3. 방임, 폭력, 외상이 내담자의 신체적, 정서적 안녕에 주는 영향에 관해 배경지식을 줄 수 있는 전문적 경험을 한 적이 있는가? 어떤 경험이었는가?

   4. 방임, 폭력, 외상이 내담자의 신체적, 정서적 안녕에 주는 영향에 관해 배경지식을 줄 수 있는 개인적 경험을 한 적이 있는가? 어떤 경험이었는가?

   5. 세상에서 무엇이 중요한지, 사람들은 어떻게 의사소통하는지, 이 세계에서 어떤 보상과 벌이 있는지의 측면에서 방임, 폭력, 외상의 배경을 가진 사람의 세계관에 어떤 코호트 효과가 영향을 줄 수 있는가?

H. 폭력 또는 방임 배경을 가진 사람인 댄과 관련된 이슈에 관해 당신의 현재 인식 수준은 어떠한가?

   1. 무관심하고 폭력적인 생활양식에 관한 당신의 전형에 대해 논의하고, 지금 그것이 댄에 관한 당신의 관점에 영향을 주는지 논의하라.

   2. 당신의 폭력 경험 또는 폭력 노출에 관해 논의하고, 지금 그것이 댄에 관한 당신의 관점에 영향을 주는지 논의하라.

   3. 좋은 낭만적 관계, 좋은 부모-자식 관계에 대한 당신의 전형에 관해 논의하고, 지금 그것이 댄에 관한 당신의 관점에 영향을 주는지 논의하라.

   4. 당신이 과거에 폭력과 방임에 노출되었던 것이 댄에 대한 당신의 반응에 어떤 영향을 줄지 논의하라.

   5. 댄과의 효과적인 작업에 도움이 될 수 있는 지금까지 당신의 경험, 댄의 관점이나 현재 상황에 대해 부정적 편견을 가지거나 평가절하하게 만드는 지금까지 당신의 경험에 관해 논의하라.

I. 폭력 또는 방임 배경을 가진 내담자와 작업할 때 당신은 어떤 기술을 사용할 수 있는가?

   1. 당신은 댄과 작업할 때 유용하게 사용할 기술을 가지고 있는가? 어떤 기술인가?

2. 당신은 댄과 효과적으로 작업하기 위해 어떤 기술을 개발하는 것이 중요하다고 느끼는가?

3. 당신은 댄에게 긍정적인 결과를 이끌어 낼 가능성을 높이기 위해 무엇을 할 수 있는가?

J. 당신은 어떤 행동단계를 취할 수 있는가?

1. 당신은 좀 더 숙련되도록 준비하여 댄과 작업하기 위해 무엇을 할 수 있는가?

2. 당신의 상담 접근법과 관련된 모든 편견을 폭력 가해자이자 피해자인 댄에 대해 적절한 개입을 안 하거나 부적절한 개입을 하는 것과 관련해서 논의하라.

3. 당신은 댄에게 긍정적인 결과를 이끌어 낼 가능성을 높이기 위해 상담환경을 어떻게 구성할 것인가?

4. 당신은 어떤 상담과정을 변화시켜 폭력 또는 방임 배경을 가진 댄 또는 다른 내담자에게 더욱 환영받을 수 있게 만들 것인가?

❖ 실습 4(최대 7쪽)

목   표: 다문화적 이론, 사회경제적 지위와 관련된 이슈에 대한 당신의 지식을 댄에 대한 심층적 개념화(그가 누구이고, 왜 그렇게 하는지)에 통합시키는 것을 돕기

양   식: 주의 깊게 계획된 구조적 양식에 따라 전제, 근거가 되는 세부사항, 결론들로 구성된 통합적인 에세이

도움말: 1장(17~24쪽)과 2장(131~143쪽)을 다시 보라.

단계 1: 다문화적 접근법으로 댄에 대한 이해를 구조화할 때 어떤 양식을 사용해야 할지 검토하라. 이 양식은 (a) 그의 사회적, 문화적 집단에 대해 포괄적이고 분명하게 이해하는 데 도움이 되어야 하며, (b) 댄이 앞으로 노인학대로부터 스스로를 방어하는 데 유인 자극이 될 수 있는 언어를 뒷받침해야 한다.

단계 2: 생활환경의 변화와 나이 증가에 따른 건강상태의 변화로 인한 권력의 변화를 이해하는 데 어려움을 겪고 있는 사람인 댄의 전반적인 기능 수준을 설명해 주는 간략한 전제(개관, 예비적 또는 설명적 진술, 조건, 주제 진술, 이론에 따른 소개, 가정들, 요약, 결론을 내리는 인과 진술들)를 개발하라. 단계 2를 하는 데 어려움이 있다면, 그것이 연습 2와 3의 핵심 아이디어를 통합하는 것이어야 하고, (a) 딸에게 피해를 주는 것, 딸에게 피해를 당하는 것에서 자유로워지려는 댄의 장기적 목표에 기초가 되어야 하고, (b) 다문화 이론에 기초하고 폭력 이슈에 민감해야 하며, (c) 댄이 다문화 상담에서 보일 강점에 초점을 두어야 한다는 것을 기억하라.

단계 3: 장애를 갖게 되고 최근 자신의 성인 딸에게 학대받은 노인인 댄에 대한 철저한 이해를 완성시키고, 다문화 관점에서 만들어지는 근거 자료(강점과 약점에 대한 상세한 사례 분석, 도입부의 전제에 근거가 되는 자료)를 개발하라. 만일 단계 3에 어려움이 있다면 (a) 단기목표의 개발에 도움이 되고, (b) 다문화 상담에 기초를 두고 폭력과 방임 이슈에 민감하며, (c) 댄의 강점에 대한 이해를 그의 세계관과 가치관 분석에 통합시키기 위해 당신이 포함시킬 필요가 있는 정보를 고려하라.

단계 4: 당신의 결론, 그리고 폭넓은 상담 추천사항들을 개발하라. 당신이 연습 3의 H와 J에서 했던 대답을 주의 깊게 고려하면서, (a) 댄의 전반적인 기능 수준, (b) 지금 그가 자신의 문화적 강점을 발전시키는 데에 도움이 되거나 장애가 되는 것, (c) 그가 자신의 세계관과 가치관을 평가할 때의 기본적 욕구를 포함시켜야 한다. (간결하고 일반적이어야 한다).

❖ 실습 5(최대 3쪽)

목   표: 댄의 문화적 강점을 고려하고 폭력과 방임 이슈에 민감한 활동계획을 이론에 따라 개발하기

양   식: 장기목표들과 단기목표들로 구성된 문장 개요

도움말: 1장을 다시 보라(24~45쪽).

단계 1: 당신이 실습 3의 H와 J에서 응답했던 것을 주의 깊게 고려하면서, 상담에서 부정적 편견을 막고 한 개인으로서 댄이 독특하게 가지는 요구에 맞게 계획을 맞출 수 있도록 하는 상담계획 개관을 개발하라.

단계 2: 이상적으로는 상담이 끝난 후에 댄이 도달하게 되고, 그리고 그가 적응적인 세계관을 가지도록 하고 가족관계에서 폭력의 역할을 인식할 수 있게 이끄는 장기(주요, 큰, 야심만만한, 포괄적, 폭넓은)목표를 개발하라. 단계 2를 하는 데 어려움이 있다면, 어떻게 하면 그것들이 댄의 요구와 상황에 맞는 현실적인 목표로 변환될 수 있는지에 주의하면서 당신의 전제를 다시 읽고 주제 문장의 근거를 제시하라(실습 4의 양식을 사용하라).

단계 3: 몇 주 내에 완수될 것으로 댄과 상담자가 예상할 수 있고, 그리고 댄이 특히 폭력과 권력에 관한 자신의 세계관과 가치관을 인식해 가는 과정을 당신이 기록하는 데 사용할 수 있고, 변화에 대한 희망을 점차 가지게 하고, 시간 효율적인 상담회기를 계획할 수 있게 하는 단기(작은, 간단한, 요약된, 특정한, 측정 가능한)목표를 개발하라. 만

일 단계 3에 어려움이 있다면 근거가 되는 단락들을 다시 읽고, (a) 댄이 권력과 관련된 그의 특정한 가치관에 관한 가설 검증, 그리고 생활환경과 신체건강 상태의 변화가 다른 사람과 관계를 가지는 태도를 스스로 재평가하도록 하는 필요성에 관한 가설 검증에 참여할 수 있도록 도울 수 있고, (b) 안전 확보 계획을 세우는 데 도움이 되는 요소를 제고시키고 방해가 되는 요소를 감소시키게 하고, (c) 가능할 때마다 자신의 삶을 분석하는 데 자신의 강점을 활용하고, (d) 폭력의 가해자이자 피해자이며 현재 노인인 그에 맞게 개별화된 목표로 변환시킬 아이디어를 탐색하라.

❖ 실습 6

목　표: 댄의 사례에서 다문화 상담 비판하기

양　식: A~E의 질문에 에세이 형식으로 답하거나 집단 형식으로 논의하라.

A. 댄(노인학대의 피해자인 성인)을 돕는 데 있어서 이 모델의 강점과 약점은 무엇인가?

B. 역동적 관점을 취하면 댄이 여성에 대해 정서적으로 학대하고 지배하는 자신의 순환적인 비적응적 패턴이 어떤 역할을 하는지 제대로 이해하도록 도울 수 있을 것이다. 역동적 관점을 취할 경우 상담계획에 어떤 변화가 있을지 생각해 보라.

C. 댄이 자신의 딸 헬렌을 지배하는 모습이 직장에서 그의 부하직원들을 대하는 방식을 반영한 것이며, 그보다 권위가 더 있는 사람에게는 그가 복종하는 모습을 보인다고 가정해 보라. 인종과 민족 영역에 대해 당신이 알고 있는 것을 고려해 볼 때, 백인 문화집단에서 큰 것이 그가 헬렌, 그의 부하직원과 가지는 대인관계에 어떤 영향을 주었는지를 댄에게 가르치는 것은 얼마나 효과적일까? 당신이 이미 댄에게 문화적 상담을 도입한 상황에서, 댄은 인종과 민족 이슈를 고려하는 것에 얼마나 흥미를 가지게 될까? 당신의 문화적 배경을 고려해 볼 때, 백인성 이슈를 그와 논의하는 것이 얼마나 어려울 것 같은가?

D. 댄의 가족 상황과 폭력에 관한 연구를 고려하면서, 현재 댄의 자살 위험에 관해 논의하라. 이 문제를 좀 더 정확하게 사정하기 위해 좀 더 깊이 알아봐야 할 다른 특별한 이슈가 있는가? 만일 그가 상담에서 이야기하는 내용을 헬렌이 알게 된다면 어떤 일이 일어날 수 있을까? 이것은 그의 자살 위험을 높일까, 아니면 낮출까?

E. 헬렌에 대한 댄의 학대를 공부한 것이 일반적인 노인학대의 피해자에 대한, 특히 그에 대한 당신의 태도에 어떤 영향을 주었는가?

추천 자료

❖ Books

Comas-Dias, L. (2012). *Multicultural care: A clinician's guide to cultural competence*. Washington, DC: American Psychological Association.

Hays, P. (2013). *Connecting across Cultures: The helper's toolkit*. Thousand Oaks, CA: SAGE.

Sue, D. W., & Sue, D. (2013). *Counseling the culturally diverse: Theory and practice* (6th ed.). Hoboken, NJ: John Wiley & Sons.

❖ Videos

Hays, P. (2012). *Culturally responsive cognitive-behavioral therapy in practice* [DVD]. Washington, DC: American Psychological Association. Available at www.apa.org/pubs/videos/4310900.aspx

Lindner, E. (2011, October 31). Linda Hartling: Relational-cultural theory [Video file.] Retrieved from https://www.youtube.com/watch?v=Ew4zBnz_GVc

McGill Transcultural Psychiatry. (2013). Community mental health and cultural therapy in Jamaica [Video file]. Retrieved from http://vimeo.com/52488730

Wellesley Centers for Women. (2014). Forming healthy, thriving connections [Video file]. Retrieved from http://www.wcwonline.org/Videos-by-WCW-Scholars-and-Trainers/forming-healthythriving-connections

❖ Websites

Dr. Pamela Hays. http://www.drpamelahays.com

Jean Baker Miller Training Institute. http://www.jbmti.org

제11장 구성주의 사례개념화와 상담계획

구성주의 이론 소개

스가랴는 평균 크기의 시골 대학교 징계위원회에서 의뢰하여 상담에 온 남학생이다. 그는 19세의 아프리카계 미국인이고 1학년이다. 그에게는 17세인 여동생과 15세, 13세의 남동생이 있다. 그들은 대학에서 북동쪽으로 4시간 거리에 있는 큰 도시에서 어머니, 할머니와 함께 살았다. 기독 종교는 스가랴 가족의 삶에 중요한 역할을 했다. 그의 이름은 예언자 스가랴를 딴 것이고, 그의 가르침은 그의 아동기 시절에 그에게 반복적으로 인용되었다. 스가랴는 분노 조절 문제로 의뢰되었다. 그는 의뢰에 동의하지 않았고, 그것이 인종차별적인 대학 체제가 반영된 것이라고 믿고 있다. 그렇지만 그는 협력할 생각이다. 그는 좋은 성적을 받아서 대학을 졸업한 첫 번째 가족이 되려고 결심하였다. 간단한 정신건강 검사에서는 인지적 혼란, 자살이나 살인 사고, 충동조절 문제의 징후는 없었다.

포스트모더니즘 전통은 내담자가 따라야 할 하나의 통일된 이론을 제공하기보다는 많은 다른 관점을 포괄한다. 이 전통은 여성주의, 인간주의, 체제이론 등의 접근법이 모이는 지점에 영향을 받는다(Neimeyer, 2009). 이 다양한 구성주의 접근법이 공통으로 가지고 있는 것은 사람은 자신과 세계를 이해하기 위해 항상 자신의 경험에서 의미를 형성한다는 믿음이다. 이를 위해 사람은 자신이 경험하는 현상에 질서를 부과할 필요가 있다. 그들이 부과하는 질서는 그들이 자신의 경험을 이해하고 그것에서 의미를 도출해 내는 데 도움이 된다. 사실상, 이 질서와 사람이 자기 경험의 특정 측면에 두는 강조가 자기 삶에 대한 관점을 형성하고 강점과 어려움의 원인이 된다. 이는 그들이 경험에서 도출해 내는 의미가 시간, 다른 사람, 문화를 가로질러 또는 한 문화 내에서 그들에게 계속 진리로 남아 있는 객관적 실재라기보다 사회적으로 구성된 실재를 나타내기 때문이다. 외적 자극을 주는 객관적 세계가 있긴 하지만, 스가랴의 의미 형성은 그가 사회적으로 구성한 세계의 작용인 측면이 훨씬 더 많다. 절대적인 '진리'는 없지만, 지배적인 사회 집단과 제도에서 비롯된 사회적 구성은 실재에 대한 그들의 관점을 권력이 약한 사람과 집단에게 부과할 수 있다(Neimeyer, 2009).

당신은 관계 구성주의자이다. 따라서 당신은 의미 구성이 일어날 수 있게 자기 경험에 질서를 부과할 때 스가랴가 자신, 타인들과 가지는 대화 주고받기가 매개 역할을 한다고 믿는다. 스가랴는 자기 인생의 이야기에서 주인공이고, 그것을 이해하려면 스가랴가 당신에게 그것에 관해 이야기해야만 한다. 이 한 쌍의 대화는 그가 그 자신, 당신, 그의 상황을 이해하기 위한 지식을 구성할 수 있게 해 주는 과정이다. 이 의미 창출은 대화에서 사용되는 언어에 의해 매개된다. 그가 대학에서 겪고 있는 것을 당신에게 이야기할 때, 그는 그 본성상 관계적 행동인 사회적 수행에 참여하고 있는 것이다. 당신은 그를 도울 때에 매우 표의적인 접근법을 취할 것이다. 스가랴가 첫 상담에 오기 전까지 당신은 그에게 자기 이야기를 해 보라고 격려하고 치유 경험을 공동 창출하는 것에 그와 함께 완전히 참여하는 것 다음에 어떻게 진행할지 아무 계획이 없을 것이다. 누가(스가랴) 누구에게(당신) 무엇을(그와 룸메이트 사이의 문제) 언제(징계위원회 소식 후에) 말하느냐가 어떤 이야기가 펼쳐질지, 스가랴가 그것에서 어떤 의미를 도출할지에 크게 영향을 주기 때문에, 그것은 공동창출 경험이다(Neimeyer, 1995, 2000).

관계 구성주의는 '인간의 삶에서 대인관계와 대화 교환하기의 중요성을 강조하고'(Neimeyer, 2000, p. 216), 매우 중요한 개념인 '자아(the self)'를 설명하려 한다. 당신은 스가랴가 자신의 과거에 관한 이야기 내내 자신에 대한 느낌을 일관성 있게 유지한다고 믿는다. 이 '이야기된 자아들(storied selves)'은 그가 대화 주고받기 내에서 자신의 경험을 탐색, 정교화하면서 언제든 개정될 수 있다. 스가랴는 알 수 있는 또는 실제로 진짜 있는 진실한 자아를 가지고 있지 않다. 그의 이야기는 (a) 여러 요소로 구성된 경험을 일관성 있는 전체로 함께 통합하고, (b) 그를 다른 사람들과의 관계에 따라 위치시키고, (c) 자기 이해를 위한 이야기 속 일관성을 그에게 일시적으로 제공하기 위해 사용된 1인칭 화법이다. 실제로 스가랴는 누구인가? 대학생? 아프리카계 미국인 남성? 장남? 화가 난 젊은이? 대답은 주어진 순간에 그가 누구와 관계하는지, 그리고 심지어 자신에 대한 당장의 느낌이 모든 대인 교환하기 안에서 구성되고 있는 과정이라 할지라도 이 상대방과 어떤 유형의 관계 교환하기에 참여하고 있는지에 달려 있을 것이다(Neimeyer, 2000). 따라서 그가 자신을 대학생, 장남, 화가 난 남자로 경험하는지는 객관적으로 '진실'인 것이나 실재에 기초한 것보다는 그 순간에 그에게 무엇이 더 작용하고 있느냐에 더 달려 있다.

스가랴는 언제나 경험을 탐색하고 정교화하는 것을 통해 그것에서 의미를 만들려고 하는 과정 중에 있다. 스가랴가 자신의 자기이해 안에 통합시키려 한 과거의 경험은 실제로 이질적이고, 복합적이고, 때때로 정반대이다. 따라서 많은 다른 이야기가 가능하고, 어떤 것도 다른 것보다 더 객관적으로 진실하지 않다. 대화는 어떻게 진행되는가? 스가랴가 그의 삶을 당신에게 관계 지을 때, 그 순간에 그에게 의미 있는 것처럼 보이는 단위로 그의 경험을 구조화할 것이다. 그는 그런 경험의 패턴이나 주제를 그가 그렇게 하는 것으로 인식할 수 있다. 예를 들어, 그는 동생들을 도왔던 많은 경우를 기억할 것이다. 그에 관한 그런 이야기에서 그가 창출하거나 도출하는 의미에는 자신이 동생들을 적극적으로 도우려 하는(그가 무엇을 하는지) 사랑스러운 형 또는 오빠(그가 어떤 사람인지)라는 것이 있을 수 있다. 자신에 대한 이런 이해 또는 자아이론은 만일 그것이 현재 그의 일상적 삶이라는 제한 안에서 그럴듯하다면, 만일 그것이 새로운 경험을 통합할 수 있도록 확장이나 개정의 기회를 제공한다면, 만일 그것이 긍정적인 기분상태를 이끌어 낸다면 그에게 기능적인 것으로 여겨질 수 있다.

스가랴는 상담이 필요한가? 그것은 그 순간에 그를 인도하는 일관성 있고 삶을 고양시키는 내러티브가 그에게 있느냐에 달려 있다. 그가 그 경우에 해당하는지 판단하려면 다음과 같은 질문을 생각해 봐야 한다. 그는 현재 긍정적 정서를 많이 경험하고 있는가? 현재 그의 내러티브가 자신에 대한 적응적이고 일관성 있는 관점을 그에게 주는가? 그는 다른 사람과 효과적으로 관계를 가지고 있는가? 그는 그의 가족, 학교, 직장 환경에서 적응적인 목표를 지지하는 행동을 하는가? 그는 새로운 경험을 그의 진행 중인 내러티브에 적응적으로 수용시킬 수 있는가? 만일 그렇다면, 그의 내러티브는 삶을 고양시키는 것이고, 그는 상담이 필요하지 않다. 반면에 만일 그가 많은 부정적 정서를 경험하고 있다면, 만일 그가 자신에 대해 무질서하거나 부정적이거나 앞뒤가 안 맞거나 과도하게 엄격한 관점을 경험하고 있다면, 만일 그가 역기능적 관계에서 어려움을 겪고 있다면, 만일 그가 적응적 행동을 할 수가 없다면, 만일 그가 새로운 경험에 반응할 수 없다면, 그렇다면 상담이 필요하다.

현재 상황에서 스가랴는 문제가 가득한 내러티브를 사용하여 자신의 정체성을 규정하고 있다. 그가 신입생이 되어 직면했던 문제들, 그가 폭력적이라고 룸메이트가 고소한 것, 징계위원회의 결정, 사회에서 억압받고 무시당한다는 그의 느낌이 그 자신과 그의 세계에 대한 그의 관점을 지배하고 있다. 좋은 성적, 아프리카계 미국인 친구들을 찾아낸 그의 행복, 가족들에게 받는 사랑과 존중 같은 다른 측면의 경험은 빈약한(잘 정교화되지 않은) 이야기이며, 이 시점에서 억압 이야기와 같은 풍성한(잘 정교화된) 이야기만큼 최대한 경험되지는 않은 이야기이다. 만일 그가 상담에 참여할 것을 선택한다면 그것이 불러일으킬 이런 긍정적 경험에 대한 그의 인식이 더 깊은 탐색과 정교화를 통해 고양될 것이고, 이에 따라 현재 그의 구성을 지배하고 있는 고통스러운 내러티브에 대한 강력한 상대 내러티브가 형성될 것이다. 이런 상담 경험에서 도출되는 모든 의미는 스가랴에게 책임이 있지만, 당신은 그의 정서적 반응(언어적인 것과 비언어적인 것)에 주의함으로써 그가 좀 더 삶을 고양시키는 내러티브 (Neimeyer, 1995, 2000), 구성 활동에 더 많은 선택지를 주는 내러티브를 개발하도록 그를 이 끌 수 있을 것이다(Neimeyer, 2009).

상담자의 역할

상담자의 상담회기에는 스가랴가 자신의 경험에서 도출하는 의미에 관한 개입이 포함될 것이다(Neimeyer, 2009). 그것은 스가랴와 상담자 사이의 대화에서 시작될 것이다. 그의 말과 행동이 상담의 시작 방식을 규정하겠지만, 상담자는 그의 실재에 대한 수동적인 참가자가 아니다. 상담자는 자신이 그를 경청하고 있고 어떤 의제나 주의산만에서도 자유롭다는 것을 충분히 보여 줄 필요가 있다. 상담자는 개인으로서 그와 관계를 가지는 만큼 스스로를 개인 으로 인식하는 '~에서 ~로' 존재가 될 필요가 있다(Neimeyer, 2009, p. 60). 상담자는 질문을 하고, 그가 말한 것을 숙고하고, 감정과 신체 감각을 좀 더 깊게 경험하도록 그를 격려함으 로써 그의 내러티브에 한 부분이 될 것이다. 이렇게 함으로써 상담자와 스가랴는 그의 경험 단편들을 임시로 창출할 것이다(하위줄거리). 이들은 비록 객관적인 1차적 인과관계가 실제 로는 가능하지 않더라도, 1차적 사태처럼 기능하는 꾸며진 시작과 끝을 가지고 있다(Kelly, 1955).

예를 들어, 스가랴는 아침의 심리학 수업에서 혼란을 경험할 수 있다. 상담자는 그에게 그 경험을 좀 더 깊이 탐색하라고 격려하면서, 그 수업의 세세한 사항을 상기하도록 도움으로 써 그가 자신의 행동, 생각, 느낌, 타인과의 상호작용을 다양한 관점에서 생각해 볼 수 있게 할 것이다. 이 과정을 통해 그는 그가 경험한 것에서 더 깊은 의미를 얻을 것이다. 그 순간 에, 그는 교수가 했던 특정한 표현이 교묘하게 모욕하는 것이었고 그래서 그에게 거부당했 다는 느낌이 '유발되었다'고 이야기한다. 스가랴는 이 수업에서 열심히 공부했으므로 왜 교 수가 그를 그렇게 대하는지 이해할 수 없다. 부정적 감정을 충분히 진행시키는 것은 상담에 서 의미를 만드는 과정에 필수적인 부분이므로 스가랴의 거부 느낌은 충분히 탐색될 것이 다. 상담자는 그가 교수의 말들에서 구성한 의미를 스스로 찾도록 도울 것이다. 이것은 수업 에서 발생했던 것을 수동적으로 관련짓는 것이 아니다. 상담자는 그가 상담자와 관계를 가 지는 것을 정서적으로 경험하도록 도울 것이고, 그가 관계를 가지는 것에 대한 자신의 경험 상 반응을 인식할 것이다. 상담자는 또한 스가랴가 자기 인생의 전체적 구성에서 핵심 역할을 할 수 있는 것을 상담자에게 이야기하는 이 특정한 이야기 너머에 있는 더 깊은 주제, 그리고 다른 이야기들 너머에 있는 더 깊은 주제를 탐색하도록 도울 것이다(Neimeyer, 2009).

스가랴는 이 경험의 시작이 교수의 발언이고, 경험의 끝이 그의 거부당한 느낌이라고 규정한다. 그렇지만 다른 단락의 시간이 선택되면 다른 인과 해석이 가능할 수 있다. 예를 들어, 상담자는 질문을 통해 알람시간이 잘못되어서 스가랴가 교실에 늦게 허겁지겁 들어갔다는 것을 확인할 수 있다. 교수는 이에 대한 반응으로 그가 수업에 늦은 것에 대해 야단을 쳤다. 이와 같이 되면, 이제 교수의 발언이 아니라 '지각'이 거부의 원인이 된다. 따라서 인과를 결정하는 데 사용될 수 있는 진짜 1차적 관계는 없으며, 단지 인지된 1차적 관계만 있다.

스가랴가 자신의 이야기를 할 때 상담자는 내러티브 공감을 하려고 노력할 것이다. 상담자는 이를 통해 그의 감정과 생각에 동조하고 이야기 속에서 드러나는 그의 정체성을 숙고하고 타당화하는 데 참여한다. 상담자는 지시하거나 가르치려 하기보다는 궁금해하고 탐색을 격려할 것이다. 그의 감정은 항상 중요한 의미를 전달하며, 언어적이든 비언어적이든 그런 신호가 회기에서 나타날 때마다 적극적으로 탐색될 것이다. 상담자는 그의 경험을 진행시키고 의미 구성을 지지하기 위해 그가 세 가지 기본적인 과정을 거치게 할 것이다. 가능한 한 충분히 그의 이야기를 분명하게 표현하기, 혼란스럽거나 불완전하거나 문제가 될 수 있는 모든 측면을 정교화하기, 일관된 낙천적 감각을 가지고 그의 세계와 그 속에 있는 그의 위치를 이해하도록 돕고 적응적인 생활양식을 지지하는 대인 의미를 그의 경험에서 찾아내고 협의하기 등이 그것이다(Neimeyer, 2009).

상담자와 내담자는 모두 대화에서 사용하는 언어에 여러 가지 점에서 속박된다. 상담은 지배적인 문화의 가정이 배어 있고 스가랴의 자아이론 뒤에 있는 가족의 가정 또는 문화적 가정이 포함되어 있는 이 언어에 주의를 돌릴 수 있다. 이 중 일부는 그를 적응적인 방식으로 이끌지만 다른 일부는 문제를 일으키고 극복해야 할 과제가 될 수 있다. 예를 들어, 아버지와 근친상간 관계의 아들은 '근친상간 피해자' '근친상간 생존자' '근친상간 극복자'라 불릴 수 있다. 언어의 미묘한 변화, 그리고 그렇게 미묘하지는 않은 변화는 그 아들이 타인과의 관계에서 스스로를 보는 관점에 영향을 줄 가능성이 있다. 따라서 스가랴가 자기 상황에 대해 창출한 이해는 그를 위한 옵션을 탐색할 때 대학의 우연한 외적 사건보다 그를 더 제한할 수 있다. 상담에서는 그의 옵션을 확장하려 한다. 만일 대학의 사회적 구성이 스가랴에게 억압적이라면 상담자는 사회적 변화의 주체자로 행동할 것이다. 상담자는 스가랴가 자신이나 타인들에게 억압적인 문화적 이야기를 수정 또는 재해석하거나 그 이야기에 저항하도록 도울 것이다(Neimeyer, 2009).

상담자는 적응적 의미 구성을 위해 어떤 일을 하는가? 전체 과정은 상담자와 스가랴가 그의 이야기를 해체하고(하나의 전체로부터 상황, 인물 성격, 줄거리 같은 많은 부분들로 나눠서 취하는 것), 그가 충분히 주의하지 않았을 측면을 좀 더 정교화하는 것에서 출발한다. 이를 통해 그는 그것에서 더 많은 의미를 도출할 수 있다. 이 과정에서 상담자가 사용할 수 있는 기법은 많이 있다. 상담자는 적극적으로 경청하면서 그 순간 그의 요구에 공명할 수 있는 기법을 제시할 것이다. 상담과정은 협력이 매우 중요하기 때문에, 절대로 스가랴에게 기법을 강요하지 않을 것이다. 그는 어떤 것을 시도해 볼지 아닐지 질문을 받을 것이다. 많은 상담학파에서 개발한 기법들이 회기 중에 펼쳐지는 자연스러운 상호작용에 유용한 것으로 증명되었다. 이야기된 자아비유는 의미 구성 과정에서 스가랴를 격려하기 위한 실제적인 지침을 제공할 때 사용될 수 있다. 이 비유는 (a) 내러티브 형식과 특징, (b) 관점과 목소리, (c) 원작자와 청중 이슈라는 세 가지 차원을 따라 탐색되고 정교화될 수 있다. 각 차원은 상담자와 스가랴의 대화가 내러티브의 가능성을 좀 더 높이기 위해 어떻게 의미구성 과정에 개입할 수 있는지에 관한 아이디어를 제공한다. 새로운 의미 구성 기회를 열어 주지 않는 내러티브는 더 깊은 탐색과 확장이 필요한 빈약한 내러티브로 여겨진다. 이 탐색과 확장은 내러티브 풍성하게 하기로 불린다. 스가랴에 대한 새로운 내러티브의 가능성을 열 때 각 차원을 어떻게 사용하는지를 설명한 다음의 내용, '작가—주인공'은 Neimeyer(2000)에서 가져온 것이다.

내러티브 형식과 특징은 내러티브의 상황 세부설명(어디), 성격 묘사(누구), 줄거리(무엇), 주제(왜), 행선지(목적)를 포함하고 있는 스가랴의 자서전적 설명을 이해하기 위한 구조이다. 상황은 개인사의 특정 측면에서 진행되고 있는 것을 차례대로 설명하는 것에서 나타난다. 상담자는 스가랴가 가능한 한 많은 세부사항을 회상하도록 도울 것이고, 그가 그것에 부여한 의미를 강조하여 그가 자신의 구성을 더욱 철저하게 탐색할 수 있게 할 것이다.

성격 묘사는 이야기 속의 행위자가 누구인지 규정하는 것뿐만 아니라 화자의 이야기 속에 나타난 이 사람들의 가정된 의도를 규정하는 것도 포함한다. 스가랴는 자신이 룸메이트의 동기를 이해한다고 확신하겠지만, 상담자는 그가 다른 가능성들도 탐색하도록 도울 것이다. 사람은 종종 복잡한 의도를 가지고 있다. 이런 가능성을 고려함으로써 스가랴는 그의 이야기에 심리적 깊이를 더할 수 있을 것이다. 이 과정은 스가랴가 다른 사람에 대해 더 깊은 통찰을 하도록 할 것이다. 스가랴 자신의 의도도 이런 방식으로 검토될 수 있으며, 상담자는 비유나 다른 방법을 제공하면서 그가 자신의 복잡한 내적 경험을 이해하도록 도울 것이다. 마지막으로 이 작업은 자신의 '자아'와 '다른' 구성요소들이 자신의 이야기 속에서 어떻게 상호관련되는지 스가랴가 볼 수 있게 도울 것이다.

스가랴가 자기 이야기의 줄거리 또는 이야기의 특정 에피소드(또는 하위 이야기)에서 일어난 일을 분명히 표현하도록 도우면 그는 거기서 있었던 모든 행동, 그 행동들이 일어난 순서를 더 잘 인식할 수 있다. 사건에 대한 부적절한 이해는 스가랴가 자신의 정체감을 일관성 있게 유지하는 데 방해가 될 것이다. 만일 그가 하위 이야기의 세부사항을 회상하는 데에 어려움을 느낀다면 상담자는 그가 그것을 생생하게 재경험하도록 도울 것이다. 이를 통해 그는 이야기의 빈 부분을 채울 수 있게 될 것이다. 예를 들어, 스가랴는 트라우마, 부정적 경험, 자기 입장에서 싫거나 인정하기 싫은 행동에서 스스로를 분리시키기 위해 자신의 일부 측면을 타인에게 드러내지 않을 수도 있다. 상담자는 그가 자신의 그런 부분들이 가진 의미를 좀 더 자기확신적이고 수용적인 방식으로 명료화하도록 도울 것이다. 마찬가지로, 그는 자기 경험의 어떤 측면들이 그를 모순된 방식으로 행동하게 이끌어서 혼란을 느끼고 있을 수도 있다. 상담자는 그가 이 혼란스러운 경험들을 명료화하고, 그것들을 모두 고려하는 의미를 협정하고, 삶을 긍정하는 방식으로 향하게 하는 행동계획을 수립하게 도울 것이다. 그다음에 상담자는 경험의 각 측면이 사태에 대한 그의 이해를 어떤 식으로 돕는지 생각해 보도록 도울 것이다.

내러티브의 이유는 만일 가공의 것인 경우 스가랴가 스스로 설정하도록 상담자가 돕는 잘 규정된 목표이다. 이런 목표는 미래지향적이며 그가 타인들과 적응적 관계를 가지면서도 일관성 있는 자기이해 안에서 계속 살아가려 할 때 취할 수 있는 긍정적 행동을 반영할 것이다. 사실상 어떤 특정한 목표도 그의 '당위' 현실을 나타내진 않는다. 이 목표들은 그에게 열려 있는 가능성들을 나타낸다. 또한 그것은 그의 새로운 긍정적 자아구성을 사회적으로 타당화하려는 시도를 포함할 수 있다. 이런 목표는 그에게 만족스러운 것이거나 대학 징계위원회를 만족시키기 위한 것인 반면, 상담에서의 성공은 그의 삶이 종착점을 알 수 없는 진행과정이라는 점에서 절대로 목표 획득 그 자체를 기반으로 하지 않는다. 만일 목표가 미래를 향해 나아가는 내러티브 위에 스가랴를 두는 것이라면, 그 목표는 성공적이다.

스가랴가 자신의 내러티브를 당신과 관계 지을 때 개인 내 초점과 대인 초점이 모두 있다. 개인 내 초점은 내러티브의 관점과 목소리에 의해 강조된다. 첫째, 그는 자연스럽게 그에게 일어나는 경험에 대해 검열 없이 자유롭게 흘러가는 설명을 할 수 있는 내적 독백을 할 수 있다. 둘째, 그는 청자에게 솔직히 이야기하면서 자신의 관점을 납득시키려 하는 극적 독백을 할 수 있다. 셋째, 그는 내적 독백과 마찬가지로 자기탐색의 한 형태인 편지 내러티브를 할 수 있다. 그렇지만 편지를 쓸 때에는 좀 더 구조화되고 좀 덜 자유롭게 흘러간다. 작자는 편지의 독자가 편지에 대해 반응을 형성할 것으로 가정한다. 따라서 내러티브는 이 잠재적 타자에게 명료하게 될 필요가 있다. 넷째, 스가랴는 그의 내러티브를 공정한 자서전 양식, 즉 자기 삶의 검토에서 객관성을 보이려 노력하면서 이야기할 수 있다. 마지막으로 익명의 이야기에서, 스가랴는 이야기에 나오는 두 명 이상의 등장인물이 가진 관점들을 설명할 수 있다. 이런 식으로 이야기는 '나' 중심이 아닐 수 있다.

이야기를 할 때 스가랴가 선택하여 사용하는 목소리는 그가 그것에서 도출해 온 의미에 대한 단서가 될 수 있다. 예를 들어, 그는 마치 자신은 할 수 있는 최선을 다했다고 스스로에게 이야기하는 것처럼, 호소하는 목소리를 사용하는가? 그는 일어난 일에 대해 스스로를 책망하는 비난조의 목소리를 사용하는가? 스가랴는 자신 안에 많은 목소리를 가지고 있다. 단지 하나의 목소리만 들린다면, 그는 자기 정체성 구성에서 자신의 주요 측면을 무시하는 위험에 빠져 있는 것이다.

왜 스가랴는 자기 이야기에서 어떤 부분은 상세하게 언급하고 다른 부분은 언급하지 않는 선택을 하는가? 그것은 당신에게 어떤 영향을 주려는 것인가? 이야기하기는 화자(작가)와 청자(독자)가 서로 영향을 주고받는 상호작용 과정이다. 이 관점에서 볼 때, 이것은 대인 중심이다. 스가랴는 암묵적으로 또는 명시적으로 상담자를 청자로서, 또 자기 이야기를 상담자에게 어떻게 이야기할지 결정하고 이질적인 경험들 중 어떤 것을 상담자와 공유할지 결정할 때의 참가자로서 끌어들인다. 또한 자신에 관해 이야기할 때 그가 사용하는 바로 그 언어가 그의 사회적 맥락에 의해 영향을 받는다. 스가랴가 살아가는 문화가 자신의 경험을 이해하려 할 때, 그리고 자신의 경험을 재형성하려 할 때 사용할 수 있는 언어를 제공한다. 상담자는 어떻게 언어화(경험을 설명하기 위한 단어의 사용)가 한 사람이 다른 사람과 의사소통하는 상황에서 발생하는 과정이 되는지 스가랴가 이해하도록 도울 것이다. 개인이 암묵적으로 또는 명시적으로 사용하는 언어는 경험을 강조하고, 따라서 이야기에서의 의미 구성을 치우치게 할 수 있다. 스가랴는 자기 이야기의 여러 측면에서 좀 더 기능적인 의미를 생성할 때 또는 또 다른 내러티브의 줄거리를 만들 때 사용할 새로운 언어가 필요할 수 있다.

요약해 보면, 말 또는 글로 수행되는 많은 기법이 스가랴가 문제 가득한 내러티브를 해체하고 좀 더 삶을 고양시키는 내러티브를 만들기 시작하도록 도울 수 있다. 해체의 과정은 스가랴에게 새로운 인생 이야기를 재구성할 때 그가 생각하고, 느끼고, 행동할 수 있는 방식의 새로운 가능성을 제공할 것이다. 상담 종결 시 스가랴는 좀 더 삶을 고양시키는 방식으로 자기 이야기를 할 것이다. 그것을 무엇을 반영하게 될까? 자신에 관한 그의 이야기는 자기수용, 타당화, 지속성을 가지고 있을 것이다. 그는 타인과의 관계에서 자신을 긍정적인 방식으로 위치하게 할 것이다. 그는 타인에게서 긍정적인 평가를 받는 사회적 세계와 적극적이고 긍정적인 방식으로 연결될 것이다. 그의 새로운 이야기는 학생으로서 자신의 목표를 성취하고 가족들을 사랑하는 방향으로 그를 인도할 수 있을 것이다. 상담자는 그가 자신을 바라보는 방식, 세계에서 자신의 위치를 바라보는 방식, 타인과 상호작용하는 방식에서 이루어 낸 모든 건설적인 변화를 타당화할 것이다. 그렇지만 상담 상황 이전에 그의 삶에서 중요한 사람들에 의해 강하고 건강을 추구하는 정체성이 가장 타당화되고 있다. 따라서 상담자는 그가 타인과의 상호작용에서 자신의 새로운 측면들을 분명하게 드러낼지, 드러낸다면 언제 어떻게 드러낼지를 결정하도록 그를 도울 것이다. 상담자는 스가랴의 독특함이 주로 그에 대한 상담자의 관점이라고 인식하면서, 그가 자기 삶에서 중시해 온 패턴으로부터 자신의 특유한 의미를 생성하도록 지지할 것이다. 그가 건설한 건강한 의미는 그를 목표 지향적이고 건강 추구적인 행동, 생각, 감정으로 이끌 것이다. 상담자는 그를 속박하거나 억압해 온 개인적, 사회적 구성에서 그가 벗어나게 도울 것이다(Neimeyer, 2009). 상담을 얼마나 오래 하게 될 것인가? 각 회기는 그것의 가치, 그리고 다른 협의가 가치 있겠다고 내담자가 느끼는지 여부를 고려하여 마치게 될 것이다(Neimeyer, 1995, 2000).

사례 적용: 사회경제적 지위 영역의 통합

이제 스가랴의 사례가 좀 더 자세히 검토될 것이다. 자신, 타인, 자신의 상황에 대한 그의 구성에 통찰을 줄 수 있는 복합적 영역이 많이 있지만, 여기서는 사회경제적 지위 영역을 구성주의 사례개념화와 상담계획에 통합시켜야 한다.

구성주의 관점에서 스가랴(Z)와의 인터뷰

C: (Z에게 보고서 사본을 건네준다) 이건 징계위원회 보고서예요. 당신이 보고 싶어 할 것 같아서요. (Z가 보고서를 다 읽을 때까지 긴 침묵) 내가 보기에 상당히 헷갈리는 점이 있어요. 당신은 첫 학기에 a 4.0이라는 뛰어난 성적을 받았어요. 내 생각에, 이건 당신이 통제를 잘하고 성취가 뛰어난 젊은이란 뜻인데, 위원회 보고서에는 당신이 충동적이고 화를 잘 낸다고 되어 있어요.

Z: (보고서를 움켜쥐며, 조용하지만 격렬하게) 이건 모두 엉터리 인종차별이에요. 대체 왜들 그러시는지? (크고 단호하게) 룸메이트가 나에 관해 거짓말하는 걸 보고 몇 번 화가 난 적은

있어요. 그게 내가 화를 잘 내는 사람이라는 증거는 아니죠. (멈춤) 위원회가 충분히 심의 하지 않고 나한테 책임이 있다고 미리 판정했던 그 상황에 대해 나는 할 말이 많아요.

C: 계속 이야기해 주세요.

Z: (사무적으로) 거기에는 10명의 위원이 나를 가로질러 앉아서는 이야기 내내 단지 나를 노려보고 있었어요. 모두 고급진 옷을 입고 있었어요. 나는 교회의상을 입고 있었는데, 케이마트(역자 주. 미국의 대형 할인판매 체인점)에서 산 거죠. 그 사람들이 한 번이라도 케이마트에서 물건을 사 봤는지 모르겠네요.

C: 그들의 옷이 당신과 그들을 분리시켰다고 느꼈군요. 당신보다 매우 많이 부유한 사람들이 당신을 공정하게 대할 거라고 생각하기는 힘들죠. 다른 일은 없었나요?

Z: (화를 내며) 나와 룸메이트는 그 바보 같은 차단막으로 분리되어 있었어요. 변호사가 미리 그것에 대해 이야기해 줬지만, (멈춤) 나는……. (목이 메어)

C: 차단막에 충격을 받았군요. 당신에게 그것이 어떤 의미였나요?

Z: (화를 내며) 나를 분리시켜 보이지 않게 한 것으로 느껴졌어요. 그는 자유롭게 무슨 일에 대해서든 나를 비난할 수 있었어요. 그리고……. (멈춤) 헨리, 내 룸메이트는 내가 너무 무서워서 나를 보게 되면 증언할 수 없다고 위원회에 이야기했고, (멈춤, 의자에 손을 올리고, 손가락 관절이 하얗게 되어) 그래서 그들은 그가 나를 피할 수 있게 한 거죠.

C: 그건 괴롭고 고통스러운 일이네요. 또 당신에 대해 계략을 쓴 것 같은 느낌을 주네요.

Z: (열심히) 나는 거기에 앉아서 첫날부터 내가 위협적으로 행동했다는 그의 증언을 모두 들어야만 했어요. 차단막이 그렇게 크지는 않아서 탁자 위에 있는 그의 손이 보였어요. 그는 마치 독실한 사람인 양 성경을 꽉 쥐고 있었어요. 위원단은 마치 그가 무너지기 직전인 것처럼 그에게 부드럽게 질문했어요. 내 순서가 되어서, 나는 그에게 내가 계속해서 그를 돌봐주지 않았냐고 물었어요. 그는 내가 그를 위협하려고만 했다고 계속 작게 이야기했어요. 나는 잠자는 시간 외에는 내가 거의 방에 없지 않았냐고 그에게 물어봤어요. 그는 내가 항상 술 마시러 밖에 나갔기 때문이라고 이야기했어요. (주먹으로 의자 옆면을 두드리며) 나는 술 마시러 나간 게 아니에요. 나는 도서관에서 공부하고 있었지만, 그는 나에 관해서 어떻게든 나쁘게만 생각했어요.

C: 그는 왜 그렇게 했을까요?

Z: (집중하여, 내려다보며) 그는 인종차별주의자예요, 아주 간단해요. (올려다보며, 냉소적으로) 당신은 인종차별이 과거의 일이라고 믿는 사람에 속하겠지요?

C: 이 대학을 포함해서 세계는 여전히 억압, 괴로움, 고통의 이야기가 가득해요. (멈춤) 그런

이야기가 여전히 만들어지고 있는 게 유감이에요. 모든 학생은 여기서 환영받고 존중받을 권리가 있어요.

Z: (조용하게) 나는 어릴 때부터 줄곧 그와 같은 대학을 꿈꿨어요. 나는 매주 토요일마다 엄마가 나를 시내에 데리고 가서 공공도서관 주변을 함께 산책했던 게 아직도 기억나요. 그건 정말 컸어요. 엄마는 대학에 이런 건물이 무척 많으며 열심히 공부하면 언젠가 나도 대학에 갈 수 있다고 말씀하시곤 하셨어요. 나는 무척 흥분되었어요. 열심히 공부해서 여기 왔죠. 첫날은 행복하게 시작되었는데, 지금은……. (멈춤)

C: 대학 생각은 마음이 들뜨게 했고, (멈춤) 그렇지만 뭔가 심각하게 잘못되었네요.

Z: (열심히) 나는 여기에 도전을 하러 왔어요.

C: (멈춤) 당신의 그 '도전'이라는 말은 어떤 의미인가요?

Z: (빗대어서) 나는 아프리카계 미국인들 틈에서 자랐어요. 이 학교가 나에게 보낸 안내책자에 보면 백인 얼굴만 있어요. 나는 여기서 이방인이 될 거란 걸 알고 있었어요. 나는 버지니아에 있는 햄튼대학교에 가고 싶었어요. 그건 아프리카계 미국인을 위한 사립학교인데, (멈춤) 그렇지만 이곳은 공립학교라서 수업료가 훨씬 싸요. 엄마와 내가 식탁에 앉아서 두 학교에서 온 입학허가서를 보고 있을 때, 나는 엄마의 눈에서 뭔가를 볼 수 있었어요. 엄마는 아무 이야기도 안 하셨어요. 거기에는 자랑스러움이 있었지만, 또 거기에는……. (멈춤, 울기 시작한다)

C: (부드럽게) 당신에게 필요했던 건……. (멈춤) 당신 가족은 비용을 먼저 생각해야 했군요.

Z: 예, (멈춤) 여기가 나한테 가장 돈을 많이 줬고, 나는 정말 돈이 있는 곳을 가야 했어요. (생각에 잠겨 손을 쳐다보고 있는 동안 한참 침묵) 쉽지 않을 거란 건 알고 있었지만, 그 멍청이 헨리에 대비하지 못했죠. 그 깡마른 백인 꼬마가 방으로 들어오는 걸 처음 봤을 때, 나는 정말 믿기지가 않았어요. 동생과 한 방을 쓰게 됐나 싶었어요. 헨리는 심지어 내가 인사했을 때 나를 쳐다보지도 못했어요. 그는 무거운 가방 두 개를 가지고 왔어요. 그에게 너무 무거워 보였어요. 그는 굉장히 작거든요. 나는 다가가서 가방을 하나 잡고서 그의 침대 위로 던져 올렸어요. 나는 주말 내내 친해지려 노력했는데, 시간 낭비였어요.

C: 당신은 그를 도우려고 손을 내밀었지만, 심지어 가방을 옮겨 주는 것 같이 분명한 행동을 했는데도 그는 당신이 하려던 것의 의미를 이해하지 못했군요.

Z: (부드럽게) 내가 뭘 물었을 때 그는 거의 대답하지 않았지만, 나는 괜찮았어요. 나는 나 자신에게 그가 부끄러움이 많고 계속 노력하고 있다고 이야기했어요. 일요일 아침에, 그가 성경을 읽는 걸 봤어요. 나 자신이 독실한 신자이므로, 나는 그와 예수님 이야기를 하

려 했는데, (멈춤) 그는 정말 경직되어 있었어요. 나는 침례교회에 다니는데, 그는 내가 천국에 가지 못할 거라고 했어요. 그는 자기 교회에 다니는 사람들만 하나님의 진실한 말씀을 들을 수 있고 그 나머지는 저주받았다고 했어요. (멈춤, 열심히) 예수님은 우리 모두를 구원하셨어요. (멈춤) 그렇지만 나는 존중을 표시했고, 방을 나갈 때 그냥 손을 흔들어 줬어요. 나는 교회에서 그 일에 관해 열심히 기도했지만 그와 종교적으로 연결되었다는 느낌을 가질 수가 없었어요. (슬픈 목소리로 말하며 C를 올려다본다)

C: 당신은 그 문제에 관해 여전히 슬퍼하고 있는 것 같네요. 당신은 계속 그에게 다가서려 했어요. 우정의 단초를 만들려고 열심히 노력했지만, 하나도 이루어지지 않았어요. 심지어 하나님에 대해 이야기했어도 전혀 이해할 수 없어 텅 빈 느낌만 들었지요.

Z: (슬프게) 예, 그건 텅 빈 방이었고, 나는 외로움을 느꼈어요. 그래서 형제자매들에게 나를 도와달라고 편지를 썼어요. 다음 날 모든 게 빠르게 무너져 버렸어요. 내가 막 샤워를 마치고 방으로 돌아왔을 때, 그가 자기 매트리스 밑에 돈을 숨기는 걸 봤어요. 진짜 마음이 아팠어요. 그 전날에 나는 그와 하나님 이야기를 했고, 나의 삶에 예수님이 얼마나 많이 계시는지 이야기했었는데 그는 내가 돈을 훔칠지 모른다고 생각했어요. 나는 너무 화가 나서 옷을 잡자마자 밖으로 나왔어요.

C: 당신은 그와 영혼을 공유하려 했지만, 그는 당신에 대한 잘못된 이미지를 꽉 붙잡고 있으면서, 당신에 대해 알 수 있는 기회를 거부했군요.

Z: 나는 저녁 5시가 될 때까지 돌아가지 않았어요. 그때쯤 되어서 나는 침착해졌고, 그에게 다가가기 위한 새로운 시도를 했어요. (멈춤) 선지자 스가랴는 야곱의 후손들이 갈 길을 잃었을 때 그들을 하나님의 말씀으로 되돌리기 위해 힘든 노력을 했어요. 그래서 나는 이 한 명의 백인 아이를 변화시킬 힘이 틀림없이 나한테 있다고 생각했어요. 나는 내가 본 것을 그에게 이야기하지 않기로 했어요. 그냥 저녁 식사에 그를 초대했어요. 그는 심지어 컴퓨터 화면에서 눈을 떼지도 않으면서 싫다고 했어요. 그 순간 나는 그냥 아파트로 이사가고 싶다는 생각이 들었지만 그럴 만한 돈이 없었죠. (머리를 흔들며) 이사 갔다면 모든 게 해결되었겠죠. 그러나 나는 머물러 있어야 했어요.

C: 돈이 부족한 것 때문에 덫에 걸린 것 같았겠네요.

Z: (슬프게) 예, 바로 그거예요. 내가 뭐라고 말하든지, 그는 내 말을 알아듣지 못했어요. 내가 행할 일은 이웃에게 진리를 말하는 것이니라, 이것은 스가랴 8장 16절에 있어요. 항상 진리만을 말하는 것은 지키기 힘든 기준이지만, 나는 매일 그렇게 하려고 애써요. 나는 징계위원회에 진리를 말했지만, 그들은 내 말에 귀를 기울이지 않았어요. 헨리가 문제에

요. (단호하게) 내가 아니에요. 헨리예요. 나는 지금까지 한 번도 폭력적이지 않았고, 앞으로도 그럴 거예요. 나는 예수 그리스도의 길을 따르고 있어요.

C: 당신의 삶에서 폭력은 없군요. 하나님에 대한 깊고 신실한 믿음 덕분이군요.

Z: (열심히) 폭력 관련 사항이 거짓이란 걸 알아줘서 고마워요. (멈춤) 나는 룸메이트의 무시를 용서하기로 마음먹었지만 그를 멀리하기로 했어요. 나는 친구들을 찾으러 갔어요. 학교는 넓지만 반드시 어딘가에는 친구가 있으니까요.

C: 당신은 친구를 찾고 있었군요, 마치 당신이 학교 과제를 할 때처럼 마무리될 때까지 계속. 당신은 헨리와 친구가 될 수 없다는 걸 알고 다른 사람을 찾아갔네요.

Z: (미소를 지으며) 나는 운 좋게 여러 친구가 카페에 어울려 있는 걸 발견했어요. 그들은 작년부터 이 대학에 다녔어요. 그들은 무슨 일이 있는지 금방 알아차렸어요.

C: 무슨 일이 있는지 알아주는 사람을 발견하면 괴로움이 줄어들죠.

Z: (단호하게) 그들은 내 마음이 얼마나 불편한지 알아채고 나를 도와주려 했어요. 먼저 나를 환영하는 파티를 했어요. 그다음에 우리는 쇼핑센터로 갔고, 나는 내 방에 붙일 포스터를 몇 장 사면서 그들의 도움을 받았어요. 나는 옷 외에는 가져온 게 없었거든요. 헨리는 이곳저곳에 자신을 나타내는 것들을 붙였어요. 내가 산 포스터가 텅 비어 있는 내 공간을 채워 줄 수 있죠. 그것들은 나를 드러나게 해 줘요.

C: 당신의 삶에서는 눈에 띄는 것, 당신의 흔적을 남기는 것이 정말 중요하군요.

Z: (열심히) 나는 무시당하는 것에 지쳤어요, 마치 그 공간이 오직 헨리에게 속해 있고 내가 방에 있느냐 여부가 그에 의해 결정되는 것 같은 게 싫었어요. 공정하게 말하면, 그가 나에게 나가라고 한 적은 없어요.

C: 그가 당신에게 말하는 방식, 그리고 말 안하는 방식은 '상관 마.'라고 하는 것 같군요.

Z: (부드럽게) 바로 그거예요. (미소를 지으며) 음, 우리는 헨리가 수업 들어갔을 시간에 맞춰 빠짐없이 포스터를 걸었어요. (진지하게) 그의 그런 점은 인정해요. (멈춤) 그는 수업에 빠지지 않아요.

C: 그는 당신에게 큰 상처를 줬는데, 당신은 여전히 그에게 공정하게 대하려고 노력하네요. (멈춤) 보고서에 보면, 당신이 그를 겁줘서 쫓아내려고 포스터를 건 것으로 되어 있던데요.

Z: (진지하게) 그것들은 나의 영웅들 사진이에요. 마틴 루터 킹 목사님, W. E. B. 두 보이스, 말콤 X. 그 포스터들을 매일 보면 강해져서 내 방식으로 부정의한 것에 맞서 싸우게 나를 상기시켜 줄 거라고 생각했어요. 나는 나를 드러낸 것에 대해 헨리가 어떻게 반응할지 무척 궁금했어요. 그가 방에 들어올 때 나는 책을 보는 척하고 있었어요. 그는 깜짝

놀라서 뛰쳐나갔어요. 나는 웃기 시작했어요. (멈춤) 정말 더할 나위 없었어요. 그렇지만 지금 나는 웃지 못하죠.

C: 왜 그의 반응을 보고 싶었는지 잘 모르겠네요. (멈춤) 뭔가 잘못될 거라고 예상했었나요?

Z: (주뼛주뼛하며) 나는 헨리가 무식해서 포스터의 의미를 이해하지 못할 거란 걸 알았어요. (한참 침묵)

C: 어떤 의미인가요?

Z: (열심히) 킹 박사님은 이렇게 이야기하셨죠. "당신이 등을 구부리지 않는 한 다른 사람이 당신의 등에 올라탈 수는 없다."

C: 그 말은 당신에게 어떤 의미를 가지나요?

Z: (진지하게) 내 룸메이트나 다른 사람이 나를 모욕하고 깎아내릴 수는 있지만, 내가 그냥 당하고 있지 않는다면 그들은 성공할 수 없다는 거죠.

C: 강력한 메시지네요. 그건 다른 사람이 당신의 정체성을 손상시킬 수 없게 하는 자기긍정이군요. (한참 침묵) 다른 사람들은 어떤가요?

Z: (힘차게) W. E. B. 두 보이스는 이렇게 말씀하셨죠. "지금이 적당한 때이다. 내일이 아니다. 좀 더 편안한 시기가 아니다……."

C: 그 말은 당신에게 어떤 의미를 가지나요?

Z: (조용하게) 지금이 바로 내 시간인 양 가능한 한 많이 공부하고 열심히 듣고 배워야 해요. (멈춤) 내가 그의 얼굴을 살펴본 건 말콤 X 포스터였어요. 내 마음속에서는 뭔가 다른 걸 하나 사야 한다는 생각이 들었어요. (올려다보며, 주뼛대며) 말콤 X는 주먹을 높이 들고 있었어요. (멈춤) 내가 그 포스터를 집어 들었을 때 아마도 내 분노가 높아져서 용서를 뒤에 남겨 둔 것 같아요.

C: 그는 여러 고통스러운 방식으로 당신을 거부했어요. 당신이 화가 난 건 당연해요. 그런데 인용구는요?

Z: (열심히) "평화롭게 살고, 예의를 지키고, 법을 준수하고, 모든 사람을 존중하라. 그렇지만 누군가가 당신에게 폭력을 사용한다면 그를 묘지로 보내 버려라."

C: 아마도 그를 괴롭혔던 건 묘지 부분인가 봅니다. (Z와 C는 같이 낄낄대며 웃는다)

Z: (다시 진지하게) 말콤은 내 인생 내내 나에게 영감을 주었어요. 나는 룸메이트를 겁주기 위해 그를 이용했던 걸 후회해요. 그냥 잠깐 놀라게 하려던 것이었어요. 청문회에서 그 바보의 손이 실제로 떨리는 것을 볼 때 죄책감이 들었어요. 그는 정말로 나를 무서워하고, 그게 마음이 아팠어요. 나는 위험하지 않아요.

C: 당신에게는 많은 부분이 있어요, (멈춤) 그러나 모두 다 종교적 확신을 담고 있으며 폭력이 아니라 평화의 길을 따르는 것 같네요. 당신과 헨리의 상호작용에는 분노가 포함되었는데, 이건 그가 선입견에 따른 부정적 믿음으로 당신을 바라보았기 때문이죠. 헨리는 당신이 평생 추구해 온 스가라의 모습에 대해 아는 게 거의 없어요. 아프리카계 미국인에 대한 헨리의 의미 구성은 공포로 가득 찬 것 같네요. 그러면 그 포스터가 그에게 부정적인 의미를 전달할 수 있죠.

Z: (화를 내며) 그는 우리가 모두 폭력적이라고 생각해요. 나에게 있어 그 포스터는 나의 가족이 가르쳐 준 대로 삶을 살아가야 한다는 것, 만일 누군가가 나를 억압하려 하면 내가 선택한 대로 살 권리를 위해 싸워야만 한다는 것을 의미해요. 나는 강하며, 별 볼 일 없는 사람이 아니에요.

C: 보고서에 보면, 그를 죽인다고 위협한 것으로 되어 있네요.

Z: (슬퍼하며) 그날 밤에 친구들과 나는 저녁을 먹으로 나갔는데, 나는 지갑을 두고 온 게 생각나서 다시 계단을 뛰어 올라갔어요. 헨리는 내 서랍장을 들여다보고 있었어요. 나는 내 남동생들, 여동생들이 내 물건에 손댈 때 했던 것처럼 그에게 화를 냈어요. (화를 내며) 물론 내가 사나운 어투로 거칠게 말하긴 했지만, 그가 내 서랍을 자세히 들여다볼 권리는 없죠. 나의 변호사가 청문회에서 그 점을 지적했어요.

C: 그는 뭐하던 중이라고 하던가요?

Z: (콧방귀를 뀌며) 그는 총과 마약을 찾고 있었어요. 그는 나와 내 친구들이 무슨 갱이라고 생각하고는 경찰에 신고할 증거를 찾고 있었어요.

C: 그가 청문회에서 그걸 인정했나요?

Z: (화를 내며) 예, 그런데 그는 그것 외에는 내가 돈을 구해 오는 방법을 생각할 수 없었다고 변명했어요. 나는 총장 장학금을 받았고, 학교 다니는 내내 열심히 공부해서 받은 거예요. 나는 여기서 내가 벌어서 살아가고 있으며, 그건 쉽지가 않아요. 장학금 중 일부는 아픈 할머니를 돕기 위해 집으로 부치고 있어서, 책도 중고로 사고 있어요. (눈물을 글썽이며 아래를 내려다본다)

C: 당신은 여기 오려고 열심히 공부했고 돈이 필요한데도, 사랑하는 사람들에게 돈을 좀 보내고 있군요.

Z: (확고하게) 나의 가족은 나를 위해 무엇이든 할 거예요, 그리고 나도 그들을 위해 무엇이든 할 겁니다.

C: 당신은 가족에 관해 이야기할 때 얼굴이 사랑으로 환해지지만, 그러다가 얼굴이 어두워

지네요.

Z: (슬퍼하며) 내가 벌어서 살아가는 게 아니라고 그가 의심해서 정말 마음이 아팠어요. 나의 가족은 가진 게 별로 없어요. 그렇지만 우리가 가진 것은 열심히 일해서 얻은 거예요. 엄마는 두 군데에서 일하세요. 낮에는 아파트 건물을 청소하시고, 밤에는 백화점을 청소하시죠. 녹초가 되어서 집에 오시지만 학교 공부는 잘되냐고 꼭 나한테 물어보세요. 할머니는 은퇴하셨어야 했지만 일을 그만두실 만큼 가족의 형편이 좋지가 않아요. 관절염이 그렇게 심한데도 일하고 계셔서 마음이 아파요.

C: 당신의 가족 이야기는 자기희생과 사랑으로 가득하네요. (멈춤) 당신은 할머니의 관절염에 대해 이야기할 때 고통스러운 표정을 지었어요.

Z: (내려다보며) 할머니는 당장 진찰을 받으셔야 해요. 할머니가 내 걱정을 하시느라 잠을 못 이루신다고 엄마가 그러셨어요. 할머니는 진료비가 너무 밀려서 병원에 가시지를 못해요. 여동생 이야기로는 지난주에 응급실에서 엄마에게 정말 무례했대요. 할머니가 응급상황이 아니니까 거기 있으면 안 된다고요. 아무도 우릴 도우려 하지 않아요. 대부분의 사람은 우리한테 쓸 시간이 없거나 우리에게 일어나는 일에 관심이 없어요. 그들에게 우리는 중요하지 않아요. (확고하게) 내가 보기에, 우리는 정말 중요해요.

C: 할머니는 정말 훌륭하고 자기희생을 하시는 분이군요. 그런데 건강관리가 필요한데 못 받고 계시네요. 불편한 주제가 자꾸 다시 나오는데, 당신 가족이 모든 사람에게 존중받을 자격이 있는 좋은 사람, 열심히 일하는 사람인데도 세상은 마치 별 볼 일 없는 사람들인 양 대하고 있어요.

Z: (확고하게) 나는 위원 청문회에서 별 볼 일 없는 사람이 아니었어요. 나의 변호사가 나에게 너무 많이 말하지 말라고 했지만 아무 말 없이 가만히 앉아 있을 수는 없었어요. 아마 내가 정말 크게 떠든 것 같아요. 나는 다른 모든 사람과 마찬가지로 권리가 있어요. (부드럽게) 여하튼 학생편람에 그렇게 되어 있죠.

C: 당신이 별 볼 일 없는 사람이 되지 않으려는 이유를 알겠어요. 위원회에서는 통제할 수 없는 젊은이의 분노라기보다 잘못된 비난을 받은 사람의 정당한 분노라는 걸 어떻게 알 수 있을까요?

Z: (강하게) 어쨌든 나의 학업기록이 중시되어야 하지 않겠어요? 그 보고서에는 나의 좋은 성적이 단지 한 줄로 기록되어 있어요. 다른 건 모두 그날 밤에 기초해서 나를 판단하는 것에 달린 거죠. 예, 나는 그날 밤 이성을 잃고 그에게 마구 고함을 쳤어요. 그래도 나는 지금까지 헨리를 해친 적이 없고 그럴 의사도 가진 적이 없어요. (슬프게) 그는 하나님의

사람이라고 주장하지만 나에 관해 거짓말을 했어요. (보고서를 읽는다) "그는 나에게 죽이겠다고 위협했다." 어쩌면 내가 그런 말을 했을지도 모르지만 그는 그걸 모두 잘못 받아들였어요. 어떻게 그걸 모를 수가 있죠?

C: 당신들은 둘 다 거기에 있었고 같은 말을 들었지만, 그 의미를 각자 매우 다르게 받아들였어요.

Z: (짜증을 내며) 나는 똑같은 말을 내 친구들, 남동생들, 여동생들한테 항상 해요. 봐요, 그는 왜 그걸 그렇게 큰 일로 만들었죠? 나는 그를 귀찮게 하지 않았어요. 왜 그는 나를 귀찮게 간섭하는 걸까요? 그들이 할 일은 나에게 새 룸메이트를 정해 주는 거예요. 나한테 다른 건 필요 없어요. 나는 여기 올 필요가 없어요.

C: 나는 당신 이야기를 듣고 있고, 분명히 당신에게 동의해요. 당신이 다른 사람에게 위험한 사람인지 아닌지에 대한 내 생각을 위원회에 보고서로 제출하겠어요. (Z는 눈살을 찌푸린다) 나는 당신이 대학의 영예이며 당신이 이 학교에 있어서 참 다행이라고 이야기할 거예요.

Z: (한참 침묵) 고마워요, 정말 감사드립니다.

C: 그들이 어떻게 반응할지는 모르겠어요. 상담받으라는 요구를 그만둘 수도 있고요, 아닐 수도 있죠. 다음 주 약속이 당신에게 도움이 될까요?

Z: (확고하게) 그렇게 생각하지 않아요. 그렇지만 나는 이 과정을 해야 하니까 그들이 계속 요구한다면 여기 다시 오겠습니다. (멈춤) 당신과 이야기하니 어느 정도 완화되었어요. 나는 이 문제로 가족을 걱정시키고 싶지 않아요.

C: 당신은 다른 사람들과 같은 권리란 말을 많이 했어요. 대학에 있는 모든 다른 학생과 똑같이, 여기에 와서 대학 내 인종차별에 대해 이야기하고, 할머니 걱정으로 힘든 이야기를 하고, 졸업 후의 진로를 설계할 권리가 당신에게 있다는 것을 알아주면 좋겠어요. 상담센터는 여기 있는 모든 학생에게 무료로 개방되어 있어요.

Z: (조용하게) 징계위원회에서 요구하면 분명히 여기 또 올 거예요. 만일 그들이 요구하지 않으면, (멈춤) 당신 이야기를 생각해 보고 알려 드릴게요. 무료로 서비스를 받을 수 있다는 게 좋네요. 특히 모든 서비스가 매우 비싼 곳에서는 더 그렇죠.

C: 당신이 뭔가 더 이야기할 마음이 생기면 여기서 만나도록 해요.

스가랴에 대한 구성주의 사례개념화: 가정-기반 양식

스가랴는 상담센터에 의뢰된 것에 대해 자기 인생의 네 가지 주요 이야기를 통해 이해한다. 어머니와 관련된 사랑과 희망의 감정, 대학의 아프리카계 미국인 친구와 관련된 이해와 수용의 감정, 룸메이트 헨리와 관련된 거부와 정신적 고통의 감정, 대학 징계위원회와 관련된 분노와 무기력의 감정이 그것이다. 이 이야기들 각각에서 스가랴는 이야기를 듣는 사람에게 영향을 받는 이야기된 자아, 이야기를 명확히 하기 위해 사용하는 세부사항, 스가랴가 이야기하기에서 도출하는 의미를 창출한다. 그는 진짜 자아가 없으며, 단지 다른 사람에게 드러내고 싶어 하는 사람이 끊임없이 나타내는 느낌만 있다. 지금 스가랴가 그의 이야기에서 도출하는 의미는 자신이 열심히 공부하는 학생이고, 충실한 친구이고, 사랑스러운 형제이자 아들이고, 신앙심이 깊은 사람이라는 것이다. 징계위원회에서 헨리가 한 이야기에서는 매우 대조적으로, 스가랴가 도둑이고, 마약 판매상이고, 술꾼이고, 학교에서 떨쳐 버려야만 하는 위험한 젊은이다. 이 이야기들은 대단히 모순된다. 어떤 것도 객관적인 실재를 나타내지 않는다. 둘 다 화자(스가랴, 헨리)와 청자(상담자, 징계위원회) 사이에서 공동창작된 것이다. 스가랴는 대학을 졸업하여 가족이 가난에서 벗어나게 도우려는 목표를 가지고 있으며, 만일 그 목표를 적응적인 방식으로 성취하도록 그를 이끌 수 있는 실재(그 자신을 위해 작동하는 실재)를 공동창작할 수 있다면 그 목표를 달성할 수 있다.

스가랴가 대학에 왔을 때 그는 대학에 다니는 첫 번째 가족이 되는 자신의 꿈대로 살고 있었다. 이 이야기는 그가 어린 소년이었을 때 공공도서관에서 그의 어머니가 도서관의 책들을 보여 주면서 대학이 어떤 곳인지 이야기하면서 시작되었다. 스가랴가 인터뷰에서 이 이야기를 분명하게 만들면서 책에 대한 그의 사랑, 독서를 안 하면 가난한 이웃처럼 될 수 있다는 것 같은 세부사항들이 산입되었다. 이 이야기의 또 다른 인물은 열심히 일하는 그의 어머니이다. 그녀는 아이들을 돌보기 위해 두 개의 직업을 가지고 있으면서도 반드시 짬을 내어 스가랴에게 학교생활에 대해 묻고 과제를 잘하고 있는지 확인한다. 또 다른 인물은 그의 할머니로서, 그녀는 관절염이 있고 은퇴해야 하지만 가족의 생계를 돕기 위해 아직 일하고 있다. 마지막 주요 인물은 그의 세 동생들로, 그들은 그를 우러러보며 자랑스러운 형, 오빠라고 생각한다. 이 이야기의 줄거리는 사랑하는 가족이 최저임금을 받는 직업, 저학력, 의료보험 미가입 속에서 어떻게든 수입 내에서 살아가는 것이다. 스가랴는 자신이 대학을 졸업하고, 좋은 직업을 가지고, 가족을 빈민가에서 벗어나게 이사시키고, 동생들이 대학에 다닐 수 있게 돕는 세부사항들로 이 줄거리를 마무리하고 싶다. 이 이야기 동안에 그가 느끼는 정서는 사랑, 그리고 더 나은 삶에 대한 희망이다. 징계위원회의 최종 결정을 기다리는 상황에서, 현재 스가랴가 이 이야기에서 도출하는 의미는 대학이 그의 꿈을 부서뜨리고 그의 가족을 억누르기 위해 무엇이든 하려는 인종주의자들로 가득 차 있다는 것이다. 그는 그에 대한 모든 혐의를 부인했지만 대학에서 그를 제적시키는 것을 막기 위해 상담센터에 기꺼이 다닐 것이다.

가난과 고통으로부터의 피난처인 대학 이야기는 거의 출발점부터 잘못되기 시작했다. 스가랴의 원 이야기에서, 그는 자기 삶의 상황을 이해하는 형제자매들로 둘러싸인 사립 아프리카계 미국인 대학교에 가려 했다. 불행하게도 사립대학의 비용을 댈 수가 없었다. 공립대학은 그의 탁월한 고등학교 성적을 근거로 그에게 총장 장학금을 제공하였다. 스가랴는 신중하게 생각한 후 가족을 위해 자신의 교육 부분 줄거리를 다시 써서 대부분 학생이 백인인 이 대학교에 가기로 하였다. 학교에 아프리카계 미국인이 거의 없다는 것을 미리 알고 있었지만, 스가랴는 그의 인생에 새롭게 등장하는 인물인 룸메이트가 아프리카계 미국인, 즉 형제가 아니라 깡마른 백인 근본주의 기독교도인 걸 알고는 충격을 받았다. 스가랴는 이 새로운 사람을 4년의 꿈길이라는 이야기 구성 속에 포용하기 위해, 헨리의 여행가방 하나를 침대 위로 옮겨 주었다. 이 시점에서 스가랴는 처음에 충격을 받았음에도 불구하고 우호적인 태도를 보이면서 헨리를 그의 꿈길에 포함시키는 방식으로 이야기를 구성한 것이다. 이 이야기에서 이사 온 첫 순간에 대해 헨리가 가진 견해는 매우 다른 점에서 시작한 것으로 보인다. 여행가방은 그에게 너무 무거웠고, 지쳐서 자신의 방에 도착했을 때 그는 대부분 백인인 학교에서 자신의 룸메이트가 되리라고는 전혀 상상하지 못했던 커다란 아프리카계 미국인 남성과 갑자기 마주친 것이다. 마치 그것만으로는 위협이 덜 되었다는 듯이, 이 무서운 젊은 남성은 무슨 말 한 마디 없이 그의 여행가방 하나를 잡아챘다. 물론 스가랴는 그 가방을 헨리의 침대로 옮겼지만 그의 의도는 헨리에게 자신이 얼마나 더 크고 힘이 센지 보여 주려는 것으로 여겨졌고, 헨리는 스가랴에게 먼저 두려움을 느꼈다. 두 젊은이 모두 새로운 룸메이트와의 첫날에 대해서 원래 계획되었던 대로 이야기를 쓰지 못했지만, 그들이 이어지는 사태들을 얼마나 다르게 명료화하느냐가 문화적 오해가 더 심각한 무대의 모습을 결정할 것이다.

대학에 온 두 번째 날인 일요일 아침에 스가랴와 헨리는 그들의 공동 이야기에서 두 번째 장을 시작할 기회를 갖게 되었다. 항상 그렇듯이 이것은 그들 둘 사이의 구성이 될 수밖에 없다. 그들은 또다시 다른 측면을 분명하게 하였고, 매우 다른 의미를 도출했다. 스가랴의 경우, 그 이야기는 헨리가 침대에서 성경을 읽는 걸 보고 행복해진 것으로 시작한다. 스가랴의 가족은 신앙심이 깊으며, 그 자신의 이름도 예언자 스가랴에서 온 것이다. 헨리에게 이 이야기를 하기 위해 그는 자신이 침례교 신자이며, 예수 그리스도의 말씀에 관해 같이 대화할 수 있겠다고 즐거운 마음으로 이야기하였다. 스가랴는 헨리와의 연계점, 즉 두 사람 다 관심을 가지고 있으면서 진정한 우정의 기초가 될 수 있을 어떤 것을 찾고 싶었다. 모욕하려는 의도가 있었는지는 알 수 없지만, 헨리는 자기 교회의 신자만이 그 말씀들을 제대로 이해하기 때문에 예수 그리스도에 관해 함께 이야기할 마음이 없다고 하면서, 자기 교회의 신자만이 천국에 갈 것이라고 했다. 스가랴는 헨리와 그의 신념에 대해 뭐라 할 말을 찾을 수가 없었다. 소수자 집단의 구성원으로서, 그는 종종 백인들에게 마치 없는 사람처럼 취급당한 적이 있었다. 지금 헨리는 스가랴의 신앙심이 깊음에도 불구하고 스가랴가 하나님에게 무가치하다고 이야기한 것이다. 스가랴는 이 말에서 받은 고통을 표현하기보다는 손을 흔들면서 방에서 나와 교회로 갔다. 그는 열심히 기도했지만 헨리와 종교적으로 연결될 방법을 찾을 수 없었다. 헨리에게 있어, 스가랴가 지옥에 갈 것이라는 말을 들은 후에 손을 흔들며 방을 나갔다는 사실은 스가랴가 스스로 이야기한 바와 같은 매우 종교적인 사람이 아니라는 그의 믿음을 더욱 강화시켰다. 아마도 다른 교회 사람들은 천국에 갈 수 없다는 말을 오래 들으면서, 헨리는 지옥에 갈 사람들의 반응에 익숙해졌을 것이다. 그들의 공동 이야기의 이 지점에서 두 젊은이 중 어느 누구도 상대방을 이해할 수 없었다.

스가랴와 헨리의 이야기에서 세 번째 장은 오해의 내리막길을 보여 준다. 스가랴는 헨리가 돈을 매트리스 밑에 숨기는 것을 우연히 보게 된다. 헨리가 이 행동을 어떻게 정당화했는지는 알 수 없다. 왜냐하면 스가랴가 그 일에 관해 물어보지 않았기 때문이다. 헨리를 그를 도둑이라고 부른 것이며, 스가랴의 성장에 매우 많은 부분을 차지하는 기독교 전통을 또 다시 완전히 무시하였다. 스가랴는 매우 화가 났지만 자신을 통제하면서 조용히 기숙사를 떠났다. 따라서 헨리는 자신의 그 행동을 스가랴가 보았다는 것을 모르고 있다. 스가랴는 친구들, 즉 다른 아프리카계 미국인 남성들을 찾으러 캠퍼스를 돌아다녔다. 이 친구들은 스가랴와 헨리 사이에서 발생하는 것보다 덜 당혹스러운 이야기를 스가랴와 함께 만들 수 있다. 스가랴는 그들을 카페에서 발견하였고, 안도감을 느끼면서 헨리 이야기를 하고 자신이 하찮게 여겨지는 그 괴로운 느낌에 관해 이야기하였다. 스가랴와 그의 친구들은 이야기를 공유하였다. 그들은 모두 자신이 인종차별의 피해자로 등장하는 이야기의 한 부분인 적이 있다. 그런 이야기를 공유하면서 스가랴는 인종차별과 억압적 경험이 있지만 대학에서 성공할 수 있겠다는 희망의 감정을 다시 충전하였다.

스가랴와 그의 친구들은 스가랴가 자신의 기숙사 방에서 존재감 없이 지내지 않을 이야기를 만드는 일에 착수하였다. 친구들은 그가 방에 걸어 둘 포스터를 사는 데 도움을 주었다. 포스터는 W. E. B. 두 보이스, 말콤 X, 마틴 루터 킹 목사의 영적 메시지가 담겨 있는 것이었다. 이 경험에서 스가랴가 도출한 의미는 친구들의 충직함, 자신에 대한 억압을 마주 보았던 강력한 아프리카계 미국인 영웅들의 힘과 불굴의 모습이었다. 각 포스터는 아프리카계 미국인이 겪는 경험의 일부분을 명확히 보여 주고 있다. 서로 다른 관점에서 그것을 강조하고 있으며 결단력, 노력, 인간으로서의 권리 옹호를 보여 주고 있다. 스가랴는 매일 그 포스터들을 보면서 자신이 가진 문화의 힘을 상기하고 자신이 보잘 것 없지 않다는 것을 상기할 생각이었다. 그렇지만 계속해서 분노의 목소리가 스가랴에게 어느 정도 영향을 주었고, 그는 헨리를 괴롭히려는 생각으로 말콤 X의 포스터를 선택했다. "평화롭게 살고, 예의를 지키고, 법을 준수하고, 모든 사람을 존중하라. 그렇지만 누군가가 당신에게 폭력을 사용한다면 그를 묘지로 보내 버려라." 스가랴가 매우 종교적인 젊은이고 한편으로는 헨리가 그 포스터에 겁을 먹을 거라는 걸 알고 있었지만, 또 한편으로는 그 포스터를 사고 싶은 마음을 버릴 수가 없었다. 헨리는 스가랴가 희망했던 대로 말콤의 말에 충격을 받았다. 그렇지만 스가랴는 그 순간에만 헨리가 충격받기를 원했다. 헨리가 그를 무서워하게 할 의도는 전혀 없었다.

스가랴와 헨리의 공동 이야기에서 마지막 장은 징계위원회의 청문회 상황이다. 스가랴는 헨리가 폭력 행위로 그를 고소한 것에 대해 정당한 분노를 느끼고 있고, 화가 잔뜩 나 있었다. 징계위원회의 사람들을 보면서 스가랴는 모든 사람이 비슷해 보인다는 것을 알게 되었다. 그들은 백인이고, 비싼 옷을 입고 있고, 스가랴의 이야기를 믿지 않으면서 적대하였다. 그들은 스가랴의 매우 높은 수업 출석률과 4.0의 학점 평균이 헨리가 자기 이야기에서 스가랴를 나쁜 인물로 등장시켰다는 신호일 수 있다고 생각하지 않는 것 같았다. 스가랴는 계속 거부하는 헨리에게 계속 우호적인 태도를 보인 사람이라고 자신을 보고 있었다. 헨리가 위원회에 한 이야기는 스가랴에게 충격적이었다. 헨리는 그에게 사악한 인물 역을 맡겼다. 그는 스가랴가 학교에서 마약을 팔고, 수업을 듣지 않고, 친구들이 갱이며, 제대로 된 대학생이 아니라고 단언했다. 스가랴에게 더욱 충격적이었던 것은 헨리가 손 관절이 하얗게 될 정도로 성경을 꽉 쥐고 있는 것이었다. 헨리의 태도에서 스가랴가 도출한 의미는 자신이 위험한 사람이라고 헨리가 진짜 믿고 있다는 것이었다. 스가랴가 보인 모든 우호적인 행동, 종교적인 행동이 헨리에게는 보이지 않았던 것이다.

헨리의 폭력 이야기에서 핵심은 무엇인가? 방에 돌아와서 헨리가 자기 물건을 뒤지고 있는 걸 보게 된 그날 밤에 스가랴는 헨리에게 마구 소리를 질렀다. 두 남자 모두 자기 이야기에 그날 밤 소리 지른 것을 포함시키고 있다. 그렇지만 그것에서 도출한 의미는 서로 매우 다르다. 스가랴는 화가 나서 그것을 위협의 형태로 분출한 것일 뿐이고 말한 대로 실행할 의사는 전혀 없었다. 이것은 집에서 그의 동생들이 그의 사생활을 침범했을 때 하는 그의 행동과 같은 것이다. 헨리가 이 위협을 심각하게 받아들일 수 있다는 것에 스가랴는 매우 화가 나면서도 당황스럽기도 했다. 그는 헨리나 헨리의 물건에 손을 댄 적이 없다. 헨리가 스가랴의 물건을 뒤진 비난받을 일을 잘 설명할 변호사가 있었음에도 불구하고, 위원회는 스가랴가 생각하기에 인종차별주의로만 설명이 가능한 그런 결정을 내렸다. 스가랴는 상담센터에서 분노조절 상담을 받아야만 대학에 계속 있을 수 있다는 판결을 받았다. 스가랴는 화가 났고 한편으로 무기력함을 느꼈다. 오히려 헨리가 인종차별과 편집증적 침입에 대한 상담 판결을 받았어야 했다. 그렇지만 위원회 사람들은 헨리의 관점에 서서 판결을 내렸다.

스가랴는 대학을 졸업하기로 마음먹었고, 그래서 위원회의 청문회에서 정의가 아니라 인종차별주의가 승리했다고 느끼면서도 상담센터에 와서 상담을 받았다. 그는 자신의 대학 이야기에서 새로운 등장인물, 즉 노력과 인내, 호의, 영성, 가족과의 깊은 연대감에서 그가 가진 강점을 알아봐 주는 상담자를 만났다. 상담자는 징계위원회에 어느 정도의 영향력을 가지고 있으며, 스가랴가 타인에게 위험한 사람이 아니며 그가 이 대학 학생인 것이 행운이라고 이야기하려 한다. 스가랴는 폭력적이지 않으며 많은 강점을 가지고 있다. 그가 상담을 계속 받아야 할까? 그의 가족은 그가 가족 모두를 가난에서 벗어나게 해 줄 것이라고 믿고 있고, 그래서 그는 성공에 대한 압력을 강하게 받고 있다. 그는 또한 할머니의 건강 악화, 의료보험을 들 수 없는 가족의 가난으로 인해 여러 가족사의 무게를 지고 있다. 상담센터에서 상담받는 것은 그에게 있어 추가적인 경제적 부담 없이 학교의 존재감 없는 사람에서 벗어나고 교내 인종차별에 직면했을 때 사회적 지지를 받고, 교내 인종차별을 줄이기 위한 적극적인 행동의 동료를 얻는 기회가 될 수 있다. 스가랴는 자기 인생 이야기의 주인공이다. 그가 상담센터에 의뢰된 것을 기회로 활용하여 당연히 받아야 할 사회적 지지를 얻을지, 아니면 자신의 많은 강점에 의지하여 졸업식에서 가슴 뛰는 결과를 얻는 자신의 교육 이야기를 만들지는 그의 결정에 달려 있다.

구성주의 상담계획: 가정-기반 양식

상담계획 개관: 만일 징계위원회에서 명령하지 않았다면 스가랴는 상담에 오지 않을 것이다. 그는 많은 강점을 가지고 있고 교내 친구들과 그의 가족들에게만 사회적 지지를 받아도 대학을 성공적으로 졸업할 수 있다. 아래의 계획은 그가 상담센터에서 추가적인 지지를 받을 기회를 가지겠다고 결정한 것을 전제로 수립된 것이다(이 상담계획은 문제 양식을 따른다).

문   제: 스가랴는 폭력 행위로 고소를 받았으며, 대학에서 징계를 받았다.

장기목표 1: 스가랴는 그와 헨리 사이에 있었던 이야기에서 더 깊은 의미를 만들어 내어 거부 당하는 느낌, 정신적인 고통을 줄일 수 있도록 그 이야기를 새로 쓸 것이다.

❖ 단기목표들

1. 스가랴는 대학에 처음 도착했을 때 동생이 아니라 낯선 사람과 방을 같이 사용한다는 것에 관해 생각했던 것을 회상해 볼 것이다.

2. 스가랴는 백인 중심 대학에 다니고 헨리를 만나게 된 그의 이야기를 다른 형식으로 말하고, 가족의 가난과 관련된 세부사항들을 더 충분하게 탐색할 것이다.

3. 스가랴는 헨리의 사회경제적 지위를 나타내 주는 추가적인 세부사항을 포함시켜서 헨리에 대한 그의 첫 인상 이야기를 다른 형식으로 말할 것이다.

4. 스가랴는 매우 종교적인 두 젊은이가 그렇게 파괴적인 내러티브에 연관되어 버린 것에서 의미를 도출하는 데 도움이 될 추가적인 세부사항들을 탐색하면서 그와 헨리 사이에서 있었던 일에 관해 기도할 것이다.

5. 스가랴는 친구들의 결단력과 인내심을 활용하여 학교에서의 학문적 성공에 대한 긍정적인 역할모델이 되는 이야기를 만들기 위해 친구들을 이야기에 관련시킬 것이다.

6. 스가랴는 그의 이야기를 다른 형식으로 말하고 확장시키는 데 상담사를 포함시키는 것이 그의 영적 치유를 뒷받침하는지, 그리고 학문적 성공을 향해 나아가는 데 도움이 되는지 판단할 것이다.

장기목표 2: 스가랴는 무기력감과 화를 낮추기 위해 존재감 없는 경험을 다른 방식으로 이야기할 것이다.

❖ 단기목표들

1. 스가랴는 학생집단에서 적극적으로 활동하면서 교내에서 존재감 없다는 느낌을 줄이는 이야기를 만드는 것에 대해 탐색해 볼 것이다.

2. 스가랴는 NAACP(전미 유색인 지위 향상 협회) 모임에 참석할 것이며, 아프리카계 미국인의 권리를 옹호하는 전국적 집단의 일원이 되는 것에서 어떤 의미를 도출할 수 있을지 생각해 볼 것이다.

3. 스가랴는 미래 목표에 관해 의논하고 성공적인 학생으로서의 존재감을 높이기 위해 매주 교수를 만날 것이며, 이를 통해 학교의 효과적인 멘토링을 받을 것이다.

4. 스가랴는 학교에서의 존재감 이슈를 탐색하기 위해 아프리카계 미국인이 아닌 소수자 집단의 학생을 새로이 만날 것이다.

5. 스가랴는 가난한 집안에서 온 것 때문에 존재감이 없는 자신의 개인적 이야기를 생각해 보고, 이전의 목표들을 분명하게 드러내는 세부사항에 기초해서 그 이야기에서 새로운 의미를 도출할 수 있는지 생각해 볼 것이다.

6. 스가랴는 존재감을 가지는 방법에 관해 상담자와 이야기를 함께 만드는 것이 자신의 긍정적인 발전에 도움이 될지 판단할 것이다.

장기목표 3: 스가랴는 이야기에서 도출하는 의미를 더 깊게 하고 희망과 사랑의 느낌을 높이기 위해 그와 가족 사이에 있었던 일을 다시 이야기로 만들 것이다.

❖ 단기목표들

1. 스가랴는 어머니에게 전화를 해서 징계위원회 청문회에서 있었던 헨리와의 경험을 공유하고 헨리에 대한 어머니의 견해, 그가 어떻게 진행시켜야 하고 그들이 함께 어떤 의미를 도출할 수 있는지에 대한 어머니의 견해를 들을 것이다.

2. 스가랴는 동생들의 자기구성에 부정적인 영향을 주지 않도록 인종차별 문제를 다루면서, 그들이 이해할 수 있는 수준으로 헨리와의 경험을 동생들에게 차례차례 이야기할 것이다.

3. 스가랴는 징계위원회 청문회에서 있었던 헨리와의 경험을 할머니에게 말씀드려서 공유하고 헨리에 대한 할머니의 견해, 그가 어떻게 진행시켜야 하고 그들이 함께 어떤 의미를 도출할 수 있는지에 대한 할머니의 견해를 들을 것이다.

4. 스가랴는 징계위원회 청문회에서 있었던 헨리와의 경험을 학교 친구들에게 이야기하여 공유하고 헨리에 대한 친구들의 견해, 그가 어떻게 진행시켜야 하고 친구들과 그가 함께 어떤 의미를 도출할 수 있는지에 대한 친구들의 견해를 들을 것이다.

5. 스가랴는 징계위원회 청문회에서 있었던 헨리와의 경험을 학교 목사님에게 이야기하여 공유하고 헨리에 대한 목사님의 견해, 그가 어떻게 진행시켜야 하고 그들이 함께 어떤 의미를 도출할 수 있는지에 대한 목사님의 견해를 들을 것이다.

6. 스가랴는 사회적 지지를 받게 되면서 발전시킨 추가적인 이야기 요소들을 모두 상담자와 공유할 것이며, 이를 좀 더 깊이 논의하는 회기가 그에게 유의미할지 판단할 것이다.

7. 스가랴가 헨리, 징계위원회와의 경험에서 건설적인 의미를 발전시켜 나아가는 데 도움이 되는 다른 목표들

스가랴에 대한 구성주의 사례개념화: 증상-기반 양식

스가랴는 대학에서 겪었던 부정적 경험, 특히 룸메이트와 대학 징계위원회와의 상호작용에서 경험한 차별과 억압으로 인해 우울, 혼란, 분노, 소외를 느끼고 있다. 그는 학업에서 성공을 거두고 가족이 가난에서 벗어나는 길을 시작할 수 있으리라는 희망과 흥분을 가득 안고 대학에 왔다. 그의 자기구성은 가족에 대한 사랑, 굳건한 종교적 신념, 아프리카계 미국인 유산에 대한 자부심으로 채워져 있다. 지금 그는 대학생활에 대한 그의 꿈을 최근에 겪게 된 실재에 맞추려 하며, 이 과정에서 그의 자기구성을 흔드는 매우 대조적인 감정들에 시달리고 있다. 스가랴는 현재 거부의 목소리로 말하는 문제 가득한 이야기에 관련되어 있다. 그의 이야기를 지배하는 것은 주류 사회의 변두리에서 '별개로' 기능하는 것으로 스스로를 구성하는 것이다. 지금 그의 부정적 감정이 고통스럽게 깊이 흐르고 있지만, 그에게는 사색하는 목소리가 있어서 경험의 또 다른 측면에 쉽게 동조할 수 있게 해 준다. 이 목소리는 상담 관계에서 강력한 원군으로 작용할 수 있다. 게다가 스가랴는 지금까지 그의 종교, 가족, 이전의 학업 성취에서 긍정적이고 적응적인 의미를 찾아냈었다. 이는 가난에서 벗어난 적응적 미래를 향해 나아가게 해 주는 새롭고 좀 더 삶을 고양시키는 이야기를 그가 구성할 가능성을 높여 주는 것이다.

스가랴는 지금 우울하다. 그렇지만 이것은 그의 정서적 상태가 깊이 바뀌었기 때문이다. 그의 대학생활 내러티브는 가족 중에 처음으로 대학 수준으로 공부하는 사람이 되었다는 들뜬 기분으로 시작된다. 그가 어린아이일 때 그의 어머니는 학업 성취를 통해 커다란 빌딩과 많은 책으로 가득 찬 세계로 들어갈 수 있다는 미래지향적 내러티브를 그에게 제시하였다. 그 길은 그와 그의 동생들이 가난에서 벗어날 수 있는 길이었다. 그 이후 스가랴는 잘 교육받아 경제적으로 성공할 준비를 갖추는 그의 목표를 향해 지금까지 열심히 노력해 왔다. 예전에는 가난과 인종차별이 그들 가족을 아래로 끌어내리는 닻 역할을 했지만, 그가 권위 있는 총장 장학금을 받게 되면서 마침내 그가 가난과 불투명한 미래에서 벗어나서 가족들과 함께 그 길로 갈 수 있으리란 희망과 자신감의 목소리가 커지게 되었다.

스가랴는 룸메이트와의 상호작용을 통해 그들이 학업 성공이라는 하위 줄거리에서 상호작용하는 '형제(brothers)'가 되지 못할 것으로 확인되면서 점점 더 혼란스럽고 실망하게 되었다. 오히려 헨리는 부정적인 인종차별적 전형으로 가득 차 있고 스가랴의 우호적이고 개방적인 행동, 종교적 신념이 잘 드러나는 상대 이야기를 적극적으로 무시하는 불변의 이야기를 공동 구성하려는 것 같았다. 헨리의 여행가방을 옮겨 주거나 식사에 초대하거나 함께 성경에 관한 이야기를 하려는 것 같은 그의 노력은 어떤 것도 그들의 관계에 대한 헨리의 구성에 영향을 준 것 같지 않다. 이 점에 관해 이야기할 때 스가랴의 이야기 목소리에서 자신감이 없어지기 시작했다. 스가랴는 살아오는 내내 억압적 관계에서 상호작용을 하도록 강제되었고, 이 경우 그는 항상 존재감 없는 주변 인물이라는 느낌을 가지게 되었다. 그는 좀 더 나은 현실로 탈출을 원하면서 학교에 가게 되었다. 자유롭게 선택할 수 있는 상황에서 그는 아프리카계 미국인을 위한 사립학교인 햄튼대학교에 갈 수도 있었다. 거기에 간다면 그는 자신과 같은 인종의 사람들에 둘러싸여 일상사에서 '인종'이 이슈가 되는 일이 없었을 것이다. 그렇지만 그는 가난으로 인해 그렇게 할 수 없었다. 그는 자신의 개인적 열망을 젖혀두고 주로 백인이 있는 사립학교에서 제시한 더 많은 장학금을 선택해야 했다. 여기서 그는 아프리카계 미국인으로서 존재감 없는 상황에 계속 맞닥뜨릴 것으로 예상했다. 그렇지만 그는 그것을 자신의 새로운 집, 즉 기숙사 방에서 직면할 것이라고는 예상하지 못했다고 낙담한 목소리로 말했다. 과거의 구성에서 집은 항상 수용과 사랑의 장소였다.

스가랴는 자신이 보낸 우정의 제안을 헨리가 계속 거부하자 깊은 분노와 실망을 느끼며 괴로워했다. 그는 룸메이트로서 자신의 상호작용이 사랑스러운 아들, 손자, 형 또는 오빠로서 자신의 상호작용 패턴에 합치된다고 가정했다. 이에 따라 그가 겪은 것은 그를 두 배로 화나는 것이었다. 그렇지만 스가랴는 이런 경험에서 의미를 발견해 내서 분노 구성을 막아 보려 하였다. 그는 헨리의 행동을 용서와 사랑의 눈으로 보면서 스스로에게 설명하였다. 그는 헨리의 행동이 숫기가 없거나 사회적 기술이 부족해서 그런 거라고 추측했다. 스가랴는 그와 동명이인인 선지자 스가랴처럼 되고 싶었고, 그래서 헨리를 무시에서 벗어나 우정의 영역으로 이끌어 가려고 하였다. 그와 같은 자기구성은 헨리의 행동이 미묘하게 거부하는 것에서 공공연하게 모욕하는 쪽으로 악화되면서 설 자리를 잃게 되었다. 헨리가 자기 돈을 매트리스 밑에 숨기고 스가랴가 느끼기에 자신의 종교적 신념을 깎아내리는 것처럼 보인 날이 억압과 인종차별의 줄거리가 그들 사이에 완전히 형성된 것 같은 날이었다. 현재 그들의 관계에 대한 스가랴의 구성은 오직 분노와 실망의 목소리로만 드러난다.

그렇지만 스가랴는 이 부정적 정서에 지배되는 불변의 이야기를 수동적으로 받아들일 생각이 없었다. 그는 이전에 자신이 아프리카계 미국인 유산에 대해 가졌던 자부심 구성을 지지받고 인종차별 행위가 그의 대학 구성을 더 이상 지배하지 못하게 되기를 희망하면서 다른 아프리카계 미국인 학생들을 찾았다. 스가랴는 이 학생들에게 자신의 분노와 실망감을 공유할 수 있었고, 그들은 대학 내에서 겪었던 자신의 인종차별 이야기를 서로 주고받았다. 스가랴가 가진 한 개인으로서의 무존재감은 완화되었다. 그들은 스가랴가 희망과 낙관의 느낌을 다시 가지도록 도울 수 있는 방법을 적극적으로 찾았다. 그들은 스가랴가 그의 기숙사 방에 걸어 둘 포스터를 사는 데 도움을 주었다. 그 포스터들은 W. E. B. 두 보이스, 말콤 X, 마틴 루터 킹 목사가 말한 영적 메시지가 있는 것이었다. 이 경험에서 스가랴가 도출한 의미는 친구들의 충직함, 자신에 대한 억압을 마주 보았던 강력한 아프리카계 미국인 영웅들의 힘과 불굴의 모습이었다. 게다가 그 포스터들은 스가랴에게 자기 방에서의 존재감, 뭔가 소유하고 있다는 느낌을 주었고, 이에 따라 그가 한 인간으로서 경험했던 가치가 고양되었다. 그렇지만 계속해서 분노의 목소리가 스가랴에게 어느 정도 영향을 주었고, 그는 헨리를 괴롭히려는 생각으로 말콤 X의 포스터를 선택했다.

스가랴는 그의 포스터가 기숙사 방에 가져온 변화에 만족했지만 헨리가 그것들에서 도출한 악의적 구성을 경험하면서 그 기분은 재빨리 분노로 되돌아갔다. 아프리카계 미국인의 문화를 무시하면서, 그리고 어쩌면 자신을 위해 고정된 현실의 느낌을 유지하려는 마음에서 헨리는 이 포스터들에서 아프리카계 미국인에 대해 그가 가진 부정적 전형을 강화하고 심화하는 의미를 도출한 것 같다. 그런 현실 속에서 그 포스터들은 그의 안전에 대한 위협을 나타내고, 그는 스가랴를 매우 두려워하게 되었다. 이에 따라 헨리는 자신에게는 정당하게 보이는 행동을 하게 된다. 그는 불법 마약과 무기를 찾기 위해 스가랴의 소유물을 뒤졌다. 헨리의 그 행동은 스가랴에게 발각되었다. 스가랴는 그 순간에 당연히 생기는 분노로 반응하면서 예전에 친구나 동생들에게 종종 사용했던 거친 말과 비언어적 행동을 헨리에게 똑같이 위협적으로 사용하였다. 그렇지만 매우 억제된 종교적 공동체에서 자랐고 아프리카계 미국인에 대한 긍정적 구성이 전혀 없어 보이는 헨리는 이 분노 표출에 대해 그를 해치려는 진지한 의사를 보인 것이라고 생각했다. 그는 스가랴를 징계위원회에 고발하였다. 가난은 이 이야기의 줄거리에서 강력한 영향력을 계속 발휘하고 있다. 돈이 더 있었다면 스가랴는 기숙사에서 이사해 나갈 수 있었을 것이다. 그렇지만 그는 궁핍한 상황 때문에 헨리와의 지속적인 적대적 현실에 묶여 있었다. 가난, 인종차별이라는 주제가 또다시 자신, 가족, 세계에 대한 스가랴의 이야기를 지배하였다. 그가 이야기하는 것을 보면 낙담의 목소리가 지배하고 있다.

현실에 대한 스가랴의 구성은 징계위원회에 회부된 것에 대한 두려움에 지배당하고 있다. 그는 할머니의 건강이 심하게 위험해질까 봐 두려워했다. 왜냐하면 할머니의 약값에 필요한 돈이 그의 변호에 쓰이고 있었기 때문이다. 그는 또한 대학에서 제적될 경우 나중에 가난에서 벗어나려는 그의 꿈이 끝나 버릴까 봐 두려워하고 있다. 비록 그의 가족이 재물보다는 영성과 사랑하는 관계가 더 중요하다고 강조하지만, 스가랴는 풍요로움이 그의 가족에게 줄 수 있는 좋은 의료보험, 주거, 교육 지원의 이점을 깊이 인식하고 있다. 이로 인해 그는 자신의 분노를 억제하면서 징계위원회의 관점을 수용하는 개인적 희생을 받아들였다. 그렇지만 상황의 가혹함, 룸메이트와 위원회 사람들의 행동은 이야기의 줄거리를 그에게 불리하게 만들었다. 스가랴의 이야기에 기초해 볼 때, 룸메이트가 백인이라서 가지는 혜택이 대학에서 정말 영향을 준 것처럼 보인다. 대부분의 룸메이트 분쟁은 기숙사 수준에서 해결되기 때문이다. 청문회에서도 동일한 혜택이 헨리에게 주어졌을 수 있다. 스가랴는 두려움 속에서도 자신의 관점을 방어하는 시도를 몇 차례 하였고, 위원회가 헨리를 지지하면서도 스가랴를 제적시키지 않고 상담을 받게 한 걸 보면 스가랴의 시도가 어느 정도 긍정적인 영향을 주었을 수 있다.

　스가랴는 분노조절 의뢰를 받은 것에 매우 소외감을 느끼면서 상담센터 약속에 나타났다. 그럼에도 불구하고 스가랴는 좀 더 긍정적인 의미 구성의 가능성을 쉽게 알아챌 수 있게 해 주는 이성의 목소리를 내부에 가지고 있다. 지금 아프리카계 미국인이자 대학 1학년 남자인 스가랴의 인생 이야기는 혼잡하고 긍정적 정서와 부정적 정서의 갈등으로 가득 차 있다. 그는 존재감이 없는 것, 인종차별이라는 주제를 강조하는 방식으로 자신의 대학 경험을 구분하였다. 아동기부터 그의 과거 경험은 이 주제가 그의 의미 구성에 가지는 힘을 뒷받침해 왔다. 그렇지만 그는 그와 그의 가족이 종종 겪게 되는 절망적인 경제적 상황 속에서도, 또 다시 미래를 지향하고, 희망을 고조시키고, 가족의 사랑과 종교적 확신으로 가득 찬 이야기를 형성하는 뛰어난 복원력을 보여 주었다. 스가랴는 분노 관리가 필요하지 않다. 그렇지만 그의 학업 성공에 장애가 될 수 있는 다른 사람들의 편견과 전형을 헤쳐 나갈 때 지원을 받는 것은 그에게 도움이 될 수 있다. 상담센터와의 약속에 대해 그가 지시를 받아서 가야 하는 장소로 보지 않고 모든 학생에게 열려 있는 자원으로 보려는 그의 의향은 이 시점에서 상담을 통해 이득을 얻는 기회로 작용할 수 있다. 공동구성된 상담 이야기가 여전히 그 안에 인종차별이나 억압적인 단락을 포함할 수도 있지만, 그가 그것에서 도출하는 의미는 학사 학위를 획득하고, 동생들이 대학에 다닐 수 있게 지원하고, 대학 졸업 후에 돈을 벌어서 가족이 가난에서 벗어나게 하려는 그의 오래된 목표를 더 이상 파괴하지 않을 것이다. 징계위원회는 스가랴에게 커다란 권력을 가지고 있다. 상담관계는 스가랴가 자기 인생을 고양시키려는 목표를 달성하는 데 장애가 되는 이 부분을 제거할 때에 강력한 도구가 될 수 있다.

구성주의 상담계획: 증상-기반 양식

상담계획 개관: 스가랴는 분노 관리에 도움을 받기 위해 상담센터로 보내졌다. 그 점에서 그는 도움이 필요하지 않다. 왜냐하면 그는 긍정적 정서, 적응적 사고와 행동의 깊은 우물을 가지고 있으며, 지금까지 그것을 통해 성공적인 학생으로서의 인생 이야기를 구성해 왔기 때문이다. 그렇지만 상담센터와 상담 관계는 그가 경제적 자원이 부족하고 아프리카계 미국인 유산을 가지고 있다는 이유로 억압을 경험했던 그런 환경에서 가족에게 안 좋은 영향을 주지 않으면서 성공하려 할 때 사용할 수 있는 지지 자원이 될 수도 있다. 이런 목표는 협력의 틀 안에서 스가랴에게 제시될 것이며, 만일 그것이 그에게 유용한 것으로 확인된다면 동시에 추진될 것이다(이 계획은 문제 양식을 따른다).

문   제: 스가랴는 그의 룸메이트, 대학 징계위원회와의 부정적인 상호작용에 기초해서 문제가 가득한 이야기를 발전시켜 왔다.

장기목표 1: 스가랴는 상담자와 함께 대학생활이 그의 이전 기대와 어떻게 다른지에 관한 새로운 실재를 공동 구성함으로써 억압의 느낌을 완화시킬 것이다.

❖ 단기목표들
1. 스가랴는 그가 대학입학 허가를 받았다고 이야기했을 때 가족 각자의 반응에 관해 상담자와 이야기를 나눌 것이다.
2. 스가랴는 그가 대학에 입학하게 된 것을 이웃, 교회 동료들과 이야기했을 때 그들의 반응에 관해 상담자와 이야기를 나눌 것이다.
3. 스가랴는 그가 대학에 도착한 첫 날 자기 인생이 어떻게 될 것 같은지에 관해 가족들과 공동 구성했던 즐거운 이야기의 세부사항들을 상담자와 이야기를 나눌 것이다.
4. 스가랴는 그날 그가 보거나 그에게 있었던 것들 중에서 대학에 도착하기 전에 공동 구성했던 즐거운 이야기에 들어맞는 긍정적인 것들을 모두 기록할 것이다.
5. 스가랴는 이 긍정적인 이야기의 세부사항을 상담자와 함께 이야기를 나눌 것이고, 즐거움이 가득한 대학 교육에서 그의 목표를 성취하는 새로운 이야기를 형성해 갈 때 그 세부사항들이 그에게 가지는 의미를 생각해 볼 것이다.
6. 스가랴는 학교 친구들과 만나서 이 긍정적인 이야기 세부사항을 그들과 논의하고, 그들이

대학에서 보거나 경험한 긍정적인 것들을 모두 이야기해 달라고 요청할 것이다.

7. 스가랴는 형성 초기의 즐거움이 가득한 이야기가 지금 그의 삶을 이끄는 데 어느 정도의 타당성이 있는지 생각해 보면서 그 긍정적 경험들이 그에게 가지는 의미를 생각해 볼 것이다.

8. 스가랴가 자신의 교육적 목표를 생각할 때 여전히 우울할 경우에 필요한 다른 목표들

장기목표 2: 스가랴는 그의 종교 공동체와 학문 공동체에서 상호작용하는 방법에 관해 상담자와 함께 새로운 실재를 공동 구성함으로써 혼란스러운 감정을 완화시킬 것이다.

❖ 단기목표들

1. 스가랴는 그의 교회 목사님과 약속을 잡고, 그의 특정한 기독교 종파 사람들만 천국에 갈 수 있다는 헨리의 이야기에 관해 그가 가지는 당황스러움을 이야기 나눌 것이다.

2. 스가랴는 그가 목사님의 신도로서 얼마나 친밀해질 수 있고 수용될 수 있는지에 관해 목사님과 이야기를 나눌 것이다.

3. 스가랴는 대학에서 그를 위한 종교적 공동체를 공동 구성하기 위해 목사님과 함께 작업했던 경험에 관해 상담자와 이야기를 나눌 것이다.

4. 스가랴는 대학 교수님 중 한 분과 약속을 잡고, 교직원이 학생에게 가지는 기대에 관한 분명한 이야기를 함께 구성할 것이다.

5. 스가랴는 대학 공동체에서 자신의 분명한 역할을 공동 구성하기 위해 교직원과 작업했던 경험에 관해 상담자와 이야기를 나눌 것이다.

6. 교직원이 학교에서 학생에게 가지는 기대에 관해 스가랴가 분명히 느끼도록 도울 수 있는 다른 목표들

장기목표 3: 스가랴는 아프리카계 미국인에 대한 부정적 전형을 가진 사람과 상호작용하는 방법에 대해 상담자와 함께 새로운 실재를 공동 구성함으로써 분노의 감정을 완화시킬 것이다.

❖ 단기목표들

1. 스가랴는 매일 아프리카계 미국인이 아닌 사람을 관찰할 것이고, 다른 사람에 대한 우호적이고 친절한 태도를 그와 함께 공유하는 사람 같다는 신호가 보이면 그것을 기록할 것이다.

2. 스가랴는 어떻게 하면 이 친절한 학생과 친구가 되는 이야기를 시작할 수 있을지에 관해

상담자와 이야기를 나눌 것이다.

3. 스가랴는 이 학생에게 접근하여 다른 사람과 사회적 네트워크를 발전시키려 하는 새로운 대학생의 이야기를 시작해 볼 것이다.

4. 스가랴는 이 잠재적 친구와의 관계에서 성공한 것 또는 성공하지 못한 것에 관해, 그리고 이 만남이 우정 이야기의 시작 또는 새로운 노력이 필요한 앞이 안 보이는 모퉁이라는 그의 믿음을 뒷받침하는 세부사항들에 관해 상담자와 이야기를 나눌 것이다.

5. 스가랴는 아프리카계 미국인이 아닌 학생과 친구가 되려는 그의 노력에 관해 대학 친구들과 이야기를 나눌 것이고, 그들이 유사한 것을 하면서 겪었던 경험을 자세하게 들을 것이다.

6. 스가랴는 대학 친구들 중 누구도 동아리의 유일한 아프리카계 미국인이 되지 않게 하고, 단지 함께 모이는 것만으로 모든 아프리카계 미국인이 똑같지 않다는 것을 보여 줄 수 있도록 함께 학교 동아리에 참가하는 것에 관해 친구들과 이야기를 나눌 것이다.

7. 스가랴는 아프리카계 미국인이 아닌 학생들과 상호작용하는 긍정적 이야기를 발전시키려 했던 경험에 관해 상담자와 이야기를 나눌 것이고, 그 학생들의 개인적 특성을 포함시킬 수 있도록 이야기의 세부사항을 확장할 것이다.

8. 스가랴가 아프리카계 미국인이 아닌 학생과 가진 경험에 관해 화가 나기보다는 만족감을 느끼게 하는 데 필요한 다른 목표들

장기목표 4: 스가랴는 어떻게 하면 징계위원회에서의 경험에 맞춰 대학에서 성공할 수 있을 지에 관해 상담자와 함께 새로운 실재를 공동 구성함으로써 두려운 감정을 완화 시킬 것이다.

❖ 단기목표들

1. 스가랴는 징계위원회가 계속 그를 폭력적이라고 간주하여 대학 교육의 기회를 잃게 되는 것에 대한 그의 두려움에 관해, 그리고 어떻게 하면 그에 대한 그들의 관점을 다시 이야기할 수 있을지에 관해 상담자와 이야기를 나눌 것이다.

2. 스가랴는 대학에서 교육받을 그의 권리가 확실히 유지되도록 하는 데 변호사의 도움이 더 필요할지 생각해 볼 것이다.

3. 스가랴는 가족과 접촉하여 할머니의 건강이 나아지고 있는지, 아니면 악화되고 있는지에 관해 이야기해 볼 것이다.

4. 스가랴는 대학에서 학업을 계속 잘 수행하면서 할머니와 가족을 정서적으로 지지할 수 있는 이야기를 한층 더 발전시킬 것이다.

5. 스가랴는 할머니를 만나러 학교를 벗어나야 하는 긴급한 경우가 생길 때, 예기치 않은 결석에 대한 적절한 대학 정책을 따르면서 할머니를 만나러 가는 구체적인 긴급상황 계획을 짤 것이다.

6. 스가랴가 가족과의 연결을 유지하면서 확실히 학업에서 성공하기 위해 그가 짤 수 있는 최선의 대비를 세웠다고 확신하게 하는 다른 목표들

장기목표 5: 스가랴는 자신이 대학 공동체에서 존재감 있는 사람이 되는 새로운 실재를 상담자와 함께 공동 구성함으로써 소외감을 완화시킬 것이다.

❖ 단기목표들

1. 스가랴는 각 수업의 교수에게 자신의 존재감을 드러내기 위해, 그날 다룰 수업내용에 관한 사려 깊은 질문을 준비해 와서 수업 전, 중, 후에 질문을 할 것이다.

2. 스가랴는 그의 질문에 대해 교수가 어떻게 반응했는지에 대한 자신의 생각, 그리고 그 생각을 뒷받침하는 세부사항들의 측면에서 그 상호작용들을 기록할 것이다.

3. 스가랴는 그 기록에 관해 상담자와 이야기를 나눌 것이고 그 경험이 그에게 어떠했는지, 그리고 이런 의도적인 상호작용 패턴을 계속하는 것이 교내에서의 존재감 느낌을 높여 줄지에 관한 이야기를 구성할 것이다.

4. 스가랴는 각 수업에서 질문을 하고 교수의 질문에 답을 하면서 자신이 존재감 있고 다른 학생의 존중을 받을 만한 잘 준비된 논리정연한 학생이라는 현실을 다른 학생들과 함께 확립하기 시작할 것이다.

5. 스가랴는 이런 경험들에 관해 상담자와 이야기를 나눌 것이고, 필요할 경우 교내에서의 존재감 느낌을 높이기 위한 다른 목표를 세울 것이다.

사례개념화 실습 사례: 폭력 영역의 통합

이제 조세피나에 대한 구성주의 분석을 할 것이다. 그녀의 행동을 통찰할 수 있는 복합적 영역이 많지만, 여기서는 폭력 영역을 구성주의 사례개념화와 상담계획에 통합시켜야 한다.

짧은 접수면접에서 얻은 정보

조세피나는 17세의 멕시코계 미국인 어머니이다. 그녀는 미국에서 태어났다. 그녀는 25세의 멕시코 남성인 로베르토와 결혼한지 13개월이 지났다. 그들은 결혼 3개월 전에 만났다. 그는 막 멕시코에서 불법 이민한 먼 친척이었다. 그들에게는 16개월 된 아들 카를로스가 있다. 그 가족은 작년부터 시골 지역의 작은 집에서 살고 있다. 이 지역에는 조세피나의 아버지가 작은 가게를 운영하고 있으며, 그들은 농사일이 있다는 이야기를 듣고 뉴멕시코에서 이 지역으로 이사왔다. 조세피나와 로베르토는 카를로스가 태어나기 전까지 다양한 작물을 수확하는 일을 했다. 카를로스가 태어나면서 조세피나는 아이를 돌보기 위해 집에 있게 되었다. 조세피나는 카를로스를 신체적으로 학대해서 아동보호국에 의해 상담에 리퍼되었다. 로베르토는 갑자기 가족을 떠났고, 아동보호국이 2주 전부터 조사를 시작했지만 아직 소식이 없다. 지금 카를로스는 양호위탁을 받고 있다.

간단한 정신건강 검사에서 조세피나는 자살이나 살인 사고, 심한 정신병리는 나타나지 않았지만 심한 우울과 불안 징후를 보였다. 상담자가 비밀유지의 한계에 관해 알려 줄 때 조세피나는 완전히 지쳐 있었으며, 아동보호국이 그녀에게 카를로스를 되돌려 줘도 안전할지, 그리고 언제 돌려줘야 할지를 판단하기 위해 그녀의 상담 진전에 관한 정기보고를 검토할 것이라고 말했다. 당신이 조세피나의 상담자가 된 것은 아동보호국의 결정이며, 조세피나는 이에 대해 아무 말도 하지 않았다.

구성주의 관점에서 조세피나(J)와의 인터뷰

C: 이 사무실에 온 걸 환영합니다. (멈춤) 당신도 알다시피 아동보호국의 담당원이 당신에게 양육기술을 도와주는 게 필요하다고 생각했어요. (한참 침묵) 당신 자신에 대해, 그리고 당신 생각에 우리가 같이 이야기하는 게 필요한 중요한 사항이 뭔지 이야기해 준다면 정말 고맙겠습니다. (J는 내려다보면서 목에 걸려 있는 뭔가를 움켜쥐고 있다) 목에 걸려 있는 게 뭔가 중요한 건가 보네요.

J: (올려다보고는 급히 내려다본다. 부드럽게) 예, 그건 중요한 거예요.

C: (한참 침묵) 그게 당신에게 어떤 의미를 가지고 있는지 이야기해 줄 수 있나요?

J: (속삭이듯이) 이건 나를 보호해 줘요. (눈물을 보이며) 당신도 다른 사람들처럼 내가 나쁘다고 생각할 거예요.

C: 어떤 사람들이 그랬나요?

J: (절망적으로) 내가 아들에게 매우 위험하다고 이야기했던 아동보호국의 사람들요. 이 묵주는 나를 과달루페의 성모님에게 다가갈 수 있도록 해 줘요. 나는 성모님 같은 엄마가 되어야 해요. 나는 매일 성모님에게 도와달라고 기도해요.

C: 당신에게는 가톨릭 신앙이 중요하군요. (J는 고개를 끄덕인다) 성모님이 당신을 어떻게 돕는지 이야기해 주겠어요?

J: (눈물이 얼굴로 흘러내린다. 속삭이듯이) 나는 성모님께 기도하지만 아동학대자로 지정된 후로는 성모님을 느낄 수가 없어요.

C: '아동학대자' (멈춤) 가혹한 말이죠.

J: (걱정스럽게) 좋은 엄마가 되는 건 나의 의무죠. 나는 정말 노력하지만, 내가 아무리 힘들어도 카를로스는 계속 울기만 해요. (멈춤) 그는 멈추려 하지 않아요. 카를로스는 작은 아기이고, 의사는 그게 그렇게 많이 우는 이유라고 했어요. 정확하게 무슨 말인지는 정말 모르겠어요, 역시 어린 사촌은 그렇게 많이 울지 않거든요. (매우 걱정스럽게) 의사와 간호사가 나한테 너무 차갑고 무례해서 나는 질문하기가 무서워요.

C: 당신은 카를로스가 왜 그렇게 돌보기 힘든지 알고 싶지만, 혼자서 알아내야 하는군요.

J: (무표정하게) 카를로스가 울면 로베르토가 매우 화를 냈어요, 그는 온종일 열심히 일하고 와서 잠을 자야 했거든요. 로베르토는 끔찍한 엄마만이 아들을 그렇게 불쾌하게 만든다고 이야기했어요.

C: 방금 이야기할 때 당신 얼굴이 매우 창백하고 슬퍼 보였어요. (한참 침묵)

J: (고통스럽게) 그냥 기억을 더듬고 있는 거예요……. (멈춤, 무표정하게) 괜찮아요, 별일 아니에요.

C: 당신 얼굴을 보니 그게 중요하네요. (한참 침묵) 이야기해 줄 수 있을까요?

J: (속삭이듯이) 내가 나쁜 엄마이고 자기 아들을 울게 만든다고 하면서 로베르토가 나를 쳤어요.

C: 당신이 카를로스를 울게 만드나요?

J: 로베르토는 좋은 엄마라면 아들을 계속 행복하게 해 준다고 생각해요. 그래서 카를로스가 우는 건 내 잘못인 거죠. (절망적으로) 나는 항상 로베르토가 집에 오기 전에 카를로스를 재우려 열심히 노력하지만, (슬퍼하며) 로베르토는 일을 마치면 술을 마시고 소리를 시끄럽게 내어서 항상 카를로스를 깨워요. 나는 여러 방법을 써 봤지만 잘 되지 않았어요. (속삭이듯이) 몇 주 전에 내 머리 빗는 빗이 가까이 있었어요. 그걸로 아이 발을 살짝

두드리면 아이가 다치지 않을 거라고 생각했어요. 아이를 아프게 할 의도가 아니라 그냥 내가 동의하지 않는다고 표시하고 싶었어요. 아이 눈이 매우 커지더니 곧 조용해졌어요. 나는 그게 아이를 다루는 안전한 방법이라고 생각했어요.

C: 얼마나 자주 그렇게 했나요?

J: (속삭이듯이) 처음에 나는 그냥 살짝 쳤어요. 한 번만 했는데 아이가 울음을 그쳤어요. (한참 침묵, 내려다보며) 둘째 날 밤에, 이유는 모르겠지만 한 번 친 걸로는 변화가 없어서 한 번 더 쳤어요. 로베르토가 술이 취했기 때문에 아이를 조용히 시키려고요, 그리고……. (한참 침묵)

C: 당신은 로베르토가 당신을 때릴까 봐 두려웠군요.

J: (걱정스럽게) 때리는 게 아니고요. 그의 허리띠로 그냥 나를 몇 번 친 거예요. (내려다본다)

C: 그의 허리띠로 당신을 쳤을 때 그게 당신의 마음과 몸에 상처를 줬나요?

J: (슬프게) 예, 그리고 지금은 내가 카를로스에게 똑같은 짓을 했어요. 그렇지만, (멈춤, 급하게) 지난주에 카를로스가 너무 심하게 울어서 나는 참을 수가 없었어요, 그때 나는 아이의 얼굴을 보면서 알아차렸어요. 그는 로베르토처럼 보였어요. (무표정하게) 나는 내가 엄격해야 한다는 걸 알고 있었어요, 아니면 그가 자라서 그의 아버지처럼 나쁜 남자가 될 거니까요.

C: 카를로스가 로베르토처럼 보였기 때문에, 만일 그를 제대로 키우지 않는다면 그의 아버지가 당신에게 상처를 준 것처럼 그도 다른 사람에게 상처를 주게 될까 봐 두려워졌군요. (멈춤) 엄마는 엄격해야 하나요?

J: (단호하게) 아니에요, 나의 엄마는 자애로웠어요, 성모님도 그러시고요. (속삭이듯이) 나는 너무 부끄러워요. (멈춤) 그렇지만 나는 절망적이었어요. 나는 생각했어요, 어쩌면 내가 계속 엄격하게 하고 애가 울 때마다 발바닥을 치면……. (한참 침묵) 그때 나는 아이 발 상태가 얼마나 안 좋은지 알게 되었고, (멈춤) 그래서 즉시 그만뒀어요. 정말 그만뒀어요. (멈춤) 그렇지만 너무 늦었어요. 이미 누군가가 신고했거든요.

C: 당신을 도와줄 수 있는 사람이 있나요?

J: 한 번은 어떻게 해야 하는지 의사에게 물어봤어요. 그렇지만 그는 너무 바빴고, 카를로스에게 젖니가 난다고 이야기했어요. (멈춤) 그는 나를 도울 시간이 없었어요, 다른 환자들이 기다리고 있었거든요.

C: 당신은 도움이 필요하다는 걸 알고 있었어요. 의사에게 물어보았지만 당신에게 필요한 도움을 주지 않았어요. (J는 운다) 부모님에게 조언을 구해 보진 않았나요?

J: (슬프게) 나는 처음에 병원에서 돌아왔을 때 정말 엄마하고 통화하고 싶어서 전화했어요. 나는 너무 피곤했고 카를로스는 계속 울기만 했어요. 아버지가 전화를 받으셔서 뭘 원하냐고 차갑게 물으셨어요. (멈춤) 어떻게 해야 할지 모르겠다고 열심히 설명했어요. 아빠는 "가서 남편에게 물어봐."라고 하시면서 전화를 끊으셨어요. 그렇지만 나는 남편에게 물어볼 수 없었어요. 그냥 엄청 화낼 거니까요.

C: 친척 분들은 어떤가요?

J: (내키지 않아 하며) 대모님이 도와주실 걸 알고 있지만 그분에게는 전화기가 없어요. 편지를 썼지만 무슨 일이 있는지를 글로 쓰는 게 무척 힘들었어요. 대모님은 내 이야기를 오해하셨어요. 단지 부모님이 정말 나를 그리워하며 내가 좋은 여자처럼 행동할 수만 있다면 부모님이 나를 용서하실 거라는 답장을 보내셨어요. (슬프게) 부모님은 나를 용서하지 않을 거예요. 내가 아이를 학대했다고 들으실 거고, 그러면 모든 게 끝이죠.

C: 끝? 그게 어떤 의미인가요?

J: (슬프게) 부모님이 나와의 관계를 끝낼 거예요. 나는 실제로 카를로스를 다치게 했어요. 아버지는 무척 화를 내실 거예요. 어떻게 된 엄마가 자기 아이를 다치게 하겠어요? (멍하게 앞을 응시한다)

C: 길을 잃어버린 것처럼 보이네요. (J는 고개를 끄덕인다) 당신이 길을 잃지 않고 사람들이 당신을 아동학대자라고 부르지 않았던 때가 있었지요?

J: (속삭이듯이) 정말 오래 됐어요. 작년 내 성인식 날, 그날이 내가 좋은 사람인 마지막 날이었어요. (한참 멈춤) 나는 무척 흥분했어요. 학교선생님들 모두 내가 미소 짓는 걸 알고 있었어요. 나는 학교에서 열심히 공부했지만 항상 조용히 있었어요. 나는 엄마처럼 겸손하고 사랑스러운 소녀가 되기 위해 무척 노력했어요. 그렇지만 그날 나는 학교 공부에 계속 집중할 수가 없었어요. 나는 엄마가 준비하고 내가 도왔던 음식들, 나를 보러 올 친척들을 계속 생각하고 있었어요.

C: 당신은 마음이 들떴군요. 당신 자신에 대해 어떻게 생각했나요?

J: (조용하게) 나는 좋은 아이였어요. 나는 알고 있어요. 항상 엄마와 나를 필요로 하는 친척들을 도왔어요. 학교 과제를 하는 많은 사촌을 도왔어요. 나는 엄마처럼 되고 싶었지만……. (한참 멈춤)

C: 그렇지만……. (멈춤)

J: (부드럽게) 나는 엄마만큼 따뜻하고 친절한 사람이 되고 싶었어요. 나는 엄마의 특별 요리법을 모두 배웠어요. 그렇지만 내가 아주 어릴 때부터 나는 치유에 관심이 있었어요.

우리 마을에는 모두가 병원 의사 대신에 이용하는 여성 민간 상담사가 있었는데, 우리한테 무척 차갑고 무례했어요. (미소 지으며) 가족 중에 누군가 아프면 그녀는 초와 특별 십자가를 가지고 와서는 아픈 사람의 머리 위에 두었어요. 그녀는 허브를 끓여서 특별한 약물을 만들고 하느님에게 특별한 기도를 했어요. (진지하게) 나는 그녀처럼 되고 싶었어요. 나는 하느님이 나를 치유사로 선택하신 것 같다고 느꼈지만 의과대학에 가서 내가 배울 수 있는 모든 걸 배우고 싶었어요. 나는 병원 의사처럼 되고 싶지는 않았어요. (목소리가 가늘어지며) 나는 민간 상담사처럼 사람들을 존중하며 대하고 싶었어요. 나는 그녀의 치유에 대해 알고 싶었어요. 그리고……. (얼굴을 손에 묻고 흐느낀다. 손에는 여전히 묵주가 꽉 쥐어져 있다)

C: (한참 멈춤) 그 묵주는 당신에게 정말 커다란 의미가 있군요. 그걸 고통스럽게 움켜쥐어서 관절이 하얗게 되었어요.

J: (부드럽게) 이건 내 성인식 날에 받은 특별한 묵주예요. 하느님께 기도할 때, 성모님께 도와달라고 소리칠 때 사용해요.

C: 성인식 전에 당신은 당신 자신에 대해서 친절하고 잘 보살피는 당신의 어머니 같은 좋은 여성의 이미지를 가지고 있었고, 이 보살핌을 심화시켜서 민간 상담사가 됨으로써 당신이 아는 사람들이 아플 때 그들을 도우려 했군요. (멈춤) 어떻게 해서 하느님이 당신을 선택하셨나요?

J: 난 그걸 느낄 수 있었어요. 민간 상담사와 함께 있을 때, 그녀는 내 눈을 들여다보곤 했고 나는 나에게 오는 강한 파동을 느꼈어요. 그런 날 밤이면 나는 치유사가 된 꿈을 꿨어요. 그건 하느님이 나한테 보낸 메시지였어요. 나는 그것이 이루어지도록 하기 위해 학교에서 매우 열심히 공부했어요. 그런데 그렇게 되지는 않고, 나는……. (절망적인 표정으로 C를 쳐다본다)

C: 고통이 당신을 뒤덮고 있네요. (J는 고개를 끄덕인다) 당신은 당신과 당신 가족이 자랑스러워할 만한 운명이 당신에게 있었다고 느껴요. 그 운명에서 당신은 다른 사람들을 돕게 되지요. 지금 당신은 자신을 나쁜 여자로 규정하고 있어요. 나는 당신이 다른 사람을 돕는 것에 깊이 헌신했다는 것을 들었기 때문에 그게 말이 안 되는 규정이라고 생각해요.

J: (고통스럽게, 목이 메어) 빨리, 너무 빨리, 모든 게 변해요. (멈춤) 신부님께서 나를 축복해 주실 때, 나는 내 이름이 적힌 방석에 무릎을 꿇고 있었어요. 대모님은 치유사가 되려는 내 꿈을 알고 계셨고, 나의 꿈에 힘을 주기 위해 대모님이 직접 만드신 특별문양과 내 이름으로 수를 놓아 주셨어요. 내가 처음으로 이 묵주를 목에 걸고 무릎을 꿇고 있을 때 나

는 하느님, 가족의 사랑으로 둘러싸여 있었어요. (부드럽게) 아버지는 이제 내가 여성이 되었다는 것을 가족에게 보여 주기 위해 내 신발을 바꿔 주셨어요. 아버지는 눈물을 글썽이셨어요, 뿌듯함의 눈물이었어요. (멈춤) 내가 로베르토와 결혼하고 아버지가 나에게 작별인사를 할 때 먹구름이 가득 낀 것 같았어요. 뿌듯함은 모두 사라졌어요.

C: 빨리, 너무 빨리, 모든 게 변해요. (한참 멈춤) 어떻게 해서 그렇게 되었죠?

J: (높고 날카로운 목소리로) 그 파티가 나를 흥분시켰던 것 같아요. 술을 마시지도 않았는데, 정신을 차리려고 노력해도 어질어질했어요. 나는 머리에 티아라를 하고, 화려한 목걸이를 하고, 어머니가 바느질해 주신 아름다운 드레스와 그것에 맞춘 귀걸이를 하고 있었어요.

C: 그날은 당신에게 의미가 깊은 매우 중요한 날이었군요. 흥분하는 것도 당연하죠.

J: (열심히) 아버지가 내 춤을 이끌어 주기로 되어 있었는데, 애들이 음료수를 아빠한테 쏟았어요. 아버지는 웃으시고는 로베르토가 성큼성큼 다가와서 내 손을 잡고 나와 함께 춤추겠다고 하자 옷을 갈아입고 오겠다고 하셨어요. 나는 그가 나와 함께 춤을 추겠다고 해서 깜짝 놀랐어요. 그는 멕시코에서 막 미국에 도착한 사촌이었어요. 아버지는 그가 오고 있다는 편지를 그의 아버지에게서 받으셨고, 그래서 당연히 그를 내 파티에 초대하셨어요. 그는 무척 키가 크고 매우 매력적이었어요. (한참 멈춤) 그는 내 손을 쥐고 있었고 나는 마음이 들떠 있었어요. 춤이 끝나자 그는 나에게 집 밖에서 보자고 귓속말을 했어요. (한참 멈춤, 고통스럽게) 나는 싫다고 했지만 그는 웃기만 했어요.

C: 그는 왜 웃었나요?

J: (슬프게) 그는 내가 어떤 종류의 여자인지 알고 있었어요. (멈춤, 열심히) 나는 정말 바깥에서 낭만적인 산책을 할 생각만 있었고, (멈춤) 어쩌면 작별키스를 할 수도 있다고 생각했어요. 학교에 데이트를 하는 친구들이 몇 명 있어요. 나는 데이트해서는 안 된다는 걸 알고 있었지만, 그들의 이야기는 나를 흥분시켰어요.

C: 당신은 데이트하러 나가면 안 된다는 걸 알고 있었지만, 그는 당신의 성인식에서 당신과 함께 춤을 췄어요. 그는 가족이고, 그래서 당신은 그가 좋은 사람이라고 믿었죠.

J: (열심히) 나는 정말 그렇게 생각했어요. 아버지는 그가 내 손을 잡아도 그냥 두셨죠. 나는 그냥 그가 좋은 사람이라고 가정했어요.

C: 로베르토가 당신에게 귓속말한 걸 아버지가 들으셨으면 어떻게 이야기하셨을까요?

J: (단호하게) 그를 집 밖으로 내보내셨을 거예요. 화를 내셨겠지요. 나는 그게 좀 나쁘다는 걸 알았지만 그런 일은 생각도 못했는데…… (한참 멈춤, 속삭이듯이) 모두 내 잘못이에요. 그런 일이 일어나게 하지 말았어야 했어요.

C: 당신이 어떤 잘못을 했나요?

J: (한참 멈춤, 울면서) 나는 나쁜 여자들이 하는 것처럼 로베르토와 성관계를 가졌어요.

C: 혼란스러워 보이네요. (J는 고개를 끄덕이고 멍하게 쳐다본다. 한참 멈춤) 어떻게 되었나요?

J: (두려워하며) 나는 즉시 겁이 났어요. 로베르토는 술냄새가 났어요. 그가 나보다 나이가 많고 술을 마셔도 되는 나이란 걸 알고 있었지만, 그때까지 술 마신 남자를 본 적이 없었어요. 나는 그에게서 벗어나려 했지만 그는 나보다 훨씬 힘이 셌어요. 나는 어떻게 할 수가…… . (흐느껴 울며 괴로워한다)

C: 그걸 다시 상기하는 건 너무나 고통스럽겠어요.

J: 나는 결혼할 때까지 순결을 유지하려 했어요. 나는 여성이 되는 첫날밤에 순결을 잃었어요. (멈춤) 그 비도덕적인 행동에 어떤 변명도 할 수 없어요.

C: 로베르토는 당신보다 훨씬 나이가 많았어요. 그는 성인 남성이 된 지 수년이 지났지요. 그가 더 잘 알고 있었어야 해요. 그는 당신을 존중으로 대했어야만 했어요.

J: (한참 멈춤) 그렇게 이야기하시니까, (멈춤) 예, 그는 내 말을 주의해서 들었어야 했어요. 나는 술 냄새를 맡자마자 집으로 돌아가고 싶다고 그에게 말했지만 그는 무시했고, 내가 그를 밀어내려고 하는 것도 무시했어요. 그는 내 옷을 위로 끌어올렸어요. (한참 멈춤, 비참하게) 결국 내 잘못이에요.

C: 나에게 다가오는 의미는 다릅니다. 그건 당신의 특별한 밤이고, 당신이 여성이 된 첫날밤이었어요. 당신은 성인의 의사결정을 해 본 적이 없었어요. 당신은 잘 모르는 친척에게 당신의 명예를 맡기는 실수를 했어요.

J: (진심으로) 그는 정말 잘생겼고, 그래서 나는 그가 좋은 사람이라고 생각했어요.

C: 젊은 여성의 실수. (한참 멈춤) 그 일에 관해 가족들에게 이야기했나요?

J: (절망적으로) 내가 어떻게 그 이야기를 해요? 내가 그들의 자부심을 없애 버렸는데요. 어쨌든 그 일은 일어났고, 최소한 그들이 나를 사랑할 시간은 몇 달 남아 있었어요.

C: 그들이 알게 되었을 때 어떤 일이 있었나요?

J: (속삭이듯이) 가족들은 굉장히 망신스러워 했어요. 아버지는 부드러운 분인데, 나를 때리셨어요. 그전에 한 번도 그런 적이 없었어요. 그러고는 며칠간 집에 들어오지 않으셨어요. 돌아오셨을 때 나하고 말도 하지 않으셨어요. 어머니는 매일 나를 위해 기도하셨어요. 그때 멕시코에서 로베르토의 아버지에게서 편지가 왔어요. 아버지는 나에 관한 일을 그에게 편지로 보내셨어요. 두 분은 우리가 결혼해야 한다는 것에 동의하셨어요. 로베르토는 원하지 않았지만, 결혼을 하든지 아니면 멕시코로 돌아가야 했어요. 그에게는 가짜

취업비자뿐이었고, 아버지는 그것을 알고 계셨어요. (눈물을 흘린다)

C: 당신의 고통이 너무 심해서, 그 사건의 의미가 너무 파괴적이라서 당신은 더 이상 스스로를 좋은 사람으로 보지 못했군요, 비록 당신이 좋은 일을 매우 많이 했지만.

J: (부드럽게) 당신에게서 내 이야기를 들으면 내가 그렇게 악한 사람은 아닌 것처럼 들리네요. 그렇지만 내가 아들에게 한 악행은 어떤 것으로도 바꿀 수가 없어요.

C: 당신이 저지른 실수에도 불구하고, 당신 안에는 여전히 선이 있어요. 당신은 실제로 카를로스에게 상처를 주었고, 그 상처는 심했어요.

J: (슬프게) 알아요. 일이 그렇게 되도록 한 것이 무척 창피해요.

C: 법에 따르면, 당신은 분명히 그를 학대했어요. 그렇지만 당신은 남편에게 맞는 아내이고, 가족이 멀리 살고 있고, 많은 보살핌이 필요한 어린 아들을 둔 젊은 엄마예요. 이런 현실은 많은 것이 잘못될 수 있는 상황이죠.

J: (슬프게) 나는 계속 기도하겠습니다.

C: 당신의 깊은 신앙과 성모님에 대한 기도는 모두 중요한 출발점입니다. 그렇지만 당신 이야기에서 중요한 부분은 가족에 대한 당신의 깊은 애착이에요. 당신에게는 좋은 엄마가 되도록 도와줄 다른 사람이 필요해요. 만일 당신이 로베르토와 성관계를 하는 것에 동의하지 않았고 그가 당신을 때렸다는 걸 당신의 아버지가 알게 된다면, 아버지는 당신을 다시 가족으로 받아들이실까요? (한참 멈춤) 최소한 카를로스 키우는 것을 가족들이 도와줄 수 있는 집으로 당신이 돌아갈 수 있을 정도로는 당신을 용서하게 될까요?

J: (걱정스럽게) 모르겠어요. 물어보는 게 겁이 나요. 안 된다고 하시면 어떻게 하죠? (한참 멈춤) 어떻게 시작해야 할지 모르겠지만, 나는 아들이 집으로 돌아오기를 바라고 있어요. 나는 그의 엄마이고 싶어요.

C: 내일 다시 오셔서 이 문제를 좀 더 이야기해 볼까요?

J: (부드럽게) 나는 계속 기도하겠어요, (멈춤) 예, 내일 올게요.

조세피나에 대한 사례개념화 실습

❖ 실습 1(최대 4쪽)

목 표: 자신이 구성주의 이론을 분명히 이해하고 있다는 것을 확인하기

양 식: A, B, C 파트를 포함하는 통합적인 에세이

도움말: 이 장을 다시 보라(493~501쪽).

A. 이 실습의 도입 부분이 될 수 있도록 구성주의 이론의 모든 가정(내담자의 변화 방식을 이해하는 데에 핵심이 되는 차원에 관한 이 이론의 가정들, 추상적이고 폭넓게 생각하라)을 간략히 개관하라.

B. 내담자가 변화과정을 통해 나아가는 것을 이해하는 데 각 가정이 어떻게 사용되는지 면밀하게 기술하라. 각 가정을 충분히 설명할 수 있는 구체적인 사례를 포함시켜야 한다.

C. 내담자의 변화를 돕는 상담자의 역할(컨설턴트, 의사, 교육자, 조력가), 상담에 사용한 주요 접근법, 공통적으로 사용된 상담기법을 설명하면서 에세이의 결론을 내리라. 이 접근법의 독특한 점이 분명히 드러나도록 구체적인 사례를 충분히 포함시키라.

❖ 실습 2(최대 5쪽)

목　표: 조세피나에 대한 구성주의 이론의 적용을 돕기

양　식: A~E까지의 각 섹션에 대한 단독적인 문장 개요

도움말: 이 장을 다시 보라(493~501쪽).

A. 조세피나의 약점(걱정, 이슈, 문제, 징후, 기술 결핍, 상담 장벽) 목록을 작성하라.

B. 조세피나의 강점(강한 점, 긍정적 특징, 성공, 기술, 변화를 촉진하는 요소) 목록을 작성하라.

C. 조세피나의 주요 인생 이야기 각각을 간략하게 요약하라.

1. 각 요약에서 이야기의 무대(어디서), 등장인물(누가), 줄거리(무엇을), 주제(왜), 목표(목적)와 이야기를 하는 목소리 등의 각 구성요소를 설명하라.

2. 각 요약에서 혼란스럽고, 불완전하고, 문제가 되고, 부정적 정서에 묶여 있는 이야기 영역을 강조하라.

　　a. 이것들이 조세피나의 약점과 어떻게 관련되는지 논의하라.

　　b. 이 문제가 되는 경험에서 조세피나가 좀 더 적응적인 의미를 발전시키도록 도우려면 어떤 유형의 이야기 해체가 유용한가?

3. 각 요약에서 완전하고, 긍정적 정서와 묶여 있고, 긍정적인 의미 구성과 관련된 이야기 영역을 강조하라.

　　a. 이것들이 조세피나의 강점과 어떻게 관련되는지 논의하라.

　　b. 그녀의 이야기에 있는 이 긍정적 측면들에 대해 어떤 유형의 주의집중, 정교화를 하면 삶을 고양시키는 이야기를 발전시키는 중에 새로운 대인 의미를 구성할 가능성이 높아지겠는가?

D. 문제가 가득한 조세피나의 인생 이야기가 현재 어떤지를 논의하라. 그녀가 이야기하

는 자신, 타인과의 관계, 그녀의 상황과 과거 트라우마에 대한 그녀의 관점, 모든 부정
적인 정서, 모든 부적응적 목표, 새로운 경험을 수용하고 그것을 계속되는 자기 이야기
에 통합시키는 것에 있어서 그녀가 경직된 정도 또는 어려워하는 정도를 고려하라.

E. 조세피나의 인생 이야기가 현재 얼마나 회복력이 있는지 논의하라. 그녀가 이야기하는
자신, 타인과의 관계, 그녀의 상황과 과거 트라우마에 대한 그녀의 관점, 모든 부정적
인 정서, 모든 부적응적 목표, 새로운 경험을 수용하고 그것을 계속되는 자기 이야기에
통합시키는 것에 있어서 그녀가 유연한 정도 또는 쉬워하는 정도를 고려하라.

❖ 실습 3(최대 6쪽)

목 표: 폭력 영역을 사용하여 조세피나, 그녀의 가족, 그녀의 상황을 이해하기

양 식: A~J의 각 섹션에 대한 단독적인 문장 개요

도움말: 2장을 다시 보라(131~143쪽).

A. 현재 조세피나가 처해 있는 상황에서 폭력을 발생시키는 위험요인, 폭력을 억제하는
보호요인을 사정하라. 다음 사항들을 고려하라.

1. 조세피나는 어린 시절에 어떤 부정적인 사태들에 맞닥뜨렸는가? 약물중독자와 사
는 것, 부모가 이혼하는 것, 잦은 이사나 노숙 같은 심각한 가족 붕괴, 부모에게 우
울증이나 정신 질환이 있는 것, 자살 시도를 했거나 자살을 계획했던 사람과 사는
것, 중범죄를 저질렀거나 감옥에 갔다 온 사람과 사는 것, 신체적 · 성적 · 정서적
으로 학대받거나 방임되는 것, 폭력을 목격하는 것 같은 사태들을 검토해 보라.

2. 조세피나는 성인이 되어서 어떤 부정적인 사태들에 맞닥뜨렸는가? 약물중독자와
사는 것, 심각한 가족 붕괴, 우울증이나 정신 질환이 있는 사람과 사는 것, 자살 시
도를 했거나 자살을 계획했던 사람과 사는 것, 심각한 범죄를 저질렀거나 감옥에
갔다 온 사람과 사는 것, 신체적 · 성적 · 정서적으로 학대받는 것, 폭력을 목격하
거나 폭력에 대한 공포 속에서 사는 것 같은 사태들을 검토해 보라.

3. 폭력을 방어할 수 있는 조세피나의 내적 요인은 무엇인가? 그가 충동을 조절하고,
자기 행동에 제한을 설정하고, 감정을 조절하고, 반성적인 문제해결을 하고, 타인
의 정서와 행동을 이해하는 능력을 가지고 있는지 검토해 보라.

4. 조세피나가 아동기일 때 장기적인 사회 네트워크나 환경이 폭력을 지지하거나 억
제하였는가? 외상성의 상처가 있었는지, 양면가치가 있었는지, 정서적 연대가 없
었는지 아니면 긍정적인 정서적 연대가 있었는지 검토해 보라. 또한 가족 폭력의

정도, 가족들이 문제해결 전략으로서 폭력을 참고 견디는 정도, 학교나 이웃에 대한 긍정적 또는 부정적 경험, 종교적 배경을 검토해 보라.

5. 조세피나의 가족관계, 동료관계, 교육적 성취, 직업, 현재의 이웃, 현재의 신앙에서 폭력에 대한 환경적인 지지나 억제가 현재 있는가?

6. 폭력적 반응 또는 친사회적 반응을 정당화하거나 그런 반응을 더 하게 만드는 당장의 유도 또는 촉발 요인이 있는가? 조세피나의 삶에서 무기의 존재 유무, 알코올이나 약물 남용의 정도, 좌절이나 분노의 수준, 폭력에 대한 타인의 격려나 만류 같은 것들을 검토해 보라.

B. 조세피나의 삶 전체에 걸쳐서 폭력에 노출된 정도를 사정하라. 다음 사항을 고려하라.

1. 노출의 유형(직접적, 간접적)

2. 노출의 빈도

3. 사태의 심각성

4. 그 상황에서 조세피나의 역할(목격자, 피해자, 가해자, 피해자-가해자)

5. 폭력 노출이 조세피나의 정서적, 인지적, 신체적, 사회적 기능 수행에 주는 현재의 영향

C. 조세피나의 세계관을 사정하고, 폭력이 그 세계관에 일반적 역할을 했는지 아니면 제한된 역할을 했는지, 그리고 그 세계관이 현재 폭력을 산출하거나 촉진하는지 아니면 친사회적 행동을 산출하거나 촉진하는지 사정하라.

D. 지금 조세피나의 위험 정도와 그녀의 환경에 있는 다른 사람들의 위험 정도를 사정하라. 당장 그리고 좀 더 장기적으로 안전 정도가 높아질 수 있을지, 만일 높아질 수 있다면 어떻게 하면 가능할지 검토해 보라. 조세피나의 삶에서 폭력 가해자의 특성을 주의 깊게 고려하여야 한다. 지금 조세피나의 환경이 얼마나 위험한지 1~10 척도로 표시하라. 조세피나가 그 위험을 얼마나 통제하고 있는지 1~10 척도로 표시하라.

E. 조세피나의 안전, 그리고 그의 개인적, 사회적, 문화적 세계에 있는 다른 사람들의 안전을 사정하라.

F. 조세피나의 삶에서 폭력이 조세피나와 타인들에게 주는 전체적인 심리적, 신체적 영향을 사정하라. 폭력이나 비폭력을 지지하는 다른 힘이 있는지 평가하고, 지금 조세피나가 폭력에서 자유롭게 살 수 있느냐의 측면에서 조세피나의 예측력을 판단하라.

G. 폭력과 방임이 개인과 그 가족에게 주는 영향에 대해 현재 당신은 얼마나 알고 있는가?

1. 방임, 폭력, 외상이 내담자의 신체적, 정서적 안녕에 주는 영향에 관해 배경지식을 줄 수 있는 강좌를 얼마나 수강하였는가?

2. 방임, 폭력, 외상이 내담자의 신체적, 정서적 안녕에 주는 영향에 관해 배경지식을 줄 수 있는 워크숍에 얼마나 참가하였는가?

3. 방임, 폭력, 외상이 내담자의 신체적, 정서적 안녕에 주는 영향에 관해 배경지식을 줄 수 있는 전문적 경험을 한 적이 있는가? 어떤 경험이었는가?

4. 방임, 폭력, 외상이 내담자의 신체적, 정서적 안녕에 주는 영향에 관해 배경지식을 줄 수 있는 개인적 경험을 한 적이 있는가? 어떤 경험이었는가?

5. 세상에서 무엇이 중요한지, 사람들은 어떻게 의사소통하는지, 이 세계에서 어떤 보상과 벌이 있는지의 측면에서 방임, 폭력, 외상의 배경을 가진 사람의 세계관에 어떤 코호트 효과가 영향을 줄 수 있는가?

H. 폭력 또는 방임 배경을 가진 사람인 조세피나와 관련된 이슈에 관해 당신의 현재 인식 수준은 어떠한가?

1. 무관심하고 폭력적인 생활양식에 관한 당신의 전형에 관해 논의하고, 지금 그것이 조세피나에 관한 당신의 관점에 영향을 주는지 논의하라.

2. 당신의 폭력 경험 또는 폭력 노출에 관해 논의하고, 지금 그것이 조세피나에 관한 당신의 관점에 영향을 주는지 논의하라.

3. 좋은 낭만적 관계, 좋은 부모-자식 관계에 대한 당신의 전형에 관해 논의하고, 지금 그것이 조세피나에 관한 당신의 관점에 영향을 주는지 논의하라.

4. 조세피나와의 효과적인 작업에 도움이 될 수 있는 당신의 경험, 조세피나의 관점이나 현재 상황에 대해 부정적 편견을 가지거나 평가절하하게 만드는 당신의 경험에 관해 논의하라.

I. 당신은 폭력 또는 방임 배경을 가진 내담자와의 작업에서 어떤 기술을 사용할 수 있는가, 또는 그 작업에서 사용하기 위해 어떤 기술을 개발할 수 있는가?

1. 당신은 조세피나와 작업할 때 유용하게 사용할 기술을 가지고 있는가? 어떤 기술인가?

2. 당신은 조세피나와 효과적으로 작업하기 위해 어떤 기술을 개발하는 것이 중요하다고 느끼는가?

3. 당신은 조세피나에게 긍정적인 결과를 이끌어 낼 가능성을 높이기 위해 무엇을 할 수 있는가?

J. 당신은 어떤 행동단계를 취할 수 있는가?

1. 당신은 자신을 좀 더 숙련시켜서 조세피나와 작업하기 위해 무엇을 할 수 있는가?
2. 당신이 조세피나에게 사용한 상담 접근법과 관련된 모든 편견을 폭력 피해자 또는 가해자인 내담자에게 적절한 개입을 안 하거나 부적절한 개입을 하는 것과 관련해서 논의하라.
3. 당신은 조세피나에게 긍정적인 결과를 이끌어 낼 가능성을 높이기 위해 상담환경을 어떻게 구성할 것인가?
4. 당신은 폭력 또는 방임 배경을 가진 조세피나 또는 다른 내담자에게 더욱 환영받을 수 있게 만들기 위해 어떤 상담과정을 변화시킬 것인가?

❖ 실습 4(최대 7쪽)

목 표: 구성주의 이론, 폭력 이슈에 대한 당신의 지식을 조세피나에 대한 심층적 개념화(그가 누구이고, 왜 그렇게 하는지)에 통합시키는 것을 돕기
양 식: 주의 깊게 계획된 구조적 양식에 따라 전제, 근거가 되는 세부사항, 결론들로 구성된 통합적인 에세이
도움말: 1장(17~24쪽)과 2장(131~143쪽)을 다시 보라.

단계 1: 조세피나에 대한 구성주의적 이해를 구조화할 때 어떤 양식을 사용해야 할지 생각해 보라. 이 양식은 (a) 그의 이야기와 그것이 어떻게 삶을 고양시키는지에 대해 포괄적이고 분명하게 이해하는 데 도움이 되어야 하며, (b) 아동학대에 대한 상담 명령을 받은 조세피나에게 유인 자극이 될 수 있는 언어를 뒷받침해야 한다.
단계 2: 폭력과 학대 이야기와는 무관하다는 느낌을 잃어버린 한 아내이자 어머니로서의 조세피나 이야기를 설명해 주는 간략한 전제(개관, 예비적 또는 설명적 진술, 조건, 주제 진술, 이론에 따른 소개, 가정들, 요약, 결론을 내리는 인과 진술들)를 개발하라. 단계 2를 하는 데 어려움이 있다면, 그것이 연습 2와 3의 핵심 아이디어를 통합하는 것이어야 하고, (a) 조세피나의 장기적 목표에 기초가 되어야 하고, (b) 구성주의 이론에 기초하고 폭력 이슈에 민감해야 하며, (c) 조세피나가 구성주의 상담에서 보일 강점에 초점을 두어야 한다는 것을 기억하라.
단계 3: 이야기 속에서 자신이 폭력의 피해자이자 가해자인 젊은 여성 조세피나에 대한 철저한 이해를 각 단락에 통합시키면서, 구성주의 관점에서 근거 자료(강점과 약점에 대한 상세한 사례 분석, 도입부의 전제에 근거가 되는 자료)를 개발하라. 만일 단계 3에 어

러움이 있다면 (a) 단기목표의 개발에 도움이 되고, (b) 구성주의 상담에 기초를 두고 폭력 이슈에 민감하며, (c) 새롭고 일관된 이야기 속의 자아를 공동 구성할 때 조세피나가 보일 강점에 대한 이해를 통합시키기 위해 당신이 포함시킬 필요가 있는 정보를 고려하라.

단계 4: 당신의 결론, 그리고 폭넓은 상담 추천사항들을 개발하라. 당신이 연습 3의 H와 J에서 했던 대답을 주의 깊게 고려하면서, (a) 조세피나의 전반적인 기능 수준, (b) 지금 그가 좀 더 삶을 고양시키는 이야기를 구성하는 데 도움 또는 방해가 되는 것, (c) 삶을 고양시키는 이야기를 구성하는 것에 있어서 그녀의 기본적인 욕구를 포함시켜야 한다(간결하고 일반적이어야 한다).

❖ 실습 5(최대 4쪽)

목 표: 조세피나의 강점을 고려하고 폭력 이슈에 민감한 활동계획을 이론에 따라 개발하기
양 식: 장기목표들과 단기목표들로 구성된 문장 개요
도움말: 1장(24~45쪽)을 다시 보라.

단계 1: 당신이 연습 3의 H와 J에서 했던 대답을 주의 깊게 고려하면서, 상담에서 부정적 편견을 막고 한 개인으로서 조세피나가 독특하게 가지는 요구에 맞게 상담 접근법을 결정할 수 있게 하는 상담계획 개관을 개발하라.

단계 2: 이상적으로는 상담이 끝난 후에 조세피나가 도달하게 되고, 그녀가 자신과 카를로스를 위한 적응적이고 폭력 없는 이야기를 만들어 낼 수 있게 하는 장기(주요한, 큰, 야심만만한, 포괄적인, 폭넓은)목표를 개발하라. 단계 2를 하는 데 어려움이 있다면, 어떻게 하면 그것들이 조세피나의 이야기를 해체 또는 재구성하기 위한 목표로 변환될 수 있는지에 주의하면서 당신의 전제를 다시 읽고 주제 문장의 근거를 제시하라(실습 4의 양식을 사용하라).

단계 3: 몇 주 내에 완수될 것으로 조세피나와 상담자가 예상할 수 있고, 그리고 조세피나가 새로운 경험을 자신에 대한 이전의 이야기에 통합시켜 가는 과정을 당신이 기록하는 데 사용할 수 있고, 변화에 대한 희망을 점차 가지게 하고, 시간 효율적인 상담회기를 계획할 수 있게 하는 단기(작은, 간단한, 요약된, 특정한, 측정 가능한)목표를 개발하라. 만일 단계 3에 어려움이 있다면 근거가 되는 단락들을 다시 읽고, (a) 조세피나가 자신의 이야기된 자아를 해체한 후 재구성하도록 돕고 폭력 이슈에 민감하며, (b) 지

금 그녀의 효과적인 양육 행동의 촉진 요소를 증가시키고 장애 요소를 감소시키며, (c) 가능할 때마다 그녀의 인생 이야기로부터 새로운 적응적 의미를 형성하는 데에 그녀의 강점을 활용할 수 있고, (d) 폭력의 가해자이자 피해자인 조세피나에게 개별화된 목표로 변환시킬 아이디어를 탐색하라.

❖ 실습 6

목　표: 조세피나의 사례에서 구성주의 상담 비판하기

양　식: A~E의 질문에 에세이 형식으로 답하거나 집단 형식으로 논의하라.

　A. 조세피나(폭력의 피해자이자 가해자로서 확대가족으로부터 의절된 젊은 어머니)에 대한 구성주의 상담의 강점과 약점은 무엇인가?

　B. 조세피나와 그녀의 원가족에게 가족체계 상담을 하는 것의 장점과 단점에 관해 논의하라. 이 접근법을 당신의 구성주의 접근법과 비교해 봤을 때, 이 사례에 있었던 사실들을 고려해 본다면 두 접근법 중에서 어느 것이 지금의 조세피나에게 더 도움이 되는가?

　C. 조세피나의 멕시코계 미국인 전통이 현재 그녀의 상황에 어떤 역할을 하는가? 그것이 어떻게 폭력이 일어날 요소를 추가시킬 수 있는지, 그리고 비폭력적 결과를 뒷받침할 수 있는 방어 요소를 추가시킬 수 있는지에 관해 자세히 논의하라.

　D. 당신은 위임받은 보고자로서 카를로스의 안전을 보장하기 위해 최선을 다해야 할 윤리적 책임이 있고, 조세피나에 대해서는 그런 책임이 없다. 이를 고려하면서, 만일 당신이 카를로스의 어머니에게 구성주의 상담을 한다면 단기적으로 카를로스가 얼마나 안전할지 논의하라. 장기적으로 볼 때 위험성이 높아지는가, 아니면 낮아지는가? 왜 그렇고, 왜 그렇지 않은가? 구성주의 틀 안에서 매 회기마다 안전 이슈를 사정하려면 당신은 상담계획을 어떻게 짜야 하는가?

　E. 유아기 때의 학대 경험이 있는 사람에게 효과적인 상담을 제공하는 데 있어서 당신의 개인적인 도전과제는 무엇인가? 조세피나의 사례에 나타난 사실들이 그 도전과제를 어떤 식으로든 변화시키는가? 그녀의 성, 멕시코계 미국인 전통, 종교적 배경을 고려해 볼 때, 당신이 상담하는 것을 어렵게 하는 점이 이 사례에 있는가?

추천 자료

❖ Books and Articles

Neimeyer, R. A. (2000). Frameworks for psychotherapy. In R. A. Neimeyer & J. D. Raskin (Eds.), *Constructions of disorder: Meaning-making* (pp. 207-242). Washington, DC: American Psychological Association.

Neimeyer, R. A. (2004, February 15). *Constructivist psychotherapies.* Retrieved from the Internet Encyclopaedia of Personal Construct Psychology website at http://www.pcp-net.org/encyclopaedia/const-psther.html?new_sess=1

Neimeyer, R. A. (2009). *Constructivist psychotherapy.* New York, NY: Routledge.

❖ Videos

American Psychological Association (Producer), & Neimeyer, R. (Trainer). (n.d.). *Constructivist therapy* (Systems of Psychotherapy Video Series, Motion Picture #4310704). (Available from the American Psychological Association, 750 First Street, NE, Washington, DC 20002-4242)

Construtivismo Clinico SPPC. (2011, July 13). Part I: Constructivist psychotherapies distinctive features and evolution [Video file]. Retrieved from https://www.youtube.com/watch?v=GgiqgyrjxBs

❖ Websites

Constructivist Psychology Network. http://www.constructivistpsych.org

Society for Constructivism in the Human Sciences. https://sites.google.com/site/constructingworlds/

제12장 초이론적 사례개념화와 상담계획

초이론에 대한 소개

제이크는 25세의 백인 남성이다. 그는 제니퍼와 결혼했으며, 제니퍼는 24세의 백인 여성이다. 그들의 아들 제이미는 지금 6세이다. 이 가족은 중서부의 작은 도시에서 노동자 이웃들과 함께 살고 있다. 제이크는 큰 음식배달 회사에서 트럭을 모는 일을 하고 있다. 그는 '빨리 배달'하면 보너스를 받기 때문에, 잠을 자지 않고 한번에 며칠씩 운전을 하는 경우가 많다. 그의 아내는 주부이다. 그들은 확대가족들과 서로 만나지 않으며, 친구 네트워크도 없다. 제이미는 아동 신체 학대 신고로 인해 지난주에 집에서 다른 곳으로 옮겨졌다. 법원은 제이미를 아동보호국에서 집으로 돌려보내는 전제조건으로 제이크가 상담을 받도록 하였다. 아동보호국은 가정환경을 모니터하기 위해 매주 가정방문을 실시하고 있다.

간단한 정신건강 검사에서, 제이크는 인지적 혼란 징후를 보이지 않았으며, 최소한 평균 정도의 지능을 가지고 있는 것으로 나타났다. 그는 자살 또는 살인 사고의 징후를 보이지 않았지만, 화를 매우 잘 내며 심한 충동성 징후를 보였다. 알코올이나 마약 사용에 관한 질문에는 답변을 거부했다.

당신은 변화 과정에 관한 연구(Prochaska & DiClemente, 1984, 1986)를 통해 개발된 체제적 절충 접근법인 초이론 모형의 지지자이다. 제이크는 아들을 집으로 데려오기 위해 변화하게 될까? 당신은 변화를 정적인 상태가 아니라 계속 진행되는 과정으로 보기 때문에 단순하게 그렇다 또는 아니다라고 답하지 않는다. 게다가 당신은 제이크가 가장 변화하고 싶어 하는 것은 그 자신이 문제라고 여기는 것이라고 믿고 있다. 비록 제이크가 그의 폭력적인 행동을 즉시 수정(법원의 관점에서 보면 변화)할 준비가 되어 있지 않다고 하더라도, 그는 자신의 행동과 그것이 그의 삶에서 가지는 의미에 대해 생각(변화 과정의 초기 단계)할 준비는 되어 있을 수도 있다. 초이론 모형을 요약한 다음의 내용은 변화 전 행동체제(Pro-chnage Behavior Systems)에 관한 연구(2008), Prochaska(2005), Prochaska와 DiClemente(1984, 1986), Prochaska와 Norcross(2009)에 근거한 것이다.

당신은 제이크가 변화시킬 필요가 있는 것을 어떻게 정할 수 있을까? 초이론 상담 모형에서는 제이크가 자신의 문제 하나하나를 정의, 인식, 이해할 수 있는 다섯 가지 수준의 변화가 있다고 가정한다. 증상/상황(1수준), 부적응적 인지(2수준), 현재의 대인 갈등(3수준), 가족/체제 갈등(4수준), 개인 내 갈등(5수준). 모든 행동주의적 상담 모형은 1수준에 개입한다. 모든 인지주의적 모형은 2수준에 개입한다. 모든 대인 모형은 3수준에 개입한다. 모든 가족체제 모형은 4수준에 개입한다. 구성주의, 역동, 정서-초점, 페미니스트 상담은 정신 내/개인 내 5수준 개입의 대표적인 예들이다. 비록 이 수준들 각각에서 그의 문제를 정의하는 것이 합리적이긴 하지만, 문제의 정의가 증상/상황에서 개인 내 갈등들로 옮겨 감에 따라 제이크는 자기 문제의 원인을 점점 덜 인식하게 될 것이고, 이전의 사정들은 그의 과거사 속으로 더욱 깊이 묻힐 것이며, 문제해결에 필요한 상담의 기간은 점점 더 길어질 것이다. 초이론 모형은 상담을 이끌어 갈 다양한 이론적 관점들도 중요하게 생각하고, 또한 이 관점들 중에서 제이크가 상담을 받으러 오고 변화할 가능성이 가장 높은 관점을 선정하는 일련의 지침도 제공한다.

제이크는 변화의 한 수준에만 그의 문제를 규정할 수도 있다. 그렇지만 변화의 수준은 이론적 기반 위에서만 별개이다. 제이크는 항상 생각하고, 느끼고, 그의 과거사와 현재의 관계에 의해 영향을 받고 있으며, 이에 따라 그의 증상과 삶의 문제는 상호관련된 중다 수준의 맥락으로 나타난다. 예를 들어, 제이크는 아들 학대 행동 때문에 상담에 의뢰되었다. '증상/상황' 수준에서, 그는 화가 나거나 위협을 받는 상황에서 통제력을 잃는 것 같으며, 통제력을 잃는 이 경향은 그가 술을 마시거나 자신의 행동이 가져오는 부정적인 결과를 인식하지 못할 때 높아질 것이다. '부적응적 인지' 수준에서, 제이크는 요구를 받으면 '누군가가 나에 대해 권력을 가지게 되면 나는 결코 안전할 수 없다.'라고 생각할지 모른다. '현재의 대인 갈등' 수준에서, 제이크는 부인과의 관계에서 타인의 '통제' 시도 때 두드러지게 되는 통제 이슈로 싸우고 있을지도 모른다.

제이크는 어릴 때 아버지가 어머니를 때리는 것을 보았고, 자신은 부모에게 학대받았다. 따라서 '가족체계' 수준에서, 제이크는 폭력을 가족의 삶에서 자연스러운 한 부분으로 여긴다. '개인 내 갈등' 수준에서 제이크는 이제 타인에 대해 우월한 위치에 있지 않으면 무력감, 통제력 상실, 두려움을 느낀다. 즐거움과 자아존중감에 대한 그의 경험은 모두 자신의 뜻대로 타인을 휘두르는 능력과 연계되어 있다. 그런 상황에서만 그는 자신이 남자답게 행동하고 있다고 느낀다. 배우자나 다른 성인이 제이크와 대등한 관계를 형성하려 하면 그는 의존에 대한 무의식적이고 뿌리 깊은 두려움으로 인해 폭력적으로 반응할 수도 있다. 초이론 관점에서 볼 때, 이 다섯 가지 수준의 어떤 것에서도 제이크의 문제는 분노와 관련하여 보는 것이 합리적이며, 다섯 가지 수준의 어떤 것에 개입하든 제이크가 생산적인 변화 과정을 지속해 가는 데 도움이 될 수 있다. 만일 그의 문제가 하나 이상이라면, 상담자는 변화의 각 단계에서 각각의 문제들을 분석할 것이다. 그다음에는 상담 동안 각 문제를 정의할 때 사용할 하나의 수준 또는 여러 수준을 선정하는 것이 필요하다. 만일 상담자가 제이크에게 유의미한 수준으로 정의하면, 문제를 변화시키려는 그의 의욕이 가장 높아질 것이다.

이 다섯 가지 수준들의 어떤 것, 또는 모든 것에 초점을 두는 상담은 그가 건설적인 변화의 과정을 계속하도록 도울 수 있을 것이다.

제이크의 변화 동기는 변화의 다섯 단계 중 하나에서 나타나는 것으로 보일 수 있다. 이 단계들은 변화와 관련하여 제이크가 보이는 행동, 문제 행동에 대한 그의 태도 등과 같은 변화 동기를 높이는 과정을 반영한다. 만일 제이크가 학대 행동에 대한 변화의 첫 단계, 전숙고(precontemplation)에 있다면 그는 그것이 문제라는 것을 인식하지 못하거나 불충분하게 인식하고 있으며, 또한 가까운 장래에 행동을 변화시킬 의사가 없다. 그는 폭력을 지속하는 것에서 오는 이점이 그것에서 오는 불이익보다 많다고 생각한다. 만일 제이크가 변화의 두 번째 단계, 숙고(contemplation)에 있다면 그는 문제가 있다는 것을 인식하고 있으며 그것에 대해 무엇을 할지 고민하고 있다. 그는 변화의 장단점을 고려하고 있다. 그렇지만 그는 행동을 취하겠다는 다짐은 하지 않으며, 변화 행동을 하는 것에 대해 상당히 상반된 감정을 가지고 있다. 만일 변화의 세 번째 단계, 준비(preparation)에 있다면 제이크는 다음 달에 변화를 위한 행동을 하려고 계획하고 있으며, 어쩌면 지난해에 변화의 작은 단계들을 밟아 보았거나 변화 행동을 시도하다 실패했을지도 모른다. 그는 변화하려는 그의 계획을 다른 사람에게 말할 수 있다.

만일 변화의 네 번째 단계, 실행(action)에 있다면 제이크는 행동을 적극적으로 수정하고 있으며 폭력적 성향을 극복하기 위해 노력하고 있다. 실행은 가장 명백하게 행동으로 드러내는 변화의 신호이다. 그렇지만 제이크는 효과적인 실행을 준비하는 이전 단계들에 대해 깊이 생각할 필요가 있다. 이 단계로 들어서기 위해서는, 제이크가 최소한 하루 이상 그의 폭력적 행동을 성공적으로 대체해야만 한다. 그의 변화는 6개월 동안 지속될 수도 있다. 제이크의 도전과제는 폭력으로 되돌아가지 않는 것이다. 만일 제이크가 변화의 5단계, 유지(maintenance)에 도달했다면 그는 폭력행동으로 되돌아가는 것을 막기 위해 열심히 노력하고 있을 것이며 또한 그가 만들어 낸 실제적 변화를 굳건하게 하는 작업을 하고 있을 것이다. 이 단계는 변화의 초기 실행 이후에 최소한 6개월까지 계속되며, 기한을 확정할 수 없을 만큼 계속되기도 한다. 만일 제이크가 유지를 넘어서서 종결(termination)까지 가면, 그는 자신이 폭력 성향을 극복했고 그런 유혹을 전혀 느끼지 않는다는 절대적인 자신감(100%의 자아효능감)을 가지게 된다. 종결에 이르는 사람은 드물고, 대부분의 사람은 재발의 유혹을 계속 경험한다(Prochaska, 1999).

제이크가 상담에 올 때 폭력행동에서 어떤 변화 단계에 있을 가능성이 높은가? 대부분의 내담자(80%)는 변화의 초기 단계에서 상담에 오며 즉각적인 실행을 요구하는 상담계획을 반대할 것이다. 상담에서는 변화의 다음 단계로 가는 이점이 그렇게 하지 않는 것의 단점보다 크게 될 수 있도록, 제이크에게 그의 '의사결정 균형'을 변화시키는 경험을 제공할 필요가 있을 것이다(Pre-change Behavior Systems, 2008). 따라서 효과적인 상담이 되려면 먼저 제이크가 문제와 관련하여 어떤 변화 단계에 있는지 정확하고 확인하고, 그다음에 그 문제에서 다음 변화 단계로 나아갈 수 있도록 상담 목표를 짜야 한다. 제이크는 각각의 문제마다 변화 단계가 다를 수 있다.

상담자는 제이크가 직선적으로 변화 단계를 밟아 나가는 것을 좋아하지만, 실제로는 나선 형태가 될 가능성이 크다. 보통은 변화, 재발, 다시 진전의 패턴으로 시작하게 된다. 제이크가 매번 실행, 유지를 향해 나아갈 때마다 그는 더 강해지고 변화 과정에 더 효과적으로 전념할 수 있게 된다. 제이크는 재발의 유혹 속에서도 변화를 유지할 수 있게 하는 자신감(자아효능감)이 높아질 것이다.

변화 과정에서 제이크의 진전을 촉진하는 것은 무엇인가? 제이크가 변화를 위해 현재 사용하고 있거나 또는 그 사용법을 배울 가능성이 있는 10가지 변화 과정이 있다. 변화 과정은 제이크가 특정한 문제와 관련된 생각, 행동, 정서를 수정할 때 사용할 수 있는 일종의 활동이다. 연구에 의하면 상담을 받고 있는 사람과 안 받고 있는 사람 모두 성공적으로 변화한 사람은 유사한 변화 과정을 사용했다. 초이론에서는 이런 변화과정에 대해 도움 관계, 의식 고양, 자기해방, 자기재평가, 역조건화, 자극 조절, 강화 관리, 극적인 완화, 환경 재평가, 사회적 해방이라고 이름 붙였다.

만일 제이크가 '도움 관계'를 사용한다면, 그는 도움을 주는 사람에게 자신의 문제에 관해 열린 자세로 대하면서 그를 신뢰하고 있다. 만일 그가 '의식 고양'에 관련되어 있으면, 그는 자신과 자신의 문제에 관한 정보를 모으고 있다. 제이크의 '자기해방'은 변화에 더욱 신경 쓰는 것, 그리고 그렇게 하는 자신의 능력을 믿는 것과 관련될 것이다. '자기재평가'는 제이크가 그의 문제 측면에서 자신에 대해 느끼고 생각하는 방식을 평가하는 것, 폭력을 적응적인 행동으로 대체하는 것이 스스로 원한 것이라고 인식하는 것과 관련될 것이다. '역조건화'는 제이크가 문제 행동과 인식을 대안 행동, 인식으로 대체하는 것과 관련될 것이다. '자극 조절'은 제이크가 문제 행동을 이끌어 내는 자극을 피하거나 그것에 대항하는 것, 적응적 행동을 뒷받침하는 단서와 강화를 자주 접하게 하는 것으로 구성될 것이다. '강화 관리'에서 제이크는 변화에 대해 자신에게 보상을 하거나 또는 타인에게서 보상을 받을 것이다. 나아가 그의 폭력이 가져오는 부정적 결과가 증가할 것이다. '극적인 완화'는 제이크가 자신의 문제에 대해 가지는 느낌, 그리고 가능한 해결책에서 올 수 있는 느낌을 깊이 경험하고 표현하는 것과 관련될 것이다. '환경 재평가'에서 제이크는 그의 문제와 적응적 행동이 타인과의 관계, 그의 환경에 어떻게 영향을 주는지를 평가할 것이다. 마지막으로 '사회적 해방'에서 제이크는 사회가 폭력적 행동보다 비폭력적 행동을 훨씬 더 지지하며 따라서 만일 그가 변화한다면 아동보호국 같은 사회 관리 단체와 관련되지 않으면서 살아갈 수 있는 방식을 더 많이 확보할 수 있다는 것을 인식하게 될 것이다.

연구에 의하면, 변화의 전숙고, 숙고, 준비 단계에 있는 사람은 통찰을 촉발하는 상담 개입에 가장 도움을 받는다(준비 단계에도 작은 실행 절차가 필요할 수 있다). 대조적으로, 실행, 유지 단계에 있는 사람은 실행 지향적 상담 개입에 가장 도움을 받는다. 따라서 상담자는 제이크가 현재 있는 변화 과정상의 위치에서 더 나아가도록 돕는 데 가장 적절한 변화 과정을 활용하도록 할 것이다. 이 진전은 부드럽게 이루어지지 않을 수도 있다. 제이크는 중요한 변화 과정을 과다활용, 오활용, 무시함으로써 교착 상태에 빠질 수도 있다. 상담자의 역할은 무엇이 변화를 저해하는지 판단하고 제이크에게 변화 과정을 재개할 수 있는 전략을 제공하는 것이다.

상담자의 역할

상담은 협동하는 것이며, 서로 노력하는 것이다. 상담자는 제이크가 생산적인 변화를 이끌어 가는 능력을 발휘하도록 도와주는 컨설턴트 또는 코치 역할을 한다. 상담의 첫 단계는 제이크에게 변화의 단계, 과정, 수준에 관해 가르치는 것이다. 이런 교육적 노력은 제이크에게 자신이 어떤 변화 과정에 있는지 볼 수 있게 하기 때문에 그에게 힘을 주는 역할을 한다.

상담의 두 번째 단계는 변화의 다섯 수준 모두에서 제이크의 문제 각각을 평가하는 것이다. 어떤 수준을 선정할 것인가? 변화의 어떤 수준에서든 개입은 제이크에게 도움이 되지만, 상담자는 제이크가 가장 빨리 변화할 수 있는 변화 수준에서 변화하도록 도와야 한다. 이런 변화 수준은 증상/상황 수준인 경우가 많다. 왜냐하면 내담자가 자기 문제에 대해 인식하는 수준은 보통 증상/상황 수준에서 가장 크기 때문이다. 만일 제이크가 증상/상황 수준에서 유지 단계까지 가게 된다면 더 이상 상담이 필요 없을 것이다. 만일 그가 다른 수준에서의 변화에 가장 의욕이 넘친다면, 다른 강력한 이유가 있지 않은 이상 상담자는 문제에 대한 그의 정의에 맞춰 '제이크를 만나 보려' 할 것이다. 상담자가 정의할 경우에는 자신의 논리가 타당하다는 것을 제이크에게 설득할 필요가 있다. 상담자는 변화를 강제할 수 없다. 제이크가 그 과정의 능동적 참여자여야 한다.

상담의 세 번째 단계는 각 문제에 대해 제이크가 현재 경험하고 있는 변화 단계를 확인하는 것이다. 어떤 변화 수준에서 상담을 계획할지 선정하는 데 있어서 기본적인 전략은 제이크가 변화 과정에서 이미 가장 많이 진척시킨 수준에 따르는 것이다. 예를 들어, 만일 제이크가 4와 5 수준에서는 전숙고, 1과 2 수준에서는 숙고, 3 수준에서는 준비 수준이라면 상담자는 제이크가 합당하게 반대하지만 않는다면 3 수준을 선정할 것이다.

마지막으로 제이크가 문제 개입을 위해 선정된 변화 수준에서 변화 단계를 거쳐 나아가도록 돕는 변화 과정을 실시하게 돕는 것이다. 이 짝맞춤은 긍정적인 상담 결과에 매우 중요한 부분이다. 전숙고 수준의 제이크에게는 통찰 지향적 과정들이 필요하다. 만일 제이크가 전숙고 단계에 있는데 그를 행동 지향적 과정들에 참여시키려 하면 상담 동맹은 붕괴되고 그는 상담에서 떨어져 나갈 것이다. 그의 폭력행동에 초점을 둔 새로운 변화 과정을 실시하기 전에, 상담자는 제이크가 폭력행동을 스스로 통제하기 위해 현재 무엇을 하고 있는지 그리고 과거에 어떤 과정을 시도했는지 평가할 것이다. 상담자는 소홀히 하였던 과정을 촉진시키고, 과다활용된 과정을 덜 중시하고, 부적절하게 활용된 과정을 바로잡고, 제이크의 변화 단계와 수준에 더욱 적절한 새로운 과정을 가르침으로써 제이크의 자기변화 노력을 극대화하려고 할 것이다. 그리고 제이크의 통찰에 대해서는 존중하면서 대할 것이고, 상담과정에서 활용되는 제이크의 강점을 적극적으로 찾으려 할 것이다. 변화의 수준, 단계 과정을 활용하여 제이크의 폭력을 평가하는 방법의 한 사례를 〈표 12-1〉에 제시하였다.

⟨표 12-1⟩ 변화의 수준, 단계, 과정을 사용하여 제이크의 폭력을 평가하는 방법

변화의 수준	변화의 단계	적절한 변화 과정
1. 증상/상황 제이크는 폭력적이다.	전숙고	통찰 지향적
2. 부적응적 인지 제이크는 폭력적인 생각들을 가지고 있다.	전숙고	통찰 지향적
3. 현재의 대인관계 제이크는 그의 아내, 아들과 갈등상황에 있다.	준비	통찰 지향적, 실행 지향적
4. 가족/체제 제이크는 폭력적인 가족에서 자랐다.	전숙고	통찰 지향적
5. 개인 내 갈등 제이크는 의존에 대해 깊고 무의식적인 공포를 가지고 있다.	전숙고	통찰 지향적

주) 통찰을 촉진하는 변화의 과정으로는 의식 환기, 극적인 완화, 사회적 해방, 환경 재평가가 있다. 실행을 촉진하는 변화의 과정으로는 강화 관리, 도움 관계, 역조건화, 자극 조절이 있다.

　폭력행동에 대한 변화 과정에서 제이크를 도울 수 있는 세 가지 상담 전략이 있다. 첫째는 수준 이동 전략(shifting-levels strategy)이라 불리는 것이다. 먼저, 상담자는 증상/상황 수준에서 상담자가 할 수 있는 최대한의 변화 단계로 제이크를 이끌어 간다. 만일 제이크가 이 수준에서 유지에 도달할 수 있다면, 상담자는 인지적 변화 수준으로 이동한 후 이 수준에서 제이크가 유지 단계가 될 수 있도록 다시 상담작업을 한다. 만일 성공하게 되면 상담은 종결될 것이다. 만일 제이크가 또다시 변화 과정에 고착된다면, 상담은 제이크가 폭력에 대해 유지 단계에 성공적으로 도달할 때까지 대인 수준 등으로 내려갈 것이다.

　두 번째 접근법은 핵심 수준 전략(key-level strategy)이다. 상담은 제이크와 상담자가 변화의 초점이 되는 문제와 특히 관련된 것이라고 여기는 변화 수준에서 시작될 수 있다. 만일 제이크가 현재의 대인 수준에서 아들과의 관계에 관해 작업하고자 한다면, 상담자는 그의 선도를 따르면서 그 수준에서 그의 변화 단계에 특화된 기법(변화 과정)을 활용할 수 있다. 그렇지만 상담자는 제이크에 동의하지 않을 수도 있다. 상담자는 자신의 평가에 기초하여 대인 수준에 개입하는 것이 제이크가 성공적으로 변화하는 데 가장 중요하다고 생각할 수도 있다. 상담자는 제이크에게 특정한 변화 수준의 작업을 부과할 수 없다. 만일 제이크가 이 수준에서 자신의 어려움을 정의할 의욕이 생기게 하지 못한다면, 변화는 이 '핵심' 수준에서 가능하지 않을 것이다.

마지막 상담 전략은 최대 충격 전략(maximum impact strategy)이다. 이 전략은 동시에 최대 다섯 가지 수준에 개입하는 것과 관련된다. 이 접근법은 분명히 다양한 수준이 내담자 문제의 원인 확인 또는 유지와 활발하게 관련되어 있는 복잡한 임상 사례에 적절할 수 있다. 다양한 수준에 개입하는 것은 상담자에게 도전과제일 것이며, 제이크 같이 장기 상담이 필요한 복잡한 문제를 가진 내담자에게 더 적절하다.

사례 적용: 폭력 영역의 통합

이제 제이크의 사례가 자세하게 검토될 것이다. 그의 사례와 관련될 수 있는 복합적 영역이 많이 있다. 여기서는 폭력 영역을 선택하여 초이론 사례개념화와 상담계획에서 검토하였다.

초이론 관점에서 제이크(J)와의 인터뷰

C: 나는 아동보호국의 뉴튼 부인이 당신을 여기 의뢰했다고 들었어요.

J: (화를 내며) 말이 좋아 의뢰지, 그건 협박이에요. 내가 여기에 안 오면 내 아들을 위탁가정에서 집으로 데려올 생각을 안 하지요.

C: 그들이 왜 당신의 아들을 데려갔죠?

J: (화를 내며) 내가 위험한 사람이라네요.

C: 매우 화가 난 것처럼 들리는군요.

J: (단호하게) 이 정도는 아무것도 아니에요, 이건 차분한 거예요.

C: 당신은 지금 이 모습이 차분할 때 모습인가요?

J: (방어적으로) 물론이죠, 내가 겁이라도 주고 있나요? 나를 담당한 사회사업 직원은 내가 무섭다고 그래요.

C: 나는 당신이 나를 겁줄 수 있다고 확신해요. 그렇지만 내가 지금 겁먹은 건 아니에요. 나는 당신이 지금 어떤 감정인지 궁금해요. 당신은 나한테 화난 것 같고, 당신의 표정은 화난 것처럼 보이고, 당신의 몸은 긴장한 것처럼 보이지만 당신은 자신이 차분하다고 이야기하네요.

J: (긴장하여) 아들 이야기나 하죠, 그게 내가 여기 있는 이유니까. 개는 나를 무서워해요. 나는 그러는 게 싫어요. 나는 자라면서 아버지를 겁냈어요, 우리 아들은 안 그리길 바랐

는데!

C: 아들은 당신에게 중요하군요.

J: (무척 화를 내며) 물론 그 아이는 나한테 중요해요. 그는 내~ 아들이에요!

C: 나한테 화가 났나요?

J: (긴장하여) 꼭 그런 건 아니지만……. 제이미는 지난주에 매우 놀라서 이웃집으로 도망갔어요. 그들은 아동보호국에 전화를 했죠. 그게 내가 여기서 당신과 이야기해야만 하는 이유예요.

C: 그가 매우 놀랐다고요?

J: (혼란스러워하며) 나는 부엌에 엉망으로 해 놓은 거 깨끗이 치우라고 고함을 쳤어요. 그는 횡설수설했어요. 나는 그를 진정시키기 위해 몇 대 때렸는데, 진정하기는커녕 부엌의 유리문을 부수면서 달려 나가 나한테서 도망갔어요.

C: 그는 공포에 질렸던 게 틀림없군요. 어떻게 되었나요?

J: (사무적으로) 나는 이웃집으로 그를 쫓아가서, 그를 오토바이에 태우고 병원으로 데려갔어요. 그는 문의 유리에 상처를 많이 입었어요. 나는 오토바이에 타니까 마음이 진정되었어요. 항상 그래요. 그러나 아이는 여전히 떨고 있었어요. 나는 그를 응급실로 데려가기 위해 내 오토바이로 끌고 가야만 했어요. 우리가 의사를 기다리고 있을 동안, 아동보호국의 멍청이들이 나타났어요. 나는 그들에게 내 아이를 내버려 두라고 말했어요. (멈춤) 그러고 나서 별난 일이 일어났어요.

C: 그게 뭔가요?

J: (혼란스러워하며) 아들이 곧바로 그 사람들을 따라가더라고요. 그에게 내 옆에 있으라고 말했어요. 그는 그 사람들과 함께 갔어요. 그때 아들 얼굴 표정이 기묘했어요, 어쩐지 친숙하기도 하고. 오토바이를 타고 집에 돌아가는 길에, 그 표정이 아버지를 볼 때의 내 표정이란 게 생각났어요.

C: 당신은 아들이 그런 표정으로 당신을 쳐다보는 것을 원하지 않는군요.

J: (화를 내며) 네. 나는 내 아버지 같지 않아요. 나는 아버지를 증오했어요. 나는 그 사람이 아니에요.

C: 그분은 어떠했나요?

J: (무표정하게) 거의 사람도 아니지요. 그는 살아 있는 모든 것, 사람, 동물, 식물을 증오했어요. 파괴자였어요. 나를 망가뜨리려고 했지만 내가 한 수 위였죠.

C: 당신은 어떻게 했는데요?

J: (자랑스럽게) 나는 살아남았어요. 그는 버릇처럼 나를 죽이려고 했어요. 그렇게 할 수는 없었어요. 나는 아버지보다 강했죠.

C: 항상 아버지보다 더 강했나요?

J: (긴장하여) 내가 무척 어렸을 때는 그가 우세했죠. 그는 나를 수없이 혼냈고, 나는 정말 그를 무서워했어요. 그러나 내가 여덟 살일 때 모든 게 바뀌었어요. 나는 그 일이 일어난 날을 결코 잊을 수 없어요. 나는 독감에 걸렸어요. 나는 어떤 꿈 때문에 비명을 지르면서 깨어났어요. 침대가 젖어 있었어요. 나는 그가 알아채기 전에 그걸 깨끗이 처리하려고 했죠. 그는 나를 붙잡고 내 얼굴을 시트로 밀쳤어요. 그리고 검푸른 멍이 들도록 나를 때렸죠. 그리고 나서 나를 머리에 젖은 시트를 두르고 앉아 있게 했어요. 심지어 개도 그렇게 취급해서는 안 돼요. 나는 두려워하는 것을 그만두고 계획을 짜기 시작했어요.

C: 계획이요?

J: (만족해하며) 복수하기 위한 계획이죠. 나는 바로 그 밤에 그걸 시작했어요. 그는 술이 취했고 거실의 소파 위에 쓰러졌어요. 나는 마당으로 나가 개를 데리고 들어와서는 그 개가 아버지의 등 위에 온통 똥을 싸게 했어요.

C: 그래서 어떻게 됐나요?

J: (웃는 듯 마는 듯하며) 그가 깨어났을 때, 그는 그 불쌍하고 멍청한 개를 쏘아서 산산조각 냈어요. 그가 틀린 거죠. 말 못하는 그 개는 그걸 하지 않았죠. 내가 그걸 했죠. 그는 심지어 의심도 전혀 하지 않았어요.

C: 어머니는 이런 일에 대해 어떻게 적응했나요?

J: (부인하면서) 엄마는 눈에 잘 띄지 않는 여자였어요.

C: 눈에 띄지 않는다고요?

J: (부인하면서) 엄마도 거기 있었지만, 거기 없는 거죠. 엄마는 아버지를 무서워했어요.

C: 왜요?

J: (조용하게) 내가 한 대씩 맞을 때마다 엄마는 두 대씩 맞았어요. 정기적으로, 아버지는 엄마를 때린 후에 병원에 갖다 놓았어요. 나중에 엄마를 집으로 데려오고, 엄마는 한동안 정말 조용해져요. 아버지가 엄마를 다루는 방법을 아는 거죠.

C: 다룬다고요?

J: (사무적으로) 엄마가 방해하는 것을 막고, 빨리빨리 움직이게 만드는 거죠.

C: 당신이나 어머니를 도우려 했던 사람은 없었나요?

J: (긴장하여) 이 세상에서는, 당신이 당신 자신을 구해야 해요. 나는 그걸 인생에서 일찍 배

웠죠. 내가 내 자신과 어머니를 구했을 때 나는 14세였어요. 나는 마침내 내 아버지만큼 덩치가 커졌죠. 나는 기회를 잡았어요. 그는 술이 취했죠. 그렇지만 그는 여전히 반격했어요. 나는 그를 뒷문으로 던져 버려서 피 흘리며 쓰러지게 했어요. 아침에 그는 가 버렸어요. 다시는 돌아오지 않았어요.

C: 당신은 마침내 안전해졌군요. 그가 가 버렸군요.

J: (곰곰이 생각하면서) 꼭 그런 건 아니에요. 그는 내 머릿속에 많이 있어요.

C: 무슨 뜻이죠?

J: (화를 내며) 뭔가 일이 잘못되면, 내 머릿속에서 그가 소리지르며 욕하는 게 들려요. 오토바이를 타는 것만이 도움이 돼요. 엔진을 가속시키면, 정말 빨리 달리면, 그의 멍청한 소리가 사라지죠.

C: 얼마나 오랫동안 아버지의 목소리를 들었나요?

J: (화를 내며) 평생 동안인 것 같아요.

C: 그것이 아버지의 목소리라는 것을 어떻게 아나요?

J: (매우 화를 내며) 그의 말이에요, 그가 아니고요. 나는 14년 동안 그걸 밤낮으로 들었어요. 그건 내 뇌에 각인됐어요.

C: 그 말들은 그의 것이지만 소리는 당신에게서 나오는군요.

J: (매우 화를 내며) 물론이에요!

C: 당신은 또 나한테 정말 화가 난 것 같네요.

J: (노려보며, 큰 소리로) 내가 화난 게 아니라고 몇 번 이야기해야 하죠?

C: 당신이 부정당했다고 느꼈다면 미안해요. 나는 다만 내가 당신을 화나게 했는지 알고 싶은 거예요. 그런 일이 있으면 이야기해 주면 좋겠어요.

J: (분명하게) 좋아요. 그냥 원래 하던 이야기를 하도록 해요.

C: 중요한 것은 제이미와의 관계를 쌓아 가는 거죠, 그가 당신에게 겁을 먹지 않았다고 당신이 확신할 수 있는 곳에서. 당신은 또한 아버지처럼 되지 않으려 해요.

J: (단호하게) 나는 전혀 내 아버지 같지 않아요! (멈춤) 나는 다만 내 아들이 나를 좋아하기를 바랍니다.

C: 제이미와 같이 하고 싶은 걸 이야기해 보세요.

J: (곰곰이 생각하면서) 나는 그를 오토바이에 태우고 달리곤 했어요. 그게 우리가 같이 할 수 있는 거라고 생각해요. 그가 좀 더 크면, 나는 그에게 오토바이를 사 줄 거고 우리는 같이 신나게 달릴 수 있을 거예요.

C: 제이미는 당신과 함께 가는 것을 좋아하는가요?

J: (짜증을 내며) 그는 울어요. 아내는 내가 너무 빨리 달리기 때문에 애가 오토바이를 겁낸다고 이야기해요. 멍청한 소리죠. 빨리 달릴 필요가 있어요. 걔는 그런 데에 익숙해져야만 해요.

C: 당신은 그가 즐기길 원하지만 그는 당신에게 겁을 먹는군요.

J: (단호하게) 그는 오토바이를 무서워해요!

C: 당신은 얼마나 자주 그를 태우고 나가나요?

J: (긴장하여) 일주일에 한 번 정도요. 걔 엄마가 참견하기 때문에 더 자주 데려갈 수가 없어요.

C: 당신의 아내가 당신이 그렇게 못하도록 하나요?

J: (확신 없이) 네. 그녀는 그가 오토바이를 타기에는 너무 어리다고 생각해요, 그녀는 그가 집에 있으면서 읽기를 배워야만 한다고 이야기해요.

C: 그것이 당신에게 통하나요?

J: (긴장하여) 음, 그녀는 좋은 엄마예요. 그녀는 그 아이에게 관심을 기울이죠. 나는 제이미가 잘 견뎌 갔으면 좋겠어요. 세상은 팍팍해요. (곰곰이 생각하면서) 그녀가 그에게 관심을 기울이는 건 좋은 일이죠. (멈춤) 그녀는 나한테도 관심을 기울여요.

C: 당신의 아내는 당신에게 마음을 쓰는군요.

J: (한참 멈춤) 우리에게 문제가 있긴 하지만, 나는 그게 잘 해결될 거라고 생각해요.

C: 어떤 문제인가요?

J: (화를 내며) 그건 이 아동학대라는 허튼 소리죠. 아동보호국은 만일 내가 당신을 만나지 않으면 내가 집에서 나가든지 아니면 제이미가 최소 6개월은 위탁가정에 있어야 한다고 했어요. 아내는 제이미가 가능한 한 빨리 집으로 돌아올 수 있게 여기 가든지 아니면 집을 나가라고 애원했어요.

C: 그래서 당신은 여기 오는 것을 택했나요?

J: (혼란스러워하며) 달리 선택할 게 없지요! 나는 내 아내, 아이와 함께 지내고 싶어요. 나는 여기 오면서 살 수 있어요. (멈춤) 나는 내 아버지처럼 사라지지 않을 거예요.

C: 당신의 결혼생활에서 또 다른 문제는 없나요?

J: (멈춤, 조용하게) 그녀는 상당히 많이 내가 하라는 대로 해요. 그녀는 항상 내가 집에 돌아오기를 기다리고 있어요. 그녀는 많이 이야기해요. 당신처럼, 그녀도 항상 많은 질문을 해요. 난 보통 괜찮아요.

C: 당신의 아내와 아들은 당신에게 정말 중요하고, 당신은 그들이 학대 보고 이전에 살던 방식대로 되기를 바라는군요.

J: (확고하게) 네.

C: 당신은 당신 아버지와 제이미 외에 다른 사람을 때린 적이 있는가요?

J: (화를 내며) 나는 제이미를 때리지 않았어요, 나는 그를 몇 번 쳤어요.

C: 당신은 다른 누군가를 친 적이 있나요?

J: (화를 내며) 때때로 사람들은 힘을 봐야 물러서곤 해요. 별일은 아니죠.

C: 당신이 사람을 쳐야만 한다고 느낀 적이 여러 번 있었나요?

J: (긴장하여) 심각한 건 아니죠. 아마 몇 년 전에 한 번, 축구 시합에서 일이 걷잡을 수 없게 되어서, 나는 감옥에서 주말을 보내야만 했어요. 나는 직장에서 몇몇 사람들과 몸싸움을 할 수밖에 없어서 몇몇 직장에서 쫓겨났어요.

C: 그렇게 할 수밖에 없었다고요?

J: (매우 화를 내며) 물론 그럴 수밖에 없었어요. 내 아버지 이후로, 나는 다시는 어느 누구도 나를 내동댕이치지 못하게 하겠다고 맹세했어요. 보스도 안 되고, 지구의 어느 누구도 안 됩니다.

C: 몸싸움을 벌인 일이 많았다는 걸로 들리네요.

J: (부인하면서) 세상은 팍팍해요. 사람들은 항상 당신을 바짝 죄려고 해요. 바깥에는 내 아버지 같은 사람들이 많이 있어요. 그러나 나는 재빨리 그들에게 선수를 치고, 그래서 험한 꼴을 당하지 않죠.

C: 당신의 아내는 당신에게 선수를 치나요?

J: (부인하면서) 아뇨. 그녀는 괜찮아요.

C: 그녀를 친 적이 있나요?

J: (긴장하여) 아뇨, 내가 이야기했잖아요, 나는 내 아버지와 다르다고!

C: 지금 당신이 선수를 칠 만한 사람이 있나요?

J: (화를 내며) 아동보호국에는 멍청이들로 가득 차 있지만, 나는 그들을 건드릴 수 없어요.

C: 왜 못하죠?

J: (매우 화를 내며) 멍청하게 행동하지 말아야죠. 나는 내 아내와 아이를 잃게 될 거예요.

C: 가족을 지키기 위해 그들을 내던지지 않고 있군요.

J: (긴장하여) 네, 나는 통제하고 있어요.

C: 나는 당신에게 선수 칠 것 같은가요?

J: (빗대어서) 당신은 싸움꾼이기보다는 이야기꾼인 것 같아요.

C: 맞아요. (멈춤) 우리에게 가장 중요한 이야기는 제이미가 당신을 좋아하는 데 도움이 되는 것으로 오토바이 타는 것 외에 당신이 할 수 있는 게 뭐냐 하는 것 같네요.

J: (긴장하여) 그게 내가 원하는 거예요.

제이크에 대한 초이론 사례개념화: 주제-기반 양식

제이크의 폭력은 다섯 가지 변화 수준에서 이해될 수 있다. (a) 제이크가 폭력적으로 행동하는 특정한 상황이 있다. (b) 제이크가 폭력적 사고를 하도록 촉발하는 특정한 상호작용이 있다. (c) 제이크는 그보다 우위에 있으려 한다고 느껴지는 사람과의 상호작용에서 폭력 행동을 할 가능성이 더 높다. (d) 제이크는 그, 그의 어머니, 가족의 개에게 극히 폭력적인 아버지가 있는 가족에서 자랐다. (e) 공포와 방임 속에서 키워진 제이크는 양친에 대한 불안정한 애착이 형성되었고 위협이 되는 상황에서 스스로를 보호하는 유일한 방법은 다른 사람을 통제하는 것이라는 내사를 발달시켰다. 제이크의 폭력을 이해하는 이 다섯 가지의 서로 다른 방식은 모두 똑같이 유효하지만, 그는 자신에게 가장 의미가 있는 방식으로 문제가 규정될 때 비폭력적 생활양식으로의 변화를 가장 고려할 것처럼 보인다. 현재 그는 대인 변화 수준에서 자신의 폭력을 가장 잘 인식하고 있다. 이 수준에서, 그는 아들 제이미와의 관계가 심각한 위험에 있다고 인식한다. 그는 이 문제가 생기는 데 있어 그가 한 역할을 이해하지 못하고 있다. 그렇지만 그는 제이미의 삶에서 계속 열심인 아버지로 있으려 한다. 자신의 폭력을 이해하는 모든 다른 방법에 있어서, 제이크는 변화의 필요성을 인식하지 못하거나 과소인식하고 있다. 그는 그와 관계하는 사람을 계속 지배하는 것에서 오는 이점이 불이익보다 훨씬 더 크다고 본다. 제이크의 현재 강점은 자신이 가장 폭력적인 상황과 가장 그렇지 않은 상황을 되돌아볼 수 있다는 것, 두려움에 빠진 타인이 내는 행동 신호를 인식할 수 있다는 것, 그의 아버지가 그에게 해서 그를 나쁜 남편이자 아버지로 만들었던 것을 인식한다는 것이다. 이런 기술은 제이크가 준비에서 실행까지의 진전을 통해 아들과의 관계에서 덜 폭력적인 사람이 되어 가도록 도울 때에 사용할 수 있다.

증상/상황 수준에서, 제이크는 타인의 신체적 공격이 있을 것 같은 모든 신호, 그를 통제하려는 시도로 여겨지는 모든 이야기에 반응하여 폭력적으로 된다. 예를 들어, 미식축구를 할 때 누가 그를 밀면 그는 그것이 의도적인 공격이라고 여기고 격렬하게 반응한다. 어떤 것이든 문제에 대한 그의 즉각적인 반응은 분노이다. 이로 인해 그는 제이미가 부엌을 어질렀을 때 반사적으로 고함을 쳤고, 이 고함은 곧바로 아동보호국이 제이크 가족에 개입하는 결과로 이어졌다. 제이크는 자신의 폭력성 인식 측면에서 볼 때 변화의 전숙고 단계에 있다. 제이크는 대체적으로 실행하기 전에 자신의 감정과 생각을 살펴보지 않는다. 오히려 무슨 일이 벌어지면 즉시 화가 나고, 그래서 공격적으로 행동한다. 그는 그가 제이미에게 고함을 지르고 또 친 것 때문에 그의 아들이 그에게서 도망치기 위해 부엌 유리를 깨면서 달려 나갔다는 것을 인식하지 못한다. 그렇지만 제이크는 그 사건을 다시 생각해 낼 수 있다. 이에 따라 병원에서 아들 얼굴에 나타난 알쏭달쏭한 표정을 나중에 곰곰이 생각해 볼 때, 그것이 공포에 질린 표정이란 걸 인식할 수 있었다. 그는 자신이 아버지를 두려워했던 것처럼 제이미가 그를 두려워하는 걸 원하지 않는다. 제이크는 아들과 가까워지고 긍정적인 아버지-아들 관계가 되려는 동기를 가지고 있다. 따라서 그는 제이미와 긍정적인 관계를 형성하는 데에 도움이 되는 변화 과정의 활용법을 배우려는 마음이 있을 것이다. 제이크는 또한 아드레날린이 분출하지 않을 때는 멈춰서 생각할 수 있다. 예를 들어, 그는 아동보호국 사람들에게 어떤 식이든 폭력적으로 대하면 아들에 대한 양육권을 잃게 된다는 것을 인식하고 있다. 유사하게, 그는 아내와 함께 제이미가 집으로 돌아오게 하려면 상담자를 자극하는 말을 하지 말아야 한다는 것을 인식하고 있다. 이에 따라 상황을 통제하려는 제이크의 욕구는 그가 얻고자 열망하는 결과에 의해 완화될 수 있다. 증상/상황 수준에서 제이크에게 도움이 될 수 있는 과정은 그의 분노를 즉시 촉발시키는 것 또는 그런 상황에서 자신의 행동 통제를 잃지 않도록 스스로를 진정시킬 때 사용할 수 있는 전략에 관해 더 잘 인식하는 것을 포함한다.

부적응적 인식 수준에서, 제이크는 많은 폭력적 사고를 가지고 있다. 타인에 대한 폭력적 사고에 덧붙여, 그의 자기와의 대화는 실수를 할 때마다 자신에게 하는 비하 표현으로 가득 차 있다. 제이크는 자신이 아버지의 목소리를 내면화하였고 아버지가 감정적으로 학대하는 이야기를 계속해서 반복적으로 듣는다고 하였다. 제이크는 모든 자기 생각이 타인과 다른 전숙고에 있다. 매우 위험한 가족 환경에서 자랐기 때문에, 그는 모든 사람이 폭력적 사고를 가지고 있다고 생각한다. 아동기 내내 아버지가 그를 학대하는 고함소리를 들었기 때문에, 제이크는 자신을 제외하고 모든 아버지가 그럴 것이라고 생각한다. 그는 자신이 그의 아버지와 비슷하다는 걸 생각하지 못한다. 제이크에게 있어 세계는 자신이 기선을 제압하지 않으면 그에게 이익을 취하려는 사람들로 가득 차 있는 위험한 장소이다. 제이크의 모든 믿음이 폭력 중심으로 전개되는 것은 아니다. 그는 또한 그의 아내가 좋은 어머니이며, 그녀가 그를 잘 돌보기 위해 하는 구체적인 것들을 자신이 잘 설명할 수 있다고 믿는다. 그는 또한 남편과 아버지에게 있어서 가족을 부양하는 것이 중요하다고 믿는다. 그 결과, 비록 그는 때때로 직장에서 스스로를 통제하지 못하고 쫓겨나기도 했지만 항상 다른 직장을 찾아 취업했다. 일시적으로 제이미에 대한 양육권을 잃은 것이 제이크에게 충격을 주었지만, 그는 여전히 세상에 대한 기본적 접근법을 변화시킬 필요가 있는 전숙고에 있다. 제이크가 이를 인식하는 데 도움이 되는 변화 과정은 그 사건이 있던 날, 그리고 오토바이에 제이미를 태우고 달리던 상황들에서 제이미가 한 행동을 더 잘 인식하는 것을 포함한다. 만일 자신의 현재 신념체제가 아들과의 친밀한 관계를 발전시키는 데 얼마나 방해가 되는지 제이크가 인식하게 된다면, 현재의 믿음이 가진 타당성을 평가할 가능성이 높아질 것이다.

현재의 대인 수준에서, 제이크는 지금까지 자신이 집에서 폭력적이라는 걸 부정한다. 그렇지만 그날 밤에 그가 제이미를 쳐서 아동보호국이 그의 가족에 개입하게 된 것을 인정하는 걸 보면, 제이크가 폭력을 어떻게 규정하는지는 명확하지 않다. 제이미는 그날 밤에 유리를 깨면서 달려 나가 이웃집으로 갈 만큼 아버지에게 겁을 먹었다. 제이미가 병원에서 그가 아니라 아동보호국 사람들에게 간 것은 제이크가 자기 아들과의 관계에 관해 전숙고에서 숙고로, 다시 준비로 나아가게 하였다. 제이크의 인식에는 세 가지 근원이 있다. 첫째, 그는 아들의 얼굴에서 아동보호국 사람들이 아니라 자신에게 향했던 공포의 표정을 인식하였다. 제이크는 아들의 얼굴에 있는 공포의 표정을 보고 힘을 가진 남자처럼 느끼는 대신에 충격을 받았다. 둘째, 그는 제니퍼가 그들의 아들에게 어머니로서 보이는 능력을 존중하며, 그녀는 그에게 제이미에 대한 양육권을 잃지 않도록 상담 약속을 지키라고 간청하였다. 마지막으로, 아동보호국은 제이미를 위탁가정에 보냈고 제이크가 상담을 끝까지 받지 않으면 심지어 제니퍼의 양육에서도 제이미를 떼어 놓을 수 있는 힘을 가지고 있다. 제이크는 본래 좋은 아버지-아들 관계를 가지려는 동기가 있었다. 그는 제이미와의 모든 관계가 위험에 빠졌다고 인식하게 되면서 뭔가 변화시키려 하고, 제니퍼, 심지어 필요하다면 상담자의 말을 경청할 마음을 갖게 되었다. 실행할 준비는 되어 있지만 무엇을 해야 할지 모르기 때문에 그가 좋은 양육 전략을 찾도록 돕는 통찰-초점 과정이 좀 필요하다. 그는 먼저 몇 가지 새로운 양육 전략을 배우고, 그 전략을 실습할 필요가 있고, 그다음에 그것을 사용하여 제이미와 좋은 관계를 형성하는 작업을 해야 할 것이다. 제이크의 강점 중 하나는 그의 부인이 아들을 주의 깊게 보살핀다는 것을 그가 인식하는 것, 따라서 그녀가 좋은 어머니라는 걸 그가 인정하는 것이다. 일부 폭력적인 남성은 아내가 아들에게 보이는 관심을 시기하며 그것이 폭력을 더욱 촉발시킨다. 제이크는 그렇지 않다. 그는 아들에 대한 그런 관심을 바란다. 제이크는 또한 다시 제이미를 그의 양육권 아래 두려면 상담자, 아동보호국 사람들과 폭력 없이 새로운 관계를 유지해야 한다는 것을 매우 잘 인식하고 있다. 제이크는 비록 현재 상황에 극도로 화가 나 있지만 그의 공격적 행동을 계속 통제할 수 있다.

　가족체계 수준에서, 제이크는 그와 어머니가 아버지에게 학대받은 폭력 가정에서 자랐다. 그는 아버지에 대해 악의 화신이라고 이야기했다. 초기 아동기 내내 그는 집에서 끊임없는 공포 상태에 있었고 폭력을 전혀 제어할 수 없었다. 그렇지만 아버지만이 집에서 안전한 사람이라고 생각하고, 두려움에 빠지지 않은 가족 구성원이 되어야겠다는 동기를 갖게 되었다. 그는 스스로를 방어할 수 있도록 신체적으로 강해지려 하였다. 그는 아동기의 결정적 순간에 관해 이야기했는데, 그것은 자신이 아버지보다 한 수 위가 될 수 있다는 생각이 들었을 때이다. 제이크는 주의 깊게 계획한 다음 아버지가 술이 엉망으로 취해 소파에 쓰러져 있을 때 등에 개똥이 가득하게 하였다. 아버지가 가족의 개를 죽이고 그를 의심하지 않자, 제이크는 아버지에게 한 건 했다는 것을 알았다. 이것은 제이크가 아버지에게 테러하는 대단원의 시작이었다. 제이크가 10대일 때 아버지가 어머니를 때리는 것에 개입하면서 영원히 아버지에게서 자유롭게 되었다. 제이크가 강한 타격을 주면서 아버지는 피해자가 되었다. 그의 아버지는 다음날 집을 떠났고 다시는 돌아오지 않았다. 불행하게도, 제이크는 아버지가 가족과 이야기할 때 정서적으로 학대하는 스타일을 이미 내면화한 상태였다. 현재 제이크는 그가 자신과 어머니를 보호하기 위해 새로운 가족 역할을 맡았을 때 가족에서 희생자를 만드는 사람이 되었다는 것을 전혀 인식하지 못하고 있다. 그는 현재 아버지가 그에게 겁을 주곤 했던 것처럼 아들 제이미에게 겁을 주고 있다. 그가 아동기 때 가족에서 했던 역할, 10대일 때 가족에서 했던 역할, 어른이 된 지금의 역할을 그가 이해하는 데 도움이 되는 변화 과정은 현재 그의 아내와 아들이 그와의 관계에서 어떻게 느끼기를 그가 원하는지에 관해 더 잘 인식하게 할 것이다.

　개인 내 수준에서, 제이크는 다른 사람에게 의지하는 것에 대해 깊고 무의식적인 두려움을 가지고 있다. 그의 아버지는 그에게 직접적인 신체적, 정서적 학대를 하고, 또한 어머니에 대한 폭력적 공격을 보게 놓아둠으로써 간접적 학대를 하여 그를 억눌렀다. 제이크의 어머니는 어떤 식으로든 폭력으로부터 그를 보호할 수 없었다. 의도적이든 아니든 간에, 그녀는 제이크가 아버지에게 위협을 받도록 그냥 두었고, 폭력이 가족생활의 일상적인 한 부분이 아니라는 것을 그에게 어떤 식으로든 알려 주지 못했다. 그 결과 제이크는 세상은 폭력적인 곳, 부모는 의지할 수 없다는 것, 폭력을 막는 유일한 방법은 모든 관계에서 가장 강하고 힘이 센 사람이 되는 것이라는 내사를 발달시켰다. 제이크는 또한 자신의 감정을 조절하는 법, 비폭력적인 문제해결 기술을 배울 수 있는 도움을 전혀 받지 못했다. 그 결과 그는 나이가 들수록 점점 더 공격적으로 되었다. 그렇지만 제이크는 결혼을 했고 아내가 어머니로서 하는 행동을 존중한다. 성인인 제이크는 아내의 의견을 중시하고, 아들이 그와 함께 즐거운 시간을 보내기를 원한다. 이것은 제이크가 그 자신은 안전한 애착을 유지하거나 제이미가 그렇게 하도록 돕는 기술을 가지고 있지 않지만 여전히 가족 구성원과의 정서적 친밀감을 열망한다는 것을 시사한다.

제이크는 혼란스러워질 때 폭력적으로 행동하고, 세상이 폭력으로 가득 차 있다는 인식을 가지고 있고, 반복적으로 아들에게 겁을 주고, 아버지에게 위협을 받았고, 세상에 안전한 곳이 별로 없다는 뿌리 깊은 생각과 느낌을 가지고 있다. 이런 폭력 이해 수준의 대부분에서, 제이크는 자신이 변화할 필요가 있다는 인식을 갖고 있지 않다. 그렇지만 현재의 대인 변화 수준에서, 제이크는 자신이 아들에 대한 양육권을 곧바로 잃게 만든 행동을 했다고 인식하며, 아들이 집으로 돌아오기를 간절히 바라고 있다. 따라서 그는 자신이 폭력적이라는 것에 동의하지는 않지만, 제이미와 긍정적인 부모–자녀 관계를 형성하는 데 도움이 될 전략을 학습하는 것에는 전향적인 자세를 보이고 있다. 이 변화를 뒷받침해 주는 한 가지 주요 상황은 만일 제이크가 그들의 상담 권고를 따르지 않으면 제이미를 계속 위탁가정에 둘 수 있는 권한이 아동보호국에 있다는 것이다.

초이론 상담계획: 가정–기반 양식

상담계획 개관: 제이크는 자신에게 분노 또는 폭력 문제가 있다는 것을 부인한다. 반면에 그는 뭔가 변화하지 않으면 아들에 대한 양육권을 다시 가질 수 없다는 것을 잘 인식하고 있다. 제이크는 제이미와 좋은 관계를 가지려는 마음을 항상 가지고 있지만 그 사건이 있기 전까지는 사실은 그런 관계가 아니라는 것을 전혀 인식하지 못했다. 이제 제이미의 얼굴에 나타난 공포를 본 충격이 제이크를 아들과의 관계를 개선하려는 준비 단계로 가져다주었다. 따라서 자신의 폭력적 행동을 억제하고 생산적인 관계 행동에 참여하는 그의 능력이 핵심적인 변화 수준(현재의 대인 수준)에서 다루어질 것이다. 첫째, 제이크는 변화의 대인 수준에서 준비로부터 실행으로, 그다음에는 실행으로부터 유지로 이동해 갈 것이다. 폭력의 위험성은 상담 전반에 걸쳐 평가될 필요가 있으며, 추가적인 목표는 필요할 때마다 추가될 것이다(이 상담계획은 문제 양식을 따른다).

문   제: 제이크는 아들 제이미와 사랑하는 관계가 되기를 원하지만, 제이미는 제이크와 함께하는 시간이 두렵다는 표시를 나타냈다.

장기목표 1: 제이크는 그가 양육권을 잃은 날 아들 제이미가 그에게 겁먹은 모습을 보였던 이유를 더 잘 인식하게 될 것이다.

❖ 단기목표들(변화의 대인 수준에서 준비로부터 실행으로)

1. 제이크는 제니퍼와 함께 아동 영화를 볼 것이며, 상담에 와서 영화 속 아이들이 두려워하는지, 만일 그렇다면 왜 그렇게 생각하는지 이야기를 나눌 것이다.

2. 제이크는 아동의 두려움에 관한 책을 읽을 것이며, 상담에 와서 그가 읽은 것에서 어떤 부분에서 놀랐고 놀라지 않았는지 이야기를 나눌 것이다.

3. 제이크는 상담자와 함께 아동용 게임에 관한 책을 살펴볼 것이며, 제이미가 좋아할 만한 게임과 그 이유에 관해 이야기를 나눌 것이다.

4. 제이크는 상담자와 함께 TV 프로그램을 보면서, 성인이 고함을 치면 아이들이 어떻게 반응하는지 기록할 것이다.

5. 제이크는 어질러 놓은 것을 깨끗이 치우라고 제이미에게 고함치기 전, 중, 후에 무슨 일이 있었는지 하나씩 이야기할 것이며, 그가 고함칠 때 왜 제이미가 뒷걸음질 치는 반응을 보였는지 설명하는 데에 도움이 되는 아동발달 관련 내용을 배운 게 있었는지 곰곰이 생각해 볼 것이다.

6. 제이크는 상담자와 함께 유리 사건 후에 제이미에게 그가 어떤 관심을 보였는지 이야기를 나눌 것이며, 그가 몇 대 때린 후에 제이미가 유리를 깨면서 도망간 것을 설명하는 데 도움이 되는 아동발달 관련 내용을 배운 게 있었는지 곰곰이 생각해 볼 것이다.

7. 제이크는 상담자와 함께 제이미를 이웃집에서 데리고 나와서 오토바이에 태워 병원에 갈 때 제이미에게 그가 어떤 관심을 보였는지 이야기를 나눌 것이며, 그들이 병원에 도착했을 때 제이미가 한 행동을 설명하는 데 도움이 되는 아동발달 관련 내용을 배운 게 있었는지 곰곰이 생각해 볼 것이다.

8. 제이크는 상담자와 함께 제이미가 병원에서 그가 아니라 아동보호국 사람들에게로 달려간 것을 설명하는 데 도움이 되는 아동발달 관련 내용을 배운 게 있었는지 이야기를 나눌 것이다.

9. 제이크는 유명한 아동 양육 서적을 읽을 것이며, 그 책의 어떤 기술이 제이미와의 두려움 없는 관계를 형성하는 데 유용할지 결정할 것이다.

10. 제이크는 부모, 자식과 관련된 TV 쇼를 2시간 동안 볼 것이며, 부모의 어떤 행동이 아이의 긍정적 반응을 이끌어 냈는지 회기 중에 이야기를 나눌 것이다.

11. 제이크는 제이미의 두려움을 촉발시키지 않으면서 행동을 이끌어 줄 수 있기 위해 그가 연습할 필요가 있다고 생각되는 특정한 행동에 관해 상담자와 함께 이야기를 나눌 것이다.

12. 아동 발달에 대한 제이크의 지식을 향상시키고, 두려움을 유발하지 않으면서 아들을 이끌 수 있는 부모가 되는 데 필요한 기술을 연습하도록 도울 수 있는 다른 목표들

장기목표 2: 제이크는 제이미와의 긍정적인 상호작용을 고양시킬 단계를 취하기 시작할 것이다.

❖ 단기목표들(변화의 대인 수준에서 실행으로부터 유지로)

1. 제이크는 분노조절에 관한 책을 읽을 것이며, 제이미와 더 튼튼한 관계로 발전시키려고 작업할 때에 유용한 부분이 그 책에 있는지 이야기를 나눌 것이다.

2. 제이크는 이완 훈련, 스트레스 관리에 관한 책을 읽을 것이며, 제이미와 더 튼튼한 관계로 발전시키려고 작업할 때에 유용한 부분이 그 책에 있는지 이야기를 나눌 것이다.

3. 제이크는 제이미와 놀 때에 목소리를 높이지 않기 위해 상담자와 함께 연습하고 싶은 이완, 스트레스 관리, 분노조절 전략 유형이 있는지 이야기를 나눌 것이다.

4. 제이크는 다음 세 번의 상담회기에서 그가 선택한 기술을 매번 하나씩 연습할 것이다.

5. 제이크는 다음 3일 동안 회기 밖에서 그가 선택한 기술을 매일 하나씩 연습할 것이다.

6. 제이크는 다음 세 번의 상담회기 각각에서 상담자가 의도적으로 그를 촉발시키는 뭔가를 이야기하면 그가 선택한 기술 중 하나를 연습할 것이다.

7. 제이크는 제이미와 놀 때 분명히 목소리를 높이지 않도록 하기 위해 그가 연습하고 싶은 다른 기술이 있는지 이야기를 나눌 것이다.

8. 제이크는 회기 중에 보드게임을 연습할 것이며, 이때 상담자는 아이들이 이런 게임 중에 때때로 부모를 짜증나게 하는 어떤 행동을 하는지 제이크가 주목해서 보게 할 것이다.

9. 제이크는 회기 중에 아동용 책 읽기를 연습할 것이며, 이때 상담자는 아이들에게 이야기책을 읽어줄 때 때때로 부모를 짜증나게 하는 어떤 행동을 하는지 제이크가 주목해서 보게 할 것이다.

10. 제이크는 제니퍼를 데려와서 보드게임 놀이, 이야기책 읽기를 함께 연습하면서 회기 중에 제이미와 이 활동들 중 하나를 해 볼 준비를 할 것이다.

11. 제이크는 제이미와 놀 때 짜증이 나기 시작하면 사용할 전략 중 하나로 일시적 휴식시간 가지기를 연습할 것이다.

12. 제이크, 제니퍼, 상담자는 제이미가 두려워하여 일시적 휴식시간을 가지는 것이 필요하

다고 제니퍼가 느낄 때 그녀가 사용할 비상 용어를 계획할 것이다.

13. 제이크와 제니퍼는 제이미와의 게임에서 그들 중 하나가 짜증스러워지기 시작하면 일시적 휴식시간 가지는 것을 각자 연습할 것이다.

14. 제이미는 상담에 와서 상담자가 모두를 지켜보고 있고 제니퍼의 팔이 그를 두른 상태로 앉아서 제이크가 읽어 주는 이야기를 들을 것이다. 이때 누구든 필요하다고 느끼면 일시적 휴식시간을 가질 수 있다.

15. 제이미는 상담에 와서 상담자가 모두를 지켜보고 있는 상황에서 제이크, 제니퍼와 게임을 할 것이다. 이때 누구든 필요하다고 느끼면 일시적 휴식시간을 가질 수 있다.

16. 제이미가 폭력이 없는 환경에서 그의 아버지와 즐겁게 시간을 보낼 수 있도록, 제이크가 자신의 분노 통제를 유지하고, 아동발달을 이해하고, 효과적인 양육기술을 사용하도록 하는 데에 필요한 다른 목표들

제이크에 대한 초이론 사례개념화: 주제-기반 양식

'안전해지기 위해, 나는 폭력적이어야만 한다.' 이것이 제이크의 규범이다. 그는 폭력을 적대적인 세상에서 그의 유일한 방어수단으로 본다. 증상/상황 수준에서, 제이크는 자신이 폭력 없이 안전할 수 있을지, 자신의 폭력행동이 타인에게 주는 부정적 결과에 관해 스스로 신경을 쓰는지에 관해 전숙고에 있다. 그의 폭력은 그 자신에 통합된 한 부분이다. 직장에서 몇 번 쫓겨나고 감옥에서 시간을 허비했음에도 불구하고, 그는 그의 규범을 바꿀 마음을 한 번도 가져 본 적이 없다. 최근에 그는 현재의 대인 수준에서 변화에 대해 전향적인 자세를 좀 발전시켰다. 그의 아들은 그를 무서워하며, 그는 그것을 좋아하지 않는다. 폭력행동을 변화시키라는 아내와 아동보호국의 환경적 요구는 제이미와 즐기려는 그의 유일한 전략이 실패한 것과 맞물려서 그를 아버지-아들 관계에서 변화의 준비 단계로 옮겨 갔다. 제이크의 강점은 현재 제이미와의 관계를 개선하려는 전향적인 자세, 아들과 긍정적인 관계를 형성하는 방법에 관해 대화하려는 의지, 결혼생활을 유지하려는 열망, 상담 명령을 받긴 했지만 자신의 삶을 반성적으로 사고하는 능력에 있다.

제이크는 한 번에 한 순간 이상 동안 안전하다고 느낄 수 있을까? 증상/상황 수준에서, 집에 있든, 직장에 있든, 또는 여가 활동을 하든, 제이크에게 분노 반응을 촉발시키는 신호가 있다. 그는 그를 분노와 폭력으로 즉각적으로 끌고 들어가는 것을 알고 있다. 예를 들어, 그는 미식축구에서 '떠밀리는 것'이 공격적인 반응을 촉발시킬 수 있다고 이야기한다. 그렇지

만 그는 그의 폭력행동이 어떻게 제이미를 겁먹게 했는지는 인식하지 못하고 있다. 비록 위협으로 인식할 때 폭력으로만 반응하는 것처럼 보일 수 있지만, 그는 때때로 멈추고 생각할 수 있다. 예를 들어, 아버지를 두려워하면서도 자신을 방어할 방법을 계획할 수 있었다. 나아가 지금의 상담 명령 상황에서, 그는 아동보호국 직원에게 자신을 통제하지 못하는 것의 영향을 생각할 수 있다. 그는 또한 상담자가 그를 화나게 만들지만, 상담자는 그의 안전을 위협하지 않는다는 것을 인식할 수 있다. 폭력에 관한 연구에서는 폭력적 TV, 알코올 남용, 그리고 다른 환경적 강제가 기폭 효과(priming effect)를 가진다고 보고 있다. 따라서 공격성을 통제하는 제이크의 능력에 도움이 되거나 방해가 되는 것이 무엇인지 결정하기 위해서는 이런 요소들과 다른 변인들을 평가하는 것이 중요하다. 만일 제이크가 아들과의 관계를 개선하고 싶다면 그의 폭력적 규율이 당장, 그리고 장기적으로 아들의 생각과 행동에 주는 영향을 인식할 필요가 있다. 이런 인식은 그가 이 수준에서 변화를 생각해 보는 동기로 작용할 수 있다.

만일 제이크가 자신의 이야기를 경청하면 그는 안전할 수 있을까? 부적응적 인지 수준에서, 제이크는 실수를 저지를 때마다 머릿속에서 자신에게 일련의 '욕설 고함'의 자기대화를 한다고 이야기하였다. 많은 폭력적인 사람들처럼, 그는 중립적 사태를 공격적인 것으로 해석하면서 세계를 적대적인 장소로 본다. 타인과 관계를 가질 때, 타인의 행동은 부정적인 렌즈를 통해 해석된다. 그의 이야기에 의하면, 사람들은 항상 그를 '바짝 죄려' 하거나 '그에게 선수를 치려고' 한다. 예외적인 경우는 그의 아내이다. 그는 그녀가 좋은 사람이고 그를 돌보려 한다고 생각한다. 그는 그녀에 대한 적대적 생각을 부정하며, 폭력 관계에서 흔한 방해 또는 깎아내리기를 그녀의 부모 역할에 대해 할 생각이 없는 것처럼 보인다. 전체적으로 볼 때, 동료와 낯선 사람에 대한 그의 적대적 사고는 더 심한 폭력행동의 선행작업 요인으로 작용한다.

만일 제이크가 사람들과 상호작용을 하면 그는 안전할 수 있을까? 대인 수준에서, 제이크는 그의 동료들과 친한 친구관계가 아니다. 그의 규범은 그들이 그에게 '선수 치는' 것을 막기 위해, 그가 그들에게 공격적인 자세를 갖도록 요구한다. 이로 인해 직장에서 신체적인 대결이 있었으며, 그는 몇몇 직장에서 해고되었다. 그는 현재 그의 폭력이 얼마나 타인을 겁주는지, 얼마나 그들의 적대적 또는 공격적 행동을 이끌어 내는지를 인식하지 못한다. 그렇지만 제이크가 대인 기능을 개선할 수 있는 신호들이 있다. 그는 아내와의 상호작용에서 그의 규범을 무시해 왔다. 그는 지금까지 그녀에게 폭력적으로 반응한 적이 없다고 확고하게 이야기했다. 가정 안에서, 그는 아내가 그와 아들을 잘 돌보며 이혼할 생각이 없다는 것을 알 수 있다. 이런 바람은 상호적이지 않을 수도 있다. 제니퍼는 최소한 그가 아이를 학대하는 행동을 목격하였으며, 어쩌면 그는 그녀에게 언어적으로 학대했을지도 모른다. 물리적 공격을 통제할 수 있는 폭력적인 사람은 종종 공격성을 언어적으로 계속 표현한다. 이런 일이 제이크의 집에서도 있었을 것 같은 단서가 있다. 예를 들어, 그는 제니퍼가 항상 그가 하라는 대로 하고, 그를 신경 써서 보살피고, 아동보호국의 권고대로 따라서 제이미가 위탁가정에서 집으로 돌아올 수 있게 하자고 그에게 애원(요청이 아님)했다고 말했다. 배우자 학대나 언어적 학대와 같은 다른 형태의 폭력은 통상적으로 아동에 대한 신체적 학대와 서로 관련되며, 상담 관계에서 래포가 형성될 때 좀 더 깊이 평가할 필요가 있다. 제이크는 제이미를 학대해 왔지만, 자신이 좋은 아버지-자식 관계를 위해 노력하고 있다고 인식한다. 그는 자신의 양육 행동에 대해 변화의 준비 단계에 있다. 그는 자신이 하지 않을 일이 무엇인지 알지만(자신의 아버지처럼 사라지지 않겠다), 아들과 더 나은 관계를 발전시키기 위해 할 필요가 있는 것에 대해 현재 어려움을 느끼고 있다. 그는 자신에게 그렇게 편안하고 즐거운 오토바이 타기를 제이미와 함께하려 했다. 그렇지만 이것은 엉뚱한 결과를 낳았다. 응급실 사건에서 자신을 재평가하면서 제이크는 아들과의 관계가 빈약하다는 걸 깨닫고, 자신이 아버지를 증오했던 것처럼 아들이 자신을 증오하지 않도록 이를 변화시키겠다고 결심하였다. 지금 그는 상담자와 그것에 관해 '이야기할' 마음자세가 되어 있다. 다른 강점은 그가 아내를 관찰하는 능력을 보여 준 것으로, 그는 그녀의 양육 전략이 자신의 것과 다르다는 것을 인식하고 때때로 폭력 없이 아내가 하는 대로 따른다.

어린 제이크는 집에서 안전할 수 있었는가? 가족/체제 수준에서, 제이크가 커 감에 따라 살아남을 수 있는 힘은 누가 가장 효과적으로 신체의 힘을 사용할 수 있느냐에 집중되었다. 오랫동안, 제이크의 아버지는 제이크, 제이크 어머니의 생명을 위협하였다. 제이크는 8세 때 일시적으로 전숙고에서 준비로 이동하면서 자신이 아버지의 폭력에 맞서 싸울 수 있을지 시험하였다. 그는 작은 성공을 거두었고, 주의 깊게 계획한다면 아버지의 폭력에서 자유로울 수 있다고 인식하였다. 보이지 않는 사람인 그의 어머니는 누가 가족이고 가족의 규칙은 무엇인지에 대한 주요 결정에 전혀 참여하지 않았다. 따라서 제이크의 경험은 가족에서 안전해지려면 폭력을 성공적으로 사용해야 한다는 것을 알려 주었다. 생존을 위한 싸움은 제이크가 14세가 되고 충분히 커져서 아버지에게서 권력을 확실히 뺏었을 때 전환되었다. 제이크는 스스로를 보호하기 위해 집에서 배웠던 폭력 규범이 이제 자신이 가장 관계를 열망하는 바로 그 사람, 즉 그의 아들에게서 그를 멀어지게 한다는 것을 인식하지 못한다. 그는 아들의 두려움을 인식하고 있지만, 그의 아버지가 한 역할을 자신이 가족들에게 재현하고 있다는 것은 인식하지 못한다. 비록 그는 아버지를 자신의 인생에서 말 그대로 걷어차 내보냈지만, 아버지의 폭력은 그가 다른 사람과 관계를 형성하는 방식, 이 세상에서 한 번도 '안전'하다고 느끼지 못한 것을 통해 여전히 그에게 피해를 주고 있다.

제이크는 어떻게 살아남을 수 있을까? 개인 내 수준에서, 제이크는 살아남으려면 끊임없이 싸워야만 한다고 느낀다. 폭력 없이는 자신을 보전할 수 없기 때문에, 그는 관계를 가지는 사람 대부분에게 위협적으로 행동해 왔다. 현재 그는 어떻게 하면 신체적으로 여전히 안전하면서도 사람들과 친밀해질 수 있는지 고민하고 있다. 제이크는 자신의 안전에 대한 두려움이 어떻게 긍정적인 정서적 애착 형성을 방해하는 행동으로 그를 이끄는지에 대해서 전숙고에 있다. 이런 사항들이 결합하면서 그는 자신이 가장 중오하고 두려워하는 인물인 그의 아버지와 여러 면에서 닮게 되었다. 그는 현재 그의 생활양식과 성격, 그리고 아버지의 그것 사이에 있는 유사성에 대해서 전숙고에 있다. 그의 강점은 아버지의 생활양식은 받아들일 수 없는 것이라는 분명한 인식, 그리고 그런 사람이 되고 싶지 않다는 그의 열망에 있다.

제이크는 계속 폭력적이어야 할까? 아이 때에 제이크는 살아남기 위해 폭력을 사용해야만 했다. 성인이 되어서 그는 세상에서 안전하다고 느끼기 위한 기제로 폭력을 계속 사용하고 있다. 폭력은 그의 삶 모든 측면에 깊이 개입하게 되었으며, 그는 이 폭력이 타인들, 특히 그의 아들과 긍정적 관계를 가질 수 있는 능력을 어떻게 방해하는지 인식하지 못한다. 비록 그가 폭력행동을 끝낼 필요성에 대해 거의 모든 변화 수준에서 전숙고에 있지만, '뭔가'를 변화시켜 아들과 더 긍정적인 관계를 발전시키는 것에 대해서는 숙고에 있다. 변화에 대한 이 전향적인 자세는 제이크의 규범을 수정할 기회로 작용할 수 있다. 제이크가 변화 과정을 진전해 가는 데 장애가 될 수 있는 것은 타인에 대한 그의 위험 수준이 안정적이지 않다는 것이다. 그것은 상황 요인, 대인 요인에 따라 수시로 변동한다. 제이크는 증상/상황 수준에서 변화의 전숙고에 있지만, 만일 분노를 통제하지 못하면 이혼과 양육권 상실이라는 결과로 이어질 수도 있다. 따라서 아버지-아들 관계에 대한 작업과 더불어 분노 통제 능력을 즉시 향상시키는 것이 지금 당장 결정적으로 중요하다. 지금 이 유형의 변화에 도움이 되는 환경 압력이 몇 가지 있다. 제이크는 그의 아들을 그에게서 떼어놓을 수 있는 아동보호국의 권한을 인식하고 있다. 제이크는 아들의 두려워하는 표정이 자기 때문이란 걸 알고 있으며, 그 표정을 다시는 보고 싶지 않다. 제이크는 아내의 어머니 역할 활동을 존중하며 그녀의 의견을 허투루 넘기지 않는다. 상담자는 제이크가 폭력 없는 삶의 좋은 점을 숙고하도록 도울 때에 이런 압력과 강점을 활용할 수 있을 것이다.

초이론 상담계획: 주제-기반 양식

상담계획 개관: 진정한 상담 래포가 형성되기 전까지는 제이크가 얼마나 위험한지를 상담자가 정확하게 사정하기는 어려울 것이다. 따라서 아동보호국, 법원과의 긴밀한 협력이 필요할 것이며, 최대 충격 전략을 사용하여 폭력의 위험을 최대한 낮춰야 할 것이다. 목표는 변화의 증상/상황 수준과 현재의 대인관계 수준을 겨냥하여 세워질 것이다. 장기목표는 번호 순서에 따라 추진될 것이다. 단기목표는 겨냥하고 있는 변화 단계, 개입에서 초점으로 삼는 변화 수준이 나타나도록 이름을 붙였다. 이는 독자에게 알려 주기 위한 것이다. 두 개의 수준이 같은 변화 단계에서 작업 대상이 되고 있다면 단기목표는 혼합된 방식으로 수행될 것이다(이 상담계획은 문제 양식을 따른다).

문   제: 제이크의 규범이 그가 원하는 아들과의 관계를 발전시키는 데 방해가 되고 있다.

장기목표 1: 제이크는 자신의 규범에 의지하지 않으면서 타인과 안전하게 관계를 가질 수 있는지, 그것이 아들과의 친밀한 관계를 발전시키는 데에 도움이 될 수 있는지 생각해 볼 것이다.

❖ 단기목표들(증상/상황 변화 수준에서 전숙고로부터 숙고로)

1. 제이크는 자신이 안전하지 못하다고 느끼게 되는 타인의 직접적인 단서/행동을 더 잘 인식하게 될 것이다.
2. 제이크는 자신이 공격행동을 억제하기 위해 어떤 것을 하는지 더 잘 인식하게 될 것이다. 예를 들어, 심지어 분노를 유발하는 단서/행동이 있는 경우에도 아동보호국 사람들에게는 공격행동을 억제한다.
3. 제이크는 제이미를 집으로 돌려보내도 안전하겠다고 아동보호국에서 생각하게 하려면 어떤 구체적인 행동을 해야 할지 더 잘 인식하게 될 것이다.
4. 제이크는 아동보호국 사람들과 아동 위탁에 관해서, 그리고 그것이 제이미와 함께할 시간을 얼마나 감소시키는지에 관해서 논의하면서 더 이상 공격행동이 있으면 어떤 부정적 결과가 있을지를 더 잘 인식하게 될 것이다.
5. 제이크가 이 수준에서 숙고 단계로 넘어가는 데 필요한 다른 통찰-중심 목표들

장기목표 2: 제이크는 대인 갈등을 해결하여 안전하며 통제하고 있다고 느끼지만 제이미와의 관계 개선에는 도움이 되는 다른 규범이 가능한지 생각해 볼 것이다.

❖ 단기목표들(증상/상황 변화 수준에서 숙고로부터 준비로)

1. 제이크는 역할모델(상담자, 그의 아내, 직장 동료)을 관찰할 것이며, 그들이 분노를 어떻게 표현하고 분노에 어떻게 반응하는지 더 잘 인식할 것이고, 자신이 그런 전략을 사용할 때의 장단점에 관해 이야기를 나눌 것이다.

2. 제이크는 수동, 과감, 주장, 유머 전략 같이 도발에 반응하는 비폭력 전략에 관한 책을 읽을 것이며, 이 전략 중 어떤 것이 제이미나 타인의 안전을 감소시키지 않으면서 자신도 계속 안전하도록 도와줄 수 있을지 생각해 볼 것이다.

3. 제이크는 상담 관계에서 그에게 자극적인 상황을 생각해 볼 것이며, 앞서 읽었던 전략 중 어떤 것이 자신이나 상담자의 안전에 위협이 되지 않으면서 이 자극적 상황에 효과적으로 반응할 수 있을지 이야기를 나눌 것이다.

4. 제이크는 아내, 직장 동료, 아동보호국 직원의 행동을 상담회기 동안 관찰할 것이고, 그들의 행동을 긍정적, 중립적, 부정적인 것으로 인식한 것에 관해 이야기를 나눌 것이며, 그의 인식이 실제로 자극적인 행동과 자극적이지 않은 행동을 얼마나 정확하게 구분하는지 생각해 볼 것이다.

5. 제이크는 이완 전략에 관해 읽을 것이며, 그 전략들 중에서 아직 자신의 안전은 위협받지 않는다고 생각하지만 화가 나려 하는 순간에 사용할 만한 게 있는지 생각해 볼 것이다.

6. 제이크는 TV, 비디오 게임, 음악 등 그가 자주 하는 매체 경험 전후에 그의 분노 수준을 계속 기록할 것이며, 그런 매체가 그의 분노를 진정시키는지 아니면 심해지게 하는지 판단할 것이다.

7. 제이크는 자신이 화가 나 있다는 생각이 들 때 분노를 감소시켜 그를 진정시키는 매체 활용에 대해 생각해 볼 것이다. 만일 매체 경험에서 분노를 심화시키는 게 확인된다면, 그 매체를 피하고 그를 진정, 이완시키는 데 도움이 되는 대체 매체를 찾는 것을 생각해 볼 것이다.

8. 제이크를 준비 변화 단계로 이동시키는 데 필요한 다른 통찰-중심 목표들

장기목표 3: 제이크는 다른 행위 규범을 사용하여 상호작용하면 안전함을 느낄 수 있고 아들, 다른 사람과 더 정서적으로 연결된 느낌을 가질 수 있을지 생각해 볼 것이다.

❖ 단기목표들(증상/상황 변화 수준에서 준비로부터 실행으로)

1. 제이크는 회기 중에 상담자의 반응이 자극적이라고 느낄 때마다 공격적이지 않게 반응하는 연습 기회를 가질 것이며, 자신이 안전하다고 느꼈는지 이야기를 나눌 것이다.

2. 제이크는 상담자에게 '자극적인' 행동 뒤의 동기를 말로 표현해 달라고 요청하고, 그것이 진짜로 자극적이었는지 아니면 '중립적' 또는 '긍정적'이었는지 탐색할 것이다. 그리고 이 논의 동안 어떤 느낌을 받았는지 생각해 볼 것이다.

3. 제이크는 현재의 대인관계에서 한 주 동안 보았던 행동과 자극적이라고 생각했던 행동의 목록을 작성할 것이며, 그런 행동이 원래 자극하려는 의도가 있었는지 아닌지를 상담자와 함께 탐색할 것이다.

4. 제이크는 자신이 화는 나지만 상대방의 행동이 자극하려는 의도는 없다고 생각될 때 사용할 이완 전략을 선택할 것이다.

5. 제이크는 회기 중에 상담자와 함께 의도적 자극이 있을 것이라는 경고 후에 자신이 선택한 전략들을 사용할 기회를 가질 것이다. 그런 다음에 자신이 안전하며 통제하고 있다고 느꼈는지 생각해 볼 것이다.

6. 제이크는 아내와 상호작용할 때 아내가 사용하는 어떤 단서/행동이 그를 기분 좋게 만들었는지 인식하게 될 것이다. 그리고 그것을 자신이 사용할지 생각해 볼 것이다.

7. 제이크는 아내가 제이미와 상호작용할 때 아내가 사용하는 어떤 단서/행동이 제이미를 편안하고 행복하게 해 주었는지 인식하게 될 것이다. 그리고 그것을 자신이 제이미에게 사용할지 생각해 볼 것이다.

8. 제이크는 상담 상황에서 어떤 단서/행동이 그를 기분 좋게 만들었는지 인식하게 될 것이다. 그리고 그것을 자신이 제이미, 다른 사람과의 상호작용에서 사용할지 생각해 볼 것이다.

9. 제이크는 효과적인 의사소통 전략에 관해 읽을 것이며, 자신이 그 중 어떤 전략을 자신과 타인의 안전을 계속 유지하면서 사용할 수 있을지 생각해 볼 것이다.

10. 제이크를 증상/상황 변화 수준에서 실행 단계로 이동하도록 돕는 다른 통찰—중심 목표들 또는 작은 실행 조치들

❖ 단기목표들(대인 변화 수준에서 준비로부터 실행으로)

1. 제이크는 다른 사람을 기분 좋게 만드는 긍정적인 단서/행동의 사용 방법을 먼저 상담자와의 역할놀이에서, 그다음에는 아내와의 공동 회기에서 연습할 것이다.

2. 제이크는 먼저 상담자와의 역할놀이에서, 그다음에는 아내와의 공동 회기에서 아내의 충

고를 강하게 요청하면서 아버지-아들 관계가 어떻게 변화하기를 자신이 바라고 있는지 이야기를 나눌 것이다.

3. 제이크는 상담자에게 먼저 연습한 다음에 아내에게 그의 어떤 행동이 제이미를 그에게서 멀어지게 했다고 생각하는지 물어볼 것이다. 만일 아내의 의견에 자극되었다고 느끼면 이완 전략을 사용할 것이다.

4. 제이크는 제이미와 아내에게 사용할 효과적인 의사소통 기술을 먼저 상담자와의 역할놀이에서, 그다음에는 아내와의 공동 회기에서 연습할 것이다.

5. 현재의 대인 수준에서 제이크가 실행 단계로 이동하는 것을 돕는 다른 통찰-중심 목표들과 작은 실행 조치들

장기목표 4: 제이크는 아들, 다른 사람을 도울 것이다. 이때 심지어 화가 날 때에도 그의 새 비폭력 규범을 사용하여 그들에게 반응하면서 안전과 정서적 안정을 느낄 것이다.

❖ 단기목표들(증상/상황 변화 수준에서 실행으로부터 유지로)

1. 제이크는 공격분출 욕구가 강해지는 것을 확인하는 법, 그리고 이때 가능하다면 오토바이를 타면서 진정하는 법을 배울 것이다.

2. 제이크는 화가 나는데 오토바이를 탈 수 없는 상황에서 진정하기 위한 다른 이완 전략을 사용할 것이다.

3. 제이크는 분노 수준이 높아져서 아들에게 불안을 느끼게 할 것 같으면 아들에게서 회피할 것이다.

4. 제이크는 분노 수준이 높아져서 아내, 타인에게 불안을 느끼게 할 것 같으면 이들에게서 회피할 것이다.

5. 제이크는 양육에 관한 책을 읽고, 어떻게 성장, 발전해야 하는지 아들에게 가르치기 위해 안전을 유지하면서 아들과 상호작용할 때 시도할 만한 것이 있는지 판단할 것이다.

6. 제이크는 성공적인 결혼에 관한 책을 읽고, 가정을 안전한 장소로 유지하기 위해 아내와 상호작용할 때 시도할 만한 것이 있는지 판단할 것이다.

7. 제이크가 증상/상황 변화 수준에서 유지 단계로 이동하는 것을 돕는 다른 목표들

❖ 단기목표들(현재의 대인 변화 수준에서 실행으로부터 유지로)

1. 제이크는 제이미에게 어떤 놀이를 좋아하는지 분명하게 물어보고 오토바이 타는 것이 자

신에게 왜 즐거운 놀이인지 설명할 것이다.

2. 제이크는 제이미가 좋아한다고 한 게임 또는 활동으로 상담자와 역할놀이하면서 제이미와 노는 법을 연습할 것이다.

3. 제이크는 놀이 회기에서 제이미가 그를 짜증 또는 화가 나게 할 수 있는 것을 상담회기 동안 목록으로 작성할 것이며, 그런 상황에서 어떻게 진정할 수 있을지 생각해 볼 것이다.

4. 제이크는 아들을 놀이에 초대하고, 아들이 두려워하는지 관찰하고, 아들이 두려워할 경우 자신이 그것에 화가 난다면 놀이 회기에서 확실하게 벗어날 것이다.

5. 제이크와 그의 아내는 아들에게 사용하고 싶은 양육 전략에 관해 이야기할 것이며, 상담자는 필요한 경우 그들이 타협하도록 도울 것이다. 제이크는 타협이 필요하다는 것에 화가 난다면 스스로를 진정시킬 것이다.

6. 제이크는 양육에 대한 결정에서 아내의 의견에 동의하지 않을 때 사용할 주장 전략을 먼저 상담자와의 역할놀이에서, 그다음에는 집에서 아내에게 연습할 것이다. 분노를 통제할 필요가 있을 때는 이완 전략 또는 회피 전략을 사용할 것이다.

7. 제이크는 회기 밖 가족과의 생활에서 새로운 의사소통 전략, 분노조절 전략을 사용할 것이다. 이때 그는 이 전략들이 아동보호국과 경찰이 그의 삶에 다시 관여하는 것을 막고 그의 새 비폭력 규범이 성공할 수 있게 하는 것이라고 계속 상기할 것이다.

8. 제이크가 현재의 대인 수준에서 변화의 유지 단계로 안전하게 나아가지 못할 경우 추가해야 할 다른 실행–초점 목표들

사례개념화 실습 사례: 인종과 민족 영역의 통합

이제 케일러에 대한 초이론 분석을 실시할 것이다. 그녀의 행동에 통찰을 제공할 수 있는 복합적 영역이 많이 있다. 이 사례에서는 사례개념화와 상담계획에 인종과 민족 영역을 통합시킬 것이다.

접수면접에서 얻은 정보

케일러는 24세의 독신 여성으로 라코타 수족 출신이다. 그녀는 그린피스에서 일하는 저널리스트이며, 세계 곳곳을 다니면서 환경 문제를 널리 알리는 일에 참여하고 있다. 그녀는 현

재 건강이 나빠져서 유급휴가 중이며, 휴가 기간 동안 매사추세츠의 워터타운(보스턴의 교외 지역)에 있는 아파트에서 살고 있다. 케일러는 전반적인 무기력감과 삶의 방향성 상실로 인해 스스로 상담을 받으러 왔다. 케일러는 상황적 제약으로 인해 이번에 처음으로 연락하였다. 그녀는 작년부터 도움이 필요하다고 느꼈지만, 지난주가 되어서야 미국으로 돌아와 도움받을 곳을 찾아볼 수 있었다.

간단한 정신건강 검사에서, 케일러는 우울, 불안 징후를 보였지만 임상수준까지는 아니다. 또한 자살이나 살인 사고, 심한 정신병리 징후는 보이지 않았다. 케일러는 상담사의 주 관심영역에 구애받지 않는다고 하였다. 그린피스는 6개월 내에 그녀를 외국으로 보낼 것이다.

초이론 관점에서 케일러(K)와의 인터뷰

C: 케일러, 당신 삶이 지향하는 바가 만족스럽지 않아서 여기 온다고 들었어요. 좀 더 이야기해 주시겠어요?

K: (고독하게) 음, 나는 대학을 졸업한 이후 그린피스에서 계속 일했어요. 그건 큰 조직이고, 나에게 개인적 의미가 큰 일을 하고 있어요. 그러나, 나는 공허함, (멈춤) 모든 사람에게서 단절된 걸 느껴요. 나는 정말로 왜 그런지 모르겠어요. 나는 항상 이렇게 느껴 왔어요. 내 생각에, 내가 학위를 따고 몇몇 중요한 일을 하던 때에 이 무기력감이 사라졌던 것 같아요.

C: 당신은 평생 동안 그런 느낌을 가지고 있었나요?

K: (고독하게) 내 가족은 가난했어요. 나는 다른 사람처럼 옷을 입지 못했어요. 마을은 작았어요. 우리 빼고는 모두 교회에 다니는 것 같았어요. 나는 수족이었고, 그들은 모두 백인이었어요. 항상 다른 애들한테 괴롭힘을 당하거나 거부당했어요.

C: 그건 외상적 경험인 것처럼 들리는군요.

K: (곰곰이 생각하면서) 그래요. 내가 다니던 고등학교에 지도상담 교사가 올 때까지는 아무도, 심지어 내 가족들조차 내가 어떤 걸 겪고 있는지 이해하지 못하는 것 같았어요. 그는 나에게 도움이 필요하다는 것을 깨달았고, 처음으로 상담을 받게 했어요.

C: 처음으로요?

K: (조용하게) 지금까지 세 번 상담을 받았어요. 세 번 모두 인생의 위기를 넘기는 데 정말 도움이 되었어요. 그렇지만 정말 내가 이 세상의 한 부분인 것처럼 느끼도록 해 준 적은 한 번도 없어요. 나는 항상 내가 단절되었다고 느껴 왔어요.

C: 상담의 어떤 부분이 당신에게 도움이 되었나요?

K: (회상하면서) 첫 번째에는 이완에 대해 배웠어요. 그 전에는 이완이 어떤 것인지 전혀 몰랐어요. 나는 항상 긴장하고, 불안해하고, 사소하거나 전혀 싸울 이유가 없는 것에도 싸우려 했어요. 그 상담에서는 많은 이완 운동, 분노 조절 전략을 가르쳐 주었어요. 그 상담자는 대단했고, 내가 연결되어 있다고 느꼈던 몇 안 되는 사람 중 하나예요. 나는 지금도 그 이완 운동 중에서 많은 것을 해요. 만일 직장이나 가정의 누군가가 나를 신경 쓰게 만들면, 나는 곧 개인적인 휴식시간을 가져요. 나는 약 15세 이후로는 누구와도 진짜로 싸워 본 적이 없어요.

C: 싸운 적이 전혀 없어요?

K: (만족해 하며) 정말로 포함시킬 만한 것으로는 한 번도 없어요. 나는 누군가에게 좀 짜증이 날 수도 있지만, 만일 그것이 한도를 넘어서면 나는 즉시 물러서서 피해요.

C: 당신과 싸우고 있다고 생각한 사람은 없나요?

K: (혼란스러워하며) 없어요. 그게 아이러니해요. 실은 그렇게 싸움이 없는 것이 내 예전 남자친구가 말한 것처럼 우리 관계를 폭발시켰어요.

C: 관계가 끝났나요?

K: (슬프게) 네. 우리는 둘 다 그린피스에서 일했고, 약 2년 동안 함께 살았어요. 그는 내가 정서적으로 너무 차갑다고 했어요. 유령처럼, 거기에 있지만 거기에 있지 않다는 거죠.

C: 그가 무슨 뜻으로 한 말인지 아시나요?

K: (멈춤, 주저하며) 어느 정도는요. 그는 내가 즐거울 때에만 거기에 있다고 불평했어요. 그는 나를 필요로 할 때 내가 주변에 없다고 느낀 적이 많았어요.

C: 당신은 주변에 있었나요?

K: (단호하게) 내 몸은 거기 있었어요. 그러나 그가 어려움에 빠졌을 때, 나는 그 문제를 유발시킨 사람이나 상황에 대해 화가 나서 견딜 수 없게 되고, 그래서 폭발하기 전에 나를 진정시켜야 했어요. 그는 그런 모습에 대해 그에게서 물러서는 것, 어떤 것에 대해서도 깊이 관여하지 않으려는 것이라 생각했어요. (한참 침묵) 그는 그린피스를 떠났어요.

C: 새로운 사람은 없나요?

K: (낙담하여) 아뇨, 지금 당장은 관계를 감당할 수 없을 것 같아요. 나는 긴밀한 관계를 정말로 잘 맺어 간 적이 한 번도 없었어요. 대학교에서, 나는 내 마지막 상담자가 이야기한, 표면적인 친구들만 있었어요. 우리는 함께 자주 농담을 하곤 했지만, 모두 항상 자기감정을 통제했어요.

C: 마지막 상담 경험에서 어떤 도움이 있었다고 느꼈나요?

K: (조용하게) 대인관계를 더 잘하는 데 정말 도움이 되었어요. 내가 거부를 두려워해서 의도적으로 타인에게서 거리를 두어 왔다는 걸 알게 되었어요. 나는 친밀한 애착 경험이 전혀 없어요. 나한테 그게 필요하다고 생각하지도 않았고요. 그러나 내가 얼마나 외롭고 고립되어 있는지 볼 수 있게 되었어요. 나는 사람들에게 다가가는 법을 배웠고, 처음으로 진정한 친구관계를 만들었어요.

C: 피상적이지 않고 진정한 친구관계가 될 수 있게 바꾼 것은 무엇이었나요?

K: (생각에 잠겨) 나는 마치 은둔자 같이 살았어요. 항상 방에 숨어 있었고, 끝낼 때까지 몇 시간 동안 글을 쓰곤 했어요. 나는 글쓰기를 사랑했고 의미가 있다고 생각하는 것들을 하고 있었어요. 그래도 목적의식이 부족한 것 같다는 피드백을 영어 교수들에게서 자주 받고 있었어요. 처음에 나는 내가 수족이라서 내 글이 교수님들한테 거절당하는 건가 생각했어요. 그러나 상담을 통해, 나는 내가 글쓰기 재능이 충분하지 않은 것을 두려워하여 비판을 부정한다는 걸 깨달았어요. 나는 이 두려움을 수업에서 교수님과 학생들에게 표현하도록 나를 다그쳤고, 그들과 더 가까워지기 시작했어요. 그들도 나에게 더 큰 관심을 보였고요. 나는 진짜 친구가 생긴 거죠.

C: 약점을 드러냄으로써 더 많은 관계를 만든 거네요?

K: (조용하게) 네, 그리고 여전히 나한테 더 많은 관계가 필요한 걸 알고 있지만 쉽지 않네요. 상담자들은 항상 내가 뭘 생각하고 다음번에 뭘 배워야 하는지 알고 있는 것 같아요. 상담자와의 관계는 다른 사람과의 관계보다 더 쉬워요.

C: 당신의 가족들은 어떤가요?

K: (조용하게, 한숨을 쉬며) 나는 그들에게 거부된 사람이에요. (멈춤) 과장하는 게 아니에요. 나는 그들을 완전히 포기할 수밖에 없었어요. 나는 정말 노력했어요. 실제로 그것은 내 두 번째 상담의 주 초점이었어요. 그때 나는 정체성 문제로 정말 힘들었어요. 내 고등학교 선생님들이 내가 전액 장학금을 받으면서 대학에 진학할 수 있게 도와주셨어요. 나는 그 대학에 정말 가고 싶었지만 가족은 그것에 반대했어요. 그들은 그것이 수족 출신임을 거부하는 것이라고 봤고, 한동안 나와의 연락을 완전히 끊었어요.

C: 그것에 대해 어떻게 느꼈나요?

K: (슬프게) 처음에는 가족을 잃은 것에 큰 충격을 받았어요. 그러나 상담를 받으면서 나는 그렇게 크게 변한 건 없다는 걸 깨달았어요. 나는 항상 정말로 가족에게 버림받은 사람이었어요. 나는 그들이 나에게 원하는 것과 내가 원하는 것 사이에서 균형을 이뤄서 그

들이 나를 받아들이도록 항상 노력했어요. 상담자는 나에게 라코타 수족에 관해 공부하고 나의 문화유산을 통해 힘을 얻어 보라고 격려하였어요. 나는 읽을 수 있는 모든 것을 다 읽었어요. 나는 가족의 관례에 대한 내 혼란이 부모님들 스스로가 혼란스러운 것 때문이란 걸 깨닫기 시작했어요.

C: 무슨 뜻이죠?

K: (진지하게) 조부모 세대의 많은 인디언은 전통적인 인디언 식으로 살지 못하게 강제 당했고, 기숙학교로 보내졌으며, 원래 언어로 말하면 벌을 받았어요. 그러니 내 부모님에게 수족으로 사는 법을 어떻게 가르칠 수 있었겠어요? 부모님은 전통적 방식을 되찾으려고 노력했지만 외부 사람을 증오하는 것 외에는 정확히 어떻게 해야 하는지 모르셨던 것 같아요. 나는 이 이야기를 어머니에게 한 적이 있어요. (멈춤) 나는 이해하기 위해 노력하고 있다고 말씀드렸는데, (멈춤) 어머니는 그냥 가 버리셨어요.

C: 거부당했다고 느꼈군요. 당신은 이해하려고 노력했지만, 어머니는 가 버리셨네요.

K: (혼란스러워하며) 나는 항상 그들에게 반발하는 것처럼 보였어요. (멈춤) 나는 어떻게 보면 인디언보다는 백인에 가깝게 됐지만 수족에 관한 글들을 읽으면서 여러 가지를 배웠어요, 아마도 그들은 모르고 있을 것들이에요. 졸업 후에 그린피스에서 일해야겠다고 결정했어요. 왜냐하면 그것은 땅을 중시하거든요. 내가 연대감을 느끼기에 적당했어요.

C: 연대감이 당신에게 중요하군요.

K: (단호하게) 내 가족과 우리 사람들은 자연, 환경을 중시해요. 가족은 항상 땅이 얼마나 중요한지 이야기했어요. 비록 할머니가 돌아가신 후에 수족 보호구역을 떠나서 메인 주에 있는 우리 나무 농장을 샀지만. 나는 농장에서 항상 열심히 일했어요. 나도 마음을 쓰고 있는 걸 보여 주려고요. 아버지는 절대 알아채지 못하신 것 같지만.

C: 무슨 뜻인가요?

K: 나한테 관심을 보인 건 학교 선생님밖에 없어요. 내가 대학에 지원했을 때 가족은 내가 우리 사람들을 배반하고 계속 외부인 집단을 더 좋아한다고 비난했어요. 나는 글쓰기에 대한 내 사랑을 보여 주려 했지만 그들은 계속 내가 그들을 배반했다고 말했어요. 나는 땅이 나에게 중요하단 걸 보여 주려 했어요, 글을 통해서. (멈춤) 그린피스의 목적은 지구를 보호하는 거니까, 내가 그린피스에서 일하는 것에 대해 그들이 가치 있는 일로 볼 거라고 생각했어요.

C: 그들은 그걸 어떻게 여기나요?

K: (멍하니) 그냥 백인들의 길을 따라가는 것으로요, 수족의 길이 아니라. 학교에 가는 것은

내 꿈이었지만 나는 가족의 행복을 우선시해야 했어요. 어린 시절부터 그렇게 하려고 노력했는데, 만족스럽게 되지 않았어요. (걱정스럽게) 나는 나에게 맞는 곳을 찾아야만 했어요. 대학에서 첫 학기가 끝난 후에, 삼촌이 나를 찾아왔어요. 그는 당장 집으로 가서 말을 듣든지, 아니면 다시는 집에 오지 말라고 했어요.

C: 당신의 삼촌은 그들 모두를 대변하는가요?

K: (단념하며) 네. 항상 그가 대변해요. 부모님, 언니들, 삼촌과 숙모는 모여서 내가 가족을 마지막으로 모욕한 것에 대해 논의하고, 나를 추방하기로 결정했어요.

C: 당신 외에는 모두 그 모임에 참석했군요.

K: (단념하며) 심지어 내가 집에 있을 때에도 나는 결코 포함되지 않았어요.

C: (한참 침묵) 단절. (멈춤) 항상 그랬었나요?

K: (단념하며) 정신적으로는 그래요. 신체적으로는 매일 방과 후에 같이 있었고, 매 주말에는 함께 숲으로 가서 나무를 심거나 거둬들였어요. 또 우리는 집 난방을 위해 나무를 베어야 했어요. 나무 생산량이 줄어들면 춥게 지냈어요. 자급자족은 우리 가족에게 매우 중요해요. 우리는 숲에서 사냥해요. 비록 몇몇 물건은 어머니가 슈퍼에서 사 오시지만. 백인 공동체의 것은 가능한 한 적게 사용해요.

C: 당신과 당신의 가족은 오늘날에는 소수만이 가진 생존기술을 가지고 있군요.

K: (슬프게) 예. 나는 또 가족에서 최고의 나무꾼이었지만, 아무도 그것에 관해 어떤 말도 하지 않았어요. 자신이 한 일에 감사를 기대하는 건 수족 방식이 아니란 건 알지만, 나도 뭔가 가치가 있다는 작은 표시 정도로 만족했을 텐데요. 나는 비난만 받았어요.

C: 비난은 상처를 주죠.

K: (슬프게) 정말 그래요. 내가 뭘 하든, 기억할 수 있는 가장 어린 시절부터, 그들은 내가 외부인, 특히 백인을 좋아한다고 비난했어요. 나를 백인이라고 부르는 것이 그들이 떠올릴 수 있는 가장 심한 모욕이에요.

C: 왜 그렇죠?

K: (열심히) 부모님은 모든 백인 이웃을 증오했어요. 부모님이 나무 농장을 사실 때 좀 어려움이 있었던 것 같은데, 무슨 일인지는 몰라요. 부모님은 그냥 우리가 백인을 믿을 수 없으며 내가 그들 가까이 가지 말아야 한다고 항상 이야기하셨어요.

C: 어머니와 아버지는 항상 서로 동의하셨나요?

K: (열심히) 예. 아버지가 모든 결정을 내리셨어요. 어머니는 동의하시고요. 때때로 어머니가 정말로 동의하는 건 아니라고 느끼고, 내 편을 들어달라고 애원하면 어머니는 들어주

지 않으세요. 나중에 "침묵을 배워라, 그렇지 않으면 항상 다투게 될 것이다."라고 하세요.

C: 침묵을 배운다는 건 어떤 의미인가요?

K: 어머니 말씀은 내가 나 자신을 변호하면 항상 다투게 된다는 거예요. 내가 조용히 있으면 갈등이 없다는 거죠.

C: 어머니는 항상 침묵의 규칙을 지키셨나요?

K: 지금은 그러시는데, 그러지 않으셨던 적이 한 번 있었던 것 같아요. 기억이 확실친 않지만 내가 아주 어렸을 때 부모님이 다투셨어요. 크게 다투신 후에 나는 숙모, 삼촌 댁으로 보내졌고, 거기서 3년을 살았어요. 다른 아이들은 그대로 집에 있었어요. 아무도 나를 보낸 이유를 말해 주지 않았어요. 첫날밤에 나는 어머니가 병원에 있다는 이야기를 우연히 듣게 되었어요. 나는 정말 무서워져서 방으로 뛰어 들어갔어요. 그들은 매우 화가 나서 그것에 관해서 나하고 이야기하지 않았어요. 어머니가 침묵하지 않으셔서 병원에 보내졌나 의심했어요.

C: 다른 곳으로 보내져서 부모, 자매와 단절됐는데 어떤 느낌이 들었나요?

K: (걱정스럽게) 겁이 나고 혼란스러웠지만, 집에 가고 싶다면 침묵해야 한다는 걸 알고 있었어요. 유치원에 갈 나이가 되어서야 집으로 돌아갔어요. 내가 집에 도착했을 때 그들은 마치 내가 집을 떠난 적이 없었던 것처럼 행동했어요. 나는 질문하고 싶은 게 많았어요. 내가 왜 보내졌는지, 다른 아이들은 왜 아닌지, 어머니는 왜 병원에 보내졌는지, 나는 왜 다시 돌아올 수 있었는지, 항상 침묵하는 게 왜 그렇게 중요한지?

C: 어떤 사람은 매우 호기심이 많고, 어떤 사람은 그렇지 않지요.

K: (단호하게) 나는 호기심이 많은 쪽이에요. 나는 첫날부터 유치원을 사랑하게 됐어요. 왜냐하면 선생님이 항상 나를 격려하고 내 질문에 대답하셨거든요. 부모님은 내가 자기들보다 선생님을 더 존경했다고 항상 믿으셨어요.

C: 정말 그랬나요?

K: (단념하며) 나는 그냥 그곳에 더 잘 어울렸어요. 집에서처럼 혼자 있는 게 아니었어요. 수족으로 사는 게 어떤 건지 이해하려고 노력했지만, 가족 명절은 정말 이해할 수가 없었어요. 그건 괴상해요. 부모님은 수족에게 특별한 날들이 있다고 하셨지만, 그런 날에 담배를 피우고 술 마시는 것 외에는 뭘 하시는 것 같지 않았어요. 혹시 내가 어떤 질문이라도 하면 항상 불같이 화를 내셨어요. 뭘 축하하는지를 그분들이 아시는지 의심스러워요.

C: 그분들이 직접적인 질문에는 대답하지 않으셨지만 이야기나 다른 교육용 의식을 통해서 명절에 관해 당신을 가르치려 하신 적은 없나요?

K: (역겹다는 듯이) 그들은 그냥 둥글게 앉아서 술만 드시는 것 같았어요.

C: 그들은 누구누구인가요?

K: (언짢아하며) 부모님, 언니들, 삼촌, 숙모. 그들은 그냥 말없이 앉아 있어요. 그게 바로 그들이 항상 나한테서 바라는 것이라고 말했던 거죠.

C: 그들은 얼마나 마시나요?

K: (조용하게) 필름이 끊길 때까지요. 그렇지만 알코올중독자는 아니에요.

C: 알코올이 큰 문제가 되는 가족이 많이 있죠.

K: (끄덕지게) 나는 술을 안 마셔요. 그리고 내 생각에 가족들도 명절이 아니면 그렇게 많이 마시지 않아요.

C: 당신의 가족에 대한 깊은 애정이 느껴지네요. 당신 생각에 그들이 수족이라서 주정꾼일 거라고 내가 생각하는 것 같나요? 당신은 그들에게 음주 문제가 없다고 느끼시나요?

K: (슬프게) 나는 술을 전혀 안 마셔요. (멈춤) 어쩌면 알코올이 그들 문제의 한 부분일 수도 있죠.

C: 알코올에 의지하는 것이 당신을 가족에게서 떼어놓게 한 것이라고 생각하시나요?

K: (단호하게) 그게 상황을 악화시켰지만, 아버지는 항상 나를 다른 딸아이들과 다르게 대하셨어요. 그는 조용한 사람이지만 그들에게 이야기는 하세요. 나한테는 항상 차가우셨어요. 내가 어렸을 때 그를 따라 농장에 가서 그를 도우려 했던 때가 아직 생각나요. 그는 내가 거기 있다는 것을 전혀 알아채지 못하셨어요. 나는 학교를 사랑했어요, 그곳에선 말하는 게 잘못이 아니거든요.

C: 집에서 당신은 다르고 외롭다고 느꼈고, 학교에서 당신은 서로 연결되어 있다고 느꼈어요. 그렇지만 그게 당신을 부모님에게서 더 멀어지게 했네요.

K: (열심히) 나는 어머니가 조용히 하라고 명령하시고 아버지가 노골적으로 불쾌해하셔도 항상 큰 소리로 이야기했어요. 나는 자매들처럼 적응하고 싶었지만 그들처럼 조용히 있을 수는 없었어요. 나는 항상 이 독립적인 영혼을 가지고 있었어요. 나는 그린피스에서 내 동료들과 잘 어울렸어요. 나는 수족이에요. 나는 돈을 벌어서 물건을 사 모으려는 게 아니에요. 나는 모든 사람을 위해 지구의 건강을 지키는 데 일조하려는 거예요. 나는 가족과 많은 갈등을 불러일으켰어요. 좋은 수족은 그렇게 하지 말아야 하지만, 자신의 길을 찾으려 노력하는 것은 우리 문화에 반하는 게 아니에요. (멈춤) 반하는 게 아니에요. (한참 침묵, 낙담하여) 때때로 나는 그린피스에서 내가 하는 일이 정말 가치가 있다면, 아버지가 나에게 말씀해 주실 거라는 생각이 들어요. 만일 내 일이 가치가 있다면 왜 나는 이렇

게 공허한 느낌이 들까요?

C: 공허하게 느끼기 때문에, 당신의 일이 중요하지 않다고 생각하시나요?

K: (완강하게) 나는 그린피스에서 특별히 좋은 기사를 쓴 적이 있어요. 그에 대해 문학상을 받았어요. 나는 그 글을 부모님에게 보냈어요. 내가 지구를 지키려 얼마나 노력하는지에 대해 그들이 존중해야 하지 않을까요? 어쩌면 그들은 내가 그들에게 좋은 인상을 주려고 그걸 보냈다고 생각하실 수도 있어요. 그건 우리의 방식이 아니에요. (새빨개지며, 부끄러워하며) 나는 이것에 관해 많은 생각을 했어요. 내 머릿속에서 윙윙거리는 것 같은 목소리를 들어요. "중요한 것을 하라, 그러면 네가 돌아오기를 부모님이 바라시게 된다." 내가 이 목소리와 논쟁을 하는 걸 보면 틀림없이 미쳐 가고 있다고 느낄 때도 있어요. 나는 이야기하죠. "나는 중요한 것을 하고 있다. 그들은 그냥 나를 원하지 않는 것이다." 그것에 관해 그냥 소리 내어 이야기하는 것으로도 피곤해지고 녹초가 돼요.

C: 그 목소리는 아무도 도달할 수 없는 수준의 완벽함과 중요성을 요구하는군요.

K: (굳게) 예. 그리고 그건 결코 멈추지 않아요.

C: 그리고 그 목소리에 대한 당신의 반응은 피곤함을 느끼는 것이죠?

K: (단념하며) 계속 노력하는 게 너무 힘들지만, 그래야만 한다는 건 알고 있어요.

C: 왜죠?

K: (힘차게) 나는 내가 항상 싸움꾼이었다고 추측해요, 심지어 어린아이일 때에도. 나한테 있어서 그건 내가 눈에 띄지 않기를 내 부모님이 원하실 때 그들의 눈에 잘 띄게 만드는 그런 것 중 하나였어요. 나는 포기할 수 없어요. 당신들 상담자들은 때때로 내가 그만둘 수 있다고 제안하지만, 실제로는 항상 내가 강해져야 한다고 요구하잖아요.

C: 우리들 역시 완벽주의자인가요?

K: (조용하게, 미소 지으며) 예, 당신들은 내가 약해지고 산산조각 나도록 내버려 두지 않아요. 그게 내가 상담으로 돌아오게 하는 것 중 하나예요. 당신들은 내가 강할 때를 좋아해요.

C: 당신은 당신 자신에 대해 나에게 많이 이야기했고, 당신 자신의 어려움에 대해 많은 통찰이 있는 것 같습니다. 왜 여기 오는 게 필요했나요?

K: (곰곰이 생각하면서) 나는 고착되고 길을 잃었다고 느끼고 있어요. 내 삶에서 계속 전진해 갈 수 없을 것 같아요. 이건 예전에도 일어났던 일이고, 내가 다시 방향을 찾는 데 상담이 정말 도움이 되었어요.

C: 당신이 생각하고 있는 것은 고착되고 길을 잃은 느낌 뒤에 있는 건가요?

K: (신경질적으로) 당장 말하기는 어렵네요. (멈춤) 일어나는 일을 모두 인정하는 건 어려워

요. 누가 구체적으로 물어보지 않는다면 뭔가를 이야기하지 않는 건 쉬워요. 예전 상담
자들은 물어보지 않은 것이 있어서 나는 몇 가지 비밀을 계속 유지하고 있었어요. (멈춤,
내려다보며) 나는 그들이 무슨 질문을 해도 모두 대답했지만, 만일 묻지 않는다면…….
(한참 멈춤)

C: 어떤 비밀들이죠?

K: (신경질적으로) 내가 예전에 상담받을 때에는 그것들에 대해 전혀 언급하지 않았어요. 내
생각에 그들은 내가 반복적으로 상담을 받아야 하는 진짜 패배자라고 생각했을 거예요.

C: 한 번 이상 상담받아야 한다면 패배자인가요?

K: (단호하게) 심지어 한 번이라도 상담을 받았다면 약하다는 표시죠. 나는 자급자족해야 해요.

C: 그러면, 상담을 받는 것은 당신의 전통을 배신하는 건가요?

K: (단호하게) 절대적으로 그래요! 나는 자급자족해야 하고, 침묵을 지켜야 하고, 들은 대로
해야 해요. 그러기는커녕 나는 외부인과 살고 있고, 도움이 필요하고, 질문을 하고, 가족
의 바람을 무시하고 있어요.

C: 수족이 아닌 사람은 모두 외부인인가요?

K: (단념하며) 상담자들, 교사들, 내 친구들, 내 동료들.

C: 당신 가족 외에 다른 미국 인디언들은 당신에 대해 어떻게 생각할까요?

K: (혼란스러워하며) 난 모르겠어요. 미국 인디언 운동처럼 정치적으로 연관된 다른 인디언
들이 있어요. 나는 그들과 접촉할 수 있었어요. (멈춤) 그렇지만 나는 나한테 맞는 곳을
하나 발견했는데, 그게 그린피스에요. 내가 연결되고 싶은 곳이에요. 그렇지만……. (한
참 멈춤)

C: 그러나 심지어 이렇게 가장 연결되어 있는 사람들에게도 당신은 비밀을 유지해 왔어요.
(K는 고개를 끄덕인다) 오늘 나한테 이야기할 것으로 어떤 중요한 비밀이 남아 있나요?

K: (신경질적으로) 그건 나 혼자서 처리해야 하는 거예요.

C: 내가 그 비밀을 알게 되면 어떤 일이 일어나나요?

K: (전전긍긍하며) 내가 가지고 있는 아주 조금의 연결을 잃게 될 거예요. 당신이 나를 쫓아
낼 거예요.

C: 당신을 쫓아내는 건 옵션에 없는 거예요.

K: (전전긍긍하며) 당신은 그럴 거예요. 당신은 내가 얼마나 왕따인지 알게 될 거예요.

C: 나는 이제 당신에 관해 많이 알고 있고, 당신을 존중하고 있어요. 나로서는 당신을 쫓아
내게 할 만한 것이 아직 남아 있다고 상상하기 어렵네요.

K: (혼란스러워하며) 당신은 나한테 어떤 생각을 가지고 있나요? 이것은 우리의 첫 번째 상담이에요!

C: 내가 당신에 관해 모르고 있는 것이 많이 있어요. 그러나 내가 정말로 아는 것은 당신이 굉장히 창의적이고 열심히 일하는 사람이며, 용감한 사람이고, 외로운 사람이라는 거예요. 당신의 가족은 당신을 거부했지만, 어떤 면에서는 당신이 당신 자신을 거부했어요. 그 비밀이 무엇이든 간에, 당신은 당신 자신을 용서하는 게 어떨까요? 그리고 당신 자신이나, 당신의 동료, 그리고 타인들과 연결되도록 내버려 두는 것이 어떨까요?

K: (완강하게) 나도 그걸 원하지만, 할 수 있을지는 모르겠어요.

C: 아마 우리가 함께 그것을 해낼 수 있을 거예요, 또는 어쩌면 당신 스스로 그것을 해낼 수 있을 수도 있죠.

K: (전전긍긍하며) 당신이 상담에 나를 받아들이지 않을 만큼 내가 심각한 패배자인가요?

C: 당신은 훌륭한 승리자예요. 당신이 자신을 위해 할 필요가 있는 것 중에 당신이 아직 모르는 게 있을지, 내가 당신에게 제안할 게 있을지 확실치가 않네요.

K: 나는 더 이상 혼자이고 싶지 않아요.

C: 당신은 타인과 연결될 필요가 있어요. 그렇지만, 내가 당신을 돕는 것이 당신에게 필요한가요?

K: (탄원하듯이) 예, 나는 더 이상 나 혼자 힘으로 해 나갈 수 없다고 이야기했잖아요.

C: 당신은 혼자가 아니에요. 내가 여기에 있잖아요. 다음 주까지 각자 뭔가 중요한 걸 해 봅시다. 나는 당신이 오늘 나에게 공유했던 것들에 대해 생각해 보고, 당신에게 제안할 몇 가지 아이디어를 찾아보겠어요. 당신은 당신의 비밀에 관해 생각해 보고, 당신의 강점에 대해 생각해 보세요. 그 공허한 느낌을 끝낼 당신의 실행계획에 관해 나에게 제안할 몇 가지 아이디어를 가져오시면 좋겠어요.

K: (조용하게) 예. 할 수 있어요.

케일러에 대한 사례개념화 개발 실습

❖ 실습 1(최대 4쪽)

목 표: 초이론에 대해 분명히 이해하고 있다는 것을 확인하기

양 식: A~C 파트를 연계 짓는 통합적인 에세이

도움말: 이 장을 다시 보라(541~548쪽).

A. 이 실습의 도입부가 될 수 있게, 초이론의 모든 가정을 간략하게 개관하라(내담자의 변화 방식 이해에 핵심이 되는 차원에 대한 이론의 가정, 폭넓게 추상적으로 생각하라).

B. 이 가정들 각각이 변화 과정을 통한 내담자의 진전을 이해하는 데 어떻게 사용되는지 상세하게 기술하라. 각 가정을 충분히 설명하는 구체적 사례를 포함시켜야 한다.

C. 내담자의 변화를 돕는 상담자의 역할(컨설턴트, 의사, 교육자, 조력자), 상담에 사용한 주요 접근법, 공통적으로 사용된 상담 기법을 기술하면서 에세이의 결론을 내리라. 이 접근법의 특유한 점이 분명히 드러나는 구체적인 사례를 충분히 제공하여야 한다.

❖ 실습 2(최대 2쪽)

목　표: 케일러에 대한 초이론 적용 돕기

양　식: A~C의 각 섹션에 대한 각각의 문장 개요

도움말: 이 장을 다시 보라(541~548쪽).

A. 케일러의 문제(걱정, 이슈, 문제, 징후, 기능 결핍, 상담 장벽) 목록을 작성하고, 각각에 대해 다음 사항을 논의하라.

1. 케일러는 어떤 변화 수준에서 문제를 정의하고 있는가?

2. 문제와 관련하여 케일러는 어떤 변화 단계에 있는가?

3. 문제를 극복하기 위해 케일러가 사용했던 변화 과정은 무엇인가? 그리고 이것은 어떤 결과(효과적, 비효과적, 혼재된)를 낳았는가? 앞서 제시한 1과 2를 고려했을 때 그녀가 사용한 변화 과정은 적절한가?

B. 케일러의 강점(강한 점, 긍정적 특성, 성공, 기술, 변화 촉진 요소) 목록을 작성하고, 각각에 대해 다음 사항을 논의하라.

1. 케일러는 각 강점에 대해 어떻게 인식하고 있는가? 그리고 그것은 어떤 방식으로 도움이 되는가?

2. 케일러는 문제를 극복하기 위해 이 강점을 사용하고 있는가? (구체적으로 진술하라.)

　　a. 강점은 그녀가 하나 이상의 변화 수준에서 문제를 이해하는 데 도움이 된다.

　　b. 강점은 그녀가 변화 단계를 거쳐 나아가기 위해 변화 과정으로 사용할 수 있다.

　　c. 강점은 그녀가 변화 과정을 효과적으로 사용하게 해 준다.

C. A 파트에 기초해서, 지금 케일러가 가장 변화시키고 싶어 하는 것은 무엇인가? 각각에 대해 다음 사항을 논의하라.

1. 상담의 초점이 될 각 문제에 대해 당신이 선택하고 싶은 상담 전략과 그것을 선택

한 이유

2. 각 상담전략 안에서 각 문제에서의 변화를 뒷받침하는 특정한 변화 과정과 그것을 선택한 이유

3. B 파트를 고려해 볼 때, 케일러의 강점은 각 문제에 대한 당신의 상담전략에서 어떻게 사용될 수 있는가?

❖ 실습 3(최대 4쪽)

목   표: 케일러의 삶에서 수족 유산의 잠재적 역할 이해하기

양   식: A~J의 각 섹션에 대한 각각의 문장 개요

도움말: 2장을 다시 보라(88~97쪽).

A. 수족 전통이 개인, 가족, 사회, 직업, 정치 영역에서 케일러에게 줄 수 있는 강점, 자원, 힘의 측면에서, 그녀가 자기 정체성으로 생각하는 수족 전통의 역할을 평가하라.

B. 어떤 지배적 문화세계관, 기관, 정책, 관습이 차별, 편견, 인종주의로 이끌고 지금 케일러의 건강한 발달에 장애로 작용할 수 있는지 생각해 보라.

C. 지금 어떤 상황들이 차별, 편견, 인종주의를 심화시키고, 그에 따라 현재 케일러의 건강한 발달에 장애로 작용할 수 있는지 생각해 보라.

D. 어떤 역사적 사건이 수족에 대한 케일러의 정체성에 영향을 주었는지 생각해 보고, 현재 그녀의 문제가 직접적 또는 간접적 억압이나 트라우마, 이런 억압에 대한 그녀의 반응, 동화 스트레스, 차별, 편견과 인종주의, 수족과 지배적인 사회, 그리고 그 기관 사이의 가치 부조화에 의한 결과인지 평가하라.

E. 케일러가 그녀의 가치, 신념, 행동 측면에서 전반적으로 얼마나 자기 역할을 잘하고 있는지 수족의 세계관과 지배적인 문화집단의 세계관을 통해 평가하라. 지배적인 사회에서 그녀가 하는 행동 중에 불의에 대한 올바른 적응이라고 수족에게 지지받을 수 있는 것에 대해 논의하라.

F. 성공적인 상담은 케일러쪽에서 더 내적인 인식이나 실행을 하는 것과 관련되는지, 아니면 그녀와 수족 연합을 억압하는 환경에 대한 정책, 절차, 평가에 더 많은 활동을 하는 것과 관련되는지 생각해 보라. 현재 케일러에게 유용하고 당신의 상담계획에서 효과적으로 사용할 수 있는 문화 특수적 자원, 상담 전략, 조력자가 있는지 생각해 보라.

G. 당신은 현재 수족 사람들에 관해 얼마나 알고 있는가?

   a. 수족 또는 다른 미국 원주민에 대한 배경지식을 습득할 수 있는 강좌를 얼마나 수

강하였는가?

b. 수족 또는 다른 미국 원주민에 대한 배경지식을 습득할 수 있는 워크숍에 얼마나 참가하였는가?

c. 수족 또는 다른 미국 원주민에 대해 어떤 전문적 경험이 있는가?

d. 수족 또는 다른 미국 원주민에 대해 어떤 개인적 경험이 있는가?

e. 수족 또는 다른 미국 원주민의 세계관을 설명하라.

H. 수족 또는 다른 미국 원주민과 관련된 이슈에 대한 현재 당신의 인식 수준은 어떠한가?

a. 수족 또는 다른 미국 원주민에 관해 들었던 전형적인 내용에 관해 기술하라.

b. 지배적인 백인 문화의 문화적 편견이 당신의 삶에 어떻게 작용했는지 기술하라.

c. 당신의 인종적, 민족적 문화집단이 당신의 삶에 어떤 역할을 했는지 기술하라.

d. 당신의 인종적, 민족적 소속을 케일러의 소속과 비교해 볼 때, 어떤 차이가 의사소통 문제, 가치 갈등, 케일러의 생활양식이나 경험 이해의 어려움, 케일러의 강점 불인정으로 이끌어 가는가?

I. 당신은 수족 연합 또는 다른 미국 원주민과의 작업에서 어떤 기술을 사용할 수 있는가?

a. 당신은 수족 연합 또는 다른 미국 원주민과의 작업에서 유용하게 사용할 수 있는 어떤 기술을 가지고 있는가?

b. 수족 연합 또는 다른 미국 원주민과 효과적으로 작업하기 위해서는 어떤 기술을 개발하는 게 중요하다고 생각하는가?

J. 어떤 활동단계로 진행할 것인가?

a. 케일러 또는 다른 수족 연합의 구성원과 좀 더 효과적인 작업동맹을 발전시키려면 래포 형성 국면에서의 상호작용 방식에 어떤 변화를 줄 것인가?

b. 케일러 또는 다른 수족 연합의 구성원에게 긍정적인 결과를 이끌어 낼 가능성을 높이려면 상담환경을 어떻게 구조화하는 게 좋겠는가?

c. 케일러 또는 다른 수족 연합의 구성원에게 사용하려는 이론적 지향에서 어떤 측면이 문화적 또는 인종적 편견을 은연중에 가지고 있는가? 당신은 효과적인 상담을 위해 어떤 부분을 변화시킬 것인가?

d. 당신은 케일러 또는 다른 수족 연합의 구성원에게 긍정적인 결과를 이끌어 낼 가능성을 높이기 위해 상담계획 국면에서 어떤 부분을 변화시킬 것인가?

❖ 실습 4(최대 7쪽)

목　표: 초이론적 지향과 인종과 민족 이슈를 케일러에 대한 심층적 개념화(그녀가 누구인지, 왜 그렇게 하는지)에 통합시키도록 돕기

양　식: 주의 깊게 계획된 구조적 양식에 따라 전제, 세부 근거사항, 결론으로 구성된 통합적인 에세이

도움말: 1장(17~24쪽)과 2장(88~97쪽)을 다시 보라.

단계 1: 케일러를 초이론 관점에서 이해할 때 사용할 양식을 생각해 보라. 이 양식은 (a) 그녀가 어떤 변화 과정에 있고, 유지로 나아가기 위해서는 어떤 것이 필요한지에 대한 종합적이고 분명한 이해를 제시하는 데 도움이 되어야 하며, (b) 자신의 비밀을 드러내면 추방될까 봐 매우 고민하는 그녀에게 설득력이 있는 언어를 뒷받침해야 한다.

단계 2: 타인과 연결되었다고 느끼고 삶에서 의미를 찾으려고 힘들게 버티고 있는 사람으로서 케일러가 가진 전반적인 기능 활동 수준을 설명하는 간략한 전제를 만들라(개관, 예비적 또는 설명적 진술, 조건, 주제 진술, 이론에 따른 소개, 가정, 요약, 결론적인 인과 진술). 만일 단계 2에 도움이 필요하다면, 이것이 실습 2와 3의 핵심 아이디어를 통합한 것이어야 하며, (a) 케일러의 장기목표에 기초가 되어야 하고, (b) 초이론 관점에 기반하고 인종과 민족 이슈에 민감해야 하며, (c) 초이론 상담에서 그녀가 보여 주는 강점에 초점을 맞춰야 한다는 것을 기억하라.

단계 3: 초이론 관점에서 근거자료(강점과 약점에 대한 상세한 사례 분석, 도입 전제를 뒷받침하는 충분한 자료, 결론적 전제를 위한 논쟁 구축)를 개발하라. 각 단락에 케일러, 즉 평생 동안 잘 어울리려고 힘들게 노력하고 있는 여성에 대한 깊은 이해를 통합시켜야 한다. 만일 단계 3에 도움이 필요하다면 (a) 단기목표 개발에 도움이 되고, (b) 초이론 관점에 기반하고 인종과 민족 이슈에 민감해야 하며, (c) 케일러의 강점에 대한 이해를 변화 과정에 통합시키는 데에 필요한 정보를 생각해 보라.

단계 4: 결론, 폭넓은 상담 추천사항을 제시하라. 실습 3의 H, J 파트에서 진술했던 내용에 주의하면서 (a) 케일러의 전반적인 기능 활동 수준, (b) 지금 각 문제에서 유지 단계에 도달하는 데 도움이 되거나 장애로 작용하는 것, (c) 변화 과정에서 그녀의 기본적인 욕구를 포함시켜야 한다.

❖ 실습 5(최대 4쪽)

목   표: 케일러의 강점을 고려하고 그녀의 수족 전통에 민감하도록 케일러에게 개별화되고
        이론에 따른 활동 계획을 개발하기

양   식: 장기목표와 단기목표로 구성된 문장 개요

도움말: 1장을 다시 보라(24~45쪽).

단계 1: 당신의 상담계획을 개관하라. 상담계획에서 부정적 편견이 개입하지 않고 수족 여성
        으로서 케일러가 가진 특유한 요구에 개별화될 수 있도록 실습 3의 H, J 파트에서 진
        술했던 내용을 주의해서 다시 읽으라.

단계 2: 상담이 종결될 때 케일러가 다른 사람과 연결되고 삶에서 의미를 찾을 수 있도록, 확
        인된 각 문제에 대해 상담 종결 시점에서 그녀가 이상적으로 도달할 수 있는 장기(주
        요, 큰, 대규모의, 종합적인, 폭넓은)목표를 개발하라. 만일 단계 2에 어려움이 있다면 당
        신이 제시한 전제를 다시 읽고, 아이디어의 주제 문장을 바꿔서 케일러가 확인된 각
        문제에서 변화 과정을 거쳐 나아가도록 하는 목표로 변형할 수 있게 뒷받침하라.

단계 3: 케일러와 당신이 몇 주 내에 완수될 것으로 기대할 수 있고, 그녀가 각 문제에 대한
        변화 과정을 거쳐 나아가는 것을 기록하는 데 도움이 되고, 그녀가 나아가고 있다는
        자신감을 서서히 불어넣어 주고, 시간 효율적인 상담회기들을 계획하게 하는 단기(작
        은, 간단한, 요약된, 특정한, 측정 가능한)목표를 개발하라. 만일 단계 3에 어려움이 있다
        면 근거가 되는 단락들을 다시 읽고 (a) 케일러가 문제의 변화 수준에 적절한 통찰 지
        향 또는 실행 지향 변화 과정을 사용하여, 그 문제에서 변화 단계를 거쳐 나아가도록
        돕고, (b) 그녀가 지금 변화하고 삶에서 의미를 찾는 것의 촉진 요인을 제고하고 방해
        요인을 감소시키며, (c) 그녀가 상담 안 또는 밖에서 발전시켜 온 강점을 가능할 때마
        다 활용하고, (d) 일반적이지 않은 수족 여성으로서 의미를 찾으려는 그녀의 여정에 맞
        게 개별화된 목표로 변환시킬 아이디어를 탐색하라.

❖ 실습 6

목   표: 케일러의 사례에서 초이론 모델 비판하기

양   식: A~E의 질문에 에세이 형식으로 답하거나 집단 형식으로 논의하라.

    A. 케일러(문화변용 문제를 가진 성공한 전문가)를 돕는 데 있어서 이 모델의 강점과 약점은
       무엇인가? 어떻게 하면 상담에 대한 케일러의 의존을 더 이상 장려하지 않으면서 변

화 과정을 시작하게 격려할 수 있는가?

B. 케일러의 대인 문제, 삶의 의미에 대한 탐색, 추방자이자 성공한 작가인 그녀의 상반되는 이야기를 고려하면서, 그녀에게 관계 구성주의 접근법을 사용하는 것의 강점과 약점을 논의하라.

C. 레즈비언인 것이 케일러의 비밀이라고 가정하라. 이것을 아는 것이 그녀의 개인적 역동과 가족 역동에 대한 당신의 이해를 더 깊게 할지 또는 변화시킬지 자세하게 논의하라. 이것이 당신의 상담계획에 어떤 영향을 줄지, 상담계획을 어떻게 변화시킬지 논의하라.

D. 만일 케일러가 지금까지 누구보다 당신에게 더 끌리고 당신과의 성적 환상을 가지고 있다고 고백한다면 어떤 윤리적 이율배반이 생기는가? 이것이 당신에게 어떤 느낌을 주는지, 특히 당신이 케일러에 대해 한 개인으로서 굉장히 매력적이라고 생각한 것과 관련될 때 어떠한지 탐색해 보라. 만일 그녀가 당신에게 밖에서 데이트를 하자고 요청한다면 그 상황을 어떻게 처리할 것인가? (만일 당신이 여성이라면 케일러가 레즈비언이라고 가정하라. 만일 당신이 남성이라면 그녀가 이성애자라고 가정하라.)

E. 초이론 모델을 사용하려면 여러 다양한 이론적 지향의 상담구조와 변화 과정을 사용할 수 있어야 하고 또한 케일러가 현재 있는 변화 단계에서 편안하게 그녀와 작업할 수 있어야 한다. 당신이 개인적으로 이 접근법을 사용할 때의 강점과 단점을 논의하고, 당신의 관점을 뒷받침할 구체적인 사례를 제시하라.

추천 자료

❖ Books and Articles

Brooks, G. R. (2010). *Beyond the crisis of masculinity: A transtheoretical model for male-friendly therapy*. Washington, DC: American Psychological Association.

Duncan, B. L. (2014). *On becoming a better therapist: Evidence based-practice one client at a time* (2nd ed.). Washington, DC: American Psychological Association.

Lambert, M. J. (2010). *Prevention of treatment failure: The use of measuring, monitoring, and feedback in clinical practice*. Washington, DC: American Psychological Association.

Prochaska, J. O., & Norcross, J. C. (2009). *Systems of psychotherapy: A transtheoretical analysis*. Pacific Grove, CA: Brooks/Cole.

University of Rhode Island Cancer Prevention Research Center. (2008). *Trans-theoretical model: Detailed overview of the transtheoretical model*. Retrieved from http://www.uri.edu/research/cprc/TTM/detailedoverview.htm

❖ Videos

Allyn & Bacon Professional (Producer). (n.d.). *Stages of change for addictions with John Norcross* (Part of the brief therapy for addictions hosted by Judy Lewis & Jon Carlson) [Motion picture, ISBN 0-205-31544-5, http://abacon.com/videos]. (Available from Pearson Education Company, 160 Gould Street, Needham Heights, MA)

❖ Websites

Motivational Interviewing. http://www.motivationalinterview.org

Pro-change Behavior Systems. http://www.prochange.com/staff/james_prochaska

Psychotherapy Integration. http://www.psychotherapy-integration.com

제13장 모델에 대한 토론과 확장

연구에 의하면 정서 또는 행동 문제로 상담을 받는 사람의 80%가 상담 등의 도움을 찾아보지 않는 사람보다 형편이 낫다(Lambert, 2013; Miller, Hubble, Duncan, & Wampold, 2010). 그렇지만 한편으로 상담을 받는 사람의 거의 50%가 중도에 그만두며, 계속 상담을 받는 경우에도 30~50%는 첫 상담 이후 상담에서 별 도움을 받지 못한다(Duncan, Miller, & Hubble, 2007).

당신은 방금 새 내담자로 15세의 줄리엣을 배정받았다. 당신은 진심으로 그녀를 돕고 싶다. 당신은 분명히 그녀가 상담 중에 그만두거나 그녀의 부모가 당신에게 무능한 바보라고 하면서 그녀를 데려가는 걸 원하지 않는다. 당신이 이 책에서 실습한 10가지의 이론적 관점 중에서 그녀를 돕는 데 가장 잘 맞는 것이 어떤 것인지 어떻게 판단할 수 있을까?

줄리엣은 섭식장애 문제로 상담을 받으러 왔다. 그녀의 섭식 행동 전후에 있는 일을 그녀가 통제할 수 있게 도와야 할까(3장)? 그녀가 손가락을 그녀의 목구멍으로 넣기 직전에 어떤 생각이 그녀의 머리에 스쳐 가는지 알아내야 할까(4장)? 그녀가 항상 의식하면서 현재를 우선시하는 방법을 배워서 생각과 행동이 자신을 통제하는 것이 아니라 자신이 자신의 생각과 행동을 통제하는 사람이 되기를 바라는가(5장)? 어떻게 해서 여성에 대한 비현실적인 이미지가 심지어 가장 아름다운 여성도 자신의 몸에 만족하지 못하게 만드는지 줄리엣이 이해하도록 돕는 것은 어떤가(6장)? 그녀가 자신의 감정을 단절시키면서, 한층 더 나아가기 위해 도움을 원할 수 있을까(7장)? 어쩌면 그녀는 다른 사람이 그녀에게 다가오려 하면 항상 그들에게서 멀어지는 역기능적 대인 양식을 가지고 있을지도 모른다(8장). 그녀의 부모가 매우 통제를 하기 때문에 그녀가 10대로서 자신의 통제하에 뭔가를 하는 방법을 배우는 것이 필요한 것일까(9장)? 어쩌면 그녀는 가족 중에 미국에서 태어난 첫 번째 세대이기 때문에 부모와 문화적 갈등을 겪고 있을 수도 있다(10장). 어쩌면 그녀는 항상 브로드웨이 스타의 꿈을 가지고 있어서 비록 배가 고파도 자기 이야기의 자아에는 건강한 몸에 대한 해석에서 부모의 것이 아니라 춤 선생님의 것이 있을지 모른다(11장). 이런 접근법들 중에서 어떤 것이라도 줄리엣이 더 건강한 방식으로 섭식하도록 도울 수 있을 것이다. 어쩌면 줄리엣에게 가장 의미 있는 방식으로 그녀의 섭식을 정의하는 접근법을 택하는 것이 최선일 수도 있다(12장).

줄리엣은 상담 경험이 없는데, 이 경우 상담 선택 과정에서 권한을 많이 주는 것이 괜찮을까? 결국 이 접근법들에서 어떤 것도 다른 것에 비해 일반적으로 우월한 것으로 밝혀진 것은 전혀 없다. Rosenzweig(1936)은 이런 임상적 발견을 '도도새 판결'이라고 불렀다. 나아가 연구에 의하면 이론적 지향이나 기법과 무관하게, 어떤 상담 모형에 따르더라도 줄리엣과의 작업 효과를 최대화하는 데 중요한 역할을 하는 특정한 공통 요인이 있다. 이런 공통 요인으로는 특별치료(extratherapeutic) 요인(줄리엣이 상담에 가져오는 것), 상담관계(상담자와 줄리엣 사이에 따뜻하고 신뢰로운 작업 관계의 발전 여부), 모델과 기법, 기대와 희망, 줄리엣이 상담에서 진전하는 것에 대한 상담자의 반응 등이 있다(Wampold, 2010). 또한 줄리엣이 변화의 신호를 보여 주는지 상담자가 추적하는 것이 중요하다. 연구에 의하면, 긍정적 결과가 있을 것이라는 신호 중 중요한 한 가지는 줄리엣이 처음 여섯 번의 상담 안에 긍정적 변화의 신호를 경험하기 시작하느냐이다. 상담자가 탐색해야 할 신호는 무엇인가? 사실상 상담자들은 내담자가 상담에서 얻고 있는 것을 종종 과대평가한다. 따라서 줄리엣에 대한 긍정적 결과를 예측해 주는 것은 상담이 제 역할을 하는지 아닌지에 대한 줄리엣 자신의 견해이다(Duncan et al., 2007).

내담자의 결과에 대한 마지막 결정적 예언자는 상담자이다. 우리는 모두 훌륭한 상담자가 되고 싶다. 탁월한 상담자는 70%의 효과율을 가지지만 상담자의 평균 효과는 50%이다(Walfish, McAllister, & Lambert, 2012). 탁월한 상담자의 작업이 좀 덜 효과적인 상담자의 작업과 차이가 나게 하는 전략으로 몇 가지 확인된 것이 있다(Duncan, Miller, & Sparks, 2004). 첫째, 매우 효과적인 상담자는 상담회기가 도움이 된다고 내담자가 생각하는지에 주의를 기울인다. 이 실천가들은 상담이 잘 진척되고 있는지에 관해 첫 회기가 끝날 때부터 내담자에게 적극적으로 피드백을 요청한다. 탁월한 상담자는 애매한 태도를 보이지 않는다. 그들은 상담 동맹에서 얼마나 편안한지, 상담이 얼마나 잘 진행되고 있는지에 관해 내담자에게 직접적으로 질문한다. 이들은 부정적인 피드백을 받게 되면 즉시 적극적으로 그 문제에 집중한다(Miller, Hubble, & Duncan, 2007). 효과적인 상담자는 상담에서 자동조종 장치처럼 진행하는 경향을 넘어서려 한다. 그들은 내담자의 피드백에 근거해서 필요할 때마다 측정하고, 전략을 짜고, 재검토하고, 변화시킨다. 마지막으로, 그들은 대인 전략을 깊게 이해해서 부정적인 내담자 피드백을 효과적으로 활용할 수 있다(Fleming & Asplund, 2007). 걱정되는 일이긴 하지만, 상담자는 매 회기마다 진행 상황에 대해 어떤 식이든 불만이 있는지 줄리엣에게 물어보아야 한다. 만일 묻지 않으면, 당장 문제가 되는 이슈에 집중하는 단계로 가지 않아야 한다. 그녀는 중도에 그만두거나 당신과의 상담에서 도움을 얻지 못하게 될 것이다.

질 관리를 분명히 하기 위한 상담 개별화

이 책의 내담자들은 복잡한 이야기를 가지고 있다. 당신은 각 내담자에 대해서 복잡한 인간사의 한 영역을 제시받고, 그것을 사용하면서 각 내담자의 특유한 성격과 요구에 맞게 상담을 개별화하였다. 당신은 두 영역을 고려하여야 했는가? 세 영역인가? 더 깊고 더 복잡한 개념화는 흥미롭지만, 개발에 더 많은 시간이 걸린다. 따라서 비록 복잡한 인간사의 많은 영역이 특정한 내담자에게 가치가 있겠지만, 그 모두를 사정하는 것은 설혹 불가능하지 않다 하더라도 너무 감당하기 힘든 과제이다.

상담 도구의 복합성을 높이면 어떤 내담자에게 유용할 수 있을까? Bohart와 Tallman (2010)은 내담자가 현재 가진 문제의 복합성과 심각성에 기초해서 선택해야 한다고 주장하였다. 만일 지금 드러난 문제가 상대적으로 직접적이고 증상이 잘 드러난다면 단기 상담이 필요할 것이다. 연구에 의하면 내담자의 50%는 첫 5~10회기 안에 좋아진다. 대조적으로, 드러난 문제가 심각하고 복잡하다면 더 긴 기간의 상담을 위한 복합적인 사례개념화와 상담계획이 필요할 것이다. 심각한 문제를 가진 내담자의 경우 최소한 20~30%는 25회 이상의 회기가 필요하며 재발하는 경향이 있다(Asay & Lambert, 1999).

사례가 얼마나 복합적이고 심각한지 확실치 않은 경우에는 어떻게 해야 하는가? 내담자에게 (a) 위험(폭력, 성적 학대, 자살, 살인), (b) 현실 접촉(reality contact), (c) 약물남용이 포함된 이슈가 있다는 신호가 있으면 심각한 것으로 보아야 한다. 당신의 내담자는 처음에는 이런 이슈를 제대로 사정하는 데 필요한 정보를 당신에게 제공할 만큼 당신을 충분히 믿지 않을 수 있다. 의심스러운 부분이 있으면 래포가 더 형성된 다음에 좀 더 자세히 사정하라. 초기의 변화는 당신이 올바른 길로 가고 있다는 표시이다. 큰 변화일 필요는 없지만 올바른 방향으로의 한 걸음이어야 한다. 만일 이런 일이 일어나지 않는다면 뭔가 다르게 할 필요가 있다(Asay & Lambert, 1999; Hubble, Duncan, & Miller, 1999).

사례가 복합적이든 아니든 간에, 당신의 상담계획에 통합시킬 복합성 영역을 어떻게 결정할 것인가? 당신의 내담자가 개념화 과정의 파트너라고 생각하고 그에게 질문하라. 만일 영성이 자기 삶의 기본 원칙이라고 내담자가 이야기한다면 영성을 당신 상담계획의 기초로 삼으라. 강력한 상담 동맹은 효과적인 상담의 주요 공통 요인이다. 그것은 동맹에 대한 내담자의 관점으로 3~5회기까지는 결과의 가늠자 역할을 한다. 따라서 당신은 상담계획에 포함시킬 결정적인 것이 무엇인지뿐만 아니라 상담과정이 얼마나 잘되고 있는지에 대한 내담자의 관점도 고려할 필요가 있다. 내담자에 맞게 개별화된 상담계획을 작성하는 것은 더 많은 시간이 걸리지만, 이것은 더 강력한 상담 동맹이 되게 해 준다(Wampold, 2010).

시간의 흐름에 따른 사례개념화와 상담계획

효과적인 상담 실습은 종결 시점까지 변함없이 수행될, 약점 없이 정확한 사례개념화와 상담계획을 상담 초기에 개발하라고 상담자에게 요구하지 않는다. 오히려 효과적인 상담은 내담자에 관한 새로운 정보가 그들의 현재 어려움을 강화하거나 재구성한다는 점에서 시간의 흐름에 따라 상담계획을 이동, 수정, 개선할 것이다. 상담 초기에 상담자는 어떤 복합성 영역 또는 영역들이 현재 내담자에게 가장 결정적인지를 판단해야만 한다. 그다음에 상담자는 내담자를 이해하기 위해 이 영역들을 통합하는 이론적 모델을 개발한다. 만일 내담자가 생산적으로 변화할 수 있다면, 이때에만 사례개념화와 상담계획을 개발하게 될 것이다.

만일 상담 및 심리상담의 진척에 장벽이 생긴다면, 사례개념화와 상담계획은 재수행될 필요가 있을 것이다. 사례개념화와 상담계획이 상담과정에 따라 어떻게 변화할 수 있는지를 보여 주기 위해 12장에서 소개되었던 케일러의 사례를 좀 더 검토할 것이다. 케일러는 12장에 제시된 상담이 끝나고 2년 후에 다시 상담을 받으러 왔다.

케일러의 사례

케일러는 26세의 수족 여성으로서, 가족체계 상담 전문가인 상담자를 스스로 찾아왔다. 이것은 케일러의 다섯 번째 상담이다. 케일러는 아동기와 청소년기에 그녀의 삼촌에게 성적 학대를 받아 왔다. 이 학대는 그녀가 대학에 가기 위해 집을 떠났을 때에 비로소 끝났다. 케일러는 이전에도 상담을 받은 적이 있지만, 이 학대는 밝힌 적이 없었다. 그녀는 이제 자신이 항상 버려진 사람처럼 느껴 온 이유를 직면할 준비가 되었다고 느끼고 있다.

❖ 상담의 시작 단계
상담의 첫 단계에서 당신과 케일러는 함께 작업하면서 효과적인 작업 동맹을 형성하고 그녀의 현재 걱정거리를 명료하게 이해하려 할 것이다. 그리고 상담계획이 설계되고 시작될 수 있도록, 케일러를 이해하기 위한 모델(사례개념화)이 개발될 것이다.

케일러는 지적이고, 말을 잘하고, 상담자의 인정 발언에 반응을 잘하며, 상담 동맹은 재빨리 결속될 것이다. 케일러는 과거에 타인과 관계를 맺을 때 가졌던 자신의 역기능적 패턴을 매우 분명하게 표현할 것이다. 그녀는 상담자의 뒷받침 속에서 자신이 상담에서 주요하게 다루고 싶은 두 가지 영역을 확인한다. 첫째, 그녀는 과거의 성적 학대에 대한 자신의 느낌을 분석하여 그것이 더 이상 남자와의 관계에 영향을 주지 않게 되기를 원한다. 둘째, 그녀는 자신의 직업적 목표를 추구하는 과정에서 수족 부모와 소원해졌는데, 그들과 다시 연결되고 싶어 한다. 지금 상황에서는 성적 학대와 인종과 민족 영역이 케일러에 대한 가족체계 관점으로 통합하는 것에 가장 관련된 것처럼 보인다.

케일러는 성적 학대를 받은 다른 피해자들과 유사하게, 다른 사람을 잘 신뢰하지 못한다. 따라서 그녀는 의도적으로 당신에게 중요한 정보를 일부분 숨긴다. 이것은 드문 일이 아니다. 상담의 초기에 개발되는 개념화와 상담계획에 있어 내담자 이해에 도움이 되는 관련 정보가 일부 부족한 것은 당연하다. 효과적인 상담계획을 짜는 데 있어 그녀에 관해 모든 것을 알 필요는 없기 때문에, 이것은 케일러의 상담에 방해가 될 수도 있고 그렇지 않을 수도 있다.

❖ 상담의 중간 단계

상담의 중간 단계에서 상담계획의 중요한 목표는 작은 단계들로 잘게 나누어지며(수행, 과제 등), 상담자는 케일러가 목표 달성을 향해 적극적으로 진전하도록 돕는다. 상담자는 케일러와의 효과적인 작업 관계를 발전시켜 왔다. 케일러는 예전 성적 학대가 타인, 특히 남자를 믿지 못하는 것에 대해 한 역할을 통찰하게 됐으며, 더 생산적인 대인관계를 가지고 있다. 그렇지만 그녀의 부모와 정서적으로 연결되려는 그녀의 목표에는 어떤 진전도 이루어지지 않았다. 상담자는 자신의 사례개념화를 재검토하면서, 문화변용 갈등이 강한 가족에게 수족이 아닌 자신이 허약한 교섭자가 아닐까 의심해 본다. 당신은 케일러가 부모와 재연결되는 과정을 돕는 데 수족 치유자를 두는 것이 어떨지 케일러와 논의한다. 그녀는 이 생각을 받아들이고, 상담자는 메인주에 거주하는 치유자를 찾아내고, 그는 케일러의 부모와 접촉한다. 그들은 그의 도움을 단호하게 거절하고, 케일러가 더 이상 그들의 딸이 아니라고 이야기한다. 그래서 치유자는 케일러와 여러 번 만나고, 만일 그녀가 원한다면 좀 더 지원해 보겠다고 제안한다. 그의 견해는 문화 외에 다른 어떤 것이 케일러에 대한 가족의 거부 뒤에 있다는 것이다. 케일러는 이런 이슈에 대해 치유자보다는 상담자와 계속 작업하겠다고 결정한다. 두 사람은 함께 케일러의 가족 구조를 그것의 위계, 경계, 하위체제 측면에서 더 깊이 탐색할 필요에 대해 논의한다. 케일러는 상담의 초기 단계보다 더 상담자를 신뢰한다. 이즈음에 상담자가 케일러의 가족, 그리고 그 안에서 그녀의 역할에 대해 더 상세하게 사정하게 되면서, 그녀는 자신과 어머니가 아버지에게 신체적 학대를 받았다고 털어놓는다.

상담자는 문화, 성적 학대, 폭력 이슈를 통합하는 심층 개념화를 개발한다. 이것을 사용하여, 상담자는 케일러와 어머니에 대한 잠재적 위험을 염두에 두면서 계획을 다시 짠다. 계획의 첫 번째 단계는 케일러가 이 '가족 재연결'에 대해 스스로 어떤 목표를 가지고 있는지 탐색하게 하는 것이다. 케일러는 자신이 원하는 정서적 연결이 어머니와 연결되는 것임을 깨닫게 된다. 케일러는 아버지가 없을 때에 어머니와 다시 접촉한다. 그녀의 어머니는 주저하면서, 상담에 한 번 나오기로 동의한다.

가족회기 중에 케일러의 어머니는 케일러가 4세 때 결국은 성적으로 학대되게 만들었던 가족의 어려움에 대해 분명하게 밝힌다. 케일러의 부모는 젊은 나이에 결혼했고, 보호구역에서 빈곤선 이하로 살았다. 그들의 가족 구조는 외할머니를 중심으로 구성되었는데, 그녀는 부족의 구성원에게 깊이 존경받았으며 가족 위계의 꼭대기에 있었다. 케일러가 1세 때에 이 할머니가 암으로 갑자기 사망하였다. 가족이 보호구역에서 계속 산 것은 할머니가 계셨기 때문이었다. 그녀의 죽음은 가족(어머니, 아버지, 언니들, 케일러, 삼촌)이 메인에 재정착하는 주요 이유가 되었다. 보호구역에서 그들의 생활은 어려웠다. 보호구역에서 케일러의 아버지와 삼촌이 취직할 곳은 없었다. 이제 가족의 우두머리가 된 그녀의 아버지와 삼촌은 일자리를 찾아 보호구역을 떠나는 것이 현명한 행동인지에 관해 부족의 연장자들과 다투었다. 그들은 나무 공장의 구인광고를 보고 메인으로 이사했다. 그렇지만 그들이 도착했을 때, 그들은 백인 이웃들의 심한 차별에 직면하였다. 그러나 그들은 일을 하고 돈을 모았다. 그들은 경제적 문제 때문에 메인에서 붙잡혀 있다고 느꼈다. 그들이 은퇴하는 부부에게서 나무농장을 사려 할 때 지역 공동체에서 이 거래를 중지시키려는 시도가 있었고, 이때 가족 성인들의 백인에 대한 의심은 뿌리 깊은 증오로 바뀌었다. 계약이 확정되자 그들은 그들과 지역 공동체 사이에 견고한 경계를 쌓아올렸다. 그들은 부족을 거부해 왔고, 이에 따라 자신들 외에는 지원해 줄 사람이 아무도 없게 되었다. 케일러의 아버지와 삼촌은 그들의 좌절감과 분노를 달래기 위해 알코올에 의존하였다.

가족이 점점 더 고립되면서 가정 내 폭력과 아동학대가 시작되었다. 케일러가 4세 때에, 그녀가 맞은 것을 알아차린 지역 공동체 구성원들이 가족을 아동보호국에 신고하였다. 아동보호국은 케일러가 당분간 삼촌의 집 또는 바깥의 위탁 장소로 옮겨져야 한다고 주장하였다. 비록 처음에는 삼촌과 함께 이사하는 것이 백인들이 그들의 삶에 개입한 것에 대한 좋은 해결책인 것처럼 보였지만, 케일러의 어머니는 약 2년 후부터 성적 학대를 의심하기 시작했다. 그녀가 케일러를 집으로 데려오는 것에 남편의 동의를 얻기까지 1년이 더 걸렸다. 아동보호국은 간섭하지 않았다. 그녀의 어머니는 과거의 신체적 학대와 현재의 성적 학대에 대해 침묵을 지켰다. 왜냐하면 그녀는 그것에 대해 이야기해 봤자 좋을 게 없다고 믿었기 때문이다. 케일러의 어머니는 침묵의 규약을 발전시켰다. 만일 그녀가 침묵하고 있다면, 그녀는 맞지 않는다. 만일 그녀가 침묵하고 있다면, 문제는 잊혀진다. 살아남으려면 케일러도 이 규약을 발전시켜야 한다고 그녀는 느꼈다.

케일러와 그녀의 어머니는 이 한 번의 상담회기에서 서로 깊은 연결을 가지게 되었다. 케일러가 아동기 동안에 죽 경험했던 정서적 방임은 이제 위험한 세상에서 살아남는 법을 그녀에게 가르치기 위해 어머니가 할 수 있었던 최선의 시도로 재구조화되었다. 케일러는 그녀의 어머니와 함께 계속 상담받기를 원했고, 어머니의 안전에 대한 불안을 이야기했다. 그녀의 어머니는 두려워하지 않았다. 그녀는 케일러가 이사 갔을 때 집안의 폭력이 끝났다고 이야기했다. 그녀의 어머니가 가지고 있던 침묵의 규약은 성실의 규약으로 변환되었다. 그녀의 어머니는 곤란을 견뎌 내고 조화롭게 사는 것의 정신적인 장점을 믿고 있었다. 그녀와 그녀의 남편은 가난, 차별, 외로움 속에서 함께 살아남았다. 그녀는 더 이상 상담에 오지 않을 것이다. 왜냐하면 그녀는 이것이 남편의 신뢰에 대한 배신이라고 믿기 때문이다. 그녀는 케일러가 집에서 결코 안전하지 않을 것이고 집으로 돌아오면 안 된다고 강하게 느끼고 있었다. 학대 이슈를 논의한 것은 케일러의 어머니를 침묵의 고통으로부터 해방시켰다. 그녀는 케일러에 대한 사랑을 직접적으로 표현할 수 있었고, 케일러에게 작가로서의 새로운 삶에서 스스로 조화를 이루라고 격려할 수 있었다.

이 가족 개입의 결과로, 케일러는 그녀의 가족에서 '버려진 사람' 또는 '희생양'으로서의 자기 역할을 이해하였다. 그녀는 그것들을 백인 사회, 그들의 가난, 그들의 고통에 대한 그들의 거부로 상징화하였다. 그녀를 내버림으로써, 그들은 그들의 삶을 완전히 뒤덮었던 정신적 충격에서 어느 정도 멀어진 것이다. 그녀는 이제 그녀의 역할을 인식했으며, 한 인간으로서의 자신을 위해 그 역할의 타당성을 부정할 수 있었다. 백인 사회가 그녀의 부모를 거부한 것은 사실이지만, 그녀는 보호구역을 떠난다는 결정에 아무 관련이 없었다. 아동보호국은 그 가족의 경계를 가로질러 갔지만, 이것은 그녀에 대한 아버지의 신체적 학대에 기인한 것이다. 그녀에 대한 삼촌의 성적 학대는 가족 위계의 붕괴로 이어졌다. 왜냐하면 그녀의 어머니는 케일러를 집으로 데려옴으로써 처음으로 그녀의 아버지의 권위에 도전했기 때문이다.

그러나 또다시, 그 붕괴는 케일러가 아니라 삼촌의 행동들로 인한 결과였다. 그녀는 백인 교사와 백인 상담자에게 깊은 마음을 가지게 되었지만, 이것은 가족이 그녀를 거부한 것에 대한 반응에서 온 것이다.

케일러가 아이였을 때 피드백 순환이 만들어졌다. 가족의 거부는 케일러가 백인 공동체 구성원에게 더 강하게 일치감을 갖도록 이끌었으며, 이것은 다시 가족의 더 강력한 거부로 이어졌다. 양육에 대한 그녀의 욕구를 충족시키려고 시도하는 중에, 케일러는 의도치 않게 그녀의 문화적 유산과 멀어지게 되었다. 성인이 되어서, 케일러의 만성적인 공허감은 가족의 침묵 규약이 깨어졌을 때 해소되었고, 케일러는 과거의 외상들을 충분히 인식할 수 있었다. 케일러는 공허감에서 스스로를 해방시킬 수 있었고, 땅을 돌보려는 그린피스의 노력에 대한 자부심, 타인과 정서적 연결을 형성하려는 새로운 시도를 그 빈 곳에 채워 넣었다.

❖ 상담의 마지막 단계

상담의 마지막 단계에서, 상담자는 케일러가 획득해 온 것들을 굳건하게 하도록 도우며, 그녀가 자아효능감을 가지고 앞으로의 모든 우려사항들을 다루도록 힘을 북돋워 준다. 이 시점에서 더 깊은 사례개념화로 진행하는 것이 유용할 수 있을까? 이것은 두 가지 환경에서 유용할 수 있다. 하나의 환경은 케일러가 상담을 받으러 다시 올 가능성에 있다. 재수행된 사례개념화는 그녀의 다음 상담에서 하나의 자원이 될 수 있다. 그럴 가능성이 있을까? 케일러는 14세 때 그녀가 따돌림 받는 것을 알아챈 학교 상담자에게 처음으로 상담을 받았으며, 그 후 많은 상담 경험이 있다. 그때마다 그녀는 상담을 효과적으로 잘 이용했고, 건설적인 변화 과정을 계속해 갔다. 그녀는 일단 앞으로 나아가는 데 필요한 기술이나 통찰을 얻게 되면 상담을 종결하고 혼자서 그 과정을 계속 진행시켰다. 그녀의 자기 변화 노력이 곤경에 처하면 그녀는 상담을 다시 받기 시작했다. 따라서 비록 케일러는 자신이 상담의 안팎에서 효과적으로 학습할 수 있는 명석하고 회복력이 강한 사람이라는 것을 보여 주었지만, 그녀의 개인사는 그녀가 어느 순간 상담을 다시 시작할 수도 있다는 것을 암시하고 있다.

마지막 단계의 사례개념화를 정당화하는 두 번째 환경은 케일러의 상담이 윤리적 목적, 보호 목적, 또는 다른 전문적인 목적에 의해 재검토되느냐에 달려 있다. 마지막 단계의 사례개념화는 그녀가 받았던 상담의 유형이나 길이에 관한 당신의 판단을 뒷받침하는 데 사용될 수 있다. 다음의 내용은 케일러의 장기 상담을 뒷받침하는 마지막 단계의 전제이다.

❖ 전제

　케일러는 그녀, 그녀의 어머니, 그녀의 아버지, 두 자매, 그녀의 숙모와 외삼촌으로 구성된 수족 가족 출신이다. 그 가족은 지리적, 경제적 제약으로 인해 다른 부족 구성원에게서 사회적으로 고립되어 있었다. 가족 구성원은 인종주의와 차별에 반발하여 의도적으로 그들 자신을 백인 이웃에게서 고립시켰다. 가족 구조는 혼란스러웠다. 거기에는 성인과 아이 사이의 경계가 거의 없었으며, 가족 하위체제는 서로 간에 정서적 연결이 끊겨 있었다. 가족과 외부 세계 사이의 경계는 경직되고 융통성이 없었다. 가족 내에서, 양육과 지도에 대한 케일러의 발달적 요구는 무시되거나 신체적, 성적, 정서적 학대 반응을 받았다. 그녀는 종종 자살을 생각했다. 백인 교사와 상담자에게 도움을 요청하게 되면서 케일러는 지원을 받았다. 그렇지만 이러한 접촉은 그녀의 문화변용 갈등을 더 심하게 만들었다. 그녀의 외상적 역사에도 불구하고, 그녀는 자급자족, 자연에 대한 동조를 강조하는 그녀 가족의 문화적 특성에 기초해서 많은 강점을 발전시켰다. 성인이 되어서, 그녀는 잘 발달된 사회적 의식을 갖춘 지적이고 자기주도적인 사람이 되었다. 이 점은 그녀가 그린피스에서 작가로서 성공한 것에 잘 드러나 있다.

　케일러는 총 44회의 개인상담 회기, 그리고 그녀의 어머니와 1회의 가족상담에 참가하였다. 이렇게 길게 상담을 한 것은 희생양, 사회적 고립, 문화적 단절 등 그녀의 개인사가 격렬하고 복합적이기 때문이다. 이런 요인들은 알코올중독이라는 그녀의 가족사와 짝을 이뤄 케일러를 자살, 또는 자기 파괴적인 행동의 위험으로 빠뜨렸다.

결론

　인간 존재는 복합적이며 우리의 사례개념화는 필연적으로 인간 존재라는 전체 그림의 일부분으로만 구성된다. 이 책은 사례개념화와 상담계획을 소개한 정도이다. 효과적이고 유능한 상담자로서 자신의 개인적 양식을 개발해 갈 때 숙달해야 할 다른 심리 이론, 복합성 영역, 생각할 거리를 주는 연구논문이 많이 있다. 이 책의 입장은 매우 유능한 상담자가 되려면 새로운 연구 개발에 계속 관심을 가지면서 일생 동안의 상담 실습을 통해 기술을 계속 강화해야 한다는 것이다.

상담 사례개념화와 상담계획을 개발할 때 특히 주의해야 할 지침들

1. 이론을 주요 가정 수준까지 농축해야 그것을 이해했다고 할 수 있다.

2. 그 가정을 내담자의 세부 특성에 적용하라.

3. 가장 관련되는 인간 복합성 영역을 다시 보고, 그것을 내담자에게 적용시킬 수 있는 지침으로 걸러내라.

4. 위의 2, 3의 정보를 사례개념화에 통합시키라.

5. 내담자의 독특한 특성에 잘 맞고 내담자의 강점을 적극 활용할 수 있는 상담계획을 만들라.

6. 내담자와 협력하여 상담을 적극적으로 모니터하고 재검토하라.

7. 만일 내담자가 상담이나 상담관계에 대해 부정적인 피드백을 하면 적극적으로 변화를 시도해야 한다.

참고문헌

Acierno, R., Hernandez, M. A., Amstadter, A. B., Resnick, H., Steve, K., Muzzy, W., & Kilpatrick, D. G. (2010). Prevalence and correlates of emotional, physical, sexual, and financial abuse and potential neglect in the United States: The national elder mistreatment study. *American Journal of Public Health, 100*(2), 292-297.

Addis, M. E., & Mahalik, J. R. (2003). Men, masculinity, and the contexts of help seeking. *American Psychologist, 58*, 5-14.

Albee, G. (1977, February). The Protestant ethic, sex, and psychotherapy. *American Psychologist*, 150-161.

American Civil Liberties Union. (1998, July). *ACLU factsheet: Chronology of bottoms vs bottoms: A lesbian mother's fight for her son*. New York, NY: Author. Retrieved June 19, 2008, from https://www.aclu.org/lgbt-rights_hiv-aids/overview-lesbian-and-gay-parenting-adoption-and-foster-care

American Psychiatric Association. (2002). *Documentation of psychotherapy by psychiatrists: Resource document* [Ref. #200202]. Washington, DC: Author.

American Psychological Association. (2002a). Criteria for practice guideline development and evaluation. *American Psychologist, 57*(12), 1048-1051.

American Psychological Association. (2002b). *A reference for professionals: Developing adolescents*. Retrieved from http://www.apa.org/pi/families/resources/develop.pdf

American Psychological Association. (2004). Guidelines for psychological practice with older adults. *American Psychologist, 59,* 236-260.

American Psychological Association. (2005a). *Lesbian and gay parenting.* Retrieved from http://www.apa.org/pi/lgbt/resources/parenting.aspx

American Psychological Association. (2005b). *Resolution on male violence against women.* Washington, DC: American Psychological Association.

American Psychological Association. (2007a). Guidelines for psychological practice with girls and women. *American Psychologist, 62,* 949-979.

American Psychological Association. (2007b). *Parenting: Communication tips for parents.* Retrieved May 29, 2009, from http://www.apahelpcenter.org/articles/article.php?id=48

American Psychological Association. (2007c). Record keeping guidelines. *American Psychologist, 62*(9), 993-1004.

American Psychological Association. (2008). *Answers to your questions: For a better understanding of sexual orientation and homosexuality.* Washington, DC: Author. Retrieved from http://www.apa.org/topics/sorientation.pdf

American Psychological Association. (2012). Guidelines for psychological practice with lesbian, gay, and bisexual Clients. *American Psychologist, 67,* 10-42.

American Psychiatric Association. (2013). *Diagnostic and statistical manual of mental disorders* (5th ed.; DSM-5). Washington, DC: American Psychiatric Publishing.

American Psychological Association. (2013). *Guidelines for psychological practice with older adults.* Retrieved from http://www.apa.org/practice/guidelines/older-adults.aspx?item=9

American Psychological Association. (2014). *Just the facts about sexual orientation & youth: A primer for principals, educators, & school personnel.* Retrieved April 26, 2014, from http://www.apa.org/pi/lgbt/resources/just-the-facts.aspx

American Psychiatric Association, Commission on Psychotherapy by Psychiatrists. (2000). Position statement on therapies focused on attempts to change sexual orientation (reparative or conversion therapies). *American Journal of Psychiatry,* 157, 1719-1721.

American Psychological Association, Committee on Lesbian and Gay Concerns. (1991). *American Psychological Association policy statements on lesbian and gay issues.*

Washington, DC: American Psychological Association.

American Psychological Association, Committee on Lesbian, Gay, Bisexual, and Transgender Concerns. (2006). *Answers to your questions about transgender people, gender identity, and gender expression.* Retrieved August 22, 2013, from http://www.apa.org/topics/transgender.html

American Psychological Association, Joint Task Force. (2006, July). *Summary of guidelines for psychological practice with girls and women.* Washington, DC: American Psychological Association.

American Psychological Association, Task Force on Gender Identity, Gender Variance, and Intersex Conditions. (2006). *Answers to your questions about transgender people, gender identity, and gender expression.* Retrieved April 23, 2014, from http:/www.apa.org/topics/sexuality/transgender.pdf

Anderson, R. (2011). Dynamics of economic well-being: Poverty, 2004-006. *Current Population Reports* (pp. 70-123). Washington, DC: U. S. Census Bureau.

Archer, J. (2002). Sex differences in aggression between heterosexual partners: A meta-analytic review. *Psychological Bulletin, 126,* 651-681.

Asay, T. P., & Lambert, M. J. (1999). The empirical case for the common factors in therapy: Quantitative findings. In M. A. Hubble, B. L. Duncan, & S. D. Miller (Eds.), *The heart & soul of change: What works in therapy* (pp. 23-55). Washington, DC: American Psychological Association.

Asendorpf, J. B. (1990). Beyond social withdrawal: Shyness, unsociability, and peer avoidance. *Human Development, 33,* 250-259.

Asendorpf, J. (1993). Abnormal shyness in children. *Journal of Child Psychology and Psychiatry and Allied Disciplines, 34,* 1069-1081.

Association for Lesbian, Gay, Bisexual, and Transgender Issues in Counseling. (2012). *ALGBTIC competencies for counseling lesbian, gay, bisexual, transgender, queer, questioning, intersex, and ally individuals.* Retrieved from http://www.counseling.org/docs/ethics/algbtic-2012-07.pdf?sfvrsn=2

Atkinson, D. R., Morten, G., & Sue, D. W. (1979). *Counseling American minorities: A cross-cultural perspective.* Boston, MA: McGraw-Hill.

Aud, S., Fox, M. A., & KewalRamani, A. (2010). *Status and trends in the education of racial and ethnic groups* (NCES 2010-015). Washington, DC: National Center for Education Statistics.

Bacigalupe, G. (2008). *SOAP notes handout.* Retrieved May 23, 2008, from http://www.umb.edu/forum/1/family_therapy_internship/res/SOAP_Notes_ Handout.doc

Bancroft, L., & Silverman, J. (2002). *The batterer as parent: Addressing the impact of domestic violence on family dynamics.* Thousand Oaks, CA: SAGE.

Bancroft, L., & Silverman, J. (2004/2005, Fall). The parenting practices of men who batter. *APSAC Advisor,* 11-14.

Bandura, A. (1986). *Social foundations of thought and action: A social-cognitive theory.* Englewood Cliffs, NJ: Prentice Hall.

Barnett, R. C., & Hyde, J. S. (2001). Women, men, work, and family: An expansionist theory. *American Psychologist, 56,* 781-796.

Bartoli, E., & Gillem, A. R. (2008). Continuing to depolarize the debate on sexual orientation and religion: Identity and the therapeutic process. *Professional Psychology: Research and Practice, 39*(2), 202-209.

Bates, J. E., & Pettit, G. S. (2007). Temperament, parenting, and socialization. In J. E. Grusec & P. D. Lastings (Eds.), *Handbook of socialization: Theory and research* (pp. 153-190). New York, NY: Guilford Press.

Bauermeister, J. A., Johns, M. M., Sandfort, T. G. M., Eisenberg, A., Grossman, A. H., & D'Augelli, A. R. (2010). Relationship trajectories and psychological well-being among sexual minority youth. *Journal of Youth and Adolescence, 39*(10), 1148-1163. doi: 10.1007/s10964-10-557-y

Baumrind, D. (1967). Child care practices anteceding three patterns of preschool behavior. *Genetic Psychology Monographs, 75,* 43-88.

Beck, A. T. (1991). Cognitive therapy: A 30-year retrospective. *American Psychologist, 46,*

368-375.

Beck, A. T., & Weishaar, M. (2000). Cognitive therapy. In R. Corsini & D. Wedding (Eds.), *Current psychotherapies* (6th ed., pp. 241-272). Itasca, IL: F. E. Peacock.

Beck Institute for Cognitive Therapy and Research. (2008). Retrieved April 8, 2009, from http://www.beckinstitute.org/Library/InfoManage/Guide.asp?FolderID=200&SessionID=1 C10428F-9375-74F78-9AF-E9B106C7DD19

Beck, J. S. (2011). *Cognitive behavior therapy: Basics and beyond* (2nd ed.). New York, NY: Guilford Press.

Beckstead, L., & Israel, T. (2007). Affirmative counseling and psychotherapy focused on issues related to sexual orientation conflicts. In K. J. Bieschke, R. M. Perez, & K. A. DuBord (Eds.), *Handbook of counseling and psychotherapy with lesbian, gay, and transgendered clients* (2nd ed., pp. 221-240). Washington, DC: American Psychological Association.

Belgrave, F. Z., Chase-Vaughn, G., Gray, F., Addison, J. D., & Cherry, V. R. (2000). The effectiveness of a culture- and gender-specific intervention for increasing resiliency among African American preadolescent females. *Journal of Black Psychology, 26*, 133-147.

Bemak, F., & Chung, R. C.-Y. (2008). Counseling refuges and migrants. In P. B. Pedersen, J. G. Draguns, W. J. Lonner, & J. E. Trimble (Eds.), *Counseling across cultures* (6th ed., pp. 307-324). Thousand Oaks, CA: SAGE.

Bergen, G., Chen, L. H., Warner, M., & Fingerhut, L. A. (2008). *Injury in the United States: 2007, Chartbook.* Hyattsville, MD: National Center for Health Statistics.

Bernal, G., & Enchautegui-de-Jesus, N. (1994). Latinos and Latinas in community psychology: A review of the literature. *American Journal of Community Psychology, 22*(4), 531-557.

Billie, J. E. (2013). Like the old Florida flag: "Let us alone!" *Seminal Tribune: Voice of the Unconquered.* Retrieved May 1, 2014, from http://www.semtribe.com/SeminoleTribune/ Archive/2013/SeminoleTribune_October%2025_2013v2.pdf

Black, M. C., Basile, K. C., Breiding, M. J., Smith, S. G., Walters, M. L., Merrick, M. T., . . . Stevens, M. R. (2011). *The National Intimate Partner and Sexual Violence Survey (NISVS):*

2010 summary report. Atlanta, GA: Centers for Disease Control and Prevention, National Center for Injury Prevention and Control.

Bohart, A. C., & Tallman, K. (2010). Clients: The neglected common factor in psychotherapy. In B. L. Duncan, S. D. Miller, B. E. Wampold, & M. A. Hubble (Ed.), *The heart and soul of change: Delivering what works in therapy* (2nd ed., pp. 83-111). Washingon, DC: American Psychological Association.

Books, S. (2007). Devastation and disregard: Reflections on Katrina, child poverty, and educational opportunity. In S. Books (Ed.), *Invisible children in the society and its schools* (3rd ed., pp. 1-22). Mahwah, NJ: Lawrence Erlbaum.

Bowlby, J. (1973). *Attachment and loss: Vol. 2. Separation, anxiety, and anger.* New York, NY: Basic Books.

Boyd-Franklin, N., & Lockwood, T. W. (2009). Spirituality and religion: Implications for psychotherapy with African American families. In F. Walsh (Ed.), *Spiritual resources in family therapy* (2nd ed., pp. 141-155). New York, NY: Guilford Press.

Bramlett, B. H., Gimpel, J. G., & Lee, F. E. (2011). The political ecology of opinion in big-donor neighborhoods. *Political Behavior, 33,* 565-600.

Brannon, L. (2002). *Gender: Psychological perspectives.* Boston, MA: Allyn & Bacon.

Brault, M. W. (2012). *Americans with disabilities: 2010.* Washington, DC: U. S. Census Bureau. Retrieved June 9, 2014, from http://www.census.gov/prod/2012pubs/p70-31.pdf

Brems, C. (2008). *A comprehensive guide to child psychotherapy and counseling* (3rd ed.). Long Grove, IL: Waveland Press.

Brodkin, K. (2001). How Jews became White. In P. S. Rothenberg (Ed.), *Race, class, and gender in the United States: An integrated study* (5th ed.). New York, NY: Worth.

Broidy, L. M., Nagin, D. S., Tremblay, R. E., Bates, J. E., Brame, B., Dodge, K. A., . . . Vitaro, F. (2003). Developmental trajectories of childhood disruptive behaviors and adolescent delinquency: A six-site, cross-national study. *Developmental Psychology, 39*(2), 222-245.

Brown, D. W., Anda, R. F., Tiemeier, H., Felitti, V. J., Edwards, V. J., Croft, J. B., & Giles, W. H.

(2009). Adverse childhood experiences and the risk of premature mortality. *American Journal of Preventive Medicine, 37*(5), 389-396. doi: 10.1016/j.amepre.2009.06.021

Capps, R., & Fix, M. E. (2005, November). *Undocumented immigrants: Myths and reality.* Retrieved from http://www.urban.org

Carpenter, S. (2001, October). Sleep deprivation may be undermining teen health. *Monitor on Psychology,* 42-45.

Carreon, G., Drake, C., & Barton, A. C. (2005). The importance of presence: Immigrant parents's school engagement experiences. *American Educational Research Journal, 42,* 465-498.

Carson, E. A., & Golinelli, D. (2013, December). *Prisoners in 2012. Trends in admissions and releases, 1991-2012.* U. S. Department of Justice, Office of Justice Programs, Bureau of Justice Statistics. Retrieved May 1, 2014, from http://www.ojp.usdoj.gov

Carson, E. A., & Sabol, W. J. (2012, December). *Prisoners in 2011* (NCJ 239808). U. S. Department of Justice, Office of Justice Programs, Bureau of Justice Statistics. Retrieved May 1, 2014, from http://www.bjs.gov/content/pub/pdf/p11.pdf

Case, K. A. (2012). Discovering the privilege of Whiteness: White women's reflections on anti-racist identity and ally behavior. *Journal of Social Issues, 68,* 78-96.

Caughy, M. O., O'Campo, P. J., & Muntaner, C. (2004). Experiences of racism among African American parents and the mental health of their preschool-aged children. *American Journal of Public Health, 94,* 2118-2124.

Centers for Disease Control and Prevention. (1998). Lifetime annual incidence of intimate partner violence and resulting injuries. *Morbidity and Mortality Weekly Report, 47,* 846-853.

Centers for Disease Control and Prevention. (2002). Abuse of the elderly. *World Report on Violence and Health.* Retrieved May 1, 2014, from http://www.who.int/violence_injury_prevention/violence/global_campaign/en/chap5.pdf

Centers for Disease Control and Prevention. (2006). *Intimate partner violence during pregnancy: A guide for clinicians.* Retrieved October 25, 2008, from http://www.cdc.gov/Reproductivehealth/violence/IntimatePartnerViolence/sld001.html

Centers for Disease Control and Prevention. (2013a, May 16). Mental health surveillance among children-5 United States 2005-011. *Morbidity and Mortality Weekly Report, 62,* 1-5. Retrieved March 11, 2014, from http://www.cdc.gov/mmwr/preview/mmwrhtml/su6202a1.htm?s_cid=su6202a1_w

Centers for Disease Control and Prevention. (2013b). *Saving lives in protecting people: Preventing violence against children and youth.* Retrieved March 11, 2014, from http://www.cdc.gov/injury/about/focus-cm.html

Centers for Disease Control and Prevention. (2014). *Suicide prevention: Youth suicide.* Retrieved March 11, 2014, from http://www.cdc.gov/violenceprevention/pub/youth_suicide.html

Centers for Disease Control and Prevention, National Vital Statistics System, National Center for Health Statistics. (2010). *10 leading causes of death by age group, United States—010.* Retrieved February 2, 2014, from http://www.cdc.gov/injury/wisqars/LeadingCauses.html

Central Intelligence Agency. (2013). *World factbook.* Retrieved January 23, 2013, from https://www.cia.gov/library/publications/the-world-factbook/geos/print/country/countrypdf_mx.pdf

Children's Defense Fund. (2008). *The state of America's children 2008.* Washington, DC: Author.

Christian, M. D., & Barbarin, O. A. (2001). Cultural resources and psychological adjustment of African American children: Effects of spirituality and racial attribution. *Journal of Black Psychology, 27*(1), 43-63.

Chung, R. C.-Y., Bemak, F., & Kudo-Grabosky, T. (2011). Multicultural-social justice leadership strategies: Counseling and advocacy with immigrants. *Journal for Social Action in Counseling and Psychology, 3,* 86-102.

Cochran, S. (2001). Emerging issues in research on lesbian and gay men's mental health: Does sexual orientation really matter? *American Psychologist, 56,* 931-947.

Comas-Diaz, L. (2008). The Black Madonna: The psychospiritual feminism of Guadalupe, Kali, and Monserrat. In L. B. Silverstein & T. J. Goodrich (Eds.), *Feminist family therapy: Empowerment in social context* (pp. 147-160). Washington, DC: American Psychological

Association.

Comas-Diaz, L. (2012). *Multicultural care: A clinician's guide to cultural competence*. Washington, DC: American Psychological Association.

Comer, J. P., & Hill, H. (1985). Social policy and the mental health of Black children. *Journal of the Academy of Child Psychiatry, 24*(2), 175-181.

Consortium for Longitudinal Studies of Child Abuse and Neglect. (2006). *LONGSCAN research briefs* (Vol. 2). Retrieved August 22, 2008, from http://www.iprc.unc.edu/longscan/pages/researchbriefs/LONGSCAN%20Research%20Briefs%20(Volume%202).pdf

Cooper, L., & Cates, P. (2006). *Too high a price: The case against restricting gay parenting*. New York, NY: American Civil Liberties Union Foundation.

Copen, C. E., Daniels, K., Vespa, J., & Mosher, W. D. (2012). First marriages in the United States: Data from the 2006-010 National Survey of Family Growth. Centers for Disease Control and Prevention, Division of Vital Statistics. *National Health Statistic Reports, 49*, 1-22.

Coplan, R., Prakash, K., O'Neil, K., & Armer, M. (2004). Do you "want" to play? Distinguishing between conflicted shyness and social disinterest in early childhood. *Developmental Psychology, 2*, 244-258.

Crawford, M. (2006). *Transformations: Women, gender & psychology* (2nd ed.). New York: NY: McGraw-Hill.

Currie, C., Zanotti, C., Morgan, A., Currie, D., de Looze M., Roberts, C., . . . Barnekow, V. (2012). Health behavior in school-aged children: International report from the 2009/2010 survey. *Health Policy for Children and Adolescents*, No. 6. Geneva, Switzerland: World Health Organization.

Curtis, J. (2013). Middle class identity in the modern world: How politics and economics matter. *Canadian Sociological Association, 50*(2), 204-226.

DeAngelis, T. (2002). A new generation of issues for LGBT clients. *Monitor on Psychology, 33*(2), 42-44.

Delgado, G. (2006). Mexican American religion and spirituality. In E. Dowling & W. Scarlett

(Eds.), *Encyclopedia of religious and spiritual development* (pp. 289-91). Thousand Oaks, CA: SAGE. doi: 10.4135/9781412952477.n155

Delphin, M., & Rowe, M. (2008). Continuing education in cultural competence for community mental health practitioners. *Professional Psychology: Research and Practice, 39*(2), 182-191.

DeNavas-Walt, C., Proctor, B. D., & Smith, J. C. (2013). Income, poverty, and health insurance coverage in the United States: 2012. *Current Population Reports,* P60-245. Washington, DC: U. S. Census Bureau. Retrieved May 1, 2014, from https://www.census.gov/prod/2013pubs/p60-245.pdf

Denham, S. A., Basset, H. H., & Wyatt, T. (2007). The socialization of emotional competence. In J. E. Grusec & P. D. Hastings (Eds.), *Handbook of socialization: Theory and research* (pp. 614-637). New York, NY: Guilford Press.

Dixon, L., & Stern, R. K. (2004). *Compensation for losses from the 9/11 attacks* (Monograph MG-264-IC, p. xviii). Santa Monica, CA: RAND Corporation.

Dixon, S. V., Graber, J. A., & Brooks-Gunn, J. (2008). The roles of respect for parental authority and parenting practices in parent-hild conflict among African American, Latino, and European American families. *Journal of Family Psychology, 22*(1), 1-10.

Dodge, K. A., Pettit, G. S., Bates, J. E., & Valente, E. (1995). Social information-processing patterns partially mediate the effect of early physical abuse on later conduct problems. *Journal of Abnormal Psychology, 104,* 632-643.

Dong, X. Q., Simon, M. A., Beck, T. T., Farran, C., McCann, J. J., Mendes de Leon, C. F., ... Evans, D. A. (2011). Elder abuse and mortality: The role of psychological and social wellbeing. *Gerontology, 57,* 549-558.

Du Bois, W. E. B. (1997). *The souls of Black folk.* Boston, MA: Bedford Books. (Original work published 1903)

Duncan, B., Miller, S., & Hubble, M. (2007, November/December). How being bad can make you better. *Psychotherapy Networker*, pp. 36-45, 57.

Duncan, B. L., Miller, S. D., & Sparks, J. A. (2004). *The heroic client: A revolutionary way to* improve effectiveness through client-directed, outcome-informed therapy (Rev. ed.). San Francisco, CA: Jossey-Bass.

Duran, E. (2006). *Healing the soul wound: Counseling with American Indians and other Native peoples.* New York, NY: Teachers College Press.

Dye, M. L., & Davis, K. E. (2003). Stalking and psychological abuse: Common factors and relationshipspecific characteristics. *Violence and Victims, 18*, 163-180.

Eagleton Institute of Politics. (2014). *Current numbers of women officeholders.* Rutgers, the State University of New Jersey, Center for American Women and Politics. Retrieved March 2, 2014, from http://www.cawp.rutgers.edu

Editors of Consumer Reports. (2004, October). Drugs versus talk therapy. *Consumer Reports,* pp. 22-29.

Egan, G. (2007). *The skilled helper* (8th ed.). Belmont, CA: Brooks/Cole.

Elliott, R., & Greenberg, L. S. (1995). Experiential therapy in practice: The process-experiential approach. In B. Bongar & L. E. Beutler (Eds.), *Comprehensive textbook of psychotherapy: Theory and practice* (pp. 123-39). New York, NY: Oxford University Press.

Englund, M. M., Kuo, S. I.-C., Puig, J., & Collins, W. A. (2011). Early roots of adult competence: The significance of close relationships from infancy to early adulthood. *International Journal of Behavior Development, 35*(6): 490-496. doi: 10.1177/0165025411422994.

Ennis, S. R., Ríos-Vargas, M., & Albert, N. G. (2011, May). *The Hispanic population: 2010* (2010 Census Briefs). Retrieved from http://www.census.gov/prod/cen2010/briefs/c2010br-04.pdf

Erikson, E. H. (1963). *Childhood and society* (2nd ed.). New York, NY: Norton.

ESPN.com News Services. (2005, August 12). NCAA American Indian mascot band will begin Feb. 1. *ESPN College Sports.* Retrieved May 1, 2014, from http://sports.espn.go.com/ncaa/news/story?id=2125735

Evans, G. W. (2004). The environment of childhood poverty. *American Psychologist, 59*(2),

77-92.

Evans, G. W., Li, D., & Whipple, S. S. (2013). Cumulative risk in child development. *Psychological Bulletin, 139*(6), 1342-1396. doi: 10.1037/a0031808

Fantuzzo, J., & Mohr, W. (1999). Prevalence and effects of child exposure to domestic violence. *Future of Children, 9*(2), 21-32.

Feather, N. T., & Sherman, R. (2002). Envy, resentment, Schadenfreude, and sympathy: Reactions to deserved and undeserved achievement and subsequent failure. *Personality and Social Psychology Bulletin, 28,* 953-961.

Feder, J., Levant, R. F., & Dean, J. (2007). Boys and violence: A gender-informed analysis. *Professional Psychology: Research and Practice, 38,* 385-391.

Feeney, J. A. (2008). Adult romantic attachment: Developments in the study of couple relationships. In J. Cassidy & P. R. Shaver (Eds.), *Handbook of attachment: Theory, research, and clinical applications* (2nd ed., pp. 456-481). New York, NY: Guilford Press.

Felitti, V. J. (2002). The relation between adverse childhood experiences and adult health: Turning gold into lead. *Permanente Journal, 6*(1), 44-47.

Finkelhor, D., Turner, H., Ormrod, R., & Hamby, S. (2005). The victimization of children and youth: A comprehensive national survey. *Child Maltreatment, 10*(1), 5-25.

Finkelhor, D., Turner, H., Ormrod, R., & Hamby, S. (2009). Violence, abuse, and crime exposure in a national sample of children and youth. *Pediatrics, 124,* 1411-1423.

Fleming, J., & Asplund, J. (2007). *Human sigma.* New York, NY: Gallup Press.

Ford, D. Y. (1997). Counseling middle-class African Americans. In C. C. Lee (Ed.), *Multicultural issues in counseling* (2nd ed., pp. 81-108). Alexandria, VA: American Counseling Association.

Frankenberg, R. (2008). Whiteness as an "unmarked" cultural category. In K. E. Rosenblum & T. C. Travis (Eds.), *The meaning of difference: American constructions of race, sex and gender, social class, sexual orientation, and disability* (5th ed., pp. 81-87). Boston, MA: McGraw-Hill.

Freedom to Marry. (2013). *Winning the freedom to marry: Progress in the states.* Retrieved August 16, 2014, from http://www.freedomtomarry.org/states/.

French, L. A. (1997). *Counseling American Indians.* Lanham, MD: University Press of America.

Frieze, I. H. (2005). Female violence against intimate partners: An introduction. *Psychology of Women Quarterly, 29,* 229-237.

Fuligni, A. (1998). Authority, autonomy, and parent-dolescent conflict and cohesion: Study of adolescents from Mexican, Chinese, Filipino, and European backgrounds. *Developmental Psychology, 34,* 782-792.

Garbarino, J. (1999). *Lost boys: Why our sons turn violent and how we can save them.* New York, NY: Free Press.

Gates, G. (2010). *Sexual minorities in the 2008: General Social Survey: Coming out and demographic characteristics.* Retrieved May 1, 2014, from http://williamsinstitute.law. ucla.edu/wp-content/uploads/Gates-Sexual-Minorities-2008-GSS-Oct-2010.pdf

Ge, X., Conger, R. D., & Elder, G. H., Jr. (2001). Pubertal transition, stressful life events, and the emergence of gender differences in adolescent depressive symptoms. *Developmental Psychology, 37,* 404-417.

Glaze, L. E., & Herberman, E. (2013, December). *Correctional populations in the United States, 2012* (NCJ 24393). U. S. Department of Justice, Office of Justice Programs, Bureau of Justice Statistics. Retrieved February 9, 2014, from http://www.bjs.gov/content/pub/pdf/cpus12.pdf

Goodrich, T. J. (2008). A feminist family therapist's work is never done. In L. B. Silverstein & T. J. Goodrich (Eds.), *Feminist family therapy: Empowerment in social context* (pp. 3-15). Washington, DC: American Psychological Association.

Graber, J. A, Lewinsohn, P. M., Seeley, J. R., & Brooks-Gunn, J. (1997). Is psychopathology associated with the timing of puberty development? *Journal of the American Academy of Child and Adolescent Psychiatry, 36,* 1768-1776.

Graham-Kevan, N., & Archer, J. (2005). Investigating three explanations of women's relationship aggression. *Psychology of Women Quarterly, 29*(3), 270-277.

Greenberg, L., & Goldman, R. (2007). Case-formulation in emotion-focused therapy. In T. D. Eells (Ed.), *Handbook of psychotherapy case formulation* (2nd ed., pp. 379-411). New York, NY: Guilford Press.

Greene, B. (1997). Psychotherapy with African American women: Integrating feminist and psychodynamic models. *Journal of Smith College Studies in Social Work: Theoretical, Research, Practice and Educational Perspectives for Understanding and Working With African American Clients, 67*, 299-322.

Grusec, J. E., & Goodnow, J. J. (1994). Impact of parental discipline methods on the child's internalization of values: A reconceptualization of current points of view. *Developmental Psychology, 30*, 4-19.

Haas, E., Hill, R., Lambert, M. M., & Morrell, B. (2002). Do early responders to psychotherapy maintain treatment gains? *Journal of Clinical Psychology, 58*, 1157-1172.

Hagan, J. (2013, June 27). The 10 dumbest things ever said about same-sex marriage: The worst logical fails, nastiest hate speech and most deeply confused metaphors from the anti-gay movement. *Rolling Stones*. Retrieved April 18, 2014, from http://www.rollingstone.com/politics/news/the-10-dumbest-things-ever-said-about-same-sex-marriage-20130627#ixzz2xJU8QlEU

Halberstadt, A. G., & Eaton, K. L. (2003). A meta-analysis of family expressiveness and children's emotion expressiveness and understanding. *Marriage and Family Review, 34*, 35-62.

Haldeman, D. (2000). Therapeutic responses to sexual orientation: Psychology's evolution. In B. Greene & G. L. Croom (Eds.), *Education, research, and practice in lesbian, gay, bisexual, and transgendered psychology: A resource manual* (pp. 244-62). Thousand Oaks, CA: SAGE.

Hall, R. L., & Greene, B. (2008). Contemporary African American families. In L. B. Silverstein & T. J. Goodrich (Eds.), *Feminist family therapy: Empowerment in social context* (pp. 107-120). Washington, DC: American Psychological Association.

Hamby, S., & Grych, J. (2013). *The web of violence: Exploring connections among different forms of interpersonal violence and abuse*. New York, NY: Springer.

Hanson, R. F., Self-Brown, S., Fricker-Elhai, A. E., Kilpatrick, D. G., Saunders, B. E., & Resnick, H. S. (2006). The relations between family environment and violence exposure among youth: Findings from the National Survey of Adolescents. *Child Maltreatment, 11,* 3-15.

Hays, P. (2008). *Addressing cultural complexities in practice: Assessment, diagnosis, and therapy* (2nd ed.). Washington, DC: American Psychological Association.

Hays, P. (2013). *Connecting across cultures: The helper's toolkit*. Thousand Oaks, CA: SAGE.

Herek, G. M., & Garnets, L. D. (2007). Sexual orientation and mental health. *Annual Review of Clinical Psychology, 3,* 353-375.

Hershberger, S. L., & D'Augelli, A. R. (2000). Issues in counseling lesbian, gay, and bisexual adolescents. In R. Perez, K. DeBord, & K. Bieschke (Eds.), *Handbook of counseling and psychotherapy with lesbian, gay, and bisexual clients* (pp. 225-247). Washington, DC: American Psychological Association.

History Learning Site. (2008). *Family life*. Retrieved August 13, 2008, from http://www.historylearningsite.co.uk/familylife.htm

Hofmann, A. D., & Greydanus, D. E. (1997). *Adolescent medicine*. Stamford, CT: Appleton & Lange.

Holmes, S. A., & Morin, R. (2006, June). Being a Black man: The poll. *Washington Post*. Retrieved June 5, 2009, from http://www.washingtonpost.com/wp-dyn/content/discussion/2006/06/02/DI2006060201012.html

Holt, M. K., Finkelhor, D., & Kantor, G. K. (2007). Multiple victimization experiences of urban elementary school students: Associations with psychosocial functioning and academic performance. *Child Abuse and Neglect, 31,* 503-515.

Hubble, M. A., Duncan, B. L., & Miller, S. D. (1999). Directing attention to what works. In M. A. Hubble, B. L. Duncan, & S. D. Miller (Eds.), *The heart and soul of change: What works in therapy* (pp. 407-447). Washington, DC: American Psychological Association.

Human Rights Campaign. (2000). *Finally free* [Research report]. Washington, DC: Author.

Ignatieff, M. (2005, September 25). The broken contract. *New York Times.* Retrieved June 13, 2009, from http://www.nytimes.com/2005/09/25/magazine/25wwln.html?_r=1&scp=1&sq=Ignatieff%20broken%20contract&st=cse

Ignatiev, N. (1995). *How the Irish became White.* New York, NY: Routledge.

Indians.org. (2014). *Native American healing.* Retrieved May 1, 2014, from http://www.indians.org/articles/native-american-healing.html

Ingram, B. L. (2012). *Clinical case formulations* (2nd ed.). Hoboken, NJ: John Wiley & Sons.

Jaffe, P., & Geffner, R. (1998). Child custody disputes and domestic violence: Critical issues for mental health, social service, and legal professionals. In G. Holden, R. Geffner, & E. Jouriles (Eds.), *Children exposed to marital violence: Theory, research, and applied issues* (pp. 371-408). Washington, DC: American Psychological Association.

Jefferson National Expansion Memorial. (2013). Lakota Sioux. Retrieved May 1, 2013, from http://www.nps.gov/jeff/historyculture/the-lakota-sioux.htm

Jensen Racz, S., McMahon, R. J., & Luthar, S. S. (2011). Risky behavior in affluent youth: Examining the co-occurrence and consequences of multiple problem behaviors. *Journal of Child and Family Studies, 20,* 120-128. doi: 10.1007/s10826-010-9285-4

Johnson, M. P. (1995). Patriarchal terrorism and common couple violence: Two forms of violence against women. *Journal of Marriage and the Family, 75,* 283-294.

Johnson, M. P., & Leone, J. M. (2005). The differential effects of intimate terrorism and situational couple violence: Findings from the National Violence Against Women Survey. *Journal of Family Issues, 26,* 322-349.

Just the Facts Coalition. (2008). *Just the facts about sexual orientation and youth: A primer for principals, educators, and school personnel.* Washington, DC: American Psychological Association. Retrieved April 23, 2014, from http://www.apa.org/pi/lgbc/publications/justthefacts.html

Kagan, J. (1997). *Galen's prophecy: Temperament in human nature.* Boulder, CO: Westview Press.

Kantor, G. K., & Little, L. (2003). Refining the boundaries of child neglect: When does domestic violence equate with parental failure to protect? *Journal of Interpersonal Violence, 18*(4), 338-55.

Kaufman, M. (1994). Men, feminism, and men's contradictory experiences of power. In H. Brod & M. Kaufman (Eds.), *Theorizing masculinities* (pp. 142-163). Thousand Oaks, CA: SAGE.

Keenan, J. M. (2008). *Review of SOAP note charting.* Retrieved May 23, 2008, from http://www.meded.umn.edu/students/residency/documents/06_Keenan_Review_SOAP_Note_Charting.pdf

Kelly, G. A. (1955). *The psychology of personal constructs.* New York, NY: Norton.

Kessler, R. C., Chiu, C., Demier, W., & Walters, E. (2005). Prevalence and comorbidity of 12-month DSM-IV disorder in the National Comorbidity Survey Replication. *Archives of General Psychiatry, 62,* 617-627.

Kimmel, M. S. (2008). The gendered society. In K. E. Rosenblum & T. C. Travis (Eds.), *The meaning of difference: American constructions of race, sex and gender, social class, sexual orientation, and disability* (5th ed., pp. 81-87). Boston: McGraw-Hill.

Kochhar, R., Fry, R., & Taylor, P. (2011). Wealth gaps rise to record highs between Whites, Blacks, Hispanics. *Pew Research: Social and Demographic Trends.* Retrieved May 1, 2014, from http://www.pewsocialtrends.org/2011/07/26/wealth-gaps-rise-to-record-highs-between-whites-blacks-hispanics/

Kosciw, J., Greytak, E., Diaz, E., & Bartkiewicz, M. J. (2010). *The 2009 National School Climate Survey: The experiences of lesbian, gay, bisexual, and transgender youth in our nation's schools.* New York, NY: Gay, Lesbian and Straight Education Network.

Kosciw, J. G., Palmer, N. A., Kull, R. M., & Greytak, E. A. (2013). The effect of negative school climate on academic outcomes for LGBT youth and the role of in-school supports. *Journal of School Violence, 12*(1), 45-63. doi: 10.1080/15388220.2012.732546

Koss, M. P., Bailey, J. A., Yuan, N. P., Herrera, V. M., & Lichter, E. L. (2003). Depression and PTSD in survivors of male violence: Research and training initiatives to facilitate recovery. *Psychology of Women Quarterly, 27,* 130-142.

Krieder, R. M., & Elliot, D. B. (2009, September). America's families and living arrangements: 2007. *Current Population Reports*. U. S. Department of Commerce, Economics and Statistics Division, U. S. Census Bureau. Retrieved February 8, 2012, from http://www.census.gov/prod/2009pubs/p20-561.pdf

Krogstad, J. M. (2014). *Near Civil Rights Act anniversary, only a quarter of Blacks report recent improvement in Black people's lives*. Pew Research Center. Retrieved from http://www.pewresearch.org/fact-tank/2014/04/10/near-civil-rights-act-anniversary-only-a-quarter-of-blacks-report-recentimprovement-in-black-peoples-lives/

Krogstad, J. M., & Fry, R. (2014). *More Hispanics, Blacks enrolling in college, but lag in bachelor's degrees*. Pew Research Center. Retrieved from http://www.pewresearch.org/fact-tank/2014/04/24/morehispanics-blacks-enrolling-in-college-but-lag-in-bachelors-degrees/

Krugman, P. (2005, September 19). Tragedy in black and white. *New York Times*, p. A25.

Laible, D. J., & Thompson, R. A. (2007). Early socialization: A relational perspective. In J. Grusec & P. Hastings (Eds.), *Handbook of socialization* (Rev. ed., pp. 181-207). New York, NY: Guilford Press.

Lambert, M. J. (2013). The efficacy and effectiveness of psychotherapy. In M. J. Lambert (Eds.), *Bergin and Garfield's handbook of psychotherapy and behaviour change* (6th ed., pp. 169-218). Hoboken, NJ: John Wiley & Sons.

Lambert, M. J., Garfield, S. L., & Bergin, A. E. (2004). Overview, trends, and future issues. In M. J. Lambert (Ed.), *Bergin and Garfield's handbook of psychotherapy and behavior change* (5th ed., pp. 805-821). New York, NY: John Wiley & Sons.

Lansford, J. E., Miller-Johnson, S., Berlin, L. J., Dodge, K. A., Bates, J. E., & Pettit, G. S. (2007). Early physical abuse and later violent delinquency: A prospective longitudinal study. *Child Maltreatment, 12*, 233-245.

LaRue, A., & Majidi-Ahi, S. (1998). African-American children. In J. T. Gibbs & L. N. Huang (Eds.), *Children of color: Psychological interventions with culturally diverse youth* (pp. 143-170). San Francisco, CA: Jossey-Bass.

Lee, R. M., & Dean, B. L. (2004). Middle-class mythology in an age of immigration and segmented assimilation: Implication for counselling psychology. *Journal of Counseling Psychology, 51*(1), 19-24.

Levenson, H., & Strupp, H. H. (2007). Cyclic maladaptive patterns: Case formulation in time-limited dynamic psychotherapy. In T. D. Eells (Ed.), *Handbook of psychotherapy case formulation* (2nd ed., pp. 164-197). New York, NY: Guilford Press.

Light, M. T., Lopez, M. H., & Gonzalez-Barrera, A. (2014). *The rise of federal immigration crimes: Unlawful reentry drives growth.* Pew Research Center. Retrieved from http://www.pewhispanic.org/2014/03/18/the-rise-of-federal-immigration-crimes/

Lipton, E., & Nixon, R. (2005, September 26). Many contracts for storm work raise questions. *New York Times,* p. A1.

Liu, W. M. (2005). The study of men and masculinity as an important multicultural competency consideration. *Journal of Clinical Psychology, 61*(6), 685-697.

Lofquist, D. (2011). Same-sex couple households. *American Community Survey Brief, ACSBR/10-3.* Retrieved May 1, 2014, from http://www.census.gov/prod/2011pubs/acsbr10-3.pdf

Lopez, M. H., Gonzalez-Barrera, & Motel, S. (2011). *As deportations rise to record levels, most Latinos oppose Obama's Policy.* Washington, DC: Pew Hispanic Center. Retrieved May 1, 2013, from http://www.pewhispanic.org/2011/12/28/as-deportations-rise-to-record-levels-most-latinos-opposeobamas-policy/

Lott, B. (2002). Cognitive and behavioral distancing from the poor. *American Psychologist, 57*(2), 100-110.

Luthar, S. S., & Latendresse, S. J. (2005). Children of the affluent challenges to well-being. *American Psychological Society, 14*(1), 49-53.

Macartney, S., Bishaw, A., & Fontenot, K. (2013, February). Poverty rates for selected detailed race and Hispanic groups by state and place: 2007-2011. *American Community Survey Briefs, 11-17.* Retrieved May 1, 2014, from http://www.census.gov/prod/2013pubs/acsbr11-17.pdf

Macartney, S., & Mykyta, L. (2012). Poverty and shared households by state: 2011. *American Community Survey Briefs, 11-05*. Retrieved May 1, 2014, from http://www.census.gov/prod/2012pubs/acsbr11-05.pdf

Mahalik, J. R., Locke, B. D., Ludlow, L. H., Diemer, M., Scott, R. P. J., Gottfried, M., & Freitas, G. (2003). Development of the Conformity to Masculine Norms Inventory. *Psychology of Men and Masculinity, 4,* 3-25.

Mahalik, J. R., Morray, E. B., Coonerty-Femiano, A., Ludlow, L. H., Slatter, S. M., & Smiler, A. (2005). Development of the Conformity to Feminine Norms Inventory. *Sex Roles, 52,* 417-435.

Mallinckrodt, B., & Wei, M. (2005). Attachment, social competencies, social support, and psychological distress, *Journal of Counseling Psychology, 52*(3), 358-367.

Mann, C. C. (2005). *1491 new revelations of the Americas before Columbus.* New York, NY: A. A. Knopf.

Markus, H. R., & Conner, A. (2013). *Clash! 8 cultural conflicts that make us who we are.* New York, NY: Hudson Street Press.

Marshall, J. M. (2001). *The Lakota way: Stories and lessons for living.* New York, NY: Penguin Compass.

Masten, A. S. (2001). Ordinary magic: Resilience processes in development. *American Psychologist, 56,* 227-238.

Masten, A. S. (2014). Global perspective on resilience in children and youth. *Child Development, 85*(1), 6-20.

Masten, A. S., & Narayan, A. J. (2012). Child development in the context of disaster, war and terrorism: Pathways of risk and resilience. *Annual Review of Psychology, 63,* 227-257. doi: 1146/annurevpsych-120710-00356

Mazure, C. M., Keita, G. P., & Blehar, M. C. (2002). *Summit on women and depression: Proceedings and recommendations.* Washington, DC: American Psychological Association.

McCormick, C. M., Kuo, S. I., & Masten, A. S. (2011). Developmental tasks across the lifespan.

In K. L. Fingerman, C. Berg, T. C. Antonucci, & J. Smith (Eds.), *Handbook of life-span development*. New York, NY: Springer.

McIntosh, P. (2008). White privilege: Unpacking the invisible knapsack. In K. E. Rosenblum & T. C. Travis (Eds.), *The meaning of difference: American constructions of race, sex and gender, social class, sexual orientation, and disability* (5th ed., pp. 368-372). Boston, MA: McGraw-ill.

Mellander, C., Florida, R., & Rentfrow, J. (2011). The creative class, post-industrialism and the happiness of nations. *Cambridge Journal of Regions, Economy, and Society*, pp. 1-13.

Mellinger, T. N., & Liu, W. M. (2006). Men's issues in doctoral training: A survey of counseling psychology programs. *Professional Psychology: Research and Practice, 37*(2), 196-204.

Meltzoff, A. N. (2005). Imitation and other minds: The "like me" hypothesis. In S. Hurley and N. Chater (Eds.), *Perspectives on imitation: From neuroscience to social science* (Vol. 2, pp. 55-77). Cambridge, MA: MIT Press.

Messner, M. A. (1997). *Politics of masculinities: Men in movements*. Thousand Oaks, CA: SAGE.

Miller, S. D., Hubble, M. A., & Duncan, B. L. (2007). Supershrinks. *Psychotherapy Networker, 31*(6), 26-35, 56.

Miller, S. D., Hubble, M. A., Duncan, B. L., & Wampold, B. E. (2010). Delivering what works. In B. L. Duncan, S. D. Miller, B. E. Wampold, & M. A. Hubble (Eds.) *The heart and soul of change: Delivering what works in therapy* (2nd ed., pp. 421-529). Washingon, DC: American Psychological Association.

Minami, T., Wampold, B., Serlin, R., Hamilton, E., Brown G., & Kircher, J. (2008). Benchmarking for psychotherapy efficacy. *Journal of Consulting and Clinical Psychology, 76*, 116-124.

Minuchin, S. (1974). *Families and family therapy*. Cambridge, MA: Harvard University Press.

Minuchin, S., & Fishman, H. (1981). *Family therapy techniques*. Cambridge, MA: Harvard University Press.

Minuchin, S., Nichols, M. P., & Lee, W.-Y. (2007). *Assessing couples and families: From symptom to system.* Boston, MA: Allyn & Bacon.

Moffitt, T. E. (1993). Adolescent-limited in life-course-persistent antisocial behavior: A developmental taxonomy. *Psychological Review, 100*(4), 674-701.

Monro, F., & Huon, G. (2005). Media-portrayed idealized images, body shame, and appearance anxiety. *International Journal of Eating Disorders, 38,* 85-90.

Monroe, C. R. (2005). Why are "bad boys" always Black? Causes of disproportionality in school discipline and recommendations for change. *Clearing House, 79,* 45-50.

Montemurro, B. (2003). Not a laughing matter: Sexual harassment as "material" on workplace-based situation comedies. *Sex Roles, 48,* 433-445.

National Center for Health Statistics. (2002, April 24). Deaths: Injuries, 2002. *National Vital Statistics Reports, 54*(10). Retrieved February 3, 2009, from http://www.cdc.gov/nchs/data/nvsr/nvsr54/nvsr54_10.pdf

National Scientific Council on the Developing Child. (2004). *Children's emotional development is built into the architecture of their brains* (Working Paper #2). Retrieved from http://www.developingchild.net

National Scientific Council on the Developing Child. (2005). *Excessive stress disrupts the architecture of the developing brain* (Working Paper #3). Retrieved April 10, 2014, from http://www.developing child.net

National Scientific Council on the Developing Child. (2007). *The science of early childhood development.* Retrieved from http://www.developingchild.net

Neal-Barnett, A. M., & Crowther, J. H. (2000). To be female, middle class, anxious, and Black. *Psychology of Women Quarterly, 24,* 129-136.

Neimeyer, R. A. (1995). An invitation to constructivist psychotherapies. In R. A. Neimeyer & M. J. Mahoney (Eds.), *Constructivism in psychotherapy* (pp. 1-8). Washington, DC: American Psychological Association.

Neimeyer, R. A. (2000). Narrative disruptions in the construction of the self. In R. A. Neimeyer & J. D. Raskin (Eds.), *Constructions of disorder: Meaning-making frameworks for psychotherapy* (pp. 207-242). Washington, DC: American Psychological Association.

Neimeyer, R. A. (2009). *Constructivist psychotherapy*. New York, NY: Routledge.

Nelson, S. (2008). *Welcome message to iask. inc.* Retrieved July 24, 2008, from www.iaskinc. org

New York Life. (2008). *African American wealth: Powerful trends and new opportunities.* Retrieved June 14, 2008, from http://www.newyorklife.com/nyl/v/index.jsp?vgnextoid= 921e3c5ac59d2210a2b3019d221024301cacRCRD

Ng, F. F., Pomerantz, E. M., & Lam, S. (2007). European American and Chinese parents' response to children's success and failure: Implications for children's responses. *Developmental Psychology, 43*(5), 1239-1255.

Nichols, M. P. (2008). *Family therapy: Concepts and methods* (8th ed.). Boston, MA: Pearson Education.

Nolen-Hoeksema, S. (2000). The role of rumination in depressive disorders and mixed anxiety/depressive symptoms. *Journal of Abnormal Psychology, 109*, 504-511.

Nzinga-Johnson, S., Baker, J. A., & Aupperlee, J. (2009). Teacher-arent relationships and school involvement among racially and educationally diverse parents of kindergartners. *Elementary School Journal, 110*, 81-91.

Official Site of the Rosebud Sioux Tribe. (2013). *Rosebud Sioux Tribe.* Retrieved from http:// www.rosebudsiouxtribe-nsn.gov/

Ogbu, J. (2003). *Black American students in an affluent suburb: A study of academic disengagement.* Mahwah, NJ: Lawrence Erlbaum.

Palmore, E. (2001). The ageism survey: First findings. *Gerontologist, 41*(5), 572-575.

Pan Tribal Secession Against the Empire. (2012, October). *American Indian/Alaska Native— ttack the system: Abolish Columbus Day protest and occupied Cascadia screening—eattle 2012.* Retrieved from http://aianattackthesystem.com/2012/10/01/columbus-day-protest-seattle-2013/

Papp, P. (2008). *Gender, marriage, and depression.* In L. B. Silverstein & T. J. Goodrich (Eds.), *Feminist family therapy: Empowerment in social context* (pp. 211-223). Washington, DC: American Psychological Association.

Passel, J. S., & Cohn, D. (2009, April 14). *A portrait of unauthorized immigrants in the United States.* Washington, DC: Pew Hispanic Center.

Passel, J. S., & Cohn, D., & Gonzalez-Barrera, A. (2012, April 23). *Net migration from Mexico falls to zero—ì and perhaps less.* Washington, DC: Pew Hispanic Center. Retrieved August 26, 2014, from http://www.pewhispanic.org/2012/04/23/net-migration-from-mexico-falls-to-zero-and-perhaps-less/

Pavlov, I. (1927). *Conditioned reflexes.* London, UK: Oxford University Press.

Pedrotti, J. T., Edwards, L. M., & Lopez, S. J. (2008). Working with multiracial clients in therapy: Bridging theory, research, and practice. *Professional Psychology: Research and Practice, 39,* 192-201.

Peplau, L. A., & Fingerhut, A. (2007). The close relationships of lesbian and gay men. *Annual Review of Psychology, 58,* 405-424.

Perls, F., Hefferline, R., & Goodman, P. (1951). *Gestalt therapy.* New York, NY: Dell.

Piaget, J. (1952). *The origins of intelligence in children* (M. Cook, Trans.). Oxford, UK: International Universities Press. (Original work published 1936)

Pincus, F. L. (2001/2002, Winter). The social construction of reverse discrimination: The impact of affirmative action on Whites. *Journal of Intergroup Relations, 38*(4), 33-44.

Pinderhughes, E. E., Dodge, K. A., Bates, J. E., Pettit, G. S., & Zelli, A. (2000). Discipline responses: Influences of parents' socioeconomic status, ethnicity, beliefs about parenting, stress, and cognitiveemotional processes. *Journal of Family Psychology, 14,* 380-400.

Pritchard, J. (2002). Male victims of elder abuse: Their experiences and needs. *Violence and Abuse Series.* London, UK: Jessica Kingsley.

Pro-change Behavior Systems. (2008, March). *About us.* Retrieved April 8, 2009, from http://www.prochange.com/staff/james_prochaska

Prochaska, J. (1999). How do people change, and how can we change to help many more people? In M. A. Hubble, B. L. Duncan, & S. D. Miller (Eds.), *The heart and soul of change: What works in therapy* (pp. 227-255). Washington, DC: American Psychological Association.

Prochaska, J. (2005). Reply to Callaghan: Stages of change and termination from psychotherapy. *Psychotherapy: Theory, Research, Practice, Training, 42*(2), 247-248.

Prochaska, J., & DiClemente, C. (1984). *The transtheoretical approach: Crossing traditional boundaries of change.* Homewood, IL: Dorsey.

Prochaska, J., & DiClemente, C. (1986). The transtheoretical approach. In J. Norcross (Ed.), *Handbook of eclectic psychotherapy* (pp. 163-200). New York, NY: Brunner/Mazel.

Prochaska, J. O., & Norcross, J. C. (1999). Comparative conclusions: Toward a transtheoretical therapy. In J. O. Prochaska & J. C. Norcross (Eds.), *Systems of psychotherapy: A transtheoretical analysis* (4th ed., pp. 487-532). Pacific Grove, CA: Brooks/Cole.

Prochaska, J. O., & Norcross, J. C. (2009). *Systems of psychotherapy: A transtheoretical analysis.* Pacific Grove, CA: Brooks/Cole.

Quinn, D. M., & Crocker, J. (1999). When ideology hurts: Effects of belief in the Protestant affect and feeling overweight on the psychological well-being of women. *Journal of Personality and Social Psychology, 77*(2), 402-414.

Rabinowitz, F. E., & Cochran, S. V. (2002). *Deepening psychotherapy with men.* Washington, DC: American Psychological Association.

Ramirez, O. (1998). Mexican American children and adolescents. In J. T. Gibbs, L. N. Huang, & Associates (Eds.), *Children of color: Psychological interventions with culturally diverse youth* (2nd ed., pp. 215-239). San Francisco, CA: Jossey-Bass.

Raeff, C. (2014). Demystifying internalization and socialization: Linking conceptions of how development happens to organismic-developmental theory. In J. B. Benson (Ed.), *Advances in child development and behavior* (Vol. 46, pp. 1-32). Burlington, VT: Academic Press.

Rhule, D. M. (2005). Take care to do no harm: Harmful interventions for youth problem behavior. *Professional Psychology: Research and Practice, 36*(6), 618-625.

Riggle, E. D. B., Whitman, J. S., Olson, A., Rostosky, S. S., & Strong, S. (2008). The positive aspects of being a lesbian or gay man. *Professional Psychology: Research and Practice, 39*(2), 210-217.

Rios, R., Aiken, L. S., & Zautra, A. J. (2012). Neighborhood contexts and the mediating role of neighborhood social cohesion on health and psychological distress among Hispanic and non-Hispanic residents. *Annuals of Behavioral Medicine, 43*, 50-61.

Rodriguez, C. E. (2008). Latinos and the U. S. race structure. In K. E. Rosenblum & T. C. Travis (Eds.), *The meaning of difference: American constructions of race, sex and gender, social class, sexual orientation, and disability* (5th ed., pp. 81-87). Boston, MA: McGraw-Hill.

Rogers, C. (1951). *Client-centered therapy*. Boston, MA: Houghton Mifflin.

Rosenzweig, S. (1936). Some implicit common factors in diverse methods of psychotherapy. *American Journal of Orthopsychiatry, 6*, 412-415.

Russo, N. F., & Tartaro, J. (2008). Women and mental health. In F. L. Denmark & M. A. Paludi (Eds.), *Psychology of women: A handbook of issues and theories* (2nd ed., pp. 440-481). Westport, CT: Greenwood Press.

Ryder, J. A. (2014). *Girls & violence: Tracing the roots of criminal behavior*. Boulder, CO: Lynne Rienner.

Samuelson, S. L., & Campbell, C. D. (2005). Screening for domestic violence: Recommendations based on a practice survey. *Professional Psychology: Research and Practice, 36*(3), 276-282.

Sanchez, K. S., Bledsoe, L. M., Sumabat, C., & Ye, R. (2004). Hispanic students' reading situations and problems. *Journal of Hispanic Higher Education, 3*, 50-3. doi: 10.1177/1538192703259531

Santana, S., & Santana, F. (2001). *An introduction to Mexican culture: For rehabilitation service providers*. Retrieved August 5, 2008, from http://cirrie.buffalo.edu/monographs/mexico.pdf

Savin-Williams, R. C. (2001). *Mom, Dad, I'm gay: How families negotiate coming out*. Washington, DC: American Psychological Association.

Schneider, M. S., Brown, L. S., & Glassgold, J. (2002). Implementing the resolution on appropriate therapeutic responses to sexual orientation: A guide for the perplexed.

Professional Psychology: Research and Practice, 33(3), 265-276.

Schooler, D., & Ward, L. M. (2006). Average Joes: Men's relationships with media, real bodies, and sexuality. *Psychology of Men and Masculinity, 7*, 27-41.

Schwartz, C. E., Kunwar, P. S., Greve, D. N., Moran, L. R., Viner, J. C., Covino, J. M., . . . Wallace, S. R. (2010). Structural differences in adult orbital and ventromedial prefrontal cortex predicted by infant temperament at 4 months of age. *Archives of General Psychiatry, 67*(1), 78-84. doi: 10.1001/archgenpsychiatry.2009.171

Schwartz, D., & Proctor, L. J. (2000). Community violence exposure and children's social adjustment in the school peer group: The mediating roles of emotional regulation and social cognition. *Journal of Consulting and Clinical Psychology, 68*, 670-683.

Schwartz, D., Toblin, R., Abou-ezzeddine, Shelley, T., & Stevens, K. (2005). Difficult home environments in the development of aggressive victims of bullying. In K. Kendall-Tackett & S. M. Giacomoni (Eds.), *Child victimization: Maltreatment, bullying and dating violence, prevention and intervention* (pp. 11-19). Kingston, NJ: Civic Research Institute.

Segal, Z. V., Williams, J. M. G., & Teasdale, J. D. (2013). *Mindfulness-based cognitive therapy for depression* (2nd ed.). New York, NY: Guilford Press.

Shapiro, I., Greenstein, R., & Primus, W. (2001, May 31). *Pathbreaking CBO study shows dramatic increases in income disparities in 1980s and 1990s: An analysis of CBO data.* Retrieved June 12, 2008, from http://www.cbpp.org/5-1-1tax.html

Shidlo, A., & Schroeder, M. (2002). Changing sexual orientation: A consumers' report. *Professional psychology: Research and practice, 33*(3), 249-259.

Singh, G. K., & Ghandour, R. M. (2012). Impact of neighborhood social conditions and household socioeconomic status on behavioral problems among US children. *Maternal Child Health Journal, 16*, 158-169.

Skinner, B. F. (1938). *The behavior of organisms: An experimental analysis.* New York: Appleton.

Smith, L., Constantine, M. G., Graham, S. V., & Diz, B. (2008). The territory ahead for multicultural competence: The "spinning" of racism. *Professional Psychology: Research* and Practice, 39(3), 337-345.

Smith, T. (2011). Public attitudes toward homosexuality. General Social Survey 2010. Retrieved April 16, 2014, from http://www.norc.org/PDFs/2011%20GSS%20Reports/GSS_Public%20 Attitudes%20Toward%20Homosexuality_Sept2011.pdf

Snow Owl. (2004, September). Native American people/tribes: The great Sioux nation. Retrieved August 13, 2008, from http://www.snowwowl.com/peoplesioux.html

Solorzano, D., Ceja, M., & Yosso, T. (2000, Winter). Critical race theory, racial microaggressions, and campus racial climate: The experiences of African American college students. Journal of Negro Education, 69, 60-73.

South Dakota Department of Tribal Relations. (2011). Lower Brule Sioux Tribe. Retrieved April 28, 2014, from http://www.sdtribalrelations.com/lowerbrule.aspx

Sroufe, A. (2005). Attachment and development: A prospective, longitudinal study from birth to adulthood. Attachment and Human Development, 7(4), 349-367.

Steinberg, L. (2007). Risk-taking and adolescence: New perspectives from brain and behavioral science. Current Directions in Psychological Science, 16, 55-59.

Steinberg, L. (2008). A social neuroscience perspective and adolescent risk-taking. Developmental Review, 28, 78-106.

Steinberg, L., Albert, D., Cauffman, E., Banich, M., Graham, S., & Woolard, J. (2008). Age differences in sensation seeking and impulsivity as indexed by behavior and self-report: Evidence for dual systems model. Developmental Psychology, 44, 1764-1778.

Steinberg, L., Cauffman, E., Woolard, J., Graham, S., & Banich, M. (2009). Are adolescents less mature than adults? Minors access to abortion, the juvenile death penalty, and the alleged APA "flip-flop" 7 in parentheses. American Psychologist, 64, 583-594.

Steinberg, L., Graham, S., O'Brien, L., Woolard, J., Cauffman, E., & Banich, M. (2009). Age differences in future orientation and delay discounting. Child Development, 8, 28-44.

Steinberg, L., & Monahan, K. (2007). Age differences in resistance to peer influence. Developmental Psychology, 43, 1531-1543.

Steinberg, L., & Scott, E. (2003). Less guilty by reason of adolescence: Developmental immaturity, diminished responsibility, and the juvenile death penalty. *American Psychologist, 58,* 1009-1018.

Strupp, H., & Binder, J. (1984). *Psychotherapy in a new key: A guide to time-limited dynamic treatment.* New York, NY: Basic Books.

Stuart, R. B. (2005). Treatment for partner abuse: Time for a paradigm shift. *Professional Psychology: Research and Practice, 36*(3), 254-263.

Sudak, D. M. (2006). *Psychotherapy in clinical practice: Cognitive behavioral therapy for clinicians.* Philadelphia, PA: Lippincott Williams & Wilkins.

Sue, D. W., Arredondo, P., & McDavis, R. J. (1992). Multicultural counseling competencies and standards: A call to the profession. *Journal of Counseling and Development, 70,* 477-486.

Sue, D. W., & Sue, D. (2013). *Counseling the culturally diverse: Theory and practice* (6th ed.). Hoboken, NJ: John Wiley & Sons.

Surgeon General. (2001). *Youth violence: Report from the surgeon general.* Retrieved August 1, 2007, from http://www.ncbi.nlm.nih.gov/books/NBK44294/

Terhune, C., & Perez, E. (2005, October). Roundup of immigrants in shelter reveals rising tensions. *Wall Street Journal,* p. B1.

Timmons Fritz, P. A., & O'Leary, K. D. (2007). The course of physical and psychological aggression across time. In K. A. Kendall-Tackett & S. M. Giacomoni (Eds.), *Intimate partner violence* (pp. 1-19). Kingston, NJ: Civic Research Institute.

Tutwiler, S. W. (2007). How schools fail African-American boys. In S. Books (Ed.), *Invisible children in the society and its schools* (3rd ed., pp. 1-2). Mahwah, NJ: Lawrence Erlbaum.

United States v. Windsor, 133 S. Ct. 2675 (2013). Retrieved April 19, 2014, from http://www.supremecourt.gov/opinions/12pdf/12-07_6j37.pdf

U. S. Bureau of Labor Statistics. (2013, October). Highlights of women's earnings In 2012. *BLS Reports.* Retrieved April 28, 2014, from http://www.bls.gov/cps/cpswom2012.pdf

U. S. Census Bureau. (2003). *Married-couple and unmarried-partner households.* Retrieved

June 3, 2008, from http://www.census.gov/prod/2004pubs/censr-5.pdf

U. S. Census Bureau. (2004). *U. S. interim projections by age, sex, race, and Hispanic origin*. Retrieved May 30, 2008, from http://www.census.gov/ipc/www/usinterimproj/

U. S. Census Bureau. (2006). *State and county quick facts*. Retrieved May 21, 2008, from http://www.census.gov

U. S. Census Bureau. (2010a). *Census briefs*. Retrieved November 29, 2013, from http://www.census.gov/2010census/data/2010-census-briefs.php

U. S. Census Bureau. (2010b). *Indian entities recognized and eligible to receive services from the United States Bureau of Indian Affairs*. Retrieved from http://www.bia.gov/idc/groups/xraca/documents/text/idc011463.pdf

U. S. Census Bureau. (2010c). *Profile of general population and housing characteristics: 2010*. Retrieved from http://factfinder2.census.gov/faces/nav/jsf/pages/community_facts.xhtml

U. S. Census Bureau. (2011a). *2006-010 American Community Survey / Fact finder: Selected social characteristics in the United States*. Retrieved November, 30, 2013, from http://www.census.gov/acs/www/

U. S. Census Bureau. (2011b). *Profile America: Facts for features*. Retrieved from http://www.census.gov/newsroom/releases/archives/facts_for_features_special_editions/cb11-ff09.html

U. S. Census Bureau. (2012a). *American Indian and Alaska Native Heritage Month: November 2012*. Retrieved from http://www.census.gov/newsroom/releases/pdf/cb12ff-22_aian.pdf

U. S. Census Bureau. (2012b). *Current population survey: Annual social and economic supplement*. Retrieved from http://www.census.gov/cps/

U. S. Census Bureau. (2012c). *Statistical abstract of the United States / Table 75. Self-described religious identification of adult population: 1990, 2001, and 2008*. Retrieved June 9, 2014, from http://www.census.gov/compendia/statab/2012/tables/12s0075.pdf

U. S. Census Bureau. (2012d). *Total ancestry reported* (B04003). Retrieved from http://www.census.gov/fsrscripts/tracker.html?siteid=0&name=census.gov&domain=census.gov

U. S. Census Bureau. (2012e). U. S. Census Bureau projections show a slower growing, older, more diverse nation a half century from now. *Newsroom*. Retrieved March 2, 2014, from http://www.census.gov/newsroom/releases/archives/population/cb12-43.html

U. S. Department of Health and Human Services. (1999). *Report of the Surgeon General's Conference on Children's Mental Health: A national action agenda*. Retrieved February, 6, 2001, from http://www.surgeongeneral.gov/cmh/default.htm

U. S. Department of Health and Human Services, Administration for Children and Families. (2006). *Summary: Child maltreatment 2006*. Retrieved August 22, 2008, from http://www.acf.hhs.gov/programs/cb/pubs/cm06/summary.html

U. S. Department of Health and Human Services, Federal Interagency Forum on Child and Family Statistics 2000. (2008). *America's children in brief: Key national indicators of well-being*. Retrieved June 19, 2009, from http://www.childstats.gov/americaschildren

U. S. Department of Health and Human Services, Health Resources and Services Administration, Maternal and Child Health Bureau. (2009). *The National Survey of Children's Health 2007*. Rockville, MD: U. S. Department of Health and Human Services.

U. S. Department of Health and Human Services, Office of Minority Health. (2006). *American Indian/Alaska Native profile*. Retrieved June 2, 2008, from http://www.omhrc.gov/templates/browse.aspx?lvl=3&Ivlid=26

U. S. Department of Health and Human Services, Office of Minority Health. (2009). Infant mortality and American Indians/Alaska Natives. Retrieved from http://minorityhealth.hhs.gov/templates/content.aspx?ID=3038

U. S. Department of Justice. (2002). *American Indians and crime: A BJS statistical profile, 1992-002*. Retrieved August 23, 2014, from http://www.ojp.usdoj.gov/bjs/abstract/aic02.htm

U. S. Department of Justice. (2006). *Lifetime likelihood of going to state or federal prison*. Retrieved June 3, 2008, from http://www.ojp.usdoj.gov/bjs/abstract/llgsfp.htm

U. S. Department of Justice, Office of Violent Crimes. (2010). *In their own words: Domestic abuse in later life*. Madison, WI: National Clearinghouse on Abuse in Later Life.

Vespa, J., Lewis, J. M., & Kreider, R. M. (2013). America's families and living arrangements: 2012. *Current Population Reports*, P20-70. Washington, DC: U. S. Census Bureau. Retrieved May 1, 2014, from https://www.census.gov/prod/2013pubs/p20-570.pdf

Vieth, V. & I., & Johnson, M. (2013). The key to Indian Country: Lessons learned from front line professionals. *APSAC Advisor, 3*, 18-20.

Vygotsky, L. S. (1978). *Mind in society: The development of higher psychological processes* (M. Cole, V. John-Steiner, S. Scribner, & E. Souberman, Eds.). Cambridge, MA: Harvard University Press. (Original work published 1935)

Vygotsky, L. (1986-1987). *Thought and language.* Cambridge, MA: MIT Press.

Walfish, S., McAllister, B., & Lambert, M. J. (2012). An investigation of self-assessment bias in mental health providers. *Psychological Reports, 110,* 639-644.

Wampold, B. E., (2010). The research evidence for the common factors models: A historically situated perspective. In B. L. Duncan, S. D. Miller, B. E. Wampold, & M. A. Hubble (Eds.), *The heart and soul of change: Delivering what works in therapy* (2nd ed., pp. 49-81). Washington, DC: American Psychological Association.

Washington, A. T. (2005). Katrina riles, rallies Black America. *Bellingham Herald,* p. A3.

Watkins, N. L., Labarrie, T. L., & Appio, L. M. (2010). Black undergraduates' experiences with perceived racial microaggressions in predominately White colleges and universities. In D. W. Sue (Ed.), *Microaggressions and marginality* (pp. 25-51). Hoboken, NJ: John Wiley & Sons.

Watson, D. L., Andreas, J., Fischer, K., & Smith, K. (2005). Patterns of risk factors leading to victimization and aggression in children and adolescents. In K. Kendall-Tackett & S. Giacomoni (Eds.), *Child1 victimization* (pp. 1-23). Kingston, NJ: Civic Research Institute.

Weber, M. (1958). *The Protestant ethic and the spirit of capitalism* (T. Parsons, Trans.). New York, NY: Scribner's. (Original work published 1904-1905)

Werner, C. A. (2011). *2010 census briefs: the older population* (C 20110BR-09). U. S. Census Bureau. Retrieved November 29, 2013, from http://www.census.gov/2010census/data/2010-censusbriefs.php

Werner, H. (1957). The concept of development from a comparative and organismic point of view. In D. B. Harris (Ed.), *The concept of development: An issue in the study of human behavior* (pp. 125-148). Minneapolis, MN: University of Minnesota Press.

White, J. W., & Smith, P. H. (2004). Sexual assault perpetration and re-perpetration: From adolescence to young adulthood. *Criminal Justice and Behavior, 31*(2), 182-202. doi: 10.1177/0093854803261342

Wolak, J., & Finkelhor, D. (1998). Children exposed to partner violence. In J. Jasinski & L. Williams (Eds.), *Partner violence: A comprehensive review of 20 years of research* (pp. 73-111). Thousand Oaks, CA: SAGE.

Worell, J., & Remer, P. (2003). *Feminist perspectives in therapy: Empowering diverse women.* New York, NY: John Wiley & Sons.

World Health Organization. (2000, June 21). *World Health Organization assesses the world's health systems* (World Health Organization Press Release WHO/44). Retrieved June 12, 2008, from http://www.who.int/whr/2000/media_centre/press_release/en/

World Health Organization. (2002). *World report on violence and health: Summary* (NLM classification HV6625). Geneva, Switzerland: Author.

World Health Organization. (2014). *Health for the world's adolescents: A second chance in the second decade.* Retrieved March 14, 2014, from http://www.who.int/adolescent/second-decade

Wright, M. O., Masten, A., & Narayan, A. J. (2013). Resilience processes in development: Four waves of research on positive adaptation in the context of diversity. In S. Goldstein & R. B. Brooks (Eds.), *Handbook of resilience in children* (p. 15). New York, NY: Springer Science & Business Media. doi:10.1007/978-1-4614-3661-4_2

Zea, M. C., & Nakamura, N. (2014). Sexual orientation. In F. T. L. Leong (Ed.), *APA handbook of multicultural psychology* (Vol. 1, pp. 395-411). doi: 10.1037/14189-22

Zurbriggen, E. L., Collins, R. L., Lamb, S., Roberts, T. A., Tolman, D. L., Ward, L. M., & Blake, J. (2007). *Report of the APA Task Force on the Sexualization of Girls.* Washington, DC: American Psychological Association.

Zweig, M. (2008). What's class got to do with it? In K. E. Rosenblum & T. C. Travis (Eds.), *The meaning of difference: American constructions of race, sex and gender, social class, sexual orientation, and disability* (5th ed., pp. 81-87). Boston, MA: McGraw-Hill.

찾아보기

2분법적 사고 185
4단계 개입 모델 402

ABC 모델 238
Beck, A. 183
ADDRESSING 모델 448
CMP 390
DSM-5 29, 467
gender 69
IP(the identified patient) 403
LGBT 117
MBCT 220
Minuchin, S. 397
MMPI-2 43, 202
questioning 114
SES 121, 303
WAIS-IV 43, 202

ㄱ

가정-기반 양식 28, 32, 163, 192, 195, 326,
    331, 373, 376, 411, 461, 509, 514, 558
가족 규칙 563
가족 위계 412
가족의 건강성 402

가족 이야기 402
가족체계 수준 557
가족/체제 갈등 542
가족 합류 403
간헐적 폭발 장애 42
감정적 논법 185
강화 관리 544
개인 내 갈등 542
개인 내 수준 557
개인적 정체성 313
개인화 185
건포도 명상 223
게이 114
경계 400
경계 만들기 405
경직된 경계 400
고적적 조건화 149, 162
고착 풀기 404
공감 263
공동구성 520
공통 요인 24, 588
과도한 일반화 185
과장 185

관계 구성주의 494
관계 맺기 패턴 362
구조적 가족 접근법 397
구체적 조작기 55
권력 분석 264, 265
귀인 185
규칙 412
균형 깨뜨리기 405
극적인 완화 544
근면성 대 열등감 55
글쓰기 스타일 27
기본적 욕구 373
기본 정서 310
기본 형식 30

ㄴ

남성성 72
내러티브 495, 498, 517
내려놓기 223
내면화된 대인 패턴 364
내사 375

ㄷ

다문화 상담 439
다문화적 유능성 49
단기목표 25
단기 역동 상담 359
대리적 강화 151
대인관계 기반 양식 28, 36
대인-기반 양식 338
대인 세계 모델 361
대인 수준 556, 561, 562
도도새 판결 588
도움 관계 544

독단적인 추론 185
독서 요법 264
돌봄 263
동일시 166
두 의자 대화 316

ㄹ

레즈비언 114
롤플레이 45

ㅁ

마음 읽기 185
마음챙김에 근거한 인지치료 220
명확한 경계의 개발 405
모델링 263
모호한 경계 400
목소리 349, 500
무조건자극 150
문제가 되는 반응 316
문제 형식 30
문화 분석 263, 264
문화적 요인 460, 461
민족 정체성 80

ㅂ

바디스캔 238
바디스캔 연습 223, 224
발달 기반 양식 38
범성애자 114
변별 학습 151
변화 과정 544
변화의 준비 단계 561
보호요인 62
부적 벌 150

부적응적 도식 349
부적응적 인식 555
부적응적 인지 542
부적응적 인지 수준 562
부차 정서 310
분노조절 163
분노 통제 169
비계 설정 52
비적응적 신념 184, 185
빈약한 이야기 495

ㅅ

사정 보고서 23
사정 형식 30
사회경제적 지위 121
사회적 권력 446
사회적 연결 467
사회적 정의 457
사회적 정체성 280, 281
사회적 학습 149
사회적 해방 544
사회화 260
상담 동맹 17, 589
상호존중 263
생각과 감정 연습 224
생활양식 22
선택적 추상화 185
선행자극 152
섭식장애 587
성 고정관념 67
성역할 고정관념 261, 277, 282, 469
성역할 분석 264, 265
성역할 신념 193

성적 소수자 114
성적 지향 113
성적 편향 70
성적 행동 도식 312
성 정체성 69, 114
소수자 50
수반성 152
수용 222
수준 이동 전략 547
숙고 545, 564
순환적인 부적응 패턴 360
신념체계 183, 198, 201
실력주의 108
실행 545

ㅇ

안전 도식 332
안정 애착 52, 62
알아차림 불러일으키기 223
애착 52
양성애자 114
억압 446, 457, 461
억제된 목소리 315
언어화 500
여성주의 259, 276
여성주의 상담 264
역기능적인 대인 양식 359
역사-기반 양식 28, 165, 168, 284, 288
역전이 364
역조건화 544
역할모델 200
완벽주의 194
완벽주의 신념 234

완벽주의 신념체계 192

왜곡 186

위험 요인 65

유지 545

의미 494, 497, 510, 512

의미 구성 520

의사결정 균형 544

의사소통 65

의식 고양 264, 544

이름 다시 붙이기 263, 264

인종적 정체성 62

인지적 표상 183

인지-행동주의 246, 251

임파워먼트 여성주의 상담 259

ㅈ

자극 조절 544

자기구성 517

자기대화 184, 193, 194, 199, 562

자기재평가 544

자기주장 연습 264

자기 차단적 분할 316

자기통제 246

자기 평가의 분할 316

자기해방 544

자동조종장치 225, 233, 249

자아이론 495

자아효능감 544, 594

자존감 62

작동적 조건화 149

장기목표 25

재구조화 403

적응적 신념 184, 193

적절한 연대의 강화 405

전숙고 545, 555, 564

전이 364

전조작기 51

전환 치료 114, 118

점치기 185

접근-회피 갈등 56

접수상담 23

정서-기반 체제 309

정서도식 310, 349

정서적 목소리 315

정서적 조절 기술 62

정서적 추론 시스템 59

정서조절 45, 163

정서-초점 상담 309

정적 벌 150

정체성 276, 449, 470, 495, 497, 500

정체성 대 역할혼돈 61

조건 자극 150

존재 양식 221

존재하기 223

주도성 대 죄책감 53

주제-기반 양식 28, 561, 565

주제 또는 은유 기반 양식 40

중간급 신념 184

중립자극 150

증상-기반 양식 28, 33, 418, 517

증상/상황 542

증상 표출자 403

진단-기반 양식 29, 41, 198, 467

집단주의 469

집중하는 목소리 314

ㅊ

촉구 151

최대 충격 전략 548

추동–행위 양식 221

취약한 느낌 317

친밀감 정서도식 328

친사회적 기술 168

ㅋ

퀴어 114

ㅌ

탄력성 63

탄력성 요인 65

탈중심화 222

통찰 375, 546, 556

통합적 혹은 체계적 절충 21

틀 재구성 263

ㅍ

파괴적인 내러티브 515

편향된 인지도식 184

ㅍ

포스트모더니즘 493

풍성하게 하기 498

풍성한 이야기 495

ㅎ

하위체제 398

항상성 414, 435

해방 심리학 96

해체 500

핵심 수준 전략 547

핵심 신념 184

행동 레퍼토리 151

행동주의 22, 30

행동형성 151

행위 양식 221

현재의 대인 갈등 542

형식적인 목소리 315

확대와 축소 185

환경 재평가 544

후속자극 152

흑백논리 사고 194

저자 소개
. . . .

Pearl S. Berman

Pearl S. Berman 박사는 펜실베이니아에 있는 인디애나 대학교 심리학과의 정교수, 부학과장이며, 임상심리사 자격을 가지고 있다. 저자의 폭력 예방에 관한 지속적 관심은 학부와 대학원의 수업에서 대인 간 폭력과 관련된 정보와 기술 구축의 통합을 가르치는 것으로 이어졌다. 학부 수업에서는 일반심리학, 아동심리학, 성격 이론 등을 가르치고 있다. 대학원 수업에서는 상담개입 방법 1과 2, 상담 기법 실습, 아동 임상심리학, 고급 아동 심리치료, 가족과 아동 상담의 실제, 아동 임상의 실제, 고급 심리학 실습, 가족 치료, 아동과 청년 실습 등을 가르치고 있다. 저자는 대인 폭력 종식을 위한 전국적 조직과 노인학대 방지를 위한 전국적 위원회의 활동적인 회원이며 전국 아동보호 교육센터와 협력하여 전국 아동보호 연구과정을 확장하는 프로젝트에 참여하고 있다. 저자의 임상 및 연구 전문 분야로는 아동 신체 및 성적 학대와 방임, 배우자 폭력, 폭력 예방 및 전문가 교육 등이 있다. 저자는 박사 수준의 책 세 권을 저술했다. 첫 번째 책은 『학대 및 방임된 소녀를 위한 치료 연습: 개인, 가족 및 집단 심리치료를 위한 응용 프로그램(Therapeutic Exercises for Victimized and Neglected Girls: Applications for Individual, Family, and Group Psychotherapy)』이다(Professional Resource Press, 1994). 두 번째 책은 『사례개념화 및 치료계획: 이론과 임상 실습 통합 연습 1판(Case Conceptualization and Treatment Planning: Exercises in Integrating Theory With Clinical Practice)』(SAGE Publications, 1997)이다. 이 책은 2007년 학지사에 의해 한국어로 번역되었다. 이 책의 2판은 2010년 SAGE에서 출판되었다. 세 번째 책은 동료인 Susan Shopland, PsyD와 공저한 『임상 및 상담 기술 개발을 위한 인터뷰 및 진단 연습(Interviewing and Diagnostic Exercises for Clinical and Counseling Skills Building)』이다(Lawrence Erlbaum & Associates, 2005). 저자는 그 외 8권의 책과 11개의 학술논문을 출판했다. 전문 분야에서 55개의 논문과 13개의 전문 워크숍을 발표했다. 마지막으로, 그녀는 미국 심리학회, 아동학대에 관한 미국 전문가협회, 여성 심리학자협회, 대인관계 폭력을 종식시키기 위한 전국연합, 그리고 남용 방지, 남부 빈곤 법률 센터 및 전국 여성기구 방지위원회 등 폭력 피해 중단을 위해 노력하는 많은 전문가 집단에 소속되어 활동하고 있다.

역자 소개
....

이윤주(Yunjoo Lee)

현재 영남대학교 사범대학 교육학과 교수로 재직 중이며 한국상담심리학회와 한국상담학회의 1급 전문가이다. 학부 학생들과 '학생상담의 이론과 실제' '생활지도 및 상담' '도덕발달심리학' '소통: 행복과 변화로 가는 길' 등을, 대학원 학생들과 '집단상담의 이론과 실제' '상담 이론 및 철학' '상담과 융복합' '조직 심리와 기업 상담' '학습상담' '교육상담과 상담교육' 등의 수업을 진행하고 있다. 상담 연구를 수행하는 한편 학교 내외의 상담 사례를 맡아 상담 실무를 수행하고 있다. 서울대학교 교육학과에서 학사, 석사, 박사 학위를 받았다. 역자는 현재 한국심리학회 및 한국상담심리학회, 한국상담학회의 정회원이며 양쪽 학회에서 기업상담학회 학회장, 한국상담학회 학술위원장, 대구경북상담학회장, 집단상담학회 부회장 등을 역임하였다. 역자는 '더불어 행복'한 삶을 지향하며 사람들이 더 행복하게 살 수 있도록 돕는 활동으로서 상담 전공자와 상담자들의 상담 슈퍼비전, 상담사례개념화, 집단상담, 강점중심상담을 포함한 상담 교육에 주된 관심을 가지고 있다. 삶과 죽음, 청소년 문제행동, 부모교육 등의 분야와 자아탄력성, 행복 증진 등 사람을 보다 건강하고 행복하게 하는 긍정심리학 분야에서 수행된 모든 연구논문은 '더불어 행복'하기 위한 노력의 일환으로 볼 수 있다. 역자의 다른 번역서로는 『건강한 상담자만이 남을 도울 수 있다』(공역, 학지사, 2003), 『사회복지상담심리학』(공역, 학지사, 2006), 『전문 상담자의 세계』(공역, 사회평론아카데미, 2016), 『기업·조직상담 핸드북』(공역, 학지사, 2019), 『잠재역량 계발을 위한 기적의 코칭』(공역, 학지사, 2019) 등이 있고, 저서로는 『초심상담자를 위한 집단상담기법』(공저, 학지사, 2000), 『더 좋은 삶』(공저, 양서원, 2006), 『죽음학 서설』(공저, 학지사, 2006), 『은유와 최면』(공저, 학지사, 2007), 『공부 200% 업그레이드하기』(학지사, 2012), 『상담학사전』(공저, 2016, 학지사), 『집단상담』(2판, 공저, 2019, 학지사) 등이 있다. 지금까지 약 60여 편의 학술논문을 발간했으며 '공부 200% 업그레이드' '숲치유 프로그램' '강점중심 상담접근 장착하기' '영혼의 비타민 자존감 증진' '인권감수성 증진' 등 10여 개의 교육 프로그램을 개발하여 진행해 왔다.

상담전문성 향상을 위한
사례개념화 원리와 실제
Case Conceptualization and Treatment Planning:
Integrating Theory with Clinical Practice, 3rd ed.

2020년 3월 20일 1판 1쇄 발행
2021년 2월 25일 1판 2쇄 발행

지은이 • Pearl S. Berman
옮긴이 • 이 윤 주
펴낸이 • 김 진 환
펴낸곳 • ㈜ **학지사**

　　　　04031 서울특별시 마포구 양화로 15길 20 마인드월드빌딩 5층
대표전화 • 02) 330-5114　　　팩스 • 02) 324-2345
등록번호 • 제313-2006-000265호
홈페이지 • http://www.hakjisa.co.kr
페이스북 • https://www.facebook.com/hakjisabook

ISBN 978-89-997-2068-0 93180

정가 27,000원

이 도서의 국립중앙도서관 출판시도서목록(CIP)은 서지정보유통지원시스템 홈페이지(http://seoji.nl.go.kr)와 국가자료공동목록시스템(http://www.nl.go.kr/kolisnet)에서 이용하실 수 있습니다.
(CIP제어번호: CIP2020007399)

출판 · 교육 · 미디어기업 **학지사**

간호보건의학출판 **학지사메디컬** www.hakjisamd.co.kr
심리검사연구소 **인싸이트** www.inpsyt.co.kr
학술논문서비스 **뉴논문** www.newnonmun.com
원격교육연수원 **카운피아** www.counpia.com